和桥镇志

楊鎮川書

和桥镇志编纂委员会 编

方志出版社
Publishing House of Local Records

图书在版编目（CIP）数据

和桥镇志./和桥镇志编纂委员会编.--北京：
方志出版社，2017.12
ISBN 978-7-5144-2708-0

Ⅰ. ①和… Ⅱ. ①和… Ⅲ. ①乡镇-地方志-宜兴
Ⅳ. ①K295.35…

中国版本图书馆CIP数据核字（2017）第287583号

和桥镇志

编　　者：和桥镇志编纂委员会
责任编辑：丛　珺
出 版 人：冀祥德
出 版 者：方志出版社
地址 北京市朝阳区潘家园东里9号（国家方志馆4层）
邮编 100021
网址 http://www.fzph.org
发　　行：方志出版社图书经销中心
电话（010）67110500
经　　销：各地新华书店
印　　刷：宜兴市德胜印刷有限公司
开　　本：889×1194　1/16
印　　张：52.75
字　　数：1449千字
版　　次：2017年12月第1版　2017年12月第1次印刷
印　　数：0001～5000册

ISBN978-7-5144-2708-0　定价：328.00元

和桥镇志编纂委员会

主　　任　史中武

副 主 任　殷其敏

委　　员　张文伟　张应京　周叔军
陆　平　毛旭娟　施旭伟
陈俊杰　陈伟强　吴振业
朱　政　毕　薇　徐　敏
蒋　勇　方伟政

和桥镇志编纂办公室

主　　任　毕　薇　张　强

副 主 任　杨乃岩

主　　编　朱斌培

编　　辑　（以姓氏笔画为序）
张孟华　吴淦华　周法林
徐志汤　戚仕君　缪其芳

工作人员　吴青霞　周　依　缪梦婷

和桥镇志审定单位

中共和桥镇委员会
和桥镇人民政府

和桥镇志终审单位及审稿人员

宜兴市史志办公室
耿海华

载古镇春秋 光耀中华

续鹅州厚蕴 再创辉煌

唐西生

2016.8.14

中国工程院院士唐西生题词

江南名镇

教授之乡

黄瑞松

二〇一四.十.卅

中国工程院院士黄瑞松题词

江南名鎮
太滆明珠

乙未春 鄧銅山題

原空军政治部副主任、中华慈善总会副会长邓铜山少将题词

和橋千年英才輩出

明天發展再鑄輝煌

丙申年秋月良均書

中国将军文化研究会常务理事、原北京军区副参谋长王良均少将题词

江苏省人大常委会教育科学文化卫生委员会主任、江苏省文联主席章剑华题词

和桥镇志编纂委员会成员

前排左起 施旭伟 陆 平 张文伟 史中武 殷其敏 周叔军 毛旭娟

后排左起 蒋 勇 毕 薇 吴振业 陈俊杰 陈伟强 朱 政 徐 敏 方伟政

和桥镇志编纂人员

前排左起 徐志汤 周法林 朱斌培 缪其芳 后排左起 戚仕君 吴淦华 张孟华

和桥镇行政区域图

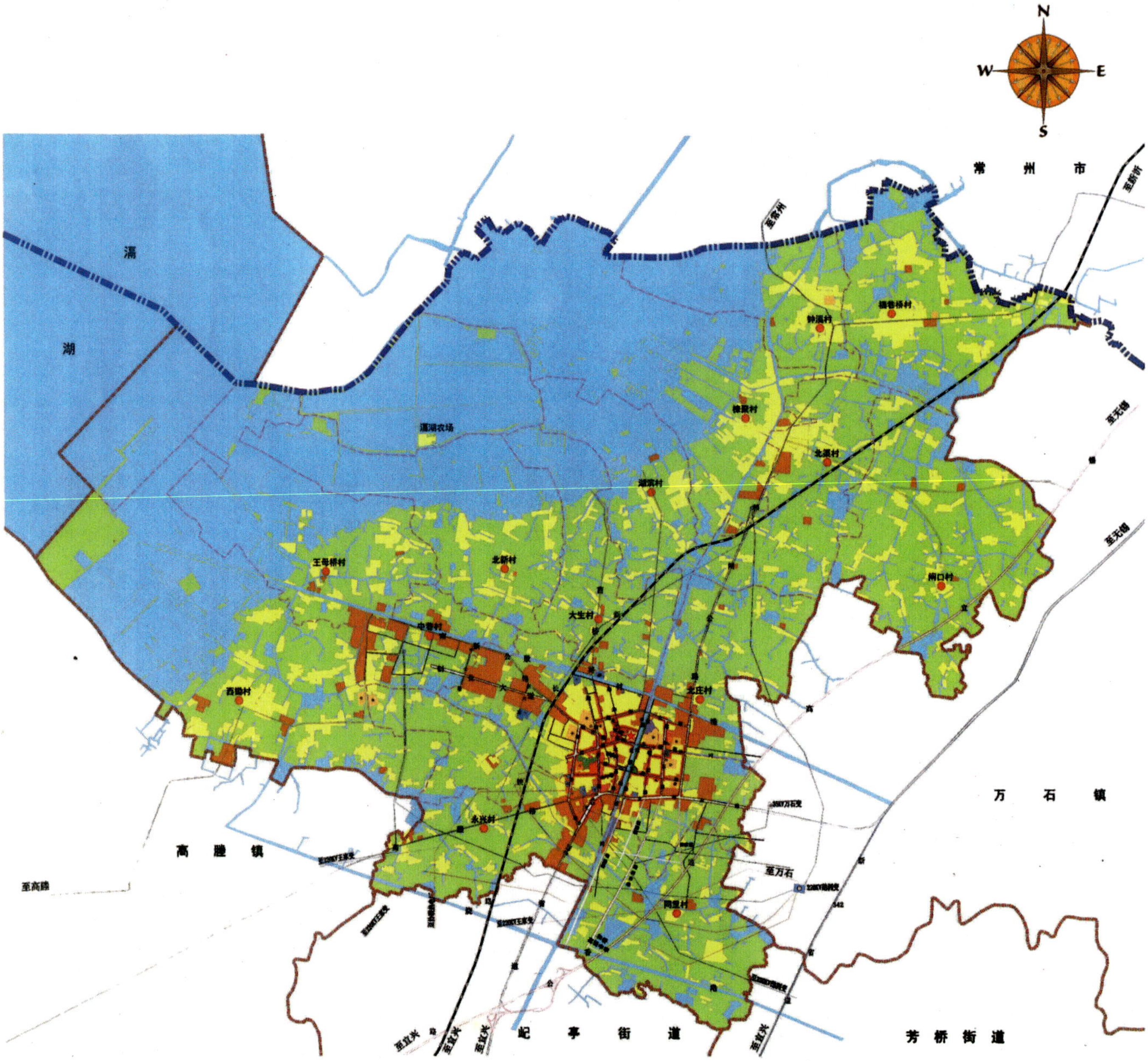

比例尺 1：50000

图例

市界线

镇界线

和桥镇人民政府

湖泊

铁路

乡镇企业职工教育先进单位
江苏省教育委员会
江苏省乡镇企业管理局
一九九三年

江苏省
群众文化先进乡镇
江苏省文化厅
一九九四年五月

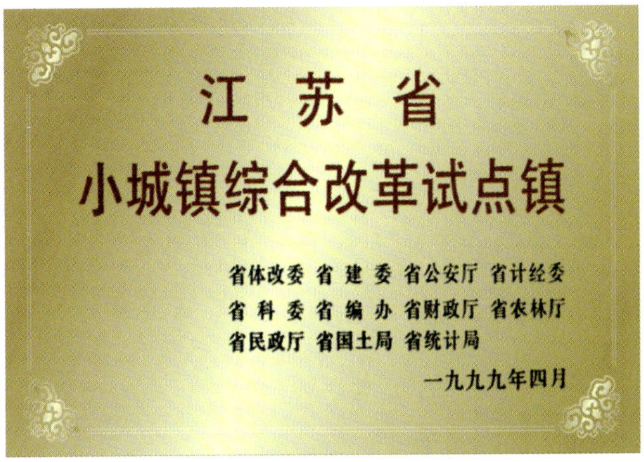
江苏省
小城镇综合改革试点镇
省体改委 省建委 省公安厅 省计经委
省科委 省编办 省财政厅 省农林厅
省民政厅 省国土局 省统计局
一九九九年四月

全国小城镇建设
示范镇
中华人民共和国建设部

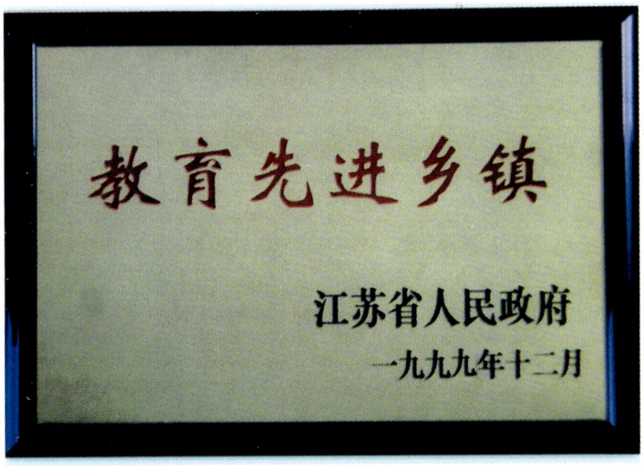
教育先进乡镇
江苏省人民政府
一九九九年十二月

全国
小城镇综合改革试点镇
中国小城镇改革发展中心
二〇〇〇年五月

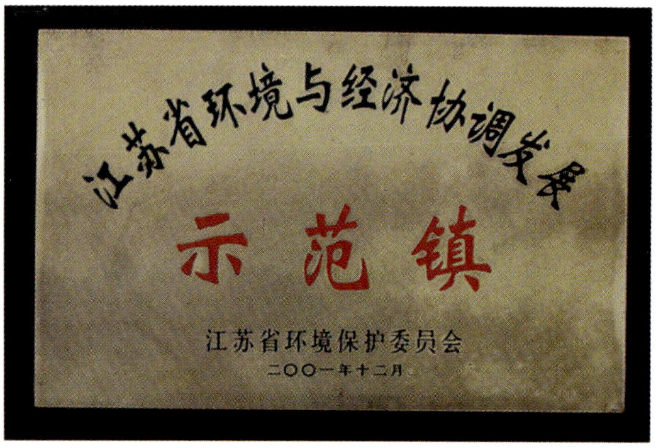
江苏省环境与经济协调发展
示范镇
江苏省环境保护委员会
二〇〇一年十二月

全国亿万农民健身活动
先进乡镇
中华人民共和国农业部
国家体育总局
中国农民体育协会
二OO四年十月

2005－2006年度
江苏省创建文明乡镇工作
先进乡镇
江苏省精神文明建设指导委员会

江苏省无锡市和桥镇
国家卫生镇
全国爱国卫生运动委员会
二OO七年九月

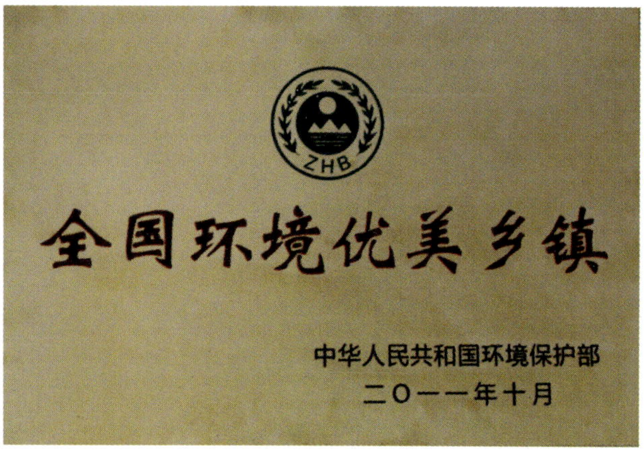
ZHB
全国环境优美乡镇
中华人民共和国环境保护部
二〇一一年十月

中国集装袋包装产业基地（和桥）
中国包装联合会
二〇一一年十二月

序 言

文化是民族的灵魂;方志是发掘历史、传承文化、启迪智慧的重要载体。编纂一部地方志对推动区域本体的文化建设,乃至经济社会全面发展有着极为重要的现实作用和深远的历史意义。

和桥镇建于南朝刘宋景泰年间,距今已有1500多年历史。和桥是一个人文荟萃之地,人民世代聪慧勤勉,一贯崇文尚教,立足于深厚的历史积淀,凭着所处的地域优势,千百年来,这方热土文人雅士云集潮涌,贤臣名将代不绝书,至今常有传诵,引以为豪。和桥也是商贸繁荣之地,街区繁华,闹市鼎沸。明清时期,这里帆樯舟骑,商贾云集,享有滆湖之畔"夜和桥"及"小无锡"之美誉。新中国成立后,和桥更是日新月异,焕发新颜。特别是20世纪80年代中期至今,随着行政区域的调整,原和桥乡、南新镇、闸口镇相继并入和桥镇,镇区总面积由0.7平方千米扩大到9.23平方千米,人口由7000多人增加到68000多人。随着时代的进步,和桥经济社会发展迅猛,由江南有名的小集镇发展成全国小城镇建设示范镇。在区域变化、人口激增、全镇人民精神文化追求越来越高的今天,编纂一部新的《和桥镇志》无疑具有十分重要的意义。2014年9月,中共和桥镇委、镇人民政府成立编纂机构,在宜兴市史志办公室的指导下,经全体人员的共同努力,五订纲目,数易其稿,历时3年,新的《和桥镇志》终于付梓出版,供奉给全镇人民和广大读者,确实可喜可贺!

这次出版《和桥镇志》,是在1990年6月第一部《和桥镇志》的基础上融入原南新镇、闸口镇史料的全新编纂。它以最新的理论、全新的面貌以及宏观的视角采编成辑。志书回眸了和桥镇的沧桑岁月，纪实了和桥镇昨天的辉煌，为后人留下其自然、人文、历史、社会、民生以及各项事业的兴衰。她是先人为我们设立的一座航标，是千百年积淀的智慧宝库，是给我们打开的一扇融通古今的窗口，其全面、系统、真实的历史还原必将发挥“纪实存史，彰往昭来”的巨大作用。

修志问道，以启未来。当今，和桥人民正以“崇文崇德，和善和美”的和桥精神，同心同德，同向同行，为建设和桥、繁荣和桥作出新的贡献。我们坚信新时代的和桥将会更加繁荣昌盛，前程更加灿烂光明。

中共和桥镇委员会书记：

和桥镇人民政府镇长：

2017年10月20日

凡　例

一、本志以马克思列宁主义、毛泽东思想、邓小平理论、“三个代表”重要思想和科学发展观、习近平新时代中国特色社会主义思想为指导，坚持实事求是的纪实导向，运用辩证唯物主义和历史唯物主义的观点、方法，全面、客观地反映和桥镇自然、政治、经济、文化和社会的真实面貌，力争做到思想性、科学性、资料性的有机统一。

二、本志断限上限不限，下限至2015年。

三、鉴于历史沿革和乡镇行政区域的多次撤并调整，本志记述地域范围并列记述和桥镇、和桥乡、南新乡（镇）、闸口乡（镇），行文所称“全镇”为2004年闸口镇并入和桥镇以后的和桥镇。

四、本志采用述、志、记、传、图、表、录等多种表述方式。所配地图、照片、绘画随文插编，力求图文并茂。

五、本志文体为规范的语体文，采用章节体体式和横排竖写的方志体制 。

六、本志遵循以类系事的方法，贯彻求真存实、述而不论、以事系人、生不立传的原则，力争做到实事求是，重点突出。

七、本志标点符号用法、数字用法分别按中华人民共和国国家标准《标点符号用法》（GB/T15834—2011）和《出版物上数字用法的规定》（GB/15835—1995）的规定使用。计量单位尽可能使用法定计量单位；为兼顾习惯，少数计量单位仍用旧制。

八、本志有关时间的记述统一为：清代以前（含清代），用朝代、皇帝年号、括注公历年份，如：明洪武八年（1375）；民国纪年用阿拉伯数字，加1911年即为公年纪年数；1949年10月1日前（后），统称新中国成立前（后）。文中所称的时间概念的“现”“现在”指志书下限，即2015年。

九、地名和机构名称以标准地名和法定机构名称为准。行文涉及地名、机构等，一般采用全称，如用简称，均在就近行文第一次使用时予以注明。

十、本志编写所用资料采自馆藏档案资料、文史资料、旧志家谱，以及调查采访的口碑资料，经审定后采用，不再注明出处。

目 录

概　　述

和桥古称鹅洲，地处宜兴北端，北与常州市、武进区毗邻，东接万石镇，南连屺亭街道、芳桥街道，西临滆湖。境内土地丰饶，良田交织，水陆交通便捷，是宜兴四大镇之一，建镇已有1500多年历史。和桥在历史的长河中迈步未来，越发彰显着它的绚丽风姿。

一、崇文厚德、贤才辈出的文化大镇

早在宋代和明清时期，和桥民风淳朴，崇文尚教，教书育人成为人们的风尚。各类私塾、书院在名门望族富裕大户家中开办，培养出一批批达官贤才。据历史记载，历朝历代考中进士、举人的不胜枚举。由此，出现了诸如官庄、秀才、聚贤等有名的村落。清光绪六年(1880)，鹅山书院创办，清末民初有私塾30余所。至民国元年(1912)，先后创办中小学校20余所。光绪三十三年(1907)，和桥镇黄兼善(又名黄达武)、张仁铎等地方人士集资创办公立始齐女校，开创宜兴县女子进学堂的先河。民国元年(1912)4月，和桥镇名医金晓湘在地方士绅的支持下，创办私立彭城中学，这是宜兴县内创办最早的中学。民国4年创办全县最早的幼稚园——蒙养园。新中国成立后，掀起了崇文兴教、村村办学的热潮。1999年，和桥镇被江苏省命名为实施教育现代化工程先进镇。重视教育、兴办学校，为国家建设事业培养了大量人才。从和桥走出去的科学家、教育家、医学家、艺术家等可谓贤才辈出。至2015年，仅和桥籍“两院”院士就有5人，政界厅级以上干部16人，军界副师级以上干部29人(其中将军6人)，大学校长12人，书画家11人，专家、学者等超千人。和桥的文化底蕴深厚。民国时期，民间自发组建大刀队、马灯队、龙灯队、调狮子、调殇氓、调大头、调旱船、斗犟牛、舞马叉以及唱麒麟等文艺团队。新中国成立后,在传承和发扬这些群众喜闻乐见活动的基础上,各村、社区(居委)纷纷建立"夕阳红"锣鼓队、女子舞蹈队及木兰拳、太极拳、扇子舞等文体队伍,在各地巡回演艺比赛。每年,老年书画协会、戏曲票友协会、石锁协会等在参加各级各类比赛中,获得省、市级奖项。画坛巨匠吴冠中故居的修缮开放以及7800亩水面的徐家荡湿地公园的兴建,又成了推进和桥文化建设的新亮点。

二、以商贸建设为中心的全国重点镇

和桥地理位置独特。这里河网交错,锡溧漕河穿镇而过,殷村港、烧香港、漕桥河脉系顺畅,沟通太、滆两湖。锡宜公路、武宜公路在镇交会,锡宜高速公路、新长铁路在此通过,水陆运输线与常州、无锡、上海、南京相接,成为历史上粮油加工转运的集散地。每年夏秋之交,周围四里八乡的农民将稻麦、大豆等粮食作物储运到此,经加工成白米、面粉和食用油等再运往苏、锡、常、沪地区销售。镇西北部的茫茫滆湖,盛产各种水产品,渔民将其集聚到这里买卖。南来北往的商贾在此云集。和桥自古就享有滆湖之滨"夜和桥"和"小无锡"之称。和桥有20多种小吃,特别是百年老字号的五香老油豆腐干,在清末就成为有名的地方贡品。新中国成立后,和桥镇商贸交易更加繁华,4500多家商铺鳞次栉比,浙江、苏州等地的商家也在和桥落地生根,各家商业大楼拔地而起。进入21世纪,和桥镇各种小商品市场、服装鞋帽市场、钢材建材市场相继落户,各家大型超市竞相开业。一幢幢金融大楼亦在镇区建立。

商贸交易的繁荣带动了和桥工业经济的萌发。清道光三十年(1850),鼎和源槽坊、乾锠馀油厂成为和桥工业的早期幼芽。新中国成立后,轻纺、耐火材料逐渐发展,集镇面积由1949年的0.7平方千米扩大到2015年的9.23平方千米。特别是工业园区的扩大,工业企业如雨后春笋般兴办,粮油食品加工业、建材业、轻纺业、机械制造业、金属加工业、环保喷泉业、电线电缆业、塑料制品业、化学制品业、印刷包装业等工业门类企业创办1000多家，推动了和桥各行各业的发展。镇区内布局合理的居民住宅区、文化教育区、公园休闲区满足了人民物质文明和精神文明建设的需求。

2000年，和桥镇被评为全国小城镇综合改革试点镇，2004年被评为全国亿万农民健身活动先进乡镇，2007年被评为国家卫生镇、全国小城镇建设示范镇，2011年被评为全国环境优美乡镇。同时，和桥镇已列入全国科学发展千强镇行列。如今，和桥镇成为宜兴北大门各业兴旺的全国重点镇。

三、具有革命历史印记的红色纪念地

和桥地处水陆交通枢纽，西北部有茫茫无边的滆湖，芦苇、蒿草丛生，沿湖的港、浜、汊转弯曲折，是当年新四军驻守和与日伪军战斗的天然屏障。其中，王母桥楼下战斗、横楝树战斗、芦滩保卫战、西施荡战斗、史家庄"六四"战斗等，给后人留下了可歌可泣的红色印记。闸口邵家祠堂是当年中共太滆地委驻地，锡宜武人民抗日义勇军总队、新四军独立二团和新四军六师十六旅先后在此成立。抗日军民在谭震林、廖海涛、罗忠毅等新四军首长的指挥下，英勇抗战，流血牺牲。他们为新中国的建立立下了功勋，值得和桥人民纪念，他们将永载史册。

展望前程，繁花似锦。中共和桥镇委员会、和桥镇人民政府坚持以人为本和科学发展理念，一定会带领和团结全镇人民群策群力，奋勇向前，将一个经济强、百姓富、环境美、文明程度高的新和桥建设得更加美好！

吴冠中 84.5×153

20 世纪 90 年代,吴冠中回忆中的家乡芦苇荡

2015 年,得到保护的徐家荡湿地

大　事　记

南　北　朝

宋景和、泰始年间(465—471)

是年　运河(曾又称塘河,现名锡溧漕河)东岸,顺渎河口有和兴闸,里人易闸为桥,始称和桥。

宋

熙宁六年(1073)

是年　永定(闸口)人邵潜、邵材、邵枢、邵权、邵如、邵刚同登佘中榜,史称同榜六进士。

元丰七年(1084)

是年　苏东坡从四川家乡携蜀本海棠一株,亲手植于挚友闸口邵民瞻家花园中(现属闸口村)。

元

泰定四年(1327)

是年　永定邵棠轩于葛墟桥原址,捐资兴建中和桥(现名中兴桥或中桥);又建观音楼于上塘中和桥西堍。

是年　道士潘道元在东横街建造三元宫(三官堂)。

明

洪武三年(1370)

是年　万一区营建钟溪巡检厅,设千总1员,把总1员,兵155名;分驻和桥。

正统十年(1445)

是年　邵浚重建中和桥。

嘉靖四十五年(1556)

是年　钟溪巡检厅在和桥增厅舍。

是年　建城隍庙于上塘南首。

隆庆年间(1567—1572)

是年　僧侣建小茅庵于东横街梢。

是年　运河西岸永昌河上,里人建小石桥——骆驼桥于城隍庙前。

万历元年(1573)

是年　三元宫遭盗毁,道士顾士纲重建大殿。

是年　重修巡检厅。

万历十八年(1590)

是年　和桥称河桥市。

万历三十三年(1605)

是年　建关帝行宫于城隍庙东侧。

万历三十五年(1607)

是年　遭水灾,是宋、元、明350年中最大的一次。

崇祯十二年—十六年(1639—1643)

是年　永定(闸口)开浚河道,造闸于28房外,以蓄水而泄溢,以防旱涝灾害。此闸用三块天柱石作桥面,桥面宽6尺,闸跨约一丈。

清

康熙元年(1662)

是年　觉正和尚在茅庵基地建造化城寺。

雍正四年(1726)

是年　河桥市改称和桥镇市。

乾隆二十六年(1761)

是年　创办义学。

是年　僧觉明重建化城寺,造藏经楼,广增寮舍。

是年　程近庵在上塘南首建程氏园。

乾隆三十七年(1772)

是年　宜兴县知事林衡瑞捐俸倡议重建中和桥。

是年　建东岳庙于上塘北首。

乾隆四十六年(1781)

是年　重修和桥巡检厅。

嘉庆十八年(1813)

是年　和桥士绅冯绍肃等倡募设栖流所,为流民乞丐栖宿之处,镇南北各设一所。(光绪年间重建)

道光七年(1827)

是年　钟溪巡检司署迁和桥。

道光二十一年(1841)

是年　和桥镇市改称和桥镇。

道光二十四年(1844年)

是年　马豫、程瑞鸿、俞炳、程维南、裴珍等人经手在和桥北首建成大石拱桥——和丰桥(后称北兴桥)。

道光三十年(1850)

是年　芳桥后村周根荣在和桥开设鼎和源槽坊。

咸丰六年(1856)

是年　遭大旱。

咸丰七年(1857)

是年　俞廷彦、程持恭等人在和桥南首建成大石拱桥——和兴桥(南兴桥)。

咸丰十年(1860)

是年　农历四月十二日 太平军辅王杨辅清率兵万人路过和桥,部分军士在和桥宿营。

同治元年(1862)

是年　周仲卿在上塘开设周万源酱园,始做豆腐干。

同治三年(1864)

是年　葛锦斋在上塘中市开设生大药店。

同治六年(1867)

是年　梅礼卿开设梅永和南货店,三年后分设酱园,制作老油豆腐干。

同治十年(1871)

是年　宜兴城内任姓在和桥上塘开设复济典当。

同治十一年(1872)

是年　以上塘北首原积谷局旧址改建资生局(慈善事业)。

光绪元年(1875)

是年　县施行区图制,和桥为七镇之一,设镇董。和桥镇地跨万一、万二两区,分属万一、万二区管辖。

是年　程君扬开设人和祥绸布店。

光绪六年(1880)

是年　鹅山书院创办。

是年　唐慕陶开设乾源酱园。

光绪十二年(1886)

是年　俞耀珊开设乾锠馀油厂。

是年　资生局旧址设立济婴堂,有田产98亩,房屋7间。

光绪十七年(1891)

是年　大旱。遭蝗灾。

光绪二十九年(1903)

是年　招商轮船局在和桥设分局。

光绪三十二年(1906)

是年　鹅山书院改办鹅山学堂(民国后改称宜兴县立第二高等小学),蒋竹书任堂长。

是年　裕商轮船局在和桥设分局。

光绪三十三年(1907)

是年　全县第一所私立始齐女子小学(民国后改称宜兴县立第二女子高等小学)创办。

光绪三十四年(1908)

6月　县在和桥镇创设地方自治研究会。

是年　许莹甫开设镃昌仁南货店。

宣统二年(1910)

是年　育万学堂创办。

是年　胡澍(养初)资助育万学堂,先后助田100亩,捐款1700元;清廷赐金色三等奖章。

宣统三年(1911)

3月　选举和桥咨议局议员。

10月　辛亥革命胜利后,宜兴县、荆溪县同时宣告脱离清廷统治。

是年　县在和桥设立巡警区。

中　华　民　国

民国元年(1912)

1月　中华民国成立。撤销荆溪县,并入宜兴县,施行市乡制。和桥镇称和桥市。原咨议局改称议事会,并设地方公办的保安会维持社会治安。

4月　全县第一所中学——私立彭城中学创办,冯叔如任校长。

5月　程荫南任和桥市市董。

是月　葛安仁在下塘开设第一所西医医院——安仁医院。

是年　市立第五初级小学创办。育万学堂改称私立养初小学。

民国3年

是年　荣华医院开业。

是年　徐悲鸿先后在第二女子高等小学、彭城中学任教。

是年　严禁贩卖、吸食鸦片。

民国4年

是年　蒙养园创办。

是年　第二女子高等小学精心刺绣的《醒狮图》《孔雀开屏图》被国家送到法国巴黎万国博览会展出。

是年　和桥市救火会开始筹建。

是年　和桥文武会创办新福小学，第五初级小学并入。

是年　和桥警察分驻所设立。

民国5年

是年　和桥第一家照相馆——“二我轩”开业。

民国6年

是年　耀明电灯厂开业送电。

民国8年

是年　彭城中学暨第二高小、第二女子高小、养初、新福等校师生集会游行，声援“五四”运动，抗议北洋政府出卖国家主权。全镇工商界及爱国人士一致行动，抵制日货。

民国9年

是年秋　侯绍裘到彭城中学任教。

是年　和桥始设三等邮局。

民国10年

是年　和桥各小学选派运动员参加全县首届小学生运动会。

民国11年

是年　和桥市人史耀五任黑龙江省省长。

民国12年

是年　潘汉年在养初小学任教。

是年　市董程荫南被刺身亡。

是年　瘟疫流行。

是年　则先医院开业。

是年　耀明电灯厂改组，更名和明电灯厂。

民国13年

是年　齐（燮元）卢（永祥）战争爆发，和桥遭蹂躏，商店闭市。战后盗贼猖獗，和桥镇商界组织商团防御。

是年　小学实行“四·二”制，中学实行“三·三”制。第二高等小学改称县立第二小学。

是年　县立第二小学、第二女子高等小学、养初等校校长办学有成绩，宜兴县知事分别传令嘉奖。

民国14年

春末　彭城中学初一教室因年久失修，上课时突然倒塌，学生周炳清被压死，多人受伤。

6月　上海发生“五卅”惨案，全镇中小学师生游行示威表示抗议；工商界抵制英货、日货，提倡使用国货。

10月　军阀孙传芳军队秋操过境，抢劫和桥积谷仓存粮及部分商店。

民国15年

1月　彭城中学教员史汉清受国民党江苏省党部常委、省党部中共党团书记侯绍裘的委派，在和桥秘密建立国民党化城寺区分部。

11月　中共党员万益、周之鲤到和桥向鹅山小学教师、中共党员罗青布置工作。

是年　莫子卿在养初小学任教。

民国16年

1月　国民党和桥南街区分部建立。

3月20日　北伐军（国民革命军第十四军赖世璜部）取道和桥，进击常州。

4月　中国国民党建立和桥区党部，公开活动，和桥市搬运、粮油、槽坊、雇工等工人成立和桥市工会。

6月　和桥警察分驻所改为宜兴县公安局和桥分局。

8月　在中共宜兴县特别支部领导下，中小学教师开展索薪斗争。

10月30日　养初小学教师、共产党员莫子卿和孟士清等率领部分农民赴宜兴参加秋收起义。起义失败后，和桥商团搜捕准备起义的彭城中学学生。

11月3日　莫子卿被商团捕获，惨遭杀害。

民国17年

是年　和桥市（当时建置称市）购置手摇电话机，开始使用传呼电话。

是年　省农民银行在和桥设立办事处，并筹建粮食储运仓库。

民国18年

2月　推行地方自治，市乡制改为区乡制，和桥市改称和桥镇，是宜兴县第十四区区署所在地。镇长程镃年。

12月　国民党军驻常州三十二军独立四旅一、二团一、三营哗变，经过和桥，敲诈勒索，商户被迫闭市。

是年　县立第二小学改称鹅山小学。第二女子高等小学复称始齐女子小学。

民国19年

是年　和桥镇高小毕业生去宜兴参加第一次会考。

民国20年

初夏　大雨持续成灾。洪水淹至乾錩馀油厂大门。上塘黄家场住户进水。米价暴涨。

9月　中共江苏省委外县工作委员会秘书刘晓到和桥传达省委指示，停止执行暴动计划。

民国21年

5月　上海邮工为要求改善待遇罢工，和桥邮局员工起而响应。

是年　和桥镇成立戒烟（鸦片）会。

是年　民众教育馆在下塘公花园（现和桥高级中学）内开办。

民国22年

是年　县调整区划，裁并乡镇，和桥镇仍属十四区。

是年　京剧爱好者在和桥上塘南首程家园成立和声票社。

民国23年

3月10日　锡宜公路正式通车，和桥设汽车站。

6月　武宜公路正式通车。

夏至日起　连续40天未下雨；塘河干涸，可行人。宜兴县长钟竟成到和桥城隍庙前广场求雨。夏秋间，和桥义仓办理平粜，救济贫民。

11月1日　废闾邻制，设保甲。和桥属第三区，区署设和桥。

民国24年

是年　进行公民登记，人口调查，办壮丁训练。

是年　始齐女子小学并入鹅山小学 。

是年　和声票社发起在维新巷底建造新生戏院。

民国25年

3月　在原济婴堂旧址成立和桥育婴所，杨次乔为董事长。

是年　彭城中学校舍不敷应用，迁至上塘南首城隍庙旧址，由贾果伯、潘序伦、程国钧等资助，改建新校舍。

是年　张渚地震。和桥有轻微震感。

民国26年

8月13日　日军入侵上海。江南汽车公司招商、新商等轮船局先后停止营运。

是月　和桥各界成立抗敌后援会，组织救亡剧团至南新、官庄等地巡回演出《放下你的鞭子》等剧。

11月　两架日机在南首公路上空侦察、扫射、投弹。商店停业，学校解散。28日 日军渡太湖在沙塘港登陆，经周铁桥入侵和桥，奸淫掳掠，焚烧民房，残杀居民。

12月　镇上成立日伪“维持会”。日军侵占和桥。

是月　朱廉、李复组织苏南人民抗日义勇军，在长荡湖、太湖、滆湖地区开展游击战。

是月　国民党军六十师在和桥南街梢攻击日军。

民国27年

2月　化城寺长老洪仁及众徒十余人遭日军杀害。

2—4月　国民党军七十师及苏南人民抗日义勇军先后进击和桥日军，日军受重创。和桥镇“维持会”3人被缉获枪决。

8月　霍乱盛行。

10月　日伪区、镇公所成立。程酉生任区长，俞良友任镇长。设立伪警察分局，征收田赋，强迫使用日本军票，迫令居民领取良民证。

是年　私立养初小学在原址开学上课。

民国28年

2—5月　国民党军五十九、六十七、七十六、八十八师及三十三旅进入宜、溧、武日占区反击日军。

春　鹅山小学在方宗祠复课。

秋　李复到和桥找伪区长程酉生，晓以民族大义，为新四军劝募寒衣。

9月7日　程维新、王渭溪等在土墩庵成立人民抗日义勇军。

11月　新四军江南指挥部派张之宜率李丹桂、雷振民等连排干部进入太滆地区，加强对程维新部的领导，开展抗日游击战争。

冬　在余境合办鹅山余境联合小学。

是年　和声社利用农民银行仓库建造和桥大戏院。

民国29年

2月　日伪县教育科改鹅山小学为和桥小学。

6月　抗日义勇军短枪班战士在上塘大街典当码头击毙日兵两名后安全返队。

夏　旱灾，插秧期推迟至小暑，米价涨至16元一石（现75千克）。

10月初　新四军前委司令员陈毅下令将锡宜武人民抗日义勇军总队改编为新四军独立二团，程维新任团长。

10月3日凌晨　新四军独立二团分三路进攻和桥镇北兴桥日伪驻军，击毙日军1名，伪军10余名，缴获三八式、中正式步枪7枝和许多军需用品。

是月　中共太滆工委（即太滆地委）在闸口邵氏宗祠成立。

民国30年

年初　中共闸口区委成立，黄则民任区委书记

1月　中共宜兴县委恢复成立。下辖闸口、塘渎、扶风、大塍4个区委，各区成立民主政府。

2月　彭城中学迁回东横街复课。

2月27日　锡宜武三县民众代表大会在闸口召开，大会决定成立锡宜武三县行政委员会。

3月　《前驱报》改名《太滆报》，养初小学员工协助秘密传递。

是月　抗日民主政府在太滆地区推行“二五减租”。

4月28日　新四军六师十六旅在闸口邵氏宗祠成立。

5月4日　中共太滆地委，新四军第六师师长谭震林和苏皖区县委书记邓振询（中铭）渡太湖到

闸口。

6月3日　伪和桥区长程酉生被击毙。

秋　程维新创办私立酉生小学，后增办中学。

民国31年

2月　在宜兴县抗日民主政府县长张之宜的提议下，由蒋泽民、吴其昌、蒋镇负责在闸口地区——万福邵荣生茶馆内成立宜兴县第一个消费合作社。

6月4日　日军调集重兵袭击驻史家庄的新四军独立二团。程维新在突围时负伤，干部、战士伤亡200余人。

9月　汪伪特工佘贵可等假借“清乡”之名，在和桥无恶不作，无辜群众何中柱等多人被害。

是年　新四军地下工作者吴金荣在和桥开设“真是我”照相馆。

是年　邵宝娟在下塘开设仁和产科医院。

民国32年

2月　彭城中学增办高中，迁寨沟潭旧址上课。

3月　程维新率旧部到张渚投奔国民党军，任江南行署锡宜武第一先遣队队长。

5月　新四军独立二团团长杨洪才率部在和桥附近李山伏击日军，击毙日军小队长及机枪手。

是年　和桥商会在北首创办义务小学。

民国33年

是年　日军在镇上低价强购军粮，市场混乱，物价飞涨。

民国34年

8月15日　日本政府宣布无条件投降。下旬，日军向常州撤退，新四军进驻和桥。

10月中旬　国民党军一〇五师的一个连进驻和桥。

10月24日　国民党党政机关《安民通告》和《告国民党员书》在和桥镇发布；政区沿袭旧制，和桥镇属第三区；区公所设在和桥镇上；警察分局在和桥镇设立；三民主义青年团和桥第一区队建立。

是月　和桥电灯厂改组，更名新生电灯厂。

是月　彭城中学迁回原址城隍庙开学。和桥小学改称和桥中心国民学校。义务小学改称十一保保国民小学。酉生中学停办。

是年　和桥镇商会重建。

民国35年

1月　县立和桥初级中学在酉生中小学原址创办。

3月　区公所改为区署。

4月　俞耀珊当选为县参议员。

5月　和桥区教研会在镇上举行拒毒演说竞赛。

10月　宜兴县田赋粮食管理处在和桥设办事处。

是年　锡宜路桥梁修复，江南汽车公司恢复通车。

是年　宜兴县政府派员到和桥督导保甲事宜。

民国36年

1月8日　县粮管处在和桥设第三集中仓库。

4月　戒烟所成立。

是月　国民党军伤兵闹事。

11月　选举国民大会代表。

是年　乡镇电话网完成。

民国37年

1月　国民党、三青团统一委员会成立，实行党团合并。

5月12日　中共宜北武工组组长吴其昌等8人，在姚家湾遭国民党青年军二〇二师二团四连袭击壮烈牺牲。翌日，头颅被悬挂在中兴桥示众。

5月16日　中华民国总统蒋介石偕夫人宋美龄及侍从警卫一行分乘5辆轿车，祭扫亭乡侯蒋澄墓后途经和桥，步行过境。

5—6月 全县并区并乡，设立周和区，区署仍设在和桥镇。

6月17日　宜北武工队队员蔡光根、胡仁生、张大荣、张春芝在和桥镇击毙军统特务王逸之。敌追击,张春芝牺牲。

是月　一贯道在周家浜创办慈善初级小学。

9月　抗日战争期间停办的和桥育婴所恢复收育弃婴。

是年　全年雨量过多,和桥地区圩滩田受严重影响,粮食歉收。

民国38年

3月　国民政府交通部公路总局派机械筑路总队至宜兴,加强对锡宜公路的养护铺修。总机构设在和桥。

4月中旬　国民党保安队驻守和桥。

4月23日　中国人民解放军三十一军九十二师二七四、二七六团抵和桥近郊地区。晚,驻和桥的国民党省保安队纵火焚烧公路大桥。

4月24日凌晨　中国人民解放军向和桥镇发起总攻,战斗至上午8时45分结束。和桥镇解放。是日,南新解放,国民党军队从丹阳经南新向上海溃逃。翌日,和桥镇上中小学照常上课,商店照常营业。

4月28日　县人民政府接收国民党政府的官庄乡、塘渎乡乡级政权。

5月　中国人民解放军宜兴县军事管制委员会通令全县行政区划分8个区、41个乡镇,和桥建立区、镇人民政府。

5月8日　正式建立乡一级人民政府。

7月　镇人民政府组织暑期工作队下乡宣传党的方针政策。先后建立和桥镇工、农、青、妇、民兵等组织。

中华人民共和国

1949年

10月1日　全镇欢腾,热烈庆祝中华人民共和国成立。

是月　废保甲,建街(村)组制,并在已建制行政区划内调整改小乡。

11月15日　和桥工商联(筹)建立。

是月　和桥职工消费合作社成立。

1950年

2月　原保国民小学并入和桥区中心小学,称分部。

3月　县人民银行在和桥设办事处。

5月　和桥公安分局改为公安派出所。

是月　中小学建立中国少年儿童队。

是月　全镇干部群众下乡抗旱救灾。中小学师生下乡支农。

是月　和桥区俱乐部成立。

6月　旱情严重,村村受灾,全乡组织抗旱救灾,小学师生支援抗旱。

8月3日　区、镇抽调中小学教师参加苏南暑期教育研究会学习。

9月　和桥工会成立,筹设镇职工业余学校。

是月　县工商科在和桥设办事处。

是月　中国新民主主义青年团和桥区委员会成立,各条线团支部成立。

是月　和桥区医务工作者协会成立。

10月　镇压反革命运动在各乡范围内全面展开。

11月　中国百货公司宜兴办事处在和桥建立营业所。

12月 和桥各界捐献寒衣,支援皖北灾区。

是月　土地改革开始,巡回法庭建立。

1951年

1月　县举行“和平杯”篮球赛,和桥队获冠军。

2月　私立彭城中学与私立和桥初级中学合并成私立新和中学。

是月　中粮公司宜兴支公司第一加工厂(简称中粮加工厂)在和桥建立。

是月　和桥中心小学正式设立幼儿班。同时，团结街也开办幼儿班。

3月　宜兴县第一个互助组在闸口乡北沙滩邓槐银的带领下成立。

4月　镇上青年纷纷报名参军抗美援朝。

5月1日　镇上举行“反对美帝重新武装日本”的示威游行，群众在《缔结五大国和平公约宣言》上签名。

是月　区、镇召开全区公审大会，处决反革命分子陆士英。

5月13日　数百人赴宜参加县人民法院召开的对原国民党宜兴县县长李乙飞的公审大会，会后执行枪决。

是月　和桥区广播收音站筹建。

6月　抗美援朝支会成立，响应全国抗美援朝总会三大号召，掀起订立爱国公约、增产节约、踊跃捐献飞机大炮热潮。

是月　和桥工人俱乐部成立。

是月　和桥区供销合作社开张营业。

7月　私立养初小学与和桥中心国民学校合并，改称宜兴县和桥区中心小学，分设一部、二部、三部。

8月5日　中国人民赴朝慰问团代表徐铸成等到和桥举行报告会。

是月　和桥联合诊所成立。

8月　土地改革完成，土地证颁发。

9月14日　下塘酱厂北弄吴宅大火，烧毁楼房3间，跌伤1人，烧死小孩2人。

是月　大生（金盆）村民兵郭根云出席在北京召开的全国民兵代表大会。

11月　和桥镇中苏友好协会分会组织成立。

1952年

1月　和桥镇开展“三反”（反贪污、反浪费、反对官僚主义）、“五反”（反行贿、反偷税漏税、反盗窃国家资财、反偷工减料、反盗窃国家经济情报）运动。

3月　贯彻中共中央《关于互助合作的决议》（草案），王母乔德根、西锄蒋德生及南新刘崔保3人在所在村成立农业生产常年互助组。接着其他各村也成立农业生产互助组。

3月　南新城隍庙前和北新街分别召开公审大会，镇压蒋奉仁、蒋勤安、周纪坤、杨迪渔等恶霸地主。

4月　邓槐银互助组转办为北沙滩农业合作社，成为宜兴县第一个初级社。

6月1日　庆祝首个“六一”国际儿童节，对全镇儿童作健康检查。

9月　新华书店开张营业。

是月　和桥镇赶制5万千克黄豆的豆腐干送往朝鲜慰问中国人民志愿军。

11月　机关干部、学校教师开始享受公费医疗。

是年　和桥镇民主妇女联合会成立。

是年　中共和桥镇支部委员会建立，邵焕清任支部书记。

1953年

1月　物资交流大会举行。苏、锡、常商界到和桥参加交流。镇上多处文艺演出。晚上大放焰火，街上人群摩肩接踵，盛况空前。

是月　“一贯道”及其他反动道会门被取缔。

3月　大张旗鼓宣传《中华人民共和国婚姻法》。

7月1日　和桥镇进行第一次人口普查。

7月28日　和桥镇人民欢庆抗美援朝胜利。

11月　宣传贯彻党在过渡时期的总路线 鼓足干劲，力争上游，多、快、好、省地建设社会主义。

12月　粮食实行统购统销，计划供应。

是年　南新、北新粮库建立。

12月至翌年1月　北新乡开挖民胜河。该河是新中国成立后开挖的第一条河，河道顺利完工，人民胜利了。定名民胜河，以后官庄村也改名民胜村。

1954 年

1月　原和桥区大队长唐林根因叛变投敌，被人民政府审查后镇压。

4月27日　和桥区有线广播站正式播音。

5月—8月初　连绵阴雨，河水漫上乾锠馀油厂浜岸。和桥境内滩田、低洼田块全部被淹，无法耕种，各村群众自发组织，筑堤排水、抗灾保苗。

是月　和桥镇第一次普选人民代表。

7月　和桥镇第一届人民代表大会召开，选举镇长和副镇长。选举薛玉鸾为镇长。

9月15日　棉布实行计划供应。

10月　和桥镇改为县属镇。

是月　食油实行计划供应。

11月　中共和桥镇第一次代表大会召开，中共和桥镇委员会成立，司宗美任党委书记。

是月　和桥镇产生党员代表，出席县第一次党员代表大会。各乡建立党支部。

是年　各村成立初级农业生产合作社。

1955 年

3月1日　中国人民银行发行新人民币，和桥回收旧人民币，新币1元折合旧币1万元。

6月24日　和桥镇机关干部、中小学教师组织开展对“胡风反革命集团”的学习批判。

8月　粮食实行“三定”（定产、产购、定销）政策。

9月15日　虫害情况严重，全镇人民投入治虫运动。

是月　各界人民认购经济建设公债。

是月　城镇口粮实行以人定量的规定。

11月　义务兵役制实行，开始征兵。

12月　西锄村村民周朝南因吸烟不慎引起烟头燃火，烧毁芦滩约600多亩。周朝南被处理。

1956 年

1月5日　和桥镇人民政府改为和桥镇人民委员会。

1月9日　传达毛泽东“十七条”指示和《全国农业发展纲要》。

是月　粮食系统开始全行业公私合营。

1月18日　商业系统开始全行业公私合营和合作化。

2月19日　万人大会举行，庆祝私营工商业社会主义改造的伟大胜利。

是月　新孚、大利、济农、福华4个蚕种场合并，定名为公私合营和桥蚕种场。

2月　全县建制区划调整，进行并区并乡。北新乡并入南新乡，拆永兴乡、大同乡，建立新民乡。

是月　贯彻《农业发展纲要》（四十条）建立高级农业生产合作社。闸口乡在和桥地区率先合并了乡内的初级社而转办高级社

3月　和桥各米厂合并为公私合营和桥米厂。

是月　南新召开第二届乡人民代表大会，选举庄舒清为乡长。

是月　南新围筑西民胜圩，面积1400多亩。

4月27日　和桥区、镇烈军属、残、复军人社会主义建设积极分子会议召开。

6月　南新乡内首座机灌站——北新灌溉站落成并投入运行（柴油机作动力）。

7月25日　和桥镇机关、企事业单位开展“肃反”学习。中学教师集中镇江参加“肃反”学习。

9月23日　和桥粮食加工厂霉变粮食28吨，厂长受处分。

9月　新和中学改称宜兴县立第三中学。

是月　新中国成立后第一次工资改革。

是月　和桥镇医务卫生工作者协会成立。

是月　和桥小学开展“小五年计划”活动，受到镇江地区和宜兴县的表扬。

10月　和桥镇第二届人民代表大会召开。

11月　中共南新乡第一次代表大会召开，成立中共南新乡委员会，选举汤富雄为党委书记。

是年　归美乡并入楝树乡，闸口乡成立妇女联合会。

是年　县文教局在化城寺创办速成师范学校，

1958 年夏停办。

1957 年

1 月　长工桥被拆建，改名劳动桥。

是月　全镇小学教职工集中宜城参加“肃反”学习。

是月　镇机关干部学校开办。

3 月　闸口乡第一届人民代表大会召开，选举王炳华为乡长。

7 月　城镇居民粮食、食油实行定量供应。

8 月　宜兴县第三中学教育工会主席朱自道出席全国工会工作积极分子代表大会。

是月　镇郊成立高级农业生产合作社，划归新民乡领导。

是月　镇民主妇女联合会改称妇女联合会。

4—8 月　王母村拆杨家祠堂扩建王母小学、中巷村拆余氏宗祠扩建中巷小学，宗祠内状元匾，忠孝牌失传，百年铁海棠被毁。

9 月　区划调整，撤归美乡，把新生、前谢、湖滨、湖渎 4 个高级社划入南新乡。为此乡政府搬至北新老乡政府办公。乡党委书记汤富雄、乡长徐富生。

是月　中共南新乡、闸口乡委员会成立。

是月　楝树乡并入闸口乡，谢根清任闸口乡党委书记。

是年　南新乡机关成立妇女联合会。

11 月至 12 月　各界进行整风学习，开展反右派斗争。

1958 年

1 月至 3 月　中小学教师集中宜城参加整风学习，开展反右派斗争。

是月　县人民委员会批准和桥镇设立 4 个居民委员会。

2 月　南新乡乡政府搬回南新街老址办公。

3 月　中共和桥镇第二次代表大会召开，选举王美珠为书记。

是月　南新乡第三届人民代表大会召开，选举徐富生为乡长。

4 月 11 日　和桥镇第三届第一次人民代表会议召开，选举张凤山为镇长。

4 月 12 日　全镇人民开展声势浩大的捕麻雀活动。

5 月　各乡组织 1400 多民工参加横山水库建设。

7—10 月　工业放卫星、大炼钢铁、大量抽调农村劳动力，造成大片农田荒芜。

7 月 30 日　县批准和桥联合诊所改名和桥医院。

8 月　和桥米厂、油厂、电厂合并为公私合营和桥粮油厂。

是月　和桥蚕种场创办蚕桑中学。

8 月　南新中学创办。

9 月 9 日　太滆人民公社成立，废乡、村制，实行政社合一体制。

9 月 10 日　镇上召开群众大会，庆祝太滆人民公社成立。和桥镇并入太滆公社。

是月　和桥镇人民大炼钢铁，大办集体食堂。

是月　和桥工商联进行改组，改称宜兴县工商联合会和桥分会。

是月　商业大合并，归并为 4 店（棉百、副食、饮食服务、生产资料）1 站（农副产品采购站），由太滆公社领导。

是月　根据两条腿走路的方针，和桥小学三部并入二部，开设民办小学。

10 月　在秋收秋种中采用“大兵团作战”方式，集中大部分劳动力一起大搞深耕深翻。各社均虚报粮食产量，大放“高产卫星”。

12 月　南新乡政府遭人放火，整个院舍化为灰烬，档案资料烧光，乡政府只能搬进南新城隍庙内办公。同月，犯罪分子被揖拿归案。

1959 年

1 月　调整行政区划，太滆公社撤销。划为和桥、高塍、屺亭、闸口4个公社。

是月　中共南新公社第二次代表大会召开，选举李言让为党委书记。

2月13日　和桥镇恢复为县属镇。

3月　对私房进行社会主义改造。

是月　和桥中医联合诊所成立。

5月　调整建制，和桥境内新成立南新、闸口、新民3个人民公社。

是月　和桥粮油厂被评为江苏省红旗单位。

是月　商业部长姚依林由县商业局局长王美珠陪同到和桥视察。

是月　商业体制又一次调整，小商贩从供销部划出，恢复原体制。

7月　掀起大办工业、大放“卫星”的热潮。

是月　和桥民兵团成立。

是月　和桥人民银行陈炳荣（财贸）、和桥粮油厂赵洪虎（工业）、运输社缪寿荣（运输）出席江苏省工交、基建、财贸群英会，分别获省级财贸、工业、运输系统“先进生产者”称号。

是月　和桥镇市场管理委员会成立，增设打击”投机倒把“办公室。

7月　中旬后，百日无雨，旱情严重，水稻大幅减产，大量出现浮肿、消瘦病人，出现非正常死亡人员，部分劳动力外逃江西。

8月　南新粮食加工厂创办，用柴油机做动力。

是年　南新公社广播站创办，各大队陆续开通有线广播。南新铁木业联社创办南新农机修造厂。

9月　戴进调任南新公社党委书记。

11月20日　镇江专署文教局确定宜兴三中为重点中学。

是月　闸口公社第二届人民代表大会召开，选举王遗生为公社管委会主任。

1960年

2月20日　宜兴县民兵代表大会在和桥召开。

3月　南新邮电代办所建立，并设电话总机，归属地管理。

3月18日　中共闸口公社第一次代表大会召开，选举谢根清为党委书记。

3—4月　县政府提出“大办农业、大办粮食”号召，西锄、聚龙等沿湖大队发动社员围筑滩田圩堤。

春　浮肿、消瘦病人继续增多，非正常死亡人员加剧，由于去年粮食减产，农民吃粮减少，大量劳动力外流江西等地。

4月　闸口公社第三届人民代表大会召开，选举王遗生为主任。

6月　和桥镇各街成立清管组。

秋　疟疾流行，患者众多。

7月　镇“三反”领导小组成立，领导反贪污、反浪费、反盗窃运动。

9月　方永春任南新公社党委书记。

12月　县成立和桥片领导小组，驻和桥镇。1961改名为中共和桥地区工作委员会。

是年　新民公社与和桥镇合并办公。

是年　常丁线架设完工，和桥供电所成立。

是年　搬运站发生杀人分尸案，凶犯周荣义杀害蒋罐只，被公安部门及时侦破。

1961年

1月　贯彻中央关于“彻底算账，坚决退赔，破产还债，实物还主”的精神，纠正“一平二调”（分配上的平均主义、无偿调用财产和物资）共产风，整顿人民公社，开展社会主义教育运动。

3月　和桥镇第三届工会代表大会召开。

是年　供销社酿造厂改称地方国营和桥食品酿造厂。

是年　和桥镇清管组划归蔬菜场，1963年单立，定名和桥镇清洁管理所。

5月　按《农村人民公社条例》和宜兴县委“三干”会议精神，解散公共食堂，分给社员自留地，允许社员耕种十边隙地，由大队核算改为生产队核算。

6月11日起，连续70多天未下透雨，干旱和虫灾严重，粮食继续歉收。

12月　南新公社第四届人民代表大会召开，选举钟蔚衡为公社管委会主任。

是年　西锄大队在西锄正南圩内建造西锄电灌站，灌溉面积达2000多亩。

1962年

3月　全面贯彻“调整、巩固、充实、提高”八字方针和全面贯彻执行“三级所有制”（即公社、大队、生产队三级所有制），各大队的生产队重新组合，规模缩小，以利于组织农业生产。

5月　闸口公社第四届人民代表大会召开，选举陆景珂为主任。

8月　中小学贯彻“调整、巩固、充实、提高”八字方针，动员部分超龄学生回乡支农，并辞退部分不合格教师。

10月　和桥医院改称和桥联合医院。

是月　县国营商业下伸，成立和桥国营商店，隶属当地政府和县商业局的双重领导。

是年　和桥成立供电站。

是年　县委派宋文祥（县委组织部部长）、蔡斌等同志组成工作组进驻南新，帮助南新公社整顿领导班子。

是年　和桥镇第四届人民代表大会召开（具体时间不详）选举徐所耕为镇长。

1963年

3月　中共南新公社第三次代表大会召开，选举倪桂模为公社党委书记。

4月　南新公社第五届人民代表大会召开，选举汤富雄为公社管委会主任。

4月10日　中共闸口公社第二次代表大会召开，选举谢根清为党委书记。

4月15日　和桥镇第五届人民代表大会召开，选举徐所耕为镇长。

是月　根据县委指示，和桥成立增产节约和“五反”运动领导小组，领导开展反对贪污盗窃、反对投机倒把、反对铺张浪费、反对分散主义和反对官僚主义的运动。

是月　部分居民、知识青年下放农村。

6月　中共和桥镇第四次代表大会召开，选举陈阿庆为党委书记。

7月　和桥镇第三届妇女代表大会召开。

8—12月　镇江地区工作队来南新进行面上社会主义教育运动，简称“四清”运动，即清账目、清仓库、清财物、清工分，1964年5月结束。

12月24日至27日　和桥镇举办物资交流大会。

是月　和桥镇个体医务工作者组建联合诊所。

是月　和桥镇商贩联合会成立。

1964年

元旦　和桥镇广播站建立。

3月　沈仲华调任闸口公社党委书记。

4月10日　和桥镇爱国卫生运动委员会成立。

4月　南新公社成立机电灌溉站、公社兽医站，隶属公社政府领导。

5月　和桥镇人民开展学雷锋活动。

6月30日　和桥镇进行第二次人口普查。

是月　和桥镇医药中心商店改为和桥镇医药商店。

是月　和桥交通管理站建立。

8月　和桥镇恢复农业中学，校址在原校区（原城隍庙南）。

9月　和桥境内开展“农业学大寨”，实行大寨式记工。

9月　和桥镇一批知青在西锄、水中、中巷大队落户。

10月　西锄农中创办，校址选在西锄西祠堂内，至1975年8月并入西锄小学。

是年　和桥境内全面推广“农垦58号”晚粳稻（俗称“矮鬼稻”或“世界稻”），淘汰“853”晚粳稻。

1965年

3月　和桥镇渔民子弟流动学校总校创办。

是月　组织学习贯彻中共中央关于《农村社会

主义教育运动中目前提出的一些问题》(即二十三条)

4月　粮价提高,居民全年补助米贴,每人4元。居民口粮实行凭证发券,定点供应。

5月　和桥镇举办雷锋事迹展览。

是月　闸口公社第五届人民代表大会召开,选举戴荣大为社长(主任)。

是月　江苏省卫生厅厅长陈立平到和桥视察工作。

6月　南新公社建筑站成立。

7月　和桥供销社日用杂品商店代表应邀参加全国供销合作社会议并介绍经验。

是年　知识青年和闲散居民继续下放农村。

是年　和桥境内3个公社贫下中农协会成立。

是年　中兴桥畔烟糖大楼(1152平方米)竣工。

9月　柯山农中创办,至1973年并入南新中学。

12月　南新公社第六届人民代表大会召开,选举蒋定华为公社管委会主任。

是年　少数生产队出现水泥制品农用船。

1966年

1月31日　和桥镇第六届人民代表大会召开,选举镇长、副镇长和出席县人大代表。选举钟蔚衡为镇长。

是月　南京农学院在和桥化城寺开办宜兴分院。

2月18日　中共闸口公社第三次代表大会召开,选举刘永年为公社党委书记。

是月　中共南新公社第四次代表大会召开,选举欧希文为党委书记。

是月　中共和桥镇第五次代表大会召开,选举陈阿庆为党委书记。

4月5日　和桥人民法庭建立。

是月　闸口公社第六届人民代表大会召开,选举郭仲龙为社长(主任)。

是月　和桥镇公私合营商店全部并入国营商店。

6月9日　全镇以批判"三家村"始,开展"文化大革命"运动。

6月12日　声讨"反党反社会主义分子(邓拓、吴晗、廖沫沙)"大会召开。会后各单位向群众宣读"高举毛泽东思想的伟大红旗,把无产阶级文化大革命进行到底"的宣传要点。

是月　宜兴三中学生走向街头,大破"四旧"(旧思想、旧文化、旧风俗、旧习惯),横扫一切"牛鬼蛇神"。

是月　县委工作组进驻和桥中学,领导"文化大革命"。

6月下旬　和桥境内"文化大革命"运动开始。

8月1日　民兵举办军事野营游泳比赛。

9月　宜兴三中"停课闹革命"。

是月　和桥镇上干部、职工上街游行,刷写大字报和标语,宣传中共中央《关于无产阶级文化大革命的决定》(即十六条)。

是月　和桥镇中小学成立"红卫兵"组织,开展"四大"(大鸣、大放、大字报、大辩论)。

10月24日　和桥镇中小学师生代表赴北京接受毛主席检阅。

11月　各行各业成立各种名称的"造反派"组织。

是月　公私合营和桥粮油厂改为国营和桥粮油厂。

12月　中、小学师生进行"革命大串联",镇上成立"红卫兵"接待站。

3—12月　南新公社选派种田能手29人组成农业专家队由和桥区(172人)卢顺华、王吉成带队赴贵州遵义地区辅导科学种田,至12月结束返乡。

是年　进行殡葬改革,逐步实施并普及火化,禁止棺木土葬。

1967年

1月　和建大队划入和桥镇,成为和桥镇的蔬菜基地。

1月底　在“踢开党委闹革命”、揪斗“走资派”的浪潮中，镇党政机关被迫停止工作。

4月30日　县军管会成立后，镇成立革命生产领导小组，由人武部长主持全面工作。

5月　和桥镇各单位“造反派”召开斗批大会，对“当权派”进行“斗批亮相”。会后组建革命生产领导班子。

是月　中学开始复课。

6月17日　欢庆中国第一颗氢弹爆炸成功，镇上举行集会游行。

9月　群众组织分裂为“和联总”与“三代筹”两派。中学再次停课。造反派在农村拉派搞强行站队，成立“文攻武卫”指挥部。

1968年

5月　南新水产大队成立，并建立高拖、丝网、渔簖、打猎、饲养、种植作业组，改革渔民漂泊作业为定居生活，把渔民纳入公社管理。

5月23日　和桥镇“工人纠察队”组成。

6月20日　和桥镇两派群众组织到县农机厂参加武斗。

是月　开展“清理阶级队伍”，责令所谓阶级敌人挂牌请罪、戴高帽游行，并封门抄家。

是月　工宣队进驻镇区学校，全面开展“斗批改”。

6月　南新公社“三结合”革命委员会成立，并撤销原公社的一切机构，吴须勤任革委会第一副主任并主持工作。1970年，钱长发任南新公社革委会主任。

8月　闸口公社第七届人民代表大会召开（即三代会：工人、农民、红卫兵代表），选举刘永年为革委会主任。

9月　和桥镇第七届人民代表大会召开，同时和桥镇革命委员会成立，下属单位相继成立革命委员会和革命生产领导小组。和桥镇革委会由陈阿庆主持工作。

是月　芳桥针棉织合作社迁和桥，改称宜兴县染织厂，成为全县轻纺行业中第一个县属大集体企业。

是月　各大队选派赤脚医生参加业务培训。

是月　南新“三代会”（即南新公社第七届人民代表大会）召开，确认吴须勤为革委会第一副主任。

是月　小学学制全部改为5年制，中学改为“二・二”分段制，贫下中农毛泽东思想宣传队（简称毛宣队），进驻学校。

10月　宜兴县人民武装部在南新王母大队办“五・七”劳动农场，至1973年5月撤销。

是年　机关干部下基层（称“上山下乡”），蒋南昌（南京市人事局）、赵璧（南京市监委）、张赛惠、郑文仪等人被下放至南新公社。

是年　川埠6285部队在民胜大队湖民生产队办“五・七”农场，至1976年撤离。

是年　全镇知识青年继续“上山下乡”。

1969年

3月　镇江农机学院师生来南新公社王母、新桥大队，筑圩造田办“五・七”农场，实践“知识分子接受贫下中农再教育”的锻炼，并一面劳动、一面进行“斗、批、改”。

2—3月　县革命委员会在镇江举办毛泽东思想学习班，和桥境内两派头头及原公社管委会成员均参加。

4月　解放军炮九师部队军宣队进驻南新公社水中、西锄、北新、王母、南新大队，狠抓阶级斗争，帮助建立大队领导班子。

6月　各大队开始推广种植双季稻，以后逐年增加，强行定栽种面积，造成各生产队减产减收，社员做饭无烧草，1981年结束。

6月3—4日　和桥镇发生大规模武斗，商店闭门，工厂停产，2人中弹死亡，多人受伤。

8月　南新中学增设高中班。

9月　县革委会毛泽东思想宣传队进驻和桥镇及各公社，并帮助建立领导班子。

是月　和桥镇民办中学、和桥公社农中并入宜兴三中，宜兴三中改名为宜兴县和桥中学。

11月27日　晚8时10分，一架直升飞机从无锡硕放至新闸执行任务返航途中失事，坠毁西锄大队黄家队河南田里，军垦农场（炮九师部队）解放军派出抢救队协助公社组织全力抢救，机组人员5人全部身亡。

1970年

1月　镇江专区毛泽东思想宣传队进驻和桥镇。

2月　全镇传达贯彻中共中央文件，开展一打（打击反革命破坏活动）、三反（反对贪污盗窃、反对投机倒把、反对铺张浪费）运动。

3月　大雪，公路上汽车停驶3天。

是月　和桥镇广播站更名为宜兴县和桥镇广播放大站。

4月　各大队先后成立合作医疗室。

6月　南新联合诊所搬迁，后改名南新卫生院。

9月　南新水产小学落成并开学，结束漂泊的水上教育历史。

是月　和桥镇革命委员会恢复党的组织，名为中共和桥镇革委会党的核心小组。

是月　中共和桥镇第六次（后经上级确认）代表大会召开，选举王乐为党委书记。

11—12月　南新公社发动围筑团结圩造田5000余亩。

是年　出现机动农用船（俗称挂浆船）进行运输和积肥。在房屋建造上，出现用水泥桁条、空心楼板及钢筋混凝土结构来替代木桁条、木楼板及竖柱式框架结构建筑。

是年　钱长发任南新公社革委会主任。

1971年

2月　和桥镇深挖"五·一六反革命集团"的运动开展。

3—4月　西锄大队黄雨林先后被选为宜兴县委、镇江地委委员（不脱产）。

3—5月　南新全社发动，围筑十六份圩、红星圩、红旗圩圩堤。

4月15日　中共闸口公社第四次代表大会召开，选举刘永年为公社党委书记。

6月　和桥镇共青团组织恢复活动。

7月　钱长发调任南新公社党委书记。

10月　传达中共中央有关林彪叛国事件的五个重要文件，开展"批林整风"运动。

是月　和桥设立宜兴县钟溪至张渚运河疏浚工程和桥镇指挥分所。12月初断航开始疏浚，1972年1月，工程基本完工。

12月　闸口公社第八届人民代表大会召开，选举杨伯荣为主任。

1972年

2月　沪宜公路漕桥至宜兴段铺设渣油路面。

4月　省商业局在和桥公社粮管所搞"粮食议购议销"试点。

是月　和桥镇南兴桥、中兴桥、北兴桥3座大石拱桥被拆除，改建成混凝土桥。

4—5月　和桥、闸口、南新3公社广泛发动建造沼气池，解决农民做饭烧柴紧缺困难。至1979年，由于缺乏维修，所有沼气池基本垮塌。

5月　和桥中百商店大楼落成。

6月　北新粮库撤销并入南新粮库。

7月　和桥联合医院改称和桥卫生院。

10月　县到西锄大队举行现场会议（农业学大寨种双季稻"三干会"）

12月　和桥、闸口、南新公社抽调各大队部分劳动力集中开挖疏浚太滆运河的分水段工程，1973年1月完工。

1973年

3月　和桥镇妇联恢复活动。

3月15日　中共南新公社第五次代表大会召开，选举张保生为公社党委书记。

4月　中共闸口公社第五次代表大会召开，选举杨伯荣为公社党委书记。

9月23日　镇江地委组织有关县分管农业的领导来南新西锄大队参观“农业学大寨”，并由西锄大队汇报了情况，参观百头猪场。

是月　宜兴县林副业局全面接收镇江农机学院在南新的“五·七”农场，并创办宜兴县滆湖良种繁殖场。

11—12月　南新公社北片社员挑平座落在王母大队邓家生产队区域内的古代十里皇坟。

是年　部分高校、中专在宜招收新生，实行所谓贫下中农推荐、政治审查，领导批准，招收学校复查的录取办法。

12月　和桥镇工会恢复活动。

是年　和桥镇商业系统开展“增产节约、改善企业经营管理”为主要内容的社会主义劳动竞赛。

1974年

1月　和桥搬运站改称和桥港区。

4月　开展批林(林彪)批孔(孔子)运动。

4月22日　上午8时，溧阳上沛公社发生5.5级地震，和桥有震感。

7月23日　晚8时至10时，龙卷风、冰雹袭击南新，西锄、金家、滆南、云阳4个大队遭受灾害。

1975年

1月　根据上级有关精神，为在清查“五·一六”运动中被审查的人进行公开平反。

8月　中共闸口公社第六次代表大会召开，选举张凤清为公社党委书记。

9月　西锄农中并入西锄小学，西锄小学改为七年制学校，公社辅导小学从西锄小学撤出，设在南新小学并改名南新中心小学。

10月　南新公社工业交通管理办公室(简称工交办)成立，后改名工交公司，至1984年工交公司分开，成立工业联合公司和交通管理站。

是年　水中、西锄大队建立知青点。

12月初，和桥区卫生院(即和桥医院)举办了宜兴县首届赤脚医生培训班(时称和桥区卫校培训班)，和桥区七个公社51位大队赤脚医生参加学习培训。

12月16日　开挖沟通太、滆两湖的殷村港，工期约2个月。

1976年

1月8日　和桥人民沉痛悼念周恩来总理。

是月　和桥人民剧场易地重建，改名和桥影剧院。

6月3日　和桥卫校首届赤脚医生培训班结业，在宜兴农校和桥分校(茅庵头)举行毕业庆典。

7月　和桥人民沉痛悼念朱德委员长。

8月30日　撤北新农中并入民胜小学，创办民胜七年制学校。

8月　和桥境内镇、公社成立抗震领导小组，组织拉警报演练；境内多数居民搭防震棚。

9月9日　和桥人民沉痛悼念毛泽东主席。

10月　和桥镇人民拥护党中央一举粉碎江青反革命集团。

是月　和桥工商行政管理所设立。

11月　中巷桥、军民路竣工并通车，汽车可从和桥直接去军垦农场。

11月8日　市计委发文批准南新人民公社成立运输社，隶属公社管委会。

12月　闸口公社第九届人民代表大会召开，听取和审议曹爱根所作工作报告，选举张凤清为革委会主任。

1977年

4月　北新大队在合心圩内建成套闸，方便圩内农田耕作(为宜兴县内第一套闸)

8月　王母小学创办七年制学校，至1980年撤销，并入南新中学。

是月　光学仪器厂废汽油经高温曝晒弥散，遇明火燃烧，导致工人一死一伤。

9月11日　8号台风过境，并伴有暴雨，风力达9～10级，和桥境内电话、广播中断，部分民房倒塌。

是年　全面推广种植早熟杂交籼稻。

1978年

1月　县委派窦荣香、任锁开、蒋炳华、李平华等同志组成的农业学大寨工作队进驻南新，协助公社党委领导全社开展农业学大寨和"双打"（即打击现行反革命活动，打击贪污犯罪活动）运动。

4月30日　县政府批准南新成立宜兴县南新公社渔场。

4月　和桥镇委开始复查纠正1957年错划右派分子工作，并复查"文化大革命"期间的案件。

7月　大旱，由于水利工程发挥效益，水稻仍获丰收。

是月　上塘主街道改铺水泥路面。

10月 中共闸口公社第七次代表大会召开，选举张凤清为公社党委书记。

11月17日　中共南新公社第六次代表大会召开，选举杨嘉明为党委书记。

11月24日　南新公社第八届人民代表大会召开，选举杨嘉明为公社革委会主任。

是年　生产队取消大寨式记工，实行定额包干计酬方法。

1979年

2月　交通管理站改称交通监理所。

是月　和桥港区方也能获1978年度国家交通部颁发的安全优质"百日赛"奖章。

5月　南新公社文化站成立；文化站大楼落成。

7月1日　南新公路通车，每天有省车队（27车队）20个班次来回运客（后又发展去常州、无锡等地的长途客车）。

7月9日　溧阳上沛、庆丰发生6级地震，和桥有明显震感。

7月21日　龙卷风过境，部分工厂、民房的烟囱倒塌。

是月　和桥镇港澳台同胞眷属代表会议召开，并产生出席县侨眷代表会议的代表。

是月　和桥粮管所扩建2500吨粮食仓库。

是月　和桥医药商店职工陈瑞娣获"江苏省三八红旗手"称号。

11月　南新农技站余炜被团中央命名为"全国新长征突击手"。

12月　北新圩、东民胜圩，合心圩建成联圩。

是年　全镇"四类分子"（地主、富农、反革命分子、坏分子）摘帽并改变成份。

1980年

4月　复查处理私房改造遗留问题。

是月　和桥食品站、烟糖商店、向阳饭店被镇江地区命名为"双学"（工业学大庆、农业学大寨）先进单位。

7月　和桥镇创办中心幼儿园（迎祥巷）。

11月10日　和桥镇被评为县计划生育先进集体。

11月18日　县以和桥为试点，召开选举工作会议，部署开展县级直接选举和公社、镇人民代表会议代表的选举。

是月　和桥镇第七届妇代会召开。

是年　南新公社成立计划生育管理站。

1981年

3月　和桥镇劳动服务公司成立。

中旬　和桥镇开展"五讲"（讲文明、讲礼貌、讲道德、讲卫生、讲科学）"四美"（心灵美、语言美、行为美、环境美）活动。

3月25日　和桥镇第八届人民代表大会第一次会议召开，选举张凤山为镇长。

3—5月　南新公社各基层支部换届选举。

6月　和桥境内有关公社革命委员会改为公社管理委员会。

是月　闸口公社第十届人民代表大会召开，选举曹爱根为管委会主任。

是月　和桥镇人口普查办公室成立，开展第三次全国人口普查。

是月　和桥镇工会大楼和供销社营业大楼竣工。

是月　和桥机电厂职工唐宁彪被授予“全国新长征突击手”称号。

7月22日　南新公社第九届人民代表大会召开，选举张孟骏为公社管委会主任。

8月　南新中学撤除高中部。

9月　张孟骏任南新公社党委书记。

12月31日　经中共宜兴县委批准，南新公社成立科学技术普及协会。

1982年

1月10日　一农船与轮拖在下塘寨沟巷口河埠前相撞，农船窜上河埠，撞死3人。

2月8日　和桥镇举行元宵灯会。

3月　南新公社多种经营技术推广服务站、城镇建设规划办公室成立。

4月　和桥镇第八届人民代表大会第二次召开，选举张凤山为镇长。

是月　和桥小学学生姜盘芳获“全国红领巾读书读报奖章活动积极分子”称号。

是月　南新机电灌溉站分离，设南新水利站、南新供电站及南新机电站3个单位。

11月　中共闸口公社第八次代表大会召开，选举吴富生为党委书记。

12月28日　中国共产主义青年团南新公社第九次团员代表大会召开，选举夏阿宝任南新公社团委书记。

是年　和桥境内农业推行家庭联产承包责任制。

是年　和桥建筑公司第四分公司职工李伯元获县职工乒乓赛男子单打冠军，这是他继1980年、1981年后第3次获此成绩。

1983年

1月30—31日　中共南新公社第七次代表大会召开，选举周洪庚为党委书记。

2月　元宵节，全镇开展大型舞龙灯活动。

4月5日　闸口东坡海棠园恢复重建庆典活动举行。

4月12日　宜兴县县长钱炳福等领导，专程参观新建造的东坡海棠园。

4月20日　南新供销社第三届社员代表会议召开。

4月26日　凌晨3时10分至3时20分，南新遭受龙卷风袭击，滆南、育中、西中等大队受灾，倒塌房屋11间，5人受伤，大片麦田受灾。

6月15日　和桥镇第八届人民代表大会第三次会议选举张凤山为镇长。

是月　和桥卫生院改称和桥医院。

7月　宜兴县个体劳动者协会和桥镇分会成立。

8月16日　和桥流氓团伙携带凶器到漕桥聚众斗殴，公安机关先后拘捕20人。1984年9月16日经无锡市中级人民法院宣判死刑2人、无期徒刑3人、有期徒刑15人。

10月　南新公社个体协会成立。

12月31日　南新影剧院竣工。

12月　撤销公社、大队、生产队建制，实行乡、村、组新的建制。

是年　无锡市教育局开展的“四率”（入学率、巩固率、毕业率、普及率）验收，南新乡获无锡市一市三县（无锡市、锡山县、江阴县、宜兴县）的佳奖。

1984年

1月14日　南新信用社第四届社员代表会议召开。

1月17日　持续47小时降雪77.1毫米，积雪深37厘米。电话、广播、供电中断，车辆停驶，少数房屋倒塌。

3月6日　南新乡工业联合公司、多种经营联合公司、农业服务公司成立。

3月　经县公安局批准,南新派出所成立,并设立联防队。

5月21日　午夜23时43分,有轻微地震,电灯泡晃动。

5月　宜兴县乡镇工业现场会在南新举行。

6月12日　和桥新华书店迁入西横街新楼营业。

7月　中共闸口乡第九次代表大会召开,选举陆晓华为党委书记。

8月7日　和桥镇九届一次人民代表会议召开,选举孙维纵为镇长。

8月　南新乡政府搬进新落成的乡政府办公楼办公。

是月　民胜七年制学校实施中、小学分离。

10月　中共和桥镇第七次代表大会召开,选举沈瑞荣为书记。

是月　南新成人文化技术学校创办。

是月　南新乡第十届人民代表大会第一次会议召开,选举王金芳为乡长。

12月20日　和桥酱厂的老油豆腐干复合真空包装,在省商业食品包装技术经验交流大会上获三等奖。

12月24日　共青团南新乡召开第十届团代会,选举张福元为团委书记。

12月31日　闸口乡十届人民代表大会第二次会议召开,选举杭新南为乡长。

是月　和桥镇工业公司成立。

1985年

1月8日　和桥镇科学技术协会成立,选举孙维纵为科协主席。

3月28日　中共南新乡第七次代表大会召开,选举顾建农为党委书记。

4月12日　中国农村发展研究中心一行14人,到和桥作米市情况调查。

下旬　全国第一次城镇房屋普查在和桥展开。

5月10日　市政府同意和桥镇增设鹅山、新园两个居委。

5月25日　副县长林德意受海军领导机关委托,向原国民党后勤部"同心号"运输舰中校舰长江淦三颁发起义证书。

5月　南新乡农贸市场在南新电影院西侧建立。

7月6日　共青团和桥镇第八次代表大会召开。

7月　和桥镇志编纂委员会和编志办公室成立,和桥历史上首部镇志开始修编。1990年6月出版发行。

8月10日　83421部队参加中越边境自卫还击战的部分指战员到和桥镇作英雄事迹报告。

8月　南新自来水厂竣工并开始供水。

9月3日　和桥镇第九届人民代表大会第二次会议召开。

9月6日　宜兴县退休教师协会和桥分会成立。

9月10日　和桥镇首届教师节庆祝大会召开。

是月　和桥镇老干部活动室建立。

是月　南新乡第十届人民代表大会第二次会议召开,选举白柏南为乡长。

10月　南新王母水产村汽车可以通行。

11月　无锡组织一市三县有关分管乡镇工业领导来南新参观无锡市电力线缆厂、金洁利化工厂、纯水厂。

12月2日　闸口乡第十届人民代表大会第三次会议召开。

12月5日　中国人民解放军老山前线英模报告团到和桥作报告。

1986年

1—3月　中共南新乡各基层党支部换届选举。

4月　教育事业附加费开始征收;农村合作医疗管理办公室成立。

6月29日　实行镇管村新体制,和桥镇与和桥乡合并,镇人民政府迁至西横街办公。

是月　和桥镇被无锡市爱国卫生运动委员会评为文明卫生镇。

7月7日　和桥镇第九届人民代表大会第三次会议召开,选举孙维纵为镇长。

7月15日　南新乡第十届人民代表大会第三次会议召开。

8月18日　中国人民保险公司宜兴市公司和桥办事处成立。

9月18日　中秋节,镇政府为29位70岁以上的离退休教师祝寿。

10月　江苏省人民政府批准和桥镇对外开放。

是月　和桥食品站改称和桥中心食品站。

11月　和桥农贸市场竣工营业。

12月　中共闸口乡第十届代表大会第一次会议召开,选举贺君南为党委书记。

是年　南新中心小学移地重建至1988年2月竣工。

1987年

1月　和桥镇建立第二敬老院。

3月6日　和桥镇第八届妇女代表大会召开。

4月1日　中共南新乡第八届代表大会第一次会议召开,选举顾建农为党委书记。

4月8日　和桥镇第十届人民代表大会第一次会议召开,并通过《和桥镇镇规民约》,选举孙维纵为镇长。

4月10日　南新乡第十一届人民代表大会第一次会议召开,选举白柏南为乡长。

是日　闸口乡第十一届人民代表大会第一次会议召开,选举钱志大为乡长。同时,选举出席县七届人大代表6人。

4月23日　下午3时,和桥合成化工厂由于工人违章操作,引起大火,当场烧死2人,烧伤1人。

5月　宜兴县在和桥进行颁发居民身份证试点工作。

7月1日　撤销商业局和桥办事处,建立镇属商业科。

7月25日　和桥乡镇合并周年庆祝活动举行。

9月25—26日　中共和桥镇第八届代表大会第一次会议召开,选举姜建初为书记。

10月　全镇第一个移风易俗理事会在永兴村建立。

11月27日　宜兴县公安交通警察大队和桥中队成立。

11月　和桥中小学教师首次职称评定工作开始,至1988年结束。

12月25日　南新乡法律事务所成立。

是月　和桥镇与宝钢十九冶合资筹建的3000千瓦热电厂破土动工。

是月　和桥供电站改名为和桥供电所。

1988年

2月6日　和桥镇侨台眷属联谊会成立。

4月5日　和桥镇第十届人民代表大会第二次会议召开。审议通过《和桥镇1988—1990年教育事业规划》。

4月7日　中共和桥镇第八届代表大会第二次会议召开。

4月8日　大同石矿雷管爆炸,两人受伤。

4月11—12日　中共南新乡第八届代表大会第二次会议召开。

4月12—16日　上海影视公司到和桥镇拍摄《白羽红掌拨清波》电视片。

5月7日　南新乡第十一届人民代表大会第二次会议召开。

5月14日　和桥镇举行安息堂落成典礼。

5月30日—6月1日　和桥镇艺术团赴上海宝钢冶炼厂回访演出。

6月16日　和桥镇税务代征管理办公室成立。

6月30日　无锡市保险公司在和桥镇设立保险服务所。

7月7日　和桥镇商品房开发公司成立。

9月16日　无锡军分区领导到和桥镇了解全民国防教育情况。

9月27日　宜兴市老干部协会和桥镇分会成立。

9月　和桥镇1000门程控电话开通。

9月　农业银行在南新设立办事处，和南新信用社合署营业。

10月12日　在宜兴市第四届全民运动会中，南新乡获农村组女子团体冠军。

是月　南新邮局程控电话开通。

是月　南新乡图书馆被省文化厅评为江苏省先进图书馆。

11月7日　和桥镇社会福利基金会成立。

11月25日　和桥镇妇联主席张锡妹参加江苏省第七次妇代会。

12月2日　无锡市人大常委会主任吴钊，无锡市委常委、宣传部长宗菊如，宜兴市人大常委会主任钱炳福等到和桥镇视察工作。

是月　和桥镇区北部增设新建居民委员会。

是月　中共闸口乡第十届代表大会第二次会议召开，选举贺君南为书记。

1989年

1月5日　无锡市供电局、宜兴市政府授予和桥镇“用电标准镇”称号。

1月18日　南新文化站被无锡市评为“红旗文化站”，被省文化厅评为“江苏省群众文化先进集体”。

2月20日　和桥镇中心小学新校舍落成（鹅洲西路），中国科协副主席、中科院学部委员、和桥籍教授唐敖庆题写校名。

2月29日　和桥镇第十届人民代表大会第三次会议召开。

2月　南新乡设立国土管理所，和村镇规划建设办公室合署办公。

4月25日　和桥镇征集人民教育基金领导小组成立。

4月26日　江苏电视台到和桥拍摄教育成果电视片。

4月29日　南新乡第十一届人民代表大会第三次会议召开。

4月30日　原国家机械工业部部长周建南及省、无锡市有关负责人到和桥镇视察工业。

5月2日　和桥镇村民委员会换届选举工作结束。

5月5日　宜兴市委书记姜启才到和桥视察学校及西横街建设情况。

5月13日　和桥籍名律师吴凯声夫妇及其胞弟吴光汉由宜兴市政协副主席沙庆喜陪同到和桥参观中小学，并查找故居。

5月23日　国家司法部咨询委员会主任陈希、副主任吴剑迅到和桥了解人民调解与法律服务工作。

7月18日　宝兴热电厂投产。

7月　中共南新乡第八届代表大会第三次会议召开，选举庄建民为党委书记。

8月15日　建设银行宜兴市支行和桥办事处设立。

9月27日　和桥镇计划生育协会成立。

10月16日　原国务院科技领导小组办公室副主任、和桥籍高级工程师钱振蒙应邀到宜兴讲学，到和桥考察参观有关工厂。

是月　和桥小学六年级学生陈可科被评为全国好少年。

11月1日　宜兴市委书记姜启才到和桥视察工作。

11月16日　和桥镇居民委员会换届选举工作结束。

11月25日　辽宁、浙江、上海市、江苏及38个市县的成人教育工作者到和桥镇考察。

1990年

1月　中共闸口乡第十一届代表大会第一次会议召开，选举马和生为党委书记。

3月13日　南新乡第十二届人民代表大会第一次会议召开，选举吴良才为乡长，庄建明为人大主席。

3月20—21日　和桥镇第十一届人民代表大会第一次会议召开，选举顾建农为人大主席，孙维纵为镇长。

3月21日　闸口乡第十二届人民代表大会第一次会议召开，选举丁盘生为人大主席。

3月25日　中共南新乡第九届代表大会第一次会议召开，选举庄建明为党委书记。

3月28—29日　中共和桥镇第九届代表大会第一次会议召开，选举顾建农为党委书记。

6月17日　和桥镇第九次妇女代表大会召开。

6月20日　南新乡第九次妇女代表大会召开。

9月1日　和桥第二中学新校舍建成启用。

10月16日　和桥镇商业科撤销，宜兴市商业局和桥分局成立。

3—11月　和桥镇开展第四次全国人口普查。

12月17日　和桥镇体育运动委员会成立。

12月20日　宜兴市消费者协会和桥投诉监督站成立。

12月24日　和桥镇首届“兴鹅杯”男子篮球赛举办。

12月　宜兴市轻机厂生产的“宜轻”牌GJB高压均质泵获首届全国轻工业博览会银奖。

1991年

1月4日　南新乡第十二届人民代表大会第二次会议召开。

1月　中共闸口乡第十一届代表大会第二次会议召开。

3月4日　南新乡第十二届人民代表大会第三次会议召开，选举张爱国为乡长，吴良才为人大主席。

3月11日　和桥镇第十一届人民代表大会第二次会议召开。

3月12日　闸口乡第十二届人民代表大会第二次会议召开，丁盘生当选乡长。

3月30日　宜兴市烟草专卖局和桥管理所挂牌。

6月3日　和桥镇社会治安综合治理办公室成立。

6月26日　和桥与宜城程控电话联网工程完成。

是日　“六四战斗”纪念碑揭碑仪式在高楼村史家庄举行。

6月30日　和桥镇计划统计站成立。

6月中旬—7月初　连降大雨，百年大洪灾。

7月20日　和桥镇红十字会成立一周年纪念大会召开。

8月10日　南新乡社会治安综合治理领导小组成立。

8月15日　江苏省司法厅副厅长袁永亮到和桥镇了解司法行政工作情况。

9月20日　和桥敬老院建成启用，和桥籍书法家程可达题写“颐乐园”匾额。

9月26日　和桥镇举办第二届“兴鹅杯”男子篮球赛。

10月10日　国家司法部司法研究所所长黄稻到和桥镇了解司法行政工作情况。

11月　和桥供电所更名为和桥镇供电营业所。

12月5日　中共和桥镇第九届代表大会第二次会议召开。

12月　西锄村被无锡市政府评为“无锡市名村”。

1992年

3月8日　南新乡第十二届人民代表大会第四次会议召开。

3月10—11日　和桥镇十一届人民代表大会第三次会议召开。

审议通过《和桥镇总体规划》和《和桥镇实施九年制义务教育的情况报告》。

3月28日　南新乡科学技术委员会成立。

4月16日　和桥镇与驻地83421部队农场结成“双拥”共建单位。

5月12日　和桥镇法律服务所获司法部颁发的“优秀法律服务所”铜牌。

5月　南新至高塍公路开始修筑，并于年底通车。

6月26日　和桥镇第十一届人民代表大会第四次会议召开，选举孙维纵为镇人大主席，吴其华为镇长。

6月27日　和桥镇政府与镇江市石油公司联合创办镇和石化联营公司。

6月　中共闸口乡第十一届代表大会第三次会议召开，选举丁盘生为公社党委书记。

7月10日　和桥镇残疾人联合会成立。

7月26日　化城禅寺修复开放。

7月28日　和桥地区巡视组撤销，人员并入和桥镇机关。

8月18日　和桥区中心粮管所改制为和桥粮油公司。

9月2日　宜兴市政府同意和桥中学更名为和桥高级中学。

9月26日　和桥镇举办第三届“兴鹅杯”男子篮球赛。

10月6日　宜兴市牛蛙养殖协会理事长邓焕军参加中国科协农民代表考察团赴瑞士考察。

10月12日　和桥镇审计办公室成立。

10月21日—12月30日　和桥镇市、镇两级人大代表换届选举工作展开。

10月22日—23日　宜兴市政府组织对和桥镇实施九年制义务教育验收。

10月　宜兴市第一届老年运动会闭幕，和桥镇获得团体亚军、乒乓球单项团体冠军。

12月7日　南新乡通过无锡市九年制义务教育达标验收。

12月17日　新长铁路和桥段勘测工作结束。

12月22日　宜兴市第五届“陶都市容杯”竞赛活动检查团来和桥镇检查。

9—12月　农村宅基地确权发证。

是年　闸口乡程控电话开通。

1993年

1月17日　和桥镇依法实施九年制义务教育。

1月　宜兴保险公司南新办事处设立。

2月26日　南新乡第十三届人民代表大会召开，选举张知难为乡长、吴良才为人大主席。

3月1日　和桥镇第十二届人民代表大会第一次会议召开，选举孙维纵为镇人大主席，杨长春为镇长。

3月2日　闸口乡第十三届人民代表大会第一次会议召开，选举邵孟春为乡长。

3月3日　南京军区副政委中将裴九州带领工作组到和桥镇视察以劳养武工作。

3月8日　和桥宾馆奠基。经几年建造、装饰、竞标，于2005年正式开装营业。

3月22日　南新乡老年协会理事会成立。

3月31日　和桥镇法律服务所被无锡市司法局、人事局记集体三等功。

4月8日　宜兴市审计事务所和桥办事处成立。

5月8日　和桥邮电局3000门程控电话建成。

是月　和桥工业发展总公司、和桥农村经济发展总公司、和桥城镇建设发展总公司、和桥经济贸易发展总公司成立。

5月　南新乡1000门程控电话开通。

5月18日　南新撤乡建镇。

6月　中共闸口乡第十二届代表大会第一次会议召开，选举张知难为党委书记。

7月8日　宜兴市政府批准恢复和桥基督教活动点。

7月29日　镇政府召开“严打”（严厉打击刑事犯罪）公开处理大会。

8月4—5日　江苏省计生委主任陈惠仁到和桥镇检查计划生育工作。

9月10日　和桥高级中学教师孙勤东被授予

"全国优秀教师"称号。

9月28日　和桥商厦开张营业，国务院原副秘书长刘济民为商厦题词。

9月30日　和桥镇获宜兴市第五届运动会城镇部团体第三名。

10月1日　驻和桥镇税务机构分设为市国税局和桥税务所、市地税局高塍税务所。1995年3月，市地税局高塍税务所搬至和桥，并更名为宜兴市地税局和桥税务所。

10月23日　宜兴市佛教协会第一届代表会议在化城寺召开，化城寺主持释常定当选为市佛教协会秘书长。

11月15日　闸口乡十三届人民代表大会第二次会议召开，选举蒋乃平为乡长。

是日　宜兴市科技仪器研究所研制生产的"长生"牌YCL型综合治疗仪，在国家科委和广州市政府联合举办的中国第六届新技术新产品博览会上获金奖。

12月　南新联圩完成合并，（含长征圩、团结圩、十六份圩、红星圩、民胜圩、合心圩）总面积2.5万多亩，共建防洪套闸6座，极大提高了全圩防洪抗灾能力。

1994年

1月25日　将和桥自来水厂和市建筑安装工程公司第四分公司划归和桥镇管理。

2月23日　和桥镇被无锡市政府评为1992—1993年度法制工作先进集体。

2月25日　中国银行宜兴市支行在和桥镇设立办事处。

3月12—13日　和桥镇第十二届人民代表大会第二次会议召开，选举陈良富为镇人大主席。

3月　南新镇十三届人民代表大会第二次会议召开，选举何国强为镇长。

4月4日　闸口乡第十三届人民代表大会第三次会议召开，选举张知难为乡人大主席。

4月28日　和桥镇成立东横街拆迁改造工程指挥部。5月起，将东横街（中兴桥——化城寺）两侧老旧房屋全部拆除，拆除房屋总面积1.56万平方米，建造长442米、宽24米的水泥路面的新东横街道。并在北侧建造九幢五至六层的楼房，建筑面积约为1.7万平方米；南侧建筑点缀性商业店面积992平方米（60间）。总投入资金2194.38万元，至1995年10月竣工。

是月　最高人民法院院长郑天翔到和桥法庭视察工作，并为和桥法庭题词"严正清明"。

5月2日　南新镇工会成立。

5月11日　全国政协委员、全国政协社会与法制委员会委员、亚太地区律师协会中国分会主席、司法部原副部长陈卓，在省司法厅厅长陆云泉、无锡市司法局局长王立人陪同下，到和桥镇视察乡镇法律服务工作。宜兴市委常委、市委政法委书记杨亚君，参加座谈会。

5月30日　和桥镇被江苏省文化厅命名为省第二批群众文化先进乡镇。

8月25日　和桥镇合作医疗管理委员会成立。

9月8日　交通银行宜兴市支行在和桥设立分理处。

9月18—19日　中共南新镇第十届代表大会第一次会议召开，选举吴良才为党委书记。

9月28—29日，中共和桥镇第十届代表大会第一次会议召开，选举杨长春为党委书记。

9月29日　闻家村、苗桥村被无锡市委、市政府确定为农村现代化建设试点村。

9月30日　中外合资康利乐文化娱乐有限公司开业，宜兴籍著名二胡演奏家闵惠芬为该公司题名。

10月23日　和桥镇文化站获江苏省文化厅颁发的"一级文化站"匾牌。

10月24日　和桥中学被确定为宜兴市重点中学。

10月　南新广播站改名南新广电站，南新开通有线电视。

12月13日　建设部副部长毛如柏在省建委副

主任徐益民陪同下,到和桥镇视察小城镇建设,并题词 "加强城镇建设,发展和桥经济"。

12月 南新变电站竣工。

是年 南新镇镇办、村办,条线办集体企业进行第一次全面改制。

是年 宜兴市轻质吸音材料厂蒋锡凤被国家农业部授予"全国乡镇企业供销系统优秀供销员"称号。

是年 无锡市电线电缆厂被评为"江苏省明星企业",南新镇政府、西锄村分别被评为"无锡市明星乡镇"和"无锡市工业明星村"。

1995年

2月27—28日 和桥镇第十二届人民代表大会第三次会议召开。

2月27日 南新镇第十三届人民代表大会第三次会议召开。

3月5日 闸口乡第十四届人民代表大会第一次会议召开,选举汤卫平为乡长。

3月11日 和桥镇城镇建设委员会成立。

3月23日 和桥镇第三产业办公室建立。

3月29日 和桥镇被建设部列为全国小城镇建设试点镇。

4月 南新镇社会事业保险办公室成立。

5月10日 和桥镇向孔繁森同志学习活动展开。

5月26日 宜兴市和桥职业高级中学成立。(该校是在原和桥二中轻机班的基础上筹建起来的),同时和桥镇成人学校并入,1996年9月1日,新校舍竣工并开学。

6月2日 和桥镇、南新镇获评"江苏省科技工作先进乡(镇)"称号。

6月10日 宜兴市22个建制镇创建省、市卫生镇现场动员大会在和桥镇召开。

6月20日 和桥镇成立创建江苏省卫生镇领导小组。

8月8日 宜兴市工商联和桥分会成立。

8月13日 地藏菩萨佛像开光仪式在化城寺举行。

8月28日 和桥镇第十次妇女代表大会召开。

是月 中共宜兴市委政法委、农工部及市公安局、检察院、法院、林副业局、农工部等部门来和桥镇查处草狸獭放养纠纷。

9月1日 和桥镇中心幼儿园园舍(鹅洲西路)竣工启用。

9月18日 宜兴市国家税务局和桥分局成立。

是月 和桥镇集体资产管理委员会成立。

9月26日 南新镇第十次妇女代表大会召开。

10月10日 和桥镇获评无锡市体育先进镇。

10月17日 和桥镇监察室成立。

10月 中共闸口乡第十三届代表大会第一次会议召开,选举张知难为党委书记。

11月8日 和桥镇镇政府表彰奖励及时侦破"7·23"和"9·7"抢劫杀人重大案件有功单位。

11—12月 第四届村民委员会换届选举,1996年1月25日结束。

12月15日 和桥镇第十二届人民代表大会第四次会议召开,选举金新华为镇长。

12月 建行南新办事处设立,至2000年冬撤除。

12月20日 南新镇第十三届人民代表大会第四次会议召开,选举邵伯坤为镇长,何国强为人大主席。

是年 宜兴市吸音材料厂被授予"全国最佳效益乡镇企业"称号;宜兴市净化设备厂被授予"中国环境保护产品百强企业"称号;宜兴市车辆部件厂被授予"无锡市明星企业"称号。

1996年

1月 江苏得胜集团被授予"江苏省文明单位""江苏省明星企业"称号;和桥高级中学被省教委授予"德育教育先进学校"称号。

2月10日 和桥镇获评第五批江苏省爱国卫生先进单位。

3月4日　和桥镇组织文艺节目到83421部队农场慰问演出。

3月5日　闸口乡第十四届人民代表大会第二次会议召开。

3月18—19日　和桥镇第十三届人民代表大会第一次会议召开，选举陈良富为人大主席、金新华为镇长，另选举五名副镇长。

3月21日　中国人寿保险公司宜兴市支公司和桥办事处成立。

4月　南新镇获评江苏省亿万农民健身活动先进集体。

5月1日　宜兴市地税局和桥分局成立。

5月4日　江苏省民政厅副厅长张秉锋到和桥敬老院视察工作，并题词"办好敬老院造福老人"。

5月20日　宜兴轻机集团生产的V12发动机曲轴首次出口美国，出口此种型号汽车发动机曲轴在中国尚属首例。

5月24日　国家税务总局党组书记、副局长项怀诚等视察和桥国税分局。

5月31日　共青团和桥镇第十一次代表大会召开。

6月　和桥镇房屋确权发证工作展开。

7月6日　和桥镇劳动社区(居委)党支部成立。这是和桥镇成立的第一个社区(居委)党支部。

7月　中石油宜兴石化联营公司和桥公司建立。

8月　海棠居民委员会在闸口成立。

10月15日　和桥镇治安联防大队和石路村等10支治安联防队成立。

10月18日　国家工商局原副局长田树千、省工商局副局长柏苏宁到和桥工商所视察工作。

11月2日　香港上海商业银行常务董事、原旅港苏浙同乡会副会长史宝楚向和桥镇职业高级中学捐赠100万港币。

11月20日　宜兴市审计事务所南新办事处成立。

12月11日　中共和桥镇第十届代表大会第二次会议召开。

12月20日　宜兴市国税局和桥分局被国家税务总局授予"全国税务系统文明单位"称号。

12月26日　省政府水利检查组到和桥镇视察烧香港河道疏浚工程。

12月28日　和桥村被授予"江苏省卫生村"称号。

是年　无锡市委、市政府、军分区授予南新镇"双拥模范镇"和"拥军优属先进单位"称号。

1997年

1月24日　和桥镇获评无锡市新型小城镇。

是月　和桥镇工业发展总公司更名为和桥镇乡镇企业管理服务站。

3月3日　和桥镇第十三届人民代表大会第二次会议召开。

3月12日　常州至闸口老街开通公交车。

3月15日　南新镇第十四届人民代表大会第一次会议召开，选举赵才华任为镇长。

3月21日　中国盲人协会副主席滕伟民到和桥镇视察社区康复工作。

4月1日　和桥镇第十三届人民代表大会增开例会，审议并批准《和桥镇镇容和卫生管理暂行规定》《和桥镇计划生育管理和经费负担的有关规定》。

4月13日　中央电视台少儿部鞠萍一行到和桥中心幼儿园拍摄《大风车》电视节目。

4月　宜兴市教育督导室到南新督政。

4—5月　基层支部换届选举。

5月20日　江苏省政府"普九"检查团到和桥镇检查普及九年制义务教育情况。

6月16日　和桥镇队获宜兴市党纪廉政法规知识电视大赛三等奖。

6月19日　江苏省爱卫办副主任郦书通到和桥镇调研创建卫生镇工作。

6月26日　和桥镇政府在影剧院举办"迎七一庆香港回归"专场文艺演出。

是月　和桥镇获评江苏省新型示范小城镇。

是月　和桥镇获评无锡市"电话镇"。

7月20日　宝兴热电厂停产。

8月14日　无锡市委副书记缪根宝、无锡市政府副秘书长许卫国,到苗桥牛蛙养殖场指导工作。

8月15日　宜兴市公安局公路巡逻民警大队和桥中队挂牌。

是月　和桥镇鹅西居民委员会成立。2009年4月撤销。

9月10日　宜兴市领导戴解平、李志浩、戚顺元等到和桥高级中学慰问教师。

9月12日和桥镇组织党员干部集中收看中共十五大开幕式实况。

9月16日　无锡市代市长吴新雄、副市长王竹平率无锡市计生委领导到和桥镇召开计划生育工作座谈会。

是月　和桥镇获评江苏省卫生镇。

10月13日　全国计划生育宣传教育现场研讨会在和桥镇召开,国家计生委副主任杨魁孚、宣教司司长陈胜利、省计生委主任陈美英和全国各省、市、自治区计划生育机构领导80余人参加。无锡市、宜兴市、和桥镇党政主要领导分别在会上作经验交流。

10月17日　和桥镇中心幼儿园被认定为无锡市教育基本实现现代化示范幼儿园。

10月24日　全省计划生育服务工作现场会在和桥镇召开。

10月28日　江苏省教委副主任陈乃林、周稽裘参观和桥职业高级中学。

10月　西锄村自筹经费建安息堂。

11月5日　江苏有线电视台、中央电视台华业电视咨询公司及和桥金龙集团公司联合摄制上、下集电视剧《水色如梦》开机仪式在和桥举行。

11月14日　和桥镇第十三届人民代表大会第三次召开,选举王杏南为镇长,另选副镇长一名。

11月15日　和桥镇制订《破坏性地震应急反应预案》。

11月19日　中国佛教协会副会长刀述仁视察化城寺。

11月20日　和桥镇在全省计划生育服务工作会议上作《抓好阵地建设,推进优质服务》发言。

12月5日　和桥镇市级人大换届选举工作结束,11人当选为宜兴市第十三届人民代表大会代表。

12月22日　宜兴市人民检察院和桥检察室挂牌成立。

1998年

1月8日　和桥镇城镇管理委员会成立。

是月　和桥公园建成开放。

3月6日　闸口乡第十四届人民代表大会第三次会议召开,选举副乡长二名。

3月10日　和桥镇第十三届人民代表大会第四次会议召开。

3月12日　无锡市民政局、宜兴市民政局到和桥镇验收文明敬老院。同年11月23日,和桥镇敬老院通过江苏省文明敬老院验收。

3月16日　和桥镇高等教育自学考试服务站建立。

3月　中共闸口乡第十四届代表大会第一次会议召开,选举夏勤元为党委书记。

4月5日　和桥镇蒋山公墓建成启用。

4月13日　和桥镇卫生监督所成立。

5月1日　和桥镇工会举办庆"五一"职工联欢晚会。

5月6—11日　以斯洛文尼亚新梅斯托市副市长 Robert Judez 为团长的友好访华团一行5人访问和桥,洽谈项目并签订合作协议。

5月7日　宜兴市第六届陶艺节和桥经贸洽谈会举行,市委副书记吴国成参加。

是日　和桥镇获评无锡市农村现代化示范镇。

5月8日　和桥镇劳动就业管理所更名为和桥镇劳动管理服务所。

5月11日　和桥高级中学被命名为江苏省重点中学。

5月16日　和桥中心小学新校舍(鹅州东路)开工建设,同年8月26日竣工投入使用。

7月10日　和桥镇创建国家卫生镇动员大会召开,和桥镇创建国家卫生镇领导小组成立。

7月11日　解放军空军政治部副主任、老干部部长邓铜山,在其父全国劳模邓槐银的陪同下,到母校和桥高级中学访问。

8月9日　在改造螽斯巷工程中,民工在原和桥区委后院挖出手雷、手榴弹100枚。

8月31日　和桥镇物业管理公司成立。

9月5日　南新镇商会成立。

9月24日　和桥镇列入首批江苏省综合改革试点镇。

10月5日　国家广播电影电视总局副局长同向荣、省广播电视厅厅长周世康到和桥广电站视察工作。

10月16日　和桥镇通过无锡市教育现代化工程验收,12月获评无锡市教育现代化先进镇。

10月30日　和桥镇第十三届人代会第五次会议召开,选举沈建红为镇长。

10月　南新居委会成立。

11月2日　教育部督学白景龙为和桥幼儿园题词"幼教谱新章,沃土育新苗"。

11月15日　中共南新镇第十一届代表大会第一次会议召开,选举何国强为党委书记。

11月25日　和桥镇中心幼儿园通过江苏省示范性实验幼儿园验收。

是日　无锡市人民政府批准南新镇通过省颁新型小城镇建设的考核验收。

11月27日　中共和桥镇第十一届代表大会第一次会议召开,选举金新华为党委书记。

是日　南新镇第十四届人民代表大会第二次会议召开,选举周斌为镇长。

9—12月　和桥镇完成农村承包土地确权发证工作。

10—12月　第五届村民委员会换届选举结束。

12月6日　宜兴市科教仪器研究所所长戴长生赴北京参加中国科协经济发展研究中心第三届研究员大会,受到中共中央副主席李德生等领导接见。

12月10日　宜兴市轻纺建材装潢市场在镇南首落成招商。

12月25日　和桥镇举办第四届"兴鹅杯"男子篮球赛。

12月29日　闻家村、永兴村、北庄村获评江苏省卫生村。

是年　江苏富陶集团沈锐华被无锡市政府评为无锡市明星厂长。

1999年

1月8日　和桥镇镇级人大换届选举工作结束,共选出镇十四届人民代表大会代表60名。

1月15日　南新镇第十五届人民代表大会第一次会议召开,选举周斌为镇长、何国强为人大主席。

1月21日　和桥镇获评江苏省实施教育现代化工程先进镇。

1月26—27日　和桥镇第十四届人民代表大会第一次会议召开,选举陈良富为人大主席,沈建红为镇长。

2月　闸口乡第十五届人民代表大会第一次会议召开,选举夏勤元为人大主席。

3月11日　中共江苏省委原书记储江到和桥镇考察调研。

3月18日　和桥镇获评无锡市1998年度农业先进镇、无锡市1997—1998年度社会治安综合治理先进集体。

3月27日　以前田胜美为团长的日本三重县楠町国际友好访华团一行28人到和桥友好访问。

3月29日　中共无锡市委原副书记陈璧显到和桥镇视察工作,宜兴市政协主席戚顺元陪同。

4月12日　无锡市创建卫生镇、卫生村工作会议在和桥镇召开。

4月18日　宜兴市第二建筑公司和桥分公司拍卖会举行,潘建华以110万元中标。

4月　中共南新镇第十四届代表大会第一次会议召开，选举何国强为书记。（实为第十二届，市委统一布置称十四届）

5月5日　和桥镇团委举办“庆五四 迎澳归”青年教师朗诵比赛。

5月18日　中共无锡市委办公室、无锡市人民政府办公室、无锡市委农工部一行8人到和桥镇调研小城镇建设。

5月21日　共青团江苏省委副书记樊金龙在无锡团市委书记朱爱勋陪同下，到和桥镇调研。

5月22日　和桥镇计划生育协会第三届代表大会召开。

5月26日　共青团和桥镇第十二次代表大会召开，选举谈伟任团委书记。

5月28日　和桥镇“三电”办公室撤销。

6月14日　《和桥镇志》续编办公室成立。

6月14日—7月上旬　全镇连降暴雨，加上大量客水过境，水位猛涨，造成洪涝，长征圩北堤整体滑动400米，全镇奋力抗洪救灾。灾后镇政府出巨资加固南新长征圩主要圩堤的险工地段，对圩的外坡全面进行石方护坡建设。

6月18日　江苏省文明城市检查团到和桥镇检查工作。

6月19日　和桥镇农贸市场扩建工程奠基仪式举行。2000年1月28日建成启用。

7月1日　和桥镇纪念建党78周年大会延期召开，全体机关干部参加湖滨抗洪抢险。

7月9日　和桥镇群众文化协会成立。

7月14日 和桥镇领导赴宜兴人民医院慰问与持刀歹徒博斗而负伤的和桥交警中队民警陈建华、徐永明等人。

7月26日　和桥镇建立预备役高炮营三连连部。

是月　全国小城镇建设示范镇专题片《世纪之交看和桥》拍摄完成。

7月28日　和桥镇被确定为江苏省30个重点中心镇联系点之一。

是月　和桥镇获评江苏省体育先进乡镇。

8月5日　国际CBM防盲特教组肢残专家罗勃特·杰克林、南京爱德基金会防盲特教组主任庄艾琳到永兴村看望肢残儿童。

8月8日　中共江苏省委宣传部部长、省文明办主任许洪祥等到和桥镇检查文明创建工作。

8月23日　宜兴市建筑工程公司拍卖会举行，王焕金以250万元中标。

9月1日　和桥镇创建全国小城镇建设示范镇动员大会召开。同年9月23日，由建设部、江苏省建委等部门专家组成的检查团，到和桥镇进行创建全国小城镇建设示范镇复查。同年12月30日，和桥镇被国家建设部命名为全国小城镇建设示范镇

9月3日　河南省遂平县党政代表团到和桥镇参观考察。

9月17日　和桥镇获“1997—1998年度江苏省文明镇”称号。

9月20日　江苏省环保局无锡市环保局等部门在和桥镇召开环境保护规划论证会。

9月25日　和桥镇中心幼儿园转股竞标会举行，朱安生以300万元中标。

9月29日　和桥镇庆祝建国50周年文艺晚会在影剧院举行。

10月5日　美国大学生职业篮球队东西部各一支明星队与镇篮球队在和桥高级中学体育馆进行友谊比赛。

10月19日　无锡市总工会副主席荣俊到和桥镇调研工会工作。

10月22日　市政府在和桥镇北庄村召开秋播现场会。

10月26日　全国学校体育卫生工作经验交流会代表80多人，到和桥高级中学、中心小学观摩指导。

是日　国家烟草专卖局局长倪益瑾到和桥烟草批发部视察工作。

是日　无锡市委副书记王家骏到和桥镇视察现代化农业百亩丰产方示范田。

10月27日　江苏省第二次农村教育综合改革理论与实践研讨会代表50多人到和桥高级中学参观考察。

10月28日　新疆霍城县党政代表团在县长热西丁·孜克尔亚和县委副书记刘亚明带领下，到和桥镇参观小城镇建设。

10月　南新中心幼儿园以104万元拍卖改制。

11月5日　浙江嘉兴市建委一行18人到和桥镇参观小城镇建设。

11月26日　车牌号为苏BB7222的个体客运面包车，途经镇南首汽车大桥西侧时，发动机突然起火，造成1人死亡、11人烧伤的重大事故。

12月11日　全国政协常委、全国港澳台侨委员会副主任何添发到和桥镇视察工作，宜兴市政协主席戚顺元陪同。

12月16日　江苏省和无锡市综治委、宜兴市政法委领导共12人，到和桥镇检查社会治安综合治理工作。

12月20日　和桥镇举行广场文体艺术展演，庆祝澳门回归祖国。

12月23日　和桥镇建委副主任程同匡被建设部评为全国村镇建设先进工作者。

12月28日　和桥二中通过江苏省模范学校、省实施教育现代化工程示范初中达标验收。

12月30日　和建村获评江苏省卫生村。

是日　和桥镇获评“无锡市健康教育先进镇”。

12月31日　和桥消防中队成立。

12月　南新镇通过无锡市教育现代化工程验收。

是月　周斌任中共南新镇党委书记。

12月底　闸口撤乡建镇。

2000年

1月7日　和桥镇全国第五次人口普查领导小组成立。

1月8日　和桥镇第十四届人民代表大会第二次会议召开，选举程骏为镇长。

1月20日　南新镇第十五届人民代表大会第二次会议召开，选举夏曙希为镇长，周斌为人大主席。

1月22—23日　和桥镇第一届“凯特杯”乒乓球赛举行。

1月26日　和桥镇老年公寓在化城寺北侧落成启用，和桥籍的全国人大代表、高级工艺美术大师谭泉海题写寓名。

2月19日　无锡市率先实现农业机械现代化乡镇验收汇报会在和桥镇召开。同月25日，和桥镇被无锡市评为第一批基本实现农业机械化乡镇。

3月13日　和桥镇党委书记金新华在江苏省政府加快小城镇建设工作会议上以《运用市场机制，实行滚动开发》为题作交流发言。

3月21日　和桥镇被列为全国小城镇综合改革试点镇。

4月20日　江苏省航道局、无锡市航道处、宜兴市交通局领导到和桥镇考察论证锡溧漕运河镇区段改造拓宽事宜。

4月24日　宜兴市委书记史祖能陪同盐城市盐都县党政代表团到和桥镇参观小城镇建设。

4月27日　中央电视台原节目主持人杨澜陪同丈夫吴征到和桥镇寻根访祖，并题词“古镇自风流”。

4月28日　和桥镇退休教师协会第六次代表大会召开。

4月　基层支部换届选举。

5月5—8日　无锡市雪竹针织有限公司经理史建珍受到全国人大副委员长、全国妇联主席彭珮云等领导接见。

5月10—12日　和桥镇第二届“凯特杯”乒乓球赛举行。

5月12日　和桥镇第十一次妇女代表大会议召开。

5月17日　锡溧漕运河和桥段拓宽改造指挥部、锡宜高速公路和桥段建设指挥部在和桥镇成立。同年9月15日，和桥镇锡溧漕运河航道拓宽、桥梁改建、房屋拆迁动员大会召开。和桥镇政府决定将锡溧漕运河和桥段东坡岸向东拆迁27米。

5月21日　晚上11时左右,东横街冯记金银加工店老板冯志洪夫妻被人杀死在家中。6月8日,冯记金银店凶杀案告破,杀人嫌疑犯杨亚军、王双根、吴国君被宜兴警方从浙江长兴捉拿归案。

5月22日　由新疆伊犁地委副书记、行署专员库尔班江·买买提率领的伊犁地区政府代表团一行10人,在无锡市副市长刘湘根陪同下到和桥镇考察小城镇建设。

5月23日　建设部原副部长储传亨到和桥镇考察调研小城镇建设,并题词"江南名镇,全国示范,继往开来,再创辉煌"。

5月　闸口镇第十五届人民代表大会第二次会议召开。

6月14日　无锡市副市长赵龙到和桥镇计生服务站检查工作。

6月15日　南新镇并入和桥镇。2004年2月,闸口镇并入和桥镇。

6月　南新公路(南新至和桥昌溪桥段)拓宽改造竣工。

7月　南新镇党校,南新成人文化技术学校办公楼及校舍以16万元拍卖给企业。

是月　中共闸口镇第十五届代表大会第一次会议召开,选举夏勤元为党委书记。

8月16日　江苏省计生委副主任杨立舫到和桥镇检查指导创建计划生育示范镇工作。

8月23日　江苏省、无锡市有关领导对和桥镇创建环境与经济协调发展示范镇工作考核验收。

是月　南新卫生院用35万元收购镇工业公司办公楼院舍并进行扩建改造。

9月　南新镇政府办公楼及院舍以30万元拍卖给个私企业。

10月　南新人民桥扩建工程竣工。

11月16日　无锡市妇联到和桥镇进行农村"双学双比"调研活动。

11月18日　和桥镇第十四届人民代表大会第三次会议召开,选举陈良富为人大主席、夏曙希为镇长。

12月5日　安徽省马鞍山市委书记、副书记一行12人,在宜兴市委张伯宏副书记陪同下到和桥镇参观小城镇建设。

12月6日　无锡市教委到和桥小学视察评估争创省实验小学工作。

12月15日　和桥镇机关退休干部协会成立10周年庆祝大会召开。

12月25日　和桥镇举办第五届"兴鹅杯"男子篮球赛。

是年　和桥镇国税和桥分局被授予"1998年—1999年度江苏省文明单位"称号。

2001年

1月13日　和桥镇"三个代表"重要思想学习教育动员大会召开,市委副书记、代市长吴峰枫参加会议并讲话。12月12日,和桥镇村及驻镇站所"三个代表"学教动员大会召开,无锡市委副书记韩军参加会议并讲话。又于2002年1月16日,无锡市委副书记韩军到永兴村参加"三个代表"学教活动民主生活会。

2月　和桥镇获评无锡市专利示范乡镇。

3月9日　和桥镇便民受理中心成立。

3月17日　和桥镇第十四届人民代表大会第四次会议召开。

3月26日　闸口镇工会成立。

是月　和桥镇种养能手李富英家庭在文化部、全国妇联联合开展的家庭读书活动中,被评为"科技读书示范户",这是无锡地区唯一获此殊荣的家庭。

4月7日　镇渔场划归湖滨村管理。

4月10日　和桥镇工会第一次代表大会召开。

4月12日　共青团和桥镇第十三次代表大会召开。褚曙强当选为镇团委书记。

4月20日　宜兴市滆湖畜禽良种场、和桥蚕种场由和桥镇托管。

4月23日　和桥小学被省教育厅命名为江苏省实验小学,6月30日举行揭牌仪式。

4月25日　中共和桥镇第十一届代表大会第二次会议召开。

4月26日　南新派出所并入和桥派出所,南新设立警务站。

4月　闸口镇第十五届人民代表大会第三次会议召开,选举周仕健为人大主席。

是月　新建居委撤销,并入劳动居委;鹅山居委撤销,并入生建居委;新园居委撤销,并入兴业居委。

5月16日　和桥自来水厂水源受到客水污染,水不能饮用。经市政府同意,自来水厂在取水口东侧100米处筑坝断流,堵住污水,确保正常供水。

5月31日　镇妇联组织举行"同在蓝天下,共享母爱——社会妈妈结对助学"签约仪式。

6月2日　和桥镇第十四届人民代表大会第五次会议召开,讨论通过自来水厂取水口迁移方案和新建桥改造方案。

6月10日　和桥自来水厂收购南新自来水厂。同年7月11日,组建宜兴市滆湖自来水有限公司。

6月12日　和桥镇个体劳动者协会第七届代表大会召开。

6月29日　和桥镇纪念中国共产党成立80周年大会召开。

7月26日　和桥镇党委书记周中平带领有关职能部门负责人慰问73031部队副食品生产基地官兵。

8月2日　朱安生以350万元将中心幼儿园原股权转让给和桥实验小学。

8月10日　和桥水城休闲娱乐中心拍卖,杨建刚以100万元中标。

9月12日　宜兴市电焊条厂拍卖,史荣华以295万元中标。

10月31日　和桥镇第十四届人民代表大会第六次会议召开,选举程同德为镇人大主席。

11月16日　中共和桥镇第十二届代表大会第一次会议召开,选举程同德为党委书记。

12月4日　和桥镇获评第二批江苏省环境与经济协调发展示范镇。

12月8日　和桥镇欢送新兵大会召开,25名适龄青年应征入伍。

12月24—25日　江苏省交通厅到和桥镇验收"一河七桥"工程,红卫桥、人民桥、北兴桥达优良等级工程。

是月　第六届村民委员会换届选举工作结束。

2002年

1月23日　和桥镇第十五届人民代表大会第一次会议召开,选举程同德为镇人大主席,杨跃飞为镇长。

2月　和桥发现光绪二十八年(1902)诏书。诏书全长243厘米,宽35厘米,用双层藤丝织造而成。书写部分分别为蓝丝底绿汁字、红丝底绿汁字和红丝底蓝汁字,全文200余字。光绪印玺高13.2厘米,宽12.5厘米。

3月15日　和桥医院整体搬迁至健康东路南侧。

3月27日　省民政厅到和桥调研"五保"供养工作情况。

3月　闸口镇第十六届人民代表大会第一次会议召开,选举邵伯坤为镇长,周仕健为人大主席。

4月9日　和桥镇科学技术协会第六届(重新按市科协会议届次排序,缺第四、第五届)代表大会召开,选举杨跃飞为镇科协主席。

4月16日　新华社江苏分社《决策参考》杂志总编高翔到和桥镇调研。

4月24日　和桥、高塍、屺亭、万石、闸口五镇妇女300多人在和桥镇参加中华人民共和国《新婚姻法》知识培训。

4月　中共闸口镇第十五届代表大会第二次会议召开。

5月19日　共青团和桥镇十三届扩大会议召开。

5月28日　江苏省教育督导组到和桥镇检查

工作。

5月　兴业、生建、劳动、团结、南新社区成立党支部。

6月3日　江苏省军区政治部主任、省预备役高炮师政委、少将苏俊高到和桥镇检查预备役物资库建设情况。

6月27日　市委书记史祖能一行到和桥镇视察创业园规划与建设工作。

6月30日　和桥镇在影剧院举行庆祝建党81周年大会暨颂歌献给党文艺演出。

7月9日　和桥镇商会第二次会员代表大会召开。

7月22日　市人大常委会主任李志浩到和桥镇视察非公有制经济发展情况等。

8月14日　无锡市人大常委会副秘书长陆介标带队，无锡电视台“人大之声”电视专题栏目来和桥镇拍摄2001年自来水取水口西移工程现场纪录片。

8月27日　和桥蚕种场改制领导小组成立。

8月28日　和桥镇社区侨台服务中心成立大会召开。

8月29日　市政府同意设立和桥创业园。

9月23日　和桥镇第四届私营企业协会理事会召开，选举褚嘉元任会长。。

9月25日　和桥镇垃圾填埋场在同里村开工建设。

10月7日　化城寺大雄宝殿落成及佛像开光仪式举行。

10月15日　和桥镇残疾人联合会第四次代表会议召开，选举朱建华为镇残联主席。

10月21日　和桥镇千人评议机关大会召开。

11月8日　中共第十六次全国代表大会在北京隆重召开，各单位组织收看大会实况。

11月14日　全国第二期地(市)级教育督导室主任研修班宜兴考察组到和桥镇考察。

11月19日　无锡市爱卫办到和桥镇进行卫生村复查验收。

11月25日　和桥镇选送的《诗韵》《宜兴，我的故乡》两个节目同获宜兴市第七届新风颂文艺调演创作、演出奖双金奖。

12月11日　无锡市委宣传部副部长陈尧明到和桥镇作学习“十六大”辅导报告。

2003年

1月11日　蚕种场、无损探伤器材厂、新东纯水环保设备厂、丰泽化工厂竞标拍卖。

1月15日　和桥镇第十五届人民代表大会第二次会议召开。

2月9日　江苏省委常委、无锡市委书记蒋定之到和桥调研考察。

3月4日　村(居委)党支部换届选举动员会议召开。

是日　无锡市计生委到和桥镇验收基层先进计生服务站有关工作。

3月5日　和桥镇庆祝国际劳动妇女节93周年纪念大会召开。

4月11日　和桥镇村镇房屋情况调查摸底动员大会召开。

4月22日　省政府办公厅、国土资源厅、农林厅到和桥镇督查、调研土地流转及征用土地等情况。

4月24日　和桥镇预防“非典型肺炎”工作紧急会议召开。

是月　闸口镇十六届人民代表大会第二次会议召开。

5月19日　和桥镇关心下一代工作会议召开。

6月16日　无锡市农村地。区计划生育优质服务经验交流现场会在和桥镇召开。

6月19日　和桥食品站、南新食品站及闻家等4个生猪屠宰场撤销。

7月18日　和桥雪竹内衣形象大使由影视明星林心如出任新闻发布会在南京召开。

8月12日　宜兴市老年人体育协会和桥联络处成立。

9月10日　江苏省委组织部组织一处及省委

到和桥镇调研。

9月12日　和桥镇机关公务用车制度改革动员会议召开。是日，和桥镇机关部分公务用车竞标拍价。

10月28日　宜兴市四套班子领导，各镇党委书记及分管园区工作领导一行80多人来和桥镇观摩创业园建设情况。

11月8日　和桥镇社区服务中心成立。

12月4日　和桥镇“12.4”大型法制宣传咨询展开活动。

12月22日　江苏省基层依法治理工作经验交流会在南京召开，镇委副书记裴志伦代表先进集体参加会议。

12月28日　中共和桥镇第十二次代表大会第二次会议召开。

2004年

1月11日　和桥镇区河东中兴桥至南兴桥之间三号楼地块开发权公开拍卖在镇建委举行。

2月18日　无锡市委书记王荣到镇调研小城镇建设情况。

5月11日　和桥镇机关中层干部竞争上岗民主测评会。

5月15—16日　和桥镇第十六届人民代表大会第一次会议召开，选举苏锡林为人大主席，杨跃飞为镇长。

5月17日　无锡市委副书记樊金龙到镇调研农村劳动力转移工作。

5月20日　马才军任和桥镇政府镇长，免去杨跃飞镇长职务。

5月27日　江苏省农民体育协会秘书长等一行8人到和桥镇验收亿万农民健身活动先进乡镇评创工作。

6月30日　和桥镇召开纪念建党八十三周年会议。

7月26日　和桥镇党委书记苏锡林赴73031部队农场慰问。

8月30日　中共和桥镇委员会领导班子民主测评会议召开。

10月19日　和桥镇政府召开征兵工作动员大会。

10月23日　江海良同志任和桥镇人民代表大会主席。

11月23日　无锡市工会区域性劳动争议调处工作现场推进会在和桥镇召开。

11月24—25日，中共和桥镇第十三届代表大会第一次会议召开，选举苏锡林为党委书记。

12月4日　江苏省新型农村合作医疗考核调研工作在和桥镇进行。

2005年

1月8日　和桥镇国家公务员“四五”普法考试在镇三号楼大会议室举行。

1月15日　和桥镇第十六届人民代表大会第二次会议召开。

1月17日　和桥镇党员、干部冬训暨党委工作会议在和桥影剧院召开。

1月19日　和桥镇2004年度综合先进表彰大会在和桥职高阶梯教室召开。

1月24日　和桥镇老干部迎春座谈会在镇政府举行。

1月26日　和桥镇主要领导到滆湖农场慰问部队官兵。

3月1日　锡溧漕河和桥段航道整治工作拆迁动员大会在镇政府会议室召开。

3月2日　市委副书记、市长吴峰枫到和桥镇锡溧漕河段拆迁现场检查指导工作。

3月3日　市委副书记、市长吴峰枫到和桥镇检查和桥镇污水处理厂建设情况。5月31日，市委书记史祖能到和桥镇检查污水处理厂建设情况。

3月8日　和桥镇妇联和各阶层妇女代表隆重庆祝“三八”妇女节。

4月21日　和桥镇举行禁毒宣传活动。

6月1日　市长吴峰枫、市政协主席吴国成领导到和桥镇实验小学与和桥二小进行走访慰问。

6月15日　和桥镇第十二次妇女代表大会召开。

6月29日　和桥镇庆祝建党84周年大会召开。

7月20日　和桥镇保持共产党员先进性教育活动动员大会召开。和桥镇党委书记苏锡林作动员,市委副书记张伯宏到会并讲话。

8月13日　无锡市宣传部副部长陈尧明到和桥作“增强党员意识,永葆党的先进性”专题报告。

8月20日　和桥镇“三创精神”(创业、创造、创新)学习心得交流扩大会召开。

9月12日　无锡市爱卫办到和桥镇复查创建江苏省卫生镇情况。

9月28日　江苏省委先进性教育第一巡回检查组对和桥镇巡回检查。

10月18日　和桥镇秋季经贸洽谈会在宜兴市体育中心召开

10月21日　江苏省预备役某高炮师师长邱萍到和桥镇检察工作。

11月24日　宜兴市“千人评机关”(和桥镇集中评议)大会在和桥镇大会议室召开。

12月17日　和桥镇保持共产党员先进性第三批教育活动动员大会召开。

12月20日　共青团和桥镇第十三次代表大会召开。

12月28日　和桥镇污水处理有限公司投产典礼举行。

12月29日　和桥镇党员冬训动员暨党委工作会议召开。

12月31日　和桥镇冬训总结暨综合先进表彰大会召开。

2006年

1月5日　中共和桥镇第十三届代表大会第二次会议召开。

1月11日　和桥镇老干部新春座谈会召开。

1月19日　市委书记蒋洪亮、市人大主任李志浩等到和桥镇看望慰问大病救助对象张春英。

1月20日　“爱心暖和桥”扶贫帮困慈善损资大会召开。

2月10日　和桥镇党委书记苏锡林接受宜兴电视台专访。

2月11日　和桥镇第十六届人民代表大会第三次会议召开,审议并通过镇经济和社会发展第十一个五年计划发展报告。

3月17日　宜兴市纪委常委班子到镇听取镇党委、纪委廉政工作、反腐败工作汇报。

4月17日　市委书记蒋洪亮到镇视察工业集中区建设。

4月19日　涟水县朱码镇党政代表团到和桥镇参观考察。

4月28日　和桥镇退教协会分会第七次代表大会召开。

是日　和桥实验小学百年校庆。

5月9日　北渠村沙桥头百岁老人周麟德书写“喜逢百岁寿辰时,欣闻零八奥运至,五环五星同挥舞,东亚病夫称历史”字条被北京奥组会录用。

5月12日　中共和桥镇第十三届代表大会第三次会议召开。

5月14日　市长王中苏到和桥镇检查锡溧漕河工程情况。

5月19日　和桥镇基层党组织换届选举工作会议召开。

5月27日　市工业集中区建设工作会议到和桥镇考察工业集中区建设情况。

6月27日　市委书记蒋洪亮到和桥镇督查安全生产。

6月28日　和桥镇工业集中区十只重大项目工程奠基仪式举行。

6月30日　和桥镇纪念中国共产党成立85周年暨党委工作会议召开。

8月7日　和桥镇“万人帮万户、携手奔小康”活动动员大会召开。

9月1日　和桥镇《江泽民文选》学习会召开。

9月13日　市委组织部派员到和桥镇考察党委班子。

10月8日　朱韫柯任和桥镇人民政府镇长。

10月25日　市人大常委会主任李志浩到和桥看望北渠村百岁老人周麟德。

11月15日　和桥镇农村重点实事工程暨环境优美镇创建动员大会召开。

11月16日　参加宜兴市工业重点在建项目观摩推进会与会人员到和桥工业集中区观摩。

12月9日　和桥镇政府、宜兴市广电局、中国移动宜兴分公司在和桥职高操场主办“唱响和谐新农村、欢乐陶都——走进和桥”大型露天文艺演出，著名歌手孙楠等献演。

12月16日　宜兴市人大代表和桥小组视察和桥工业集中区。

2007年

1月6日　中共和桥镇第十三届代表大会第四次会议召开。

1月13日　和桥镇第十六届人民代表大会第四次会议召开，选举朱韫珂为镇长。

1月15日　江苏省土地整理项目验收小组对和桥镇北庄、西锄两块省级土地整理项目进行验收。

1月19日　和桥镇党员冬训动员暨党委工作会议召开。

1月25日　宜兴市慈圣会暨和桥分会成立大会及“送温暖献爱心”捐资活动举行，当场募得善款344.6万元。

1月27日　和桥镇创建国家卫生镇动员大会召开。又于4月3日，和桥镇“爱卫月”暨“环境卫生整治日”动员大会召开。4月4日，江苏省爱卫办副主任谢龄庆到和桥镇指导创建国家卫生镇工作。8月3—4日，江苏省爱卫办副主任谢龄庆等人组成的省级考核组到和桥镇进行创建国家卫生镇考核。和桥镇顺利通过省级考核组考核，于9月10日获评为“国家卫生镇”。

2月3日　市委、市政府主办的“陶都真爱”慈善颁奖会在宜兴广电局举行，和桥镇的富陶集团沈锐华（捐资400万元）、太平洋集装箱配件有限公司何克中（捐资300万元）、江苏凌志环保凌建军（捐资100万元）、宜兴市恒丰碳纤有限公司施昕皓（捐资100万元）被授予“宜兴市慈善明星”称号。

3月5日　和桥镇创建“劳动关系和谐企业”签约大会召开。

3月15日　和桥镇举行“3·15”消费权益保护咨询活动。

3月20日　无锡市农林局、宜兴市农林局与和桥镇联合举办“放心农资下乡进村”宣传活动。

5月10日　和桥镇科技协会第七次代表大会召开。

5月19日　宜兴市环境优美镇创建工作现场观摩会在和桥镇召开。

5月29日　和桥镇计生办举行“5·29”纪念日及优生优育咨询活动。

是日　市委书记蒋洪亮与环保局、市水务集团领导到和桥镇滆湖自来水厂研讨提升自来水水质问题。

5月31日　和桥镇领导走访全镇各中小学，庆祝“六一儿童节”，表彰优秀少先队员。

6月10日　和桥镇举行安全知识宣传咨询活动。

6月13日　和桥镇组织市、镇人大代表视察督查全镇区域内食品安全工作。

6月30日　和桥镇纪念建党86周年暨党委工作会议召开。

7月1日　北庄村党校成立。

7月13日　和桥镇新一轮总体规划修编动员大会召开。

7月18日　宜兴市“荆溪之夏”广场文艺和桥专场暨“双创建”文艺晚会在和桥镇禾晖广场举行。

7月28日　和桥镇第十六届人民代表大会第五次会议召开，选举张应京为镇人大主席。

8月21日　和桥镇慈善分会助学善款向全镇

50多名贫困学生发放。

9月10日　市政协主席吴国成看望和桥镇团结居委百岁老人王根娣。

9月24日　和桥镇漕桥河综合治理推进会召开。

11月14日　参加江苏省产品质量和食品安全专项整治宜兴市现场会的第三组同志到和桥镇检查工作。

11月29日　宜兴市领导及各镇党委书记到和桥镇鹅洲西路观摩小城镇建设成果。

12月4日　和桥镇"12·4"大型法律咨询活动举办。

12月5日　宜兴市"千人评机关"年终集中评议活动在和桥镇分会场举行。

12月9—10日　和桥镇第十七届人民代表大会第一次会议召开,选举朱韫珂为镇长。

2008年

1月2日　中共和桥镇第十三届代表大会第五次会议召开。

1月14日　和桥镇综合先进表彰大会召开。

1月18日　和桥镇扶贫帮困送温暖工作暨"一日捐"动员会议召开。

1月26—29日　和桥遭遇五十年一遇的暴雪灾害。全镇干群11000多人次投入抗灾

3月22日　和桥镇人大主席团会议召开,听取关于加强城镇管理实施方案的汇报。

3月28日　宜兴市人大代表和桥小组会议召开,市委宣传部长许伟英等参加大会。

4月3日　和桥镇"爱卫月"暨镇村环境集中整治活动动员会议召开。

4月15日　国家投资3608万元的和桥镇土地整理项目顺利通过验收。

4月20日　宜兴横山水接入和桥镇工程正式开工,从横山排管道至和桥,又接通南新,楝树、万石、南漕等集镇管线总长118千米,总投资7000万元,和桥镇政府承担1500万元。

5月16日　和桥镇向四川汶川地震灾区捐资仪式举行。至5月底,全镇各界人士踊跃捐款捐物,总值达417万元。

5月19日　根据国务院的决定,14时28分起,全镇人民默哀3分钟,汽车、船只和防空警报都鸣响3分钟,深切哀悼四川汶川大地震遇难同胞。

5月31日　和桥镇领导苏锡林、朱韫珂等率员赴太湖突击打捞蓝藻。

6月6日　无锡市中级人民法院及宜兴市人民法院领导到和桥法庭调研工作。

6月18日　宜兴市人大代表和桥小组会召开。

6月20日　宜兴市城管执法大队和桥中队挂牌成立。

6月21日　和桥镇闲置土地处置工作动员会召开。

6月23日　和桥镇人大主席团会议召开。

6月30日　和桥镇纪念建党87周年暨党委工作会议隆重召开。

7月15日 宜兴 市人大代表第四小组成员听取和桥镇关于贯彻落实《江苏省城市市容和环境卫生管理条例》的情况汇报。

8月20日　和桥镇发放慈善助学款24.9万元,168位困难学生得到帮助。

9月18日　和桥镇定点屠宰场投入正式运营。

9月21日　凌晨0点至0点30分,和桥镇同里、北庄等村遭遇龙卷风袭击,尤以同里村影响最重。龙卷风袭击造成水稻倒伏37个组,面积1805亩;农户住房受损44户,太阳能热水器受损8台;5户渔池养殖户、3户生猪养殖户设施受损;5家企业厂房受损。

9月25日　和桥镇投入390万元,清淤河道28条,总长度56千米、土方80余万立方米,完成全年河道清淤任务。

10月13日　根据市委、市政府的统一部署,和桥镇滆湖围网整治工作全面铺开。围网面积9647亩,涉及王母桥村和楝聚村,其中王母桥村有面积4934亩,楝聚村有面积4713亩;涉及渔民244户,

其中专业渔户200户，副业渔民44户。这次拆迁围网共需资金3420万元，和桥镇承担330万元。

10月17日　和桥镇新建、改建农村无害化卫生户厕920只、生态卫生户厕185只，农村无害化卫生户厕覆盖率超过95%。

10月20日　和桥镇横山水通达工程捐款动员大会召开，当场得款340余万元。

11月15日　和桥镇投资近400万元，改造危桥18座，完成全年度农村危桥改造任务。

11月18日　和桥镇通过无锡市社会主义新农村建设示范镇创建验收。

12月7日　和桥分会场开展宜兴市“千人评机关”年终集中评议活动。

12月11日　宜兴市人大代表和桥小组会召开，听取镇政府关于实事工程推进和完成情况及新农村建设情况的汇报，并视察镇新农村建设和政府实事工程推进现场。

12月12日　中共和桥镇第十三届代表大会第六次会议召开。

2009年

1月3日　和桥镇第十七届人民代表大会第二次会议召开。

2月19日　和桥镇“保增长、快转型、促发展”银企合作联谊会召开。

3月18日　和桥镇人大主席团会议召开，专题听取镇政府关于工业经济“保增长、快转型、促发展”实施情况汇报。

3月31日　和桥镇退教协分会理事会换届选举大会召开。

是日　宜兴市和桥片人大工作一季度片会在和桥镇召开。

4月3日　和桥镇城市管理办公室成立。

4月9日　江苏省预备役高炮师政委吴天津到和桥镇检查视察预备役建设情况。

4月25日　和桥镇举行全国儿童预防接种宣传日活动。

5月7日　国家技术评估组第二专家组到和桥镇考察和桥公园、和桥污水处理厂等。

5月15日　和桥镇总工会第二次代表大会召开。

5月23日　无锡市人大宜兴市第一代表小组部分代表视察江苏新雪竹服饰有限公司。

6月1日　和桥镇党政领导走访全镇11所中小学校和幼儿园，发放各类书籍、学习用品等。

6月4日　和桥镇党支部换届选举开始，至7月结束。

6月5日　江苏省居民健康素养监测北庄村监测点工作正式启动。

6月12日　和桥镇创建宜兴市生态镇村工作现场会召开。

6月16日　宜兴市人大代表和桥小组专题视察和桥镇生态市创建工作。

6月23日　和桥镇人大主席团会议召开，专题听取镇政府关于镇第十七届人大第二次会议代表建议、批评和意见答复办理情况的汇报。

6月28日　和桥镇纪念建党88周年大会暨党委工作会议召开。

7月1日　和桥镇北庄村被中共无锡市委宣传部、无锡市文化广电新闻出版局命名为“无锡市基层公共文化建设示范点”。

7月6日　江苏省、无锡市人大代表和部分宜兴市、和桥镇人大代表，在和桥镇“人大代表之家”当面接待群众30余人，收集意见10余条；和桥镇各级人大代表还围绕“联系服务群众见面周”活动的要求，走访群众1000余人，收集意见30余条。

7月7日　宜兴市第十届“荆溪之夏”广场文艺和桥镇专场在公园广场演出。

7月10日　和桥镇第十七届人民代表大会第三次会议召开。

7月17日　宜兴市新农村建设示范镇践行农村基层组织无贪污贿赂犯罪发生承诺活动签约仪式在和桥镇召开。

7月25日　南新中学并入和桥二中，南新小学移址南新中学。

8月1日　和桥镇获评“2007—2008年度宜兴市文明镇”。

8月13日　和桥镇“世代服务中心”通过江苏省计生委验收并投入使用。

8月18日　和桥镇所有河道得到疏浚。全年疏浚河道39条,总长58.7千米、投资413.5万元。

9月6日　和桥镇农村土地流转服务站成立。

9月15日　和桥镇人大主席团会议召开,听取镇政府关于《中华人民共和国食品安全法》贯彻执行情况的汇报,讨论通过代表向选区选民述职的工作方案。

9月26日　方力任和桥镇党委书记。

10月23日　宜兴市人大代表和桥小组视察工业集中区建设情况和富陶集团生产现场,听取镇政府工作情况和2009年实事工程推进和完成情况汇报,部署安排市人大代表述职工作,对镇部分科(办)进行工作评议。

10月30日　和桥镇体育代表团参加宜兴市七运会获优秀组织奖,以总分1188分位列城镇部第一名。

11月8日　中巷、永兴、大生、王母桥、钟溪等五个村“绿色家园”创建工作通过无锡市验收。

11月15日　大生、王母桥2个村通过新农村建设示范村创建验收;王母桥、大生、湖滨3个村通过江苏省级生态村创建考核。

12月30日　中共和桥镇第十三届代表大会第七次会议召开。

2010年

1月3日　市长王中苏同市规划局、交通局、财政局等部门负责人到和桥镇调研经济社会建设情况。

1月23日　和桥镇第十七届人民代表大会第四次会议召开。

5月31日　无锡市夏收夏种暨秸秆机械化还田工作会议在北庄村召开。

6月1日　党委书记方力、镇长朱韫珂带领教育、妇联、团委等部门工作人员走访了全镇9所中小学校、幼儿园。

6月25日　著名和桥籍画家吴冠中于深夜23点52分在北京医院逝世,享年91岁。

6月29日　闸口村综合服务中心落成,空军政治部副主任、中华慈善总会副会长、少将邓铜山到场祝贺。

6月30日　和桥镇青年商会成立。

7月　史中武调任和桥镇镇长。

8月4日 和桥镇党委书记方力、镇长史中武等前往环卫、供电、交管、交巡警、派出所、城管等单位看望在高温中坚守岗位的工作人员。

9月15日　江苏省第三批科技镇长团到和桥镇调研。

9月23日　和桥镇庆祝宜兴市武术协会、石锁分会成立一周年。

10月29日　和桥镇安全生产座谈会召开。

11月11日　和桥镇有关部门领导轮岗开始。

2011年

1月9日　和桥镇和桥镇第十七届人民代表大会第五次会议召开,选举史中武为镇长。

2月10日　和桥镇企业家新春座谈会召开。

3月16日　中共和桥镇第十四届代表大会第一次会议召开,选举方力为党委书记。

6月10日　市长王中苏到和桥镇听取镇区重点项目规划建设的汇报。

6月13日　和桥镇通过国家卫生镇江苏省复审。

6月17日　市委书记蒋洪亮到和桥镇视察城镇建设与工业经济发展情况。

6月21日　和桥镇庆祝建党90周年“红歌献给党”歌咏比赛举行。

7月8日　和桥镇第十七届人民代表大会第六次会议召开。

7月23日　镇江市司徒镇党镇代表团到和桥

镇考察参观。

8 月 25 日　宜兴市人大常委会主任吴国成到和桥镇考察“双百双促”(百名领导干部、挂钩百家企业,促进制约发展,促进发展转型)结对活动。

9 月 12 日　宜兴市 2011 年“事成杯”三圆戏曲演唱会暨“庆中秋,迎国庆”专场戏曲晚会在和桥镇举行。

10 月 19 日　瑞典 TFL 公司和台湾中友航运股份有限公司到和桥镇参观考察。

12 月 6 日　中包联葛红河会长、敖雯楠秘书长携相关专家到和桥镇对和桥镇申报中国包装产业基地进行评审。

是年　中共和桥镇第十四届代表大会第二次会议召开,选举潘峰为党委书记。

2012 年

2 月 8 日　市四套班子领导到和桥工业集中区观摩工业重点项目。

3 月 15 日　和桥镇第十八届人民代表大会第一次会议召开,选举张应京为人大主席,史中武为镇长。

5 月 7 日　和桥镇与香港五洲国际集团投资有限公司达成和桥五洲国际广场项目合作意向协议。

6 月 30 日　和桥镇隆重纪念建党 91 周年暨党委工作会议召开。

8 月 29 日　中国当代著名画家、美术教育家吴冠中故居落成典礼在和桥镇北渠村举行。

9 月 8 日　市委书记、市人大常委会主任王中苏到和桥镇调研经济社会发展情况。

9 月 22 日　市长张立军到和桥镇调研指导工作。

11 月 11 日　和桥镇第六届全民运动会在和桥高级中学体育场隆重开幕。

是年　中共和桥镇第十四届代表大会第三次会议召开。

2013 年

1 月 12 日　中共和桥镇第十四届代表大会第四次会议暨党员冬训、年度综合表彰大会召开。

1 月 13 日　和桥镇第十八届人民代表大会第二次会议隆重召开。

1 月 31 日　和桥镇领导深入基层、部队走访慰问。

3 月 5 日　和桥籍知名教授蒋璜逝世,享年 107 岁。

3 月 13 日　和桥镇建设“一流的工商名镇、一流的文化名镇、一流的生态名镇”动员大会召开。

4 月 3 日　和桥镇党建、政法工作会议召开,并与相关单位的负责人签订了《党风廉政建设目标责任书》及《综治和平安建设工作责任状》。

7 月 5 日　市委书记王中苏到和桥镇调研经济社会发展情况。

7 月 8 日　和桥镇第十八届人代会第三次大会召开。

9 月 6 日　党委书记潘峰带领近 30 家骨干企业和科技型企业到江南大学开展产学研活动。

10 月 14 日　镇委书记潘峰、镇长史中武等带领和桥近 20 家环保骨干企业领导到南京高校开展产学研活动。

10 月 28 日　和桥镇在参与金秋宜兴经商贸洽谈会期间,与新加坡、香港、台湾、浙江等客商谈成项目 5 个,合同利用外资 4000 多万美元。

2014 年

1 月 5 日　中共和桥镇第十四届代表大会第五次会议暨党员冬训、年度综合表彰大会召开。

是日　和桥镇第十八届人民代表大会第四次会议召开。

3 月 10 日　和桥镇第二批党的群众路线教育实践活动动员大会召开,现场对和桥镇党政领导班子成员进行民主测评。

5 月 8 日　无锡市督导组到和桥镇考察党的群众路线教育实践活动开展情况。

5月30日　代镇长殷其敏,镇人大主席张应京率镇妇联、关工委、团委、教办等部门负责人,分组走访11所中小学校和幼儿园。

5月　镇长史中武调任镇党委书记。

6月27日　和桥在镇市政协委员和工作委员会成员考察和桥二中、实验小学以及和桥高级中学迁建项目,同时进行座谈。

6月30日　滆湖东路顺利通车,和桥镇交通又添新通道。

是日　和桥镇纪念建党93周年暨党委工作会议召开。

7月5日　和桥镇第十八届人民代表大会第五次会议召开,会议同意史中武辞去和桥镇人民政府镇长职务,同时选举殷其敏为和桥镇人民政府镇长。

7月15日　和桥镇2014年度征兵工作动员大会召开。

7月18日　和桥镇被国家住房城乡建设部等部门列为全国重点镇,这是和桥镇继2004年后再次获该称号。

8月22日　新修《和桥镇志》第一次工作会议召开。

8月25日　和桥镇工会、团委、妇联等部门开展"希望工程·圆梦行动",走访贫困学生家庭27户,发放助学金1.35万元。

9月15日　宜兴市第七批科技镇长团人员到和桥镇考察。

9月18日　和桥镇老年协会代表大会召开。

9月25日　政协和桥镇工作委员会举行2014年第三季度考察活动。

9月29日　宜兴市人大常委会专题考察兴盛PBT工业项目。

是日　和桥镇组织在镇宜兴市人大代表专题视察镇南新城建设和服务业发展情况。

10月24日　和桥镇秋季秸秆禁烧和综合利用工作会议召开。

10月27日　和桥镇党的群众路线教育实践活动总结大会召开。

10月31日　中国工程院院士黄瑞松与夫人回和桥省亲,并与和桥镇领导围绕家乡发展、科技工作等议题进行座谈。

是日　和桥镇工会换届选举,张文伟当选为工会主席。

11月4日　市长张立军到和桥镇调研财税工作。

11月12日　市委书记王中苏到和桥镇调研在建重点项目建设进展情况。

11月16—17日　和桥第二小学男排夺得2014年无锡市小学生排球比赛冠军。

11月21日　和桥镇侨联代表会议召开,宜兴市侨联和桥镇分会成立,张文伟当选名誉主席,谈伟光当选主席。

12月12日　和桥二中Dream High啦啦操队获得2014年全国啦啦操中学甲组花球规定动作第一名,和桥二小追风啦啦队获得2014年全国啦啦操小学丁组花球规定动作第一名。

12月16日　市委书记王中苏到和桥镇调研老集镇改造工作。

2015年

1月4日　和桥镇团委组织青商会开展"暖心行动",向和桥敬老院捐赠保暖内衣,价值3万元。

1月10日　中共和桥镇第十四届代表大会第六次会议暨党员冬训、年度综合表彰大会召开,并选举史中武为党委书记。

同日　和桥镇第十八届人民代表大会第六次会议召开。

1月23日　和桥镇2015年春节前安全生产大检查工作展开。

2月7日　和桥镇有关党政领导分组赴西鿍村、王母桥村、湖滨村等五个村,走访慰问新中国成立前入党的老同志及困难学生、社救对象、残疾贫困家庭;随后,慰问滆湖农副业基地的部队官兵。

2月11日　2015年无锡市暨宜兴市文化科技卫生"三下乡"集中活动在和桥镇北新村广场隆重

举行，无锡市委常委、宣传部部长王国中出席活动。

3月13日　和桥镇工商、司法、烟草等部门开展“3·15”国际消费者权益日宣传咨询服务。

3月26日　宜兴市和桥学区德育工作例会在和桥镇召开。

5月7日　市委书记、市人大常委会主任王中苏到和桥镇开展“三解三促”调研活动。

5月22日　和桥镇2015年度夏季秸秆禁烧和综合利用工作会议召开。

5月28日　和桥镇党政领导率镇妇联、关工委、团委和教育办等部门负责人分组走访11所中小学校和幼儿园。

6月23日　和桥镇部分骨干工业企业领导赴武汉高校产学研对接活动展开。

6月24日　市委书记、市人大常委会主任王中苏到和桥镇检查漕桥河水环境综合整治情况。

7月14日　和桥镇2015年度征兵工作动员大会召开。9月9日，和桥镇新兵入伍欢送大会召开。

7月22—24日　和桥镇骨干企业负责人等赴南京大学参加企业家管理能力提升班学习。

7月25日　和桥镇人大主席团围绕“现代农业建设”“城乡精细化管理”两大主题开展视察与审议活动。

7月29日　和桥镇20余名宜兴市人大代表专题视察全镇工业重点项目、实事工程建设推进情况。

7月31日　和桥镇党政领导慰问在高温一线奋战的职工。

8月19日　和桥镇党政领导到劳动社区、永兴村、西锄村走访低保户和低保边缘户，并送上慈善助学金。

9月1日　和桥高级中学新校区投入使用。

9月18日　和桥镇成立全市首支义工劝导队——文明新风劝导队。

10月2日　和桥高级中学举行“百年和中”新校落成仪式，200多名校友、在外乡贤、退休教师等参与。

是日　和桥镇“畅叙家乡情、共话新发展”在外乡贤代表座谈会召开，市长张立军出席座谈会。

10月10日　市委书记、市人大常委会主任王中苏，市长张立军到和桥视察无锡市兴盛新材料有限公司、中超商业水街、中小企业产业园等。

10月13日　“率先路上——宜兴市‘四个全面’文艺宣讲基层行”和桥专场在禾苑广场隆重举行。

10月17日　市长张立军到和桥镇慰问高寿老人。

11月3日　和桥镇人大主席团开展“加强河长制落实，促进水环境长效管理”专题视察活动。

11月17日　和桥镇“崇文崇德和善和美”主题颁奖晚会召开。

11月27日　宜兴市社区党建工作观摩推进会在和桥镇召开。

12月26日　和桥镇人大主席团、在镇宜兴市人大代表联合组专题视察2015年度和桥镇政府实事工程建设情况。

20世纪80年代，宜兴著名摄影家周惠民拍摄的顺渎河口

20世纪70年代，锡溧漕河穿过和桥集镇

第一章 建置 区划

和桥镇位于宜兴市域东北部,太滆平原中西部。镇域东临万石镇、芳桥镇,南连屺亭街道,西接滆湖与高塍镇,北与常州武进区为邻。地理坐标为北纬31°27′—31°33′,东经119°47′—119°57′。镇域南北长约10千米,东西宽约11千米,镇域总面积约105平方千米。和桥,由桥而得名,始称于南北朝。后建置名称、行政区划多次变更。明朝时称河桥市,清朝时称和桥镇市、和桥镇,民国时称和桥市。新中国成立后一直称和桥镇。1986年6月和桥乡并入和桥镇,2000年6月南新镇又并入和桥镇,2004年2月闸口镇也并入和桥镇。至2015年,和桥镇有14个行政村、485个村民小组、5个居民委员会、106个居民小组。

第一节 建置沿革

和桥古属荆邑。

秦始皇二十六年(前221),荆邑改为阳羡县,和桥属阳羡县。

汉高帝十二年(前195),和桥属阳羡侯国。汉文帝十二年(前168)仍改属阳羡县。

东汉顺帝永建四年(129),和桥随县属吴兴郡。

三国吴宝鼎元年(266),和桥随县属吴兴郡。

西晋怀帝永嘉四年(310),和桥随县属义兴郡。

南朝宋明帝泰始四年(468),和桥随郡属南徐州(今镇江)。南朝齐武帝永明二年(484),和桥随群属扬州,后复属南徐州(今镇江)。

隋文帝开皇九年(589),废郡,阳羡县改为义兴县,和桥随县属常州。

唐高祖武德二年(619),改义兴县为鹅州。七年(624),鹅州改为南兴州。八年,废州,仍称义兴县,和桥仍随县属常州。唐肃忠乾元二年(759),和桥随县属润州(今镇江)。三年,复属常州。

北宋太平兴国元年(976),为避太宗赵光义讳,改义兴县为宜兴县,和桥随县属常州。南宋恭帝德祐元年(1275),宜兴县改为南兴军。

元世祖至元十四年(1277),南兴军仍改为宜兴县,十五年升为宜兴府,和桥随县属常州路。二十年,又改为宜兴县;二十一年,县再升府。元成宗元贞元年(1295),宜兴府立为宜兴州,仍属常州路。

明太祖洪武二年(1369),州改县,和桥随县属常州府。

清初沿袭明制,雍正四年(1726),宜兴县分为宜兴、荆溪两县,和桥随宜兴县属常州府。清宣统三年(1911),随县属镇常通海道。

民国元年(1912),撤销荆溪县,并入宜兴县。全县分设7市14乡,和桥称和桥市。民国3年,和桥随县属苏常道。民国16年,和桥随县直属江苏省政府。民国18年,宜兴县改市乡制为区乡闾邻制,全县设14个区,和桥市改为和桥镇,属第十四区。民国21年,和桥随县属武进行政区。民国23年,改闾邻为保甲,全县划为8个自治区,和桥镇属第三区,随县上属江苏省第一行政督察区(行政督察专员公署驻溧阳)。民国34年,抗日战争胜利后,国民党政府沿袭旧制,全县设8个区,和桥镇属第三区,随县上属江苏省第一行政督察区(驻丹阳)。民国36年,全县设4个区,17个直属乡镇,和桥仍属第三区。民国37年,全县设2个督导区,5个区,40个乡镇,和桥镇仍属周和区。

1949年5月至1951年7月，和桥镇属和桥区为区属镇，随县属常州专区。1953年1月26日，随县属苏州专区。1954年10月起，和桥镇改为县属镇，先后随县属镇江专区、常州专区、镇江专区。1958年9月9日至1959年1月11日，和桥镇属太滆公社管辖。1959年1月12日至月底，属和桥公社管辖。1959年2月起恢复和桥镇建制，为县属四大镇之一。1983年3月1日起实行市管县体制，和桥随县属无锡市。1988年3月，宜兴撤县设市，和桥镇随宜兴市属无锡市管辖。

第二节　行政区划

南北朝时，顺渎河北侧的东横街是和桥最早的一条街。元泰定四年至清咸丰七年（1327—1857）间，横跨锡溧漕河的3座大桥——中和桥（中桥）、和丰桥（北兴桥）、和兴桥（南兴桥），陆续建成，镇的范围也逐渐扩大。清乾隆三十年（1765年）已形成上塘大街（锡溧漕河西岸）、下塘大街（锡溧漕河东岸）、东横街3条街道。镇区范围东至下塘痘司堂，南至五指河，西至王家场汪宗祠，北至育婴堂。

1934年，废区、乡、闾邻制，实行保甲制，全镇划11个保。镇区范围东至化城寺，南至锡宜公路，西至大会小会自然村，北至乾锠馀油厂。

1945年8月抗日战争胜利时，和桥镇区仍是11个保。1948年，区、乡合并，镇区较前扩大，东至天富桥，南至三里桥，西至昌溪桥，北至黄农石桥，全镇设14个保。

中华人民共和国成立后，镇设4条街：一街在下塘南首，南至周家浜，北至小沿河南；二街在下塘北首，东至化城寺，南至小沿河，北至蒋家桥放鸭滩；三街在上塘南首，南至锡宜公路，北至葛仙河，西至大会，小会村；四街在上塘北首，葛仙河（现西横街）向北至刘家桥，西至吉家桥。

1950年2月，一、二、三、四街分别改称为生建街、团结街、兴业街、劳动街。1958年1月，4条街建立居民委员会。

1966年3月至1967年1月，和桥乡和建大队划入和桥镇，建立蔬菜大队。

1985年5月，兴业街以民主巷为界，民主巷向南至锡宜公路为兴业居民委员会辖区，民主巷向北至西横街南侧为新园居民委员会辖区。生建街以回春巷为界，巷北至顺渎河（即小沿河）为生建居民委员会辖区，巷南至锡宜公路为鹅山居民委员会辖区。同时将和建蔬菜大队改为和建村民委员会。

1986年6月，和桥乡与和桥镇合并，此时和桥镇辖大同、文里、柏树、聚贤、石路、北庄、高楼、土墩、和建、前谢、湖滨、苗桥、金盆、和桥、闻家、永兴、中心、上倴18个村民委员会，团结、生建、鹅山、劳动、新园、兴业6个居民委员会和1个渔场。

1988年12月，在镇区西北部增设新建居民委员会。1997年8月，又在镇区西部增设鹅西居民委员会。

2000年2月，部分行政村进行合并。大同村与文里村合并，称同里村；柏树村与聚贤村合并，称百贤村；高楼村与土墩村合并，称和兴村；苗桥村、前谢村、金盆村合并，称大生村；中心村与上倴村合并，称站前村。

2000年6月15日，南新镇并入和桥镇。此时和桥镇辖同里、百贤、石路、北庄、和兴、和建、大生、湖滨、和桥、闻家、永兴、站前、西锄、南新、王母、水产、金滆南、云中、中巷、西育中、北新、民胜、兴桥23个村民委员会，团结、劳动、兴业、新园、生建、鹅山、新建、鹅西、南新9个居民委员会和1个渔场。

2001年2月8日，部分村进行合并。和桥村与闻家村合并，称和桥村；北庄村与和兴村合并，称北庄村；石路村与和建村合并，称石路村；王母村与兴桥村合并，称王母桥村；西锄村与南新村合并，称西锄村。

2001年4月7日镇渔场划归湖滨村管理。

2002年4月，部分居委进行合并。新建居委并入劳动居委，鹅山居委并入生建居委，新园居委并入兴业居委。

至2002年底，和桥镇辖同里、百贤、石路、北庄、湖滨、大生、站前、永兴、和桥、西锄、王母桥、金滆南、云中、西育中、中巷、北新、民胜、水产18个村民委员会和劳动、生建、团结、兴业、鹅西、南新6个居民委员会。

2004年2月，闸口镇并入和桥镇，此时和桥镇辖同里、百贤、石路、北庄、大生、湖滨、和桥、永兴、站前、西锄、王母桥、水产、金滆南、云中、中巷、西育中、北新、民胜、钟溪、杨桥、新宇、北渠、闸口、楝树、何家、万福、白巷、港南、聚龙29个村民委员会，团结、劳动、兴业、生建、鹅西、南新、海棠7个居民委员会和1个渔场。

2005年3月部分村进行合并。百贤村与同里村合并称同里村，永兴、站前村合并称永兴村，金滆南与西锄合并称西锄村，原南新水产与王母桥合并称王母桥村，西育中、云中、中巷合并称中巷村，民胜、北新合并称新胜村(2005年9月2日改新胜村为北新村)，港南、北渠村合并称北渠村，楝树、聚龙合并称楝聚村，钟溪、何家合并称何溪村(2005年9月何溪村更名为钟溪村)，万福、白巷、杨桥合并称为福巷桥村，闸口、陆圩合并称闸口村。2006年3月又有部分村合并，石路村并入北庄村，和桥村并入永兴村，新宇村并入闸口村。

2009年4月，撤销鹅西社区居委，将其西横街以南部分并入兴业社区居委，将其西横街以北部分并入劳动社区居委。同时，生建社区居委与团结社区居委合并为生建社区居委。

至2015年底，和桥镇辖同里、北庄、永兴、大生、湖滨、西锄、中巷、北新、王母桥、闸口、北渠、楝聚、福巷桥、钟溪14个村民委员会和劳动、生建、兴业、南新、海棠5个社区居民委员会。

附：

1.和桥乡(公社)行政区划

和桥乡建于中华人民共和国成立后，由新民乡演变而来。

1956年2月，实行并区并乡，全县划分为7个区、65个乡镇，和桥区辖8乡1镇，始建新民乡。新民乡下辖余境、白土、杨象、大尖、文里、大同、南塍、花园、北庄、高楼、渎南、永兴、大会、新园、闻家、新建、和建17个高级社。

1957年7月，从屺亭乡划进中心、上俸2个高级社，从赋村乡划进兴村、下干2个高级社。

1958年9月，撤销区、乡、镇、村建制，全县建立7个人民公社，新民乡属太滆人民公社。原新民乡范围为太滆人民公社的3个大队：余境大队，包括原余境、白土、杨象、高楼、北庄、和建高级社范围；大同大队，包括原大尖、文里、大同、南塍、花园高级社范围；永兴大队，包括原新建、新园、大会、闻家、中心、上俸、渎南、永兴高级社范围。原兴村、下干划入赋村大队。

1959年1月，太滆人民公社撤销，分设高塍、屺亭、和桥、闸口4个公社。和桥公社辖余境、大同、永兴、新生、南新、北新6个大队。

1959年5月，撤销和桥公社，分设新民、南新、万石3个公社。原南新大队、北新大队划入南新公社；原余境大队的余境、白土、杨象和原大同大队的大尖划入万石公社。此时，新民公社辖大同、文里、花园、石路、高楼、北庄、湖滨、苗桥、前谢、新建、永兴、中心、上俸、和建14个大队。

1960年2月，新民公社与和桥镇合并办公，称和桥公社，辖区不变。

1961年9月，和桥公社与和桥镇分开办公后，从大同大队分出南塍大队，从高楼大队分出土墩大队，从新建大队分出闻家大队，从苗桥大队分出金盆大队，从前谢大队分出油车大队，辖区不变。

1963年，油车大队并入湖滨大队，此时，全社为18个大队，辖区不变。

1966年3月至1967年1月，和桥公社将和建大队划入和桥镇。

1973年4月，和桥公社建立渔场。

1981年12月，新建大队更名为和桥大队，南塍大队更名为聚贤大队，花园大队更名为柏树大队。

1983年12月，和桥公社改称和桥乡。1984年2月，大队改称村。直至1986年6月29日，和桥乡并入和桥镇前，和桥乡辖大同、聚贤、文里、柏树、石路、高楼、土墩、北庄、湖滨、苗桥、金盆、前谢、和桥、闻家、永兴、中心、上倖17个村和1个渔场。

2.南新镇(乡、公社)行政区划

南新乡建于中华民族共和国成立后,由北新乡、南新乡演变而来。

1949年10月,和桥区辖12乡2镇,始有北新乡、南新乡。北新乡辖塘北、官庄、北新、双墩、夏家、灵官、西中、中巷8个村,南新乡辖黄家、西锄、塘头、南新、水中、金家、滆南、王母8个村。

1956年2月,实行并区并乡,北新乡并入南新乡,同时从永兴乡划进云阳高级社。此时,南新乡辖北新、西中、中巷、官庄、塘北、黄家、西锄、金家、王母、南新、水中、滆南、云阳13个高级社。

1957年9月,又从归美乡划进新生、前谢、湖渎、湖滨4个高级社。

1958年9月,实行人民公社化,撤销区、乡、镇和高级社建制,全县建立7个人民公社。南新乡属太滆人民公社,原南新乡范围加云阳高级社范围为太滆公社的南新大队,原北新乡范围为太滆公社的北新大队,原新生、前谢、湖渎、湖滨高级社范围为太滆公社的新生大队。

1959年1月太滆人民公社撤销,分设高塍、屺亭、和桥、闸口4个公社。南新公社范围为和桥公社的南新、北新、新生3个大队。

1959年5月,和桥公社划分为和桥镇和新民、南新2个公社。南新公社辖西锄(含原西锄、黄家、金家)、滆南(含原滆南、水中)、兴桥(含原王母、兴桥)、南新(含原南新、塘头)、西中、中巷、北新、民胜、云阳9个大队。后又从西锄分出金家,滆南分出水中,兴桥分出王母,西中分出育中,此时,南新公社辖13个大队。

1968年5月,南新设立水产大队。

1968年6月,南新公社成立革命委员会。1981年7月,公社革命委员会改为公社管理委员会。1983年12月,公社管理委员会改为乡人民政府,辖区不变。

1993年5月18日,南新乡撤乡建镇。

1998年,南新镇在南新街建立南新居民委员会。

2000年3月,开展并村工作。西中村与育中村合并称西育中村,云阳村与水中村合并称云中村,金家村与滆南村合并称金滆南村。至2000年6月15日南新镇并入和桥镇前,南新镇辖西锄、南新、王母、水产、金滆南、云中、中巷、西育中、北新、民胜、兴桥11个村和1个南新居民委员会。

3.闸口镇(乡、公社)行政区划

闸口原称永定,宋朝咸平年间就改称闸口,一直沿用至今。

民国时期,区、乡、镇划分变动较大。民国23年(1934)3月,全县设8区、420乡、57镇,闸口称闸口镇,杨桥、楝墅、北渠、钟溪、归美为乡,归属三区(和桥)管辖。民国23年11月,闸口改称乡,杨桥、北渠、钟溪、归美、楝墅仍为乡,并将楝墅改为楝树,仍属三区(和桥)管辖。民国30年3月,闸口改称区,属刚成立的锡宜武三县行政委员会管辖,闸口区下辖闸口、杨桥、钟溪、楝树、归美等12个乡镇。

中华人民共和国成立后的1949年,楝树、杨桥、闸口、归美乡归属和桥区,北渠、钟溪撤销乡建制。其中闸口乡包括万石镇的马庄、周沿、近林、双坝村以及原来的闸口、分别、新安、沙滩、陆圩五个村,杨桥乡包括万石乡的贝市、李家村以及原有的杨桥、白巷、万福、毛市、钟溪、何家、三庄七个村,归美乡包括和桥乡的湖滨、前谢、苗桥、金盆、新生村以及原有的归美、黄渎巷、钱家边、水产四个村,楝树乡辖楝树、聚龙、北渠、五圩、黄土、南阳、港北七个村。

1952年11月,杨桥乡的杨桥自然镇划归武进县。

1956年,撤销归美乡,原域的湖滨,金盆、苗桥、新生划归和桥乡管辖、归美并入楝树乡。

1958年实行人民公社化,闸口乡、杨桥乡、楝树乡属太滆公社。

1959年太滆公社撤销后,设立闸口公社,其他乡撤销,公社机关设在闸口。

1961年,闸口公社机关驻地迁至水路交通比较顺畅的棟树港。从此,棟树港集镇就成为名副其实的闸口代名词。

1983 年闸口公社改称闸口乡,下辖 21 个村。

1996 年,闸口成立海棠居民委员会。

1999 年,闸口乡改为闸口镇,辖区不变。

2000 年 2 月,部分村合并。新安、五圩合并为新圩村,归美、水产合并为归美村,港北、南阳合并为港南村,钟溪、三庄合并为钟溪村,杨桥、缪墅合并为杨桥村。

2001 年 3 月,又有部分村合并。闸口、沙滩合并为闸口村,北渠、黄土合并为北渠村。

2003 年 3 月,闸口、分别合并为闸口村,棟树、归美合并为棟树村。

2004 年 2 月,闸口镇并入和桥镇,并入和桥镇前,闸口镇辖有钟溪、杨桥、新圩、北渠、闸口、棟树。何家、万福、白港、港南、聚龙、陆圩 12 个村和 1 个海棠居民委员会。

第三节　行政村(社区)简介

一、同里村

同里村位于和桥镇东南部,东部有蒋山,东面与芳桥街道、万石镇接壤,南面是屺亭街道,西面为锡溧漕运河,北面与北庄村相连。2000 年 2 月,原大同村与文里村合并称同里村,原聚贤(以前曾称南塍)村与柏树(以前曾称花园)村合并称百贤村。2005 年 3 月,百贤村又并入同里村。烧香港河流经该村南部,锡宜高速公路在村北部穿过,有大同路可直达镇区。2015 年,全村总面积 4.5 平方千米,其中耕地 4918 亩、水面 626 亩、果树 229 亩、其他特色产业 867 亩。该村有 38 个自然村,有 46 个村民小组、1159 户、3583 人。有工业企业 27 家,工业应税销售收入 2.1 亿元,村级财政收入 198 万元,农民年均收入 18800 元。

同里村是江苏省卫生村、江苏省生态村、无锡市新农村建设示范村、民主法治村、安全文明村、社会治安综合治理合格村、宜兴市文明村、村民自治模范村、社会治安安全村、关心下一代工作先进村、工业经济先进村、农副业先进村。

图 1－1　2015 年的同里村委办公楼

村民委员会驻地张家塘东、李山渎桥北堍。

二、北庄村

北庄村位于和桥镇区东面及东北面,东靠万石镇,南到锡宜高速公路,与同里村相连,西临锡溧漕河,北至横塘港,由北庄自然村而命名。2000—2006 年,经三次行政村区域调整,由原来的五个行政村(北庄、土墩、高楼、石路、和建)合并而成。殷村港河流经该村,和闸公路穿村而过。2015,全村总面积 7.1 平方千米,其中,耕地 3783 亩、水面积 976.4 亩。有 42 个自然村,49 个村民小组,1685 户,纯农人口 4835 人,连同集居在该村的外来人口共有 1.3 万人。有村属工业企业 116 个,工业应税销售收入近 10 亿元、利税 1 亿多元,农民人均年收入 32400 元。

图 1－2　2015 年的北庄村委办公楼

该村在抗日战争时期曾是新四军独立二团驻地。民国 31 年 6 月 4 日,著名的"六四"战斗发生在史家庄。1991 年 6 月,宜兴市人民政府在该村建造了"六四"战斗纪念碑。该村是全国计划生育先进单位、全国“学习型社区”、全国文明村，江苏省生态村、江苏省卫生村、江苏省管理民主示范村、江苏省绿色生态示范村、江苏省创建文明村标兵、江苏省科普示范村，还是无锡市民主法制村、无锡市社会主义新农村建设示范村、无锡市交通安全综治工作示范点、无锡市关心下一代先进集体、无锡市基层公共文化建设示范点。

图 1－3　2011 年北庄村获全国文明村镇的奖牌

村民委员会驻地北庄桥北、和闸公路东。

三、永兴村

永兴村位于和桥镇区西面及西南面，东临锡溧漕河，南面是屺亭街道，西与中巷村及高塍镇赋村相连，北接大生村，以永兴自然村而命名。2000—2006 年，经四次行政村区划调整，由原来的五个行政村（永兴、中心、上俸、闻家、和桥）合并而成。锡宜公路、和高公路，新长铁路都从该村通过。2015 年，全村总面积 9.8 平方千米，其中，耕地 3015 亩、水面积 700 多亩。有蔬菜基地 120 亩，桃树、葡萄等果树种植面积 90 多亩，村级种植流转田面积 530 多亩，家庭养鸡场存栏蛋鸡达 7 万羽，有 44 个自然村，有 52 个村民小组、2057 户、5519 人。有工业企业 104 个，工业应税销售收入 20.29 亿元，村级财政收入 320 万元，村民人均年收入 2.4 万元。和桥镇民营经济开发区西区坐落该村，进区企业已达 50 多个。锡宜公路永兴段的陶瓷产品市场已初具规模，轻纺建材装潢市场成为宜兴市的重点市场之一。该村是无锡市文明村、江苏省卫生村、江苏省四星级卫生村、江苏省生态村、江苏省档案管理示范村、无锡市农村集体财产规范管理村无锡市文明村。

图 1－4　2015 年永兴村委办公楼

村民委员会设在和新路西侧。

四、湖滨村

湖滨村位于和桥镇的东北部，东面与棟聚、北渠村接壤，南面和西面是大生村，北临滆湖，以湖滨圩圩名命名。新长铁路穿村而过。2015 年，全村总面积 4.33 平方千米，其中，耕地 3475 亩、养殖水面 2096 亩，水产品产量达 2500 吨，有 18 个自然村，有 11 个村民小组、686 户、2316 人。该村有工业企业 6 个，工业应税销售收入 3700 万元，各项上交收入 9 万元，农民纯收入年均达 21818 元。

图 1－5　2015 年的湖滨村委办公楼

湖滨村紧靠滆湖，地处偏僻，抗日战争时期曾是新四军二支队的驻地，也是中共太滆中心县委和中共宜兴县委的活动场所。民国 30 年（1941）2 月 22 日，西施荡战斗就发生在该村。

该村是江苏省卫生村、江苏省新农村建设示范村、农业部水产品养殖无公害示范基地。

村民委员会驻地许家边。

五、大生村

大生村位于和桥镇区北面，东临锡溧漕河，南面为殷村港，西面与北新村相连，北至环滆湖东路。2000 年 2 月，由原苗（苗与庙同音）桥村、前谢村、金盆村合并而成。因村内原有大圣寺（“生”为“圣”的谐音）而得名。新长铁路从该村通过，经苗桥路可直达镇区。2015 年，全村总面积有 4.2 平方千米，其中，耕地 3300 亩，水面 1600 亩，有 31 个自然村，有 26 个村民小组、843 户、2695 人。

2015 年，全村社会生产总值 2.5 亿元，有工业企业 27 个，工业应税销售收入超 1 亿元，可支配收入 105 万元，农民年纯收入 22000 元。

图 1－6　2015 年大生村委办公楼

该村是江苏省新农村建设示范村、江苏省村庄环境长效管理先进村、江苏省生态村、江苏省幸福村、江苏省水美乡村、江苏省美丽乡村、宜兴市文明村。

村民委员会驻地杨家组。

六、西锄村

西锄村位于和桥镇向西 10 千米的滆湖之滨，东邻中巷村，南接高塍镇，西连滆湖，北邻王母桥村，是由原西锄、南新、金家、滆南四个行政村合并而成的。境内有南新高塍公路和滆湖东路贯通，交通十分便捷。2015 年，全村总面积 16.5 平方千米，其中耕地 9560 亩、水面 5090 亩，有 28 个自然村，37 个村民小组，有 2050 户，居民 6161 人。

西锄村工业生产起步也较早。1963 年通电后，村里就创办粮食加工厂和窑厂。1975 年，西锄大队与滆湖农场联合创办滆湖器材厂。2015 年，全村拥有工业企业 68 个，工业销售产值达 9.6 亿元。社会总产值 11.3 亿元，农民人均纯收入 3 万多元，2015 年位列宜兴市“百强村”第 12 位。

图 1－7　2015 年西锄村委办公楼

西锄村人才辈出。有明朝进士王胤乾。现代科教界知名人士有：工程院院士黄瑞松、中国汽车工业的元老、原中国汽集团董事长纪保祥，数学家、博士生导师王亚光教授，眼科专家、博士蒋沁，享受国务院特殊津贴的电力专家蒋介明、英国剑桥大学教授蒋东祥，荣获“世界文化名人成就奖”的园林高级工程师邵忠，全国教育系统劳动模范原高塍小学校长蒋效祥，江苏省文化厅原厅长、宣传部原副部长、江苏省文联主席章剑华等。2015 年统计，拥有高级职称以上人才共 30 多人。

西锄村是第一次全国农业普查先进集体、江苏省生态村、江苏省巾帼植绿护绿先进集体、江苏省民主法治示范村、江苏省社会主义新农村建设先进村、无锡市幸福村、全国第五批人口计生基层群众自治示范村、江苏省科普示范村等。

村民委员会设于西三组荷花路 1 号。

七、王母桥村

王母桥村位于和桥镇西部，东接北新村，南连西锄村和中巷村，西临滆湖，北与北新村和 73031 部队农场相邻。由原王母村、兴桥村、水产村合并而成王母桥村。殷村港河在村南部穿境而过。2015 年，全村总面积 7.5 平方千米，其中耕地 2100 亩、水面 3800 亩，有 14 个自然村，有 21 个村民小组、1136 户、3378 人。2015 年，该村有工业企业 24 个，社会生产总值 3.5 亿元，工业应税销售收入 3.3 亿元，各项上交收入165万元，农民年平均收入28000元。该村养殖水面有3.98万多亩，其中围网面积2600亩，水产品年产量约4300吨。

图1－8　2015年王母桥村委办公楼

该村在抗日时期曾是新四军独立二团活动场所。民国33年(1944)9月，著名的楼下村战斗就发生在该村。

该村是江苏省卫生村、江苏省生态村等。

村民委员会驻地王母村。

八、中巷村

中巷村东郊永兴村，南面又与永兴村接壤，西面与西锄村相连，北面是北新村，以中巷自然村而命名。2006年3月，西育中村、云中村和中巷村合并为中巷村。南新公路与殷村港河穿境而过，和桥镇的工业集中区就坐落在该村。2015年，全村总面积7平方千米，其中耕地4000多亩、水面2000多亩，有43个自然村、有51个村民小组、1560户、4765人。有工业企业43个，有经营性净资产7.8亿元。2015年，该村社会生产总值16亿元，工业应税销售收入10亿元，各项上交收入170万元，农民人均净收入20500元。

图1－9　2015年中巷村委办公楼

该村是无锡市加强农村基层组织建设加快农业现代化建设示范村。江苏省卫生村、江苏省生态村、无锡市新农村建设示范村。

村民委员会驻地在工业集中区内。

九、北新村

北新村东面是大生村，南面与中巷村相连，西面与王母桥村接壤，北临滆湖，以北新街而命名。由原民胜、北新村合并而成。北新河穿村而过。2015年，全村总面积为7.5平方千米，其中耕地面积5265亩，水面面积5400亩(鱼塘净水面3000亩)，有17个自然村，32个村民小组、979户、3061人，有工业企业11个工业应税销售收入7600万元。各项上交收入125万元，农民年人均收入24000元。

图1－10　2015年北新村委办公楼

1985年12月，南新镇建造的庆恩安老院坐落该村，2003年7月并入和桥老年公寓。

该村在抗日战争时期曾是新四军独立二团活动场所，民国32年(1943)10月，著名的横楝树战斗就发生在该村。

该村是江苏省卫生村、江苏省生态村、江苏省新农村建设示范村、江苏省水美乡村、江苏省五星级农家书屋、无锡市生态村、无锡市绿色家园示范村、宜兴市幸福村、宜兴市文明村。

村民委员会驻地张家塘南。

十、闸口村

闸口村位于和桥镇东北6千米处，是农业大村，由原五圩村、新安村、沙滩村、陆圩村、闸口村、分别村六个行政村合并而成，东与武进相邻，南与万石接壤，西靠北渠村，北邻福巷桥村。2015年，全村总面积9.6平方千米，其中，耕地面积6000亩，水产养殖面积约600亩，有46个自然村，31个村民小组，居住户数1648户，总人口5274人，有工业企业41家，工业应税销售收入6亿元，各项上交收入50万元，农民人均纯收入23300元。2014年起，村级工业以电磁线、集装袋生产为主业。

图1-11 2015年闸口村委办公楼

该村是江苏省卫生村、无锡市安全文明村。

村民委员会驻地原沙滩村东南面。

十一、北渠村

北渠村东与闸口村相邻，南靠北庄村和万石镇余境村，西为锡溧漕运河，北靠漕桥大河，以北渠自然村命名。该村由原港北、南阳、北渠、黄土四个行政村合并而成。2015年，全村总面积4.95平方千米，其中耕地3360亩，水面300多亩，有30个自然村，有40个村民小组、1133户、3617人，有工业企业23家，工业应税销售收入2.8亿元，村级收入135万元，农民人均收入20500元。

图1-12 2015年北渠村牌楼

中国当代著名画家、美术教育家吴冠中故居坐落北渠村。2013年至2015年，北渠村先后投入900多万元按“省三星康居”标准对吴冠中故居及周围村庄进行综合整治。

该村是江苏省卫生村、江苏省生态村。

村民委员会驻地在北渠自然村。

十二、福巷桥村

福巷桥村是宜兴的北大门，北接常州武进区前黄镇的大塍村，东连前黄镇的杨桥村，南邻太湖上游的漕桥河，西靠钟溪村，和杨公路、锡溧漕运河贯穿全村，锡宜高速公路也穿村而过，交通十分便捷。该村由原万福、白巷、杨桥、繆墅村合并取名为福巷桥村。2015年，全村总面积为5.72平方千米，耕地面积3868亩，水面800亩，有26个自然村、18个村民小组，1282户、4216人，有工业企业75家，应税销售收入5.5亿元，村级支配收入150万元，农民人均年纯收入21000元。

图1-13 2015年福巷桥村委办公楼

该村是江苏省卫生村、江苏省生态村、无锡市社会主义新农村建设示范村。

村民委员会驻地在原万福小学。

十三、钟溪村

钟溪村东与福巷桥村相连，南为楝聚村、西邻滆湖，北与常州市武进区相隔，由钟溪老街而命名，有原钟溪村、三庄村、何家村合并而成。钟张运河、滆湖东路穿境而过，水陆交通十分发达，自古以来钟溪就是过往商贾云集、南北货往交会之地，天一度假村、徐家荡湿地旅游项目坐落该村，是地理条件得天独厚，村庄环境秀美，民风淳朴，人文资源丰富的美丽乡村。2015 年,全村总面积 3.73 平方千米,其中,耕地 1850 亩,水面 900 亩,有 16 个自然村,有 17 个村民小组、685 户、2333 人。

2015 年,该村有工业企业 16 个,工业应税销售收入 3.1 亿元,社会生产总值 3.5 亿元,各项上交收入 85 万元,农民人均年纯收入 22300 元。

图 1－14　2015 年钟溪村委办公楼

该村是江苏省生态村、江苏省卫生村、无锡市科普示范村。

村民委员会驻地陈家塘南。

十四、楝聚村

楝聚村地处和桥镇北首 3 千米处,东临北渠村,南与湖滨村相连,西连滆湖,北与钟溪村相邻,锡溧漕运河由南向北穿过,地理位置优越,水陆交通十分便捷。2000—2005 年,经三次行政村区域调整,有原楝树、归美、水产、聚龙四个行政村合并取名楝聚村。2015 年,全村总面积 8.7 平方千米,其中,可耕地面积 2800 亩,养殖水面积 5500 多亩。有 14 个自然村,47 个村民小组,1638 户、5263 人。有工业企业 38 家,工业应税销售收入 3.6 亿万,社会总产值 6.579 亿元。村级财政收入 305 万元,村民年均收入达 2.35 万元。该村是江苏省卫生村、无锡市社会主义现代化新农村建设示范村、无锡市科普示范村、江苏省法治示范村、无锡市管理民主示范村、江苏省生态村。

图 1－15　2015 年楝聚村委办公楼

村委驻楝树大桥西北堍。

十五、劳动社区

劳动社区位于上塘北首,东至锡潭漕河,南至西横街北侧,西至新长铁路,北至殷村港河。新中国成立初称四街,1950 年 2 月改称劳动街,1958 年 1 月设立居民委员会。2002 年 4 月,原新建居委与劳动居委合并,仍称劳动街居民委员会。2009 年 4 月,改称劳动社区居委会,同时和桥镇撤销鹅西社区居委,将其西横街以南部分并入兴业社区,将其西横街以北部分,并入劳动社区。

2015 年,劳动社区辖区面积 1.6 平方千米,绿化面积 11802 平方米,绿化率达 70%。社区内有 38 个居民小组,有居民 1678 户、人口总数 4067 人。

图 1－16　2015 年劳动社区办公楼

2015 年,社区内有长乐新村、和乐新村、劳动新村、新建新村、天和家苑、富家苑、康乐新村、华达家苑等 17 个住宅小区,有农贸路、福寿路、鹅洲北路(西段)、鹅洲西路(北段)、教育路、蠡斯巷等主要道路,辖区内有和桥镇政府、交通银行、中国银行、建设银行、农业银行、工商银行、农村商业银行、房管所、建管所、工商分局、国税分局、广电站、二中、中心幼儿园、水务集团,环球精细化工有限公司、龙泉食品有限公司、和润油脂有限公司、和桥米厂、和桥饲料厂、和桥建安公司等企事业单位。社区环境优雅、交通方便、文明和谐。

自建立社区居委后，劳动社区坚持“以人为本”、脚踏实地搞好为民服务，维护了社会治安和稳定，营造了文明健康、积极向上的人居环境。曾多次获无锡市示范商业社区、和谐社区、民族团结进步示范社区、统战工作示范社区、绿色社区、模范居委会等称号。

社区居委设在和桥二中南面，鹅洲西路西。

十六、生建社区

生建社区位于锡溧漕运河东，东至和闸公路，南到锡宜公路，北至殷村港。新中国成立初，小沿河以南为一区，小沿河以北为二区。1950 年 2 月，将下塘小沿河以南地区取名为生建街，小沿河以北地区取名为团结街。1958 年 1 月设立生建街和团结街居民委员会。1985 年 10 月，以回春巷为界，向南至锡宜公路增设鹅山居民委员会，回春巷以北至顺渎河（小沿河）仍为生建街居民委员会。2002 年 5 月，生建居委与鹅山居委合并仍称生建居委。2009 年 4 月团结居委并入生建居委称生建社区居委。

图 1－17　2015 年生建社区办公楼

2015 年，该社区辖区面积 1.98 平方千米，有居民 2000 多户、在册居民人口 4200 多人（常住人口约 1.5 万人）。同时，社区内有朝阳小区、兴隆新村、富阳小区、团结小区、金色港湾、方正小区、和桥庭院、润禾花园、锦绣江南等 15 个住宅小区，有朝阳路、鹅洲东路、鹅洲北路（东段）、健康东路、东横街等主要道路，有和桥医院、和桥中等专业学校、和桥粮库、和桥粮管所、化城寺、老年公寓、慈圣豆制品厂、永和豆制品厂、捷昌方正服装有限公司、海丽金纺织有限公司、鹏德汽车配件有限公司、中长色织有限公司、胜强纺织有限公司、宏成建筑公司、天佑置业有限公司、辰龙园林绿化有限公司等企事业单位。

该居委 1993 年、1995 年、1997 年被评为无锡市模范居委会，1998 年至 2015 年间获创建全国小城镇和创建全国卫生镇建设示范社区，还获评无锡市先进社区、绿色社区、科普文明社区、巾帼文明社区等称号。

社区居委设在运河东路朝阳小区。

十七、兴业社区

兴业社区位于上塘南首，东至锡溧漕运河，南至锡宜公路，西至和新路，北至西横街，新中国成立初称三街。1950 年 3 月改称兴业街，1958 年 1 月设立居民委员会。1985 年 10 月，以民主巷（维新巷）为界，巷南至锡宜公路为兴业街居民委员会，巷北至西横街南侧增设新园居民委员会。2002 年 5 月，新园居委并入兴业居委。2009 年，撤销鹅西居委，将西横街南并入兴业居委，仍称兴业街居民委员会，当年又改称兴业社区居委。

图 1－18　2015 年兴业社区办公地

2015 年，兴业社区辖区面积 1.65 平方千米，有 32 个居民小组、在册居民 1315 户、3062 人，常住人口约 1 万人。同时，社区内有兴业新村、永和新村、健康新村、永昌新村、园地新村、迎祥家园、新园新村、园地村、闻家新村等 19 个住宅小区，有永昌路、鹅洲西路、锡宜公路、高塍路、健康西路、永兴路、公园路、和新路、兴业街、民主巷、西横街等主要道路，有交警中队、交管所、派出所、供电所、法庭、检察室、地税分局、邮政局、电信局、镇工会、影剧院、港区、轻机集团等企事业单位，有和桥公园、禾晖广场、和桥大酒店、美林大酒店、五交化公司、医学公司、华泰医院和基督教堂等文化卫生单位及商业单位。

2000—2014 年，兴业社区居委会曾获无锡市无邪教创建示范社区、无锡市绿色社区、江苏省优秀志愿服务社区、江苏省和谐社区等称号。2015 年 12 月又创建成省级和谐社区建设示范社区。

社区居委设在公园南侧。

十八、南新社区

南新社区位于南新集镇，成立于 1998 年，2000 年 6 月南新镇并入和桥镇后，于 2009 年 4 月改称南新居委会为南新社区居委员。社区内有殷村港、南新河、塘渎港三河环抱，和（桥）南（新）公路、南（新）宜（兴）公路穿辖区而过。

2015 年，社区辖区面积 2.25 平方千米，有绿化面积 11500 平方千米，绿化率达 55%，社区内有居民（含农户）528 户（在籍户 196 户）、人口 2360 人（在籍人口 276 人），另有外来流动人口 1000 多人。

图 1－19　2015 年南新社区办公地

同时，社区内有南新农贸市场，有人民南路、人民北路、人民中路、人民西路、南中路、新街路、得胜路等主要道路，有南新小学、南新幼儿园、南新卫生院、电信、移动公司，电子电器厂、电渗析厂、第二针织内衣厂、环球水处理设备厂、海蓝净化设备有限公司、纺织助剂厂、得胜集团、富陶集团、广益塑料有限公司、丰泽化工有限公司、瑞盛水处理有限公司、新都环保科技有限公司、天安环保设备有限公司、特林饲料有限公司、永顺环保有限公司、鸿锦水处理设备有限公司、填料厂、华盛机械厂、填料制品厂、远东集团南新厂区、佳成印染有限公司等企事业单位。

南新社区牢牢把握先进文化的前进方向，以社区为阵地，以文化活动为载体，以社区居民为服务对象，以建设平安和谐社区为目标，积极开展创建活动，丰富广大群众的精神文化生活，推动社区各项工作的顺利开展，取得丰硕成果。2009—2015 年，社区曾荣获无锡科普文明社区、无锡市绿色社区、无锡市和谐示范社区、无锡市民族工作示范社区等称号。

社区居委驻地在南新街。

十九、海棠社区

海棠居委成立于 1996 年，以苏东坡的千年海棠得名。2009 年 4 月，改称海棠社区居委。社区东邻北渠村，南靠闸口工业区，西邻楝聚村，北邻钟溪村。

2015 年，该社区居委区域面积 1 平方千米，有在籍居民 198 户、人口 281 人，社区内还居住着当地农户及外来居住人口 3440 人。

图 1－20　海棠社区办公地

同时，社区内有海棠路、富民路、和闸公路、楝阳路、农贸路等主要道路，有中铝稀土有限公司、太平洋集装箱配件有限公司、顺安达塑业科技、银星集装袋有限公司、恒龙塑料制品有限公司、源晟塑料制品有限公司、现代集装袋公司、宏达集装袋有限公司、天龙碳纤制品有限公司、赛诺集装袋公司等大中企业，有闸口小学、楝树中学、闸口幼儿园、农贸市场、商业银行、邮电局，邮政储蓄等事业单位。2009—2015 年，海棠社区先后创建成市科普社区、和谐社区、居家养老社区及文明社区。至 2015 年，社区无一例群众上访事件，无一起居民转刑案件，得到了社区居民的一致好评。

社区居委驻地楝树港集镇农贸路。

第二章　自然环境

和桥镇位于宜兴市域东北部，地处长江三角洲太湖平原中西部，地势平坦，河流密布，水系发达。镇域东西宽11千米，南北长10千米，总面积105.1平方千米，水域面积4343.52公顷，占总面积的42.86%。锡溧漕河贯穿南北，连接常州、无锡、溧阳等地；烧香港、殷村港、漕桥河自西向东贯通滆湖和太湖。

镇域土地肥沃，气候宜人，物产丰富。历来商贾云集，水陆运输繁忙，素有“夜和桥”之称。镇域南有丘陵小山，有少量矿产资源，可供开发利用。镇域西北沿滆湖沼泽地为水产资源聚集地，水产养殖在农副业中居重要地位。

第一节　地质　地貌

和桥地层属扬子地层区江南地层分区，无基岩出露，广泛覆盖着300万年以来主要由河流、湖泊沉积起来的第四系松散堆积物，厚约123米。岩性主要为黏土，其次为亚砂土粉砂及粉细砂等。历史上曾有过两次海浸，海水淹没，沉积过4.6米到21.7米的海相地层，有大量海相化石为证。基岩系0.25亿年到0.8亿年间沉积，更老的基岩见于和桥东南的屺山、蒋山等处，为泥盆系茅山群，沉积时代大约距今4.1亿年到5亿年。

和桥镇地处太湖、滆湖之间，镇域东南丘陵李山、蒋山与屺亭街道、芳桥街道的屺山、挂弓山、鹅窠山相邻，高度一般不过百米。平原海拔在吴淞标高5米以下。镇域西北沿滆湖沼泽地，由冲积物组成，原为水域、芦荡、滩田，洪水期易受淹，岩性为棕黄砂质黏土，夹有淤泥。20世纪60年代后，经筑圩围塘，成为水产资源养殖地。

第二节　气候　水文

和桥镇属于副热带与温带过度类型气候，四季分明，温和湿润、雨量丰沛。具有春温、夏热、秋凉、冬冷的特点。

气　温　年平均气温15.7摄氏度，最低气温出现在1977年1月31日，为零下13.1摄氏度（1月平均气温2.9摄氏度），最高气温出现在2013年8月7日，达40.6摄氏度（7月平均气温28.2摄氏度），年温差25.3摄氏度。

日　照　年平均日照1935.5小时，日均日照5.3小时。8月份最多，月日照209.4小时；2月份最少，为113.5小时。日照最多年份为1967年，共2394.5小时；最少为1999年，共1536.1小时。日照最多年份与日照最少年份相差858.4小时。5—10月份，喜温作物生长时期的年平均日照总数为1108.2小时，占全年总日照时数的57%。

霜　期　每年11月中旬为初霜期，3月下旬为终霜期，这期间便是冬季，是一年四季中最长、最冷、最干燥的季节。据资料统计，霜期年平均在130天左右，无霜期年平均在235天左右，霜雪期较短，有利于越冬作物的生长。

风　雪　全年风向频杂，3—9月多东南风，7至9月间多受台风影响。冬季多西北风及西风。新中国成立以后的最大风速为1995年6月21日的偏西大风，达每秒24.6米。

每年12月至次年2月有雪，近年平均气温有所上升，降雪量不大，一般以小雪多见，偶尔年份有中到大雪。1949—2015年，最大的降雪量出现在1984年1月18—19日，降雪610毫米。2015年，初雪期为上年的12月4日，终雪期为3月5日，雪日共3天。

降　水　平均年降水量1210.4毫米。1949—2015年，降水量最多的年份是1993年，为1695.9毫米；降水量最少的年份是1978年，为665.9毫米。全年约49%的雨量集中在汛期的6—9月。

二、水　文

和桥为太湖流域水网地区，西接滆湖来水，东流入太湖，水系属洮滆太水系，水流方向以由西向东和由北向南为顺流，反之为倒流。具体流向与太湖和滆湖的水位有关，又与风向和风力有关。

水　位　境内地下水属孔隙岩层地下水的潜水含水层，富水性较强，单井涌水量为每天10～100吨，潜水位埋深0.8～1.5米，矿化度每升0.3～0.9克。多为重碳酸氯化物——钙钠水。境内地表水丰富，有殷村港、漕桥河、烧香港、锡溧漕河、黄塘港、庄渎港、塘渎港、双墩港、湖渎港、沙渎港、民胜河等河道支流纵横交错呈网状，内河多年平均水位为3.5米。民国23年为历史最低水位，河道干涸。1978年为干旱年份。1991年、1999年为洪涝年份。各河历史最高水位达4.73米，历史最低水位2.14米，历史最高水位平均值为2.59米。

水流量　和桥地区地面高程一般在5米左右。境内主要河道为锡溧漕河、殷村港、烧香港等。雨季若内河水位高于地面，地下水位升至地表，造成农田积水。境内几条主河最大洪峰流量为每秒67.4立方米（1991年7月6日），最小流量为每秒37.19立方米（1977年9月11日），多年平均流量为每秒7.19立方米，殷村港年平均径流量4.5亿立方米。

第三节　自然资源

一、土地资源

和桥镇属长江三角洲太湖平原，植被丰富，形成多种土壤。2015年，全镇总面积10134公顷，其中有耕地3722公顷。耕地中鳝血黄泥土占2.83%，鳝血白土占10.1%，黄泥土占25.2%，乌底白泥土占8.7%，黄泥筋土占2.61%，黏土31.2%，淀浆白土占7.7%，砂黏土质黄土占2.8%，粗骨土占8.86%。

2015年和桥镇农村土地利用现状一级分类面积汇总

表2－1　　单位：公顷

行政区域名称	行政区域总面积	耕地	园地	林地	草地	城镇村及工矿用地	交通运输用地	水域及水利设施用地	其他土地
		01	02	03	04	20	10	11	12
和桥镇	10134.46	3722.04	29.73	10.72	1.91	1647.70	338.49	4343.52	40.35
同里村	564.06	340.77	4.02	7.71	—	64.40	29.02	115.27	2.87
北庄村	468.73	277.00	0.84	0.26	0.09	84.59	20.87	82.39	2.69
湖滨村	475.21	128.64	0.06	—	0.02	26.30	7.72	311.80	0.67
大生村	414.98	222.43	0.67	—	0.02	36.55	15.08	138.65	1.58
永兴村	397.65	251.15	4.58	—	0.07	62.15	21.10	57.83	0.77
西鉏村	1574.68	431.86	1.97	—	0.14	111.45	26.71	998.75	3.80
中巷村	430.37	261.30	2.91	—	0.13	80.23	17.56	64.53	3.71
北新村	713.94	203.14	0.28	—	0.08	50.88	12.70	443.56	3.30
王母桥村	576.74	162.77	0.18	—	0.70	42.47	9.67	358.89	2.06

续表 2－1　　单位：公顷

行政区域名称	行政区域总面积	耕地	园地	林地	草地	城镇村及工矿用地	交通运输用地	水域及水利设施用地	其他土地
		01	02	03	04	20	10	11	12
闸口村	782.63	504.68	7.09	1.13	0.55	99.30	40.83	126.78	2.27
福巷桥村	592.63	294.51	2.03	0.03	0.06	91.27	27.80	170.26	6.67
钟溪村	373.07	106.81	1.16	0.48	—	70.42	9.57	183.32	1.31
北渠村	439.67	266.10	3.94	0.19	—	62.83	23.22	81.30	2.09
楝聚村	993.60	171.08	—	0.92	0.05	68.51	9.50	742.90	0.64
宜兴市畜禽良种场	82.12	3.86	—	—	—	2.70	1.61	68.08	5.87
和桥建成区	664.26	2.97	—	—	—	571.54	57.51	32.19	0.05
南新建成区	65.58	0.57	—	—	—	56.52	4.07	4.42	—
闸口建成区	75.38	—	—	—	—	65.59	3.95	5.84	—

说明：滆湖水域117公顷

二、水资源

2015年和桥镇水域总面积为4343.52公顷，地表水、地下水资源丰富，主干河道锡溧漕河、殷村港、烧香港、漕桥河与各支流河道纵横交错，网状分布，利于抗排灌溉，是高亢水网区。全镇河道总长达351千米，其中主干河道就有37.13千米，有利于航运和农田灌排，水资源十分丰富。

2015年和桥镇水资源情况

表2－2　　单位：公顷

单位名称	水域总面积	河流长度（千米）	水塘鱼塘面积	备　注
合　计	4343.52	351.10	2790.23	—
同　里	115.27	18.00	34.13	—
北　庄	82.39	12.90	30.80	—
湖　滨	311.80	25.40	133.70	—
大　生	138.65	13.37	93.47	—
永　兴	57.83	16.00	10.27	—
西　锄	998.75	38.60	328.53	—
中　巷	64.53	14.95	106.33	—
北　新	443.56	21.55	216.47	—
王母桥	358.89	25.00	255.13	—
闸　口	126.78	33.90	42.40	—
福巷桥	170.26	24.55	77.60	—
钟　溪	183.32	11.95	6.80	—
北　渠	81.30	17.10	22.87	—
楝　聚	742.90	36.70	415.00	—
畜禽良种场	68.08	—	—	—
和桥建成区	32.19	4.00	—	—

续表 2-2　　单位:公顷

单位名称	水域总面积	河流长度(千米)	水塘鱼塘面积	备　注
南新建成区	4.42	—	—	—
闸口建成区	5.84	—	—	—

说明:1. 另有徐家大塘水塘面积 26.6 公顷,滆湖水域面积 117 公顷

2. 全镇水工建筑物有泵站 117 座、防洪闸 46 座、灌溉沟渠 351.5 千米、排水沟渠 95.4 千米

3. 烧香港 4.3 千米、殷村港 9.5 千米、漕桥河 11.5 千米、钟张运河 11.83 千米

三、动物资源

和桥有平原、丘陵、湖荡洼地,野生动物和饲养动物较多。

1. 野生动物　兽类有夜猫、黄鼠狼、刺猬、水獭、狗獾、野兔等。禽类有山雉(野鸡)、竹鸡、布谷鸟、啄木鸟、猫头鹰、画眉、老鹰、喜鹊、麻雀、白头翁、山雀、家燕、芦燕、黄雀、斑鸠、鹁鸪白鹭、池鹭、水葫芦、鸽顿、章鸡等。爬行类(含两栖动物)有蟾蜍、青蛙、缘树蛙、石蛙、乌龟、鳖、蜥蜴、蝮蛇、赤链蛇、竹叶青、黄风蛇、菜花蛇、水蛇、蜈蚣等。鱼虾类有黄鳝、泥鳅、黄鲇、青鱼、草鱼、鲢鱼、鲫鱼、鲶鱼、鳊鱼、鳗鱼、鲤鱼、乌鱼、白鱼、痴虎鱼、鲹条鱼、昂公、花花新妇、鳑鲏、红丫差、田螺、绿螺、龙虾、白虾、草虾、螃蟹等。

2. 饲养动物　农家饲养的牲畜有猪、羊、兔、狗、猫、牛等;家禽以鸡、鸭、鹅为主,其次还饲养少量的鹌鹑、鸽、牛蛙等。

四、植物资源

和桥的植物资源主要为种植植物,野生植物较少。在种植植物中,主要有阔叶类、针叶类、花木类、果树类、粮油类、棉麻类、豆类、蔬菜类、瓜类和药类等。

1. 阔叶类　有银杏、樟树、梧桐、法桐、泡桐、桑树、刺槐、皂荚、榆树、朴树、榉树、白榆、柚树、白杨、枫树、楝树、香椿、冬青、细叶黄杨、大叶黄杨、三角枫、八角枫、红枫等。

2. 针叶类　有江南卷柏、伏地卷柏、倒柏、中山柏、龙柏、刺柏、翠柏、雪松、混地松、马尾松、五针松、黑松、罗汉松、杉树、水杉、池杉、垂柳、杷柳、旱柳、淡竹、刚竹、水竹、木竹、芦苇、芦竹、青茅(干棵)等。

3. 花木类　有白玉兰、广玉兰、紫罗兰、蜡梅、山茶、芙蓉、紫花地丁、葫芦、锥形果、鸡冠花、石竹、文竹、垂盆草、垂竹、海棠、樱花、玫瑰、月季、石楠、葛藤、紫薇、蔷薇、凤仙花、金橘、爬山虎、茉莉、映山红、杜鹃、女贞、桂花、紫苏、菊花、六月雪、石蒜、水仙、迎春花、万年青、黄花菜、夜来香、一串红、美人蕉、石菖蒲、牡丹、栀子花、大丽菊、兰花、胭脂、枸杞、仙人掌、仙人球、含笑等。

4. 果树类　有桃、李、梨、杏、柿、银杏、葡萄、石榴、枇杷、香椿、无花果、枣子、苹果、樱桃、吊瓜、杨梅、草莓、蓝莓等。

5. 粮油类　籼稻、糯稻、粳稻、小麦、元麦、大麦、高粱、玉米、芝麻、葵花、花生、蓖麻、山芋、芋头等。

6. 棉麻类　棉花、黄麻、白麻。

7. 豆　类　黄豆、绿豆、蚕豆、豌豆、扁豆、赤豆、豇豆、四季豆等。

8. 蔬菜类　韭菜、菠菜、苋菜、芹菜、甜菜、小白菜、青菜、大白菜、卷心菜、大蒜、莴苣、胡葱、洋葱、胡萝卜、白萝卜、红萝卜、乌塌菜、茄子、马铃薯、番茄、菜椒、辣椒、羊角椒、竹笋、雪里蕻、豆芽、药芹、藕、荸荠、慈菇、茭白、蘑菇、芥菜、花菜、空心菜、金针菜、荠菜等。

9. 瓜　类　冬瓜、丝瓜、黄瓜、西瓜、南瓜、笋瓜、菜瓜、水瓜、葫芦等。

10. 药　类　冬瓜子、黄瓜子、香瓜子、桃仁、杏仁、蒲公英、马齿苋、益母草、荷叶、薄荷、芦根、车前子、半边莲、紫花地丁、香橼、金银花等。

五、矿产资源

1. 建筑石　出自李山和蒋山,可用于道路铺设、桥梁及房屋建筑等工程。

2. 石英砂　出自李山和蒋山中的部分石层,轧成石英砂粒,可作建筑混凝土用。

3. 黏土砂　是李山、蒋山的石、砂、土夹层，以陶土为主，有白瓷、少量紫泥、小黄泥，可作建筑用泥灰。

第四节　自然灾害

和桥镇位于太湖、滆湖之间，处于南北气候交会带，特定的地理条件和自然环境决定了和桥境内主要自然灾害是水灾，其他灾害还有旱灾、风雹雪灾以及蝗灾等。

一、水　灾

明万历三十五年(1607)，和桥遭特大水灾，是宋末、元、明350多年中最大的一次水患。

民国13年，汛期提前，5月份降雨445.8毫米，河水骤涨，圩田受淹。

民国16年6月至8月，降雨554毫米，酿成水灾，收成减半。

民国20年，气候反常，阴雨连绵，7月26日，西氿水位高达5.27米。超出警戒水位1.3米。和桥低洼街道淹没水中，北街乾锠余粮油厂门槛进水，圩田全部受淹。

民国37年，全年雨量超过1200毫米，圩田受涝，粮食歉收。

1951汛期开始至9月底，普降大雨，低田淹没。

1954年特大水灾，全年降雨量达1639.5毫米，4至8月降雨1022毫米，河水暴涨，大部分农田和圩田受涝灾。

1957年特大水灾。全年降雨量1734毫米，仅7月1日到3日，降雨量就达341毫米，是历史上最大的一次暴雨，和桥地区圩田、滩田全部淹没，农田受灾面积达一半以上。

1975年，汛期降雨736.5毫米，延续151天，仅7月上、中旬，降雨就达336毫米。

1980年，全年降雨1490.1毫米，汛期降雨1030.9毫米，为历史上同期最大雨量。

1982年7月16日至25日，连降暴雨，农田受涝，沿湖数千亩农田被淹。

1983年7月4日，普降暴雨，低田全部淹没。

1987年，梅雨持续时间长，雨量大。8月25日的暴雨，降雨量达113毫米，全部低田受灾。

1991年6月12—18日、6月30日—7月15日，两段梅雨，降雨总量达658.8毫米，雨量集中，且来势凶猛，沿湖农田和镇周围农田受涝面积达万余亩。仅湖滨村就有数百农户进水。南新长征圩8370亩鱼塘及宜兴滆湖良种场被淹。灾后，镇政府组织群众及时补种、救灾、秋熟水稻仍获丰收。

1999年6月14日至7月上旬，暴雨成灾，最多一天降雨量达230毫米，出现长征圩北堤整体滑动400米，由于有了1991年的防涝经验，受灾面积仅1000多亩。

二、旱　灾

北宋神宗熙宁八年(1075)，和桥大旱，河湖干涸，农田减产惨重。

明思宗崇祯十七年(1644)，和桥大旱，河溪干涸，滆湖湖底见古井，人可在河床中行走。

清咸丰六年(1856)，光绪十四年(1888)、十七年(1891)、二十四年(1898)和二十六年(1900)5次大旱，大小河流干涸，大部分农田收成不足三成，有的农田颗粒无收。

民国21年、22年，干旱，稻苗半数受害。民国23年大旱，锡溧漕河和桥过境段从南到北，排列72架水车戽水，仅北兴桥下一条小水沟有水。河东河西居民可从河底步行往来。群众饮水只得到河底开挖深塘，或到南北两头3里外的深水潭中取水。镇西滆湖三分之二以上湖面干涸，全镇60%以上稻田龟裂，禾苗枯萎，颗粒无收。

民国29年旱灾，收成减半。

1950年5月2日—6月20日，长达58天未下雨，旱情严重，村村受灾。

1953年6月至9月，1957年夏秋季，均近百日未降透雨；1958年5月至7月底天旱无雨；1961年6月至8月连续75天未降透雨；1966年6月至10月，120天未降透雨；和桥各地抗旱保苗，粮食歉收。

1978年高温，春、夏、秋超百多天未降透雨，全年降水仅665.9毫米，比民国23年还少171毫米，境内稻田灌溉困难，秋粮严重减产。由于久旱，红眼病一度蔓延。

1990年出梅后太平洋副热带高温持续，7月5日至8月18日的44天中，降水仅为71.9毫米，35摄氏度以上高温天气达19天。全镇好几条河港不能通航。

1991年10—12月冬旱，80多天降雨仅26.7毫米，不足常年的五分之一，许多田块小麦受旱严重。

1994年夏天久旱无雨，小河浜干涸，原和桥、永兴、石路等村到锡溧漕河翻水灌溉。

三、风、雹、雪灾

民国37年7月25日下午6时，台风过境，伴有暴雨，历时40分钟，出现房屋倒塌，农田涝灾。

1952年7月22日，受台风侵袭，暴雨成灾，稻田被淹。

1953年5月6日下午2时30分至3时，突降冰雹，和桥东部地区受到轻灾。

1953年8月16日上午10时至下午2时，和桥境内遭受7级台风袭击，受灾较轻。

1956年7月8—14日，受台风影响，刮倒部分房屋和大树。

1956年8月2—5日，又受台风袭击。

1961年10月3日至5日，全镇连遭26号台风袭击，风力8~10级，伴有150毫米暴雨雨量。

1976年6月10日下午，和桥境内下冰雹，并有8级大风，农作物受损严重。

1979年7月21日，和桥境内骤起龙卷风，为历史罕见。蚕种场围墙被吹倒，部分居民的烟囱倒塌，并损坏工厂建筑物很多处。

1981年5月1日，和桥遭受特大冰雹袭击，雹粒如乒乓球大小，砸坏屋面上百间，并有路人头部被砸伤，为历史罕见。

1983年4月下旬，10级强台风袭击和桥，倒伏三麦近万亩，减产惨重。滆南、育中、西中等村倒塌房屋11间，5人受伤。

1984年1月17日起，持续47小时降大雪，降雨量77.1毫米，积雪深37厘米，部分地方电话、广播、供电中断，公路车辆停驶，少数房屋倒塌。

1988年3月15—16日，和桥出现阵雨、冰雹、大雪三类气候，一夜间经历夏、秋、冬三季，为新中国成立后罕见的天气。

1991年12月26—30日，寒流侵袭，最低气温达零下9.7℃，出现严重冰冻，部分通讯因暴雪风雪中断2~3天。

1992年，水稻后期连遭3次台风袭击，水稻大面积倒伏，导致普遍减产。

1996年4月18日下了一场罕见的晚春雪，部分积雪持续三天多，油菜、小麦遭受严重冰冻灾害。

2008年1月26—29日，和桥遭遇五十年一遇的暴雪灾害。

2008年9月21日零时30分，遭龙卷风袭击，和桥东部地区尤其是同里、北庄村受灾严重，造成37个自然村的1805亩水稻倒伏，44户农户住房倒塌以及一些鱼塘设施被毁，养猪户猪舍及企业房屋倒塌，受损严重。

四、地　震

民国25年(1936)，张渚地震，和桥有轻微震感。

1974年4月22日，溧阳上沛公社发生5.5级地震，和桥有明显震感。

1979年7月9日，溧阳上沛公社发生6级地震，和桥震感较大

1984年5月21日23时43分，和桥受黄海地震影响，有轻微震感，电灯泡晃动。

以上各次地震，和桥均无受到灾难和损失。

五、蝗　灾

光绪17年(1891)，和桥大旱，且遭蝗灾。

民国28年(1939)8月下旬起，和桥出现严重旱情，又兼台风，蝗虫成灾，农田歉收。

1955年9月15日，蝗灾情况严重，全镇人民投入治蝗运动。

第三章　人　口

据清朝嘉庆元年(1796)《重建和桥程氏宗祠记》碑中记载,和桥"民居鳞次,不下万家,帆樯车骑,络绎无休"。和桥历来是人口比较集中、人丁兴盛的集聚地。新中国成立前,因区划变更较大,又无翔实资料可查,和桥镇人口数据难以考证。新中国成立后,全镇人口发展呈数量增多、寿命延长、文化素质提高、人员结构复杂、来源广泛等特点。20世纪70年代开始,实行控制人口增长的政策,提倡"晚婚、稀生、少生"。人口的出生率和自然增长率得到控制。1982年第三次全国人口普查统计,和桥镇人口总数为7248人。1985年,和桥镇人口为7400人。1986年实行乡镇合并新体制后,人口总数为27415人。2000年6月,原南新镇又并入和桥镇,当年人口数增加到49703人。2004年2月,闸口镇并入和桥镇,当年人口数增加到72040人。到2015年底,和桥镇有户籍总人口数为68170人。

第一节　人口变动

一、自然及迁移变动

和桥镇历史上人口流徙的原因较多,特别是在社会大动荡时期,由于战乱、特大自然灾害等原因、人口流徙的幅度较大。远在西汉时,即有相国萧何后裔避难江南。根据《史略新篇》卷一载"萧何言上林多空地,愿令民得入田,帝怒,下廷尉",萧的子孙见状惧极,乃南逃,渡江时胥吏盘查甚严,萧的子孙急中生智,指江为姓,来到江南一带定居,遂改姓江。有一支后裔落户于和桥,所以在江氏宗祠的祭堂神座上,正中一块最大的贴金神主牌,赫然写着"江氏第一世祖相国萧何之神位"。藏于和桥中学的《重建和桥程氏宗祠记》的石碑上,刻着"前明中叶,新安龙溪程氏居和桥者百余人"。清代时镇上已有俞、陆、蒋、江、朱、史、法、梅、汪、方、程、马12家大姓。法姓原籍山东,先迁武进,再迁和桥。方、俞、陆、梅诸姓,均从安徽迁入。

1851年至1862年间,因太平天国失败,镇上富户逐渐逃徙他乡,造成附近农田荒芜,街上市面萧条,镇上人口锐减。随着政局的稳定,外流人员又渐次返回和桥。

1937年底,日军侵占和桥后,实行残酷的烧光、杀光、抢光"三光"政策,镇上居民大量外逃他乡,有的流离失所,有的客死异乡,有的在外成家立业,不再返回故里,致使镇上人口又减少。民国时期,镇上有些人随国民党军政人员去台湾,有的在抗日战争胜利后留外地工作,家属也都已定居于工作所在地,不再回和桥。

新中国成立后,许多外地干部调到和桥工作,其家属也到镇安家落户。1949年底,和桥镇居民总户数2290户,总人口9968人,其中非农业人口7850人。20世纪60年代,知青下放农村,部分在农村结婚生育子女,后按政策上调回镇。1978年中共十一届三中全会后,改革开放,农民进城务工经商,外地来镇打工人员增加。进入90年代,和桥镇小城镇建设和教育事业发展较快,周围乡村农民在镇上购买商品房,小孩在镇上就近入学,使镇上人口骤增。1999年后,建立与市场经济体制相适应的户籍管理体制。凡在和桥镇有合法固定住所、合法稳定职业和经济来源的,均可办理小城镇户口。1999年到

2002 年，按政策办理小城镇户口，和桥镇又增加1128 人。2014 年，计划生育政策放宽，国务院制定了"单独二胎"政策。当年，和桥镇的人口又有了大幅的增加。到 2015 年底，和桥镇共有 23126 户，总人口 68170 人，自然增长率为—4.86‰。

1955—2015 年和桥镇户口、人口变动情况

表 3－1 单位：户、人、‰

年代	总户数	总人口			其中非农人口	出生	死亡	迁入	迁出	自然增长率
		合计	男	女						
1955	2377	10286	5696	4590	—	149	53	727	724	9.33
1956	2992	8589	4653	3936	7660	—	—	—	—	0.00
1957	1986	8942	4837	4105	8308	—	—	—	—	0.00
1958	1997	8955	4854	4101	—	86	19	171	251	7.48
1959	1986	8942	4837	4105	—	179	92	1236	177	9.73
1960	1979	8452	4538	3914	—	96	75	347	813	2.48
1961	1686	7647	—	—	—	177	93	1554	642	10.98
1962	1568	6577	3467	3110	6540	61	56	168	375	0.76
1963	1654	6313	3332	2981	6222	189	45	139	1680	22.81
1964	1596	6249	3281	2968	6122	51	28	58	80	3.68
1965	1565	5935	3153	2782	5885	83	27	152	407	9.44
1966	1620	5870	3106	2764	—	65	44	139	225	3.58
1967	1748	6117	3246	2871	—	134	78	384	338	9.15
1968	1748	6117	3252	2865	—	134	78	143	338	9.15
1969	1845	6243	3286	2957	5802	93	37	130	211	8.97
1970	1820	6118	3180	2938	5570	54	38	124	134	2.62
1971	1661	4983	2392	2591	—	38	35	64	84	0.60
1972	1896	6282	3213	3069	5674	56	62	225	160	－0.96
1973	1889	6311	3279	3032	5627	31	53	275	224	－3.49
1974	1941	6377	3333	3044	5741	42	53	167	92	－1.72
1975	1926	6275	3282	2993	5640	65	56	140	252	1.43
1976	1941	6375	3329	3046	5724	81	45	260	196	5.65
1977	1969	6427	3369	3058	5763	74	58	231	195	2.49
1978	2072	6535	3398	3137	5889	69	42	431	199	4.13
1979	2317	7062	3691	3371	6486	73	44	911	424	4.11
1980	2404	7217	3729	3488	6627	73	50	340	204	3.19
1981	2502	7098	3621	3477	6428	134	49	403	545	11.98
1982	2676	7248	3734	3514	6571	123	69	278	186	7.45

续表 3－1

单位：户、人、‰

年代	总户数	总人口			其中非农人口	出生	死亡	迁入	迁出	自然增长率(‰)
		合计	男	女						
1983	2780	7299	3771	3528	6608	80	58	242	214	3.01
1984	2885	7321	3759	3562	6630	82	61	44	19	2.87
1985	2990	7440	3817	3583	6702	78	54	579	505	3.23
1986	8975	27415	13793	13622	7020	386	169	411	352	7.92
1987	9091	27784	13977	13807	7270	459	201	409	337	9.29
1988	9832	28063	14100	13963	10243	428	195	418	350	8.30
1989	9384	28363	14215	14148	10421	444	206	440	365	8.39
1990	9195	28777	14405	14372	10817	482	194	402	297	10.01
1991	9794	29040	14528	14512	11131	309	204	417	240	3.62
1992	9865	29166	14603	14563	11113	355	210	361	362	4.97
1993	10016	29282	14660	14622	15558	335	187	335	293	5.05
1994	10095	29698	14879	14819	16026	304	192	610	326	3.77
1995	10526	29773	14868	14905	16143	261	195	435	330	2.22
1996	10862	33175	16529	16646	16458	200	164	628	262	1.09
1997	11318	31182	15490	15692	9446	167	226	541	476	－1.89
1998	11746	31002	15304	15698	9994	618	213	169	200	13.06
1999	11908	31393	15432	15961	10436	346	219	177	251	4.05
2000	18354	49703	24708	24995	12207	662	390	159	251	5.47
2001	18319	496925	24584	25041	12664	390	307	194	430	0.17
2002	18321	48988	24235	24753	12671	219	287	164	495	－1.39
2003	18236	48595	24262	24533	26881	277	311	671	1148	－0.70
2004	24792	69211	34545	34666	30739	363	554	249	521	－2.76
2005	24616	68562	34236	34326	32619	316	533	—	—	－3.17
2006	24431	68609	34158	34451	34201	591	545	814	652	0.67
2007	24333	68702	34127	34575	27002	301	512	454	335	－3.07
2008	24173	68608	34098	34510	27275	348	572	626	280	－3.26
2009	24061	68879	34245	34634	28344	599	522	—	—	1.12
2010	23909	68915	34099	34822	25037	800	614	781	640	2.70
2011	23791	68999	34084	34915	25421	458	585	661	443	－1.84
2012	23645	68898	34016	34882	25432	549	547	448	513	0.03
2013	23540	68502	33821	34681	25442	543	530	333	410	0.19
2014	23909	68076	33624	34452	25037	539	605	520	713	－0.97
2015	23126	68170	33476	34399	—	236	567	417	563	－4.86

2015年和桥镇各村(居)人口变动统计

表3-2 单位:户、人

单位	本年增加数								本年减少数							本年实有数			
	小计	其中						所内委外移入	小计	其中					所内委外移出	户数	合计	其中	
		出生		省外迁入	省内市外迁入	市内所外迁入	补录			死亡	迁往省外	迁往省内市外	市内所外移出	删除				男	女
		本年	往年																
甲	05	06	07	08	09	10	11	12	13	14	15	16	17	18	19	20	21	22	23
合计	1730	236	273	90	98	229	3	801	1931	567	83	78	402	0	801	23136	87875	33476	34399
同里村	91	6	16	4	5	8	0	52	79	29	6	8	5	0	31	1160	3595	1730	1865
北庄村	133	14	27	5	2	12	0	73	118	43	4	4	20	0	47	1686	4850	2313	2537
永兴村	186	16	31	5	11	15	0	108	159	34	6	1	45	0	73	2059	5546	2602	2944
湖滨村	54	15	12	3	4	3	0	17	42	18	3	1	3	0	17	685	2328	1167	1161
大生村	58	8	7	1	2	9	0	31	52	27	2	1	8	0	14	838	2701	1334	1367
西锄村	146	25	27	5	5	35	0	49	133	61	6	9	24	0	33	2046	6174	3066	3108
王母桥村	82	18	7	2	2	9	1	43	66	19	1	3	12	0	31	1082	3292	1655	1637
中巷村	62	15	10	5	1	7	0	24	98	42	3	1	13	0	39	1556	4729	2301	2428
北新村	82	16	11	7	2	13	0	33	49	22	5	0	10	0	12	981	3094	1546	1548
闸口村	189	17	19	13	16	48	0	74	108	51	4	7	10	0	36	1658	5355	2671	2684
北渠村	109	17	17	6	10	16	0	43	86	37	7	3	10	0	29	1133	3640	1780	1860
福巷桥村	73	11	5	11	6	11	1	28	93	35	8	12	10	0	28	1284	4196	2146	2050
钟溪村	36	7	10	1	1	1	0	15	56	23	5	5	8	0	15	681	2312	1147	1165
楝聚村	106	17	24	7	5	9	0	44	96	48	11	4	11	0	22	1642	5273	2642	2631
国营农场	0	0	0	0	0	0	0	0	5	1	0	0	1	0	3	50	97	46	51
生建居委	136	14	17	10	7	15	0	73	221	27	4	8	70	0	112	1516	3394	1684	1710
兴业居委	78	7	16	5	6	9	1	34	177	18	2	3	60	0	94	1301	3056	1516	1540
劳动居委	103	13	17	0	10	9	0	54	236	26	6	8	74	0	122	1613	3868	1910	1958
南新居委	3	0	0	0	1	0	0	2	20	2	0	0	0	0	18	117	162	91	71
海棠居委	4	0	0	0	0	0	0	4	37	4	0	0	8	0	25	38	213	129	84

2000 年第五次全国人口普查和桥镇各村(居)情况汇总

表 3 - 3　　　　　　　　　　　　　　　　　　　　单位:户、人

单位名称	家庭户			集体户			出生人口		死亡人口		分年龄人口				民族	
	户数	人数 男	人数 女	户数	人数 男	人数 女	男	女	男	女	0 ~5	6 ~14	15 ~64	65 +	汉族	其他民族
	1	2	3	4	5	6	7	8	9	10	11	12	13	14	15	16
合计	18151	26704	26734	506	1293	1091	237	199	185	147	2606	6934	40945	5337	55704	118
同里	512	697	713	7	36	1	7	5	4	4	80	136	1051	180	1441	6
百贤	561	866	895	900	5	12	11	3	3	11	75	217	1290	236	1771	7
石路	590	866	817	47	30	216	4	2	4	5	76	202	1499	152	1923	6
和建	333	516	494	9	30	10	7	5	—	—	60	117	797	76	1050	—
北庄	595	819	802	18	50	50	7	6	8	4	77	177	1254	173	1714	7
和兴	378	571	576	1	—	6	4	5	10	6	57	140	801	155	1147	6
湖滨	603	894	923	—	—	—	8	5	7	4	71	240	1258	248	1816	1
大生	706	1056	1084	3	19	1	6	6	11	13	93	274	1512	281	2151	9
和桥	490	713	731	17	79	23	10	5	—	1	88	225	1180	53	1546	—
闻家	451	723	672	41	134	106	9	13	2	1	77	215	1256	87	1635	—
永兴	814	1183	1193	43	72	92	4	8	6	4	121	301	1924	194	2539	1
站前	521	764	763	11	46	4	5	8	2	6	67	197	1122	191	1569	8
南新	479	704	697	5	9	11	3	1	3	5	49	178	1019	175	1420	1
西锄	969	1534	1504	1	2	—	6	10	6	8	123	363	2217	346	3039	10
王母	540	777	757	3	11	2	3	3	7	4	67	209	1097	174	1545	2
金漏南	495	756	748	1	2	—	7	1	7	7	54	180	1068	204	1500	6
云中	478	753	735	1	2	—	4	4	3	5	50	187	1056	197	1484	6
西育中	507	764	725	9	45	—	5	6	3	3	81	176	1126	151	1527	7
中巷	741	1123	1116	15	29	9	12	14	9	8	113	315	1649	200	2270	7
北新	482	656	690	4	21	7	1	1	10	3	47	169	960	198	1368	6
民胜	393	639	591	—	—	—	4	4	5	5	45	154	862	169	1228	2
兴桥	329	553	559	1	2	—	5	2	4	2	58	155	777	124	1109	5
水产	214	388	361	11	35	141	2	3	5	4	33	99	718	75	923	2
劳动居委	1459	2130	2192	22	82	17	25	15	15	6	242	641	3253	285	4421	—
兴业居委	1138	1586	1605	67	28	176	20	16	10	8	197	425	2563	210	3392	3
新建居委	888	1293	1331	2	8	1	8	9	4	6	126	393	1975	139	2633	—
生建居委	223	267	286	5	23	1	2	2	2	5	25	57	407	88	576	1
团结居委	607	869	892	126	397	211	12	14	11	4	132	204	1869	164	2365	4
鹅山居委	453	564	565	12	32	13	7	3	5	4	55	105	867	147	1173	1
新园居委	669	877	912	13	34	17	11	11	10	4	83	218	1327	212	1836	4
鹅西居委	533	765	800	6	23	5	16	9	1	1	84	265	1190	53	1593	—

说明:本表统计口径与派出所有别,本表中人口包括常住本镇,户口不在本镇的人口

2010年第六次全国人口普查和桥镇各村(居)情况汇总

表3-4　　　　单位:户、人

单位名称	家庭户			集体户			出生人口	死亡人口	民族	
	户数	人数		户数	人数					
		男	女		男	女			汉族	其他民族
合计	28874	39289	38906	401	1378	1019	501	614	80465	127
同里	1119	1449	1450	—	—	—	25	35	2893	6
北庄	1671	2206	2067	26	57	22	44	30	4347	5
永兴	1768	2415	2353	17	72	73	30	50	4901	12
大生	676	917	913	5	12	7	23	29	1842	7
湖滨	545	729	746	—	—	—	17	16	1470	5
西锄	1808	2421	2347	36	54	16	32	59	4830	8
中巷	1575	2084	1977	30	154	62	31	36	4266	11
北新	740	927	966	1	—	4	19	27	1935	7
王母桥	854	1168	1162	1	3	—	28	36	2326	7
闸口	1615	2119	2071	11	62	21	32	68	4261	12
楝聚	1370	1905	1869	7	40	5	37	48	3808	11
北渠	1937	2681	2649	23	77	21	32	34	5421	7
钟溪	653	1028	1041	2	7	2	24	24	2076	2
福巷桥	1565	2283	2152	10	23	9	24	37	4447	20
劳动居委	4748	6546	6649	63	358	294	34	23	13847	—
兴业居委	2564	3466	3468	7	11	20	22	28	6961	4
生建居委	3666	4900	5026	162	448	463	45	29	10834	3

说明:南新居委统计在西锄村,海棠居委统计在楝聚村;第六次普查中无年龄段的统计

二、家庭户规模

家庭是以婚姻为基础、血缘关系为纽带的社会组织形式。从1990年、2000年、2010年的第四、第五、第六次全国人口普查可以看出,和桥镇3人户家庭比例最大,2人户家庭比例在逐年增加,家庭户规模逐步缩小。但几代同堂的大家庭也还存在,只是数量很少。

1990年、2000年、2010年三次人口普查和桥镇家庭户规模及比例

表3-5　　　　单位:户、%

年份	1990年				2000年				2010年	
家庭户规模	和桥镇		原南新镇		和桥镇		原闸口镇		和桥镇	
	户数	占比例	户数	占比例	户数	占比例	户数	占比例	户数	占比例
总户数	9195	100	5913	100	18097	100	6596	100	28874	100
1人户	1130	12.29	598	10.11	1611	8.90	587	8.90	4100	14.20
2人户	1473	16.02	767	12.97	4840	26.74	1629	24.70	9917	34.35
3人户	3488	33.61	2279	38.54	7285	40.26	2244	34.02	8867	30.71

续表 3 - 5　　单位:户、%

年份	1990 年				2000 年				2010 年	
家庭户规模	和桥镇		原南新镇		和桥镇		原闸口镇		和桥镇	
	户数	占比例	户数	占比例	户数	占比例	户数	占比例	户数	占比例
4 人户	1858	20.21	1330	22.49	2240	12.38	1022	15.49	3149	10.91
5 人户	817	8.89	602	10.18	1651	9.12	841	12.75	2204	7.63
6 人户	252	2.74	244	4.13	324	1.79	221	3.35	483	1.67
7 人户	103	1.12	70	1.18	94	0.52	32	0.49	106	0.37
8 人户	45	0.49	15	0.25	36	0.20	10	0.15	36	0.12
9 人户	19	0.21	6	0.10	13	0.07	5	0.08	9	0.03
10 人户以上	10	0.11	2	0.03	3	0.02	5	0.08	3	0.01
平均每户人数	3.13		3.49		2.75		3.15		2.79	

三、人口自然增长率

从历年人口变动情况中看出,和桥镇人口自然增长率最低的年份是 1962 年,仅 0.7‰,最高的年份是 1963 年,达 22.8‰。20 世纪 70 年代起,国家号召和提倡计划生育,严格控制生育,和桥镇人口自然增长率降至 10‰以下。后又当作国策来抓,取得成效,有些年份出现负增长。2015 年,和桥镇人口自然增长率为 -0.54‰。

和桥镇的人口,是由高出生率、高死亡率、高自然增长率,趋向低出生率、低死亡率、低自然增长率。

四、人口密度

和桥镇域人口稠密,被列为江苏省人口密度的第一级。1953 年,每平方千米 600 人;1987 年每平方千米 1000 人;2002 年,全镇 48988 人,面积 63.75 平方千米,人口平均密度为 768 人。2015 年全镇 87875 人(含常驻和桥的外籍人口),面积 105 平方千米,人口密度为每平方千米 837 人。

和桥镇镇区,1985 年人口 7400 人,面积 0.7 平方千米,密度为每平方千米 10570 人;2002 年,镇区人口 25535 人,面积 3.6 平方千米,人口密度为每平方千米 7093 人。2015 年,镇区人口 11329 人,面积 5.23 平方千米(不含工业集中区和镇南新区),人口密度为每平方千米 2166.16 人。

随着时间的延伸、和桥镇区域的不断扩大,和桥镇的住户、人口在宜兴市占的比重也不断增加。

6 个年份和桥镇住户、人口在全市的比重

表 3 - 6

数据分类 时间	户数(户)			人数(人)		
	宜兴市	和桥镇	占比例(%)	宜兴市	和桥镇	占比例(%)
1982 年	263900	2676	1.00	1009000	7248	0.72
1990 年	347400	9195	2.60	1067400	28777	2.70
2001 年	375600	18319	4.90	1068800	49625	4.60
2010 年	442684	29275	6.60	1235542	80592	6.52
2013 年	379054	23540	6.20	1078806	68502	6.34
2015 年	375900	23126	6.15	1082900	68170	6.30

五、人口信息管理

1987年,宜兴市在和桥镇搞人口管理信息化的试点,由市公安局赠送电脑一台,结合办理成年人身份证工作,建立人口信息管理系统,成为全市第一个现代化管理人口的乡镇。

1996年,原南新镇、闸口镇也建立常住人口信息管理系统。4月25日—5月15日搞门牌整编,5月17日—7月15日搞户口核对、信息采集,7月20日—10月20日搞数据录入,10月起推向前台办公。2000年6月和2004年2月分别并入和桥派出所管理。

第二节　人口结构

一、年龄结构

新中国成立前,由于生活条件较差,人们的平均寿命也较短,特别是老年人口的比例极低。新中国成立后,由于人民生活水平不断提高,医疗卫生条件逐步发展,不断完善,人民健康得到保障,寿命延长。而另一方面,自20世纪70年代起,国家推行晚婚晚育和计划生育政策,提倡一对夫妇只生一个孩子。经过20多年的贯彻执行,和桥镇居民的年龄结构呈现两大演变趋势,一是人口老龄化,二是生育率降低,婴幼儿、少年人口占总人口的比例下降较快。

和桥镇人口年龄结构中,20世纪60年代至2015年,0~19岁的人口比例逐步下降,青壮年(20~59岁)和老年人(60岁以上)人口比例逐步上升。至2015年底,0~19岁的占总人口比例降为10.73%,20~59岁的占总人口比例为58.9%,60岁以上的占总人口比例升至30.38%。

若干年份和桥镇人口年龄结构

表3-7　　　　单位:人、%

年份	总人口	年龄段	人口数	总人口比例(%)
1964年	6249	0~19岁	3030	48.49
		20~59岁	2656	42.50
		60岁以上	563	9.00
1982年	7222	0~19岁	2101	29.09
		20~59岁	4129	57.17
		60岁以上	992	13.74
1990年	29493	0~19岁	8050	27.29
		20~59岁	17762	60.22
		60岁以上	3681	12.48
2000年	55823	0~19岁	12381	22.18
		20~59岁	36288	65.01
		60岁以上	7154	12.82
2010年	80592	0~19岁	13494	16.74
		20~59岁	51874	64.37
		60岁以上	15224	18.89
2015年	68708	0~19岁	7369	10.73
		20~59岁	40468	58.90
		60岁以上	20871	30.38

说明:2015年人口总数含有临时户口的人口

从年龄结构看，儿童的比重在下降，老年人的比重在上升。1964 年老年人占总人口的比例为 9%，到 2015 年，上升到 30.38%。历次人口普查中，统计的最高年龄：1964 年为 88 岁，1982 年为 90 岁，1990 年为 94 岁，2000 年为 101 岁，2010 年为 102 岁，2015 年为 105 岁。2015 年底，和桥镇共有九十岁以上老人 439 人，其中，女性 289 人，占 66%。

生长在滆湖之滨的几个村的人口中，因地绿水清、空气洁净，长寿者的比例要大些。

五次人口普查和桥镇人口、年龄、性别分段统计

表 3－8　　　　单位：人、%

年龄段	1964 年第二次全国人口普查				1982 年第三次全国人口普查				1990 年第四次全国人口普查				2000 年第五次全国人口普查（南新已并入和桥）				2010 年第六次全国人口普查（闸口已并入和桥）			
	小计	占比	男	女	小计	占比	男	女	小计	占比	男	女	小计	占比	男	女	小计	占比	男	女
和桥镇	6249	—	3281	2968	7222	—	3702	3520	29493	—	14810	14863	55823	—	27992	27831	80592	—	40667	39925
0～5 岁	726	12	361	365	560	8	286	274	2572	9	1300	1272	2053	4	1091	962	2400	3	1222	1178
6～14 岁	618	26	874	771	949	13	465	484	3327	11	1749	1578	7479	13	3782	3697	5833	7	3017	2816
15～64 岁	3568	57	1941	1627	5053	70	2672	2381	21089	72	10619	10470	40923	73	20633	20290	62889	78	31772	31117
65 岁以上	337	5	132	205	660	9	279	381	2505	8	1142	1363	5368	10	2486	2882	9470	12	4656	4814
最高年龄	—	—	83	88	—	—	90	89	—	—	94	94	—	—	96	101	—	—	99	102
南新镇	14248	—	7260	6988	19116	—	9736	9380	19926	—	10015	9911	—	—	—	—	—	—	—	—
0～5 岁	2103	15	1087	1016	1483	8	754	729	1894	10	1006	888	—	—	—	—	—	—	—	—
6～14 岁	3944	27	2042	1902	3509	18	1789	1720	2305	11	1190	1115	—	—	—	—	—	—	—	—
16～64 岁	7800	55	3997	3803	13020	68	6722	6298	14205	71	7130	7075	—	—	—	—	—	—	—	—
65 岁以上	401	3	134	267	1104	6	471	633	1522	8	689	833	—	—	—	—	—	—	—	—
最高年龄	—	—	82	86	—	—	92	92	—	—	89	93	—	—	—	—	—	—	—	—

2015 年和桥镇户籍人口中 90 岁以上老人统计

表 3－9

序号	村名	姓名	性别	出生年月	现居住地
1	同里村	杨瑞如	男	1922 年 2 月	上海
2		钱平芬	女	1924 年 9 月	范家
3		蒋泽民	男	1922 年 12 月	蒋东
4		丁锡凤	女	1924 年 1 月	蒋西组
5		韦培珍	女	1924 年 4 月	虞家组
6		张俊生	男	1924 年 4 月	宗家组
7		夏凤珍	女	1922 年 11 月	朱家组
8		许锡妹	女	1919 年 11 月	朱家组
9		郑盘娣	女	1924 年 4 月	李家组

续表 3－9

序号	村名	姓名	性别	出生年月	现居住地
10	同里村	缪玉大	女	1921 年 10 月	聚贤组
11		王兰大	女	1922 年 8 月	戈塍组
12		黄凤金	女	1923 年 2 月	五大组
13		周盘娣	女	1923 年 11 月	南塘组
14		褚海林	男	1924 年 4 月	南唐组
15		蒋询仁	男	1915 年 11 月	后港组
16		梁秀红	女	1920 年 8 月	戈前组
17		朱盘娣	女	1922 年 1 月	戈前组
18		蒋顺华	女	1924 年 7 月	南东组
19		张梅娣	女	1923 年 10 月	南东组
20		丁顺娣	女	1922 年 8 月	南西组
21		韦荣康	男	1924 年 2 月	南西组
22		邵海荣	男	1924 年 8 月	柏树组
23		吴凤妹	女	1924 年 10 月	花西组
同里村合计 23 人,其中男性 7 人、女性 16 人					
1	北庄村	许盘生	男	1917 年 10 月	北庄村许家 38 号
2		许勤雅	女	1918 年 5 月	北庄村蹇家桥 4 号
3		张春娣	女	1919 年 5 月	北庄村高楼下 2 号
4		蒋锡大	女	1919 年 11 月	北庄村沈家 8 号
5		黄听宝	女	1920 年 8 月	北庄村石路 78 号
6		殷凤娥	女	1920 年 12 月	北庄村河口 1 号
7		李金法	男	1921 年 1 月	北庄村前塘 22 号
8		王泽清	男	1921 年 6 月	北庄村前塘 41 号
9		任金华	女	1921 年 12 月	北庄村赵家坝 5 号
10		李盘根	男	1921 年 12 月	北庄村大树下 2 号
11		蔡明珍	女	1922 年 5 月	北庄村周家浜 102—1 号
12		沈红娣	女	1922 年 8 月	北庄村庄上 19 号
13		闵曼初	女	1922 年 11 月	北庄村石路 87 号
14		张秀英	女	1923 年 7 月	北庄村王家村 27 号
15		黄生娣	女	1923 年 10 月	北庄村赵家坝 1 号
16		欧开先	男	1924 年 1 月	北庄村欧家塘 10 号
17		韦仁华	男	1924 年 1 月	北庄村韦家塘 35 号
18		何金山	男	1924 年 1 月	北庄村蒋家桥 30 号
19		蒋凤金	女	1924 年 3 月	北庄村史家庄 22 号

续表 3－9

序号	村名	姓名	性别	出生年月	现居住地
20	北庄村	王盘娣	女	1924 年 8 月	北庄村蒋家桥 8 号
21		蒋保荣	男	1924 年 9 月	北庄村石路 47 号
22		丁凤金	女	1924 年 11 月	北庄村王东 71 号
23		吴顺娣	女	1925 年 1 月	北庄村坝头 15 号
24		王锡珍	女	1925 年 4 月	北庄村李家坝 15 号
25		金招娣	女	1925 年 5 月	北庄村坝头 39 号
26		陈根娣	女	1925 年 8 月	北庄村庙头 7 号
27		陈龙大	女	1925 年 10 月	北庄村路家塘 47 号
28		倪荣海	男	1925 年 11 月	北庄村北庄 6 号
29		蒋顺妹	女	1925 年 12 月	北庄村王西 43 号
30		徐占华	女	1922 年 9 月	北庄村欧家塘 10 号
31		孙福娣	女	1924 年 8 月	北庄村前塘 22 号
32		刘巧珍	女	1925 年 11 月	北庄村桑渣地 4 号
北庄村合计 32 人，其中男性 9 人、女性 23 人					
1	永兴村	吴彩英	女	1925 年 1 月	湾里 4 号
2		孙海凤	女	1923 年 7 月	宁东 76 号
3		韦才娣	女	1926 年 10 月	宁南 76 号
4		许根荣	男	1926 年 7 月	王舍 38 号
5		朱庆元	男	1923 年 6 月	王舍 45 号
6		赵红珍	女	1924 年 12 月	东坝 21 号
7		曹鲁友	男	1918 年 12 月	寺后 17 号
8		卢保华	男	1925 年 12 月	东村 70 号
9		蒋顺娣	女	1921 年 8 月	中垛 55 号
10		钱春根	男	1924 年 1 月	中垛 108 号
11		陈金凤	女	1924 年 1 月	下垛 37 号
12		马倪凤	女	1926 年 10 月	园地村 13 号
13		钱金亚	女	1919 年 8 月	园地村 13 号
14		袁爱珍	女	1925 年 5 月	园地村 41 号
15		刘茂烈	男	1925 年 2 月	园地村 41 号
16		汤秀龙	女	1921 年 11 月	石田路 26 号
17		钱彩娥	女	1926 年 11 月	和乐新村三区 108 号
18		余勤珍	女	1919 年 9 月	许家塘 37—1 号
19		丁金娣	女	1926 年 10 月	大会里 4 号
20		王汉玉	女	1925 年 7 月	大会里 64 号

续表3－9

序号	村名	姓名	性别	出生年月	现居住地
21	永兴村	翁荣生	男	1926年7月	健康新村21号201室
22		李胖大	女	1924年6月	大南村4号
23		徐巧大	女	1923年7月	永昌新村196号
24		张龙生	男	1925年1月	小南村5号
25		钱芝芳	女	1923年4月	小南村17号
26		堵水娣	女	1920年1月	小南村21号
27		蒋洪生	男	1923年6月	永兴村20号
28		蒋培大	男	1925年7月	永兴村25号
29		裴新娣	女	1926年1月	庄里17号
永兴村合计29人，其中男性10人、女性19人					
1	大生村	周珍娣	女	1925年1月	大生村白莲桥17号
2		周锡如	男	1923年5月	大生村河口组15号
3		沈海珍	女	1924年9月	大生村金盆组11号
4		张玉梅	女	1923年9月	大生村金盆组999—7号
5		周德胜	男	1924年12月	大生村前谢组32号
6		沈细锁	男	1921年9月	大生村上水组999—3号
7		唐寿荣	男	1924年12月	大生村寺前组9号
8		孙坤珍	女	1924年12月	大生村寺前组14号
9		陈凤妹	女	1925年5月	大生村寺前组30号
10		洪百斤	女	1912年1月	大生村寺西组27号
11		卞夕君	女	1921年3月	大生村寺西组29号
12		陈根娣	女	1924年2月	大生村王家组6号
13		徐炳坤	男	1924年8月	大生村西域河4号
14		高小保	男	1923年2月	大生村刁家组5号
15		王寿林	男	1924年4月	大生村刁3家组17号
16		冯志明	女	1912年11月	大生村刁家组30号
17		吴彩凤	女	1919年10月	大生村小桥30号
18		刘寿林	男	1922年1月	大生村小桥36号
19		王凤娣	女	1924年1月	大生村小塘13号
20		张春泉	男	1925年4月	大生村张家20号
大生村合计20人，其中男性9人，女性11人					
1	湖滨村	张洪川	男	1919.12	湖滨村老人桥
2		谈红大	女	1921年6月	湖滨村老人桥
30		周维娟	女	1922年8月	湖滨村西施塘

续表 3-9

序号	村名	姓名	性别	出生年月	现居住地
4	湖滨村	刘秀大	女	1922 年 10 月	湖滨村西施塘
5		许秀娣	女	1924 年 5 月	湖滨村西施塘
6		许凤娣	女	1923 年 4 月	湖滨村西施塘
7		谈红狗	男	1916 年 11 月	湖滨村西施塘
8		徐爱凤	女	1924 年 4 月	湖滨村油车
9		余凤英	女	1923 年 12 月	湖滨村高家
10		王关保	男	1921 年 2 月	湖滨村渔场
湖滨村合计 10 人,其中男性 3 人、女性 7 人					
1	西锄村	郁珍娣	女	1924 年 2 月	西锄村西锄 151 号
2		周金妹	女	1924 年 12 月	西锄村港下村 128 号
3		江根娣	女	1924 年 12 月	西锄村中塘 28 号
4		王竹梅	男	1924 年 10 月	西锄村前祝 37 号
5		黄柏青	男	1924 年 7 月	西锄村集房村 28 号
6		万加亨	男	1924 年 4 月	西锄村塘渎沽 38 号
7		路春林	男	1924 年 12 月	西锄村滆南 39 号
8		倪义大	女	1923 年 2 月	西锄村塘渎沽 122 号
9		余柏生	女	1923 年 7 月	西锄村西塘 20 号
10		赵蕴玉	女	1923 年 11 月	西锄村河南 20 号
11		杨顺仙	女	1923 年 12 月	西锄村五家村 42 号
12		钱来娣	女	1923 年 1 月	西锄村杨树下 23 号
13		缪金洪	男	1923 年 11 月	西锄村集房村 43 号
14		蒋培舟	男	1923 年 2 月	西锄村西锄 77 号
15		童辉忠	男	1923 年 11 月	西锄村前祝 14 号
16		缪菊妹	女	1922 年 9 月	西锄村西锄 147 号
17		韦顺凤	女	1922 年 8 月	西锄村港下村 94 号
18		丁秀琴	女	1922 年 11 月	西锄村滆南 73 号
19		朱三大	男	1922 年 9 月	西锄村港下村 112 号
20		王德珍	女	1922 年 11 月	西锄村朴树下 999—2 号
21		王凤妹	女	1921 年 8 月	西锄村塘渎沽 119 号
22		吴听凤	女	1921 年 12 月	西锄村滆南 45 号
23		汪海珍	女	1921 年 5 月	西锄村滆南 66 号
24		蒋义凤	女	1921 年 11 月	西锄村滆南 104 号
25		华金大	男	1921 年 12 月	西锄村台路桥 4 号
26		刘四大	男	1921 年 10 月	西锄村杨显 1 号

续表 3－9

序号	村名	姓名	性别	出生年月	现居住地
27	西锄村	曹盘娣	女	1919 年 11 月	西锄村朴树下 49 号
28		周林娣	女	1918 年 10 月	西锄村前祝 28 号
29		陈金娥	女	1916 年 10 月	西锄村中塘 44 号
30		夏凤英	女	1915 年 7 月	西锄村塘渎沽 33 号
西锄村合计 30 人，其中男性 10 人、女性 20 人					
1	北新村	张浩明	男	1926 年 4 月	北新村夏家 17 号
2		杨瑞元	男	1923 年 2 月	北新村北新 4 号
3		蒋秀华	女	1922 年 11 月	北新村北新 4 号
4		陈荣根	男	1925 年 1 月	北新村陈家村 4 号
5		金杏梅	女	1923 年 11 月	北新村水满漕 15 号
6		韦玉英	女	1926 年 3 月	北新村新春 11 号
7		朱坤培	男	1924 年 3 月	北新村前双墩 21 号
8		裴三妹	女	1922 年 10 月	北新村后双墩 5 号
9		将凤娥	女	1924 年 5 月	北新村后双墩 72 号
10		杭达宝	女	1926 年 12 月	北新村朝南 16 号
11		钱亚英	女	1923 年 8 月	北新村朝南 79 号
12		夏凤妹	女	1922 年 11 月	北新村朝南 82 号
13		许真妹	女	1926 年 1 月	和桥敬老院
14		杨洪年	男	1923 年 5 月	北新村老官庄 49 号
15		杨伯年	男	1924 年 6 月	北新村老官庄 74 号
16		陈芬英	女	1924 年 4 月	北新村老官庄 78 号
17		陈培洪	男	1926 年 1 月	北新村老官庄 132 号
18		孙老汉	女	1924 年 9 月	北新村湖民 1 号
19		柏均洪	男	1926 年 10 月	北新村湖民村 42 号
20		吴顺川	男	1919 年 7 月	北新村后双墩 17 号
21		裴秀龙	女	1919 年 6 月	北新村陈家 45 号
22		谈汝念	女	1915 年 5 月	内蒙古呼伦贝尔林海社区
23		蒋顺华	女	1920 年 5 月	北新村北新 60 号
24		徐爱贞	女	1920 年 8 月	北新村北新 10 号
25		沈金凤	女	1923 年 10 月	北新村北新夏家 9 号
26		汤小娥	女	1919 年 5 月	宜城南仓新村
北新村合计 26 人，其中男性 9 人、女性 17 人					
1	中巷村	缪金凤	女	1925 年 5 月	中巷村育中组
2		陈凤英	女	1924 年 12 月	中巷村江船组

续表 3－9

序号	村名	姓名	性别	出生年月	现居住地
3	中巷村	奔抱娣	女	1923 年 10 月	中巷村杨家组
4		邵根娣	女	1919 年 7 月	中巷村裴东组
5		蒋生娣	女	1920 年 11 月	中巷村裴西组
6		张南英	女	1920 年 1 月	中巷村徐家组
7		吴顺宝	女	1925 年 7 月	中巷村夏家组
8		丁春南	男	1922 年 12 月	中巷村江船组
9		夏焕齐	男	1924 年 12 月	中巷村夏家组
10		王生云	女	1925 年 5 月	中巷村夏东组
11		褚夕凤	女	1923 年 11 月	中巷村蒋庄组
12		陈友大	男	1924 年 7 月	中巷村吴西组
13		周定荣	男	1924 年 7 月	中巷村吴西组
14		赵孟根	男	1924 年 7 月	中巷村后西组
15		余梅珍	女	1924 年 12 月	中巷村沙滩组
16		叶祥凤	女	1921 年 8 月	中巷村前巷组
17		余德荣	男	1923 年 5 月	中巷村中巷组
18		唐全娣	女	1923 年 11 月	中巷村下半组
19		赵福康	男	1925 年 2 月	中巷村坝头组
20		蒋全娣	女	1922 年 12 月	中巷村油小组
21		李诚孝	男	1924 年 6 月	中巷村潘家组
22		邵巨大	女	1924 年 4 月	中巷村杨家组
23		姚爱云	女	1925 年 2 月	中巷村中塘组
24		欧小妹	女	1924 年 12 月	中巷村胡家组
25		王顺娣	女	1925 年 6 月	中巷村胥西组
26		徐抱娣	女	1921 年 8 月	中巷村胥西组
27		黄顺娣	女	1919 年 3 月	中巷村杨家组
28		吴根荣	男	1922 年 10 月	中巷村凌潭组
29		张爱娣	女	1924 年 6 月	中巷村凌潭组
30		戴洪坤	男	1923 年 3 月	中巷村胡家组
31		吴龙娣	女	1916 年 1 月	中巷村夏东组
32		袁梅生	男	1925 年 6 月	中巷村东寺组
中巷村合计 32 人，其中男性 11 人、女性 21 人					
1	王母桥村	邓红梅	女	1922 年 9 月	邓家 31 号
2		奚秀华	女	1924 年 4 月	冯家 31 号
3		裴山岳	男	1925 年 8 月	冯家 33 号

续表3－9

序号	村名	姓名	性别	出生年月	现居住地
4	王母桥村	许金凤	女	1924年1月	后具10号
5		刘金保	男	1922年10月	刘家9号
6		余洽生	男	1921年1月	楼下999—1号
7		刘荣大	男	1923年9月	马桥43号
8		张爱娣	女	1926年2月	潘家36号
9		崔彩娣	女	1926年1月	水产111号
10		李少德	男	1926年3月	水产13号
11		王爱凤	女	1925年1月	塘北67号
12		吴生培	男	1926年3月	塘北87号
13		王凤根	女	1926年8月	塘北36号
14		王秀凤	女	1926年12月	塘田25号
15		范美仙	女	1925年5月	王母131号
16		芦泽仙	女	1923年3月	王母12号
17		杨盘洪	男	1925年7月	王母64号
18		杨惠中	男	1926年5月	王母209号
19		张德根	男	1923年7月	王母95号
20		袁招娣	女	1918年6月	王母221号
21		季来娣	女	1924年8月	新桥4号
22		徐小富	女	1926年12月	新桥54号
23		史秀凤	女	1926年1月	邓家4号
王母桥村合计23人,其中男性9人、女性14人					
1	楝聚村	张鸿俊	男	1911年6月	楝聚村张家66号
2		钱桂凤	女	1919年8月	楝聚村黄渎港北51号
3		邵月娥	女	1919年9月	楝聚村顾家村56号
4		曹秀锦	女	1920年6月	楝聚村归美桥16号
5		马凤玉	女	1920年9月	楝聚村河北村151号
6		钱兰芳	女	1920年10月	楝聚村张家112号
7		缪根福	男	1920年10月	楝聚村河南村83号
8		邵金娣	女	1922年1月	楝聚村河北村116号
9		蒋杏凤	女	1922年1月	楝聚村张家116号
10		缪洪根	男	1922.年5月	楝聚村河北村53号
11		梁岳泉	男	1922年10月	楝聚村黄渎港北52号
12		吴追大	女	1922年10月	楝聚村黄渎港南56号
13		范盘生	男	1922年10月	楝聚村顾家村92号

续表3－9

序号	村名	姓名	性别	出生年月	现居住地
14	楝聚村	白仁妹	女	1922年11月	楝聚村马家村86号
15		俞洪大	男	1923年4月	楝聚村黄渎港北20号
16		缪浩光	男	1923年5月	楝聚村河南村35号
17		戚凤娥	女	1923年5月	楝聚村河南村158号
18		朱巧凤	女	1923年7月	楝聚村河北村38号
19		徐细狗	男	1923年8月	楝聚村河北村40号
20		何孟娣	女	1923年12月	楝聚村河南村387号
21		许全珍	女	1924年1月	楝聚村张费家村51号
22		张娥娣	女	1924年2月	楝聚村河北村11号
23		张锡娣	女	1924年5月	楝聚村河南村293号
24		缪桂娣	女	1924年7月	楝聚村张家29号
25		周月英	女	1924年10月	楝聚村河北村43号
26		缪根祥	男	1925年1月	楝聚村河北村102好
27		尤凤宝	女	1925年4月	楝聚村周家村23号
28		周生大	女	1925.04	楝聚村河北村87号
29		费银娣	女	1925年5月	楝聚村张家28号
30		缪炳法	男	1925年9月	楝聚村河南村108号
31		缪根林	男	1925年11月	楝聚村河北村87号
32		吴彩娣	女	1926年1月	楝聚村河南村278号
33		王益凤	女	1926年3月	楝聚村河北村87号
34		董听凤	女	1926年7月	楝聚村张费家村56号
35		张培祥	男	1926年10月	楝聚村张家104号
36		陈凤华	女	1926年11月	楝聚村张费家村61号
37		戴凤英	女	1926年12月	楝聚村河北村98号
楝聚村合计37人,其中男性12人,女性25人					
1	闸口村	韩爱娣	女	1926年12月	闸口村北沙滩
2		周林根	男	1926年5月	闸口村陈家浜
3		陈荣娣	女	1926年8月	闸口村坟庵头
4		杨发娣	女	1926年8月	闸口村龚家村
5		吴细娥	女	1926年5月	闸口村街小
6		周盘娣	女	1926年8月	闸口村九房村
7		张淑英	女	1926年9月	闸口村九圩
8		林玉娣	女	1926年4月	闸口村陆家塘
9		周全娣	女	1926年10月	闸口村陆家塘

续表 3-9

序号	村名	姓名	性别	出生年月	现居住地
10	闸口村	尤金芽	女	1926 年 12 月	闸口村陆家塘
11		吴菊凤	女	1926 年 9 月	闸口村圩田
12		陆林法	男	1926 年 11 月	闸口村姚桥头
13		钱金凤	女	1926 年 11 月	闸口村姚桥头
14		龚巧英	女	1925 年 8 月	闸口村东沙滩
15		王凤娣	女	1925 年 8 月	闸口村陆家塘
16		郑月霞	女	1925 年 8 月	闸口村沈家圩
17		陆山牛	男	1925 年 9 月	闸口村宋江沟
18		赵学根	男	1925 年 12 月	闸口村圩田
19		王路根	男	1925 年 10 月	闸口村姚桥头
20		王慧君	女	1924 年 12 月	闸口村八房村
21		周桂英	女	1924 年 9 月	闸口村北沙滩
22		陈惠珍	女	1924 年 10 月	闸口村东村
23		陆金春	男	1925 年 1 月	闸口村陆家
24		余英娣	女	1924 年 6 月	闸口村夕阳
25		李秀凤	女	1924 年 12 月	闸口村扬中漕
26		尹志培	男	1924 年 7 月	闸口村尹家塘
27		吴金昌	男	1925 年 2 月	闸口村株树下
28		陈荣娣	女	1923 年 7 月	闸口村北沙滩
29		王美凤	女	1923 年 6 月	闸口村东村
30		徐正平	男	1923 年 5 月	闸口村河田舍
31		陆岳荣	男	1923 年 12 月	闸口村陆家塘
32		邵金凤	女	1923 年 6 月	闸口村尹家塘
33		尹伯川	男	1923 年 10 月	闸口村尹家塘
34		陈正昌	男	1922 年 9 月	闸口村大河村
35		陈根娣	女	1922 年 9 月	闸口村旱漕村
36		刘听娣	女	1923 年 1 月	闸口村陆家塘
37		邵秀珍	女	1922 年 11 月	闸口村钱家圩
38		杜树英	女	1922 年 4 月	闸口村万家圩
39		陈盘珍	女	1922 年 12 月	闸口村永定
40		邵文俊	男	1922 年 12 月	闸口村湾里
41		戴根妹	女	1921 年 11 月	闸口村新民
42		顾盘根	男	1921 年 4 月	闸口村闸口街
43		王天宝	男	1921 年 12 月	闸口村朱家村

续表 3－9

序号	村名	姓名	性别	出生年月	现居住地
44	闸口村	唐珍大	女	1921 年 1 月	闸口村九房村
45		余林娣	女	1920 年 4 月	闸口村陆家塘
46		邵岳林	男	1918 年 9 月	闸口村东村
47		蒋林秀	女	1918 年 11 月	闸口村蒋家村
48		杨锡珍	女	1919 年 1 月	闸口村陆家塘
49		尹风华	女	1917 年 9 月	闸口村河田舍
50		尹秀娥	女	1917 年 3 月	闸口村东村
闸口村合计 50 人，其中男性 16 人、女性 34 人					
1	北渠村	周桂凤	女	1919	北渠村归南
2		徐伦福	男	1919 年	北渠村黄土桥
3		严三大	男	1919 年	北渠村菜庄
4		王素梅	女	1920 年	北渠村查家塘
5		王石农	男	1920 年	北渠村港北村
6		金杏娣	女	1921 年	北渠村杨家村
7		黄齐娟	女	1921 年	北渠村西横塘
8		周全娣	女	1922 年	北渠村北渠村
9		杨菊英	女	1922 年	北渠村前巷村
10		朱凤娣	女	1922	北渠村杨家村
11		王其根	男	1922 年	北渠村杨家村
12		谈志高	男	1922 年	北渠村西横塘
13		吴盘林	男	1923 年	北渠村田肚村
14		陈听大	男	1923 年	北渠村杨家村
15		李良根	男	1923 年	北渠村西横塘
16		朱月琴	女	1923 年	北渠村南城下
17		张红凤	女	1923 年	北渠村菜庄
18		钱爱娣	女	1923 年	北渠村菜庄
19		徐荣大	男	1923 年	北渠村红菱浜
20		吴正根	男	1924 年	北渠村北渠村
21		王秀英	女	1924 年	北渠村北渠村
22		缪菊娣	女	1924 年	北渠村姚家村
23		徐焕生	男	1924 年	北渠村姚上
24		缪凤琴	女	1925 年	北渠村十房村
25		吴富南	男	1925 年	北渠村十房村
26		徐凤珍	女	1925 年	北渠村西横塘

续表 3－9

序号	村名	姓名	性别	出生年月	现居住地
27	北渠村	张东妹	女	1925 年	北渠村归南
28		吴兰新	女	1926 年	北渠村田三房
29		胡招娣	女	1926 年	北渠村田三房
30		袁听风	女	1926 年	北渠村田三房
31		钱汉金	男	1926 年	U 北渠村前巷村
32		邓彩娣	女	1926 年	北渠村殷家村
33		蒋铁大	男	1926 年	北渠村殷家村
34		缪近芬	女	1926 年	海棠西路
35		李生荣	男	1926 年	北渠村西横塘
36		刘根娣	女	1926 年	北渠村许家村
37		陈美林	女	1926 年	北渠村菜庄
北渠村合计 37 人，其中男性 15 人、女性 22 人					
1	钟溪村	徐杏娣	女	1916 年 4 月	钟溪下塘
2		陈爱娣	女	1917 年 2 月	钟溪巷北
3		王庆大	男	1920 年 11 月	钟溪沟南
4		杨行凤	女	1921 年 3 月	钟溪陈家
5		邵细保	女	1921 年 4 月	钟溪何家
6		陈美伢	女	1921 年 12 月	钟溪庄后
7		何玉根	男	1922 年 5 月	钟溪何家
8		吴牛大	男	1922 年 7 月	钟溪上塘
9		白桂英	女	1922 年 8 月	钟溪庄前
10		蒋秀妹	女	1922 年 11 月	钟溪何巷
11		许道生	男	1923 年 11 月	钟溪下塘
12		陈培明	男	1923 年 9 月	钟溪陈家
13		何金大	男	1923 年 10 月	钟溪何北
14		胥产娣	女	1923 年 6 月	钟溪何西
15		刘荣娣	女	1923 年 8 月	钟溪庄后
16		王产庆	男	1923 年 8 月	钟溪沟南
17		陆林马	女	1924 年 6 月	钟溪庄前
18		蒋汉生	男	1925 年 2 月	钟溪何西
19		何全大	男	1925 年 4 月	钟溪戴家
20		陈桂凤	女	1925 年 4 月	钟溪陈家
21		邵凤定	女	1925 年 9 月	钟溪陈家
22		陆荷全	女	1925 年 9 月	钟溪何北
23		周伏德	男	1925 年 11 月	钟溪湖滩
钟溪村合计 23 人，其中男性 10 人、女性 13 人					

续表 3－9

序号	村名	姓名	性别	出生年月	现居住地
1	福巷桥村	王岳山	男	1925 年	福巷桥 2 组
2		陈桂珍	女	1924 年	福巷桥 3 组
3		蒋银玲	女	1924 年	福巷桥 11 组
4		王玉清	男	1921 年	福巷桥 7 组
5		邵焕娣	女	1920 年	福巷桥 18 组
6		毛小英	女	1919 年	福巷桥 11 组
7		汤全英	女	1921 年	福巷桥 14 组
8		王福娣	女	1925 年	福巷桥 16 组
福巷桥村合计 8 人，其中男性 2 人、女性 6 人					
1	生建社区居委	李雅珍	女	1922 年 1 月	东横街 999—20 号
2		余梅珍	女	1924 年 12 月	朝阳新村 54 号 301 室
3		沈生凤	女	1924 年 4 月	工农巷 60 号 202 室
4		李茜美	女	1924 年 1 月	团结新村 24 号 206 室
5		周克荣	男	1922 年 10 月	寨沟巷 41 号
6		许菊芬	女	1924 年 11 月	小沿河 4 号
7		王菊华	女	1923 年 3 月	工农巷 57—2 号 202 室
8		王浩然	男	1924 年 10 月	朝阳新村 135 号 102 室
9		左菊英	女	1924 年 10 月	生建街 32 号
10		刘吉娣	女	1921 年 3 月	宅家弄 17 号
11		赵淑英	女	1917 年 11 月	工农巷 62 号
12		钱祝生	男	1924 年 2 月	东横街 94—2 号 104 室
13		黄莉珍	女	1920 年 10 月	东横街 212 号 1 室
14		龚海龙	男	1916 年 12 月	生建街 15 号
15		杨品芝	女	1913 年 12 月	团结街 77 号
16		刘琴贞	女	1924 年 8 月	寨沟巷 20 号
17		孙雅芳	女	1923 年 6 月	小沿河 22 号
18		徐行南	男	1924 年 9 月	东横街 42 号 201 室
19		许蕴倩	女	1924 年 2 月	东横街 94—2 号
20		许秀娥	女	1919 年 7 月	东横街 144 号 503 室
21		徐凤月	女	1924 年 10 月	邵家弄 17 号
22		祖凤英	女	1920 年 6 月	东横街 30 号 304 室
23		铁红妹	女	1924 年 12 月	鹅州南路 219 号
24		王顺娥	女	1919 年 8 月	工程新村 9 号
25		任菊初	女	1923 年 9 月	朝阳新村 48 号 103 室
26		袁凤娣	女	1923 年 5 月	朝阳新村 48 号 104 室
27		景金娣	女	1924 年 12 月	水上新村 6 号 206 室
28		赵听泉	男	1923 年 1 月	鹅山街 46 号
29		刘海洲	男	1920 年 11 月	水上新村 6 号 216 室
30		胡蕴芬	女	1922 年 10 月	工农巷 59 号 202 室
生建社区居委合计 30 人，其中男性 7 人、女性 23 人					

续表 3 – 9

序号	村名	姓名	性别	出生年月	现居住地
1	兴业社区居委	赵孝天	男	1925 年 10 月	和桥敬老院
2		孙菊仙	女	1925 年 10 月	健康西路
3		邓学忠	男	1925 年 7 月	新园新村
4		陈婉珍	女	1924 年 2 月	生建小沿河
5		沙镇坤	男	1924 年 10 月	生建和桥庭院
6		沈洪秀	女	1924 年 3 月	新业新村
7		周华大	男	1924 年 6 月	宜兴紫竹院
8		程凤珍	女	1923 年 8 月	迎祥家园
9		方琴	女	1923 年 3 月	迎祥家园
10		周富娣	女	1923 年 8 月	劳动蠡斯巷
11		王秀凤	女	1923 年 3 月	园地新村
12		吴秀娣	女	1923 年 7 月	宜兴氿滨
13		夏泽	男	1922 年 3 月	永昌新村
14		汪凤珠	女	1922 年 10 月	园地新村
15		陆勤一	女	1921 年 2 月	宜兴敬老院
兴业社区居委合计 15 人,其中男性 5 人、女性 10 人					
1	劳动社区居委	王幼娟	女	1921 年 9 月	新建新村 197 号
2		赵德根	男	1921 年 10 月	马家高墩 49 号
3		夏保甲	男	1919 年 5 月	马家高墩 63 号
4		夏月洪	女	1921 年 9 月	康乐新村 25 号
5		殷银华	女	1921 年 10 月	蠡斯巷 24 号
6		朱人菊	女	1918 年 11 月	劳动新村 3 号
7		周荣泉	男	1922 月 10 月	西横街 76 号
8		张宪安	男	1922 年 1 月	劳动街 141 号
9		袁土芳	女	1924 年 1 月	劳动新村 122 号
10		刁焕益	男	1924 年 9 月	劳动街 106 号
11		刘桂英	女	1923 年 11 月	劳动新村 17 号
12		肖小轩	女	1924 年 11 月	劳动街 24 号
劳动社区居委合计 12 人,其中男性 5 人、女性 7 人					
1	南新社区居委	路济春	男	1923 年 12 月	和桥镇新街路
1	海棠社区居委	狄仲华	男	1922 年	和桥镇朝阳小区
全镇总计人数 439 人,其中男性 151 人、女性 288 人					

二、性别结构

从性别结构中，历来是男多女少，但也有少数年份出现女多男少的现象。从几次全国人口普查的数据看，可得出结论：和桥镇总人口男女性别比和分年龄的性别比是正常的。

若干年份和桥镇人口性别结构

表3－10　　单位：人

年　份	人口总数	男性数	女性数	男女性别比例
1964	6249	3281	2968	1.106:1
1982	7222	3702	3520	1.052:1
1990	29439	14800	14693	1.007:1
2000	76808	38603	38205	1.010:1
2010	80592	40667	39925	1.019:1

1964年和桥镇人口、年龄、性别分段统计
（第二次全国人口普查）

表3－11　　单位：人

年龄	人口数			年龄	人口数			年龄	人口数			年龄	人口数		
	合计	男	女		合计	男	女		合计	男	女		合计	男	女
不满周岁	151	72	79	23	50	31	19	46	59	31	28	69	25	13	12
1	164	83	81	24	46	20	26	47	62	25	37	70	30	15	15
2	95	46	49	25	30	16	14	48	59	32	27	71	14	3	11
3	84	46	38	26	38	21	17	49	63	32	31	72	15	6	9
4	127	63	64	27	54	24	30	50	69	37	32	73	11	4	7
5	105	51	54	28	65	34	31	51	72	38	34	74	15	3	12
6	195	102	93	29	75	40	35	52	53	27	26	75	10	2	8
7	162	84	78	30	68	41	27	53	53	34	19	76	14	4	10
8	140	72	68	31	67	42	25	54	42	21	21	77	9	3	6
9	198	107	91	32	73	42	31	55	78	43	35	78	10	2	8
10	177	88	89	33	59	37	22	56	58	25	33	79	8	—	8
11	188	97	91	34	82	47	35	57	60	24	36	80	11	2	9
12	198	103	95	35	87	52	35	58	74	37	37	81	3	1	2
13	172	96	76	36	92	54	38	59	57	25	32	82	3	1	2
14	188	98	90	37	88	55	33	60	51	30	21	83	6	2	4
15	157	94	63	38	77	47	30	61	40	23	17	84	1	—	1
16	175	87	88	39	94	50	44	62	51	23	28	85	—	—	—
17	169	88	81	40	95	57	38	63	58	30	28	86	3	—	3

续表 3－11　　单位：人

年龄	人口数			年龄	人口数			年龄	人口数			年龄	人口数		
	合计	男	女		合计	男	女		合计	男	女		合计	男	女
18	104	58	46	41	92	58	34	64	26	9	17	87	—	—	—
19	81	40	41	42	81	48	33	65	35	17	18	88	1	—	1
20	68	34	34	43	80	50	30	66	36	17	19	89	—	—	—
21	46	24	22	44	64	31	33	67	42	21	21	90	—	—	—
22	57	32	25	45	69	41	28	68	35	16	19	91	—	—	—
总计	6249 人　男 3281 人　女 2968 人　男占 52.5%														

1982 年和桥镇人口、年龄、性别统计
（第三次全国人口普查）

表 3－12　　单位：人

年龄	人口数			年龄	人口数			年龄	人口数			年龄	人口数		
	合计	男	女		合计	男	女		合计	男	女		合计	男	女
不满周岁	143	79	64	23	80	29	51	46	64	39	25	69	47	26	21
1	83	31	52	24	155	84	71	47	94	56	38	70	41	19	22
2	91	50	41	25	161	78	83	48	81	52	29	71	30	15	15
3	74	40	34	26	140	69	71	49	70	46	24	72	27	17	10
4	81	38	43	27	162	75	87	50	71	40	31	73	38	19	19
5	88	48	40	28	162	67	95	51	67	40	27	74	36	11	25
6	83	35	48	29	143	67	76	52	88	60	28	75	31	13	18
7	98	45	53	30	154	66	88	53	83	41	42	76	33	10	23
8	69	28	41	31	134	67	67	54	91	56	35	77	29	13	16
9	67	28	39	32	162	92	70	55	87	56	31	78	23	11	12
10	108	55	53	33	151	80	71	56	70	38	32	79	21	9	12
11	139	65	74	34	164	72	80	57	86	40	46	80	14	4	10
12	151	83	68	35	175	103	72	58	80	42	38	81	22	10	12
13	141	74	67	36	113	69	44	59	81	43	38	82	12	6	6
14	93	52	41	37	106	61	45	60	77	39	38	83	12	4	8
15	93	45	48	38	100	63	37	61	69	44	25	84	9	3	6
16	91	44	47	39	89	52	37	62	62	30	32	85	14	4	10
17	108	46	62	40	84	57	27	63	63	33	30	86	7	1	6
18	147	61	86	41	98	71	27	64	61	34	27	87	2	1	1
19	153	61	92	42	68	41	27	65	43	16	27	88	4	—	4

续表 3－12　单位：人

年龄	人口数			年龄	人口数			年龄	人口数			年龄	人口数		
	合计	男	女		合计	男	女		合计	男	女		合计	男	女
20	82	36	46	43	61	36	25	66	50	21	29	89	3	—	3
21	57	27	30	44	61	43	18	67	47	17	30	90	1	1	—
22	97	39	58	45	57	30	27	68	64	28	36	91	—	—	—
总计	7222 人　男 3702 人　女 3520 人　男占 51.3%														

1990 年和桥镇人口、年龄、性别统计
(第四次全国人口普查)

表 3－13　单位：人

年龄	人口数			年龄	人口数			年龄	人口数			年龄	人口数		
	合计	男	女		合计	男	女		合计	男	女		合计	男	女
0	471	224	247	26	721	334	387	52	217	126	91	78	75	28	47
1	494	256	238	27	815	385	430	53	209	111	98	79	49	21	28
2	486	240	246	28	428	203	225	54	226	116	110	80	60	30	30
3	482	237	245	29	196	72	124	55	266	141	125	81	60	39	21
4	387	213	174	30	307	154	153	56	228	117	111	82	39	10	29
5	252	130	122	31	293	133	160	57	266	134	132	83	39	12	27
6	203	106	97	32	598	296	302	58	253	135	118	84	29	4	25
7	317	159	158	33	606	315	291	59	230	128	102	85	28	8	20
8	472	258	214	34	475	239	236	60	240	117	123	86	16	4	12
9	363	178	185	35	709	345	364	61	253	121	132	87	16	5	11
10	406	210	196	36	664	334	330	62	258	138	120	88	12	4	8
11	391	195	196	37	568	277	291	63	221	110	111	89	5	2	3
12	351	183	168	38	665	326	339	64	204	107	97	90	6	2	4
13	433	233	200	39	531	268	263	65	262	132	130	91	4	1	3
14	391	227	164	40	622	298	324	66	214	98	116	92	3	—	3
15	414	207	207	41	557	294	263	67	226	118	108	93	2	—	2
16	366	207	159	42	557	288	269	68	190	84	106	94	3	1	2
17	345	172	173	43	524	284	240	69	176	92	84	95	—	—	—
18	486	213	273	44	539	254	185	70	149	66	83	96	—	—	—
19	570	283	287	45	363	197	166	71	183	89	94	97	—	—	—
20	600	294	306	46	311	173	138	72	133	72	61	98	—	—	—
21	621	294	327	47	238	132	106	73	119	54	65	99	—	—	—
22	529	266	263	48	301	180	121	74	126	55	71	—	—	—	—

续表 3－13　　单位：人

年龄	人口数			年龄	人口数			年龄	人口数			年龄	人口数		
	合计	男	女		合计	男	女		合计	男	女		合计	男	女
23	523	265	258	49	259	157	102	75	86	33	53	—	—	—	—
24	656	293	363	50	237	147	90	76	102	42	60	—	—	—	—
25	682	320	362	51	242	119	123	77	93	36	57	—	—	—	—
总计	29493 人　男 14800 人　女 14693 人　男占 50.20%														

2000 年和桥镇人口、年龄、性别统计
（第五次全国人口普查）

表 3－14－1　　单位：人

年龄段	人口数			年龄段	人口数		
	合计	男	女		合计	男	女
0	436	231	205	55～59	2340	1329	1011
1～4	1617	860	757	60～64	1786	954	832
5～9	3091	1569	1522	65～69	1749	893	856
10～14	4388	2213	2175	70～74	1591	754	837
15～19	2849	1458	1391	75～79	1114	511	603
20～24	3559	1612	1947	80～84	628	246	382
25～29	4932	2407	2525	85～89	628	246	382
30～34	6314	3129	3185	90～94	56	19	37
35～39	5725	2797	2928	95～99	11	1	10
40～44	3780	1958	1822	100 以上	2	—	2
45～49	5210	2659	2551	—	—	—	—
50～54	4428	2330	2098	—	—	—	—
总计	55823 人　男 27992 人　女 27831 人　男占 50.14%						

注：以上数据已包括南新在内

2000 年闸口镇人口、年龄、性别统计
（第五次全国人口普查）

表 3－14－2　　单位：人

年龄段	人口数			年龄段	人口数		
	合计	男	女		合计	男	女
0	122	66	56	55～59	1021	562	459
1～4	588	316	272	60～64	782	418	364
5～9	1278	695	583	65～69	768	375	393
10～14	1826	926	897	70～74	814	367	447

续表 3－14－2　　单位:人

年龄段	人口数			年龄段	人口数		
	合计	男	女		合计	男	女
15～19	629	307	322	75～79	544	236	308
20～24	1107	568	539	80～84	284	107	177
25～29	1581	771	810	85～89	113	48	65
30～34	2162	1039	1123	90～94	20	3	17
35～39	2027	1000	1027	95～99	5	2	3
40～44	1486	802	684	100 以上	—	—	—
45～49	2011	1090	921	—	—	—	—
50～54	1817	910	907	—	—	—	—
总计	20985 人　男 10611 人　女 10374 人　男占 50.60%						

2010 年和桥镇人口、年龄、性别统计
（第六次全国人口普查）

表 3－15　　单位:人

年龄段	人口数			年龄段	人口数		
	合计	男	女		合计	男	女
0	356	176	180	55～59	6790	3513	3277
1～4	2044	1046	998	60～64	5754	2926	2828
5～9	2749	1405	1344	65～69	3036	1683	1353
10～14	3084	1612	1472	70～74	2134	1096	1038
15～19	5261	2805	2456	75～79	1890	900	990
20～24	5725	2871	2854	80～84	1453	626	827
25～29	4193	2092	2101	85～89	708	284	424
30～34	5689	2903	2786	90～94	210	61	149
35～39	7335	3634	3701	95～99	36	6	30
40～44	9079	4453	4626	100 以上	3	—	3
45～49	7947	3884	4063	—	—	—	—
50～54	5116	2691	2425	—	—	—	—
总计	80592 人　男 40667 人　女 39925 人　男占 50.50%						

三、文化结构

新中国成立前，和桥人文化水平较低。新中国成立后，和桥镇人口的文化素质不断提高。从几次全国人口普查统计资料可以看出，具有高中、大学学历的人口比例逐步上升，文盲、半文盲比例下降。和桥镇人口文化程度普遍提高，可从每千人中拥有的小学以上文化程度统计表中看出，从 1982—2010 年的 28 年中，大学文化程度的人口翻了将近 10 倍。

至2015年高中学历和大学学历的人数又有了新的　　突破。

若干年份和桥镇千人文化程度比率

表3－16　　单位:%

学历	1982年	1990年	2001年	2010年	2015年
大学	5.90	12.10	25.50	56.70	98.50
高中	93.50	116.80	163.90	155.10	221.40
初中	290.50	358.80	468.90	455.60	439.40
小学	347.60	313.20	351.30	281.80	227.70

若干年份和桥镇居民中15岁及以上人口文盲情况统计表

表3－17　　单位:人、%

年份	15岁以上人口			文盲数			文盲人口比例		
	总人数	男性人数	女性人数	总人数	男性人数	女性人数	总比例	男性比例	女性比例
1982	6150	3161	2944	831	211	620	13.6	6.68	21.6
1990	23594	11751	11843	3116	739	2377	13.31	6.29	20.07
2000	46291	23119	23172	2237	436	1801	4.83	1.89	7.77
2010	72359	36428	35931	888	147	741	1.23	0.40	12.06
2015	50479	24972	25507	232	65	167	0.46	0.26	0.65

若干年份和桥镇人口文化程度分段比较

表3－18　　单位:人、%

文化等级	1982年第三次全国人口普查		1990年第四次全国人口普查		2000年第五次全国人口普查		2010年第六次全国人口普查	
	小计	占比	小计	占比	小计	占比	小计	占比
总人口	26339	100	29493	100	76809	100	80592	100
大专以上	133	0.5	357	1.2	1459	1.9	4567	5.7
高中、中专	2422	9.2	3444	11.7	10075	13.1	12499	15.5
初中	7607	28.9	10583	35.9	31669	41.2	36714	45.6
小学	9166	34.8	9236	31.3	24969	32.5	22711	28.2
不识字或识字很少	4688	17.8	3301	11.2	5107	6.65	888	1.1
0～5岁儿童	2323	8.8	2572	8.7	3530	4.6	3213	3.99

说明:第三次、第四次不包括原南新镇,闸口镇,第五次包括南新镇、闸口镇

四、职业结构

和桥镇属农村小集镇，新中国成立前，除少量小手工业者、商业人员、自由职业者外，其余就业人员较少。新中国成立后，经济发展，企事业单位增多，就业岗位增加。20 世纪 70 年代起，由于乡镇工业发展，就业人员迅速增加，其中妇女就业人员约占 46% ~49%。

1993—2015 年和桥镇农村劳动力结构状况

表 3 - 19　　单位：人、%

年份	农村劳动力		农林牧渔		工业	建筑业	交通邮电运输	餐饮业服务业	金融保险	其他从业人员合计	女劳动力所占比例
	合计	其中：女劳动力	合计	其中：农业							
1993	9209	4461	2595	2302	4617	616	300	286	9	786	48.44
1994	9130	4445	2640	2437	4727	499	318	278	8	660	48.69
1995	9635	4646	2558	2353	4640	580	286	398	8	1165	48.22
1996	10964	5452	3733	2416	5247	697	328	657	12	290	49.73
1997	11168	5248	3382	3019	5337	759	388	398	25	879	46.99
1998	11663	5758	3990	3745	5357	714	378	414	12	798	49.37
1999	12489	5309	3902	3652	6376	698	381	384	9	739	42.51
2000	19906	9457	7979	6527	7524	1381	672	770	20	1153	47.51
2001	19254	9277	8175	6641	6964	1317	627	759	15	1082	48.18
2002	20067	9272	8839	7250	7032	1416	654	754	25	1076	46.21
2003	20067	9272	8839	7250	7032	1416	654	745	25	1076	46.21
2004	31307	14603	12308	9709	11944	2234	1222	178	48	1248	44.64
2005	31501	14958	12011	8955	12659	2185	1263	186	49	1495	47.48
2006	31538	14958	12000	8955	12660	2195	1280	190	49	1495	47.43
2007	30675	14980	12000	8955	12800	2200	1280	200	49	447	48.83
2008	32681	16133	9689	7018	16850	1926	1182	337	51	1114	49.37
2009	34252	16152	10203	6749	18271	1865	1113	345	51	1160	47.16
2010	35572	16370	10148	6731	18605	2297	1208	435	51	1191	46.02
2011	35618	16339	10101	6731	18734	2300	1190	447	52	1151	45.87
2012	35617	16338	10090	8480	18580	2270	1100	466	640	1218	45.87
2013	34624	16105	9339	5778	18661	2276	1058	504	64	988	46.51
2014	34433	16664	9052	5674	18723	2310	1048	522	70	873	48.40
2015	34745	16868	8983	5692	19390	2290	1041	540	76	614	48.55

由于工业的不断发展,农业机械化程度的不断提高,农村劳动力从业结构也在不断改变。从2015年和桥镇劳动年龄内的从业结构表中可以看出,从事农副业的人员逐年减少至25.85%,从事工业的从业人员在不断增加,已达55.81%。

2015年和桥镇劳动力从业结构统计

表3-20　　单位:人、%

从业类别	从业人数	占比	备注
全镇合计从业人员数	34745	—	—
1、农林牧渔业人员其中种植从业人员	8983 5692	25.85 16.38	—
2、工业从业人员	19390	55.81	—
3、建筑从业人员	2290	6.59	—
4、交通仓储邮政从业人员	1041	3.00	—
5、信息计算机和软件人员	76	0.22	—
6、批发零售从业人员	1255	3.61	—
7、住宿和餐饮从业人员	540	1.55	—
8、金融保险从业人员	76	0.22	—
9、房地产社会服务从业人员	65	0.19	—
10、卫生体育社会福利从业人员	95	0.27	—
11、教育文化广播电视从业人员	83	0.24	—
12、科技服务人员	38	0.11	—
13、镇村经济组织管理人员	199	0.57	—
14、其他从业人员	614	1.77	含无业人员

五、民族结构

在民族结构方面,和桥镇人口原先基本上是汉族。1982年第三次全国人口普查时,和桥仅有回族人口6人、满族人口4人、壮族人口2人。随着经济的发展,流动人口的增多,有些外省市少数民族姑娘,嫁到和桥;也有一些少数民族人口落户到和桥镇经商。和桥镇少数民族数逐年增多,少数民族人口也逐年增多。据全国人口普查等资料记载,1990年,少数民族已有14个,人口数为72人;2015年,少数民族有17个,人口有148人。和桥镇少数民族人口,基本上都为女性,占96%。

若干年份和桥镇各民族人口统计表

表3-21　　单位:人

年份	1990年			2000年			2010年			2015年		
类别 人数 民族	总计	男	女	总计	男	女	总计	男	女	总计	男	女
总人口	49419	24815	24604	76808	38603	38205	80592	40667	39925	87875	33478	34399

续表 3－21　　　　　　　　　　　　　　　　　　　　　　　　　　　　单位：人

年份	1990 年			2000 年			2010 年			2015 年		
民族 人数 类别	总计	男	女	总计	男	女	总计	男	女	总计	男	女
汉族	49347	24804	24543	76612	38564	38048	80465	40662	39803	87727	33472	34257
蒙古族	1	1	—	1	1	—	—	—	—	—	—	—
回族	4	1	3	9	3	6	5	2	3	4	1	3
藏族	—	—	—	—	—	—	—	—	—	3	—	3
苗族	4	1	3	36	13	23	9	—	9	13	—	13
彝族	8	1	7	21	3	18	23	1	22	25	1	24
壮族	35	1	34	61	6	55	53	—	53	56	—	56
布依族	4	2	2	19	4	15	14	—	14	17	2	15
满族	3	1	2	5	3	2	5	2	3	5	2	3
侗族	2	2	—	5	—	5	2	—	2	2	—	2
瑶族	3	1	2	2	—	2	—	—	—	1	—	1
土家族	2	2	—	11	1	10	5	—	5	5	—	5
黎族	—	—	—	1	—	1	—	—	—	1	—	1
畲族	1	—	1	1	—	1	2	—	2	2	—	2
水族	2	1	1	—	—	—	—	—	—	—	—	—
达斡尔族	—	—	—	—	—	—	—	—	—	1	—	1
仫佬族	—	—	—	5	2	3	1	—	1	4	—	4
羌族	—	—	—	1	—	1	—	—	—	—	—	—
仡佬族	2	—	2	5	2	3	3	—	3	5	—	5
维吾尔族	—	—	—	1	—	1	—	—	—	—	—	—
朝鲜族	—	—	—	2	1	1	—	—	—	—	—	—
土族	1	—	1	10	—	10	4	—	4	3	—	3
穿青衣族	—	—	—	—	—	—	1	—	1	1	—	1
少数民族合计	72	14	58	196	39	157	127	5	122	148	6	142

2015 年和桥镇少数民族分布情况统计表

表 3－22　　　　　　　　　　　　　　　　　　　　　　　　　　　　单位：人

村(居)委名	少数民族人数	苗族	彝族	满族	壮族	布依族	侗族	回族	仡佬族	仫佬族	土族	土家族	畲族	穿青衣族	藏族	黎族	瑶族	达斡尔族
同里	5	—	1	—	2	—	—	—	—	—	—	—	—	—	2	—	—	—
北庄	5	—	—	—	3	—	—	—	—	—	—	2	—	—	—	—	—	—

续表 3－22 单位:人

村(居)委名	少数民族人数	苗族	彝族	满族	壮族	布依族	侗族	回族	仡佬族	仫佬族	土族	土家族	畲族	穿青衣族	藏族	黎族	瑶族	达斡尔族
永兴	11	—	2	—	5	2	—	—	—	1	—	—	—	—	—	1	—	—
大生	7	1	1	1	1	—	—	—	1	1	—	—	—	—	—	—	1	—
湖滨	5	2	1	—	2	—	—	—	—	—	—	—	—	—	—	—	—	—
西锄	8	1	1	—	3	1	—	—	—	—	—	1	1	—	—	—	—	—
中巷	13	4	2	1	1	1	2	—	2	—	—	—	—	—	—	—	—	—
王母桥	14	4	1	—	5	1	—	—	—	2	—	—	1	—	—	—	—	—
北新	10	—	—	—	6	2	—	—	1	—	—	—	—	1	—	—	—	—
闸口	16	1	1	—	10	3	—	—	—	—	—	—	—	—	1	—	—	—
福巷桥	22	—	6	—	13	1	—	2	—	—	—	—	—	—	—	—	—	—
北渠	7	—	1	—	2	1	—	—	—	—	1	2	—	—	—	—	—	—
钟溪	3	—	—	—	—	2	—	—	—	—	—	—	—	—	—	—	—	1
楝聚	11	—	4	—	2	2	—	—	1	—	2	—	—	—	—	—	—	—
生建	2	—	—	2	—	—	—	—	—	—	—	—	—	—	—	—	—	—
兴业	3	—	—	1	—	1	—	1	—	—	—	—	—	—	—	—	—	—
劳动	6	—	4	—	1	—	—	1	—	—	—	—	—	—	—	—	—	—
全镇合计	148	13	25	5	56	17	2	4	5	4	3	5	2	1	3	1	1	1

说明:全镇有少数民族 17 个,有少数民族人口 148 人,其中男性人口 6 人,其余 142 人均为女性

六、姓氏结构

明朝,和桥镇姓氏并不多。伴随着战乱,灾荒频繁发生,外来人员逃难至和桥安家落户,在农村垦荒种地,新的姓氏不断增多。至清末,镇上一些大姓已有名望,传有俞、陆、蒋、江、朱、史、法、梅八大姓氏。民国时期,汪、方、程、马四大姓氏也门第显赫,成为和桥大姓中的名门望族。2015 年底,全镇统计有姓氏 255 个，其中复姓 2 个。1500 人以上的大姓蒋、张、杨、王、周 5 个,500～1000 人的姓氏有徐、陆、邵、赵、许、朱、陈、余、程、黄、史、李、刘、吴 14 个。

2015 年和桥镇人口姓氏情况

表 3－23

笔画	姓　　氏
二	丁 卜
三	万 于 习 马 卫 彐
四	韦 王 毛 卞 方 尤 甘 文 尹 牛 计 仇 孔 戈 车 邓 井
五	石 田 平 卢 印 史 冯 乐 申 白 左 叶 生 兰 弁 龙 付 冉 甘 代
六	孙 成 汤 许 毕 伍 仲 朱 吕 华 向 吉 刘 任 庄 江 纪 戎 牟 羊 匡 过 祁 邢 邬 冲 关 阮 农 回

续表 3－23

笔画	姓　　氏
七	严 宋 何 沈 李 佘 余 吴 闵 贡 时 汪 狄 束 杜 辛 岑 沙 冷 邱 郃 邹 陆 陈 张 邵 苏 应 佟
八	金 法 周 林 岳 欧 杭 季 罗 承 宗 武 单 孟 房 尚 居 庞 范 茅 郁 郑 郎 欧阳 泽 杳 官
九	施 钟 候 姚 洪 费 胡 姜 胥 祝 俞 祖 钮 威 恽 闻 骆 勇 查 荀 宣 柯 闾 赵 须 浓
十	钱 聂 殷 铁 谈 徐 唐 秦 顾 柴 高 翁 凌 耿 夏 奚 浦 屠 倪 桑 栾 桂 袁 莫 陶 都 郭 夏侯
十一	章 笪 康 龚 曹 盛 黄 梅 梁 常 戚 富 营 崔 鄂
十二	彭 韩 程 鲁 景 焦 傅 储 谢 温 蒋 嵇 曾 强 覃 舒 喻 童 董 葛 窗 敢 普
十三	鲍 褚 解 路 慎 楼 催 蒯 虞 窦 楼 蒙 詹
十四	裴 熊 缪 管 翟 谭 蔡 慕
十五	潘 樊 颜 滕
十六	霍 鞠 薛
十七	戴 濮
十八	瞿 魏

附：宗祠

旧社会封建宗法制度以谨守祖训、崇敬祖先为准则。定有族规，如：修宗祠、志坟墓、重修谱，孝父母、亲兄弟、敬长辈，教子孙、厚亲友，恤僮仆、赈孤寡，时种植、务节俭，急粮税、尊法度等，都以氏族集聚慎照训示，以期使子孙繁衍，为族内争光。全镇名门望族各建有祠堂，每年清明、冬至，族人（男性）齐聚祠内，祭祀祖先，发放丁钱，吃祠堂酒欢叙。其经费开支来自宗祠的祭田和房租。

中华人民共和国成立后，在农村，一些祠堂早从1956年起，已逐步改为学校或拆迁修建社会公益设施。至20世纪末，全镇各氏族宗祠大部分被拆除，仅存少量宗祠因改为学校而被保存下来。

至2015年和桥镇主要宗祠变化情况

表 3－24

宗祠名称	建造年代	地　址	变化情况
程氏宗祠	明	东横街梢	在和桥中专内
方氏宗祠	明	东横街永丰桥西侧	改建为居民住宅
俞氏宗祠	清	东横街公花园南侧	由和桥中学改建成学生宿舍，在中专内
吴氏宗祠	清	下塘北街	—
江氏宗祠	清	下塘北街梢	归粮管所所用
汪氏宗祠	清	上塘观音巷底葛仙河北岸	改建居民住宅
陆氏宗祠	清	上塘后街迎祥巷底	为居民住宅
马氏宗祠	清	上塘北首马家高墩旁	已拆毁改建居民住宅
唐氏宗祠	清	北庄李家坝	改建成居民住宅
谈氏宗祠	清	西横塘	已拆除

续表 3－24

宗祠名称	建造年代	地　址	备　注
邓氏宗祠	清	邓家塘	—
丁氏宗祠	清	上俸村	—
周氏宗祠	不详	湖滨村西施荡	1956 年拆除
沈氏宗祠	不详	湖滨村西施荡	1956 年拆除
许氏宗祠	不详	湖滨村高家	1956 年拆除
黄氏宗祠	不详	金盆村黄家村	已拆除
李氏宗祠	不详	和建村前塘	已拆除
褚氏宗祠	不详	高楼村褚家塘	已拆除
蒋氏宗祠	不详	西锄村东首	新中国成立后已逐步改为企业
杨氏宗祠	不详	民胜村(官庄村)	60 年代后改为生产队仓库,后拆除
赵氏宗祠	不详	北新村北新街东首	70 年代后改为生产队仓库,后拆除
周氏宗祠	不详	王母桥村王母村东首	1958 年后改为王母小学、村委办公地
余氏宗祠	不详	中巷村前港自然村	1957 年拆除
黄氏宗祠	不详	西锄黄家自然村	1964 年拆除
芦氏宗祠	不详	西锄田干自然村	1962 年做生产队牛圈仓库,1982 年拆除
夏氏宗祠	不详	中巷村夏家塘	60 年代改为生产队仓库,后拆除
吴氏宗祠	不详	王母桥村中塘北西头	1958 年改为塘北小学,后拆除
王氏宗祠	不详	西锄村滆南自然村	60 年代改为生产队公房,后拆除
许氏宗祠	不详	中巷村许家塘	60 年代改为生产队公房,后拆除
张氏宗祠	不详	西锄巷下村西首	已破旧
冯氏宗祠	不详	王母桥冯家塘东	1966 年“破四旧”拆除
徐氏宗祠	不详	西育中裴家塘	1965 年创办柯山农中,后拆除
金氏宗祠	不详	金滆南村金家自然村	60 年代改为生产队仓库,后拆除
白氏宗祠	不详	福巷桥村白家塘	1960 年改为生产队仓库,2010 年改建重造
邵氏宗祠	不详	闸口村闸口老街西	以前是闸口小学、闸口敬老院,旧房屋保存
谈氏宗祠	不详	北渠村西横塘北	以前曾办西横塘小学,2005 年度新建造
吴氏宗祠	不详	北渠村十房村东	原为北渠小学,后拆建改为闸口幼儿园
陆氏宗祠	不详	闸口村陆家塘	20 世纪 70 年代办陆家塘小学,后拆除
缪氏宗祠	不详	楝聚村河南中间	原为兰陵小学和楝树大队部,老房还在
徐氏宗祠	不详	楝聚村聚龙桥旁	因河道拓宽,房屋被拆
陈氏宗祠	不详	钟溪村陈家塘南	原宗祠在 20 世纪 50 年代拆建钟溪小学,后拆除
何氏宗祠	不详	钟溪村何家塘	已拆除无存

第三节　人口控制

新中国成立之前，许多镇民受“子孙满堂”“人丁兴旺”“多子多福”“早养儿子早得力”及“重男轻女”等传统婚育观念的影响，从来不控制生育，人口增长速度较快。新中国成立后，人民生活改善。20世纪50年代中期，出现第一个生育高峰。1955年原和桥镇出生149人。20世纪60年代初期，因遭受严重自然灾害，人民经济困难，结婚者少，生孩子也少，经济恢复后，出现第二个生育高峰。1963年，原和桥镇出生189人。20世纪60年代后期，人口增长更快。20世纪70年代开始，乡镇建立计划生育管理机构，优生优育成为社会风尚。90年代初起，计划生育率为100%，自然增长率多年来一直处于负增长。2014年，中央出台新的政策，全国开始执行“单独二孩”政策，自然增长率有所回升。

一、服务机构

1956年，县委、县政府提出“提倡晚婚和节制生育”，当时主要在于干部队伍和企事业单位中进行宣传。60年代，计划生育具体工作由公社妇联主任负责。1970年，公社革命委员会明确由1名领导分管计划生育，具体工作仍由妇联主任负责。1974—1975年，各公社成立计划生育领导小组，由分管领导任组长，宣传委员、妇联主任任副组长，各村（大队）组分别配备了计划生育信息员。1978—1980年，为充实计划生育力量，各公社成立了计划生育办公室，由县委派计划生育专干（后改称计生助理）1名，另配工作人员数名。1986年6月，和桥乡与和桥镇合并，计划生育办公室也随之合并。1989年，镇成立计划生育协会，村企也相继成立基层协会。1990年，和桥成立人口与计划生育工作领导小组，由乡长、镇长任组长，分管领导任副组长。1997年，和桥、南新、闸口分别成立计划生育服务站，负责对育龄妇女进行婚前咨询、孕期指导、母婴保健、妇女病的检查防治等系列服务。2000年，南新镇并入和桥镇。2004年，闸口镇并入和桥镇，计划生育服务站也随之合并。

先后担任和桥镇计划生育工作负责人的有徐秀珍、浦凤珍、单玉琴、杨安妮、杨晓强、蒋小芬。

先后担任南新镇（乡）计划工作负责人的有史凤苞、余小华。

先后担任闸口镇（乡）计划生育工作负责人的有王惠云、徐芽琴，杨安妮、张国华、刘亚芬。

先后担任和桥乡计生工作负责人的有王惠云、浦凤珍，尹叶芳，杨安妮。

和桥镇计划生育工作，宣传广泛深入，行动扎实有力，成果显著，屡次受到上级领导的重视和表彰。历年来取得的主要荣誉有：1979年，和桥镇被宜兴县评为无早婚、无密胎、无多胎的“三无镇”；1983—1984年度，和桥镇、和桥乡均被宜兴县评为计划生育先进乡镇；1997—2002年，和桥镇连续6年被无锡市、宜兴市评为计划生育先进单位；1999—2002年，和桥镇计划生育服务站，被宜兴市、无锡市、江苏省评为计划生育示范站；2007年，和桥镇计生办在宜兴市开展的“创新宣传载体、彰显地方特色、着力构建宣传教育工作新平台”活动中获得宜兴市创新成果一等奖；2008年，和桥镇计生办在宜兴市开展的“创建计教联手、部门联动的流动人口管理服务机制、发挥人口文化园区的功能和作用”活动中荣获宜兴市创新成果一等奖和宜兴市人口协调先进奖；2008—2015年又荣获宜兴市人口协调发展先进乡镇（集体）；2009年，在宜兴市开展的“强基固本、狠抓基层、组织建设多措并举、促进人口计生工作”活动中荣获宜兴市创新成果二等奖；2010年，创建成无锡市计划生育便民维权示范岗、行政执法示范点；2011年获无锡市人口计生工作先进集体。

二、宣传教育

计划生育宣传教育建立以镇党委宣传部门带头、计划生育部门为主体、相关部门参与的宣传教育网络体系，坚持面向基层、面向家庭、面向群众，促进群众婚育观念转变。1986年起，和桥镇在全面实施计划生育目标管理岗位责任制的基础上，坚持推行“三为主”（计划生育工作要以宣传教育主为、避孕为主和经常性工作为主）的工作方针。在宣传教育为主方面，和桥镇除召开各种会议进行宣传教育外，还利用一切宣传工作做好计划生育的宣传教育。镇政府投入大量资金开展巡回演讲、电视广播、图片展览、印发宣传资料、出刊墙报板报、挂过街横幅、建造人口文化广场等多种形式进行广泛深入宣传计划生育基本国策，系统开展优生优育知识教育；还开办人口学校、举办新婚培训班、孕妇培训班、计划生育干部培训班等十多期；另外还利用镇老年大学开设计划生育、优生优育专业课20多节。在避孕为主方面，做到生育计划早落实、节育措施早采取，对育龄妇女开展月访季查半年清宣传活动，发现问题早解决。在经常性工作为主方面，坚持经常与突出相结合的工作思路，镇计划生育办公室与基层保持上下一致，形成全镇上下齐抓共管的工作局面。

三、政策措施

1971年7月8日，国务院提出“一个不少，两个正好，三个多了”的生育要求。1974年，中共中央提出“晚、稀、少”的要求。晚，就是提倡晚婚，男25周岁、女23周岁结婚为晚婚；稀，就是生第二个孩子要间隔4年以上；少，就是一对夫妇只生两个孩子。1974年6月，江苏省委、省政府在《有关计划生育若干问题的规定》中指出：“在群众自愿的基础上，提倡每对夫妇生两个孩子，两胎间隔四—五年左右。”1979年，宜兴县革委会规定：一对夫妇生育子女最好一个，如第一个孩子严重病残、不能成为正常劳动力者，经群众讨论、医院证明，公社、镇批准，可以再生一个孩子。为此，公社、镇号召育龄夫妇报名只生一个孩子，并分别召开独生子女表彰大会。原和桥镇受表彰的独生子女夫妇有400多对，原和桥公社有670多对。政府每年发给独生子女保健费40元，至孩子14周岁为止。1980年，中共中央发出《关于控制我国人口增长问题致全体共产党员、共青团员的公开信》，号召一对夫妇只生一个孩子。1981年，全国人大五届四次会议通过的《政府工作报告》中把中国的人口政策概括为“限制人口数量，提高人口素质”。根据这一政策，提出了“晚婚、晚育、少生、优生”的要求。1982年中共十二大报告正式把实行计划生育确定为一项基本国策。同年底，全国人大五届五次会议通过的《中华人民共和国宪法》明确规定“国家推行计划生育，使人口增长同经济和社会发展相适应”“夫妻双方有实行计划生育的义务”，给和桥计划生育工作指明方针。1982年8月，宜兴县委、县政府根据中央、国务院《关于进一步做好计划生育工作的指示》，及时下发《关于进一步搞好计划生育工作的意见》。按照上级关于计划生育有关政策，和桥镇及和桥乡、南新乡、闸口乡于1983年分别制定出有关计划生育的规定，并每年与各村（居委）、企、事业单位签订《计划生育目标管理责任书》，与各单位妇女主任签订计划生育工作合同。1985年，江苏省委发出文件，照顾二胎政策由11条增加到14条，其中有5条是照顾农村独女户的。1984—1999年，全镇（不含南新、闸口）照顾二胎生育435人。1986年，中共中央批转国家计生委党组《“六五”期间计划生育情况和“七五”期间工作意见的报告》。1986年起，全面实施计划生育目标管理和岗位责任制。县委要求计划生育“稳得住、上水平”。因此，坚持推行“宣传教育为主，避孕为主，经常工作为主”三为主的工作方针。

进入20世纪90年代，计划生育已步入依法执政、科学管理、优质服务的新阶段。计划生育稳定在99%以上，人口自然增长率逐年下降。1990年10月，江苏省颁布了《江苏省计划生育条例》。1991年10月，通过了《江苏省计划生育条例实施细则》。1993年，中共中央提出计划生育工作既要抓紧又要抓好的方针，坚持“三个不变”，即坚持现行生育政策不变，坚持既定的人口控制目标不变，坚持党政领导一把手亲自抓、负总责不变。1994年，又为独生子女父母实施养老金保险。1996年7月2日，镇政府针对计划生育管理和经费负担作出了有关规定。对独生子女的父母由所在单位给予奖励，每年各奖励20元，至独生子女14周岁为止。1996年1月起，又对独生子女家庭在企业退休的人员实施一次性补助3600元（退休时已享受5%的人员除外）。

1997 年后基本上是负增长。2002 年 9 月 1 日,《中华人民共和国计划生育法》颁布。提出稳定低生育水平,提高出生人口素质。2002 年 12 月 1 日,新修订的《江苏省计划生育条例》在省人大会议上通过,并颁布实施。2002 年,为保证计划生育有关政策在农村的落实和提高村民自治的层次,3 月起,在和桥镇(不包括闸口镇)18 个村民委员会中推行计划生育村民自治工作:与村民签订计划生育自治合同书 9150 份,与已婚育龄妇女签订育龄夫妇节育合同 8300 份,与未婚男女青年签订未婚青年婚育合同 2060 份,与流动人口签订流动人口计划生育管理合同 670 份。2006—2015 年,计划生育率在 98 以上,流动人口管理服务率达 90% 以上,综合避孕率达 100%,人口自然增长率保持负增长。

2005 年,和桥镇开始实施农村部分计划生育家庭奖励扶助制度。对年满 60 周岁、子女在 1963 年 1 月 1 日以后出生、领取独生子女父母光荣证并符合条件的农村居民实施奖励扶助,即每人每月 50 元奖励扶助金。2008 年起,城镇居民也开始享受以上规定。2009 年 1 月起,又提升至每人每月 80 元。2007 年 1 月起,和桥镇又规定,对独生子女伤残的家庭实施特扶制度,即伤残的独生子女的父母每人每月下发特扶资金 80 元;独生子女死亡的父母每人每月下发的特扶资金 100 元。2011 年 1 月起,伤残的独生子女的父母,每人每月下发的特扶资金提高到 120 元;死亡的独生子女的父母,每人每月下发特扶资金提高到 150 元。2013 年 1 月起,对伤残独生子女的父母下发特扶资金又提高到每人每月 400 元;死亡的独生子女的父母下发特扶资金提高到每人每月 500 元。2014 年起,党中央提出实施“单独二孩”的新政策。党的十八届三中全会通过了《中共中央关于全面深化改革若干重大问题的决定》,决定中提出“坚持计划生育的基本国策,启动实施一方是独生子女的夫妇可生育两个孩子的政策,逐步调整完善政策,促进人口长期均衡发展”,目的是有利于缓解人口的老龄化,有利于缓解劳动力减少矛盾,有利于促进出生人口性别比综合治理。2015 年底,政府又出台新的政策,对 60 周岁以上的伤残独生子女家属每人每月补助 600 元;死亡的独生子女家属,每人每月补助 700 元(2016 年 1 月起实施开始)。

1991—2015 年和桥镇计划生育情况

表 3-25　　　　单位:人、%、‰

年份	年末人口数	出生数	死亡数	育龄妇女人数	已婚育龄妇女人数	一孩总人数	计划生育率(%)	自然增长率(‰)
1991	29040	309	204	8787	7427	4704	100.00	3.45
1992	29166	354	210	9198	7858	4805	100.00	4.77
1993	29282	335	192	9168	7978	4966	100.00	4.88
1994	29698	286	192	8949	8098	5135	99.60	3.16
1995	29773	234	195	8329	7242	5288	100.00	1.30
1996	30175	200	164	8486	7076	5419	100.00	1.19
1997	31182	167	226	8611	7097	5598	100.00	-0.19
1998	31002	145	231	8177	6950	5686	100.00	-0.27
1999	31393	152	219	8463	7167	5753	100.00	-0.21
2000	49926	262	473	13251	11327	9514	100.00	-4.23
2001	51558	256	307	13862	11603	9755	100.00	-0.98

续表 3-25

单位:人、%、‰

年份	年末人口数	出生数	死亡数	育龄妇女人数	已婚育龄妇女人数	一孩总人数	计划生育率(%)	自然增长率(‰)
2002	52857	171	244	13842	11232	9747	100.00	-1.38
2003	75862	277	430	20006	15872	13572	100.00	-2.03
2004	79461	314	568	20030	15348	13275	100.00	-3.27
2005	81677	232	480	30124	14853	12949	100.00	-3.08
2006	87270	264	427	20100	14533	12786	100.00	-1.93
2007	83564	296	487	20111	14126	12470	99.30	-2.23
2008	87564	301	471	21184	14860	13203	99.70	-1.99
2009	87073	320	452	20952	14738	13158	100.00	-1.51
2010	83156	540	464	21377	15600	13282	99.50	0.91
2011	82069	383	468	21823	16535	13952	98.50	-1.03
2012	80704	464	463	19510	13762	11748	99.60	0.01
2013	80341	479	477	18781	13299	11262	99.60	0.02
2014	80111	539	605	18064	12945	10896	99.80	-0.82
2015	75023	399	91	17053	12254	10281	100.00	-4.11

说明:2015 年年末人口数等为计生办提供。

2014 年和桥镇各村(居)人口与计划生育情况

表 3-26

单位:人

单位	出生		一孩				二孩				多孩			
					其中计划外				其中计划外				其中计划外	
	总数	女性数	总数	女性数	总数	女性数	总数	女性数	总数	女性数	总数	女性数	总数	女性数
和桥镇(合计)	399	192	306	149	0	0	92	43	0	0	1	0	0	0
兴业居委	15	8	12	5	0	0	3	3	0	0	0	0	0	0
劳动居委	20	10	11	6	0	0	9	4	0	0	0	0	0	0
生建居委	17	5	11	4	0	0	6	1	0	0	0	0	0	0
南新居委	0	0	0	0	0	0	0	0	0	0	0	0	0	0
海棠居委	0	0	0	0	0	0	0	0	0	0	0	0	0	0
集体户	0	0	0	0	0	0	0	0	0	0	0	0	0	0
同里村	19	6	16	5	0	0	3	1	0	0	0	0	0	0
北庄村	29	16	22	12	0	0	7	4	0	0	0	0	0	0
湖滨村	18	8	13	7	0	0	5	1	0	0	0	0	0	0
大生村	16	12	11	8	0	0	5	4	0	0	0	0	0	0
永兴村	28	14	25	12	0	0	3	2	0	0	0	0	0	0

续表 3－26

单位：人

单位	出生		一孩				二孩				多孩			
	总数	女性数	总数	女性数	其中计划外		总数	女性数	其中计划外		总数	女性数	其中计划外	
					总数	女性数			总数	女性数			总数	女性数
西铏村	39	15	28	11	0	0	10	4	0	0	1	0	0	0
中巷村	38	23	28	18	0	0	10	5	0	0	0	0	0	0
北新村	20	10	15	8	0	0	5	2	0	0	0	0	0	0
王母桥村	28	15	20	12	0	0	8	3	0	0	0	0	0	0
闸口村	23	16	20	13	0	0	3	3	0	0	0	0	0	0
福巷桥村	23	9	19	7	0	0	4	2	0	0	0	0	0	0
钟溪村	14	7	12	6	0	0	2	1	0	0	0	0	0	0
北渠村	22	7	20	6	0	0	2	1	0	0	0	0	0	0
楝聚村	30	11	23	9	0	0	7	2	0	0	0	0	0	0
流动	0	0	0	0	0	0	0	0	0	0	—	0	0	0

2015年和桥镇各村(居)人口与计划生育情况

表 3－27

单位：人

单位	期初人口数	期末人口数	出生总数	死亡总数	女性初婚情况			育龄妇女人数	已婚育龄妇女人数	现家庭只有一个子的妇女人数	有效领证人数
					总数	19周岁及以下	23周岁及以上				
和桥镇(合计)	80111	75023	399	92	305	6	238	17053	12254	10281	2759
兴业居委	4505	6193	15	3	21	0	17	866	572	476	182
劳动居委	5634	4733	20	17	12	0	9	1253	813	676	246
生建居委	4340	3620	17	6	18	1	15	1048	777	659	282
南新居委	517	648	0	0	0	0	0	66	18	15	4
海棠居委	571	454	0	0	0	0	0	57	25	20	13
集体户	242	181	0	0	0	0	0	120	110	102	74
同里村	4023	3829	19	7	19	1	16	875	604	526	141
北庄村	5679	4845	29	6	31	1	25	1176	872	736	200
湖滨村	2486	2430	18	13	11	0	7	550	405	349	70
大生村	2955	2762	16	18	11	0	8	624	455	387	101
永兴村	6139	6352	28	0	15	0	12	1470	973	820	165
西铏村	7082	6902	39	3	33	0	25	1405	1069	872	169

续表 3－27 单位：人

单位	期初人口数	期末人口数	出生总数	死亡总数	女性初婚情况			育龄妇女人数	已婚育龄妇女人数	现家庭只有一个子的妇女人数	有效领证人数
					总数	19周岁及以下	23周岁及以上				
中巷村	5205	4857	38	9	26	0	21	1104	842	700	175
北新村	3316	3209	20	0	7	0	6	686	544	468	110
王母桥村	3596	3607	28	1	15	0	13	843	631	533	110
闸口村	5859	4953	23	1	19	2	13	1209	873	731	205
福巷桥村	5036	4492	23	2	18	0	14	979	723	599	125
中溪村	2486	2246	14	2	16	1	11	565	406	323	92
北渠村	4727	3611	22	0	12	0	9	844	594	494	128
楝聚村	5703	5089	30	3	21	0	17	1303	947	795	166
流动	10	10	0	0	0	0	0	10	1	0	1

至2015年，和桥镇新建的居民小区有50多个

第四章　方　言

和桥方言属吴语太湖地区方言体系，有着鲜明的个性特点。域内方言并不完全统一，受地理位置的影响，闸口的北部近似武进口音。原和桥地区方言、南新地区方言与闸口地区方言有细微区别。和桥人称呼父亲为“dada”（单单），在称呼父亲上没有区域之分。在称呼母亲时就有两种叫法，一为“姆妈”，一为“妮娘”，镇上叫“姆妈”的多，农村叫“妮娘”的多。21世纪后，孩子则一般都叫“爸爸”“妈妈”了。这是受居住地区、人群、时代等因素出现的个性化差异。另外，浙江温州、平阳，福建，河南开封，江苏北部，山东，安徽，湖南，湖北等地均有移民集中定居和桥地区。他们同时使用原籍话和宜兴话，对内对外进行语言交流。这样，又形成了和桥方言区内的其他方言岛。这些因素，使本区域方言内部呈现出一些比较复杂的现象。和桥镇是政府所在地，其语言影响遍及全镇。故和桥、南新、闸口地区方言应以和桥为代表。

第一节　词　汇

和桥方言词汇数量巨大，并在不断发展变化之中。一些老的词汇渐渐淡出，新的词汇不断涌现。20世纪80年代末起，随着经济的发展和社会的进步，人们的生产、生活方式改变，方言词汇也悄然发生变化。以“洋”字开头的“洋火”“洋灯”“洋油”“洋碱”“洋钉”等词汇已逐步消失；“灶头”“浴锅”“粪缸”等词汇在城镇居民中已很少有人使用；“牵砻”“车水”“罱河泥”等词汇，也随着生产技术的发展，连同使用的农具名称逐步从方言中退出。随着人们的生活水平的普遍提高，“肯德基”“手机”“上网”“电磁炉”等现代生活类词汇丰富了和桥方言。

一、名词

1. 动物

瘪虱——臭虫

抗锅——蜗牛

弹脚——蟋蟀

河线——蚯蚓

癞葛宝——癞蛤蟆

田鸡——青蛙

团鱼——鳖

鲢鯆头——鲢鱼

鰺条头——一种狭长的小鱼

鳑鲏头——扁形小鱼

百脚——蜈蚣

丫鹊鹊——喜鹊

2. 植物

饭瓜——南瓜

寒豆——豌豆

洋山芋——马铃薯

盐须——芫荽，俗称“香菜”

哈菜——苋菜

荷花郎——红花菜

棉芥头——做团子用的野菜

桑闷子——桑葚

昂珠——樱桃

珍珠芦粟——玉米

长生果——花生

3. 称谓

太公——曾祖父

太婆——曾祖母

公公——祖父
亲娘——祖母
大大——读“单单”，父亲
妮娘——母亲
阿伯——伯父
阿母——伯母
阿叔——叔父
阿婶——婶母
舅公——外祖父
舅婆——外祖母
娘舅——舅父
新官人——新郎
新妇——“妇”读胡，儿媳妇
大小娘——未婚女青年
弟则——弟弟
老官——丈夫
老嬷——“嬷”读“马”，妻子
阿舅——妻子的兄弟
阿姨——妻子的姐妹
婶伯姆——妯娌
蛮娘——继母
舍姆——生小孩不足月的女子
油瓶头——蔑称，随改嫁母亲去继父家的孩子
野猫头——蔑称，领养的孩子
小把细——小孩子
老堂杠——排行最小的孩子
伢伲——儿子
丫头——女孩
女妮——女儿
女姥——女人
阴司鬼——骂人话，指话语不多，心思很足的人
酸头则——指吝啬、小气之人
末代——无用之人，废物

4. 天象

日头——“日”读“聂”，太阳
亮月——月亮
热线——阳光照射下的热气
移星——流星
热旺——透过云层的阳光
落雨——下雨
响阵头——打雷
凌独——房檐、草堆等下挂的冰凌
上冻——开始结冰
开阳——冰冻开始融化
排风——夏秋季的季风
濛淞雨——毛毛雨

5. 时间

辰光——时候，时间
日脚——“日”读“聂”，日子，生活
上昼——上午
酿觉——现在
旧年——去年
上介——上次
噶夜则——前天
外后朝——外后天
夜快点——傍晚
快少点——快点
后手来——后来
早在——时间还早
押末——最后
连拨连二——“二”读“尼”，接踵而来
刹蓦天头——“蓦”读“麻”，骤然

6. 用具用品

耥只——给水稻中耕、除草的工具
步千——拨水河泥的工具
砻——稻谷加工成米的木制工具
钉耙——状像铁钯，有4个尖齿，装卸猪灰，沤制草泥等用的工具
桩锄——旱地，山地用的一种锄头
稻割镰——也称“割镰”，锯齿状的割稻工具
掼桶——在烂水田中手工脱粒的木制的斗状农具
垫撮——用竹篾制成的簸箕
撩勺——也称“粪勺”，浇水、浇粪的农具

土箪——“箪”读“担”，由竹篾、柳条编制的挑土挑肥的农具

浪箪——筛除稻、麦中较大杂物的农具

晾羌——用竹篾编织，晾晒稻、麦等物的农具

连枷——用于拍打稻秆、麦穗、豆荚等谷物，使其谷子掉下来的工具

蒲篮——竹篾编制，篮底线，主要用于挑猪灰、秧、杂草的一种农具

络只——用于挑运固体物的网状绳链

箩窠——又称“摇桶”，椭圆形，供婴儿睡觉用的木桶

馋挂只——围在幼儿脖子上的涎布

骨牌樸——单人坐凳

节节篙——带枝用的竹竿，用于晾晒衣物等

汤婆只——灌热水取暖的金属或陶瓷器具

凉垫——用竹篾编织的席子

铜勺——铜制的勺子，厨房用品

薄刀——菜刀

井罐——安装在灶台上利用灶膛热量将水加热的盛水的铁制圆形染罐

筅帚——用竹根、丝瓜筋等制的刷锅用具

筲箕——用竹篾编的淘米篮

埠具——棒头，也称棒槌

引线——缝衣针

改只——锯子

升箩——量粮食的器具、方形，其容量为斗的十分之一

7. 其他

酒瘪塘——酒窝

颈根——脖子

手举撑——手肘

金丁香——小耳环

锅贮——锅巴

邻舍——邻居

旺——猪、鸡、鸭血做的血豆腐

踏步竞——台阶

米糁——“糁”读“算”，饭粒

馋吐——口水

窗盘——窗户

明堂——天井

伲朵——耳朵

膝馒头——膝盖

圩死角落——地处偏远，交通不便的地方

糊粥——米粉或面粉煮成的粥

二、动词及词组

1. 单词

张——探望，问候。例：老王生病了，去～他的人很多。

揵——读“掮”，扛，举。例：他～着一根毛竹，走了30里。

讴——读“欧”，唤，叫。例：你妈～你吃饭了。

瀊——读“盘”，液体满出来。例：一夜大雨，池塘里的水～出来了。

搛——读“兼”，夹。例：吃饭时，外婆不断往我碗里～菜。

擖——读“监”，拾，选。例：将青菜～一～。

捹——读“笨”，拌和。例：～点萝卜丝。

火笃——读“笃”，文火慢煮。例：咸肉～笋。

刽——读“痞”，用刀斜削，将肉削成薄片。例：～点肉片烧豆腐。

沃——读“奥”，灌溉。例：稻田要勤～水。

煠——读“石”，油炸，水氽。例：～油条。

掳——读“辖”，掸，拂。例：用鸡毛帚～～。

弆——读“伴”，藏。例：双喜～在草堆洞里。

潽——读“铺”，沸液溢出。例：粥～出来了。

涿——读“笃”，雨水淋。例：我～了一场雨，感冒了。

揉——读“肉”，用手揉。例：～点米粉做团子。

码——估计。例：你～～看，有多重。

2. 词组

加埂——加固田埂

同草塘——在田头土坑内沤制肥料

莳秧——插秧

牵砻——用木制的磨，将稻谷加工成糙米

舂米——在石臼中用木棍冲击稻谷,加工成米

摆海——摆阔气,显威风

弄送——捉弄,戏弄

辑理——打扫、整修、清理

歇落——休息一会

出开——出门,走开

捱辰光——“捱”读“服”,拖延时间

健白淡——聊天

担身体——怀孕

啾咀——搬弄是非

推头——借故拒绝

劈作——处理有争议的事

牵思——翻老账

靠享——依靠别人,获得好处

诫忌——“诫”读“街”,叮嘱,叮咛

查理——查问

熟份——熟悉

歇搁——停止,完蛋

清头——有头脑,思路清晰

送汤——给产妇及新生儿送补品,礼物,礼金

豁边——超出预想,过了头

吃力——辛苦,劳累

帮衬——帮助

掼跤——打滑,跌跤

消地光——在地上撒泼,打滚

打嗝顿——打嗝;说话不连贯,中间有停顿

寻头 ——捉迷藏

三、形容词及词组

1. 词

棢——读“网”,密。例:菜种得太~。

奘——读“壮”,胖。例:老王太~了,有200多斤重。

愀——读“丘”,物体、个性不好为“愀”。例1:这批桌凳~佬,没用多久都坏了。例2:老王脾气很~,动不动就发火。

沰——读“笃”,很少。例:桶里的水只有一~~。

瘣——读“嗨”,肿起来。例:一天站下来,脚背都~起来了。

2. 词组

丫贱——不知好歹,自讨苦吃

丫亲——亲热,多指小孩对大人亲昵

胎海——正经,要好,求上进,有出息

考把——办事忠实细致,一丝不苟

把家——善于持家

杂搭——说话行事没规矩,荒唐离谱

脱款——行为放荡,不守规矩

下作——举止下流,不检点

出趟——大方,不害羞

摊惷——“惷”读“宠”,难为情,失面子

推扳——差劲,逊色

窝糟——很脏

傝刹——读“塌刹”,指人没出息,做事太马虎

辣辖辖——形容严厉、厉害

细发——做事耐心细致

恶笃——物品质量或人的素质差

煞瞎——凶横,暴躁

吃硬——身体好,能应付重活累活,引申为人的个性强硬

雪漓——指瓜果等脆生,水分充足,口感好

缠缠——凑合,应付

体面——相貌好,光彩、光荣

花离斑斓——颜色五彩缤纷

雪括拉淡——味道很淡

碧波清爽——很洁净

的溜滚圆——很圆,细致、周到

直不笼统——形容说话、做事直来直去

呵驼骆千——身体弯曲,站不直

险答答——很危险

粗屑哈拉——非常粗糙

擦括辣新——很新

红不里稀——有些红,但色不正

捂素——情绪郁结,心里不痛快

发松——有趣,幽默

洋盘——外行,傻瓜

勿识头——倒霉，运气不好
拆烂污——做事马虎，不负责任；随便，不讲究
乱撮罗——做事忙乱
无聊赖——捧不起来
肉痛——心痛，舍不得
惹气——生气
来自——行，能干
名件——稀奇，宝贝
搭浆——马虎
花描——花言巧语，虚情假意
随贵人——可怜
以下形容词组，第一个字均系副词“很”的意思

喷香	赤紫
绯红	的蓝
蛮长	风快
蛮粗	雪尖
雪矮	滚胖
狂硬	瘟臭
雪淡	喷松
碧青	纯黄
赤黑	雪短
温钝	雪细
得厚	蛮高
秃潮	彻毛
彻弯	彻软
宣甜	精酸

四、副词

蛮——表示程度“很”，~多，~好，~听话。
恶——表示程度“很”，~凶，~穷。
死——~做，~揪，~扛。
滚——~烫，~圆。
雪——~尖，~亮。
呒不——没有
直白头——一直
爽利——索性
拢共——一共，总计。
滑是——全是
一脚——一直
老——经常
随手——马上
特会——“特”读“迪”，特意，特地
亏只——幸而，幸亏
齐巧——刚巧，恰巧
将将——刚刚
胜如——好像
敢期——如果
煞课——干脆
实骨质——实际上

五、量词

坒——读“币”，层的意思。例：一~砖。
捧——读“蓬”。例：一~烟。一~灰。
啯——读“忽”。例：一~觉。
沰——读“笃”，滴。例：一~水，一~眼泪。
跶——读“弹”，趟。例：麻烦你再走一~。
窠——读“科”。例：一~小狗。

六、代词

我笃——我们
你笃——你们
果头——那里
街头——“街”读“嘎”，这里。
堂家——这里
哪搭——哪里
酿老——这样，那样。
难会——怎么会
奈酿——怎么样
勒堂——在这里
点啥——什么
做点——干什么

第二节　俗　语

和桥方言中流行众多的定型句子，大多是劳动人民在生产生活中创造而成，反映人民群众生产和生活的经验和愿望。其中的谚语用简单通俗的话

语,反映出深刻的道理。歇后语则以诙谐而形象的语言,说明深刻的道理。

一、谚语

1. 民谚

独木不成火。

有眼勿识泰山。

姜是老的辣。

尖头棒,两头戳。

双拳难敌四手。

杀鸡给猢狲看。

百闻不如一见。

邻舍好,赛金宝。

亲兄弟,明算账。

细水长流,穿吃不愁。

若要好,大做小。

明抢好躲,暗箭难防。

挂羊头,卖狗肉。

树高千丈,叶落归根。

桥归桥,路归路。

指桑骂槐,借鸡骂狗。

一把钥匙一把锁。

拳不离手,曲不离口。

门前大树好遮荫。

寒从脚起,病从口入。

无事勿登三宝殿。

满饭好吃,满话难说。

手心手背都是肉。

靠山吃山,靠水吃水。

手臂弯弯总朝里。

若要俏,冻得汪汪叫。

宁输拳头勿输嘴。

心慌吃不得热白粥。

打蛇勿死蛇讨命。

好记性不如赖笔头。

打铁先得本身硬。

三个臭皮匠,抵个诸葛亮。

占了茅坑勿屙屎。

说起来容易做起来难。

出手打人三分低。

砖头瓦片也有翻身日。

死要面子活受罪。

人往高处走,水往低处流。

行得春风有夏雨。

平时不烧香,临时抱佛脚。

重孙有理驳太公。

宁可算了吃,不可吃了算。

拾到鸡毛当令箭。

世上无难事,只怕有心人。

宰相肚里好撑船。

在家千日好,出外一时难。

秤砣虽小压千斤。

问路先施礼,少走二十里。

一日勿多,日日许多。

秀才不出门,能知天下事。

十年树木,百年树人。

钉头碰铁头,冤家遇对头。

大处着眼,小处着手。

狗咬吕洞宾,勿识好人心。

小洞勿补,大洞吃苦。

嘴像蜜罐头,心像舞钻头。

心宽体胖,勤劳体壮。

若要人不知,除非己莫为。

不懂装懂,永世饭桶。

喊破嗓子,不如做出样子。

不怕一万,只怕万一。

红花虽好,也要绿叶扶持。

勿上高山,勿知平地。

晴天防雨落,熟年防荒年。

宁为玉碎,勿为瓦全。

路遥知马力,日后见人心。

宁为心宽,勿叫手宽。

话勿要说死;路勿要走绝。

瓜无滚圆,人无十全。

人不可貌相,海水不可斗量。

爷有娘有,勿如自有。

有理走遍天下,无理寸步难行。

耳听为虚,眼见为实。

天有不测风云,人有旦夕祸福。

有钱没钱,干净过年。

一个篱笆3个桩,一好汉3个帮。

多愁多病,越愁越病。

一年之计在于春,一日之计在于晨。

没有规矩,不成方圆。

书到用时方恨少,事非经过不知难。

财使情薄,利令智昏。

冬吃萝卜夏吃姜,勿请医生开药方。

白天不做亏心事,夜半敲门心不惊。

害人之心不可有,防人之心不可无。

好男不吃分家饭,好女勿穿嫁时衣。

狗眼乌珠看人轻,只重衣衫勿重人。

善有善报,恶有恶报,若还不报,时辰未到。

画龙画虎难画骨,知人知面不知心。

家庭和睦一条心,门前黄土变成金。

有志勿在年高。

千金难买心中愿。

贪小利屙大痢。

大家一条心,黄土变成金。

小猪吃奶,轧勿上档。

话多勿灵,食多无味。

饭后百步,胜开药铺。

穷的是债,冷的是风。

只有千里的人情,没有千里的威风。

若要小儿安,常带三分饥和寒。

若要人敬己,必先己敬人。

穷人不生病,就是交好运。

宁在人前全不会,莫在人前会不全。

舌头打个滚,叫人不蚀本。

人靠桂圆红枣,稻靠河泥木草。

面带三分笑,生意跑不了。

往来要记账,事后免思量。

日日行不怕千万里,时时学不怕千万卷。

冻冻晒晒身体强,捂捂盖盖脸发黄。

2. 农谚

春雨贵如油。

疾雷易晴,闷雷难晴。

夏雨隔条绳。

月亮长毛,大雨滔滔。

西风腰里硬。

热在三伏,冷在三九。

立冬种,收把种(种麦)。

娘好妮好,秧好半熟稻。

三分种,七分管。

肥是庄稼宝,施足又施巧。

粪是劲,水是命。

季节不饶人,种田赶时分。

乌头风,白头雨。

寸麦怕尺水,尺麦怕寸水。

东北风,雨太公。

夏至端阳前,坐着种年田。

一粒星,报夜晴。

雨打黄霉头,小麦逐步收。

鲜灰、宿粪、暴河泥。

人误地一时,地误人一年。

养猪蚀本田还债。

种田不垩壮(肥),等于弄白相。

闰年不种十月麦(指农历)。

穷人换稻种,年年钻夹弄。

稻垩穗头麦垩根。

秋前不搁稻,秋后勿怨天。

百年难遇岁朝春。

冬天垩遍泥,胜似盖层被。

月晕无风要下雨。

要想害虫尽,田边草要尽。

东鲎(吼)日头西鲎雨。

夏种一日早,十天赶勿到。

麦秀风摇,稻秀雨浇。

人怕老来穷,麦怕老来风。

人靠饭饱,田靠肥料。

麦沟开得好，增产就牢靠。

麦要好，肥料不可少。

白露白迷迷，秋分稻秀齐。

春种一粒，秋收一担。

寒露割早稻，霜降一齐倒。

蚕老一时，麦老一日。

秋凉稻花香，水稻要水养。

三莳三送，圩田白种。

九月田鸡叫，十月犁头跳。

种子不选好，满田长稗草。

稻老要养，麦老要抢。

清明断浇，谷雨断撩。

早稻要抢，晚稻要养。

小暑种芝麻，当头一枝花。

清明断雪，谷雨断霜。

日落云里走，雨在半夜后。

大暑小暑，热煞老鼠。

六月初三一个阵，上昼耥稻下昼困。

早霞不出门，晚霞行千里。

雨打黄霉脚，车断黄牛脚。

清明前的麦，请人踏。

雨打五更，日晒水坑。

大伏不热，五谷不结。

雨天知了叫，晴天马上到。

日出胭脂红，无雨便是风。

种子年年选，产量步步高。

夏干仓仓满，秋干断绝粮。

房前屋后种满竹，三年五年换新屋。

日晕三更雨，月晕午时风。

种田不种立冬麦，莳秧不莳过时秧。

西南转西北（风），搓绳来绊屋。

有收无收在于水，多收少收在于肥。

上看初二三，下看十五六。

开店不离店头，种田不离田头。

隔夜秧苗易受伤，随拔随栽易转阳。

种田不养猪，好似秀才不读书。

黄昏上云半夜消，黄昏消云半夜浇。

九成熟十成收，十成熟九成收。

条儿要清，苗儿要新。

霉里西风莳里雨，莳里西风顿时雨。

冬至不见叶，清明不见荚（蚕豆）。

夏至无云三伏热，重阳无雨一冬晴。

人要勤换衣衫，稻要浇水勤灌。

小暑头上一声雷，半个月黄霉倒转来。

千车万车，勿如处暑头上一车（上水）。

春季造林，莫过清明。

亮星照烂地，明朝转来落勿期（住）。

腊肥金，春肥银，过了清明不留情。

洼地栽刺槐，棵棵要失败。

洼地栽杨柳，百棵能活九十九。

人在田埂上热得跳，稻在田里笑。

东豁豁，西豁豁，明天太阳热霍霍。

春雾风，夏雾雨，秋雾日头，冬雾雪。

栽树也要水肥到，光栽不管长不好。

人是铁，饭是钢，田里无肥难打粮。

三分栽，七分管，造林容易，护林难。

正月施肥长花，七月施肥长果，冬季施肥长树。

二、歇后语

猫哭老鼠——假悲伤。

丈二和尚——摸不着头脑。

狗捉老鼠——多管闲事。

没耳朵茶壶——缺个把柄。

船到桥洞——自然直。

嘴上涂石灰——白说。

寿星唱曲——老调。

乌龟吃大麦——糟蹋。

火烧眉毛——眼前急。

棺材里伸手——死要钱。

蛇吃黄鳝——硬并。

蜻蜓吃尾巴——自吃自。

茶馆搬家——另起炉灶。

箩里坐笆斗——稳笃定。

老鼠逗猫——没事找事。

外甥提灯笼——照舅（旧）。

喜鹊尾巴——翘得高。
油干灯草尽——完结。
壁虎尾巴——节节活。
老鼠偷芝麻——吃香。
脚踏楼梯——步步高。
马鬃穿豆腐——不能提。
严嵩做寿——照单全收。
船头上跑马——走投无路。
冷水泡茶——无味。
猢狲抓指屎——一无抓拿(无法)。
老鼠出洞——先听动静。
泥菩萨过河——自身难保。
老鼠尾巴——养不壮。
老豆腐切边——做嫩。
狐狸尾巴——藏不住。
鸡蛋碰石头——完蛋。
算盘子子——拨一拨,动一动。
板壁上插针——触木(目)。
姜太公钓鱼——愿者上钩。
鸡蛋里挑骨干——有意找麻烦。
黄鼠狼看鸡——团团消灭。
搬石头砸脚背——自讨苦吃。
木竹筒吹火——一窍不通。
三伏天喝凉茶——浑身痛快。
月洞里吹箫——名声在外。
茶壶里煮牛头——放不下去。
兔子不吃鸡——样相(形象)难看。
茶壶里煮饺子——肚里有货倒不出。
狮子大开口——胃口勿小。
猪八戒照镜子——里外不是人。
鼻头上的肉——拉不到嘴里吃。
黄连树下弹琴——苦中作乐。
千里送鹅毛——礼轻情意重。
高山上倒马桶——臭气远扬。
唐朝的茶壶——老古瓷(词)。
茅坑里的石头——又臭又硬。
茶馆里招手——壶(胡)来。
老虎头上拍苍蝇——找死。
小葱拌豆腐——一清二白。
青石板上掼乌龟——硬碰硬。
做梦游西湖——好景不长。
黄鼠狼给鸡拜年——不安好心。
胸口头挂钥匙——开心。
鲜花插在牛屎上——可惜。
六月里穿棉鞋——热脚。
芦菲上滚到地下——差不多。
老和尚敲木鱼——实笃笃。
田鸡跳在秤盘勒——自称。
菩萨身上冒烟——神气。
头纽当作二纽看——瞎缠。
顶着石臼唱戏——出力不讨好。
小狗对茅坑罚咒——说话不算数。
蒲鞋穿在袜里——弄错了。
关公面前舞大刀——献丑。
戏台上的胡子——假佬。
砌屋请到箍桶匠——外行。
混堂里的灯笼——天天荡。
三个手指捏田螺——十拿九稳。
弄堂里拖木头——直来直去。
瞎猫捉着瞎老鼠——碰巧。
太湖里头推磨——牵水(谦虚)。
麻雀飞进砻糠箩——空欢喜。
牛身上拔根毛——微不足道。
老鼠替猫刮胡须——拼命巴结。
拉着胡子过河——谦虚过度。
老鼠钻进风箱里——两头受气。
桥背上泼馒头——两头不着落。
老鼠钻在书箱里——咬文嚼字。
大年夜打浆糊——贴对。
老鼠跳在钢琴上——乱弹(谈)。
鼻子上挂鲞鱼——休想。
四两棉花八张弓——没弹(谈)头。
热锅上的蚂蚁——团团转。
老鼠跳进白米囤——机会难得。

戴着箬帽关嘴——碰勿拢头。
丢掉西瓜抓住芝麻——为小失大。
毛豆子烧豆腐——一块土上人。
癞蛤蟆想吃天鹅肉——痴心妄想。
叫花子上阶沿——得步进尺。
三间厅堂看成两间半——小看人家。
六瞎子挡秤——不放星(心)上。
猫哭老鼠——假伤心。
三岁弄寿器——趁早。
骑驴拿拐杖——多此一举。
蚯蚓翻筋斗——腰里勿硬。
蜻蜓吃尾巴——自吃自。
癞痢头撑阳伞——无发(法)无天。
胸口上挂钥匙——开心。
小狗对茅坑罚咒——说话不算数。
太湖里排磨——牵水(谦虚)。
苍蝇掐落头——团团转。
小伢妮吃拳头——拿手好戏。
哑巴告状——有口难言。
三间圆堂看成两间半——小看人家。
六指头哈(打)巴掌——加二奉承。
三天卖落六碗面——呒生意。
长凳头上供鸭子——不牢靠。
丁相公划一字——刻板。
鸭背上的水——一来就去。
蜻蜓吃尾巴——自吃自。
八十岁学吹鼓手——上气不接下气。
鸡蛋里剔骨头——找麻烦。
江西人修碗——自顾自。
搬石头砸脚背——自讨苦吃。
修船匠的榔头——穷到搭搭底。
老太婆吃豆腐——拿手好戏。
小猪吃奶——轧不上帮。
一个裁缝一把尺——各有各个法。
一斗芝麻添一粒——有你不多,呒你不少。
烟囱管里挂钩子——钩星(心)火。
嘴上抹石灰——白讲。
黑狗睏勒灰堆上——看它不出。
丁山的茶壶——好一张嘴。
瞎子看戏——跟人笑。
药里的甘草——坏塌(意为都参加)。
冬天的洋葱——芯(心)不死。
板刷子没毛——有板无眼。
两个哑巴睏一头——无话讲。
肉骨头敲敲——荤(昏)咚咚。
姑娘嫌嫂嫂——空做恶冤家。
荷叶包菱角——自戳穿。
六月里穿棉鞋——好热(日)脚。
八月半的月亮——正大光明。
三十夜里的亮月——没指望
年初一做羹饭(祭祖)——一无来头(意为毫无道理)

第三节　歌　谣

和桥是千年古镇。在漫长的历史进程中,人们在生产生活中,形成了颇多具有地方特色的方言歌谣,以口口相传的形式,一代代传承至今。这些歌谣,描述了他们生产生活的状况,记述了他们的生活经验和情感,反映了人们对爱情的追求和对理想的向往。

一、民谣

1. 五更想夫情谊深

(女唱):一更里格天,想夫君,夫君办事上北京。

北京天气比我南方冷呀!我夫君一路上可曾添衣襟,

嗳嗨呀,北风刺骨痛在我小妹妹心呀!

愿夫君一路上一帆风顺,嗳嗨呀!

二更里格天,想夫君,夫君办事要认真。

我在家中带好男和女呀!供养好堂上的父母老双亲,

嗳嗨呀,办事情一定要细心和认真啊!

有困难我夫君千万莫灰心,嗳嗨呀!

三更里格天,想夫君,十五月亮分外明。

床前明月谁不思故乡呀！夜长梦多么不能生邪心，

嗳嗨呀，路边野花千万不能采啊！

碰一碰野花末刺破我家门，嗳嗨呀！

四更里格天，想夫君，身边带得钱和物一定要当心。

画龙画虎确是难画骨呀！梁上的君子么少去攀亲，

嗳嗨呀，陌路人不要真心去对待啊！

乘飞机搭火车你自己要当心，嗳嗨呀！

五更里格天，想夫君，雄鸡高叫百鸟鸣。

盼我郎凯旋归一家团圆聚呀！恩爱的夫妻么只有几十春，

嗳嗨呀，夫唱妇随虽然是古训啊！

一家兴旺大家要齐心，嗳嗨呀！

以下是新编版：

（男唱）：拿起手机告诉我娘子听，一路上冷暖么，我自己会照应，嗳嗨呀！

贤妻良母是你的好名声，我在外面办事情，天天都放心，嗳嗨呀！

跑东跑西够辛苦，我也没有空工夫，动这瞎脑筋，嗳嗨呀！

叫声爱妻请你别担心，歌厅舞厅我不去，对我不感兴趣，嗳嗨呀！

文明社会需要和谐人，太平盛世么，都像妹妹心，嗳嗨呀！

2. 唱麒麟

（一）

咯伴伴，咯伴伴，麒麟送子到家来，
贵府门第要得子，子孙兴旺万万代，
嗨哟哟，子孙兴旺万万代。
咯伴伴，咯伴伴，新年新岁运气来，
黄金要用箩筐装，稻谷要用大船载。
嗨哟哟，稻谷要用大船载。

（二）

闹哄哄，闹哄哄，关公骑马挎大刀，
我问关公哪里去？灞陵桥上会曹操，
嗳嗨呀，灞陵桥上会曹操。

（三）

咯伴伴，咯伴伴，看见老板吃中饭，
手中捧着江西碗，筷子出在张渚山，
嗳嗨呀，筷子出在张渚山。
咯伴伴，咯伴伴，老板家有两小孩，
一个小孩高官做，一个小孩发大财，
嗳嗨呀，一个小孩发大财。

（四）

说凤阳，道凤阳，凤阳是个好地方，
自从出了朱皇帝，十年到有九年荒，
嗳哟哟，十年倒有九年荒。

（五）

响呛呛，响呛呛，东方有个太平洋，
太平洋离我几万里，那边有个美国狼，
嗳哟哟，那边有个美国狼。

（六）

美国狼，太凶狂，侵略朝鲜不应当，
我军跨国鸭绿江，飞机大炮全炸光，
嗳哟哟，飞机大炮全炸光。

（七）

咯咚咚，咯咚咚，太阳一出满天红，
今年风调又雨顺，全靠领袖毛泽东，
嗨哟哟，全靠领袖毛泽东。

3. 新民谣

月似银盘照村庄，夜半狗叫声声响。
一对儿媳打工去，留下老爹和老娘。
老爹老娘在家忙，里里外外操心上。
麦子熟了抢收割，叫机唤人忙栽秧。
忙得老爹腰酸痛，累得老娘病在床。
儿子媳妇怎么样？撕着日历细思量。
霎时闪电又雷鸣，滂沱大雨灌田埂。
心里叨念保儿媳，祈祷平安心中想。
在外处事先立德，不偷不赌正气扬。
习总书记说的好，踏实肯干能兴邦。
国家好了大家好，勤劳致富家兴旺。

常打电话多联系，幸福生活万年长。

4. 人心无足时

人生在世无足时，有着吃来又想衣。
长袍短套嫌低卑，回头又嫌房子低。
高高楼房盖几间，房中又缺美貌妻。
红粉佳人偎身边，出门呒不骏马骑。
出门骑上高头马，有钿呒官被人欺。
七品堂皇知县做，官小还要拍马屁。
当朝一品为宰相，勿如面南来登基。
皇帝登基坐天下，又想同仙人作棋盘。
鸡飞狗跳都升天，还想女伲嫁玉帝。
爬到半空抽天梯，一掼掼进粪缸里。

5. 宽心谣

日出东海落西天，愁也一天，喜也一天。
遇事不钻牛角尖，人也舒坦，心也舒坦。
新旧衣服不挑拣，好也御寒，赖也御寒。
常与知己聊聊天，古也谈谈，今也谈谈。
内孙外孙同样看，男也喜欢，女也喜欢。
早晚操劳勤锻炼，忙也乐观，闲也乐观。
少荤多素日三餐，粗也香甜，细也香甜。
心宽体健养天年，不是神仙，胜似神仙。

二、童谣

1. 天上一粒星　天上一粒星，地下一颗钉，叮叮当当挂油瓶。油瓶漏，种赤豆。赤豆不回(发)芽，气煞老娘家。

2. 东边牛来勒　东边牛来勒，西边马来勒，张家大姐嫁来勒。点花？草花。掮棒打杀老鸦。老鸦告状，告到和尚。和尚验经，念到观音，观音炒豆，炒到舅舅。舅舅卖布，卖到姐夫。姐夫锄田，锄到“河线”(蚯蚓)。河线唱歌，唱到小姐。小姐绣花，绣到“衖爬”(蛤蟆)。衖爬放屁，硌碌碌到底。三个小鬼跑勿“及”(读“忌”)。

3. 斗斗虫虫飞　斗斗虫虫飞，斗斗虫虫飞，飞来又飞去，飞到哪里去？飞到天边去，飞去干什么？去见小燕子。

4. 捏蜻蜓　大眼睛，拍苍蝇，小眼睛，捏蜻蜓。飞得高，捏得高，飞得低，捏得低，捏了蜻蜓回家去，向着恩娘(母亲)报喜去。

5. 指纹歌　一罗巧，二罗倔，三罗拖棒头，四罗全不识，五罗富，六罗穷，七罗单单做长工，八罗掮锄头筑缺口，九罗骑白马，十罗坐官船。

至2015年，和桥人与外地人融合在一起，携手共建美丽乡村

第五章 居民生活

和桥属平原水乡，土地肥沃，人口稠密，为江南古镇。据史载及县志记，西汉末东汉初，大将蒋横遭奸言屈死时，有8子渡江散居各地，其幼子蒋澄随兄蒋默逃到宜兴都山、南新二地。光武帝执政后为蒋横平反，蒋默被封云阳亭侯（原和桥区南新乡云阳村）。北宋时，又有中原河南范阳邵灵甫一支迁居宜兴和桥闸口里。元朝起，和桥居民的宗教活动逐渐兴旺，佛教、道教、基督教分别成为部分居民的信仰。明清时期，皖、浙、鲁及苏北等地相继有更多居民到此落户，形成很多村庄。新中国成立前，和桥85%以上的居民饱受兵荒马乱、天灾人祸和压迫剥削之苦，生活贫困。但他们世代以耕读传家，且崇尚仕读。由于长期受传统文化、封建礼教影响，在生产、生活、民风、习俗上，因循守旧，历代沿袭。新中国成立后，人民当家做主。生产资料所有制改革，解放了生产力，人民生活水平不断提高。改革开放后，随着经济的发展，社会进步和劳动保障机制的完善，人们科学文化素质提高，思想观念更新，生产、生活方式和民风习俗也逐渐改变。

第一节 人民生活

和桥历史上，以农耕、蚕桑、芦苇编织、粮油加工为传统产业。在集镇上，因水陆交通便捷，明末清初，商贸已很繁盛，但仅有少数商家经营，广大市民仅以劳动换取微薄报酬以维持生活。在农村，虽土地肥沃，但耕地大量集中在少数人那里，广大农户无地，只得耕种租田或出卖劳力，生活十分艰苦。清光绪二十四年（1898年）、宣统二年（1910年）、民国23年（1934），和桥附近曾发生多次抢米风潮。和桥镇上平粜局虽然出售平价米赈济灾民，但杯水车薪，无济于事。新中国成立前的几年，物价一日数涨，和桥镇各业的职工工资只得以粮食（大米）计算，收入微薄，生活十分贫苦。

新中国成立后，人民政府努力恢复国民经济，人民生活有了改善。在农村，通过互助合作，走上集体化生产道路，改变了农业分散的经营方式，抗灾能力增强。20世纪70年代中期，和桥的社、队工业兴起，为农民创造了就业机会，增加了工资收入，农民生活水平继续好转。1978年后，改革开放又给社队工业和农业的发展注入了新的活力。农业生产稳步发展，社队工业蓬勃兴旺，集体的财政收入急剧上升。随着工业对农业的大量资金投入和农村集体福利的增加，农民负担逐渐减少，收入不断提高，70%以上的农村劳动力成为社、队工厂中亦工亦农的新农民，工厂的收入成了家庭经济的主要来源，生活开始富裕起来。

在集镇上，随着对工业、手工业社会主义改造的完成，工业有了发展，居民就业人数增加，生活有了依靠。社会经济的快速增长，促进了小城镇建设的改革步伐。劳动小区、北庄小区、和桥庭园、镇南新区、翰林院等一个个居民住宅区的建成，大大改善了人民的居住条件。至2015年底，全镇人民生活水平从新中国成立初期的社会人均年收入34.3元发展到20640元，提高了600多倍；人均住房面积从不足3平方米（含茅草房）到68平方米，增长了23倍；银行存款从无到现在人均6.78万元；部分居民拥有私车、豪宅,已成时尚,生活达小康行列。

一、城镇居民生活

自1949年4月到1952年,和桥镇在中国共产党的领导下,采取各种经济措施和行政干预,开展平抑物价,把新中国成立前一段时间无法解决的恶性通货膨胀基本消除。

1952年到1957年,党和政府以粮价为中心,调整各种商品之间的比价,按照国家核定牌价,实行粮、油、燃料定量计划供应,从此镇上居民生活逐步改善。1959年至1961年,农村粮食和经济作物产量大幅度下降,黑市价格抬头。人民政府及时调整国民经济,工农业生产逐渐恢复,人民生活又趋稳定。"文化大革命"期间,物价基本处于冻结状态。直至1979年起,国家实行经济体制改革和对外开放、对内搞活等政策,实行商品价格有计划的调整,工农业生产大幅度发展,就业人数增加,工资收入提高,居民生活发生变化。在饮食方面,由谷物为主的"主食型"向营养齐全的"副食型"转变。穿着方面,1983年起,由1955年开始的棉絮、布料计划供应改为敞开供应,人们摒弃了传统的圆口布鞋和色彩单调的布衣服,代之以球鞋、皮鞋和色彩鲜艳的化纤、毛料衣服,由穿暖、穿好,逐步向高档多样化成衣转变。

据和桥镇生建街宅家弄第七居民小组1985年生活情况抽样调查,该小组共25户、63人,每人每月平均生活费53.48元,每人平均年收入641.76元。25户中,13户有缝纫机,14户有电视机,22户有收音机,10户有洗衣机,13户有电风扇,13户有自行车16辆,13户有长沙发18张,5户有摩托车。

新中国成立前,和桥下塘的周家浜一带、痘司堂前、寨沟路旁、杨家漕上、化城寺旁阡地、永宁巷底公园左右、牛落场边、北兴桥附近、上塘的乾锠馀北、马家高墩下、王家村周围、维新巷底、城隍庙前、南阡地等处,都挤满了低矮的茅棚。直到1951年10月,经过土改后,这些茅棚才逐步消失。1964年,镇上开始建造居民住宅。到1987年,已建造居民住宅58136平方米,居民人均住房面积已有9平方米左右。

1985年和桥镇生建街第七组居民生活情况

表5-1

序号	人口	就业情况(人)			读书(人)			每月收入(元)	平均数(元)	家具什物									备注
		在职	退休	家务	大学	中学	小学			缝纫机(台)	电视机(台)	收音机(台)	收录机(台)	洗衣机(台)	电扇(台)	自行车(台)	摩托车(台)	长沙发(张)	
1	3	2	1	—	—	—	1	150	50	1	1	1	1	1	1	1	1	1	—
2	3	2	—	—	—	—	1	150	50	1	1	1	1	1	1	1	—	1	—
3	3	2	—	—	—	—	—	180	60	1	1	1	1	1	1	1	1	1	—
4	2	—	—	—	—	—	—	70	35	—	—	1	—	—	—	—	—	—	—
5	5	2	—	—	—	1	2	150	30	1	1	1	—	1	1	1	—	—	—
6	2	—	2	—	—	—	—	196	98	—	1	1	—	—	1	2	1	2	—
7	4	3	—	—	—	—	—	260	65	1	1	1	—	—	1	2	1	2	—
8	1	—	—	1	—	—	—	15	15	1	1	1	—	1	1	—	—	1	子女负担
9	3	2	—	—	—	—	1	180	60	1	1	1	1	1	1	2	1	2	—

续表 5－1

序号	人口	就业情况（人）			读书（人）			每月收入（元）	平均数（元）	家具什物									备注
		在职	退休	家务	大学	中学	小学			缝纫机（台）	电视机（台）	收音机（台）	收录机（台）	洗衣机（台）	电扇（台）	自行车（台）	摩托车（台）	长沙发（张）	
10	1	1	—	—	—	—	—	50	50	—	—	1	—	—	—	1	—	—	—
11	1	1	—	—	—	—	—	85	85	1	—	1	—	—	—	1	—	1	—
12	3	1	2	—	—	—	—	141	47	—	—	1	—	—	—	—	—	—	—
13	2	1	—	—	—	—	1	90	45	1	1	1	1	1	1	1	—	2	—
14	3	2	—	—	—	—	—	150	50	1	1	1	1	1	1	2	1	2	—
15	2	—	2	—	—	—	—	100	50	—	1	1	—	—	—	—	—	—	—
16	2	—	—	2	—	—	—	—	—	—	—	—	—	—	—	—	—	—	子女负担
17	1	—	1	—	—	—	—	117	117	—	—	—	—	—	—	—	—	—	—
18	2	—	2	—	—	—	—	130	65	—	—	—	—	—	—	—	—	—	—
19	2	—	1	1	—	—	—	70	35	—	—	1	—	—	—	—	—	—	—
20	3	—	2	1	—	—	—	210	70	—	—	1	—	—	—	—	—	—	—
21	3	1	1	1	—	—	—	150	50	—	—	1	—	—	—	—	—	—	—
22	1	1	—	—	—	—	—	80	80	—	—	1	—	—	—	—	—	—	—
23	3	2	—	—	—	—	—	145	48	1	1	1	—	1	1	1	—	1	—
24	4	3	—	—	—	—	—	200	50	1	1	1	—	1	1	1	—	1	—
25	4	2	—	—	—	—	—	300	75	1	1	1	—	—	1	1	—	2	—

1990年后，和桥集镇进行拆迁改造，创建新型小城镇，并被国家体改委定为“全国小城镇综合改革试点镇”。一批批住宅房交付使用，一个个住宅区建成出售，使得镇区面积迅速扩大，集镇居民不断增多。到2002年底，镇上居民人均年收入达29439元，是1949年的300多倍。人均住房面积28平方米，是1987年人均9平方米的3倍。至2015年底，全镇银行存款余额达57.7亿元，其中居民存款余额46亿元，人均达6.78万元；人均住房建筑面积达66.66平方米，是1949年的20倍。

2002年和桥镇百户居民家庭生活情况

表5－2

人口	文化程度（人）					住房（户）			交通工具（辆）					通信设备（台）	
	小学	初中	高中	中专	大学	普通房	小洋房	人均面积（平方米）	自行车	电动车	摩托车	小面包	轿车	电话机	手机
356	87	91	64	23	37	77	23	28.4	16	2	31	1	1	113	205

续表 5－2

家用电器设备(台)											其他(台)			就业人数(人)				人均收入(元)
电冰箱	微波炉	消毒柜	洗衣机	电视机	VCD或DVD	组合音响	电脑	空调	电风扇	淋浴器	液化气灶	太阳能热水器	缝纫机	机关事业单位就业人员	工厂就业	外出打工	从商	
64	69	21	107	131	92	56	27	91	25	37	102	21	2	28	104	8	71	30570

二、农村居民生活

新中国建立前,农民起早摸黑耕地种粮,仅可勉强维持温饱。大部分农民靠租田耕种,辛勤耕作一年去掉田租,所剩无几,只能维持几个月生活,其余靠出卖劳力去打短工,帮长工,有的靠借贷度日。这些农民住房条件也极差,许多人无瓦房,住在低矮阴暗的草茅棚里,甚至冬天床上无垫褥、夏天无蚊帐。少数家庭有些手工业,沿湖地区农民在耕作之余还编些芦帘,但收入甚微。和桥镇近郊有些农户,除种植稻麦外,还兼种蔬菜,经济上比一般农民灵活一些,但生活也很贫穷。

新中国成立后,1951 年进行土地改革,无田少地的农民分得了耕地。1954 年后,通过互助组、农业合作化运动走上了集体生产道路,农业生产逐年发展。但由于生产技术落后,生产工具简陋,自然灾害不断,农民家庭收入甚微,生活仍然困难。1958—1961 年,农村中受到“共产风”“浮夸风”“瞎指挥”“办食堂”影响,农民生活再陷困境。青壮年劳动力大批外流,农田抛荒,粮食歉收,填不饱肚,甚至刮树皮、挖野草充饥。造成“三病”(浮肿、消瘦、青紫)流行,非正常死亡严重。各级政府为康复“三病”人员,开办营养食堂和治疗点。其中仅闸口公社定在河田舍、在水庵、杨桥小学三处办临时治疗点,分期分批收治近千人。

图 5－1　1961 年,闸口卫生院吴熙龙医师(前二排右 7)在河田舍治疗点与康复出院病员的合影

1962 年,中共中央颁布《农村人民公社工作条例(草案)》,对农村人民公社进行整顿提高,农村经济得到初步恢复。1964 年,农业生产全面恢复,社员口粮人均原粮 272 千克,比 1963 年增长 11.4%,人均年收入达 58.8 元,比 1963 年增加 8.1 元。“文化大革命”期间,社会经济遭到严重破坏,农民年收入一直在 60 元左右徘徊。60 年代后期起,“农业学大寨”运动掀起,农村大搞水利建设,格田成方,农业基础设施有了加强;以队为基础三级(指生产队、生产大队、公社)所有的集体生产模式有了发展,集体经济有了壮大,支农力度增强,“以粮为纲”全面落实,稻麦总产进一步提高。1976 年后,社队企业起步,工业收入逐年积累,并以工补农、以副促农,使农业经济有了后盾。同时,农田水利建设、农业机械化加快,农村家庭饲养家畜家禽得到发展,农民生活水平稳步提高。

1979 年后,实行改革开放。农村一方面联产到劳的责任制全面实施,扩大种田自主权,充分调动农民种田积极性；另一方面，社队工业发展，大批劳动力进入工厂，农户经济结构发生变化，农民忙时务农，闲时进厂做工，有了比较稳定的收入。同期，集体经济力量进一步壮大，对农业投入增加；机器生产替代繁重的体力劳动，农业抗御自然灾害的能力加强。再加上科学技术普及和优良品种推广，粮食旱涝丰收，农民实惠一年比一年更多。

据北庄村已迁建居民住宅区村民小组32户的调查，1985年，人们都住上楼房，家家有电扇。32户中，有黑白电视机17台、彩电6台、洗衣机10台、电冰箱5台、手表51只、缝纫机21架、录音机9台、收音机29台、自行车29辆、沙发18张。据新建村192户的调查，1978年人均收入为108.5元，1987年达687元，增长5.3倍。该村建有新楼房33间，新平房24间，人均住房面积达25平方米以上。

90年代，改革开放不断深入，农村出现花卉栽培、家禽饲养、池塘养殖、种田大户及经纪人等专业能手，他们在农村冒尖先富。随着经济体制改革和工农业生产发展，镇村两级企业亦工亦农人数增加，农民经济收入显著增长。农民生活发生可喜变化，部分富裕农户在集镇上还购买商住房、小别墅。一般农户在衣、食、住、行方面已初步达到“穿着选购式样，吃饭讲究营养，住房装潢漂亮，家具添置高档，出门乘车便当”，已有80%以上的农户实现烧茶煮饭液化气、纳凉洗衣用电器、休闲文化看电视、全年粮油足有余。2015年，农村居民人均纯收入达19460元，人均住房建筑面积超70平方米。

2015年无锡市农村富民进程监测调查（闸口村）

表5－3

指标／户	人数（人）	洗衣机（台）	电冰箱（台）	空调机（台）	抽油烟机（台）	吸尘器（台）	微波炉（台）	热水器（台）		自行车（辆）		摩托车（辆）	生活用汽车（辆）	固定电话机（部）	移动电话机（部）		彩色电视机（台）		摄影机（台）	影碟机（台）	照相机（台）	家用计算机（台）	楼房面积（平方米）
								总计	其中：太阳能热水器	总计	其中：电动自行车				总计	其中：接入互联网	总计	其中：接入有线电视网络					
第1户	2	1	1	1	—	—	1	2	1	1	1	—	—	1	—	—	1	1	—	—	1	—	128
第2户	5	2	2	2	1	—	1	4	2	2	1	—	1	1	5	2	3	3	—	—	—	1	358
第3户	3	1	1	2	—	—	1	2	1	2	2	2	—	1	4	1	2	2	—	—	—	1	128
第4户	3	1	1	2	1	—	1	2	1	1	1	2	—	1	3	—	2	2	—	—	—	—	192
第5户	4	2	2	2	1	1	2	2	1	—	—	1	1	1	3	1	3	3	—	—	1	1	292
第6户	1	1	1	1	—	—	1	1	1	1	1	—	—	1	1	—	1	1	—	—	—	—	192
第7户	2	1	—	1	—	—	—	1	1	—	—	1	—	1	1	—	1	1	—	—	—	—	68
第8户	2	1	1	1	—	—	—	1	1	1	—	1	—	1	—	—	1	1	—	—	—	—	128
第9户	2	1	—	2	—	—	1	2	2	1	—	1	—	—	1	—	1	1	—	—	—	—	128
第10户	1	—	—	—	—	—	—	—	—	—	—	—	—	—	—	—	1	1	—	—	—	—	16
第11户	2	1	1	1	—	—	1	1	1	2	1	1	—	1	1	—	1	1	—	—	—	—	120
第12户	2	1	1	3	1	—	1	2	1	—	—	1	—	1	2	1	2	2	—	—	1	1	180
第13户	6	1	2	2	1	—	1	1	—	—	2	2	—	1	3	2	2	2	—	—	2	2	450
第14户	1	1	1	1	—	—	1	1	1	—	—	1	—	—	1	—	1	—	—	—	—	—	64
第15户	4	1	1	2	—	—	1	1	1	2	1	1	—	1	2	1	2	2	—	—	—	—	224
第16户	1	1	1	1	—	—	—	1	1	1	—	—	—	—	—	—	1	1	—	—	—	—	120

续表 5－3

指标 户	人数（人）	洗衣机（台）	电冰箱（台）	空调机（台）	抽油烟机（台）	吸尘器（台）	微波炉（台）	热水器（台）		自行车（辆）		摩托车（辆）	生活用汽车（辆）	固定电话机（部）	移动电话机（部）		彩色电视机（台）		摄影机（台）	影碟机（台）	照相机（台）	家用计算机（台）	楼房面积（平方米）
								总计	其中：太阳能热水器	总计	其中：电动自行车				总计	其中：接入互联网	总计	其中：接入有线电视网络					
第17户	5	2	2	4	1	1	2	3	2	2	1	1	1	2	4	2	5	5	—	1	1	2	400
第18户	3	1	1	2	—	—	1	1	1	2	1	1	1	1	2	1	2	2	—	—	—	1	184
第19户	4	1	1	2	1	—	1	2	1	3	1	1	—	1	4	2	2	2	—	—	—	1	272
第20户	2	1	1	1	—	—	1	1	1	2	2	2	—	1	2	—	1	1	—	—	—	—	128
合计	55	22	21	33	7	2	18	31	21	23	15	17	4	17	39	13	35	34	—	1	6	10	3772

第二节　民风习俗

和桥地处太滆平原，位于宜武交界，是宜兴之北大门。悠久的历史和独特的地理环境，使其形成地方特色鲜明、内容丰富、形式多样的民风习俗。随着社会的进步和人们思想观念的改变，民风习俗也不断演变。特别是中华人民共和国成立后，一些旧俗被淘汰，社会新风逐渐形成。

一、岁时习俗

1.春节　古代称正月为岁首，正月初一为新年。是中华民族最古老、民间最隆重的传统节日，俗称“过年”，新中国成立后改称“春节”。民间的过年习俗，从进入腊月准备过年即始，至正月十五日止，历时月余。为所有节庆活动中最长、名目最多、仪式最隆重的节日。这些习俗主要有掸檐尘、备年货、送灶神、请祖宗、做团子和接财神等。

备年货　进入腊月，每家每户都要置办年货，为过年吃、穿、用做准备。吃的食物，除了鱼肉禽蛋外，还要购买烟酒及各类糕点炒货等。农村几乎家家养猪、养鸡，所以多数是自己宰猪、杀鸡；自家有鱼塘的，年前就干塘捉鱼。许多人家喜腌腊肉、咸鱼，制风鸡、风鸭、风鹅，克猪头糕。过年除置办烟酒外，还很在意“小食”。旧时“小食”大多是“土特产”，如花生、蚕豆、炒米糖、芝麻糖等。其中花生是必备之物。花生，宜兴人叫“生果”或“长生果”。过年前，常常有苏北和山东的客商上门叫卖，果圆肉香，百姓喜欢。先前炒生果多用丁山窑场的“装窑砂”（将窑肚里烧过的黄石块敲成砂状），放在烧猪食的铁锅里翻炒。这一风俗沿袭很久。民间还流行年前“腌咸菜”的习俗。在“三九”季节中，家家户户腌芥菜、雪里蕻及萝卜干等，俗称“瓮头菜”。有的用整棵菜放入大缸里，加盐踩踏，叫“踏咸菜”。“瓮头菜”和“踏咸菜”价廉实用，成为百姓早饭常备的佐餐小菜。衣服，过年要换新的，条件好一点的买回布料，请裁缝到家中，为一家老小制作新衣。经济拮据的，孩子又多，那只好老大穿了老二穿，缝缝补补，浆浆洗洗过新年了。过年前后要举行各种祭礼，少不了要备好足够的香烛、纸裸、神祃和神前供品。除香烛锡箔外，还需年画春联、炮仗鞭炮等。备年货是年前家家最忙碌又最操劳的事情。店铺一般从腊月初八后开始供应年货。农村的长工、穷人和集镇的店员、工人总要到腊月廿七廿八才能购买年货，这时的价格都涨了，故民间有“过年河水涨三分”“廿七廿八，穷人上街”“穷吃穷”等谚语。

掸檐尘　掸檐尘，因在过年前进行，又叫“掸年尘”。民间一般于腊月十七或十八掸尘，谓曰：“十七十八，越掸越发”。民谚：“有钱无钱，干净过年。”按习俗，掸檐尘最迟也要在十二月二十三日前完成。

送灶神　灶神，人称“灶王爷”“灶家菩萨”。旧时，家家灶墙上都设有灶神供座，贴有“上天言好事，下界保平安”，横批“东厨司命”。每年十二月二十三家家做团子供祭，并摆糖果一盘，请灶神甜甜嘴，送灶君上天庭，俗称“送灶”。待次年正月十四晚上，再接灶神回来过元宵节，俗称“送廿三，接十四”。

做团子　“过年吃团子，端午吃粽子，中秋烤饼子”是民间习俗。从腊月廿六至小年夜（除夕前天），家家要做团子，这项工作较为繁重，人手少的人家还需请人帮忙。先一、二日做好各种馅心，有青菜馅、萝卜丝馅、豆沙馅、芝麻馅等。届时用米粉包裹，上笼蒸熟，凉透收藏，以供年头上食用。

请祖宗　又叫做“年夜羹饭”。腊月廿日以后，各家择日“请祖宗”，晚上设供桌，祭祀祖先，大多只供三代，但可能需分数巡才能祭完，因为每桌只能供六位，前面排着香炉、烛台，不可排座位。供祖先系男人之事，女人们只在厨房内料理三荤三素祭菜便可，不须参加叩拜。如当年家中有去世者，“请祖宗”则必须要在大年夜举行，届时须添放死者的一副杯筷，俗称“添羹饭”。

除夕　腊月最后一天称“除夕”，俗称“大年夜”。中午吃馄饨，据说吃了馄饨来年才有新衣穿。下午家家贴春联、“福”字、挂年画，内容多为吉庆之意。晚上各家灯火通明，全家团聚吃“守岁酒”。吃完后，男人用石灰水在家门前画弓箭图样，以示驱鬼辟邪。女人除洗锅抹灶和打扫外，还得料理孩子的新衣，并关照小孩如何向长辈拜年，新年要说吉利话，取“好兆”等。长辈给小辈用红纸包好压岁钱。一切就绪后，则请关门利市，燃放鞭炮。最后关上大门，俗称“封门”，要到初一请了开门利市后方可开门。新中国成立后，除贴春联、放鞭炮、吃年夜饭守岁酒外，其余迷信习俗已基本改变。现今除夕夜观看中央电视台的春节联欢晚会已成习俗。当新年钟声敲响时，人们纷纷燃放鞭炮、烟花，直至天明。

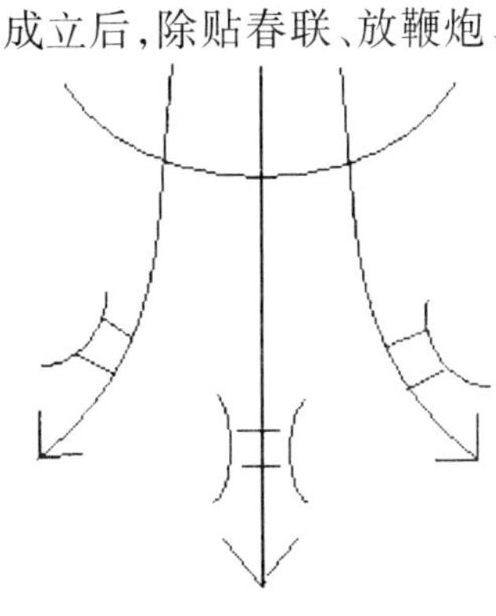

旧时人家门前弓箭图样

拜年　老老少少衣着一新，见面要说吉利话，取好兆头。初一清晨，男主人先开大门，燃放炮仗，意为除旧迎新，预祝新一年吉祥如意。烧好早饭，双手端给女人吃，表示对她们终年操劳家务的答谢。家人起身漱洗完毕，首先拜祭祖先神位，再向长辈拜年，长辈给小辈压岁钱。早餐吃团子、年糕，以示全家团团圆圆，年年高（糕）升。邻里见面，互道“恭喜发财”“见面发财”“健康长寿”“学习进步”等祝颂语。年初一，家中不可扫地，不可向外倒水，意为不可把“财气”扫出去或泼出去，一般也不出门。初二，先拜舅公、娘舅、姑父等长辈的年，然后互拜。初三至初五，新婚夫妇先由女方兄弟领回娘家拜年，长辈分别设宴“请新官人”，随后，男方亲戚“请新娘子”。春节期间，唱麒麟的、调狮子的、唱春的、跳财神的、唱道情的沿街沿村调唱。俗话说，“拜年拜到大麦黄”，但一般到正月十五结束。新中国成立后，过年的习俗在逐渐改变。20 世纪 80 年代后，时兴用电话与亲友互相拜年、祝福。同时，旅游过年也在逐渐形成一种时尚。有些人去城市，住宾馆，逛商场，游公园，观名胜，春节成了新的旅游高峰期。人们以前过年时的封建迷信、繁文缛礼少了，取而代之的是越来越显露出现代文明气息。

接财神　相传正月初五是五路财神生日，为求财运亨通，家家都要请财神。接财神时，供桌上摆猪头三牲（猪头、公鸡、鲤鱼）及白面、汤团和乌塌头菜，中堂挂财神纸马，点香烛叩头后在门前烧化，放鞭炮。据说财神很忙，天亮前后就要迎接，以免财神被别人接去。

2. 元宵节　正月十五（俗称正月半）元宵节，各地出灯，故又称“灯节”。是日，早上家家户户吃汤团，为孩子扎花灯、买鞭炮；晚上调龙灯、提花灯、走马灯、敲锣打鼓闹元宵，非常热闹。正月半过后新年就算过去了，一般不再走亲访友。

3. 请土地（二月初二）　“土地菩萨”生日，该日各寺庙香火极盛。少数村庄邀请“草台班”在庙前演社戏,多为“人丁戏”,祈求人口太平,新中国成立后被废除。

4. 二月初八

为“祠山菩萨”生日,相传祠山有风山、雨山、雪山三个女儿迎送宾客,请客风,送客雨。故二月初八、二月十八、二月二十八前后必有风雨,有时还会飘雪。和桥民间有“作二月八”和“老牛难过二月八”的说法。地处宜武之界的杨桥老街,2000 年后,每年还举办庙会、节场,历时三天。

5. 花神节(二月十二) 二月十二,旧称“百花生日”。本镇上、下塘痘司堂前均演社戏,计四台日戏(午后演出),一台夜戏。痘司堂内,善男信女祈求神明保佑小孩不生天花,永保身体健康。街上人山人海,商店生意特别兴隆,是本镇的一大节场(集市)。新中国成立后已废除。

6. 三月初三 习俗有吃棉茧头团子。用糯米粉和棉茧头揉和做成,其味清香。当地有“三月三,吃了棉苋头团子上高山”之说。至 2015 年,境内仍有不少人在那天登上蒋山、屺山,进庙烧香祈求平安。

7. 寒食 清明前一天。相传春秋时期晋文公为悼念被烧死在山林中的功臣介子推,逐禁止在介子推死日生火做饭,只吃冷食,所以俗称“寒食”。此习俗民国时期已废弃。

8. 清明 扫墓的传统节日。家家祭扫祖墓,寄托缅怀之情。如有新坟,要备祭品祭奠焚化纸钱,整修坟墓。若为老坟,在坟上“飘钱”、壅土即可。旧时有公产的祠堂,清明节在祠堂内举行祭祀仪式和会餐。新中国成立后,每到清明节,机关、学校组织人员祭扫烈士墓,敬献花圈,进行革命传统教育,缅怀先烈,以策来者。2008 年后,清明节又被我国立为法定节假日。

9. 立夏 立夏意为夏季开始,这天民间有尝三鲜的习俗。三鲜有地上三鲜:苋菜、青蚕豆子、蒜苗;河里三鲜:鲥鱼、银鱼、白虾;树上三鲜:樱桃、梅子、香椿头。

10. 四月初八 四月初八家家吃乌饭,以纪念目莲孝母。相传目莲以青精树叶汁(乌饭草头)浸糯米,煮成乌饭,瞒过抢饭吃的鬼卒,送给母亲。此俗一直沿袭至今。又俗传佛祖释迦牟尼生日,各寺院以香汤浴佛,称“浴佛节”。至 2015 年,和桥人还喜欢吃乌饭,有的还将乌饭和进米粉,做乌饭糍团。

11. 端午节 五月初五为端午节,又叫端五节、端阳节。古时“午”和“五”是相通的,又把“午时”当作“阳辰”,于是“端午”也可说成“端阳”。端午时,家家用芦叶把红赤豆或猪肉拌和的糯米包粽子。通常把鸡鸭蛋同煮。早上吃粽子,说是为了纪念爱国诗人屈原,宜兴又传周处斩蛟,其母包粽子给他做干粮,吃粽子一直传至今。端午节那天,家家门前插苍蒲、艾叶,堂中挂钟馗像,以镇妖除邪。小孩以五彩线编花网袋挂颈项,内装煮熟的鸡、鸭蛋,眉心画王字,胸挂老虎头,着老虎头鞋,以驱妖辟邪。床下、墙角洒雄黄酒祛五毒(蝎、蛇、蜈蚣、壁虎、蟾蜍)。新中国成立后,迷信习俗已废除。端午节前,亲友有送节礼往来。和桥人喜欢裹小脚粽。

12. 夏至 此日中午吃馄饨,传说可防疰夏。吃过馄饨还称体重,夏天结束再称,看过夏有无落瘦。新中国成立后,夏至吃馄饨之俗仍存,而称体重之俗已废。夏至日起 7 天内为黄梅“头莳”,夏种进入紧张阶段,叫“抢黄梅”。

13. 六月初六 民间有“六月六晒被褥”的习俗,有“六月六火门开”的说法。在这天晒书籍、衣服和被褥等,以防止生虫及返潮,叫做“晒伏”。和桥有“六月六,猫狗牲畜洗冷浴”之说。是日,人们把家里饲养的猫、狗等丢入河里洗澡,有的还用樟脑丸煎水,帮猫狗洗浴,能防止生跳蚤。从这天开始,允许孩子到河塘里去游泳。

14. 六月十九 相传为观音菩萨成道之日,家家吃素馅馒头。又据说“三国”时诸葛亮带兵擒捉孟获,当胜利回师渡过泸水之际,忽狂风大作,掀起巨浪,兵船难以前进,以为河神作怪,须人头投河祭祀。诸葛亮爱惜部下,不杀人头,就用面粉做成很多像人头的馒头,投入泸水河,果然风平浪静,兵船得以顺利渡河。

15. 七月初七 相传为牛郎织女一年一度的鹊桥相会之日。白天见不到喜鹊，说是喜鹊去为牛郎织女搭鹊桥去了。晚上，妇女们常摆巧果和水果供祭，祝贺双星团圆之喜，并向双星“乞巧”。供毕，大家分吃供品，吃了供品会更聪巧。“七”与“乞”谐音，故七夕又称“七巧日”。至2015年，每逢七夕，和桥少量人还有放河灯、坐桥的习俗。

16. 七月十五 古称“中元节”，俗称“七月半”，又称“鬼节”，也称“盂兰盆节”。传说这一天是地狱开门之日，阴间的鬼魂全部被放出来，有主的回家去，没主的就到处流荡，因此，民间有祭祀鬼魂的活动。在这一天，人们给故去的人烧纸钱，怀念他们。晚上还有“放河灯”习俗。河灯是用五彩纸扎灯，形似荷花，花中燃点灯烛放入河面漂浮，说是为收灾降福，祈求平安，尤为超度溺死的小鬼。

17. 七月三十 为地藏王菩萨生日，据说是将放出的小鬼收回地狱。佛寺举行仪式斋僧施食，民间在空地或院内插地香，纪念地藏王诞辰。

18. 中秋节 八月十五中秋节，又称八月半。各家早上吃糖芋头，中午备有荤菜，合家团聚，下午用面粉或米粉做饼吃。另外还要买些月饼、水果、茶点，晚上斋月亮，人们边吃月饼边赏月。中秋节又称团圆节，已被列为我国法定节假日。

19. 重阳节 古人以“九”为阳数，而九月初九的月、日均逢九，故称之为重阳。和桥有吃重阳糕、饮菊花酒和登高辟邪的习俗。1988年，九月初九定为江苏省敬老日，1992年又被定为全国敬老日。届时，镇村分别组织敬老慰问活动，祝老年人健康长寿。

20. 九月二十八 相传九月二十八是火神菩萨祝融的生日。从前镇上东横街为了防火而设有水龙宫，有的称太平宫。水龙宫里面放着报警用的大铜钟和救火用的水龙、太平桶等。人们为了预防火灾，给不常用的水龙进行必要的检修并练习操作，就在每年的九月二十八日进行一次校水龙演习。此习俗至新中国成立后已被消防日代替。

21. 十月朝 农历十月初一，民间称“十月朝”，又称“哭日”。此日凌晨，家人到新去世的亲人坟上供奉糍团，烧纸钱、纸箱、纸衣、纸屋，以表孝心。至2015年，和桥一带做糍团供祭新坟的习俗尚存。

22. 冬至 俗话说“冬至大如年”，与清明一样是祭祖大节，旧时各宗祠祭祖后吃“祠堂酒”。谚云：“若要富，冬至隔夜吃块热豆腐。”农时有“干冬至湿年朝”之说。

23. 冬防月 十二月称腊月，从初一开始，镇上组织专人每晚提着灯笼，敲着木铎，穿街走巷喊叫“寒冬腊月，火烛小心，前门撑撑，后门照照，水缸挑挑满，灶窠划划断，谨防宵小。”直至月底结束，这对提高人们防火、防盗的警惕性，有一定的作用。

24. 腊八粥 十二月初八吃“腊八粥”。相传该日为释迦牟尼成道之日，是佛家最隆重的节日。民间取香谷、芋艿、花生米、红枣、肉骨头、豆类、干果、蔬菜等煮粥吃。这个习俗至2015年，仍被居民沿袭。如化城寺煮八宝粥馈赠施主。

二、人生礼俗

（一）喜庆习俗

凡亲友间有婚庆、生儿育女、升迁、祝寿、砌房造屋，民间都“礼尚往来”以示庆贺，增进友谊。

1. 婚姻

自古以来，人们把婚宴看成是人生的大事。“洞房花烛夜”的婚宴喜庆，是一生中最风光的一天。

以前联姻必择门当户对。有“穷不搭富，绸不搭布”之说。从提亲至完婚，全凭“父母之命、媒妁之言”。富人可以纳妾，穷苦人家无力“明媒正娶”，只能采取领童养媳、入赘、抢亲、换亲等方式联姻。旧时，封建婚姻习俗名目繁多。新中国成立后，随着《中华人民共和国婚姻法》的颁布，封建婚姻制度废除，实行一夫一妻，禁止重婚纳妾，提倡男女平等、恋爱自由、婚姻自由。始时仍有父母干涉现象，后只凭青年男女双方自愿。恋爱称“谈朋友”“找对象”，牵线搭桥者为“介绍人”。双方符合法定年龄和规定，同往政府机关办理婚姻登记手续后，便可成婚。60年代旅行结婚者颇多，70年代提倡并举行集体婚礼，既文明又节俭。80年代起，嫁妆、财礼不断翻新，档次不断提高。先有“老三件”（手表、缝纫机、自行车），后有“新三件”（收录机、洗衣机、电视机）。2000年后又盛行摩托车、金首饰、空调、冰箱、影碟机、卡拉OK演唱机等高档家用电器、商品房、汽车作为陪嫁。迎接动用大小车辆，且以高档轿车为荣。酒筵盛设，多者几十至上百桌，加之发喜糖、喜烟，耗资颇大。讲排场、摆阔气、搞攀比，造成极大浪费。办婚事已成为多数家庭沉重的经济负担。

请媒人　又称托媒，男方得知某家有一姑娘，且年龄、门户相当，便央媒前去提亲。

看人家　女方在托人密访、打听以后，认为可以说亲，由姑娘的至亲择日亲临男家，名曰“看人家”。

合八字　女方同意联姻，出示姑娘年庚八字，由媒人送至男方，男方把姑娘的八字放在灶龛上，三天内家中无物破碎，便请星士“合八字”。

下聘礼　如八字相合，通过媒人谈妥财礼，由男方下聘礼订婚，聘礼多为礼金、衣服、首饰、糕点、果品等物。是日，男方置办订婚酒，宴请媒人和女方人等。

送日帖　双方订婚后，由男方择定成亲吉日，写好“日帖”请媒人于八月十六之前送至女方。日帖用红纸书写，内容为“谨詹于x年x月x日，为令嫒小儿合卺，恭请台恰”等字样，贴封上画“正”字。与财礼一并送至女方。女方必具回帖，上书“谨遵台命”回复。男方置酒待客，俗称“日帖酒”。新中国成立后多不回帖，只是由介绍人带回女方承诺。

待媒酒　成婚日前晚，男方感谢媒人玉成美事，办酒席招待，媒人为主宴，男方亲友陪宴。现今，有的女方也设酒宴待媒。

成婚　旧时迎亲多用红绿花轿，男方上午择吉时鸣放爆竹“发轿”，有鼓手、乐队等随行。新郎坐青布轿一同前往，称“填眼”。新郎进岳家门时需把长衫撩起，忌拖到门槛。进门后需要朝岳父、岳母“四头六揖”，旁有押头“赞礼”。如女方提出“进门钱”“抱舅钱”等，男方可讨价还价，双方协商而定。新娘沐浴更衣、大妆后需坐在被窝里（俗称“焐发”）。待男方付过“抱舅钱”后，先由兄弟抱出，在堂前行尊雁礼，哭着向尊亲辞行。然后再有兄弟抱上花轿。花轿由兄弟及送亲人员及鼓乐仪仗随行。轿至男宅，燃放鞭炮，由喜娘（俗称“送娘婆”）搀扶新娘下轿，用麻袋铺地（取兆“传代”）而入。新娘与新郎共拜天地、高堂、对拜后（俗称“拜堂”）。由喜娘挑头巾（红盖头），吃点心。点心为红枣、花生、桂圆莲子羹，意蕴早生贵子。是日大摆宴席待客，名曰“正日酒”。宴后亲友可“闹新房”，往往至深夜方休。客散回房，夫妻饮交杯酒，并须向父母请安后方可回房共度春宵。

回门　一般结婚第三天（俗称“三朝”），新婚夫妇由新阿舅接回娘家。女方操办“回门酒”，宴请亲友。如因路途较远或交通不便，成婚当日新娘至村口就回娘家，称“当日回门”。

满月　婚后一月，新娘由新郎陪送回娘家，留住一月。其间，新娘赶做新鞋，按夫家人口，每人一双。期满后由新郎接回。

入赘女婿　俗称“招亲”或“招女婿”。男方家贫，兄弟又多，而女家只有姐妹没有兄弟，经人说合，双方协商，男方招致女家为婿，所生子女随女方之姓。

寡妇再嫁　寡妇向来被人认为命凶克夫，受人歧视。如若再嫁，只能夜间进行。若被人看见，则视为不吉利。往往强迫寡妇请“利市”。有的迫于旧礼教，以抢亲形式完婚。新中国成立后，寡妇可以再嫁，但绝不能强迫。

叔接嫂　妇女的丈夫亡故，由亡夫的弟弟娶嫂为妻。

招夫养子　女子丧夫，有子女，有家产，不愿出嫁。男方家贫，人到中年无钱娶妻，经人说合，男至女家成亲，勤劳耕作，抚养子女。

续弦　男子丧偶后再娶亲，称“续弦”。女子嫁这样的男子被称为“填房”。

抱孝亲　男女订婚后，公或婆亡故，未出丧先行成婚，藉以安慰死者，并表示家里有喜事。

2. 生育　宜兴婚俗中，最具喜庆气氛的颜色是红色，最具象征意义的图案是麒麟送子、锦鸳成对、鱼水合欢。这些色调和图案所包含的旨意主要是祝福新人在婚后生活过得红红火火，连生贵子，福禄满堂。其中对子女婚后“早生贵子”是双方家长的核心指向，一旦新娘有了“动静”，则全家喜气洋洋，积极准备新生一代的降临。

怀孕　怀孕在本地语言中称“有养了”“有喜了”。这对于已婚夫妻和双方家长来讲是值得庆贺的大事。旧时缺乏科普知识，婚后能否怀孕生育或生男生女好像责任均在女方。所以对于女方而言，能及时受孕似乎可以让女方及家长大大地舒上一口气。接下来就是祈祷女儿能为夫家生个大男孩，因为这是有关传宗接代的大事情。

旧时，女子怀孕受到普遍关爱，即使是贫困家庭，也会让女方增加一些孕期适合口味的食品，但一般还会坚持适当劳作，不是全程静养。倒是家庭富足的养尊处优，形成营养过剩，带来生养孩子时的痛苦和风险。所以，一旦怀孕了，母亲对女儿会投人更多的关注，女儿也会有更多的时间回来入住娘家。按本地习俗，怀孕女子自怀孕后就少照相，慎用药物，注意放射线辐射，避免吃刺激性食物，不看暴力、血腥、过悲、过喜的影视，以利胎教。民间还有一些普遍的认同，如孕妇懒得动，则俗话所说生“懒丫头”；如孕妇肚子尖则生儿可能性大；如孕妇喜欢吃酸，则生儿，喜欢吃辣，则生女，俗称“酸男辣女”。但不管生男生女，对头生（第一次怀孕）都普遍看得较重。

报喜　十月怀胎，一朝分娩。生了孩子后，女婿到岳母家报喜，以带红蛋单、双数示意生男生女。生男带5个红蛋，生女带6个红蛋。岳母家要回以两罐红糖、熟芝麻、鸡蛋，以示祝贺。亲友送小孩衣服，食品或钱慰问产妇，俗称“送汤”。其中小孩外婆家送萝窠、坐车、衣物等，称“下萝窠”。“十二朝”或“满月”办酒庆贺，称为“监生酒”。办酒前，先备几样荤素菜答谢“监生娘娘”，称之“请监生”。席间主人抱小孩答谢，以红蛋馈客答谢媒人。

送汤　送汤是宜兴方言，这里的“汤”不是汤汤水水的汤，而是指亲友给产妇母子送的礼物。这个礼物大致分三种：一是钱财；二是食物、礼品；三是给婴儿的金银饰品。旧时送汤之礼，比结婚送礼要轻些，一般多为给“舍姆”送只母鸡、肚肺（增加乳汁），加些红枣、鸡蛋等滋补品。也有礼重些的，为婴儿送些衣服、饰品（金玉挂件）、金银手镯、脚镯、项圈，还有一种称为“百眼筛”的银质吉祥物，用银链条或红绿丝线挂在颈项上，上面镶有精巧的算盘、剪刀、照妖镜、银瓜链等表示避邪和古祥，暗喻孩子今后过日子能精打细算，一生吉祥如意。

送汤一般在满月前送好，在满月当天，是婴儿舅家舅舅、舅妈来“下箩窠”的日子。外公外婆当天不可见婴儿。这天，舅家要备糕、粽、团子（口彩为“高中团圆”），并备齐婴儿一年四季的服饰穿戴及尿布，用蓝布包袱包好，也有满月前几天“下箩窠”的。

取名　孩子生养下来后，为孩子取个自己心仪的名字也是双方家长必须在三朝之内完成的“任务”。给孩子取名，一般有如下几种取向：

一是根据家长的喜好，或以植物取名，如松柏、嘉树、梅兰竹菊，或以生肖或动物取名，如鲲鹏龙虎；或以吉祥祺兆取名，如福禄寿禧、康强平顺；也有以节令取名的，如春风夏雨秋硕冬雪；也有与姓氏有关的，如姓王名朝，姓时名代，姓路名遥等等。女孩的取名在本地也常用“仙”“娟”“馨”“妍”“芳”等字组合。

二是根据家长对子女性别的期盼起名，如第一胎是女儿，则喜欢名“来娣”“见男”等，如家中男孩已多，想生个女孩，则取“期珍”“子全”等名。

三是按照阴阳八卦、生辰八字的掐算来取名，包括姓名的笔画数是否吉祥，也有属相的相生相克、八字中缺什么宜补什么的讲究。所以，为了给孩子取名，有些也要请星象师（阴阳先生）谋划一番才能正式取名。如午年出生的属马，生男宜用木字旁字，生女宜用草字头或宝盖头的字；如是蛇年出生，则宜用田字旁、绞丝旁的字。具体起名中的宜忌，星象师的一整套过程较为复杂，有些讲究的去请教“起名社”的先生，也有的在网上作一番查询。

四是在家族排列中，到了某一代，族中尊长都会赐一个字作为同一辈孩子名字的排序记号，以便于长辈来识别某字辈属自己族中第几代子孙。有些远房的亲戚，尽管年龄相差很大，但只要是族中同一“字”辈，则还是以兄弟相称。

五是在新中国成立初期和“文化大革命”这些具有特定政治气氛的时代，取名多带有政治色彩，并成为时尚，如援朝、建国、卫东、卫文、拥军、爱华等等。

六是现时有些家长为了给孩子取个不与人相同的名字，就把夫妻的姓合为一个复姓，再给孩子取个二字或三字的名，这样，孩子的姓名共有四个字或五个字，与人同名同姓的概率大大降低。有的甚至已用上一些字母间隔在中间。这些都已超出本地传统取名风尚的范畴。

旧时，文化人多有姓名、字号。当今有些也会同时给孩子取个字号，认为这样孩子的名字才完整，也符合中国传统文化的习俗，这样如自我介绍要表明：姓×名××，字××。待孩子长大也有再为自己立个斋号的，更显文化气息。

满月剃头　婴儿满月是泛指，不一定是整一个月。男婴一般要足月甚至“双满月”剃头，表示成人后处事老练。女婴一般在20天至30天之间剃头，表示成人后脸皮嫩些。婴儿剃头亦属出生后的重要一环，要请当地技艺高超的理发师。剃头时，婴儿要由姑母抱着，脚下要踩把扫帚，以示驱邪。理发师一边剃头，一边要多讲吉利话，剃下的胎发要用双手搓揉成一个小团团，再用红丝线穿过胎发团，并将其挂在帐门或床头，这样孩子胆子会大些，不易受惊吓，也有避邪的意义；现时也有制胎发笔作留念的。剃头可把头发甚至眉毛都剃光，也可以留头顶一块或脑后一块，称“桃子头”或“米囤”，也有四周不剃，剃中间，称“刘海箍”的发型。

剃好头后，戴上帽子，仍由姑母抱着，撑把大红伞走到街上兜一圈。最好能过过桥，经过几棵大树，甚至要到厕所附近走走。沿途一边走一边讲吉利话，还要给婴儿讲话，经过什么告诉什么，意为长见识，实际也是婴儿第一次社会活动。

剃头当天，男家要办酒宴欢庆，并宴请舅家来人及送汤的亲友，还要给邻居送“剃头面”，邻居们即以长条糕插上柏枝还礼，表示祝愿小孩长命百岁。

另有一种说法，如在农历二月左右生养，可以在“二月二”龙抬头那天剃头，如遇满月在正月或十二月（腊月），有避开此二个月为婴儿剃头的习俗。因为正月剃头于舅舅不利，小孩长大会成“蒸笼头”，腊月剃头则会成为“癞痢头”，这些显然是不足为训的。

满月酒　满月酒指婴儿满月或双满月时，男家设酒宴款待送汤的亲友及媒人、“下箩窠”的舅家人等。此日办酒十分喜庆，最为热闹，当日婴儿可以由母亲抱着与亲友们见面，亲友们一般都会说些赞美和吉利话，以示关爱。在满月酒后的第二天，条件允许的话，产妇要回娘家静养，时间亦有一月左右。其间，丈夫要每天去岳父母家探视，并不时送些营养品去，以示关爱。这一习俗对女性恢复健康至关重要，所以这次住娘家亦是整个生养过程中的重要一环。

百日宴　婴儿满百日时，有再一次宴请亲友的风俗，此时婴儿出生已逾三月，长得健康活泼，越发可爱。与满月时的形象大不相同，可让亲友们再来看看孩子的成长情况，也是婆家、娘家人给亲友们的一个汇报，话外音是我们两家对婴儿的成长都付出了辛苦的劳动。在百日宴当天，一般都会给婴儿照张相，这应该是婴儿一生中第一次照相，以作成长留念。赴百日宴，亲友们一般也会给孩子送些礼品。旧时也有送“百家衣”的习俗，一是因为这个“百”隐含“百岁长寿”的意义，二是因为孩子的皮肤娇嫩，百家衣都是亲友的孩子穿过的七八成新的衣物，比较柔软，孩子穿着会更舒适；甚至也有家长专为孩子做一件真正的“百家衣”，就是用去很多人家要来的零碎布片做件衣服，这件衣服做工十分讲究，每块约7厘米见方、裁成八角形，且要绣上花，非常精美。孩子的外公、外婆一般送上“百家锁”，旧时以银质为多，工艺打造得很精美，大一些的锁头中间是空的，挂链较粗，小一些的为锁片，不管是锁头还是锁片，其两面所刻的文字不外“长命百岁”“吉祥如意”“富贵福禄”等吉语。所谓“百家锁”，照旧俗要到很多人家去讨要一些铜钱，有些还专门与乞丐调换零钱，以作为“百家锁”的象征。

寄亲　“寄亲”就是“认干亲”，相互称“寄爷、寄娘”“寄伢伲、寄女伲”，旧时在本地较盛行。认寄亲一般多见于孩子体弱多病，认个寄爷寄娘，可以有更多照应，添些吉祥。也有父母亲有通家之好的，一方孩子认对方夫妻为“干爹妈”. 更显亲近和谐。不管是何种原因，所认寄亲都选择富贵吉祥人家，且大多也应与孩子的属相相合者，这样的寄亲双方议定后，也要请一个“寄媒”来说合，择吉日（一般选在端阳、中秋两节）带上香烛、糕团礼品，并写好大红寄帖，履行过寄仪式。寄帖格式一般为竖式。（式样见图示）仪式毕，寄爷寄娘也要回礼，一般是为寄儿、寄女从头到脚换上新衣、新鞋帽，并回寄单一张。之后，逢年过节都需要到寄爷寄娘处“尊节”，寄娘家要设宴款待，这样一来一往走得勤的，往往寄子可胜亲子。但由于多种原因或年代久远了、孩子长大了，寄亲疏远了，也会成为“不来不往陌生人”。

另有一种寄亲是孩子生下后为了保其健康成长，家长就择吉日到寺庙将孩子寄给观音大士或祠山大帝或监生娘娘。这样的寄亲每年都要带土供品礼敬，一直要到孩子结婚再找一个“赎身”寄娘。

21 世纪后，由于实行计划生育政策，家庭独生子女较多，加之生活条件提高，寄亲风俗又逐渐盛行。（附寄单式样）

承礼过寄何所祝
富且贵分寿而福
更姓取名×××
百年长享千钟禄

祝福如东海长流水
观音大士座前取名×
××吉祥如意日
寿比南山不老松

剥壳　为预防天花，民国初期为小孩种“鼻花”，后改为种牛痘。由舅家备粽子和 2 支竹笋为小孩“剥壳”，以示小孩种花后的结痂早日剥落。剥壳视家境贫富，另加 6 ~ 8 样带壳干果不一。20 世纪末，又兴起每年为不同生肖“剥壳”，所备物品为爆竹及十余种带壳果品。2010 年后，已不时兴。

3. 祝寿　旧时向以 36 岁为“全福全寿”，要做寿庆贺，一般富户如此。后除 40 岁，每逢整十岁做寿一次。所谓“有钱三十老人家，无钱八十要推车”。做寿有双寿和单寿之分。夫妇一方庆寿为单寿，夫妇同龄，择其一方生辰合贺为双寿。因有逢十便“凑钱满贯”之说，故有做九不做十的习俗，如 49 岁做 50 大寿，59 岁做 60 寿庆。父母做寿，出嫁的女儿必为老人添置新衣、鞋帽、送寿面。至亲好友以寿幛、寿联、寿轴、寿桃、寿面、爆竹等为贺礼。寿庆之日，贺客盈门。堂前挂有寿星图和金色大“寿”字，旁有“福如东海长流水，寿比南山不老松”寿联。供桌上焚香点烛，摆有寿面，寿桃等供品。“寿星”正襟危坐，接受小辈跪拜及亲朋好友祝福。中午设宴招待亲友，并把“长寿面”分送乡邻。乡邻回赠长糕一条、柏枝一束，祝福主人长命百岁。旧时有些官吏和地方恶霸，常以做寿为名，向当地老百姓及富户发贴，以敛钱财，被称之为“打秋风”。新中国成立后，人民生活不断改善，也兴祝寿之风，从小孩周岁开始，岁次不一，直至百岁。20 世纪 80 年代至 90 年代农村也有少数家庭包场放电影，与村民同乐。近年来除家庭庆贺外，还到电视台（站）点歌播放，或请戏班子演出，以示祝贺。

4. 砌房造屋　旧时开工前先请“风水先生”选宅基、定门向，择破土吉日。动工前，先祭土地神，办“开工酒”宴请作（工）头。上梁（即安放第一根正梁）时，正梁左、右贴上“上梁恰逢黄道日，竖柱巧遇紫微星”红纸横对，有的在墙、柱上贴“姜太公在此，百无禁忌”红条。木工用红布将“法皮立定”（龙骨车取水的叶片）系在正梁正中，意寓既发又稳。然后燃放鞭炮，由泥、木工手捧方盘边凳梯子边说吉利话，把舅家所送糕、粽、团、果向东、南、西、北四方抛撒(俗称抛梁)。主家夫妇用红绸被面张好,木匠把余下的糕、粽、团、果等抛下,称为“接宝”,取招财进宝之意。主人给工匠包喜俸,并设席宴请。屋面盖好称“出水”,亲友送“份子”,主人设宴请客待匠。进屋隔夜,先要“暖屋”,主人邀亲友6人或8人,晚餐后聚集,聊家常,搞娱乐,看电视,通宵达旦。次日拂晓、择吉时行进屋仪式。其时,新屋里要烧一锅粥,有红枣及汤圆等,意为甜甜蜜蜜、团团圆圆,在粥锅溢出时(取意“满”),燃放鞭炮再进屋。依次为蚊帐(意为“涨”)先进门,主妇手拎背篓(淘米篮)紧随其后,内装米饭及糕团(意为万万年,团团圆),后跟节节高及内装鲤鱼、猪肉、米粉做成的金龙2条等物的蒸笼等,进屋人数为6~8人。早餐后分头置办“进屋酒”,宴请贺宾。

(二)丧葬习俗

新中国成立前的丧葬形式烦琐,且具有浓厚的封建迷信色彩,以贫富分简繁。新中国成立后,人民政府逐步进行殡葬改革,反对封建迷信,提倡丧事简办。1964年8月,宜兴火葬场建成后,改棺木土葬为火化。

1.停床 死者临死前先移床换褥,焚烧灯笼、路图。死后请“举重”,也叫脚班,为死者换下脏衣服。死者头向大门停放,用表芯纸盖面,双手握锡箔元宝锭,胸前置秤一杆,备镜一面,床底下点“长明灯”一盏。

2.报丧 俗称“报死信”。报信人不得进亲友家门。接信人家以鸡蛋汤或糖茶招待,女人哭吉利话以取吉祥。

3.斜书 以死者年庚及逝世时日,请卜卦人推算入殓时有无冲犯重丧恶煞,写黄纸贴于门墙,入殓时撕下放入棺中。

4.买水 入殓前,孝子由“举重”陪往河边,焚烧纸锭祭拜河神后,“买水”回家将水烧温,由亲人为死者洗脸、沐浴、梳发三下(动作虚拟),然后由“举重”给死者换衣、戴帽、穿鞋袜。一般穿衣五件或七件(成单),贫者着布,富家着绸,官着朝服。

5.丧服 死者亲属按亲疏嫡庶分“斩衰”“齐衰”“大功”“小功”“缌麻”,称“五服”。祭吊时罩在白孝服外面,请村中夫妻双全,子孙多的女长者为亲属着孝服,俗称“上孝”。其余亲友以辈份长幼分发“白扎头”(女用)及白、蓝、红布帽。

6.开吊 即“开丧门”吊唁者送吊礼(白份),在灵前行跪,孝子匍匐灵右答礼。中午宴请唁宾,素菜以豆腐为主,荤菜多少视贫富而定。子孙多的年老长者死后,称为“好福气”,吊唁者和村人邻里吃过“素饭”后,用法碗盛以饭菜带回,以期小孩吃后能长寿多福。

7.讨七姓 丧家选定村上不同姓的人家7户,由“举重”隔夜预约,在其门前送白布一块。被约人家准备好米、麦之类谷物。出殡之日上午,“乐苏班”沿途吹奏,孝子在端“裕牌”(神主牌)的亲属等一行人陪同下,挨户跪接,以取吉兆。若死者值81岁,其子孙有沦为讨饭人之说。为冲煞其不祥之兆,丧家之子按人数多少,事先预约相应数户,由“举重”陪同扮成乞丐模样,上门乞讨,被约户赐以事先准备的糕、粽、团、柏枝等物,以示乞讨生涯已过。

8.出殡 一般丧家停柩3~5天,孝子在灵柩边守孝。出殡时,先祭奠、动鼓乐、放爆竹,后举棺、发仪仗。孝子穿麻衣,系草绳,手持哭丧棒(俗称“哭竹棒”)大女婿(女性亡者由内侄)端灵位,门口点火堆,撒石灰线然后按“下日光”(西)路线抬棺出村。孝子由人搀扶着弯腰低头送殡,唁宾着素服,列后陪同缓缓而行。途经亲友门前,由亲友设祭行礼,曰“路祭”,送殡人跪下哭嚎。出门至墓地须停柩祭奠3次,途径村庄及桥梁要燃放鞭炮,沿路抛撒纸锭。

9.安葬 “入土为安”是中国老百姓的传统观念。事先请风水先生择地、定向口、择下葬吉时。棺近墓穴,女、婿超前,谓之女儿“抢坟头”。棺木入土前,儿女要跳入墓坑中跪烧纸钱,称“焐坑”,并丢些钱币(曰“垫背钱”)。棺木按时下葬,忌人影压在坑内。“举重”挖墓坑的第一耙土曰“头耙土”,须用盖在灵柩上的红布包好,连同灵牌由孝子抱回家中。“举重”把坟壅好后设祭。清明前做坟头、立碑。

10.回丧 葬后回家时,儿媳走在前面,谓之儿子“抢门头”。回丧不能走出殡原路,应从“上日光(东)”回家。送殡人脱去孝衣、帽,踏梯入门,由人边说好话边递糕片、糖茶食之。中午,丧家要请“利市酒”,答谢关心和帮助操办丧事的亲友。

11.上坟 葬后三日上坟叫“复三”,百日上坟称作“做百”,死后1周年称“忌年”,都要祭奠。20世纪末,一般在葬后即刻上坟,三日并作一日。

12.做“五七” 从死者咽气日起,每7天为一“七”,逢“七”必祭。第5个“七”最隆重,由女儿出钱操办,到父母坟前祭奠,请僧道行念佛诵经、拜忏、放焰口、破地狱(男)、破血湖(女)、过仙桥等佛事,并“化库”(焚烧芦扎纸糊的房屋、家俱、衣帽、鞋袜等),给死者在阴间享用,以求冥福。20世纪70年代后,农村改棺葬土埋为火化骨灰土埋,部分村建起骨灰存放室。20世纪末起,和桥镇建有“蒋山公墓”,集中存放骨灰。因此,也有人家在出殡后就立即“化库”。

13.立碑 旧时给立墓碑的亡者,常常是生前有功绩,或是在乡邻、地方上有较高声望的,或出身在书香门第、官宦之家。20世纪90年代后,一般民众百姓亡故安葬后,家属都会给立碑。民间早先用的石碑多为天然麻石(花岗岩类)、青石等不易被腐蚀风化之材质。90年代后,大都用大理石或高档花岗岩。(有的是请地方上名士、书家题写,有的是十分简陋的石碑,普通水泥板等。)碑铭格式,通常由右向左,分四竖行镌刻;第一行为亡故者生卒年月日;第二行为碑题,写亡故者姓名;第三行写立碑人;第四行写立碑时间。碑文书体为正楷或魏碑隶体,直行刻写。旧时碑题用词,头一个字一般用“故”,对亡父用“显考”“公”“太公”“府君”等词;而亡母则用“显妣”“母”“氏”“太夫人”“老太”“老太孺人”等词。21世纪后,则用“先父”“先母”。有的还在正面镶嵌亡者瓷像,背面刻写亡故者生平简历、功德,或文言或白话,甚至诗赋、亡者生前座右铭等。旧时立碑一般要请风水先生看墓式形制,定朝向,定动土时间。宜兴风俗,新坟立碑的时间,都在埋葬后三年的清明前或冬至前。90年代,死者火化后骨灰落葬公墓前,家属就已联系立碑事宜,到时落葬仪式与立碑同时完成。如果老夫妇有一人先亡故,儿女暂不为其立碑,俟夫妇双亡合葬后再立碑;也有一人先亡故立碑的,刻碑时将健在者姓名也刻上,只是颜色上和亡者有区别。

14.特殊葬俗 旧时,小儿夭折,称“讨债鬼”,陈尸于地,简单包裹后,置于缸瓮,埋葬于河边野地;有的只是请人简单用草席一卷,扔在荒野了事。10到15岁的儿童死亡后可用木匣盛殓在地头埋葬;15到20岁的青少年,凡未婚死者,可用棺材盛殓,其棺木要刷为红色,葬在地头或祖坟后的不远之处,俗称“小丧”。以上未成年者死亡叫做“童丧”“少亡”,一律不举行任何丧葬仪礼,也一律不许葬入祖坟坟地。民间以死后能入祖坟为做人的起码条件之一,所以,过去从事贱业的人,如优伶、娼妓及暴病、凶死等,非正常死亡的人,均不得入祖坟。

死于他乡者,旧时则尸体不准入村,灵棚要搭在村外,或直接搭在坟场,其丧事也较简单。此民俗禁忌影响较深。进入21世纪,仍有些因病住医院的老年人病危时,家属会向医生请求,希望尽量延续生命,以保证能回家临终,不愿老人死在医院;有的干脆自动出院,赶紧把病人往家里抬。如果在医院死亡时,家属会请殡仪馆来车,把尸体运至殡仪馆。

旧时,因为要选择吉日吉地安葬或其他原因暂时不落葬,将棺材停放在家或家祠、庙宇里,叫“搁棺”或“停棺”,时间一般从七天、十几天到数月、数年不等。相反,有些落葬数十年后,因坟地被征用或后人吊唁不方便或其它原因需另选葬地的,则叫“迁坟”,又叫“启攒”;将尸骨捡出,装入甏中,叫“拾骨”,又叫“洗骨、拾金”,然后易地移葬。迁坟一般要请风水师选择荒岛吉日吉时,破土前及迁葬后都要举行祭奠仪式。

旧时渔民如父母亡故,丧俗规矩极严。若亡于船上,子女会在岸上购地落葬,戴孝方式与本地岸居风俗相同,但戴孝最少时间不低于3年,一般子女须为亡母戴孝8年,为亡父戴孝5年。孝期满后,亦采取“扎库”焚烧,告慰亡灵,脱孝人发红头绳以示尽孝。若渔民不幸葬身河湖,又无法寻回尸体,家属就会扎稻草人代尸,穿上死者生前的衣服,在家中摆设灵堂祭奠,并请道士为死者招魂。事后次日,亲属把稻草人放入棺材,送到墓地落葬。若岸上人淹死河中,人称“淹死鬼”。待尸体找到后,不可把尸体抬进家,只能停放在门前屋檐下办丧事。且以后祭祖时,亦不准上大台子,只得坐小台子。

15. 新的葬俗 随着时代的发展,社会越来越文明。有人家一定要实现亡者生前立下捐献遗体的遗愿,有人家将死者骨灰抛撒于江河湖海,或瘗入大树根下。这是新时代的葬俗。

(三)日常礼俗

宜兴人自古“俗重礼信”,十分重视日常生活中的言谈举止,并在人际交往、待人处世、居家交友中形成较为系统的社交礼俗。随着社会的发展,这一礼俗发生了很大变化。

1. 问候 宜兴民间交往中的问候讲究长幼尊卑,表达谦恭礼仪,体现互相关心,显示密切关系。在不同场合、对不同对象有不尽相同的问候方式:可以说“早”“吃饭覅(吃饭没有)”“哪搭开(哪里去)”,这是宜兴人特有的问候语;可以用肢体语言,即点头、招手、握手、抱拳、欠身、脱帽、拉拉手、拍拍肩(对平辈或小辈)、摸摸头(对小孩)等形式表示友善;可以用书面交流,即书信问候,现今大多用手机发短信问候,一般使用的日常敬语有“恭祝身体健康”“阖家幸福”“生日快乐”“愿你一生幸福,快乐每一天”等。

对长辈、老师或年纪大的人,走路相遇时会停下脚步,按俗规问候长辈,得到长辈应允后离开。麻烦别人称“打扰”,求人方便称“借光”,托人办事称“拜托”。如果在自家门口遇有亲朋好友经过,主动招呼“进来坐坐”“进门吃杯茶”“弄筒火(抽支烟)再走”。

2. 待客

请客 发请帖,表明主人请客重要,被请人一定按时出席。请客地点在饭店或宾馆的喜宴,一般提前半个月发请柬。公事中比较隆重的宴请,提前发请柬。一般请客,通常是口头或电话联系被请人。

迎客 一般在家门口热情迎接,致以问候,将客人让进屋内。若有他人在场,作相应介绍。

敬茶 先请客人落座,主人再坐下。最好当着客人的面用开水烫洗茶杯(茶壶)。茶泡好后,双手端茶杯送至客人面前,说“请用茶”。茶水不会一次性倒得太满,避免溢出。

交谈 客人(到访者)有事登门,主动围绕事情主题交谈。朋友间的叙谈,找双方感兴趣的话题,不会只谈自己关心的事。别人讲话时认真听,眼睛看着对方,不东张西望表现出不耐烦的样子。不随便插话,不频繁看钟表,以免对方误解逐客。

设席 宴会餐桌上的席位十分讲究,民间宴请讲究主次等第,面南为首席(俗称“上座头”),也有面门为首席的。现今在饭店、宾馆宴请常以餐巾折成凤凰形状插入杯中,该杯所在位置即为首席。主客、长者及上级请其坐上座,如都为平辈及平级的按年龄安排上座,晚辈及下属往下排,随便坐。重要的公事宴请,有摆席位卡的,依次就坐即可。

敬酒 宴请开始,主人首先举杯相邀,宾客相应举杯。敬酒时,自己的酒杯略低于对方的酒杯,尤其是晚辈给长辈、下属给领导敬酒,酒杯要低,轻轻一碰就行。干杯,一般是先碰杯,然后象征性地喝一口。主人站立斟酒,不要斟太满(宜兴有“茶七酒八”的说法,酒斟八成),先斟给首席。以往斟酒时一手托壶,一手护壶,以示尊敬。现很少用酒壶,直接用酒瓶斟酒:喝酒时也有行酒令的,为的是烘托现场气氛。喝酒不强人所难,不会饮酒的可选择茶水、饮料。2012年后,开车不喝酒,喝酒不开车,严禁酒驾。主人掌握分寸,不饮过量之酒,切忌硬劝强灌。主人一般不首先离席,如若这样,客人就不好意思再吃了。

送客 客人告别时,主人一般说“再坐坐”。客人起身后,主人起身相送。一般送到大门口,居高层的送到电梯口。主人应向客人挥手致意,目送客人离去。客人一般会说“请留步”,主人一般回答“恕不远送”。客人走后,主人再目送一会儿,待客人回头再谢或走远后，回家并轻轻关上大门。

3.送礼 民间往来中，送礼是十分普遍的。宜兴人信奉“礼尚往来”，讲究“礼轻情义重”。逢四时八节、砌屋搬迁、婚丧喜庆、生日大寿都要送礼。依据亲疏关系，礼品轻重各有不同。一般红、白事送礼备有礼簿，详细登载送礼人的钱物数量。一般采用等量、同额还礼，还礼也有加码，还要凑个吉利数字。在送礼俗规中，丧礼不计多少，不许退回。其他礼品可以收下一部分，退回一部分。宜兴的传统习惯是接过礼物不立即打开包装，待客人走后再打开。若办喜事，在客人告辞时，有的主人会回赠一些礼品或红包。

20世纪80年代后，一度送礼风极盛。升学、参军、招工、调动、升职、看病、托人办事、承包工程等都要送礼，并把这类送礼称作“进贡”“烧香”，目的是拉关系、开后门、巴结上司、促成交易。尤其是送红包，导致行贿受贿数额越来越大，把礼尚往来的送礼引向歧途。2013年后，在大力惩治腐败的高压态势下，这类违法乱纪的送礼现象受到强有力的遏制。至2015年，祝贺生日送礼，有贺卡、蛋糕、鲜花等；祝贺结婚、生孩子，除送“份子”外，还送洋娃娃等。探望病人送鲜花、水果、补品；祝贺开业，送花蓝、匾额等。

4.交往 交往，简单来说就是互相往来，具体表现为礼节、礼貌、仪式、仪表等。在社交场合中，宜兴人秉持真诚和尊重，讲究平等和适度，不厚此薄彼，不以貌取人，讲究自律，诚实守信，重礼守时。

“远亲不如近邻”这句话是说宜兴人普遍重视邻里相处，以礼相待，以礼相交，相互谦让，相互关照。农村中的邻居历来有“串门”的习俗，“串门”属于不请自来，主人没有“欢迎”之类的客套话，客人也很随意。经常有人端着饭碗上邻居家，看到自己要吃的菜夹上一筷，俗称“摇饭碗”。邻居之间每次相遇都要打个招呼，尤其是一段时间没见面，更会亲热地聊上几句。离家外出时，会与邻居打个招呼，请邻居帮忙照看一下。邻里遇红白喜事、兴工砌屋等大事，都会主动帮忙，有的“出份子”，有的“盘工（相互帮工）”。邻居生病或是遇其他意外，也会带上慰问品上门探望。邻居家发生婆媳不和、夫妻吵闹、兄弟打架等纠纷，主动前往劝解、说和。邻居家借用家什、用具，乃至米面油盐之类，慷慨应允。借者遵循“有借有还、再借不难”的准则及时归还。21世纪后，城区尤其是新小区、高层建筑区，邻居之间往往不熟悉，邻里交往不热络，甚至出现不相往来的状况。近几年来，城镇街道积极推行“共建和谐社区”的精神文明建设，发挥小区“睦邻点”作用，城镇的邻里关系有了较大程度的改观。

出入公共场合或参加重要的社会活动，宜兴人十分注重自己的仪表、仪态。在人际交往中注意入乡随俗。上门拜访礼貌叩门，一般轻叩两下，或按一下门铃。主人开门相邀后人室，主人请坐后落座。坐的姿态讲文明，不跷脚搁脚，不腿脚乱颤。主人奉茶，双手接过。非主人邀请，一般不进入主家卧室，不随意坐在主家床上。

旧时访友要投帖，20世纪90年代起用名片。初识以相互交换名片为礼节，交换时双手送、双手接，接后认真看一下名片，然后放入衣袋或提包。如没有名片，简单地作自我介绍。

过去师生、师徒之间礼仪严格。学生见老师要九十度鞠躬，老师让坐才能坐。路遇老师，除施礼问候外，还要让路，垂手恭立路边。逢中秋节和新年，家庭条件较好的学生家长要设宴款待老师。行业收徒礼仪相当隆重，要行叩拜之礼，方能收为门下弟子。师傅家有大事，弟子必定到场。师傅生病，弟子侍于榻前。

旧时茶馆、饭庄是普通市民交往的主要场所。21世纪起的交往仍讲究“吃一顿”，不过交往形式丰富许多。例如校友会、战友会、同乡会、联谊会、研讨会等。在人际交往中，提倡使用“您好”“请”“谢谢”“对不起”“再见”十字文明礼貌用语。

（四）人际称谓

从古代的姓氏、名字到今天的姓名有着非常复杂的演变过程，也构成了人类社会关系中人际交往间纷繁的“称谓”基础。称谓，就是对人的称呼，是民间礼俗的一部分。无论是亲属称谓(有直系、旁系亲属之分)或社交称谓(人际关系更为纷繁复杂),在不同的时代都有一套约定俗成的语境规矩。它随人们在社会关系中所处的不同角色而变化,也随着时代的变化存在差异。民间称谓在不同地方由于方言词汇的不同,也会在名称上有一些变化,但各类亲属和人际关系的称呼有其脉络和规律。

1. 父系的称呼

父系的称呼如以下简表所述。

父系称呼

表 5－4

序号	关系	称呼	俗称	自称	序号	关系	称呼	俗称	自称
1	父之曾祖父母	高祖父母	太太公、太太婆	玄孙	8	父	父亲	大大	儿、女儿、伢伲、女伲
2	父之祖父母	曾祖父母	太公、太婆	曾孙(重孙)	9	父之胞兄嫂	伯父、母	阿伯、阿姆娘(按排次)	侄、亲侄子
3	父之父母	祖父母	公公、亲娘	孙子	10	父之胞弟、弟妇	叔父、母	阿叔、婶婶娘(按排次)	侄、亲侄子
4	祖父之兄弟及其妻	伯叔祖父、伯叔祖母	伯公、叔公、婆婆、叔婆、亲娘	侄孙、侄孙女	11	父之姐妹及其夫	姑妈、姑父(姑夫)	伯伯、姑夫	内侄
5	祖父之姐妹及其夫	祖姑母、祖姑父	姑婆、姑公	内侄孙、内侄孙女	12	姑父母之子女	表兄弟姐妹	表阿哥、表弟子(则)、表阿姐、表妹子(则)	表兄弟、表姐妹
6	祖父兄弟之子	堂伯、叔	阿伯、阿叔(按排次)	堂侄子	13	同胞兄嫂	胞兄嫂、阿哥、嫂嫂	阿哥、阿嫂	弟则、弟、小弟
7	祖父兄弟之孙、叔伯之子	堂兄弟	堂兄弟	堂兄弟	14	胞弟、弟妇	胞弟、弟妇	弟则、弟妇(弟妹)	阿哥、兄、小兄

2. 母系的称呼

母系的称呼如以下简表所述。

母系称呼

表 5－5

序号	关系	称呼	俗称	自称	序号	关系	称呼	俗称	自称
1	母之曾祖父母	外高祖父母	太太舅公、太太舅婆	外玄孙、外玄孙女	10	母之姨兄弟及其妻	姨舅父、姨舅母	表姨舅、表姨母	姨外甥(女)
2	母之祖父母	外曾祖父母	太舅公、太舅婆	外曾孙、外曾孙女(外重孙及外重孙女)	11	母之姐妹及其夫	姨父母	姨父(姨夫)、姨娘	姨侄

续表 5-5

序号	关系	称呼	俗称	自称	序号	关系	称呼	俗称	自称
3	母之父母	外祖父母	舅公、舅婆	外孙、外孙女	12	舅父母的子女	表兄弟姐妹	表兄弟姐妹	表兄弟姐妹
4	母之伯叔父母	外伯叔祖父母	舅公、舅婆	外侄孙、外侄孙女	13	表兄弟之妻	表嫂、表弟媳	表阿嫂、表弟妇	表兄弟姊妹
5	母之姑父母	外姑祖父母	姑公、姑婆	外姑侄孙、外姑侄孙女	14	姨父母的子女	姨表兄弟姐妹	表兄弟姐妹	表兄弟姐妹
6	母之姨父母	外姨祖父母	姨公、姨婆	外姨侄孙、外姨侄孙女	15	姨兄弟之妻	姨表嫂、姨表弟媳	表阿嫂、表弟媳	表兄弟姊妹
7	母	母、母亲	恩娘、妮娘、姆妈	儿、女儿、伢伲、女伲	16	表姐妹之夫	表姐夫、表妹夫	表姐夫、表妹婿	表舅
8	母之兄弟及其妻	舅父母	娘舅、舅母	外甥(女)	17	姨姐妹之夫	姨表姐夫、姨表妹夫	姨姐夫、姨妹婿	姨表舅
9	母之表兄弟及其妻	表舅父、表舅母	表娘舅、表舅母	表外甥(女)					

3. 妻系的称呼

妻系的称呼如以下简表所述。

妻系称呼

表 5-6

序号	关系	称呼	俗称	自称	序号	关系	称呼	俗称	自称
1	妻之曾祖父母	岳曾祖父母	太老丈人、太老丈姆	曾孙婿	8	妻之兄弟	内兄弟	阿舅	姐夫、妹婿
2	妻之祖父母	岳祖父母	太丈人、太丈姆	孙婿	9	妻之兄弟之妻	内嫂、内弟妇	阿舅姆	姐夫、妹夫
3	妻之父母	岳父、岳母	丈人、泰山；丈姆娘、泰水	婿	10	妻之表兄弟	内表兄弟	内表兄弟	内表兄弟
4	妻之伯叔父母	伯叔岳父母	伯丈、伯丈母；叔丈、叔丈母	侄女婿	11	妻之表兄弟之妻	内表兄嫂、内表弟媳	内表阿嫂、内表弟妇	内表兄弟
5	妻之舅父母	舅公、舅婆	舅公、舅婆	外甥女婿	12	妻之姐妹	大小姨娘	大小阿姨	姨夫

续表5－6

序号	关　系	称　呼	俗　称	自　称	序号	关　系	称　呼	俗　称	自　称
6	妻之姑父母	姑公、姑婆	姑公、姑婆	内侄女婿	13	妻之姐妹之夫	襟兄弟	连襟、大哥、二哥	襟兄弟
7	妻	妻、贤妻、夫人	老婆、老嬷、老伴、细佬他娘、家里（屋里）人	—	—	—	—	—	—

4. 平辈的称呼

平辈的称呼如以下简表所述。

平辈称呼

表5－7

序号	关　系	称　呼	俗　称	自　称	序号	关　系	称　呼	俗　称	自　称
1	夫	夫、丈夫、夫君、夫婿、郎君	先生、当家佬、老公、老倌、官人	丈夫、老子	11	妻对夫之兄弟	夫兄弟	伯、叔（按行次）	阿嫂、弟媳（弟妇）
2	妻	妻	见妻系	—	12	姐	姐、姐姐、×姐、女兄	阿姐	姐、兄
3	平辈长于自己的	兄	按其亲属划分	—	13	姐夫	姐夫、姐丈	姐夫	姐丈、兄
4	同胞哥哥	胞兄	见父系	—	14	妹	妹、妹妹、×妹、女第	妹子(则)	妹、弟
5	叔伯哥哥	堂兄	见父系	—	15	妹夫	妹夫	妹婿	弟
6	本家哥哥	族兄	按行次称哥	弟弟（弟则）	16	兄弟之妻之间	妯娌	弟之妻称兄妻为姐，兄之妻称弟妻为妹	嫂（阿嫂）、弟媳(弟妇)
7	妻子的兄弟	内兄弟	见妻系	—	17	结拜之兄弟	盟兄弟	把兄、义兄、老大、把弟、义弟、小弟	盟兄弟
8	妻子姐妹之夫	襟兄	见妻系	—	18	寄父之子	干儿子	寄伢妮	荫弟

续表 5－7

序号	关　系	称　呼	俗　称	自　称	序号	关　系	称　呼	俗　称	自　称
9	姑母或舅父之子	表兄	见父、母系	—	19	无亲戚关系、不拘年龄均可称兄	仁兄、同年兄	—	弟
10	姨母之子	姨表兄	见母系	—	—	—	—	—	—

5. 小辈的称呼

小辈的称呼如以下简表所述。

小辈称呼

表 5－8

序号	关　系	称　呼	俗　称	自　称	序号	关　系	称　呼	俗　称	自　称
1	儿子	儿、儿子、相公、小官人（“人”白读为“宁”）	伢妮、或叫乳名或名字	老子、老父	8	甥媳	外甥媳	外甥媳妇	娘舅、舅舅
2	女儿	女、女儿	姑娘、女妮、丫头、黄花闺女	大大、老则、老父	9	孙和孙女	孙、孙女	孙子、孙女妮	公公、祖父
3	儿媳	媳妇	媳妇	阿公、公公	10	孙媳	孙媳	孙媳妇	公公、祖父
4	女婿	女婿	小婿、快婿、东床	丈人、岳父	11	孙婿	孙婿	孙女婿	公公、祖父
5	侄、侄媳、侄之子	侄、侄儿、侄媳、侄孙	侄、×侄（行次）、侄媳妇、侄孙	堂阿伯、阿叔、堂伯公、叔公	12	外孙、外孙女	外孙、外孙女	外孙、外孙女	舅公、外祖父
6	侄女侄女之夫侄女之子	侄女女侄侄婿侄外孙	侄女侄女婿侄外孙	堂阿伯、堂阿叔、舅公	13	曾孙	曾孙	重孙	太公、曾祖
7	甥和甥女	外甥（女）	外甥	娘舅、舅公	14	玄孙	玄孙	徽孙	太太公、高祖

6. 姻戚的称呼

姻戚的称呼如以下简表所述。

姻戚称呼

表5－9

序号	关　系	称　呼	俗　称	自　称	序号	关　系	称　呼	俗　称	自　称
1	媳之父母婿之父母	亲家、亲家母	亲家公亲家母	姻弟	5	姐妹之翁姑	老姻翁(母)	老姻翁、老姻母	姻侄、姻晚
2	亲家的父母	老姻翁(母)	老亲家、老亲家母	姻侄、姻晚	6	姑丈之兄弟	表伯叔	伯伯、叔叔	表侄
3	媳之伯叔婿之伯叔	姻兄	亦称×亲家	姻愚弟	7	表兄弟之子女	表侄(女)	表侄子表侄女妮	表阿伯、表阿叔

7. 师友的称呼

师友的称呼如以下简表所述。

师友称呼

表5－10

序号	关　系	称　呼	俗　称	自　称	序号	关　系	称　呼	俗　称	自　称
1	老师	业师、夫子、恩师、老师	先生	学生、受业门人	6	子之老师	老师	先生	世弟
2	老师之妻	师母	师母娘	学生	7	学生	贤契、仁弟	老棣台	友生
3	老师父母	太老师、太师母	太师、太师娘	小人、小学生	8	学生之父母	仁兄、仁嫂	仁兄、仁嫂	世弟
4	老师之子媳	师兄、师嫂	师兄、师嫂	世弟、晚生	9	朋友夫妇	仁兄、仁嫂	仁兄、仁嫂	世弟、晚生
5	老师之女及婿	师姐妹、师姐夫、师妹婿	师姐妹、师姐夫、师妹婿	世弟、晚生	10	朋友之子女	世兄弟、世姐妹	大兄、世兄、老弟、世弟、世姐妹	世弟、晚生

8. 对陌生人的称呼

对陌生人的称呼如以下简表所述。

对陌生人称呼

表5－11

序号	对　　象	称呼(口头)	
1	老年人	男	公公、老公公、老师傅、老先生、老同志
		女	婆婆、老婆婆、老太太、老同志
2	比自己父亲大者	男	伯伯、老伯伯、老太太、老同志
		女	阿姨、阿姆娘、伯伯、太太、女同志
3	比自己父亲小者	男	叔叔、阿叔、师傅、同志
		女	阿姨、姨娘、同志
4	与自己年龄相同者	男	仁兄、老兄、老阿哥、贤弟、老弟、师傅、同志
		女	阿姐、老阿姐、老阿嫂、同志

续表 5－11

序号	对　象	称呼(口头)	
5	儿童	男	细佬、小朋友
		女	细丫头、小朋友
6	青年	男	小伙子、年轻人、老板、小师傅、同志
		女	大小姐、女士、老板娘、美女、女同志

9. 其他称谓　由于称谓系统本身十分复杂，加上社会的大变革，古今称谓大相径庭。这里的其他称谓指某一方面的专用称谓。如宜兴民间所指“十八代”有其特定内容。上序依次为父、祖父、曾祖、高祖、天祖、烈祖、太祖、元祖、鼻祖；下序依次为子、孙、曾孙、玄孙、来孙、昆孙（又叫“舅孙”）、仍孙、云孙、耳孙（又叫“玄玄孙”）。“株连九族”的九族，是指高祖、曾祖、祖父、父、己（自己）、子、孙、曾孙、玄孙。“秉公断案，六亲不认”的“六亲”，古时却有特定内容。再如“小姐”的称谓，不同年代、不同场合有不同的理解。20 世纪 80 年代后，一般是对年轻女子的尊称，但当卖淫嫖娼之风露头后，“小姐”一词又被作为贬称，在某些场合忌讳使用。宜兴人对佛教寺庙中的僧人通称和尚、师傅，对尼姑称师姑。专门称谓还有许多，如古今年龄称谓、官职称谓；古代科举制度下的解元、会元、状元等称谓；现代学位的称谓；还有小名、绰号等等，不一而足。

三、生活习俗

1. 饮食　和桥境内向以大米为主粮，一日三餐，早、晚为粥，中午为饭，有时吃菜粥、菜饭、面食以调节口味。夏收后吃面食较多。4—9 月，白天时间较长，干活农民下午要补充进食，谓之“吃点心”。民国期间，贫困农民粮食不足以常年果腹，有“稻场饱”“麦场饱”之说。农闲时节，常一日两餐，以粥为主，兑以菜类。新中国成立后，除 1959 年至 1961 年（三年困难时期）外，皆得温饱。1978 年后，由吃饱向吃好转变，并讲究营养。平时蔬菜，冬春以白菜、青菜、芹菜、大蒜、洋葱、塔菜、韭菜、莴苣、萝卜、菠菜为主，苋菜、青蚕豆、蒜苗为时鲜菜。夏秋以长豆、四季豆、扁豆、青蚕豆、西红柿、茄子、菜椒、小青菜、蓠菜、空心菜、冬瓜、丝瓜、黄瓜等为主。荤菜以猪肉为主，鸡、鸭、鹅、蛋及牛、羊肉为辅。水产品以鱼、虾为主。白虾、毛蟹为秋令时鲜，秋冬季节还有黄雀、野鸡、野鸟、野兔等野味成为待客佳品。一年四季，豆腐、百叶也为常菜。一般农户春季腌制芥菜，秋冬腌制白菜，用瓮头腌制萝卜干、雪地红。风白菜也有见。夏季农家常用黄豆做酱板，以作常菜。90 年代起，大棚种植技术引进应用，反季蔬菜常见，新品种日渐增加，如西洋芹、生菜等。水产品种类也不断增加，有人工饲养的罗氏沼虾、基围虾、鳜鱼、甲鱼等。

2. 宴席　一般用于婚丧喜庆，其中丧事从简，喜事为丰。丧事请厨师或邻里操办，分“八大碗”和“流水席”。如丧者年高，子孙又多，便把丧事当成喜事办，酒席也丰。旧时富户喜宴以猪肉为主，开席为四拼盘，后上头菜、各种热炒，红烧鱼为最后一道菜肴。丰盛程度和档次高低视主家经济状况而定。21 世纪后，喜宴已十分大气。其中，特种水产品的比重较大，并增以海鲜、野味。在饭店办理宴席的居多，一般要办好多桌。家庭设宴，酒席桌子的摆法须将桌缝与门垂直。席位座次按尊长亲疏而定，方桌坐 8 人，以面对大门左方为首席。圆台每桌坐 10 人，以面对大门为上座，但也有不分大小席次之时。一般桌子排列为“品”字形或“梅花形”，讲究美观整齐。

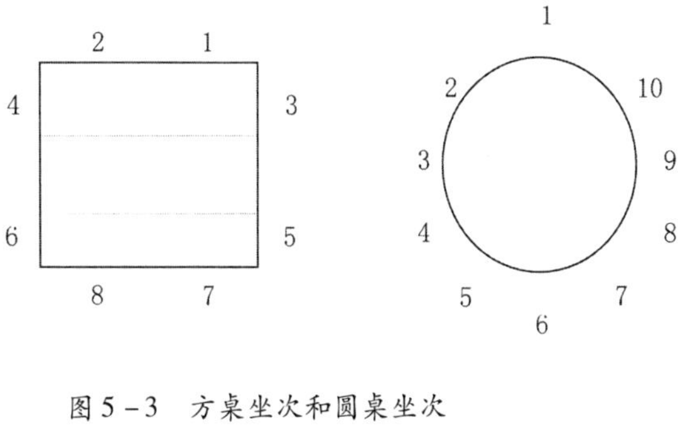

图 5－3　方桌坐次和圆桌坐次

3. 衣着 民国时期，富户男子穿长袍，外罩马褂。一般男子为对襟短衫，冬季着大襟长衫、长袍或对襟棉袄。长袍因季节而分单、夹、棉，分别称“长褂”“夹袍”“棉袄”。裤子都为大腰裤，秋天穿夹裤，冬着棉裤。新中国成立初期，男青年爱穿列宁装、学生装、中山装，内衣有衬衫、球衫，“四围套”“卫生衣”等。80年代后，男青年喜着西装、夹克衫、花衬衫和风衣、牛仔裤。中山装是中老年喜爱的款式，内衣已被棉毛衫、羊毛衫、毛衣取代。男夏装为短袖衫、汗衫、汗背心、西装短裤等，年轻人穿T恤衫。民国时期的瓜皮帽、礼帽、吕宋帽、压发帽等被新中国成立后的八角帽、鸭舌帽、绒线帽、棉帽、太阳帽、呢帽所替代。旧时农家的钉鞋等早已被人们所抛弃。新中国成立后，流行球鞋、保暖鞋、运动鞋、皮鞋、皮靴，夏天有皮凉鞋，冬天有皮棉鞋。

民国时期，女人大多穿大襟褂子、大腰裤，颜色以青、兰、黑为主。富户女子穿长裙、旗袍。新中国成立后，着两用衫、西裤。80年代后，女装款式变化较大，青年风行夹克衫、蝙蝠衫、西装；中年妇女穿西装，还爱穿毛线外套和毛呢“背搭”。夏装新颖多样，有长袖、短袖、无袖长连衣裙，还有超短裙、裙裤，近年兴起吊带衫；中老年习惯穿绸质中短裤、圆领短衫。冬装有风雪大衣、呢绒大衣、羽绒衫、皮大衣；裤子有棉裤、呢裤，还有中裤、西裤、喇叭裤、马裤、紧身裤；内衣讲究轻便、保暖，衣料有南极棉、太空棉、羊绒等。袜子从旧时的布袜、纱袜，改变为尼龙袜和棉纶丝袜等，现时女子夏季喜着长筒丝袜。

和桥地区四季分明，服式分春秋装、夏装和冬装。民国时期，农家一般穿土布和厂布自制衣服，上等衣料只有少数富家绅士所用。新中国成立后，纱卡、咔叽、花洋布、呢绒、毛线逐渐成为群众衣料。80年代后，化纤混纺布上市，毛、粘、涤、维棉混纺面料任群众选用。20世纪后，衣着更为讲究，绸缎、呢绒和毛料较为普遍，不仅面料高档，款式时髦，而且讲究穿着舒适，以品牌体现身价。

4. 饰物 旧时，通常只有地主、富商妻、女才有赤金戒指、项链、丁香（耳环）、手镯、脚镯和纯玉饰物等。21世纪后，男士戒指较多、项链居少，女性金质耳环、项链、戒指、手镯司空见惯。

5. 家庭用具 家具一般多为木制。民国时期，富有人家堂前置长台、八仙桌、长凳，房中有六柱床、中式大小橱、木箱等。豪富人家堂前有搁机、红木八仙桌、太师椅，房内有朱木雕花床、梳妆台、官箱、皮箱、大小衣橱。贫困人家只有简易木制家具及竹台、竹椅、竹床等。改革开放后，西式床、西式橱、五斗橱、办公台、百灵台、皮箱、床头柜装饰橱逐渐进入群众家庭，尤为青年结婚必备。后时兴西式高低床、席梦思床垫、书橱、食品橱、电视机、电风扇、电饭锅、洗衣机、电冰箱、录放像机、成套组合家具、折椅、沙发。现时更趋向高档化，红木西式餐桌、红木沙发、娱乐四仙桌、家庭影院、大屏幕彩电、低能耗电冰箱、全自动洗衣机、大功率空调器等陆续入户。

6. 茶具 新中国成立前，农户用大肚紫砂壶盛茶水，便于带往地边田头。富有人家用紫砂壶和瓷壶、瓷杯作为家庭待客之用。新中国成立后，一般用紫砂壶、瓷壶、青瓷杯、玻璃杯、搪瓷杯、紫砂杯等，21世纪后又有保温杯、旅行杯、名贵紫砂茶具，电热杯、饮水机等。

7. 炊具 新中国成立前，镇乡民居都用砖石砌成的两眼灶或三眼灶，灶间安有铁制井罐用以温水。用铁锅煮饭、烧菜。用丁山砂锅煨炖食品。旧时也有贫困户用破缸或泥制的“行灶”烧饭炒菜。家家都用粗货大缸存水、罐钵之类用于盛物品与调料，大小勺子都为铜质翻砂，锅铲铜铁质都有。60年代后，镇上居民广泛使用丁山产的煤球炉，用铝锅烧水煮饭。1984年起，液化气灶开始进入城镇家庭。部分户开始使用煤气灶、电饭锅、电炒锅、电饭煲进入家庭灶间。至2015年，和桥已普及煤气灶，铲勺渐为铝质及不锈钢代替，厨房间安装油烟机，烧烤已用微波炉。随着自来水的开通，水缸已被淘汰。

8. 娱乐 民国时期，有钱的老年人到集镇茶馆吃茶听书，众人喜欢赶庙会、节场看戏。和桥的庙会，二月演“目莲戏”，三月演“花台戏”。农村有草台班、滩簧戏。春节看调龙灯、调马灯、调狮子。少数村有十番锣鼓队、丝弦，自娱自乐。新中国成立后，文艺宣传得到重视，电影送下乡，有线广播通至各村各户。农村业余文艺演出活动活跃。“文化大革命”期间只有革命样板戏可看。70年代收音机、广播普及。改革开放后，电视机、卡拉OK演唱机进入多数家庭，电子游戏机被青少年所喜爱。集镇有音乐茶座、影剧院、舞厅、网吧等。各村由老年活动室、休闲广场，成为群众文化活动中心，每天晚上文化广场上活跃着不少健美舞爱好者。

四、生产习俗

1. 祭田 旧时农村，把丰收的希望寄托在土地公公、土地婆婆身上。和桥也有祭田的习俗，一年祭拜有的村上多达四次。第一次是在下水稻种前，看黄历书选择吉日，当家人手拿黄钱纸和线香，站在秧田下水缺口的田塍上，面向田坂作揖，祝祷土地公公土地婆婆保佑秧苗生齐壮大。祝祷完，把线香插在田塍边，把黄钱纸烧掉，俗称“许愿”。第二次是在“开秧门”前，要在盘子里放几片咸肉，供奉在田塍上，当家人仍然站立在田缺口，燃香祝祷土地公公土地婆婆，保佑稻禾快长大。第三次是在夏至日，这天要摆酒肉饭菜祭品在田头，还要穿蓑衣戴箬帽祭拜，并烧一把大麦桔，祷告说：“土地公公土地婆婆，保佑风调雨顺，无病无灾，来日丰收，再来重谢！”穿蓑衣戴箬帽象征“求雨”，烧大麦桔意为“驱虫”。第四次是在开镰前，先摘二穗稻谷，插在一碗米饭上，祭品有饭酒鱼肉豆制品，很是丰盛，以报答土地公公土地婆婆保佑之恩，俗称“还愿”。新中国成立后即废除。

2. 开犁 过年过了农历正月十五，第一次下田做生活，先要耕一段田，叫“开犁”。开犁这天农活安排得比较轻松，寓意全年劳作轻松。旧俗开犁这天，耕者要祭“牛栏神”和举行拜犁仪式。拜犁只要用黄钱纸焚烧，然后拜三拜就可以了，以求一年田里耕耙顺顺当当。新中国成立后即废除。

3. 开秧门 旧俗各家各户的主要劳动力，在一年中第一次下田莳秧这天的清早，就会在秧田旁鸣放鞭炮，在田塍上插三根线香，叩拜预祝丰收，随即从秧田边拔出第一手秧，再上来吃点糕团点心，这种仪式就是俗称的“开秧门”。新中国成立后即废除。

4. 搁田 一般一季稻要搁三次。搁田时忌落雨，那样会使垩（施）的肥料流失。第一次搁稻要把垩的肥料搁到秧根下，称为“垩肥”。有的地方会在搁好的稻田边插一根稻草，示意这稻田已经垩过肥料，不能过水。最后一次搁田一般要垩猪圈里的灰肥，将下水头的田缺口封好，不能随意开封，称为“封田”。20世纪60年代即废除。

5. 尝新 农历九月禾黄谷熟，各家各户会采摘地头的新鲜蔬菜，把新谷轧米做饭，全家欢聚一起尝新。在盛好的第一碗新米饭饭碗上插一稻穗，鸣炮上香，供祖敬神，然后一家再食用。新中国成立后即废除。

6. 农作禁忌 扁担、锄头等农具放在地上，忌女人从上面跨过；剥种子壳时，忌吃种子肉；五谷种子估计用不完时，忌说“弄点吃吃”；田头忌估产，真要估也要估多不估少；收稻、麦时，忌讲“一担还不够”之类的话；粮仓里忌用扫帚，以避扫光之嫌。新中国成立后即废除。

7. 农人谚语 未（惊）蛰先蛰，一百廿日阴湿。百年难遇岁早春，夏至难逢端阳日。清明断雪，谷雨断霜。六月初三一个阵，上昼耥稻下昼困。夏至端阳前，坐着种年田。小暑一声雷，半个月黄梅倒转来。立冬无雨一冬晴。晴到冬至落到年。上看初二三，下看十五六。热在署里，冷在九里。东北风，雨太公。西风到夜绝，霜下东风一日晴。乌头风白头雨（指雷阵雨到来之前的天色）。夏雨隔条绳。雪落有晴天，瑞雪兆丰年。春冷必有雨。春雾雨，夏雾日（热），秋雾凉风冬雾雪。六月勿热，五谷不结。伏天锄层皮，胜似秋天耕一犁。好种出好苗，秧好半熟稻。秋前不搁稻，秋后要懊佬。霜降到，无老少。稻老要养，麦老要抢。稻上场，麦进仓，黄豆挑在肩胛上。立了冬，收把种（指立冬后再种麦）。寸麦不怕尺水、尺麦怕寸水。九成熟十成收，十成熟九成收。多收少收在于肥，有收无收在于水。雨天知了叫，晴天马上到。霉里西风莳里雨，莳里西风当时雨。重阳拗不过十三（指重阳不下雨，十三前总会有雨）。

五、杂俗

1. 禁忌　年初一忌扫地，忌打破物品，忌用剪刀，忌破口骂人，忌讲不吉利话，忌寡妇上门。平时，早晨起身忌叹大气、伸懒腰，忌女人双脚站在门槛上，忌女人打男人嘴巴，忌跨扁担。男人忌入产妇房，未满月产妇忌进别家门。晒衣服忌裤子挂在走道上。逢七忌出门，逢八忌回归。出门忌听乌鸦叫。船过桥洞忌女人过桥。新中国成立后逐步被破除。

2. 烧香求签　旧时，人们遇生病，危急或未知凶吉之事，就去庵堂寺庙烧香求签。签有36签、64签和108签，求得上上签者为大吉，中签为平，下签则不吉，需请庙祝说解签诗，指点迷津。新中国成立后逐渐被破除。

3. 卜卦　又称起课。卜者用三个铜钱在特制的“课筒”中摇动6下倒出，根据正反定课数，分别以课数为卜者推算吉凶祸福。新中国成立后即被破除。

4. 算命　旧时，算命瞎子手拉胡琴，手敲钉各叮，走村串巷给人算命。以不同对象的出生年、月、日，按天干、地支依次排列成8个字。俗称“八字”，再用干、支所属五行相生相克来推算一生命运及何时破财、生病、克夫、克妻等，只要花钱退“星宿”就可逢凶化吉。有的手托鸟笼，用小鸟给人衔牌算命。新中国成立后逐步被破除。

5. 相面　根据人的面貌五官长相、骨骼体态特征和气色来推算人的吉凶、福祸、贵贱、寿夭等。新中国成立后逐步被破除。

6. 测字　旧时也叫“拆字”。问卜者信手拈出一字或说出一字，有测字先生拆开该字的部首偏旁，增减笔画或拆乱字体结构，加以附会，推算吉凶祸福。新中国成立后逐步被破除。

7. 看风水　又称“看阴阳”。旧时称墓地及住宅为“阴阳两宅”，须请风水先生拿罗盘选择地点和向口，有“位置选好，风水当道，人丁兴旺，福乐两高”之说。风水先生又称“阴阳”先生。至2015年，已经没有居民相信。

8. 夜啼郎　旧时小孩夜间啼哭不止，视为受凶神惊吓，家人用红纸写上“天皇皇、地皇皇，我家有个小儿郎，过路君子读一遍，一觉睡到大天亮”，贴在桥上或路口墙上，以此驱凶招魂安神。

9. 喊魂灵　小孩受了惊吓得病，着人抱着病孩的衣裳，出门边喊名字边应边回，请土地公公同回家中；有的在受惊小孩床头用布包着倒放一碗米，请“仙家”领回家。有的在灶台上竖鸡蛋，有的用盅、碗蒙上“表芯纸”，跪着蘸水边喊边应，有的在熟鸡蛋上戳一根针，喊完后将鸡蛋放在病者身边，第二天早晨吃掉。如出远门受惊吓，要手提灯笼登梯边喊边应招魂，称为“扯天灯”。至20世纪70年代后，已经没有居民相信。

10. 竖筷　旧时家人突然头痛，视为被家中亡者摸了头，便盛水半碗，将三支筷在碗中边滴水竖筷，边问是谁摸了病者的头，待筷子竖定，即焚烧纸钱，以求祖宗保佑。至20世纪70年代后，已经很少有居民相信。

11. 踏药渣　旧时，病人盼愈，吃了中药，将药渣倒在三岔路口，让行人踩踏，意欲病魔随踏渣人而去。至2015年，已无人相信。

12. 冲喜　旧时父母生了病，要未过门的儿媳提早成婚进门，一喜百解，病可痊愈。此外，做寿器（棺材）也属冲喜的一种形式。20世纪70年代，已无人再信。

13. 挂蜘蛛　旧时，人们视蜘蛛为祸福使者，认为“早挂蜘蛛喜，夜挂蜘蛛气，中挂蜘蛛吃不及”，还有“喜鹊当头叫，定有客人到”的说法。至2015年，已无人再信。

14. 眼皮跳　旧时认为“左眼跳财，右眼跳灾”。女子眼跳则相反，谓之“男左女右”。眼跳者须谨慎行事。至2015年，已无人再信。

15. 狗哭鸡啼　旧时人们认为见到鬼神即哭，故夜间听到狗哭，便认定村上非要死人便有火宅发生。黄昏鸡啼不吉祥，公鸡啼会发生火灾，要用冷水泼浇鸡窝；母鸡啼要出事，应杀之消灾。至20世纪60年代，已无人再信。

16. 指纹 旧时认为人的指纹与命运有关，指纹有"螺子"与"畚箕"之分。有"一螺巧，二螺倔，三螺拖棒头，四螺全不识，五螺富、六螺穷，七螺八螺挑担做长工，九螺骑白马，十螺坐官船"及"十只畚箕，到老不穿破衣"之说。至20世纪60年代，已无人再信。

17. 分家 民国时期，农村家庭一般在儿子成婚后，仍在一家生活，婆媳、妯娌之间有分歧口角后，即行分家，分家时必请娘舅到场，大娘舅则最有权威。家产按需分成若干份，房屋规定哥东弟西，哥前弟后，长子不出宅。新中国成立后，分家习俗依旧，一般由基层干部或调解组织人员到场协同处理，对财产分割、债务分摊、长辈赡养等事项协商决定、明确责任。

18. 缠脚 也称裹脚。北宋后期至民国初年，妇女沿袭缠脚传统。女子6~7岁时就开始缠足，先用布帛紧绕脚背，把4个脚趾强贴脚底使脚背隆起，成弓形，脚成粽子状，痛苦万分，行走极为不便，更难以下地劳作。不缠足者称"大脚婆"，影响美貌、难以婚配。民国17年开始查禁，民国21年复查后禁绝。

19. 吃讲茶 旧时，民间发生矛盾纠纷，往往由双方当事人请当地德高望重的乡绅，一起到茶馆吃茶评理，俗称"吃讲茶"。如果调解成功，双方达成协议，则茶钱全部由理亏一方承担。但由于受地方恶势力的影响，"吃讲茶"往往也不能真正做到公平合理。新中国成立即废除。

六、社会陋习

1. 赌博 新中国成立前，赌博之风盛行，种类有掷骰子、游湖（摸纸牌）、搓麻将、推牌九、摇摊等。赌场一般设在茶馆。春节期间，农闲季节、庙会节场赌风尤甚。新中国成立后，人民政府严禁赌博。20世纪70年代赌风基本禁绝。80年代后，赌风又有抬头，特别是麻将赌博之风再起，且赌风愈演愈烈、屡禁不绝，成为社会公害。至2015年，和桥已有具体法规，赌博恶习得到有效遏制。

2. 打架 俗称"相打"。因意见不合争执不下，发展为打架之事，历来有之。有时从一方利益出发，村与村之间发生集体斗殴事件。"文化大革命"结束以后，处事以法律为准则，以理服人，提倡文明礼貌，打架逐渐减少。20世纪80年代起，在村规民约中，打架斗殴列为禁止行为之一。

3. 重男轻女 新中国成立前，受封建思想影响，形成了重男轻女的观念，妇女在政治经济上与男子待遇极不平等，处处受到歧视，低人一等。新中国成立后提倡男女平等，同工同酬，一视同仁。

七、社会新风

随着社会的变革发展，经过移风易俗，破除封建迷信，社会道德风尚发生了根本变化。和桥地区社会新风尚有婚事新办、丧事从简、尊老敬老、助学帮困、舍己救人、无偿献血、老有所为、助人为乐等。提倡精神文明、物质文明，开展文明行业、文明单位、文明社区、文明家庭等群众性创建活动；弘扬邻里团结、友善共处的社会新风尚，讲究"告别陋习，走向文明""八荣八耻""四仪八礼"等。

第三节　社会保障

民国期间，职工经常失业，生活无保障。中华人民共和国成立后，党和政府千方百计开辟就业道路，使人人有工作，个个有饭吃。1951年，参照政务院《中华人民共和国劳动保险条例》精神，与单位签订劳动保障集体合同，职工的生、老、病、伤、残等特殊困难有了保障。1979年，集体职工开始享受退休养老金，基本生活有了保障。1981年，和桥镇成立劳动服务公司。1986年开始，建立各种企业劳动保障机制，1993年又实行住房制度改革。2010年至2015年，企业职工应保尽保，"五险"（养老保险、医疗保险、失业保险、工伤保险、生育保险）合一；凡符合条件的城乡居民也纳入社会保障范围，使他们的生活得到保障。

一、劳动就业

和桥是一个古老的商业集镇。新中国成立前居民中无业者较多，妇女尤甚。那时的就业，不论做长工、打短工、当学徒、做店员或从事其他工作，都得投亲靠友，自找门路，很多人无门路也就无固定职业。

中华人民共和国成立后，镇人民政府对居民的劳动就业极为重视，千方百计，广开门路，让其生产自给。1955年，组织闲散劳动力去屺山开矿挖白泥。1958年，安排一部分劳动力参加做石棉及石棉制品，组织妇女搓草绳、织草包、编雨帽、做蓑衣，以及缝衣刺绣，以济生活补贴。1961年，各街道小组成立清洁工队伍，管理粪便和生活垃圾。同时建立小工队参加劳务操作。1962年，全镇组织待业青年及部分居民参加社会福利事业，搞牲畜饲养、蔬菜种植、废品加工、轧棉花纺线等手艺。1963年，全镇第一批100余名知识青年下放农村，接受劳动锻炼。下放工作延续至1976年。嗣后陆续上调，至1980年，将650多名下放知识青年安置到各行各业。

1.就业机构　1981年，和桥镇成立劳动服务公司，徐秀珍任经理，另设劳动调配、文书及会计各1人。劳动服务公司行政上归镇政府领导，业务上接受县劳动局指导，负责统筹劳动就业、组织经济事业、培训待业青年等工作，为企业富余职工和农村剩余劳动力开辟就业门路。同时，又负责对镇上非农业户口的待业青年的调查、统计及工作安置，管理的地域范围包括和桥地区的南新、高塍、屺亭、万石、闸口、南漕等7个乡镇。劳动管理随着历史的发展和社会的变革，不断赋予新的内容。1982年至1991年间，公司自筹资金购置8间店面房和厂房，先后创办青年百货商店、和桥光电器件材料厂等7个下属企业，缓解了就业困难和社会压力。

1982—1987年和桥镇劳动服务公司下属企业完成各项经济指标统计

表5－12

年　份	部　门	产值(营业额)(万元)	利润(万元)	上交税款(万元)
1982	青年百货商店	8.20	0.30	0.25
1983		26.50	0.47	0.72
1984		28.60	0.53	0.78
1985		39.10	1.50	1.20
1986		33.00	1.40	1.01
1987		42.00	1.40	1.20
1987	和桥光电器件材料厂	9.00	0.80	0.54
合计	—	186.40	6.40	5.70

1992年2月，和桥镇劳动服务公司更名为和桥镇劳动就业管理所，由徐重九主持工作。1993年3月，徐重九任和桥镇劳动就业管理所副所长。1996年7月，和桥镇劳动就业管理所更名为和桥镇劳动管理服务所，由集体事业改为全民事业性质，业务上仍由市劳动局指导，徐重九任劳动管理服务所所长。

1999年7月，镇劳动管理服务所与镇社保办合并，更名为和桥劳动社保办公室，由倪雪娟任劳动社保办公室主任。

1995年2月，南新镇社会保险办公室成立，由蒋敏智兼任负责人。1998年2月，南新镇劳动管理服务所成立，周平任所长。

1995年2月，闸口镇社会保险办公室成立，历任负责人有王中权、张国华、谢全海。2004年2月并入和桥镇。

2000年5月至2001年12月，和桥劳动社保办公室更名为劳动和社会保障所，由王月明任所长。2008年6月至2010年12月，改名为劳动保障事务所，由吴占平任所长。2010年12月至2015年，改名为人力资源和社会保障所，由陈曙亮任所长。2015年6月，所长由唐春芳接任。

2.劳动安置　新中国成立后，和桥境内的镇(公社、乡)的工商企业逐步发展，地方政府十分重视安置当地的初、高中毕业生进企业劳动就业。“文化大革命”结束后，和桥镇将下放农村劳动的知识青年全部安置至镇(乡)内企业。1979年起，和桥境内企业每年安置的知识青年达3000余人。2000—2015年,就业安置工作的方式有了转变,主要办理就业证,为企业录用工人备案登记,对外出务工人员和外来务工人员发放登记卡和就业证,签订并鉴证劳动合同。2001年,和桥镇境内的各类企业改制完成,原企业的大部分职工仍留在原企业工作,只有少数破产企业的职工,由地方政府帮助安置到别的企业工作。

1982—1999年和桥镇就业安置情况

表5-13

年份	就业人数	性质分类		产业分类	
		全民(人)	集体(人)	第二产业(人)	第三产业(人)
1982	93	22	71	24	69
1983	63	1	62	46	17
1984	105	44	61	74	31
1985	87	35	52	57	30
1986	112	49	63	58	54
1987	105	30	75	54	41
1988	158	36	122	127	31
1989	90	15	75	75	15
1990	80	21	59	58	22
1991	73	19	54	65	8
1992	143	34	109	29	114
1994	130	43	87	18	112
1995	144	28	116	26	118
1996	125	7	118	108	17
1997	148	18	130	64	84
1998	88	8	80	39	49
1999	94	6	88	41	53

2000—2015年和桥镇就业服务统计

表5-14

年	新签订并鉴证劳动合同(份)	办理就业证(张)
2000	6600	513
2001	3600	668
2002	3500	608
2003	3500	620
2004	3800	630
2005	4200	635
2006	5000	650
2007	5500	660

续表 5－14

年	新签订并鉴证劳动合同(份)	办理就业证(张)
2008	6000	675
2009	7000	700
2010	8000	730
2011	9000	750
2012	10000	800
2013	11000	830
2014	11000	850
2015	11000	850

二、社会保险

1987 年起，和桥镇的国营企业实行待业保险，实施对象是宣告破产与濒临破产企业法定整顿期间精简的职工、企业辞退及与企业终止或解除劳动合同的职工；1993 年起，待业保险扩大至全民、集体等企业法定的待业职工。1988 年起，企事业职工在生产岗位和经营活动中从事与生产劳动相关，或由于劳动条件、作业环境引起的因工伤残和职业病，以及由这几种情况造成的死亡，依据 1953 年国务院颁布的《中华人民共和国劳动保险条例》，进行工伤认定，赔偿和抚恤。1995 年 12 月和桥镇成立社会保险办公室（以下简称社保办），华亚娣任负责人。其职能是宣传贯彻国家有关社会保险的方针政策，制定适合本镇实际的农村社会养老保险政策，负责本镇范围内企业非正式职工养老金的收取和发放，逐步推行医疗、失业、工伤、生育保险等。社保办成立后，经努力工作，广泛宣传，投保人数不断增加，投保额逐年提高，年年超额完成宜兴市局下达的指标，1996—2000 年，连续 4 年被宜兴市局评为先进集体。

2001 年，宜兴市人大通过《劳动和社会保障议案》，宜兴市政府出台了《关于扩大企业职工基本养老保险和失业保险覆盖范围的实施意见》（建成社保扩面），到 2002 年底，经过两次大规模发动，职工基本养老保险扩面人数先后增加 3000 人和 2000 人。2002 年底，《宜兴市企业职工大病住院医疗保险暂行办法》出台后，有 320 个企业的 6277 名职工参加企业职工大病住院医疗保险。2005 年 10 月实施“新农保”政策，通过宣传、发动，次年有 14718 人参加新农保，投保额达 439.86 万元。之后参保人数虽逐年略有减少，但投保金额却有增加，至 2014 年高达 1095.89 万元，为历年最多。

1996—2015 年和桥镇历年农村社会养老保险投保情况

表 5－15

年　份	投保人数(人)	下达指标数(万元)	投保金额(万元)	完成比例(%)
1996	580	55.80	85.64	153.48
1997	595	57.80	141.49	244.80
1998	931	61.50	193.88	315.24
1999	960	69.00	130.91	189.73
2000	995	129.00	183.60	142.30

续表 5－15

年 份	投保人数(人)	下达指标数(万元)	投保金额(万元)	完成比例(%)
2001	620	未下达指标	95.80	—
2002	465	未下达指标	73.69	—
2003	420	未下达指标	68.30	—
2004	400	未下达指标	54.90	—
2005	380	未下达指标	45.30	—
2006(新农保)	14718	未下达指标	439.86	—
2007	14333	未下达指标	420.58	—
2008	13748	未下达指标	504.30	—
2009	12960	未下达指标	581.97	—
2010	12390	未下达指标	678.20	—
2011	13246	未下达指标	1050.34	—
2012	12976	未下达指标	998.35	—
2013	11313	未下达指标	933.99	—
2014	10663	未下达指标	1095.89	—
2015	10064	未下达指标	1033.58	—

2002—2015 年和桥镇劳动社会保障数据统计

表 5－16

年份 人	2002	2003	2004	2005	2006	2007	2008	2009	2010	2011	2012	2013	2014	2015
企业职工养老保险(社保)扩面人数	500	620	800	860	900	950	1100	1200	1050	1000	900	800	700	700
城乡居民养老保险参保人数	—	—	—	—	14718	14333	13748	12960	12390	12724	12030	11236	10663	10064
农村劳动力转移人数	600	600	600	700	800	900	850	850	900	900	900	850	800	800

1. 城乡居民基本养老保险

农村居民养老保险　1996 年 1 月 1 日起，和桥、南新、闸口三地贯彻《无锡市农村社会养老保险暂行办法》。凡农村户籍的农村居民，均可自愿参加农村社会养老保险。缴费全额自定，缴费方式灵活，或一次性泵缴，或每年以额定经费续缴，由参保者择定。到达规定年龄(男 60 周岁，女 55 周岁)即可办理领取手续(俗称“老农保”)。2005 年 10 月 1 日起，按照《宜兴市农民基本养老保险实施办法》，凡宜兴市行政区域内从事农业生产，且长期居住在农村、有宜兴市户籍的农村居民(简称“纯农民”)，男年满 18 周岁未满 60 周岁，女年满 18 周岁未满 55 周岁(全日制学校在校生、已参加企业职工养老保险的除外)，经户籍所在地村、镇核准参保资格后即可办理参保手续(俗称“新农保”)。2010 年底，全镇“新农保”参保人数 12390 人，办理月领取享受待遇的 15236 人，月领取总金额 114.37 万元。2011 年 1 月 1 日起，按照《宜兴市城乡居民养老保险暂行办法》的规定，凡具有宜兴市户籍，年满 16 周岁(不含全日制在校学生)，非国家机关、事业单位、社会团体工作人员，未与各类企业、民办非企业单位存在劳动关系，非个体工商户及其雇工，未参加企业职工基本养老保险或参保后中断缴费，无退休、退职待遇的城乡居民，均可参加城乡居民养老保险。男年满

60周岁,女年满55周岁,缴费年限满15年,可按月享受城乡居民养老保险待遇。

城镇居民养老保险　2007年7月1日起,和桥镇执行《宜兴市城镇居民基本养老保险实施办法》,凡男年满60周岁,女年满55周岁,城镇户籍、无业、无其他养老待遇的城镇居民,无费缴费可享受城镇居民基本养老保险月领取的待遇,每人每月85元。2015年底,全镇16546人领取城镇居民养老金。

2. 乡镇企业职工基本养老保险

保险种类　和桥镇按有关政策规定,自2001年7月1日起,开征乡镇企业职工养老保险。2003年7月1日,开征乡镇企业职工大病住院医疗保险、企业职工失业金保险。2004年1月1日,开征乡镇企业职工计划生育保险和职工工伤保险。

参保对象与条件　企业在岗职工(除国家机关、事业单位在编人员外),男不满60周岁,女不满50周岁均可参加企业职工基本养老保险。此外,城镇和农村失业人员、个体工商户及其雇工、自由职业者,可作为灵活就业人员参加企业职工基本养老保险。乡镇企业在岗职工在2001年7月1日至2003年4月30日期间参保的,可依据1993年1月1日起往后在企业签字的月领或年领工资单追保工龄。村定额干部、代课教师、村医生以及部队服役军人、1996年1月1日起缴费的"老农保"、2005年10月1日起缴费的"新农保",也可按照规定缴费后纳入追保对象。乡镇各类企业职工参保对象,包括灵活就业人员,在按规定参保后按时足额缴纳养老保险费后,即可享受与国有企业、城镇企业职工同等的养老保险待遇。2015年底,全镇企业职工参保人数12000人,企业职工保险综合参保率80%。

保险费征缴　缴费基数按上年度在岗职工平均工资的60~300%确定,由宜兴市人力资源和社会保险局公布,由参保单位自主确定。灵活就业人员参加企业职工基本养老保险的,缴纳社会保险按照"属地管理,就地就近"原则。2005年7月1日起,镇劳动社保机构开始办理灵活就业人员的托管业务,灵活就业人员征缴的职工养老保险、大病住院医疗保险由银行按月扣缴。2010年9月1日起,缴费基数按4档征缴,由镇人力资源和社会保障所与灵活就业人员签订托管协议,委托农村商业银行征收基本养老保险费。

2001—2015年和桥镇参保企业缴费基数

表5-17

缴费时间	缴费基数(元)	百分比(%)
2001年7月—2002年6月	440	22.00
2002年7月—2003年6月	500	23.00
2003年7月—2004年6月	580	26.00
2004年7月—2005年6月	680	27.50
2005年7月—2006年6月	800	27.50
2006年7月—2007年6月	930	28.50
2007年7月—2008年6月	1106	28.50
2008年7月—2009年8月	1368	35.60
2009年9月—2010年8月	1583	34.60
2010年9月—2011年6月	1583	43.30
2011年7月—2013年6月	1794	43.50
2013年7月—2014年9月	2025	43.50
2014年10月—2015年6月	2299	42.50

2001—2015 年和桥镇灵活就业人员缴费基数

表 5－18

年份	缴费费种	比例(%)	一档基数(元)(最低)	二档基数(元)(最高)	三档基数(元)	四档基数(元)
2001	养老	20	440	650	—	—
2002	养老	21	500	700	—	—
2003	养老	24	580	正常 780	—	—
2004	医疗	35	—	—	—	—
	医疗/养老	35/24	680	正常 880	—	—
2005	养老/医疗	35/24	800	—	—	—
2006	养老/医疗	35/25	930	—	—	—
2007	养老/医疗	35/25	1106	—	—	—
2008	养老	25	1368	说 明:2011 年 7 月—2012 年 6 月增至 5 档 2012 年 7 月—2013 年 6 月增至 6 档		
2010	医疗	6	1368			
	养老	20	2053	2281	2639	2991 3375
2010	医疗	6	1583	—	—	3832
2011	医疗	11	1583	—	—	—
2013	养老	20	2299	—	—	—
2014	医疗	11	2025	—	—	—
	养老	20	2299	—	—	—

2001—2015 年和桥镇参保企业职工缴费统计

表 5－19　　单位:元

年份	养老保险	医疗保险	失业保险	工伤保险	生育保险	合计
2001	1056.00	—	158.40	—	—	1214.40
2002	1158.00	—	169.20	—	—	1321.20
2003	1465.20	140.00	194.40	—	—	1799.60
2004	1814.40	420.00	226.80	52.92	60.48	2574.60
2005	2131.20	420.00	266.40	62.16	71.04	2950.80
2006	2547.00	420.00	315.00	72.66	83.04	3437.70
2007	3054.00	420.00	366.48	85.50	97.74	4023.72
2008	4749.00	779.88	569.88	95.06	151.92	6345.72
2009	4812.00	1154.91	400.08	96.30	114.00	6577.29
2010	5001.00	1200.36	400.08	100.08	120.00	6821.52
2011	5953.92	2339.04	637.92	160.14	137.82	9228.84
2012	6227.84	2368.08	645.84	430.30	107.68	9579.96

续表 5－19　　单位:元

年　份	养老保险	医疗保险	失业保险	工伤保险	生育保险	合计
2013	6804.00	2673.00	729.00	486.00	121.56	10813.56
2014	7724.64	3034.68	551.88	551.98	138.00	12000.84
2015	8568.00	3366.00	612.00	612.00	153.00	13311.00

2010—2015 年和桥镇社保情况

表 5－20

项　目 ＼ 年　份		2010	2011	2012	2013	2014	2015
发放《就业失业登记证》(份)		870	930	956	721	711	650
办理社保手续(人)		850	870	890	935	950	930
处理工伤案件	(件)	12	10	14	15	10	5
	涉及金额(元)	59	92	86	110	120	89
调解纠纷	(起)	82	96	92	78	62	69
	(涉及金额)(元)	262	360	286	320	500	736
续签劳动合同(人)		11800	12000	11600	11580	12000	12000
举办各类培训班(期)		12	12	12	12	12	12
参加培训人(次)		11800	1160	1200	1150	1200	1200
完成社保扩面(人)		80	850	790	750	780	720
所占%		45	44	41	39	39	39
其中	农保转企保(人)	231	253	268	280	292	80
	自由职业参保(人)	220	230	240	250	260	154
	灵活就业参保(人)	560	580	630	650	680	780
	累计(人)	1841	1913	1928	1930	2012	2025
享受失地农民保障(人)		1005	1052	1275	1332	1489	1519
享受老年居民补贴(人)		15236	15536	15881	16296	16546	16574
享受社保补贴(人)		496	582	617	927	892	1006

第四节　宗教信仰

一、佛　教

在宗教信仰中，和桥居民信仰佛教的人数最多，历史也最久。早在三国时期，和桥境内就有拜佛求雨、拜观音求子的佛事。位于和桥王母村西的观音堂，亦称圆通庵，相传为孙吴赤乌年间(238 — 251年)所建。位于原和桥金盆的大生寺，也在三国时候兴建。之后在和桥境内的居民生活中，佛教活动长盛不衰。当地士绅与普通百姓，慷慨捐资，建造的佛教寺庙庵堂有万福禅寺、闸口西乾寺、和桥观音阁(在原葛仙河口)、和桥化城寺、和桥城隍庙、北新吉祥寺、楝树在水庵、和桥土墩庵等 30 多所。日本侵华战争时期，和桥很多居民进入境内寺庙避难；佛门僧众出于爱国大义，奋起抗日。同时，和桥土墩庵等成为抗日志士汇聚之地。1938 年春，和桥 200 余居民进入化城寺避难，引来日军进寺搜查。80 高龄洪仁大和尚共 13 位徒众，为救 200 余居民生命，惨遭日本侵略军杀害。和桥及周边知晓者，无不为之流泪。1950 年，和桥境内有大小寺庙庵堂 20 余所，有僧尼 80 余人。土地改革时，大部分僧尼还俗、许多寺庙被拆毁或者改作它用；“文化大革命”期间，公开的宗教活动被禁止。但在这段时间中，和桥居民生活中对佛教的信仰仍未中断，仍有人私下烧香拜佛。1979 年，党的宗教政策得到落实，和桥化城寺首先杜绝一切和佛事无关的活动。2000 年后，化城寺经过修缮，香火十分兴盛。每逢农历的初一月半，还有寺内的梁皇法会和水陆法会，前来顶礼膜拜的善男信女很多。特别是每年的大年初一、正月半和地藏王菩萨的生日七月三十，从四面八方赶来烧香的人更是数以千计。2010—2015 年，和桥镇的西乾寺、吉祥寺、杨桥茅庵、万福禅寺等全部得到修缮，并恢复佛教活动。其中 2014 年，化城禅寺新修建的 500 罗汉堂已经完工，堂内新塑的释迦牟尼、毗卢遮那、卢舍那三尊佛像，全用金箔贴饰，高大辉煌。2015 年，和桥镇经批准设立的佛教场所有 4 处（杨桥茅庵不含在内），教职人员有 40 多人，信教居民约有 1 万余人。

至 2015 年，和桥境内所建主要寺庙庵堂（不含已在第二十九章介绍的化城禅寺），在此按先后建成朝代顺序作简要介绍。

1. 观音堂 亦称圆通庵，位于和桥王母村西，相传为孙吴赤乌年间建，后遭兵毁。清乾隆年间（1736 — 1795），里人周芑丰、周作人相继重建。南北坐向，前进有房舍 3 间，居中屋为正堂，正中端放着观音菩萨一尊，两旁为侍从小菩萨各一尊，中屋两旁为各一间侧厢，其东面侧厢为住宿，西面侧厢为厨房；前进北面有天井。庵西有一座七层高（约 30 米）的宝塔，五面六角，每面中有洞穴并安放着菩萨牌位。旧时，圆通庵香火甚旺，附近乡邻每逢过节均会前往念经拜佛。20 世纪 50 年代，菩萨被毁，庵宇被分。2012 年，庵基已成为滆湖东路车道。

2. 大圣寺 大圣寺位于和桥大生村（原金盆大队）。该寺为三国时期孙权母亲（吴国太）所建，有田产上百亩、南北向房舍 20 多间。南面与东面分别是河流，外出各有一座小桥。两座小桥后遭兵毁。清光绪元年（1875），僧瑞传募资重建。寺舍分三进，前进三间为金刚殿，殿内供放四大金刚塑像，前进至二进间有天井，约 17 米长、20 米宽，天井偏西有一口井。二进大殿为三间，正中端放着如来佛像，两旁有若干其他菩萨塑像，大殿东有三官堂三间，堂内有菩萨三尊。大殿西有一巷弄，隔弄有三间侧厢，专放和尚神主牌位。侧厢南是一花园，其内植有枇杷树及其它花卉等。二进至三进又间隔约 70 平方左右的后天井。天井东侧是一间厨房，西侧是二间房，房内有一大磨坊。第三进是五开间堂楼，楼上专供和尚住宿，楼下安放着一尊观音菩萨。寺内有和尚近 10 人，主持和尚是连根。光绪三十三年（1907），士绅吴青熙等募捐在寺内开办学校（新生小学）。20 世纪 60 年代，该校改为和桥公社中心小学，70 年代还增设初高中。由于学校规模扩大，寺舍先后拆除改建成校舍，80 年代仍改为小学。1999 年 8 月，新生小学并入和桥第二小学，校舍出租企业办厂。2015 年，寺内唯一剩下的两块天子石碑，由村民曹小南收藏。

3. 万福禅寺 原名万福禅院、万福庵，位于宜兴、武进交界的和桥镇福巷桥村后大潭，始建于唐昭宗景福二年(893)。初建时期，该寺有佛殿僧寮经楼百余间，占地数十亩。据《佛门宝典高僧传》和《中国古代佛教寺院地名考》记载：万福禅院为释教临济宗祖师之一定海法师创建。唐景福二年，定海法师持钵云游到宜兴钟溪、闸口、万福、杨桥一带，见民风淳厚，即在此住院礼佛，弘扬佛法，取名“万福禅院”，意为万民植福。清朝末年，寺内存有一块长 85 厘米、高 38 厘米的靛青色阳山石碑刻，还有“麒麟嬉珠”“白马驮经”“童子拜佛”3 尊石雕，均具佛教文化考研价值。该寺经历千年岁月，先后有慧本、仓一、悟真、觉正等大德高僧拄锡万福禅院。民国初年，各地废除私塾，兴办学堂。当地士绅与万福寺住持觉正共商在万福庵办起学堂，取名万福小学，极受民众欢迎。每学期进校学生不断增加，庵内无法容纳。觉正和尚慷慨解囊，加上庵里拨出积蓄、地方士绅赞助、外出化缘，共募集大洋千元，在万福庵西北200米处，买田10亩，建造三进30多间新校舍，辟有内外操场。觉正义举得到村民赞誉，广为传颂，被时任宜兴县长肖逢蔚知晓。1936年春，肖县长手书“急公好义”4个大字，制成绿底金字木匾，敲锣打鼓，亲临万福庵悬挂。日军入侵和桥后，该寺遭严重破坏。新中国成立以后，万福庵曾经成为万福大队的蚕室、集体猪舍、万福服装厂、万福小学和万福村委办公室。2001年，宜兴市宗教局批准恢复万福禅寺，委派圣悦僧人主持重建。2006年，金刚殿竣工落成。2007年，建筑面积1200方米的僧舍、经楼拔地而起，殿前浇铺水泥广场约2000平方米，可容纳5000僧俗信众。2008年5月，举行占地500平方米的大雄宝殿奠基仪式。2008年9月，万福禅寺重建竣工落成，建筑面积3700平方米。旅居美国洛杉矶的海外乡贤、年届九旬的教授邵品刚，得知万福禅寺重建喜讯和“急公好义”木匾丢失信息，即凭年轻时曾看到肖逢蔚县长书写印象之记忆，挥毫书写“急公好义”四个大字，从美国寄回，以表眷恋家乡之情。2015年，寺内有长期居士5人，皈依弟子500人左右。是年，万福禅寺被评为江苏省平安活动场所。

图5-1　2015年的万福禅寺

4. 西乾寺　原名西乾庵，宋神宗熙宁六年（1073），由原永定部灵甫所建。嗣后，香客与日俱增，香火长盛不衰，后被毁。清光绪17年（1891）在众多善男信女之捐赠下重建。至日本侵华战争时期被日军所毁，仅留残址，但香客却从未间断。2010年后，在居士曹林娣主持下，部分恢复原貌，建筑总面积已达2000平方米。每逢初一月半等佛事吉日，拜佛香客络绎不绝。2009年12月，在闸口村委会的支持下，经宜兴市人民政府及无锡市人民政府批准，筹备重建西乾庵。在颜辉、周孟娟、王耀仙居士的鼎力资助下，2010年10月开始重建。至2012年，第一期工程山门业已完工，建筑面积225平方米，总投资108万元，同时报请宜兴市人民政府同意，2013年将和桥镇西乾庵更名为和桥镇西乾寺。2011年至2014年，共投入300多万元，完成大雄宝殿，厢房的建设。至2015年，西乾寺总建筑面积已达3000多平方米。

图5-2　2015年的西乾寺

5. 和桥观音阁　元代以前，和桥葛仙河口建有观音庙。元泰定四年（1327），闸口永定部堂轩在原址建观音阁，阁上供观音，阁下塑灵官神像。新中国成立前，观音阁佛像被毁除改作商店。1958年拓宽街道时，观音阁被拆除。

6. 吉祥寺　原名吉祥庵，临近滆湖，属和桥镇北新村老官庄。吉祥庵始建于明朝，清咸丰年间遭兵毁。光绪二年（1876），有识之士募捐重建。新中国成立后，庵舍几作他用，曾作为北新小学校舍、原民胜村委办公用房及村办企业用房。2012年7月，经无锡市佛教部门批准吉祥庵重建工程于同年10月动工并更名为吉祥寺。吉祥寺选址在原庵东南角30米处，占地面积15亩，建筑面积6050平方米。该寺坐西朝东，建有大雄宝殿、天王殿、地藏殿、观音殿、药师殿、卧佛殿、财神殿、万佛殿、文昌殿、三圣殿、伽蓝殿、祖师殿、香烛流通处、寮房、厢房、客堂等，共有房舍135间。2015年基本完工。新建的殿宇深广，气势宏伟，殿内佛像庄严，金碧辉煌。其中大雄宝殿前段正面为三世佛，背面为一对石狮，左右两侧为十八罗汉。诸尊佛像均以巨资从缅甸用纯白玉石雕塑而成运回。吉祥寺大门广场两尊石狮分侧两旁，门前有一只直径1.5米、高约2.8米的大香炉。高大的钟鼓分立二角。“大雄宝殿”四个镏金大字由著名艺术书画大师武微波题写，字体圆润饱满，遒劲有力。在新建吉祥寺时，将原建在老官庄北端滆湖之畔的宜兴古桥——寿星桥（属市级保护桥梁），以原料、原貌、原名移建于吉祥寺的民胜河上。同时，和寿星桥并列新建了菩提桥、正觉桥和1200平方米石驳岸放生池。吉祥寺内有负责人徐和清等9名僧徒。每年农历四月初八定为该寺庙会，来自无锡、常州、金坛、南京、苏州等地的善男信女、游客络绎不绝，多时一日达3000余人。

图5-3　2015的年吉祥寺

7. 万寿庵　位于西锄村塘渎沽，明成化年间（1465—1487）建。清咸丰（1851—1861）遭到兵毁，光绪七年（1881）重修。民国末期，村里创办塘渎沽小学，至1992年学校停办。后来成为生产队仓库，2013年，建滆湖东路拆除。

8. 城隍庙　位于和桥镇上塘南首永昌河北岸，建于明嘉靖四十五年（1566年），万历三十三年（1605年）重修。正门面临小河，河岸有石栏，河上架有小石桥，河南为一广场，旧时每年敬神社戏大都在广场上演出。大门内两侧有高及屋顶的泥塑顺风耳和千里眼神像。大门向里是长达几十米的大庭院，左右两厢塑着十殿阎王，正殿中端坐着木身城隍菩萨。楼上是城隍奶奶的卧室，侧面是城隍儿子的起居室。民国25年（1936），私立彭城中学迁入城隍庙，在庭院中建造一幢两层新楼房，并改建旧房作为校舍。抗日战争期间，日军占领和桥镇，将彭城中学校舍作据点，筑碉堡，残杀中国军民。民国34年抗日战争胜利，彭城中学在原址复校。1951年2月，私立彭城中学与私立和桥初级中学合并，原私立彭城中学校舍相继作为和桥区公所，太滆公社办事处，和桥医院所在地。城隍庙西面的北阴堂（祠山殿），东面的痘司堂、关帝庙（文武会）等处，均划入和桥医院；东面的斋僧堂、鲁班殿则改为居民住宅。2005年10月，原和桥医院搬出，南面规划设计禾晖广场，北段改造成商住楼。

9. 杨桥茅庵　位于福巷桥村杨桥自然村，始名永福庵，明万历年间（1573—1618）由曹家徐氏守安兴建（据徐氏家谱第九卷为证）。守安，为人古朴，以孝闻，笃天伦、睦邻族，训子弟、勤耕耘，乐行善事。于镇南盖造茅庐舍田为公产，后改屋为佛宇。其子念常，为人醇厚，承父遗业，力于耕稼，相视曹村基宅，觉得地灵气旺，可以发祥。于是与乡邻捐资倡济，广行善事，将父所建香火庵，倡议翻造殿宇、鸠工庀材，于耳房外另葺小堂三间。为修众焚修之所，与庵僧日夕讲说净因。后来，念常自名慈舟，又叫云山上人，添置庵田数十余亩，同善信唐及僧德林等，起名永福庵，吸引周边很多香客。民国21年（1932）庵内办起杨桥小学，直至2000年8月并入闸口小学。其中“文化大革命”时，庵内佛像遭到严重损坏，佛事一度中止。改革开放后，宗教事业得到发展保护。2001年，杨桥茅庵有房舍20多间，大殿经改造仍是金碧辉煌，各种佛像雕塑不计其数，平时宜兴和武进两地乡邻民众前来拜佛烧香者络绎不绝。永福庵自民国以来，人们习惯称杨桥茅庵。2015 年，庵内由女主持王金秀负责日常佛事。

10. 朝阳庵 明万历二十九年（1601）建，位于和桥归美桥北里许。清康熙四十年（1701）里人杨友昆、僧谷音重建，后因战乱兵毁。光绪三年（1904），僧如照、闻道重建。新中国成立初，庵舍改作他用。20 世纪 70 年代，为生产队用作仓库房。2015 年，已不复存在。

11. 圆修庵 位于和桥周洛桥西，明朝天启元年（1621）建，后遭兵毁。清顺治年间（1644—1661）重建。20 世纪 80 年代就不复存在。

12. 南新城隍庙 坐落在南新老街东首。据旧县志载，该庙建于明末。城隍庙门朝南，门前有一大石桥称里塘渎桥，横跨塘渎港。清朝和民国时期，桥南堍为广场，用作集会和演戏。1958 年改为南新乡政府办公用房，1984 年后为南新供销社生活用房。21 世纪后，初一月半常有当地居民前来烧香。

13. 在水庵 位于和桥归美桥西北里许，是三面环湖的风水宝地。据《在水庵》记载，该庵旧址原是明朝侍讲学士、礼部右侍郎吴复庵的别墅，名曰“蒹葭庄”，但数传后废为荒草，所存者衰揄数而已。清顺治初年（1604），吴姓将此售于聚龙村的徐元坦。徐氏认为该处“萧条态多，怡情致少”。适见僧人归源，便请其在此经营。归源与徒慧清决定在此建庵立足，便外出化缘数十年。本县士绅蒋公感其至诚，捐金助其营建庙宇。徐元坦侄仲甫又捐粮辅其开垦庙宇四周荒地。“由是门庭堂殿以次幸成，向之荒芜者渐成熟矣。”康熙四十一年（1702），官府定为庵产，命名“在水庵”。后遭兵燹，经归源、慧清的徒子徒孙明德、德周、断游几代和尚相继募化，还有从嵩山退归的和尚，在此拱坐三载当主持，“造禅堂，新佛像”，当时有厅楼数十间，“高大门墙、巍峨焕然、猗与盛哉”。斯时庵宇香火甚旺。在水庵南北向，庵前东侧有一棵枝叶繁茂的古银杏，相传为咸丰七年（1857）一高僧所栽。后来，树长至 20 多米高，树冠直径有 20 米左右，其主杆三人难以合抱；门前有一对石狮各近 2 米高，仰首而坐。在水庵原占地面积 13 亩多，有三进房屋。其中前进与中进之间隔着一条 8 米宽、30 米长的溪流上面架有平板石桥；从中进至后进约有 300 平方米的天井。天井东南角有一口古井，井水甜净可口，且水永远难以吊空。20 世纪 60 年代，当地在此举办兰陵小学，后改名楝树小学。70 年代，在水庵曾办过七年制学校，庵西边的河流被填没，用作学校操场。1999 年 8 月，楝树小学并入闸口小学。2000 年 6 月后，村民缪金洪夫妇发起带头募捐，于在水庵后进又建造 3 间大殿，临近村民前来烧香拜佛者仍为数不少。

图 5－4　2010 年的在水庵

14. 百子堂 位于和桥西锄港下自然村后，明末清初建（1643—1644）。百子堂南北座向，房屋五间，中间三间大殿，两旁各一间侧厢。大殿前为一庭院，院中紫竹、翠柏郁郁葱葱。庵堂旧时香火曾旺。20 世纪 50 年代中期，曾办过百子堂民办小学，至 70 年代后期撤并，庵堂由生产队拆除建造仓库，2015 年已不复存在。

15. 老君庙 为明代邓恭所建，地点在和桥上塘南首，后毁。民国初年，在其遗址上建成雷祖殿。新中国成立初，屋宇已改作它用。

16. 西水庵 位于和桥西锄村里塘渎，清康熙四十五年（1706）始建，咸丰年间（1851—1861）遭兵毁，同治七年（1868）重建。新中国建立后，庵舍一度移作它用，后拆除基地用作其它建设。

17. 圆通庵 位于和桥福巷桥村原缪墅大队，建于乾隆十四年（1749），南北坐向，庵内房屋近 20

间，分3进，旧时香火甚旺，庵内佛像多尊，形象各异。“文化大革命”期间，佛事终止，佛像雕塑受损严重。20世纪70年代，庵内曾一度办过初级小学。2015年，圆通庵旧貌尚存，前进中有佛像雕塑数尊。每当初一、月半前来烧香拜佛者，大都是当地居民；每两月一次，周边老妪都要前来念庚申（灯龙）；庵内佛事有沈菊珍主持负责，庵的东墙尚有碑文专记2方。

18．东岳庙　在和桥镇河西，原北兴桥南堍，建于清乾隆三十七年（1772，），南邻火神庙和真武庙。真武庙向东凸出30多米，与北邻范姓木行门面并行，自然形成一个大广场。春节、元宵节期间，场上常要龙灯、马灯。每年端阳节和农历九月二十八日，请草台班在此演戏。民国初年，东岳庙中曾建戏楼演戏。民国16年春，国民革命军到达和桥，曾在庙里驻扎。1949年宜兴解放，和桥镇人民都曾在戏楼前广场参加庆祝大会。新中国成立前东岳庙北面的房舍，为原和桥镇商团及游民习艺所在地，南面真武庙为警察局。新中国成立后，东岳庙与火神庙先后为中共和桥区委、和桥区人民政府以及和桥镇工会办公场所。1970年由和桥镇商业系统，负责在东岳庙原址筹建和桥纤维厂，后发展为宜兴市纺织厂。至2015年，该址已成为和桥居民住宅区。

19．其他寺庙庵堂　继善庵（尼姑庵）和敬节堂（妇女带发修行处），在清代建造；土地堂则建在上塘，约在清代建造；东隍庙、林官庙 均坐落在和桥镇西的原西育中村境内，也建于清代，规模不大，为地方小庙。以上寺庙庵堂，均至新中国成立后改作它用或者被拆除。

20．土墩庵　位于北庄村北里许，于清末民初建于土墩，名土墩庵。南北向，有并列庵舍5开间，中间3间为大殿，殿堂中安放着三星（天、地、土）菩萨，中间一尊为观音菩萨。大殿东间为主持佛事沙巴老四的住房，大殿西面是其他用房。庵前有东西长约30米、宽20米的池塘。池塘周边绿树环绕，庵北土墩更高，约与庵舍屋脊相平，土墩庵前有清水池塘，庵后背靠高土墩。庵东、庵西为农田，环境幽静，当地百姓称之为风水宝地。每当初一月半，前来烧香拜佛者为数不少。清宣统三年（1911），周兆稷等人捐资创办乐群小学（后几经易名为土墩小学）。抗日战争期间，这里曾是程维新组织成立抗日义勇军的发源地。20世纪40年代初，中共地下党员徐敏曾以在该校任教作掩护从事革命工作。随着办学规模扩大，庵舍逐渐改建成校舍。新中国成立初至20世纪60年代，庵内佛像依然存在，后经“文化大革命”“破四旧”，庵内菩萨尽被毁弃。70年代，为在土墩基上新建校舍，挖平庵后高土墩，泥土用于填没庵前池塘。1998年9月，土墩小学并入和桥小学。1999—2015年，该庵内已办起私人企业。

二、道　教

和桥道教活动跟宜兴一样，始于东汉末年。唐宋时期，和桥居民中信神的人数逐渐增多。元泰定四年（1327），和桥道士潘道元建造三元宫，即三官堂，坐落在和桥下塘中街。殿内塑有天官、地官、水官的神像。道教的传授方式多数为家教，以父传子，以长传幼。元朝时期，道教活动在和桥居民中虽有一定市场，但真正的道教文化传播却很少，大部分信仰道教的居民也只是有宽慰亡灵做超度的、有乞求平安做消灾的、有追求长生做求寿的等活动。明朝初期，和桥小沿河顺宁桥的南面，建起痘司堂，也称花神堂，里面雕塑的是花神娘娘。为防天花，当时流传鼻苗种痘之法。家家户户的长辈，在孩子“种花”后都要“剥壳”，要进痘司堂敬献糖果、粽子和鸡蛋等，拜谢花神娘娘。每年农历二月十二花神节，和桥痘司堂前，搭台演戏，要连演四台日戏、一台夜戏。明万历元年（1573年）和桥三官堂被盗损毁，道士顾自纲、陈宏募资重建。门前建茶亭，首进山门，二进大殿，三进玉皇楼。明清时期，和桥居民中为亡者做道场的多数是富裕人家。一夜道场，也叫斋醮法务活动，通过科仪中道士的诵经礼忏、唱赞吟偈、步虚旋绕、步罡踏斗、召请神灵莅临醮坛，达到乞求赐福延龄、升仙度亡的目的。清朝末年，和桥三官堂专门有道士主持香火，前来拜神求仙的居民还不少；同期，和桥痘司堂逐步成为道教徒聚会之地，曾有田姓道士作为主持。民国时期，和桥已无出家道士，在家道士也不多。居民在安宅、赶煞、送葬以及中元节酬神等法事活动中，都请些散居俗装的“师人”。不管他们是工人还是农民，只要能念经、弹唱等就行。日本侵华战争时期，三官堂的玉皇楼焚于兵燹，山门和大殿仍完好无缺。新中国成立后，道士们有的做工务农，有的当乐师（吹鼓手）；三官堂、痘司堂改建为居民住宅。1981 年，党的宗教政策允许道教活动，但和桥居民信仰的人越来越少。至 2015 年，和桥镇尚无经上级宗教管理部门批准的道教活动处。

三、耶稣教

清末民初，耶稣教传入和桥镇。当时居住东横街的医生葛安仁，即是耶稣教徒。民国初期，教堂在上塘北首法宅，牧师姓顾。嗣后邵玉书、成宝山、杨新民、刘鸿渐接任牧师。抗日战争胜利后，教堂迁至下塘南首陆宅。刘鸿渐通医术，以治病发展教徒。每周教徒集中教堂做礼拜，牧师在堂上布道。1949 年暑假，由于刘擅长吹小号（西洋乐器），就携带小号随农村工作队下乡宣传。1951 年初夏，刘曾参加常州专区召开的基督教、天主教“三自革新”代表会议。该教堂教徒大多来自农村，共 30 多人。1952 年，刘被调走，和桥耶稣教活动也暂时停止。1955 年至 1995 年，和桥教堂分别有伍屿、沈瑞霖牧师负责管理，教徒从 100 多人增至 400 多人。1994 年 6 月，经宜兴市民宗局批准，和桥耶稣教堂正式设立，并委派堵法斌负责基建。新建造的和桥教堂地址在和新路（坐落永兴村）。教堂占地面积 2455 平方米，建筑面积 1070 多平方米，1995 年竣工。1995—2005 年，宜兴市“三自会”先后委派吴燕云、吴瑞均、蔡亚光担任教堂负责人。其间，教堂活动逐渐规范，教徒有原来的 400 多人增至 600 余人。2006 年，钱小良老师担任教堂负责人。钱注重教堂组织建设、制度管理，规范开展多种形式的聚会，每年举行圣诞节大型活动。2007 年，和桥教堂被宜兴市民宗局评为“宜兴市模范宗教活动场所”。2010 年，被无锡市六部门评为“无锡市平安宗教活动场所”。2010 年后，和桥教堂注重真理教训和人才培养。2015 年，在神学院函授与脱产学习的人共有 18 名，教徒增至近千人。是年圣诞节，来自周边乡镇参加活动人数逾千人。2015 年 12 月，该教堂被无锡市宗教局评为“无锡市三星级平安宗教活动场所”。

图 5 - 5　2015 年的和桥耶稣教堂

第六章　人　　物

和桥是全国的历史文化重镇之一，素有“教授之乡”的美称。纵观1500余年具有文字记载的历史，和桥物产丰富、人民勤劳聪慧，尊师重教和耕读传家蔚然成风。宋元明清，和桥共出进士58位，由此奠定了古镇良才辈出的根基。在民国至新中国成立后的现代史上，吴凯声、唐敖庆、吴冠中等学贯中西、闻名中外；“一校八院士”“一门六博士”和各个时期的英才，更是激励和桥人传承“崇文崇德、和善和美”的精神动力。至2015年，在各类知名的和桥籍人士中，有为国捐躯的革命烈士72位，有高级职称的科教界人士716位（含5位院士、12位大学校长），有副师级及以上高级军界人士29位（含将军6位，其中台湾省2位），有高级职称的文艺界人士23位，有处级及以上政界人士192位，有无锡市劳动模范及以上各类先进模范人士118位，有旅居港澳台及海外知名人士67位；1988—2015年，有被评聘为高级职称、在和桥工作的专技人员311位。

第一节　人物传略

本节选录自宋代至2015年已去世的和桥人物85位，按出生年月排序。有的因为出生年代久远，史书上没有标明生卒年月，只能根据该人物活动的年份记载确定他（她）在世时间。该节不仅记述和桥历史上的著名人物，也介绍了几位历史给予肯定的小人物，从中可以传扬和桥博大的人文精神。

邵灵甫

邵丰（968—1046），字灵甫，北宋永定人。他一生乐善好施，精筹划。北宋咸平年间，涝民大饥，他尽发家中储粮5300斛，通过“以工代赈”的方式，开通宜兴县城到湖㳇镇河道40里，疏浚蠡河横塘80余里至罨画溪入震泽（太湖），既救济灾民，又兴修水利，一举两得。邵灵甫也被乡人赞为咸平大义士。

邵　刚

邵刚，字执夫，号恂直，北宋闸口人。他出身书香门第，其祖父为邵灵甫，其父邵粱（大中祥符八年进士，与苏轼相好，来往甚密）。宋熙宁五年（1072），邵刚南省（京都）乡试第一名（解元），礼部会试第一名（会元），连中二元，殿试高中进士，入朝任翰林侍读学士（掌讲读经史、撰著记载等事）、集庆军节度推官、御史等职。邵刚是北宋宰相章淳之孙女婿。他善诗文，著有《满江红·游善卷洞》《孟峰抒怀》等诗篇。《满江红·游善卷洞》曰：“万古灵迹，今犹在，紫烟熠熠。螺岩上，虬树垂萝，更胜往昔。蟾宫移来婆婆树，笑问世人几个识！仰天际、石罅泄飞瀑，忒湍急。万松顶，云如织。鹰虎伏，仙果集。恁喧嚣、泉水曲曲折折。虮蝮汲入老鬓口，蜇龙吐出小偃月。竞萦迴，逝者如斯夫，永不歇。”《孟峰抒怀》诗曰：“孟峰望巨区，千帆云间来。青年遨太虚，黄鹤杳不回。瑶宫秘紫气，蛰龙潜深渊。会当冲霄去，平地闻惊雷”。这一诗一词，充分抒发了他热爱家乡锦绣河山和名胜古迹的心情。

邵　材

邵材，字圣规，号石溪，北宋闸口人。他是北宋熙宁五年（1072）壬子试开封第一（解元）、礼部会魁。考中进士后，他任监察御史，掌分察百僚、巡按郡县、刻视刑狱、肃整朝仪等工作。他为人正派，办事坚持原则，不阿谀奉承，不随波逐流。有一次刑部讨论一个疑案，大家认为依法办事，应予从宽，免于死罪，可主持人却固执己见认为不可宽恕，要按所奏定罪，并要发文。邵材抗论说，疑案当宽不宽，奏折反要获罪，恐怕办案人今后再遇到同类案件就自己处理，不在以疑案上报了。又如，当时宰相王安石力行新法，遭时任翰林学士兼御史中丞的司马光极力反对。王安石很不满，对邵材说，你去弹劾司马大官，立即免去他的官职。邵材毅然回答说，君实（司马光的字）是一个正直的人，怎么可以无端诬告他呢？王安石十分恼怒。邵材叹曰："有是哉，可以去矣！"主动要求辞去官职。后朝廷以鸿胪卿复召，负责皇家宗祠掌迎送、接待、礼仪等管理工作，直到逝世。逝世后归葬闸口，崇祀乡贤祠，蒋之奇所撰邵氏世谱《鸿瞻卿圣规邵公家传》有记载。

邵民瞻

邵民瞻，是邵材之弟，是苏东坡在闸口的好友。因其有"读书养德，不图禄仕"古君子之风，故当时士大夫多乐与之游。当年苏东坡在常州居住时，来宜兴永定拜访同榜好友邵迎遂相识民瞻。时邵迎已卒，东坡大学士极悲，并为邵迎诗集作序。邵民瞻对苏东坡敬而礼之，热情接待，使苏公视民瞻尤如见到邵迎一样。以至后来才有"天远堂题额之书""西蜀海棠之赠"及"焚契还宅之事"，传为千年佳话。邵民瞻从学于东坡，并陪东坡游历阳羡美景，还为其买田置宅。

邵　必

邵必，字不疑，北宋闸口人，系蒋堂的长婿、蒋之奇的堂姐夫。他中进士后，初为上元主簿，后召充直讲，选为《唐书》编修官。曾出知常州府、高邮军，还曾任京西转运使、淮南路提点刑狱御史，知制诰、知谏院，终官至龙图阁学士、知成都。他是当时非常有名的大书法家，善篆、隶，为君臣所重。他曾为北宋名相韩琦在家乡相州地区做官时建造的"昼锦堂"题写碑额。该碑由欧阳修撰文、蔡襄书丹，世称"三绝碑"。他逝后归葬闸口分别村九御墩祖茔。

邵椿年

邵椿年，字寿之，号棠轩，元朝闸口人，其独立不随为流俗矜式，尤勇于为善，轻财务施，富而好礼。据《天远堂·邵氏宗谱》中记载，在元泰定四年（1327），邵棠轩捐千金，独建和桥中兴桥；又在该桥西侧，建造观音楼和井亭；还在和桥的下塘桥东百步许，建造三官堂一座（三官堂的山门正殿后，有堂、廊、房屋十多间）；还在钟溪桥南荒凉无人处的塘路旁建造茶亭一只，并指派邵氏族人送茶水，供纤夫、路人享饮休息。

邵　璨

邵璨（1439—1490），字文明，号米江又号乐善，闸口村人，为明代著名戏曲作家。此人读书广博，老意恳笃，工于作曲，所作《香囊记》《曲录》对剧坛影响甚大。《香囊记》非专为昆典创作之剧本，然而它的出现，开启昆曲案头文本骈俪派之肇端，昆曲文本之词辞典雅，即以《香囊记》为滥觞，并且影响到了日后如沈采、郑若庸、陆采等一批剧作家的创作，为以后把昆剧往优雅境界提升起到莫大助益之功，因而永载昆剧发展史册。明代万历戏曲家吕天成将《香囊记》列为"妙品"，仅次"神品"《琵琶记》《拜月亭》之后，评价颇高。

邵　珪

邵珪（1441—1488），字文敬，号半江公，闸口人，成化五年（1469年）进士，授户部主事，累官至严州知府。邵珪聪明超群，工于棋艺，为诗文多藻思，尝得"半江帆影落尊前"之句殊自喜，因号"半江"，有《半江集》六卷行世。李东阳、程敏政皆为其诗社中挚友。邵珪尤其擅长写草书小楷，得晋唐人笔意，其字体堪比苏（东坡）书，还有《滕王阁序》墨迹存世，现藏于广东省博物馆。

邵天和

邵天和（1469—1533），字节夫，号独山，系邵珪次子。其"5岁通诗善作对，读书虎丘，种菜自给，三年足不出户"。明弘治十八年（1505）乙丑科进士，考授翰林院庶吉士，迁吏部给事中。正德三年差往直隶河间与山西绛州勘察官员，回还复命时，刘瑾逼要其参官揭帖，遭到刁难，于是蓄忿。正德四年到河东运司查盘盐课中，刘瑾挟私诬以收受贿银，将天和谪调山东曹州州判,后致落职、监禁、回乡。十年后,逆瑾败诛。天和向皇上上疏陈情辩诬,得以平反召回,后任湖广夷陵州判、南京后府都事、都察院经历、尚宝司司承、江西参议、陕西行苑马寺卿、山东贴堂副使,嘉靖十一年(1532)改任云南兵备副使,次年卒于滇署,行属为其整理衣物,囊中仅俸银三钱,在官如贫士。其榇舟运回广东葬城南霞山。他在官之余亦喜写作,著有《重选唐音大成》十五卷。

吴 性

吴性(1499—1563),字定甫,号寓巷,北渠村人,后迁常州武进洗马桥,为北渠吴氏大分群城分始祖。吴性为嘉靖甲午举人,乙未进士,先任河南南阳府儒学教授,升迁南京户部山西清吏司司署员外郎事主事,敕授承德郎,后又升南京户部陕西清吏司署郎中事主事、补户部江西清吏司署郎中事主事、告改南部复任南京礼部精缮清吏司署郎事主事,转南京礼部主客清吏司署郎中事主事,升尚宝司司丞。吴性弱冠颇有文名,年少时就读文章被武进记名入册,并得到推荐。他致仕后不愿混迹官场,居家著书教子。在其教育影响下,一门八代出进士23位、举人48位,史称进士之村,有著作《天真圆稿》存世。

吴可行

吴可行(1527—1603),字于言,号后罨,吴性次子,嘉靖丙午举人,癸丑会魁、进士,曾被选为翰林院庶吉士授检讨,受皇帝赐蟒玉一品服出使琉球,进阶征士郎,崇祀乡贤。其卒后先葬宜兴伏牛山后迁葬下汪墩,有墓志。可行文学孝友,详载群县志。其平生文章不留稿,仅存蓬系铭言一卷、子瞻介甫二论、宰相台谏二说、上海中丞一书,太史诗抄二卷。

吴中行

吴中行(1540—1594),字子道,号复庵,北渠村人。嘉靖辛酉举人,隆庆辛未(1571)会魁,选翰林院庶吉士、侍讲学士,授编修阶文林郎、纂修会典。万历年间,他任国子监祭酒(当时全国最高学府主持)。万历五年(1577),宰相张居正父亲去世,按朝廷礼制,张应回家守孝三年,叫做"丁忧"。张不愿弃官守孝三年,想"夺情视事",继续在京当宰相。吴中行第一个向皇帝上奏,反对"夺情视事",而遭廷杖酷刑。史称"倔强鲠臣,铁骨书生"。死后被谕祭二坛,特赠礼部右侍郎,奉直大夫、进阶中宪大夫、通议大夫,崇祀乡贤、国朝崇祀先贤。吴中行忠孝直节,仰承先志、赠置义庄,明史乃群邑志亦记,著作《赐余堂集》十四卷,《四库总目》有载。据聚龙桥徐氏《世德堂》宗谱中《在水庵记》和《在水庵备案》所述,北渠村西侧滆湖旁的在水庵,原为吴中行私人别墅"蒹葭庄"改建而成。

吴宗亮

吴宗亮(1562—1625),又名吴亮,字采于号严所,和桥镇北渠村人,万历辛卯乡魁,辛丑会魁、传胪(第四名),授中书舍人、河南主考、湖广道监察御史、巡视北城九门盐法巡按,后获赠大理寺卿、进阶通义大夫、崇祀乡贤。吴宗亮性秉刚方,广义庄、设义学、捐学田,毗陵人品记中有载,其著作有《止圆集》。其卒葬北渠吴氏宗祠东南里许,人称巡按坟。新中国成立后,因办砖瓦窑厂,此坟被开挖后毁。

吴宗元

吴宗元(1565—1628),北渠村人,原名吴元,字又于号纯所,别号天然,又号率道人,万历辛卯举人、戊戌进士,疏请改教,授浙江湖州府儒学教授,升国子监助教,敕授修职佐郎升刑部广西清史司主事,又敕授承德即历升本部浙江司员外郎中,出任山东东昌府知府、升广东按察司副使,分守岑东整饬海防兵备道专敕兼管分巡惠潮道,诰授湖广布政司右参政兼佥事,分守辰沅道;温旨破格起用,诏起江西布政使左参政,分守饶南九江道,升按察使司按察使,授阶通议大夫,擢湖广布政使司右布政使。吴宗元赋性刚介,特立倚,官居历有卓政,详见郡志,所著有《率道人素草》《众妙斋》等集行世。

吴宗达

吴宗达(1575—1636),字上于,号青门,随其祖父吴性迁居武进洗马桥,明万历三十二年(1604)廷试一甲第三名(探花),授偏修。崇祯三年(1630)进礼部尚书,六月兼东阁大学士(宰相),十一月晋太子太保文渊阁大学士。五年二月晋少保兼太子太保户部尚书武英殿大学士，六年十二月晋少傅兼太子太傅吏部尚书建极殿大学士，七年二月晋少师兼太子太师中极殿大学士。崇祯八年五月辞官。吴宗达入阁期间，正是奸相温体仁野心勃勃玩弄权术、陷害忠良、篡权夺利之时。吴宗达则为人正直，一时难展才华。他处事果断，宽严适度，关心他人。有言官得罪特旨都求助宗达，他总是与人为善，酌情相助。因此深受朝臣言官的爱戴和尊重，逝世后溢文端。吴宗达平生酷爱诗词创作，其一首《前调》被《四库全书》收录。此曲意境苍凉，表达了词人郁闷愤懑和怀才不遇复杂心情。其遗著有《涣亭存稿》存世。吴宗达宰相于崇祯九年(1636)逝世武进家中，装殓独块楠木棺落葬常州南门外清水塘，再迁棺至和桥镇钟溪村钟溪桥南300米处之钟张运河东侧吴家松坟重葬，有恩纶墓志铭。惜于1966年4月间，建造老滩圩灌排两用电站，征集大条石开挖了吴阁老(宗达)墓。

蒋天童

蒋天童(1579—1642)，号密云，临济宗高僧圆悟法师，西锄村人。其幼年即气度庄重，不妄言动，终日静坐沉思。其六岁入乡学，八岁时不由师教，就会念佛。年轻时，以读《六祖坛经》而知宗门之事。明万历二十二年(1594)，师从宜兴龙池山禅师幻有正传剃度出家。一日过铜官山，豁然省悟。嗣后正传衣钵，继席龙池院。其后，历主天台山玄通寺、嘉兴广慧寺、福州黄檗山万福寺、育王山广刹寺、天童山景德寺、金陵大报恩寺等六大名刹，大振宗风，著有《密云禅师语录》(《禅宗全书》第五十二册)行世，被称为“临济宗中兴之祖”，在佛教史上享有崇高地位。崇祯十五年(1642)示寂于通玄寺后，静乐里村民为纪念蒋天童，依据他离家朝西锄地的场景，遂把村子改名为“西锄”。

吴　觐

吴觐字荆氓，别号觉奄，乾隆六十年(1795)增贡生，归美桥人。他工诗善画，且得恽寿平法，少时诗法于阳湖左中丞辅以杜少陵(即杜甫)为祖，白居易、李商隐为宗，生平著有《鹪园诗草》12卷、《鹪园词》《鹪园随笔》4卷。

吴德旋

吴德旋(1767—1840)，字仲伦，一字半康，归美桥人。他少时笃好韩愈诗文，游京师时与同郡张惠言(张惠言，1761—1802，清代词人，散文家)友。年近四十，他师事桐城派鼻祖姚鼐，后又师承张惠言，得桐城、阳湖两家之法，为文清曲澹雅，论文专著于法。他以古文著名天下，当时的恽敬、陆继辂、吕璜等皆推重之，吕璜更师事之。他古文外兼工诗，刘声木(清四川总督刘璋之子)在《桐城文学渊源考》里称其文“优柔恬淡，洁而不芜，屈而不突，议论有根据，深造自得，几于自然，于古人法度无不合;而柔淡之思，萧疏之气，清婉之韵，高山流水之音，与归有光、姚鼐为近。”三十岁后，其有所激发，于书亦甚嗜之，清代学者包世臣谓其行书能品下。其著作有《初月楼文钞》十卷、《初月楼续钞》八卷、《初月楼诗钞》四卷、《闻见录》十卷、《续闻见录》十卷等，皆传于世。他晚年回归乡里，倡导后进，开粤西古文之学，为世人所重，此为桐城派又一别支，卒年七十四。宜兴闸口邵氏宗祠内，悬有其手书“海棠无恙”匾额，以纪念九百年前苏东坡居士所赠邵民瞻之西府海棠，字迹秀丽而自然。

蒋作霖

蒋作霖，字纫堂，清代西锄村人。道光己酉年(1849)发大水，作霖率领兄弟等多人，拿出家中所藏粮食抗洪救灾，当地发财人家也跟着做，救活灾民无数。咸丰丙辰(1856)又有旱疫，死人不少，作霖又帮助贫苦人家买棺木收尸。粤寇(太平军农民起义)动乱后，筹设流民局，安排难民，确定路上饿殍，并报县里按规章处理。他在开浚塘渎港、定港中，早年使用戽水方法抗旱，人皆颂之。

程吴氏

程吴氏，女，清代和桥人，为赠儒林郎时杰妻，早年失夫守寡、矢志抚孤，备尝艰辛，但寿至九十九岁。沐恩赐绢者再，大中丞吴、郡守王皆额旌之，传载《江南通志》。

程　芳

程芳，字觐扬，清代和桥人，程吴氏（上面记述的）之子，幼孤，事母孝，成人后考授州同知，举纯德孝行，为阖邑善人之冠。有歙郡人以金托生息者，归里疾卒。芳访之数年，招其子来宜，连本带利一起归还。乙亥岁大饥，次年大疫，芳捐资买山，收葬暴露于野的尸骨，其他善行难以悉数。（《重刊荆溪县志》）

程　岱

程岱，字仿岳，清代和桥人，程芳（上面记述的）之子，贡生。年少时，他就凭借家父的产业，慷慨好施予，多次参加朝廷的乡试都未考中，继而回乡督教儿子读书。清散文家储掌文说："从四川回乡后，我看程岱的书馆就像家一样。我经常对别人说，我不能做程先生的馆主了，只能暂借他的书馆作为栖身之地罢了。但是我对程先生十分忠敬，凡服食起居，悉能顺适其意"。一时贤士皆从之游，三个儿子也都以学问品行著称。（《重刊荆溪县志》）

程薇省

程薇省，字逸帆，清代和桥人，监生。他性慷慨，家道中落时，弟嘉杰，令江西，薇省往视，归以橐中悉分给亲族之贫者。每邑中办振，必推经理。从子鸣銮（昭忠录作"鸣凤"），字恩孚，例贡生，嘉杰子，尝以振事当议叙却弗受，城陷，与子福基、德基同遇害。（《宜兴荆溪县新志》卷七"义行"）

程嘉杰

程嘉杰，字卧梅，清代和桥人。嘉庆二十三年（1818），其由举人大挑授南陵训导，因为政绩卓异升为知县，发江西，历保同知直隶州。咸丰三年（1853），他任职广信府铅山县。程嘉杰保卫县城有功，同僚准备向上呈报争取朝廷褒奖，可程却尽力推辞了，反而以身体不适辞官回乡。程嘉杰为官勤慎，司训时有很多造就，等到当县令时，案无留牍，如遇两造对质，必谆谆劝息，百姓呼之曰"程外公"。程解任旬日，因为其政务还刚刚交接就住城外。当时经过的农民起义军，皆相戒弗扰，曰"此程外公居也"（《宜兴荆溪县新志》卷七）。

程嘉烈

程嘉烈，字伟卿，清代和桥人，性孝友，为文豪放，尝援例就国子生，应京兆试。遇相者谓之曰：君试事若竣必中第，患变生中梗耳。俄入试两场，艺为同考激赏，母凶问突至，乡人佥谓，数千里奔波就试，延二三日讫事，倘中隽亦足慰慈灵也。嘉烈曰，吾悲摧昏瞀，岂复能文，况此何等事，万一侥幸，将何以为人？卒星夜奔丧，归。既葬，父命析爨（分家），百计谏阻，不听。私与仲兄嘉杰议曰："伯兄谨厚，多室家累，愿悉以田业让之。"嘉杰许诺，议遂决。粤督耆龄慕其名，延主章奏书檄，嘉烈故工书，体兼颜柳，而耆龄亦能诗，善书，主宾甚相得也。嘉烈著有《章粤笔耕录》及《哀江南词》五十阕。（《（光宣）宜荆续志》）

程持义

程持义，字沧泉，清代和桥人，同知衔。其秉性孝友，尝刲股疗母疾。咸丰年间，避乱马迹山，友有以五百金托者，夜半羣言寇至，持义仓促携金跑走。等到返回，其发觉只有一空囊，急忙以金还之友，而不以所失告人。（《（光宣）宜荆续志》）

程兆庆

程兆庆，字松泉，清代和桥人，性任侠好施与，家本寒也。后来他居积致富，中岁病失明，然岁会月计，能自钩稽出纳，人咸异之。清同治壬申年（1872），与徐绅鸣皋合赀巨万，置城乡房产积千间，以租息创办邑中敬节会，兆庆复独出赀万余缗，补其不足。又奉嗣母许氏遗命，助以千金，创建思济善堂，就堂发给敬节月费，积有余力，并添办年终津贴等善举。五十年后，鸣皋，兆庆子孙等遵循弗替，郡人张提学鹤龄前撰《思济堂碑记》，谓此事兴举皆程君是赖，积劬累瘁，以身终之，洵非虚语。后来堂后楼奉祀鸣皋、兆庆木主，盖合于崇德报功之旨云。（《（光宣）宜荆续志》）

程熙春

程熙春，字少颖，清代和桥人，援例以知县分发四川，署崇庆州事，治团练，行保甲法，通民情，伸冤抑，吏胥不敢为奸。其以军功叠保花翎，任直隶州知州，晋三品衔，累署射洪、筠连、太平等县。在太平任职时，邻县东乡有农民起哄，州府下令熙春捉拿，熙春上报说："太平只有土民，没有土匪，不必捉拿。"后来这位州府因错下命令，遭朝廷以滥杀无故而被革职，程熙春因此任知府赴浙江，著有《律例歌诀》。(《(光宣)宜荆续志》)

程赞清

程赞清，字辅堂，熙春子，官至浙江知府，才略开敏，尝随使美国，摄旧金山总领事官。又任中西义学监督，侨民甚戴之。返国后，历任德清、会稽、桐庐、海宁、钱塘等州县事，其绩尤以在桐庐、海宁为著。桐庐遭水灾，民饥溺，赞清具船以拯，稽口给粮，全活万计。疏水而堤障之，水势缓杀，而是堤者遂永以为利，人称曰"程公堤"。在海宁未久，以母丧去官，土匪万余扑城，赞清墨絰攖守，简精壮击退之。事定，乃行服阕，权知绍兴府。府属多匪患，而赞清任会稽时，治匪有声，及是，匪犹慑之，相戒敛迹，赞清欲有所为，未逾月而国变。(《(光宣)宜荆续志》)

程丕承

程丕承，字志轩，清代和桥人，岁贡生，檄摄镇江府教授，未任。而后文行冠一乡，授徒达三十年，门下士多达者。丕承具干济才，疊任里中公益，若积谷仓、资生局、济婴堂、鹅山学堂等，举经营管理，靡不尽力。宣统年间，以调查户口，乡民大哄，拆毁学堂，丕承设法弹治，兼令滋事者集资重建校舍，恢复教育。他劳怨不辞，里人特别敬重他。(《(光宣)宜荆续志》)

朱祖荫

朱祖荫(1850—1934)，字樾亭，和桥镇人。初任湖北巴东知县，政绩卓著。光绪二十九年(1903年)，两广总督岑春煊将时任湖南道员朱祖荫奏调相佐，任广州海关提调。广州海关年定征收关税500万两白银，历任年解仅为300万两左右，无一解足。而朱祖荫充任提调后，认真整顿，当年即征收关税银660万两，颇得岑春煊信任和赞誉，其后朱祖荫又回湖南任官钱局总办多年。民国成立后，朱祖荫从事实业，创办裕生公司任董事长，后任江苏省导淮委员会副委员长，对水利建设做出积极贡献。

胡养初

胡澍，字养初，号川深，生于光绪年间，卒于抗日战争前，和桥镇人。年轻时国处列强欺凌，他多方探索救国之道，深感只有普及教育，方可救国。宣统二年(1910年)，镇上绅士钱铫、张仁铎等在上塘南首创办育万初级小学，胡澍觉得此举深符夙愿。当时育万小学经济拮据，胡澍两次捐百亩良田和1700银圆，清廷授予金色三等褒章。后学生渐多，胡献出私宅作校舍，学校迁至上塘北首胡宅，改名养初小学。20世纪20年代前期，胡澍患高血压，曾中风偏瘫，后去沪医治，病情好转。民国17年，胡澍回家乡仍热情关心教育事业，捐资兴学。其后，养初小学数十年来学风淳朴，为和桥教育事业做出重要贡献。

史耀五

史耀五(1868—1922)，名纪常，和桥镇生建社区人，光绪二十九年举人。清末，史耀五中举后，被任东三省一县令。任职期间，革新各种弊政，对重大案件，必亲自认真审断。有一谋杀亲夫案，前任县令收受凶犯贿赂，使无罪者蒙冤，史耀五实地调查，终于真相大白，开释冤女，处决凶犯。史耀五在任东三省特派交涉员和奉天省政务厅厅长时，周旋于日本帝国主义外交压力之下，却能不损国体。其受命任黑龙江省省长后，张作霖设宴祝贺，史耀五宴毕回寓所即倒卧，去世时年仅54岁。

法玉良

法玉良(1868—1927)，原籍武进，出生中医世家，行医时从武进迁居宜兴和桥镇劳动街北首。他年幼立志从父学医，刻苦攻读中医典籍，细心观察其父诊脉处方，医术日有长进，严谨诊脉，辩证施治。他擅治伤寒、温病，有手到病除之功，群众誉为"法一帖""法伤寒"。病人赠以"扁鹊再世""和缓重逢"等匾额。法玉良医德高尚，对病者不分贫富，一视同仁，病者有求必应，始终遵循"不为良相，当为良医""无善心不足以行医"之家训，以救死扶伤为己任，一生业务繁忙，求治者遍及苏、浙、皖三省。有一年和桥地区瘟疫流行，染疫死亡者众。登门求治，人多来不及个个望问闻切，法玉良开一处方，加大剂量，煎成汤药，放入木桶，供染疫者免费服用。患者服后即愈，病家感激。法玉良名声远扬。南新乡一农民大量吐血，病情严重，急请法玉良出诊。法诊断开处方后准备回家，病人妻子突然大哭，问明原委，说是遗失银洋50圆。法恐影响病人，劝慰说："所失银圆由我补偿"，第二天派人送去50圆。时隔两月，病人妻子赶来说："法医生，我家失之银洋是掉在猪圈里的"，说完，归还银圆，送礼品道谢。法医生念其诚笃，婉拒不收，病家无以为报，请草台班演唱一台京戏，以示感激。法玉良授业学生，常以"人命关天"为训词，应用"四诊、八纲"辨证论治法则，强调"应知其常而通重复"，要追本溯源，不囿于表象，更不能墨守成规，如是百病方可迎刃而解，其门生有和桥杨叔村，宜兴莫庆生，丁山崔毓桐，无锡刘术堂等，均享有盛誉。

黄达武

黄达武（1875—1937），又名兼善，和桥镇人，青年时中秀才后，目睹清廷腐败，立志办学培养人才。光绪三十三年（1907）黄达武以家宅大厅及书房改作校舍，自筹经费，创办宜兴县第一所女子学校，即和桥始齐女校。宣统三年（1911），地方人士金晓湘、钱镜海等筹办彭城中学，黄达武捐资协助，被聘任文史教员。民国2年（1913）一星期天，黄宅发生大火，办学房舍化为灰烬。他当即租赁上塘陆氏宗祠为始齐女校校舍，更新设备，并增设操场，请教员徐悲鸿绘就《孟母三迁》《木兰从军》《画荻教子》《卢氏乳姑》四幅彩画，悬挂校内作环境布置。黄达武虽自任始齐女校校长，但还兼文史教员。他对学生既严格执导又循循善诱。学校校风淳朴，学生成绩优良，毕业后考取外地名校者甚多。一时舆论称颂，家长满意，争相送女入学，学生多达300余名。苏州教育界同仁慕名前来参观，赞赏黄达武办学热忱，知识渊博，聘其去大学任教。

程乃猷

程乃猷（1876—1960），又名国钧，和桥镇人，清末拔贡。程古文学造诣较深，尤擅诗文，曾任教鹅山书院，辛亥革命时期参加同盟会。民国初年，程乃猷任宜兴县参议员，民国3年参加全国首届县长考试，录取为县佐，分发浙江省任用，不久辞职回乡。先后接办宜兴县私立彭城中学与养初小学，分别担任校长及校董会主席。抗日战争前，其任和桥商团名誉团长，经管资生局、积谷仓，兴办图书馆和戏院等社会福利事业，深得群众信赖。抗日战争胜利，新四军移师和桥，他热忱接待驻扎家中部队，并响应减租减息号召。其后将经管的地方积谷仓妥善保管，移交政府。

朱蓉庄

朱峻（1877—1955），字蓉庄，和桥人，我国著名画家。朱出身贫寒，幼时以卖纸锭（迷信品）贴补家用。稍长，入碗店当学徒，后随本地程竹斋（画师）学画人像。他聪慧过人，勤学苦练，三年画艺大进。攻人物花鸟，其人物写生，惟妙惟肖，花卉翎毛栩栩如生，一时名噪乡里。子铭新8岁即能书写对联、匾额，人称"八龄童"，女铭庆，也长绘事。民国7年（1918）朱携子往常州、无锡、苏州等地广交画友，交流技艺。后到上海，与名画家张善孖、张大千、徐悲鸿、王一亭等交游，并经王一亭介绍往犹太富商哈同创办的"仓圣明智大学"执教。学潮起，大学停办，转入"上海审美女子中学"任教。民国17年（1928）改任"上海新闻报馆制版部"画师。朱蓉庄自奉俭约，却热心社会公益事业，每年出资施舍药品，救助贫民。民国19年春，和徐悲鸿等人在上海的中国文艺学院任教。民国23年宜兴大旱，他从历年所绘作品中，精选100余幅，装裱后，在上海南京路举办"朱蓉庄一门书画展览"，展品售得2000余元，全部交给宜兴同乡会，用于救济宜兴灾民。民国21年1月28日，日本发动淞沪战争，对闸北狂轰滥炸，数十万难民涌向租界避难，租界外围交通断绝，千余宜兴灾民衣食无着，亟待返乡。朱蓉庄挺身而出，到处奔走，会同宜兴同乡会组织船只，于炮火中分批护送难民回乡。

杨叔村

杨叔村（1890—1970），北新村老官庄人。清宣统二年(1911),他从师法玉良学医,后悬壶丁蜀、和桥等地。民国36年,他当选宜兴县中医师公会理事长。新中国成立后,他于1951年参加和桥联合诊所任中医部主任,1956年后调县人民医院、县中医院、宜城医院任中医内科医生。杨叔村勤学苦研,博采众长,以"不学无术、庸医杀人"为戒,在临床医治中,首重辨因,后定治法,根据患者体质,确定用药轻重缓急,他善于将理论与临床实践相结合,因人因病施药,常收事半功倍之效。杨叔村为人正直,体贴病人,"人病如己病,救得他人似我生",是他一生行医50年恪守的座右铭。

何可人

何可人(1890—1964),又名焕成,钟溪村何家塘人。民国4年毕业于江苏省立第一师范学校后,相继在江阴、吴江、太仓、无锡、溧阳等县的小学和宜兴的归美、城南、杨巷、万福、杨桥、钟溪等小学从教。抗日战争开始,日军入侵,当地小学停办。他为不使村上孩子荒废学业,便借用庄前村民的2间房子办起单级小学,自编自抄课本给学生,不收学生学费和书钱,深受群众称颂。新中国成立后,他调任杨桥小学教员时,年近花甲,身体衰弱,但对教育工作仍认真负责。1951年,他被县评为冬学模范教师。1956年,被评为江苏省中、初等学校优秀教师。

吴 瀛

吴瀛(1891—1959),字景洲,祖籍北渠村,毕业于张之洞创办的湖北方言学堂英文专业,27岁便以其出类拔萃的学识参与创建故宫博物院,任常务委员、古物审查专门委员,并担任《故宫书画集》《故宫书刊》首任主编。新中国成立后被陈毅市长聘为上海市人民政府文物管理委员会古物鉴别委员。吴瀛主要进行山水画创作。他善于用西洋式的构图来处理山水表现,他的绘画许多并不求大幅面,但山河壮阔,意境辽远,气魄撼人。吴瀛熟读四书五经,精通中国的历史、国文、儒学。他的各类诗集、散文、剧作、传记、游记,总文字达百万以上。他曾经直接与章太炎、吴稚晖、易培基、于右任、叶恭绰、徐悲鸿、刘海粟进行诗词唱和艺术交流。他是在近代中国美术史上传递中国文人画传统承前启后的人物,是中国画最早的革新者之一。

吴则先

吴则先(1896—1976),又名瀛飏,生建社区人。民国9年,他于江苏公立医学专科学校毕业后,入南京江苏省第一医院任住院医师,两年后任金坛县公立医院院长。民国12年,他返回和桥私人开业,是当时宜兴县中有影响的一所医院。1951年6月参加和桥联合诊所,先后任副主任、主任职务,1958年联合诊所改医院,任副院长。

陆梅僧

陆梅僧(1897—1971),字冶伦,生建社区人。他自小勤奋好学,彭城中学毕业后,以优秀成绩考取清华大学。"五四"运动中,他被选为清华大学学生代表,与北京大学等校代表联袂到上海,组织全国学生联合会,发动罢课、罢工、罢市,反对北洋军阀政府。民国9年,他清华毕业,赴美留学。抵美后,先入可尔拉道大学,不久转入芝加哥大学。民国11年春,他代表中国赴华盛顿参加裁军会议,会上力争要求归还被日本帝国主义强占我山东的领土主权,同时还和其他留美学生合办《中国主张》星期周刊,向世界各国宣传中国维护领土主权的立场。民国12年至民国14年,陆梅僧获纽约哥伦比亚大学商业经济学硕士学位,后回国。抵上海后,他被聘为上海商学院讲师。抗日战争时期,他的住所被炸毁,身受重伤,治愈后即发动爱国人士组织联青社医疗队、新药业医疗队、纺织业医疗队分赴抗日前线,治疗伤病员。新中国成立后,陆梅僧任中国通惠公司经理,1958 年主动把国外资金取回,支援国家建设。1971 年,陆梅僧因病去世。

吴凯声

吴凯声(1900—1997),兴业社区人,上海华东师范大学历史系教授,上海社科学院法学研究所研究员,上海文史馆馆员,中国著名法学家。民国 19 年,他从上海仓圣明智大学毕业,同年公费留学法国里昂大学。民国 14 年,他提前修完课程获法学博士学位。民国 15 年 3 月,吴凯声学成回国,在上海法租界会审公廨任律师,经美驻沪总领事批准任出庭公共租界会审公廨的华籍律师。民国 32 年,吴凯声出任国民政府外交部次长。1979 年 9 月上海社会科学院法学研究所邀他任研究员。10 月,上海华东师范大学聘他任历史学外史室教授、顾问。1982 年 1 月,上海文史馆聘他为馆员。吴凯声酷爱诗词,《吴凯声博士传记》和他的《诗词四百八十四首》,由香港大地出版印刷公司出版发行。

缪寿俊

缪寿俊(1901—1979),楝聚村十八组人,民国 17 年赴日本留学,毕业于日本爱知县蚕桑高等专科学校。回国后,他在南京金陵大学任教,民国 23 年任无锡东亭蚕种场技术主任,民国 28 年任无锡蚕种场技术主任。民国 29 年,他在无锡创办私立培本蚕桑学校任校长,并在家乡楝树港开办裕远蚕种场和裕康蚕种场。民国 35 年调江苏省立宜兴农校任校长。任职期间,他支持革命学生上街举行反饥饿、反内战游行示威,并把 2 名被捕的学生党员从宜兴县警察局营救出来。新中国成立后,他连任三届宜兴县政协委员。1956 年,他响应公私合营号召,把其创办的裕康蚕种场并入国营芳桥大有六蚕种场,任蚕种场主任。其撰写的《桑苗插条法的介绍》一文发表在 1957 年第 1 期《浙江蚕桑通报》。

唐鉴前

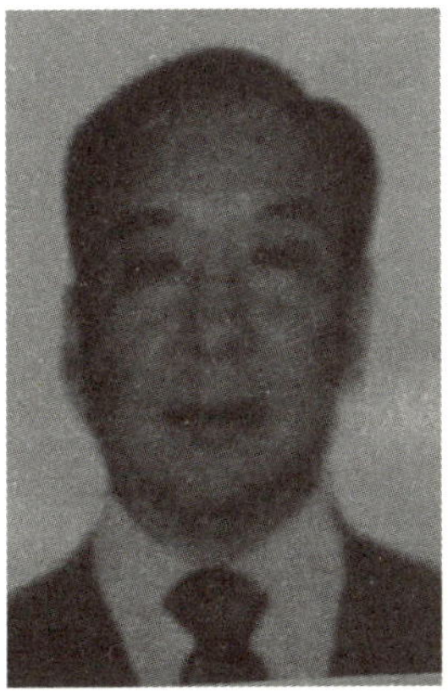

唐鉴前(1901—1987),和桥镇生建社区人,曾任台湾省铁路局督察长。他 6 岁失父,12 岁丧母,中学辍学,米店学徒。后自谋生路,考入宪兵学校,于民国 22 年毕业,被分配到宪兵部队任少尉、中尉排长,民国 24 年调驻甘肃平凉县。民国 26 年他随军自南京撤退至长沙,奉命担任军统局兰州训练班第一至第三期少校队长,其间又奉调重庆特务总队任中校大队长、副总队长。随后特务总队改称特务第五团,唐鉴前改任中校营长。民国 31 年,调驻重庆磁器口,担任“中美合作所”警卫任务,第二年又调驻罗家湾,担负军统局本部警卫任务。抗日战争胜利后,于民国 35 年 5 月奉调担任京沪杭铁路总局警务处直属大队长,民国 38 年调升该处副处长。是年 5 月赴台湾。赴台后,他被任命为台湾省铁路局督察长,旋调任台中市警察局督察长、副局长,高雄市港务局警察所长等职。

唐宏庆

唐宏庆(1901—1991),生建社区人,曾任台湾中正理工学院教授。唐宏庆在天津南开大学毕业,获理学学士学位。民国 26 年,他赴德国柏林大学学习弹道及兵工器工程。回国后,他历任兵工署弹道研究所副所长、第五十兵工厂检验科科长等职,领导相关研究工作及射击试验,编制射表 10 余种,供炮兵部队应用。民国 38 年,他去台湾,从事科学教育工作,任台湾中正理工学院教授,海军工程学院造械系教授兼系主任，陆军军官学院机械系主任，1976年任普通科教务长。其间，他曾于1970年赴美，任美国纽约大学教授，著有《兵器工程》《兵器设计》等著作，发表《长城弹道之研究》等多篇论文。

邵鹤亭

邵鹤亭（1902—1966），钟溪村人，教授、博士。他民国8年江苏省立常州中学毕业后入南京高师英语班学习，毕业于国立东南大学教育系，获学士学位。民国17年，他赴法国留学，入巴黎大学，致力于教育科学与哲学研究，获社会学博士学位。民国31年回国后，邵鹤亭历任江苏省教育厅科员、江苏省立如皋、常州、苏州中学校长、国民政府教育部专员、国立编纂馆偏纂兼教育组主任等职。新中国成立后，他担任教育部参事及北京师范大学教授。邵鹤亭一生著作有《尤莱氏思想与革命理论之研究》《训导原理》《社会思想与教育》等。

蒋佩仪

蒋佩仪（1906—?），女，生建社区人。民国17年，她毕业于江苏省立女子蚕业专科学校，民国19年与父蒋乘风（留学日本的蚕桑专家）在家乡和桥镇创办鹅洲蚕桑制种场，担任技术主任。后从政，曾担任江苏省妇女运动委员会委员、妇女会监事、妇女互助工作会理事等职。她与凌绍祖结婚后，生有5子1女。抗日战争胜利后，蒋佩仪当选国大代表，民国38年全家去台湾。

周金生

周金生（1907—1989），湖滨村人，民国28年10月入中国共产党；抗日战争和解放战争时期，历任和桥区寺西乡理事委员、交通员，武宜政治联络员、交通站长，塘宋区农会长、副区长、区长、副书记，太滆区武工队队长，宜、溧、长、广、郎分工委组织委员，宜北办事处书记特派员，和桥区副区长。新中国成立后，历任宜兴县农会副主任、宜兴县委农工部副部长。1959年9月至“文化大革命”初、1979年11月至1982年12月，两度任宜兴县政协副主席。1982年离休。

周云轩

周云轩（1907—2002），女，劳动社区人。民国16年9月，她在阳羡小学任教，任宜兴妇女协会执行委员。同年10月，中共江苏省委在上海召开“江南农民暴动行动委员会”会议，决定宜兴暴动，派万益以省委特派员身份到宜兴领导暴动，密令时任妇女协会执行委员周云轩和吴旆杨，秘密绣制镰刀斧头图案党旗及暴动起义人员佩戴标志——红布条。11月1日，宜兴农民暴动爆发并占领县城，宣布宜兴县工农委员会诞生，这是有史以来第一个革命政权，第一面绣有镰刀斧头的红旗在宜兴上空高高飘扬。周云轩一生从事教育事业。退休后，她继续发挥余热，于1985年到1990年参与首部《和桥镇志》的编纂工作，同时积极参加关心下一代工作，每年购买儿童读物送给小学生观看。周云轩还根据自己的一生，撰写了《漫漫人生路》一书。

王伯琦

王伯琦（1909—1961），和桥镇人，曾就读养初小学、上海民立中学，后考入苏州东吴大学攻读法律，于民国20年夏毕业，自费赴法国巴黎大学深造。民国25年，他学成回国，任浙江省政府官员。抗日战争开始，江浙危机，王伯琦转徙内地，供职军事委员会参事室。1939 年，他应聘任昆明国立云南大学教授，1940 年兼法律系主任，直至抗日战争胜利。1949 年，他赴台湾任“司法行政部”参事，1953 年仍回教育岗位，任台湾大学法律系教授，兼任东吴大学教授。其著作有《民法总则》《民法债篇总论》（定为大学课本）、《民法概要》《民刑法概要》《近代法律思潮与中国固有文化》《权利相对论》等。

吴光汉

吴光汉（1909—1996），兴业社区人，外交家。其早年就读彭城中学、上海震旦大学。民国 18—20 年，在瑞士日内瓦大学攻读法律专业，获法学学士学位。民国 21 年，外交部任其为中国驻国际联合会日内瓦办事处外交官随员。其后，他历任中国驻瑞士使馆、瑞典使馆秘书。民国 36 年，吴光汉调任驻联邦德国总领事。1950 年，台湾当局调他回台湾“外交部”任职，他未赴任并弃政经商。1985 年，他携妻女由西班牙回国，定居于上海。

谈致中

谈致中（1910—1985），湖滨村西施荡人。他 7 岁起就读于归美、鹅山小学，12 岁考入同济大学附中，民国 18 年入德国科顿工业大学攻读造纸工程学。民国 23 年他大学毕业，考得优等工程师学位，旋任德国勃郎堡造纸厂印型部工程师。民国 25 年冬，他辞职回国，就任上海江南造纸厂工程师。第二年迁入四川，任兴蜀造纸厂工程师、成都建国造纸厂顾问工程师，兼乐山中央技专造纸科教授。翌年，任成都川康农工学院教授。民国 37 年，应上海中国水泥造纸厂之聘赴沪任工程师。1955 年，他任上海造纸公司总工程师。1963 年，他赴波兰参加国际造纸专业会议。“文化大革命”中，他遭受迫害。1979 年，他去日本，考察日本和国际上造纸技术的最新进展。谈致中是我国知名造纸专家、一级工程师，长期担任中国造纸学会常务理事、上海市造纸学会理事长，为中国造纸工业的发展，作出重要贡献。

江淦三

江淦三（1910—1991），生建社区人。他 17 岁彭城中学毕业，考入哈尔滨商船学校驾驶专业，两年半肄业，转入张学良办的葫芦岛海军学校（后改为青岛海军学校）第三期航海班毕业，抗日战争前在东北舰队军舰上任职至上尉航海员（大副）。抗日战争时期，他随国民党军队撤至湖南湘西，任海军教导总队少校附员、参谋等职。抗日战争胜利后，他在国民党南京政府联勤总部运输署直属“同心”舰任中校舰长。1949 年 12 月 7 日，在万县江面，江淦三率同心舰八十名官兵起义。该舰后改为“长江九号”。1951 年 2 月，“长江九号”在湖北白螺矶，因领航错误，触礁搁浅，经两个月打捞起拖上海修理。同年 8 月，江淦三被停职审查一年，劳动改造二年。1956 年 5 月，中央交通部重新录用江淦三到武汉河运专科学校任专业教员，为国家培养出了一批急需的船舶驾驶人才。1958 年 11 月，他被定为历史反革命分子，下放农场劳动，开除民革党籍。1964 年 11 月，江淦三全家遭遣送回原籍和桥，安排在和桥电炉耐火材料厂工作，直至 1979 年平反退休。1985 年 5 月 25 日，宜兴县政府受海军领导机关委托，向江淦三颁发起义证书。

杨荣祥

杨荣祥（1911—1985），北新村人。民国 22 年，他大学毕业后考取“中央研究院”心理研究所研究生。翌年，杨开始在中学执教。新中国成立后，他代表华东区参加了新中国第一份中学数学教学大纲的制定和修改工作。1956 年起，他先后任上海第二师范学院和上海师范学院数学系教授及中学数学教材教法研究室主任、《中学数学教学》期刊副总编辑及《数、理、化自学丛书》《中学数学教学参考读物》《初等数学复习与研究》《十万个为什么》（第一版）的主编和上海市数学会副理事长。“文化大革命”中，杨被打成“反动学术权威”。此后，他仍以全部精力投入教学工作，带病编审了《中国数学及教学》和《数、理、化自学丛书》，被评为上海市劳动模范、市优秀教师，当选为民主促进会上海市委委员、民进上海师范学院主任委员。在出席民进第二次全国代表大会时，他受到了周恩来、朱德等中央领导同志的接见。

王汉勋

王汉勋（1911—1944），北渠村人，是位抗日英雄和爱国飞行员。1932年，他在上海大同大学理科毕业后，放弃出国留学和谋事机会，报考杭州笕桥航空学校，1934年2月即以成绩优良保送去意大利航空学校进修低空攻击、兼习空降。随后又到美国进一步深造。回国后，其先后任空军部队训练处教员，空军第九大队第二十六队队长、空军第五大队副大队长、空军第十一大队队长，驱逐纵队副大队长、空军运输队队长等职。1937年10月，他担任国民政府空军第七大队中队长，奉命率领第七大队的20架低空攻击机，从南京大校机场起飞，给入侵吴淞后立足未稳的日军以沉重打击。抗日战争后期，我国西南与国外的交通要道滇缅公路，因受日军攻击截断，战时物资，陆路已无法运输供给。他为了国家利益，和战友们开辟空中驼峰航线，及时解决战时物资运输的艰难，胜利完成首航任务。1944年8月7日，他被任命为空军运输队长，偕同队副唐元良以及通信长吴志烨等，由云南沾益驾机投送湖南衡阳守军补给物品。当时衡阳已被日军包围好几天，因天气骤变，视线不明，撞机失事，以身殉职，生前有战功6次。牺牲后，空军部门向他奉颁三等宜威奖章，六等云麾勋章，追赠空军上校军衔。

王　倬

王倬（1911—2000），生建社区人，上海航运局总船长、高级工程师。1930年，他考取上海吴淞商船专科学校驾驶专业。1931年“9·18”事变后，他积极参加各大学发动的反对内战、要求抗日的请愿活动。王倬吴淞商船专科学院毕业后，先后在多家轮船公司任大副、二副、船长。1949年，为保护船舶不使沉没，他与人冒险驾船转移，开往长江上游，躲避国民党轰炸，使“泳湘轮”等轮船保存下来。新中国成立后，他在上海海运局先后任和平七号轮船员，指导船长、海务监督室第一副主任，上海轮船公司船务处处长、北方区海运管理局船务处处长。1955年，他被评为上海市劳动模范。1956年，又被评为交通部和全国劳动模范，并加入中国共产党。

钱霖汝

钱霖汝（1912—1992），兴业社区人。1926年，钱霖汝考入彭城中学，读书两月辍学，经人介绍到宜城布店学徒，满师后当店员。民国26年，钱霖汝和妻子搬到高塍乡赋村，与人合股开办赋村棉布合作社，钱被推为负责人。民国38年4月，他被工商界推为代表，迎接解放军入城。1949年10月，他和丁山的鲍增泽被推选为宜兴工商界代表，与县长胡求真一起，参加苏南各界代表会议。自此钱霖汝积极参加商会活动，捐资办学，捐献钱物抗美援朝。自1949年起，他先后担任宜兴县人民代表、县工商联秘书长、江苏省人民代表、宜兴县人民委员会委员、县各界人民代表会议副主席。1956年瑞纶布店加入公私合营，批准为中国花纱布公司宜兴公司，他任公司副经理。1957年后，他担任县工商联副主任委员、江苏省工商联代表、县政协委员。1958年至1966年，他任宜兴县百货公司副经理，1975年9月退休。

王达时

王达时（1912—1996），同济大学教授，北渠村港北人，上海交通大学土木工程系毕业，后自费赴美国密歇根大学深造，获硕士学位。回国后，王达时任滇

缅铁路工程师、上海交通大学土木系主任及工学院院长。20 世纪 40 年代在重庆出版学术著作《超静定结构学》。新中国成立后，他主持翻译苏联《结构力学》（拉比诺维奇著，当时为高校通用教材）。1952 年院系调整时其转入同济大学，先后任结构力学、钢结构教研室主任、建工系主任、副校长，并兼任同济分校校长（现为上海城市建设学院）。王达时长期致力于市政工程（包括给排水道路等）、工程力学、钢结构及土力学等研究，常为市政工程界承担咨询任务。1985 年后，他任中美国际工程公司顾问。其时，他的社会兼职主要有上海建筑学会顾问及名誉理事、交通大学土木工程系顾问、同济大学科技业总公司顾问等。工作期间，他曾荣获国家教委颁发的金质飞马奖章和享受国务院特殊津贴。

张念慈

张念慈（1914—1972），北新村官庄人，抗日爱国人士，曾被新四军抗日民主政府委任为塘渎区官庄乡乡长。民国 29 年初，他与新四军许多党政干部交上朋友，开始帮助新四军转送情报、筹办钱粮等工作。在民国 31 年 7 月—民国 39 年 10 月，他担任抗日民主政府官庄乡乡长，为新四军征收了大量钱粮，确保部队和党政人员的供给，并赴常州、无锡等地钱庄，采办新四军急需的棉布、食糖、西药、办公用品等物资。其时，宜兴抗日民主政府交通总站常设在官庄乡，许多重要会议都在张念慈家中召开，新四军的许多重要物资也叫他帮助隐蔽、转运，新四军的伤病员也交给他安排治疗、休养。民国 34 年 10 月，新四军北撤后，他到上海一所中学任教。民国 35 年 4 月，国民党苏州法院判其“奸匪”罪施刑 10 年，将其投进苏州监狱坐牢。1949 年 4 月人民解放军解放苏州时将其解救出狱。以后，张念慈先后任宜兴县粮食局供应课长、财政局任财政科长和农税科册籍室任主任等职。在以后历次政治运动中，张遭到诸多不公正待遇，被划为地主成分、开除公职、并判训诫处分，“文化大革命”中又遭迫害，1972 年含冤去世。1979 年，宜兴县人民政府为其平反昭雪。

程维新

程维新（1914—1992），生建社区人。民国 27 年夏天，程维新从上海中华职业学校辍学回乡，会同王渭溪等人一道拉起一支五十余人的抗日义勇军武装，常驻于和桥镇近郊土墩庵。陈毅司令员与之见面交谈并教育其积极抗日。次年 2 月，应程维新请求，中共派张之宜等进入和桥地区，加强对程部领导，协同程部在武南小河伏击日本火轮。同年 3 月，中共派陈立平等进入太滆地区，成立太湖人民抗日义勇军（以下简称“人抗”），程维新兼队长、张之宜兼政治部主任。九月，太滆工委决定“人抗”扩编为锡宜武人民义勇军总队（以下简称“锡抗”），程维新任总队长。10 月初，新四军前委陈毅司令下令将“锡抗”改编为新四军二支队独立二团，任命程维新为团长、李复为副团长、杨洪才为参谋长、张之宜为政治部主任。民国 30 年 1 月，皖南事变发生后，程维新动摇变节，拒绝中共在一营发展党员，积极发展帮会性质“九·七”社，笼络地方黑恶势力，开始同国民党顽军暗中勾结。民国 31 年 6 月 4 日凌晨，日军出动千余兵力，突然包围和桥史家庄，程部遭到袭击，损失惨重，程也受重伤。程赴沪治疗伤愈后，从上海潜回太滆，新四军仍让程当团长。民国 32 年春，程带部队到归径蒲墅，投奔国民党，其部队改编为江南行署锡宜武第一先遣队。民国 33 年初，程又拉着队伍到安徽历溪，改编为江苏保安第八团。民国 34 年 5 月，程拉部队到绩溪，后被国民党改编，程维新因只搞到一个“苏浙皖参议员”而回到和桥老家。抗日战争胜利后，在国民党统管区，程任丁山区区长。新中国成立后，程只身潜往香港，后去台湾，于 1992 年去世。

邓槐银

邓槐银（1914—2008），闸口村北沙滩人，全国农业劳动模范。抗日战争中，邓槐银积极参加减租、减息和对日伪的斗争。新中国成立后，邓槐银任闸口乡农会主任，创办北沙滩农业生产互助组，历任互助组组长、初级社长、高级社长、人民公社副主任、公社机电站站长等职。20世纪50年代，他曾被评为县特级劳动英雄，华东地区和全国农业劳动模范，3次受到毛泽东、周恩来接见，受到国务院农业部、省、地、县的奖励，被选为县、省人民代表和党代表。

许锡成

许锡成（1915—1957），生建社区人，民国32年毕业于贵州安顺陆军军医学校（大学部五年制），次年返乡在和桥镇下塘开设西医诊所。民国34年，他当选为县西医师公会理事。1951年，许积极筹建县医务工作者协会（后改名卫生工作者协会），并当选为主任，同年6月，他又组建和桥联合诊所，任主任，1953年被调到县人民医院任副院长。许锡成认真钻研医疗业务技术，学识渊博，对西医理论有系统研究，成为当时宜兴县西医界的著名代表，他曾主编《军医提挈》（医师典）一书。许锡成医术精良，擅内科，对病者不论贫富、态度和蔼，诊治疾病细心周到，在群众中有较高的声誉，曾当选为县一、二届县人民委员会委员和县三届一、二次各界人民代表会议常务委员。新中国成立后，他积极响应党“组织起来”的号召，组织全县社会医生，成立集体医疗机构、培训医疗卫生技术人员、为发展宜兴县医疗卫生事业做出了较大的贡献。1957年，他在整风“反右”运动中去世。

程可达

程可达（1915—1997），生建社区人，我国著名书法家。民国30年毕业于西北农学院农化系，以优异成绩留校执教。新中国成立后，他先后在南通农学院、西安医学院、西北农业医科大学执教，1972年离休，定居苏州，从事书法创作，为中国书法家协会会员、苏州书法家协会顾问、苏州草书研究会会长、苏州草书社社长、苏州市书画研究会顾问、苏州园林局顾问、中国民盟苏州书画研究会顾问。程可达一生痴迷书法，主攻狂草，兼修行楷，其作品先后在上海、苏州及日本东京、名古屋、爱知县等地展出，赢得广泛赞誉，撰有《书法律梁》《草书概论》等专著。他曾为宜兴善卷洞、铜陵严子陵钓台、苏州虎丘及天平山、留园、拙政园、网狮园等名胜古迹书写碑刻楹联，所书《孙子兵法》12篇，全文6097字，一气呵成，被权威人士誉为“名家珍品，勾勒碑铭，垂与后代”。

唐敖庆

唐敖庆（1915—2008），生建社区人，中国科学院学部委员。民国29年，唐毕业于西南联大，并留校任教。民国35年，其获哥伦比亚大学化学系博士学位，并荣获奖学金，1950年初回国。1950年至1978年，他历任北京大学、吉林大学副校长、校长。他是中国量子化学的主要开拓者。1957年1月获我国首次自然科学奖——三等奖，1982年获国家自然科学奖一等奖，1993年获得陈嘉庚化学奖，1995年获得何梁何利基金科学与技术成就奖。他将获得的100万港币中的30万元捐给了吉林大学，10万元捐给了中国化学学会，20万元捐给了家乡和桥小学及和桥高级中学。

唐积庆

唐积庆（1915—2010），生建社区人，中共党员，高级讲师。民国26年，他于国立中央大学外文系毕业。抗日战争时期，他曾任国立女子中学、第十六中学、国立女子师范学院附中等校高中英语首席教员、教育部特设大学先修班英语讲师。1949年秋起，他历任彭城中学校长、新和中学（宜兴三中前身）副校长；1980—1981年任县教育局副局长；1981—1987年4月，当选为县人大常委会副主任；1982—1987年8月，任县教师进修学校校长。工作期间，他曾参与《实用英汉词典》编写工作。1987年退休后，他仍经常参加市教育学会、家庭教育研究会、青少年思想教育研讨会等工作。

邵品刚

邵品刚（1916—2010），和桥镇闸口村人，台湾苗栗中央大学物理研究所副教授、总务长。邵品刚曾就读于宜兴中学和苏州高中，民国21年考入南京中央大学工学院电机工程系，民国26年毕业后进入成都航校航空工程系航空机械班。次年毕业后，他历任昆明空军第一飞机制造厂设计科员、空军机械学校教官。民国31年，他被派赴美国Pratt&wbitney发动机制造厂专习，还就读于堪萨斯州立大学。民国35年，他回国在空军服役，民国37年去台湾，曾担任空军司令部科长、组长、副处长、主任，1963年任空军上校督察后退役。1964年，他受聘为台湾苗栗中央大学地球物理研究所副教授，兼总务长。1965年，他转任台北市裕隆汽车制造公司检验室副主任，后应聘至台北市中华航空公司，担任飞机维护督察，为台湾航空太空学会会员，1979年退休。1982年赴美国定居后，他担任洛杉矶美国中华艺术学会监事。邵品刚擅长书法，兼习绘画，曾获1993年日本“画人会”书法奖、台湾侨务委员会联展“长青组”书法优选奖。他曾研制出一种三用自行车，并获取专利。

黄应彭

黄应彭（1916—1965），生建社区人，台湾《大华晚报》副总编辑。他曾先后就读于鹅山小学、彭城中学，高中毕业后考入无锡商学院。在校期间，正值日本侵略中国，目睹侵略者嚣张和同胞受欺凌，他胸怀着救国之心投身了新闻事业。民国25年，黄应彭大学毕业，考入中央日报社工作。抗日战争爆发，中央日报社随国民党政府迁至长沙，后又迁址重庆。在重庆期间，黄和主张“停止内战，一致对外”的国民党爱国将士一起做了大量抗日战争宣传工作。抗日战争胜利后中央日报社迁回南京，1949年迁至台湾。黄去台湾后，在1950年与友人创办台湾第一家晚报《大华晚报》。黄应彭由股长、科长、主任升至副总编辑，在台湾新闻界享有较高威望。1961年，他代表台湾赴日本加入第一届亚洲广告人协会，任会长职务。

丁天缺

丁天缺（1916—2013），永兴村人，著名画家，中国美术学院国际美术教育交流委员会委员。民国24年，其考入杭州国立艺术专科学校学习西画，民国36年回杭州国立艺专，任吴大羽教授助教。20世纪50年代初，其遭到不公平待遇，蒙冤受屈，历年创作与珍藏荡然无存。1985年，丁被平反，任《美术译丛》编辑、东方美术电视函授学院常务委员，主编教材。80年代，其赴法国第八大学造型美术系进修，译著有《毕加索》《莫泊桑中短小说篇》等，创作有油画《夹竹桃》《窗前偶见》等。1985年12月，丁天缺留学法国，入巴黎第八大学深造，吸收西方艺术学养，巧妙融入中国绘画传统，形成自己独特绘画风格。1993年，丁天缺任华侨大学艺术系客座教授，1995年在中国美院举办个人画展。

吴其昌

吴其昌（1917—1948），福巷桥村蒋家塘人，姚家湾八烈士之一，宜北武工组组长。抗日战争爆发后，闸口成为中共太滆工委机关驻地，吴其昌在日益高涨的抗日救亡运动影响下，走上革命道路。民国30年，吴加入中国共产党。翌年，吴任蒋家塘支部委员、书记，领导群众开展减租减息斗争。民国32年，日本侵略军1万余人对太滆、茅山地区实行“清乡”“扫荡”，修筑竹篱笆封锁线，严重阻碍我军活动和百姓的正常生活，吴奉命组织群众，一夜间便把杨桥至五洞桥长3千米的竹篱笆拆除。民国33年，吴任闸口区区委书记后，斗争环境更趋险恶，其本人常遭日伪追捕，妻儿老小遭受连累，终日担惊受怕，便纷纷劝说他回家继承家业，过安定日子。吴对他们动之以情，晓之以理，说服他们支持自己干革命。妻子多次协助他保管革命经费，将现钞藏于草堆，将金条、戒指埋于灰中，待形势好转，立即解送山区根据地。抗日战争胜利后，吴随军北撤，任华中野战军五十三团二营九连连长。翌年春，吴奉命返回家乡，领导扶风、闸口两地人民开展“三抗”（抗租、抗粮、抗债）斗争，镇压国民党杨桥乡乡长王宜俭，使北撤后一度反顽势力猖獗的闸口地区形势有所好转。民国37年5月11日夜，吴其昌率7名武工队员至杨桥附近姚家湾宿营，第二天被杨桥自卫队发现，密保驻漕桥的国民党青年军连部，敌人迅即调集前黄、漕桥等地青年军及各地自卫队，将姚家湾层层包围。吴据屋固守，沉着应战，毙、伤敌青年军连长以下26人。在突围中吴与另7名武工队员全部壮烈牺牲，烈士头颅被敌悬挂于汽车两旁到常州、和桥、宜城等地“示众”，更激起民众对烈士的尊敬和对敌人的反抗。

朱洪元

朱洪元（1917—1992），和桥镇人，理论物理学家，中科院院士。民国28年，他同济大学毕业，民国37年获英国曼彻斯大学哲学博士学位。毕业后，他曾担任中国科学院高能物理研究所研究员、第一副所长、所科学技术委员会主任兼中国科技大学研究生院物理部主任等职。20世纪40年代，朱洪元开始研究高速荷电粒子在磁场中运动时发现电磁辐射性质。1961年，朱洪元被选为第三届全国人大代表。60年代初，他探讨利用色散关系和么正条件建立低能强作用的理论问题，并对含有光子、电子、中子和原子核的高温高密系统内部的输运过程等研究，取得多项重大成果。60年代中期，他与物理学家胡宁共同领导学者，系统研究层子模型理论，开辟强子内部结构理论研究新领域，在国际上处于领先地位，被授予国家自然科学二等奖。其后，他在推进中国物理学研究事业、北京正负电子对撞机研制等方面做了大量工作。1980年，他当选为中国科学院学部委员。1992年11月4日，他在北京逝世。

陆　光

陆光（1917—2002），原名得生，和桥人，曾经担任过台湾地区行政管理机构经济设计委员会专门委员、台湾师范大学教授等职。陆光曾就读于养初和鹅山小学、彭城中学等。从暨南大学商学院毕业后，全国抗日战争爆发,他曾先后在江西青年团、四川省训团受训,任职于军委会政治部。抗日战争胜利后,他在行政院善后救济总署工作。民国37年,陆光赴台湾,历任台湾省公产公物整理委员会及公产管理组组长,台湾省政府社会处专任委员、社会处台北办事处主任、劳动力调查研究所主任等职。在担任上述公职以外,自1952年起,他还在台湾师范大学、私立东吴大学及私立逢甲工商学校任兼职教授,执教10余年之久。1960年,他参加联合国国际劳工局在印度举办的亚洲区社会安全行政研究班,1962年经过考试获取联合国奖学金,前往美国密西根大学社会工作研究院进修一年半,并由联合国安排前往波多黎各、日本、菲律宾等地考察社会福利及社区发展工作。1965年,他再入美国密西根大学国际人力研究所专修人力发展规划。1972年,他前往泰国参加西德佛特列爱伯基金会举办的人力发展及经济成长研讨会进修。在此期间,他还着力从事著述,先后撰写了《人口与就业》《我国劳工福利之研究》《台湾妇女劳动力之研究》《社区中心之实际与活动》等30余篇著作。晚年,他在台湾一所师范大学退休,并获"木铎奖"。

吴祖光

吴祖光(1917—2003),又名吴召石、吴韶,原籍北渠村,中国著名剧作家、书法家、社会活动家、导演,还曾担任中国作家协会副主席、全国政协委员。吴祖光在16岁时撰写的《广和楼的捧角家》发表以后,与周作人、钱玄同、老舍等文学前辈的文章一起被编入《宇宙锋丛书》,受到文坛瞩目。民国26年,国难当头,他创作的抗日戏剧《凤凰城》上演后,激发起广大民众的抗日情绪,成为中国戏剧舞台上投向日本侵略者的一把匕首。民国34年,他在担任重庆《新民晚报》副刊主编时,冒着生命危险在"国统区"率先发表了毛泽东主席的词《沁园春·雪》,后被全国报刊纷纷转载。在上海创办《新民晚报》"夜光杯"副刊期间,看到国民党的腐败,他将自己的生死置之度外,编导了揭露国民党反动派统治、讽刺蒋介石的戏剧《嫦娥奔月》,遭到通缉,后逃到香港,又写出《正气歌》《少年游》《捉鬼传》《莫负青春》等大量抗日作品和进步作品。新中国成立后,他在征得父母和弟妹的同意后,把家中珍藏241件国家级文物全部捐献给故宫博物院,并动员妻子新凤霞捐献出全部戏装、道具和房产。

张春芝

张春芝(1919—1948),和桥大生村人,贫苦农民家庭出身,十七岁参加新四军投身革命。当时他白天参加劳动,晚上进行地下工作。不久,他便被敌人发现逮捕,关押在宜兴监狱一年多,后由地下党组织营救出狱。民国27年地下党组织在扶风桥邱家塘开会,被敌人发觉包围,张春芝一马当先,带领新四军战士冲出重围。其后张春芝调任新四军某部队经济保管员。民国31年,张奉命送钞票到张渚,被敌人发现遭拦袭。张春芝奋不顾身,打死敌人夺路前进,圆满完成任务。民国37年,吴其昌等八位同志遭人告密,在姚家湾血战中光荣牺牲后,张春芝被调到河东接替吴其昌工作,立刻调查中共地下党组织屡遭反动派暗算的原因,发现均为暗藏在和桥镇民主巷48号特务情报员王益芝所为。地下党组织为锄奸派张春芝带领战士许根龙和吴顺生到和桥,王当场被张春芝开枪击毙。驻守在和桥的中央军听到枪声,派部队将其包围。张春芝临危不惧,断然命令两名战士撤退,自己在后担任掩护,与中央军展开激战。战斗中身负重伤,后因出血过多,光荣牺牲,年仅29岁。

程镇球

程镇球(1919—2007),劳动社区人,教授、英文翻译专家。民国30年,他从重庆中央大学政治系毕业。

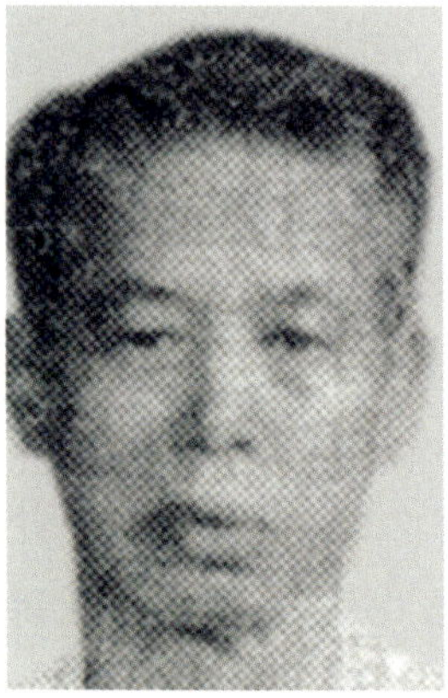

翌年至民国33年在中央大学法科研究所深造，后考取中英庚款奖学金，赴英留学，进牛津大学研究英国政治理论，民国38年5月回国，在北平外事学校（即北京外国语大学前身）执教。1965年调至外交部，从事英文定稿工作，曾任《毛泽东选集》英译组组长，翻译室副主任、顾问，任外交部外语专家、外交学院兼职教授、外交学会理事、中国翻译工作者协会名誉理事等职。1980年后，程镇球主持《周恩来选集》（上卷）《刘少奇选集》（上卷）英译定稿工作，并参加《邓小平文选》英文版最后阶段定稿通读。1988年至1990年，他又参加《香港特别行政区基本法》英文本定稿工作。1991年，他获国务院颁发的特殊津贴，后又担任《新时代汉语大词典》编纂顾问、主编，撰有《翻译问题探索》《论汉译英的几个问题》等，译有《毛主席书信手迹选》（合译）。

吴冠中

吴冠中（1919—2010），曾用笔名吴荼荼，后改为荼，北渠村人，教授、画坛大师、全国政协常务委员。民国31年，吴冠中毕业于杭州国立艺术专科学校，曾任教于国立重庆大学建筑系。民国35年，他考取全国公费赴法国留学，研攻绘画。民国36—1950年，吴冠中在巴黎高等美术学校J·苏弗尔皮教授工作室进修油画等，1950年秋返国，任教于中央美术学院。1953年，他任清华大学建筑系副教授，1956年任教于北京艺术学院，1964年任中央工艺美术学院教授，1979年当选中国美协常务理事、全国政协委员，1994年当选为全国政协常委，后来又任溥 化大学教授。吴冠中出版有《吴冠中画集》《吴冠中画选》《吴冠中油画写生》《吴冠中国画选辑》（1—4）《东寻西找集》《风筝不断线》《天南地北》《谁家粉本》《吴冠中素描、色彩画选》《吴冠中中国画选一辑》等。他的画作充分体现“油画民族化”“国画现代化”的艺术主旨，曾在大英博物馆等世界多个地方展览。吴冠中同时还驰骋文坛，出版有《吴冠中散文选》《吴冠中文集》等10多部个人文集。2002年，吴冠中被评为法兰西学士院艺术院通讯院士。2012年8月29日，由江苏东来文化产业集团投资5000万元建造的吴冠中艺术馆和吴冠中故居，分别同天在宜城与和桥北渠免费向公众开放。

邵正芳

邵正芳（1919—2013），笔名召耳，曾用名邵由求，闸口村分别桥人。民国35年3月，邵考入江苏省立教育学院，民国38年8月毕业后任张渚中心小学首位校长，次年9月调宜兴县人民政府文教科工作，任社教课课长，1952年12月改任县人民政府文教科中教课课长（主任科员）。1954年9月，邵调入宜兴县第一中学任学校文书，政治教研组组长、高三班联主任。1970年8月，他调元上公社元上中学校革命委员会副主任，1978年8月调宜兴县和桥中学任教导、副校长兼教导。1980年12月，他加入中国共产党。1985年8月，他被调至宜兴县教育局编撰《宜兴县教育志》任主笔，至1992年9月《宜兴县教育志》出版后正式退休。邵正芳多次荣获宜兴县人民委员会、中共宜兴县委、县政府、江苏省史志办等颁发的先进工作者、优秀共产党员、优秀园丁、优秀校领导等奖状、奖章和奖金。并先后担任过宜兴教育学会理事、常务理事，政治教育研究会副会长等职，并获首评中学高级教师职称。

谈一中

谈一中（1921—1994），女，湖滨村人，中共党员，第二军医大学药学学院教授。民间33年，她考入设在重庆的国立药学专科学校（今药科大学），抗

日战争胜利后迁返南京。新中国成立后，她至部队工作，先后任教于第二野战军五兵团及成都军区等所属医务学校。1955年初，调上海第二军医大学医学院任教。谈一中在从事教学的同时，致力于科研工作，曾发表学术论文20余篇。1965年，她完成的“无热源条件下制备注射用水的研究”，获得部队发明奖。总后勤部根据该项科研成果制成装备，于70年代装备全军。而后她又完成“柚皮果胶代血浆”研究和“抗癌药物脂质体”研究，均获得部队科技进步二等奖。1977年，她作为先进代表参加总后勤部科学大会，1984年被评为全国后勤科技工作先进个人，1993年起获国务院特殊津贴。

韩可园

韩可园（1922—1987），曾用名韩根韩、韩爱韩、韦卓、白帆，生建社区人，画家。民国31年，他从上海新华艺专毕业后，历任宜兴宜报编辑、采访部主任、民言日报社记者、采访部主任。新中国成立后任苏南日报通讯员、无锡市劳工保健院室教组组长、无锡市第六区政府文教干事等职，在无锡市第四中学、新生路初中等校任教35年。1961年，他成为江苏省首批书法印章研究会、美术家协会会员。他一生能书善画，精于篆刻。其美术、篆刻作品多次参加省里展览及“文化大革命”前历届无锡市美术作品展览。1956年美术作品《龙山雨后》获无锡市国画创作二等奖。1991年其事迹及代表作品《墨竹》编入《无锡历代乡贤书画名迹集》。他在晚年还常为文物保护工作奔走，将流散于民间的“民间音乐家阿炳”墓碑，明“黄大坟”墓志铭、铜镜等于1979年捐赠给无锡市博物馆珍藏。

王敖川

王敖川（1923—2012），福巷桥村人，中国人民解放军第三军医大学第一附属医院外科学教授、硕士生导师。民国34年，他毕业于苏州高级中学，考入国立中正医学院医疗系（新中国成立，该院改为第六军医大学），1951年毕业后留校任职，后来长期担任该校外科教研室主任兼肝胆外科研究中心主任，从事临床外科专业36年。他指导改进研制的套扎器，已治疗肛、直肠疾病（内痔、直肠息肉）一万余例，获国家三等发明奖。他结合临床工作开展肝外伤、肝癌、胆道动力学、胆石症、脾组织移植等实验研究，并取得成果，发表学术论文20余篇。他还担任《新医学文摘（卡片）外科分册》编委，主编全军用《外科学》教材，另外参加编写专业书籍3本。1959年、1979年，他先后立三等功两次，曾被学校评为先进个人、优秀党员12次。

吴其华

吴其华（1924—1999），和桥镇人，武汉测绘科技大学教授，九三学社社员。青少年时，吴其华就读于和桥鹅山小学和彭城中学。民国38年7月，他毕业于北洋大学土木工程系，先后在北洋大学、天津大学、武汉测绘学院任助教、讲师、教研究室主任，还先后担任过铁道工程设计、地形绘图、工程测量、精密导线等课程的教学。他曾主编《测量学》（下册），与人合编《水准仪》，撰写《中国大百科全书》中的“经纬仪”“角度测量”条目。他于1990年离休，享受厅级干部待遇。

邵品剡

邵品剡（1924—2013），闸口村人，海外华人知名教授、工商管理博士、美国决策学会会员。青少年时，邵品剡曾在闸口初小、养初小学、鹅山高等小学等校求学，后考入省立苏州中学。民国30年太平洋战争爆发，他奔赴大后方，辗转浙、赣、皖、闽、粤、桂

等地,艰苦地读完高一,翌年考入湖南国立商学院,民国37年赴美国深造,先后获得美国贝勒大学硕士、德克萨斯大学博士学位。毕业后,他受聘于美国名校威廉姆及曼丽大学任助教,1957年升副教授,1958年升为教授。1962年,他出版《管理与财务教学》。他的主要著作还有《商业与经济统计》《管理数量方法》《商用统计》等。1978年,他改任欧特明尼大学终身教授,兼任管理科学系主任8年,后被誉为"杰出教授"称号。1969年,他已是美国统计学会、会计学会、管理学会等学术社团全国性学会会员。同期,他还发起创立美国决策学会。20世纪90年代,他多次回到家乡宜兴,感受家乡巨大变化,数次捐资用于家乡建设事业。2000年,他出资百万元,在江苏省宜兴中学建造博士楼。

姚良修

姚良修(1928—2012),祖籍常州市武进区,是和桥镇上塘"豫丰烟店"老板、实业家姚绳祖儿子。民国38年7月于苏州社会教育学院语文专修科毕业后,即回到和桥帮助其父管理"豫丰烟店"并担任"乾锠馀"油米加工厂厂长。1956年后,历任县粮食加工公司副经理,宜兴米厂副厂长,宜兴面粉厂筹建组组长、副厂长,县粮油工业公司副经理,宜兴市工商业联合会第三、第四届主任委员,政协宜兴市第八、第九届委员会副主席。1987年3月,他加入中国民主建国会。1987年5月至1995年7月,他担任中国民主建国会宜兴市支部主任委员。他于1993年3月退休,享受县处级政治、生活待遇。

董二周

董二周(1931—2003),女,劳动社区人,清华大学经济管理学院副教授。她早年就读于鹅山、大圣寺、灵官庙小学、和桥初级中学、省立苏州高级中学,后考入苏南新闻专科学校,随校至苏南农村团工作3年。1952年,董二周调上海交大机械制造工程系学习,毕业后分配到清华大学机械制造系企业管理教研组任教,1988年离休,仍在清华大学从事教育工作,兼搞项目评估培训。曾兼任中国国际工程咨询公司项目评估专家、中国华能集团公司专家委员会委员、电子工程师进修大学教学委员会委员。她著有《技术经济概论》(获清华大学教材二等奖);参编《工业技术经济学》《技术经济学》(获国家体改委颁发的1989年全国经济和企业管理干部教育优秀教材奖)。

蒋效祥

蒋效祥(1932—2013),西锄村人,民国38年毕业于无锡县师范学校,曾任宜兴积丰、湖头等小学教师。1954年后,他任高塍乡中心小学教员、教导主任、校长。他坚持民主治校,充分调动教师教书育人的积极性;坚持以教学为中心,全面贯彻党的教育方针,教育质量不断提高;坚持自力更生,大力开展勤工俭学,不断积累资金,改善办学条件;积极开展群众性体育活动,乒乓球已成为该校传统项目,学校曾被评为省体育传统项目先进集体。1986年,蒋效祥获全国教育系统劳动模范称号,荣获人民教师奖章。1988年,他调入高塍中学担任校长、中学高级教师,至1993年退休离任。

俞　震

俞震(1933—1999)，和桥镇人，能源部华东电力设计院教授级工程师。1951年，他从和桥新和中学考入上海交通大学电力工程系，1955年毕业。其后，他历任华东电力设计院规划设计主要设计师、长江三峡水电站及华东地区部分输电工程负责人。1985年，他赴瑞士、西德参加葛洲坝至上海直流输电工程高压直流输电设备设计联络会议。1986年去加拿大参加关于长江三峡水电可行性研究项目联合设计会议。其科研项目“大容量汽轮快控汽门技术在电力系统中的应用”，获机械工业部科技成果二等奖，并在中美第二届技术交流会上介绍。他还发表有《华东电网无功电压专题研究》等多篇论文。

第二节　人物简介

本节选取有代表性的科教界人物、军界人物、文艺界人物、政界人物、其他人物等五个方面进行简要介绍。每一方面的人物都以出生时间先后排列记述。

一、科技教育界人物

程　芝

程芝，女，民国13年5月生，生建社区人，1946年毕业于国立中央大学森林系，教授、博士生导师，是南京林业大学林产化学加工专业的主要创建人之一和国家重点学科林产化学加工的学科带头人、博导、教授。1990年，她获国家教委颁发的《从事高校科技工作40年成绩显著》的荣誉证书，1991年被评为江苏省高校优秀研究生教师，1992年享受国务院特殊津贴，2000年3月荣获南京林业大学师表工程“十大师表”荣誉称号。工作期间，她发表论文50余篇，培养博士、硕士研究生十余名。

钱振蒙

钱振蒙，民国14年生，生建社区人，国务院科技领导小组办公室副主任，高级工程师。民国26年毕业于鹅山小学。他是我国自行设计制造大型水利火力发电机设备的先行者之一，负责编审的《机电工程手册——机电卷》获国家图书大奖。

邵　忠

邵忠，原名邵和时，民国26年9月生，和桥镇西锄村后塘人，高级工程师、苏州市作家协会会员。民国38年6月，他从江苏省立苏州高级农业职业学校毕业后，历任苏南行署、苏州市建设局、上海宝山县人民政府、苏州市园林管理局工程师、高级工程师、技术推广研究员(教授级)、苏州市作家协会会员，1992年10月离休。工作期间，他出版专著35部，其中《中国盆景制作图说》获华东地区1997年第十届优秀科技图书二等奖，《太湖风光》《苏州园林》《中国园林花卉》《吴中名贤传赞》《苏州盆景技艺》等获上海1993年科技优秀图书三等奖，1997年首届中国石文化专家研讨会荣获“贡献奖”金奖，1999年4月荣获“世界文化名人成就奖”。2000年元月，他出席在北京召开的中华民族大团结各界代表新年座谈会。

俞启骧

俞启骧，民国16年生，生建社区人，齐齐哈尔师范大学外语系教授。民国36年9月，他考取北京辅仁大学心理学系读书。第三年，他在读书期间就报名参加华北大学南下工作团，后又被选派到哈尔滨外国语专科学校学习俄语当翻译。他1953年起任大连解放军俄语专科学校教师，1970年被调入齐齐

哈尔师范大学教俄语。工作期间，他先后翻译了《百慕大群岛游记》《维图斯·白令》《苏联当代短篇小说》《苦难的标志》《贼》等苏联名著。其中《苦难的标志》一书获1986年度苏联“列宁金奖”。2004年，中国翻译家学会授予俞启骧教授“资深翻译家”称号。

蒋水心

蒋水心，民国16年生，中巷村人，郑州工学院教授。1951年，他于清华大学土木工程系毕业后，曾任郑州工学院学术委员会副主任、工程经济研究室主任、水利及环境工程系教授，享受国务院特殊津贴。他长期从事高校教学与科研工作，在水利工程、农村电气化等方面研究成果卓著。

程镕时

程镕时，民国16年10月生，生建社区人，南京大学教授，1991年当选为中国科学院学部委员（后称中科院院士）。民国38年，他从金陵大学化学系毕业，同年考入北京大学化学研究部做研究生。1952年初，他到中国科学院上海物理化学研究所任助理研究员，1962年起任副研究员。他参与取得的研究成果“高繁物的分子量测定”，获1963年国家自然科学三等奖。1982年，他任研究员。以后，他还先后兼任中国化学学会高分子学科委员会委员、江苏省化学化工学会高分子专业委员会主任委员、国家自然科学基金委员会高分子化学学科评审组成员、《高分子学报》及《色谱》等刊物的编委。他主持研究的“凝胶色谱的扩展和分离效应的统一理论”，获1988年国家教委科技进步二等奖。工作期间，他在国内外有关学术刊物上发表研究论文110余篇，是我国高分子物理及物理化学的开拓者之一。

胡童坤

胡童坤，民国17年11月生，兴业社区人，九三学社社员。1951年，他于国立南京大学农业化学系毕业后，历任沈阳农业大学土壤农化系系主任及教授、中国土壤学会土壤发生分类和土壤地理专业委员会地质组成员、中国土质学会农业地学专业委员会委员等职。工作期间，他发表论文10余篇，主要有《多层地形的理论在土壤调查中的应用》《辽宁棕黄土母质的特征及其成因初探》《下辽河平原土壤的地貌与母质基础》等。1992年起，他享受国务院颁发的政府特殊津贴。

钱振超

钱振超，民国18年8月生，生建社区人，大连医院教授、博士生导师，是中国著名的病理生理学专家和实验肿瘤学家，也是中国肿瘤生物治疗研究的倡导与推动者，享受国务院政府特殊津贴。他还兼任日本生物治疗学会会员、国际病理生理学会会员。1953年，他从上海医学院医疗专业毕业后，长期从事实验学研究。20世纪60年代初，他在国内首先报道雌二醇对急性放射病有防护效应。70年代起，他就从事实验肿瘤学和肿瘤免疫学研究。在实验动物新瘤株、抗癌中草药的作用原理和瘤苗主动免疫与肿瘤继承性免疫治疗方面开展大量研究工作，曾获全国、部委和省重大科研成果奖23项。80

年代，他曾应邀赴日本、美国、加拿大进行学术交流和合作研究，参编《全国病理生理学教材》《肿瘤学》等著作15部，发表论文150余篇，获评大连市优秀专家、大连市发明精英、辽宁省优秀专家、全国医药卫生先进工作者、全国高等院校科技先进工作者、国家级有突出贡献中青年专家等称号。

杨寿椿

杨寿椿，民国18年11月生，北新村官庄人，安徽省土地管理局规划顾问、高级农艺师。早年，他从南通学校农艺系肄业后，历任安徽省六安地区植保植检站副站长、六安行署农业局股长及副局长、六安土地管理局副局长、六安地区农业区划委员会常务副主任兼办公室主任等职。1980年后，他曾获得国家部委级科技成果奖4次（均为二等奖）、省级科技进步奖和成果奖5次（其中一等奖1项），先后被六安行署、安徽省人民政府和国家土管局授予先进工作者称号。

杨邦英

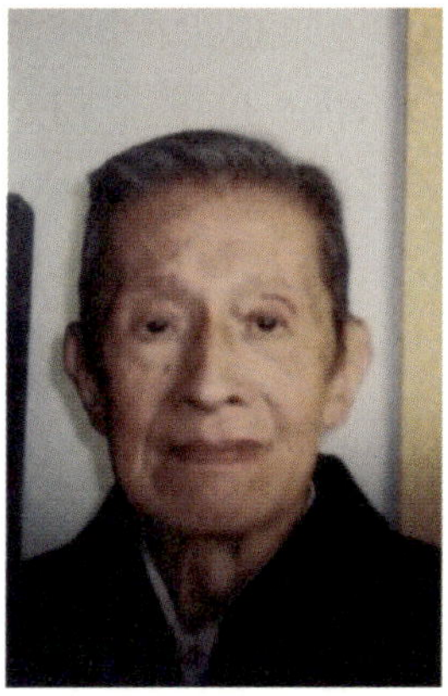

杨邦英，民国19年1月生，北新村人，中国轻工总会高级工程师。他早年曾就读于彭城中学，1953年于上海复旦大学食品工业专业本科毕业后，被分配到轻工业部食品工业局工作。40多年工作期间，他一直钻研于国家罐头饮料食品工业技术，曾担任助工、工程师、高级工程师、中国罐头饮料工业处处长、中国罐头工业协会副理事长、中国食用菌协会副理事长、全国食品工业标准化技术委员会委员、全国罐头工业标准化分技术委员会主任委员、全国饮料工业标准化技术委员会主任委员、中国包装协会金属容器委员会密封容器分会副会长等职务，主编有《罐头工业手册》等大型专业工具书。

冯家新

冯家新，民国20年生，生建社区人，浙江农学院教授。民国33年，他就读于和桥西生中学，1954年毕业于浙江农学院并留校任教。其后，他曾任浙江省蚕桑学会理事长、中国蚕桑学会理事和全国农作物品种审定委员会委员等职。1982—1985年，应联合国粮食组织聘请，任马达加斯加蚕桑技术顾问。工作期间，他科研成果丰硕，多次获省部级奖励。

韦金坤

韦金坤，民国20年4月生，北庄村韦家塘人，上海东华大学纪委副书记、副教授。1955年，他上海东华大学毕业后即留校从事党政工作，历任副科长、科长、副处长、纪委副书记，并兼任东华大学材料学院党总支书记等职。其间，他参加《辞海》1979—1999年版本修订工作；担任《中国大百科全书·织坊》特约编辑、《织坊词典》编委和附录主编、《学生辞海》特约审编人。其参加修订的《辞海》被评为上海市哲学社会科学特等奖。1989年，他被评为上海市优秀党务工作者。

任慕莲

任慕莲，民国21年生，劳动社区人，中国水产科学研究院黑龙江水产研究所主任、研究员。他1943年毕业于县立和桥小学。走上工作岗位后，曾承担我国八五规划后期农业部重点科研项目。经过艰苦的考察研究，他于20世纪80年代末编著了《伊犁河鱼类资源及渔业》《新疆哈纳斯湖科学考察》等专论，填补了国内对这方面研究的空白。

周　燮

周燮，民国22年生，和桥镇人，我国植物生理学家。1956年，他从南京农学院（今南京农业大学）农学专业毕业后留校，历任助教、讲师、副教授和教授。工作期间，他曾兼任中国植物生理学会理事和江苏省科学技术协会委员，积极从事植物生理学教学和植物激素与营养生理研究工作，建立了植物激素（ABA、GA4、IAA、ZR、iPA）免疫检测技术，开发了脱落酸（ABA）的发酵生产与应用。工作期间，他的主要论著有《植物生理学》《旱稻烂秧及其防治》《ABA Immunoassays》《Potential Application of (+)ABA in Agriculture》等。20世纪末，他还与中央电视台合作编录了《植物生理学录像系列片》。

唐宁邦

唐宁邦，民国22年7月生，生建社区人，博士学位、大气化学工程师。民国38年，唐宁邦随父赴台湾，1955年在台湾大学毕业，获化学工程学士学位。在台期间，唐宁邦曾任台湾肥料公司化学工程师。1958年，他赴美国北达科他大学攻读硕士，1960年获化学工程硕士学位。1961—1963年，他为纽约大学化学工程学研究生。1978年，他又获纽约州立大学应用数学硕士学位，1982年获应用数学博士学位。1964年起，他长期担任纽约州厄普顿的布鲁克海文国家实验室研究化学的工程师。工作期间，他曾兼任美国化学学会、纽约科学会、美国气溶胶研究协会会员，主要研究气溶胶热动力学、相位变化和光散射、吸湿性气溶胶的潮解性质、浓缩电解质溶液的热力学、相变和反应动力学、小滴生长和蒸发、气相反应动力学和机制、界面质量传递、应用反转量问题等，常有论文在相关科学杂志上发表。

邵品琮

邵品琮，民国22年生，闸口村人，青岛大学教授、博士生导师，享受国务院政府特殊津贴。1956年，他从北京大学数学力学系毕业后，先后在中国科学院数学研究所、中国科技大学、曲阜师范学院、青岛大学任教，长期致力于数论与运筹学的科研与教学工作。在解析数论中数论函数值分布的研究方面，他获得许多新成果；在解析数学中，他改进了“华罗庚三角和基本定理”，对一类非线性丢番图方程给出彻底的解法公式。1991年，他被评为有突出贡献的国家级专家。工作期间，他独立或合作出版《哥德巴赫猜想》《数学分析纵横谈》等著作11部，发表论文60余篇，研究成果获山东省科技进步奖二等奖，三等奖各一项。

俞祯焕

俞祯焕，民国23年4月生，生建社区人，高级经济师。1950年，他从彭城中学高中毕业考入北京中央贸易部干部学校。1955年于北京对外贸易学院（本科）毕业。1959年，他任外贸部进出口局科员，1971年任驻苏联使馆商务处商务随员，1982年任外经贸部国际司任副处长，1985年任处长。1990年，他任驻阿尔巴尼亚使馆商务参赞，负责开展对阿贸易和经济合作。工作期间，他在报刊杂志上发表有《联合国贸易与发展会议介绍》《联合国贸发会议和中国的合作》《从七届贸发会议看南北关系》等十多篇文章。

范海枝

范海枝，民国23年11月生，生建社区人，冶金部钢铁研究院高级工程师。他早年曾就读于西生中学，1957年从北京大学化学系物化专业毕业后，长期在冶金部钢铁研究总院工作，一直从事不锈钢、耐蚀合金及其腐蚀机理研究。他主持的“核工业用新一号耐蚀合金腐蚀性能研究”，1965年获国家发明奖；“耐浓硝酸腐蚀用C2、C4、C6L新钢种”，1985年获国家科技进步二等奖；“浓硝酸管道用C4、C6L钢阀”，1985年获国家经委表彰；他研制出“尿素级U系列U1、U2、U3不锈钢”，1989年获国家科技进步三等奖；20世纪90年代，他研究与研制的核燃料后处理设备用高纯奥氏体C18和C25不锈钢，已通过部级鉴定。

唐宁华

唐宁华，女，民国24年3月生，生建社区人，北京市科学技术协会教授，高级工程师。1956年，她从北京地质学院毕业后，曾在南京大学、中国地质科学院、北京地质局、北京市科技协会等单位工作，历任助教，主任工程师和国际部长等职，还兼职中国能源研究会地热专业委员会常委兼秘书长、华北地区中心副主任兼总工程师、白洋淀温泉城开发集团股份有限公司地热统管部副经理、云南省政府和腾冲县政府地热顾问、《地热能》（内部刊物）主编。1983年，她获北京“三八”红旗手和全国“三八”红旗手称号。

程挹梅

程挹梅，女，民国24年5月生，生建社区人，泰州市人民医院妇产科主任、主任医师。民国31—1954年，她先后在养初小学、彭城中学和苏州医士学校读书并完成学业。1954年分配到上海市嘉定人民医院工作，1961年调到泰州市人民医院。她书写的论文《宫内节育环100例临床应用》《子宫下段刮宫产560例回顾性分析》等十八篇论文均刊登在全国及省医学杂志上。1986年，她被授予“全国计划生育先进个人”，享受省劳模待遇。

程全生

程全生，民国24年生，生建社区人，黑龙江省农垦局建三江分局高级农艺师、水稻专家。

1957年7月，他从南京农学院毕业后，主动争取建设边疆，与6名同学奔赴北大荒工作。从一个普通农业技术员，走上建三江分局农业处处长，并成为农垦区水稻专家。1984年，程全生和他的同事大胆冲破北大荒自开垦以来只种小麦、大豆和玉米的旱作农业模式，严格按照科学规律办事，进行南种北移，引进经、纬度相似的日本水稻栽培技术，终于在高寒地区种植水稻150万亩，占全局可耕地的50%以上，亩产达五百多千克，使“天方夜谭”变为事实。

方中霞

方中霞，女，民国24年生，生建社区人，享受国务院政府特殊津贴。民国38年，她毕业于养初小学。她长期在中国现代国际关系研究所工作，曾担任世界人物研究室主任，主编过《他们改变了世界——世界100名人》《世界大管家》，参与主编《世界人物大词典》《世界工商企业大全》等，撰写过世界人物传记及国际专题论文多篇，对我国社会科学事业做出了突出贡献。1996年，国务院给她颁发了政府特殊津贴及证书。

吴惕华

吴惕华，民国26年生，和桥镇人，教授，博士生导师，享受国务院政府特殊津贴。1959年，他清华大学毕业后，留校并在精密仪器系任教至1974年。此后，他在北京化工学院、河北轻化工学院自动化系任教，从事高校自动化专业教学和科研工作30余

年。1982年，他作为国家教育委员会公派访问学者，在美国路易斯安纳州立大学研修计算机控制两年。1986年起，他任河北轻化工学院副院长、院长，1994年起任河北省科学院教授、院长，兼任河北省科学技术协会副主席。工作期间，他曾获"河北省有突出贡献中青年专家""河北省优秀留学回国人员"称号，还出版专著2部、主编著作2部，在国际和全国性学术刊物上发表学术论文70余篇。

周爱卿

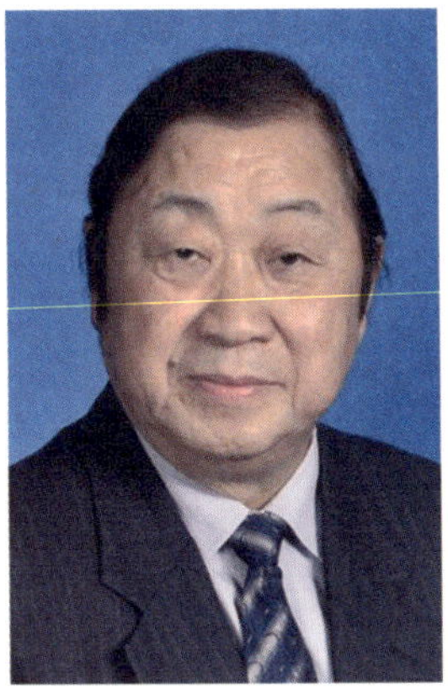

周爱卿，民国26年生，西锄村六房组人，我国著名小儿心脏病专家。1956年，他考取上海第二医学院，1961年毕业后留该校附属新华医院从事儿科医教工作。以后，他对小儿先天性心脏病作了多方面研究并取得成就，成为我国著名小儿心脏病专家。1984—1986年，他赴法国里昂大学医学院及巴黎儿童医院作为访问学者，从事先天性心脏病研究，回国后致力于非开胸法替代外科开胸手术治疗先天性心脏病的实践和研究，另还率先在国内开展先天性心脏病堵塞治疗实践。1984年，他研制成双伞堵塞动脉导管未闭装置，圆满完成国家卫生部课题。1997年8月，由他主编《心导管术——先天性心脏病诊断与治疗》一书问世，近90万字，是我国第一部专论心导管操作理论与技术学术专著；他个人被载入《英国剑桥名人录》。

丁中甲

丁中甲，民国26年6月生，永兴村上倖人，上海市有色金属总公司铝材公司铝材一分厂副厂长、高级工程师。他早年就读于上海市复兴中学，1958年毕业于哈尔滨军事工程学院。1990年，他所著《铝材氧化着色系列试剂国产化》获中国有色金属工业总公司科技进步四等奖。1990年获上海市有色金属总公司先进科技工作者称号。工作期间，他发表的论文有《盐酸氯丙嗪—硫氰酸盐萃取吸光光度法测定钢铁中微量钨》等。1992年，他被评为铜管总厂"铜管创业人"和总公司优秀共产党员。

俞运鹏

俞运鹏，民国26年9月生，兴业社区人，镇江市高等师范专科学校化学系主任、教授，长期从事高校化学教学和基础理论研究工作。他在配位化学领域研究中合成并发现了一些新型结构特征、具有潜在应用价值的新物质、新材料，先后在英国《结晶学学报》、美国《无机化学》、中国《科学通报》《化学学报》等国内外重要学术刊物上发表论文50余篇。1991年，他获镇江市优秀科技工作者称号。1993年又获江苏省高等院校先进科技工作者称号。同年，他写的《师专教育实习的改革和实践》等两部专著，分别获江苏省高等院校优秀教学成果二等奖和三等奖。1993年，他享受国务院特殊津贴待遇。1995年，他所著《物理化学》获江苏省教委授予"省优秀课程"荣誉。

金洪彬

金洪彬，民国26年12月生，劳动社区人，连云港市第一人民医院儿科主任、主任医师，我国儿科专家。1962年，他从上海第二医科大学儿科系毕业后，曾任连云港市医学会常务理事、江苏省医学会儿科学会委员。1990年，他被评为连云港市劳动模范，1994年被评为连云港市有突出贡献的专业技术人员，享受国务院特殊津贴。工作以后，他长期致力于儿科疾病的临床实践和研究，擅长治疗小儿呼吸道、哮喘等疾病，先后发表《肺炎患儿血清β2—mRIA含量测量的初步观察》《麻疹患儿唾液SzgA RIA含量观察》《血传β2—微球蛋白测量在新生儿感染性疾病上的应用初探》《新生儿败血症的防治》《新生儿低钙血症(附 73 例报告)》等论文百余篇。

唐西生

唐西生，民国 27 年 1 月生，劳动社区人，我国著名核技术应用专家。1961 年，他从北京航空学院空气动力专业毕业后，分配到第二机械工业部第九研究院，历任助理研究员、副研究员。1988 年，他入伍中国人民解放军第二炮兵某研究所工作，后历任二炮某研究所研究室主任、副总工程师、研究员、博士生导师、第二炮兵核军备控制技术研究专家组组长、国务院中央军委军贸办军控局高级顾问等职。1987 年，他获国家科技进步二等奖 1 项，1989 年获国家科技进步一等奖 1 项，1991 年与 1996 年获军队科技进步一等奖各 1 项。1990 年，他被批准为国家有突出贡献的中青年专家。1995 年 5 月，他作为中国代表团成员，参加联合国日内瓦裁军谈判。1996 年，他获中国人民解放军首届专业重大贡献奖，1997 年当选为中国工程院院士。至 2015 年，他一直从事中国军事科学研究。

胡鼎生

胡鼎生，民国 27 年 2 月生，和桥镇人，高级工程师。他从沈阳市黎明工学院毕业后，在沈阳市黎明特种增压器工作，长期担任该厂厂长。工作期间，他设计制造有自动倒屑攻丝机、液压液仿型程控车床、锯齿高效高精度螺旋铰刀等。1978 年，他被沈阳市评为劳动模范，1979 年被评为辽宁省技术革新能手、辽宁省和航空工业部先进工作者。1982 年，他设计制造的电动自停颅钻达到国内先进水平，获辽宁省科技进步二等奖。1988 年，他设计制造的 J70 系列涡轮增压器试验台，达到国内先进水平，并在 1992 年荣获沈阳市技术革新一等奖。1987 年，他被评为辽宁省双增双节能手，1993 年在第七届“星火杯”创造发明竞赛中获二、三、四等奖各一项。

方林虎

方林虎，民国 27 年 6 月生，生建社区人，复旦大学副校长、教授。1961 年，他从复旦大学物理系无线电物理专业毕业后留校任教，历任无线电物理教研室主任、物理系副主任、电子工程系主任、校总务长、副校长，还兼任国家教委信息与电子学科指导委员会委员和无线电物理专业教材建设组副组长、中国电子学会高级会员和微波学会委员、中国人体科学学会理事、上海电子学会微波专业委员会副主任委员等职。工作期间，他主要从事电磁场理论与微波技术的教学与研究，曾组织师生承担大规模集成电路工艺和计算机辅助设计、医学电子设计等多项国家重点攻关任务，合作参加了“射频仿真系统天线阵设计”“淋巴水肿微波辐射器及其应用”等项目。20 世纪 90 年代后，他曾先后赴美国、日本、新加坡等国家和中国香港地区进行专业考察和学术交流。

黄瑞松

黄瑞松，民国 27 年 7 月生，和桥镇西锄村人，中国工程院院士。1950 年，他考入彭城中学；1956 年 7 月，他从宜兴一中高中毕业并考入哈尔滨军事工程学院学习，1963 年 3 月毕业后被分配到国防部五院一分院工作。1965 年，他被调入七机部三院总体设计部工作，历任总体设计部研究室主任、部主任、三院副院长、三院科委主任。工作期间，他长期从事无人飞行器的研究、设计试制和试验工作，曾担任过几个型号无人飞行器的副总设计师、总设计师、总指挥。1990年,他被国家授予“有突出贡献中青年专家”称号。其后,他四次荣获国家科技进步奖,其中一等奖、三等奖各两次;还荣获过“航空航天部劳动模范”称号以及国防科工委授予的一等功。2004年1月5日,他被选为中国工程院院士。2004年后,他还担任航天科工集团公司科技委顾问、航天三院科技委顾问、型号总设计师。

唐宁馨

唐宁馨,民国27年9月8日生,生建社区人。四川抗菌素工业研究所原副所长。1955年,他考入华东化工学院读书,1960年毕业后分配到沈阳药学院(现为沈阳药科大学)当助教。1965年调赴四川成都筹建抗菌素工业研究所,负责科技情报工作,1983年被提拔为四川抗菌素工业研究所常务副所长。工作期间,他主持创办了我国唯一的抗生素专业杂志《中国抗生素杂志》,多次邀请有关方面专家到所进行学术交流,并亲自登台做学术报告。

邵宝坤

邵宝坤,民国27年10月生,钟溪村人,常州市交通局副局长、高级工程师。1960年7月,他从华东水利学院毕业后,曾任常州市交通局副局长、交通局总工程师、常州市钟楼区第九、十届人大代表、常州市公路学会理事长、常州市科协第八届代表大会常委。工作期间,他曾为常州港立项、建设和联江通海做出贡献。1993年3月至1997年10月,他主持京杭运河常州郊县段航道整治工程,该整治工程被交通部评为样板工程。1997年10月,他被中共江苏省委、省人民政府授予京杭运河建设功臣称号,享受省劳模待遇。

俞良中

俞良中,民国28年10月生,生建社区人,武汉工业大学非金属矿研究所高级工程师。1964年,他从西安冶金建筑学院应用力学专业本科毕业后,被分配至冶金部长沙研究院工作。1975后调至武汉工业大学非金属系任教,后进入非金属矿研究所工作,任矿山机械研究室主任,同时带研究生。1978年,他参与研究的项目有两项获冶金部科技大会奖。1978年,他主持的研究项目“花岗岩火焰切割机研制”获建材部科技大会表扬奖。1988年和1994年,他主持研究的“小型电动铲运机研制”和“Φ800离心自磨机研制”两个项目分别获湖北省科技进步二等奖。

黄筑平

黄筑平,民国28年11月生,和桥镇人,北京大学力学与工程科学系教授、博士生导师。他1963年毕业于北京大学数学力学系,1966年为北京大学数学力学系研究生。1985至1986年,他被选派赴加拿大不列颠哥伦比亚大学从事研究工作,其后兼任中国科学院力学研究所非线性力学国家重点实验室特邀客座研究员、上海大学兼职教授和兼职博士生导师、中国力学学会固体力学专业委员会副主任、中国力学学会理性力学和力学中的数学方法专业委员会副主任、《力学学报》(中、英文版)特邀主审人等。1993年应英国皇家学会邀请到英国进行合作研究。工作期间,他曾先后在加拿大、美国、英国、日本、澳大利亚等著名大学进行讲学和学术交流;他主持国家自然科学基金多个重要项目及博士点基金多项,还在塑性动力学方面,给出了被国际上称之为“黄筑平定理”；他还发表论文100多篇，主要著作有《连续介质力学基础》《塑性力学及其应用》等；他与人合著的《塑性力学引论》，1996年获北京大学优秀教材奖。

周爱华

周爱华，女，民国28年12月生，福巷桥村周潭人，南京紫金山天文台研究员。民国35—1952年，她在宜兴县杨桥中心小学读书，1952—1958年在宜兴县第三中学读书，1958—1963年在南京大学天文系读书。大学毕业后，她即进入中国科学院紫金山天文台，从事太阳物理研究。在工作中，她主要的研究课题获中科院一等奖两次、国防科委及各级嘉奖共12次。1997年，中科院古生物研究所将其新发现的古生物化石，命名为周氏似欧瑞克介（新属、新种）化石。至2015年，她在国内外会议及刊物上，共发表研究论文80多篇，其中在国际重要刊物发表论文、阐述的内容有：1. 太阳色球 - 日冕过渡区大气模型；2. 太阳爆发活动新现象一项；3. 提出日冕磁场强度诊断方法和一套高精度的高能电子回旋同步加速辐射近似式（尚未在国际上被刷新）；4. 提出超相对论性高能电子在非均匀磁场中的回旋同步辐射理论，定量地解释了新近国际上发现的太阳射电太赫兹爆发；5. 提出太阳射电爆发的高相对论性电子回旋同步辐射能量的计算公式。

许敖敖

许敖敖，民国29年生，劳动社区人，澳门科技大学校长。他曾在常州实验小学、省常州中学读书。1962年，他从南京大学天文系毕业后留校任教，长期从事天文学科的教学、研究和天文系的教学管理工作，历任南京大学天文系助教、讲师、副教授、副系主任。1989—1990年，他曾在美国阿拉巴马大学作高级访问学者。1990至2003年，他升任南京大学教授、天文学博士生导师、南京大学教务长、副校长。

其中2001年曾荣获第四届国家教育成果一等奖。2003年1月，他出任澳门科技大学校长。工作期间，他出版学术专著2部，在国内外重要学术刊物上发表论文近百篇，在太阳活动区物理方面的科研成果获中科院科技进步奖二等奖、国家教委科技进步奖二等奖、国家自然科学三等奖。

蒋培华

蒋培华，民国29年8月生，永兴村人，南京中医药大学主任中药师、教授。1964年，他在南京中医学院中药系首届毕业，先后入江西药科学校、江西中医学院及南京中医药大学（原为南京中医学院）工作，历任江西中医学院制药厂和南京中医学院制药厂厂长、南京中医药大学中药营养保健教研室主任。工作期间，他历任江苏省中药研究会常委、江苏省中医学会药房管理协会副主任、江苏省中西医结合学会委员、南京市学会委员及全国医药院校校办药厂管理协会委员、全国中医药院校药厂营销协会副主任、江苏省校办产业管理协会常委、南京中医药大学首届专家咨询委员会委员、《南京中医药大学学报》编委、学校教学督导等职。

吴立岗

吴立岗，民国30年生，兴业街人，1964年毕业于华东师大教育系。20世纪70—80年代，他首创“小学作文素描训练”，是当时国内最有影响力的作文教学流派之一；他撰写的《充分挖掘儿童少年智慧潜力》获上

海市1979年至1985年哲学社会科学优秀论文奖，专著《小学作文教学论》获上海市第一届教育科研成果一等奖。在后来的工作实践中，他努力研究根据语言交际功能发展的年龄特点和心理特征组织中小学作文教学体系，发表《教学的原理、模式和活动》《小学作文教学论》《小学作文素描教学》《苏联教育家改革语文教学的理论和实验》《吴立岗作文教学研究文集》等，受到全国很多语文老师的欢迎；他还为培养上海等地的名师悉心指导，受邀到全国很多地方讲学。他曾长期担任上海师范大学教育科学研究所所长、《外国中小学教育》杂志主编、课程与教学论专业硕士点学术带头人，译著有《苏联的作文教学》《小学作文教学心理学研究》等。

纪保祥

纪保祥，民国30年6月生，西锄村人，中国重汽集团聚鑫专用汽车有限公司董事长、总经理、高级经济师。1968年8月，他从清华大学毕业后分配到第二汽车制造厂工作，1970年调至湖北省十堰市第二汽车制造厂，先后担任技术员、科长、车间主任、专业厂副厂长、车间支部书记、专业厂党委书记、总厂党委副书记。1984年10月，他又调到山东省济南市中国重型汽车集团公司，任董事长、总经理兼党组书记。1991年4月—2001年6月，他在北京中国汽车工业总公司工作，任中国汽车工业协会副理事长。

陈竹生

陈竹生，民国31年1月生，北庄村大坝组人，中国农业科学院柑橘研究所研究员、水果科学家。1965年8月，他从南京农大毕业分配到重庆中国农科院柑橘研究所工作。由其主持种植的柑橘苗圃中，有日本、美国、意大利、西班牙等国的最新品种。他对这些品种认真筛选，进行无性繁育，使之成为适应我国长江流域及南方的、可以大量推广的新品种。从1973到1978年，他认真研究，攻克难关，打破了日本长期垄断柑橘国际市场局面，不仅使我国的橘子罐头产品进入国际市场，而且打开了日本国门。1978年，他主持的“柑橘罐藏品种选育及加工工艺研究”这一项目获得了全国科学大会成果奖。

徐建霞

徐建霞，女，民国32年11月生，大生村寺前人，山东省寄生虫防治研究副教授。她在工作中长期从事寄生虫病防治研究。她参加的“山东省基本消灭丝虫病的研究”等多项科研课题，曾获得国家科技进步二等奖、卫生部甲级奖、山东省科技进步一等奖与三等奖、山东省医学科技进步二等奖、山东省医科院三等奖、全国医药卫生科学大会科技成果奖及山东省济宁地区专员公署奖。工作期间，她发表论文10余篇，6篇被中国微生物学会山东分会和山东省医科院评为优秀论文，另有三篇被《世界优秀医学论文选要大全》《国际优秀医学论文》及《中国知识经济战略文库》选录。她参编的《常见寄生虫病的防治》等书，入编《中国大陆名医大典》《世界优秀医学专家人才名典》等。

陈俊芳

陈俊芳，民国34年8月生，西锄村人，上海交大管理学院企业管理教授、博士生导师。1969年，他从上海交通大学船舶动力系毕业后留校任教。1986—1988年，他在加拿大不列颠哥伦比亚大学做访问学者，1994—2001年任上海交大工业管理工程系副主任、上海交大管理学院副院长。工作期间，他还兼任中国高校价值工程研究会常务理事、上海市高校价值工程研究会（筹）负责人、上海市质量协会理事、上海市委组织部经营者资质测评中心特邀专家、江南重工股份有限公司独立董事；他参加的省部级以上科研项目有二十多项，发表论文八十多篇，出版著作四本，曾获上海市科技进步奖一项、上海市育才奖一项、上海市教育成果一、二等奖各一项。

何生厚

何生厚，民国35年生，钟溪村人，胜利油田副总工程师、教授。1970年，他从北京石油学院毕业后，长期从事我国油田开发工程技术研究与建设管理，历任胜利油田副总工程师、中国石化股份有限公司油田勘探开发事业部主任，还被石油大学、上海交通大学、北京航空航天大学、山东大学聘为兼职教授。20世纪90年起，他历任国家“863”计划“海洋资源开发主题”专家组组长和渤海大油田勘探开发关键技术重大专项总体专家组组长，在确定海洋资源开发主题和渤海大油田开发思路等方面发挥了重要作用，并组织专家组完成研究攻关项目的计划编制与实施管理。

蒋南珍

蒋南珍，女，民国37年8月生，生建社区人，江苏省医药保健品进口（集团）公司国际商务师。1975年，她从南京中医药大学药学系毕业后，从事省级外贸进出口公司外销工作二十多年，长期负责中药和保健品的进出口业务。工作期间，她先后出访过法国、比利时、日本、韩国、马来西亚、印度尼西亚、阿联酋、刚果（金）、刚果（布）等二十个国家和中国香港地区，并结合工作圆满完成外贸出口中的科研任务，荣获对外经济贸易部科技三等奖。

程同春

程同春，民国37年11月生，生建社区人，曾任南京理工大学教授、英语语言文学系主任兼党总支书记。1974年，他毕业于南京师范大学外语系。1993年，他由国家公派至澳大利亚大学学习、研究二年多，后在加拿大多伦多、渥太华、蒙特利尔等市参加短期培训、考察。在大学任教二十多年中，曾任组织人事科长、院长助理、语言文学系主任等职，还兼任中国国际贸易学会全国国际商务英语教学研究会委员、华东地区高等职业技术学院英语教学与研究委员会副主任。工作期间，他已出版英语著作和大学英语教材15部，在全国核心期刊等英语杂志上发表学术论文20多篇。其中有1部被列为十一五规划国家级规划教材，有1部获全国优秀畅销书。2000年后，他多次受邀至厦门大学、北京外国语大学等国内六所高校做商务英语学术报告。2010年后，他任南京理工大学泰州科技学院教授、督学。

王乃伦

王乃伦，1950年2月生，兴业社区人，江苏省特级教师。1980年，他毕业于镇江师专化学系，后又取得双专科学历。1981年，他分配至和桥中学工作，1987年起任教务处副主任、主任，教科室主任。20世纪90年代，他还兼任宜兴市九届政协常委会委员、宜兴市十三届人大常委会委员。1995年，他被评为江苏省先进教育工作者，1998年被评为无锡市首批中学化学学科带头人，2000年被评为无锡市首批名教师，2002年被评为江苏省第八批特级教师。工作期间，他出版一部专著，参编多部专著，发表论文三十多篇（省级以上），在课堂教学的实践和科学研究中多次参赛获奖。21 世纪初，他曾多次到广西百色等地讲学。

吕成千

吕成千，1951 年生，生建社区人，中学高级教师，长期担任宜兴市中小学教学研究室艺术教研员，兼任中国音乐家协会音乐教育研究会会员、宜兴市音乐舞蹈家协会主席。工作期间，他创作 300 多首音乐作品，其中 56 首音乐作品、92 篇论文在全国、省级刊物上发表，有 2 万多字的《小学音乐教学教材教法探讨》一文在《江苏教育》连载，为江苏省出版社出版的《农村复式教师手册》撰写 4 万多字音乐教学章节。1987 年，他获国家教委教学奖。其后，他曾获评无锡市劳动模范、江苏省优秀教育工作者，并入选《中国当代艺术界名人录》。

顾建生

顾建生，1952 年生，和桥镇人，高级工程师。1977 年，他从上海铁道大学交通土建专业毕业并留校任教，历任系办公室副主任，系副主任、党总支书记，土木建筑学院党委书记兼院长。1995—2000 年，改任上海铁道大学副校长，负责学校基建及后勤管理工作，引进社会基金建成上海市第一个校外大学生公寓——桃李大学生村。2000 年，他调任上海市教育基建管理中心主任，兼任上海市高校基建研究会常务副理事长。2004 年，他调任复旦大学上海视觉艺术学院筹备组副组长，主持松江新校区建设及学院日常筹备工作。2005 年，他任复旦大学上海视觉艺术学院书记、常务副院长。2006 年，他调入上海科技馆任副馆长。

孙勤东

孙勤东，1953 年生，江苏常州武进人。1982 年 7 月，他从苏州大学中文系毕业分配至和桥高级中学。工作期间，他长期担任和桥高级中学教导主任，并兼任江苏省教育学会理事，先后在全国中文核心期刊及省级学术刊物发表论文 150 多篇，主持多项省级教科研课题并结题，多次受聘为江苏省中学教师高级职务任职资格评审委员会执行委员；他教学实践经验丰富，注重理论与实践研究，教学风格智情并重，曾受邀赴陕西延安及江苏灌云等地讲学及开设示范课；1993 年，被国家教委、人事部评为“全国优秀教师”；后又获评“无锡市首批中学语文学科带头人”“宜兴市学术技术带头人”“无锡市名教师”“无锡市劳动模范”；2005 年，获授“江苏省特级教师”称号；2010 年晋升为正高级教师。

朱小玲

朱小玲 ，1956 年 5 月生，劳动社区人，南京师范大学公共管理学院政治系副主任、教授、博士生导师。1983 年，她从南京师范学院政教系毕业后，长期从事中共党史和党建、中国革命史、中国近现代政治思想史、毛泽东思想、邓小平理论的教学和研究，曾经主持江苏省哲学社会科学“十五”规划项目一项、江苏省教育厅人文社会科学研究项目两项、南京师范大学教改项目两项；曾参与江苏省和全国哲学社会科学研究项目三个、江苏省教育厅和国家教育部教学改革项目三个，独自撰写出版专著、编著教材 7 部，参与著作和教材编写 8 部，发表论文 40 多篇，其中 10 多篇在《当代世界与社会主义》《社会

主义研究》《毛泽东思想研究》等国内权威和核心期刊上发表,5篇被中国人民大学复印资料全文转载。她曾获江苏省优秀教学成果奖二等奖一项、江苏省优秀课程一类奖一项、南京师范大学优秀教学成果奖一等奖两项。

程宜康

程宜康,1956年11月生,生建社区人,苏州市职业大学副校长、教授。1982,他从中国矿业大学本科毕业后,先后在苏州纺织工业学校、苏州市职业大学任教,历任副处长、处长、副校长等职,1991—1994年,他入中国矿业大学北京研究生部学习,获硕士研究生证书。1999年,他被列为江苏省“333工程”培养对象。工作期间,他先后发表工程力学专业论文十余篇、高等教育研究论文六十余篇,主编和参编高职高专教材三部,主持参与部、省级工程力学与高教研究课题近十项,多次取得江苏省和中国职业技术教育教科研成果;他还兼任教育部高职高专人才培养工作委员会教学水平评估组专家、苏州市力学协会副理事长,曾获得江苏省优秀力学教师、苏州市优秀教育工作者、江苏省教育科研先进个人等荣誉称号。

邵界立

邵界立,1960年2月生,钟溪村秀才组人,中国地质大学建筑设计研究院院长、武汉地大建筑设计有限公司董事长、武汉地大基础工程有限公司董事长、高级工程师。1984年7月,他内蒙古科技大学毕业。1987年,他就读中国地质大学在职研究生。他长期在中国地质大学工作,曾发表论文37篇,其中《混凝土工程施工技术与质量控制》由中国建材工业出版社出版,被选为国家注册结构师及国家建造师考试参考书。他还受聘为武汉科技大学、武汉理工大学客座教授、湖北省建筑工程评审专家。21世纪初,他当选为湖北省江苏商会常务副会长、武汉市无锡商会名誉会长。工作期间,他曾获湖北省先进设计工作者三次;他主持的武汉绿景苑工程被国家建设部评为规划设计金奖、全国绿色建筑创新奖。

沈力铎

沈力铎,1960年4月生,生建社区人。1978年,他考入中山大学化学系物化专业,1982年毕业,进地矿部无锡石油中心实验室任工程师。1994年,他赴美国留学,就读于佛罗里达国际大学,获硕士学位。1998年,他入职于美国人力(Manpower)公司担任科学家。1999年,他进入RPP(Rnine Poulenc Porer)制药公司从事新药研发,担任资深科学家。其后,他所在公司先后合并为赛诺菲·安万特,沈力铎先后担任新公司药物代谢和动力学部门资深科学家、研究科学家、资深研究调查员和主研调查员。

蒋 沁

蒋沁,1962年生,西锄村人,教授、博士生导师。1984年,他毕业于南京医科大学临床医疗系,1993—1994年赴日本国立名古屋病院临床研修;2005年获南京医科大学临床博士学位,后任南京医科大学附属眼科医院院长、南京医科大学第四临床医学院副院长。工作期间,他先后承担多个973子项目、10多个国家自然科学基金等项目的研究,发表SCI论文20余篇。后为《中华眼科杂志》《眼科新进展》及《南京医科大学学报》编委。至

2015 年,他已获江苏省卫生厅科技进步一等奖和医学新技术引进一等奖各 1 项,2 次获得江苏省科学进步三等奖,2 次在“视觉第一中国行动”中被评为江苏省先进个人。

欧汉生

欧汉生,1962 年生,和桥镇人,常州建材职工大学副教授。1983 年,他从重庆建筑工程学院物理师资班毕业,被分配到常州建材职工大学工作,历任学生科科长、团委书记、教务处处长、副校长等职,曾受聘为国家社科基金“十一五”规划 2006 年度国家重点课题“职业教育有效发展研究”总课题组副组长。工作期间,他还参编教材 2 部,主编培训教材 2 部,发表论文多篇。

钱建良

钱建良,1962 年 1 月出生,和桥高级中学特级教师。1982 年 7 月,他从苏州大学数学系毕业后从事高中数学教学。1999 年,他又从苏大数学课程论硕士研究生结业。2011 年,他参加了江苏省中小学教师“学科领军人才高级研修”项目的研修培训,一年后结业并被评为优秀学员。自 1982 年参加教育工作起,他长期担任中学数学教学,曾获评无锡市又红又专优秀青年教师、无锡市优秀教育工作者、江苏省优秀科技辅导员等荣誉。2007 年,钱建良被评为无锡市高中数学学科带头人,2009 年又获无锡市名教师称号。2010 年,他经层层评选,获得江苏省第十一批特级教师荣誉称号。工作期间,他与人合作出版专著 6 本,独立发表论文 30 余篇,带领学科组成员完成省级科研课题 4 个、无锡市科研课题 3 个。2010—2015 年,他继续带领学校教师进行 3 个省级课题的科学研究,兼任宜兴市数学中心组成员、宜兴市教育学会中学数学教学研究会理事长、宜兴市钱建良名师工作室主持人、无锡市数学学科教学研究基地专家组成员、无锡市中小学名师工作室成员、江苏省数学学会会员。

顾晓生

顾晓生,1962 年 7 月生,中巷村人,研究生学历,医学、法学双学士、法医学硕士,历任江苏省人民检察院正处级检察员、主任法医、南京医科大学兼职教授、首批“全国检察业务专家”、江苏省第十一次和第十二次党代表、中共十七大代表。自 20 世纪 80 年代末至 2015 年,他办理的 1300 余起死因鉴定无一差错,当事人无一申诉。21 世纪初,他受高检指派办理十多起轰动全国的案件,其中有哈尔滨 6 警察涉嫌致死大学生林松岭案、贵州关岭民警张某不当使用枪支至 2 人死亡案等,件件明断。他开创多项法医鉴定理论和方法,起草多个法医鉴定规范性文件,对全省及全国检察工作起到了良好的指导作用。他因此先后荣记一等功 2 次、三等功 2 次,被江苏省委授予“(十大)优秀共产党员标兵”称号,被省人民政府授予“江苏省先进工作者”“江苏省人民满意公务员”称号,被最高检察院授予“全国模范检察官”称号,被国务院授予“全国先进工作者”称号。

吴建华

吴建华又名戈桦,1962 年 8 月生,北庄村梧桐坝人,苏州大学历史学学士(1983)、博士(2000),南开大学历史学硕士(1986)、历史学博士后(2002),美国亚里桑那大学(UA)访问学者(1998)。21 世纪初,他开始担任苏州大学社会学院历史

系教授和硕士生导师、中国社会史学会常务理事、美国 The A－merican Biographical Institute 研究顾问等职。工作期间，他发表论文 40 余篇，曾获评“苏州大学青年骨干教师”、苏州市哲学社会科学优秀成果三等奖、辽宁社会科学院《社会科学辑刊》创刊 15 周年优秀论文评选二等奖等。

陆　玲

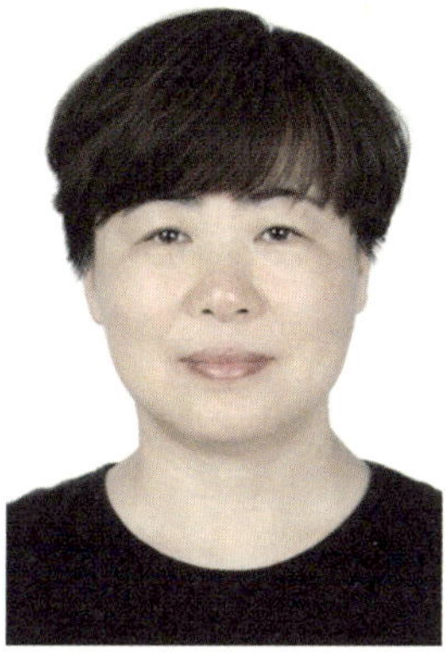

陆玲，女，1963 年 4 月生，闸口村人，南京师范大学生命科学学院微生物研究所所长、教授、博士生导师。1985 年 7 月，她从南农大农学专业毕业，1988 年 7 月担任南师大生物系教师，获得江苏省优秀教学成果二等奖和一类优秀课程奖。2007—2009 年，她赴美国加州大学医学院基因中心做访问教授。她的实验室和国际一流知名课题组建立了紧密的合作关系。同期，她还任国际真菌学、微生物杂志常务编辑、副主编及中国菌物学会理事、江苏生物学会理事长等职。2015 年 7 月，由她策划和领导的《中国真菌生物学》专刊，获国际专业杂志《真菌遗传》推介。

吴泽民

吴泽民，1963 年 12 月生，北渠村人，澳大利亚墨尔本梅图帕斯生物技术公司高级研究员、技术服务部经理、培训部主任、博士。1984 年，他考入中国科学院上海有机化学研究所，1988 年获理学博士。1990 年 3 月，应澳大利亚汉恩斯教授邀请，他赴澳洲龙岗大学进行计算机辅助新药开发研究，1996 年加入墨尔本凯隆跨国生物技术公司（总部在美国旧金山），任高级研究员。1995 年，他与从事天然抗生素研究专家罗德 · 理查兹教授合作，发现 5 个具有奇妙化学结构的天然抗生素，1996 年申请欧洲专利。其后，他还担任梅图帕斯公司培训部主任，培训中国、日本和欧美的许多组合化学研究人员。工作期间，他先后在国际著名刊物《四面体通讯》（英国）《组合化学杂志》（美国）《多肽化学》（美国）等发表论文 10 多篇。

芮嘉白

芮嘉白，1964 年 5 月生，生建社区人，总装备部航天医学工程研究所研究室主任、研究员（副师级）、工学博士。他先后从南京理工大学飞行器工程系特种力学专业（本科）毕业、南京理工大学固体力学专业硕士生毕业、清华大学工程力学系固体力学专业博士生毕业。工作中历任总装备部航天医学工程研究所三室助研、副研究员、副主任、研究员及研究所总体室主任。2010 年后，他担任总装备部航天系统总体主任设计师。工作期间，他先后发表论文 9 篇、参与国际交流 4 篇、与人合出著作 1 本。他还获得北京市科学技术进步二等奖 1 项。

季亦平

季亦平，1966 年生，西锄村人，中共党员，高级工程师。早年曾在和桥小学、南新中学、宜兴县中读书，1986 年从南京工学院（东南大学）热能动力系毕业，分配至华能集团公司工作。他曾担任过华能太仓发电公司副总经理、上海市电力公司漕泾电厂筹建处副主任、上海漕泾热电有限责任公司总经理、中国电力投资集团党校副校长及高级培训中心副主任、中国电力投资集团规划计划部副主任。2015 年，他升任国家电力投资集团规划部计划主任。

钱　云

钱云，1967 年生，闸口村人，1989 年毕业于南京大学大气科学系，1995 年获理学博士学位。同年 10 月入中国科学院大气物理研究所，之后在美国国家大气科学研究中心、意大利国际理论物理研究中心任职。2005 年 9 月起，他入美国能源部西北太平洋国家实验室工作，长期担任该实验室“大气科学和全球变化部”副主任、资深科学家。工作期间，钱云还兼任美国地球物理学会会员、欧洲地球物理学会会员、美国气象学会会员、政府间气候变化评估报告作者、南京大学和兰州大学以及中国科学院大气物理研究所客座教授兼博士生导师，曾获中国科学院“叶笃风正奖”、国际科联青年科学家奖等荣誉。

余建军

余建军，1968 年 7 月生，和桥镇人，博士生学历，国家级特聘专家，英国皇家物理学会会员，江苏有为光子科技有限公司总经理。2000 年，他从伦敦大学微电子专业博士研究生毕业，是世界上第一台高强度真空紫外氮原子发生器的开发者，拥有准分子光源制造、太阳能电池用多晶硅大面积制造、大气污染治理以及水处理等多项发明专利。2006 年，他回国创办光子科技有限公司。2007 年，他的公司成为首个落户宜兴的无锡“530”计划 A 类项目企业，是国内第一家开发应用准分子光子技术的高科技企业。同年，余建军当选江苏省十一届人大代表和宜兴市人大常委会委员。2008 年，他被授予无锡市有突出贡献中青年专家称号。2009 年当选江苏省侨界专业人士联合会副会长。2010 年，他的企业入选《创业家》杂志全国 30 家黑马企业，2011 年，他入选江苏省科技创业优秀民营企业家、江苏省第四期“333”工程培养对象。2012 年，他入选国家第七批“千人计划”，被聘为江苏省产业教授。2013 年，他获中组部和人社部颁发的国家特聘专家证书，当选江苏省侨联特聘专家委员会委员、无锡市侨专委副主任，并获评《江苏经济报》“创业无锡十大经济风云人物”。

费　冬

费冬，1970 年 9 月生，北渠村人，博士学位，美国卡特比勒公司高级工程师。1992 年，他南京大学信息物理系毕业，并取得学士学位。1992 至 1995 年，他在南京大学攻读研究生并获硕士学位，1995 年 8 月至 1997 年 7 月在东南大学执教。1997 年 8 月至 2001 年 5 月，他在美国依阿华州立大学攻读并取得博士学位。2002 年，他在美国卡特比勒公司任高级研究工程师，为美国声学学会和无损检测协会会员。

张海强

张海强，1972 生，北庄村人，就职于江苏省宜兴中学。工作期间，他先后被评为中学高级教师、无锡市名教师、江苏省特级教师、江苏省高中数学课程教材改革实验先进个人，曾获江苏省高中青年数学教师优秀课观摩评比一等奖和首批宜兴市“教书育人奖”。至 2015 年，他已在《中学数学》《数学通报》等数学专业期刊上发表教学类论文 20 余篇。

二、军界人物

俞柏生

俞柏生，民国 2 年 9 月生，生建社区人，曾任台湾海军上将，台湾建台水泥公司董事长。

俞柏生6岁入学，先后在鹅山小学、彭城中学读书。民国19年夏，他北上哈尔滨入东北商船学校学习航海，后又与同学合计二赴青岛，考入青岛海军军官学校，于4年后毕业。其后又就学于英国格林威治皇家海军参谋大学、三军联合参谋大学第四期、美国海军盟国两栖作战训练班第四期、国防研究院第五期。学业完成后历任航海官、分队长、中队长、军械官、校长、副署长、舰长、舰队训练司令、驱逐舰队司令、驱逐巡防部队司令、两栖部队司令、舰队指挥官、海军副总司令等职。民国26年7月7日中日战起，曾率所部海军教导队，参加青岛保卫战。次年3月，所部调防到江西马珰要塞，一次在守备兵力薄弱的情况下，与日军奋战于要塞阵地，虽受敌陆、海、空军联合围攻，但坚守不退，致负伤入院治疗。民国29年奉命参加湘、鄂、黔边区诸战役。2年后奉调司令部第二厅，承办国际海军情报，致力于国际问题、外交技术等研究。民国33年奉派驻英海军武官署服务，帮助武官工作，协助官兵训练任务及接舰工作。民国37年奉命至台湾筹办海军军士学校，先后负责对海军新兵及干部的训练。1952年调任丹阳号军舰任职，翌年秋以旗舰率队前往菲律宾访问。1954年6月率舰队至巴拿马、圣地亚哥、旧金山、檀香山、关岛等地访问。1967年至1976年任台湾副参谋总长，1970年6月，他由海军中将升为海军二级上将。退役后，1976年11月任官营台湾机械公司董事长，1982年5月任建台水泥公司董事长。俞柏生担任军职旗舰期间，尽职尽责，先后荣获抗日战争纪念章、光甲一奖章、光甲二奖章、海绩奖章、海勋奖章、海风奖章、一星海奖章、二星海奖章、海功奖章、三星海奖章、忠勤奖章、一星忠勤奖章、泰国二等白象勋章等奖励。俞柏生晚年，还总结数十年的经验和心得，编著了《我国海防概论》《战后海防部署与军港整备之研究》两本书。

王正宣

王正宣1936年11月生，生建街寨沟巷人，中共党员，中国人民解放军陆军船艇学校(镇江)副校长，高级讲师，大校军衔。他早年就读于无锡师范学校，1958年毕业于中国人民解放军测绘学院航空摄影测量专业，以后分配到总参第五地形队从事军事测绘工作。1960年，他因完成国防测绘任务成绩显著，荣立三等功。1962年起，他先后在中国人民解放军测绘学校、第一水面舰艇学院任教。1981年，他调至中国人民解放军陆军船艇学校工作，历任教员、研究室主任、副校长(副师职)等职，兼任陆军船艇标准化技术委员会副秘书长，1988年授予大校军衔。他工作期间编写的教材有《地形测量学》等。

黄国芳

黄国芳，民国25年12月生，生建社区人，少将。黄国芳少年时就读养初小学，1954年7月从和桥中学初中毕业后考入重庆第二炮兵学校，二年毕业并在校加入中国共产党。1956—1964年，他在步兵126师、炮兵506团任侦察排长、司令部侦察参谋、政治处干事、连指导员。1964—1974年任总参京西宾馆政治处干事、科协理员(正团)。1974—1985年，他任中央军委办公厅服务处科长、副处长、办公厅办公室副主任。1985—1991年，他任总参第一服务处副政委、政委。1991—1995年，他奉调担任南京陆军指挥学院政治部主任。1993年7月，他晋升少将军衔，1995年10月退休，住北京。

白海坤

白海坤，民国28年7月生，永兴村人，空军上校飞行员。1959年7月，他从宜兴三中高中毕业，选

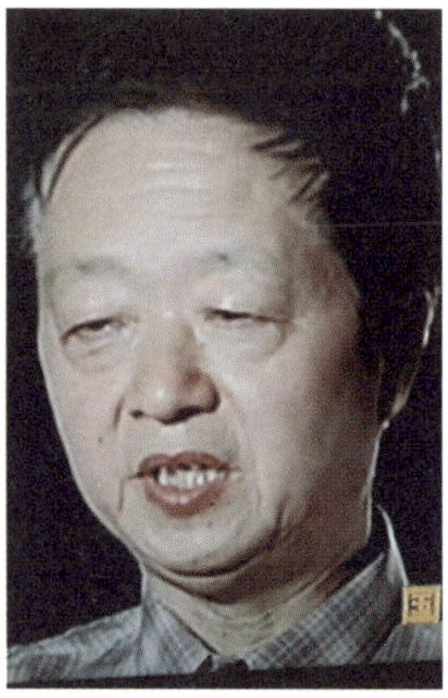

飞入伍，在保定航校领航轰炸专业训练，1962 年获大专学历，1964 年入党。工作期间，他历任训练团带飞教员、空独七团和空八轰炸师领航员、空十军领航处参谋、北空航运团领航主任等职。1967 年，他在中国第一颗氢弹爆炸后飞入高空，穿进蘑菇烟云“取样”。1976 年，他遵周总理遗愿，受命驾机在空中飞撒总理骨灰于祖国山河大地。1978 年，他率航空兵向中央军委首长飞行表演，保证先导机群长机在飞行中挂旗准确准时和后续系列演习顺利圆满成功，事后受到邓小平等中央领导人接见。他工作三十余年中，参加教学训练、战备演习、侦察、救灾、空投、空运、飞播等种种飞行，次次出色完成任务，曾立三等功三次。

王良均

王良均，民国 31 年生，湖滨村塘家庄人，北京军区原副参谋长，少将军衔。他 1962 年6 月入伍，1963 年 12 月入党，历任某野战军警卫连战士、副班长、班长、排长、连长，军作训处参谋、副处长、处长，师参谋长、师长，集团军参谋长，副军长、军长，北京军区副参谋长。1980 年 10 月被军委、总部批准选送军事学院（现国防大学）学习两年，成绩全优。在任师、军职岗位期间，他曾三次进入国防大学进修系、国防研究系深造。工作期间，他曾担任中国军事科学学会第二届常务理事，并被中国军事科学学会军队指挥分会特邀为高级专家，主编与撰写《赴滇作战司令部工作经验汇编》《渡海登岛作战问题研究》等书，均由解放军出版社出版发行。

邓铜山

邓铜山，民国 33 年生，闸口村北沙滩人，研究

生学历，中国人民解放军空军政治部原副主任，少将军衔。他曾就读于宜兴三中、宜兴一中，历任班长、学生会主席、校团委副书记，1963 年入伍，毕业于中国人民解放军第十七航空学校，历任机械员、机械师、政治指导员、飞行大队政委、团政委、师政治部主任、师政委、南京军区政治部副主任、总政治部干部副部长、空军政治部副主任、中华慈善总会副会长等职。他曾被军区树为基层工作优秀领导干部，两次荣立三等功。他撰写的政治工作文章多次在军内报刊刊登。他带领工作组侦破多起重大疑难案件，为部队安全稳定做出贡献。他在任中华慈善总会副会长期间，发起并组织开展“少数民族贫困家庭患先天性心脏病儿童千名救助行动”，受到党和国家领导人的肯定。

三、文艺界人物

俞良济

俞良济，清宣统三年生，和桥人，台湾著名昆曲表演艺术家。俞良济大学毕业后，曾任上海地区植物油制炼工业同业公会常务理事。1948 年赴台后，他曾任台湾地区人造纤维纺织工业园工会理事长。其夫人程竞英女士，因父程荫南、伯父程谷津均喜好昆曲，耳濡目染，对演唱昆曲也极有兴趣。俞良济、程竞英夫妇曾在台湾举办过宜兴同乡“昆曲同期”活动。1974 年，俞良济夫妇离台赴美国，1980 年正式定居。在俞良济的支持下，程竞英在洛杉矶华人中发起创办“春雷国乐社”。该社所有演出费用，都由俞良济夫妇承担。1990 年，他俩又发起成立“美西昆曲社”，将昆曲正式引入洛杉矶。

蒋思豫

蒋思豫字思予，号思愚，民国3年生，生建社区人，“当代草圣”于右任的入室弟子，享百年寿而笔墨未停。他曾担任浙江省宁波市第八、九、十届政协委员、宁波市镇海区政协画院画师、顾问。民国26年日军侵华，他先后在武汉、太原等抗日前线工作，周总理诞辰100周年之际，蒋思豫写有一篇回忆文章，全文刊发于《镇海报》。抗日战争期间，蒋思豫还身兼《中国青年》编辑，任《益世报》记者和特约撰稿人。第二次国共合作时，蒋思豫在政治部三厅任宣传干事，凡呈蒋介石的行文均由其誊写。1991年9月，宁波市台联会与台北宁波同乡会联合举办《海峡两岸宁波乡情书画展》，宁波和台北各选送50件作品参展，其中蒋思豫用“于体”写就的《望大陆》作品，在台北展出时引起强烈反响。他编著的《论于右任标准草书》一至三论，对“于体”书法传承作出了理论贡献。2012年，镇海区政府与宁波市书协出版《蒋思豫百岁书法集》，中国书协名誉主席沈鹏为此题写书名，著名作家余秋雨为此写序。2015年春节期间，当得知家乡正在新编镇志，他特挥毫书写：“一别故乡八十年，家园早毁址难辨。近邻亲朋何处去，独有屺山屹岿然。”

余鹤松

余鹤松，1925年生，中巷村人，台湾知名画家。1943年，他在江南美术专科学校学习中西画法及生物科学画，毕业后先后在南京、上海、广州等地工作。新中国成立前夕，他去台湾执教高中美术。改革开放后，曾与夫人李春梅（亦是著名画家）回家乡探亲游历，并多次参与海峡两岸书画艺术交流活动，曾在宜兴徐悲鸿纪念馆举办“余鹤松李春梅夫妇国画联展”。

钱利生

钱利生，民国19年生，生建社区人，宜兴市文化馆创作辅导组组长、民进宜兴市支部委员、九届宜兴市政协常委、宜兴音舞协会副会长，中国音乐著作权协会会员、中国音协江苏分会会员、《中国企业之歌》特邀编委、江苏省舞协会员。20世纪70年代起，他就积极从事音乐教学和音乐创作，写就大量的音乐作品。1989年，他被授予无锡市劳动模范称号。

胡林森

胡林森，民国24年生，生建社区人，住上海市金山区朱泾镇，曾任上海市金山县文化馆馆长、副研究员、上海市作家协会会员、上海电影家协会会员、上海故事学会副会长。1952年，他开始从事民间文学搜集、整理及文学创作，1954年开始发表《中国人民拍手笑》等民歌60多首。1960年从事小说、散文、报告文学写作，作品颇多。他从1976年开始从事电影文学与电影文学剧本的创作，合作有《儿子孙子和种子》《飞来的女婿》和《特殊身份的警官》，并拍摄成电影；其创作的电视剧《未来的太子村》《我是宝贝》和《双枪唐八妹》等，都有拍摄播出。1993年，其报告文学《重塑上海农民新形象》在《文汇报》上发表后获上海市二等奖。工作期间，他编写新故事《瓜王赴宴》《三进宴馆》等120多篇，分别发表在全国各省市的故事刊物上；他还编著出版新故事集《儿子孙子和种子》《海滨新一代》《冲锋号》《顶天队长》等；其论著《上海市郊村落文化建设的浅见》《论加强农村文艺作者新人的培养》《浅论上海民间艺术在对外经济开发中的地位》等三篇，1991年获上海市学术年会优秀论文奖。

谭泉海

谭泉海，民国28年7月生，生建社区人，中国工艺美术大师、中国陶瓷艺术大师。1976年，他结业于中央工艺美术学院，曾任宜兴紫砂工艺厂副总工艺师。工作期间，他还兼任十一、十二、十三届宜兴市人大常委会副主任，任职民建宜兴市主委，当选全国人大第七、八、九届代表。他的陶刻作品曾多次赴日本、美国、加拿大、澳大利亚、新加坡、马里等国展出，并有《紫砂陶刻浅谈》《浅谈紫砂挂盘的创作与艺术欣赏》等专业论著发表。

杨骥川

杨骥川笔名柳叶刀，民国30年生，北新村人，我国著名书法家。1965年，他首都医科大学毕业后，从事临床外科和医院管理二十多年。1991年起，他任北京市西城区副区长、政协副主席。他业余潜心研习书法艺术，真、草、隶、篆诸书体均有涉及。20世纪末当选为全国政协委员、中国书协会员、北京市西城区文联副主席。工作期间，他多次参加全国书法大展、大赛并获奖，出版有《杨骥川书法艺术作品集》。

王和生

王和生，民国30年8月生，生建社区人，泰州电视台编辑。1963年，他从南京师范学院音乐系毕业后，先后在泰州市文化馆、泰州市沈毅中学、泰州市少年宫、泰州市文化宫和泰州电视台工作。其间，历任文化馆副馆长、文化馆副主任、电视台副台长兼编辑、导演等职，还兼任中国广播电视学会会员、中国音乐家协会江苏分会会员、扬州市摄影工作者协会会员、泰州市音乐协会副主席、泰州市文联委员等。

吴可人

吴可人，1952年6月生，生建社区人，1974年南京师范学院美术专业毕业留校任教。1987年，他从清华大学美术学院装饰艺术系研修结业后，历任南京师范大学美术学院副教授和硕士生导师、中国工艺美术学会漆艺专业委员会理事、江苏省美协漆画壁画艺委会委员、江苏省建筑壁画研究会副会长、中国美术家协会会员等。工作期间，其代表作《马蹄莲》《圣光》《双鱼双鸟》云雕漆盘及《雨林》等三项漆器屏风分别入编《中国现代美术全集》漆画卷和漆器卷；其论文《光与影的探寻》《创造性思维与漆画》《论现代漆艺的审美特征》等发表于国内学术刊物；其编写的教材《装饰色彩》《漆工艺》《装饰画》编入国家统编教材；其专著《磨漆悟道》由南京师范大学出版社出版。

吴　欢

吴欢，1953年生，祖籍北渠村，20世纪80年代毕业于电影学院文学系和北京广播学院导演系。21世纪初，历任全国政协委员、中国人权发展基金会国际艺术家联盟主席、中国和平统一促进会理事、中国国际文化交流中心理事、中华海外联谊会理事、中国慈善总会常务理事、中国文化艺术界慈善总团主席、中国辛亥革命研究会常务理事、香港美协主席等职。工作期间，他先后发表数百万字的小说、剧作、政论、杂文、歌曲等作品，出版《吴欢书画》

《吴欢书画选》《吴氏三代书画选》等书画著作。2007年,他在美国纽约联合国总部举办"吴氏三代艺术展",联合国秘书长潘基文参展并致词。

吴　征

吴征,1966年11月生,劳动社区人,阳光红岩集团主席,清华大学传媒学院国际传播中心特聘教授。1986年,他从法国萨伏大学法国语言与文学进修学院毕业后边工作边学习。1990年,他取得美国密苏里州卡尔文·斯多克顿学院工商管理专业毕业文凭,1993年取得美国华盛顿大学国际关系专业毕业文凭,2000年,又取得复旦大学国际政治关系学院毕业文凭。1998年,他获得"香港—澳门杰出人士评选委员会"颁发的"杰出传媒之星"奖。1999年,他创建阳光传媒投资集团。2000年,他出版《中国的大国地位与国际传播战略》一书。2001—2002年,他出任新浪公司主席。2005年,他获评法国"红酒骑士"。2006—2009年,他担任盛大娱乐董事,2009年又任"酷六传媒"视频门户网站独立董事和董事长,同年被清华大学传媒学院国际传播中心特聘教授。2012年,他出版个人摄影作品集《征途·吴征风景摄影作品集》。

四、政界人物

赵　壁

赵壁原名钱敏,字洪培,民国3年8月生,西锄村人,20世纪70年代在中国人民建设银行南京分行办公室主任岗位离休(厅级)。他1941年8月参加革命,1946年加入中国共产党,曾任南京市监督局、民政局、人事局监察科长、党组成员,市监委审理处长等职。在军队期间,荣获二等功一次、三等功两次。

沙　群

沙群原名俞灿林,民国8年2月生,生建社区人,原南通师范专科学校(后并入南通大学)副校长。他民国14年9月入学,先后在和桥镇养初、鹅山小学,彭城中学读书。民国17年,在山西临汾民族革命大学政治系。延安抗日军政大学第五期一大队学习,次年5月派赴安徽新四军江北指挥部,任四支队政治部文化教员、政治处民运干事。民国30年5月后,他历任新四军二师政治部《抗敌》报记者、江苏淮阴华中《新华日报》编辑、第三野战军特种兵、新华社副社长。1950年4月后,历任南京《新华日报》主编组长、特派记者、南京市人民政府新闻出版处主任。1957年12月后,历任中共中央宣传部新闻出版处高等教育处秘书、江苏省教育厅《江苏教育》总编辑。1960年12月后,历任江苏省海门中学副校长、海门东风中学革委会副主任。1973年5月至1979年8月,任海门师范学校党总支委员、副校长,南通师范专科学校(后并入南通大学)党总支委员、副校长。1979年9月离休。

郁　青

郁青,原名郁钟秀,女,民国16年生,生建社区人。民国38年5月考入二野军政大学,改名郁青。1954年底,她调入云南省人民检察院,先后任科长、副处长、检察员,1975年任云南省高级人民法院审判委员会委员、民事审判庭庭长,至1983年离休。1985年,云南省司法厅组建律师事务所,聘其任特邀律师。1995年至2015年,郁青一直被《云南老年报》聘为法律知识顾问,为该报撰稿300多篇、20多万字,并连续12年获好稿作品奖。2015年3月25日,《云南老年报》头版头条报道《二十年,为老维权与老为友——记省高院离休干部、本报法律顾问郁青》。

徐钦敏

徐钦敏原名徐金明,民国16年生,福巷桥村青墩头人,正厅级离休干部。解放战争时期,他参加了"苏中七战七捷""涟水守卫战""莱芜战役""孟良崮战设""渡江战役""解放南京"等著名战斗,历任三野司令部二科谍报员、侦察营营长等职。民国32年11月,他加入中国共产党,并先后在新四军十六旅48团担任地方通讯员、侦察员、警卫员、排长等职。徐钦敏同志身经百战,曾荣立三次战斗二等功、三次战斗三等功,并获得"解放奖章""自由独立奖章"等嘉奖。1959年,徐钦敏同志响应国家号召,转入工业战线参加祖国经济建设,担任北京某大型国营企业党委书记和厂长(正厅级)。1986年离休。

杨邦杰

杨邦杰,民国16年出生于北新村老官庄,教授级工程师。1952年,他于复旦大学毕业后,至北京中央财政经济委员会工作,继后部门归并成"国家计划委员会""国家经济发展与改革委员会",并长期担任国家发改委西部司司长。在工作期间,他与人合作发表《中国自然资源丛书》42卷计1500万字,还单独发表《加强国土资源管理的重大决策》等专业著作。1987年退休。

杨瑞伍

杨瑞伍,民国16年9月生,同里村上山组人,河南高级纺织机工学校副校长、高级讲师。1950年6月,他于南通学院纺织工程系毕业,先后在河南省工业学校、新乡纺织学校任教员,在郑州纺织学校任教导主任(兼办公室主任),在河南省新野纺织厂任副厂长兼党支部副书记,在河南纺织技工学校任副校长。他一生曾参与编写《保全钳工》《筒经保全》等技术丛书。1965年,他光荣出席全国科学技术普及积极分子大会,受到毛主席接见。

田　心

田心原名黄庆华,民国16年12月生,西锄村黄家组人,中共党员,江苏省电子工业研究所副所长。民国38年6月,他在浙江金华工学院学习时参军,后入长春空军航校学习,1951年被分配到南京空军十师,后调沈阳空军工程部无线电处任助理员、副处长。他在空军期间立三等功三次。1978年,他出任江苏省电子工业局电子电器公司任副经理,1980年调江苏省电子工业综合研究所任副所长。在工作期间,他曾主编《飞机无线电工作手册》,发表《飞机超短波电台常遇故障及判断排除方法》《无线电故障研究》等文章,组织编写《江苏省电子工业来料加工情况总结体会》《电子元器件引线可焊性资料汇编》等书籍。

钱振霖

钱振霖,民国17年12月生,生建社区人,中国共产党党员,中国银行总行高级经济师。1950年,他在国立上海商学院国际贸易系提前毕业,被分配中国人民银行总行国外业务处工作。1951年,他被评为总行一等先进工作者。在近40年的工作中,他曾参与拟订国家外汇管理各项实施细则草案,负责经办与国外银行及国外信用卡公司签订兑付信用卡协议,还负责签订国家重大建设项目各项外资贷款协议并拟定外资使用办法条例。

赵洪根

赵洪根，民国21年生，兴业社区人，天津市进出口商品检验局副局长、高级工程师，中共党员。1951年新和中学毕业后考入上海水产学院，毕业后被分配到天津市进出口商品检验局工作，长期担任商检局副局长，先后被选为天津市六届人大代表、天津市五、六、七届政协委员、天津市九届政协科技特邀代表，为我国商品检验、技术贸易做出贡献。20世纪90年代退休后仍享受政府特殊津贴。

陈鸿昌

陈鸿昌，民国21年2月生，钟溪村人，曾任江苏省常州市人民政府市长。他从中国人民大学工业经济系毕业后，历任常州市纺织企业厂长、援外技术组组长、纺织工业局局长、常州市经委主任等职。1981年后任常州市人民政府副市长、市长。1988年，他任中国江苏国际经济技术合作公司董事长、总经理。1991年后，他先后任江苏省体制改革委员会副主任、江苏省改革杂志社社长、中国江苏改革发展研究院负责人，还一直担任河海大学机械学院、南京大学商学院兼职教授、高级经济师。

程夑森

程夑森，民国21年8月生，生建社区人。中共江苏省委老干部局离休干部（处级）。1958年5月获南京市（工业系统）先进工作者称号。2002年8月被中华全国集邮联合会授予全国集邮先进个人。后任江苏省级机关老干部集邮协会会长、江苏省级机关老年体协副秘书长、江苏省老年书画联谊会副秘书长。

李致中

李致中，民国22年1月生，劳动社区人。镇江市委农村工作部离休干部、高级经济师。民国38年，他参加革命工作，1952年9月加入中国共产党，先后任宜兴县人民政府副县长、镇江地区政策调研组组长、镇江地区农业局副局长、中国援建几内亚共和国专家组组长、镇江市农业区划办公室主任、镇江市委农村工作部副部长、镇江市级机关农业口党委书记等职务。1991年10月，他被镇江市科委推荐为镇江市有突出贡献中青年专家。工作期间，他曾主编出版《镇江农业地图集》《镇江市土地资源概况》《镇江市农村政策选编》，单独著有《农村合作经济经营管理改革的探索与实践》一书。

俞良贤

俞良贤，民国31年生，生建社区人，1967年南京工学院毕业，先后担任无锡市科学技术委员会计划处长、无锡市高新技术产业协会理事长等职，长期从事科技计划项目工作，学术专著颇丰，曾获“全国科教兴市先进个人”“江苏省火炬计划先进个人”等光荣称号。

蒋彬洪

蒋彬洪，民国33年4月生，闸口村人，一汽无锡柴油机厂厂长兼党委书记、高级工程师、全国劳动模范。蒋彬洪1969年8月参加工作，从一线工人、班组长、车间主任到分厂厂长。1992年至2000年担任一汽无锡柴油机厂领导。1995年起，他多次被评为无锡市、江苏省和中国机械工业部的优秀企业家

和技术专家、优秀企业经营管理者、全心全意依靠职工办企业优秀领导干部、无锡市劳动模范、一汽集团公司劳动模范、全国职业道德建设先进个人。2001年,他荣获全国五一劳动奖章,2005年又荣获全国劳动模范称号。

张瑞娟

张瑞娟,女,民国33年9月生,永兴村人,无锡市五金工具集团公司党委书记,纪委书记,高级政工师。1962年7月,他从宜兴县第三中学高中毕业回乡务农,1966年3月加入中国共产党。1970年担任和桥公社党委委员、新建大队党支部书记。1971年3月当选为宜兴县委委员,县委常委。1979年12月调无锡市钟表总厂工作,任钟表总厂党委副书记,纪委书记,工会主席。1986年9月,任无锡市手表厂厂长,党总支书记。1989年3月,调任无锡市五金工具集团公司。其后,她曾被选为无锡市第九次党代表会代表、无锡市第十一届人民代表大会代表、无锡市第十二届妇女联合会执委。工作期间,她曾获无锡市优秀共产党员、优秀党委书记、优秀党务工作者及江苏省优秀党务工作者等光荣称号。

赵国华

赵国华,民国34年生,中巷村人,高级工程师,中共党员。1963年他考入南京解放军炮兵工程学院,1968年毕业分配至重庆兵工厂工作,先后担任过兵器工业部五○二七厂总工程师、中国兵器工业总公司西南兵工局副局长、长安汽车集团公司董事长、西南兵工局局长兼党委书记、中国兵器装备集团公司党组副书记和副总经理等职。2001年,他调入中共中央企业工作委员会(现国务院国有资产监督管理委员会)工作,任国有重点大型企业监事会主席,是中共第十五次全国代表大会代表。

吴胜东

吴胜东,民国34年10月生,永兴村渎南组人,曾任润扬大桥建设总指挥。他1968年从南京工程学院土木工程系工业与民用专业毕业,分配至江苏公路建设指挥部总公司工作。其后曾担任过办公室秘书、副主任、公司副总经理、党委书记等职。1992年,他调入江苏省交通厅计划处工作,任副处长。1994年,他任江苏省长江公路建设指挥部总指挥助理,负责建设江阴长江公路大桥。1998年8月,他任江苏省长江公路大桥建设指挥部任副总指挥和润扬长江公路大桥建设指挥部总指挥。2002年1月,他调任江苏省交通厅任助理巡视员(副厅级)。

刘国中

刘国中,1953年3月生,大生村小桥头人,江苏省委副秘书长(正厅级)、中共江苏省纪检委委员、江苏省第十届人大常委会委员。1977年2月,他入学江苏理工大学电机系,曾担任学生会副主席。1980年1月起,他历任江苏省计经委农业处科员、副科长、科长、副处长(主持工作)。1984年11月至1986年11月,他挂职任常熟市计经委副主任,1988年12月任省计经委办公室主任,1991年10月任省生产调度办公室副主任,1992年12月任省政府驻北京办事处副主任、党组成员,1994年10月,他升任省政府办公厅副主任,1996年8月任省政府副秘书长,2000年5月兼任省级机关事务管理局局长,2002年1月任省委组织部副部长。

仇伯华

仇伯华,1953年8月生,永兴村仇家组人,中华人民共和国驻莱索托王国特命全权大使,1971年,他在北京外国语学院亚非语系攻读老挝语,1974年入老挝东都师范学院学习老挝语,1976年在中国驻老挝大使馆任职,1980年在外交学院专修英语,1983年在中国驻老挝使馆任三等秘书。1986年参加中央讲师团在湖北黄冈电大支教,1987年任中国驻津巴布韦使馆二等秘书、一等秘书(1991年),1992年任外交部非洲司一等秘书,1993年任中国驻莱索托使馆一等秘书,1995年任政务参赞,1996年任中国驻津巴布韦大使馆政务参赞,1999年任外交学院党委副书记,2003年8月,任中华人民共和国莱索托王国特命全权大使。

欧纪民

欧纪民,1953年10月生,北庄村欧家塘人,南京市仙林大学城管委办公室主任。1972年,他和桥中学高中毕业就应征入伍,1974年加入中国共产党。服役期间,两次荣立三等功、十余次获嘉奖,多次被评为优秀党员和先进干部。1995年转业后,他担任中外合资南京欧亚国际船务有限公司副总经理,1997年调入南京经济技术开发区管理委员会,先后任办公室副主任、政研室主任(正处),兼南京新港高科技股份有限公司办公室副主任等。他在工作期间积极撰写文章和新闻稿数百篇,先后在《人民日报》《国际商报》《新华日报》《南京日报》《两岸关系》《改革与开放》等报纸杂志上发表。他曾担任《中国证券大全》和《南京年鉴》特约编辑、《新港信息》主编、南京市栖霞区第十五届人民代表大会代表等,曾被省、市有关部门评为“先进个人”“优秀通讯员”等称号。

程彤光

程彤光,和桥镇人,1954年12月生,本科学历,1977年七月加入中国共产党,1994年8月获高级政工师任职资格。1971年12月,他进入无锡市小张墅煤矿工作,历任宣传科副科长、供销财务办公室主任、党委书记等职。1989年3月,他调入无锡市煤炭公司工作,先后任组织人事处处长、党委副书记兼纪委书记。2001年4月,他调任无锡市史志办公室副主任,中共无锡市党史学会副主任。他结合工作实践,先后在全国、省、市报纸杂志发表40多篇论文和调查报告,并多次获奖。2010年后,他主持过《无锡的共和国之最》《太湖丰碑》等书籍的编辑工作。

江　萍

江萍,女,1955年7月生,兴业社区人。1973年6月—1979年8月,她下放宜兴县滆湖农场插队劳动,任农场团总支书记。1976年出席宜兴县知青代表大会,1977年11月加入中国共产党。1979年8月—1987年7月,她先后任溧水县团县委常委、副书记、书记等职。1992年2月—1992年12月,她参加江苏省委党校第一期青年干部培训班学习。1993年1月—2002年12月,她先后任溧水县委组织部长、副县长、副书记、政法委书记。2003年1月—2007年1月,她担任溧水县政协主席。2007年2月—2010年3月,她出任南京市劳动局副局长、党组成员（副厅级），兼南京市工会副主席。2010 年 4 月—2013 年，她改任南京市人力资源和社会保障局副局长、党组成员。2013 年 12 月，她当选为南京市劳动保障协会会长。2014 年 2 月，她任南京市人力资源和社会保障局巡视员（正厅）。

章剑华

章剑华，笔名立早，1957 年 10 月生，西锄村南新街人，文学博士。他 1975 年武进师范学校毕业后，先后入复旦大学、中国社会科学院和中央党校深造。1986 年，他从宜兴县委办公室调江苏省委办公厅工作。1993 年后，任江苏省广播电视厅厅长助理、江苏有线电视台台长。2001 年任江苏广播电视台总台台长。2003 年后，他出任江苏省文化厅厅长、江苏省委宣传部副部长，还担任中国文学艺术界联合会委员、中国书法院研究员、中国书法家协会国际交流委员会委员、国家一级艺术监督、南京大学、东南大学等高校教授、博士生导师。工作期间，他著有《想法》《文化时空》《墨语》《微思录》《故宫三部曲》等著作 10 部，曾获得徐迟报告文学奖和江苏省紫金山文学奖。2015 年，他还担任江苏省人大常委会教科文卫委员会主任、江苏省文学艺术界联合会主席与中共党组书记。工作期间，他长期进行书法理论研究和创作实践，尤其是将草书自成一体，被誉为“新文人、新章草。”

程同德

程同德，1958 年 1 月生，生建社区人，中央党校经济管理本科毕业，宜兴市委宣传部副部长、宜兴市广播电视台（集团）台长（董事长）、党委书记。他 1975 年上山下乡，1978 年参加中国人民解放军，1988 年转业到地方工作。其后，在宜兴市委组织部、和桥镇、宜兴市广播电视局（台）工作。2001 年获“江苏省优秀党务工作者”称号，2003 年被评为无锡市劳动模范，2009 年被江苏省人力资源和社会保障厅、江苏省广播电影电视局评为江苏省广播电视系统先进工作者。2012 年 12 月，他被人力资源和社会保障部、国家广播电影电视总局授予“全国广播电影电视系统先进工作者”称号。

章子华

章子华，1961 年 7 月生，西锄村南新街人，中国光大银行南京分行行长（正厅级），高级经济师。1979 年—1983 年，他入中央财政金融学院（现中央财经大学）学习；1983 年起，任中央财政金融学院秘书、秘书科副科长、院长办公室副主任；1989 年起，任交通银行南京分行办公室主任、计划处处长、信托处处长、行长助理、副行长；1998 年，任中国光大银行苏州支行行长；1999 年调任中国光大银行南京分行行长。

蒋亚洪

蒋亚洪，1962 年生，同里村人，博士学位，全美中文学校协会副会长、美国华人创业者协会会长。1979 年，他从和桥中学毕业后，考入南京大学天文系，1983 年获大气物理学士学位并留校任教。1987 年，他赴美国伊利诺大学留学，两年后获该大学应用数学硕士学位；1993 年又获美国西北大学工程数学博士学位，随后入美国海军医学研究中心作博士后研究。1995 至 2001 年，他任职于美国多家高科技公司，从事软件开发、设计、项目管理等。其间，担任过软件工程师、总设计师和经理等职。1995 年开设希望中文学校洛城校区，他任首届校长。随后4年间，他又相继开设盖城校区、北维校区，并成立少儿艺术团和体校等，学生人数达2000名。1997年，他创办全美首家简体中文报纸《新世界时报》，并任报社社长。1999年，中国国务院侨办向他颁发“优秀华文教学工作者奖”。1999年10月，他应邀回国参加国庆50周年庆典活动。2000年，他又创办联结海外城市最多的中文网站“美龙网”，并任总裁。2002年6月，他又应邀回国参加第六届华商大会的海外华文传媒天津合作交流会，并作专题讲演。

韦顺良

韦顺良，1966年3月生，和桥镇人，江苏省建设信息中心副主任（主持工作）、法人代表、高级经济师。他曾获评中共丰县县委和县政府颁发的“扶贫工作先进个人”和省建委机关党委颁发的“优秀共产党员”及省级机关工会、团省委颁发的“省级机关优秀青年公仆”等称号。

周诚君

周诚君，1975年5月生，福巷桥村人，南京大学经济学博士、中国人民银行办公厅（党委办公室）副主任（副厅）。1997年，他就读东南大学毕业，在校任学生会文化部长、文学社社长。2003年，他获南京大学经济学博士学位。2003年至2013年9月，他任中国人民银行办公厅政策研究员、督查处副处长、综合处副处长、秘书处正处级秘书、党委办公室副主任、中国人民银行金融研究所研究员、对外经贸大学金融学院兼职教授等职。1999—2015年，他发表论文62篇。2001—2015年，他参与主持市、省、国家级重大课题17项，承担博士后基金和社科基金各一项，获中国人民银行重点课题一等奖7次、二等奖2次。其间，他曾于2004年出版专著《体制转轨中资产价格波动的宏观效应研究》；2012年6月，他获“中国国家机关青年五四奖章”。

五、其他人物

费炳华

费炳华，1939年10月生，北渠村人，楝树中学退休教师。2012年，在由中央文明办主办、中国文明网等承办的“我推荐我评议身边好人”活动中，他被评为“中国好人榜”——“助人为乐好人”。1997年，费炳华创办家庭辅导站，主要为闸口地区的留守渔民儿童服务，后来逐步发展到为外地民工子女及当地留守儿童服务。至2007年，他累计服务儿童360多名，其中有16名孩子考取大学。同年，他被评为2006年“感动宜兴精神文明建设十佳新人新事”。2006—2009年，他被无锡市教育局评为关心下一代工作先进个人。2011年1月，他赴北京参加全国关心下一代工作会议，并在大会上介绍先进事迹；10月，参加省关工会成立二十周年暨表彰大会，被评为省关心下一代工作“五老”标兵，入编江苏省《五老风采》一书；11月，被评为“无锡市精神文明建设十佳新人新事”。2012年，他获无锡市关心下一代工作突出贡献奖，并被评为省城乡社区校外教育辅导工作先进个人。

戴长生

戴长生，1946年10月生，生建社区人，宜兴市新宇科教仪器研究所所长，宜兴市九、十、十一、十二届政协委员，曾获评“江苏好人”称号。

1962年，戴长生初中肄业，学徒铜匠，1965年进入和桥港区当码头工人，1984年病退。1986年腊月，他与妻子连开五个夜工，赶制38只铜壶（俗称汤婆子），两人抬着箩筐送到和桥镇敬老院，分发给38位五保老人取暖。1987年4

月，他创办宜兴县第一家民办科研所——宜兴县新宇科教仪器研究所，与辽宁省农业科学院葛志远教授合作生产“多功能快速自动消化器”和“凯氏定氮快化自动蒸馏器”获国家专利，并在江苏省先进适用科技成果产品展览会上获“金奖”。《奇人戴长生和他的奇事》由中央人民广播电台于1992年7月6日，在“各地人民广播电台联播节目”中播出。1993年8月，该两项产品又被中华人民共和国国家科学技术委员会、国家劳动部等五单位评为国家级新品。1994年，他与人共同研制的“长生牌YCL——I型综合治疗仪（治疗骨关节）”，获第六届中国新技术新产品博览会金奖。21世纪后，戴长生积极创办“慈善超市”“为老俱乐部”等，先后为敬老院、学校、北庄村、地震灾区捐款捐物累计达30余万元。2013年，他当选“陶都好人”，2014年又获得“江苏好人”称号。

胡兴中

胡兴中，1954年生，祖籍和桥镇，上海市台协常务副会长、台湾台南电声广播电台董事长。1995年，他在上海投资建立飞虹高尔夫俱乐部，2004年改为“上海新飞虹实业有限公司”。胡兴中长期定居上海，积极从事商务活动，热心于两岸交流，经常奔走于上海台商及台湾工商界之间，开展两岸之间商务交流，对两岸产业的转型发展作出重要成绩。胡兴中还致力于慈善事业，每年默默提供资金扶助贫困学生和贫困家庭，金额无法统计。

马文伟

马文伟，1975年3月生，永兴村坝头人，宜兴市佳禾健康大药房董事长，2014年被评为“无锡好人”。1994年7月，马文伟从宜兴市财经学校毕业后分配到宜兴市和桥镇蚕种场担任会计。2003年，

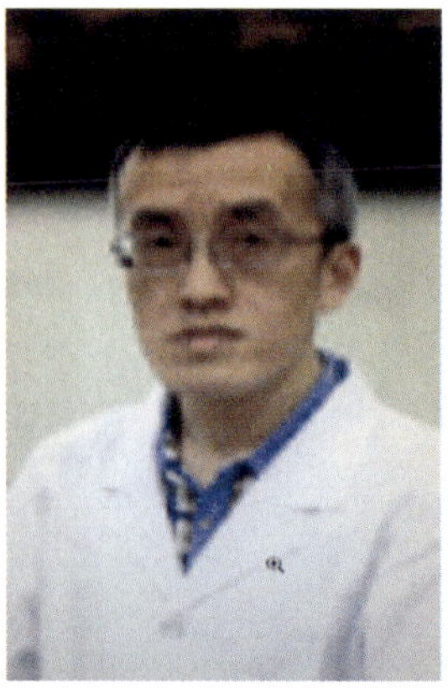

他创办和桥镇第一家个体药房“佳禾药店”。1999年，马文伟出资118万元将万石幼儿园改制成民办幼儿园，2012年，马文伟又投入1500万元改建幼儿园，并为当地和外地贫困生小孩都减免学费。他还积极参与“春蕾计划”“希望工程”扶贫济困、送温暖献爱心等活动。凡持有残疾军人、五保户、低保护证的重点优抚对象和老年人在该店购药时，药价一律让利百分之五。至2015年，其“爱心药房”每年为60位弱势群体人员减免药费十万元，五年中累计达50万元。马文伟虽不是医疗专业毕业，但通过自学考试，已获得了药学本科学历，成为国家二级心理咨询师和执业中药师。

第三节　人物表

本节列出的人物有宋元明清进士、举人，有民国时期和新中国成立后为国牺牲的革命烈士，有科技教育界、军界、文化艺术界、政界人物，有先进模范人物，有旅居港澳台及海外的人物，有评聘为高级职称并在和桥工作的专技人员等。表中历代进士、举人按原籍详址和举人、进士为顺序，革命烈士按出生年月先后为顺序，先进模范人物按获得荣誉先后为顺序，其余均以2015年底和桥镇村或社区为顺序。入表职务、职称均以2015年底前征集所得资料为准。

一、历代进士、举人

和桥历代举人、进士，按原籍详址顺序列表录入，表中年号时间一般按帝皇纪年时间。本表收录和桥宋元明清期间进士58位、举人71位。其中有2个进士是在外地考中的，因其原籍在和桥，故也将其列入本表。

历代和桥籍举人、进士

表6－1

姓　名	朝代	年号时间	原籍详址
马　豫	清	道光十一年(1831)举人	和桥镇(街)
史纪常	清	光绪二十九年(1903)举人	和桥镇(街)
李飞鲲	清	康熙五十年(1711)举人	和桥镇(街)
俞宗海	清	同治十二年(1873)举人	和桥镇(街)
俞鲸源	清	乾隆五十三年(1788)举人	和桥镇(街)
徐非英	清	嘉庆五年(1800)举人	和桥镇(街)
徐鸣嗥	清	道光二十三年(1843)举人	和桥镇(街)
程　璐	清	嘉庆三年(1798)举人	和桥镇(街)
程　璋	清	嘉庆五年(1800)举人	和桥镇(街)
程　适	清	光绪十一年(1885)举人	和桥镇(街)
程嘉杰	清	嘉庆二十三年(1818)举人	和桥镇(街)
程熙春	清	直隶州知州 三品衔举人	和桥镇(街)
程赞清	清	浙江知府 举人	和桥镇(街)
吴宗奎	明	万历辛卯(1591)举人	北渠村
吴宗仪	明	万历甲午(1594)举人	北渠村
吴宗兖	明	万历庚子(1600)举人	北渠村
吴宗檀	明	万历癸卯(1603)举人	北渠村
吴东思	明	天启丁卯(1627)举人(武)	北渠村
吴扬立	清	顺治乙酉举人(1645)(武)	北渠村
吴　桀	清	康熙丙午(1666)举人	北渠村
吴其仪	清	康熙庚子(1720)举人	北渠村
吴　琰	清	雍正丙午(1726)举人	北渠村
吴瑞培	清	雍正丙午(1726)举人经元	北渠村
吴　弼	清	乾隆甲子(1744)举人(顺天)	北渠村
吴汝翼	清	乾隆丁卯(1747)举人	北渠村
吴　山	清	乾隆丁卯(1747)举人	北渠村
吴　熊	清	乾隆乙酉(1765)顺天举人(经魁)	北渠村
吴星耀	清	乾隆庚子(1780)举人(顺天)	北渠村
吴　堂	清	乾隆丙午(1786)举人	北渠村
吴承烈	清	嘉庆庚申恩科副榜丁卯(1807)举人	北渠村
吴学彬	清	嘉庆中书科中书(举人)	北渠村
吴炜升	清	嘉庆辛酉(1801)举人	北渠村
吴延楹	清	嘉庆戊辰(1808)举人(恩科)	北渠村
吴企宽	清	道光乙酉(1825)举人(顺天)	北渠村
吴保晋	清	道光丙午(1826)举人(顺天)	北渠村
吴　琳	清	道光己丑(1829)举人(恩科河南)	北渠村
吴自征	清	道光丁酉(1837)举人(顺天)	北渠村

续表6－1

姓　名	朝代	年号时间	原籍详址
吴保丰	清	道光甲辰(1844)举人(恩科河南)	北渠村
邵　刚	宋	熙宁五年(1072)举人	闸口村
邵　材	宋	熙宁五年(1072)举人	闸口村
邵　潜	宋	熙宁五年(1072)举人	闸口村
邵　枢	宋	熙宁五年(1072)举人	闸口村
邵　权	宋	熙宁五年(1072)举人	闸口村
邵　如	宋	熙宁五年(1072)举人	闸口村
邵　涛	宋	熙宁六年(1073) 举人	闸口村
邵　叶	宋	元丰一年(1078) 举人	闸口村
邵　博	宋	元祐三年(1088) 举人	闸口村
邵　林	宋	崇宁元年(1101) 举人	闸口村
邵　哲	宋	崇宁元年(1101) 举人	闸口村
邵　默	宋	绍兴元年(1130) 举人	闸口村
邵　耒	宋	绍兴二年(1132) 举人	闸口村
邵　锐	宋	绍兴二十五年(1155) 举人	闸口村
邵　辑	宋	绍兴年间 举人	闸口村
邵　琮	明	天顺一年(1457) 举人	闸口村
邵　珪	明	成化四年(1468) 举人	闸口村
邵　梗	明	嘉庆十六年(1537) 举人	闸口村
邵邦达	宋	大观一年(1107) 举人	闸口村
邵居之	宋	宣和二年(1120) 举人	闸口村
邵及之	宋	宣和二年(1120) 举人	闸口村
邵文饶	宋	隆兴元年(1163) 举人	闸口村
邵文焕	宋	隆兴元年(1163) 举人	闸口村
邵文炀	宋	隆兴元年(1163) 举人	闸口村
邵宗衡	宋	等熙十年(1183) 举人	闸口村
邵天和	明	弘治十四年(1501)举人	闸口村
邵鎃遥	明	嘉靖万历年间举人	闸口村
邵维简	明	崇祯九年(1636)奉旨保举	闸口村
邵时发	清	康熙年间(1654—1722)举人	闸口村
邵兰一	清	雍正元年(1723)恩科举人	闸口村
杨丹桂	清	乾隆五十七年(1792)举人	北新村
杨孚民	清	光绪二十四年(1898)举人	北新村
邵之俊	清	光绪年间由郡廪生保举	闸口村
王胤乾	明	崇祯十年(1637)丁丑科进士	西锄村
李飞鲲	清	康熙五十二年(1713)癸巳科进士	和桥镇(街)
徐鸣皋	清	同治七年(1868)戊辰科进士	和桥镇(街)
吴　性	明	嘉靖十四年(1535)乙未科进士	北渠村

续表6－1

姓　名	朝代	年号时间	原籍详址
吴可行	明	嘉靖三十二年(1553)癸丑科进士、会魁	北渠村
吴中行	明	隆庆五年(1571)辛未科进士、会魁	北渠村
吴宗元	明	万历二十七年(1599)乙亥科进士	北渠村
吴宗亮	明	万历二十九年(1601)辛丑科进士、会魁、传胪	北渠村
吴宗达	明	万历三十二年(1604)甲辰科廷试一甲第三名探花	北渠村
吴宗奕	明	万历三十八年(1610)庚戌科进士	北渠村
吴柔思	明	天启二年(1622)壬戌科进士	北渠村
吴简思	明	崇祯四年(1631)辛未科进士	北渠村
吴方思	明	崇祯十三年(1640)庚辰科进士	北渠村
吴刚思	明	崇祯十六年(1643)癸未科进士	北渠村
吴文思	清	康熙二年(1663)癸卯科进士、武亚元	北渠村
吴位思	清	康熙三年(1664)甲辰科进士	北渠村
吴守寀	清	顺治四年(1647)丁亥科进士	北渠村
吴本立	清	康熙九年(1670)庚戌科进士	北渠村
吴　彪	清	康熙十年(1679)己未科进士(武)	北渠村
吴震生	清	康熙二十七年(1688)戊辰科进士	北渠村
吴龙见	清	乾隆一年(1736)丙辰科进士	北渠村
吴　霖	清	乾隆五十五年(1790)庚戌科进士	北渠村
吴　楫	清	乾隆十年(1745)乙丑科进士	北渠村
吴步云	清	乾隆十七年(1752)壬申科进士、会魁	北渠村
吴仪澄	清	嘉庆二十三年(1818)戊寅恩科亚元、道光丙申科(1826)年进士	北渠村
吴保临	清	道光十三年(1833)癸巳科进士	北渠村
邵　梁	宋	祥符八年(1015)乙卯科进士	闸口村
邵　必	明	仁宗朝进士(以丹阳籍)(龙图阁学士)	闸口村
邵　迎	宋	嘉祐二年(1057)丁酉科进士	闸口村
邵　亢	宋	英宗时进士(英宗朝学士)	闸口村
邵　刚	宋	熙宁六年(1073)癸丑科进士(会元)	闸口村
邵　潜	宋	熙宁六年(1073)癸丑科进士	闸口村
邵　材	宋	熙宁六年(1073)癸丑科进士	闸口村
邵　枢	宋	熙宁六年(1073)癸丑科进士	闸口村
邵　权	宋	熙宁六年(1073)癸丑科进士	闸口村
邵　如	宋	熙宁六年(1073)癸丑科进士	闸口村
邵　涛	宋	熙宁九年(1076)丙辰科进士	闸口村
邵　叶	宋	元丰二年(1079)己未科进士	闸口村
邵　博	宋	元祐六年(1091) 辛未科进士	闸口村
邵　林	宋	崇宁二年(1103)癸未科进士	闸口村
邵　哲	宋	崇宁二年(1103)癸未科进士	闸口村
邵邦达	宋	大观三年(1109)己丑科进士	闸口村

续表 6－1

姓　名	朝代	年号时间	原籍详址
邵居之	宋	宣和三年(1121)辛丑科进士	闸口村
邵　咨	宋	建炎二年(1128)戊申科进士	闸口村
邵　默	宋	绍兴二年(1132)壬子科进士	闸口村
邵　传	宋	元祐六年(1091)辛未科进士	闸口村
邵　耒	宋	绍兴四年(1134)甲寅进士	闸口村
邵　辑	宋	绍兴四年(1134)进士	闸口村
邵　锐	宋	绍兴二十七年(1157)丁丑科进士	闸口村
邵文饶	宋	隆兴元年(1163)癸未科进士	闸口村
邵文涣	宋	隆兴元年(1163)癸未科进士	闸口村
邵文炳	宋	隆兴元年(1163)癸未科进士	闸口村
邵宗衡	宋	淳熙十一年(1184)甲辰科进士	闸口村
邵　琮	明	天顺四年(1460)庚辰科进士(在浙江考中)	闸口村
邵　珪	明	成化五年(1469)己丑科进士	闸口村
邵　晖	明	成化五年(1469)己丑科进士	闸口村
邵天和	明	弘治十八年(1505)乙丑科进士	闸口村
邵　梗	明	嘉靖十七年(1538)戊戌科进士(在浙江考中)	闸口村

二、革命烈士

民国时期至新中国成立以后，有72位和桥籍人士在全国各地的战斗和建设中壮烈牺牲。他们用鲜血和生命，为国立功，为人民叙写骄傲，其英名和精神永垂不朽。入表烈士生前职务、职称均以2015年底前征集所得资料为准。

和桥籍革命烈士

表 6－2

姓　名	性别	出生年份	生前工作单位、职务	牺牲时间地点
刘兆铭	男	1898	原南新乡北新村人，塘渎区政府地下交通员	1943年扶风桥被捕牺牲
丁根林	男	1898	原南新乡黄家村人，民工	1947年2月因公牺牲
朱荣春	男	1902	原闸口乡万福村人，1942年参加革命，宜兴和桥地下工作者	1947年五句洞桥战斗牺牲
蒋义大	男	1902	原南新乡云阳村人，1947年参加革命，地下工作者	1947年11月和桥被捕牺牲
郭友发	男	1903	原和桥乡金盆村人，1944年2月参加革命，塘宋区寺西乡农会长兼乡长	1947年和桥被捕牺牲
蒋宪章	男	1906	原闸口乡万福村人，1949年参加革命，和桥区政府财粮助理员	1952年病故
季根红	男	1909	原南新乡北新村人，北新乡农救会长	1947年10月和桥被捕牺牲
俞乐生	男	1911	和桥镇团结街人，1943年3月参加革命，县委警卫连文书	1943年4月闸口因战牺牲

续表6－2

姓　名	性别	出生年份	生前工作单位、职务	牺牲时间地点
郑锡珍	男	1913	原和桥乡湖滨村人,1939年参加革命,塘宋区大队组织委员	1946年10月漕桥因战牺牲
邵美堂	男	1913	原南新乡滆南村人,1939年6月参加革命,武宜太三县抗日行政委员会党支部书记	1940年3月漕桥被捕牺牲
周培生	男	1913	原闸口乡五圩村人,民兵	1942年3月宜兴黄圩战斗牺牲
张阿明	男	1913	原和桥乡高楼村人,1944年参加革命,武宜太三县抗日行政委员会警卫连参谋	1945年4月杭窑因战斗牺牲
吴　成	男	1914	原闸口乡万福村人,1941年6月参加革命,地下工作者	1942年4月新渎庵因公牺牲
孙德海	男	1914	原和桥乡庙桥村人,1941年参加革命,新四军某部乡粮管员	1943年5月和桥被捕牺牲
戈全大	男	1914	原闸口乡港北村人,1947年参加革命,闸口区大队武工队员	1948年5月漕桥姚家湾战斗牺牲
周荣林	男	1916	原和桥乡前谢村人,地下交通员	1940年扶风桥被捕牺牲
吕龙保	男	1916	原和桥乡土墩村人,1939年3月生,新四军六师十六旅副连长	1940年7月溧阳塘马战斗牺牲
周惠新	男	1917	原和桥乡前谢村人,1940年3月参加革命,新四军六师十六旅教导队学员	1941年4月白马桥因战牺牲
吴炳林	男	1917	原闸口乡北渠村人,1941年参加革命,新四军游击队员战士	1942年1月苏州因战牺牲
蒋三大	男	1917	原南新乡西锄村人,1945年参加革命,新四军某部战士	1945年因战牺牲
白玉生	男	1917	原闸口乡白家塘人,1945年9月参加革命,华中野战军六纵四十八团三营七连战士	1946年5月黄桥因战牺牲
吴其昌	男	1917	原闸口乡蒋家塘人,1940年参加革命,宜北武工组长	1948年5月漕桥姚家湾战斗牺牲
夏国均	男	1918	原南新乡民胜村人,1940年参加革命,新四军某部独立二营战士	1944年10月溧阳清水潭战斗牺牲
吴音民	男	1918	原和桥乡闻家村人,1944年参加革命,新四军某部战士	1949年苏北因战牺牲
孙坤大	男	1919	原南新乡云阳村人,地方武装基干队员	1944年8月白堰因战牺牲
尤洪根	男	1920	原南新乡王母村人,1940年7月参加革命,新四军六师十六旅战士	1941年溧阳塘马战斗牺牲
蒋孟生	男	1920	原南新乡云阳村人,1940年2月参加革命,地方武装基干队员	1945年2月和桥柯山桥战斗牺牲
蒋德兵	男	1920	原南新乡西锄村人,1945年参加革命,解放军某部机枪班长	1949年河南田化县因战牺牲
丁汉金	男	1921	原和桥乡上倖村人,1940年1月参加革命,塘宋区永兴乡乡长	1944年12月高塍赋村孝子亭被捕牺牲
杨德根	男	1922	和桥镇人,1941年参加革命,新四军十六旅三营九连战士	1941年11月溧阳县塘马因战牺牲
闵庄小	男	1922	原南新乡王母村人,1940年参加革命,塘宋区大队通信员	1944年归美桥因战牺牲
陈瑞中	男	1922	和桥乡文里村人,1944年3月参加革命,新四军六师十六旅二支队二营四连通信员	1945年3月天目山因战牺牲
马汉坤	男	1922	原南新乡王母村人,1944年参加革命,华中野战军六纵四十六团战士	1946年8月涟水因战牺牲

续表6－2

姓　名	性别	出生年份	生前工作单位、职务	牺牲时间地点
杨伯康	男	1922	原南新乡云阳村人，1946年参加革命，三十九军三四六团四连战士	1947年杨木林因战牺牲
杨关龙	男	1922	原闸口乡毛墅市村人，1946年11月参加革命，志愿军三十九军战士	1951年朝鲜失踪
秦泉生	男	1923	原闸口乡新安村人，1942年参加革命，新四军六师十六旅独立二团战士	1942年金坛因战牺牲
丁仲大	男	1923	原和桥乡上俸后村人，1942年参加革命，塘宋区大队战士	1944年宜兴红塔杉木桥战斗牺牲
周川荣	男	1923	原闸口乡黄土村人，1943年参加革命，闸口区武工队战士	1945年和桥因战牺牲
华金根	男	1923	原南新乡金家村人，1945年6月参加革命，华东野战军四纵十二师三十四团九连战士	1947年2月山东枣庄战斗牺牲
王德明	男	1923	和桥镇人，1945年8月参加革命，华东野战一纵一师一团一营机炮连战士	1947年7月山东潍城战斗牺牲
白鸿锡	男	1923	原闸口乡人，1944年3月参加革命，新四军六师十六旅独立二团四连四班战士	1947年3月浙江天目山因战牺牲
李杏根	男	1923	原南新乡民胜村人，1941年参加革命，二十四军七十师连长	1949年昆山因战牺牲
蒋顺根	男	1923	和桥镇生建街人，1950年参加革命，铁道工程兵二十一团二营五连炊事员	1953年6月朝鲜东基山因战牺牲
蒋顺庚	男	1923	原和桥乡花园村人，1950年2月参加革命，志愿军铁道工程兵二十一团二营五连战士	1953年6月朝鲜东基山因战牺牲
唐金须	男	1924	原闸口乡万福村人，1945年参加革命，华东边界区三纵新一团战士	1946年泰兴因战牺牲
张整大	男	1924	原和桥乡庙桥村人，1945年参加革命，新四军八支队特务营战士	1946年7月苏北宣家堡战斗牺牲
毛春法	男	1924	和桥镇劳动街人，1944年5月参加革命，华中军区司令部通讯二连二排副排长	1947年8月山东莱芜战役沙河集战斗失踪
王坤生	男	1925	原闸口乡港北村人，1940年参加革命，闸口区大队战士	1948年5月姚家湾因战牺牲
欧庚大	男	1925	和桥乡高楼村人，1942年参加革命，新四军北撤留守人员	1948年5月漕桥因战牺牲
王汉锡	男	1926	原闸口乡杨桥村人，1944参加革命，华中野战军六纵四十八团一营一连战士	1946年7月泰兴因战牺牲
张春芝	男	1926	原和桥乡庙桥村人，1947年参加革命，塘宋区大队副队长	1948年6月汤家桥战斗牺牲
秦长宝	男	1926	和桥镇兴业街人，1944年参加革命，三野六师十六旅四十七团战士	1949年5月解放上海失踪
王孝虎	男	1926	原和桥乡新建村人，1945年参加革命，山东省荣管局三荣校通讯员	1950年山东牺牲
赵松山	男	1927	原南新乡北新村人，1943年参加革命，地下工作者	1945年被捕牺牲
蒋　辉	男	1927	原和桥乡上俸村人，1945年参加革命，华中野战军六纵十六师四十八团班长	1946年泰兴因战牺牲
钱道夫	男	1927	原闸口乡南阳村人，1949年5月参加革命，八六八一五部队群工科长	1973年3月病故
缪小京	男	1927	原闸口乡楝树村人，1949年参加革命，四川简阳县人民政府干部	1950年3月四川简阳因战牺牲
江　涛	男	1928	和桥镇红卫街人，1945年8月参加革命，华东野战军四纵三十四团文化教员	1948年淮海战役牺牲

续表 6－2

姓　名	性别	出生年份	生前工作单位、职务	牺牲时间地点
赵洪根	男	1929	和桥镇团结街人，1945 年 8 月参加革命，华东野战军四纵队卫生员	1947 年鲁南因战牺牲
徐保根	男	1930	原闸口乡聚龙村人，1951 年 5 月参加革命，志愿军五十八师一七三团三营机枪连战士	1952 年 5 月朝鲜因战牺牲
杨盘祥	男	1930	原和桥乡大同村人，1955 年 3 月参加革命，三十一军二七一团炮连战士	1955 年 7 月福建海澄县因公牺牲
周祖奇	男	1934	和桥镇劳动街人，1949 年 12 月参加革命，〇九四一部队独立二分队排长	1955 年 4 月厦门因公牺牲
褚志静	女	1934	原和桥乡高楼村人，1951 年 1 月参加革命，炮兵第十二团出纳会计	1952 年 6 月福建长柏山因公牺牲
吴瑞生	男	1934	原闸口乡万福村人，1954 年 7 月参加革命，九〇三七部队三分队三连排长	1958 年 11 月金门炮战牺牲
邵进南	男	1934	原闸口乡钟溪村人，，1951 年 1 月参加革命，六四五七部队八二分队五连副连长	1963 年 8 月安徽广德因公牺牲
沈孝春	男	1936	原和桥乡花园村人，1955 年 3 月参加革命，三十一军九十一师参谋	1967 年 3 月福建东山县因公牺牲
周听金	男	1939	原闸口乡闸口村人，1957 年 9 月参加革命，〇〇四二三部队工程师	1975 年 5 月陕西韩城因公牺牲
张才龙	男	1943	原南新乡西锄村人，1965 年 1 月参加革命，六一〇部队二分战士	1965 年 6 月驻地因公牺牲
王金荣	男	1943	原和桥乡南塍村人，1961 年 8 月参加革命，八〇六一部队独立七〇七队战士	1963 年 6 月中尼公路因公牺牲
张柏年	男	1944	和桥镇团结街人，1964 年 9 月参加革命，四三九五部队四十四分队定向员	1967 年 7 月驻地因公牺牲
蒋建春	男	1956	原闸口乡聚龙村人，1976 年 3 月参加革命，三七〇三一部队后勤部供电连战士	1977 年 4 月驻地因公牺牲
余林生	男	1947	和桥镇大生村人，丁山监狱狱政科副科长	1997 年 3 月驻地因公牺牲

三、科技教育界人物

科技教育界人物列出在全国工作的和桥镇籍人物 649 位，已作简介的 67 位没有列入。

和桥籍科技教育界人物

表 6－3

姓　名	性别	出生年份	工作单位及职务职称	村、社区
王克强	男	1960	无锡市高等职业技术学校副教授	同里村
王保新	男	1937	北京采矿机械厂高级工程师	同里村
王伯生	男	1942	常州无线电工业学校讲师	同里村
韦亦祥	男	1923	铁道部大连内燃机车研究所主任、高级工程师	同里村
韦志英	女	1941	高塍中学中学高级教师	同里村
朱建新	男	1963	昆明市鹏龙安园林绿化有限公司董事长、教授	同里村
朱仁标	男	1965	宜兴一中高级教师	同里村
刘全华	男	1937	安徽来安县人民医院副主任医师	同里村

续表6－3

姓　名	性别	出生年份	工作单位及职务职称	村、社区
张小强	男	1964	北京世基和成房地产公司高级工程师	同里村
欧云金	男	1938	上海机械学院机械零件教研室主任、高级工程师	同里村
蒋　璜	男	1906	北京工业大学土建系教授/2013年病故	同里村
蒋学忠	男	1935	合肥工业大学化工系副教授	同里村
蒋红法	男	1957	宜兴市老干部局副局长高级教师	同里村
蒋民生	男	1939	宜兴气象局局长、高级工程师	同里村
蒋川生	男	1942	上海飞机研究所所长、党支部书记、高级工程师	同里村
蒋洪法	男	1965	宜兴市体育局副局长、中学高级教师	同里村
蒋美娟	女	1957	宜兴徐舍中学中学高级教师	同里村
蒋华强	男	1966	江苏省宜兴中学校长助理、中学高级教师	同里村
褚亦平	男	1964	宜兴市成职教教研室高级教师	同里村
虞汉华	男	1957	南京市经济委员会安全生产监督管理局安全监督处处长、高级工程师	同里村
虞晓华	男	1953	苏州大学蚕桑育种专业教授	同里村
韦焕荣	男	1932	江苏省煤矿设计院主任工程师、高级工程师	北庄村
韦伯军	男	1965	江苏省住建厅高级工程师	北庄村
印　鑫	那	1959	宜兴市人民医院主任医师	北庄村
陈国海	男	1938	中国农业科学院用材林研究室主任、研究员	北庄村
陈竹君	男	1945	北京电子管厂经营决策研究室高级工程师	北庄村
欧伯民	男	1943	江苏省宜兴中学副书记、中学高级教师	北庄村
周祖扬	男	1948	杭州钢铁公司高级工程师	北庄村
周建华	男	1962	南京东南大学数学教研组教授	北庄村
周祖常	男	1940	社会科学工业经济研究所副研究员	北庄村
周伯华	男	1941	宜兴市科学技术委员会高级工程师	北庄村
周祖棠	男	1944	上海市第三十五棉纺厂高级工程师	北庄村
周郁文	男	1931	河南省水利厅水利所高级工程师	北庄村
娄雅娜	女	1930	北京大学医药部药学系教授	北庄村
施秀瑾	女	1940	江西省专利管理局法律事务部主任、高级工程师	北庄村
施法中	男	1939	北京航空航天大学副教授	北庄村
徐　笪	女	1989	东南大学电器工程博士	北庄村
徐？文	女	1988	河海大学港口工程博士	北庄村
高根龙	男	1942	吉林省明矾矿生产科科长、高级工程师	北庄村
黄盘中	男	1938	机械工业部第一研究所所长高级工程师	北庄村
潘祥生	男	1962	西南交大教授	北庄村
丁志培	男	1948	国家农业部高级农艺师	永兴村
丁战兴	男	1938	南京101厂高级工程师	永兴村

续表 6－3

姓　名	性别	出生年份	工作单位及职务职称	村、社区
马效光	男	1945	南京人民中学校长、中学高级教师	永兴村
马潜源	男	1941	洑东中学高级教师	永兴村
乔　燕	女	1972	江苏省宜兴中学高级教师	永兴村
许金泉	男	1940	金陵石化烷基苯厂高级工程师	永兴村
吴焕荣	男	1936	北京科技大学研究室主任、教授、研究生导师	永兴村
张自清	女	1939	呼和浩特铁路局高级统计师	永兴村
张丹凤	女	1965	上海华东理工大学材料学院博士后高级工程师	永兴村
俞国銧	男	1938	无锡轻工业学院副教授	永兴村
姜铁民	男	1934	上海工商银行石化支行高级经济师	永兴村
姜小全	男	1939	北京国际招标公司高级工程师	永兴村
夏沛民	男	1955	南京军区机关干部医院主任医师、院长	永兴村
徐慕荣	男	1938	河北峰峰矿务局高级工程师	永兴村
郭燕芬	女	1964	宜兴市人民医院麻醉科主任医师	永兴村
蒋龙根	男	1942	宜兴市教委教研室副主任、中学高级教师	永兴村
刁保初	男	1946	陕西飞机制造公司汽车制造厂高级工程师	大生村
史林才	女	1949	建材部无锡自控所高级会计师	大生村
江庚和	男	1937	上海第二工业大学教授	大生村
杨儒生	男	1938	南京师范大学数学系代数研究室主任、教授	大生村
杨树荣	男	1929	南京林业大学附属中学校长、中学高级教师	大生村
杨乃洪	男	1962	江苏省电教馆科长、高级工程师	大生村
吴锡潮	男	1932	北京中心电机厂锻冶处处长高级工程师	大生村
张建国	男	1964	上海航天总局总指挥	大生村
周大可	男	1943	上海真空电子器件股份有限公司高级工程师	大生村
郭良权	男	1964	中国电子科技集团公司第五十八研究所副所长、高级工程师	大生村
谈小军	男	1954	江苏省建设厅高级工程师	大生村
曹夕男	男	1965	宜兴市树人中学高级教师	大生村
邓杏平	男	1962	宜兴市第二中学高级教师	湖滨村
周水村	男	1939	长春拖拉机制造厂副厂长、高级工程师	湖滨村
谈兴中	男	1908	留德博士，上海同德医学院教授	湖滨村
谈时中	男	1913	原武进县振声中学校长	湖滨村
谈国大	男	1931	无锡市教研室副主任	湖滨村
谈铁龙	男	1947	上海机械学院附属工厂厂长、高级工程师	湖滨村
谈友芬	女	1942	江苏省中医院内科主任医师	湖滨村
黄晓英	女	1971	宜兴市外国语学校高级教师	湖滨村

续表6－3

姓　名	性别	出生年份	工作单位及职务职称	村、社区
王亚兴	男	1938	上海复旦大学讲师	西锄村
王亚光	男	1965	上海交通大学教授、博士生导师	西锄村
王锡凤	女	1939	西安建筑设计院高级工程师	西锄村
王菊明	女	1939	上海农业科学院食用菌研究所副研究员、高级工程师	西锄村
王三南	男	1962	苏州市第五人民医院新生儿科主任、主任医师教授	西锄村
王顺陶	男	1969	宜兴市外国语学校高级教师	西锄村
朱亚军	男	1974	上海同济大学设计院设计师	西锄村
朱月芽	女	1963	宜兴市东山中学高级教师	西锄村
朱琴跃	女	1972	同济大学教授博导	西锄村
朱月芽	女	1962	宜兴市第二中学高级教师	西锄村
杨学仪	女	1931	上海杨浦区中心医院内科血液科主任、主任医师	西锄村
杨学群	女	1939	北京市化学工业研究院科长、高级工程师	西锄村
杨寿颐	男	1934	冶金部马鞍山钢铁设计研究院土建室高级工程师	西锄村
吴盘裕	男	1945	西安市15信箱1处高级工程师	西锄村
张志仁	男	1943	上海建设党校副教授	西锄村
陈敖达	男	1930	中国科学院声学研究所副所长、高级工程师	西锄村
邵如平	男	1964	南京工业大学自动化学院副教授	西锄村
邹　亚	女	1961	河海大学水文学院副教授	西锄村
邹　文	女	1966	山东大学微生物系博士后	西锄村
金作书	男	1930	广东茂名石油工业公司油页岩矿业公司副总工程师高级工程师	西锄村
金洪书	男	1937	连云港市第一人民医院儿科主任医师	西锄村
金洪余	男	1957	上海公安高等专科学校教务处主任、副教授	西锄村
周小中	男	1963	南京市第27中学中学高级教师	西锄村
赵茂年	男	1934	如东县丰利区多服组高级农艺师	西锄村
耿仲华	男	1933	黑龙江省水利勘测设计院高级工程师	西锄村
耿珊华	男	1939	中科院声学研究所高级工程师	西锄村
黄富生	男	1934	宜兴市科协开发中心高级工程师	西锄村
黄安生	男	1939	长江水利委员会血防办主任、武汉长江医院院长、主任医师	西锄村
黄全妹	女	1950	高塍中学中学高级教师	西锄村
黄兴东	男	1967	航天工业部第三研究院副院长教授	西锄村
黄振华	男	1956	仪征化纤联合总公司副厂长、总工程师、高级工程师	西锄村
黄劲松	男	1940	徐州卫生学校教授	西锄村
蒋仲良	男	1923	中国农学会主任高级农艺师	西锄村
蒋庆智	男	1921	合肥安徽农学院副教授	西锄村
蒋敏求	男	1934	浙江湖州蚕桑科学研究所所长、高级农艺师	西锄村

续表 6－3

姓　名	性别	出生年份	工作单位及职务职称	村、社区
蒋小华	男	1944	陕西机械施工公司高级工程师	西锄村
蒋介民	男	1944	河北省电力局总工程师、高级工程师	西锄村
蒋良成	男	1961	东南大学教授	西锄村
蒋达伦	男	1944	淮北矿务局技工学校校长、副教授	西锄村
蒋法林	男	1938	石家庄研究所高级工程师	西锄村
蒋洪泉	男	1940	无锡医药研究所高级工程师	西锄村
蒋锡芬	女	1939	武汉市第四人民医院副主任护理师	西锄村
蒋如生	男	1941	上海航空大学教授	西锄村
蒋尧民	男	1938	宜兴文化馆教授	西锄村
蒋重庆	男	1934	浙江农业大学教授	西锄村
蒋敏华	男	1959	宜兴市卫生监督所副主任医师	西锄村
蒋夏君	男	1973	南京航天航空大学导师	西锄村
蒋海平	男	1975	宜兴市人民医院主任医师	西锄村
谢　立	男	1981	中国航天科技研究所高级工程师	西锄村
路向前	男	1943	常州第一人民医院主任医师	西锄村
万建初	男	1944	常熟市中医院内科主任、主任医师	中巷村
万宪杰	男	1940	上海三航局船舶修理厂副厂长、高级工程师	中巷村
万建云	男	1940	新疆建设兵团王家祁第一中学高级教师	中巷村
万署松	男	1939	铁道部设计院北京分院主任设计师、高级工程师	中巷村
万春阳	男	1976	宜兴市人民医院副主任医师	中巷村
马　艳	女	1986	上海城市水资源开发利用国家工程中心博士	中巷村
王军良	男	1946	上海同济大学高级工程师	中巷村
卢建明	男	1972	中国石化华东分公司副处长、高级工程师	中巷村
朱晓霞	女	1979	宜兴市人民医院副主任护师	中巷村
许楚雄	男	1937	焦作市第一人民医院主任药剂师	中巷村
余海华	男	1965	渤海证券公司高级经济师	中巷村
余品伦	男	1931	安徽省气象学院副教授	中巷村
余晓明	男	1964	金陵科技学院教授，文学博士，国家级普通话测试员	中巷村
何振娟	女	1963	上海市新华医院主任医师、博士神导师	中巷村
邵荣福	男	1942	中建八局项目经理、高级工程师	中巷村
周中华	男	1946	南京井冈山中学中学高级教师	中巷村
赵良仲	男	1940	中科院化学研究所研究员、教授	中巷村
赵良弼	男	1939	中国计量科学研究学院高级工程师	中巷村
钱荣海	男	1941	江苏省交通厅科长、高级工程师	中巷村
夏秀华	女	1940	北京电子振兴办公室主任、高级工程师	中巷村

续表6-3

姓　名	性别	出生年份	工作单位及职务职称	村、社区
夏珠荣	男	1946	中国有色金属工业总公司铅锌局副局长、高级工程师	中巷村
夏纪成	男	1937	交通部上海航道局副处长、高级工程师	中巷村
夏汉林	男	1932	西安总参测绘研究所副研究员	中巷村
夏　天	男	1976	宜兴市人民医院副主任医师	中巷村
曹荣福	男	1942	中国建筑工程八局高级工程师	中巷村
黄　彬	男	1981	南京航天航空大学,材料科技术学院书记、博士	中巷村
蒋法明	男	1932	南京华东工学院化工学院开发部高级工程师	中巷村
蒋贵生	男	1930	中国农业银行宜兴支行行长、高级工程师	中巷村
蒋福生	男	1935	咸阳彩色显像管总厂科长、高级工程师	中巷村
蒋演德	男	1945	上海同济大学应用技术研究所所长、教授级高级工程师	中巷村
蒋建农	男	1960	宜兴市人民医院骨科主任、主任医师	中巷村
蒋建宁	男	1963	北京青年旅行社高级经济师	中巷村
蒋耀南	男	1923	江苏省江海航运公司高级会计师	中巷村
杨剑民	男	1947	南京化工协调委办公室规划处处长、高级工程师	王母桥村
吴士良	男	1964	山东科技大学教授、博士	王母桥村
吴富华	男	1939	上海机电设计研究院高级工程师	王母桥村
吴富英	女	1949	北京水利水电科学研究院高级工程师	王母桥村
吴复华	男	1939	上海机电设计研究院高级工程师	王母桥村
吴赛君	男	1938	黑龙江哈尔滨市军区医院主任医师	王母桥村
闵春年	男	1943	第二炮兵第五三二医院院长、主任医师	王母桥村
金　燕	女	1946	无锡市第二人民医院主任医师	王母桥村
胡志杰	男	1934	安徽省滁州第一人民医院副主任医师	王母桥村
钱全福	男	1935	南京市熊猫集团总工程师、高级工程师	王母桥村
徐全洪	男	1963	河北省地理科学研究所副教授	王母桥村
蒋　辉	男	1958	无锡第四人民医院主任医师	王母桥村
蒋　伟	男	1964	常州市第一人民医院主任医师	王母桥村
王晓元	男	1962	华润上海科技有限公司高级工程师	北新村
王卓平	男	1980	无锡第三人民医院副主任医师	北新村
左跃浪	男	1960	宜兴市东山中学高级教师	北新村
朱叶青	男	1962	江苏省宜兴中学高级教师	北新村
庄育红	男	1964	南京中医院主任医师	北新村
杨雨生	男	1936	东海县水利局高级工程师	北新村
杨达安	男	1944	江苏新纯江环保公司高级工程师	北新村
杨达钧	男	1943	宜兴陶都中学高级教师	北新村
杨靖国	男	1944	宜兴市计经委高级工程师	北新村

续表6-3

姓　名	性别	出生年份	工作单位及职务职称	村、社区
杨逢挺	男	1907	原上海师院副教授	北新村
杨鉴初	男	1930	北京天文台气象学家	北新村
杨华初	男	1932	四机部高级工程师	北新村
杨嘉猷	男	1933	宜兴女中校长、省常中、省前黄中学校长	北新村
杨志诚	男	1917	杭州大学化学系主任	北新村
杨亚惠	女	1932	西安医科大学一附院主任药师	北新村
杨　策	男	1925	中央民族学院民族研究所教授	北新村
杨　燕	女	1947	北京广播学院教授	北新村
杨　薇	女	1962	宜兴市外国语学校中学高级教师	北新村
杨　颖	女	1968	宜兴市外国语学校中学高级教师	北新村
杨培英	女	1944	中央电视台德语播音员高级工程师	北新村
杨达仁	男	1942	四川省绵阳机械厂高级工程师	北新村
杨邦直	男	1935	国家土地局研究员	北新村
杨达文	男	1960	中国煤炭科学院上海分院运输机械研究所高级工程师	北新村
杨达光	男	1937	三峡大学系主任教授	北新村
杨达仁	男	1967	中国工程物理研究所总工	北新村
杨达夫	男	1937	葛洲坝水电工程学院机械系主任、教授	北新村
杨祖怀	男	1924	四川成都电机厂高级工程师	北新村
杨华南	男	1929	北京锅炉厂总工程师	北新村
杨　颖	女	1968	宜兴市外国语学校高级教师	北新村
余淑英	女	1940	安徽马鞍山钢铁厂高级工程师	北新村
余宜中	男	1942	张渚中学中学高级教师	北新村
余惠中	男	1954	宜兴外经委高级工程师	北新村
余　晔	男	1975	上海致达信息产业股份有限公司高级工程师	北新村
吴德芳	男	1964	宜兴市开放大学高级讲师	北新村
张亮才	男	1934	贵州农学院教授	北新村
林伯生	男	1945	青海乐都中央八机部段站长、高级工程师	北新村
周亚军	男	1963	江苏省建筑设计院研究员级高级工程师	北新村
赵秀华	女	1940	广东省航运规划设计院高级工程师	北新村
赵建跃	男	1958	中国东方航空公司江苏分公司高级经济师	北新村
赵　良	男	1983	中国直升飞机设计研究院高级工程师	北新村
徐善金	女	1963	宜兴开放大学高级讲师	北新村
韩挺松	男	1952	宜兴化肥厂副厂长、副总工程师、高级工程师	北新村
王士奇	男	1918	湖北省医学科学院研究员	闸口村
王鳌志	男	1929	河海大学副教授	闸口村

续表6-3

姓　名	性别	出生年份	工作单位及职务职称	村、社区
王建云	男	1961	善卷医院院长，外科主任医师	闸口村
王振刚	男	1935	中国科学协会高级工程师	闸口村
毛泽民	男	1941	北京起居运输机械研究所主任、高级工程师	闸口村
尤渝辉	女	1970	安徽合肥105医院主任医师，正团级	闸口村
尹向军	女	1975	宜兴市人民医院主任医师	闸口村
朱伯骏	男	1926	船舶检验局上海分局高级工程师	闸口村
吴　明	男	1970	苏州大学教授	闸口村
张莉君	女	1974	宜兴外国语学校高级教师	闸口村
陆巧娥	女	1937	青岛纺织机械厂高级工程师	闸口村
陆嘉平	男	1960	常州工学院副教授	闸口村
陆东尧	男	1932	电子工业部第十设计室高级工程师	闸口村
陈林根	男	1936	江西光荣仪器厂总工艺师高级工程师	闸口村
邵伯勋	男	1933	射阳县农林局原所长高级农艺	闸口村
邵伯初	男	1948	宜兴市中医院副院长主任医师	闸口村
邵炳新	男	1943	宜兴市技术监督局高级政工师	闸口村
邵宝新	男	1946	徐舍中学高级教师	闸口村
邵锡娟	女	1966	宜兴市交通职校高级工艺师	闸口村
邵球琳	男	1929	上海自动化仪器研究所高级工程师	闸口村
邵品宇	男	1933	中国科技大学教授	闸口村
邵亚农	男	1939	宜兴人民医院主任医师	闸口村
邵焕君	男	1943	山西侯马874兵工厂厂长、高级工程师	闸口村
邵　钰	男	1975	东鹏控股首席财务官、高级会计师	闸口村
周听培	男	1931	无锡市经济委员高级工程师	闸口村
唐龙海	男	1938	无锡电影胶片厂副总工，高级工程师	闸口村
谈水英	女	1973	宜兴市外国语学校高级教师	闸口村
龚伟达	男	1966	宜兴肿瘤医院院长、主任医师	闸口村
蒋亦农	男	1945	苏州长风机械厂高级工程师	闸口村
王婉英	女	1936	宜兴人民医院内科主任医师	北渠村
戈伟中	男	1968	宜兴市人民医院眼科主任医师	北渠村
沈勤红	男	1973	宜兴市第二中学高级教师	北渠村
吴幼林	男	1941	江苏太湖地区农科所研究员高级工程师	北渠村
吴荣大	男	1936	盐城市阜宁县医院外科主任医师	北渠村
吴中林	男	1926	江苏省太湖地区农科所研究员	北渠村
吴锡华	男	1937	河北省化工学院副教授	北渠村
吴冠中	男	1944	电力部杭州机械设计研究所党委书记、高级工程师	北渠村

续表6－3

姓　名	性别	出生年份	工作单位及职务职称	村、社区
吴显中	男	1946	新疆阿克苏中学高级教师	北渠村
吴林海	男	1933	淮南矿务局三下采煤办公室高级工程师	北渠村
吴云南	男	1940	徐州市九七军区院肺科主任、主任医师	北渠村
吴剑平	男	1961	山东省科技大学高级工程师	北渠村
吴剑秋	男	1963	山东省鄂州煤矿高级的工程师	北渠村
陆少杰	男	1960	苏州大学商学院副院长，教授	北渠村
陈月芹	女	1937	盐城市阜宁县医院妇产科主任医师	北渠村
陈步南	男	1934	广西师范大学副教授	北渠村
周汉初	男	1927	贵阳红河机械厂高级工程师（已故）	北渠村
周勤良	男	1964	无锡中粮科技有限公司高级工程师	北渠村
周小飞	男	1972	南京市南郊新城开发指导部高级工程师	北渠村
周荣勤	男	1972	宜兴市热电厂办公室主任、高级工程师	北渠村
周俊初	男	1941	胜利油田、江苏油田高级工程师	北渠村
费宏良	男	1962	南京市建筑研究院高级工程师	北渠村
费仕良	男	1935	南京土地管学院院长教授	北渠村
费仕香	男	1946	善卷医院外科主任医师	北渠村
钱淑芬	女	1963	南京财经大学副教授	北渠村
高卫星	男	1962	浙江宁波余姚城建设计院副院长一级建筑师	北渠村
谈小农	男	1930	西安市新城区医院主任医师	北渠村
谈亚民	男	1948	渤海石油运输船长高级工程师	北渠村
谈正一	男	1933	浙江省卫生厅高级工程师级工程师	北渠村
曹芳娣	女	1965	宜兴市树人中学高级教师	北渠村
白汉玉	男	1929	北京市儿童医院副主任医师	福巷桥村
白　莎	女	1957	江西教育学院旅游系教授	福巷桥村
白晓东	男	1927	江西师范大学教授	福巷桥村
白晓明	男	1933	江西玉山气象局高级工程师	福巷桥村
白希曾	男	1940	江南大学教授	福巷桥村
白瑞芬	女	1941	安徽省铜陵市港务局副总工程师	福巷桥村
白　旭	男	1927	江西中西学院副主任医师	福巷桥村
白万安	男	1948	宜兴市万石医院副主任医师	福巷桥村
白丽芳	女	1976	南师大汉语言文学博士生海南大学外语学院副教授	福巷桥村
白　芹	女	1963	江西中医学院副主任医师	福巷桥村
白凤琳	女	1976	江西万年县上昉小学高级教师	福巷桥村
白希纯	男	1964	东南大学副教授	福巷桥村
刘全达	男	1971	北京二炮总医院副主任医师、博士后	福巷桥村

续表 6－3

姓　名	性别	出生年份	工作单位及职务职称	村、社区
邵伯平	男	1959	江苏省宜兴中学高级教师	福巷桥村
邵慧良	男	1952	江苏大学副教授	福巷桥村
周南良	男	1940	哈军工研究员、国防科技大学教授	福巷桥村
唐国强	男	1963	江苏蚕种场管理所，高级工程师	福巷桥村
唐卫泽	男	1964	中国石化扬子石化公司塑料厂副总工程师	福巷桥村
顾荣达	男	1938	武汉仪表厂高级工程师	福巷桥村
顾文达	男	1938	南京理工大学计算机系教授	福巷桥村
顾玉英	女	1944	成都空军高级教师	福巷桥村
顾毓芳	女	1944	宜兴市阳羡高级中学高级教师	福巷桥村
顾　斌	男	1971	宜兴市人民医院主任医师	福巷桥村
顾　丰	男	1965	江苏省宜兴中学高级教师	福巷桥村
顾力强	男	1962	上海交大研究生、副校长、教授、博士	福巷桥村
潘岳根	男	1942	宜兴科委高级工程师	福巷桥村
潘　健	男	1982	苏州附属儿童医院副研究员、博士	福巷桥村
王天荣	男	1930	河南省郑州煤炭集团超化矿高级工程师	钟溪村
朱敖金	男	1942	江西赣州稀土矿长，高级工程师	钟溪村
吴精华	男	1937	胜利油田教育学院教授	钟溪村
吴敬远	男	1969	天津南开大学毕业，中原证券高级工程师	钟溪村
吴自强	男	1975	江苏省宜兴中学高级教师	钟溪村
何克勤	男	1927	北京物理研究所高级工程师	钟溪村
陈惠铭	男	1936	天津复印机研究所高级工程师	钟溪村
陈　健	女	1952	安徽 455 医院主任护师	钟溪村
陈　炜	男	1970	无锡市三院副主任医师	钟溪村
邵　华	女	1969	南京旅游职业学校外文系主任副教授	钟溪村
邵　成	男	1975	留美博士，中信证卷公司副总经理	钟溪村
蒋汉培	男	1928	杭州市，奶牛公司副总经理，高级工程师	钟溪村
丁福全	男	1941	西南兵工公司教授	楝聚村
朱学军	男	1980	上海西门子电气设备公司研发工程师、博士	楝聚村
朱建飞	男	1961	南京化工学院副教授	楝聚村
狄民强	男	1952	原闸口卫生院院长、副主任医师	楝聚村
狄　扬	男	1978	上海华山医院外科博士	楝聚村
张锦美	男	1933	山西纺织研究所高级工程师	楝聚村
张铁庭	男	1933	山西太原煤矿设计院高级工程师	楝聚村
张嘉瑾	男	1948	宜兴中学省特级教师	楝聚村
张耀文	男	1934	安徽合肥大学教授	楝聚村

续表 6－3

姓　名	性别	出生年份	工作单位及职务职称	村、社区
张荣法	男	1965	深圳市龙岗区科技局任总工、博士	楝聚村
范建民	男	1947	浙江湖州市教育局研究室中学高级教师	楝聚村
费仲俊	男	1941	中国建筑第四工程局有限公司高级工程师	楝聚村
徐正法	男	1943	江西庐山保护区高级工程师	楝聚村
徐科春	女	1967	石河子大学副教授	楝聚村
缪祖祥	男	1933	上海江苏造船厂高级工程师	楝聚村
缪连新	男	1933	中国情报所重庆分所研究员	楝聚村
缪福祥	男	1935	江苏金湖县人民医院主任医师	楝聚村
缪梅如	男	1938	镇江市蚕业研究所研究员	楝聚村
缪秉成	男	1935	北京市第四中学特级教师	楝聚村
缪听敖	男	1942	宜兴农业局高级工程师	楝聚村
缪亚强	男	1967	二军大毕业、沈阳军医院教授	楝聚村
缪朝东	男	1962	宜兴电大高级教师	楝聚村
王笑云	男	1946	江苏省人民医院主任医师	生建社区
王俊元	男	1935	核工业第二研究设计院高级工程师	生建社区
冯家筠	女	1933	宜兴县农业局测保站主任、高级农艺师	生建社区
冯家箴	女	1932	北京大学俄语系副教授	生建社区
冯家笙	女	1937	南通医学院教授	生建社区
冯家范	女	1928	青岛国营染料厂技术科高级工程师	生建社区
冯家扬	男	1940	济南化肥厂技术科高级工程师	生建社区
冯锡娟	女	1952	山东工业大学电子系副主任、副教授	生建社区
匡汉华	男	1944	轻工总公司机械局物供处处长、高级工程师	生建社区
孙迪民	男	1955	东南大学外文系教授	生建社区
朱月仙	女	1934	镇江市编委办公室副主任、高级政工师	生建社区
朱钧国	男	1939	北京清华大学外语系教授	生建社区
朱宁华	女	1932	北京市第六医院主任医师	生建社区
朱振华	女	1933	成都华西医科大学副教授	生建社区
朱法良	男	1949	北京教育科研所教育心理研究室教授	生建社区
朱学成	男	1934	上海空军政治学院理论系主任、中共党史教授	生建社区
朱　红	女	1948	杭州植物园高级工程师	生建社区
朱　震	男	1950	宜兴会计师事务所注册会计师、评估师	生建社区
吕建洪	男	1966	宜兴市中医院主任药师	生建社区
江琴贤	女	1938	陕西省机械工业厅质量处副处长、教授	生建社区
江人因	女	1936	南京粮食经济学院副教授	生建社区
江　枫	女	1934	江苏医学院附属医院药剂师、副主任医师	生建社区

续表6-3

姓　名	性别	出生年份	工作单位及职务职称	村、社区
江人辛	男	1939	芜湖发电厂副总工程师、高级工程师	生建社区
杨道达	男	1947	军海电子公司副总经理、高级工程师	生建社区
杨　军	男	1970	厦门非金属矿进出口有限公司进口部经理、高级会计师	生建社区
陆维新	男	1944	北京氧气厂高级工程师	生建社区
陈旭锋	男	1967	江苏锡钢集团高级工程师	生建社区
陈旭东	男	1969	南京汽车集团技术中心主任、工程师	生建社区
邵虎成	男	1939	北京煤炭科研究总院研究员	生建社区
邵竞成	男	1945	北京煤炭科学研究院建井处处长、高级工程师	生建社区
郁天福	男	1946	北京外国语大学教授	生建社区
郁天童	女	1937	北京理工大学教授	生建社区
郁　馥	女	1933	北京外国语学院副教授	生建社区
范宽一	男	1929	贵州省煤田地勘公司159队高级经济师	生建社区
金振玉	女	1935	宜兴市人民医院内科党支部书记、副主任医师	生建社区
金洪钧	男	1935	南京大学环保研究所教授、博士	生建社区
周也平	男	1938	天水电气传动研究所技术委员会主任、高级工程师	生建社区
周小初	女	1943	济南市药检所科主任、副主任药师	生建社区
宗维强	男	1934	北京电力规划设计总院高级工程师	生建社区
胡企中	男	1942	上海溶剂厂高级工程师	生建社区
胡俊中	女	1933	上海染料化工高级工程师	生建社区
俞　锐	男	1938	核工业部中国核工业总公司理化工程研究院高级工程师	生建社区
俞伯荣	男	1942	南京1101厂技术科高级工程师	生建社区
俞琪羡	男	1934	安徽巢湖市人民医院副主任教师	生建社区
查立舫	男	1962	和桥高级中学高级教师	生建社区
施国中	男	1962	农业部沼气研究所研究员	生建社区
钱振淮	女	1930	北京中医研究院西苑医院主任医师、教授	生建社区
钱宗林	男	1946	辽宁省抚顺市新港气体工业有限公司高级工程师	生建社区
钱振业	男	1925	国务院科技领导小组办公室副主任、高级工程师	生建社区
倪乃乐	女	1930	陕西省中医药研究院副研究员	生建社区
高冠荣	男	1943	南京晓庄师范培训处主任、副教授	生建社区
唐时一	男	1929	浙江中国林科院亚热带林业研究所主任、高级工程师	生建社区
唐伟林	男	1931	北京钢铁学院教授	生建社区
唐岳清	男	1932	第四军医大学教授	生建社区
唐亚萍	女	1948	上海大学工学院高级工程师	生建社区
唐丽华	女	1933	宁夏农学院科研处高级讲师	生建社区
唐忠庆	男	1932	北京核仪器厂高级工程师	生建社区

续表 6－3

姓　名	性别	出生年份	工作单位及职务职称	村、社区
唐宁萱	男	1942	阳羡中学中学高级教师	生建社区
唐　昆	男	1940	清华大学弟子工程系教授、博导	生建社区
唐　敏	女	1945	中国软件及中软国际董事长、高级工程师	生建社区
唐兴国	男	1951	狮子化学公司亚太区技术服务与发展总裁、博士	生建社区
谈伯生	男	1941	中石化钻井油田化学高级工程师	生建社区
黄　钟	男	1939	北京化工学院化机教研室学术委员、教授	生建社区
黄　平	男	1948	徐州市中国矿业大学教授	生建社区
黄　鈃	男	1949	宜兴第一中学高级教师	生建社区
蒋淦清	男	1941	武汉水利工程学院动力系教研室主任、副教授	生建社区
蒋大鹏	男	1978	浙江大学研究生	生建社区
蒋小勤	男	1961	武汉海军工程大学博士	生建社区
程可元	男	1923	浙江大学土木系教授	生建社区
程春华	女	1935	上海铁路分局工务段高级工程师	生建社区
程功善	男	1938	西北工业大学高级工程师	生建社区
程可嘉	女	1940	航空部 5 院高级工程师	生建社区
程荫莳	女	1939	羊城铁路总公司韶关医院副主任医师	生建社区
路兆梅	男	1941	南京工学院自动控制系教授	生建社区
路秀华	女	1933	天津市国营第七六四厂设计科高级工程师	生建社区
路瑞初	男	1932	河南政法干部学院副教授	生建社区
路季梅	男	1936	南京农业大学农学系教授	生建社区
蔡惠珍	女	1941	长沙市一医院副主任医师	生建社区
谭林海	男	1933	江苏省建筑设计院高级工程师	生建社区
任慕松	男	1942	上海宝钢冶金建设公司计划处高级工程师	劳动社区
任芸芸	女	1936	冶金部建筑研究总院高级工程师	劳动社区
张大可	男	1938	中波轮船股份总公司高级工程师	劳动社区
陈保桢	男	1938	江西省鹰潭市人民医院院长、副主任医师	劳动社区
陈伟桢	女	1923	上海市纺管局第三医院妇产科主任医师	劳动社区
陈耀钟	男	1937	浙江杭州临安水电局勘测设计室主任、高级工程师	劳动社区
陈耀铭	男	1935	北京市电信管理局主任工程师、高级工程师	劳动社区
宗　珊	女	1947	天津河东医院小儿科副主任医师	劳动社区
宗挺钧	男	1951	天津市纺织工业局副局长、高级工程师	劳动社区
宗瑞娟	女	1938	苏州市农业局高级工程师	劳动社区
苗　瑾	女	1972	江苏省宜兴中学高级教师	劳动社区
程　璋	男	1940	南京无线电公司科技处副处长、高级工程师	劳动社区
程　璟	男	1941	中山集团情报处副处长、高级工程师	劳动社区

续表6-3

姓　名	性别	出生年份	工作单位及职务职称	村、社区
童君扬	男	1955	中国人民银行总行金融研究所高级经济师	劳动社区
董　周	男	1927	张渚中学高级教师	劳动社区
董希言	男	1920	青岛第二毛巾厂高级工程师	劳动社区
董弘周	男	1936	化工部第七化工建设公司高级工程师	劳动社区
戴再农	男	1944	昆明华铁置业公司总裁、高级工程师	劳动社区
戴亚俊	男	1958	浙江省嘉华发电有限公司主任会计师	劳动社区
马宗禹	男	1939	中共宜兴市委党校高级讲师	兴业社区
马葭生	男	1938	华东师大教授	兴业社区
马瑞椿	男	1930	浙江工学院图书馆馆长、副教授	兴业社区
马瑞芝	男	1932	杭州利民制药厂总工程师	兴业社区
马瑞彬	男	1921	交通部上海船舶科学研究所技术顾问、研究员、教授	兴业社区
马瑞寅	男	1939	上海中国医学院曙光医院针灸科主任医师	兴业社区
马文虎	男	1945	武汉市汉阳钢铁厂工程师	兴业社区
方林海	男	1935	合肥电子工程学院电路实验室主任、高级实验师	兴业社区
史允官	男	1952	上海电机厂高级工程师	兴业社区
许国治	男	1935	河北工学院化工原理教研室副教授	兴业社区
李文洪	男	1969	宜兴市人民医院主任医师	兴业社区
何伯荣	男	1940	南京罐头食品厂厂长、高级工程师	兴业社区
陆德璋	男	1934	浙江工商大学教授	兴业社区
范南强	男	1945	华北石油地质局五普地质科高级工程师	兴业社区
范兆年	男	1956	宜兴市中学中学高级教师	兴业社区
周福新	男	1944	常州电子计算机厂工程师	兴业社区
房乾坤	男	1941	中国工程物理研究院高级工程师	兴业社区
俞多芬	女	1937	南京河海大学教授	兴业社区
钮立群	男	1959	宜兴市树人中学高级教师	兴业社区
赵纪龙	男	1936	杭州余杭塘桥民生制药厂厂长、高级工程师	兴业社区
徐锡华	男	1937	苏州大学电子工程系副教授	兴业社区
徐德谦	男	1945	北京六铺炕水利电力部规划设计院电算处副处长高级工程师	兴业社区
徐群英	女	1970	宜兴市第二中学高级教师	兴业社区
唐家伦	女	1940	北京市首钢公司总医院内科血液组副主任医师	兴业社区
梅美芝	女	1934	辽宁省鞍山市工商银行分行处长、总会计师	兴业社区
梅万春	男	1936	连云港建筑设计院院长、总工程师、高级工程师	兴业社区
梅守荣	男	1934	上海市农业科学院副所长、研究员	兴业社区
梅守洪	男	1938	安徽省建设厅抗震办公室高级工程师	兴业社区
蒋盘生	男	1945	广西柳州长虹机器制造公司主任设计师、高级工程师	兴业社区

续表 6－3

姓　名	性别	出生年份	工作单位及职务职称	村、社区
葛　新	女	1973	宜兴市第二中学高级教师	兴业社区
缪泳熙	男	1931	南京电瓷总厂火花塞分厂副总工程师、高级工程师	兴业社区
颜康林	男	1944	安徽药检所主任医师	兴业社区
孙小琴	女	1966	宜兴市第二中学高级教师	南新社区
杨锡平	男	1933	南京师范大学外文系副教授	南新社区
周丽萍	女	1976	宜兴市外国语学校高级教师	南新社区
夏荣生	男	1941	吉林 524 厂第二研究所高级工程师	南新社区
夏玉如	男	1919	浙江省湖州市农业局高级农艺师	南新社区
堵年生	男	1943	新疆医药院药学系副主任、副教授	南新社区
彭　勇	男	1973	上海世博发展（集团）有限公司博士	南新社区
潘清华	男	1916	中科院昆明动物研究所所长（研究员）	南新社区
丁家驹	男	1941	上海市第三十一棉纺织厂副厂长、高级工程师	原和桥镇镇区
王炳天	男	1939	国家计委推广处处长、高级工程师	原和桥镇镇区
王盘中	男	1933	中国华阳技术贸易总公司高级工程师	原和桥镇镇区
王葆华	男	1942	上海科技大学生命科学院院长、教授	原和桥镇镇区
王彭年	男	1933	黑龙江绥化木材综合加工厂总工、高级工程师	原和桥镇镇区
韦中明	男	1931	湖南省航运管理局总工程师、高级工程师	原和桥镇镇区
方晓霞	女	1937	北京温泉气体分析仪器厂高级工程师	原和桥镇镇区
方瑞农	男	1939	中国重型机械总公司副总经理、高级工程师	原和桥镇镇区
邓仲惠	男	1934	青海地质局九队总工程师、高级工程师	原和桥镇镇区
邓莲凤	女	1951	邮电部电信传输研究所高级工程师	原和桥镇镇区
邓黎英	女	1934	四川绵阳 305 信箱工艺科副主任、高级工程师	原和桥镇镇区
石　鑫	男	1942	上海市农科院植保所副研究员、高级工程师	原和桥镇镇区
冯仲和	男	1930	浙江大学对外技术咨询公司经理、高级工程师	原和桥镇镇区
冯元琛	男	1925	上海市水利局高级工程师	原和桥镇镇区
朱瑞椿	男	1937	浙江省水电技工学校校长、高级工程师	原和桥镇镇区
朱元臣	男	1921	南京市委农工部区划办高级工程师	原和桥镇镇区
朱人模	男	1915	中国丝绸进出口公司江苏扬州支公司高级工程师	原和桥镇镇区
朱寿林	男	1915	福建农学院系主任、副教授	原和桥镇镇区
朱钧陶	男	1935	水利电力部华东勘测设计院上海分院高级工程师	原和桥镇镇区
朱导农	男	1931	上海气象局供应站技术主任高级工程师	原和桥镇镇区
朱瑞鸿	女	1953	济南市轻工研究所副所长、高级工程师	原和桥镇镇区
朱瑞仙	女	1949	常州市第一人民医院小儿科主任	原和桥镇镇区
朱静和	女	1926	天津医学院寄生虫教研室主任、教授、硕士生导师	原和桥镇镇区
朱自乾	男	1929	江苏省丝绸进出口公司调研员、高级工程师	原和桥镇镇区

续表 6－3

姓　名	性别	出生年份	工作单位及职务职称	村、社区
朱燕萍	女	1931	太仓县种子公司副经理、高级农艺师	原和桥镇镇区
朱耀南	男	1936	苏州纺织工业学校教务主任、高级教师	原和桥镇镇区
朱家泽	男	1941	上海徐汇区政协主席、高级工程师	原和桥镇镇区
朱志远	男	1947	航空航天部二院 207 所高级工程师	原和桥镇镇区
朱韵君	男	1938	天津市南郊区农林局高级会计师	原和桥镇镇区
刘俊安	男	1932	扬子石化国际贸易公司经理、高级工程师	原和桥镇镇区
江烈杨	男	1929	上海市政工程设计院高级工程师	原和桥镇镇区
杨佩红	女	1937	上海光机所高级工程师	原和桥镇镇区
杨熊川	男	1932	冶金部建筑研究总院高级工程师	原和桥镇镇区
杨虎川	男	1941	上海铁道医学院科研处处长、教授	原和桥镇镇区
杨永和	男	1942	马鞍山钢铁设计研究院轧制研究室主任、高级工程师	原和桥镇镇区
杨永秀	女	1946	宁波船舶检验处处长、高级工程师	原和桥镇镇区
杨永春	女	1935	西安交通厅高级工程师	原和桥镇镇区
杨亚文	男	1937	五机部 211 研究所高级工程师	原和桥镇镇区
杨道君	男	1950	北京航空航天大学教授	原和桥镇镇区
李震东	男	1937	电子工业部第七四〇厂高级工程师	原和桥镇镇区
李川林	男	1944	江苏省轻工厅建设处处长、高级工程师	原和桥镇镇区
李顺妹	女	1953	航空航天部十二研究所高级工程师	原和桥镇镇区
吴鑫娟	女	1934	宜兴县人民医院儿科主任、副主任医师	原和桥镇镇区
吴勉华	男	1938	唐山工程技术学院冶金系主任、教授	原和桥镇镇区
吴慰慈	男	1929	沈阳鼓风机厂总工程师、高级工程师	原和桥镇镇区
吴金仙	女	1924	锦州铁路中心医院主任医师	原和桥镇镇区
吴时英	男	1936	江西农业大学教授	原和桥镇镇区
吴德儒	男	1928	中国人民解放军军事科学院第一干休所研究员	原和桥镇镇区
吴鹤鸣	男	1931	冶金工业部中国钢铁炉料总公司副处长高级工程师	原和桥镇镇区
吴镇南	男	1940	北京市科委成果处处长、高级工程师	原和桥镇镇区
吴中勤	男	1939	天津复印机研究所科研处高级工程师	原和桥镇镇区
吴慰祖	男	1927	河南省纺织工业厅技术处处长、高级工程师	原和桥镇镇区
吴纪荣	男	1938	上海杨树浦电力公司总工程师、高级工程师	原和桥镇镇区
吴慰平	男	1933	西安冶金建筑学院外语教研室教授	原和桥镇镇区
吴甲初	男	1931	山东滨州农业学校副教授	原和桥镇镇区
吴其中	男	1930	徐州矿业大学高级会计师	原和桥镇镇区
吴仲钧	男	1955	天津海河水利会员高级工程师	原和桥镇镇区
吴赛英	女	1926	北京水利水电科学院高级工程师	原和桥镇镇区
吴兴生	男	1905	上海杨树浦发电厂化学分场主任、高级工程师	原和桥镇镇区

续表 6-3

姓　名	性别	出生年份	工作单位及职务职称	村、社区
吴祖荣	男	1950	宜兴市科学技术委员会高级工程师	原和桥镇镇区
吴骏忠	男	1948	宜兴市机械总厂高级工程师	原和桥镇镇区
何志钧	男	1932	山东省冶金厅总公司副经理、总工程师	原和桥镇镇区
肖达光	女	1935	煤炭科学院地质勘察分院高级工程师	原和桥镇镇区
肖宣中	男	1936	特级教师	原和桥镇镇区
张伟新	男	1929	浙江舟山第二海军渔业公司总工程师	原和桥镇镇区
张隐西	男	1932	陕西咸阳化工部橡胶研究所副所长	原和桥镇镇区
张鸿宾	男	1924	中国中医研究院西苑医院主任医师	原和桥镇镇区
陆荣华	男	1950	天津市食品机械厂厂长、高级工程师	原和桥镇镇区
陆振亚	男	1941	机械工业部第六设计研究院高级工程师	原和桥镇镇区
陆熙文	男	1934	上海气候中心高级工程师	原和桥镇镇区
陆长春	男	1934	中国科学院南京土壤研究所副研究员	原和桥镇镇区
陆得彬	男	1931	浙江省计经委能源处高级工程师	原和桥镇镇区
陈伟桢	女	1923	上海普陀区利群医院副主任医师	原和桥镇镇区
陈祥荣	男	1936	西安地质学院副教授	原和桥镇镇区
陈浩飞	男	1938	文化部办公厅原主任、高级工程师	原和桥镇镇区
陈　华	男	1941	北京医用压缩机厂技术科高级工程师	原和桥镇镇区
陈　云	男	1946	江苏省包装公司开发部主任、高级工程师	原和桥镇镇区
邵伯勋	男	1932	中央工艺美术学院教授	原和桥镇镇区
邵品西	男	1948	天津南开大学化学系教授	原和桥镇镇区
邵竞鸣	女	1942	上海市电力工业局高级工程师	原和桥镇镇区
邵　鹏	男	1931	山东师范大学教授	原和桥镇镇区
范瑞一	女	1921	武汉建筑学院高级会计师	原和桥镇镇区
范海若	男	1929	句容县农科所室主任、农艺师、副研究员	原和桥镇镇区
范兆荣	男	1933	天津南郊区农业局科长、高级工程师	原和桥镇镇区
范金法	男	1948	南京 772 厂第五分厂高级经济师	原和桥镇镇区
金志鸿	男	1925	武汉水运工程学院副教授	原和桥镇镇区
法祥光	男	1938	中国医药学科学院血液学研究所主任、研究员	原和桥镇镇区
周全根	男	1932	溧水县中学副教导主任、高级教师	原和桥镇镇区
周　产	男	1932	湘潭钢铁公司高级工程师	原和桥镇镇区
周金全	男	1936	能源部第二研究设计室高级工程师	原和桥镇镇区
周仲兴	男	1948	武汉军区医院教授	原和桥镇镇区
周人皎	女	1937	成都市红星北路工具研究所高级工程师	原和桥镇镇区
周　珩	男	1947	上海重型机器厂高级经济师	原和桥镇镇区
周旭初	女	1962	南京金陵中学外语组中学高级教师	原和桥镇镇区

续表6－3

姓　名	性别	出生年份	工作单位及职务职称	村、社区
宗　可	女	1938	上海铁路局中心医院放射科主任、主任医师	原和桥镇镇区
胡执中	男	1924	南京航空学院教授	原和桥镇镇区
胡听尧	男	1939	江西印染机械厂副总工程师、高级工程师	原和桥镇镇区
贺　鹏	男	1952	山东师范大学副教授	原和桥镇镇区
俞全生	男	1936	河北峰峰矿务局高级工程师	原和桥镇镇区
俞俊棠	男	1929	华东化工学院有机化学系主任、生化工程研究所所长、教授	原和桥镇镇区
俞振先	男	1942	贵州省建材局处长、总工程师、高级工程师	原和桥镇镇区
俞　俊	男	1914	武汉市长江科学院河流研究室高级工程师	原和桥镇镇区
俞孟生	男	1929	重庆市电信局主任工程师、高级工程师	原和桥镇镇区
俞涵升	男	1939	铁道部电化局道号公司设计院高级工程师	原和桥镇镇区
俞　达	男	1934	北京五建公司高级工程师	原和桥镇镇区
赵荷珍	女	1937	解放军国防科技大学教授	原和桥镇镇区
赵胜梅	女	1948	机械电子部中国机械工业供销总公司处长、高级经济师	原和桥镇镇区
姚荣斌	男	1936	广州市经济技术开发区高级工程师	原和桥镇镇区
钱旭庭	女	1930	浙江省农业厅经济作物局局长、高级农艺师	原和桥镇镇区
钱旭黔	女	1934	苏州制缸厂厂长、高级工程师	原和桥镇镇区
钱铁芳	女	1931	农牧渔业部农垦局处长、副研究员	原和桥镇镇区
钱铁显	女	1937	北京中医研究院针灸所主任医师	原和桥镇镇区
钱铁安	女	1934	吉林省体育学院卫生所副主任医师	原和桥镇镇区
钱旭成	女	1939	杭州市供电局高级工程师	原和桥镇镇区
钱宗琦	女	1967	北京航空学院第八研究室副研究员	原和桥镇镇区
钱伟霖	男	1946	北京钢铁学院轧钢系副教授	原和桥镇镇区
钱宗范	男	1951	北京机械工业委员会信息管理司副司长、高级工程师	原和桥镇镇区
钱振新	男	1919	上海新华无线电厂副总工程师、高级工程师	原和桥镇镇区
钱兆隆	男	1907	苏州大学教授	原和桥镇镇区
钱旭风	男	1934	北京市计量研究所总工程师	原和桥镇镇区
钱振雄	男	1933	苏州大学工学院教授	原和桥镇镇区
钱振儒	男	1932	中国科学院青岛海洋研究所研究员	原和桥镇镇区
钱振旺	男	1937	江南造船厂设计部高级工程师	原和桥镇镇区
钱振越	男	1933	四川省建委主任高级工程师	原和桥镇镇区
耿珊华	女	1939	中科院声学研究所高级工程师	原和桥镇镇区
夏正金	男	1942	贵州息烽机床厂教授	原和桥镇镇区
夏小仙	女	1935	南京大学化学教研室副主任、教授	原和桥镇镇区
夏年生	男	1939	河北省承德市兴隆矿务局劳动工资处处长、高级工程师	原和桥镇镇区
倪广仙	女	1929	南京市制药厂副总工程师、高级工程师	原和桥镇镇区

续表 6－3

姓　名	性别	出生年份	工作单位及职务职称	村、社区
倪继成	男	1914	北京中央民族学院校医院主任医师	原和桥镇镇区
倪铁显	女	1937	中医研究院针灸研究所副主任	原和桥镇镇区
徐桂生	男	1942	青岛水产品加工厂检验科科长、高级工程师	原和桥镇镇区
徐文兢	女	1950	北京六机部（中国船舶总公司）高级工程师	原和桥镇镇区
徐盘华	男	1939	辽宁省营口市冷藏箱总厂厂长、总工程师	原和桥镇镇区
徐顺奎	男	1938	太原重型机械厂设计研究所高级工程师	原和桥镇镇区
徐士菊	男	1941	上海复旦大学出版社副教授	原和桥镇镇区
徐媪妮	女	1943	上海华山医院神经科副教授	原和桥镇镇区
高　华	男	1931	广西大学化工系教授	原和桥镇镇区
高　克	男	1939	宝钢企业开发总公司副经理、高级工程师	原和桥镇镇区
高保康	男	1940	宝钢进出口公司高级工程师	原和桥镇镇区
唐锡生	男	1921	河南省政协委员、高级工程师	原和桥镇镇区
唐伯昌	男	1937	宜兴陶瓷学校教务科科长、高级教师	原和桥镇镇区
唐育民	男	1928	常州市纺织工业职工大学教研室主任、教授	原和桥镇镇区
唐正宗	男	1940	上海市虹口区高等学校招生办公室副主任、中学高级教师	原和桥镇镇区
谈行键	男	1926	山西医学院环境卫生研究室教授	原和桥镇镇区
谈耀宜	女	1945	浙江水利科学研究所高级工程师	原和桥镇镇区
谈人健	男	1941	北京氧气厂副总工程师	原和桥镇镇区
黄仲良	男	1940	北京中国农学院主任、高级工程师	原和桥镇镇区
黄介铭	男	1934	北京冶金部建筑设计院高级工程师	原和桥镇镇区
黄锡盘	男	1935	黑龙江省林业设计研究院高级工程师	原和桥镇镇区
黄仲英	女	1946	清华大学机械系副教授	原和桥镇镇区
蒋瑞新	男	1958	苏州中美合资胶囊公司副总经理、工程师	原和桥镇镇区
蒋瑞松	男	1939	上海市写作学会常务理事、上海科技大学科技新闻专业讲师	原和桥镇镇区
蒋志桥	男	1946	航空航天大学科技处高级工程师	原和桥镇镇区
蒋荣培	男	1944	上海沪东造船厂柴油机研究所高级工程师	原和桥镇镇区
蒋志建	男	1939	北京东城区能飞资源再生技术开发公司高级工程师	原和桥镇镇区
蒋治铭	男	1941	扬州大学副教授	原和桥镇镇区
程培元	男	1930	南京药物研究所研究室主任、研究员	原和桥镇镇区
程德元	男	1937	浙江省火电建设公司总工程师	原和桥镇镇区
程毓文	男	1925	上海沪东造船厂高级工程师	原和桥镇镇区
程杏培	男	1940	上海科技大学副校长、教授	原和桥镇镇区
程正六	男	1947	扬子石化工程公司计财处处长、高级经济师	原和桥镇镇区
储凤仙	女	1936	上海华东师大卫生科副主任医师	原和桥镇镇区
褚君达	男	1939	河海大学教授	原和桥镇镇区

续表6－3

姓　名	性别	出生年份	工作单位及职务职称	村、社区
童　彝	男	1940	北京师范大学天文系教授	原和桥镇镇区
谢受康	男	1930	上海工程技术大学工会副主席、副教授	原和桥镇镇区
谢　虹	女	1935	镇江市广播电视大学副教授	原和桥镇镇区
路德和	女	1934	合肥市安徽丝绸厂总工程师、高级工程师	原和桥镇镇区
鲍集芬	女	1935	北京工业建筑设计院高级工程师	原和桥镇镇区
鲍　钢	男	1952	北京新泰公司经理、高级工程师	原和桥镇镇区
谭甲民	男	1949	天津日报计财处处长、高级会计师	原和桥镇镇区
缪根良	男	1937	浙江绍兴供电局技术科科长、高级工程师	原和桥镇镇区
缪惠华	女	1939	华北电力设计院总工程师、高级工程师	原和桥镇镇区
缪惠芬	女	1935	西安地质学院医务所所长、副主任医师	原和桥镇镇区
魏听吾	男	1933	上海市农场管理局种子站高级农艺师	原和桥镇镇区
瞿　云	男	1942	上海轻工设计院院长办公室主任、高级工程师	原和桥镇镇区

四、文化艺术界人物

文化艺术界人物列出在全国工作的和桥籍人物12位，已作简介的11位没有列入。

和桥籍文化艺术界人物

表6－4

姓　名	性别	出生年份	工作单位及职务职称	村、社区
吴亚平	男	1938	丁山紫砂厂高级工艺师	王母桥村
吴耀忠	男	1946	宜兴广播电视台副台长，主任编辑	北渠村
范裕民	男	1943	江苏电视台高级编辑	楝聚村
费春勤	男	1944	上海戏曲学院副教授、画师	楝聚村
朱　亮	男	1956	江苏教育社中学生杂志编辑部高级编审	生建社区
陆鹤云	男	1940	宜兴市文化局文化馆馆长	生建社区
储立之	男	1942	陶瓷美术工艺师	劳动社区
丁洪兴	男	1950	人民日报编辑记者	原和桥镇区
钱振沅	男	1928	安徽省黄梅戏剧团副团长	原和桥镇区
钱旭中	男	1934	浙江海岸研究所情报室主任、高级编辑	原和桥镇区
程曼珍	女	1951	中共北京市委《支部生活》杂志社总编	原和桥镇区
蒋瑞松	男	1939	上海市写作学会常务理事、上海科技大学科技新闻专业讲师	原和桥镇区

五、军界人物

军界人物列出在全国各部队副师级及以上人物23位,已作简介的6位没有列入。

和桥籍军界人物

表6－5

姓　名	性别	出生年份	工作单位及职务职称	村、社区
张益朝	男	1974	漳州二炮副参谋长	同里村
周　风	男	1961	上海总参卫星地面接收站研究员副师级	北庄村
谈庆生	男	1937	总参通讯部军代处副主任(师级)	湖滨村
王和珍	女	1931	解放军通讯指挥学院副师级教员	西锄村
王祖光	男	1922	上海警备区政治部顾问(副师级)	西锄村
吴惠中	男	1965	总装备重庆军代局政治部主任(正师)	西锄村
邵听生	男	1936	南京军区32822部队政委	中巷村
夏海强	男	1924	铁道兵十四师副师长	中巷村
陆振康	男	1931	解放军二十四军七十一师副师长	北新村
杨　诚	男	1914	杭州市海军干休所 正师级	北新村
尤汉松	男	1937	合肥炮兵技术学院副师	闸口村
吴占敖	男	1966	江苏大学副教授、技术6级(副师级)	闸口村
周听和	男	1923	无锡市纪委军工处副师级	闸口村
吴敖金	男	1947	南京军区司令部兵种部正师	北渠村
陈绍林	男	1931	济南军区工程兵部队副师级	北渠村
何献中	男	1968	南海舰队 师级	福巷桥村
唐新效	男	1966	北京军区后勤部师长	福巷桥村
王景清	男	1928	中国人民解放军总参情报处、副师级	钟溪村
张永勤	男	1953	兰州军区政治部正师	楝聚村
张新勤	男	1965	北京渤海军区司令部正师	楝聚村
陈叔军	男	1937	安徽滁州区人武部	楝聚村
陈品中	男	1953	南京军区舟桥旅	楝聚村
丁士法	男	1941	上海警备区政委、少将	兴业社区

六、政界人物

政界人物列出在全国的和桥籍人物164位,已作简介的28位没有列入。

和桥籍政界人物

表6－6

姓　名	性别	出生年份	工作单位及职务职称	村、社区
王晓忠	男	1952	宜兴市公安局副政委、防暴大队教导员(团级)	同里村
邓建强	男	1956	部队副团级转业,现任宜兴中国银行中银公司经理	同里村

续表6－6

姓　名	性别	出生年份	工作单位及职务职称	村、社区
欧欢欢	男	1980	北京中纪委法规处副处长	同里村
蒋国胜	男	1970	南京市地铁公安分局副局长	同里村
韦伯君	男	1964	江苏省城乡住房建设厅处长	北庄村
韦顺龙	男	1964	中石南化生产处处长	北庄村
周茂生	男	1932	常州市物价局原局长	北庄村
周也能	男	1933	河南冶金建材工业厅办公室主任	北庄村
周中培	男	1927	广州中山海关分关长（正处级）	北庄村
周弘初	男	1936	山东省科学技术协会副主席（副厅）	北庄村
周小玉	女	1941	广西柳州铁路局处级	北庄村
周盘清	男	1935	西安市阎良人民政府副区长	北庄村
欧叔民	男	1951	镇江海关关长、南京海关巡视员（正处）	北庄村
施保初	男	1949	部队副团级转业，现任宜兴市经济贸易局党委办公室主任	北庄村
施建新	男	1958	南京监狱书记	北庄村
唐寅昌	男	1938	西南地质勘测局原党委书记	北庄村
蔡力武	男	1970	无锡工艺职业技术学院处长、省美协秘书长	北庄村
蔡力都	男	1972	江苏技师院处级	北庄村
马效先	男	1936	贵州省煤炭工业厅处长、高级工程师	永兴村
白　斌	男	1969	中国外交部条约法律司处长	永兴村
欧建军	男	1962	河北省机械进出口公司总经理（副厅级）	永兴村
曹盘明	男	1962	北京市通州区农委副主任（处级）	永兴村
杨乃洪	男	1962	江苏电教馆馆长	大生村
周林林	男	1950	部队正团级转业，现任宜兴市经济贸易局副主任	大生村
范立平	男	1957	江苏省国家安全厅组织宣传处处长	大生村
邵亚声	男	1935	曾任二十八军八十二师副师长、后任无锡保险分公司副经理	湖滨村
邵水平	男	1963	北京朝阳区组织部长	湖滨村
王建亚	男	1959	苏州市国税局办公室主任	西锄村
叶勤良	男	1965	法学博士、无锡市政协副主席	西锄村
蒋南昌	男	1929	江苏省人事局三处督导员	西锄村
蒋庆云	女	1928	江苏省电子工业厅教育处科长（副处级）	西锄村
蒋晓涛	男	1938	南京中国历史档案馆处长	西锄村
蒋锡明	男	1939	首钢运输部副处长	西锄村
蒋建军	男	1963	中国审计署处长	西锄村
路华康	男	1946	桂林市经贸委主任	西锄村
万干君	男	1944	北京燕山石化公司处长、高级工程师	中巷村
马　良	男	1979	无锡市委办公室副秘书长	中巷村

续表6－6

姓　名	性别	出生年份	工作单位及职务职称	村、社区
王金生	男	1916	江西省建设厅厅长	中巷村
尹中勤	男	1946	苏州市吴中县皮肤病防治所所长、书记(正团级)	中巷村
卢春峰	男	1971	常州市应急办应急指导处处长	中巷村
许明新	男	1968	常州市委组织部(处级)	中巷村
余锡华	男	1942	溧水县科委主任	中巷村
余福明	男	1954	常州市钟楼区副区长	中巷村
余志科	男	1981	南京理工大学紫金学院学生工作处处长	中巷村
周东生	男	1938	常州市中院民事庭庭长	中巷村
欧建伟	男	1964	南京市公用事业局副局长	中巷村
夏汉兴	男	1927	云南省财政厅办公室主任	中巷村
曹福民	男	1938	上海海运局劳动服务公司总经理、党委书记	中巷村
蒋建新	男	1951	无锡市烟草局副局长	中巷村
裴磐龙	男	1927	原福州军区某榴炮二团政委、福建上杭县人武部政委(离休)	中巷村
吴金元	男	1960	无锡市老干部局副局长(正处)	王母桥村
陈耀生	男	1948	睢盱县科协主席、高级政工师	王母桥村
周春风	女	1919	杭州市重型机械厂工会主席、高级工程师	王母桥村
杨牧云	男	1930	上海证监委处长	北新村
扬大轴	男	1932	教育部留学生处长	北新村
杨生庆	男	1930	大庆油田总调度	北新村
杨志成	男	1917	浙江拖拉机厂长、书记	北新村
张福元	男	1961	宜兴市发改委副主任	北新村
赵建跃	男	1958	中航旅游服务公司总经理	北新村
万建农	男	1964	无锡市北塘区人防办公室主任	闸口村
于孟达	男	1931	吴江县人大常委会主任	闸口村
王振刚	男	1935	中国科协学会部副部长,高级工程师	闸口村
邓华锋	男	1977	空三师政治部副主任,现任丁蜀镇党政办副主任	闸口村
江　平	男	1928	云南省林业厅副厅长	闸口村
沈锡华	男	1947	无锡市煤炭公司经理(正处)	闸口村
沈仲华	男	1929	宜兴农机局书记(正处离休)	闸口村
沈仲俊	男	1930	新疆农八师纪委书记	闸口村
沈财俊	男	1929	中国轻工业部司长	闸口村
沈禄俊	男	1927	青岛海军学院教官(大校)	闸口村
吴树峰	男	1976	北京陆军参谋部信息保障局处长	闸口村
陆　铁	男	1965	中国农业银行南京分行副行长	闸口村
周　峰	男	1969	宜兴市委办公室主任(副处级)	闸口村

续表6－6

姓　名	性别	出生年份	工作单位及职务职称	村、社区
钱荣林	男	1937	原江苏省社渚监狱监狱长、政委	闸口村
钱月新	女	1965	镇江市国资委处长	闸口村
黄敖根	男	1940	水电部华东电力设计院党委副书记、高工	闸口村
蒋芳英	女	1946	贵州省遵义市农工部副部长（正处）	闸口村
霍美堂	男	1936	江苏省教委处长	闸口村
刘海斌	男	1956	常州102医院副院长	北渠村
朱　伟	男	1964	江苏省建设厅工程处处长	北渠村
杨培龙	男	1952	秦皇岛市公安局处长	北渠村
吴中钰	女	1936	连云港工商银行处长	北渠村
陈国庆	男	1951	秦皇岛市人大城建委主任	北渠村
陈杏妹	女	1965	无锡市农业银行行长	北渠村
高兴东	男	1940	无锡市北塘区委副书记（正处）	北渠村
白银荣	男	1924	嘉兴市高级经济师处级干部离休	福巷桥村
白锦佩	男	1902	江西省宜春地区政协副主席	福巷桥村
白岳祥	男	1934	上海电影制片厂处级	福巷桥村
白希贤	男	1944	无锡科委主任高级工程师	福巷桥村
白　昉	男	1931	江西省赣州气象局副局长	福巷桥村
白小红	男	1959	北京中国银行处长	福巷桥村
白　岩	男	1962	北京供电局安全处长	福巷桥村
吴志平	男	1921	常州市财贸部副部长、市委监察室副主任	福巷桥村
吴传良	男	1928	苏州市地方志办公室副主任	福巷桥村
吴瑞金	男	1934	上海农业学院园艺系党总支书记	福巷桥村
张桂法	男	1923	贵州省铜仁县商业局长，处级离休	福巷桥村
张汉松	男	1939	部队团级转业任宜兴永康机械厂厂长	福巷桥村
周大鹏	男	1941	江苏省劳动局副处长，高级工程师	福巷桥村
周建华	男	1946	无锡市建设银行行长	福巷桥村
周诚玺	男	1979	江苏省建设工程设计院院长，总经理	福巷桥村
徐国松	男	1942	常州市钟楼区武装部长	福巷桥村
顾树森	男	1916	昆山市人民医院院长、书记离休	福巷桥村
顾　明	男	1917	无锡市煤炭公司工程处处长	福巷桥村
蒋泽生	男	1928	云南省林业厅厅长	福巷桥村
蒋淦生	男	1930	常州市行政管理局处长	福巷桥村
潘建中	男	1956	常州市教工委书记	福巷桥村
潘　烈	男	1924	国务院上海经济区规划办副组长	福巷桥村
马南生	男	1954	无锡市天鹏集团董事长、高级经济师	钟溪村

续表6－6

姓　名	性别	出生年份	工作单位及职务职称	村、社区
王建明	男	1958	武进区司法局副局长	钟溪村
何书荣	男	1930	1959年任21军司令部作训处军事参谋	钟溪村
何维农	男	1930	部队团级转业官林区委工作	钟溪村
陈庆英	女	1941	机电部郑州机械研究所主任高级工程师	钟溪村
陈宇萍	女	1973	无锡市北塘区国土局分局长	钟溪村
陈冬生	男	1943	江苏电信管理局正处级	钟溪村
陈绍锺	男	1950	新疆阿克苏地区纪律检查委员会纪检监察员	钟溪村
邵仲华	男	1921	武进税务干部，1982年离休，享受处级待遇	钟溪村
邵伯贤	男	1935	江苏省旅游学校书记，省旅游局工会主席	钟溪村
邵乃玉	女	1958	中国联通集团总经理，博士（厅级）	钟溪村
邵建勤	男	1960	成都市纪委（处级）	钟溪村
余佰亚	男	1960	常州市天宁区人防部主任	楝聚村
余立新	男	1969	常州市国土局资源局副局长	楝聚村
余立平	男	1973	无锡市地税局副处长	楝聚村
吴忠江	男	1933	江西704军工厂副厂长（处级）	楝聚村
吴中瑾	女	1936	天津复印机研究所所长、党委书记	楝聚村
徐校南	男	1940	新疆奇台农场（农六师）场长	楝聚村
徐　俊	男	1966	江西庐山国级级自然保护区管理局党委书记	楝聚村
缪　杰	男	1964	曾任宜兴监狱社诸监狱副政委，后任镇江监狱调研员	楝聚村
方　力	男	1976	无锡市纪委副书记	生建社区
卢雨迅	男	1970	北京某网络公司经理	生建社区
陆文毛	男	1948	江苏省财政厅商贸处处长、高级会计师	生建社区
周也能	男	1933	河南冶金建材工业厅办公室主任	生建社区
钱宗建	男	1953	无锡市劳动和社会保障局局长	生建社区
唐　旭	男	1969	南京林业大学宣传部长（正处）	生建社区
程　展	男	1928	本溪钢铁公司科协主席	生建社区
程全大	男	1935	黑龙江三级农场建江管理处副处长	生建社区
路晓报	男	1953	宜兴市政协原副主席	生建社区
薛阿平	男	1958	宜兴市人民法院副院长	生建社区
丁振华	男	1942	上海交通大学教研处处长、教授	劳动社区
朱晓晔	男	1966	宜兴市委常、政法委书记	劳动社区
周同一	男	1921	句容农校校长	劳动社区
秦亚平	男	1963	南京栖霞区副区长	劳动社区
曹　钦	男	1968	无锡山水城安监副局长	劳动社区
曾小英	女	1963	浙江省变电工程公司纪委书记、监察室主任	劳动社区

续表 6－6

姓　名	性别	出生年份	工作单位及职务职称	村、社区
褚晓红	女	1965	南京人口管理干部学院纪委副书记	劳动社区
戴亚俊	男	1958	浙江省嘉华发电有限公司副处级	劳动社区
陆宇红	女	1940	浙江省安全厅副处长	兴业社区
范谦一	女	1930	公安部办公厅处长	兴业社区
范南鹏	男	1946	上海农资公司纪委书记、高级工程师	兴业社区
郭裕君	男	1950	中国电子工业集团总公司处长、高级工程师	南新社区
潘清华	男	1916	国科院昆明动物研究所所长(研究员)	南新社区
王盘如	男	1931	国家水电四局纪委书记、高级工程师	原和桥镇镇区
周振华	男	1930	上海市杨浦区教育学院院长、教授	原和桥镇镇区
范义和	男	1929	四川省宜宾专区公安处科长(处级)	原和桥镇镇区
侍伟宏	男	1951	江苏省财政厅处长、高级经济师	原和桥镇镇区
俞伯康	男	1903	上海化学化工学会会员、高级工程师、徐汇区政协副主席	原和桥镇镇区
姚　任	男	1966	深圳宝安区区长	原和桥镇镇区
郭梦渔	男	1932	石家庄化工部第十二建设公司党委书记、高级经济师	原和桥镇镇区
唐顺华	男	1970	上海华东建筑设计院党委书记、高级工程师	原和桥镇镇区
唐永美	男	1931	上海人民广播电台台长办公室主任	原和桥镇镇区
黄锡泉	男	1940	中国机电设备总公司东北公司电器业务部经理(副处级)	原和桥镇镇区
储　继	女	1912	广西壮族自治区妇联城工部原部长(处级)	原和桥镇镇区
蒋晓明	男	1956	河南交通厅公路管理局局长	原和桥镇镇区
蒋会忠	男	1961	无锡市安检宣教处处长	原和桥镇镇区
裴德川	男	1929	苏州市经委办公室副主任	原和桥镇镇区

七、先进模范人物

先进模范人物列出和桥籍无锡市劳模及以上各类先进模范人物108位，已作简介的10位没有列入。

和桥籍先进模范人物

表 6－7

姓　名	性别	受奖时工作单位	受奖年份授奖部门及荣誉称号
钱振霖	男	中国银行总行	1951年被中国银行总行评为一等先进工作者
何　健	男	宜兴县文化馆	1956年全国文化先进工作者代表会议，省先进工作者
马水明	女	和桥永兴小学	1956年出席省中、初等优秀教师代表会议，省优秀教师
朱自道	男	宜兴县第三中学	1957年8月出席全国工会工作积极分子代表会议，获工会工作积极分子奖状
朱锡培	男	南新公社北新农业中学	1959年1月江苏省人民政府授予省农业中学先进工作者
陈炳荣	男	人民银行和桥营业所	1959年10月出席工业交通、运输、基建、财贸等方面群英大会，获省先进工作者称号

续表6－7

姓　名	性别	受奖时工作单位	受奖年份授奖部门及荣誉称号
赵洪虎	男	国营和桥粮油厂	1959年10月出席工业交通、运输、基建、财贸等方面群英大会，获省先进工作者称号
缪寿荣	男	和桥港区	1959年10月出席工业交通、运输、基建、财贸等方面群英大会，获省先进工作者称号
陆勤珍	女	和桥理发店	1959年10月出席工业交通、运输、基建、财贸等方面群英大会，获省先进工作者称号
周庆余	女	和桥中学	1960年出席省文教、卫生、体育先代会，省先进工作者
吴林鹤	女	宜兴市人民医院	1960年评为省先进工作者
赵金生	男	和桥酱厂	1960江苏省人民政府授予先进炊事员称号
胡　广	男	和桥粮管所	1964年出席省工交、财贸、基建先代会，获省先进工作者称号
秦德初	男	宜兴市织染厂	1977年5月江苏省劳模
严二小	男	和桥粮油厂	1977年出席省工业学大庆会议，获省劳动模范称号
沈洪义	男	和桥农机管理所	1977年出席省工业学大庆会议，获省劳动模范称号
邵国民	男	和桥镇纤维厂	1977年出席省工业学大庆会议，获省劳动模范称号
羊晨虹	男	和桥电炉耐火厂	1977年出席省工业学大庆会议，获省劳动模范称号
奚金斌	男	和桥农机修造厂	1977年出席省工业学大庆会议，获省劳动模范称号
徐晓立	男	宜兴县染织厂	1977年出席省工业学大庆会议，获省劳动模范称号
方也能	男	和桥港区	1978年获交通部颁发的安全优质"百日赛"奖章
唐宁彪	男	和桥电机厂	1979年团中央命名为全国新长征突击手
余　炜	男	南新乡农技站	1979年团中央命名为全国新长征突击手
陈瑞娣	女	和桥医药商店	1979年荣获江苏省"三八"红旗手称号
蒋贤祥	男	南新公社中乔东队	1980年2月获江苏省人民政府嘉奖令
吴鑫娟	女	和桥医院	1980年获镇江地区幼儿工作先进个人
姜盘芳	女	和桥小学学生	1982年获"全国红领巾读书读报奖章活动积极分子"称号
孙维纵	男	和桥粮油厂	1982年江苏省"五好"职工，1983年省级"先进个人"
陆洪楹	男	和桥区粮管所	1982年江苏省"五好"职工
姚立根	男	原民胜村养禽专业户	1982年、1984年出席省先进表彰会，省劳动模范
邵伯勋	男	射阳县农林局	1983年获国家农业部颁发的科学技术推广工作者
左保仙	女	宜兴市畜禽良种场	1985年江苏省劳动模范
周为贤	男	江苏省得胜集团	1984年江苏省人民政府授予劳动模范，1992年无锡市政府授予优秀厂长。1994年建材行业优秀企业家，1998年农业部授予全国乡镇企业家
吴朝新	男	和桥镇金盆村	1984年出席省先进表彰会，获省劳动模范
任听荣	男	宜兴粉冶厂	1985年无锡市政府授予无锡市劳动模范
欧荣华	男	镇企管站	1985年无锡市政府授予无锡市劳动模范
张汝华	男	镇个协	1985年无锡市政府授予无锡市劳动模范
江敖洪	男	和桥镇成人教育办公室	1985年江苏省人民政府授予"优秀教育工作者"称号
钱　晟	男	和桥中学高中学生	1985年被评为省级"三好学生"

续表6－7

姓　名	性别	受奖时工作单位	受奖年份授奖部门及荣誉称号
王惠明	男	和桥工商行政管理所	1986年评为省工商行政管理系统劳动模范,1992年省工商局授予先进工作者,1996年无锡市政府授予劳动模范称号,1997年省人事厅、省工商局授予先进工作者
高双林	男	和桥信用社	1987年被评为省劳动模范,1988年江苏省人民政府授予省劳动模范,1989年省农行授予金融工作先进个人,1991年全国总工会授予“五一”劳动奖章
周定国	男	南新镇成人学校	1988年省教委授予扫盲先进工作者,1996年省科技厅授予省优秀科技工作者
蒋培新	男	和桥法律服务所	1989年1月省司法厅授予优秀司法助理员
程乃俊	男	南新信用社	1989年11月省农行授予优秀会计员
王耀明	男	和桥信用社	1989年11月省农行授予优秀会计员
吴　强	男	和桥中学	1989年省教委、省人事局、省教育工会授予优秀教育工作者,1990年省人民政府授予省劳动模范
徐馨萍	女	宜兴市立波塑料厂	1989—1990年度无锡劳动模范
吴小兵	男	北渠村	1989—1990年度无锡市劳动模范
邵双大	男	和桥邮电支局	1990年省邮电管理局授予省邮电系统1990年度局风建设先进个人双增双节运动先进个人和先进工作者
施永才	男	无锡市电线电缆厂	1991年省人民政府授予省劳动模范
王凤妹	女	宜兴市畜禽良种场	1991年无锡市劳动模范
张金培	男	和桥镇文里村	1993年省局授予防止民间纠纷激化个人三等奖
王国敏	男	宜兴市工程机械厂	1993年省局授予优秀厂长
冯金凤	女	和桥镇金盆村	1993年省局授予省“双学双比”生产能手
蒋国新	男	南新镇云阳村	1993年无锡市政府授予1991—1993年度劳动模范
邓焕军	男	市牛蛙养殖场	1993年评为无锡劳动模范,2001年评为江苏省劳动模范
邵锡昌	男	和桥高级中学	1993年无锡市政府授予1991—1993年度劳动模范
吴良才	男	南新镇党委	1993年无锡市政府授予1991—1993年度劳动模范
蒋锡凤	女	宜兴市吸音材料厂	1994年农业部授予全国乡镇企业供销系统优秀供销员,1996年无锡市政府授予劳动模范称号
刘卫权	男	和桥邮电分局	1994年邮电部全国工会授予全国优秀电报营业员
徐建元	男	宜兴市染整厂	1994年无锡市政府授予无锡市劳动模范
丁汝军	男	宜兴市轻机厂	1994年无锡市政府授予无锡市劳动模范
吴君南	男	宜兴市电焊条厂	1994年无锡市政府授予无锡市劳动模范
吴亚生	男	江苏天一度假村有限公司	1994年获无锡市劳动模范
张玉良	女	宜兴市长江稀土厂	1994—1996年度无锡市劳动模范
周新南	男	市轻工机械厂	1996年评为江苏省劳动模范
丁桂凤	女	南新镇	1996年省妇联授予“三八”红旗手
沈振锡	男	和桥供销合作社	1996年省供销合作总社授予优秀工作者
吴新华	女	丁山供销合作社	1996年省人民政府授予省劳动模范

续表 6－7

姓　名	性别	受奖时工作单位	受奖年份授奖部门及荣誉称号
程同孚	男	和桥供销社	1997 年、1998 年省供销合作总社授予优秀工作者
吴　康	男	和桥国税分局	1997 年、1998 年省国税局授予国税标兵
庄新龙	男	和桥镇农普办	1997 年省农普办授予农业普查先进个人
王亚光	男	上海交通大学	1997 年获上海市科技启明星，2000 年获国家教育部首届“青年教师奖”
周福海	男	和桥邮电分局	1998 年省邮电局授予工会积极分子
吴建明	男	南新企管站	1998 年省乡镇企业管理局授予优秀企管站长
程同匡	男	和桥镇建委	1999 年国家建设部授予全国村镇建设先进工作者
徐永明	男	和桥交警中队	2000 年省委省政府授予省见义勇为英雄
周德洪	男	和桥土管所	2000 年省国土资源厅授予土地财务管理先进工作者
谢志平	男	和桥二中	2000 年无锡市政府授予无锡市劳动模范
郑建华	男	和桥镇人民政府副镇长	2001 年省建委授予省村镇建设先进工作者
杨安妮	女	和桥镇人民政府计生办	2001 年省计生委授予计划生育优秀工作者，2001 年无锡市政府授予二等功
蒋加平	男	西锄村	2002 年无锡市政府授予发展农业产业化经营示范户
范凌云	男	和桥镇农服中心	2002 年省基普办授予第二次全国基本单位普查先进个人
沈锐华	男	江苏省富陶集团	2003 年无锡市政府授予无锡市劳动模范
何克中	男	宜兴市太平洋集装箱配件有限公司	2003 年无锡市劳动模范、2008 年获江苏省五一劳动奖章、011 年获全国五一劳动奖章
路竹青	男	和桥镇北庄村	2004 年无锡市劳动模范
杨　军	男	高塍镇熊津化妆品店	2006 年无锡市劳动模范
杨国英	女	和桥镇西锄村	2009 年省妇联授予优秀妇女工作者
吴协南	男	和桥镇西锄村	2009 年无锡市劳动模范
何学军	男	宜兴市太平洋集装箱配件有限公司	2009 年无锡市劳动模范
凌建军	男	江苏省凌志环保有限公司	2009 年江苏省第三届十大优秀专利发明人，江苏省环境保护产业十大杰出贡献企业家
翟立芳	女	和桥二中	2011 年 11 月 6 日获第七届全国中小学外语教师园丁称号
蒋小芬	女	和桥镇政府	2011 年评为江苏省“十一五”人口和计划生育协调发展先进个人
施昕昊	男	无锡百润电缆有限公司	2011 年无锡市劳动模范
陈杏妹	女	中国农业银行无锡分行	北渠村人 2011 年 5 月获全国金融五一劳动奖章
夏建域	男	和桥医院退休	2011 年评为无锡市精神文明“十佳”新人新事
史建珍	女	江苏新雪竹国际服饰有限公司	2012 年无锡市劳动模范
缪炬光	男	无锡市国税局	2012 年评为无锡市劳模荣立三等功一次
朱建新	男	昆明市鹏龙安园林公司	2013 年江苏省首届对外投资十大经济风云人物
朱焕良	男	宜兴市委宣传部	2012—2014 年度无锡劳动模范
钱义大	男	中国人民解放军某部队	某部队荣立二等功

续表6－7

姓　名	性别	受奖时工作单位	受奖年份授奖部门及荣誉称号
唐卫泽	男	中国扬子石化公司塑料厂	中石化劳动模范、全国五一劳动奖章
邵伯初	男	宜兴市中医院	无锡市劳动模范
龚伟达	男	宜兴市肿瘤医院	无锡市突出贡献中青年专家
吴精华	男	山东省胜利油田	获“铁人式教育工作者”称号
吴渠芳	女	湖北荆州干休所医生	获“荆州好人”称号
张益朝	男	中国人民解放军某部队	全军科技进步三等奖，二等功一次
吴美华	女	和桥镇福巷桥村	无锡好人
冯遵义	男	宜兴市天力塑料制品有限公司打工	无锡好人

八、旅居港澳台及海外知名人士

旅居港澳台及海外知名人士列出和桥籍人物67位，已作简介的没有列入。

和桥籍旅居港澳台及海外知名人士

表6－8

姓　名	性别	出生年份	工作单位、职务、职称	原籍
余　潇	男	1988	伦敦大学联盟计算机应用博士	北庄村
钱吮智	男	1976	美国密歇根大学博士	永兴村
吴志权	男	不详	台湾台南制盐总厂总经理	大生村
褚弛恒	男	1987	瑞士苏黎世大学博士	大生村
杨学敏	女	1925	台湾台北振兴纺织厂总会计师	西锄村
蒋东祥	男	1963	英国剑桥大学教授	西锄村
蒋　骞	男	1977	美国某公司	西锄村
蒋雪勤	男	1981	日本神户大学法学研究科研究员	西锄村
许建良	男	1956	日本东京大学获博士、现为东南大学客座教授	中巷村
许建伦	男	1960	美国马里兰大学数学博士、德克萨州休斯顿大学教授	中巷村
许品仙	女	1963	美国马里拉大学生物博士、哈佛大学研究员	中巷村
周建新	男	1963	美国联邦安全局教授	中巷村
周　欣	女	1965	美国计算机软件公司	中巷村
周缪窠	男	1978	新西兰博士、研究生物学	王母桥村
杨　蒸	男	1960	香港鹏利船舶有限公司总经理、高级工程师	北新村
赵中明	男	1969	美国休斯顿大学博士生导师	北新村
朱云鹏	男	1963	在日本获博士学位后定居美国搞科研工作	闸口村
邵品珊	男	1927	美国大学副教授	闸口村
邵立峰	男	1954	美国曼伦大学哲学博士、田纳西州大学研究所所长	闸口村

邵立岱	男	1956	美国乔治亚州大学哲学博士、纽约福特门大学决策学教授	闸口村
邵立岗	男	1958	美国田纳西州大学哲学博士、佛州伯特大学财政教授	闸口村
邵立岑	男	1959	美国阿拉旁曼大学哲学博士、北卞州锡兰大学研究所长	闸口村
邵立苏	男	1970	美国立去蒙大学法学博士、佛州经济督查专员	闸口村
邵　勤	女	1953	原名周建新，上海华东师大硕士生、留美博士	北渠村
白宜平	男	1966	香港 CHIEFTECH 公司中国区总经理	福巷桥村
吴为桥	男	1961	美国北卡罗来纳大学社会学博士	福巷桥村
王亚东	男	1970	浙江大学毕业，定居新加坡工作，博士	钟溪村
王亚娟	女	1970	南京大学毕业，定居新加坡工作，博士	钟溪村
王国成	男	1964	美资托利多集团驻常州工作，高级工程师	钟溪村
徐瑞新	男	1962	美国佛吉尼亚州立大学教授、博士	楝聚村
王国霖	男	1939	在美国获数学博士	生建社区
王启中	女	1931	美国纽约大学法学博士	生建社区
朱　绯	女	1960	美国宾西法尼亚大学博士	生建社区
陆晓立	男	不详	美国电脑咨询公司，博士	生建社区
陆晓济	男	不详	美国联邦政府商务部机械博士	生建社区
陆晓望	男	不详	美国奥克拉荷玛大学博士	生建社区
陈舟立	男	1965	美国纽约荷兰银行副总裁	生建社区
俞小军	男	1958	美国宾州杰佛迅大学研究员、博士	生建社区
俞　京	男	不详	台湾日报社副总编	生建社区
俞　政	男	不详	台湾中央银行副总裁	生建社区
朱　远	女	1960	德国埃森大学医学院分子生物学研究室主任、教授、博士生导师	生建社区
徐　炜	女	1964	美国纽约标准普尔经理	生建社区
唐舜根	男	1926	台湾医科大学教授	生建社区
胡志雄	男	不详	台湾电视台著名节目主持人、艺名胡瓜	生建社区
黄兆缓	男	1916	台湾医学院教授	生建社区
黄重权	男	1954	美国洛杉矶电气公司董事长	生建社区
黄嘉菲	女	1948	台湾中央日报记者	生建社区
蒋卫辉	男	1909	台湾经济部将级简任官	生建社区
朱稹昱	男	1976	美国 UBS 银行经理	劳动社区
李增智	男	1970	澳大利亚悉尼铁路运营公司经理	劳动社区
范星槎	男	1965	澳大利亚中国网络通信集团派驻香港负责人	劳动社区
法　源	男	1980	香港渣打银行经理	劳动社区
周婉颖	女	1984	香港普华永道会计事务所会计师	劳动社区
李钟瑜	女	1946	美国联邦政府三军医务研究中心研究员、博士后	兴业社区
吴　文	女	1979	香港科技大学集成电路专业博士	兴业社区

赵　寅	男	1986	澳大利亚墨尔本国家大戏院财务总监	兴业社区
查誉劼	男	1987	美国彭博资讯公司分析师	兴业社区
储文松	男	1969	美国亚利桑那州立大学博士后	兴业社区
王　辉	男	1989	香港某公司任职	南新社区
蒋俐玲	女	1969	意大利米兰郭氏贸易公司	南新社区
印琦萍	女	1967	香港博士后	原和桥镇区
郑　和	男	不详	台湾海军总医院院长、少将	原和桥镇区
郑　鸣	男	不详	美国纽约大学教授	原和桥镇区
郭全庚	男	1968	意大利郭氏集团有限公司董事长	原和桥镇区
郭占庚	男	1962	德国北京森德公司副总	原和桥镇区
戴元亨	男	1939	美国联邦政府三军医务中心研究员、博士后	原和桥镇区
戴元石	男	1943	美国休斯顿造船公司高级工程师	原和桥镇区

九、和桥镇高级专业技术人员

1988—2015 年 12 月，有被评聘为高级职称在和桥工作的专业技术人员 311 位，主要分布在镇级机关、各企业单位、学校、医院等。

和桥镇高级专业技术人员

表 6－9

姓　名	性别	出生年份	工作单位及获评职称	备注
王小蓉	女	1966	和桥镇农服中心水产养殖高级工程师	
史引民	男	1951	和桥镇人民政府高级政工师	
朱沛余	男	1953	宜兴轻工机械有限公司高级工程师	
沈瑞荣	男	1933	和桥镇人民政府高级政工师	
杨达安	男	1944	宜兴市纯水热工设备厂高级工程师	
杨天龙	男	1966	凌志环保有限公司高级工程师	
吴锡荣	男	1940	宜兴粉冶厂高级政工师	
张锡元	男	1944	宜兴市轻工机械厂高级工程师	
张玉良	男	1965	中铝稀土(宜兴)有限公司	
邵克中	男	1946	市汽车配件厂高级工程师	
周为贤	男	1949	江苏省得胜集团高级经济师	
钦伟英	女	1945	宜兴市轻工机械厂高级工程师	
赵建强	男	1956	和桥镇农服中心高级农艺师	
徐盘坤	男	1951	宜兴鲸鱼喷泉有限公司高级工程师	
唐浩波	男	1971	中铝稀土(宜兴)有限公司高级工程师	
凌建军	男	1972	凌志环保有限公司高级工程师	
强绍杰	男	1972	凌志环保有限公司高级工程师	

续表6－9

姓　名	性别	出生年份	工作单位及获评职称	备注
曹焕君	男	1943	宜兴市轻工机械厂高级工程师	
黄晓明	男	1975	宜兴轻工机械有限公司高级工程师	
梁艳杰	女	1976	凌志环保有限公司高级工程师	
蒋新和	男	1944	和桥镇人民政府高级农艺师	
王玉清	男	1946	和桥高级中学高级教师	
王孟君	男	1964	和桥高级中学高级教师	
王立强	男	1968	和桥高级中学高级教师	
王建国	男	1978	和桥高级中学高级教师	
韦正南	男	1942	和桥高级中学高级教师	
韦　瑾	女	1971	和桥高级中学高级教师	
毛建荣	男	1957	和桥高级中学高级教师	
叶有德	男	1970	和桥高级中学高级教师	
田政强	男	1969	和桥高级中学高级教师	
史菊芬	女	1964	和桥高级中学高级教师	
冯太平	男	1969	和桥高级中学高级教师	
朱华松	男	1946	和桥高级中学高级教师	
许联香	女	1974	和桥高级中学高级教师	
乔全南	男	1964	和桥高级中学高级教师	
任宜民	男	1964	和桥高级中学高级教师	
孙贤琴	女	1970	和桥高级中学高级教师	
朱自道	男	1919	和桥高级中学高级教师	
朱　顺	男	1964	和桥高级中学高级教师	
刘正和	男	1969	和桥高级中学高级教师	
宋亦伦	男	1970	和桥高级中学高级教师	
何　斌	男	1967	和桥高级中学高级教师	
李挺和	男	1923	和桥高级中学高级教师	
李旭东	男	1975	和桥高级中学高级教师	
李月芹	女	1978	和桥高级中学高级教师	
李镇南	男	1939	和桥高级中学高级教师	
陆宝初	男	1964	和桥高级中学高级教师	
邵锡昌	男	1958	和桥高级中学高级教师	
邵　燕	女	1961	和桥高级中学高级教师	
邵文初	男	1950	和桥高级中学高级教师	
邵震山	男	1974	和桥高级中学高级教师	

续表 6－9

姓　名	性别	出生年份	工作单位及获评职称	备注
陈　忠	男	1932	和桥高级中学高级教师	
陈大莲	女	1941	和桥高级中学高级教师	
陈志春	男	1941	和桥高级中学高级教师	
陈赛华	女	1954	和桥高级中学高级教师	
陈福仙	女	1968	和桥高级中学高级教师	
张志强	男	1963	和桥高级中学高级教师	
张　健	男	1970	和桥高级中学高级教师	
张立峰	男	1971	和桥高级中学高级教师	
张丽群	女	1974	和桥高级中学高级教师	
张晓燕	男	1975	和桥高级中学高级教师	
张　菁	女	1978	和桥高级中学高级教师	
沈　渊	男	1928	和桥高级中学高级教师	
范兆年	男	1938	和桥高级中学高级教师	
汤仁美	女	1922	和桥高级中学高级教师	
汤志君	男	1966	和桥高级中学高级教师	
汤爱军	男	1973	和桥高级中学高级教师	
杨　玲	女	1969	和桥高级中学高级教师	
吴生洪	男	1931	和桥高级中学高级教师	
吴　强	男	1973	和桥高级中学高级教师	
金栋洲	男	1970	和桥高级中学高级教师	
周庆余	女	1934	和桥高级中学高级教师	
周　强	男	1972	和桥高级中学高级教师	
周定一	男	1921	和桥高级中学高级教师	
周定邦	男	1944	和桥高级中学高级教师	
周　承	男	1973	和桥高级中学高级教师	
周　琴	女	1973	和桥高级中学高级教师	
周耀华	男	1941	和桥高级中学高级教师	
季景宁	男	1970	和桥高级中学高级教师	
武麟祥	男	1934	和桥高级中学高级教师	
姚伟荣	男	1964	和桥高级中学高级教师	
胡益钧	男	1935	和桥高级中学高级教师	
胡晓伟	男	1945	和桥高级中学高级教师	
唐文博	男	1939	和桥高级中学高级教师	
唐和中	男	1965	和桥高级中学高级教师	

续表6－9

姓　名	性别	出生年份	工作单位及获评职称	备注
袁章度	男	1940	和桥高级中学高级教师	
赵　霞	女	1971	和桥高级中学高级教师	
钱林海	男	1941	和桥高级中学高级教师	
钱建平	男	1963	和桥高级中学高级教师	
秦军寿	男	1968	和桥高级中学高级教师	
顾优猷	男	1962	和桥高级中学高级教师	
谈荷英	女	1939	和桥高级中学高级教师	
夏侯逊	男	1936	和桥高级中学高级教师	
陶子才	男	1939	和桥高级中学高级教师	
曹庆祥	男	1939	和桥高级中学高级教师	
曹梅森	男	1940	和桥高级中学高级教师	
曹亚舜	男	1970	和桥高级中学高级教师	
曹　钢	男	1977	和桥高级中学高级教师	
黄小琪	女	1970	和桥高级中学高级教师	
谢英伦	男	1928	和桥高级中学高级教师	
葛振娟	女	1943	和桥高级中学高级教师	
蒋振兴	男	1939	和桥高级中学高级教师	
蒋永芳	男	1969	和桥高级中学高级教师	
蒋志南	男	1971	和桥高级中学高级教师	
蒋允强	男	1977	和桥高级中学高级教师	
蒋晓霞	女	1971	和桥高级中学高级教师	
褚俊良	男	1968	和桥高级中学高级教师	
薛同飞	男	1949	和桥高级中学高级教师	
魏小峰	男	1963	和桥高级中学高级教师	
虞国俊	男	1965	和桥高级中学高级教师	
王仲华	男	1945	和桥中专高级教师	
王全明	男	1965	和桥中专高级教师	
王素琴	女	1974	和桥中专高级教师	
王玉银	女	1977	和桥中专高级教师	
方　圆	男	1974	和桥中专高级教师	
邓顺妹	女	1966	和桥中专高级教师	
边德双	男	1970	和桥中专高级教师	
冯建平	男	1964	和桥中专高级教师	
孙加军	女	1969	和桥中专高级教师	
许均芳	女	1975	和桥中专高级教师	
伍贻斌	男	1941	和桥中专高级教师	

续表6－9

姓　名	性别	出生年份	工作单位及获评职称	备注
张晓晨	女	1966	和桥中专高级教师	
张文伟	男	1974	和桥中专高级教师	
张　慧	女	1976	和桥中专高级教师	
邵旭芝	女	1975	和桥中专高级教师	
杨德华	女	1978	和桥中专高级教师	
周法林	男	1942	和桥中专高级教师	
周建庚	男	1957	和桥中专高级教师	
周　瑛	女	1972	和桥中专高级教师	
周云强	男	1975	和桥中专高级教师	
周丽勤	女	1977	和桥中专高级教师	
罗作民	男	1939	和桥中专高级教师	
姚小新	男	1968	和桥中专高级教师	
姜燕虎	男	1972	和桥中专高级教师	
俞良安	男	1939	和桥中专高级教师	
赵　斌	男	1969	和桥中专高级教师	
赵胜其	男	1969	和桥中专高级教师	
徐　玲	女	1975	和桥中专高级教师	
凌国军	男	1974	和桥中专高级教师	
凌剑刚	男	1975	和桥中专高级教师	
梁春生	男	1960	和桥中专高级教师	
程传恕	男	1943	和桥中专高级教师	
蒋志欣	男	1938	和桥中专高级教师	
熊顺美	女	1973	和桥中专高级教师	
濮品芬	女	1964	和桥中专高级教师	
丁惠琴	女	1964	和桥二中高级教师	
丁孟华	男	1972	和桥二中高级教师	
马跃明	男	1958	和桥二中高级教师	
王仲光	男	1963	和桥二中高级教师	
王阿军	男	1975	和桥二中高级教师	
王京津	男	1975	和桥二中高级教师	
尹志芳	女	1940	和桥二中高级教师	
过元亨	男	1937	和桥二中高级教师	
史秀琴	女	1966	和桥二中高级教师	
许　琴	女	1973	和桥二中高级教师	
许伟群	女	1974	和桥二中高级教师	
许均芳	女	1975	和桥二中高级教师	

续表6－9

姓　名	性别	出生年份	工作单位及获评职称	备注
仲蕴智	女	1971	和桥二中高级教师	
朱玉良	男	1963	和桥二中高级教师	
刘小英	女	1967	和桥二中高级教师	
宋志洪	男	1969	和桥二中高级教师	
沈伯娟	女	1971	和桥二中高级教师	
沈丽波	女	1975	和桥二中高级教师	
沈良琴	女	1976	和桥二中高级教师	
杨安荣	男	1964	和桥二中高级教师	
杨芙娟	女	1964	和桥二中高级教师	
李匡行	男	1958	和桥二中高级教师	
李淦明	男	1969	和桥二中高级教师	
李亚平	男	1973	和桥二中高级教师	
李锡培	男	1945	和桥二中高级教师	
余　健	男	1964	和桥二中高级教师	
吴　强	男	1935	和桥二中高级教师	
吴峰妹	女	1942	和桥二中高级教师	
吴全妹	女	1947	和桥二中高级教师	
吴裕华	女	1942	和桥二中高级教师	
吴泽南	男	1949	和桥二中高级教师	
吴耀康	男	1957	和桥二中高级教师	
吴建平	男	1963	和桥二中高级教师	
吴文轩	女	1967	和桥二中高级教师	
闵丽云	女	1974	和桥二中高级教师	
汪德榕	男	1941	和桥二中高级教师	
陆梅仙	女	1965	和桥二中高级教师	
陆　逸	男	1964	和桥二中高级教师	
陆全华	女	1971	和桥二中高级教师	
陈小是	男	1942	和桥二中高级教师	
张桂生	男	1938	和桥二中高级教师	
张　炎	男	1968	和桥二中高级教师	
张敏华	男	1973	和桥二中高级教师	
张翠英	女	1975	和桥二中高级教师	
张益军	男	1976	和桥二中高级教师	
邵良生	男	1937	和桥二中高级教师	
邵晓姿	女	1972	和桥二中高级教师	
邵　春	男	1975	和桥二中高级教师	

续表6－9

姓　名	性别	出生年份	工作单位及获评职称	备注
邵超群	男	1976	和桥二中高级教师	
金振岳	男	1942	和桥二中高级教师	
法建跃	男	1964	和桥二中高级教师	
周伯生	男	1937	和桥二中高级教师	
周旭科	男	1959	和桥二中高级教师	
周立勋	男	1971	和桥二中高级教师	
周小伟	男	1972	和桥二中高级教师	
周旭锋	男	1972	和桥二中高级教师	
周徐勇	男	1974	和桥二中高级教师	
杭云艳	女	1977	和桥二中高级教师	
宗纯珍	女	1945	和桥二中高级教师	
承文秀	女	1955	和桥二中高级教师	
钟元明	男	1967	和桥二中高级教师	
姚亚平	男	1975	和桥二中高级教师	
赵建明	男	1964	和桥二中高级教师	
赵岳明	男	1968	和桥二中高级教师	
赵　飞	女	1974	和桥二中高级教师	
钱学芳	女	1948	和桥二中高级教师	
钱顺生	男	1947	和桥二中高级教师	
钱厉风	男	1966	和桥二中高级教师	
钱丽萍	女	1975	和桥二中高级教师	
钱玉英	女	1976	和桥二中高级教师	
谈燕芬	女	1976	和桥二中高级教师	
谈伯祥	男	1947	和桥二中高级教师	
徐坤荣	男	1964	和桥二中高级教师	
徐　伟	男	1967	和桥二中高级教师	
唐幼芬	女	1946	和桥二中高级教师	
唐惠琴	女	1969	和桥二中高级教师	
高月珍	女	1964	和桥二中高级教师	
夏福明	男	1966	和桥二中高级教师	
倪新芳	男	1955	和桥二中高级教师	
袁晓芳	女	1963	和桥二中高级教师	
黄华生	男	1942	和桥二中高级教师	
黄盘松	男	1943	和桥二中高级教师	
黄永华	男	1962	和桥二中高级教师	
戚仕君	男	1949	和桥二中高级教师	

续表6－9

姓　名	性别	出生年份	工作单位及获评职称	备注
戚玉范	男	1968	和桥二中高级教师	
彭水娟	女	1954	和桥二中高级教师	
韩　琴	女	1976	和桥二中高级教师	
程红铭	女	1961	和桥二中高级教师	
谢志平	男	1956	和桥二中高级教师	
谢锡娟	女	1974	和桥二中高级教师	
蒋伯洪	男	1939	和桥二中高级教师	
蒋一鸣	男	1941	和桥二中高级教师	
蒋东大	男	1946	和桥二中高级教师	
蒋建中	男	1962	和桥二中高级教师	
蒋凤珍	女	1961	和桥二中高级教师	
蒋元良	男	1964	和桥二中高级教师	
蒋亚娟	女	1965	和桥二中高级教师	
蒋敬军	女	1970	和桥二中高级教师	
蒋顺根	男	1970	和桥二中高级教师	
蒋义锋	男	1972	和桥二中高级教师	
裴立新	女	1967	和桥二中高级教师	
樊银海	男	1938	和桥二中高级教师	
翟立芳	女	1965	和桥二中高级教师	
鲍旭俊	男	1968	和桥二中高级教师	
戴晓英	女	1965	和桥二中高级教师	
马跃军	男	1965	楝树中学高级教师	
王伏军	男	1970	楝树中学高级教师	
刘志彪	男	1970	楝树中学高级教师	
沈仲明	男	1941	楝树中学高级教师	
吴勤祺	男	1941	楝树中学高级教师	
吴伟金	男	1963	楝树中学高级教师	
陈亚红	女	1968	楝树中学高级教师	
陈可伟	男	1978	楝树中学高级教师	
张遗大	男	1944	楝树中学高级教师	
张国民	男	1947	楝树中学高级教师	
钱敖洪	男	1944	楝树中学高级教师	
唐品农	男	1940	楝树中学高级教师	
蒋新年	男	1937	楝树中学高级教师	
蒋寅良	男	1962	楝树中学高级教师	
蒋国锋	男	1974	楝树中学高级教师	

续表6－9

姓　名	性别	出生年份	工作单位及获评职称	备注
丁学姿	女	1979	和桥二小高级教师	
平全莹	女	1971	和桥二小高级教师	
孙永明	男	1968	和桥二小高级教师	
汤荷英	女	1962	和桥二小高级教师	
沈亚红	女	1971	和桥二小高级教师	
张孟华	男	1955	和桥二小高级教师	
杭小婷	女	1967	和桥二小高级教师	
潘卫良	男	1966	和桥二小高级教师	
潘秀姿	女	1971	和桥二小高级教师	
王庆元	男	1942	和桥实验小学高级教师	
丁伯忠	男	1968	和桥实验小学高级教师	
李月萍	女	1965	和桥实验小学高级教师	
邵南翔	男	1967	和桥实验小学高级教师	
顾筱凉	女	1949	和桥实验小学高级教师	
虞益锋	女	1977	和桥实验小学高级教师	
唐一中	男	1956	南新小学高级教师	
赵　敏	男	1974	南新小学高级教师	
吴明姣	女	1967	闸口小学高级教师	
丁永涵	男	1969	和桥医院副主任中医师	
吉杏君	男	1989	和桥医院副主任医师	
孙国平	男	1943	和桥医院副主任医师	
汤文英	女	1968	和桥医院副主任医师	
沈亚珍	女	1975	和桥医院副主任医师	
刘万春	男	1972	和桥医院副主任医师	
杨昆昆	男	1969	和桥医院副主任医师	
吴逸群	男	1940	和桥医院副主任医师	
吴小平	男	1958	和桥医院副主任医师	
吴志伟	男	1963	和桥医院副主任医师	
吴俊东	男	1974	和桥医院副主任医师	
吴毅南	男	1969	和桥医院主任医师	
陆玉英	女	1940	和桥医院副主任医师	
陈红兵	男	1971	和桥医院副主任医师	
张月琴	女	1969	和桥医院副主任医师	
张　勋	男	1973	和桥医院副主任医师	
胡　新	女	1970	和桥医院副主任护师	
浦焕林	男	1962	和桥医院副主任中医师	

续表 6 - 9

姓　名	性别	出生年份	工作单位及获评职称	备注
殷秀红	女	1970	和桥医院副主任护师	
储荣生	男	1953	和桥医院副主任医师	
潘红娟	女	1973	和桥医院副主任医师	
黄悦鹏	男	1971	和桥医院副主任医师	
顾建林	男	1977	和桥医院副主任医师	
蒋晓红	男	1977	和桥医院副主任医师	
杨义益	男	1970	社区卫生中心副主任医师	
施息军	男	1969	社区卫生中心副主任医师	
蔡　伟	男	1975	和桥医院副主任医师	
袁晓中	男	1957	南新医院副主任医师	

21 世纪初的锡溧漕河夜景

21 世纪初的西横街夜景

2014 年，中国工程院院士黄瑞松回故居和家人合影（中为黄瑞松）

第七章　地　　名

南北朝时期，和桥运河东岸的顺渎河口已有和兴闸。南朝宋景和元年(465)，和兴闸改建成桥，和桥的名字由此取名。和桥，立和为首，取桥后缀，突出浓郁的水乡特色，体现了先辈们团结勤勉、追求和美的胸怀与情感。历经1500多年，尽管和桥有河桥市、和桥镇市、和桥市、和桥镇等几个名称，但名字中的文化积淀则日积月累，愈加深厚。新中国成立后，和桥镇管辖范围几次扩大。至2015年，和桥镇所辖14个行政村、5个社区的地名，有的以当地特有的事物定名，有的以当地众多百姓共同的姓氏定名，有的则以当地历史上富有纪念意义的事件定名，内容丰富多彩，与和桥历史一脉相承，古韵中充满了灵秀。其中的老街古村、居民居住地和已消失的自然村落，名字都有历史可以查询，均有故事叙写和精神的传颂。

第一节　行政村(社区)名称

1986年6月，原和桥乡并入和桥镇；2000年6月，原南新镇并入和桥镇；2004年2月，原闸口镇又并入和桥镇。原各乡、镇的行政村(社区)，按照宜兴市政府的统一部署和要求，几经调整、逐渐合并，变化较大。2015年底，和桥镇现有行政村14个，社区居委5个。

2015年和桥镇行政村、社区居委名称

表7-1

	行政村(社区)名称
行政村	同里、北庄、永兴、大生、湖滨、西锄、中巷、王母桥、北新、闸口、北渠、楝聚、钟溪、福巷桥
社　区	生建、兴业、劳动、南新、海棠

撤销的行政村(社区)名称

表7-2

所在村(社　区)	撤销的行政村(社区)名称	所在村(社　区)	撤销的行政村(社区)名称
同里村	大同、文里、柏树(花园)、聚贤(南塍)、百贤	闸口村	新安、五圩、新圩、沙滩、分别、陆圩
北庄村	高楼、土墩、和兴、石路、和建	北渠村	港北、南阳、港南、黄土
永兴村	上俸、中心、站前、闻家、和桥(新建)	楝聚村	水产、归美、楝树、聚龙
大生村	前谢、苗桥、金盆	钟溪村	三庄、何家、何溪

续表7－2

所在村（社　区）	撤销的行政村(社区)名称	所在村（社　区）	撤销的行政村(社区)名称
湖滨村	油车、水产	福巷桥村	缪墅、杨桥、万福、白巷
西锄村	南新、金家、滆南、金滆南	生建社区	鹅山、团结
王母桥村	王母、兴桥、水产	兴业社区	新园、鹅西
北新村	民胜、新胜	劳动社区	新建
中巷村	西中、育中、西育中、水中、云阳、云中	—	—

第二节　自然村落名称

和桥镇14个行政村原有大小自然村407个、村民小组478个。

自20世纪七八十年代起，和桥的经济发展迅速、镇村企业异军突起，先后在和桥镇周边建造了工业集中区，经济开发区，特别是进入21世纪后，新农村建设快速发展，境内不少自然村落已从人们的视野中消失。从20世纪70年代至2015年，全镇累计有49个自然村落被拆迁，因此而消失。

2015年和桥镇自然村落名称

表7－3

行政村	自然村名
同里村	范家塘、上山、倪家塘、杨家塘、蒋家塘、茶林头、虞家塘、王家塘、张家塘、许家塘、费家塘、朱家塘、宗家塘、沈家塘、朝西村、细村上、七黄塘、大河头、塘渎桥、花园头、朝东村、港北、陈家桥、柏树下、南田舍、小村、戈口桥、戈塍、李家、史家庄、后庄、下干桥、聚贤桥、小四方桥、五大桥、南塘、北塘、后巷。
北庄村	北庄、石坝头、邓家塘、西京、路家塘、河口、杨家桥、蒋家桥、李家坝、王家村(后)、高楼下、赵家坝、坝头、桑渣地、小村、欧家塘、史家庄、褚家塘、庄上、杭桥头、前巷、后巷、庙头、裴家桥、周家浜、韦家塘、蹇家桥、湾里、大树下、石路、新村、路东、王家村(前)、坝后、坝前、双坝头、沈家塘、前塘、后塘、杨家、许家。
永兴村	小会里、大南村、小南村、谈家塘、庄里、松坟里、渎南、花家村、古桥、孙家村、永兴村、杨树下、蒋家村、大会里、兴业、仇家村、宁安桥、湾里头、新桥头、东坝头、寺后、陆家塘、李家场、周家、闻家塘、马家塘、石田路、王家、局里韦家塘、丁家塘、许家、南高头、园地村。
湖滨村	湖渎桥、李家村、油车、姚埂上、西施荡、许家边、孙家墩、老人桥、荷花顶桥、后滨、塘家庄、潘家圩、凌家圩、高家边、聚元里。
大生村	先锋村、杨家塘、刁家塘、凌家塘、孙家桥、张家塘、庙桥、寺前村、东城河、西城河、金盆圩、王家桥、寺坝村、寺西村、白莲桥、观音堂、上水村、夏水村、合心村、骆驼桥、蒋家塘、河口村、小塘、陈家塘、前谈家塘、后谈家塘、韦家村、小桥头、前谢街、长圩、寺角村。
西锄村	塘头、中塘头、西塘头、杨显桥、集房村、灯头村、半夜浜、朴树下、六房村、田干、西锄、木斗圩、七房村、黄家村、周家村、五家村、塘渎沽、港下、金家村、祝科里、台路桥、杨树下、滆南、后塘、丁家、五沙村、叶家、小村。

续表 7－3

行政村	自然村名
王母桥村	潘家、刘家、沈家、王母、邓家塘、陈家村、新桥头、后具、马桥头、楼下村、冯家村、塘田村、塘北村、水产村。
中巷村	中巷、蒋庄、王家、石桥头、夏家塘、徐家、荷花地、东田、前巷、吴家、后巷、沙滩、江船上、施家、钟家塘、管家、傅家、周家塘、谈家塘、杨家、黄家塘、裴家塘、邵家桥、新村、寺桥村、下半村、油麻墩、坝头、水中、潘家、杨家坝、胥桥浜、前塘、中塘、杨家、灯上、慕家、殷村、郑家、凌潭、太平桥、胡家塘、云阳。
北新村	夏家、赵家、北新、陈家、水满、横楝树下、田舍浜、新官庄、前双墩、后双墩、蒋家、寺塘头、湾里、朝南、老官庄、窑头、湖民。
闸口村	闸口、钱家塘、东村、花园头、宋江沟、八房村、旱漕村、唐家坝、吴家塘、永定、王家塘、廿七房、楼下、大河、夕阳、九房、湾里、分别桥、朱家村、九圩、姚桥头、陆家、翁家、蒋家、前陈、后陈、株树下、杨家村、尹家塘、东张家村、港北、龚家村、坟庵头、戴家、杨中漕、东沙滩、西沙滩、北沙滩、陆家塘、圩田、河田舍、河沱圩、谈家圩、万家圩、沈家圩、钱家圩。
北渠村	北渠村、十房村、田三房、前港村、朝东村、田肚村、杨家村、殷家村、石路塘、沙桥头、清溪街、范家塘、朱家村、黄土桥、沈家、塘山桥、归南、归北、港北村、西横塘、许家村、谈家村、南城下、朱家塘、马家村、姚上、湾头、红菱浜、尤家村、查家村、南阳桥。
福巷桥村	东塘、周潭、茅庵、南堰、王家塘、姜浦潭、花园村、缪墅、庵头、后巷、青墩头、杨埂上、巷家塘、潘家塘、后徐、前徐、白家村、河东、杜家塘、坝头、蒋家塘、柏树下、邵家塘、后大潭、刘家塘、漕顶上。
钟溪村	上塘、湖滩村、下塘、埂北、陈家村、三庄、秀才村、何巷、何家塘、宋江沟、沟西、沟东、沟南村、庄前、庄后、戴家塘。
楝聚村	河南村、河北村、费家塘、归美、黄渎港、钱家边、水产、马家村、顾家塘、南张家村、周家村、楝港、聚龙桥、北张家村。

2015 年前和桥镇消失的自然村落名称

表 7－4

行政村	序号	消失村名	村民现住址	消失原因及消失时间
同里村	1	聚　贤	聚贤新村南区	1999 年新开烧香港河拆迁
	2	王　家	大树人家	2012 年因建造镇南新区拆迁
	3	费　家	大树人家	2013 年因建造镇南新区拆迁
	4	张　家	大树人家	2013 年因建造镇南新区拆迁
	5	花园头	大树人家	2013 年因建造镇南新区拆迁
	6	陈　家	大树人家	2013 年因建造镇南新区拆迁
	7	港　北	大树人家	2013 年因建造镇南新区拆迁
	8	塘　渎	大树人家	2013 年因建造镇南新区拆迁
永兴村	1	渎南	中兴家园	2011 年因开发工业集中区拆迁
	2	松坟里(渎南二组)	中兴家园	2011 年因开发工业集中区拆迁

续表7-4

行政村	序号	消失村名	村民现住址	消失原因及消失时间
永兴村	3	仇家组	中兴家园	2010年因开发工业集中区拆迁
	4	永兴组	永兴小区	2007年因开发工业集中区拆迁
	5	孙家组	永兴小区	2007年因开发工业集中区拆迁
	6	宁南组	中兴家园	2011年因开发工业集中区拆迁
	7	宁东组	中兴家园	2011年因开发工业集中区拆迁
	8	宁西组	中兴家园	2011年因开发工业集中区拆迁
	9	汤家组	中兴家园	2010年因开发工业集中区拆迁
	10	老鹳嘴东村	中兴家园	2010年因开发工业集中区拆迁
	11	老鹳嘴西村	中兴家园	2010年因开发工业集中区拆迁
北庄村	1	韦　家	大树人家	2010年镇南新区建设拆迁
	2	蹇　家	大树人家	2010年镇南新区建设拆迁
	3	湾　里	大树人家	2011年镇南新区建设拆迁
	4	大树下	大树人家	2011年镇南新区建设拆迁
	5	新　村	大树人家	2011年镇南新区建设拆迁
	6	路　东	大树人家	2011年镇南新区建设拆迁
	7	李　家	金色港湾	2008年金色港湾开发拆迁
	8	河　口	大树人家	2015年企业用地拆迁
	9	许　家	富阳小区	2005年和桥庭园开发拆迁
	10	王　西	和桥庭园	2004年和桥庭园开发拆迁
大生村	1	夏水村	新水新村	2013年因滆湖东路建设拆迁
中巷村	1	管家漕	和桥镇小湾小区	工业集中区建设2002年拆迁
	2	黄家塘	和桥镇小湾小区	工业集中区建设2002年拆迁
	3	杨家桥	和桥镇小湾小区	工业集中区建设2002年拆迁
	4	荷花地	和桥镇清溪花园	工业集中区建设2006年拆迁
中巷村	5	徐家村	和桥镇清溪花园	工业集中区建设2006年拆迁
	6	中　巷	和桥镇永兴小区	工业集中区建设2006年拆迁
	7	东　田	和桥镇永兴小区	工业集中区建设2006年拆迁
	8	杨家坝	中兴家园一期	工业集中区建设2010年拆迁
	9	前　塘	中兴家园一期	工业集中区建设2010年拆迁
	10	中　塘	中兴家园一期	工业集中区建设2010年拆迁
	11	灯　上	中兴家园一期	工业集中区建设2010年拆迁
	12	杨筲箕	中兴家园一期	工业集中区建设2010年拆迁
	13	东寺桥	中兴家园二期	工业集中区建设2011年拆迁
	14	西寺桥	中兴家园二期	工业集中区建设2011年拆迁
	15	裴家塘	中兴家园二期	工业集中区建设2011年拆迁
	16	新村（灵官庙）	中兴家园二期	工业集中区建设2011年拆迁
	17	邵家桥	中兴家园二期	工业集中区建设2011年拆迁
	18	傅家塘	中兴家园二期	工业集中区建设2011年拆迁
	19	前　巷	中兴家园二期	工业集中区建设2012年拆迁

第三节　道路、街巷、河流、桥梁名称

20世纪80年代,和桥集镇的公路、街巷数量变化不大,且多数较为狭窄。进入90年代,随着大规模的旧街改造、农村城镇化建设的快速推进,居民居住区大量新建,镇区面积不断扩大,道路、街巷迅速增多,出现了一大批新的富有改革开放时代特点和人文厚重地方特色的道路、街巷名称。2002年,新(沂)长(兴)铁开通后,和桥结束了境内无铁路的历史。和桥地处宜兴北部,是典型的江南水乡,河流纵横交错。2015,全镇有市级河道4条、镇级河道21条、村级河道100多条、有各类桥梁356座。

2015年和桥镇主要公路、街巷名称

表7-5

地　区	主要道路、街巷名称
全镇主要公路	锡宜公路(和桥段)、和楝公路、和南公路、周扬公路(和桥段)、南高公路(南新段)、锡宜高速公路(和桥段)、滆湖东路高速公路(和桥段)
镇区(主要街道)	西横街、鹅洲西路、鹅洲北路、和新路、鹅洲东路、东横街
生建社区	朝阳路、健康东路、运河东路、和建路
兴业社区	健康西路、永昌路、新园路、永兴路、和乐路、公园路、兴业街、民主巷
劳动社区	教育路、福寿路、农贸路、新建路、湖滨路、清溪路、劳动街、马家墩巷、蠡斯巷、福寿路、农贸路
镇南新区	百贤路、海棠路、人民路、彭城北路、彭城南路、和楝路南延段、鹅洲东路南延段、朝阳路南延段
工业园区	创业大道、3号路(中心路)、新兴路、兴和路、周杨公路、纯江路、南新路
南新集镇	人民路、新街路、振新路、得胜路、南中路、南新路西延段
楝树港集镇	闸口北路、闸口南路、富民路、海棠东路、海棠西路、教育路、楝阳路、农贸路、镇南路

2015年和桥镇居民居住区名称

表7-6

地区	居民区名称
生建社区	工程新村、朝阳新村、富阳新村、和桥庭院、锦绣江南花苑、兴隆新村、团结新村、方正小区、航运新村、东横街住宅区、北庄小区、团结小区、江南新村、欧德隆超市区、运河东路住宅区、金色港湾、润禾家苑、东锦家园
兴业社区	健康新村、永昌新村、永和新村、迎祥家园、新园新村、兴业新村、园地新村、翰林院、永兴小区、中兴家园、西和花园、禾晖广场住宅区、健康西路住宅区、公园路住宅区、马家综合楼、西苑综合楼
劳动社区	新建新村、和乐新村、长乐新村、康乐新村、华达家苑、清溪花苑、南高小区、农贸市场住宅区、和桥商城住宅区、劳动新村、粮油小区、环北小区、华兴小区、天和家苑、富家苑、马家高墩住宅区、闻家新村
镇南新区	大树人家、鹅洲公馆、怡和花园、怡景华庭
南新社区	得胜路住宅区、人民南路住宅区、人民中路住宅区、人民东路住宅区、人民北路住宅区
海棠社区	农贸路住宅区、富民新村、民昌新村、农贸市场住宅区、教工大楼

2015年和桥镇境域主要河流名称

表7－7

类别	河道名称
市级河道	烧香港、殷村港、漕桥河、武宜运河
镇级河道	避风渎港、老殷村港、官庄漕、塘渎港、老烧香港、东河头、新安河、五洞桥河、聚龙河、马嘶渎港、下横河、长征圩生产河、南新河、黄渎港、楝树港、将军河、庄渎港、北渠河、西横河、湖渎港、水村港
村级河道	老滩圩生产河、沙滩浜、龙沿河、旱田河、尖圩浜、秀才浜、闸口浜（含半夜浜）、邵家河、沙滩河（含八房浜、正塘河）、尤家浜、半牌头河、沈家圩、长圩浜、顺龙河、新安河（含南河浜、小湾渡河、分别河）、北渠河、陈店河、叶庄浜、陈家浜、沙桥河（含塘山桥浜）、沈家圩浜、老虎浜（又称田肚浜）、石路浜、降龙港、后村浜（又称南城下浜）、前圩河、白家浜、青墩浜（含花园头浜）、杨桥北河、杨桥南河、毛市浜、龙潭河、上横河、黄渎港、南新圩生产河、胜利圩生产河、中场圩生产河、团结圩生产河、刘家桥河、昌溪桥河、龚家浜、水村浜、北大河、西施荡河、湖滨圩生产河、合心圩生产河、红卫圩生产河、小桥河、夏水村河、叉口桥河、北庄浜、小沿河、周家浜（五指河）、双坝头漕、裴家浜、青龙港、中巷河、杨树下河、佛来桥河、荷花圩生产河、沙渎港、神仙河、王母港、塘北漕、水产生产河、双墩港、民胜河、北新圩生产河、官庄漕、东叉河（又名余丰河）、青龙港

2015年和桥镇境域主要交通道路桥梁名称

表7－8

类别	桥梁名称
锡宜高速公路（和桥段）桥梁	宋江沟桥、王家塘桥、杨树桥、坝后桥、石路立交桥、同里立交桥、百贤立交桥、老烧香港桥
锡宜公路（和桥段）桥梁	新民桥（小样桥）、和桥（大洋桥）、塘渎桥、庄渎桥
和楝公路桥梁	北庄桥、殷村桥、渡船桥、港北桥、采花桥、石芦桥、杨家桥
南新公路桥梁	昌溪桥、傅家桥、育中桥、跃进桥
和高公路（和桥段）桥梁	塘家桥、中心桥、汤家桥、上俸桥
南高公路（和桥段）桥梁	人民路桥、石灰桥、佛来桥、王家村桥
楝杨公路桥梁	沙桥、黄土桥、兴隆桥、何家桥、万福桥、杨桥
天一公路桥梁	武宜大桥
滆湖东路（和桥段）桥梁	胜利桥、南新桥、跃进桥、湖渎桥、水村桥、水村港桥、官庄大桥、兴河桥、窑厂桥、塘北桥、马嘶渎桥、殷村港桥、港下桥、塘渎桥
锡溧漕河（和桥段）桥梁	白巷大桥、楝树大桥、钟溪大桥、归美桥、北兴桥、中兴桥、南新桥
殷村港河（和桥段）桥梁	殷村港桥、新建桥、北庄桥、西中桥、中巷桥、新桥、王母桥、滆湖桥
烧香港河桥梁	上垛桥、戈口桥、聚贤桥、后庄桥、塘渎桥、善继桥、陈家桥
漕桥大河桥梁	老聚龙桥、龙溪桥、新聚龙桥

说明：桥梁名称不重复，如在公路上已有此桥名，在航道上就不再重复，但相同桥梁名还存在，是两项同一名称的不同桥梁，如殷村港桥，一项为铁路桥，一项为公路桥

2015年和桥镇村（居）级河道桥梁名称

表7－9

村、社区	桥梁名称
同里村	五路桥、范家桥、善继桥、蹇家桥、朱家桥、公家浜桥、南东桥、下干桥、黄土桥、五大桥、北塘桥
北庄村	韦家桥、王东桥、五指河桥、塘里桥、天富桥、王家桥、邓家桥、杨家桥、蒋家桥、新庄桥（俗称异立张桥）、裴家桥、庄洋桥、杭桥头桥、后杭桥头桥
永兴村	刘家桥、许家桥、李家桥、伏龙桥、西桥、黄家桥、积谷桥、土皇桥、永安桥、外塘渎桥、谈家桥、庄里桥、湾里桥、王舍桥、友谊桥
湖滨村	口桥、潘家桥、李家桥、聚元桥、油车桥、人民桥、石湖渎桥、后湖渎桥、沙盘头桥、顺山桥、谈家桥、荷花顶桥、为农桥、上闸桥、下闸桥、钢窗厂石桥、黄渎港石桥、老鹰桥（老人桥）
大生村	杨家桥、先锋桥、苗桥、允济桥、黄银桥、小桥、谈家桥、团结桥、河口桥、前谢桥、节义桥、合心桥、白莲桥
西锄村	避风渎港桥、集房桥、黄家桥、黄家村桥、黄家北桥、永丰桥、新建圩桥、卫星圩桥、鹊桥、新桥、黄家圩桥、塘渎沽桥、同心圩桥、同心圩西桥、莲花桥、莲花铁桥、滆湖桥、塘渎沽东桥、塘渎沽西桥、南丰桥、港下桥、沙渎桥、港下西桥、劳动桥、西锄大桥、西锄桥、杨显桥、批林桥、金家桥、长春桥、滆南东桥、滆南西桥、后塘桥、杨显桥、避风渎桥、团结闸（桥）
王母桥村	楼下桥、新桥大桥、后具桥、塘田桥、塘北桥、后塘北桥、下田桥、东王母桥、西王母桥、马嘶桥
中巷村	中巷桥、夜叉桥、方田桥、夏家桥、施家桥、邵家桥、杨家桥、柯山桥、胥桥、太平桥、殷村桥、石桥
北新村	夏家桥、北新桥、青龙桥、东桥、西桥、新春东桥、新春西桥、前双桥、后双桥、窑厂桥、东圩丰桥、西圩丰桥、湾里东桥、湾里西桥、民胜桥、民胜水闸桥、寿星桥、圩丰桥、西电站桥、正觉桥、菩提桥
闸口桥	顺龙桥、万家桥、五圩桥、沈家桥、五桂洞桥、新安桥、新荡桥、株树桥、小姚桥、大姚桥、分别桥、九圩桥、二七房桥、大河桥、新建桥、永定桥、夕阳桥、闸口新桥、宋江桥、八房桥、陆田撮桥、陆家塘桥、圩田桥、小湾渡桥、叶庄桥、沙滩桥、东沙桥、钱家桥、翁家桥、闸口桥、河田舍桥、陆圩渡水桥、陆圩新桥、西沙桥
北渠村	宣巷桥、尤家桥、尤家红菱桥、石芦东桥、前巷桥、北渠电站桥、万年新桥、田三房桥、塘山桥、黄土电站桥、红菱桥、十房桥、刘家湾桥、十房村北桥、田肚桥、墩头圩桥、石芦西桥、南城下桥、降龙桥
福巷桥村	庄山庙桥、青墩桥、新巷家桥、大巷（玉成）桥、岸田桥、白家桥、新白家桥、杜家桥、黄泥潭桥、前徐桥、陆家桥、圩田桥（1）、圩田桥（2）、西大潭桥、后大潭桥、东缪墅桥、西缪墅桥、周潭东桥、周潭西桥、东花园桥、西花园桥、沈家圩桥、长兴桥、大潭桥、王家桥、周洛桥、后姜桥
钟溪村	河庄桥、关黄桥、沟南桥、戴家渡漕桥、沟西小桥、小林桥、何家石桥、何巷桥、惠龙桥、三五桥、陈家桥、岸田桥、尖圩桥、湖汰浜桥、老滩桥、老滩南桥、金莲闸桥、杨家桥、小五洞桥、天一桥、金莲桥（五洞桥）
楝聚村	万金桥（黄渎港桥）、黄渎港中桥、下良桥、万寿桥、顾家桥、兴隆桥、楝墅港桥（三洞桥）、楝树桥

续表7-9

村、社区	桥梁名称
生建社区	永宁桥、永丰桥、顺宁桥、生建桥(周家浜桥)
兴业社区	劳动桥(长工桥)、骆驼桥、平板桥
劳动社区	玉龙桥
南新社区	里塘渎桥、龙浜桥、南新大桥

第四节　地名溯源

和桥历史悠久,其地名蕴含着丰富的历史文化信息。和桥是典型的江南水乡,荡、渡、桥众多,集镇、街巷和一些村落名称都与荡、渡、桥等有密切关系。另外有的地名与重大历史事件相关,有的与民间传说有关,有的与树名有关,还有相当一部分的地名与姓氏、望族有关。

一、镇名溯源

1. 和桥

和桥名称的传说来历有三种:

传说(一):

据传唐朝时,和桥本是个村庄,河东叫下塘村,河西叫上塘村。下塘村上有个姓赵的员外死后,三个儿子为了分家产,你争我夺,闹得不可开交,要去宜兴县衙门打官司。有一天他们雇了一只小篷船。老大、老三先上船,老二拎了一小瓮酒最后上船,忘了带下酒菜,忽见岸边有只甲鱼,他连忙捉了上来,准备当下酒菜。老大见是花底甲鱼,大吃一惊,连忙劝阻,说花底甲鱼是火赤炼蛇变的,吃了会毒死人的。老二在老大再三劝告下,只得先把甲鱼挂在蓬梢上再说。不一会儿,甲鱼真的变成了一条火赤炼蛇,老二感激地说:"大哥,今天幸亏你救了我的性命。关于分家的事,我只要五亩田,两间屋,其他财产给大家。"老大说:"我本来也不是同你们争财产,只是看到你们嗜酒贪玩,怕你们不会管理田产,想帮你们代管一下,今后在困难的时候好接济你们。既然这样,我也只要五亩田,两间房就够了。"老三见两个哥哥相互谦让,也不再争。兄弟三个调转船头回家后,决定将多余的财产用来做件好事,各人负责造一座桥(南兴桥、中兴桥、北兴桥三座石拱桥),把上塘村、下塘村连接起来。兄弟和好出资造桥,这三座桥统称为"和桥"。

传说(二):

据传和桥早先是个村庄。相传村上有两家富户,一家姓陈,一家姓周。陈家男孩与周家女孩青梅竹马,亲如兄妹,成为一对难舍难分的情人,但两家大人因为砌屋争风水而闹僵怎么也不同意成亲,结果这对青年情人得了相思病,双方父母急得求神拜佛,求医买药,终不见效。有一自称半仙的算命先生知道内情,故意到陈家去算命,点穿病因是相思后,又上周家说,要想病愈并成亲。双方信以为准,就托媒说亲成了婚。两家从此和好,商议要为大伙做件好事,两家在河上合造一座桥,方便两岸村民,取名"和合桥",久而久之被人们简称为"和桥"。

传说(三):

据传元泰定年间(1324—1328年),有邵氏两兄弟,为分家产而大伤和气,后经乡邻劝和,弟兄重归于好。两人在顺渎河(又称小沿河)上合建一座石拱桥,取名"和桥",既谢乡邻,又示兄弟和好。明正统十年(1455),邵氏子孙邵俊重建此桥。

2. 鹅洲

公元前473年,越王勾践灭掉吴国,"敌国破,谋士亡"。传说越国大夫范蠡为了逃避勾践的迫害,伪装渔民,偕西施驾一叶小舟载着鹅鸭,弃官逃亡。一天路过和桥,夜宿下塘南首五指河畔,将鹅鸭在滩上放养,故相传和桥南首有鹅鸭滩,后世文人雅称为“鹅洲”。从此，“鹅洲”代称和桥。

二、行政村(社区)名称溯源

1. 同里村

同里行政村由原大同村、文里村、柏树(花园)村、聚贤(南塍)村合并而成。2000 年 3 月，原大同村与文里村合并时，取大同村的“同”字与文里村的“里”字组成“同里”村的村名，与历史名镇吴江县的同里镇镇名相同，既有名镇效应，又有邻里相亲同心同德的意思。

2. 北庄村

北庄行政村由北庄自然村而得名。北庄自然村是和桥镇北部的一个较大村庄，故称北庄。北庄行政村由原高楼村、土墩村、石路村、和建村与北庄村合并而成。

3. 永兴村

永兴行政村由原中心村、上俸村、闻家村、和桥(新建)村与永兴村合并而成。据村民回忆，在民国 23 年(1934)11 月，宜兴县三区(和桥区)将和桥镇西面一片自然村设立一个乡，取名永兴乡，寓意永远兴旺。1956 年 2 月，永兴乡撤销，与被撤销的大同乡合并成立新民乡。当地干群怀念永兴乡，即将陈家自然村改为永兴自然村。人民公社时期，陈家自然村周边的一些自然村组建大队时，仍用“永兴”命名永兴大队。以后的公社改乡，大队改村时仍用“永兴”二字改称永兴村至今。

4. 大生村

大生行政村于 2000 年 2 月将原苗桥村、前谢村、金盆村合并时取名大生村。因村内有座古寺——大圣寺而得名(“生”与“圣”谐音)。

5. 湖滨村

湖滨行政村由湖滨圩而得名。湖滨村靠近滆湖，村民在滆湖边修筑一圩，取名湖滨圩，该地若干个自然村建立行政村(大队)时即以湖滨圩圩名命名为湖滨村。

6. 西锄村

西锄行政村因西锄自然村而得名，西锄自然村名来源于历史的传说。西锄自然村原名静乐里，明嘉靖四十五年(1566)，静乐里一位蒋姓农家出生一个男孩，人称蒋天童。其六岁入学，八岁时不由师教即能念佛，二十六岁时，偶得一本《六祖坛经》，如获至宝，并反复诵读。此事惊动了宜兴龙池山禅师幻有正传，明万历二十二年(1594)，禅师亲临静乐里，和蒋天童对话一番，希望他能够尽快彻悟。当时蒋天童正在田间向西锄地。他为了不失机缘，赶紧撂下工具，辞别家人，追随幻有正传出家入龙池禅院，法号密云圆悟。由于蒋天童聪慧好学，潜心参学，一生历主六大名刹，被尊为临济宗中兴之祖，在佛教史上享有非常崇高的地位。密云圆悟(蒋天童)示寂后，静乐里的村民为纪念这位杰出的高僧，依据他离家时朝西锄地的场景，遂把静乐里的村名改为西锄村一直延用至今。2000 年后，金滆南(金家、滆南)村与南新村先后并入西锄村。

7. 王母桥村

王母桥行政村于 2001 年由王母村与兴桥村合并时，取王母村的“王母”两字与兴桥村的“桥”字合并改称王母桥村。2005 年水产村并入王母桥村。

8. 北新村

北新行政村以北新街命名。北新街曾是北新乡所在地。据资料记载，民国 37 年(1948)5 月 23 日，北新设乡，辖南新等片区。1956 年 2 月，北新乡撤销，并入南新乡，从此，北新成为北新行政村(大队)。2005 年 3 月，民胜村与北新村合并时，各取一字曾改称新胜村，同年 9 月仍更名为北新村。

9. 中巷村

中巷行政村以中巷自然村而命名。中巷自然村中有一余氏祠堂，当时村名被称为中祠堂村，后演变为中巷村。中巷村由原西中、育中、水中、云阳与中巷村合并仍称中巷村。

10. 闸口村

闸口行政村因闸口集镇而得名。据记载，闸口原名永定，当地土地肥沃，但周边水道狭小，经常有旱涝灾害，故古人兴修水利，开浚河道，开通新河 18 坝，制闸于 28 房处，以蓄水泄溢。由于建了闸，便成了桥，连接河东河西两岸，便利乡人生产、生活。因建造的闸在永定村口，村民便将永定改为闸口。闸口历史悠久，在宋代就形成了小集镇，在民国时期，闸口已设乡，1959年起，闸口曾是公社机关的驻地。1961年，公社机关驻地迁至楝树港后，闸口一直为行政村。现在的闸口村由原来的五圩、新安、沙滩、陆圩、分别、闸口六个行政村合并而成。

11. 北渠村

北渠行政村由北渠自然村得名。北渠自然村因村中有一沟渠通向北面的漕桥大河，该自然村故称北渠村。在行政村调整中，原南阳、港北、黄土行政村先后合并后又并入北渠村。

12. 楝聚村

楝聚行政村在水产并入归美、归美并入楝树村后，于2005年聚龙与楝树两个行政村合并时取楝树村的“楝”与聚龙村的“聚”合称楝聚村。

13. 钟溪村

钟溪行政村因钟溪街而得名。钟溪原是一个古老的小集镇，人们都称钟溪老街。钟溪在明、清时代曾是宜兴县在北部设立的巡检厅、巡检司署、公馆的所在地。新中国成立后曾为初级社、高级社、大队、行政村名。行政村合并时，原何家村、三庄村与钟溪村合并仍称钟溪村。

14. 福巷桥村

福巷桥行政村是和桥的北大门。2005年3月，由原来的万福行政村、白巷行政村、杨桥行政村合并时，三个村各取一字，改称福巷桥村。

15、生建社区

新中国成立后，和桥集镇的下塘街南首称一街。1950年改称生建街，寓意要通过生产来建设新的和桥。1958年建立生建街居民委员会。2002年，鹅山居委并入生建街居民委员会，2009年，团结街又并入生建街居民委员会，同时改称生建社区居委。

16、兴业社区

新中国成立后，和桥集镇的上塘街南首称三街。1950年改称兴业街，寓意要兴家立业，改善生活。1958年建立兴业街居民委员会，2002年新园居委并入兴业居委，2009年鹅西居委撤销，将西横街南区域并入兴业居委，同时又改称兴业社区居委。

17、劳动社区

新中国成立后，和桥集镇的上塘街北首称四街。1950年改称劳动街，寓意通过劳动，才能过好生活。1958年建立劳动街居民委员会，2002年新建居委并入劳动街居委，2009年将原鹅西居委西横街北区域划入劳动街居委会，并改称劳动社区居委。

18、南新社区

1998年成立南新居民委员会，因地处南新街，故取名南新街居民委员会。2009年又改成南新社区居委。

19、海棠社区

楝树港集镇于1996年成立海棠居民委员会，因离海棠园不远，故以苏东坡亲手栽植的千年海棠取名海棠居民委员会，2009年又改称海棠社区居委。

三、撤销的行政村（社区）名称溯源

1963—2009年，和桥镇（含原和桥乡、南新乡镇、闸口乡镇）经过多次行政村拆并和区划调整，先后拆并了56个行政村、5个社区居委会。

1963—2009年和桥镇撤销的行政村（社区）名称溯源

表7－10

所在村（社区）	撤销村（社区）	名称溯源
同里村	大同	新中国成立初设立大同乡，当初当地老百姓饱受三座大山的迫害之苦，都纷纷立志，要大家同心同德，团结一致，改善生活，即用“大”与“同”合并称大同乡。撤乡后成为行政村名

续表 7－10

所在村（社区）	撤销村（社区）	名称溯源
同里村	文里	文里原名粉里，约在宋末明初时为谢姓大户的一个庄园。庄园在朱家塘自然村东南面，烧香港北面，庄园内有一土墩，土墩上有一棵枌树，故该庄园取名枌里墩，后人将枌改成粉，后又改成文。民国时期曾设乡，称文里乡。撤乡后便成为行政村名。2002 年，大同与文里合并称同里行政村
	花园与柏树	原花园行政村（人民公社期间称花园大队），由花园头自然村而得名，花园头自然村因村中有一花园，故称花园头。1981 年，将花园大队更名为柏树大队。柏树大队由柏树下自然村得名，柏树下自然村因村中有一古柏树，故称柏树下。花园大队和柏树大队是二个时段的大队名，1983 年大队改村，改成柏树行政村
	南塍与聚贤	南塍大队在 20 世纪 50 年代成立高级社时，南塘、北塘、戈塍、聚贤等几个自然村组成高级社时，取两个大村——南塘与戈塍各一字故取名南塍高级社，人民公社期间又改成南塍大队。1981 年将南塍大队更名为聚贤大队，聚贤大队因聚贤桥而得名。相传从这顶桥上走出的贤才较多，是聚贤之桥，桥边的村即称聚贤自然村。该大队即改名为聚贤大队，1984 年又改名为聚贤行政村
	百贤	2000 年柏树、聚贤两个行政村合并时各取一字称柏贤村，又因“柏”与“百”同音，且“百”的含义比较吉祥，故将“柏”改成“百”称百贤村，百贤还有贤士能人集中的寓意。2005 年百贤村并入同里村
北庄村	高楼	原高楼行政村因高楼下自然村得名，高楼下自然村因村上的住户比较富裕，住的房子都是高楼大舍，在当地彰显独特，故该自然村被人称高楼下，久而久之形成了该自然村的村名。周边几个村在成立大队时取名高楼大队，后改为高楼行政村
	土墩	原土墩行政村因附近有一古庵堂，在一个大土墩边，该庵堂称土墩庵，故在人民公社期间，附近几个村庄成立大队，以该庵名建立土墩大队，1983 年公社改乡后改为土墩行政村
	和兴	2000 年土墩、高楼两个行政村合并时，寓意要和睦兴旺，故将合并后的行政村名称为和兴行政村。2001 年和兴村并入北庄村
	石路	原石路行政村由石路墩头自然村得名。石路墩头自然村因该村老百姓上街主路都是泥土路，很不方便。该村蒋姓人家各自献出青石板，从村上一直铺到街边，形成一条石板路面，故该自然村得名石路墩头。至人民公社时期，石路成为大队名，1983 年 10 月又改成石路行政村
	和建	原和建行政村由和桥镇东面几个街边村塘里（包括前塘、中塘、后塘）杨家、许家几个自然村组成，原属和桥乡管辖。1966 年 3 月 7 日，宜兴县人民委员会决定将和桥公社的和建大队划归和桥镇，成为和桥镇的蔬菜大队。1985 年 10 月，改名和建村民委员会。1986 年和桥乡与和桥镇合并后，仍称和建村。又于 2001 年 2 月将和建村并入石路村
永兴村	上俸	原上俸行政村因上俸自然村而得名，村北有一石桥称上俸桥，村又以桥名称上俸村
	中心	原中心村在民国时期属永兴乡，因该村地处永兴乡的中心位置，故后来成立大队时称为中心大队，后又改成中心行政村

续表 7－10

所在村（社区）	撤销村（社区）	名称溯源
永兴村	站前	2000 年 2 月，上俸村、中心村合并，因当初新长铁路开通，在该村内设一控制和高公路与新长铁路交叉口的预留站，故合并后的村名改称站前村
	闻家	原闻家行政村因闻家自然村而得名，闻家自然村因村上村民都姓闻，故称闻家自然村
	新建	原新建行政村位于和桥镇闹市区的北侧，属和桥镇的新建成区域，故称新建行政村直至 1981 年
	和桥	原和桥行政村于 1981 年由新建行政村更名而来。因该村地处和桥镇区边，在和桥镇建设扩展的情况下，原新建行政村大部分自然村成为镇中村，故将新建行政村改称和桥行政村。2001 年 2 月，和桥，闻家两村合并，仍称和桥村
大生村	前谢	原前谢行政村由前谢街自然村而得名。前谢街自然村因该村在清末有一小街，前面的村称前谢街，后面的村称后谢街。后因小街店铺无生意歇业，故改为前谢、后谢（村）。因前谢村较大，在人民公社期间建立大队，获称前谢大队，后又改成前谢行政村
	苗桥	原苗桥行政村因桥而得名。当地有一土地庙，庙边有一小河，河上造砌的桥称庙桥，该自然村因而也称庙桥村。在人民公社期间称庙桥大队，1983 年 10 月又改称庙桥行政村。因“庙”与“苗”同音，后人将“庙”桥写成“苗”桥
	金盆	原金盆行政村因金盆圩自然村而得名，该自然村四周是河，村址像一只盆故称金盆圩村。后来建立行政村（大队）时称金盆行政村（大队）
湖滨村	油车	油车大队因油车自然村而得名。油车自然村在清末年间曾办土油厂，有榨油用的木油车，该自然村即称油车村。1961 年 9 月在人民公社时期，从前谢大队划出建立油车大队，1963 年又并入湖滨大队
西锄村	南新	南新行政村在人民公社时期，原南新集镇周边的几个自然村组成大队，因地处南新街周边，故称南新大队。1983 年 10 月改为南新村。2001 年 2 月，并入西锄村
	金家	金家行政村由金家自然村而得名，金家村又因金姓而得名。在人民公社时期，金家自然村附近的几个自然村成立大队时，取名金家大队，1983 年 10 月大队改称村仍取名金家村
	滆南	滆南行政村，由滆南自然村而得名。滆南原名街南，即南新街之南，又位于滆湖之南，故改名滆南村。在人民公社时期，滆南自然村附近的几个自然村成立大队时取名滆南大队，1983 年 10 月大队改村时仍取名滆南行政村
	金滆南	2000 年 2 月，金家行政村与滆南行政村合并时取“金”与“滆南”合成金滆南为行政村名。2005 年 3 月，该村并入西锄村
王母桥村	王母	王母行政村因王母自然村而得名。王母自然村的由来是：传说三国时吴国太借宿此村，故该自然村定名皇母娘娘村，以后又改名为王母村。人民公社时期组建大队时称王母大队，1983 年 10 月改成王母行政村

续表 7－10

所在村（社区）	撤销村（社区）	名称溯源
王母桥村	兴桥	兴桥行政村因新桥自然村得名，新桥自然村又因村中新砌的桥而得名新桥村，在人民公社期间，成立大队取新桥为大队名，又将“新”改成“兴”，寓意大队兴旺发达。1983 年 10 月改成兴桥行政村
	水产	水产行政村于 1965 年建村，原为渔民定居之地，在人民公社时期曾称水产大队，1983 年 10 月改水产大队为水产村。2005 年 3 月水产村并入王母桥村
北新村	民胜	民胜行政村是中华人民共和国成立后设立的一个行政村。因境内有一官庄村，原官庄村的住户在外面做官的比较多，且都比较富裕，占有耕地面积多，属于剥削阶级。土改时官庄村被评为地主的就有 26 户，在成立行政村时，许多村民都感到剥削阶级被推翻了，劳动人民胜利了，当家作主了，所以新成立的行政村取名“民胜村”，寓人民胜利之意
	新胜	2005 年 3 月，民胜村与北新村合并被取名新胜村。同年 9 月又更名为北新村
中巷村	西中	西中行政村在人民公社期间建立大队时，在当地较有名的西东岳庙和较大的村庄钟家塘中各取一字，称西钟（中），因“钟”与“中”同音，且易写，故该大队（村）一直被称西中大队（村）至 2000 年 2 月
	育中	育中行政村因村中有一育中小学，在人民公社期间从原西中大队分出，故称育中大队，1985 年改为育中行政村
	西育中	2000 年 2 月，西中与育中合并称西育中村
	水中	水中村因水中自然村而得名，水中自然村因该村地势低洼，下大雨时常积水，远望村庄仿佛在水中，故该自然村取名为水中村，又名赛中村
	云阳	云阳行政村因云阳自然村而得名。云阳自然村的由来：相传东汉时蒋横为光武帝刘秀讨伐赤眉有功，被封为浚遒侯，后遭奸佞羌路陷害，其子蒋默，蒋澄兄弟俩渡江来阳羡，隐居避难，直到蒋横平反后，蒋默、蒋澄均就地封侯，其中蒋默封为云阳亭侯（即现云阳自然村周边一带），故村名为“云阳村”
	云中	2000 年 2 月，水中、云阳村合并取名云中村
闸口村	新安	新安行政村因村有一新渎庵，在人民公社期间建立大队时，以此庵名中去掉“渎”字，命名新安（庵）大队（安与庵同音）
	五圩	五圩行政村因有“河大圩、谈家圩、万家圩、沈家圩、钱家圩”等五个圩村合在一起建立的大队（村）故称五圩大队（村）
	新圩	2000 年 2 月新安行政村与五圩行政村合并改称新圩行政村，2006 年 3 月并入闸口村
	沙滩	沙滩行政村因村内有东沙滩、西沙滩、北沙滩三个较大的自然村，地处沙塘处，建村（大队）时取名沙滩村。沙滩行政村于 2001 年 3 月并入闸口村
	分别	分别行政村以分别桥自然村命名，村以桥名。分别桥为宋代苏东坡大学士与其同代进士邵民瞻相处甚密，苏东坡经常来邵氏家，苏东坡离开闸口时，邵民瞻经常在此桥分开话别，故后人将此桥改称分别桥。分别行政村于 2003 年 3 月并入闸口行政村
	陆圩	陆圩行政村在建村（大队）时，取当时较大的二个自然村——陆家塘和圩田村名中各一字，故取名陆圩村（大队）。2005 年 3 月陆圩行政村并入闸口行政村

续表 7－10

所在村(社区)	撤销村(社区)	名称溯源
北渠村	港北	港北行政村因港北自然村得名,港北自然村座落一大埂之北,该村取名埂北村,港、埂乡音相近。故逐步演变成港北村
	南阳	南阳行政村由南阳自然村得名,南阳自然村因村中有一座南阳桥而得名
	港南	港南行政村于 2000 年 2 月由港北、南阳两村合并取名港南村。2005 年 3 月港南村并入北渠村
	黄土	黄土行政村因黄土自然村而得名,黄土自然村又因桥得名,该村中建有一桥,因桥两边的土壤均属黄土故称黄土桥。2000 年 2 月黄土村并入北渠村。
楝聚村	水产	水产行政村因水产自然村得名,水产自然村的村民都以捕捞、养殖为业,故该村取名为水产村。2002 年并入归美村
楝聚村	归美	归美行政村由归美自然村而得名,归美自然村村名来自二个传说。相传西施到过该地,称美人归来,故桥称归美桥,这个自然村取名归美村。又相传因西施到过该地,大家站在桥上观望西施美女,后人将此桥称观美桥,后逐步写成归美桥,此村也称归美(桥)村
	楝树	楝树行政村坐落在钟张运河西,楝树港河南、河北两侧,因楝树港河而得名。相传该地古时有三颗大楝树,故此河取名楝树港。楝树港河南的自然村取名楝树港河南村;河北的自然村取名楝树港河北村,在组建大队和行政村时一直沿用楝树至今。2003 年 3 月归美村并入楝树村
	聚龙	聚龙行政村由聚龙自然村而得名。聚龙自然村又因村上有一座聚龙桥而取名聚龙村。聚龙村古称“官载渎”,据民国 29 年聚龙桥徐氏《世德堂》宗谱记载,楝树港北,钟溪南之范围称官载渎。相传清朝两代皇帝南下游览时,从常州至五洞桥,沿着塘河硬信步南行,都来到官载渎的大桥边,后人将此桥改称聚龙桥,旁边的村为聚龙村
钟溪村	三庄	三庄行政村因三庄自然村得名。三庄自然村在旧时因周围共有七个村庄,此村庄按坐落位置排列第三,故该自然村取名三庄村,也是七个村庄中最大的自然村。2000 年 2 月,三庄村并入钟溪村
	何家	何家行政村因何家自然村得名,何家自然村是一个大村,村上村民基本上都为何姓,故取名何家村
	何溪	2005 年 3 月,何家村和钟溪村合并取名何溪村,同年 9 月又更名为钟溪村
福巷桥村	缪墅	缪墅行政村因缪墅自然村而得名。缪墅自然村因原村上有一古庙,庙旁住宅地取名“庙墅”,因“庙”与“缪”同音,后人将“庙墅”改成“缪墅”。2000 年并入杨桥村
	杨桥	杨桥行政村位于杨桥集镇河南,属宜兴市,因杨桥集镇而得名。古时河上无桥,河南河北住户来往极不方便,杨桥街居民看到附近白家祠堂门口有一棵大杨树,将树锯下并锯成厚板架在河上,方便河南河北人员来往。因这块木板是杨树板,人们将这简易木板桥称作杨桥,故该集镇被命名为杨桥街。此河以后作为武进与宜兴的界河,河北为武进杨桥,河南为宜兴杨桥。2000 年 2 月,缪墅村并入杨桥村
	万福	原万福行政村,因村内有万福庵,在建大队(村)时被称为万福大队(村)。万福庵,亦名万福禅院,建于唐昭宗景福二年(893 年),距今已有 1100 多年悠久历史,是一座江南名寺

续表 7－10

所在村（社区）	撤销村（社区）	名称溯源
福巷桥村	白巷	白巷行政村在建村时，以当时较大的白家塘自然村和巷家塘自然村各取一字而组成“白巷”为行政村名
生建社区	鹅山	1985 年 10 月从生建社区分出建立鹅山居民委员会。因辖区内曾有鹅山书院，在镇上较为有名，故取名鹅山居委会。2005 年又并入生建居委
	团结	1950 年 2 月，将和桥二区改称团结街，1958 年 1 月建立团结居委员会。2009 年 4 月，团结居委并入生建居委，同时又改称生建社区居民委员会
兴业社区	新园	1985 年 10 月，以兴业居委辖区内的民主巷为界，巷北至西横街为新园居民委员会。因该居委内有园地新村，故取名新园居委会，2002 年 5 月又并入兴业居委
	鹅西	1997 年 8 月，因镇区范围的扩展，在镇区西部增设鹅西居委会，又因和桥曾古称鹅洲，该居委地处镇区的西部，故取名鹅西居民委员会。2009 年 4 月改称社区居委会时，镇政府决定撤销鹅西居委，将鹅西居委西横街南范围并入兴业社区，西横街北范围划入劳动社区
劳动社区	新建	1988 年 2 月，因镇区范围扩大，在镇区西北部增设新建居委会，因与新建行政村相邻，故取名新建居委会。至 2002 年 5 月，又将新建居委会与劳动居委会合并，又归属劳动居委会
南新社区	—	—
海棠社区	—	—

四、街巷名称溯源

1. 上塘街

南北朝时期，和桥居民已称自北向南流经和桥的锡溧漕运河为塘河，并按习惯称河西为上塘，称河东为下塘。元朝时期，塘河两岸已形成街面。元泰定五年（1328）至清咸丰七年（1857），塘河上依次建造了中兴桥、北兴桥、南兴桥。自三座石拱大桥建好，以中兴桥为界，上塘分南北首。上塘自北兴桥至南兴桥长约 1 千米。1949 年 10 月，上塘南头称三街，北头称四街。1950 年 2 月改称三街为兴业街、四街为劳动街。当地居民至今一直习惯称兴业街和劳动街为上塘街。

2. 下塘街

下塘位于和桥塘河东面，与位于河西的上塘街隔河相对，形成街面与上塘相同。下塘的店铺坐东朝西，河岸上没有店铺。街道以青石路面为主，宽约 3—4 米，也以中兴桥为界，自然形成南头与北头。新中国成立后，下塘街北首称团结街，下塘南首称生建街，团结街与生建街统称为下塘街。

3. 东横街

南北朝泰始七年（465），当地人拆了下塘中段顺渎河口的“和兴闸”，建造了一座桥，并称之为“和桥”。“和桥”建成后，在顺渎河上自西向东约 500 米的河面上先后又建造了永宁桥、永丰桥、顺宁桥。顺渎河北岸，从“和桥”到“永丰桥”之间，居民沿河用石块垒砌浜岸，还直接在陡直的帮岸上砌造两层或一层木楼。北面也陆续建起相对应的小木楼，形成了一条街道。因此街在和桥的中兴桥东面，当时曾称中街或东街。1994 年，因镇区建设，东横街全面改造，古旧的东横街房屋悉数被拆，形成了新型的东横街。

4. 北新街

清乾隆五十一年（1786），官庄（又称老官庄）人杨丹桂中了举人，后族中多人先后中举，均外出为官,并在家乡广建屋宇,杨氏成为当地望族。民国初期,官庄村杨氏望族的士绅们选择在离官庄村不远的赵家村西面的空地上,筹资兴建呈"T"字形的街市。街市建成后,因紧临赵家村,起名赵家街,又俗称新街。民国时期,在赵家新街西南约3千米的塘渎河边又新造了一条街,开初亦俗称"新街",与赵家新街同名。当地老百姓便将在北面的赵家新街改称北新街,将西南方的塘渎河边的新街改称南新街。

5. 南新街

南新街坐落于塘渎河边,始建于民国时期。建街后,周围老百姓都习惯称"新街",后因在此新街东北方向约3千米处早已有了一个北新街,因此把塘渎河边的新街称南新街。

6. 闸口老街

闸口老街原名"永定",取"阅世勿迁,罹难还定"之意。北宋熙宁六年(1073),永定人邵潜、邵材、邵枢、邵权、邵如、邵刚同登佘中榜,史称同榜六进士。北宋士绅邵民瞻与苏东坡为挚友,并从学于东坡,还帮东坡在闸口、塘田(西锄村旁)等地买田置宅。苏东坡(1036—1101)于元丰七年(1084),从四川家乡携来蜀本海棠一株,亲手植于民瞻花园中。永定里虽土地肥沃,但周边河床狭小,经常遇旱涝灾害。明崇祯十二年(1639)和十六年(1643),大河龟坼,曲港成焦土,岁事多歉。邵氏顾人兴修水利,开浚河道,开通新河18坝,置闸于28房处,以蓄水而泄溢。由于建了闸,便成了桥,并贯通东西两岸,后人也就以此闸为桥,日久月累,此闸自然成了闸口桥。民国初年,在邵氏宗祠的河东建造了一条南北向的长约百米的街道。由于街道是沿河而兴建的,而且还有闸口桥,因此村民便将新砌的街称为闸口街。

7. 钟溪老街

钟溪老街地处武(进)宜(兴)交界,是常州、无锡轮船进入宜兴境内的第一个码头,也是明清至民国时期宜武芦蓆、芦菲交易的集散地。明洪武三年(1370),宜兴县在此营建钟溪巡检厅,清朝在钟溪设立巡检司署、公馆至道光七年(1827)迁到和桥为止。清代,乾隆皇帝曾路过钟溪,乾隆皇帝对钟溪很有好感,曾作二幅楹联:"龙门港口,单驿独庙一茶亭;虎桥钟溪,两埦双埠二酒店。"(见《宜兴市志》P1367页)从此,钟溪成为知名的老街之一。

8. 楝树港街

紧靠锡溧漕运河,河西有一条连接运河与滆湖的河。相传河边古时有三棵大楝树,故此河取名楝树港河。清光绪六年(1880)前,在运河西侧,楝树港南北建造了南北走向的约200米长的街,此街取名楝树港街。19世纪90年代起,在楝树港设立轮船码头。1931年春,楝树港人在紧靠河东渡口的东面建造了26间同一高度、统一木排门的平房瓦屋,形成了一条东西走向的街面,因街南有清溪庵,此街取名清溪街,当地村民还习惯称清溪街为新街,称楝树港街称老街。形成了"T"字形的楝树港集镇。

五、部分古老自然村落名称溯源

1. 大树下(村)

据大树下《李氏家谱》记载,在宋代李氏上祖已移居到大树下村。古时该村有一棵大树,树荫能供全村村民乘凉。后树枯萎被锯掉,树桩能供村民晒稻麦300余斤。该村原先被称为"树下塘",后又改称"大树下"。大树下村因镇南新区的建设被拆迁改建成居民居住区,称"大树人家"。

2. 西施荡(村)

西施荡在和桥镇北边的滆湖之滨。相传春秋时期(前473年),越国灭掉吴国,越国大夫范蠡为逃避勾践的迫害,伪装成一个渔民,偕西施驾一叶小舟,弃官逃亡来到江南的和桥。沿钟张运河向北,泊在一座桥边。上岸后,他俩步行一公里路行至西北边的滆湖边小村庄投宿。夕阳西下,西施跑到荡边洗手,被滆湖的美景吸引住了,游玩至很晚。后人为了纪念西施,将这个荡定为西施荡,将这个小村定名为西施荡村,一直沿用至今。

3. 聚元里(村)

清光绪年间,原先住前谢街的周氏,相中了前谢街东北面约1千米、东离塘河(锡溧漕运河)不足500米树林里的一块空地,因为这里风景独特,既有大片树林,还有一条涓涓小河,周氏在沿河的树林中空地上建造了几间房屋，举家迁居到此。该村四周长满了上百年的老树，面积已有三十多亩，村民把树林视为发财之地，亦伐亦栽。周氏的后代，有制作农具的独特手艺。他们把林子里的大树做成各类农具，对外销售，使这个村逐步形成了销售树木及木制农具的集散地。正因为这里的树木多，给村民带来了发财机遇，故该村被称为树元里。后来该村的木材生意越做越大，树元里被周围百姓看作是一块聚财之地，所以又将该村庄的名字改成聚元里。

4. 西锄村

西锄村原叫静乐里（村）。据蒋氏家谱记载，明嘉靖三十五年（1566），静乐里有位叫蒋天童的男孩，喜念佛诵经。二十六岁时，偶得一本《六祖坛经》，如获至宝，反复诵读，体会至深，超出一般人。这事惊动了宜兴龙池山禅师幻有正传。万历二十二年（1594），禅师亲临启悟。当时的蒋天童已经29岁，正在田间向西锄地。他不失机缘，赶紧撂下工具，辞别家人，追随幻有正传出家入龙池禅院，法号密云圆悟。由于他聪慧好学，一生历主六大名刹，有《密云禅师语录》行世，被尊为“临济宗中兴之祖”，在我国佛教史上享有崇高的地位。密云圆悟示寂后，静乐里的村民为纪念这位杰出的高僧，依据他离家时朝西锄地的场景，遂把静乐里改名为西锄村。

5. 灯头村

灯头村原名灯楼村。据历史记载，宋元丰七年（1084）苏东坡在南新境内离滆湖不远的塘头村买下了百余亩田地和一小庄子。苏东坡有喜欢游赏的爱好，特别是美丽的滆湖，鱼翔浅底，芦苇翠绿，野鸟成群，让苏东坡格外喜爱。他经常荡游滆湖，从日落湖西一直游到月上苇梢，以至于有时竟找不到返回的港口。常州府知道后，就在其出入的塘渎港口筑起一个灯楼，白天上面插上旗帜，晚上点起灯笼。苏东坡在塘头村住了几年后，临走时还留下一个王姓的家奴看守灯楼。后来王姓就地成家立业。不久，高塍梅家渎一户梅姓人家迁来做伴。年久岁长，在塘渎港口往东不远处，逐步形成了一个以王姓和梅姓为主的小村庄，当时叫作灯楼村。因“楼”与“头”谐音，时间一长，灯楼村被叫成了灯头村。

6. 王母村

王母村原称王母娘娘村。相传1700多年前的一天，三国的吴国太途经此处，发觉这里河水清清，水湾连连，风景秀丽，便在河旁的一个小村子里投宿。事后，当地百姓引以为荣，便将村名称为“王母娘娘村”。时间久了，村民们总觉得这个村名有点俗气，便将“王母娘娘”村更名为王母村。

7. 官庄村

官庄村又称老官庄，濒临滆湖，是一个有着1700多年历史的古村。村中有一条南北走向的小河，取名路家坝漕。明朝弘治年间（1488—1505），河南三门峡的杨氏后裔来到该村定居创业，村子的范围不断扩大，沿湖的荒地也变成了良田，家家都有稻麦积余。杨氏开始重视耕读传家，开设书院，让子孙读书。在明、清的乡试、会试中，村里就有多人中举。其中，杨丹桂中了举人后，出任江岱明经益国家新迁珮孝廉之职；杨孚民于清道光三十年（1850）1月26日受命任扬州府义徵县教谕；清朝后期的杨定臣，曾任浙江盐运史；同期的杨焕庭任两江总督，杨俊昌任湖北枣阳稽政所所长……鉴于村里出的官多，乡亲们就把自己在路家坝漕河两岸的居住地取名为官庄里（村）。至2015年，该村在外乡贤有高工、教授、专家名人等28人。

8. 双墩港（村）

双墩港村位于滆湖边上，是北新村的一个自然村，村以港名。双墩港的由来，因港口两边都有高高的土墩而得名双墩港河。港南的自然村落以港名取名双墩港村。两个土墩，形如小山丘，在滆湖港口形成航标，村民们下滆湖樵芦捕鱼，只要回望双墩，就能辨明方向，顺利归来。

9. 秀才村

秀才村是钟溪村的一个自然村。秀才村原叫面店村。明朝末年，村中有位老秀才叫王洪年，人称红面太公，学识渊博，在家中开办私塾，培养了很多秀才、举人、进士，四乡八邻的学子都慕名前来读书。当初面店村的村名，也是由于村里乡邻对他的敬重而起。据记载,明末至清朝末期,面店村先后出了18位秀才,故后人将面店村改名为秀才村,秀才村由此得名。

10. 分别村

分别村原称棉花庄。一千多年前,因庄上家家户户都种桑养蚕,种植棉花,自己纺纱、织布,故该村被称为棉花庄。庄前有一条小河,河上有座石拱小桥,名曰“粉璧桥”。宋元丰七年至建中靖国元年(1084—1101),苏东坡几次到永定里探访邵民瞻,每次临别,邵民瞻都要将苏东坡送至“粉璧桥”,难分难舍地依依惜别。苏东坡终老后,邵氏族人为了怀念与苏东坡的友谊,敬仰东坡高尚的品德,于宋建中靖国元年(1101)冬月,将“粉璧桥”改名为“分别桥”,将“棉花庄”改名为“分别村”。

11. 云阳村

位于和桥镇境内,地处滆湖东畔。东汉蒋横追随光武帝讨伐赤眉军有功,封浚遒侯,遭奸佞羌路陷害,其子蒋默、蒋澄兄弟俩渡江到阳羡隐居避难。蒋横平反后,蒋默、蒋澄均就地封侯,蒋默封为云阳亭侯,故蒋默避难的居住地亦名“云阳村”。

12. 万福村

万福村,坐落于宜兴和武进交界的和桥镇境内,因村上有万福庵,故名万福村。万福庵,亦名万福禅院,建于唐景福二年(893),距今已有1100多年悠久历史,是一座江南名寺。

13. 聚龙村

聚龙村位于和桥镇的滆湖东侧,钟张运河边。聚龙村因有聚龙桥得名,是原闸口地区的一个大村。聚龙村古称“官载渎”。据民国29年(1940)聚龙桥徐氏《世德堂》宗谱记载:楝树港北、钟溪南之范围称官载渎,相传清朝的两代皇帝南下郊游时,从常州到武宜交界的五洞桥,沿着塘河埂信步南行,都来到“官载渎”的大桥边,后人将此桥改称聚龙桥,旁边的村为聚龙村。

六、自然村落名称溯源

自然村落的名称除一些村落以树名、桥名、地理位置、自然村的特征、传说等取名外,大多数村落名称都以姓氏取名。

和桥镇自然村名的起因及由来

表7-11

行政村	自然村名	村落名称的起因及由来
同里村	—	村民委员会驻地;同里路南,李山渎桥北堍
	范家塘	以范姓得名
	上　山	在蒋山脚下,上山方便而得名
	倪家塘	以倪姓得名
	杨家塘	以杨姓得名
	蒋家塘	以蒋姓得名
	虞家塘	以虞姓得名
	王家塘	以王姓得名
	张家塘	以张姓得名
	许家塘	以许姓得名
	费家塘	以费姓得名
	朱家塘	以朱姓得名
	宗家塘	以宗姓得名
	沈家塘	以沈姓得名
	七黄塘	黄姓第七房曾住该村,原名七房塘,后改成七黄塘
	朝西村	因原村子房屋大门朝西而得名

续表 7－11

行政村	自然村名	村落名称的起因及由来
同里村	细 村	建村较晚，建村时村小而得细村
	大河头	村坐落在一支流入烧香港大河的河边，故称大河头
	戈 塍	戈口桥边的一村庄，庄边有一塍，故称戈塍
	李 家	曾用名李家塘，以李姓而得名
	史家庄	以史姓而得名
	后 庄	村在史家庄后称后庄
	下干村	因下干桥而得名
	聚贤桥	从桥上走出的贤才较多，此桥称聚贤桥，村以桥名
	小四方桥	曾用名小桥，村四周为小河，有一顶小桥通外而得名
	五大桥	—
	南 塘	村中有一池塘，南面的村称南塘
	北 塘	村中有一池塘，北面的村称北塘
	后 巷	村坐落在烧香港北，自古南称前，北称后，故称后巷
	塘渎桥	村以桥名
	花园头	村中有一花园而得名
	朝东村	因原村子朝东而得名
	港 北	位于老烧香港北面而得名
	陈家桥	村以桥名，又以陈姓而得名
	柏树下	村中有一古柏树而得名
	南田舍	在柏树下村南，称南田舍
	小 村	起初是南田舍分出几户在此居住，村小而得名
	戈口桥	村以桥名
	聚贤新村	2000 年新建，分南、北 2 个小区，属原聚贤村拆迁安置小区
北庄村	—	村民委员会驻地；和闸公路东侧、北庄桥北面。
	周家浜	曾用名周家桥，村东为周家浜河而得名
	韦家塘	韦姓为主而得名
	蹇家桥	以村旁蹇家桥得名
	湾 里	村的三面是河，处于河的弯道处而得名
	大树下	传说古代有一棵大树而得名
	石 路	曾用名石路墩头。村到镇上的主路用青石板铺成而得名
	新 村	曾用名北埝村。1958 年大队办畜牧场，各生产队抽调人员住在此成立新的生产队而得名
	路 东	在石路村东面而得名
	王家村	王姓为主而得名（地处小沿河南）
	大坝头	村中有一大坝，坝北的村为坝后，坝南的村为坝前
	双 坝	村旁小河上有两条坝而得名
	沈家村	沈姓为主而得名
	塘里村	包括前塘、中塘、后塘三个村中间均有小塘河相隔而得名
	杨家村	曾用名杨家漕。杨姓为主

续表 7－11

行政村	自然村名	村落名称的起因及由来
北庄村	许家村	以许姓得名
	梧桐坝	古代坝边有一棵大梧桐树而得名
	北　庄	镇北第一个大村庄而得名
	石坝头	村南有一坝用石块建成而得名
	邓家塘	以邓姓得名
	西　京	旧时村西有一条漕叫西京漕而命名西京
	路家塘	路姓为主而得名
	河　口	曾用名外河口，锡溧漕河与老殷村港交叉处在锡溧漕河口而得名
	杨家桥	以杨家桥得名
	蒋家桥	以蒋家桥得名
	李家坝	村中有一坝，以李姓为主而得名
	王家村	以王姓为主而得名（地处小沿河北）
	高楼下	古时村中富人在该地建有80间高楼房而得名
	赵家坝	村中有一坝，以赵姓而得名
	坝　头	因村在坝的上面命名坝头
	桑渣地	村上养蚕的人家多，将蚕屎和剩桑叶渣集中倾倒之地而得名
	欧家塘	以欧姓得名
	史家庄	旧时史姓定居于此得名，现已迁走
	褚家塘	以褚姓得名
	小　村	该村比东南的双渣地村庄要小，故称小村，双渣地称大村
	庄　上	以村旁有一庄阳桥而得名庄上
	杭桥头	曾用名杭头，村中有一小桥称杭桥，村在桥的一边，称杭桥头村
	前　巷	村中有一小巷，巷南的村称前巷
	后　巷	村中有一小巷，巷北的村称后巷
	庙　头	以土墩庵庙得名
	裴家桥	以裴家桥得名，分裴东、裴西二个小村
永兴村	—	村民委员会：和新路西侧
	小湾村	村前原有一小河，村处弯道处，故该村取名小湾村，1975年开挖殷村时小河被填没
	陆家塘	原陆姓居住的村边有一池塘而得名
	许家塘	许姓为多，居住的村边有一池塘而得名，原属和桥村，在殷村港边
	徐家村	以徐姓得名
	沈　家	以沈姓得名
	刘家桥	村西有一小桥叫刘家桥而得名，村上住户大多为刘姓
	李家场	以李姓得名，曾用名马家高墩

续表 7－11

行政村	自然村名	村落名称的起因及由来
永兴村	闻家塘	以闻姓得名，现与周家塘合称闻家塘
	周家塘	以周姓得名，现与闻家塘合称闻家塘
	马家塘	以马姓得名
	石田路	行人在田中走出一条小路，后用石板铺设，故得名石田路，该村以路取名
	王家塘	以王姓得名，又以村西有一小桥称王家桥，村以桥名
	局　里	在韦家塘边，现与韦家塘合称局里韦家塘
	韦家塘	以韦姓得名，与局里为一个自然村
	丁家村	以丁姓得名
	许家塘	以许姓得名，原属闻家村
	南高头	原村后有一小高墩，故称南高头，以白姓为主
	园地村	曾用名兴元
	大南村	镇区南面的一个大村
	小南村	镇区南面的一个小村
	谈家塘	以谈姓得名
	庄　里	以庄姓为多
	松坟里	现为渎南二组，以吴姓为主，古时该小村边的松树、坟墩较多，故称松坟里
	渎　南	村北面有一水道（沟渠称渎）故称渎南，吴姓为主
	花家村	以花姓得名
	古　桥	很早前原有一小古桥得名
	孙家桥	曾用名为孙家塘，以孙姓得名
	永兴村	曾用名陈家村，撤销永兴乡后将该村改名永兴村，以表怀旧，现拆迁改造成永兴家园
	杨树下	古时村中有一大杨树而得名
	蒋家村	以蒋姓而得名
	大　会	原称大围、小围，清咸丰年间，太平天国起事，起事人员驻扎在和桥的大村和小村上，被清军包围直至消亡，后该大村被称为大围，小村被称为小围，后来演变成大会、大会
	小　会	
	兴　业	20 世纪 60 年代从小会里分出，坐落于兴业街边而得名
	仇家村	以仇姓得名
	宁安桥	村以桥得名，寓意此桥安宁，分宁东、宁西、宁南三小村
	湾里头	村处于湾道口而得名
	新桥头	村边新砌一桥而得名
	东坝头	村在坝的东面而得名
	寺　后	村在寺庙后面而得名
	王舍村	以王姓居地的村庄而得名，由东王舍、西王舍、南王舍、村桥头组成
	上　俸	由上俸桥得名，包括东村、西村、后村 3 个自然小村

续表 7－11

行政村	自然村名	村落名称的起因及由来
永兴村	下　垛	曾用名中下垛村，有二个小自然村组成，分中垛、下垛
	老鹳嘴	村边有古老的鹳能桥而得名，现分老东、老西二个小村
	汤家桥	村边有一小桥，以汤姓而得名
	杨家桥	原以杨姓而得名，村以桥名，现卢姓为主
大生村		村名委员会驻地：殷村港北、庙桥路东侧杨家塘
	金盆圩	村的四周是河，村址像一只盆而得名
	王家桥	村以桥名，曾用名黄家桥，以王、黄家姓得名
	寺坝村	村与大圣寺之间有一条小河，河上有一小坝得名
	寺西村	在大圣寺西面得名
	白莲桥	因桥名而得名，白莲桥相传为白莲教捐助而造的桥。包括孟家、朱家、唐家
	观音堂	因观音庵堂而得名，包括顾家、范家
	夏水村	曾用名水村，因周边都是河塘，村如在水中，又以夏姓得夏水村村名，现村被拆除，移地重建后，改称新水新村
	合心桥	“文化大革命”中从夏水村分出，以合心圩命名
	骆驼桥	因村旁的骆驼桥而得名
	上水村	最靠近滆湖，一河之隔即是滩田
	先锋村	原先是一无名小村，“文化大革命”中命名为先锋村
	杨家塘	以杨姓为主
	刁家塘	以刁姓为主
	凌家塘	以凌姓为主，“文革”中从刁家塘分出
	孙家塘	村前原有一小桥叫孙家桥
	张家塘	张姓为多
	庙　桥	村中有一土地庙，庙边有一桥，此桥称庙桥，村以桥名
	寺前村	村坐落于大圣寺南面而得名
	东城河	曾用名城河。“文化大革命”中分组冠以东西二村(组)东面的村称东城河村
	西城河	曾用名城河。“文化大革命”中分组冠以东西二村(组)西面的村称西城河村
	蒋家塘	以蒋姓得名
	河口村	村处塘河(锡溧漕河)口而得名
	小　塘	村中有一小池塘而得名
	陈家塘	陈姓村边有一池塘而得名
	前谈家塘	以谈姓得名，村址在前
	后谈家塘	以谈姓得名，村址在后
	韦家村	以韦姓得名
	小桥头	村的东面有一小桥而得名

续表 7－11

行政村	自然村名	村落名称的起因及由来
大生村	前谢街	清末谢姓建造的街分前后，前面的小街称前谢街
	寺角村	曾用名寺前。在大圣寺前面的东南角而得名
	后谢街	清末谢姓建造的街分前后，后面的小街称后谢街，包括长圩
湖滨村	—	村民委员会驻地：许家
	湖渎桥	在滆湖边上有四面环水的岛屿，称渎，在渎与村之间架起的桥梁称湖渎桥，村以桥名
	李家村	以李姓得名
	油　车	清末曾办土油厂，有榨油用的木油车而得名
	姚梗上	在港河东边，古时有姚姓人氏在此建立墓地，地势较高，故名姚梗上
	西施荡	又名西施塘，相传春秋战国时西施曾在村边池塘里洗过手而得名，大村后面的村称后村，大村前面的村称前村
	许家边	以许姓为主而得名
	孙家墩	以孙姓为主在此居住而得名
	老人桥	古时，由民间筹建的青石桥为便于老人行路而取名老人桥，多年后重新建造时改为老鹰桥
	荷花顶桥	村以桥名，在桥的东侧有一片野生荷花而得名荷花顶桥
	后　浜	靠近滆湖边的村落，故称后浜，原曾称后院
	塘家庄	以前有唐姓一族在此建造房屋，后改塘家庄
	潘家圩	村庄地势低洼，又以潘姓得名
	凌家圩	村庄地势低洼，明朝时有一凌氏一族在此耕种，故名凌家圩
	青年组	村以桥名，新造一桥称青年桥，桥边的小村落后称青年组
	渔　场	1963 年在隔湖湿地围圩养殖淡水鱼时建造的小村
	高家边	旧时以高姓为主居住此地而得名，住户种的田块在湖渎港河边，故名高家边
	聚元里	因旧时在此收购销售木材集散而得名，曾用名树元里
	长　圩	村庄的圩堤特别长而得名
西锄村	—	村民委员会驻地：西锄村
	塘　头	村中原有一寺庙称三元堂庙，村得名元堂头，后毁，村改名塘头村，又称东塘头
	中塘头	在塘头西面一村为中塘头
	西塘头	在中塘西面再砌一村为西塘头村，从东往西依次为塘头、中塘、西塘
	杨显村	村以桥名，相传老官庄一杨姓少年书生过桥去赶考，此木桥就摇动，少年下跪祈祷。结果桥不摇了，后来少年考取了状元，回来改造此桥取名杨显桥。
	集房村	杂姓集居此村，故名集房村
	灯头村	原名灯楼村，相传宋代苏东坡游西滆湖时，常州府台特地在滆湖边为其建造的灯楼。使其晚上游览回来能准确进港，此地建造的村被称为灯楼村，后逐渐改称灯头村
	半夜浜	据传村民下湖回来，经常在湖边浜头转到半夜。
	朴树下	村东有一棵大朴树而得名

续表 7－11

行政村	自然村名	村落名称的起因及由来
西锄村	六房村	以家族第六房迁此得名
	田　干	又称田干里，因此田地势偏高，经常干旱，称田干，后砌民宅形成村庄为田干村
	西　锄	原名静乐里村（具体见古村西锄的相传来历）
	木斗圩	因村地形似古人吸烟木斗，称木斗圩
	七房村	又名集房村，为杂姓集居而成
	黄家村	以黄姓得名
	周家村	以周姓得名，据传明朝间，有一周处后代到此居住
	五家村	又名五庄塘，因原有五姓居住得名
	塘渎沽	在塘渎河一半岛上砌的村庄，起名塘渎村，后改名为塘渎沽
	港　下	因村在河港下得名
	金家村	以金姓得名
	祝科里	原名竹棵里，有一大竹园得名，"文化大革命"时改祝科里
	台路桥	村中有方形木桥，形似"台子"称台路桥，村以桥得名
	杨树下	村中有一颗大杨树而得名
	滆　南	原名街南，即南新街之南，又位于滆湖之南，后改名滆南村
	后　塘	位于邵姓祠堂后，原称后祠堂，后为后塘村
	丁　家	以丁姓得名
	五沙村	又名五舍村，原有五户人家而得名
	叶　家	叶姓为主得名
	小　村	从滆南村分居出的一个小村庄，习称小村
王母桥村	—	村民委员会驻地：王母村
	水产村	又名水产，渔民定居村，1965 年建村
	后　具	曾用名后住，因为在大户后宅居住的村而得名后住村，后改为后具村
	马桥头	曾用名马桥村，旧时有一马姓大户，需过河种田，即在河上建一座桥，取名马桥
	楼下村	相传古代此村有一富户把私宅的楼下房子让于百姓作娱乐场所而得名
	冯家村	曾用名冯家塘，以冯姓居民为主
	塘田村	曾用名塘田里，因村地势低洼，且村前有一洼地而得名
	塘北村	因村在塘北侧而得名，又分前塘北、中塘北、后塘北三个村落
	潘　家	潘姓人居住得名
	刘　家	以刘姓居住得名
	沈家村	以沈姓居住得名
	王母村	传说三国时吴国太借宿此村，定名皇母娘娘村，后改为王母村
	邓家村	又名邓家塘，以邓姓为主
	新桥头	以新砌的桥而得名，又称新村

续表 7－11

行政村	自然村名	村落名称的起因及由来
王母桥村	盛东新村	因建造环湖东路被拆迁的农户选址新建的新村,取名盛东新村
	陈家村	以陈姓居住为主
中巷村	—	村民委员会驻地:工业集中区
	水中村	因地势低洼,下大雨时积水,远望村庄仿佛在水中,故名水中村。又名赛中村,相传古时,蒋氏参加某项目比赛,取得成绩,故起名赛中村。
	下半村	由水中村的下一辈(晚辈)移出建造的村为下辈村,后改下半村
	油麻墩	曾用名牛毛墩,原有一土墩长满茅草,称牛毛墩,村以墩命名,后改油麻墩,又传,在此墩上曾建一小学,称油麻墩小学,故村又曾改名油小村。
	坝　头	村中有一河浜,河浜中央有一条坝,为两岸人员往来,故称坝头
	潘　家	以潘姓得名
	杨家坝	古时有一杨姓在村旁筑一堤坝以拦截洪水,得名杨家坝,村以坝命名
	胥桥浜	相传,为纪念伍子胥,在河浜上建的桥称胥桥,桥边的村称为胥桥浜,东面的村称胥东,西面的村称胥西
	前　塘	有一邵姓祠堂,村居祠堂前,故称前堂,后改为前塘
	中　塘	因邵姓祠堂在村中而称中堂村,后改为“中塘”
	杨家村	以杨姓得名,该村又名杨筲箕
	灯　上	曾用名墩上,清末外地人迁居一土墩上,后改称灯上
	慕家塘	以慕姓得名,村在河浜边,故称慕家塘
	殷村上(港)	村中有一港称殷村港,后长毛造反,村被烧毁,接着河南迁来一农民在此种田造屋,仍称殷村港
	郑家村	以郑姓得名
	太平桥	因村南有一石桥叫太平桥,后建村时称太平桥村,寓意事事太平
	凌潭上	村东有一大池塘长满菱角,村因潭得名,后改凌潭
	胡家塘	胡姓集居地,又名胡家村,村庄位于河浜旁,所以称胡家塘
	江船上	均为堵姓,古时为专业运输(称“撑大船”)户落脚地,后成村庄,称江船上。另说该村形状像船,故称江船上
	施　家	因施姓得名
	钟家塘	村中以钟姓为主,村在河浜边上,现与徐家合并称徐家组
	管家漕	因管姓得名,村在漕边
	傅家塘	因傅姓得名,村在河浜边
	周家塘	因周姓得名,村在河浜边,称周家塘
	谈家塘	相传古时有一谈姓在河浜边砌宅,后形成村落,称谈家塘
	杨家桥	桥因杨姓得名,村以桥名
	黄家塘	村中均为黄姓,村在河浜边

续表 7－11

行政村	自然村名	村落名称的起因及由来
中巷村	裴家塘	因裴姓得名，村在河浜边
	邵家桥	村以桥命名，又以邵姓得桥名
	新村（育中）	1975 年开拓殷村港时，原林官庙村庄拆除搬迁而砌，称新村。原林官庙内曾办一小学，取名育中小学，故林官庙所在的村又称育中村，后又称新村
	寺桥村	村以桥命名，桥旁有一寺堂，称寺桥，分东寺桥、西寺桥两小村
	中　巷	村中有一余氏祠堂，村被称作“中祠堂村”，后演变为中巷村
	蒋庄村	又名许家塘，为蒋姓居多，许姓次之
	王家村	因王姓得名
	石桥头	又称古桥村，以桥得名，桥用石块砌成称石桥，故村名为石桥头
	云　阳	云阳自然村的由来——相传东汉时蒋横遭奸佞陷害，其子渡江来阳羡隐居避难，直到蒋横平反后，其子蒋默封为云阳亭侯，避难的村改名云阳村
	夏家塘	因夏姓得名
	徐　家	因徐姓得名，原始称中甲塘，后以村中大姓（长辈）为徐姓，故改称徐家
	荷花地	有一池塘开花时节遍地荷花，村以此得名
	东　田	传说有一佃户在地主东面的田块里砌小屋，后形成村称东田村
	吴　家	因吴姓得名
	沙　滩	原是一块沙滩地，后在上面砌屋形成村庄称沙滩村
	前　巷	在余氏祠堂（中巷）前，称前巷村
	后　巷	在余氏祠堂（中巷）后（北），称后巷村
北新村	—	村民委员会驻地：张家村
	北新街	原为北新乡政府驻地，有一小街称北新街，1958 年并入南新乡，店铺无生意息业，形成村庄
	新官庄	为官庄村的一部分，人搬进新砌的村，在北新河南，现统称为北新街
	赵家村	赵姓居多得名赵家村
	河　东	为赵家村边的一个小村，在北新河东
	陈　家	又名东头陈家村，村庄东头均为陈姓而得名
	水满漕	村中有一小河漕，下大雨时常有雨水溢满小漕而得名
	横楝树下	古时村中有一大楝树树枝横在村中，该村称横楝树下
	双墩港	村旁有一河滩浜，河浜两边有两个大土墩，此河称双墩港，村与河同名，并分前双墩，后双墩
	小夏家塘	夏姓的一个小村庄
	寺堂头	曾用名新春组，村内建有一庄姓祠堂而得名，“寺”、“祠”谐音
	朝南村	全村门向都朝南而得名
	官庄里	又名老官庄，新中国成立前杨姓在外为官居多而得名
	湾　里	有殷村港（老河）曲折绕村而建村得名
	蒋家村	蒋姓居多而得名

续表 7－11

行政村	自然村名	村落名称的起因及由来
北新村	田舍浜	该村多为穷人，房屋多为破漏茅棚，且居民点的聚落形态为分散型点状型村落
	窑头上	村旁原有一砖瓦窑，由此得名
	湖民村	又名种植班，1965 年定居渔民弃渔种地，称种植班，后改名湖民村
闸口村	—	村民委员会驻地：尹家塘北侧
	闸　口	原称永定，古人兴修水利，制闸蓄水泄溢，后改称闸口
	钱家塘	闸口街南侧，因钱姓而得名，现改称街边组
	东　村	位于闸口东面
	花园头	原为宋代邵民瞻的东花园，花园边建造的村落取名花园头
	宋江沟	原有一条河沟，以宋、江两姓命名
	八房村	以旧时邵姓的第八房子孙住宅得名
	旱漕村	本村只有一条小漕沟，常受旱得名
	唐家坝	村中有一坝，以唐姓得名
	吴家塘	村中有一塘，以吴姓得名
	永　定	南宋末年时有邵姓在此落户，谋求发展，取村名为永定，有永远定居此地之意，村中有东坡海棠
	王家塘	又名王家，村中有一塘，以王姓得名
	廿七房	以永定邵氏二十七房子孙住宅得名，现并入王家塘
	楼　下	该村高楼甚多，村位于高楼边，故称楼下
	大　河	村位于大河旁
	夕　阳	宋代苏轼曾赋诗“天远夕阳多”取夕阳两字而得名
	九　房	以永定邵氏第九房子孙住宅得名
	湾　里	位于河湾处
	分别桥	以分别桥桥名而得名。北宋苏东坡探望好友邵民瞻，在此桥分别
	朱家村	因朱姓得名
	九　圩	该圩旧时有九个“御吏”而得名九御，后改成九圩
	姚桥头	村旁原有三个土墩象窑，村边又有桥，此桥称窑桥。姚、窑谐音，后改成姚桥，村以桥名，村在桥边，故称姚桥头
	陆　家	因陆姓得名
	翁　家	因翁姓得名
	蒋　家	因蒋姓得名
	陈家浜	以陈姓得名，有前后两村，位于前的称前陈，位于后的称后陈
	株树下	村中有一棵大榉树得名. 榉与株谐音
	杨家村	因杨姓得名
	尹家塘	因尹姓得名

续表7－11

行政村	自然村名	村落名称的起因及由来
闸口村	张家村	在楝树港的东面3里处,因张姓得名,又称东张家村
	港　北	处于河湾之北
	龚家村	因龚姓得名
	坟庵头	原庵边有坟,在此建的村称坟庵头,又称坟家
	戴　家	因戴姓得名
	杨中漕	原村中有漕沟,以杨姓为主
	东沙滩	原为一片荒凉沙滩,位于龚家村东
	西沙滩	原为一片沙滩,位于龚家村西
	北沙滩	原为一片沙滩,位于龚家村北,原名蒋家浜,也曾称江北沙滩
	陆家塘	因陆姓得名
	圩　田	周围地势低洼,围圩防洪得名
	河田舍	原名胡田舍,因村前有条河而改名
	河沱圩	地势低洼多大河
	谈家圩	地势低洼,因原有谈姓住此而得名
	万家圩	地势低洼,因万姓得名
	沈家圩	地势低洼,因沈姓得名
	钱家圩	地势低洼,因钱姓得名
北渠村	—	村民委员会驻地:十房村东侧
	北渠村	村上有一沟渠通向北面大河,北渠村原称北渠里,分渠东、渠西两个小村
	十房村	吴姓第十房子孙住地
	田三房	吴姓第三房子孙住地
	前巷村	位于祠堂前,村中有条较大的巷,故称前巷
	朝东村	村上的门向都朝东
	田肚村	原是北渠村人,后分到野田肚中居住,取名田肚村
	杨家村	因杨姓得名
	殷家村	因殷姓得名
	石路塘	村西有条石路坝,周围芦苇丛生
	沙桥头	原村西有沙坑,且有一座桥,故称沙桥头
	清溪街	以原清溪善庵得名
	范家塘	因范姓得名
	朱家村	因朱姓得名
	黄土桥	因黄土桥得名
	沈　家	因沈姓得名
	塘山桥	村以桥名,因村中有塘山桥得名,分塘西、塘东两村

续表 7-11

行政村	自然村名	村落名称的起因及由来
北渠村	归美桥	因相传范蠡与西施经过此地而得名(归美桥东),分归北、归西二自然村
	港北村	原在大梗之北,港,梗乡音相近,现包括港东、港西二个小村
	西横塘	位于万石东横塘以西
	许家村	因许姓得名
	谈家村	因谈姓得名
	南城下	原村南发现三十二亩城基得名
	朱家塘	因朱姓得名
	马家村	因马姓得名
	姚　上	原有座小窑得名窑上,后来改为姚上
	湾　头	位于河湾处
	红菱滨	原浜头种植红菱 而得名
	尤家村	因尤姓得名
	查家村	因查姓得名
	南阳村	因原有南阳桥而得名
楝聚村	—	村民委员会驻地:楝树大桥北侧
	河南村	楝树港的南面
	河北村	楝树港的北面
	南张家村	楝树港的南面 1 里处,因张姓得名
	费家塘	因费姓得名
	归美桥	村以桥名,原称斜桥,因相传西施到这里,大家站在桥上观望西施美女,此桥后称观美桥,后逐步写成归美桥,又传西施到过该地,称美人归来,故称归美桥村
	黄渎港	位于港湾处,以黄姓得名
	钱家边	因居住在钱姓家村的边缘而得名
	水　产	以捕捞,养殖得名
	马家村	因村中有一马家祠堂,故称马家村
	顾家塘	又名小桥头,因此前有一个水塘,又因顾姓得名
	周家塘	因周姓得名
	楝　港	村紧靠楝树港街,故称楝港
	聚龙桥	相传清乾隆帝到过的地方
	北张家村	楝树港北 1 里处,因张姓而得名
钟溪村	—	村名委员会驻地:陈家塘南
	上　塘	村在塘河西称上塘
	湖滩村	该村原为湖滩
	下　塘	村在塘河东称下塘
	埂　北	村前有条大埂,又称港北
	沟西村	位于沟的西面
	沟东村	位于沟的东面
	陈家村	以陈姓为主
	三　庄	旧时周围共有七庄,此庄排名第三

续表 7－11

行政村	自然村名	村落名称的起因及由来
钟溪村	秀才村	过去该村秀才较多而得名
	何　港	通向何家塘的港口边
	何家塘	村中有一池塘，因何姓得名，分何西、何东、何南、何北四个小村
	沟南村	位于大沟之南
	宋江沟	原有一条河沟，为宋姓、江姓居住地称宋江沟
	庄　前	是何家塘村前的小庄
	庄　后	是何家塘村后的小庄
	戴家塘	以戴家祠堂得名
福巷桥村	—	村名委员会驻地：万福小学旁
	后大潭	村前有一大潭
	蒋家塘	原名前大潭，因蒋姓得名
	柏树下	村中有一古柏树
	潘家塘	因潘姓得名
	邵家塘	因邵姓得名
	刘家塘	因刘姓得名
	漕顶上	村中有一条到顶的河漕
	前　徐	有前后两村，以徐姓得名，该村在前
	青墩头	旧时有个墩，长满青草，此墩为一座小山，称青墩山，村以山名
	杨埂上村	原村中有许多杨柳，原名杨柳村，后形成了许多田埂，即取名杨埂上
	巷家塘	在白家塘大村东，村后有一桥为玉成桥，桥通村上成为一巷，故称巷家塘
	后　徐	有前后两村，以徐姓得名，该村在后
	白家塘	以白姓为主，又名白家塘大村
	杜家塘	古时以杜姓为主
	坝头村	村中有坝
	河　东	村坐落在河东面
	庵　头	原村西有个庵
	缪　墅	村中有一古庙，庙边的住宅村取名庙墅，庙与缪同音，后人将庙墅改成缪墅，又称毛市
	后巷村	在毛市（缪墅）村的后面
	茅庵头	原村后有一尼姑庵，此庵是用茅草搭建，故叫茅庵
	东　塘	村东有一塘
	周　潭	明朝景泰年间，常州周氏到此落户，村中有一潭，故称周潭
	王家塘	因王姓得名，村南有一河塘
	南　堰	村南河中有一堰坝
	姜浦潭	旧时有二位姜姓老太太合用一潭水，有前后两小村
	花园村	原村中有一个花园

第八章 镇村建设

南朝刘宋景和、泰始元年(465 年),锡溧漕河下塘段的顺渎河口有和兴闸建成。后里人易闸为桥,和桥由此得名。此后,顺渎河北岸逐步形成街市。宋元明清时期,和桥已建有东横街、上塘街、下塘街、观音巷、南新街、楝树港街等街区。新中国成立后,和桥更加重视镇村改造和建设。20 世纪 50 年代至 80 年代初,和桥大力改造历史遗留在镇村的破旧平房和茅草棚,在镇区建起商业大楼,在主要街道浇铺水泥路面,在居民集中区开凿大水井至建设自来水厂。1986—1999 年,和桥镇村建设逐步走向规范化。1995—2000 年,和桥镇先后被命名为"江苏省新型示范小城镇""江苏省小城镇建设综合改革试点镇""全国小城镇建设示范镇""全国小城镇建设综合改革试点镇"。2004 年,和桥镇又被建设部等六部委命名为全国重点镇。2006 年,和桥新农村建设全面启动,至 2013 年,农村 99% 居民住进楼房,各村都建有文化体育活动场所,北庄村、西锄村等四个村已取得了"江苏省新农村建设示范村"的荣誉。2015 年,和桥已建成"十纵十横"的城镇区域道路格局,拥有居民小区 60 多个、文化广场 4 个、休闲公园 1 个,还有功能齐全的行政金融区、商贸区、工业园区和设施完善的教育区等。

图 8-1 2015 年中兴村与翰林院的部分民居

第一节 镇村规划

宋元明清,和桥境内镇村建设主要依托锡溧漕运河、顺渎河、葛灵河、永昌河、塘渎河等。民国时期,锡宜公路沿线也成为和桥镇村发展的重点区域。至 1949 年,和桥镇镇区面积约 0.7 平方千米,传统街市比较兴旺,居民住房相对集中,各类建筑错落有致,学校医院布局较多。1950—1985 年,和桥镇村建设的规划主要是编制新的商业、交通、文化、教育布局,完成与居民生活密切相关的住宅和其他服务设施的改造及增容。

1986—2008 年,根据《江苏省村镇建设规划条例》等法规,和桥先后开展六次镇村建设规划修编,并先后由有关乡镇人民代表大会讨论通过,报宜兴市人民政府审批后依法实施。

1986 年,和桥镇规划建设方案为开辟西横街和鹅洲北路,建造农贸市场,建设居民新村,外迁南新公路等。南新乡提出改造人民路、新建南新中小学、建造农贸市场、影剧院等规划。闸口乡则提出改建楝树港大桥、拓宽富民路、新建农贸市场、闸口中心小学、影剧院等。1991 年,和桥镇分别邀请河海大学、南京大学规划组测绘镇区 5 平方千米的现状图,并设计和桥镇道路绿化规划图、工程管线规划图、近期建设图及总体规划规划说明书等。这次规划确定镇区"八纵四横"的道路骨架网络和工业、商业、行政、教育、住宅五个功能区域的规划。南新乡规划拓宽人民路、南新东路和西路、搬迁农贸市场、改造医院、沿殷村港南岸建设工业厂区等；闸口则规划拓宽海棠路、新建富民小区和教工住宅楼、改造医院等。1996年和桥镇村规划进行第三次修编和调整，提出至2000年，和桥镇区要达到“十纵六横”的道路格局，将东至和楝公路以东300米、南至锡宜公路以南300米、西至和新路以西300米、北至殷村港以北170米的区域列入建成区范围，面积2.8平方千米，规划控制区面积3.6平方千米，用地布局为“让开中路，占领两厢”，即生产性用地主要布置在东北部和西南部，城镇商贸、金融及居住用地以中部为基础。1998年，和桥镇村第四次编制规划，提出逐步合理缩并自然村、大力发展中心村的规划构想，将原18个行政村逐步缩并，规划形成一个中心镇、五个一级中心村、一个二级中心村、一个一般村的四级体系，对全镇功能区域的道路、供水、排水、供电、通讯、广电、绿化、卫生等均作了相应的规划。2000—2004年，南新镇、闸口镇相继并入和桥镇。为了扩展原来的镇村规划，和桥镇又请苏州科技学院城市规划设计研究所再次修订编制《和桥中心镇总体规划》，提出以宜兴市重点中心镇、市域北部经济中心、商业贸易发达的江南名镇为总目标，编写了16个章节101条意见的文本，还具体编制了“六图一书”，即镇村体系规划图、土地利用规划图、道路交通规划图、绿化环卫规划图、给水排水规划图、电力电信规划图及《和桥中心镇总体规划说明书》。2007年，为了全面贯彻落实科学发展观，适应和桥镇经济社会又好又快发展的需要，促进城乡统筹，推进社会主义新农村建设，实现集聚和集约发展，和桥镇又请江苏省城市规划设计研究院进行第六次修订编制《和桥镇总体规划（2007—2020）》。该规划提出四个发展重点：一是确立合理的发展规模，建立适应区域统筹发展的城镇空间布局结构；二是完善城镇功能、综合交通网络和基础设施配套网络；三是整合镇村建设空间，保护基本农田，优化城乡空间布局；四是挖掘地方特色，构建自然与人文相交融的空间景观体系。该规划文本编写了十七个章节138条意见，还详细阐述了实施规划说明的十八个章节和21张规划图件。该规划较大幅度增加了居民居住、公共设施、文化科技、道路广场、绿地等用地面积，将已经实施的“十纵七横”集镇区域格局完善为“十纵十横”，规划建设镇南新区、工业和物流集中区、污水处理厂，移地新建和桥高级中学，搬迁和桥第二小学，建造五洲国际广场和金桥财富商业街、翰林峰阁及鹅洲公馆等住宅区，开辟朝阳、禾苑、银杏等居民活动广场，开通镇村燃气管道、修复保护荷花湾及徐家大荡两处湿地等。2008年，《中华人民共和国城乡规划法》颁布，和桥镇又组织人员对原规划进行修订和完善。此后，镇村规划未有大的调整。

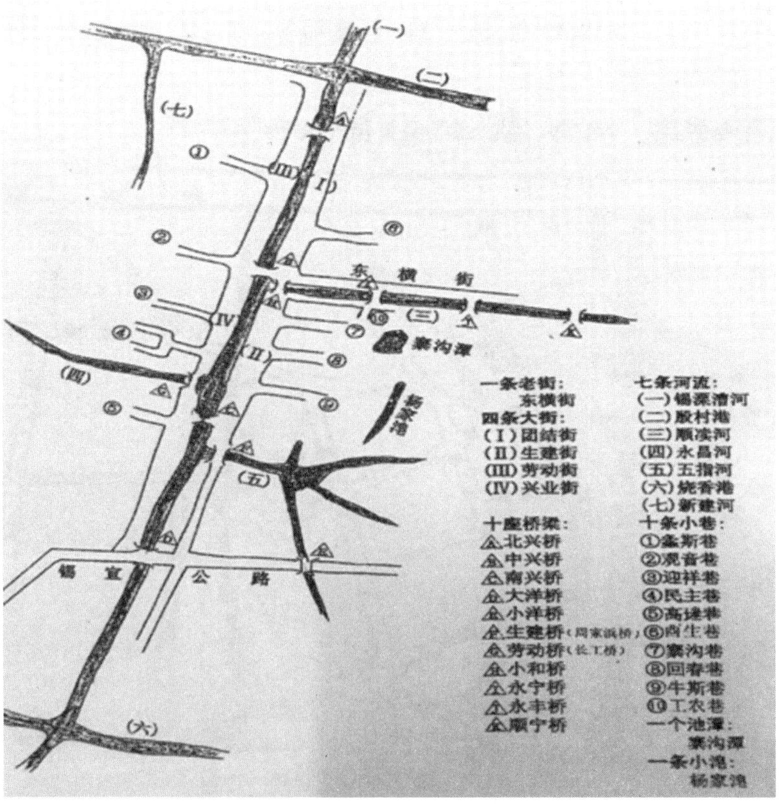

图8－2　新中国成立初，和桥镇河道桥梁、街道、小巷示意图

2008—2020 年（2008 编制）和桥镇区用地现状及近远期规划

表 8－1

用地代号		用地名称	面积（公顷）			占建设用地比重（%）			人均建设用地（平方米/人）		
			现状	近期	远期	现状	近期	远期	现状	近期	远期
R		居住用地	185.71	209.71	330.00	39.6	36.3	34.4	50.9	45.6	41.2
C		公共设施用地	50.55	62.47	100.96	10.8	1.8	10.5	13.9	13.6	12.6
其中	1	行政管理用地	4.96	6.58	7.04	1.1	1.1	0.7	1.4	1.4	0.9
	C2	教育机构用地	15.70	18.26	30.72	3.3	3.2	3.2	4.3	4.0	3.8
	C3	文体科技用地	2.92	3.82	11.44	0.6	0.7	1.2	0.8	0.8	1.4
	C4	医疗保健用地	2.34	2.94	5.12	0.5	0.5	0.5	0.6	0.6	0.6
	C5	商业金融用地	19.27	24.29	40.24	4.1	4.2	4.2	5.3	5.3	5.0
	C6	集贸市场用地	5.40	6.62	6.32	1.2	1.1	0.7	1.5	1.4	0.8
M		生产设施用地	174.14	192.51	293.60	37.2	33.3	30.6	47.7	41.8	36.7
W		仓储用地	3.72	2.99	5.76	0.8	0.5	0.6	1.0	0.6	0.7
T		对外交通用地	11.39	6.49	3.60	2.4	1.1	0.4	3.1	1.4	0.5
S		道路广场用地	31.65	44.02	112.48	6.7	7.6	11.7	8.7	9.6	14.1
U		公用设施用地	4.93	6.03	7.92	1.1	1.0	0.8	1.4	1.3	1.0
G		绿地	6.53	54.23	104.96	1.4	9.4	10.9	1.8	11.8	13.1
	G1	公共绿地	4.53	35.65	67.20	1.0	6.2	7.0	1.2	7.8	8.4
	G2	防护绿地	2.01	18.54	37.76	0.1	3.2	3.9	0.6	4.0	4.7
城镇建设用地		468.66	578.45	959.20	100.0	100.0	100.0	128.4	125.7	119.9	—

说明：现状镇区人口 3.65 万人，近期镇区人口 4.60 万人，远期镇区人口 8.00 万人

第二节　集镇建设

早在明代中叶，和桥就是“民居鳞次，不下万家”的商业集镇。民国 18 年（1929），和桥镇被确定为宜兴县第十四区区署所在地。以后，和桥集镇除增加政府机构用房建设外，还逐步增加了和桥汽车站、新生戏院、水龙宫等公共设施。新中国成立初期，和桥镇加强“五街”（东横街、生建街、团结街、兴业街、劳动街）建设得到加强。20 世纪 80 年代起，和桥镇、南新街、棟树港街的集镇建设步入快车道。1986 年 10 月，和桥镇经江苏省政府批准为对外开放的重点工业卫星镇。1995 年 3 月，和桥被建设部批准为全国小城镇建设试点镇。1997 年 6 月，和桥镇被江苏省政府命名为首批新型小城镇。1999 年，和桥镇又被国家建设部命名为全国小城镇建设示范镇。2000 年，和桥镇被国家体改委确定为全国小城镇综合改革试点镇。2004 年，和桥镇被国家住建部等六部委命名为全国重点镇。2014 年，国家住建部等再次确定和桥镇为全国重点镇。至 2015 年，和桥镇区域总面积由 1949 年的 0.71 平方千米扩展至 9.23 平方千米。

一、街市建设

1. 和桥集镇　南北朝时期，和桥镇区就被纵贯南北的锡溧漕河运河一分为二，河西称上塘，河东称下塘。南朝刘宋泰始元年（465），顺渎河口“小和

桥”建成。此河向东约一里多内的两岸,房子越来越多,特别是河的北岸,从永宁桥到永丰桥之间,居民们沿河用石块垒砌驳岸,还直接在陡直的驳岸上砌造两层木楼。距离这一排房子的北面也陆续有相对的小木楼建起,并逐渐形成街道,后来人们称之为东横街。该街道长约450米,宽约2米,是和桥最早的商业街市。元朝后,和桥有了上塘、下塘、观音巷等街。上塘街主要街市在北兴桥至南兴桥,长约1200余米、宽2米,沿街店面多为平屋和小阁楼,其中在中兴桥至南兴桥这一段街市,有店面朝东的“上岸”与沿河店面朝西的“下岸”,是典型的“两面头街”,下岸店铺或住家多为吊脚楼,支撑房屋的木柱立在河里。下塘街跟上塘街隔河相对,为一面头街,则是南兴桥南端过周家浜往南没有街市,热闹的程度稍逊。塘河中兴桥处向西有一条葛灵河,也叫葛仙河,因河口建有观音楼,此河也叫观音河。从河口往西也有一条街,叫观音巷,主要街道在观音河南面,长70多米,宽约2米。至晚清时期,和桥东横街、上塘和下塘沿街、观音巷,各种店铺鳞次栉比,槽坊、油厂、酱园等规模较大。民国时期,和桥上塘南首往北主要巷子有庙前弄、维新巷、迎祥巷、观音巷(直对中兴桥)、鑫斯巷;下塘中兴桥南沿河有宅家弄、寨沟弄、回春巷、邵家巷、牛屎弄等,中兴桥北沿河有公园巷和尼姑弄;东横街有永宁巷、源泉巷、土地巷等。此时和桥集镇主要有米厂米行、油坊糟坊、酱园烟店、木行布店、饭店旅社等,还有轮船码头、医疗诊所、邮政局和学校、政府机关等。新中国成立后,上塘中兴桥南称兴业街,桥北称劳动街;下塘中兴桥南称生建街,桥北称团结街。1950年,兴业街南首的中百公司被拆掉3间门面,此段的老街道拓宽至8米。1952年,原观音巷的胜利戏院经改建后称人民剧场。至1958年,主街道观音巷口向南地段的第一进房屋被全部拆除,改装门面。兴业街从南至北主要的店面有供销社、煤球供应店、轮船码头、车行、印刷厂、南兴饭店、副食店、百货公司、钟表店、理发店、新华书店、五金交电公司、服装厂等;劳动街自南往北主要的店面有豆制品店、邮电局、税务所、镇委、派出所、区委、人民银行、油米厂等。同年,观音巷最北面的第一进房屋被全部拆除,街面得到初步改造,和桥的饭店、旅社、浴室、戏院、理发店等基本集中在此。20世纪60年代,生建街从锡宜公路至周家浜桥北成了和桥及周边居民购买米面、农民加工粮食的场所;周家浜桥南至锡宜公路(也属生建街),因为有车站、孵坊、食品站、兽医站,来往的人流也较多。此时生建街从周家浜桥至小沿河(顺渎河),有和桥小学一部、木业社、竹业社、和桥公社机关办公地、酱厂、和桥修建站、染布店等;团结街主要有宜兴县第三中学、蚕种场、粮库等。1971年,锡溧漕河首次拓宽,上塘街沿河房屋及中兴桥以北上岸门面拆除一进,葛仙河同时被填没。1972年,和桥中百大楼在兴业街63号落成营业,建筑面积2800平方米。1973年,和桥港区由上塘移至东横街口的三官堂内。1976年,人民剧场拆除后向东偏移约60米重建,名字改为和桥影剧院。1977年,宜兴县第二服装厂大楼在中兴桥下新艺照相馆西面竣工,底楼为服装商店。同年,大众浴室迁至原戏院旧址并增设老虎灶。1978年,粮管所大楼在影剧院西面落成。1982年,兴业街5层楼建成,底层全部用作商业。1984年,原位于兴业街的新华书店迁入原观音巷口北面向西约100米处营业。1986年,在新华书店向西至原和桥乡人民政府之间一段60余米距离内,再往北延伸100余米,约有7000平方米的地块上(当时属和桥乡新建大队),和桥农贸市场开始兴建,至1986年11月开始营业。同年,和桥百货店三部在劳动街最南端建成,建筑面积约1500平方米;红旗百货商店在兴业街最北端(和桥影剧院东面)建成。此时,和桥集镇新的街市建设拉开了大幕。原先的观音巷向西的老房子全被拆迁,新建设的街道被命名为西横街。至1988年,西横街建设初具规模。它东起中兴桥,西至原闻家村,长约800米,宽32米。至1995年,西横街两侧已有和桥影剧院、和桥粮友饭店、园地村、银潮饭店、和桥商场、聚鑫商场、和桥商厦、工商银行、建设银行、农业银行、中国银行等楼宇依次矗立。同年,新建的鹅洲西路、农贸路、福寿路、教育路、永昌路、鹅洲北路相继形成街市，其容量比新中国成立时翻了四五倍。1993—1995年，老东横街被整体拆除，街道被拓宽至24米。新砌的街市主要集中在北面，九幢局部六层、大部分五层的楼房代替了过去的小木楼。街市除了传统的小吃店、理发店、黄金加工店以外，新添了药店、化肥农药种子店、电器修理店等许多门店。和桥中学的大门也移到了新建的东横街四至五幢之间。1995—1997年，和新路、鹅洲东路，朝阳路、健康西路、新建路、蠡斯巷等又都建成了商铺林立的街市，有着百年传承的龙泉、慈圣、永和等豆腐干店有了新的营业场所；饭店、浴室等服务店面成倍增加。1997年5月，中兴桥西堍北面和桥商城（又称小商品市场）建成，占地面积4200平方米。该商城位于集镇中心且四面环街，是和桥当时最繁忙的街市。1998年，从鹅洲西路上的新世纪大酒店北侧起，向西一直至和新路，新的公园路又开始新建，街道两边的底层，全部是店铺门面。1999年，西横街自石田路又向西延伸200米。2000年，锡溧漕河再次拓宽，运河东岸生建街、团结街相继拆迁改造。沿街除粮库保留外，其他店面全部搬迁，昔日街市已不复存在。同年，南兴桥移至健康西路东侧，新建的健康东路向东延伸至和楝公路交会，街市长度增加了近400米。同期，兴业街和劳动街也进行局部改造，沿街除增添茶座、家具店、大型电器店以外，消失的只有煤球商店等少量店面。1999年1月—2001年1月，和桥农贸市场整体向东扩展约80米移地重建。2006年，和楝公路西面的商业用房连成了一片，销售装潢材料和电器照明及名酒的店铺也形成街市。2013起，和楝公路、鹅洲东路、朝阳路跨过宜漕公路向南延伸，和桥镇南新区新街市商业用房开发拉开序幕。至2015年，新建的“大树人家”往南依次有金桥财富商业街、五洲国际广场分别建成，共占地5万余平方米、建有商业用房4万余平方米，新构成的新村街、八达街分别长80米。同年，和桥影剧院原地重建也告竣工，新起名字为和桥影城，主要空间被派做商业用途。

2. 南新街　民国初期，南新里塘渎桥南桥堍西侧建立街市，街成南北走向，长50米左右，宽约2米。当时有南货店、豆腐店、木匠铺、铁匠铺、棺材铺、浴室和药店等。十多年后，里塘渎桥北端又建成一条新的街市。该街市为一面头街，由东向西，长约100米，宽约2.5米，当时整条街为白墙青瓦平房，有粮行、鱼行、茧行、肉铺、饭店、茶馆、糕坊、杂货店、理发店、烟草店、竹匠店、窑货店、裁缝店、皮匠店、中药店、百货店、箍桶匠店、油条大饼店、外科医疗诊所等30多家店铺。每家店铺的前进作商店，后进作住所。店铺大门口均有条石，街道用青砖铺设。在这些店铺中，每隔四五家就有一条弄堂。民国35年(1946)，在房永根理发店店门口挂上邮箱，设立邮政代办点。民国时期，整个南新集镇成“L”形，里塘渎桥北桥堍，还有古代建造的城隍庙、土地堂、“贞节牌楼”等。20世纪50年代，南新街市建设变化很小。1960年后，南新街市逐步集中在里塘渎桥北。老街自东往西，逐步增添了旅社、供销社、卫生院、邮电所等，城隍庙派了另外用途，土地堂、“贞节牌楼”等都被拆除。1976年，人民桥、南新桥相继建成，为南新新街市的发展奠定了基础。1984年，原先的旅社、供销社等，纷纷朝北打开了门面，南新桥东西两端迅速发展成街市。南新派出所的西面，建起南新街历史上首个露天菜市场。1992年，南新乡人民政府投资20多万元，在菜市场的身底下，用玻璃钢搭建1000余平方米的简易菜场，设摊位60个。同期，由于人民路聚集了南新几个规模较大的乡办企业，人员往来很多，一些饭店、旅社、农资店等纷纷在人民路开出店面。20世纪末，人民路已成为南新最热闹的街市。2004年，和桥镇人民政府征用东起人民北路、西临南新路、南至南新社区居委、北靠当时的南新环保填料厂这一片区域1500平方米，投资60余万元，建造了全新的农贸市场。至2015年，南新人民路南北长约800余米，宽约20米，有各类店铺100余个，成了当地最热闹的新街市。

3. 楝树港街　老的楝树港街位于锡溧漕河河西，南北走向，原长约100米、宽约2米。从清朝嘉庆年间所刻《渡船屋碑记》中可知,光绪六年(1880)前,这条街已经存在,东西两岸往来主要靠渡船。光绪六年,河西才建造瓦屋两间、亭轩十个、门房壁灶等设施比较完善的渡船屋。民国初年,在马姓宗祠对门紧靠运河的石驳岸上,张盘清、马龙大、缪德喜、缪海林、缪林村搭建了5开间翻轩,开办楝树港鱼行。民国11年(1922),地方绅士张荣庆在楝树港老街的南头,建造15间店铺。与此同时,另一位地方绅士张超山也不甘示弱,在楝树港渡船码头北面也新砌15间店铺。此时的楝树港老街市已延伸至200米长,南货店、茶馆、豆腐店、理发店、饭店、肉铺、轧面杂货店、药店、铁匠店、皮匠店、棺材店、橹店、轮船码头、邮政代办所等布满街市。民国20年(1931)春,河东绅士王书勤、沈桂清、万全洪、徐盘金、吴爀北、徐其大等集资,在紧靠着楝树港老街运河东渡口,建造一条东西长约100米、宽约2米的新街。街市南北各先砌26间相对称并统一高度、统一开间、统一木排门,还设走廊的平房瓦屋。因街南有一清溪庵,此街乃取名清溪街。民国后期,清溪街除了有河西老街同样的店铺,还增加了旅社、烟馆、垄坊、粮行等。新中国成立初期,清溪街新设有供销社、信用社、粮管所、医院、兽医站等。1954年冬,楝树港大木桥建成,楝树港老街和清溪街之间来往十分方便。1959—1961年,闸口公社机关在闸口老街办公,因此,闸口街市也建有供销社、信用社等;原先的饭店、理发店、肉铺等店面全面出新。1959年,闸口粮管所在清溪街南面靠锡溧漕运河东岸建成。1975年,宜兴县塑料胶带厂在清溪街东头北面开办。1978年,和楝公路从南穿过杨家桥,一直到清溪街东面的北头建车站。20世纪70年代末至80年代初,宜兴县钙塑厂和宜兴县第三塑料厂两个社办厂相继在和楝公路边创办。1982年,闸口粮管所在原址的河南又建了粮库。基于以前良好的基础,闸口乡于1984年开始了新一轮的街市建设,重点区域定在和楝公路楝树港段东西两侧、乡政府门前的大道(当时简称楝闸路)的南北两边开始。至1987年,新砌的饭店、工业公司、用电站、医院、邮电所、供销社、信用社、影剧院等纷纷在乡政府门前的大道两边开业,河西老街只剩下极少的杂货店和理发店。1985年,在和楝公路西侧的杨家桥至北面十字街口、向西进深约10余米的地方,闸口第一个露天菜场运营。1992年,原闸口约600余平方米的露天菜场被拆除,新的菜场在和楝公路北端东侧的富民路口建成,约有2000多平方米,盖有玻璃钢屋面,搭有水泥板条台。2000年底,这个简易菜场又被拆除,新的闸口农贸市场移地重建后正式落成。它南靠海棠路(原乡政府门前大道)、北至富民路、西起楝阳路(南面通向原南阳村)、东临楝树中学,占地5500平方米。至2015年,楝树港大桥至海棠东路约250米长的路段,杨家桥往北的和楝公路约200米长的路段,仍是楝树港最热闹的两条街市。

二、公产房屋建设

1.和桥集镇 新中国成立前夕,和桥镇建有国民党党政机构、学校、车站、码头、育婴堂、栖流所等公产房屋4.3万余平方米,还有戏院、水龙宫等单位自建房近1.5万平方米。1950年下半年经过土地改革,和桥镇上大户人家多余房屋以及祠堂、庙宇等房产均收归国有。新中国成立初期,和桥镇党政机关曾经利用其中的一些公房作为办公用房,如城隍庙东面的水龙宫、东横街大户谈时中家(后划给和桥中学)、生建街(南兴桥北)朱姓大户家。1951年,私立彭城中学(城隍庙内)因合并迁走,和桥区公所、太滆人民公社也曾进校舍办公。1952年,和桥镇党政机关搬至东横街程维新家,1956年搬到当房(原五金皮件厂)内办公。1956年新民乡新建,将乾源酱园的一部分作为办公用房。1958年,太滆人民公社成立,党政机关在城隍庙(原和桥医院)内办公。1959年1月,和桥镇属和桥公社,党政机关在和桥乾源酱园南隔壁的同巽和粮行内。同年5月,和桥镇建制恢复,党政机关搬至原太滆人民公社机关的北隔壁。1961年,和桥镇党政机关办公地点从城隍庙迁至吴则先住宅。1963年,和桥房产管理所在劳动街南端(原梅永和酱园处)建立。1964年,和桥镇党政机关办公地点又迁至劳动街史家老宅,往北还有和桥派出所、和桥区委等公用房屋。

1964年，和桥镇经济刚刚复苏，就在生建街建设工程新村，建造公房923平方米。1970年，建设的园地村公房面积达1.1万平方米。1979年10月起，和桥镇开始复查和落实房屋产权政策。至1987年3月，共返还给个人公房585.5间，计1.3万余平方米。1985年12月全国城镇房屋普查，和桥镇有国家直管公房7.67万平方米，有全民产公房8.92万平方米，还有集体产公房11.4万平方米。至1987年，和桥镇建造公房46处，建筑面积8.27万平方米，大大缓解了居民住房困难。1981—1982年，和桥乡党政机关曾在化城寺办公一年多。1983年，和桥乡在园地村北侧，建造了一幢海鸥式三层楼办公用房，主楼院前东西两面各建一幢二层楼房。当年，乡党政机关搬入。1986年6月，和桥镇乡合并，原和桥镇党政机关开始搬入新址。后因西横街道路改造，新机关门卫及其副房全部拆除，东面二层楼房卖给建设银行，西面二层楼房卖给湖滨谈小南。1987年，和桥开始停止城镇居民公用住宅建设。1988年，和桥镇机关大院的北端，又建造了一幢3000余平方米的四层办公楼。1992年，和桥派出所在鹅洲西路建造3286平方米办公用房。至2000年，和桥镇已建有法庭、银行、、广电、邮电、教堂等公用房屋40多处。2002年，由于改制，和桥原来国营和集体营业的公房，已大部分被拍卖，如中百一店、中百三店、和桥供销社、和桥酱厂、和桥商厦等。2012年，吴冠中故居在楝树港街落成。2015年，和桥高级中学搬迁至镇南新区，和桥中专搬入高中，和桥二小搬入中专，和桥镇建管所、规划办等八个部门搬入二小校区。同年，和桥影剧院经拆除后在原址建造和桥影城完工；和桥青年商店还属和桥镇集体所有。

1964—1987年和桥镇居民、职工住宅公房建设情况

表8-2　　1987年制

序号	建造年代	地点和名称	层次	面积(平方米)
1	1964	生建街工程新村	1	923
2	1965	生建街四分公司北	1	650
3	1969	团结街，东横街	2	716
4	1970	园地村	1-3	11000
5	1970	民主巷底新园新村	1	4003
6	1970	兴业新村	3	11000
7	1971	老镇委后劳动新村	2	729
8	1971	老镇委后劳动新村	1	368
9	1972	永昌河南兴业新村	2	2080
10	1972	生建街寨沟潭朝阳新村	1	1769
11	1972	工农巷	1	482
12	1973	团结街	2	659
13	1973	邵家弄	2	481
14	1974	回春巷底回春村	1	306
15	1976	痘司堂前居民宿舍	3	1728
16	1977	寨沟潭航运新村	2	948
17	1979	寨沟弄	1	450

续表 8-2

序号	建造年代	地点和名称	层次	面积(平方米)
18	1979	痘司堂后小沿河	3	555
19	1979	朱家园	3	841
20	1979	寨沟潭朝阳新村	3	3906
21	1982	农机厂前综合大楼	5	2443
22	1983	染织厂宿舍永昌新村	5	1952
23	1984	生建街粮油供应点居民宿舍	5	816
24	1984	工农巷镇委宿舍	2	975
25	1984	医院西侧交管所宿舍	2	600
26	1984	医院西侧工商所宿舍	2	600
f27	1984	菜市场东侧镇委宿舍	3	1200
28	1984	新开河东侧区委宿舍	3	1000
29	1985	工农巷蚕中场宿舍	2	800
30	1985	公园弄农机厂宿舍	3	1200
31	1985	周家滨粮油厂宿舍	3	1200
32	1985	殷村港南新粮库宿舍	2	600
33	1985	医院西侧税务所宿舍	2	600
34	1986	生建街酱厂宿舍	3	1200
35	1986	税务所职工宿舍	2	500
36	1987	劳动街房管所宿舍	4	1255
37	1987	劳动街房管所宿舍	3	737
38	1987	新建新村农行宿舍	3	1000
39	1987	新建新村税务所宿舍	3	1000
40	1987	新建新村居民宿舍	3	2000
41	1987	新建新村教工、纺织厂宿舍	3	2000
42	1987	新建新村居民宿舍	3	4600
43	1987	西横街商业大楼	4	2400
44	1987	工程新村四分公司宿舍	5	2000
45	1987	和建村医药商店宿舍	2	2000
合计	—	—	—	78272

1970—2015 年和桥镇有关单位公用房屋建设情况

表 8-3

公房建设单位	建造年代	房屋地址	楼层	占地面积(平方米)	建筑面积(平方米)	备注
和桥房管所	1970	劳动街	3~4	1992	2150	—
化城寺	1972	东横街	2	29970	4218	—
	2013		4	1776	6792	

续表8－3

公房建设单位	建造年代	房 屋 地 址	楼层	占地面积（平方米）	建筑面积（平方米）	备注
和桥影城	1976	西横街	1	1500	1100	胜利戏院、人民剧院、和桥影剧院
	2015		2	2420	5054	
和桥镇工会大楼	1981	兴业街	3	280	780	2006年改建，有600余平方米
和桥交管所	1982	鹅洲西路	3	1667	992	1964设立
和桥乡党政机关	1983	西横街	2	5500	2500	1986年称西横街
和桥财产保险公司	1985	西横街15号	3	152	305	1986年称西横街
和桥乡党政机关	1985	西横街	2	—	2000	1986年称西横街
邮政、电信分局	1987	鹅洲西路	2	1500	2000	1994年前为邮电所大楼
	1994		4	9657	5920	
和桥农业银行	1990	西横街37号	4	1890	1075	—
和桥工商分局	1991	鹅洲西路	4	1159	905	—
和桥国税分局	1992	鹅洲西路	4	1989	1723	—
和桥派出所	1992	鹅洲西路152号	3	3286	1045	—
	1996	高塍路55号	4	6308	3013	
和桥工商银行	1992	西横街	4	1171	1258	—
和桥供电所（原电力管理站）	1992	鹅洲西路	4	2000	900	—
	1993	鹅洲西路98号	4	3200	1500	
人民法庭	1993	鹅洲西路东侧	4	666	689	—
和桥建设银行	1994	西横街30号	4	297	874	—
和桥中国银行	1994	西横街60号	6	350	2100	—
和桥广电站	1994	西横街	4	1332	1515	—
和桥基督教堂	1994	和新路东侧	2	2455	987	—
和桥地税分局	1995	西横街	3	1438	2212	—
和桥交通银行	1995	西横街	2	366	443	—
和桥交警中队	1996	鹅洲西路23号	3	3290	2156	1987年成立
和桥公园	1997	鹅洲西路	1	52280	420	—
和桥土管分局	1997	和新路	3	1529	951	—
和桥人寿保险公司	1998	鹅洲西路90号	3	68	200	—
蒋山公墓	1998	同里村蒋山	1	40000	3600	—
和桥老年公寓	1999	鹅洲东路	1～3	13320	7000	—
和桥消防队中队	2000	和新路	2	4662	900	2002年2月成立中队
和桥检察室	2002	和新路东侧	3	624	920	1995年建立
和桥医院	2002	健康东路	6	24939	12644	原址永昌河口北
吴冠中故居	2012	楝树中学东边	2	6600	3500	东来公司投资

1971—1995 年和桥镇主要商业单位公房建设情况

表 8－4

序	单位名称	建造年代	建造地址	楼层	占地面积（平方米）	建筑面积（平方米）	营业用房
1	中百公司	1971	兴业街 63 号	3	3600	2800	全部
2	和桥供销社	1981	兴业街南首	3	2500	3000	一楼和后面平房
3	兴业街居委 5 层楼	1982	兴业街	5	600	1500	一楼
4	和桥烟糖公司	1986	兴业街 23 号	4	400	1114	一楼
5	中百三店	1986	劳动街 1 号	4	400	1500	一楼
6	红旗百货商店	1986	西横街	4	90	400	一楼
7	和桥商场	1989	西横街	5	300	1600	一楼
8	和桥青年商店	1986	西横街	5	250	1350	一楼
9	和桥新华书店	1984	西横街	5	150	600	一楼
10	聚鑫商场	1991	西横街	5	3383	1800	一楼
11	和桥商厦	1993	西横街	4	2500	5400	一楼
12	中兴商场	1995	西横街	4	3756	5361	一楼

2. 南新街　民国时期，南新街有小学、庙宇等。新中国成立后，这些房屋全部收归国有。至 1960 年，早期南新乡及南新公社的办公用房设置在里塘渎桥南堍往西约 50 米的大户人家。1960 年一场大火，该办公用房遭火灾，南新公社机关搬入经改造后的城隍庙。由于城隍庙在里塘渎桥北面桥堍下，南新的供销社、卫生院、邮电所、派出所，就在 20 世纪 60 年代初，靠着公社机关相继向西建造。这一时期，南新粮管所在里塘渎桥东面 100 余米的南岸建成。1984 年，南新乡在南新桥西堍约 50 米远的地方建造了新的机关三层办公大楼，大门朝南，占地 3000 余平方米，建筑面积 1800 余平方米。同期，南新乡机关大楼的西面，陆续建起南新影剧院、医院、派出所，建筑面积分别约有 800 平方米、1500 平方米、1000 平方米。2000 年 6 月，南新镇并入和桥镇。

3. 楝树港街　新中国成立初期，闸口境内收归国有的只有学校和没收大户人家等少量公房。早期的闸口乡将北渠杨家村大户王书勤家作为办公用房。20 世纪 50 年代，楝树港在清溪街建起供销社、医院、粮管所。1959—1961 年，闸口公社机关在海棠园南边的邵氏大户人家办公，同期闸口供销社、信用社、邮电所等也在老街大户人家开办。1961 年春，公社机关迁回楝树港王书勤家办公。20 世纪 70 年代，公社机关在王家祠堂建造一幢二层公用楼房，建筑面积约 600 平方米。1984 年，闸口乡在王家祠堂北面约 100 米的地段，建造新的机关用房，三层两幢，占地面积约 5000 平方米，建筑面积约 1500 平方米，大门朝南。1986 年，闸口信用社、闸口邮电所、闸口供销社新营业点分别在乡机关门前西侧大道的北面和南面建成。信用社和邮电所的建筑面积分别有 1112 和 300 平方米，楝树供销社占地约为 3500 平方米，建筑面积约为 1000 平方米。1988 年，闸口乡工业公司、闸口供电所、闸口影剧院、闸口派出所、闸口医院等，也在闸口乡机关门前的楝闸路（2012 年改成海棠路）上落成，建筑面积近 8000 平方米。2004 年 2 月，闸口镇并入和桥镇。

三、商品住房建设

1. 和桥集镇　新中国成立初期，和桥镇统计出有私人房屋 3.58 万平方米。1958 年大炼钢铁时，挤占集镇上部分居民的私房，仅和桥镇就有 214 户、407.7 间，计 9000 余平方米。1985 年全国房屋普查，统计出和桥镇有私人房屋 8.58 万平方米。1984

年，和桥镇将东起永昌路（当年叫南新公路），西至鹅洲西路，南靠永昌河，北达西横街的一片土地列入商品住房建设范围。由于该地面积较大，一部分房屋由居民购地自行建造，一部分由和桥房地产开发公司统一建造，至1990年竣工，命名健康小区，建筑面积2.42万平方米。1987年起，和桥镇以原鑫斯巷最西端至福寿路为东西、以鑫斯巷与鹅洲北路为南北，建成商品住房小区。内有3～4层楼9幢，建筑面积为2.15万平方米。1995年，该小区建成后命名为劳动新村。1993年，和桥镇专门建设教工小区，地址在当时原和桥小学的南面（教育路北），占地3000余平方米，建筑面积6218平方米，以低于市场近一半的价格出售给和桥教工。1998年，和桥镇将东起鹅州西路、西至和新路、南临新农机公司门市部西面的一片建筑、北靠和桥大酒店与公园的一片地域（约有8万多平方米），列为商品住房开发建设范围。至1999年，该区域内商品房开发竣工，房屋建筑面积近27万平方米。同期，该区域从新世纪酒店北侧向西直至和新路，建成公园路。路南面以两层别墅为主，路北面楼房以4层居多，局部有5层。此时，公园路两边的小区乃命名为永和新村（南）与永和新村（北）。2001年，马家高墩南面及北面商品住房建设开始。至2003年，该小区房屋建筑面积已有18万平方米，成为和桥西横街北最大的一个商品住房小区。2006年，位于小沿河东段南岸的和桥庭园建成，建筑面积为1万余平方米。和桥庭园内小沿河沿岸长近100米、和楝公路西侧长150余米的底楼全部为商铺。2012年，和桥翰林院建成。它东起永兴家园，西至新长铁路，南靠中兴花园，北临永兴安置区，占地12.32万平方米，建筑面积13.29万平方米。其中：单座别墅38套，联排别墅250多套；12～18层大楼7幢。2012—2015年，镇南新区大树人家小区建成。它北起锡宜公路、南至新村路，东靠锡宜高速公路，西达鹅洲东路南延段，建筑商品住房面积22万余平方米。其中，最西面的三幢为11层，其余均为6层。1984—2015年，和桥集镇共建商品住房小区54个，建筑面积为279.52万平方米。

图8－3　2015年的翰林院小区

图8－4　2015年的和桥庭园小区大门

1984—2015年间和桥镇商品住房建设情况

表8－5　　　　单位：平方米

建设区域	序号	名　称	建成年份	建筑面积	备注
兴业社区	1	永昌新村	1984—1990	23980	—
	2	园地新村	1988	204176	—
	3	健康新村	1984—1990	24220	—
	4	马家综合楼	1994	3907	—
	5	西苑综合楼	1996	3647	—

续表 8 –5 单位:平方米

建设区域	序号	名　　称	建成年份	建筑面积	备注
兴业社区	6	健康西路	1996	12329	—
	7	永和新村(南、北)	1999	230000	—
	8	公园路	1999	4671	—
	9	公园路两侧	1999	39609	—
	10	禾晖广场	2005	4680	—
	11	迎祥家园	2008	59000	—
	12	永兴家苑	2010	32800	—
	13	中兴家园 1、2 期	2010—2013	220880	—
	14	翰林院(苑)	2013	132890	—
	15	西和花园	2013	30045	—
劳动社区	1	劳动新村	1987 – 1995	21514	—
	2	和桥商城	1988	12239	—
	3	新建新村	1988 – 1995	35580	—
	4	和乐新村	1992	180000	—
	5	康乐新村	1993—1997	50000	—
	6	环北小区	1995—1997	22064	—
	7	粮油小区	1998	14276	—
	8	农贸市场	1998	99676	—
	9	华兴小区	1998	7120	—
	10	南高小区	1998	10104	—
	11	长乐新村	1999—2001	15996	—
	12	马家高墩	2001	180000	—
	13	华达家苑	2002	150000	—
	14	闻家新村	2002	80000	—
	15	天和花苑	2005	300000	—
	16	清溪花园	2006	40000	—
	17	富家苑	2007	10000	—
生建社区	1	教工住宅区	1993	6218	—
	2	东横街	1994	16530	—
	3	团结新村	1994	11327	—
	4	北庄小区	1996	12588	—
	5	欧德隆超市区	1996	8991	—
	6	朝阳新村	1999	7863	—
	7	江南新村	1999	5004	—

续表 8-5　　　　单位：平方米

建设区域	序号	名　称	建成年份	建筑面积	备注
生建社区	8	运河东路	2000	12898	—
	9	方正小区	2000	12000	—
	10	团结小区	2001	10363	—
	11	富阳新村	2001	25422	原称东苑小区
	12	兴隆新村	2003	12000	—
	13	和桥庭院	2006	11000	—
	14	锦绣江南	2007	8000	—
	15	润禾家苑	2008	6500	—
	16	金色港湾	2009	16000	—
	17	东锦家园	2012	14965	—
镇南新区	1	怡和花园	2009	29696	
	2	大树人家(一期)	2012	115075	
	3	怡景华庭	2012	24722	
	4	鹅洲公馆	2013	62351	
	5	大树人家(二期)	2015	110283	

2. 南新街　1992—2004 年，南新街共建设商品住房小区 5 个，总建筑面积为 35000 平方米，全部为三层楼房，主要位置在人民路和得胜路。

1992—2015 年南新街商品住房建设情况

表 8-6　　　　单位：平方米

建设区域	序号	名 称	建造年代	建筑面积
南新社区	1	人民北路商品住房小区	1992	9400
	2	人民东路商品住房小区	1993	11200
	3	人民中路商品住房小区	1994	6000
	4	人民南路商品住房小区	1995	6000
	5	得胜路商品住房小区	2004	2400

3. 楝树港街　1993—2000 年，楝树港街共建设商品住房小区 5 个，总建积为 1.8 万平方米，全部为三层楼房，主要位置在富民路南侧。

1993—2015 年楝树港街商品住房建设情况

表 8-7

建设区域		名 称	建造年代	建筑面积
海棠社区	1	教工商品住房小区	1993	6200
	2	农贸路商品住房小区	1994	1600
	3	富民新村商品住房小区	1994	3960
	4	民昌新村商品住房小区	1995	4290
	5	农贸市场商品住房小区	1999	2000

四、道路建设

1. 和桥集镇　民国时期，和桥集镇道路一般为青石板或天子石铺就。街区主要道路有四条：东横街长420米，宽不足2米；上塘街和下塘街各长1200米，宽约2米；观音巷长不足80米，宽约2米。其时，上塘有庙前弄、维新巷、迎祥巷、观音巷、螽斯巷，下塘有宅家弄、寨沟弄、回春巷、邵家巷、牛屎弄、公园巷和尼姑弄，东横街有永宁巷、源泉巷、土地巷等。这些弄堂或小巷，道路大都不足1米宽，如其中的迎祥巷只有半米宽，勉强够两人交叉通过。1950年下半年，为建设上塘街道南首样板路面，老和桥中百公司3间门面房被拆除，原来2米宽的街道路面拓宽成8米。至1958年，中百公司门前道路按照8米宽度一直向南延伸至锡宜公路，使兴业街长度增加200余米。1958年，观音巷向南地段的第一进房屋全都被拆除，街面道路也拓宽至5米。1971年，由于锡溧漕运河首次拓宽及葛灵河同时被填没，兴业街、观音巷的街面道路得到拓宽，铺浇水泥路面5654平方米。1978至1985年，生建街、团结街、民主巷（维新巷）、迎祥巷、螽斯巷的道路，全部改成水泥路面，约近5000平方米。1986年，原南新公路和桥镇区段改名为永昌路，用水泥浇筑。同年，随着和桥乡镇合并后的第一处农贸集市开业和敬老院建成，南北向的农贸路和福寿路两条街面道路已经成形。1987年，东起中兴桥，西至原闻家村石田路的西横街水泥路面铺设完成，长约800米，宽32米。1992年，鹅洲西路与鹅洲北路（也称环北路）贯通，凭借锡宜公路、和楝公路在和桥经过的路段，和桥环镇道路基本建成。1995年，东横街拆除后新铺的道路宽24米。1995—1997年，鹅洲东路、朝阳路、和新路这三条南北向的主要道路分别建成。1997年，健康路由鹅洲西路往东过南兴桥至朝阳路，长1350千米，宽24米（南兴桥西为健康西路，南兴桥东为健康东路）。1999年，西横街又向西延伸300米至局里韦家塘（2013年建设的西和花园），东横街延伸300米至东面的和楝公路。2000年，健康东路向东延伸400米至和楝公路。2001年，锡溧漕河再次拓宽，生建街和团结街沿运河的道路被拓宽至24米。2003年，和桥镇区西面工业集中区道路基本建成。区内的二号路、三号路贯穿南北，周杨路（已建成段）、创业大道、南新东路等，横贯东西。这些主干道路与和桥街镇、南新街镇、锡宜公路紧密相连。2013年镇南新区开发，和楝公路、鹅洲东路、朝阳路分别向南延伸，平均延长约1000米，建成的道路分别宽30米、21米和24米，区内还有东西横向的彭城路、八达路等。至2015年，和桥镇区内先后浇筑主干道路10条、干道路15条、支路24条，总长约5万米，其中沥青路面长约2万6千米，水泥路面长约2万4千米。

1984—2015年和桥集镇道路建设情况

表8－8　　单位：米

地段	序号	道路名	等级	长度	宽度	路面	起点	讫点	建成年份
和桥老集镇	1	鹅洲北路	主干路	1550	32	沥青	和楝公路	鹅洲西路	1992
				1000			沿高路	和楝路	2013
	2	螽斯巷	支路	375	12	水泥	劳动街	福寿路	1998
	3	东横街	主干路	400	24	水泥	鹅洲东路	中兴桥	1995
	4	西横街	主干路	1100	32	水泥	中兴桥	和新路	1987
				200			和新路	西环路	1999
	5	教育路	干路	850	24～18	水泥	新建路口	创业大道	1999
	6	公园路	干路	370	22	水泥	鹅洲西路	和新路	1998
				900	24		和新路	西环路	1999

续表 8－8　　单位:米

地段	序号	道路名	等级	长度	宽度	路面	起点	讫点	建成年份
和桥老集镇	7	健康东路	干路	1350	24	水泥	东环路	南兴桥	2000
	8	健康西路	干路	400	24	水泥	南兴桥	鹅洲西路	1997
	9	和建路	支路	500	12	水泥	鹅洲东路	朝阳路	1997
	10	永兴路	支路	410	7	水泥	永昌路	鹅洲西路	1984
	11	和高路（镇区段）	主干路	2500	36	水泥	鹅洲西路	纯江路	2003
	12	宜漕路（镇区段）	主干路	3300	36	沥青	锡宜高速	周杨公路	2014
	13	和楝路（镇区段）	干路	1150	30	沥青	殷东路	宜漕路	2013
	14	鹅洲东路	主干路	1100	36	沥青	鹅洲北路	宜漕路	1997
	15	朝阳路	干路	800	24	水泥	东横街	宜漕路	1997
	16	运河东路	干路	1200	20	水泥	北兴桥	宜漕路	2001
	17	劳动街	干路	800	20	沥青	殷西路	中兴桥	2001
	18	兴业街	干路	700	20	沥青	中兴桥	宜漕路	2001
	19	福寿路	支路	900	4	水泥	殷西路	西横街	1986
	20	农贸路	支路	400	12	水泥	鹅洲北路	西横街	1986
	21	永昌路	支路	750	16	沥青	西横街	宜漕路	1986
	22	新建路	支路	900	12	沥青	鹅洲北路	西横街	1987
	23	鹅洲西路	主干路	1100	30	沥青	鹅洲北路	宜漕路	1992
	24	和新路	主干路	1500	36	沥青	教育路	宜漕路	1995
	25	湖滨路	支路	300	7	沥青	鹅洲北路	殷西路	1998
	26	清溪路	支路	500	18	水泥	鹅洲西路	苗桥路	1998
	27	民主巷	支路	250	6～12	石条水泥	兴业街	永昌路	1978
	28	新园路	支路	200	6	水泥	永昌路	健康新村	1997
	29	殷南路	支路	800	12	水泥	劳动街	苗桥路	1987
	30	殷东路	支路	2000	12	水泥	运河东路	沿高路	2001
	31	西环路	支路	2150	16	水泥	宜漕路	教育路	1999
	32	繁荣路	支路	300	12	水泥	殷西路	鹅洲北路	1992
	33	沿高路	支路	800	12	水泥	健康路	鹅洲北路	1997
工业集中区	34	创业大道	干路	1800	26	水泥	铁路桥	工业园区西	2003
	35	3 号路	干路	3050	24	沥青	南新公路	周杨公路	2003
	36	2 号路	支路	943	14	沥青	新兴路	纯江路	2003
	37	1 号路	支路	1000	12	水泥	南新公路	柯山路	2003
	38	周杨公路	主干路	840	32	水泥	纯江路	新兴路	2003
	39	南新路	干路	3000	24	沥青	教育路	振奋路	2003

续表 8-8　　单位:米

地段	序号	道路名	等级	长度	宽度	路面	起点	讫点	建成年份
镇南新区	40	和楝路南延段	主干路	1200	30	沥青	宜澧路	人民路	2013
	41	鹅洲东路南延段	干路	1127	21	沥青	宜澧路	人民路	2013
	42	朝阳路南延段	干路	950	24	沥青	宜澧路	人民路(海棠路)	203
	43	百贤路	支路	600	18	水泥	宜澧路	人民路	2013
	44	海棠路	支路	300	16	沥青	和楝南延	朝阳路南段	2013
	45	人民路	干路	1000	21	沥青	和楝路南延	百贤路	2013
	46	彭城北路	支路	330	17	沥青	鹅洲东路南	高中西围墙	2013
	47	彭城南路	支路	276	9	沥青	鹅洲东路南	高中西围墙	2013
	48	新村街路	支路	80	20	水泥	北起海棠路	南至人民路	2013
	49	发达路	支路	70	20	水泥	北起海棠路	南至人民路	2013

2. 南新街　民国时期,南新街道路成"L"形,里塘渎桥南长50米左右,宽约2米。里塘渎桥北堍向西的街道路面长约100米,宽约2.5米。1984年,南新街的位置逐步移至南新乡人民政府门口两侧,东起文化站,西至邮电所,长近200米,宽约5米。同期,里塘渎桥东面约100米的人民桥已经改建,桥北顺着街东一直向北到殷村港,建成了进出南新街最大的道路。此路长约1000米,宽约5米,被命名为人民路。1992年,南新街西的邮电所往西至得胜厂,新建了一条道路,长约100米,宽约5米。同年,人民路北端沿殷村港东西向的道路被命名为南新路。20世纪90年代,南新街除建造新街路、振新路、南中路外,还拓宽了人民路、南新路、得胜路等。2010—2015年,南新路、人民路、得胜路、振新路都铺设了沥青。

1981—2015年南新街道路建设情况

表 8-9

序号	道路名	等级	长度	宽度	路面	起点	讫点	建成年份
1	人民路	主干路	1000	20	沥青	人民桥	殷村港	1981
2	得胜路	干路	100	20	沥青	南新医院	得胜厂	1992
3	南新路(含西延)	主干路	1200	25	沥青	人民北路	环湖路	1992
4	南中路	干路	500	20	水泥	人民中路	下叉桥	1992
5	新街路	干路	50	20	水泥	得胜路	保温厂	1992
6	振新路	干路	150	20	沥青	鑫华润环保厂	南新公路	1996

3. 楝树港街　民国时期,位于锡溧漕运河河西的楝树港老街道路南北走向,长约200米、宽约2米。河东的清溪街东西长约100米、宽约2米。楝树港老街道与清溪街道周围还有一些小弄堂、小路,通向在水庵、清溪庵、楝树小学、北渠小学等地。1954年冬,楝树港大木桥建成,河东与河西有了通行的道路。1981年,和楝公路从南穿过杨家桥,一直到清溪街东面的北头建车站。1984年,楝闸路基

本建成，它西起楝树港大桥，往东经过闸口乡政府、楝树港医院、老北渠小学等，长约600米，宽约8米。1992年建成的富民路，东起闸口中心小学、西至和楝公路，长约500米，宽约8米。2000年，新农贸市场东西两条道路竣工，东面的叫楝阳路，西面的叫农贸路。它们各长500米，宽约8米。同期，教育路、闸口路分别建成。2002年，楝树港街南开辟镇南路，东西长200米，宽约12米。2013年，原楝闸路改名海棠路。至2015年，楝树港街海棠路、教育路等主要街区道路已经铺设沥青路面。

1981—2015年楝树港集镇街道建设情况

表8－10

序号	道路名	等级	长度	宽度	路面	起	止	建成年份
1	和楝路楝树港街段	主干路	300	9	沥青	杨家桥	汽车站	1981
2	海棠东路	主干路	600	8	沥青	楝阳路	和楝路	1984
	海棠西路	主干路	200	8	沥青	和楝路	钟张运河	
3	教育路	干路	250	7.5	沥青	闸口医院	楝树中学	1984
4	富民路	干路	500	8	水泥	闸口中心小学	和楝路	1992
5	农贸路	干路	500	8	水泥	海棠路	富民路	2000
6	楝阳路	干路	500	8	水泥	海棠路	富民路	2000
7	镇南路	干路	200	12	水泥	楝阳路	和楝公路	2002

五、桥梁建设

1.和桥集镇 和桥集镇的桥梁主要建在顺渎河、锡溧漕河、葛仙河、五指河、永昌河、新建河的上面。由于历史变迁，这些河道上的桥梁有的已经拆除，有的原地修建，有的移地重建。1949—2015年，和桥集镇共改造危桥和新建桥梁19座。

顺渎河上桥梁 南朝刘宋泰始元年(465)，顺渎河口建造和兴闸。后来，里人将此闸改建为石拱桥，始称和桥。该桥长约10米，宽约2.5米。在东横街建设期间，从顺渎河口至茅庵(后称化城寺)西面约400米的河道上，分别建起与小和桥结构、大小都差不多的永宁桥，永丰桥、顺宁桥(小和桥石拱用材为天子石，永宁桥石拱用材为青石)。明朝成化八年(1472)，“小和桥”重建。明朝隆庆年间(1567—1572)，顺渎河东段茅庵门前和西南面分别建成茅庵桥与茅庵西桥。清雍正七年(1729)、乾隆五十三年(1788)、嘉庆十八年(1813)，“小和桥”又几次得到翻修与改建。清同治七年(1868)，王姚氏重建顺宁桥。民国23年(1934)，化城寺退居洪仁老和尚因不忍见顺宁桥逐渐坍塌，乃慷慨捐资改造，于当年农历四月初竣工。1995年，东横街整体拆除扩大，原来的永宁桥、永丰桥、顺宁桥全被拆除，从朝阳路口向西另外建造了三座无名水泥平板桥。朝阳路口的长7米、宽约10米；向西的两座都是长7米，宽3米。同年，茅庵桥与茅庵西桥经修建分别称慈善桥与积德桥。2001年，锡溧漕运河东扩至50米，20世纪70年代重建的石头平板“小和桥”向东移地约25米重建，石拱结构，桥长7米，宽约10米。同时，和桥镇人民政府还将原永宁桥拆卸下来的石料，在紧靠“小和桥”西面的河口上重新建造长10米，宽约2.5米，并在运河边立碑刻写“重建和桥碑记”。2005年，从东面和楝公路至化城寺西面鹅洲东路，顺渎河上的四座桥梁都开始改建，2007年全部建好。和楝公路上的桥梁，东面为王家桥，水泥平板结构，长13米、宽10米；西面紧挨的是和宁桥，石拱结构，长13米，宽约3.5米。向西的第二座桥为顺和桥,位于方正小区的南门,石拱结构,长7米,宽约3.5米。再往西是"顺宁桥",建于化城寺的东南角,石拱结构,长7米,宽约3.5米。"永丰桥"则建在化城寺的西南角,石拱结构,长7米,宽32米,成了鹅洲东路连通南北的桥梁。

锡溧漕河上桥梁 元泰定四年(1327),闸口永定开明人士邵堂轩捐资于葛墟桥原址建造中和桥,即中兴桥。该桥长约35米,宽约4米。清道光二十四年(1844)与咸丰十七年(1857),和桥的北头和南头,分别建造了和丰桥(北兴桥)、和兴桥(南新桥)。同期,和桥人士还捐资建造三里桥(在和兴桥南约三里)。这清代建造的三座桥全为花岗岩石拱桥,结构与大小与中和桥相差无几。明正统十年(1445)、清雍正七年(1729)、清乾隆三十七年(1772),中兴桥几次得到重建与改造。民国23年(1934),南兴桥往南约100米,锡宜公路大桥建成,木头结构,长约30米,宽约8米,里人称该桥为大洋桥。民国时期,该桥由于战争多次遭受损坏而几经维修。1949年4月23日傍晚,驻和桥的国民党保安队为阻止解放军解放和桥及南下,纵火焚烧大洋桥。和桥解放后,大洋桥立刻得到翻修,改为水泥平桥。1962年,大洋桥更换桥桩,拓宽桥面2米多,并在两边正中的水泥栏板上刻有"和桥"二字。1971年,锡溧漕河首次向西拓宽至30米,和桥集镇内的四座大桥全被拆除。"和桥"重建成后长约40米,宽约10米。南兴桥(南移约50米)、中兴桥(原址)、北兴桥(北移约60米)重建成水泥拱桥,长度都约为50米,宽度都为5米多。2001年,锡溧漕河向东拓宽至50米。重建的"和桥"为南北之间有空隙的垂直钢拉索平板水泥大桥,桥长约180米,总体宽度为23米。重建的南兴桥回到清代建造的位置,为水泥预制大梁的平板桥,桥长约180米,宽8.5米。中兴桥和北兴桥全为垂直钢拉索平板水泥大桥,长都约为180米,中兴桥宽13米,北兴桥宽8米。

五指河上桥梁 五指河的河口位于南兴桥东塊往南约100米,经周家浜往东的河流先汇成一个荡再分出五条支流,恰似巨人伸出的一条手臂并有手掌与五指,人称"五指河"。清代,运河流进五指河约100米远的地方建有南北向小平板石桥,里人一般称周家浜桥,长约8米,宽约2米。同期,被人称为"中指"的中塘村前小河上建起南北向的木桥,人称小木桥;被人称为"无名指"的后塘村前小河上,也建起一座南北向的木桥,人称大木桥。1934年,被人称为"食指"的前塘村前经过锡宜公路的河流上,建起一座东西向的石平桥,人称小洋桥。"文化大革命"期间,周家浜桥改名为生建桥,小洋桥改名为新民桥。1972年朝阳路初建,小木桥被拆除往西3米建石平桥,长约5米,宽约3.5米。同年,大木桥往西约20米,也建起一座石平桥,长约5米,宽约3.5米。20世纪70年代,大木桥腐朽,当地人在原址修建了一座石平桥,长约7米,宽约2米,里人称其塘里桥。1980年,生建桥重建成水泥拱桥,长8米,宽4米。新民桥也随着锡宜公路多次拓宽而变化,如1973年,1990年等。1997年,朝阳路重新改造拓宽,原朝阳路建成的两座石平桥都加宽至8米,成为新朝阳路南段的重要桥梁。2001年,周家浜的运河口(生建桥西约100米),新建了一座水泥平桥,长约8米,宽约10米。至2015年,后塘村前的塘里桥,两端的石头桥基还很牢固,桥面仍是水泥板,但宽不足2米。

葛仙河上桥梁 清代,葛仙河也叫葛墟河,从东往西分别有葛仙桥(平板石桥,桥面就是上塘街道)、扶栏桥、积谷桥。1971年,葛仙河被填没,河上桥梁悉数消失。

永昌河上桥梁 明清时期,永昌河西河口有平板石桥长工桥。传说当时周围的农民都到这里寻找活计、卖农副产品。关帝庙前,有一座明代建造的小木桥,人称骆驼桥。同期,城隍庙面前有一座石平桥,人们都称小石桥;新中国成立初期,长工桥改名为劳动桥。1957年,永昌河疏浚,石平桥被拆除。同年,骆驼桥西移永昌路改成水泥拱桥。1996年,永昌河改做地下涵洞建成健康西路,原来桥梁全被拆除。

新建河上桥梁 清代，老殷村港流经和桥集镇的西北角有一座石桥，叫周行史桥，东南西北向，长约7米，宽约2米。据说，抗日战争时期，新四军曾为了阻击日寇，夜里炸毁此桥，第二天又把桥修好。1978年，新殷村港重新开拓后，此桥经过翻修，称许家桥。1983年，和桥乡从许家桥至王家塘（后来的西横街北）开凿了一条新建河。2年后，许家桥被改成了东西向，长12米，宽约3米，石平桥结构。新建河南段，人们还建了建学桥。1992年，鹅洲北路通过此桥。该桥长12米，宽25米。至2015年，新建河除北段还能见约50米长的河面外，南段河面全部被房屋所盖住，原来还有一些桥梁都已不见。

2. 南新集镇 清代，南新街建有里塘渎桥，南北走向。该桥长28米，宽约2.5米，民国17年（1928）重建。1974年，里塘渎桥东面100余米处，人民桥新建，水泥拱桥，长约30米，宽约4米。1976年，原供销社东面的南新河上新建南新大桥。该桥为水泥拱形结构，长约30米，宽约5米。1998年，人民桥重建，长约45米，宽约8米。2000年10月，南新桥重建。新桥仍为水泥拱形，长约35米，宽约7米。2001年，人民桥再次重建，仍采用水泥拱形结构，长约50米，宽约10米。

3. 楝树港街 1956年，楝树港街河西至河东的锡溧漕运河上首次建造木桥，长约35米，宽约2米。1964年，木桥被拆除，新建砖拱水泥桥，长约50米，宽约2.5米。1987年，在砖拱桥南面约4米的地方重建水泥拱形桥，长约60米，宽约3米。1989年，老桥拆除。2001年，水泥拱桥又被拆除。同时新建楝树港大桥。该桥为垂直刚拉索平板水泥大桥，长约180米，宽5米。

六、供电设施建设

民国6年（1917），和桥镇商会及镇上街董程荫南与无锡人联合集资创办了耀明电灯厂，供电对象仅是一些大商号及彭城中学、鹅山学堂等。当初电压不足，光线暗弱。民国12年（1933），电灯厂改组，易名和明电灯厂，发电设备改为一台双飞轮的重柴油车作为动力机和2台直流发电机。民国26年（1937），日军侵华，和桥沦陷，电灯厂关闭。民国29年（1940），和明电灯厂恢复发电，由原来的直流电改为三相四线的交流电，又终因经营不善停业。抗日战争胜利后，和桥工商界筹集资金在和明电灯厂原址创办新生电灯厂，部分居民开始用电灯照明并安装电表，因用户增加，灯光暗弱，经常发生故障，停电仍较多。新中国成立后，和桥镇人民政府发动工会、工商联筹措资金，在原有发电设备基础上，又租进30匹马力四引擎的重型冷并车1台，继续发电，供居民用电。1956年电厂实行公私合营，新生电厂改为宜兴县和桥电力厂，并并入和桥粮油厂。1960年，国家常丁线建成。同年，和桥供电所成立。和桥镇大部分居民家庭、单位工场通上电线。家庭照明、工矿机械普遍使用电源，电表安装也逐步到位。20世纪60年代中期起，和桥境内集镇逐步将原来的木电杆更换成水泥电杆，主线和支线分别用铝绞裸线和铝芯绝缘线。1978年，和桥公社、闸口公社、南新公社境内都有10台左右容量较小的变压器。1979年，华东电网建成，和桥境内居民家中全部通电。20世纪80年代初，因社办工业兴起，用电急剧增加，大网供电仍然紧张，和桥境内往往因超计划而停电。1987年，和桥镇与上海宝钢联合集资筹建和桥热电厂，缓解了用电紧张的局面（后因国家电力发展被关闭歇业）。1989年，和桥110千伏变电所建成营运，主供和桥镇、南新乡、闸口乡等六乡一镇。同时，和桥输电线路也达到国家用电标准镇的要求，动力线路、照明线路，全部用上钢芯铝绞线；入户都有配电表，内有电表和保安器。1995年8月，和桥境内具备两条110千伏受电线路建成，构成双电源受电网架能够不间断供电。1999年，和桥境内电网进行全面改造。2004年，和桥110千伏变电设施重新升级完工。2010年7月，和桥又在北庄村增建110千伏变电所并投运，新增4万千瓦供电能力，解决了和桥变电所、闸口变电所新的供电压力。2012年，和桥镇开展智能电网建设。同年，和桥电网纳入国家电网。2015年底，和桥镇有35千伏变电所2座、110千伏变电所2座。

七、路灯设施建设

民国6年(1917),和桥镇已办有耀明电灯厂,但尚未在街道上安装路灯。民国12年(1923),耀明电灯厂在和桥镇的主要街道上、下塘街、东横街、观音巷街面上开始安装路灯,供镇上居民夜间外出购物提供光明,当时的路灯电线杆均为木杆,数量极少,灯光亮度十分有限。1960年起,和桥集镇的主要街道路灯的只数和瓦数都有所增加。1968年,南新街、楝树港街,也都有了路灯。此时的路灯,与和桥集镇上一样,大部分都是安装在水泥电线杆上。1987年,和桥境内街道、机关、学校、医院及其他公共场所都安装了路灯,仅和桥集镇的主要街道,就有路灯100余处,是20世纪70年代的5倍以上,亮度都超过100瓦。90年代,和桥境内新建或新改造的街道及其它公共场所,全部用单独的灯杆安装路灯,节能高效的LED灯具开始大量应用于路灯。2002年,和桥境内集镇主要道路都实现了亮化工程,特别是和桥集镇有锡溧漕河经过的地方,三座大桥、河东景观大道、河西沿河街道,都安装了功率较大、色彩多样的LED灯。2002年后,和桥境内所有安装的路灯都有宜兴市供电公司负责维修和管理。2009年,宜兴市供电公司对和桥境内路灯所负责任全部移交给宜兴市建设局属下的路灯管理处;2007年以后建成街道、广场、小区及公共场所的路灯,全部由和桥镇负责安装和管理。至2015年,和桥境内集镇的公共场所,已全部安装路灯。

2015年和桥镇区路灯分布情况

表8-11

路　段	灯杆数量(基)	路灯数(盏)	单灯功率(瓦)	总功率(千瓦)	备注
锡宜公路(和桥段西)	40	40	250	10	市管路灯
锡宜公路(和桥段东)	54	108	250	27	市管路灯
和高路(和桥段)	18	18	250	4.5	市管路灯
南新路	89	89	250	22.25	市管路灯
和楝公路(锡宜公路至杨家桥)	94	94	250	23.5	镇管路灯
湖滨路	53	53	250	13.25	市管路灯
宜杨路(福巷桥至杨桥)	93	93	150	13.95	镇管路灯
宜杨路(富民路口至钟溪桥)	59	59	250	14.75	镇管路灯
西横街(和新路至中兴桥)	36	50	250	12.5	市管路灯
东横街	39	55	250	13.75	市管路灯
鹅洲西路(教育路至锡宜公路)	53	53	250	13.25	镇管路灯
鹅洲西路(北段)	11	11	250	2.75	市管路灯
鹅洲东路	49	94	250	23.5	市管路灯
鹅洲北路(鹅洲西路至北兴桥)	24	24	250	6	市管路灯
鹅洲北路(北兴桥东)	32	32	250	8	镇管路灯
上塘街路灯	42	42	250	10.5	镇管路灯
上塘街景观灯	37	24×26W	624	23.09	镇管路灯
运河东路路灯	44	44	250	11	镇管路灯
运河东路景观灯	37	17×45W	765	28.3	镇管路灯
和新路	58	116	250	29	市管路灯

续表 8-11

路　　段	灯杆数量(基)	路灯数(盏)	单灯功率(瓦)	总功率(千瓦)	备注
朝阳路	13	13	250	3.25	市管路灯
健康东路	26	26	250	6.5	市管路灯
健康西路	19	19	250	4.75	市管路灯
公园路	16	32	250	8	市管路灯
公园路延伸段	21	21	250	5.25	镇管路灯
创业大道	36	72	250	20.8	镇管路灯
清溪路	15	15	150	2.25	镇管路灯
鹅洲东路南延段	40	40	250	10	镇管路灯
朝阳路南延段	40	40	250	10	镇管路灯
3 号路(含纯江路)	45	45	250	11.25	镇管路灯
永昌路	17	17	250	4.25	市管路灯
殷南路(苗桥路至自来水厂)	41	41	250	10.25	市管路灯
螽斯巷、菜场周围道路	14	14	250	3.5	市管路灯
新建河——农贸路(巷道)	16	16	250	4	市管路灯
教育路(新建路至昌溪桥)	37	37	250	9.25	镇管路灯
楝树港街区	107	107	150	16.05	镇管路灯
南新街区	69	69	150	10.35	镇管路灯
公路桥面路灯	28	56	250	14	镇管路灯
南兴桥面路灯	28	28	250	7	市管路灯
中兴桥面路灯	26	42	250	10.5	市管路灯
北兴桥面路灯	24	24	250	6	市管路灯
楝树港桥面路灯	19	19	250	4.75	镇管路灯
鹅洲北路南北住宅小区道路	47	47	250	11.75	市管路灯
华达苑小区道路	9	9	250	2.25	市管路灯
长乐新村道路	16	16	250	4	市管路灯
新建新村、劳动新村道路(西小区)	36	36	250	9	市管路灯
南高小区、许家小区道路(北)	25	25	250	6.25	市管路灯
康乐小区道路	30	30	250	7.5	市管路灯
朝阳新村道路(北)	12	12	250	3	市管路灯
富阳新村小区大道路	9	18	250	4.5	市管路灯
江南市场小区道路	3	3	250	0.75	市管路灯
周家浜南小区道路	3	3	250	0.75	市管路灯
周家浜北小区道路	5	5	250	1.25	市管路灯
团结新村道路	17	20	250	5	市管路灯

续表 8－11

路　　段	灯杆数量(基)	路灯数(盏)	单灯功率(瓦)	总功率(千瓦)	备注
永昌新村道路	27	27	250	6.75	市管路灯
健康新村道路	26	26	250	6.5	市管路灯
兴业新村、马家高墩小区道路	13	13	250	3.25	市管路灯
迎祥巷道路	10	10	250	2.5	市管路灯
老街住宅区道路	1	1	250	0.25	市管路灯
公园路小区道路	25	25	250	6.25	市管路灯
许家小区外道路路灯	20	20	150	3	镇管路灯
南高小区内道路(东小区)	8	8	250	2	镇管路灯
朝阳新村道路(南兴桥南)	8	8	250	2	镇管路灯
朝阳广场	6	6	150	0.9	镇管路灯
富阳新村小区小道路	9	9	150	1.35	镇管路灯
清溪花园小区道路	8	8	150	1.2	镇管路灯
朝阳广场周边道路	6	6	150	0.9	镇管路灯

八、供水设施建设

20世纪70年代以前，人们世代饮用河水、塘水、井水。稍许考究的人家，把河水挑人缸内，加上明矾，澄清之后再饮用。70年代，和桥集镇在居民集中住宅区，打井30余口，提倡饮用井水。1980年11月，和桥集镇在原和建大队第二生产队(中塘村)田块内，征地0.2公顷，建造厂房、水塔，开凿深井，吸取地下水。之后，和桥集镇又在古银杏树的西面，开凿两口深井，建造一个100吨水塔，作为取水源。1981年，该水厂归宜兴县城建局管理。1983年3月，为和桥镇区有600多户居民饮用自来水。1985年8月，自来水厂在原和桥村许家组的殷村港边重建，占地0.33公顷，投资60多万元，建造厂房800多平方米，于1986年7月正式投产，日供水能力达到3000吨。同年5月，南新街在王母村征地0.29公顷，投资28万元，筹建南新自来水厂，日供水为2000吨。1989年5月，和桥自来水厂扩建生产线，日供水能力达6000吨。楝树港街于1990年在楝聚村西丰樵圩征地3.33公顷，投资30万元，办起闸口自来水厂，日供水能力为1500吨。1992年，和桥自来水厂经技术改造，日供水能力上升到1万吨。1995年6月，和桥自来水厂投入580万元，又征地0.57公顷，再次扩建，采用变频技术恒压新工艺，日供水能力增加到1.8万吨。1999年，南新镇自来水日供水能力提至5000吨。2000年4月，和桥自来水厂改制更名为宜兴市滆湖自来水有限公司；同年7月，收购南新自来水厂。2001年7月，和桥镇又投入1000万元，将自来水厂取水口移至滆湖，改由滆湖水为水源。2001年，为保证水质安全，取水口由许家组向西边上游延伸至滆湖边。同年，宜兴市滆湖自来水有限公司收购万石自来水厂。2002年，和桥镇已铺设供水主管道150千米，支管道近200千米。2003年，闸口镇自来水厂日供水能力也有5000多吨。2005年，宜兴市滆湖自来水有限公司收购闸口自来水厂。凡被收购后的通水区域，全部由滆湖自来水公司整合管网，接通供水。同年，居民水表由室内安装到室外的改造工程全部结束。2008年，宜兴市实施农村安全饮水工程，市政府投资新建了宜兴至和桥的区域供水管线及横山水供水泵房、池组，规模为每日20000吨。2009年12月，引横山水进入和桥供水系统工程竣工，直接供水至每家每户，全和桥镇及万石镇的居民全部喝上了优质的横山水。2009年8月，市政府对全市供水企业实施整合，由宜兴水务集团有限公司接收管理经营，相应成立宜兴市水务集团有限公司和桥分公司。2010年，为方便用户缴纳水费、办理供水业务，和桥分公司在西横街设立了公用事业服务中心。2015年，和桥、万石2个增压站进一步技改完善，2座泵站安全运行，日供水量超30000吨，全部用户达50000多户，供水普及率达100%。历任和桥自来水厂、滆湖自来水公司、宜兴水务集团有限公司和桥分公司的负责人有钱法义、缪泳康、蒋汝庭、吴建华、王逸伦、刘国强、张法明、关金鸣、王 宇。历任南新自来水厂负责人为：闵春红、裴登科、邓孟生。历任闸口自来水厂负责人为：钱新牛、缪 勇、徐国勤。

九、排水设施建设

民国时期，和桥境内集镇街道均用黄沙条或青石板铺设，地下有小阴沟排水。因年久失修，排水不畅，逢大雨、久雨，园地村、王家场、迎祥巷、乾錩徐等地势低洼的地方，常受水淹之苦。新中国成立初期，和境内集镇部分下水道经过整修，排水情况有所好转。20世纪70年代，和桥境内集镇排水系统基本建成，排水方式为雨污水合流，主要排入锡溧漕河。在正常水位情况下，雨污水都是以自排为主。20世纪80年代，和桥境内集镇大规模建设开始，排水系统建设得到重视，所有街道、小区及其他公共设施，都在地下铺设排水管道。一般工厂都有自己的排污管道，90年代虽要求污水一定要经过处理才能排放，但全面达标的企业还比较少。1999年，和桥集镇将全部排水管道经复查审核登记，并绘有管道网络图，统一划归物业公司管理。2008年，和桥集镇成立公用事业管理办公室，设立宜兴市排水有限公司和桥管网所，将原来集镇各小区生活污水管理划归公用事业管理办公室。自此，和桥集镇开始了大规模的排水系统建设，并将重点放在单位生活污水、小区生活污水和工业企业生产污水集中处理的管道建设。至2010年，和桥已建设集污排水管道近100千米，使和桥境内集镇排水实现雨污分流，使生活污水与经过一级处理的工业污水通过另设管道集中流向污水处理厂。2015年，和桥排水管网所建有直径500～1000毫米的主线管道20余千米、小于500毫米的支线管道90余千米，还建有5000多个铸铁窨井或水泥窨井、上万只铸铁钩头。和桥排水管网所历任负责人为史卫平、戴晓伟、陆林刚。

十、污水处理设施建设

20世纪70年代，和桥境内还是雨污水合流排放。80年代，和桥境内工业企业的污水都直接排放进河道。90年代，生活污水还是直接排放，工业污水虽有处理要求，但达标排放的企业不多，致使和桥境内水质环境严峻。2002年，和桥开始筹建污水处理厂，地址选在原西育中村裴家祖，征地3.6万平方米，投资约2000万元。2004年11月，和桥污水处理有限公司（原为污水处理厂）建成投产。首先处理的是从和桥、南新方面由专门管道输送过来的工业污水。2007年，和桥污水处理有限公司由北京建工集团接管负责。该公司处理的污水已经由排放单位特别是工业企业，进行过一级处理，经过有关部门检查，必须达到国家标准。2008年，和桥污水处理有限公司生产场所已扩展至约3万平方米。2015年，该公司拥有各种水泵40台、AAO处理池组30个，日处理生活污水和工业污水1.3万余吨，充分满足从和桥、南新、闸口、万石等方向排放过来的污水处理要求。

十一、供气设施建设

1994年10月，和桥镇外经外贸公司与台湾宝元机电有限公司，合资创办宜兴市通和燃气有限公司，地址选在北庄村石坝头，征地0.73公顷，建筑面积约100平方米，拥有贮罐250立方米，2004年歇业。2010年，港华管道燃气进入和桥。2011年，金色港湾、润和家园两个居民区首先开通。2012—2015年，先后有怡和花园、东锦家园、怡景华庭、大树人家、中心花园一至二期、西和花园、翰林院、南高小区、和桥庭园等新老小区，以及沿线的大部分工商企业，都通上港华燃气。2015年，和桥境内推广使用天然气订有详细规划，全面为和桥集镇、南新街、楝树港街居民小区及企事业单位供气的施工准备已经就绪。当年，全镇天然气用量为340万立方米。

十二、绿化建设

民国初期，和桥集镇尚有一些集中绿化的地方。如上塘南段的程氏园、下塘北段的公花园，还有鹅洲书院等一些公共事业场所。由于后来的战事不断，名园被毁，学校等地所剩绿化面积也不多。20世纪50年代，和桥集镇主要街道开始种植白杨树，70年代改栽法国梧桐。1984年，生建街沿河街道边新建花坛11只，里面种植了月季、冬青等花木。1986年后，和桥集镇、南新街、楝树港街绿化工作进入新的发展时期。在各学校、街道路边、居民小区、休闲广场、河道沿岸等地，大量种植香樟、龙柏、樱花、广玉兰、槐树、雪松等花草树木。在集镇的各企事业单位，大部分在院子里建有花草园地。2002年，和桥集镇锡溧漕河段南从公路大桥，北至北兴桥的河东，建起一条长约1200米，宽约12米的景观大道。此大道以绿化为主，植有杨柳、迎春、桃花、紫荆、红枫、红叶李、四季竹等上百种绿色植物，深受居民欢迎。2003年，和桥镇被无锡市绿化委员会评为“国土绿化最佳乡镇”。1986—2015年，和桥境内集镇增植树木16.3万株，铺设草坪3.5万平方米。2015年，镇区绿化面积3.29平方千米，绿化覆盖率35.6%，人均公共绿地13.04平方米。

图8－5　2003年12月和桥镇获“无锡市国土绿化最佳乡镇奖牌”

1990—2015年和桥镇区道路绿化情况

表8－12

序号	道路名称	起点	终点	绿地面积（平方米）	绿化面积（平方米）	主要树种	数量（棵）	绿化年份
1	海棠路	和闸公路	楝阳路	295	295	冬青 盘槐	4 3	1990
2	西横街	兴业街	和新路西	1256	1256	梧桐 广玉兰等	157 50	1992
3	永昌路	西横街	锡宜公路	—	—	龙柏 广玉兰 槐树	6 3 3	1992
4	福寿路	螽斯巷	鹅洲北路	—	—	广玉兰	11	1995
5	农贸路	西横街	鹅洲北路	—	—	广玉兰	41	1995
6	螽斯巷	上塘街	福寿路	—	—	香樟	63	1995
7	东横街	鹅洲东路	运河东路	739	374	香樟	75	1995
8	和新路	锡宜公路	教育路	1014	334	香樟	174	1995
9	鹅洲北路	北兴桥	鹅洲西路	1092	1092	香樟	128	1995
10	清溪路	鹅洲北路	清溪小区	2602	168	香樟树等	158	1995

续表 8－12

序号	道路名称	起点	终点	绿地面积（平方米）	绿化面积（平方米）	主要树种	数量（棵）	绿化年份
11	公园路	鹅洲西路	和新路	—	—	香樟	82	1995
12	高塍路	鹅洲西路	福兴食品厂	997	565	梧桐	54	1995
13	鹅洲西路	锡宜公路	教育路	817	817	香樟	146	1996
14	小沿河（南边）	运河东路	和闸公路	327	327	香樟	73	1996
15	教育路	鹅洲西路	铁路桥	917	158	紫荆 香樟	43 144	1996
16	鹅洲西路（北段）	教育路	清溪路	232	169	香樟 广玉兰等	120 16	1996
17	健康西路	永昌路	鹅洲西路	—	—	香樟	52	1997
18	朝阳路	锡宜公路	东横街	—	—	香樟 冬青	32 82	1997
19	鹅洲东路	锡宜公路	鹅洲北路	9565	9357	香樟	242	1997
20	和建路	鹅洲东路	朝阳路	—	—	香樟	39	1997
21	富民路	和楝公路	闸口小学	695	315	香樟树 黄杨球	53 33	1998
22	公园路西段	和新路	闻家路	—	—	香樟树	144	1998
23	健康东路	和闸公路	南兴桥堍	132	132	香樟	104	1999
24	楝阳路	富民路	变电所	611	469	紫微 红叶李	20 31	2000
25	兴业街、劳动街	锡宜公路	北兴桥	—	—	香樟 广玉兰	12 169	2002
26	运河东路	锡宜公路	北兴桥	14701	3247	香樟	196	2002
27	和闸公路	北庄村委	兴隆桥	96118	96118	紫微 香樟	313 1003	2004
28	3号路（含纯江路）	南新公路	周杨公路	40334	9098	木槿 雪松 香樟 紫薇	3491	2004
29	和楝公路（楝树街段）	石芦桥	杨家桥	3343	272	香樟树 柏松	154 57	2004
30	和闸公路（和桥段）	锡宜公路	北庄村委会	13649	7224	香樟 樱花	363 212	2010
31	鹅洲北路（东段）	和闸公路	运河东路	210	210	香樟	104	2013
32	苗桥路	殷村港	鹅洲北路	741	282	香樟 棕榈	121 51	2014
33	—	—	—	—	—	—	—	2015
合计	—	—	—	1055394	132285	—	8629	—

1998—2015 年和桥镇区公共地绿化情况

表 8－13　　面积单位：平方米

序号	绿地名称	绿地面积	绿化面积	绿化年份	主要树种及情况
1	和桥公园	17909	4604	1998	香樟 1003 棵、紫薇 313 棵、龙柏 961 棵等。另有草坪 3900 平方米
2	镇政府院内	2062	288	2002	红枫、广玉兰、水杉、香樟、紫薇、茶花、桂花、樱花等。另有草坪 1773 平方米
3	古银杏广场	334	120	2014	银杏、枇杷、香樟、雪松、冬青
4	工业园区三角地	15457	2686	2004	香樟 172 棵、其他 148 棵。另有草坪 8970 平方米
5	和闸公路南端小三角地	240	240	2004	苏铁、樱花、女贞球等。另有马义兰草坪
6	禾晖广场	1340	1054	2005	香樟、广玉兰、桂花、冬青、大黄杨、龙柏、金叶女贞等
7	朝阳广场	3485	108	2005	香樟、盘槐、广玉兰、红枫、冬青、桂花、石榴、黄杨等 16 种
8	禾苑广场	1789	1400	2009	雪松、柳树、樱花、红叶李、红枫、银杏、广玉兰、香樟、樱桃树等
9	无	—	—	2010—2015	—

第三节　农村建设

新中国成立前，和桥境内的农村建设没有规划，农民依水而居，生活有很多不便，与城镇差距很大。新中国成立后，党和政府着力加强农村建设，但由于经济实力差，很多目标未能实现。1978 年后，和桥农村开始修建道路、桥梁，住房条件也进一步改善。20 世纪 90 年代，农村道路逐渐修成水泥路面，二层以上住宅楼已普遍建成。1983 年和桥境内尚有近 50 个村，到 2006 年，已经撤并成 14 个村（指村民委员会）。其时，农村建设严格实行科学规划，条条通向集镇的道路全面加宽，处理污染的措施不断加强，新的居民集中区里有幢幢楼房、也有排排别墅；用电、用水都和城镇没有区别；村村开始建设文体娱乐设施；离集镇较远的村里，都建起便民的小集市。至 2015 年，和桥镇已成为无锡市新农村建设示范镇。

一、农村道路建设

新中国成立前，农村普遍是土路，仅有几条通向集镇的主要道路用石板铺设，路宽不足 1 米。20 世纪 60 年代末 70 年代初，农村大搞格田成方，各村始筑 2 米左右的机耕泥路，主要道路才铺上石片、石子。80 年代初，南新、闸口两地相继建成米沙公路；农村里行驶拖拉机的道路全部拓宽至 3～7 米，用块石作路基，路面撒铺米沙。90 年代，境内五条道路先后拓宽，铺设沥青。2006 年，各行政村均筑有 6～9 米的水泥路或柏油路可直通镇区。至 2010 年 10 月，和桥镇开辟镇村公交营运线路 7 条，14 个行政村实现了村村都通上了公交车。2015 年，和桥镇有农村主干道路 24 条。

2015 年和桥镇农村主干道建设情况

表 8－14

序	名称	起点	终点	建成年份	路面结构	长度（米）	宽度（米）	备注
1	湖滨路	鹅洲北路	滆湖东路	1997	沥青	4130	6	—
2	苗桥路	鹅洲北路	王家村	1998	沥青	3120	6～9	—

续表 8－14

序	名称	起点	终点	建成年份	路面结构	长度（米）	宽度（米）	备注
3	上倖路	锡宜公路	上倖村	1972	沥青	6000	32	通高塍
4	百贤路	锡宜公路	聚贤村	1988	沥青、水泥	2380	6.5	其中1300米为沥青
5	大同路	锡宜公路	蒋山公墓	1999	水泥、沥青	3050	6.5	沥青路面500米
6	和闸路	锡宜公路	楝树港	1982	沥青	7800	28	—
7	土墩路	和闸公路	土墩村	1984	水泥	1100	5	—
8	南新路	昌溪桥	新桥	1999	沥青	2782	12	—
9	北新路	西中桥	北新村	2001	水泥	3000	6.5	—
10	军民路	中巷桥	73031部队	1975	沥青	4431	6.5	—
11	王母桥路	军民路	王母桥村	2001	水泥	1690	6	—
12	水产路	王母桥村	水产村	2010	水泥、沥青	5000	3.5～12	沥青路面1200米
13	南高路	西锄村	南新街	2008	沥青	2500	7	通高塍
14	北王路	王母桥村	北新村	1974	水泥	1595	6	—
15	荷花路	南高公路	荷花湾	2000	水泥	2880	4～6	—
16	柯山路	裴家桥	南新街	2006	水泥	2930	4	—
17	三号路	和南公路	周杨线	2013	沥青	2500	18	—
18	万闸路	楝树港	陆田撮桥	2008	水泥	4570	6	—
19	周沙路	闸口村	万石周沿村	2008	水泥	1530	6	—
20	楝阳路	楝树港	和闸路	2005	水泥	3140	6	—
21	归美路	和闸路	沙硬路	2005	水泥	2750	6	—
22	白巷路	楝杨公路	白巷桥	2015	水泥沥青	1790	6～8	沥青路面600米
23	裴家路	西横街	裴家桥	2002	水泥	650	8	—
24	西中路	和南公路	西中桥	2000	水泥	820	6	—

二、农村住宅建设

新中国成立前，多数农宅是低矮的土墙草茅棚，少数富户建有砖木结构的楼房。新中国成立后，经土地改革，政府将没收富户的大部分房屋，与寺庙屋宇一起，分给住宅条件极差的贫困户居住。20世纪60至70年代，农村里茅草房基本改建成瓦房，部分“丈三六”的瓦房改建成“丈九六”的楼房，墙体有的是碎石块垒砌，有的是旧砖或其他砖块垒砌，水泥构件已普遍推开，水泥楼板中间还用砖块密缝。1978年，殷村港拓宽改造后，北庄大队在北庄桥东的殷村港南北两岸各建成统一式样的房屋4幢，每幢10套。北小区有31户，建筑面积6929平方米；南小区有25户，建筑面积5707平方米。1982年，和桥境内农村翻造住宅，都要经过乡镇建房办公室及规划建设办公室审批，有了同意手续才能开工建设。其时，建造的住宅一般为两层，质量也有所提高。从地面到屋脊的高度一般有二丈三尺六；墙体多为黄砖，地基上面与安放水泥楼板下面的墙体内都拉有钢筋；二楼有挑出的“牛腿”，在上面建造阳台；墙面粉刷都是水泥拉毛，有的还嵌入有色石子或玻璃作装饰。90年代初开始，农村住宅建设掀起了新的高潮。不少条件好的农民翻掉了原来建造的住宅，开始新建造型更加美观的楼房,并普遍使用铝合金做门窗、用花岗岩铺地,内部装修已充分考虑环保、便捷、富丽。1994年大生村规划“新村建设”,选定殷村港北面一块空地上为新村规划点,但新建住宅较少。2000年初,同里村牵涉到三大重点工程的建设,需拆迁安置的农户较多,村委决定集中在塘渎组、花西组征地,统一建成2个住宅小区,占地4.7公顷。南小区有68户,建筑面积近1.3万平方米;北小区有49户,建筑面积1万余平方米。2002年,中巷村由于是工业集中区建设重点区域,需拆迁住宅的范围涉及20个自然村。2003—2005年,中巷村被拆迁住宅的农户有1926人按照镇政府统一规划,分别安置在小湾小区、永兴小区、清溪花园、中心花园等。2006年,新农村建设拉开序幕,各村按镇统一规划,建造新的农村住宅小区,不少村民都住上新型别墅。如北新、西锄、王母桥、同里等村建设的农村别墅群。至2015年,和桥镇99%的农户住进新楼房,人均居住面积达50平方米以上。

2015年和桥镇农村住宅建筑面积统计

表8-15　　单位:平方米

序号	单位名称	各自然村住宅建设			各新农村集中住宅建设	
		户数	人数	建筑面积	建筑面积	备注
1	同里村	1250	3520	151000	75200	—
2	北庄村	1703	4805	240000	84000	—
3	永兴村	2075	5555	415000	75000	—
4	大生村	841	2784	89100	7560	—
5	湖滨村	772	2307	106323	5688	—
6	西锄村	1177	6156	277388	12001	新和新村
7	中巷村	1650	4764	213200	15400	小湾、永兴、清溪等小区
8	北新村	1020	3080	198500	12100	—
9	王母桥村	1117	3475	217800	27594	—
10	楝聚村	1623	5287	132274	—	—
11	闸口村	1578	5228	360000	—	—
12	北渠村	1160	3760	208800	—	—
13	钟溪村	709	2330	175000	12000	—
14	福巷桥村	1246	4220	349200	—	—
合计		17001	57271	2976085	326543	—

三、供水和排水设施建设

20世纪60年代前,农村大部分村庄农民饮用河水,只有少数村庄农民饮用井水。70年代,农村普遍开挖水井,井水饮用得到普及。1986年,和桥镇自来水厂率先在镇区周边的新建、闻家、永兴等6个村铺设自来水水管,在一百余户家庭安装水表并供水。同年,南新自来水厂建成后,也为南新集镇的南新、西锄、王母等村供水。1990年闸口自来水厂初创时期,也有管道通过农村,给需要的农户供水。2000年初,原和桥镇的18个行政村有15个村通上自来水,有4773户饮用自来水,占总户数的67%。2000—2004年,南新、闸口并入和桥镇后,农村供水建设步伐加快。至2006年,自来水管网遍布和桥农村,农民百分之百饮用自来水。2009年以后,和桥农村居民和城镇居民一样,全部饮用横山水。

2000年以前,农村生活污水都随着雨水一起排向小河小浜。2002年,农村开始建设无害化户厕和粪池,至2006年基本达标。2007—2015年,和桥农村所有工业企业的污水排放,都由本单位一级处理达标后集中通向和桥污水处理有限公司,集中进行AAO流程处理。经检验符合标准后,最后排入当地的湖泊河流。

四、供电和路灯设施建设

1960年宋渎高压线建成,湖滨村(大队)和闸口村(大队)分别建造了宜兴最早的电灌站,农民安装了电灯照明,成为和桥镇当地用电最早的两个村。1961年起,和桥境内相继有石路、南新、宣巷等较大型的电灌站建成,至1964年,境内建有大小电灌站20余座。1962—1964年,从电灌站延伸至各生产队的220~380伏的低压电线路逐步建成,20世纪60年代中期起,境内农村逐步将原来的木电杆更换成水泥电杆,主线和支线分别用铝绞裸线和铝芯绝缘线。1965年,各自然村农民基本普及用电照明。20世纪70年代末,境内农村用电基本实现一户一表。80年代起,农户用电装有保安器,使用电视机、电风扇也方便、普遍。1989年,和桥110千伏变电所建成营运,和桥境内农村停电现象已经很少。90年代起,农户普遍开始使用洗衣机、电冰箱,电力也能保障供应。1999年,和桥境内农村电网进行全面升级改造,所有农户用电进线都入供电部门专业人士安装的配电箱,内有电表和保安器,农户也得到了和城镇居民一样的同网同价待遇。2000后,和桥农村对农户空调等大型电器用电绰绰有余。2012年,和桥镇开展智能电网建设,农村用户用电的安全感更强。2015年,和桥镇早已实现农村供电用电标准镇。2006年起,和桥镇新农村建设的住宅小区开始建有路灯。灯杆普遍采用水泥杆和金属杆,高约6米,约100米一档,使用40—100瓦LED节能灯和220伏供电线路。至2015年,和桥镇有新农村住宅小区10个,建有路灯线路约4000余米。

五、农村桥梁建设

和桥境内,水网纵横,广大农村的历史上曾建设过许多古桥。从2015年所存的农村古桥来看,最早的佛来桥位于西锄,唐代建造,宋代、明代都进行过重建、翻修。建于宋代的有闸口村的分别桥、中巷村的中巷桥。建于明代的有钟溪村的五洞桥。建于清代的有大生村的允济桥、中巷村的柯山桥、北新村的寿星桥、楝聚村的归美桥、王母桥村的马嘶渎桥、福巷桥村的玉成桥、周洛桥,还有西锄村的东杨显桥与西杨显桥及其他村的一些石桥。新中国成立后,当地政府和村民不仅保护和维修古桥,还建设了许多新桥。如殷村港上的北庄桥、新建桥、中巷桥、西中桥、新桥、滆湖桥等,烧香港河上的上垛桥、戈口桥、聚贤桥、后庄桥等,还有漕桥河上的龙溪桥、新聚龙桥、老聚龙桥等。1949—2015年,和桥农村共改造危桥和新建大小桥梁335座,极大方便了人们在农村的交通与出行。

六、文体娱乐设施建设

新中国成立前,和桥境内农村基本没有文体娱乐设施。新中国成立以后的20世纪70年代,当时的各大队都搭建土台,用于召开会议及文艺演出。2006—2015年,各村都逐步建立文体娱乐设施,有篮球场及其他体育锻炼设施,有各种活动室,有各类藏书,有思想文化宣传广场,并在周围配有专门的散步地带,供人们在休闲中愉悦身心。如北庄村、闸口村、西锄村、钟溪村、北新等村的文体娱乐设施都有鲜明的村域特色。

七、绿化建设

新中国成立前,和桥农村学校和庵堂庙宇内栽种一些绿化植物,如银杏树、柏树,还有一些在当地居住时间较长的大户人家,于房屋周边栽种一些榉树、杨树等。新中国成立后,当地政府号召农民在家前屋后植树绿化。20世纪50年代,农民栽种较多的是杨树、桃树等。60年代栽种的泡桐、刺槐、馄饨杨及其他果树较多。70年代后期,农村经济实力有了增强,农民开始在新修建的机耕路边栽种杨树,在新砌的房屋边栽种榉树和果树。80年代，农村道路边改种水杉，很是美观。水杉比较集中可观的道路有北新、西鿍、同里、永兴、北庄、聚龙、白巷、万福等村道，还有楝树港至杨桥、南新至水产的大路。进入21世纪，烧香港河道边，农舍四周，都有成片的绿化，特别是各村村部都建有花坛和绿化带。2015年，和桥农村绿化面积达13.76平方千米，绿化覆盖率13.1%，人均公共绿地9.9平方米。

八、小集市建设

新中国成立前，和桥境内的北新、闸口（这里指原来的永定村）、钟溪、西鿍等地农民的集市贸易比较活跃，万福也有农民自己组织的消费合作社。新中国成立以后，这些地方除闸口还保留原来的集市外，其他地方都只保留一些商店。21世纪起，一些离开集镇较远的村庄，小集市建设得到加强。至2015年，西鿍村已建有超市，钟溪村、福巷桥村的小集市已建有专门房舍。这些地方的村民购买日常生活用品，已经十分便利。

第四节　管理机构

新中国成立前，和桥镇村建设没有专门管理机构。新中国成立后，和桥镇逐步建立和完善镇村建设管理机构。至2015年，涉及和桥镇村建设管理的机构有和桥住房保障和房产管理所、和桥镇村镇建设管理服务所、和桥镇规划建设办公室、宜兴市国土资源局和桥分局、宜兴市建设监察大队和桥中队、和桥镇城镇管理监察中队等。

一、和桥住房保障和房产管理所

1949—1953年新中国成立初，和桥镇公有房屋由和桥区财粮股负责登记造册，对公有房屋的租赁和使用建立档案信息。1954年，该工作由和桥镇政府派人分街兼管。同年进行房改，没收地主资本家的出租私房，分给贫困居民居住。1962年后，镇区公房租赁、维修及城镇房屋产权登记由和桥区财政小组管理。1967年后，政府逐渐建造居民住宅房，公房面积不断扩大。1978年10月，和桥房屋管理所（简称房管所）成立，1979年开始落实国家房屋产权政策。1981年，房管所隶属于宜兴县房产管理公司，1985年负责开展房屋普查。1988年宜兴县房产管理公司更名为宜兴市房产管理处后，和桥房管所隶属宜兴市建设局管理。同年，该所开始对镇区所有房屋登记发证。1996年又开始对农村房屋进行登记，实行产权户籍管理。2010年，宜兴市住房保障和房产管理局成立后，和桥房管所划归宜兴市住房保障和房产管理局管理，同年更名为和桥住房保障和房产管理所（简称住保所）。2014年开始，按照属地管理的原则，和桥住保所开始负责行政区域内的物业管理工作，对辖区内的物业企业实施监督、指导，负责参与新建小区的物业早期介入、前期管理、承接查验、物业公司招投标等环节的管理；负责本辖区物业维修专项资金使用申请的审核和转报上级审批等。

至2015年，该单位历任负责人有王瑞清、蒋汝庭、蒋淦生、陈焕昌、吴南生、薛小荣、吴达金、王建英、朱江华、朱国林、尹伟、张乾曦。

二、和桥镇村镇建设管理服务所

1982年，和桥镇规划建设办公室成立，属政府行政序列，业务上受宜兴县城乡建设环境保护局指导，1984年后，该办公室更名为和桥镇市政建设办公室。1986年，和桥乡镇合并后，改名为和桥镇规划建设办公室。1995年3月改名为和桥镇城镇建设委员会，业务隶属于宜兴市建设局管理。1996年和桥镇城镇建设委员会被江苏省建设委员会评为村镇建设先进单位。2003年，和桥镇城镇建设委员会又改名为和桥镇建设管理服务所，2006年再次更名为和桥镇村镇建设管理服务所。新更名的单位主要职能是负责政府投资类市政工程的实施和建筑市场的监督管理。至2015年，该单位历任负责人依次有孙定西、韩路线、吴分明、白海昌、李国中、程同匡、李国中、吴继英、徐斌、曹忠清。原和桥乡建房办负责人杨正祥。

1985年3月，南新乡、闸口乡规划建设办公室分别成立，并入和桥镇后都归属和桥镇建设管理服务所。原南新镇规划建设办公室负责人为卢洪坤，原闸口镇规划建设办公室负责人为尹健安、秦国桢。

三、和桥镇规划建设办公室

2000年11月，经宜兴市机构编制委员会批准，和桥镇规划管理办公室成立。该办公室属宜兴市建设局派出机构。2004年5月，该机构改名为和桥镇规划建设办公室。该单位主要职能是宣传和贯彻执行国家、省、市有关城镇规划的法律、法规和技术规范等，组织开展规划管理指导服务工作；做好总体规划及详细规划的编制及论证工作；参加镇域内建设项目的可行性研究、选址定点工作和私房建设的规划管理工作；协助办理有关规划方案、"一书两证"等上报审批及取证手续，同时做好建设项目竣工资料的整理归档；组织对镇域内的建设项目进行监督检查及非法建设行为的查处；配合相关部门做好群众来信、来访工作、协助调解有关建设矛盾。2008年，该单位完成《宜兴市和桥镇总体规划》第五次修编，2009年编制《宜兴市和桥镇南新区概念性规划》，2010年编制《和桥镇工业集中区城市设计及控制详细规划》以及审批私房建设的规划管理等。至2015年，该单位历任负责人为王琦筠、吴小康、蒋科君、谢鹏。

四、国土资源管理分局

见第十九章国土资源管理

五、和桥建设监察中队

1985年，和桥建筑管理站成立。1996年底，宜兴市工程质量监督站和桥分站设立。2004年，宜兴市工程质量监督站和桥分站改名宜兴市建筑工程安全监督站和桥分站。上述两个管理机构主要对和桥镇内建设工程核发施工许可证和安全许可证，审核从业人员资格，接受群众对工程质量的投诉与处理，实行质量和安全监督，对工程质量进行核定和竣工验收。2010年，宜兴市建筑工程安全监督站和桥分站与和桥建筑管理站合并成立和桥建设监察中队，继续履行原来两个管理机构所承担的管理职责。至2015年，和桥建设监察管理机构坚持对和桥境内镇村建设项目逐一检查和监督，从而保证每一项工程质量和安全的达标。和桥建筑管理站历任负责人有邵洪儒、夏中伯、戴益民、王洪标、许晓。宜兴市工程质量监督站和桥分站历任负责人有吴顺荣、顾刚、许夕君。宜兴市建筑工程安全监督站和桥分站历任负责人有俞英杰、夏盘君、张国伟。宜兴市建设监察大队和桥中队历任负责人有马明谷、王汉东、许夕宝、杨俊。

六、和桥城市管理行政执法中队

1987年3月，和桥镇城镇管理监察队成立。该机构属政府行政序列，业务上由宜兴市城乡建设环境保护局负责指导。当时的主要职能是负责城镇规划、市政工程、公用事业、园林绿化等监察管理。2004年，监察队并入环卫所。2008年，监察队从环卫所分出，更名为宜兴市城市管理行政执法大队和桥中队，其主要职能进一步增强，特别是对和桥镇建设规划管理、绿化管理、市政管理等方面，有了严格按照法律、法规、规章制度的行政处罚权。和桥镇城镇管理监察队历任负责人有李国中、丁立农、谢晓忠。宜兴市城市管理行政执法大队和桥中队历任负责人有陆鹤忠、潘文伟、冯建平、周毅。

2015 年,和桥镇人民政府周围的民居

2015 年的东锦家园

第九章　环境保护

20世纪70年代，随着工业的快速发展，农业生产耕作方式的转变、城镇化建设步伐的加快、人口的不断增加和人民生活水平的逐步提高，和桥镇（包括南新、闸口）的工业“三废”（废水、废气、废渣）污染、农业生产中大量使用化肥农药引起的污染和居民生活垃圾污染，日趋严峻，生态平衡遭到破坏。为了搞好环境污染治理，保护自然资源和生态环境，1979年10月，宜兴县成立环境保护机构。从80年代开始，和桥镇、南新乡、闸口乡相继成立环境保护机构，认真贯彻执行县委、县政府“关于全面规划，合理布局，化害为利，依靠群众，大家动手，保护环境，造福人民”的工作方针，按照谁污染、谁治理的原则，开展污染治理和环境保护工作。1984—2004年5月，和桥镇、南新乡（镇）、闸口乡（镇）环保工作先后在镇、乡工业联合公司、经济联合发展总公司、乡、镇企业管理服务站、经济贸易办公室管理机构中设环境保护专职人员，负责环保工作。为了加强污染治理力度，实行环保责任制。2004年6月，镇成立环保科，具体负责全镇的环境保护工作。2001年12月，和桥镇被省环境保护委员会命名为江苏省环境与经济协调发展示范镇。

第一节　机构沿革

一、环卫机构

1960年6月，和桥镇各街成立清管组。1961年5月，清管组划归蔬菜场。1963年3月，清管组从蔬菜场划出，正式定名为和桥镇清洁管理所（简称清管所），1983年，和桥镇清管所更名为和桥镇环境卫生管理所（简称环卫所）。历任和桥镇清管所和环卫所所长有汤桂生、赵孟娣、孙洪生、丁硕洪、丁立农、陆鹤中、许磊。至2015年底，和桥镇环卫所配备管理人员15名，环卫工人180名。环卫工作机械设备有扫地车2辆、平板车1辆、电瓶车5辆、洒水车1辆、农用车2辆、装载机2辆、侧装式垃圾收集车2辆。

图9－1　2015年和桥环卫所的扫地车

1993年、1999年南新镇、闸口镇分别设环卫工作管理人员。南新镇环卫工作负责人由村镇建设办公室主任卢洪坤兼，闸口镇环卫工作历任负责人许文金、缪勇、吴杏南。2000年6月、2005年8月后，两集镇的环卫工作由和桥环卫所统一管理。

二、环保机构

1979年10月，宜兴县成立城乡建设环境保护局。1984—2004年，和桥地区镇、乡先后在工业联合公司、经济联合发展总公司、乡镇企业管理服务站和经济贸易办公室管理机构中设环保专职人员，负责环保工作。1984—2000年6月，南新乡（镇）历任环保工作负责人为邓双喜、王建泽、周平；1984—2004年2月，闸口乡（镇）历任环保工作负责人为徐法明、张汉阳、陈乐。和桥镇历任环保工作负责人为汪雪峰、黄浩泉、王建泽、陈乐。（2004年6月，和桥镇设环保科。主要职能是代表同级政府依法对全镇一、二、三产业的环境保护工作实施监察与管理；积极做好《中华人民共和国环境保护法》《中华人民共和国大气污染防治法》《中华人民共和国水污染防治法》《中华人民共和国环境影响评价法》等法律法规的宣传；指导企业采用先进的工艺和技术，提高污染管理设施整体装备水平；处理企业在生产过程中因环境污染引发的各种矛盾与纠纷；负责制订全镇环境保护总体规划和年度计划；配合上级部门做好排污规费收缴，行政处罚、环境产业的管理与服务等工作。科长为陈乐。2007—2010年，又分设环保科（科长为陈乐）和安监科（科长为谢军）。2010—2015年环保科和安监科再次合并，科长为陈乐。

第二节　环境污染源

一、工业污染

20世纪50—60年代，和桥镇、和桥乡、南新乡、闸口乡工业企业寥寥无几，“三废”（废水、废气、废渣）的排放量较少，对生态环境尚未造成危害。70年代开始，乡、镇（社队）工业逐步崛起，形成了门类较为齐全的中小工业，尤其是小化工、小印染、小冶炼企业的纷纷创办，“三废”的排放对环境造成的影响日趋严重。由于生产发展和环境保护未能同步进行，出现了一些工厂的“三废”不经处理直接排放，污染了大气、水质、土壤。

废水的排放主要来源于化工企业、印染企业，排放了大量的有毒废水，影响到居民的生活和农作物的生长，废气、废渣的排放主要来源是各企业的能源消耗以煤为主，排放了有毒烟尘，影响了空气质量，同时产生大量的废渣，影响了生态环境。1984年统计，全镇涉及水、烟、尘、气等各类污染源的企业140多家，其中化工企业97家、印染企业13家，纺织企业20家，小冶炼企业10家。

二、农业污染

自古以来，农作物施肥以家积肥（人、畜粪便、草木灰等）、河泥为主，20世纪70年代开始，大量施用化肥、农药，农业污染问题日趋严重。化肥施入土壤后，少量被土壤吸附，供农作物吸收利用，80%以上会挥发或随灌溉水、雨水流入河道，引起水中氢氮增高，形成污染。大量使用农药和化肥，不仅加重了水体污染，并在一定程度上造成了土壤污染，对农副产品的安全性产生严重影响。残留农药，通过食物链的积累危害人体健康。并经常出现由于食用农药残留过高的蔬菜瓜果而发生急性中毒事故。

随着农副业的不断发展，饲养畜禽的专业户不断增加，畜禽粪便污染也逐显严重。进入21世纪，秸秆还田已经过时，农村出现大量焚烧秸秆的现象。焚烧秸秆造成大量的烟尘，这是农业污染的又一个污染源。

三、生活污染

生活污染，包括生活污水、垃圾和粪便。改革开放前，人们的生活普遍比较清苦，少量的生活垃圾和污水，尚未造成环境污染。改革开放后，随着经济的发展，人们的生活水平不断提高，生活垃圾和污水不断增多。特别是集镇的高层建筑逐年增多，卫生设备的配套和生活污水处理没有长期的规划设施，仅有的化粪池也不配套，出现大量的粪便直接排入河流，污染了河道。商业性服务行业的快速兴起，饭店、旅馆、浴室产生的污染也日益严重。

四、交通污染

和桥镇各类机动车由2000年的9000多辆增加到2015年的22500多辆。同时，素有苏南地区黄金水道的锡溧漕河贯穿镇域南北11.83千米，南来北往的各种运输机动船舶，日夜川流不息，日均流量空船250多艘，重船380多艘。各类机动车、船在燃料燃烧过程中排放大量的铅化物、二氧化碳、氮氧化合物和烃类等废气，不仅污染环境，而且随着车辆的增多,噪音也随之提高,机动船舶的油污泄漏水中,造成了水质污染。

第三节 污染治理

新中国成立前至20世纪50年代末,和桥镇街道老旧,很多地方环境不如人意。大街中心热闹地段厕所肮脏,街梢的露天粪缸较多,各种病菌滋生传播,市容市貌和公共卫生质量较差。1963年,和桥镇成立清管所,负责镇区的垃圾清扫和环境卫生的保洁工作。同时,和桥镇管理部门逐步拆除老旧粪窖,取缔露天粪缸和便桶。60年代开始,和桥农村使用的农药不仅用量逐年增加,有毒污染也很严重。70年代至80年代,剧毒性农药“六六六粉”与“1605乳剂”被上级部门严禁使用。

1979年以后,和桥境内的工厂日益增多,很多厂家烟囱里产生的废气、下水道排出的废水,对环境污染比较严重;还有逐步增加的各种车辆,排出的尾气对空气质量危害也较大。同时,有毒塑料袋开始普遍使用,再加上有些居民环保意识也不够强,乱扔的固体废弃物数量也十分惊人。

1983年,和桥镇清管所改名为和桥镇环卫所,并增加管理人员、扩大环卫队伍、购置环卫保洁机械,在居民活动的集中区放置垃圾桶。20世纪80年代起,和桥地区乡、镇分别成立环保组织,设置专职环保人员,对“三废”(废气、废水、固体废弃物)排放进行监管。

1987年,和桥镇政府、南新与闸口乡政府,积极落实环保目标责任制,加大环境治污力度,并按照市委、市政府要求,为增强群众环保意识,大力开展环保“四进”(进企业、进社区、进镇村、进学校)主题教育活动和世界环境卫生日(6月5日)主题宣传以及“保护环境,从我做起”主题教育活动,增强全民自觉保护环境意识。同时,各乡镇环保职能部门着手制订环境污染治理措施,遵照“谁污染,谁治理”的原则,督促各部门、各企业认真落实环境保护责任制,签订环境污染治理承诺书,并在年终对部门和企业负责人进行考核。

90年代初期,随着城镇化建设步伐的加快,镇区范围不断扩大,镇区居住人口逐年增加,镇区环境保洁任务日趋繁重。和桥境内的乡镇所在地,各环卫所每天的清扫任务十分繁重,但还是做到天天清理,日日保洁,受到人们赞扬。同时,境内各乡镇环保管理机构成立,增设专职环保人员,加强对“三废”排放的监督力度,对“三废”违规排放或治理不达标和对污染治理确有困难的化工企业、印染企业,强制实行“关、停、并、转”。1996年9月30日,按照国务院在全国范围内取缔“十五小”(小电镀、小印染、小造纸、小制革、小农药、小染料、小炼焦、小炼油、小炼汞、小炼硫、小炼砷、小选金、小漂染、小石棉制品、小放射性制品)企业的要求,和桥镇关闭了富陶化工有限公司、瑞风橡塑助剂有限公司、深圳一电宜兴有限公司(厂址在和桥)、赛峰蓄电池有限公司等73家小企业,其中有小化工企业56家、小印染企业10家、小冶金企业7家。对新办的工业企业,政府及环保员严把审批关,对有污染的企业坚持不批;对原有的工业企业逐步落实污染处理措施,检查污染处理设施设备到位运行情况;加强对排放水污染的企业治理,要求化工企业实行污染零排放,对造成水污染后果的企业坚持以法治理。1998年太湖“零点行动”(1998年12月31日是太湖流域工业企业实现达标排放的最后期限,从1999年1月1日零时起,国家对企业是否达标进行执法检查)中,有5家重点水污染企业先后投入资金640余万元,添置配套污水处理设备,并通过上级环保部门的达标验收。

2000年,各级政府强化环境综合整治和生态环境保护及加大环境监督执行力度,对违纪的企业进行严肃查处。当年,闸口镇锦康化工材料厂有一职工将有毒废水故意直排入河道,宜兴市、闸口镇二级环保部门将当事人报送公安部门,由宜兴市公安局给予刑事拘留30天的处分。同年,和桥镇生态农业建设全面展开,政府颁发文件,要求开展生态村建设,规定养鱼不得使用对人畜有害的药物;积极鼓励农民创建绿色食品与无公害食品;对滆湖边荷花湾湿地等，采取保护措施。这一年，和桥镇政府还发出《关于禁止焚烧秸秆和综合利用秸秆的通知》。在做好宣传工作的同时，出台严禁焚烧秸秆的严格规定，对自觉遵守不焚烧秸秆的农户，财政将按每亩15元实行禁烧奖励补贴；对有露天焚烧秸秆的行为者，处以200元以上2000元以下罚款；对因焚烧秸秆造成火灾事故，导致公私财产损失或人员伤亡等严重后果的，由公安机关依法追究当事人的责任。和桥镇政府为有效落实严禁焚烧秸秆的要求，推行“组堆放、村转运、镇收贮”的模式，帮助和辅导农民将秸秆收集起来，用于制成生物燃料、肥料、饲料等，使更多的秸秆能变废为宝。2010年5月，无锡市夏收夏种暨秸秆机械化还田工作会议在和桥镇北庄村召开。

2000年底，和桥境内所有化工企业的污水均经处理达标后排放；对空气污染较严重的工业窑炉、工业锅炉及9座珍珠岩焙烧窑，经过整治改造，也全部实现达标排放。2001年11月，和桥镇政府颁发《关于全面禁用高毒、高残留农药的通知》，对所有经营农药的公司和所有种养殖户，要求严格按照政府所指导的农药订单进货与销售、使用，真正减少农药污染。和桥镇农技站积极开展测土配方、科学施肥工作，推广使用高效低残留农药，实行科学施肥、用药，加强农业科技推广工作，全面推广病、虫、草综合防治技术，减少化肥、农药使用量，引导农民多使用绿肥、有机肥，推广畜禽粪便综合利用，实施堆肥还田，生产有机复合肥，推广畜禽粪便沼气工程，防止畜禽粪便对水环境污染，促进传统农业向生态农业转变。2001年12月，和桥镇被评为江苏省环境与经济协调发展示范镇。同年，为保证居民用水安全，宜兴市、和桥镇二级政府出资1000万元，将和桥自然水厂的取水口移至滆湖，在取水口上游1000米、下游100米处设置明显标志，严防污染。经监测，和桥自来水厂的水质达到Ⅲ类水标准。2002年底，全镇11座倒焰窑全部采用清洁能源，大大减少了工业废气污染。2004年，和桥镇政府投资1500万元在工业集中区建造日处理量达1500～2000吨的污水处理厂，在镇区铺设工业污水收集主管道40.2千米，使工业污水处理达标后排放。宜兴市盛伟水泥有限公司、宜兴市和盛轻纺织厂、宜兴市染整制线厂、宜兴市长江稀土冶炼厂等，对厂内生产设备配套先进的脱硫、除尘装置，做到达标排放。2010年和桥镇又投入500万元，在集镇范围内建造铺设小区污水管道68.8千米，将污水直接通到污水处理厂进行处理；农村居民点的生活污水，则采用集中与分散处理相结合的方法，经化粪池处理后用作周边农田灌溉用水和肥料水。

图9-2　2015年和桥污水处理厂

2004年，全镇所有公共厕所由清管所统一管理，并新建公厕34只、蓄粪池1只、垃圾池（房）50只，严格控制粪便和垃圾污染。至2005年8月，南新、闸口两集镇的环卫保洁工作、人员配备等，都由和桥环卫所统一管理和安排，各设组长1人、环卫工人5名，增设垃圾桶80多只；为了搞好农村环境保洁，严防生活垃圾污染，全镇14个行政村按每10户建造一只垃圾房（14个行政村共18652户）的要求，先后建造收集、堆放生活垃圾房1800只。2007年，和桥获评国家卫生镇荣誉。同年，全镇14个行政村按常住人口（56963人）千分之三至五的比例配备村级保洁队伍和垃圾清运人员，负责农村道路、池塘、沟渠、公共场地、自然村组的保洁和村民生活垃圾运送，并在各自然村组设立“村庄环境管护公示牌”，明确公示管护区域、管护责任人、监督人及管护要求，保证各类垃圾日产日清、村内环境整洁、河道、沟渠、清洁卫生、绿化种植养护到位。2008年10月，和桥镇政府投入1500万元，企业和个人捐资340万，从横山水库排管至和桥自来水厂；又在全镇域范围内铺设横山水自来水管网至各用户。2008 年,镇政府新建、改建农村无害化卫生户厕920只,生态卫生户厕185只。至2010年,全镇农村无害化卫生户厕覆盖率达99.9%。2011年10月,和桥镇获评全国环境优美乡镇。

2010 年和桥镇各村居民户厕改造情况统计表

表9－1

行政村	总户数(户)	累计无害化户厕(座)	其中生态型户厕(座)	改厕率(%)
同里村	1210	1208	43	99.9
北庄村	1670	1669	87	99.90
永兴村	2166	2163	105	99.80
大生村	833	831	88	99.90
湖滨村	757	755	63	99.90
西锄村	2010	2008	50	99.80
中巷村	1435	1432	29	99.80
北新村	1020	1019	122	99.90
王母桥村	1106	1105	50	99.90
栋聚村	1698	1696	58	99.90
闸口村	1694	1690	98	99.80
北渠村	1110	1108	112	99.90
钟溪村	697	696	74	99.90
福巷桥村	1246	1245	49	99.90
镇　区	4518	4518	—	100.00
合　计	23170	23143	1028	99.99

2013年,和桥镇开始了"农村生活污水分散处理工程""生活垃圾收集转运体系提档升级工程""氮、磷生态拦截工程"三大农村环境连片整治工程建设。在"农村生活污水分散处理工程"中,镇政府投入1771万元,在北庄、同里、永兴、中巷、西锄五个村,先行建造分散式污水处理设施19条,采用"缺氧池——脉冲多层复合滤池——人工湿地"工艺流程,共建污水管网58.82千米,收集3008户、9110人口的生活污水,经处理使农户排出的生活污水能够达标排放。在实施"生活垃圾收集转运体系提档升级工程"中,和桥镇在分散农村生活污水处理、垃圾收运体系建设、河网综合整治、农业源污染治理和工业源污染治理一系列环境整治工程的基础上,又投入资金80万元,对处于太湖二级保护区内的北庄、永兴、同里、中巷、西锄五个村增设中型垃圾清运车、自动清扫车、洒水车。"氮磷生态拦截工程",主要对含有氮、磷污水流经的河道、河浜,采用拦截工艺,起到净化水质的作用。为此,和桥镇政府投入资金1526万元,在同里村的龚家浜、南塍浜、范家浜、上山浜,在西锄村的小干顶浜、集东浜、集西浜、金家河、灯头浜,在中巷村的青龙浜、中巷浜,在永兴村的庄渎港、庙桥河,在北庄村的欧家浜、路家浜,建设从近岸水体到边坡的全系列植物拦截隔离带,将农田

水流中的氮磷,经拦截后排入漕桥河、殷村港和烧香港。该16条河道和支浜总长11.72千米,工程实施面积254.375平方千米,服务面积3.3平方千米,区域内种植浮叶植物(荇菜)11.715平方千米、沉水植物(伊乐藻)11.715平方千米、挺水植物(鸢尾、黄菖蒲)23.43平方千米,种植地表植物(兰花、三七、麦冬、狗牙根)88.154平方千米,种植灌木(灌木柳、黄金条)41万多株、乔木(垂柳)6702棵。至2015年,该三大工程顺利结束,农村水污染治理的水平又得到提升。

除了以上的重点工程外,2008—2015年,和桥镇还投入资金1344.60万元,连续8年对164条总长194.11千米的河道进行清淤(有些河道多次清淤),采用挖泥船、吸泥泵先后清淤250.09万方,使河道保持洁、净、美。2009—2015年,在生态镇村建设中,闸口、楝聚、西锄、福巷桥村、王母桥、大生、湖滨村获评江苏省生态村荣誉称号。

2008—2015年和桥镇农村河道清淤情况

表9-2

年　份	清淤条数	清淤长度(千米)	清淤土方(万方)	投入资金(万元)
2008	29	55.50	82.56	390.47
2009	39	58.72	79.87	413.51
2010	13	6.67	9.97	44.37
2011	15	10.96	15.54	92.39
2012	28	31.70	34.02	194.00
2013	14	11.30	11.94	72.59
2014	16	11.39	9.63	71.79
2015	10	7.87	7.56	65.48
合　计	164	194.11	250.09	1344.60

至2015年底,和桥环卫所有管理人员15名,有环卫工人近180名,有扫地车2辆、平板车1辆、电瓶车5辆、洒水车1辆、农用车2辆、装载机2辆、侧装式垃圾收集车2辆,在街道、居民小区、市场、公共场所等地放置垃圾桶近1100多只;南新、闸口集镇分别招聘4名和5名农民合同工保洁员,负责集镇道路、农贸市场、公共场所及集镇附近周边区域内垃圾清扫和保洁工作,并为机关、各事业单位收集、清运生活垃圾;各自然村都有垃圾房和垃圾箱,都配有兼职保洁员。

2015年和桥镇各村民办保洁人员统计

表9-3

村　名	村民人数	保洁员人数	占总人口比例(‰)
同　里	3610	13	3.6
北　庄	4780	26	5.4
永　兴	5871	20	3.4
湖　滨	2276	7	3.1

续表9－3

村　名	村民人数	保洁员人数	占总人口比例(‰)
大　生	3005	8	2.7
西　锄	6113	22	3.6
王母桥	3256	13	3.9
中　巷	4671	26	5.6
北　新	2965	16	5.4
闸　口	5178	52	10.0
北　渠	3490	18	5.2
福巷桥	4229	21	4.9
钟　溪	2300	13	5.6
楝　聚	5219	29	5.6
合　计	56963	284	5.0

2005年起，为了保护和桥境内水域环境，为了防治船舶航运污染，和桥海事所依据自身职责权限，一是加强船舶污染防治法律、法规的宣传，并在河道沿岸设置宣传设施，免费发放宣传资料。二是加大监督力度，贯彻处罚与教育相结合的原则，增强船户污染防治意识。三是依法行政，文明执法，加强服务，坚持预防为主，防治结合和谁污染谁承担的原则，严禁船舶向航道水域排放废油、残油、货物残渣和船舶垃圾，严禁粪便和生活污水直接排放，抽查船家有否配备并正常使用粪便存储器等。2005—2015年，和桥境内水域未发生船舶污染重大事故。

2005年起，和桥随各种用油车辆的增加，逐年加强用柴油和汽油做动力车辆的管理，确保每一辆车都能按标准排放尾气。2014年，根据市政府、市公安局淘汰报废黄标车工作部署要求，镇政府与和桥交巡警中队以全市黄标车限期淘汰工作会议精神为指引，全面落实各项工作措施，加快推进黄标车淘汰报废工作。为圆满完成淘汰报废任务，镇政府及交巡警中队认真履职，一是加强组织领导，层层落实责任，成立镇治理淘汰黄标车工作领导小组，统筹研究制定措施，动员街道、居委、村委领导开展调查、设立台账、核实车主，共同参与黄标车淘汰工作，形成整治合力；二是加强宣传引导，充分利用广播、电视、互联网等各类新闻媒体，通过电视讲话，滚动字幕和悬挂横幅，张贴标语等形式，广泛宣传黄标车高污染、高排放的危害，营造全民参与黄标车淘汰工作的良好氛围；三是加大检查力度，交巡警中队在镇主要路段设置检查点，限制黄标车出行和查扣；四是公示市政府关于黄标车提前淘汰补助政策、补贴范围和补贴标准。2015年，和桥镇排出黄标车总量为189辆，淘汰工作进展顺利。

至2015年，和桥境内所有汽车燃油都使用国Ⅳ标准，并有部分车辆使用国Ⅴ标准，大大降低了一氧化碳、碳氢化合物和氮氧化合物、微粒、碳烟等有害物质的排放。

2015 年，和桥公园一角

2015 年，闸口村的民居

第十章　工　　业

烧制砖瓦、纺纱织布、打造农具、制作糕点和豆腐、编制芦席和竹器等，是和桥明代以前就有的手工业。明末清初，和桥仅油坊就有百余家。清代，和桥创办鼎和源槽坊、周万源酱园、乾锠馀油厂、梅永和酱园等手工业作坊。民国时期，和桥镇有电厂、油厂、布厂、米厂、槽坊、糕坊、酱园、糖坊及铜、铁、木、竹、皮匠、裁缝等厂家和作坊200多个，其中米厂的资本占宜兴全县粮食加工的60%。20世纪50—60年代，和桥工业、手工业经过新中国成立初期的改造，逐步建立了手工业合作社、国营和大集体工业，门类有食品、建材、印刷、纺织、机械、冶金、电器等。70年代初至80年代末，社队企业和条线企业数量直线上升，产品销至全国各地。90年代，又经过了彻底改制，自主经营的工业企业活力大增，销售数量成倍提高，骨干企业不断壮大，高科技含量的优质产品成批出现，并走向国际市场。进入21世纪，和桥镇以南新、闸口两镇先后并入为契机，开辟工业集中区。塑料编织、机械制造、环保喷泉、电子电器等行业逐步成为领军行业，新兴的金属制品和化学制品、碳纤维、无损检测、电线电缆等行业发展强劲有力。2011年，和桥镇获得"中国集装袋包装产业基地"称号。2015年，和桥镇有工业企业1007家，应税销售收入109.92亿元，成为宜兴市工业强镇。

第一节　工业管理

民国时期，和桥镇的工业、手工业，均由地方商会给予业务信息和业务指导服务。1954年，原和桥、南新、闸口等镇乡，先后分别设立工业股、手工业生产联社，并由一名党委成员负责分管工业和手工业。当时分散在农村的铁、木、竹、泥瓦匠及裁缝，原先由同业工会管理的，此时行政上属地方党委领导，业务上归联社管理。1956年，全镇手工业、工业完成社会主义改造后，和桥大体分成三类管理模式。第一类是公私合营的工业企业，由于规模等条件不同，有的转为国营工业，有的转为县属集体工业，它们均属县业务主管部门管理；第二类是私营工业企业，由县工商科管理；第三类是个体手工业，参加合作化后仍由手工业联社管理(1968年起属县手工业管理局管理)。1958年，由于一哄而上，和桥镇兴办的64家工业企业年内歇业的就占多数。1963年后，农村陆续办起小型磨粉工场、粮食加工厂、砖瓦厂以及柳条编织等企业，由大队副业队代管，归大队统一核算。1966年，"文化大革命"开始，乡村间很多手工业被当作"资本主义尾巴"而砍掉。

1975年前，全镇工业尚未形成企业规模，管理上只指定分管领导，对口负责，具体由县的社队工业局和有关专业公司领导。1975年，原和桥镇、和桥公社、南新公社、闸口公社相继成立了工业交通办公室(以下简称"工交办")，主管全镇(社)的工业和交通。"公交办"行政上属镇(社)直接领导，业务上归县社队企业管理局指导，其主要职能是执行当地党委、政府对工业、交通业的各项决议，对社队工业进行业务辅导、财务监督、统计结报等工作。1978年，各"工交办"指导社办企业自主生产、落实规划、招揽人才，但对企业的人财物还存在着过多的干涉。和桥镇工交办书记(主任)先后由李平华、唐民、宣志成担任；和桥公社先后由路金海、蒋华生、路玉如担任；南新公社由吴雨云担任；闸口公社由姜仁金担任。

1984年，和桥镇、和桥乡、南新乡、闸口乡相继成立工业联合公司（以下简称工业公司），原来的交通从工业中分离并划归地方交管所管理。工业公司设经理、副经理、会计、企管、统计、安全等工作人员。工业公司受市工业局、镇（乡）党委、政府的双重领导，具体任务是进一步为发展镇（乡、村）工业协调服务，督促指导，对乡、村企业管理人员的任免提出建议；指导企业制定发展规划，确定投资方向，制订技术改造方案，制订年度生产计划、利润使用及核定分配、职工工资级别；做好企管、统计、审计、外经及财会人员、安全员、企业管理人员的培训、督查等工作。1983—1984年，各工业公司为当时的乡镇机关部门、驻镇单位、街道及各事业单位兴办地方工业企业，大开绿灯；在工业企业管理中，积极推行级别工资或计件工资，以破除实施了十多年的“工业学大庆计酬法”。

1985年，镇（乡）工业公司改名经济发展联合总公司（以下简称“总公司”），其职能不变。在农村，则建立农、工、商联合总公司，由村书记兼任总公司经理，具体负责村办企业管理工作。和桥镇工业公司（联合总公司）经理（书记）由宣志成担任。原和桥乡先后由路玉如、路金海担任，原南新乡先后由沈金娟、顾伯南、印德进、张知难担任，原闸口乡由张仲明担任。1986年6月，和桥镇、和桥乡合并，总公司在经理的领导下，设办公室、财务科、企管科、生技科、安保科、外经科、审计科、统计科等，其隶属关系和职能不变，先后担任总公司经理（书记）的由张爱国、路金海，蒋顺虎；南新乡有张知难、吴建明等担任；闸口乡由缪孟大、李全芳等担任。

1984—1994年，一般上规模的工业企业都设生产科、销售科、质检科、技术科、财务科、后勤科、政教科、工会等机构，特殊的规模企业还设统计科、信息科、材料科等，人浮于事的现象还有所存在。

1985—1994年，各镇（乡）“总公司”，推行包产值、改革干部管理、改革企业自主、改革工人录用制的“一包三改法”，贯彻实施产值与经济效益挂钩的厂长责任制，帮助企业内部实施“三三四联利分配法”（即上交、分配都是30%，留成40%），慎重考核录用厂长人选。同时，积极转变职能，帮助各工业企业外出招商引资，多方联络在外乡贤，帮助联系外资落户和桥，利用多种平台，开展经济洽谈，出台对融资、技改、组织投资有成就者的奖励措施。在这段时间里，各镇（乡）“总公司”还积极实施政企分开，对集体工业企业进行产制改革试点，努力推行股份制、私营制、租赁制等新制度的落实。

1995年，镇经济发展联合总公司改名为镇企业管理服务站（以下简称“企管站”），其隶属关系不变，职能重点转向对镇村私营企业的指导、监督、协调、服务工作，不再参与企业管理及管理人员人选的提名建议等。1995—2001年，企管站继续坚持改革开放，依靠当地政府，全面参与和桥330多个（1995—1998年确定改制的工业企业数）企业的产权改制工作。和桥镇企业管理服务站站长（书记）先后由李国中、周新南担任；南新由吴建明、褚曙强担任；闸口先后由李全芳、陈乐担任。1998年，和桥境内各乡镇工业企业产权制度改革基本结束，现代企业股份制度和民营制度逐步完善，人财物的浪费现象越来越少。

2002年3月，镇机关精简。企管站、经管办、审计办、招商科合并，定名经济贸易办公室（以下简称“经贸办”）。“经贸办”下设办公室、财务科、企管科，生技科、安监科、环保科、统计科、审计科、招商科、技监站、私营科等，仍受市经贸局和地方党委、政府双重领导，其职能重点是加强对企业的指导服务，加大招商引资的力度，鼓励创办“三资企业”（中外合资经营企业、中外合作经营企业、外商独资经营企业），为和桥镇各类企业坚守环境保护、安全生产，为上级政府部门依法统计全镇各行业数据信息，了解各行业经营状况，对村级管理人员考核及工程项目进行审计，是政府机关内功能最大的机构。2002—2015年，“经贸办”主任先后由李国中、陈乐、谢军、凌红军担任。2007年，安监科单立。至2015

年，安监科负责人为谢军。2007年，招商科单立成招商中心，负责人为周平。2007—2015年，招商中心负责人有吕旭明、谈建初、缪永军。2010年，环保科和安监科合并成环保安监科。至2015年，该科负责人为陈乐。2013年11月，统计办单立。至2015年，统计办负责人为许秋林。

第二节　体制演变

一、早期个私工业

和桥历来水陆交通便捷，工业、手工业起步较早。自元代中兴桥建造以后，和桥镇上塘街、下塘街、东横街、观音巷等制作糕点和豆腐、编制芦席和竹器、打铁制作农具、纺织缝制衣服等手工业店铺，逐渐增多。原双墩港、柏树、北庄等一些农村，利用土窑烧制砖瓦的历史可以追溯到明朝以前。明末清初，和桥仅油坊就有百余家。清代，和桥的酿酒、榨油、制酱、茶食、“五匠”（铁、木、竹、瓦、裁缝）行业相继兴盛。同时由于养蚕业的兴起，一些小型缫丝作坊也开始诞生。清道光三十年（1850），芳桥后村周根荣到和桥创办鼎和源槽坊，以生产“老枯黄酒”而盛名。清同治元年（1862），周仲卿在上塘开办周万源酱园兼做豆腐干。清同治九年（1870），梅礼卿开设梅永和酱园，生产老油豆腐干，成为和桥知名产品。清光绪六年（1880），唐慕陶在南兴桥东堍下塘开设乾源酱园。清光绪十二年（1886），俞耀珊等合股经营“乾昌豫”油厂。民国16年（1927），该油厂由俞耀珊独资经营，更名为“乾锠馀”。清朝末年，下塘南首开设春聚油坊。同期，吴炳三创办槽坊同和源（后赠送给女婿孙歉农）。民国6年（1917），耀明电灯厂开办，民国12年，改名为和明电灯厂。民国24年，恒隆复米厂开办。抗日战争期间，和桥粮食市场一度兴盛，私营粮食加工厂达11家。抗日战争后期，和桥曾开办瑞达布厂、三和织布厂，但开工不久因诸多原因而歇业。民国34年，和明电灯厂又改名为新生电力厂。民国时期，和桥曾开办过1家电厂、2家酒坊、2家油厂、2家布厂、11家米厂、8家糕坊、14家酱园、1家糖坊，还有铜、铁、木、竹、皮匠、裁缝等30多家手工业店铺。原闸口楝树村、聚龙村的木匠师傅，那时就能制造15吨以下的木船，远近都称“杨桥船”，吃水浅，阻力小，行驶平稳。

新中国成立初期，个私工业一部分歇业，一部分参与社会主义改造。20世纪60年代，“文化大革命”开始，存在于民间的私营工业、手工作坊基本被取缔。

二、国营（全民）工业

和桥的国营工业企业，共创办3家。1952年，国营和桥“中粮”加工厂租用和桥大盛米厂的厂房、设备开始生产。后因设备简陋、粮食加工业过剩，于1953年8月歇业。1956年，乾锠馀油厂与正益油厂合并为公私合营和桥油厂；同年，和桥11家米厂合并为公私合营和桥米厂。1958年，隶属于工业系统的和桥油厂与和桥米厂、和桥电厂合并为公私合营和桥粮油厂。1966年10月，改称国营和桥粮油厂。1999年改制成民营企业。2000年，大米生产车间搬出，另外建成宜兴市和桥米厂有限公司。国营和桥酱厂源于1956年公私合营的和桥酱酒商店，后改为供销社酿造厂。1961年后先后改为地方国营和桥食品酿造厂、宜兴烟糖公司和桥酱厂。1980年后改名为国营和桥酱厂。2000年，更名为宜兴市科中食品有限公司，属民营企业。

三、集体工业

1. 市属集体工业　原来归口宜兴市局管理的市属集体企业（俗称“六集体”企业）。1968年，宜兴市染织厂由芳桥迁至和桥，是和桥镇最早的市属集体工业企业。其后，宜兴县纺织厂、宜兴县粉末冶金厂、宜兴县第二塑料厂、和桥印刷厂、和桥豆制品厂、宜兴县第二服装厂、和桥五金厂等十几家市属企业相继建成。20世纪90年代，“大集体”企业改归和桥镇政府管理。宜兴县第二塑料厂、和桥印刷厂、和桥豆制品厂、宜兴县第二服装厂等分别歇业或被兼并。1995年产权体制改革后，和桥镇尚有市属企业7家，职工1300余人，其中宜兴市广播电视元件厂仍归市工业局管理。2000年起，市属集体工业继续进行产权制度改革。至2002年底,除宜兴市轻工机械厂(2004年改为民营企业)、宜兴市染织厂(当时属股份制)、宜兴市广播电视元件厂(当时属股份制)外,其余均改为民营企业或停业。

2. 镇属集体工业　俗称社办(乡办)企业。20世纪50年代,闸口、南新、和桥公社先后办起农机修造厂、粮食加工厂。1958年,在“大跃进”的浪潮下,和桥镇在短期内创办镇属集体工厂64家。由于盲目上马,多数企业资金短缺、产品低劣、上马不久便被迫歇业。60年代初期,其中又有一些工厂停办。保留的草包厂,后来发展为电机厂、汽配厂。70年代初,镇上又先后办起保温厂、镜片厂、电器厂。“文化大革命”期间,社队工业被诬称为“资本主义”,限定企业“为农业生产服务”,产品基本以铁、木、竹等农具制品为主。改革开放后,社办工业得到恢复和发展,产品结构不断调整。到1993年末,镇属工业企业发展到113家,和桥境内其他乡办企业已有100余家,经济总量约占全镇工业的53%。1995—1998年,镇属集体工业均参加改制。

3. 村属集体工业　俗称队办(村办)工业。20世纪60年代后期,村属集体企业开始兴办。和桥先后创办北庄大队棉麻纺织厂、湖滨大队农机配件厂、永兴大队油石厂、石粉厂、石路大队塑料厂等一批企业;南新公社则有西锄、王母、民胜大队创办粮食加工厂,北新大队开办砖瓦厂,王母大队还有柳条编织厂;闸口公社的北渠、万福等村也有村属企业。改革开放后,村办工业迅速发展。到1993年末,全镇已有村办工业企业165家,年销售约占全镇工业经济总量的42%。1995—1998年,村属集体工业均参加改制。

4. 条线办企业　1958年,学校贯彻“教育与生产劳动相结合”的方针,宜兴县第三中学(和桥中学)师生下滆湖割芦苇,办起编织厂,不久因原料匮乏而停办。1978年后,在社队办工业热潮的带动下,和桥中学、和桥小学、和桥二小、西锄小学、新生学校、南新小学、北渠小学等先后自办工厂10多家。一些村校先后发展挂靠企业60多家。同时,一些单位如和桥蚕种场、水利农机所、老干部协会、文化站、街道等事业单位也兴办了数十家工厂。南新公社武装部、文化站、兽医站、食品站、机电站等单位也创办过一批企业。1995年,条线办企业均参加改制。

四、其他企业

主要以联营企业(股份合作制)和“三资”企业为主。20世纪80年代后期,为扩大生产规模,对外寻求产品、资金、技术等方面支持与合作,实行跨地区、跨行业的企业联合,先后有10多家企业分别与北京702厂、上海电焊条总厂、上海宝钢“十九冶”、南汽集团、无锡小天鹅集团、无锡纺织机械厂等单位联营合作,生产技术含量较高、销路较广的相应产品。

五、体制改革

随着传统的计划经济管理体制逐步向社会主义市场经济体制改变,工业企业体制改革逐步展开。20世纪80年代初,全镇开始改革经营体制和用工制度,扩大企业自主经营权,改变长期的固定工制度,增强企业的活力。

1989年,和桥彩印厂首创宜兴私营企业先河,改革了体制模式,使企业增添了生机。进入90年代,企业产权制度改革起步,私营企业迅速发展。

1995年,镇办、村办、条线办集体企业全部改制成股份制企业或私营企业,对少数运营质量好的集体企业,则采用租赁办法承包。和桥镇除集镇上市属、镇属大集体企业外,其余企业全部政企分离,产权清晰。

1998年,和桥地区各乡镇的所有工业企业实现了法人控股、自主经营、自负盈亏,新的工业体制全面建立。

1958—2015 年和桥镇〔含撤并镇(乡、公社)〕工业主要数据统计

表 10－1　　　　单位(个,万元)

年度	和桥镇			和桥公社(乡)			南新公社(乡、镇)			闸口公社(乡、镇)		
	单位数	产值	应税销售	单位数	产值	应税销售	单位数	产值	应税销售	单位数	产值	应税销售
1958	17	160.8	—	—	—	—	—	—	—	1	1	—
1959	17	201.5	—	—	—	—	—	—	—	1	0.9	—
1960	19	265.3	—	—	—	—	1	1	—	2	2	—
1961	21	291.0	—	—	—	—	1	1.2	—	2	2	—
1962	29	339.8	—	—	—	—	1	1.78	—	2	2.5	—
1963	31	688.4	—	—	—	—	1	1.62	—	2	3	—
1964	35	701.1	—	—	—	—	2	4.21	—	2	4	—
1965	45	893.0	—	—	—	—	2	5.02	—	2	5	—
1966	47	717.0	—	1	3	—	4	6.29	—	2	5.5	—
1967	51	709.0	—	1	3	—	4	8.36	—	2	6	—
1968	56	613.9	—	2	6	—	4	8.40	—	2	6	—
1969	58	723.6	—	3	6.67	—	4	8.95	—	2	6.5	—
1970	61	792.0	—	3	6.78	—	4	7.51	—	2	7	—
1971	63	1247.0	—	4	15.0	—	4	9.86	—	2	7.5	—
1972	65	1478.0	616	4	38.8	21	4	10.21	7.8	6	69	58
1973	67	1768.6	789	4	46.3	29	5	14.17	11.23	6	109	89
1974	78	1642.9	876	5	64.0	32	5	17.20	14.28	6	104	86
1975	79	1849.9	993	14	96.1	78	15	27.49	23.18	15	136.7	109
1976	81	1849.0	1102	23	207.8	187	18	81.0	67.57	23	228.6	211
1977	83	2147.0	1684	25	378.0	321	21	280.4	241.06	28	439	402
1978	85	2356.0	1709	26	431.7	334	25	368.1	311.25	31	609	553
1979	87	2635.0	1987	24	599.2	432	24	757.6	687.56	30	778	668
1980	92	3609.0	2324	34	1377	789	28	1020	890.47	35	1237	997
1981	99	4596.0	2598	34	1419	843	31	1250	1127	35	1364	1118
1982	101	4715.0	2673	34	1562	890	33	1711	1489	35	1690	1256
1983	103	5127.0	2987	36	2253	1523	33	2121	1678	36	1760	1369
1984	105	6525.0	3985	48	2904	1657	39	2899	2159	41	2018	1536
1985	109	9159.0	5567	64	4000	3100	54	3710	3109	56	2830	1978
1986	175	8090.0	7506	—	—	—	62	6464	4961	64	3378	2309
1987	177	11100	6973	—	—	—	67	8864	5402	69	6829	4687
1988	186	14000	8100	—	—	—	73	10723	7453	78	6987	5578
1989	189	15300	10500	—	—	—	75	12745	9123	81	10400	6800

续表 10－1

年度	和桥镇			和桥公社(乡)			南新公社(乡、镇)			闸口公社(乡、镇)		
	单位数	产值	应税销售	单位数	产值	应税销售	单位数	产值	应税销售	单位数	产值	应税销售
1990	195	17000	12000	—	—	—	80	14691	9861	85	21700	16800
1991	204	15826	8600	—	—	—	91	17621	11708	98	20300	15500
1992	231	37953	19200	—	—	—	97	29238	13908	102	39000	17000
1993	239	66150	39700	—	—	—	103	51448	27689	112	41000	19000
1994	251	89000	63000	—	—	—	105	77000	44563	126	43000	20500
1995	267	115000	65000	—	—	—	109	105000	67893	132	45000	24000
1996	289	126000	73500	—	—	—	112	98763	68902	138	52000	22000
1997	293	121000	79000	—	—	—	115	95478	74125	143	55000	23000
1998	302	128000	88000	—	—	—	118	91800	86781	147	58000	25000
1999	322	141500	102000	—	—	—	123	92000	89365	149	58000	25000
2000	455	271218	235000	—	—	—	—	—	—	152	60900	27000
2001	580	272756	90562	—	—	—	—	—	—	155	69000	28000
2002	506	346370	123182	—	—	—	—	—	—	158	78000	37000
2003	642	390103	15003	—	—	—	—	—	—	162	10500	55392
2004	648	474653	258524	—	—	—	—	—	—	—	—	—
2005	803	419260	336243	—	—	—	—	—	—	—	—	—
2006	815	480180	423514	—	—	—	—	—	—	—	—	—
2007	844	585233	552539	—	—	—	—	—	—	—	—	—
2008	841	638862	604928	—	—	—	—	—	—	—	—	—
2009	818	688602	633547	—	—	—	—	—	—	—	—	—
2010	847	876560	1025220	—	—	—	—	—	—	—	—	—
2011	853	1275680	1266517	—	—	—	—	—	—	—	—	—
2012	848	1525000	1453606	—	—	—	—	—	—	—	—	—
2013	884	1346008	1224417	—	—	—	—	—	—	—	—	—
2014	936	1008616	892168	—	—	—	—	—	—	—	—	—
2015	1007	1112890	1099183	—	—	—	—	—	—	—	—	—

第三节　塑料制品业

一、发展概况

1969年下半年，和桥木业社扩建塑料加工车间，以不足1000元的低价，购进二手的45克半自动注塑机1台，15克、25克手动注塑机各1台，生产塑料气压式热水瓶和保温瓶的外壳。70年代，该车间正式定名宜兴县第二塑料厂。1987年，该厂已有较先进的注塑机11台、吹塑机3台。

1971年，闸口公社万福大队由一些能人牵头，办起宜兴县万福塑料厂。这是和桥地区乃至宜兴全县创立较早的大队塑料企业，以生产塑料薄膜袋和塑料手提袋为主。1975年，闸口公社在楝树港创办宜兴县塑料胶带厂，生产塑料黏性胶带。当时，这两个社队塑料企业，用工都在100人以上，经济效益也很好，并且为当地塑料工业的发展奠定了良好的基础。

70年代末至80年代初，闸口公社又办起宜兴县钙塑厂和宜兴县第三塑料厂。1984年，宜兴县第三塑料厂引进多台大型塑料拉丝机和编织机，能生产容纳1吨重的塑料编织袋，也称“集装袋”。该企业也改名为无锡市集装袋厂，产品直接出口日本、西欧等国外市场。1986年，闸口乡万福大队的塑料企业经过整合，更名为宜兴县第八塑料厂。这几个社队骨干企业，主要业务是用吹塑机等制成塑料薄膜食品包装袋、手提拉链袋之类，用挤、压塑机等制成管材、日用盆桶之类，用拉丝机等制成“蛇皮袋”之类，业务一直较忙。用工高峰时，宜兴县第八塑料厂的工人达400多人，无锡市集装袋厂用工450余人。80年代后期，和桥镇又办起宜兴县和桥塑料制品厂、宜兴县和桥泡沫塑料厂、宜兴县第二塑料制品厂、宜兴县第六塑料制品厂等塑料制品企业。

90年代初，和桥地区的塑料制品工业加快了发展速度。1995年，工业企业改制时，塑料企业已增加至80多个。2004年2月，闸口镇并入和桥镇，塑料制品工业的重点更加突出。塑料编织集装袋、电缆塑料用材、再生塑料等生产都扩大规模，增加产品种类，产品质量和竞争力不断提高，尤其是塑料编织集装袋的生产，设备成套、技术先进、生产流水型、产品系列化、出口量大增。2011年，和桥镇获得“中国集装袋包装产业基地”称号。2015年，和桥镇有塑料制品企业170家（因生产塑料薄膜包装的企业已列入第十二节《印刷包装工业》，本节就不记述在内），应税销售收入16.05亿元。

2015年和桥镇主要塑料制品生产企业

表10－2

类别	企业名称	法人代表	地　址	主要产品
塑料编织业	无锡市华威集装袋有限公司	徐志华	福巷桥村	集装袋等
	宜兴市登成塑业有限公司	潘国君	福巷桥村	编织袋等
	宜兴市长风集装袋有限公司	庄小锋	福巷桥村	集装袋等
	无锡市现代集装袋有限公司	谈曙光	楝树港	集装袋等
	宜兴富力包装有限公司	庄小锋	福巷桥村	集装袋等
	宜兴市远通塑业有限公司	杭国良	钟溪村	集装袋等
	宜兴市黄氏塑业有限公司	黄华忠	楝树港	集装袋等
	宜兴市佳友塑料包装材料有限公司	蒋　敏	北庄村	编织袋等
	宜兴市华福塑料制品有限公司	谢沪芬	福巷桥村	集装袋等
	宜兴市长江集装袋有限公司	谈小华	福巷桥村	集装袋等
	无锡市华日集装袋有限公司	邵建平	闸口村	集装袋等
	宜兴市荣发塑料制品有限公司	王建荣	闸口村	编织袋等
	宜兴市宏达集装袋有限公司	许培军	楝聚村	集装袋等
	宜兴市恒力塑料制品有限公司	潘立红	福巷桥村	集装袋等
	宜兴市超越塑业有限公司	蒋永法	福巷桥村	集装袋等
	宜兴市中豪塑料制品有限公司	刘惠中	福巷桥村	集装袋等
	宜兴市飞翔塑料制品有限公司	周　红	福巷桥村	集装袋等
	宜兴市飞洋塑料制品有限公司	潘文明	福巷桥村	集装袋等

续表 10－2

类别	企业名称	法人代表	地　址	主要产品
塑料编织业	宜兴源晟包装制品有限公司	赵山山	楝聚村	编织袋等
	宜兴源晟塑料制品有限公司	王春利	楝树港	编织袋等
	宜兴市南亚塑业有限公司	吴建东	福巷桥村	集装袋等
	宜兴市东浩塑业有限公司	潘岳中	福巷桥村	编织袋等
	宜兴市银马塑业有限公司	王小龙	福巷桥村	集装袋等
	宜兴市亿祥塑业有限公司	戴国兴	北渠村	集装袋等
	宜兴市东凯塑业有限公司	陈　涛	闸口村	集装袋等
	宜兴市港南塑料制品有限公司	孙金龙	北渠村	集装袋等
	无锡市诺邦橡塑有限公司	胥和娟	福巷桥村	集装袋等
	宜兴市新铠塑业有限公司	吴　军	闸口村	集装袋等
	宜兴市富江塑业有限公司	吴卫峰	福巷桥村	集装袋等
	宜兴市平盛塑业有限公司	杨建平	福巷桥村	集装袋等
	宜兴市京威塑业有限公司	陈锡明	福巷桥村	集装袋等
	宜兴市昌泰塑料包装有限公司	潘建国	福巷桥村	集装袋等
	无锡市金河塑业有限公司	邵逸飞	福巷桥村	集装袋等
	宜兴市兴飞集装袋有限公司	缪华英	福巷桥村	集装袋等
	宜兴市盛杨塑业有限公司	张法阳	福巷桥村	集装袋等
	无锡市高风集装袋有限公司	许科峰	福巷桥村	集装袋等
	宜兴市运宏塑业有限公司	邵　成	北渠村	集装袋等
	无锡市鼎顺塑业有限公司	邵正丰	福巷桥村	集装袋等
	宜兴市三鸽工贸有限公司	朱福明	楝聚村	编织袋等
	无锡市银星集装袋有限公司	周金明	楝树港	编织袋等
	宜兴市海兴塑料包装有限公司	陈海新	闸口村	集装袋等
	宜兴市中海塑业有限公司	戴如中	楝聚村	集装袋等
	宜兴市德通塑业有限公司	潘建龙	福巷桥村	编织袋等
	宜兴市强润塑业有限公司	周立强	楝聚村	集装袋等
	宜兴市鑫昌织造有限公司	蒋新民	北庄村	编织袋等
	无锡市翱翔集装袋有限公司	许彩红	北渠村	集装袋等
	宜兴市绿岛塑业有限公司	曹凤梅	北渠村	编织袋等
	宜兴市国腾塑业有限公司	邵国平	北渠村	集装袋等
	宜兴市创新塑料包装材料有限公司	白小新	福巷桥村	集装袋等
	宜兴市华阳集装袋有限公司	邵　阳	福巷桥村	集装袋等
	宜兴市烨辉塑业有限公司	徐　辉	福巷桥村	编织袋等
	宜兴市星光塑业有限公司	杨云伟	楝树港	集装袋等

续表 10－2

类别	企业名称	法人代表	地　址	主要产品
塑料编织业	宜兴市赛诺集装袋有限公司	周桂芳	楝树港	集装袋等
	宜兴市昀杰塑料制品有限公司	徐杏芬	楝树港	集装袋等
	宜兴市东贸塑业有限公司	潘东良	福巷桥村	集装袋等
	宜兴市皮皮集装袋有限公司	邵　聪	楝树港	编织袋等
	宜兴市先风塑料制品有限公司	许科峰	福巷桥村	编织袋等
	宜兴市立波塑料厂	徐馨萍	北渠村	编织袋等
	宜兴市克林恩塑料制品有限公司	钱晓萍	万福村	集装袋等
	宜兴市津本塑业有限公司	蒋焕冰	楝树港	集装袋等
	宜兴市龙华塑业有限公司	潘炳龙	福巷桥村	集装袋等
	宜兴市祥帆塑业有限公司	白国卫	福巷桥村	编织丝、带等
	宜兴市庆隆塑业有限公司	徐　庆	福巷桥村	集装袋等
	宜兴市长江集装袋有限公司万福分公司	蒋列明	福巷桥村	编织袋等
	江苏盛福塑业有限公司	邵小彬	闸口村	集装袋等
	宜兴市中亚塑料制品有限公司	陆一忠	闸口村	集装袋等
	宜兴市南顺塑料制品有限公司	缪绿明	楝聚村	集装袋等、
	江苏省伟宇塑业有限公司	陈建伟	闸口村	集装袋等
	宜兴市金峰塑料制品有限公司	王进锋	福巷桥村	集装袋等
	宜兴市敏晨塑业有限公司	何　敏	福巷桥村	集装袋等
	宜兴市欣奥塑业有限公司	王旭艳	闸口村	编织带、布等
	宜兴中雁塑料制品有限公司	陆雁敏	闸口村	编织带
	宜兴市金宸塑业有限公司	蒋立军	福巷桥村	编织袋等
	宜兴市哲达集装袋有限公司	蒋士军	福巷桥村	集装袋等
	宜兴市恒威塑业有限公司	徐文锋	北渠村	集装袋等
	宜兴市丹双集装袋有限公司	孙金余	北渠村	集装袋等
	宜兴市威尼特集装袋有限公司	陆　军	闸口村	集装袋等
	宜兴鸿泰包装有限公司	万自力	闸口村	编织袋等
	宜兴市全盛塑胶有限公司	谈曙光	楝树港	编织袋等
	宜兴市荣超塑业有限公司	荣兰军	钟溪村	编织袋等
	宜兴市健超塑业有限公司	潘健东	福巷桥村	编织袋等
	宜兴市长乐塑业有限公司	邵小翔	闸口村	编织袋等
	宜兴市鹏斐涤塑有限公司	钱玉珍	福巷桥村	塑料编织布、袋
	宜兴市广晟塑业有限公司	骆　新	闸口村	编织袋等
	宜兴市天力塑料制品有限公司	缪　勇	北渠村	集装袋等

续表 10－2

类别	企业名称	法人代表	地　址	主要产品
塑料编织业	宜兴市闸口化纤实验厂有限公司	秦科东	闸口村	编织袋等
	宜兴市固德塑业有限公司	何小中	楝树港	编织袋等
	宜兴市兴驰塑业有限公司	何建兴	福巷桥村	编织袋等
	宜兴市耀华塑料制品有限公司	周　滔	楝树港	编织袋等
	宜兴市前峰塑料绳带有限公司	钱建林	福巷桥村	编织袋等
电缆塑料业	无锡市恒龙电缆材料有限公司	缪武杰	北渠村	电缆用带材、填充材料
	宜兴市楝树塑料制品厂	缪克俭	北庄村	电缆用带材、填充材料
	宜兴市伟峰电缆材料有限公司	缪华南	北渠村	电缆用带材、填充材料
	江苏新澳电力技术有限公司	朱才良	北庄村	电缆套管、接管等
	无锡市银杏塑业科技有限公司	缪小成	楝聚村	电缆用带材、填充材料
	宜兴市鸿韵塑料有限公司	林中明	北渠村	PVC 电缆料等
钙塑业	江苏广益塑业有限公司	朱为民	南新西路 3 号	异型材、管材、管件、日用塑料制品
	宜兴市江南钙塑制品有限公司	周　军	楝树港	异型材等
其他塑料业	宜兴市飞瑞包装有限公司	何鹏飞	福巷桥村	塑料再生粒子等
	宜兴市恒富塑业有限公司	邵国兵	北渠村	塑料再生粒子等
	江苏新力科技实业有限公司宜兴塑料制品厂	徐福良	蠡斯巷 88 号	塑料再生粒子等
	宜兴市华润物资有限公司	王银山	楝树港	塑料再生粒子等
	宜兴市和桥东方涤塑材料厂	戴赛红	鹅州西路	塑料再生粒子等
	宜兴市林林塑料制品有限公司	蒋　峥	同里村	塑料填料等
	无锡市添晟实业有限公司塑料制品分公司	谭燕平	楝聚村	塑料填料等
	宜兴市智鑫人造草坪有限公司	蒋赛娟	永兴村	人造地坪等
	宜兴市科鑫塑业有限公司	朱洪良	福巷桥村	塑料填充料等
	宜兴盛泉水处理设备有限公司	沈琳燕	永兴村	塑料填料等
	宜兴市茂新塑料制品有限公司	瞿维杨	北渠村	塑料填充母料等
	江苏茂达特种材料科技有限公司	陈梅芳	闸口村	特种功能塑料等
	宜兴市盛达塑料有限公司	沈福根	永兴村	塑料填料等
	宜兴市和桥镇华瑞皮革雨具制品厂	徐银华	大生村	皮革、雨具等
	宜兴市填料厂	王　华	南新街	塑料异型材等
	江苏新力科技实业有限公司 宜兴和桥塑料包装制品厂	陈利中	永兴村	聚丙烯粒子等
	宜兴市中大凯塑业有限公司	徐生君	楝聚村	塑料母料粒子等
	宜兴市诚跃塑业有限公司	缪建刚	楝聚村	塑料母料粒子等

二、重点企业

1. 宜兴市长风集装袋有限公司　成立于1999

图10－1　2015年宜兴市长风集装袋有限公司

年，位于和桥镇福巷桥村。2005年1月，导电集装袋取得欧洲3国卫生许可证；同年11月，独家开发的内外袋黏合技术取得成功。2007年4月，开始生产成型拉筋防膨胀内袋和成型铝膜内袋。这两种集装袋装货量比原来的提高20%以上。同年7月，阻燃导电袋取得澳大利亚进口认证。2010年8月，Type－D导电袋取得美国生产许可证。2000—2015年，该公司50%的产品销往美国、欧洲、日本、澳大利亚等20多个国家和地区，并获得实用新型专利6个，成为宜兴市国际商会会员单位、无锡市AAA级重合同守信用企业。2015年，该公司已通过ISO9001:2000质量体系认证、ISO14001环境体系认证，取得国家出口危险品包装许可证；拥有固定资产8000万元、生产车间3.8万平方米、生产设备550台套、职工360人，是国内集装袋大规模生产工厂之一；该公司主要生产医药食品用清洁型、Type－C导电型、Type－B防静电型、透气型、防漏液体渗漏型、阻燃型、防膨胀型、免托盘型等各类集装袋，年产量达180万条；应税销售收入1.27亿元。

2. 宜兴市威尼特集装袋有限公司　位于和桥镇闸口村，前身是1995年兴办的宜兴市飞达塑料制品厂，主要生产集装袋。2001年，该厂与毛里求斯中联国际有限公司共同投资成立中外合资企业，取名宜兴市威尼特集装袋有限公司。2012年，公司投资3000多万元，新增重型环保纸袋生产线。同年，公司先后通过ISO9001、QS、AIB、HACCP体系相关认证，还通过了SGS公司的社会责任审核，并建立微生物检测室，成为国内首家通过GMP药包材料审核的集装袋公司。2014年，公司被确定为江苏省工程中心，与多家高校和国外科研机构进行产学研合作。2000—2015年，公司与拜耳、巴斯夫、帝斯曼、阿克苏诺贝尔、可口可乐、雀巢、红牛、雅培、多美滋等多家世界品牌企业，建立了稳定的战略合作伙伴关系，营销网络覆盖全国30多个省、市及美洲、欧洲、日本等20多个国家和地区。2015年，公司占地3万多平方米，拥有员工400多人，共取得二十多项实用新型专利，能生产食品类、药品类及导电型等上百种高端产品，年产各类集装袋350万条、纸袋2000万只，应税销售收入8469万元；公司被授予宜兴AAA级资信企业等荣誉。

3. 宜兴市恒龙电缆材料有限公司　位于和桥镇原闸口工业集中区内，1990年创建，属民营股份制企业。该公司在创建初期，主要生产PP网状填充绳、阻燃网状填充绳、PE发泡填充条、阻燃发泡填充条等电缆用填充材料。2010年起，公司相继投入1000多万元资金，开发耐高温色带、低烟无卤阻燃带、PVC电缆料、PP轧花带、聚酯带、阻燃PP填充绳，低烟无卤阻燃填充条、海底电缆专用PP扎绳等产品，现已能生产10多个系列、100多种规格的电缆辅助材料，有些产品填补了国内空白。低烟无卤填充绳已通过常州八益电缆有限公司的认可，专用于核电级电线电缆阻燃填充；出口级PP绳已经通过国际知名光缆生产企业的审核，成为亚洲地区唯一指定供货商。2008年，该公司就建有国内先进的带材浸幅生产线、吹膜网带生产线、造粒机组等，置有分切机、研磨机、搅拌机等50多台套，还配备控力仪、分析天平、抗老化试验箱、电阻仪、测厚仪等20多台。2009年和2010年，该公司"海底电缆专用PP缠绕绳的制作方法"、"一种低烟无卤阻燃填充条"连获国家发明专利。2010年起，该公司产品得到了国内远东电缆、江南电缆、宁波东方电缆、新疆特变电缆等数十家电缆企业的长期供货合同，并向亚洲多个国家出口。2011年，公司通过质量管理体系认证。2007—2015年，该公司先后被评为宜兴市文明诚信企业、无锡市争创“守信用、讲信誉、重信义”先进单位、江苏省价格诚信单位、江苏省民营科技企业等。2015 年,该公司占地 2 万平方米,厂房面积 1.2 万平方米,净资产 2000 万元,应税销售收入 9868 万元。

4. 无锡市银星集装袋有限公司 位于和桥镇闸口南路,前身是 20 世纪 80 年代初闸口公社创办的宜兴县第三塑料厂,1984 年改名无锡市集装袋厂,经 21 世纪初改制启用现名。2000—2015 年,该公司已取得中华人民共和国进出口企业、江苏省 AAA 企业资信等级、无锡市重合同守信用企业等证书和荣誉。2015 年,该公司占地 4.3 万多平方米,拥有厂房 2.8 万多平方米、固定资产 5000 万元、在册职工 350 多人,已通过 ISO9001:2008 质量管理体系认证,取得 3 项实用新型专利,具有年产集装袋 200 万条、编织袋 2000 万条的生产能力,产品畅销国内二十多个省市并出口日本、美国、澳洲、西欧等国外市场,当年应税销售收入 7076 万元。

5. 宜兴市鸿韵塑料有限公司 2000 年创建,位于和桥镇北渠村,占地 4.8 万平方米,建有电缆料车间和分色带车间各 1 个,专业为浙江“万马”、江苏“远东”等全国知名电缆企业生产 PVC 电缆材料,年产能力 2 万余吨。2003 年,企业通过了 ISO9001:2008 质量管理体系认证。2010 年,“分色带”产品获实用新型专利证书。2015 年,应税销售收入 6479 万元。

6. 宜兴源晟塑料制品有限公司 创办于 2001 年,地址位于和桥镇闸口北路 88 号。该公司创办时,只有 4 台缝纫机,靠帮助别人缝制集装袋起家。通过十多年的努力,现已从外国引进先进的纸管生产线,建有拉丝车间和织布车间、“清洁袋”生产车间,并有基布、单丝强度测试机房,年产能力 50 万条集装袋,全部销往日本的化学医药、食品饲料等企业。2005 年 7 月,该公司获得德国 DQS 的 ISO9001 和 ISO14001 的质量、环境体系认证。2015 年应税销售收入 3216 万元。

7. 宜兴市华阳集装袋有限公司 坐落于福巷桥村,2005 年创办,占地 6000 平方米,建筑面积达 6600 余平方米,有各型拉丝机 3 台、圆织机 10 台、织带机 16 台、工业缝纫机 60 台,年产集装袋 160 余万条。2008 年,公司通过了 ISO9001 质量管理体系认证,其产品热销本省及湖北、河南、上海、台湾等地区。2015 年,公司拥有员工 130 余人,应税销售收入 3557 万元。

第四节　机械制造业

一、发展概况

1958 年,和桥地方国营维修机械厂与和桥草绳草包厂成立,只能修造老式的木质风谷车、龙骨水车、还有脚踏轧稻机、草绳机、草包机等。1961 年,和桥区农机厂挂牌,原南新公社、闸口公社也在 1962 年相继办起农机厂,生产农用电动脱粒机、水泵等。1970 年,和桥区农机厂改名为和桥区农机修理制造厂,1978 年兼办宜兴燃油器厂。1981 年,由草绳草包厂演变过来的宜兴县电机厂(也叫宜兴县汽车配件厂)开始生产电动机、汽车配件,和桥区农机厂开始生产农船挂桨、柴油机齿轮和油箱等。20 世纪 80 年代,闸口农机厂生产“太滆牌”STD－90 型稻麦脱粒机。1982 年 9 月,宜兴县轻工机械厂成立,与“和桥区农机修理制造厂”合一,挂两块牌子,实为一套班子。进入 90 年代,和桥地区的机械制造业全部改成民营企业,生产交通机械、印花机械、纺织机械、橡塑机械、化工机械、粮油机械等 10 多个系列、300 多个种类的产品。2015 年,和桥镇有机械制造企业 60 家,应税销售收入 15.46 亿元。

2015 年和桥镇主要机械制造企业

表 10－3

企业名称	法人代表	地　址	主要产品
无锡市鹏达科技有限公司	陈生荣	工业集中区	印花机械等
宜兴市华正机械有限公司	陆惠明	南新军民路 3 号	减速机等
宜兴市荣达汽车配件有限公司	何焕荣	鹅州南路 45 号	汽车零部件等
宜兴市精诚橡胶机械有限公司	张　静	鹅州南路 388 号	橡胶机械等
江苏富陶车辆部件有限公司	沈　慧	南新西路 2 号	汽车零部件等
无锡市鹏德汽车配件有限公司	谈伟光	北庄村	汽车零部件等
无锡市爱德森机械有限公司	周　旭	永兴村	泵、阀、自动化控制设备等
宜兴市兴源柴油机配件有限公司	刁鹏程	永兴村	柴油机配件
宜兴市星宇汽车附件有限公司	朱立农	北新村	汽车配件等
无锡宜和热交换器有限公司	赖汀洲	工业集中区	汽车空调等
宜兴市普菲克机电制造有限公司	贺　莉	南新得胜路	风机、压缩机等
无锡力宏喷丝板贸易有限公司	三宅康雄	南新街	喷丝板、过滤器等
无锡市浩月机械设备有限公司	花雪锋	永兴村	通用机械
宜兴市捷成机械设备有限公司	周　成	永兴村	通用机械
宜兴市华创机械制造有限公司	万亚红	工业集中区	通用机械
宜兴市奥华汽配有限公司	刘红中	工业集中区	汽车配件
宜兴市恒宇汽车电机有限公司	张晴霞	西锄村	汽车发电机及起动装置等
宜兴市依达汽车附件有限公司	谈亚良	北渠村	汽车零部件
宜兴市竣凯物资有限公司	刁华军	永兴村	通用机械
宜兴市乾元机械有限公司	张凤仙	南新人民南路 3 号	通用机械
宜兴市明盛机械附件有限公司	曹东明	鹅州南路	消音房、消音器等
宜兴市斯普瑞机械有限公司	吴朝霞	康乐新村	过滤机、分离机、泵等
江苏苏亿能源装备有限公司	许玉娟	鹅洲东路	风机配套设备等
无锡斯威得机械有限公司	陈立平	北庄村	风机、泵、阀门等
无锡市神康医疗机械设备有限公司	许祖年	北庄村	三类 6846 植入材料
宜兴市金正农机设备有限公司	钱德新	楝树港	农业机械
宜兴市太平洋机械设备制造有限公司	游锡明	楝聚村	通用机械
宜兴市宜轻机械有限公司	费听泉	永昌路 135 号	泵、食品机械等
宜兴垣研精密机械有限公司	玉垣雅史	南新人民南路 1 号	精密机械
江苏新琪奥工贸有限公司	黄　露	工业集中区	车辆零部件等
宜兴创丰机械有限公司	邵安生	工业集中区	通用机械
无锡市兴隆船舶有限公司	范钦杰	楝聚村	船舶修造等
宜兴市同里非金属设备有限公司	张　敏	同里村	耐腐蚀离心泵等
江苏格莱德特种陶瓷有限公司	陆胜涛	工业集中区	特种机械耐磨陶瓷
宜兴市宜明新能源设备有限公司	李潮刚	工业集中区	太阳能取暖设备等
江苏腾创绿冠太阳能科技有限公司	邹立强	北庄村	太阳能热水器及配件等
宜兴市和桥汽流干燥设备厂	王勤昭	环北路	汽流干燥设备等

二、重点企业

1. 江苏富陶车辆部件有限公司 是江苏富陶

图 10－2 2015 年江苏富陶车辆部件有限公司

集团的核心单位，位于和桥镇南新西路 2 号，占地 8 万平方米，有各类建筑 5.8 万平方米，拥有固定资产 4.6 亿元，是和桥镇的大型骨干企业。其前身是 1980 年创办的南新压焊件厂，当时属社办集体企业。1986 年，该厂改名为宜兴县车辆部件厂。1991 年，新挂牌为宜兴市压焊件厂。1994 年，改制为民营企业。1996 年，该企业经江苏省计经委批准组建江苏富陶集团。2001 年，江苏富陶车辆部件有限公司成立。

2011—2013 年，该公司与上海大众、南京依维柯、上汽集团、无锡小天鹅等企业建立了长期合作关系，为其生产汽车围板、隔板、门框、顶盖加强框、保险杠、横梁、大灯支架和洗衣机外壳、盖板等三千多个规格品种的配件。在此期间，该公司累计投入近 2 亿元用于新品开发、模具制作、生产设备更新等，仅为新款途观车开发车顶纵梁模具就投入 300 万元，有效提升了企业参与市场竞争的综合实力，多次被用户评为“优秀供应商”。2014 年，该公司又投资 7700 万元，引进 1000 吨级、800 吨级、400 吨级、250 吨级等 4 条高度自动化汽车配件冲压生产线。2015 年 9 月，全部建成投产，节约人工成本 200 多万元，增加产品销售 8000 多万元。

1995—2015 年，宜兴市压焊件厂被评为江苏省质量管理先进企业，江苏富陶集团被江苏省人民政府授予“先进民营科技企业”称号，江苏富陶车辆部件有限公司被评为“江苏省成长型企业”，全面通过“三项体系认证”，先后获得 8 项实用新型专利，多次获得宜兴市工业五十强、宜兴市双强企业等荣誉。2015 年，该公司生产各类汽车配件 4500 万件(套)，实现应税销售 6.13 亿元。

2. 无锡市鹏德汽车配件有限公司 1958 年团

图 10－3 2015 年无锡市鹏德汽车有限公司大门

结街道创办“和桥草绳草包厂”，经过 20 世纪 60－70 年代的分分合合，于 1981 年更名为宜兴县汽车配件厂和宜兴县电机厂，实行两个厂名，一套班子，规模性生产电动机，汽车配件，并与南京汽车制造厂挂钩，为“南汽”等公司生产汽车零部件达 400 多个规格品种。1998 年，企业为扩大生产规模，在北庄村选地重造厂房，占地面积 2.43 万平方米，拥有固定资产 1800 万元，并更名为无锡市鹏德汽车配件有限公司。公司主要产品分两大类，一是“跃进”系列汽车配件，产品有备轮升降器、机油泵、水泵总成及冲压铁件 80 多个品种；二是“依维柯”汽车配件，有座椅骨架、车架冲压铁件等 100 多个品种。2000 年 6 月，该公司改为股份制，2003 年转为民营企业。

1998 年 1 月，该公司通过了 ISO9002 质量管理体系认证，同时获农业部颁发的全面质量管理达标企业铜牌。2005 年 4 月通过了 ISO/TS16949 汽车管理体系认证，企业全面进入全球化汽车零部件采购体系。2010 年，公司被批准为中国模具工业协会团体会员。2012 年，公司内部管理进入 ERP 系统，原有的无锡市汽车尾气排放系统工程技术研究中心被确定为无锡市科技研发机构。2013 年，公司被吸收为中国汽车工业协会会员。2015 年，公司注册资金为728万美元，拥有工人200人，其中研发及生产的高中级技术人员29人，占地6.8万平方米，建有厂房2.6万平方米，积累固定资产6600万元，年生产汽车冲压件及机加工能力1800万件(套)。公司产品主要销售到弗吉尼亚、阿文美驰、小天鹅通用电器、南京依维柯、菲亚特、南京长安、跃进、奇瑞、李尔、萨克斯、日本百事德机械等大公司，公司也成为上海大众、通用、福特、马自达、克莱斯勒、标志、现代等汽车制造厂的二级配套商。

2012—2015年，该公司研发的车用环保排气系统获得新型实用专利和发明专利17项，改进新工艺数十个，先后获得江苏省科技型中小企业、高新技术企业、江苏省工程中心等荣誉称号。2015年，该公司应税销售收入1.72亿元。

3. 宜兴市奥华汽配有限公司 是2000年成立的民营企业，占地3.5万平方米，建有厂房2.1万平方米，坐落在和桥镇工业集中区。至2015年，该公司置有J36系列40吨至400吨压力机25台套、80吨至400吨进口自动连续冲床8台套、数控精加工机械设备7台，累积固定资产5100万元，拥有职工126人，其中工程技术人员38人，中级以上职称人员28人。公司业务主要为世界500强企业“奥托立夫”配套制造汽车被动安全零部件。

2012年，公司被“奥托立夫”总部定点为亚太地区的核心战略供应商。2000—2015年，该公司不断投入研发，引进人才，管理体系实行世界先进的VMA流程，建立了无锡市工程中心，并先后被评为和桥镇、宜兴市的优秀企业，并有媒体进行相关专题报道。2015年，该公司应税销售收入5361万元。

4. 无锡市爱德森机械有限公司 创办于1994年，原来地址位于和桥镇和高路，专业从事水处理设备、喷膛设备、恒压供水泵阀等机械制造，为全国知名环保企业配套设备。2001年，该公司又在宜兴市经济开发区庆源大道1-1号建成新的厂区，占地面积1万平方米，建有生产车间6000平方米，主要生产特种泵阀、自动化控制设备和市政建设机械、海水淡化设备、喷泉设备、磁悬浮鼓风机等，与丹麦、德国等知名泵制造企业联营，制造爱德森ADS-P浮箱式拍门、预制整体泵站PPS、德国KEY液位控制器，开展泵站工程设计施工及总承包。2002年，经丹麦公司授权，依靠自身的技术力量，建立了“格兰富水泵”销售及维修服务中心。

2008年，该公司通过了ISO9001质量管理体系认证，置有一系列数控加工精密零件的机械设备，多次被评为和桥镇工业企业先进单位。2015年，应税销售收入4493万。

5. 无锡市兴隆船舶有限公司 创立于1993年，原名为宜兴市和桥船舶修造厂。创办初期，该厂只能为百吨以下的船舶修理船身和动力故障。2006年，企业搬迁至和桥镇闸口街北面靠近漕桥河通往锡溧漕运河的河口，注册资金300万，占地面积2.85万平方米，拥有室内船台面积1.1万平方米，建有10个千吨级船体制造平台，置有5吨、10吨的行车7台，另有龙门吊2座及等离子切割机、剪板机、卷管机、折弯机、车床等机械制造设备数十台，并启用现名，专门从事钢质船舶和铝合金船艇设计和生产。2010年，公司通过了中国船级社ISO9001:2008质量管理体系认证及CCS船级社颁发的散装化学品船建造资质。2011年，该公司取得江苏省企业资信等级AAA级，2012年获，宜兴市光彩之星荣誉。

2014年，该公司主要生产全铝质太阳能游艇(25m, 23m, 20m, 18m, 17m, 15m, 13m)、公务艇(65m、50m、47m、35m、30m、20m)、趸船、220T起重打捞船、散装化学品船、散装水泥槽罐船、20m太湖旅游船、24m挖泥船、10吨水草打捞船等近600艘，并为海事、公安、航政、水利等单位维修各类船舶60多艘，均得到客户的好评。

2015年，该公司制造的太阳能船顺利下水。该船为圆形形体结构，船顶装有30千瓦光伏板，能满足晴雨不同天气行驶的动力需要。同年，该公司有员工百余人，其中高级工程师1名，工程师2名，助理工程师4人，在职检验人员10人，拥有CCS和ZC资质焊工30多人，应税销售收入3840万元。

6. 江苏格莱德特种陶瓷有限公司 是一家专营氧化锆陶瓷磨介的高科技企业，于2008年创建，2014年由同里村搬至永兴村，生产车间由原来的3000余平方米扩大至1万余平方米。该公司拥有业界最先进的球磨机、窑炉、喷雾塔等生产设备，凭借自身的工艺技术，专业生产各种氧化锆磨介、氧化锆陶瓷结构件、氧化铝及其复合陶瓷材料，在氧化锆微珠和结构件的生产与开发方面，居国内领先地位。产品不仅质量出色，而且具有极高的性价比，以其优异的物理化学性能被广泛应用于各类石油化工、汽车、电力、矿山设备等机械领域，远销韩、日、美、英等国。2015年，公司应税销售收入3117万元。

7. 宜兴市宜轻机械有限公司 1954年5月1日，和桥镇十多个铁匠铺联合组建成“五一铁业小组”，就是该公司的起源。1956年合作化，小组改名为宜兴县和桥铁业生产合作社。1958年成立和桥地方国营维修机械厂，被立为县属企业，生产小农具和日用铁制品及生产简单机械设备。1961年成立和桥区农机厂。1970年改名为和桥区农机修理制造厂，生产农用脱粒机、抽水机等。1978年兼办宜兴燃油器厂，为柴油机厂配套生产零部件。1982年9月挂宜兴县轻工机械厂牌子，并与和桥区农机修理制造厂合一，为二块牌子一套班子。1988年宜兴撤县建市后，以前的两厂统一改名为“宜兴市轻工机械厂”。20世纪90年代，该厂主要机械设备有金属切削机床84台，其中大型机床（龙铣、钻床、镗床、650车床等）11台。主要产品为GJB系列高压均质泵、QLB系列平板硫化机，SBH系列三维摆动混合机及DFB－Ⅲ型润滑脂定量分装机。GJB系列高压均质泵在全国产量、销量和质量同行业中获三个第一，先后荣获省优、部优称号及市、省、轻工部优秀新产品奖、北京国际食品机械博览会金奖、中国食品机械博览会铜奖，1991年被国家计委、科委等部门评为国家级优质产品，畅销全国二十七个省、市、自治区，并部分出口东南亚等地区。90年代初，该厂曾荣获无锡市明星企业、无锡市AAA资信企业、宜兴市文明企业、宜兴市科技进步先进企业、文明纳税大户等荣誉。1993年，工厂新大楼落成，全国人大常委会副委员长王光英曾为此题词“宜兴轻机”。

2000年，该企业改成股份制。2002年，企业有职工305人，其中初级职称以上人员40多名，高级工程师3名，年产值1731万元，应税销售1684万元，上缴税金161.4万元，当时设金工一、金工二、装配、综合等4个车间，全厂占地面积9万平方米，建筑面积3万平方米。同年，中国食品和包装机械工业协会授予该公司“常务理事单位”证书。2004年，企业改为民营，宜兴市宜轻机械有限公司正式挂牌。改制后，该公司主要生产高压均质泵、定量分装机、平板硫化机、“双力”牌液压压力成型设备等，其中液压机最大的压力可达3500吨，为北京、湖北、贵州、陕西、上海等20多个省市、30多家航天航空、汽车制造企业提供优质产品，间接出口东南亚国家。同年，被无锡市列为免检企业、无锡市AAA级资信企业。2006年，被无锡市评为A级诚信纳税企业。2015年，公司地址有两处，一是老厂区仍旧为永昌路135号，二是在和桥镇工业集中区内，占地1.5万多平方米，有生产车间8000平方米。

第五节　环保喷泉业

一、发展概况

1973年，原南新公社的社办企业宜兴县纯水设备厂创立。该厂是宜兴最早的环保工业企业之一。1978年，南新创办宜兴县瑞盛环保设备制造厂。

改革开放初期，原和桥公社、南新公社的一些企业，开始生产铜质的喷泉管道、喷头，为省内的一些著名公共场所设计、制造和安装喷泉。1983年，南新旅游建筑设备厂开始专业制造喷泉设备。

20世纪80—90年代，宜兴市南新环保机械厂、宜兴县兴盛环保设备厂、宜兴市南新净水机械厂、宜兴县南新填料厂、宜兴市华达水处理设备厂、宜兴市天元环保设备厂、宜兴市纯水热工设备厂，江苏新龙鼎环保成套工程有限公司、宜兴市美达水处理有限公司、宜兴市天马环保工程有限公司、宜兴市南新凌志塑环厂等相继创办。1992年，宜兴市太平洋金龙水设备有限公司成立(以下简称金龙公司)。该公司引进美国资金和先进技术，研制开发的JXIS电脑控制供水设备和“金龙”牌系列喷泉，凭借高科技和优质售后服务，获1993年中国高新技术新产品博览会优秀奖。1994年，南新旅游建筑设备厂改制更名为宜兴市鲸鱼喷泉制造公司。1994—1995年，金龙公司产品又获全国精品博览会金奖、北京国际精品博览会国际金奖，并被国家推荐为名牌产品。1996年，金龙公司研制开发的水幕电影，填补了国内同行业的空白，并获得1996年中国专利产品博览会金奖。同年，该产品被选用在杭州宋城和北京、上海、云南等多家游乐园。1998年10月，金龙公司在济南大明湖承建的百米旋转喷泉，主喷高达108米，堪称亚洲之最。1998年春，江苏电视台特地为金龙公司摄制了一部上下集电视剧《水色如梦》，反映该公司辉煌业绩。90年代后期，只持有营业执照，订到业务却无生产厂房和设备的环保企业为数不少。为了整顿环保产业市场，1998年宜兴市环保产业发展中心会同市工商局，对和桥地区132家环保企业进行资质考核评审认证。至1999年，宜兴市鲸鱼喷泉制造公司生产的“鲸鱼牌”产品获6项国家实用新型专利，通过了国家、省、市三级技术和产品鉴定，并先后建立了喷泉设备测试中心、宜兴市音乐喷泉设计研究所、波尔威水景影视公司、喷泉动画设计策划工作室等，研制成功运用计算机多媒体系统控制的音乐喷泉、激光水幕、数码跑泉、水幕电影、向心摇摆等一系列新品。鲸鱼公司新颖的高科技喷泉系列产品，被选用在首都机场、延庆市政管理局、济南大名湖、苏州乐园、上海东方明珠电视塔、无锡太湖广场等6000多个单位，名声大振，成为全国喷泉委员会会员企业。

2000年起，和桥镇的环保工业企业经过优胜劣汰，数量和质量不断提升。很多企业家，以战略的目光，一手抓积累和扩大，一手抓科研和质量。2000年，金龙公司的音乐喷泉，先后在江苏电视台《非常周末》专栏中、无锡太湖旅游节上得到了展示，受观众好评。2002年中秋，在国家《桂林漓江花月夜》大型文艺晚会上，运用和桥喷泉激光动感水幕电影技术，使晚会更加多姿多彩。2002—2015年，和桥镇的喷泉工业又有了新的发展。江苏欧亚水秀和无锡市新超达等喷泉企业，除生产LED水下彩灯、喷泉专用水泵，还生产火泉、波光泉、冷雾泉、百变泉、爆炸泉等设备和数码控制系统，产品销至东南亚和国内20多个省份，许多大型工程都能集设计、制造和安装于一体。2015年底，和桥镇环保企业有江苏省工程中心3个和无锡市工程中心4个，有38项发明专利、242项实用新型专利；在20多个环保骨干企业中，获高新技术企业称号的有11个；海德、凌志、环球等企业的产品和技术，还出口世界30多个国家和地区。2015年，和桥镇有环保喷泉企业295家，应税销售收入14.71亿元。

2015年和桥镇主要环保喷泉生产企业

表10－4

类别	企业名称	法人代表	地　址	主要产品
环保业	宜兴市群星环保科技有限公司	凌小盘	镇南新东路	水处理设备、玻璃钢制品等
	宜兴市轻大环保设备有限公司	唐东浩	楝树港	水处理设备等
	江苏美达环保科技有限公司	周建中	南新东路	水处理设备，工程等
	江苏华达环境工程有限公司	胡剑明	工业集中区	水、气处理设备，工程等
	宜兴市嘉和环保填料有限公司	刘雪芳	南新新街路	水处理设备等
	江苏海德节能科技有限公司	王志军	南新西路	节能减排设备、工程

续表 10－4

类别	企业名称	法人代表	地　址	主要产品
环保业	江苏同辉环保科技有限公司	徐成军	工业集中区	水处理设备等
	宜兴市永诚环保设备有限公司	李军文	轻纺建材市场	水处理设备、喷泉等
	宜兴市龙海环保填料有限公司	华建华	工业集中区	水处理设备、玻璃钢制品等
	宜兴市信谊环保科技有限公司	曹剑辉	南新街	水处理设备等
	宜兴市紫荆花环保设备有限公司	丁元明	北庄村	水处理设备等
	宜兴市宏润水处理设备有限公司	周美娟	湖滨村	水处理设备、通用机械等
	宜兴市华圣达环保有限公司	朱法根	新建新村	水、气处理设备，玻璃钢制品等
	江苏海洲水务工程有限公司	黄生根	工业集中区	水处理设备，工程等
	无锡市新都环保科技有限公司	陈小英	南新人民南路	水处理设备、工程
	无锡市华欧水处理设备有限公司	董瑞娟	鹅州南路	水处理设备、工程
	宜兴市龙大环保设备厂	曹龙大	西锄村	玻璃钢制品、塑料管板等
	宜兴市华谊井筒装备材料有限公司	曹占明	工业集中区	玻璃钢设备等
	宜兴市环球水处理设备有限公司	钱平平	南新人民北路	水质污染防治设备等
	宜兴市亿润环保设备有限公司	黄小荣	大生村	水处理、喷泉设备等
	宜兴市江友环保填料有限公司	王琴琴	工业集中区	水处理、喷泉设备等
	宜兴市南循环保填料有限公司	周　华	永兴村	水处理设备等
	宜兴市苏达环保科技有限公司	蒋红萍	工业集中区	水处理设备等
	宜兴市旭松环保填料有限公司	蒋旭松	工业集中区	塑料填料、不锈钢水帽等
	宜兴市净化设备制造公司	彭　军	北庄村	水处理设备等
	江苏新金马水处理设备有限公司	黄志中	工业集中区	水处理设备、喷泉等
	宜兴市晔科生化净水设备厂	顾秀英	工业集中区	水处理设备等
	宜兴兴鸿凯环保设备有限公司	邵正鸿	工业集中区	水处理设备等
	江苏汇润环保科技有限公司	龚爱仙	中巷村	水处理设备等
	江苏璟辉环保科技有限公司	郭　峥	中巷村	水处理设备等，工程
	无锡市腾远环境工程有限公司	袁国中	北庄村	水处理设备等，工程
	海洲环保集团有限公司	黄生根	工业集中区	环保工程、水景工程、照明工程
	宜兴市永卓水处理设备有限公司	余永达	中巷村	水处理、喷泉设备
	无锡市兴盛环保设备有限公司	蒋红琴	永兴村	水处理、喷泉设备，工程
	江苏鑫丰清灰科技有限公司	陈建农	钟溪村	锅炉用清灰器等
	江苏兴达环保设备工程有限公司	许建汝	永兴村	水处理设备，工程
	宜兴市纯水热工设备厂	赵建益	中巷桥北	水处理设备等
	宜兴市晨旺环保设备有限公司	蔡先地	大生村	水处理设备等
	宜兴市建达填料厂	余建军	中巷村	水处理设备等
	无锡华和环保设备有限公司	谈建黔	湖滨村	水处理设备等
	宜兴市思瑞水处理设备有限公司	王战伟	南新得胜路	水处理设备等
	江苏宏鑫缘环保设备有限公司	朱　宏	工业集中区	水处理、喷泉设备、钢杆等
	宜兴市鹏鹭工贸环保有限公司	卢祖祥	南新人民北路	水处理设备等

续表 10－4

类别	企业名称	法人代表	地　址	主要产品
环保业	宜兴市富陶环境保护设备有限公司	沈赛良	工业集中区	水处理设备、钢杆等
	江苏金利源环保科技有限公司	裴祖洪	工业集中区	水处理、喷泉设备,工程等
	江苏超瀚环保科技有限公司	吴旭亮	朝阳路	水处理设备、工程等
	江苏英超环保有限公司	丁　群	工业集中区	水处理设备、工程等
	宜兴永润环保有限公司	杭　民	工业集中区	水处理设备等
	无锡市华仁环保科技有限公司	王　健	工业集中区	水处理设备、工程等
	江苏英超环境工程有限公司	丁　群	中巷村	水处理设备、工程等
	宜兴市海鲸环保科技有限公司	褚建平	工业集中区	水处理设备等
	宜兴市蓝德尔环境科技有限公司	吴晔强	永兴村	水处理、喷泉设备等
	江苏豪强生物环保科技有限公司	张　俊	工业集中区	环保用微生物菌种等
	宜兴市凯利鑫环保科技有限公司	徐　健	工业集中区	水处理、喷泉设备等
	江苏瑞盛水处理有限公司	季亦强	南新人民南路	水处理设备、玻璃钢制品等
	宜兴市工业给排水设备厂有限公司	吴文亚	南新街	水质污染防治设备等
	江苏思源水处理填料有限公司	包正伟	北新村	水处理设备等
	宜兴市如意环保有限公司	顾金生	南新东路	水处理设备等
	宜兴市立业工程机械设备有限公司	王华君	工业集中区	水处理设备,工程
	宜兴市天元环保设备厂	沈赛良	南新街	水处理、喷泉设备等
	创通环保集团有限公司	孙士东	鹅州西路	水处理设备等
	宜兴市庄裕环境设备有限公司	褚成芳	中巷桥北	水处理、喷泉设备等
	宜兴市鸿锦水处理设备有限公司	余三洪	南新人民中路	水处理、喷泉设备等
	宜兴市东方水境热工厂	赵俊明	北庄村	水处理设备等
	宜兴市永元环保有限公司	陈余海	工业集中区	水处理设备等、
	江苏沅翔环保科技有限公司	曹小强	工业集中区	水处理设备等、
	江苏禄源环保科技有限公司	慕暗仙	工业集中区	水处理、喷泉设备,工程
	无锡市晨浩环保设备有限公司	吴家友	和新路	水处理设备等
	宜兴市润扬水工业有限公司	吴立扬	南高头	水处理、喷泉设备等
	宜兴市祥芳净水材料有限公司	朱祥叔	南新人民南路	水处理设备等
	宜兴市绿泉净化设备有限公司	储孟洪	永兴村	水处理、喷泉设备等
	宜兴市自动化水工业设备厂	张崭华	南新街	水处理设备、玻璃钢制品等
	宜兴市鑫华顺环保有限公司	金秋燕	工业集中区	水处理设备等
	宜兴市众诚环境工程有限公司	杨新乐	工业集中区	水处理设备等,工程
	无锡市亿融环保成套设备有限公司	江勤芬	西锄村	水处理、喷泉设备等
	宜兴市水立方环保设备有限公司	余泽军	永兴村	水处理、喷泉设备等
	宜兴市吉星环保科技有限公司	余国新	永兴村	水处理、废气处理等设备

续表10－4

类别	企业名称	法人代表	地　址	主要产品
环保业	江苏海岳环境工程有限公司	管海琴	工业集中区	水处理设备等
	无锡和鼎盛环保科技有限公司	杨建江	永兴村	水处理、喷泉设备等
	宜兴市明涛环保科技有限公司	邓建明	永兴村	水处理、喷泉设备等
	宜兴市嘉美环保设备有限公司	王学辉	工业集中区	水处理、喷泉设备等
	无锡市金博能环保科技有限公司	裴　英	西錋村	水处理、喷泉设备等
	宜兴市天立环保有限公司	朱剑芬	南新东路	水、废气处理等设备等
	宜兴市正源环保有限公司	许亚琴	王母桥村	水处理、喷泉设备等
	无锡市嘉鹏环保设备有限公司	曹夕明	鹅州南路	水处理设备、玻璃钢制品等
	江苏致远环保有限公司	邵中军	南新东路	水处理设备等，工程
	江苏洪流环保机械有限公司	管建伟	工业集中区	水、废气、噪音等处理设备，工程
	宜兴市金南环水设备制造有限公司	丁金南	南新街	水处理设备、玻璃钢制品等
	宜兴市嘉盛环保设备有限公司	刘成强	永兴村	水处理设备等
	江苏荣诚环境设备有限公司	张伟荣	永兴村	水处理设备等
	宜兴市高意环保科技有限公司	顾　其	工业集中区	水处理设备等
	江苏伟能环境科技有限公司	唐　伟	工业集中区	水处理设备等，工程
	宜兴市新技生化净水设备厂	周春湖	工业集中区	水处理设备等
	江苏华熙环保设备科技有限公司	余宗平	工业集中区	水处理设备等，工程
	宜兴市黔能环保设备厂	余莎莎	南新得胜路	水处理设备等
	江苏华东久鼎钢业有限公司	余明涛	南新街	矿井污染防治设备，铸钢件等
	新龙鼎控股集团有限公司	王晓东	工业集中区	水处理设备等，工程
	宜兴市得胜环保有限公司	周国贤	王母村	水处理设备、玻璃钢制品等
	宜兴市远华水处理设备有限公司	庄燎原	中巷桥	水处理设备、玻璃钢制品等
	宜兴市锐思环保设备有限公司	张金妹	南新东路	水处理设备等
	无锡市誉恒环保工程设备有限公司	周　炜	新建新村	水处理、喷泉设备等
	宜兴市海宇环保填料有限公司	许良勤	鹅州南路	水处理设备、玻璃钢制品等
	宜兴市三阳环保设备有限公司	刘春霞	永兴村	水处理设备等
	宜兴市科成环保设备厂	丁全民	工业集中区	水处理设备等
	江苏环美环境科技有限公司	吴丽云	工业集中区	水处理设备等，工程
	宜兴市瑞宇环保设备厂	王正宇	南新得胜路	水处理设备等
	宜兴市子豪环保有限公司	宋新丰	工业集中区	水处理设备等
	江苏美盛环境科技有限公司	钱仕明	工业集中区	水处理设备等，工程
	凌志环保股份有限公司	凌美琴	南新东路	水处理设备等
	宜兴市华东科技有限公司	孙小虎	锡宜公路北侧	水处理、喷泉设备等
	宜兴市博林环保设备有限公司	邓菊萍	王母桥村	水处理设备、玻璃钢制品等

续表 10－4

类别	企业名称	法人代表	地　址	主要产品
环保业	宜兴市天安环保设备有限公司	陶建中	王母桥村	水处理设备、玻璃钢制品等
	宜兴市南新环保设备器材厂	尹锁华	中巷桥北	水处理设备等
	宜兴市海昌环保设备厂	钱介兴	南新德胜路	水处理设备等
	江苏苏亿环境工程有限公司	许玉娟	鹅洲东路	水处理设备等，工程
	江苏新力达环境工程有限公司	杜力平	和新路	水处理设备等，工程
	江苏三机环保工程设备有限公司	杭建芳	工业集中区	水处理设备等，工程
	宜兴市海蓝净化设备有限公司	杨裕国	南新人民北路	水处理设备、玻璃钢制品等
	宜兴市华琪环水设备有限公司	胡克娜	工业集中区	水处理、喷泉设备等
	无锡市强宇环保设备有限公司	许锡妹	北庄村	水处理、喷泉设备等
	无锡隆威环保成套设备有限公司	沈洪才	工业集中区	水处理、喷泉设备等
	江苏华明环保有限公司	尹锁华	工业集中区	水处理设备等
	宜兴市裕阳防腐有限公司	蒋兵辉	南新得胜路	水处理设备、防腐钢衬等
	江苏凌志污泥处理有限公司	潘明霞	中巷村	污泥无害化处理设备、工程
	江苏凌之海环保设备有限公司	徐水华	中巷村	水处理设备等，工程
	江苏君正环保科技有限公司	张振君	中巷村	水处理、喷泉设备等
	宜兴市康盛水处理设备有限公司	张仲伦	鹅洲南路	水处理设备、玻璃钢制品等
	宜兴市炳威水处理设备有限公司	蒋炳年	新建路	水处理设备、玻璃钢制品等
	宜兴市中宇节能净化设备有限公司	黄建忠	中巷村	水处理设备等，工程
	宜兴市艺高水处理设备有限公司	吴傲均	宜中巷村	水处理设备、玻璃钢制品等
	江苏永顺环保科技有限公司	雷建平	钢材市场	水处理设备等
	宜兴市兴陶净化设备厂	王咏梅	劳动街	水处理设备等
	宜兴市电渗析水处理设备有限公司	徐建明	中巷村	水处理、喷泉设备等
	宜兴市凯德环保设备有限公司	褚建平	永兴村	水处理、喷泉设备等
	宜兴太湖淤泥综合利用科技有限公司	吕　峰	鹅州东路	水、淤泥处理设备，工程
	宜兴市协成流体设备有限公司	夏洪初	新建新村	水处理设备等
	江苏新雅达科技有限公司	李来红	工业集中区	水处理设备等，工程
	江苏新纯江环保工程有限公司	江才强	工业集中区	水处理设备等，工程
	宜兴市三色环保科技有限公司	胡文杰	永兴村	水处理设备等，工程
	宜兴市绿色环保有限公司	邵小刚	永兴村	水处理、喷泉设备等
	宜兴市天鹅环保设备有限公司	韩全珍	工业集中区	水处理、喷泉设备等
	宜兴市英皇水处理设备有限公司	赵耀怀	王母桥村	水处理、喷泉设备等
	宜兴市申和环保设备有限公司	范建明	西锄村	水处理设备、玻璃钢制品等
	宜兴市远大水处理有限公司	吴金强	工业集中区	水处理设备、玻璃钢制品等
	无锡市锦仑水处理设备有限公司	蒋建洪	钢材市场	水处理设备、玻璃钢制品等

续表 10－4

类别	企业名称	法人代表	地　址	主要产品
环保业	宜兴市润鑫环保设备有限公司	朱盘芬	工业集中区	水处理设备等
	江苏艺高环境工程有限公司	吴傲均	中巷村	水处理设备等，工程
	宜兴市晟博环保科技有限公司	赵　珉	工业集中区	水处理设备等
	无锡国安臭氧设备有限公司	黄继庭	永兴村	臭氧发生器、食品消毒设备等
	江苏新华琪环境工程有限公司	胡俊达	工业集中区	水处理设备等，工程
	江苏鑫易拓隧道装备有限公司	刘璟程	工业集中区	隧道水处理、通电等装备，工程
	宜兴市天沃环保设备有限公司	余健洪	南新东路	水处理设备、玻璃钢制品等
	江苏新龙鼎环保成套工程有限公司	王阳晔	工业集中区	水、气处理设备等，工程
	宜兴市清水源环保设备有限公司	张　颖	中巷村	水处理、喷泉设备等
	宜兴市天马环保工程有限公司	吴朝阳	中巷村	水处理设备等，工程
	无锡市永泰环保设备有限公司	蒋云良	南新振兴北路	水、气处理设备等
	宜兴市鼎博环保机械科技有限公司	闻爱芳	工业集中区	水处理、喷泉设备等
	宜兴市鑫明博环保设备有限公司	孙勤军	中巷村	水处理、喷泉设备等
	宜兴市碧泉环境科技有限公司	潘　俊	工业集中区	水处理、喷泉设备等
	宜兴中核蓝海环保科技有限公司	王　澈	工业集中区	水处理设备等
	无锡啄木鸟环保建材有限公司	周文君	西锄村	环保塑木复合材料
	宜兴市申乐工贸有限公司	蒋兰君	镇钢材市场	水处理、喷泉设备等
	江苏元义节能装备科技有限公司	孙丽娟	大生村	节能燃烧器等
	江苏嘉德宏益环保节能科技有限公司	蒋彩琴	南新西路	节能减排设备等
	宜兴市洁净燃料有限公司	堵建娣	闸口村	环保水煤浆
喷泉业	宜兴市幸韵喷泉设备科技有限公司	蒋惠忠	中巷村	喷泉设备等，工程
	无锡市新超达喷泉设备有限公司	王志兵	轻纺建材市场	喷泉设备等，工程
	宜兴市天籁景观设备有限公司	夏洪芳	永兴村	喷泉设备等，工程
	宜兴市千亿喷泉设备制造有限公司	周俊洪	工业集中区	喷泉设备等，工程
	江苏圣晁景观工程有限公司	蒋建伟	大生村	喷泉设备等，工程
	宜兴市丽峰水景设备有限公司	杨健峰	工业集中区	喷泉设备等，工程
	宜兴市东大水景设备有限公司	陈栋梁	工业集中区	喷泉设备等，工程
	江苏欧亚水秀喷泉技术研究有限公司	夏雷鸣	工业集中区	喷泉设备等，工程
	宜兴市博士喷泉设备厂	王建琴	永兴村	喷泉设备等，工程
	宜兴市方乾水景设备有限公司	刘玉勤	工业集中区	喷泉设备等，工程
	宜兴市九洋水景设备有限公司	谢泽彪	中巷村	喷泉设备等，工程
	宜兴市陶都水景设备有限公司	刘华娣	永兴村	喷泉设备等，工程
	宜兴市鲸鱼喷泉制造有限公司	徐法坤	昌溪桥西侧	喷泉设备等，工程

续表 10－4

类别	企业名称	法人代表	地　址	主要产品
喷泉业	宜兴市豹欧电气自动化设备厂	裴　强	永兴村	喷泉设备等,工程
	宜兴市深淼水景设备有限公司	张伟荣	永兴村	喷泉设备等,工程
	宜兴市鹏特软件科技有限公司和桥分公司	张荣珍	鹅州南路	喷泉设备等,工程
	宜兴鼎诚喷泉科技有限公司	周卫兵	工业集中区	喷泉设备等,工程
	宜兴市兴达喷泉设备厂	朱暗大	永兴村	喷泉设备等,工程
	宜兴市巨龙喷泉环保设备有限公司	范建华	永兴村	喷泉设备等,工程
	宜兴市振龙喷泉环保设备有限公司	蒋建中	永兴村	喷泉设备等,工程
	宜兴市同兴喷泉景观设备有限公司	凌　嘉	新建新村	喷泉设备等,工程
	宜兴市海洋喷泉设备有限公司	孙德米	鹅州南路	喷泉设备等,工程
	无锡咏嘉喷泉设备有限公司	黄惠玲	工业集中区	喷泉设备等,工程
	宜兴天圆喷泉水景有限公司	周敏慧	南新东路	喷泉设备等,工程
	宜兴市嘉铭喷泉设备有限公司	董泽凤	南新东路	喷泉设备等,工程
	宜兴市飞龙喷泉设备有限公司	马丽萍	北新村	喷泉设备等,工程
	宜兴雅笛喷泉设备有限公司	李来红	永兴村	喷泉设备等,工程
	宜兴格瑞思喷泉设备有限公司	陆霞红	北渠村	喷泉设备等,工程
	宜兴市南新旅游建筑设备厂	徐　锋	中巷村	喷泉设备等,工程
	江苏华益喷泉设备有限公司	李文化	永兴村	喷泉设备等,工程
	宜兴市恒川景观有限公司	白建明	鹅州南路	喷泉设备等,工程
	无锡市蓝天秀水喷泉设备有限公司	史美兵	工业集中区	喷泉设备等,工程
	宜兴市方正喷泉设备有限公司	杨雄亮	永兴村	喷泉设备等,工程
	宜兴市科锐水设备有限公司	顾　铭	鹅州南路	喷泉设备等,工程

二、重点企业

1. 宜兴市环球水处理设备有限公司　创建于1973年,原名宜兴县纯水设备厂,为和桥境内南新的社办集体企业,是宜兴最早的环保工业企业之一,也是我国较早起步的环保工业企业之一,1994年改制成股份制企业。2002年,由宜兴市环球水处理设备厂更名为宜兴市环球水处理设备有限公司,地址位于和桥镇南新人民路30号。该公司占地5.9万余平方米,有车间厂房3.89万平方米,拥有行车、全自动焊机、自动卷管机、大型剪板机及现代化机床等一流的生产设备,是生产各类水处理环保设备的专业公司,也是和桥镇较早通过"三项体系认证"的规模企业。至2015年,该公司同国内多所科研单位、大专院校紧密合作,努力培养自己的人才和积累实力,能集设计、生产制造、工程总承包为一体,专门从

图10－4　2015年宜兴市环球水处理设备有限公司大门

事塑料异型材、冷却塔设备、玻璃钢制品、脱硫设备、软化水设备、净水设备、除尘及消音设备等制造、安装、服务，产品形成20多个系列、300多个品种，取得“环水”注册商标和4项实用新型专利，所有产品都通过国家环保产品认证，许可使用中国环保标志。

2002—2015年，公司生产的DF臭氧发生器曾被评为首届中国金榜技术产品博览会金奖，自动净水器、冷却塔设备等四项产品被授予中国优质名牌产品荣誉，低噪声玻璃钢冷却塔被列为向欧盟市场推荐产品。期间，该公司先后多次被评为中国环保产业百强骨干企业、江苏省名优企业、江苏省十佳品牌企业、江苏省十佳诚信企业、江苏省质量诚信五星级企业、中国首选放心品牌企业、中国向欧洲出口企业、江苏省双文明合格企业、江苏省民营科技企业、江苏省工程中心、无锡市纳税先进企业、中国环境保护协会会员、中国环境保护骨干企业等称号。2015年，公司拥有中高级专业技术人才98名、固定资产亿元，产品出口69个国家和地区，应税销售收入1.77亿元。

2. 凌志环保股份有限公司　创建于1997年，

图10-5　2015年凌志环保股份有限公司和桥厂房

原名为宜兴市南新凌志塑环厂，经营范围为环保设备、塑料制品。1998年5月成立宜兴市凌志环保有限公司，坐落于宜兴市和桥镇工业集中区。2006年7月，公司升格为江苏凌志环保有限公司。2010年7月，更名为凌志环保有限公司。2011年10月，根据企业上市需要，又定名为凌志环保股份有限公司。当年，该公司注册资金1.08亿元，占地面积45亩，拥有员工150人，其中高工4人、其他工程技术人员30人，并通过了ISO9001:2008质量管理体系认证及ISO14001:2004环境管理体系认证、GB/T28001职业健康安全管理体系认证。1997—2012年，公司连续多年被评为宜兴市后劲投入先进单位、江苏省重合同守信用企业、江苏省AAA级资信企业、高新技术企业、江苏省百强民营企业、中国格栅除污机十强企业、江苏省工程中心等，成为宜兴市在新三板上市的首家公司。

2002年，公司自行研制开发Φ1800推流式转盘曝气机填补了国内市场空白，为企业发展奠定了扎实的基础。2002—2007年，该公司主要产品有转碟曝气机、机械格栅、刮（吸）泥机、滗水器、微孔曝气器，各种类型填料等，被评为中国工程建设标准化协会推荐产品、中国环境保护总局认定产品、中国环境保护产业协会推荐产品、中国石油化工集团推荐产品，广泛应用于对制革、染料、石油化工、印染、医药、食品、啤酒等生产和城镇生活的废水处理。2008年，该公司投资3000万元，在中国宜兴环保科技工业园，建立了科研大楼和国内领先的大规模城市污水处理工艺实验基地，建有标准CAD设计室，拥有1600吨特大型注塑成型机械、12米大型数控机床、自动焊接机、数控门式切割机、数控前送料剪板机等生产设备50多台套，还有完备的分析、检测、大型实验室、可移动集装箱式等中试设备。为了生产试验，为了研发新产品、新工艺的需要，公司内建有5000立方米试验池，规模为国内首屈一指。2009年，该公司获得中国发明协会授予的优秀发明创业奖。2010年获国家知识产权局中国专利奖、江苏省科学技术奖。2012年被授予国家科技进步二等奖、中国环境保护产业骨干企业、江苏省知识产权管理标准化示范企业等称号。同年，该公司的“合建式氧化沟技术”和“水处理装备”在国内销售达3.5亿元。2014年，该公司的“氧化沟”等核心技术装备，已经成为了中国出口国外的高端环保装备。

2000—2015年，凌志产品获得20多项发明专利、100多项实用新型专利，拥有三个生产基地，年生产环保设备达5000多台套。2015年，在和桥镇的应税销售收入为1.95亿元。

3. 江苏海德节能科技有限公司　创建于1986年9月，原名为宜兴县南新填料制品厂，是南新乡办集体企业，主要生产电缆料。1988年，转产冷却塔淋水填料及配件等。该厂在1992年度研制开发了“侧向流斜板装置”，用于北方地区自来水厂沉淀池，使其提高水处理效果，并获国家实用新型专利。1994年研制开发“台阶波淋水填料”，用于火电系统冷却塔。该产品获无锡市科技进步三等奖、无锡市二星级名牌产品、江苏省优秀新产品金牛奖，并获国家级新产品证书。1995年7月，该厂改制为民营企业，更名为宜兴市广益塑料制品有限公司，属江苏广益塑业有限公司的主体企业，成为国家电力公司冷却塔塔芯材料定点生产厂家。1997年，被省工商行政管理局、省计划经济委员会评为首届江苏省百强私营企业，并获国家农业部颁发的全面质量管理达标企业证书。2000年，该企业研制开发的“冷却塔虹吸装置”获产品外观设计和实用新型二项国家专利，被宜兴市政府评为科技进步先进企业。2002年，该企业获高新技术企业称号。

图10-6　2015年江苏海德节能科技有限公司

2005年，由香港海德控股集团与江苏广益塑业有限公司共同投资1500万美元，宜兴市广益塑料有限公司更名为江苏海德节能科技有限公司，地址在宜兴市和桥镇南新路3号。该公司占地100多亩，厂房面积2万多平方米，主要从事烟气余热热换器、省煤器、板式换热器、环保水处理设备的设计和制造，有员工120余人，其中本科学历的占30%，还有3名博士生。2008年，该公司全面实行了三项体系认证，有17项实用新型发明专利。2012年，“海德节能H型翅片焊机程序”获国家版权局计算机软件著作权登记证书，同年公司获无锡市工程中心称号。2013年，又获高新技术企业荣誉证书。这年，公司新建10层办公楼，高58.8米，建筑面积5000余平方米。2014年，应税销售2.83亿元；2015年，该公司又征地3.3万余平方米，运用烟气余热回收技术，扩大生产国家发改委节能新型科技产品，继续成为国内华能等五大电力集团的可信合作单位，并成功与浙江上市公司菲达环保实现重组。同年，应税销售收入近2亿元。

4. 无锡市兴盛环保设备有限公司　创办于1985年，位于和桥镇永兴村。至2015年，公司共投入

图10-7　2015年无锡市兴盛环保有限公司大门

2000多万元，先后成功引进多种国外成套先进设备，开展研发利用。如美国的水处理冷却塔、双旋波填料、熔体滤芯、除尘器，德国的PTF母液回收过滤器、除盐水履带式过滤器，还有其他国家的PTA污水厌氧和AF成套处理工艺，并依靠公司自身的技术力量，对进口设备进行结构优化、升级改造，并获1项发明专利、7项实用新型专利。至2012年，公司自主生产的“管式链板输送机”“PTA废水深度处理钴锰回收装置”“多管式固液分离过滤器”等连续被评为江苏省高新技术产品。由于这些产品的技术含量和性价比都很高，成为国内外市场的畅销货。2013年，公司全面通过“三项体系认证”。2015年，公司固定资产达1185万元，应税销售收入1.74亿元。

2000—2015年，该公司先后被江苏省确定为重

合同守信用企业、高新技术企业、江苏省工程中心，公司已能成套生产不锈钢非标容器设备、钛合金及双相钢原料设备、高效精密过滤器、除尘设备、熔体滤芯、污水处理机械设备、玻璃钢冷却塔及各种环保填料等水处理八大系列三百多种产品，先后成为中石化、电力部、冶金部、建设部等单位的环保定点生产企业。

5. 江苏瑞盛水处理有限公司 位于南新人民南路，占地6.6万平方米，建筑面积2万平方米，其前身为1978年创办的瑞盛环保设备制造厂，是南新的一爿村办企业，当时只能生产简单的环保、给排水设备。1997年，企业转为民营企业，专门从事水处理的技术研发、装备制造、设施运营、工程总承包，在全国设有南京瑞盛环保技术有限公司、江苏瑞盛环境工程有限公司、宝鸡瑞盛水务有限公司、瑞盛西安、北京、上海办事处等专业机构，生产水处理产品10多个系列200多个品种。1997—2015年，该公司先后取得宜兴市人才强企先进单位、宜兴市环保科技创新企业、江苏省环境保护产业协会会员、科技部创新基金扶持企业，高新技术企业、江苏省民营科技企业等称号。期间，“瑞盛”牌商标被评为无锡市知名商标，公司全面通过“三项体系认证”，获得3项发明专利、29项新型实用专利，建成独立的无锡市工程中心，固定资产累计达1.2亿元。

2014年，RSH异形可变微孔软管曝气系统获世界曝气系列专利。2015年，公司已拥有高工6名、注册工程师31名、其他专职技术人员80多名，并成立全省首家外籍院士研究院，应税销售收入5201万元。

6. 宜兴市天马环保工程有限公司 于1996年创办，地址在南新东路28号。当时只有10名员工，车间也只有1000平方米，产品不出江苏省。

至2015年，该公司已拥有高级职称技术人才20多名、中级职称技术人员30多名、职工500多名，占地面积5万平方米，建设生产车间3万多平方米，已开发研制环保新产品30多个系列、500多种规格，涵盖全国27个省、直辖市、自治区，共获得12项实用新型专利。

2010年，公司已通过“三项体系认证”。2011年，公司“一种上流式好氧生物反应器”获发明专利。2013年，公司“双旋流高效污水处理系统”获江苏省科技厅颁发的高新技术产品认定证书。2014年，公司被评为江苏省民营科技企业、江苏省环境保护产业协会会员。2015年，公司应税销售收入4506万元，同时被评为高新技术企业。

7. 宜兴市富陶环境保护设备有限公司 原先是1987年创建的宜兴市天元环保设备厂，2015年是江苏富陶集团的直属企业，注册资金3680万元，占地3万平方米，拥有标准厂房1万余平方米、固定资产7000余万元。

2006年，公司获农业部全面质量管理达标证书。2009年，公司被评为无锡市环保产业优秀企业。2011年，公司被授予江苏省节能环保出口创新基地——骨干企业称号。2013—2014年，公司又获得高新技术企业、江苏省科技创新先进单位等荣誉。2014年，公司应税销售收入3028万元。

至2015年，公司已拥有24名高中级技术人才，置备630～1315吨不等的液压机12台、德国进口双动式压机1台、18米全自动折板机1台、3～10吨吊车10台、其他各类剪折板机和机床108台，先后开发成功环保机械设备16个系列、200多个品种，并且全面通过“三项体系认证”，获得7项实用新型专利，被中石化物资装备部录入资源市场成员单位，成为中石化的一级供应商。

8. 江苏新纯江环保工程有限公司 地址在和桥镇工业集中区内，是江苏省纯江环保科技有限公司重组新建的工程公司，最早为宜兴市纯水热工设备厂，创建于1989年。

2009年，该公司被无锡市评为环保产业优秀企业。2011年，获国家科技兴贸创新基地——骨干企业、江苏省民营科技企业、江苏省节能环保出口创新基地称号。2014年，公司应税销售收入9280万元。

至2015年，该公司已通过“三项体系认证”，在环保领域设计研发了100多种产品，努力服务于电力、钢铁、冶金、煤炭、交通、电子、化工、食品等行业，创造了20多项环保新工艺，获得国家发明专利1

项、实用新型专利5项，有20多个系列产品被宜兴市环境保护协会推荐至会员间交流，公司产品畅销全国各省、市、自治区，还远销韩国、印尼、苏丹、越南、菲律宾等国，并得到各种客户的一致好评。

9. 新龙鼎控股集团有限公司　1990年，江苏新龙鼎环保成套工程有限公司创立。2003年，该公司更名为新龙鼎控股集团有限公司，位于和桥镇工业集中区内，占地面积近4万平方米，拥有生产车间近5万平方米，主要生产环保水处理设备。产品涉及水质污染防治、有害粉尘防治等方面的20多个系列、280多个品种，畅销全国20多个省市、自治区，并远销欧美和港澳地区。2011年，该公司全面通过"三项体系认证"。2012年，无锡市工程中心在该公司挂牌。2014年，公司应税销售收入3436万元。

至2015年，该公司获得8项国家发明专利、30多项实用型专利，荣获江苏省高新技术产品认定证书2项、无锡科技进步奖2项、宜兴市科技进步奖4项、宜兴市环保工业支撑项目奖3项，参与国家环保行业5项标准的起草，先后被授予高新技术企业、全国建筑文明施工单位、国家火炬计划环保装备制造及服务特色产业基地——骨干企业、江苏省民营科技企业、江苏省政府重合同守信用企业等省市级荣誉。

10. 宜兴市立业工程机械设备有限公司　2003年创建，是一家从事水污染环境治理工程及设备生产的专业厂家，坐落于和桥镇工业集中区。公司注册资本1800万元人民币，占地面积1.2万平方米。2003—2009年，公司先后研制出适合油田采油水处理的高效混合反应装置、全自动加药装置、多介质过滤装置、精细水过滤装置、各种刮泥机以及厢式压滤机等污泥脱水设备。2010年，公司获全国质量稳定信誉保证企业荣誉证书。2011年，"油离水脱除器"获实用新型专利证书。2012年，主要产品"刚玉曝合器、半软性填料"获国家环境保护产品认定证书。同年，公司的"石油化工污水回用处理设备"获国家重点新产品证书。2014年，公司应税销售收入3968万元。

至2015年，公司固定资产达670多万人民币，常年拥有职工120余人，已取得ISO9001国家质量标准体系认证，获得江苏省AAA级资信企业和无锡市A级重合同守信用企业称号。

11. 江苏欧亚水秀喷泉技术研究有限公司　前身是2003年创建的贝尔电器控制设备厂，位于和桥镇永兴村，占地5000多平方米，有厂房近3000平方米。建厂开始，只能生产简单的喷泉控制设备和铜质、不锈钢喷泉喷头。2009年，企业更改为现在的名字。2010年，公司通过了ISO9001:2008国际质量管理体系认证，成功开发出国内少有的"火泉"设备制造和安装技术，采取安全可靠的澄清无色液体混合物作为喷火燃料，储存容器为不锈钢压铸，直接用数码编程控制火焰喷发的时间和节奏，保证与现场的表演音乐合拍，堪称业内最新型的"舞蹈音乐火泉"。同年，为广州海心沙岛亚运会开幕式专门设计和施工的大型喷火综合表演，排出了70枚喷火矩阵，一举获得成功。2011—2013年，先后为国际国内完成喷火大型工程10多例，次次精彩完美。其中该公司完成的最长喷火泉工程在甘肃天水，每次水景表演"喷火龙"的长度为220米。2013年，该公司被评为江苏省质量服务信誉AAA级优秀企业，TTC－新型环保火泉喷头获江苏省优质产品称号。2015年5月，公司被北京园林股份有限公司评为合格供应商。2015年7月，公司又被中国金属结构协会喷泉委员会评为"甲壹级"等级资质。该公司除了生产火泉设备外，还生产LED水下彩灯、喷泉专用水泵，还有波光泉、冷雾泉、百变泉、爆炸泉等设备和数码控制系统，产品销至东南亚和国内20多个省份。

12. 无锡市新超达喷泉设备有限公司　源于1993年成立的和桥镇超达喷泉设备厂，占地6600多平方米，位于和桥镇建材装潢市场内。建厂初期，只能承接一些较小的喷泉工程，像喷头等产品得从其他厂家购买进来。2003年，企业有所壮大，升级为宜兴市超达喷泉雕塑有限公司，能够帮助客户设计和安装、建造整个喷泉池，能够安放、砌造池中的假山、文化石和大型雕塑。2008年，为加快提高企业的资质，走向更广阔的市场，企业又更名为无锡市新超达喷泉设备有限公司。2010—2015年，公司注册了“超达”商标，通过了“质量管理体系认证”，建立了企业新产品研发中心，开发了可调树冰喷头、蒲公英喷头等17个类别、50多种喷泉喷头，承接过山东、安徽、江苏、浙江、湖南、内蒙古等省份的几十个大型喷泉工程。特别是2013年负责设计安装的沈阳全运村喷泉工程，施工面积达2000多平方米，使用的数控喷头有中心直喷型、旋转型、加气玉柱型、礼花型等20多个品种，数量达6000多个，全部能和播放的音乐合拍，受到有关部门的赞誉。

第六节　电子电器业

一、发展概况

1958年，和桥草绳草包厂创立。1971年，该厂尝试生产0.55千瓦和1.1千瓦的JO2电动机获得成功，年产398台。1981年，该厂更名为宜兴县电机厂，成为宜兴县电动机生产的骨干厂家。1985年，该厂又增加发电机和电子灯两只产品。1970年，和桥镇创办和桥光学仪器镜片厂。同年，和桥公社创办和桥玻璃仪器厂（也叫“五七”综合厂）。1972—1975年，上述两厂分别开发751型石英比色片、521灯工比色皿和721比色皿，并逐渐成为两厂的主要产品。1986年，和桥镇乡合并，上述两厂也合并建立宜兴县仪器仪表总厂，生产眼镜镜片和其他光学元件，适用于光电子、光谱分析仪器等。1975年，南新蓄电池厂创建。1977年，和桥镇与万石公社合办和桥电器元件厂。1979年，电器元件厂归和桥镇。1984年改名为。宜兴县电器厂。1987年3月，电器厂又同和桥乡家用电器厂合并。这段时间，这个厂的主要产品是胶木电器和组合配电箱。20世纪80年代，和桥地区的电子电器工业发展走上了快车道。1989年，仅和桥镇，这样的企业就有26个。当时的南新、闸口地区，也出现了一批好的电器电子企业。如1984年南新乡创办的宜兴市低压电器厂，靠4台冲床起家，为无锡全自动洗衣机生产配套三档自锁开关。1988年，企业攻克能够生产全自动洗衣机的电源开关、门开关、安全开关等产品，并拓展了与上海水仙、杭州金鱼、合肥荣事达等洗衣机厂的业务。1993年，原南新乡宜兴市汽车电机厂创建，生产的JFW系列无刷发电机，1996年通过江苏省省级新产品鉴定，该产品于1997年获无锡市二星级名牌产品称号。1995年，由日本KOA株式会社、日本日商岩株式会社和南新西锄农工商联合公司共同投资创办无锡兴和电子陶瓷有限公司，专业生产电子陶瓷产品，80%的生产设备从日本进口，年生产各类氧化铝电阻基体80亿只、各类滑石瓷封装水混电阻瓷壳2亿只，同时还生产保险丝用瓷管及其他规格氧化铝瓷管等。

进入21世纪，和桥镇的电子电器产品以蓄电池极板、变压器、矿用防爆电器产品、LED发光二极管、磁电机、磁电磁控器等为主，还有半导体光件器件、光伏材料、计算机自动控制程序软件等，信息技术的含量大幅提高。2015年，和桥镇有电器电子工业企业134家，应税销售收入12.8亿元。

2015年和桥镇主要电器电子工业企业

表10－5

企业名称	法人代表	地　址	主要产品
无锡市富立康电子科技有限公司	郑海容	工业集中区	铝电解电容器等
江苏世纪八达光电科技有限公司	施昕昊	南新东路	半导体光件器件、光伏材料等
宜兴市旭航电子有限公司	蒋银根	福巷桥村	光电子器件等
宜兴市天鹏电子有限公司	刘建国	中巷村	铝电解电容器等
宜兴凌盛电子有限公司	周文平	北新村	铝电解电容器等

续表 10－5

企业名称	法人代表	地 址	主要产品
无锡和乐达电子有限公司	周听苟	南新街	电子智能阀等
无锡兴和电子陶瓷有限公司	井田久夫	西锄村	电子陶瓷
宜兴市振华电子陶瓷有限公司	蒋洪华	西锄村	电子陶瓷
江苏海王电子科技有限公司	王旭艳	北庄村	变压器等
宜兴市隔湖电器五金有限公司	张东平	西锄村	电烙铁
宜兴市建立科技有限公司	邵 立	北新村	电子元器件等
江苏世纪八达通讯科技有限公司	施昕昊	南新东路	通信设备等
宜兴市天和光学仪器有限公司	王彩亚	北庄村	玻璃制品、分析仪器等
宜兴市谱析光学元件厂	王丽君	永兴村	光学元件等
宜兴市晨伟玻璃仪器厂	张晨蕾	工业集中区	比色皿、光学元件等
江苏新力科技实业有限公司宜兴光学元件分公司	周永兴	北庄村	玻璃仪器、学元件等、
江苏中钢精炼科技仪器有限公司	邓林贵	工业集中区	钢铁精炼科技仪器、离子点火器等
宜兴市晶科光学仪器有限公司	欧仕明	鹅州南路	比色皿、光学元件等
宜兴市隔湖电子器材有限公司	蒋盘强	西锄村	电子元器件等
宜兴市立威自控技术设备有限公司	包元兴	北庄村	自动化控制设备
宜兴市新屹仪器有限公司	韦建强	同里村	分析生化仪器等
宜兴奥锐拓光学仪器有限公司	韦良芳	南新东路	光学仪器等
无锡市谱昕光学仪器有限公司	王丽君	北庄村	光学仪器等
江苏鹏鹭电源有限公司	卢祖祥	工业集中区	蓄电池等
宜兴市豪强电源有限公司	张欧强	南新东路	蓄电池等
无锡市鼎宏赛峰电源有限公司	徐赛余	南新街	铝合金电解电容器等
无锡市普发电源有限公司	程宝贵	工业集中区	蓄电池等
宜兴正一电器科技有限公司	于正乙	工业集中区	自动化控制设备等
宜兴市亚丹电器厂	朱梅君	西锄村	电烙铁等
宜兴市晨羡电器有限公司	蒋 杨	同里村	电器配件等
无锡煤科电器有限公司	邹富宝	鹅洲南路	自动化控制元器件等
无锡市立源电器有限公司	朱锡忠	南新街	微型电机等
宜兴市明圆塑料电器有限公司	钱建明	中巷村	家用电器零件等
宜兴市和州塑料电器厂	韦保荣	同里村	电感器、节能灯、
江苏科远电器科技有限公司	邵 卓	福巷桥村	数字智能电器等
江苏锦添高新科技有限公司	赵 丰	鹅州南路	磁电机、磁电磁控器等
无锡市普瑞达实验装备有限公司	庄洪星	建材装潢市场	实验台等
江苏腾轩自动化科技有限公司	鲁凤香	工业集中区	自动化控制设备等
宜兴市瑞奇电气有限公司	刘顺科	王母桥村	低压控制电柜等
江苏熙友磁电科技有限公司	丁力中	鹅州南路	磁电机、磁电磁控器等
宜兴市创通电气设备制造有限公司	孙士东	鹅洲西路	自动化控制设备等
江苏希波电气科技有限公司	蒋全清	西锄村	变压器、电容器等
无锡华尔瑞电器有限公司	徐国华	北渠村	变压器、互感器等
宜兴市春华电气自动控制设备厂	姚春华	南新街	电器仪表、电气控制柜等
无锡市伊赛克电气有限公司	刘晓焰	北庄村	高低压开关等
宜兴市鑫洋电气有限公司	陈 辉	中巷村	低压成套控制柜等

续表 10－5

企业名称	法人代表	地　址	主要产品
宜兴市中绿自动化科技有限公司	周丽丽	工业集中区	自动化控制设备等
宜兴市俊铖电气自动化设备厂	张　均	永兴村	电气自动化设备等
江苏新力科技实业有限公司	刘晓明	永兴村	矿用防爆电器、计算机软件开发等
无锡市添晟实业有限公司	谭燕平	永兴村	计算机软件开发等
无锡市荣诚软件开发科技有限公司	张伟荣	鹅州南路	计算机软件开发等
宜兴市滆湖无线电器材有限公司	王建君	西锄村	压电陶瓷器件等

二、重点企业

1. 无锡市普发电源有限公司　前身是2002年11月创建的宜兴市鑫吉利电器厂，2004年11月入驻和桥镇工业集中区，地址为创业大道14号。

图10－8　2015年无锡市普发电源有限公司

该公司总投资为2980万元，占地3.33万平方米，建有生产车间3.5万余平方米，拥有2名高级工程师、20名中级技术人员、200名熟练技术工人，2012年顺利通过"三项体系"认证，专业于研发与生产电动车蓄电池极板，采用国内比较先进的自动化生产流水线（包括全自动球磨机、和膏机、充电机、半自动铸板机、涂板机、刷耳机、无氧干燥机等）和相对成熟的生产工艺，年产能达到50多万千伏安时，产品专供浙江省超威电源有限公司，并长期获得信赖。

2004—2015年，该公司先后投入600多万元，安装污水处理设备，切实做好环境保护工作，其中2014年、2015年，先后被宜兴市授予工业先进企业称号。2015年，应税销售收入2.58亿元。

2. 江苏鹏鹭电源有限公司　2003年10月，该公司在和桥镇工业集中区内创办，专业生产"鹏鹭牌"铅酸电池极板，成为了浙江天能电池有限公司的长期供货商。2010—2011年，"鹏鹭牌"产品被无锡市消费者委员会评为推荐商品。2014年，鹏鹭电源又被合作方誉为质量第一产品。

图10－9　2015年江苏鹏鹭电源有限公司

公司创办初期，员工只有60多人，产值不到1000万元，固定资产只有300万元。2014年，公司已拥有高级工程师3名、中级技术人员8名，车间一线员工130人，固定资产为3500万元，建有极板生产标准车间6幢、蓄电池生产和办公用五层大楼各一幢，具备自动铸板浇片机12台、全封闭1吨和膏机6台、自动球磨机3台、自动机械涂片流水线4条、化成槽18条、各种充放电器50多台、成品锯板磨片机11台套、自动刷耳机4台、自动刷边机6台。2014年5月，公司与南京格洛特环境股份有限公司签订了《废水处理装置及零排放技术改造项目》的合同，总投资近400万元，实现了废水排放的环保目标。2015年，电池极板应税销售收入2.32亿元。

3. 江苏新力科技实业有限公司　的前身是1994年成立的宜兴市新力实业公司，位于和桥镇永兴村，1999年改制为有限责任公司，2006年更名为江苏新力科技实业有限公司，注册资金5100万元，开始转型生产矿用防爆电器产品。2006—2012年，主要产品由最初单一的防爆接线柱开始，发展到生产各类输送机自动控制电器系统及配件、输送机械综合保护系统、各种传感器联络信号器、节能防爆LED井下照明灯具系列、矿用井下通讯系列、隔爆兼本安电源系列等产品。这些产品经国家煤炭科学院电气防爆检验站、国家矿用产品安全标志中心等部门检验，各项指标都达到和超过规定标准。2008年，企业通过了ISO9001质量体系认证。2012年，公司的“久星”商标成为无锡市知名商标。

2014年，公司和中煤科工集团沈阳研究院合作开发成功矿用大功率安全型磁力藕合器，和中国矿业大学联合开发成功红外非接触温度传感器和带智能位置识别急停开关，与中国科学院沈阳自动化研究所联合开发成功“矿用紧急避险系统锂离子电源管理系统”。2015年，该公司拥有各类专业技术人员17人，占职工总数的25%，建有宜兴市企业研发中心和无锡市工程中心，应税销售收入5727万元。

4. 宜兴市旭航电子有限公司　于2009年7月成立，地址位于和桥镇福巷桥村，并在宜兴环科园建立营销总部，主要从事光电子器件、LED发光二极管的研发、生产、销售与服务，拥有多套SMD、DIP自动生产设备，具备多年的生产和研发经验，产品主要供应“美的”和“亚旭”两个上市公司，出口香港和台湾地区。2010—2012年，公司先后通过质量管理体系认证和环境管理体系认证。2015年，应税销售收入5051万元。

5. 宜兴市晶科光学仪器有限公司　位于和桥镇鹅洲南路。1970年，和桥镇创办和桥光学仪器厂，生产眼镜镜片和其他光学元器件，至70年代初，开始生产比色皿，以“晶心”为注册商标。1970年，和桥乡创办和桥玻璃仪器厂，生产实验室使用的玻璃器件，后又有了第二代产品“比色皿”，以“仪兴”作为商标。1986年，和桥镇乡合并，上述两厂也合并建立宜兴县仪器仪表总厂，并上升为县属企业，招工也以和桥镇的年青居民为主。1994年，该总厂曾成立一个下属分厂，名称为宜兴市分析仪器厂。1998年，总厂和分厂一起完成了股份制的改制工作，并另起新名为宜兴市晶科光学仪器有限公司。同年，公司通过了ISO9001质量管理体系认证。2000年，“晶心牌”“751型石英玻璃比色皿”获江苏省乡镇企业管理局颁发的江苏省乡镇企业名牌产品称号。2001年2月，该公司被上海精密科学仪器有限公司分析仪器总厂认定为合格供应商。

2003年，该公司与日本搞技术合作，引进比色皿生产新工艺。2007年，收购上海分析仪器总厂的光学车间。2008年，产值翻番，达1300多万元。2010年，高精度比色皿获无锡市科学技术进步二等奖。同年，公司又获江苏省创新型企业和高新技术企业证书。2011年，为国家起草制定了“比色皿国家级生产标准”，还取得了江苏省科技型中小企业证书。2012年，“仪兴”商标被评为无锡市知名商标。2013年，公司成立无锡市精密光学工程技术研究中心，又获江苏省民营科技企业荣誉。

2015年，该公司占地2600平方米，建有厂房7800平方米，拥有员工140多名，采用国际标准生产，共开发了16大系列、1000多个品种。产品广泛运用于光电子、光谱分析仪器，涉及化工、冶金、环保、药检、医院、电厂、水厂、科研院校等分析实验领域，出口欧美、中东、非洲、东南亚等30多个国家及地区，占有国内市场80%的份额。2015年，新开发的光学仪器已向航天、航空领域发展，用于国防方面的新元件已经研究成功并开始生产。

第七节　化学制品业

一、发展概况

民国时期，和桥仅有染坊，没有上规模的化学制品工业。20世纪60年代末，和桥化学制品工业逐渐起步。1977年10月，和桥镇筹建宜兴县化工三厂。1978年，和桥公社苗桥大队办起和桥化工颜料厂，生产二甲苯、香蕉水。1980年，闸口公社聚龙增强材料厂，曾投产不饱和聚酯树脂。1984 年，和桥中学创办纺织助剂厂，生产 Y－61、HC－101、M－21 等型号的纺织助剂。1985 年，原和桥乡永兴村创办和桥印染助剂厂。1985 年，闸口绝缘材料厂引进“1730”聚酯绝缘生产工艺，当年生产 233 吨，试销上海、湖北、浙江等地。1987 年，原和桥镇中心村创办和桥有机化工厂，生产聚氨酯涂膜。1986 年，原和桥镇前谢村创办鹅洲织物助剂厂。1987 年，和桥镇创办宜兴县第二合成化工厂等，除生产纺织助剂外，还生产印染助剂。1988 年，和桥农药生产起步。1989 年，原闸口乡创办宜兴市化工绝缘材料厂。90 年代，和桥境内的化工企业经过改制，产品有新的拓展。和桥生产颜料、防锈漆、水性涂料的企业已有十多家，生产涤纶纤维和玻璃纤维的企业在闸口逐步增多。1992 年，和桥镇开始生产“2－乙基蒽醌”。同年，闸口乡稀土冶炼项目上马。2000 年，和桥农药生产提速明显。同年底，和桥镇有化学制品企业 48 家。2001 年，和桥碳纤维、芳纶纤维、聚乙烯纤维等新军突起，制品科技含量高，应用领域广阔。2003—2010 年，和桥镇化学制品工业数量大增，期中橡胶和橡塑、超高聚乙烯、酚醛树脂、呋喃树脂等生产，一开始就有良好的势头。2011 年，中铝稀土（宜兴）有限公司在楝树港成立，从稀土中萃取氧化物的能力达到国际先进水平。2014 年，无锡市兴盛新材料科技有限公司创办，生产 PBT 长丝和尼龙一 66、氨纶等高性能纤维产品，是国家“十二五”规划重点发展的高新技术产品。2015 年，和桥镇有化学制品工业企业 131 家，应税销售收入 9.24 亿元。

2015 年和桥镇主要化学制品生产企业

表 10－6

类别	企业名称	法人代表	地　址	主要产品
“2－乙基蒽醌”产品业	宜兴市欧瑞化工有限公司	欧　莉	殷村港南侧	2－乙基蒽醌等
	宜兴市环球精细化工有限公司	欧　莉	殷村港南侧	2－乙基蒽醌等
“酚”产品业	宜兴市太隔化剂有限公司	王海平	闸口村	酚等
助剂业	宜兴市星石纺织助剂有限公司	缪武飞	楝聚村	纺织精炼剂等
	宜兴市华荣化工有限公司	徐飞虹	楝聚村	玻璃纤维浸润剂等
	宜兴市丰泽化工有限公司	黄建平	昌溪桥西侧	柔软剂等
	无锡市君天化工有限公司	范国君	楝聚村	浸润剂、固色剂等
	宜兴市麒麟助剂有限公司	马允华	新建新村	和毛油、柔软剂、等
	宜兴市日丰皮革合成助剂有限公司	周六新	北渠村	植酸钙等
	宜兴市夏田化工有限公司	徐　鑫	中巷村	柔软剂等
	宜兴市宝光化工有限公司	蒋国中	工业集中区	渗透剂等、
	宜兴市科耀化工有限公司	沈耀君	永兴村	胶黏剂等
	宜兴市君威电工器材有限公司	史小伟	工业集中区	32058 甲醇等
	宜兴市百盛涤化助剂有限公司	缪汉勋	楝聚村	纺织稳定剂
	宜兴市腾蛟化工材料有限公司	张伟权	楝聚村	纺织浸润剂等
	宜兴市新东化工有限公司	陆卫东	中巷村	除油除锈添加剂等
	宜兴市南新合成化工二厂有限公司	邵乃其	中巷村	清洗剂等
	宜兴市亚太化学剂厂有限公司	李　健	北庄村	聚乙烯醇缩醛胶等
	宜兴市伟业玻纤材料有限公司	张伟权	楝树港	不饱和聚酯树脂等
	宜兴市中和化工有限公司	卜小龙	楝聚村	不饱和聚酯树脂等

续表 10－6

类别	企业名称	法人代表	地　址	主要产品
助剂业	宜兴市隔湖勤工化工有限公司	顾旦娣	西锄村	氯化镍等
	宜兴市建东化工有限公司	丁俊杰	西锄村	硅酸钠等
	宜兴市海棠树脂有限公司	王海中	闸口村	116 溶剂
	宜兴市瑞风橡塑助剂有限公司	邵瑞玉	北渠村	橡塑促进剂
	宜兴市中大凯化工有限公司	周　飞	楝树港	石油助剂系列
农药业	宜兴市宜州化学制品有限公司	潘阿华	北庄村	“溴氰菊酯”等农药
颜料、涂料业	宜兴市鑫禾颜料化工有限公司	樊平平	大生村	铁蓝颜料、铬黄颜料等
	宜兴市杨桥绝缘制品有限公司	叶士平	福巷桥村	绝缘漆等
	无锡市君锐涂料有限公司	习　健	大生村	水性涂料等
	宜兴市东方绝缘材料研究院有限公司	邵　慧	闸口村	绝缘漆等
	宜兴市虎达绝缘制品有限公司	周仕良	楝树港	改性聚酯漆等
	宜兴市中豪化工有限公司	刘汉明	楝聚村	聚酰胺树脂等
稀土业	中铝稀土(宜兴)有限公司	周新林	楝树港	稀土萃取氧化物
	宜兴市长江稀土冶炼厂	戴静芬	楝树港	稀土萃取氧化物
	宜兴市博瑞新材料有限责任公司	吴　盛	闸口村	高性能氧化铈、氧化铁、氧化铽、氧化镝
纤维业	宜兴市荣成化纤有限公司	张建荣	闸口村	涤纶短纤维等
	宜兴市鹏飞化纤工贸有限公司	陆建农	楝树港	涤纶纤维等
	宜兴市祥盛化纤有限公司	陈剑园	北渠村	化纤短丝、化纤粒子等
	宜兴市利达线带有限公司	杨伯中	永兴村	涤纶线带等
	宜兴市申宜外加剂厂	吴剑平	楝树港	涤纶粒子等
	宜兴市信冠纤维纺织有限公司	黄旭姣	钟溪村	涤纶丝、锦纶丝等
	宜兴市闸口胶木绝缘材料厂(化工)	吴年根	闸口村	涤纶粒子等
	宜兴市苏娜涤塑制品有限公司(化工)	蒋苏明	福巷桥村	涤纶纤维等
	无锡市兴盛新材料科技有限公司	杨国新	北庄村	PBT 弹性长丝、PBT 长丝
	宜兴市爱博纤维制品有限公司	杨朝荣	中巷村	涤纶纤维等
	宜兴市融恒纺织品有限公司	宋　萍	轻纺市场	碳纤维复合材料制品等
	宜兴市华恒高性能纤维织造有限公司	尹　锋	新建路	碳纤维复合材料制品等
	江苏锐斯卡碳纤维复合材料有限公司	尹　锋	永兴村	碳纤维复合材料制品等
	无锡瑞益碳纤维科技有限公司	丁　益	工业集中区	碳纤维复合材料制品等
	宜兴市恒通碳纤维织造有限公司	丁　杰	南新街	碳纤维复合材料制品等
	宜兴市宜泰碳纤维织造有限公司	蒋洪亮	南新街	碳纤维复合材料制品等
	宜兴市国碳复合材料科技有限公司	梅昕芳	工业集中区	碳纤维复合材料制品等
	宜兴市天宇世纪高新科技有限公司	吴雪松	工业集中区	碳纤维复合材料制品等
	无锡市有为碳素科技有限公司	余建华	轻纺市场	碳纤维复合材料制品等

续表 10－6

类别	企业名称	法人代表	地　址	主要产品
纤维业	宜兴市振达石墨炉料厂	吴小其	楝聚村	石墨制品等
	宜兴市万顺碳素制品有限公司	吴小芬	楝聚村	碳素制品等
	宜兴市华光碳素有限公司	余建华	北庄村	碳素制品等
	宜兴华晋玻璃钢设备有限公司(环保)	周建平	大生村	玻璃钢设备等
	宜兴市闸口玻纤材料厂	徐法南	楝树港	玻纤树脂等
	宜兴市中碳科技有限公司	景徐荣	北新村	玻璃纤维制品等
	无锡市新蓝天复合材料有限公司	张　驰	北渠村	玻璃纤维制品等
	宜兴市天龙玻纤制品有限公司	孙优军	楝聚村	玻纤布等
	无锡市富坤化工有限公司	蒋　尧	北庄村	超高聚乙烯
	宜兴市八达新材料有限公司	孙建林	南新街	高分子复合材料、
	宜兴市恒立航空科技有限公司	缪春良	鹅州南路	航空航天新型复合材料
	宜兴市康晟化工科技有限公司	周子牛	工业集中区	玻璃钢制品等
橡塑业	宜兴市南新强盛塑胶制品有限公司	张福强	北新村	橡胶密封制品等
	宜兴市海鸥硅橡胶制品有限公司	刘志强	钟溪村	硅橡胶制品
	宜兴市亚威橡塑制品有限公司	邵　慧	闸口街	橡塑垫等
	宜兴市惠兴塑胶有限公司	李洪君	永兴村	洗衣机橡塑密封制品等
	宜兴市益民橡塑制品有限公司	邵　明	北渠村	橡塑垫等
	江苏斯特尔运动用品有限公司	邵　明	楝树港	橡塑垫等
	宜兴市双力橡塑材料有限公司	薛　旭	永兴村	橡塑合成垫等
	无锡市晶禾化工科技有限公司	余　峰	西锄村	硝酸 、盐酸 等
其他化学制品业	宜兴市康宜防腐材料厂	何志中	钟溪村	氰亚氨荒酸二甲酯
	宜兴金兑化工有限公司	杨　巍	工业集中区	石化阻聚剂、石化防蚀剂、中和剂等
	宜兴市高晶化工有限公司	蒋孝祥	西锄村	硝酸铜
	无锡市佳妮化工有限公司	高明笃	西锄村	化学试剂
	宜兴市顺安达塑业科技有限公司	周梅娟	楝树港	酚醛树脂等

二、重点企业

1. 无锡市兴盛新材料科技有限公司　坐落于和闸公路的北庄路段西面，2013 年征用土地 180 亩，投资生产 PBT 工程塑料及 PBT 长丝。该项工程属国家鼓励发展的高新技术产业，也是无锡市和宜兴市发改委发文确定的工业重点项目。该公司计划三年投资 10 亿元、征地 300 亩，建成中国一流的 PBT 生产基地。2014 年 10 月，建设工业用房 2 万余平方米，试产取得成功。截止 2015 年 9 月，该公司凭借过去环保公司的积累，已经投资 4 个多亿，进口德国吉玛公司的先进设备，第一条年产 8 万吨 PBT 长丝的生产线经验收合格投入量产，第二条同

图 10－10　2015 年无锡市兴盛新材料科技有限公司北大门

样的生产线已全面完成基础建设。为了不步人后尘,该公司在工程设计初期,就进行了熔体直纺技术研发,并先后取得了9项专利,其中“熔体直纺生产PBT长丝的装置和方法”“PBT/PTT新型复合丝制备系统”两项获发明专利。同年“无锡市工程中心”在该公司挂牌。

2015年,该公司有高级工程师3名、工程师8名、技术工人130多名,应税销售收入2.03亿元。

2. 中铝稀土宜兴有限公司　位于和桥镇闸口南路,占地4.2万平方米,其前身是1989年创办的宜兴市化工绝缘材料厂。1992年,稀土冶炼项目在该厂上马。1995年,企业转为股份制,挂牌宜兴市长江稀土冶炼厂,年产值达180多万。1997年,企业成为宜兴市冶金公司属下的国有企业。同年,从南方离子型稀土矿、北方混合轻稀土矿、钽铌矿开采的三大类原料,源源不断进厂冶炼,其产量全国知名。2000年,氧化镝、氧化铽两个产品被认定为江苏省高新技术产品。2003年,企业又进行改制成为有限责任公司。

图10－11　2015年中铝稀土宜兴有限公司大门

该公司从1997年起,连续5年被评为由无锡市市长签字的无锡市先进集体。1999年,公司被评为无锡市工业明星企业、无锡市百强私营企业。2001年,公司被评为宜兴市先进私营企业。2006年,公司被评为江苏省AAA级资信等级。2011年,该公司跟中国铝业公司合作,成立中铝稀土宜兴有限公司,当年产值达到5个亿。同年,从稀土中萃取氧化物的品种达17个,产品畅销陕西、江西、内蒙古、广东等15个省份和地区。2012—2015年,公司全面通过三项体系认证,建有8条萃取生产线,氧化物分离水平属江苏省内领先。2015年,公司拥有高级工程师2名、工程师25名、技术工人180名,应税销售收入1.71亿元。

3. 宜兴市宜州化学制品有限公司　1988年,当时的宜兴市仪器仪表总厂,属下有一个宜兴市和桥农药分装厂。1993年,该农药厂实行承包制,主要分装“溴氰菊酯”和“速灭杀丁”等农药,并以“宜农”为品牌。1995年,商标注册改成“宜州”。1998年,“分装厂”组建股份制企业,挂牌为宜兴市宜州化学制品有限公司,由国家化工部批准,开始生产加工农药除草剂、杀虫剂系列,品种不断增多。2000年11月,新厂址落成于北庄桥北西侧,占地面积2万多平方米,拥有现代化的标准厂房和制剂加工车间、可湿(溶)性粉剂加工车间、水分散粒剂加工车间、悬浮剂生产车间,建成各类灌装、分装的全自动流水线以及天平室、液谱室、气谱室、标准溶液室、化分室、高温室等。同年,该公司被评为无锡市先进私营企业。2001年,“宜州牌0.6%增效溴氰菊酯乳油”被评为江苏省乡镇企业名牌产品。2004年,公司获中华人民共和国农业部全面质量达标企业、江苏省AAA级资信企业、无锡市人民政府质量管理奖等称号。2005年,公司获江苏省争创守信用、讲信誉、重信义企业先进单位证书。2006年,“宜州牌”被评为无锡市知名品牌。2010年,公司生产加工各类农药5000余吨。2011年,成立南京喜农乐生物科技有限公司,专业营销“宜州牌”农药,产品畅销国内20多个省市、自治区,并出口到欧美、中东、东南亚等许多国家和地区。2013年,“宜州牌”被评为无锡市知名商标。2014年,公司获江苏省优秀民营化工企业证书。2015年,公司应税销售收入9905万元。

4. 宜兴市益民橡塑制品有限公司　位于和桥镇北渠村楝阳路,创建于2003年6月,专业生产各种健身运动垫,跪垫、坐垫、花园垫、打猎垫等,产品已通过ROHS、PAHS、6P、PEACH、AZO、NP、FORMAMIDE等欧洲环保标准认证,80%远销欧美、日韩、印度等20多个国家和地区。2008年后,该公司多次荣获和桥镇对上贡献先进单位、应税销售先进单位等称号。2015 年,公司应税销售 8218 万元。

5. 宜兴市太隔化剂有限公司 位于和桥镇闸口村,创立于 20 世纪 90 年代,占地面积 1.5 万余平方米,建筑面积 1 万余平方米,拥有中、高级职称技术人员 20 多名。

该公司置有酚加工设备 10 多套,其中宜兴本部 5 套,沭阳分公司 4 套,年产混合甲酚、苯酚、工业甲酚、间对甲酚、二甲酚等近 2 万吨,是目前国内最大的酚产品专业加工企业之一,广泛用于生产高档绝缘漆、酚醛树脂、选矿剂、消毒剂等。该公司生产的产品 70% 本地销售,30% 远销上海、浙江、广东、四川、西藏、新疆等地,并成为了南非甲酚的代理商。2000—2015 年,该公司先后被评为宜兴市计量合格企业、江苏省重合同守信用企业、江苏省低碳节能环保企业等。2014 年,该公司应税销售 7156 万元;2015 年,则为 3558 万元。

6. 宜兴市顺安达塑业科技有限公司 1992 年创办时名为"宜兴市闸口兴达化工厂",2005 年启用现名,占地 1 万平方米,建有车间 5000 平方米,拥有"8 立方米反应釜"9 套、"16 立方米反应釜"1 套、"2 立方米反应釜"2 套、"环保水处理设施"2 套,年产酚醛树脂 25000 吨。该产品广泛应用于铸造材料、耐火制品、保温材料、汽车内饰、木材黏合剂、摩擦材料等生产企业,客户分布于江苏、浙江、安徽、上海、福建等全国 10 多个省市、自治区。2014 年,公司应税销售 6703 万元。2015 年,则为 4580 万元。

7. 宜兴市环球精细化工有限公司 前身是原宜兴县化工三厂,始建于 1977 年,当时属于和桥公社社办企业,主要加工生产 1730 绝缘漆、二甲苯等,后与上海华东化工学院共同开发不饱和聚酯树脂,产品注册鹅洲牌商标。1986 年由无锡市石油化工局通过鉴定,1987 年度被评为无锡市优秀新产品,1990 年编入国家建设部批准的《树脂类整体防腐建筑构造》图集,1991 年荣获亚太地区防腐蚀材料博览会银奖。1992 年,在有关科研单位的帮助指导下,该企业成功开发生产"2 - 乙基蒽醌",并逐年成为企业的主导产品。

1995 年底,企业改为股份制,挂牌为宜兴市欧瑞化工有限公司。1998 年,与新加坡永安玻璃纤维私人有限公司合资,年生产"2 - 乙基蒽醌"粗品 5000 吨、精品 3000 吨。1999 年,率先在国内同行业中通过了质量管理体系认证。2000 年,宜兴市欧瑞化工有限公司和新加坡永安玻璃纤维私人有限公司又重新组建宜兴市环球精细化工有限公司,地址仍旧位于和桥镇北庄村,主要生产和销售 2 - 乙基蒽醌、2 - 甲基蒽醌、HQD - 织物涂层阻燃剂和 3、4、5 - 三甲氧基苯甲酸、合成树脂、耐蚀树脂、环氧树脂、不饱和聚酯树脂等系列产品。2005 年,该公司"2 - 乙基蒽醌"精品年产量已达5000 吨,占国内市场生产总量的60%,其中 3000 多吨出口至欧洲、美洲、东南亚等地区。2007 年,公司全面通过了"三项体系认证"。2010 年,该公司在江西九江彭泽矶山化工园区又建立了彭泽精细化工有限公司,除生产本部的基本产品外,还增加了聚合氯化铝净水剂系列、农药中间体系列、医药中间体系列等产品的生产。

2000—2015 年,该公司先后被授予无锡市计量合格确认单位、宜兴市文明单位、宜兴市科技进步先进企业、宜兴市 AAA 级资信企业等荣誉。2015 年,公司应税销售收入 5072 万元。

8. 宜兴市亚威橡塑制品有限公司 002 年创办,位于和桥镇和闸公路北渠段西侧,主要生产、销售各种集装箱、汽车、火车、船舶、建筑门窗,幕墙玻璃等用密封条,产品销至全国 20 多个省市的 200 多家公司。2005 年后,该公司已通过 IS09001:2000 质量管理体系认证,多次被评为和桥镇应税销售先进单位、和桥镇对上贡献先进单位。2014 年,该公司应税销售收入 4382 万元,2015 年则为 4105 万元。

9. 宜兴市华恒高性能纤维织造有限公司 成立于 2000 年,主要生产碳纤维、芳纶纤维、聚乙烯纤维、玄武岩纤维、玻璃纤维等布料、带料以及套管、板材等,有 120 多个品种。该公司还利用碳纤维和其他化学纤维强度高、耐高温的特点,制成 20 多个单种材料或复合材料产品,有碳纤维自行车、摩托车、汽车等配件,有碳纤笔记本电脑外壳、电脑散热底座等,有碳纤碳纤复合导芯、碳纤维复合导辊,碳纤维高速印刷辊筒等,还有碳纤维高尔夫球杆、登山杖、滑雪杆等,销售领域涉及国防航天和民用环保、体育、交通等机械和器材方面。

该公司位于和桥镇高塍路666号,占地近1万平方米,有建筑面积8000多平方米,置有2台先进的无梭织布机及其他国内领先的专业生产设备,拥有工程师8名,建有宜兴市高性能纤维研发中心1个。2010年,该公司与国家某重点科研单位,创新开发成功航空航天用3D织物。2011—2015年,又先后获得国际质量体系认证证书、3项发明专利、8项实用新型专利、国家版权局计算机软件著作权登记证书、江苏省民营科技企业、高新技术企业、无锡市工程中心等成果。2015年,公司应税销售收入4377万元。

10．宜兴市祥盛化纤有限公司 位于和桥镇北渠村黄土桥南,2012年创办,占地近1.2万平方米,建有生产车间4000多平方米,拥有高级工程师等专业技术人员9名、工人60多名,主要产品为再生PET涤纶,配有拉丝、纺丝、烘干、短切等工艺设备,其中主要的纺丝机有16台,年产能力5000余吨。产品畅销于江浙沪的服装、床上用品等大型生产企业。2015年,公司应税销售4372万元。

11．宜兴市腾蛟化工材料有限公司 位于和桥镇北渠村,1999年创办,占地6600余平方米,建有生产车间4500平方米。主要产品有增强型浸润剂、纺织型浸润剂、聚酯乳液、聚氨酯乳液、环氧乳液、聚醋酸乙烯酯乳液、水溶性环氧树脂和干、湿润滑剂等,销售网络遍布全国20多个省市和地区。2005年,公司获江苏省AAA级企业资信等级、无锡市AAA级重合同守信用企业等称号,2009年通过ISO9001:2000质量管理体系认证,2012年,被评为"和桥镇先进企业"。2015年,公司应税销售收入3610万元。

12．无锡市富坤化工有限公司 于2003年11月成立,位于和桥镇北庄村,注册资本500万元,占地10000余平方米,专业从事特种超高聚乙烯的制造,年生产能力3000吨,畅销江苏、上海、浙江、山东等全国10多个省市和地区。2014年,应税销售商铺如3345万元,2015年则为3114万元。

13．鑫禾颜料有限公司 的前身是1978年创办的苗桥化工厂,当时只有10多名工人,生产二甲苯、香蕉水,产值不满万元。1980年改名为和桥化工颜料厂,生产铁蓝颜料,工人增加至40多名,产值也有所提高。1985年,企业又改称为宜兴县建筑涂料福利厂,属宜兴县第一家社会福利厂,招有40多名社会残疾人进厂,并与上海市化轻公司挂钩,注册"兴桥"商标,生产油漆,产品热销,产值和利润分别达到20万元和5万元。2003年,企业改为股份制企业,鑫禾颜料有限公司正式挂牌,厂址位于现在的和桥镇大生村,占地6660平方米,建有生产车间4500平方米,老商标继续使用,主要产品为"铬黄"系列颜料,有10多个品种,年产能力3000吨,主要销往上海、杭州、苏州等十多个城市。其中"501柠檬铬黄"是化工部优质产品。1998—2015年,企业连续多年获得无锡市AAA级资信企业称号。2014年,公司应税销售收入3152万元,2015年则为2719万元。

第八节 金属制品业

一、发展概况

民国时期,和桥仅有几家铁、铜、铅匠铺子。当时的吴三宝屠刀,在宜兴范围内成为名品。1954年5月1日,和桥镇十多个铁匠铺联合组建成"五一铁业小组"。1956年合作化,改名为"宜兴县和桥铁业生产合作社",负责和桥、万石、南新、南漕、屺亭、高塍、闸口等地的铁业生产。当时的产品主要有铁锹、镰刀、铁搭,锄头、铁耙、犁铧,还有一些铁箍、铁钉、铁篙头。20世纪70年代,和桥地区的粉末冶金、金属拉丝等企业开始出现。改革开放初期,闸口农民制成一种钢纤维,可直接使用于飞机跑道的建设。同时,和桥的手工业者还用各种合金钢制造磨具。1987年,宜兴县和桥五金厂主要生产黑白铁制品,有职工29人,年产值14万7千元。20世纪90年代,先进的冶炼技术、车刨技术、冲压技术、焊接技术等,不断在和桥地区落地生根。1995年,宜兴市太平洋集装箱配件有限公司成立,专门制造集装箱铸钢件、锁杆锁链。进入21世纪,和桥地区已有企业能够生产不锈钢管、铜管,还有灯杆、电力输送杆和塔等大型金属构件,绝大多数企业已经用上了数码设计技术、等离子切割技术、行吊搬运技术等。2015年,和桥镇有金属制品企业36家(2015年创办的2个无氧铜杆生产企业已列入电线电缆业),应税销售收入8.87亿元。

2015年和桥镇主要金属制品生产企业

表10－7

企业名称	法人代表	地址	主要产品
宜兴市太平洋集装箱配件有限公司	何学明	楝树港	集装箱铸钢件、锁杆锁链等
宜兴市富陶金属构件有限公司	沈利民	南新东路8号	滚压件、焊接件、冷作件、交通设施、钢杆等
宜兴市恒达五金车件有限公司	陈建良	石路村	自行车、童车挡泥板、五金配件
江苏博盛钢杆有限公司	刘耀明	工业集中区	金属构件、灯杆、电力输送杆、塔等
宜兴市星洲复合材料有限公司	周　峰	中巷村	井筒装备钢构件
宜兴豪斯特不锈钢流体设备有限公司	程金水	工业集中区	不锈钢流体设备、食品CIP设备
宜兴市中联五金工具有限公司	邵志忠	闸口村	五金工具
宜兴市宇杰钢杆有限公司	陆　杰	永兴村	钢杆、金属杆塔
宜兴市鹅州钢箔塑料厂	邹亚良	江南农副产品市场	钢箔等
宜兴市明强集装箱构件有限公司	何克中	楝树港	型材、棒材的加工、制造
宜兴市荣华电焊条有限责任公司	万何芳	中兴路5号	电焊条
宜兴市天宇通用机械配件有限公司	陆国英	福巷桥村	金属铸件、铸钢件
宜兴市明辉冶金设备有限公司	陆顺明	闸口	冶金制品
宜兴市太平洋冶炼材料有限公司	杨云强	楝树港	覆膜沙、模具加工、制造
宜兴市塑成模具有限公司	徐福泉	永兴村	模具、五金制品
宜兴市高达粉末冶金制品有限公司	王逸伦	鹅州路246号	粉末冶金制品、机械零部件
宜兴市三合封头有限公司	郑红军	钟溪村	封头、法兰;金属冷作加工
宜兴市中天钢结构有限公司	邓林贵	工业集中区	钢构件、汽车运输平台等
宜兴市闸口园织机配件厂	邵建林	钟溪村	园织机、塑机配件等
宜兴市光华冲压件厂	仇小华	永兴村	五金冲压件等

二、重点企业

1. 宜兴市太平洋集装箱配件有限公司　源于1995年创建的无锡太平洋集装箱通用件有限公司,地址位于和桥镇和闸公路北渠段西侧,占地面积15万平方米,建筑面积10万平方米,注册资金5000万元,设有铸钢车间、机加工车间和后整理车间、制芯车间、成品包装车间、检测中心、化学元素分析室等,专业生产符合ISO1161非标角件国际标准,年产能力为80万套。至2001年,公司启用现名,并已取得法国BV、美国ABS、英国LR、德国GL、中国CCS五

图10－12　2015年宜兴市太平洋集装箱配件有限公司大门

家船级社的工厂认可，通过英国 NQISO9002 质量体系认证。2005 年，该公司已拥有 1 吨中频无芯感应炉 10 台套、2 吨中频无芯感应电炉 4 台套、壳型机壳芯机 17 台套、630 双面跳 39 台套、连续式隧道退火炉 2 台套、抛丸机等 9 台套、气保焊机 6 组、浸漆线 1 组等生产设备，还配有光谱分析仪、万能拉伸试验机、自动低温冲击机等各种先进的检测设备。2010 年，该公司已成为国内第二大集装箱角件生产企业，与国际最大的集装箱制造商中集集团、胜狮集团及新华昌集团建立了合作伙伴关系，产品被世界上多家航运集团和集装箱专业租赁公司指定使用。

2000—2015 年，该公司先后被江苏省评为民营企业双爱双评企业、AAA 级企业资信等级，被无锡评为百强企业、争创守信用、讲信誉、重信义企业先进单位、重合同守信用企业，被宜兴市评为先进企业、双强企业、文明纳税大户、明星企业、工业五十强、和谐劳动关系优秀企业、慈善明星等。2015 年，拥有固定资产 7500 万元、员工 500 名(其中专业技术人员 80 多名)，应税销售收入 1.76 亿元。

2. 宜兴市富陶金属构件有限公司　于 2000 年 3 月创建，是江苏富陶集团的核心企业，当时地址位于和桥镇西南新公路旁。2013 年投资 5000 万元，在和桥镇工业集中区新兴路征地 5 万平方米，新建办公楼 2500 平方米、生产车间 1.6 万平方米。至 2015 年 3 月，搬迁工作全部完成。

2000 年，该公司引进比利时 LVD 公司先进设备大型数控折弯机，折弯长度一次成型达 16000 毫米，折弯板厚 1～25 毫米，折弯直径达 50～2250 毫米。至 2011 年，公司已引进新型行车 15 台、全自动焊接生产线 2 条、气保焊机 10 台、等离子切割机 4 台等，备足多种钢杆生产的数控平板、剪板、裁板、折板、焊接等一条龙流水设备，能制造各种规格的钢质杆、塔。该公司生产的主要产品有系列道路灯杆、高杆和庭院灯杆、景观灯杆(其中“庭院灯杆”外观设计获“实用新型专利”)等，90% 以上的产品出口菲律宾、马来西亚、哥斯达黎加、加纳、巴林等国家。2012 年，该公司被评为宜兴市国际商会会员。2013 年，公司通过“三项体系认证”。2015 年，公司应税销售收入 8883 万元。

2000—2015 年，该公司被无锡市评为重合同守信用企业，被阿里巴巴授予诚信先锋荣誉。

3. 江苏博盛钢杆有限公司　创建于 2005 年，位于和桥镇工业集中区，占地 2.5 万平方米，建有厂房 15 万平方米，有注册资金 8008 万元、员工 150 多人。

2005—2012 年，该公司开发了锥形钢管电杆自动化设计软件，通过了“三项体系”认证，取得了由中国电力工业铁塔质量检验测试中心颁发的《220KV 输电线路钢构支架制造合格证书》和《500KV 变电构架制造合格证书》，生产的主要产品有电力输送杆及变电所构架、各公用场所需要大面积照明用的高低灯杆、空中缆车和通讯微波用的塔杆、风力发电机和大型广告牌用的支撑杆等，产品能满足不同客户的各种需求。至 2013 年，公司产品远销东南亚、非洲、欧洲等国外市场，并取得了良好的企业信誉。2014 年，公司年产钢杆达到 3 万多吨，为全国上百个城市的电网建设工程和市政建设工程提供了大量钢管电杆、变电站构架及优质照明灯杆等。2015 年，公司应税销售收入 4671 万元。

第九节　纺织服装业

一、发展概况

清代，和桥镇上就有染坊，专门为素布和旧衣服染色。民国时期和桥镇较早开设染坊的是张同泰，设备仅有染缸、石元宝和铁锅，沿用原始染色方法。稍后开设的大华染坊除洗染绸缎呢绒外，还洗染呢帽、草帽和服装等。当时的染坊全部手工操作，一般以家人为主，还用雇工一至二人，营业清淡，仅能维持。20 世纪 40 年代，和桥有染坊用滚筒代替石元宝整理成品，并改用活性染料。1944 年和 1945 年，和桥镇的民族资本家，分别在上塘南首和东横街开办了瑞达织布厂与三和织布厂。在遭受外国帝国主义侵略的年代，这两个民族企业，生存时间都不够长。晚一点停办的三和织布厂，1948 年有铁木机 20

台，月产土布200米，但棉纱原料时常断货，没有能挺过年底。

新中国成立后，张同泰曾成批承揽棉布店的染色业务。1950年，和桥镇有裁缝铺24户。1955年手工企业登记时实有25户，从业人员44人。1956年，和桥所有染坊合并组成洗染合作商店，专人下乡预收衣物，并承接中百和供销社染布业务，1958年并入太滆旅社。1956—1958年，和桥、南新、闸口等地的裁缝店铺开始组织起来，成立缝纫生产合作社，为客户来料加工服装。缝纫社刚开始时，和桥镇分4个门市部，全部采取计件工资制。1957年，增加至钟楼、五一、绿叶、新华、红星、新光6个门市部，有职工40人。

20世纪60年代，个体裁缝活计较多，集体服装店铺生意清淡。1968年，宜兴芳桥针棉合作社迁至和桥，更名为宜兴县染织厂。当时，这个厂是宜兴纺织行业中创办最早的县属大集体企业，1969年正式投产，以织为主，兼营染色，当时有2吨快装手工操作锅炉1台和染缸若干，对工厂自用的白色纱上染色、烘干。同年，和桥公社北庄大队办起了宜兴县棉麻纺织厂。

1970年7月，和桥镇国营商业生产领导小组开始筹建纤维加工厂，厂址在劳动街北首的和桥小学三部内，只有300多平方米的厂房、4台1151布机，为湖南长沙二轻局加工麻纺布。1971年，该厂增加6台布机，产量达2万米。同年，和桥洗染合作商店并入纤维厂，次年又撤出。1972年，和桥纤维加工厂又增布机4台，转产人造纤维布，年产21万米。1973年5月，原和桥织绣厂并线车间40多名工人连同设备一起并入纤维加工厂，厂名定为和桥镇纤维厂，属镇办工业。同年，和桥镇建立宜兴县第二服装厂，性质为县属大集体企业。1974年，和桥洗染合作商店因营业清淡，无奈歇业，人员分流。未隔几年，和桥镇又创办振兴、佳丽、兴华等3个服装厂。1976年，南新公社创办南新服装厂和南新西服厂。1977年至80年代，和桥地区创办的闸口针织厂、宜兴县和桥装饰布厂、宜兴县第三毛纺厂、宜兴县丝绸厂、闸口丝织厂、和桥针织厂、和桥花线厂、和桥并线厂等纺织企业都比较有名。1978年，宜兴县染织厂已拥有3611、1511织机112台，年产成品布141万米，生产的劳动卡其布获省优质产品称号。1979年，经县人民政府同意，和桥镇纤维厂上升为县镇联办企业，性质为县属大集体，正式挂名宜兴县纺织厂。当年，由政府批准征用原李家生产队水稻田4.9亩，投资扩建厂房。70年代末，和桥的集体服装厂开始承接外贸服装生产。

80年代，宜兴市中长丝织厂创办。80年代起，和桥的纺织服装企业的机器设备和管理逐步实现了现代化，产品的档次和质量大幅提高，销售范围更加广泛。1981年，宜兴县染织厂以链条式烘房替代了箱式手工烘房。1983年，该厂扩建改造，并新增26台高温高压染色机、48台75英寸“1515”阔幅布机，进一步提高纺织及染色的速度和质量。1987年，宜兴县纺织厂纺纱又织布，曾生产过21支棉纱、32支中长纱、6支中长巴拿马、涤腈中长纱和半线哔叽、中长花呢等。同年，宜兴县纺织厂实现了一条龙纺织生产，纺涤、粘、腈等中粗支化纤纱，织纯棉、化纤布，有5000纱锭，年纺纱560吨，织布150万米。1989年，宜兴市染织厂设计的78104女线呢在江苏省色织物实样评比中，被评为省优良产品。

90年代，宜兴市染整制线厂、和桥镇第二化纤织布厂、宜兴市方正纺织服装有限公司、宜兴市春花针织厂等创办。1997年，宜兴市染织厂新增剑杆织机26台，生产能力大幅提高，该厂1998年改制成股份制企业。90年代末，宜兴县纺织厂改制后歇业。

21世纪初，宜兴市盛阳布业有限公司、宜兴市事成织物后整理有限公司相继挂牌开业。2001年起，和桥镇的纺织服装业抓住发展机遇，扩大生产规模和种类，引进现代化的圆织机、宽幅喷气式织布机，突出棉、麻材质和花色品种。2007年，“雪竹”内衣成为全国名牌产品。2010年，改制后的染织厂歇业。

2015年，和桥有纺织服装企业37家，应税销售收入8.28亿元。

2015年和桥镇主要纺织服装企业

表10－8

类别	企业名称	法人代表	地　址	主要产品
纺织业	宜兴市盛荣纺织有限公司	苏惠峰	大生村	色织布等
	宜兴盛和纺织有限公司	陈瑞仙	鹅洲南路	色织布等
	宜兴市瑞杰纺织有限公司	韦才良	大生村	色织布等
	江苏新力科技实业有限公司宜兴色织厂	承祥芬	劳动街79号	色织布等
	宜兴市康盛色织有限公司	曹建新	永兴村	色织布等
	宜兴市天逸纺织品有限公司	吴　翔	南新街	色织布等
	宜兴市盛通针织有限公司	吴伯洪	健康东路120号	针织品等
	宜兴市百丽纺织有限公司	王金元	北环路东首	布、线、纱、染色整理加工等
	宜兴市胜强纺织有限公司	王伟强	北庄村	色织布等
	宜兴市中长色织有限公司	陈　鹏	北庄村	色织布等
	宜兴市华源纺织有限公司	黄胜华	永兴村	色织布等
	宜兴市捷昌方正服装有限公司	黄镇芳	北庄村	色织布等
	宜兴市兴业纺织有限公司	黄　芳	中巷村	色织布等
	宜兴市新环球纺织服饰有限公司	周志强	永兴村	色织布等
	宜兴市中鼎纺织品有限公司	汪朝忠	永兴村	色织布等
	宜兴市金冠织造有限公司	杜伯南	福巷桥村	纱、色织布等
	无锡市加意曼布业有限公司	吴盘中	兴业街118号	色织布等
	宜兴新向往纺织有限公司	王志平	轻纺建材装潢市场	针纺织品等
	宜兴市永兴纺织有限公司	营建中	永兴村	色织布等
	宜兴创业纺织服装有限公司	王　峰	北庄村	针织布等
	宜兴市和盛轻纺织有限公司	蒋学林	周家浜	洗毛、梳毛；呢绒、毛线；染整等
	宜兴市盛阳布业有限公司	徐卫林	永兴村	针织布
染色整理业	江苏润禾纺织实业有限公司宜兴漂染分公司	褚科兵	工业集中区	坯布、纱线漂染、后整理
	宜兴市事成织物后整理有限公司	高良琴	工业集中区	棉麻、化纤布料后整理
	宜兴市佳成印染有限公司	余志群	南新街	毛纺织品的印染
服装业	宜兴市华瑞制衣有限公司	刘全明	北庄村	服装等
	宜兴新怡制衣有限公司	路国强	北庄村	服装等
	江苏雪竹国际实业有限公司	史建珍	北庄村	服装等
	宜兴市龙翔制衣厂	殷金方	南新街	服装等
	宜兴市利昌针织有限公司	张知难	北庄村	针织内衣
	宜兴市爱特美服饰有限公司	刘爱君	南新街	服装等
	宜兴市梦丹尔制衣有限公司	王小红	西横街	服装等
	宜兴市乐久制衣有限公司	刘正南	闸口海棠东路	防静电服装和一般服装等

二、重点企业

1. 宜兴市百丽纺织有限公司 前身是1990年筹建的宜兴市染整制线厂,位于和桥镇鹅洲北路,当时为镇属集体企业。初期,该厂只有染色和定型两大车间,员工80多人。1993年,该厂建成织物起绒、退浆、预缩等车间。1997年4月,宜兴市染整制线厂合并了宜兴市装饰布厂,添加了28台1515织布机,厂区范围扩大到3万多平方米,形成染色、织造、整理一条龙生产,员工达200多人。同年,该厂被宜兴市评为市百强企业。1999年6月,该厂改为股份合作制公司并启用现名,并新增180型剑杆织机88台。2002年底,该公司有染色、织造、整理等加工设备180多台套,年产色织布800万米,织物整理加工2500万米,纱线染色达2000吨,应税销售收入8300万元。

图10-13 2015年宜兴市百丽纺织有限公司大门

2003—2012年,该公司建筑面积增加至4万多平方米,已经成为从事纱线筒子染色、织物起绒、丝光防缩、化纤定型等纺织品整理及色织布织造的专业加工企业,拥有进口喷气织机、普通剑杆织机、浆纱整经机、后整理设备等300多台套,还有大小染色锅25只,每天可生产染色纱12吨,并配有自来水供水站、污水处理站各一座。2014年,整理各类色织布5200多万米,织造色织布1100多万米,应税销售收入1.61亿元,产品90%以上销往日本、欧美等国家和中国香港地区。

2000—2005年,公司连续获得宜兴市文明单位、宜兴市先进企业等称号。2006年和2008年,又两次获得江苏省名优企业荣誉。2015年,该公司应税销售收入1.46亿元。

2. 江苏新雪竹国际服饰有限公司 前身是1991年创办的宜兴市春花针织厂,只有1台缝纫机起家。同年,企业改名为无锡市春花针织有限公司。1995年,公司完成了“雪竹”商标的注册。1996年,企业冠名无锡市雪竹针织有限公司,“雪竹”产品被原国内贸易部授予全国质量信誉产品荣誉称号。1996—2002年,该公司先后添置了日本、台湾的电脑缝纫机、美国的PGM绘图仪、CAD软件、日本全自动化裁床等现代化生产设备。2002年,该公司顺利通过ISO9001:2000质量管理体系认证。2003年起,公司连续8年聘请影视明星林心如担任“雪竹”品牌形象大使,并与苏有朋等影视明星合作,在全国范围内组织开展慈善捐赠活动,向慈善协会、伤残军人、公安交警、困难社区、敬老院、贫困家庭等累计捐赠价值六千余万元的款项与物资。同年,在南京新街口的福鑫国际大厦组建江苏雪竹国际实业有限公司。2005年,搬迁和扩建厂房,在锡宜高速公路和桥镇北庄段西侧,成立江苏新雪竹国际服饰有限公司。2007年,“雪竹内衣”被评为中国名牌产品。2009年,“雪竹”商标被国家工商总局认定为中国驰名商标。

2010年,该公司占地6.1万多平方米,建有面积1.2万平方米厂房2幢,拥有高级工程师1名。2009—2012年,该公司曾参与“GB/T 8878-2009棉针织内衣”“FZ/T 73020-2012针织休闲服装”“FZ/T 73022-2012针织保暖内衣”“FZ/T 72015-2012液氨整理针织面料”等国家标准的制定。至2014年,该公司在全国领先使用莱卡、莫代尔、竹纤维、牛奶纤维、纳米纤维等新材料制作内衣;运用真丝、绸缎、丝绒、香云纱、丝棉、麻缎、织锦缎等面料,采用手工刺绣、手绘等纯手工工艺,精制旗袍、新中装、茶服、汉服等传统华服;推出“雪竹尚品”——首家华服定制与紫砂艺术文化集成店,有1000多家店铺加盟代理商与直营终端,遍布全国各大中城市;连续12年荣获全国市场同类产品市场综合占有率前十位的殊荣，取得江苏十大服装品牌、中国针织行业前十强企业、25 年，最受尊敬的 25 大江苏品牌、全国纺织品标准化技术委员会标准化工作突出贡献单位等奖状；创造外观设计专利 126 个、实用新型专利 10 个、高新技术产品 1 个。2015 年，该公司拥有员工 400 余人，应税销售收入 5306 万元。

3. 宜兴市中长色织有限公司　前身是 1989 年创办的宜兴市中长丝织厂，位于和桥镇鹅洲南路 41 号。创办当年，该厂只有 18 台普通织机。1991 年，增添了比较先进的 1515 织机 8 台，完成产值 653 万元。2002 年，该厂占地和建筑面积都超过 1 万平方米，拥有员工 450 名、各类技术人员 58 名，1515 织机增至 38 台，另置剑杆织机 80 台，织机的总数达到 160 台，以生产纯亚麻、亚麻黏、亚麻棉、化纤混纺、牛津纺、青年布、提花布等色织布为主，年产各类布匹 460 万米，并荣获《中华人民共和国进出口企业资格证书》，产品远销欧美、日本、东南亚等十多个国家和港、澳地区，是宜兴市的外贸出口专业厂家。

图 10 - 14　2015 年宜兴市中长色织有限公司大门

2008 年 5 月，企业正式改名为宜兴市中长色织有限公司。2010 年，该公司通过 ISO9001:2008 质量管理体系认证。至 2012 年，原先的老式织机全部淘汰，新添现代化喷气式织布机达 48 台。至 2014 年，公司连续多次被评为江苏省 AAA 级资信企业，曾获得宜兴市先进工业企业、文明单位、应税销售先进单位、外向型经济先进企业等荣誉称号。2015 年，该公司 80% 的产品销往欧美和东南亚，并初步实现新一代“制造系统和资源计划”计算机管理（ERP），应税销售收入 1.33 亿元。

4. 宜兴华源纺织有限公司　创办于 1990 年 1 月，当时名称为和桥镇第二化纤织布厂，靠 4 台 1511 - 73 型织布机起家。1996 年起，该企业被宜兴市政府定为外贸出口企业。1999 年，又被江苏省国际咨询公司评为 AAA 级资信企业、被宜兴市授予文明纳税大户。至 2000 年底，工厂曾 4 次移建、5 次大规模扩能。2002 年，该企业拥有员工 400 名（包含各类专业技术人员 36 名），安装织机 300 余台，其中 180 型自动剑杆织机 120 台、槽筒车 10 台、整经车 4 台，年产布匹 600 万米，顺利通过 ISO9001:2000 质量管理体系认证。2003 年，该企业与新西兰客商合资，在和桥镇和新路 2 号，新建成宜兴华源纺织有限公司，占地 1 万 2 千平方米，建有生产车间 1 万 3 千余平方米。2005 年，公司进口 50 台喷气式织布机，主要生产各类纯棉和涤绵色织布，用工量减少三分之二，年产布匹提高至 700 万米，产品全部远销美国、日本、韩国、泰国、巴基斯坦和港澳地区。

2005—2015 年，该公司先后获得无锡市绿化先进单位、无锡市和谐劳资关系先进企业、无锡市模范职工之家、宜兴市工业生产先进单位等荣誉称号。2015 年，应税销售收入 7864 万元。

5. 宜兴市盛阳布业有限公司　于 2003 年创办，位于锡宜公路和桥镇东坝头站东侧，占地 1 万 3 千余平方米，建有生产车间 8000 平方米，拥有高级工程师 1 名，置有香港“野马牌”和新加坡“利达牌”多功能针织大圆机 130 多台，能生产单面和双面螺纹的全棉、涤纶、氨纶等各类针织布近百个品种，年产能力 800 余吨。该公司和江苏的镇江、丹阳、金坛、南通以及港台、韩国的知名服装企业，建有长期的供货关系。2008—2015 年，该公司已通过 ISO9001:2000 质量管理体系认证，取得国家授予的自行出口证书，多次被评为和桥镇先进工业企业。2015 年，应税销售收入 6979 万元。

6. 宜兴市事成织物后整理有限公司　位于和桥镇工业集中区内，前身是 1993 年创办的宜兴市建筑防水材料厂，2003 年改成现名并转产进入纺织行业。2004年,该公司占地3万余平方米,建有生产车间近4万平方米,是苏南地区规模较大的织物后整理企业,拥有高级工程师2名、中级工程师5名、技术工人115名。2005年,该公司投资5000万元,添置丝光机3台、拉毛机4台、定型机4台、磨毛机1台,建成具有世界先进水平的工艺生产流水线,年整理能力达5600万米。因经过其后整理的CVC、TC及全棉织品外形美观、质量可靠。和桥地区的方正、华源、中长等纺织企业,还有南通、常州等地的知名纺织企业,都和其建立了长期的业务关系。2003年后,该公司连续多次被评为和桥镇优秀工业企业。2015年,应税销售收入3944万元。

7. 宜兴市捷昌方正服装有限公司 创办于1991年,原名宜兴市方正纺织服装有限公司,靠8台布机起家,地址为和桥镇鹅洲东路北首。1997年,公司改为股份制企业,冠名无锡芳华纺织有限公司。1999年5月,该公司与香港捷昌服装实业有限公司合作,投资230万美元,更名为宜兴市捷昌方正服装有限公司,成为和桥纺织行业第一家合资企业。2002年,该公司又改制成民营企业,并通过ISO9001:2000质量管理体系认证。2005年,公司被评为江苏省重点服务侨资企业。2006年、2008年分别获得江苏省质量信得过企业、江苏省AAA级资信企业称号。2011年、2014年,分别被宜兴市总工会授予"工人先锋号""五一巾帼标兵岗"荣誉。2015年,该公司占地3万平方米,建有生产车间2万余平方米,拥有国产剑杆织机120台、日本丰田喷气织机32台、意大利舒美特喷气织机28台,生产纯棉,化纤(T/C,T/R,CVC,腈纶,莫代尔)、麻类,弹力布等色织面料,产品主要销往欧美、日本及东南亚等国家和地区,成为"七匹狼""杉杉""Youngor""Calvin Klein""Only""沃尔玛"等十多个国际国内知名品牌的优质供应商,年产布匹600万米,应税销售收入3601万元。

第十节 电线电缆业

一、发展概况

1987年,原南新乡创建无锡市电线电缆厂,生产KW控制电缆和W29全塑电力电缆。21世纪初,和桥镇电线电缆工业开始有起色。2013年,和桥最大的电线电缆企业应税销售收入21.16亿元。2014年,全镇电线电缆工业回落较大。2015年,江苏长乐和江苏天麟两家铜业有限公司创办,为宜兴电线电缆企业生产无氧铜杆,规模都较大。2015年,和桥镇有电线电缆企业12家,应税销售7.68亿元。

2015年和桥镇主要电线电缆生产企业

表10-9

企业名称	法人代表	地址	主要产品
江苏天麟铜业有限公司	杨杰源	鹅洲南路	电线、电缆用铜杆、铜丝等
无锡市瀛隆线缆有限公司	李汉军	工业集中区	电线电缆、塑料制品、钢塑复合管等
八达电工集团有限公司	施永才	南新街	电工器材、特种电磁线、换位导线的制造、销
江苏八达导线有限公司	施昕昊	南新街	换位导线、电子导线
宜兴市八达电缆厂	施永才	南新街	电线电缆、电磁线、PE、PVC管道的制造
远东电缆有限公司和桥分公司	张希兰	南新街	电线电缆、电缆附件、电缆用材料、电力电器
无锡市永家线缆有限公司	徐达秋	工业集中区	电线电缆的制造
新远东电缆有限公司和桥分公司	蒋华君	南新街	电线电缆的制造;电工器材的销售
江苏长乐铜业有限公司	邵建平	鹅洲南路	电线、电缆用铜杆、铜丝等
江苏茂达电磁线有限公司	邵焕金	闸口村	电线电缆

二、重点企业

1. 江苏长乐铜业有限公司　2014年12月创办于永兴村鹅洲南路。因生产急需,同月以4480万元的价格,收购了位于本市徐舍镇工业园区的一个闲置公司。长乐公司的新址占地3万平方米,砌有1万余平方米的生产车间和2800平方米的办公楼。

该公司迁入新址后,不到三个月,就在空荡的车间内,完成了年产10万吨无氧铜杆连铸连轧流水线的安装和调试。2015年3月,生产进入正常。该公司大批量生产的8毫米无氧铜杆,经过有关质检部门的多次检测,被认定为为达到国家A级质量标准,受到广大用户的称赞。特别是江苏远东电缆股份有限公司因信其质量,成为了该产品的主要用户。2015年,该公司应税销售收入6.2亿元。

2. 江苏天麟铜业有限公司　2015年1月,该公司在永兴村鹅洲南路创办,注册资本8000万元,占地4万1千平方米,投资5000余万元,建有生产车间33595平方米、五层办公楼4891平方米,拥有员工100多人,其中有专业技术职称的10人。

该公司主要从事优质无氧铜杆、铜丝和铝杆的生产和加工,是宜兴范围内规模较大的电线电缆配套企业,还经营铜制品、电缆、电线、电磁线的销售。2015年,公司配有平炉1台、铜杆竖炉1台、铝杆竖炉1台,上引炉8台,并有相应的轧机、拉丝机,能从20毫米拉至3毫米,最小的能拉至0.008毫米,已建成铜导生产线9条、铝导生产线1条。2015年,公司应税销售收入1.02亿元。

3. 无锡市永家线缆有限公司　2006年在万石镇创办,2013年移至和桥镇工业集中区,占地30万平方米,建有生产车间近3万平方米。公司拥有员工1000多名,置有现代化大生产能力的拉丝机1台、成缆机2台、绞线机4台、护套机组1条、挤出机组4条,还有其他国内外先进的生产和检测设备近百台(套),能生产直径0.3至630毫米、单芯至48芯的系列电线电缆,是国家经济贸易委员会批准推荐的全国城市电网建设与改造所需主要设备的生产企业。

2010年,该公司注册"咏嘉"商标。2011年,咏嘉牌电线电缆获得江苏省名牌产品证书。同年公司还取得无锡市AAA级重合同守信用企业证书。2012年,公司被授予江苏省质量信得过企业证书。2013年通过环境管理体系和质量管理体系认证。2014年,该公司的产品已经销往30多个省、市、自治区,并远销东南亚、欧美等国家和地区。2015年,该公司又投资1000万元,建成1条35KV高压交联生产线,生产能力又有提升。

4. 江苏茂达电磁线有限公司　建于2007年,位于和桥镇北渠村,占地2万平方米,建筑面积1万5千平方米,是专业生产铜、铝漆包圆绕组线的企业,主要产品有QZ、QZ(G)、QZY、QY、QL等多系列数百个规格(0.05~3.35毫米),广泛用于电动机、发电机、电动工具、变压器、整流器、家用电器、通信设施、电气设施等。

2010年,该公司通过了ISO9001:2008质量管理体系认证和ISO14001环境管理体系认证。2011年,"茂达"商标被评定为无锡市知名商标。2014年,公司应税销售7899万元。2015年,由于资金和销售的原因,产量大幅跌落。

第十一节　建筑材料业

一、发展概况

和桥地区自古就有砖、瓦生产。20世纪90年代,和桥蚕种场挖掘出来的古砖,上面清晰地刻着"鹅洲砖瓦厂"的字样。南新双墩港村、和桥柏树村,民国时期小砖窑的遗址共有十多个。

新中国成立初期,和桥镇上有"益仁和""李永和""泰和"等3家石铺,主要以加工石板、石条、石槛等成品出售,生意很好。1956年,石铺合并,成立建材合作商店,后归并和桥供销社管理。1958年5月,和桥镇最早开办的耐火保温企业为和桥化工陶瓷厂,当时只能生产硅藻土保温砖、轻质砖、刚玉砖、碳化硅砖等。同年,还有从高塍搬迁到和桥的大兴石棉厂,曾经生产石棉薄型带,用于哈尔滨汽轮机厂制造的7.25

万千瓦发电机组电子线圈的保温和绝缘,还受到新安江水力发电站项目部发来的贺电和嘉奖。

1962年后,和桥、南新、闸口等公社的一些农民,利用祖传的手艺和农闲,修造或新建小砖窑,踩土和泥,在简易的草棚里掼坯做瓦,晾晒在一条条用泥土筑就的小埂上,至冬天入窑烧制。每门窑可以烧成2.5万多块青砖(有单砖和双砖之分)、3万余张本瓦。“文化大革命”期间,这些农民自家的小砖窑,被当作“资本主义尾巴”,只能停歇。当时这样的小窑数以百计。1969年后,和桥公社的北庄、大同、石路、文里等大队,南新公社的王母大队,闸口公社的北渠大队,相继建起规模较大的窑厂,都是集体经营,生产传统的砖瓦。

1972年后,和桥公社的大同、南塍等地,利用蒋山、李山,开采矿石,用于建桥、铺路、造房舍等。同年起,由于外边轮窑的兴起,和桥大部分集体窑厂因缺乏竞争力而逐步退场。1973年9月,宜兴县轻质保温建材厂,生产膨胀蛭石,后又逐步开发生产膨胀珍珠岩等保温制品。该厂生产的“洁云牌”膨胀珍珠岩,曾荣获国家建设总局质量优胜产品荣誉及江苏省优质产品、无锡市优质产品等称号。1975年,南新七0砂厂成立。1978年,宜兴县南新轻质泡沫砖厂创办,生产轻质泡沫砖,高铝砖。20世纪70年代起,原和桥、南新、闸口地区,为满足日益增长的建筑需要,纷纷办起水泥预制品厂,生产桁条、楼板、花窗、护栏等。从当时的公社到大队,数量有30多家。比较有名的是北庄、高楼、南新、钟溪、聚贤等水泥制品厂,面积各有10多亩,品种也较齐全,但都要几个月前预定。

1980年,和桥创办宜兴县装饰砖厂。1981年,南新七0砂厂改名宜兴县吸音材料厂。1982年,宜兴县装饰砖厂改名宜兴县第二保温材料厂,生产膨胀珍珠岩及装饰面砖,80年代末又称宜兴市装饰砖厂。1988年,宜兴市建筑装潢二厂开始生产JG防水保温板(建工牌)及配套SG-791建筑胶水、离心玻璃棉、超细玻璃棉、矿岩棉、W-LC轻质高强镁质复合墙体材料等产品。80年代中后期,北庄、大同、王母、北渠等村建起了轮窑,规模都在20门以上,全由所在乡统一管理,为当地提供黄色的“八五砖”。

1991年,宜兴县吸音材料厂组建江苏省得胜集团。同年,宜兴市建筑装潢二厂生产的JG防水保温板通过上海能源委员会组织的专家鉴定,后又获中国科技新产品名优产品博览会金奖。1993年,宜兴市南新轻质泡沫砖厂更名为宜兴市兴达特种耐火材料有限公司,产品有8大系列、200多个品种规格,其中刚玉莫来石系列为主产品。同年,宜兴市盛伟水泥有限公司在和桥创办。1994年,得胜集团自行研制开发珍珠岩复合穿孔吸声板、珍珠岩防水保温板、橡胶共混防水卷材(三元乙丙)等新产品,先后被评为无锡市二星级名牌产品、江苏省新产品金牛奖、国家级新产品,并被授予宜兴市陶艺节创业奖。1995年,该集团的新产品被列为江苏省火炬计划项目。1996年,宜兴市轻质保温建材厂和宜兴市装饰砖厂两厂合并,更名为宜兴市和桥建材总厂,开发成功硅钙棉高强度吸音板,为国内首创。1997年,该公司自行研制开发的刚玉承烧板(刚玉棚板、刚玉莫来石推板)为国内首创,替代进口,得到国家电子部推广。宜兴市兴达特种耐火材料有限公司自行设计的液化气窑炉,温度高达1750℃,改革燃料,既节能节耗,又保护生态环境,得上级环保部门肯定。1999年,江苏辛巴地板有限公司创建。20世纪90年代,和桥地区的建筑业迅速发展,与之配套的门窗生产企业也逐步增多。20世纪末,和桥的石矿全部停止开采。

2001年,宜兴市大东方实业有限公司开发XPS挤塑发泡保温板,被中国建材协会评为质量合格产品。21世纪初起,建造房屋中的水泥预制品越来越少,和桥各地的水泥预制场逐步歇业,一些转产企业的产品是彩色水泥瓦和铺地砖、砌墙的水泥煤渣多孔砖、水泥路牙、水泥沟的铺板和盖板,还有桥梁上使用的一些小件,如护栏、泄水沟盖板等。同时,和桥的红木家具业一下发展到十多家;还有专门生产木质纤维的企业在闸口创办。2006年,为保护耕地和环境,烧制砖瓦的企业只剩下大同窑厂,2012年称宜兴市同平新型墙体建筑材料厂。2015年,和桥镇有建材工业企业70家,应税销售收入3.26亿元。

2015年和桥镇主要建材生产企业

表10－10

类 别	企业名称	法人代表	地 址	主要产品
砖瓦业	宜兴市同平新型墙体建筑材料厂	吴同平	同里村	多孔砖等
耐火保温业	宜兴卓尔炉业设备有限公司	王野红	工业集中区	电炉、燃料炉
	宜兴市美华耐火炉料有限公司	徐 亮	大生村	耐火炉料、保温材料
	宜兴市长江耐火材料有限公司	项新惠	楝树港	耐火材料
	宜兴市瑞祥冶金炉料有限公司	吴伯其	楝聚村	耐火炉料
	宜兴市和高高温耐火材料有限公司	伍秋荣	永兴村	高温耐火材料、建筑保温材料。
	宜兴市兴达特种耐火材料有限公司	丁顺芳	王母桥村	特种高温耐火材料、筑保温材料
	宜兴市新凯耐火材料有限公司	王新伦	兴业街	耐火材料
	宜兴市锦源电炉制造有限公司	吴志强	工业集中区	电炉、燃料炉
	宜兴市艳阳天炉业有限公司	陈金友	工业集中区	电炉、窑炉
	无锡市东昊环能科技有限公司	许仁东	南新得胜路6号	工业炉窑
	江苏昊晨新型保温材料有限公司	吴梅芬	工业集中区	建筑用酚醛泡沫板
	宜兴市王氏保温防水材料有限公司	王 亮	西锄村	防水树脂珍珠岩、珍珠岩粉料、矿岩棉
	宜兴市明阳轻质保温材料有限公司	王仲明	西锄村	建筑保温材料
	宜兴市茂利达建材有限公司	胡茂良	中巷村	建筑保温材料
	宜兴市晓明绝热保温材料有限公司	吉曙强	工业集中区	建筑保温耐火材料制造、施工
	宜兴市润泽吸音器材有限公司	赵正超	北新村	噪声与振动控制设备、矿岩棉
	宜兴市隔湖建材工贸有限公司	蒋焕荣	西锄村	轻质墙体板、保温材料
	江苏得胜建材有限公司	周为贤	南新街	建筑保温材料、吸音设备
水泥制品及水泥业	宜兴市盛伟水泥有限公司	蒋晓伟	北庄村	复合硅酸盐水泥“325”“425”,水泥预制品、石灰
	宜兴市和桥建筑材料厂	郭建庚	永兴村	墙地砖
	宜兴市泰达建设工程施工队	潘 伟	工业集中区	混凝土预制构件
	宜兴市和桥国立建筑构件厂有限公司	马国强	永兴村	水泥路牙、水泥沟盖板、水泥电缆管
	宜兴市耀华彩瓦有限公司	华焕其	钢材市场	彩瓦
	宜兴市盛伟预拌砂浆有限公司	蒋晓伟	中巷桥北	预拌砂浆
	宜兴市日月升混凝土制品有限公司	蒋焕荣	西锄村	混凝土预制构件
	宜兴市和桥预制构件厂	闻舜良	中巷村	多孔楼板、下水道管道预制品

续表 10－10

类　别	企业名称	法人代表	地　址	主要产品
地板业	宜兴市一洲木业有限公司	何学军	工业集中区	集装箱，船用、车用竹、木地板，家用竹、木
	宜兴市鑫东方木业有限公司	何克中	中巷村	竹木地板
	宜兴市海洲木业有限公司	王志丽	中巷村	集装箱用、船用、车用竹、木地板，家用竹、木地板
	江苏辛巴地板有限公司	胡龙妹	永兴村锡宜公路西侧	竹木地板
	宜兴狮王木业有限公司	吴　俊	永兴村锡宜公路西侧	竹木地板
门窗业	宜兴市恒达建筑装饰工程有限公司	唐月芳	永兴村	建筑门窗
	宜兴市和桥建筑安装工程有限公司	吴　斌	西横街	建筑门窗
	宜兴市和建装潢工程材料有限公司	许叶鹏	鹅州东路	金属门窗
	宜兴功诚门窗有限公司	王海兵	永兴村	金属门窗
	宜兴市和桥建筑安装工程有限公司建筑装饰门窗分公司	吴全中	永兴村	铝合金门窗
	宜兴市和桥建筑构件厂	吴希平	石路村	金属、塑料门窗
	宜兴市中凯不锈钢有限公司	张晓渊	中巷桥	不锈钢卷板开平加工；铝合金门窗
	江苏东瑞建材有限公司	吴耀忠	永兴村	建筑门窗
	无锡市宏茂建筑材料有限公司	陈　云	北渠村	建筑门窗
	宜兴金马消防器材有限公司	许良林	工业集中区	卷帘门、挡烟垂壁、防火门
家具板材业	宜兴市正源红木家具有限公司	陆　洋	周家滨	红木家具
	宜兴市亚威红木家具有限公司	何克中	楝树港	红木家具、红木工艺品
	宜兴市荣民木质纤维粉有限公司	范钦荣	楝聚村	木质纤维粉等
	宜兴市大洋木纤维有限公司	曹和根	北庄村	木质纤维等
	宜兴市长荣人造革辅助材料有限公司	邓银龙	楝树港	木质纤维粉等

二、重点企业

1. 江苏辛巴地板有限公司　创建于1999年，位于和桥镇永兴村锡宜公路西侧，占地面积约7万余平方米，拥有标准化的办公楼和厂房5.6万平方米、员工130人、技术人员50多人，注册资金160万美元，以生产实木复合地板系列为主，用“辛巴”为注册商标。2005年，该公司通过ISO9001、ISO14001、中国环境十环标志、欧盟CE认证和美国CARB等认证，建有江苏省工程中心一个。2006—2008年，获得江苏省明星侨资企业证书。2007年，公司被江苏省林业局评为先进单位，辛巴地板获中国国际林业协会博览会银奖。2008年，辛巴地板获中国驰名商标荣誉。至2009年，该公司在江苏沛县已设立6000多亩意杨种植基地，在宜兴南部山区建有3000多亩竹林基地，在宜兴太湖边建有400多亩林木基地，是集种植、研发、生产、销售于一体的地板制造商，并先后成为江苏省木材行业协会、上海木材行业协会、中国木材行业协会、美国地板行业协会等协会会员。2010年，公司被评为高新技术企业、辛巴地板被评为江苏省名牌产品。2011年，公司被评为江苏省农业产业化重点龙头企业、江苏省民营科技企业、江苏省科技型中小企业。2011—2013年，辛巴地板获江苏省重点培育和发展的国际知名品牌认定。至2015年，该公司共获2项发明专利、4项实用新型专利，已引进德国先进的自动化地板生产线2条，年生产能力达300万平方米，产品主要出口欧美、中东等国家和地区。

2015年,公司总资产达2.1亿元人民币,应税销售收入7110万元,是无锡市AAA级重合同守信用企业。

2. 宜兴市晓明绝热保温材料有限公司　创建于1994年,当时企业的名称为宜兴市冶金环保工程设备厂,厂址在大塍乡,2006年起用现名。2007年,企业为主要产品绝热保温材料注册“金兔”牌,并按照现代企业制度组建拥有国家三级防腐保温施工安装资质的公司,主要生产经营橡塑发泡保温材料、离心玻璃棉制品、矿岩棉制品、硅酸铝棉制品、硬质聚氨酯制品等二十多个系列、一百多个品种的保温材料,被应用于建筑、纺织、化工、机械、家用空调、中央空调、热电厂等隔热、保冷、防火保温等建筑工程。

2010年,该公司搬迁至和桥镇工业集中区,占地3.6万平方米,建设车间等2万平方米,积累固定资产5000万元,拥有四条全自动橡塑保温材料生产线、两条棉制品干法生产线、一条硬质聚氨酯成型生产线,年产橡塑保温材料8万立方米、棉制品3万立方米、聚氨酯制品2万立方米,曾承建扬子乙烯电厂、宝钢一号高炉、中国核工业第五建设公司(希玛核电项目、秦山核电项目、三门核电项目)等数百个国家重点项目的保温工程。2012年,该公司已通过ISO9001:2008质量管理体系认证,成为中国工业设备安装有限公司战略合作伙伴、全国电力行业保温耐火材料定点供货单位、电力保温防腐工程能力资格乙级单位、江苏省AAA级资信等级单位、上海能源研究会会员单位、石油和化工行业定点供货(施工)单位。2014年,公司被评为和桥镇优秀工业企业。2015年,公司应税销售收入3694万元。

3. 宜兴市盛伟水泥有限公司　1993年,和桥开办宜兴水泥厂和桥分厂,生产“青龙牌”水泥,年产量18万吨。1998年,企业改为股份制,挂牌宜兴市盛伟水泥有限公司,并以“盛伟牌”注册成商标,地址位于北庄村石坝组,占地约2万平方米。

2000年,该公司拥有两台水泥磨机,建有两条硅酸盐水泥生产线,年产能力50万吨,产品畅销苏锡常地区。2005年,公司通过了GB/T19001－2000质量管理体系认证,“盛伟牌”荣获江苏省名牌产品。2006年,该企业在北庄村创建宜兴市盛伟预拌砂浆有限公司。2014年,该公司应税销售收入4032万元。2015年,应税销售收入则为2813万元。

4. 宜兴市新凯耐火材料有限公司　坐落于和桥镇鹅洲南路,面积1.2万余平方米,其前身是1958年5月创办的和桥化工陶瓷厂,1960年称和桥耐火电瓷厂,1961年停办,1964年又恢复生产。1970年上升为县属集体企业,更名为宜兴县电炉耐火材料厂,1992年更变为全民性质企业。1996年组建股份制企业,2003年改成有限公司,2006年挂牌宜兴市新凯耐火材料有限公司。

该企业发展历史比较长。20世纪60年代生产硅藻土保温砖、轻质砖、刚玉砖、碳化硅砖等。1971年至1975年筹建粉末冶金车间。1979年,该车间与原厂分离,另设宜兴县粉末冶金厂,经济实行独立核算。当时,企业建有一座隧道窑,生产抗渗碳砖,达到英国同类产品的质量水平。因此,该厂还承担国家一机部对朝鲜、越南、巴基斯坦、阿尔巴尼亚等6个国家的技术援外任务。1983年,企业着手向轻质、节能方向开发,研制出节能空心球。1985年注册“和桥”牌商标。1986年后,企业以生产镍催化球和氧化铝空心球为主,市场占有量不断扩大。1993年成功开发高纯氧化铝空心球制品,并获江苏省优秀新产品奖。1994年,企业取得国家建材局颁发的洛阳浮法耐火材料制作许可证,并被指定为“锡槽顶盖砖”的制造单位,同期成为杭州新型建筑材料设计院、蚌埠玻璃工业设计院、秦皇岛玻璃工业设计院定点生产厂家。1995—1999年,该厂曾经为国内外几十条玻璃生产线配套耐火材料。2000年5月,该厂与日本及上海宝钢共同开发研制用于水处理的新型环保产品,简称“GS陶瓷材料”,经三方验收合格,生产后投入国际市场,达到国际领先水平。2006年后,公司增加了万力液压机315吨级的1台、100吨的4台,新购自动化的振动台2台,建造自动化隧道窑2座、苏式窑4座,以天然气做能源,消除了环境污染，实现了机械化操作，年产浮法玻璃配套用耐火材料达4000余吨，占国内总需求量的90%以上，还出口越南、朝鲜、印度、乌克兰等国家。

1973年，企业获镇江地区先进单位，1988年获江苏省机械工业厅铜牌奖（安全生产先进企业），1996年被评为无锡市先进集体，2000年获国家农业部颁发的质量管理奖牌和江苏省信誉达标企业称号，并一次通过ISO9002质量管理体系认证。2000—2015年，该公司多次被和桥镇评为对上贡献先进单位、、江苏省AAA级资信等级、江苏省重合同守信用企业、江苏省安全生产企业等称号。

2014年，该公司应税销售收入3195万元。2015年，公司占地2万余平方米，有生产车间4个，生产电炉耐火材料可分为莫来石、抗渗碳、刚玉质、碳化硅、九五瓷件等10个大类、1000多个规格品种，应税销售收入则为2264万元。

第十二节　印刷包装业

一、发展概况

和桥镇的印刷工业历史可以追溯到民国时期。当时的谦泰昌南货店曾附设印刷工场，有石印机1台；广裕盛印刷所也有铅印机和石印机各1台；福兴恒印刷所则有大号、三号圆盘机各1台。这些印刷工业都为手工操作的木刻印刷，为书店印刷簿本和当时流行的符篆、纸马等迷信用品。

新中国成立初期，和桥镇先后办起大中印刷所、大诚印刷所、世界文教印刷社、中华印刷所等。1953—1956年，和桥的私营印刷企业逐步归入公私合营宜兴印刷厂。1957年，宜兴印刷厂在和桥镇设分厂，配给中二号、小二号印刷机各1台，核定职工5~6人。1958年，该分厂正式改名为和桥印刷厂。1962年后，该厂主要印刷当时农村和工矿业集体的账册凭证、学生用簿本等。1987年，该厂拥有圆盘印刷机12台、卧飞（快速印刷机）2台、四开印刷机3台、对开切纸机1台、路令（彩印机）1台、订书机1台、铸字机2台、捆书机1台，分设4个车间和1个刻印店。20世纪80年代，和桥小学创办和桥文教印刷厂，团结街居委创办和桥团结彩印厂，原和桥公社石路村和上俸村分别办起鹅洲印刷厂、和桥塑印厂。同年代在闸口乡起步的塑料包装工业，发展速度非常快。90年代，和桥地区的印刷厂全部改制成民营。21世纪初，和桥镇的纸质印刷业的设备和技术都已缺乏竞争力，很多企业被淘汰。相反，至2001年，80年代发展起来的塑料印刷业，设备和技术都达到了国内先进水平，新型的塑料包装也逐渐代替了传统的木材包装与纸质包装。至2006年，和桥很多集装袋企业里包含生产塑料内包装袋，而且带印刷。2010年，和桥比较专业于印刷包装业的企业尚有20个。2015年，这样的工业企业只有15个，应税销售收入1.43亿元。（集装袋工业已在本章第三节里记述）

2015年和桥镇主要印刷包装生产企业

表10-11

企业名称	法人代表	地　址	主要产品
宜兴市鹅州包装印刷有限公司	李　超	北庄村	纸制品
宜兴市德恩标贴有限公司	谈曙光	楝树港	集装箱汽车车身标贴
宜兴市圣发包装材料有限公司	蒋才中	福巷桥村	纸盒、包装装潢印刷品等
无锡市容装包装材料有限公司	赵东华	永兴村	包装木制品等
宜兴市永顺塑料包装厂	沈建明	北新村	塑料包装袋等
宜兴市华裕塑料包装有限公司	孟志伟	闸口村	包装袋、箱等

续表 10－11

企业名称	法人代表	地　址	主要产品
宜兴市勤丰包装材料有限公司	杨云芬	楝树港	塑料包装薄膜袋等
宜兴市荣烽塑料彩印有限公司	刘志荣	钟溪村	包装袋、箱等
宜兴市彪王木业有限公司	王　彪	福巷桥村	木托盘、木质包装制品等

二、重点企业

1. 宜兴市荣烽塑料彩印有限公司　创办于1997年，位于和桥镇钟溪村，2001年经批准组建宜兴市荣烽塑料彩印有限公司。企业占地3350平方米，建有标准化厂房4层，面积为7100平方米。主要设备有吹塑机11台套、缠绕膜机2台套、制袋机6台套、彩印机2台套。该公司专业生产化工、纺织、电子、冶炼等行业所用各类塑料包装。2012年，公司日产聚乙烯塑料产品30吨，同时还生产配套集装袋和编织袋的缠绕膜。2013年，该公司全面完成了三项体系认证，并获1项实用新型专利。2000—2015年，该公司一直为恒力石化(大连)有限公司、江阴三房巷集团、铜陵有色有限公司、金辉集团、金升集团、上海水星家纺等企业提供产品，并被各类企业认定为最佳供货商、质量信得过单位。其间，该公司多次获评宜兴市明星企业、宜兴市文明单位、宜兴市科技先进单位、宜兴市慈善企业、宜兴市质量管理先进单位、宜兴市十佳私营企业等荣誉。2015年，该公司积累固定资产1500万元，拥有职工80余人，其中技术人员25人，应税销售收入6908万元。

2. 宜兴市华裕塑料包装有限公司　前身是原闸口公社的一个校办厂，全名为宜兴县闸口塑料制品厂，建立于1979年9月。当时主要为宜兴的一些茶场生产塑料包装袋，为宜兴县粮食机械厂生产毛刷，仅有剪刀和电烙铁等简单生产工具，年产值不过5万元。1996年，企业改成股份制，征地2000平方米，新建厂房1000平方米，新添吹塑机等生产设备，开始用聚乙烯粒子生产各种尺寸的内包装袋。

2004年，该公司在和桥镇万闸路新建厂房，占地面积增至1.2万平方米，车间面积达到1万平方米，具备吹塑、分切、彩印、热封等一条龙生产能力，生产的抗静电、耐高温、防锈、导电的内包装袋规格齐全，科技含量较高，年生产各种塑料薄膜包装袋超过3000吨。同年，宜兴市华裕塑料包装有限公司正式成立。2005年，公司通过ISO9001:2000质量体系认证。2006年，公司的“防锈袋”经过芬兰国际内包装袋测试中心全面检测，各项指标均达到国际标准，成为了出口瑞典耐凡公司的产品。2008年，该公司的主打产品“拉筋袋”，通过技术人员多次攻关，已经达到了“负荷多、不变形”的国家标准，成为了和桥地区乃至浙江、山东等省集装袋企业所选的内包装优秀供应商。

2004—2015年，该公司多次被评为和桥镇工业企业先进单位。2015年，公司应税销售收入3060万元。

3. 宜兴德恩标贴有限公司　于2006年创建，占地4000平方米，车间面积为3000平方米，位于和桥镇楝树港，拥有自动化切纸机3台、模切机6台、热压机5台、丝印机4台，专业生产各种类型的集装箱标志、汽车车身标志及其它专业标志。该公司有刻字和印字两条生产线，自动化程度高，年产各类标贴达30万套。2010年，该公司通过了ISO9001:2008质量管理体系认证，成为中国集装箱制造有限公司、中国海运集团、新加坡胜狮集团的长期供货商。2012年，公司获江苏省AAA级资信等级。2015年，公司应税销售收入2121万元。

第十三节　无损检测业

一、发展概况

无损检测又叫无损探伤。1981年，原和桥公社湖滨大队创建宜兴县和桥无损探伤材料厂，土法上马生产A型荧光磁粉。1982年，经航空工业部“621

所”专家测试认定，A 型 YC－2 型荧光磁粉全部达到部颁标准，获评国防科委、江苏省科委科技进步三等奖。1983 年春，该厂先后与中国科学院沈阳科学研究所、国家机械委天津第五设计研究院，分别签订了“X 射线探伤补偿泥”的技术转让协议和共同研制“JB 型荧光磁粉”的协议。经 3 个月试制，成品检验符合国家标准，被冶金部机械委确定为推广使用产品。1984 年，该厂生产的干、湿用磁粉销往铁路系统，并与铁道部签订了联合研制“JB1619－85 标准磁粉”的协议。1985 年，该厂引进北京技术交流站冷光源观片灯，由“621 所”提供技术资料，开发“HN－ⅡHB/Z5003－74”标准磁粉称量仪，提高对磁粉质量的检测技术，保证探伤仪器对生产安全防护的稳定性。1986 年 6 月，该厂与和桥蚕种场联营，创办国营和桥无损探伤器材厂。同年 9 月，和桥探伤器材逐步进入大型类的防护房生产。1987 年，探伤器材又向防护高级阶段发展。在核工业部太原辐射研究所的支持下，国营和桥无损探伤器材厂又开始研制 GJⅠ、Ⅱ型 γX 辐射计量仪。这是一种抗核辐射的安全防护仪表，具有计量、计时、计数、报警等多种功能，为国家出口争取了外汇。同年，铁道部在无锡召开磁粉探伤工艺研究会，JB 标准磁粉获得在铁路系统销售的许可证。冶金部副部长曾在宝钢宣布，和桥探伤厂的磁粉为专用材料，我国不再进口。与此同时，国家劳动人事部锅炉压力检测中心的总工程师也到厂，认定和桥探伤产品为我国锅炉压力容器检测的定点产品，并把 GB2323－87 可调读数放大镜等新产品设计方案送到以示支持。20 世纪 90 年代，和桥地区的探伤器材厂增至 50 多家，“无损检测”这个行业的规范用语逐渐代替了“探伤”。进入 21 世纪，和桥无损检测企业通过改制，更具活力，以走出去、搞出口为发展目标。2015 年，和桥全镇有 32 家企业从事研究和生产无损检测的材料和设备，应税销售收入 1.31 亿元。

2015 年和桥镇主要无损检测生产企业

表 10－12

企业名称	法人代表	地　址	主要产品
宜兴市胜达射线防护器材有限公司	黄小坤	工业集中区	无损探伤材料、设备
宜兴市磁通探伤材料有限公司	张　雷	永兴村	无损探伤材料、设备
宜兴市永昌检测器材有限公司	沈志军	永昌路 138 号	无损探伤器材
宜兴市红光无损探伤检测有限公司	周　斌	江南市场口	无损探伤材料、设备
江苏奥斯威无损检测设备有限公司	徐云芳	永兴村	探伤设备器材、辐射防护门
无锡市兆星辐射防护科技有限公司	徐正初	工业集中区	辐射防护设备、工程
宜兴市诚鑫辐射防护器材有限公司	史占林	兴业街 23 号	辐射防护设备、工程
宜兴市和联探伤材料有限公司	谈东明	鹅州南路	辐射防护设备、工程
宜兴市兴达焊接检测设备有限公司	许玉娟	鹅州东路南首	无损探伤检测器材
无锡海洲防护器材有限公司	史敏达	工业集中区	无损检测材料、射线防护器材
江苏百事成防辐射科技有限公司	李永成	教育路 185 号	探伤材料、铅房、X 射线防护设备
无锡美达无损检测设备有限公司	董亚萍	南新路 1 号	无损探伤器材设备
宜兴市广瀚无损检测材料有限公司	吴旭亮	朝阳路	无损检测材料、射线防护器材

二、重点企业

1. 宜兴市磁通探伤材料有限公司　1981 年，原和桥公社湖滨大队创办的宜兴县和桥无损探伤材料厂，就是该公司的前身。当时在国内属于“磁粉探伤”行业的首创，得到了全国无损检测学会、国家“621 所”、天津第五设计院及其他几十个科研单位的大力支持，几十位专家学者来现场进行指导。当年，企业注册了“航空牌”商标，能生产湿用和干用不同颜色的非荧光磁粉和型号不同的湿用、干用型荧光磁粉，还有 YF－1 至 3 型磁粉水悬液分散剂和磁化指示器、HK－6 型和 HK－12 型射线标定尺、SB－1 型射线透照补偿泥等产品，填补了国内无损探伤材料的空白。有资料记载，1981 年的上海宝山钢铁厂，用该厂的产品对一台进口的大钟吊耳进行验收，发现存在裂纹，迫使外商换货。是年，上海 5703 厂、大隆机器厂、上海汽轮机厂、成都 420 厂、哈尔滨汽轮机厂等国内一批重型机器制造企业，都开始使用该厂的无损检测器材。

1996 年，该企业改成股份制企业，并挂牌为现在的名称。同年，公司又新研制成功了 NY 型系列高亮度超细度荧光磁粉、复合荧光磁粉、荧光磁粉浓缩液，被全国各大炼钢厂、汽车制造等企业使用，取代了进口同类产品。2001 年，该公司转为民营企业，地址在和桥镇永兴村。至 2002 年，该公司先后被确定为中国航空工业总公司、机械部、铁道部磁粉定点生产单位，被卫生部定为射线防护器材定点生产单位，被上海宝钢、一汽、二汽、铁道部车辆局、西安飞机制造公司等上百家国家重点企业定为长期供应无损检测材料的单位。2006 年，公司通过了质量管理体系认证。2008 年，公司成为了中国无损检测标准化技术委员会委员单位。2010—2015 年，公司研发、生产 Xγ 射线探伤防护优质铅板、铅房、铅屏曝光和探伤器材，生产的增感屏、胶片储存箱、烘干箱等，能够同欧美、日本等国家的产品媲美。

2．无锡市兆星辐射防护科技有限公司　创办于 1985 年，当时的名称为和桥探伤器材厂，是和桥镇蚕种场的下属企业，只生产一些比较简单的防辐射器材。1990 年，该企业改成股份制，曾为中石油的石油管道检测生产防辐射器材，从此业务量迅速增加。1991 年，该企业生产出国内第一套用于防辐射的铅房，获江苏省新产品开发奖。20 世纪末，该企业成为和桥镇生产射线防护器材的骨干，不仅生产铅门、铅房，还生产钢材结构的混凝土门，小的有 2 平方米，大的有 80 多平方米，年销售达 200 多万元。2003 年，该企业成为民营企业并正式启用现名，开始以做混凝土防护门为主，重量最大的达 600 多吨。2011 年，公司被无锡市人民政府评为 AAA 级重合同守信用企业。2012 年，公司成为“中国防辐射材料及制品行业协会团体会员单位”。至 2013 年，该公司全面完成三项体系认证，已为中海油、哈飞公司、中南航空公司、西安 524 核工业公司、宁德核电站等 260 多家国内重要公司，完成了 Xγ 射线、中子射线等辐射防护设备的工程设计、制造和施工。2014 年，公司以做高端铅房为主，出口欧美发达国家，被评为无锡市先进企业。2015 年，公司搬入和桥镇工业集中区，占地 1.5 万平方米，建有生产车间 1.4 万平方米，拥有固定的技术人员队伍和现代化的生产设备，铅板、铅屏风、铅储源箱、铅防护服和磁粉、暗袋、增感屏等生产规模进一步扩大。

3．宜兴市诚鑫辐射防护器材有限公司　于 2004 年 2 月创立，地址位于和桥镇湖滨路 28 号，是经国家卫生部批准的科技创新型企业，专业从事辐射防护器材研发和生产。2005 年，该公司成为中国机械工程学会无损检测分会和无锡市环境保护产业协会的会员单位，产品涵盖工业射线防护、医学射线防护和工业无损探伤器材等三大系列百多个品种。2006 年后，该公司先后为中国石化、镇海炼化提供野外探伤作业用的超大射线防护房，为秦山、福清核电提供生物屏蔽通道，为田湾核电站提供屏蔽用铅板铅砖，为宁德、秦山核电站提供屏蔽用柔性铅屏，为岭东、岭澳、广东核电站提供防辐射拉杆箱，为中国石油天然气管道局提供增感屏、暗袋等无损探伤器材，为中核清源、中核高通公司提供钴 60 放射源储存罐，为 2008 年北京奥运会提供应急性放射源转运箱，为西门子（无锡）公司提供不锈钢防护铅房，为福建锅炉提供混凝土电动防护门，为泰科图比（天津）提供 450KVX 射线电动防护铅门，为中国核动力研究设计院提供 3005、4510、铱 192 射线防护门，为中海油燕郊基地提供中子源和伽马源电动防护门，为中科院上海硅所提供 600KV 工业 CT 防护室。在2011年日本福岛核电泄漏事故中，该公司为日本福岛第一原子能核电所提供辐射防护屏蔽材料。至2014年，该公司的各类防护产品还出口沙特、日本、印尼、苏丹、也门、安哥拉、莫桑比克、塞内加尔等国家。

2011年，该公司的“模块化移动射线屏蔽装置”获实用新型专利。2012年，公司获评江苏省民营科技企业。2013年，公司通过ISO9001:2008质量管理体系认证。至2015年，公司获得江苏省质量放心、用户满意十佳诚信企业、江苏省质量信得过产品等荣誉。

第十四节　粮油食品业

一、发展概况

明清时期，和桥镇稻米、黄豆的坊间加工和贸易比较兴旺。明末清初，和桥南起三里庙，北到北新桥外，周围有大小油坊、油铺百余家。和桥西北二里许的油车里村，相传是以村民开油坊而得名。清道光三十年（1850），周氏在下塘北首开设鼎和源槽坊，后逐步成为股东合作经营，还设有酱园、磨坊、砻坊等。清同治元年（1862），周万源酱园开办并做豆腐干。清同治九年（1870），梅礼卿已来和桥三年，在梅永兴南货店的基础上分设梅永和酱园。清光绪六年（1880），唐慕陶开设的乾源酱园规模较大。清光绪十二年（1886）俞耀珊等合股创办乾昌豫油坊。清光绪三十四年（1908），镒昌仁糕坊创建，以后聘用名师陶大春制作糕点。该坊的苏式月饼，具有皮薄馅多、油重不腻、入口即溶的特点。该糕坊还制作酥糖、交切、寸金糖、荤油糕、蛤蟆酥。梅永兴、董德和、谦泰昌等南货店的茶食作坊，均开设于清同治和光绪年间。清朝末年，下塘南首“牛屎弄”近侧开设春聚油坊。民国初年，和桥同兴和创设，其制作的圆形蛋糕，配料重蛋重糖，烘烤不生不焦，内嵌上等瓜子肉脯，面拌小磨麻油，具有松、爽、香甜的特点。同期，槽坊同和源创立，实力比较雄厚。民国8年，“鼎和源”由陈铭熙接办后，年产能力不断提高。最高峰时，年用糯米5万市斤（当时计量单位，合2.5万千克），制造“老枯黄酒”和“烧酒”达10万余市斤。民国16年，乾昌豫油坊改名为乾锠馀油厂。民国34年，豫大糕坊开业，年销中秋月饼1万余市斤。新中国成立前夕，和桥酱园还有徐永隆、杜永丰、泰来、万源等14家。

图10－17　新中国成立前鼎和源槽坊酱园印章

1911—1949年，和桥创办糖坊1家（王裕盛）、酒坊2家、油厂2家、糕坊8家、酱园14家（老万生、东万生、西万生、南万生、中万生、乾源盛、鼎和源、梅永和、同和源等）、4家油饼店（恒裕、民丰、范隆兴、民康），还有恒隆、荣昌等米厂11家。当时的这些企业，米厂的规模较大，资本占宜兴全县粮食加工的60%。在闸口、南新等集镇，这一段时间，制作米酒、糕点的小作坊，数量也有10多家。

1956年，“镒昌仁”和“豫大”两家糕坊参加公私合营，成为和桥镇茶食工场的成员。同年，老万生、乾源盛、泰来、新万森、范隆兴、鼎和源、民康、万隆、三益、万来等酱园10户，跟王裕盛糖坊、酒联营共12户，参加公私合营，组成和桥酱酒商店。1959年改为和桥供销社酿造厂。1961年更名为地方国营和桥食品酿造厂。1962年后，和桥供销社、国营和桥食品站，都分别生产糕点月饼。1966年，公私合营和桥粮油厂改称国营和桥粮油厂。1968年，国营和桥食品酿造厂改名为宜兴烟糖公司和桥酱厂，1979年曾增产味精，另挂宜兴味精厂牌子（大集体，1984年停办）。1980年，又变更为国营和桥酱厂。1982年，和桥粮油厂还单设车间，生产棒冰、汽水、汽酒等。1984—1998年，和桥茶食糕点增设批发和零售网点。20世纪末，和桥粮油食品工业企业全部实行经营体制改革。

2002年底,全镇有粮油食品工业企业18家,全部转为民营企业。2015年底,尚有企业14家,其中大多数为和桥镇的传统企业,销售收入约为9300余万元。

2015年和桥主要粮油食品生产企业统计表

表10－13

企业名称	法人代表	地　址	主要产品
宜兴市和润油脂有限公司	陶法庆	北兴桥西塊南面	食用油
宜兴市和桥米厂有限公司	徐勤荣	北兴桥西塊北面	大米
无锡市长盛蜂酒业有限公司	缪礼学	楝聚村	蜂蜜、蜂皇浆、果汁蜂蜜酒等
宜兴市佩兰炒货食品有限公司	蒋旭杨	大生村	各类干炒货

附:

国营和桥粮油厂历任负责人有王书珍、邓汉清、余玉玺、姚良修、李春光、周来生、王寿彭、卢庆华、王茵芳、陆法耕、骆荣堂、蒋稀铮、吴保福、尹洪裕、邹培熙、徐奋晓、徐克和、孙金西、刘凤安、冯志煜、卢泽其、梅守忠、孙维璇、程正君、刘孟全、徐勤荣、陶法庆。

二、重点企业

1. 宜兴市和润油脂有限公司　其前身为和桥镇有着100多年历史传承的粮油加工企业乾昌豫油坊,创设于清光绪十二年(1886)。乾昌豫初创时,有俞耀珊等合股经营。民国16年(1927),俞耀珊增加投入,独资经营,改善设备,更名为乾锠馀油厂,还把分厂开到常州、上海等大城市。民国20年,邓汉清等集资租用乾锠馀厂房设备,进一步扩大加工油料和大米的规模。民国31年,夏鹤龄等在下塘开设乾丰油厂。不久,被日伪充公大豆和棉籽数百石,被迫歇业。民国35年,乾丰盘交给王书珍、陆法耕等4人合股经营,改名正益油厂。1954年粮油统购统销,乾锠馀停止自营,接受粮食局油脂、大米的加工任务。1956年,乾锠馀油厂与正益油厂合并为公私合营和桥油厂,姚良修任经理,王书珍为副经理。同年,和桥11家私营米厂合并为公私合营和桥米厂。1958年8月,隶属于宜兴县工业系统的和桥油厂与和桥米厂、和桥电厂合并为公私合营和桥粮油厂。1966年10月改称国营和桥粮油厂。1978年,该厂利用糠醛设备改建成液体发酵的酿酒车间。1982年又扩建饮料车间,生产棒冰、汽水、汽酒等饮品。1983年7月,和桥粮油厂投产饲料加工车间。1984年4月,饲料车间升格为和桥饲料厂,同年与粮油厂分离,实行独立核算。1993年,粮油厂与上海油脂公司联营,成立宜兴市宜沪富兴油脂厂。1996年,生产的精制油迅速占领市场。1999年,该企业改制成有限公司,投资800多万元,筹建预榨浸出生产车间,固定资产增长到1200余万元,生产能力大幅提高,年加工菜籽可达5万吨,大米年加工生产能力2万多吨,年出口1.5万吨,远销东南亚等10多个国家和地区。2000年,一般油脂生产能力9万吨,精制油生产能力1.5万吨,成为全市粮油系统主要骨干企业之一。同年,大米生产车间搬出,单独建立宜兴市和桥米厂。2003年5月,宜兴市和润油脂有限公司正式挂牌,注册资金2000万人民币,成为一家以油菜籽和大豆加工生产及食用油脂经营的民营企业,并设有品质检测中心。2003—2014,该公司连续获得了国家粮食协会授予的放心油生产企业、江苏省农业产业化龙头企业、江苏省企业资信等级AAA级、无锡市银行业协会信贷诚信企业、无锡市放心粮油生产经营企业、无锡市消费者协会授予的诚信单位等称号。在产业结构优化过程中,该公司创建了“源源”“陶都”两个食用油品牌,2012年“源源”被评为江苏省著名商标。2015年,该公司仍位于北兴桥西桥塊南侧的运河大道旁,占地面积2万多平方米,建成油脂压榨和浸出生产线各一条、精炼油生产线二条、中等包装灌装线一条、全自动小包装灌装线二条,年加工能力16万吨;设有容纳2.8万吨的油脂仓储罐,保管中央和地方储备的菜籽油15860吨;置有8万吨容积的仓库,保证足够的生产原料;拥有员工60余人,其中专业技术人员12人;还备有配送车8辆。同年,公司应税销售收入4163万元。

2. **宜兴市和桥米厂有限公司** 与宜兴市和润油脂有限公司一脉相承,都是从光绪十二年创立的乾昌豫油坊开启历史。民国16年(1927),俞耀珊增加投资,改善设备,更名为乾锠馀,逐步以机器代替牛力。民国20年,邓汉清等集资租用乾锠馀厂房设备,粮食加工的规模不断扩大。民国24年,和桥又开办恒隆复米厂,以机器代替木砻,直接加工白米。民国35年,和桥粮食市场兴旺,南兴桥外有“米市河”“粮行街”的称号。日本侵华战争期间开设的大公米厂,1951年由工人代表管理,改名勤工米厂。1952年春,改名为宜兴县合作总社第四米厂。1952年,原大盛米厂将厂房和机器设备出租给中国粮食公司宜兴支公司在和桥建立第一加工厂,属国营企业,于1953年8月报歇。1956年3月,和桥荣昌、陆法记、乾锠馀、正益、南和、周协昌、吴大新、协和、大盛、恒和、第四米厂(同年移交给县粮食局)等11家米厂合并为公私合营和桥米厂。同年7月,南和、恒和两家米厂分别迁往官林、周铁。1957年4月,周协昌、吴大新两家米厂分别迁至溧水和句容。1958年8月,隶属于宜兴县工业系统的和桥油厂与和桥米厂、和桥电厂等合并为公私合营和桥粮油厂。1966年10月,改称国营和桥粮油厂。1996年,生产的“和字” 牌大米被粮食部授予消费者信得过产品称号。1997年,该品牌被中国质量检验协会评为中国知名品牌,企业被贸易部定为国家大米标样生产厂(当时全国仅有两家)。1999年,大米年加工生产能力2万多吨,年出口1.5万吨,远销东南亚等10多个国家和地区。2000年,大米生产车间搬出,单独建立宜兴市和桥米厂有限公司,占地3659平方米,厂址位于和桥镇北兴桥西桥堍北面、锡溧漕运河旁,跟老厂距离很近。2001年,该公司生产的大米注册了“泥娃”牌商标,并取得包装专利,2005年被授予无锡市名牌产品证书,主要销往浙江、上海、昆明等地区,出口南亚、日本和中东,年销售4000余万元。2000—2015年,该公司投入1000多万元,建成了大米生产线1条、大米冷藏保鲜加工生产线1条、2万吨原料仓库一座、5000吨成品仓库一座,公司先后被评为宜兴市先进集体、宜兴市放心粮油示范加工企业、无锡市优秀企业、无锡市放心粮油生产企业、无锡市农业产业化龙头企业、江苏省粮食应急加工企业、中国粮食行业协会放心米加工企业等。2015年,该公司拥有职工85人,积累资产4069万元,落实优质稻米基地1万8千余亩,年产大米3万余吨。

第十五节　饲料业

一、发展概况

1983年,有着近百年生产历史的国营和桥粮油厂,抓住机遇,依据自身的优势,分设猪饲料加工场。1984年,在此基础上,正式成立宜兴县和桥饲料厂。至2000年,该厂生产的禽畜饲料和鱼饲料,质量和信誉在苏南闻名。2001年,该厂更名为江苏苏南饲料有限公司。2006年,无锡市特林饲料有限公司在南新王母桥村创办,生产鱼饲料的规模也比较大。2015年,和桥有饲料工业2家,应税销售收入7838万元。

2015年和桥镇饲料工业企业

表10-14

企业名称	法人代表	地　址	主要产品
江苏苏南饲料有限公司	花建新	永兴村	配合饲料
无锡市特林饲料有限公司	刘招生	王母桥村	配合饲料

二、重点企业

江苏苏南饲料有限公司　源于1983年县属企业和桥粮油厂分设的第三工场。1984年6月，该工场正式升格为宜兴县和桥饲料厂，厂址位于和桥镇周家浜，生产“交然”牌粉状猪饲料。1987年，该厂开始生产鱼饲料。2000年，“交然”牌鱼饲料获评全国质量十佳放心品牌。2001年7月，新的“苏南牌”商标注册成功，该公司正式挂牌。同年，公司通过ISO900:2000国际质量体系认证。2002年4月，该公司被江苏省列为省级农业产业化龙头企业。2004年，“苏南牌”获评无锡市知名商标。2005年，“苏南牌”鱼用颗粒饲料被评为无锡市名牌产品。同年，公司通过食品安全质量体系认证，产品不仅畅销苏锡常武地区，而且还向浙江、苏北、江西、上海、安徽、河南等地拓展。2007年1月，工厂迁至和桥镇永兴村徐家组，占地面积2万平方米，有生产车间面积3800平方米，注册资本500万元，固定资产4000多万元，拥有5万吨级普通水产饲料生产线两条，1万吨级特种水产膨化饲料生产线一条，年产1万吨禽、畜饲料生产线一条。同年，公司荣获无锡市商业诚信企业称号。2009年，“苏南牌”鱼用颗粒饲料获得江苏省名牌产品称号。至2010年，公司共研制成功三十余种颗粒饲料营养配方。2012年，开发的膨化颗粒特种水产饲料一投产，便深受甲鱼、青虾、螃蟹养殖户的青睐，年销售量攀升至近1万吨。同年，“苏南牌”又被评为江苏省著名商标。

2000—2015年，该公司连续获得宜兴市产品信得过企业、宜兴市工业先进单位等荣誉。2015年，拥有员工80多名（含专业技术人员12名），公司应税销售收入5853万元。

无锡市特林饲料有限公司　的前身是2000年于金坛创办的万叶饲料有限公司，2005年转至和桥镇王母桥村，更名为无锡市特林饲料有限公司。2010年，公司被评为宜兴市农业龙头企业。2012—2014年，连续被评为和桥镇工业先进单位。2015年，公司占地6.6万余平方米，建造生产车间3000余平方米，拥有“正昌42”“正昌40”大型饲料机器各一台、技术工人35名，专业生产普通和特种水产饲料，以“特林”为注册商标，年产量达2万余吨，销售至宜兴及周边溧阳、武进、金坛等十多个县市。2015年，公司应税销售收入1985万元。

第十六节　工业集中区

20世纪90年代，和桥镇、南新镇、闸口镇的工业企业都有一定的集中性。原和桥镇的主要集中在境内的锡宜公路及和闸公路旁边，原南新镇的主要集中在南新街和境内的殷村港旁边，原闸口镇的主要集中在楝树港街及境内的和闸公路、楝杨公路旁边。随着和桥地区工业的不断发展，交通运输、环境保护、扩大规模等方面遇到的压力前所未有。

图10－18　2015年和桥工业集中区锡宜公路入口处

2001年，经市政府批准，和桥镇开始工业集中区建设。其范围东至新长铁路，西靠南新集镇，南达屺亭镇，北临殷村港，总面积8平方千米。2003年，区内共拆除房屋30万余平方米，投入资金近10亿元，初步完成了“五通一平”（通水、通电、通路、通气、通讯、平整土地）。区内二号路、三号路贯穿南北，创业大道、和高路、周杨路（已建成段），横贯东西。这些主干道路面宽度达32米，与和桥街镇、南新街镇、锡宜公路紧密相连。主干道上35千伏和10千伏的电缆线路全部铺设在路边的地下专用电缆沟内。在规划建设的综合服务区、环保产业园、新材料产业园、机电产业园等周围，宽度为25米的次干道同时建成。同年，从和桥镇镇区、锡宜公路两个入口处的广场、景观大道、沿路绿化亦已完工。按照高起点规划、高标准设施、高水平建设的要求，区内落户企业除应有较大规模外，还须按要求绿化，严格处理好污水和废气，节约能源，彰显园林特色和现代企业发展特色。同年，江苏鹏鹭电源有限公司、无锡市普法电源有限公司、宜兴市事成织物后整理有限公司等8个骨干企业，在区内开工建设，投资金额近5个亿。2004年，入区企业12家，总投资10个亿。其中凌志环保集团在区内新建生产基地，投资额超过4个亿。2005—2013年，是和桥镇骨干企业到区内投资创业的高峰期，先后有江苏博盛钢杆有限公司、无锡市瀛隆线缆有限公司、宜兴市晓明绝热材料保温有限公司、宜兴市富陶金属构件有限公司、无锡市永家线缆有限公司等37家，总投资超过20个亿。其中无锡永家线缆有限公司于2013年从外乡镇移至和桥工业集中区，投资2个亿，占地30万平方米，建有厂房3万平方米。2014—2015年，区内又有宜兴市鼎博环保科技有限公司、无锡市浩月机械设备有限公司、江苏欧亚水秀喷泉技术研究有限公司等7家企业进入，总投资4.5亿元。其中无锡市嘉鹏环保设备有限公司投资1.1亿元，购置国产数控车床、火焰切割机、自动镗床等设备，新增建筑面积8700平方米，形成年产全自动净水机150台的生产能力。该公司于2014年7月开工建设，2015年8月竣工投产。无锡市兆星辐射防护科技有限公司于2014年10月在区内3号路附近，投资1.05亿元，购置国产数控车床、镗床、龙门吊车等设备，建造房屋1万5千平方米，形成年产探伤、环保、防辐射等设备1000余台套的生产能力，2015年年底竣工投产。

2015年12月，和桥镇工业集中区已落户企业186家，全年应税销售收入879346万元。

2015年，无锡市兴盛新材料科技有限公司的车间一角

第十一章　建筑业

民国时期,建筑业发展迟缓。工匠大都为师徒、父子关系,都是个体经营,他们受雇于建房户或私营营造厂,政治地位低下,收入微薄。中华人民共和国成立之初,和桥镇仍没有专业建筑单位,仅有少数泥木工参加本行业的同业工会,有年长的老师傅当"作头"(负责人),接到工程后,临时雇请泥工、木工上门施工,待工程结束,结清工资即自行散伙。1956年,和桥镇成立修建站。70年代初,和桥乡、南新乡、闸口乡相继成立建筑站(公司)。80年代,建筑业逐步发展,各建筑单位的建筑设备和技术力量稳步提升,大部分企业由单一土建工程为主,发展到地基、水电、工业设备安装、装饰装修、防水堵漏、市政工程等配套项目施工。至20世纪末,所有建筑单位均改制成为股份制企业及私人企业。进入21世纪,建筑业的竞争也较激烈,有些建筑单位(公司),趋于转业和歇业状态。2015年,全镇建筑单位有14个,另有房地产开发公司、房屋拆迁公司和物业管理有限公司等企业。按照宜兴市政府《关于整顿建设市场的通知》精神要求,和桥镇重视对施工单位建造项目的工程质量、建筑安全等进行常规检查,各建筑单位承建的建筑项目,大部分达到合格工程的水平,获得无锡、常州、上海市和江苏省级优质工程占的比例较多,最高获得国家级优质工程——鲁班奖。

第一节　建筑机构

新中国成立初,和桥镇、和桥乡、南新乡、闸口乡的建筑业还无管理机构。至20世纪70年代初,各公社相继成立手工业管理站,统一对农村"五匠"(木匠、泥水匠、竹匠、漆匠、石匠等)的管理。继后,各乡镇的五匠在自愿的基础上,在乡镇政府的统一协调下,先后成立建筑工程队,归属宜兴县基建局管理。改革开放后,随着人民生活水平不断提高,住宅建设逐步增多,特别是城镇建设发展迅速,住宅小区建设加快,各建筑工程队业务量也逐渐增大,建筑管理机构逐步建立。

一、和桥镇建筑管理职能机构

1972年,和桥乡、南新乡、闸口乡分别成立建筑管理站(以下简称建管站)。和桥乡建筑管理站历任负责人为吴永泉、周其大、路金海、路金芳、蒋小芳、沈其南、潘建华。南新乡建筑管理站历任负责人为孙金大、朱伯连、朱仲连。闸口乡建筑管理站历任负责人为邵永堂、周福生、白永根、缪银南、邓宝龙、蒋小南。

1982年,和桥镇成立城建办公室,负责人为孙定西。

1985年,原南新乡成立规划建设办公室,历任负责人为龚春华、卢洪坤。

同年,闸口乡成立规划建设办公室,历任负责人为尹健安、秦国桢。

1986年6月,和桥乡并入和桥镇,成立和桥镇城建办,历任负责人为韩路线、吴分明。

1995年3月,和桥镇成立城镇建设委员会(简称和桥镇建委)及和桥镇城镇建设发展总公司。两机构的主任及总经理均由时任的副镇长(王杏南、陈国君、郑建华)兼任。历任常务副主任为韩路线、吴分明、李国中、程同匡、李国中(再任)。

1999年8月,和桥镇建委分设下属三个公司。即房地产开发公司(负责人周暹、路明)、拆迁公司(负责人沈其南)、物业公司(负责人堵南华)。

2000年6月和2004年2月,南新镇、闸口镇分别并入和桥镇,建设管理机构也随之合并。

2001年,和桥镇成立建设管理服务所(历任负责人李国中、吴继英),负责全镇的建设管理。

2004年5月,又成立和桥镇规划建设办公室(历任负责人吴小康、蒋科君、谢鹏)。其职能除负责建设管理外,负责对建筑单位的施工队伍、工程质量、安全生产等方面实施指导监督,规划建设办公室负责全镇的规划管理,特别是对新农村建设中的农村住宅房规划及城镇建设中涉及住宅拆迁新建工作。

2009年2月,和桥镇专门成立拆迁管理办公室,负责贯彻国家有关房屋征收(拆迁)与补偿安置的法律、法规和管理办法;制定房屋征收与补偿安置标准;组织审查被征收房屋产权和作价;负责对拆迁业务人员的培训,指导、协调、检查、监督拆迁安置工作;查处房屋征收中违反政策的行为和调处拆迁纠纷等工作。历任负责人许磊、周三军。

2009—2015年,和桥镇成立村镇建设管理服务所,负责人徐斌、曹忠清。2015年下半年,和桥镇成立开发管理办公室,负责人蒋科君。

二、宜兴市主管部门驻镇建筑管理机构

1986年6月,和桥乡并入和桥镇后,在和桥镇设立建筑管理站,负责建筑市场、施工队伍、工程质量、安全生产、票据财务等管理;审定建筑单位资质、核发建设工程施工许可证及安全监督证、质量监督证、建设工程竣工验收等。管理站历任负责人邵洪儒、夏中伯、戴益民、王洪标、许晓。

1996年底,宜兴市建筑工程质量监督站和桥分站设立,主要职能是对建设工程实行强制性监督;接受群众对工程质量的投诉与处理;监督参建各方的质量行为;负责工程质量等级的核定,负责对质量事故进行处理过程的监督;负责对工程结构主要部位进行日常性监督检查,审核参建各方的有关人员从业资格。历任站长:吴顺荣、顾刚、许夕君。2000年,又分设三个办公室,即规划办公室(负责人王琦筠)、建管站(负责人王洪彪)和质监站(负责人吴顺荣)。

2004年9月,设立宜兴市建筑工程安全监督站和桥分站。其职能是负责建筑工程的安全监督。历任站长俞英杰、夏盘君、张国伟。

2010年6月,在和桥镇设立宜兴市工程建筑监察大队和桥中队。主要职能是负责对建设工程实行市场质量和安全监督、对工程质量行为进行监督,核发工程施工许可证、工程安全监督证和工程质量监督证,接受群众对工程质量的投诉与处理。历任负责人马明谷、王汉东。

2013年6月至2015年,经市政府与人事局审批,在和桥镇设立宜兴市建设监察大队和桥中队。至2015年,历任负责人许夕宝、杨骏。

第二节　建筑管理

1986年7月,和桥镇开展对建筑市场整顿,并对建筑工程进行质量监督,确保施工单位的建筑质量。自20世纪90年代起,全面推行建设工程监控。1995年3月,和桥镇建委按照《中华人民共和国建筑法》,负责对施工单位建造项目的工程质量等进行常规检查,并开展优质、高效、安全施工竞赛活动。同年,市建设委员会制订了《宜兴市建设工程招标投标管理实施办法》《宜兴市建设工程评标定标实施细则》等制度。1998年,与建筑企业法人代表签订《建筑施工安全管理责任状》,推行安全施工挂牌制度。至2015年,和桥镇的建筑工程报建率和招投标工程率均达100%。全镇各建筑单位获得国家级优质工程——鲁班奖1个,江苏省优质工程(含样板工程)奖7个,无锡市优质工程奖(含太湖杯)6个。同时获得上海、常州市级优质工程等奖项。

一、工程安全管理

1988年,市建筑安装工程管理处举办“建设工程安全管理”培训班,和桥镇城建办积极做好联络工作,动员各建筑单位的工长、施工员均参与了培训,提高安全意识,使施工中的重大伤亡事故逐年下降。1999年,市建筑工程安全监督站又举办建设部颁布的《建筑施工安全检查标准》培训班,镇各建筑企业分管领导、项目经理和专职安全员参加培训班学习,以提高建筑行业安全生产管理意识。2002—2003年,市政府制订《宜兴市建筑安全生产管理暂行办法》,加强对建筑行业安全生产管理。和桥质监分站兼管安全工作，对全镇的建筑公司进行安全生产的监管。建安公司、鹅洲装饰工程公司等单位被评为文明单位，各建筑公司的安全生产率均达100%。2005年7月，市建设局将安全生产许可证列入工程建设准入条件，和桥镇的10个建筑单位经安全生产考核均取得安全生产许可证。至2015年未出现过重大的安全事故。

二、工程质量管理

1986年10月，宜兴县政府颁发《宜兴县建筑工程质量监督管理实施细则》，宜兴县建筑安装管理处实施对全县范围内的建筑工程进行质量监督，和桥建筑管理站负责镇区内各建筑项目的质量监督管理。1988—1998年，在建的和桥中心幼儿园、和桥职业中学新校舍建设、和桥实验小学新校区建设、和桥商厦工程建设以及在外地施工的一些工程建设项目等10多个工程经竣工核验均获得优质工程。通过几年的监管和各建筑企业的努力，宏成建筑公司（宜兴市建筑工程公司）、和桥建安公司、和桥市政工程公司、恒力建筑公司、志鑫市政工程公司、鹅洲装饰工程公司等分别获江苏省建设银行AAA级资信企业，同时又被建工局评为“质量管理先进单位、无锡市、宜兴市文明单位”等称号。至2015年各建筑单位承建的工程项目均达到优良以上等级。

三、建筑市场管理

1989年，市政府下发《关于整顿建筑市场的通知》和《关于建筑市场管理的补充规定》等文件，并开展了建筑市场的检查整顿工作。和桥镇建管站对全镇所有施工企业进行资质复审，和桥二建公司、市政公司、宏成建筑公司、志鑫市政公司被评定为二级资质企业，其余均为三、四级资质企业（其中鹅洲装饰工程公司于2011年被评定为建筑装修装饰工程专业承包一级资质企业）。1990年，和桥镇建管站又配合市建设工程招标投标办公室和工程建设定额管理站，对各建筑企业都按规定实行招投标，规范了建筑市场管理。1990—2015年，每年招投标率和招投标工程建报率均达100%。同时又完成了各类建筑企业对核算、预算人员资格考核和发证工作，使和桥镇的各建筑企业都成为信誉好的诚信企业。

第三节 建筑队伍

新中国成立前，和桥地区没有建筑营造单位。20世纪50年代初，泥木建筑工人参加工会，组建了建筑站，成立建筑工程队。改革开放后，城乡人民住房条件逐步得到改善，加上城镇工业的推进，工厂企业迅猛发展，乡镇体制的改革延伸，建筑施工队伍也逐渐发展壮大。至2015年，从事建筑安装和绿化等工程的国营、大集体、股份制及私营企业等建筑单位（含更名的在内）共有14个。

一、宜兴市宏成建筑安装工程有限公司

该公司原名和桥建筑站，成立于1956年，先后改名为地方国营宜兴县建筑公司和桥分公司、宜兴县和桥修建站、宜兴县建筑工程公司第四工程队、宜兴县建筑安装工程公司第四分公司。该公司于20世纪70年代承建国家建设中的宜兴化肥厂6万吨尿素车间、64米高的尿素造粒塔等工程，被上级评为优质工程；1992年承建的上海运动鞋总厂主厂房，被上海市评为优质工程；1993年承建的宜兴市技术监督局检测大楼，被评为无锡市优质工程。1994年，公司改名为宜兴市建筑工程公司和桥分公司。同年，承建的和桥商厦工程，被评为江苏省优质工程奖“太湖明珠杯”奖，承建的常州工程职业技术学院校舍获得“金龙杯”奖，承建的和桥高级中学餐厅及体育馆获得“宜兴市优质工程”奖等。1999年8月，和桥镇政府对公司实施改制，王焕金以250万元中标，公司改名为宜兴市宏成建筑安装工程有限公司。2002年，公司由原来三级资质升为二级资质，注册资金达到2000万元。2015年，公司有职工200多人，各类技术人员150多人，其中二级建造师12人，小型项目经理10人。公司有固定资产3000多万元，大中型机械设备50多套。在省内多个地区都设有建筑分公司并且建成了以建筑、开发为一体化的企业。公司曾被江苏省建工局评为“质量管理先进单位”。历任负责人为韦孟大、孙洪宝、施文团、夏和初、邵洪儒、夏中伯、周泉生、孙孟川、程同匡、王国龙、王焕金。

二、宜兴市第二建筑安装工程公司和桥分公司

1972年，和桥人民公社成立建筑管理站，负责人吴永泉。1982年至1987年，先后改称为宜兴县联合建筑安装工程公司和桥工程队、和桥分公司、宜兴市第二建筑安装工程公司和桥分公司，为二级资质企业。1985年承建的江苏省电力公司二处宿舍楼和安徽省颖上县粮食局6层办公楼，均为优质工程。1986年承建的江苏省驻沪办事处工程，被评为省样板工程。1984年至1987年，连续4年被宜兴市计经委、无锡市建工局、省建工局等主管部门评为先进企业。1987年公司有工程技术人员59名，其中助理工程师以上21名。注册资金519万元，拥有各类施工机械80多台套。

公司历任负责人为吴永泉、周其大、路金海、路金芳、蒋小芳、沈其南。

1999年4月18日，公司拍卖，潘建华以110万元中标。该公司因多种原因于2007年歇业，原有资产被宜兴康晨建筑分公司转用接纳。

三、闸口建筑公司

该公司原先为闸口乡建筑站，1978年组建。1982年更名为闸口建筑公司。公司成立后，分别在苏州、南京、镇江、无锡、常州建立分公司。公司资质为三级，拥有工程技术人员50余人，其中，高级工程师1名，中级职称2名，初级职称2名；公司注册资金600多万元，拥有施工机械20多台。2015年前，在承接的工程项目中，无锡市集装袋厂工程获无锡市优质工程，常州市某中学逸夫楼工程获常州市优质工程，宜兴市工商局大楼工程获宜兴市优质工程。公司历任负责人为邵永堂、白永根、缪银南、蒋小南。

四、无锡市天佑置业有限公司

1986年10月，为安置土地征用工（由于乡镇合并征用大量土地，土地征用工上百人需安置），同时为村镇建设开发服务、利润用于建设，成立的宜兴市和桥房地产开发公司，由当时的村镇规划建设办公室负责筹建，性质为镇属企业，经理王建军。公司成立后先后开发西横街综合楼、南新公路转角楼、鹅洲北路南侧住宅小区、建设银行、鹅洲东路综合楼、镇政府宿舍、鹅洲北路小别墅等工程。并先后代建和桥供电所、工商银行和桥支行、供销社、康利乐小区、法庭、派出所、工商所、税务所等工程。1998年，和桥房地产开发公司与和桥镇建委合并，由镇建委常务副主任程同匡兼任开发公司经理。1999年，镇政府重新设立三个公司，即开发公司、拆迁公司、物业公司。任命周暹为和桥房地产开发公司经理。2002年3月，由于开发公司多年没有开发业务，企业员工社保二年未交，工资拖欠，企业运作困难，面临倒闭。镇政府决定由路明任房地产开发公司经理。2004年开发建设新建河商住楼。同年12月，宜兴市和桥房地产开发公司净资产为负33.39万元。为顺应深化改革，将其改制为股份制企业，通过公开招标挂牌拍卖，实行零资产一次性转让给路明经营。2005年1月，企业名称变更为无锡市天佑房地产开发有限公司，法人路明。2006年开发建设锦绣江南花苑商住楼。2006年9月，注册资本增资400万元，注册总资本为800万元。2007年7月，企业名称变更为无锡市天佑置业有限公司，法人路明。企业按三级资质从事房地产开发经营。2008年开发建设富家苑住宅小区等。2015年1月9日，企业法人变更为吕峰。

五、江苏鹅洲装饰工程有限公司

该公司成立于1989年，原企业名称为宜兴市鹅洲装潢公司，1995年更名为宜兴市鹅洲装饰工程有限公司。2009年承建的宜兴市人民医院病房南楼内外装饰工程荣获宜兴市“陶都杯”装饰优质工程奖、无锡市“太湖杯”建筑装饰优质工程、无锡市市级文明工地、江苏省建筑装饰优质工程奖（紫金杯）。2012年承建的宜兴惠安国际大酒店内外装饰工程获宜兴市“陶都杯”装饰优质工程奖、无锡市文明工地、江苏省建筑装饰优质工程奖（紫金杯）和省建筑施工文明工地等奖项。2014年4月，更名为江苏鹅洲装饰工程有限公司，占地约6800平方米，注册资金1680万元，资产总额5300万元。公司施工资质为“建筑装修装饰工程专业承包一级”“建筑幕墙工程专业承包二级”“金属门窗工程专业承包二级”、AAA级特信用企业，ISO9001:2008、ISO24001:2004国际认证合格企业。连续多年获得“江苏省建筑装饰优秀企业”“十佳企

业”和AAA级“重合同守信用企业”、无锡市重合同守信用企业。2015年，有员工139人，各类技术管理人员57人。其中，高级职称12人、中级职称32人，先后在南京、山东枣庄、浙江杭州、江苏无锡、江苏东台设立了各具特色的产业分公司，业务覆盖苏、浙、皖、沪等二十多个省市。其间，公司承接的中国银行、农村商业银行等6家装饰工程，确保工期和质量的完成，赢得了用户的好评。公司负责人丁家明。

六、宜兴市和桥建筑安装工程有限公司

该公司创建于1992年2月。1994年改制成股份制企业，为民建三级企业。公司集建筑、房地产开发为一体，先后承建和桥高级中学教学楼，和桥职业高级中学教学楼，和桥东横街2幢、西横街改造工程、和桥公园路、富阳新村开发建设工程、无锡中桥花苑住宅楼工程、宜兴一中教学楼工程等。2015年，公司拥有固定资产500万元，有工程技术人员45人，其中工程师7人，助理工程师13人。有各类施工机械设备200多台套。公司先后被宜兴市评为文明单位，被无锡市评为“重合同，守信用”企业，被江苏省建设银行命名为AAA信用企业。公司负责人吴盘中。

七、宜兴市和桥市政工程公司

1993年2月，和桥镇规划建设办公室单独成立市政工程公司，为规划办下属企业。1995年上升为镇属企业。1998年，改为股份合作制企业，被评定为三级资质。2000年，又升级为二级资质企业。1994年建造的海宁桥、1997年承建的健康西路大涵洞和砼道路，均为优质工程。1998年后，积极向外开拓，承建宜兴城内的解放广场一期工程，被评为优良工程。在宜兴市“一山一水”建设工程中，承建了氿南路、龙背山森林公园入口广场、氿滨路主车道及桥梁两座、体育中心桥梁一座、宜兴市火车站接站路两条。2000年承建周家浜桥、2001年建造东横街小沿河上的永宁桥。2002年承接和桥镇多个污水工程、苗桥路改造工程、朝阳广场、银杏广场和和桥高级中学新校门口的景观工程等。2003年，被宜兴市政府授予先进集体奖。2004年承接的宜城镇“氿滨路拓宽改造工程——南长桥”以及2006年建造的城南河南侧驳岸工程均被评为“示范工程”。2007年获无锡市AAA级重合同守信用企业。公司历任负责人刘耀明、刘振。2015年，公司建有1.25万平方米的办公大楼和机修车间，拥有各种施工机械200台套，有专业技术人员100名。其中聘请高级工程师4名、经济师1名、工程师15名。

八、宜兴市华辰建筑安装工程有限公司

该公司成立于1993年8月，原名为宜兴市和桥江南建筑安装工程公司。2008年，更名为宜兴市华辰建筑安装工程有限公司。公司具有房屋建筑工程的设计、施工总承包三级资质。注册资金为608万元，总资产1000万元，可承担单项工程合同额为3000万元的房屋建筑工程施工。其间，承接川埠部队营房建筑工程获军区优质工程和无锡市优质工程奖。1993－2015年，坚持“质量第一、信誉第一、安全第一”，工程合格率和优良率分别达到100%和80%，历任负责人谈尧坤、谈中华。2015年公司拥有注册建造师5名、小型项目管理师12名、高级职称的2人、中级职称的10人、初级职称的45人。

九、宜兴市光明置业有限公司

该公司成立于1996年6月，属股份合作制企业，经理夏正欣。注册资金600万元，固定资产360万元，有各类工程技术人员53名。其中助理工程师以上人员9名。有各种施工机械58台套。1996年，公司承建和桥西横街3800平方米转角楼、鹅洲东路6300平方米商住楼，1999年在锡宜公路南侧建造1.65万平方米和桥轻纺建材装潢综合市场，2000年，为南漕镇建造1.76万平方米的兴隆住宅小区，质量均达优良标准。2002年，承建新搬迁的和桥医院工程，建筑面积1.6万平方米。1999年、2002年被无锡市人民政府评为“重合同守信用”企业。2007年3月至2015年，公司名称变更为光明置业有限公司。公司负责人夏宪。

十、无锡市恒力建筑安装工程有限公司

该公司成立于1999年2月，原名为宜兴市兴达建筑安装工程有限公司。2006年更名为无锡市恒力安装工程建筑有限公司。更名时，公司具有二级资质房屋建筑工程施工总承包和从事市政三级资质公用工程施工总承包的能力。注册资金2100万元，

总资产6011万元,可承担单项工程合同额1亿元的房屋建筑工程施工。公司承建的德胜集团自动硫化车间、南漕自来水新厂房、宜兴市成龙童王制衣有限公司办公楼工程均达到优良工程。为配合宜兴市化工园建设,公司承建的化工园区内的“上海福盈纺织印染公司(宜兴)”厂房车间及江苏创新石化公司厂房,均获得了化工园区优良工程。承建和桥镇的永兴小区安置房、和桥镇蒋山公墓一期工程、宜兴市化城禅寺整体院内工程,施工信誉良好,被授予无锡市“重合同、守信用”企业,被江苏省建设银行命名为“AAA”资信企业。1999—2015年,所承接的各类工程合格率均达100%,优良率达80%。公司建立了完善的人力资源管理体系,重视吸纳和培养各类专业人才,至2015年,公司拥有工程类职称的技术人员175人,其中高级职称5人、中级职称35人。公司负责人蒋进良。

十一、宜兴市和桥拆迁有限公司

和桥镇的拆迁工程,原由镇建委承担。1999年8月,成立和桥拆迁有限公司,性质为镇属企业。业务归宜兴市建委拆迁办管理。其职能是:根据城镇建设需要,搞好宣传发动,按照城市拆迁管理条例,对旧城区进行调查摸底,张贴公告或发出公开信、办理拆迁许可证。接待拆迁咨询、签订协议,依法拆迁、交付结算等。拆迁公司下设动迁科、工程科、财务科。有工作人员10人。其中工程师3人、大学生3人。至2002年,配合国家工程,拆迁15.6万平方米。其中,锡溧漕运河拓宽工程拆迁10.26万平方米,新长铁路建设工程拆迁1.1万平方米,锡宜高速公路拆迁1万平方米。三峡电网工程拆迁1.6万平方米。2003—2015年,在和桥镇旧城拆迁改造工程中,共拆迁12万平方米。其中较大的有东横街拆迁改造1.6万平方米,公园路改造拆迁5000多平方米,“园地村”拆迁改造3300平方米,鑫斯巷拆迁改造3000平方米,1999年农贸市场拆迁1.5万平方米。公司负责人沈其南。

十二、五洲立盛商业发展有限公司和桥分公司

该公司是集建筑、销售于一体的企业,属香港上市集团,是中国商业地产十强之一。2004年进驻和桥镇南新区设立分公司,称五洲国际集团和桥分公司。公司集聚一大批国内外著名的高级经营管理人才,并充分利用现代化科技成果,在镇南新区建造了20万平方米的各类建筑设施,有四幢独立的街铺、五幢11—18层欧式小高层高品质住宅楼以及露天游泳池等,并采用先进的建筑科技——外墙保温系统、铝合金双层中空玻璃等建筑设施,所建造的房屋全部采取框架结构,并严把建筑质量关,保证建筑质量。2014年7月,更名为五洲立盛商业发展有限公司。历任法人李荣华、丁立。

十三、宜兴市天逸怡和置业有限公司

该公司成立于2008年3月,属私营有限公司。公司主要从事房地产开发与经营,注册资金2000万元,资产总额约8000万元。至2015年,公司先后开发和桥“怡和花园”和“怡景华庭”两个小区,工程合格率100%。2015年,公司拥有高级工程师2名、中级工程师5名、初级工程师10名。公司负责人许逸兴。

十四、江苏志鑫市政工程股份有限公司

该公司成立于2008年11月,是华东地区从事市政地基基础施工、设备最齐全的专业性企业,主营各种市政道路、地基处理、各类桩基施工。公司的设备先进,工艺新颖,施工手续齐全,并与多所大专院校、科研单位有技术协作关系。2009年5月,被南京建筑工程学院(工业大学)指定为大学生专业实习基地。2009—2010年,连续两年被江苏省评为“重合同、守信誉”企业。2010年,一次性通过ISO9002质量认证。2015年,公司有高、中级职称人员32名、初级职称人员55名。其中,一级项目经理5名、二级项目经理15名;还有各类安全、机械等持证上岗人员50名,技术工人40余人。公司负责人颜辉。

第十二章　农　　业

和桥地处太滆平原北部，地势东南高西北低。境内河流纵横，气候温润，物产多样，是宜兴粮食生产和多种经营的重点地区之一。新中国成立前，由于长期受封建土地制度束缚和战乱祸害，农业发展非常缓慢。1950—1978 年，经过土地改革、农业合作化、人民公社化等变革，和桥农业有了一定基础，但生产水平还较低，加上指导思想的局限，发展变化仍不够明显。1979—1982 年，和桥全面实行家庭联产承包责任制，农民种地积极性极大高涨，农业面貌得到前所未有的改善。1983—1999 年，和桥不断加大对农业的投入，改进耕作制度，大力兴修水利，推广科学生产技术，提高农业机械化水平，减轻农民负担，加快多种经营发展步伐。1999 年，和桥镇分别被无锡市、宜兴市评为农业先进乡镇。2000—2015 年，和桥农业进一步调整产业结构，规范土地流转，全面确权颁证，鼓励农民以承包土地（水面）入股，相继建立一百余个村级集体经济股份合作社、农民专业合作社、家庭农场等新型农业经营主体。2000 年 2 月，和桥镇被无锡市人民政府认定为基本实现农业机械化。2015 年，和桥镇粮食总产量 4.33 万吨，农业总产值 7.87 亿元。

图 12－1　2000 年和桥镇获无锡市人民政府基本实现农业机械化乡（镇）奖状

第一节　管理机构

一、水利农机站

1954 年，和桥镇成立宜兴县地方国营和桥抽水机站，1960 年更名为宜兴县地方国营抽水机和桥第一大队。1963 年后，先后改名为宜兴和桥中心站、和桥农机管理站、和桥农机管理所、和桥水利组、和桥水利所。1987 年，又定名为和桥水利农机管理所，负责和桥境内的水利建设和机电排灌的技术指导，并负责机械的技术培训，维修保养等工作。1992 年下半年开始，改为和桥水利农机实业公司，转为事业性质、企业管理，与原工作职能分离。水利农机工作由各乡（镇）管理。1992 年起，和桥镇分设水利站和农机站，负责管理全镇的水利农机工作。2003 年 6 月，为了精简机构，和桥镇的水利和农机两站合并，建立和桥镇水利农机站，负责全镇的水利工程建设、水资源管理和水政监察、新型农机具使用监督和管理。2015 年底，和桥水利农机站有在编人员 9 名，其中 2 名水利、农机工程师。同年，该站被宜兴市人民政府评为宜兴市为农服务先进单位。

和桥农机管理所、水利站、水利所等历任负责人为许根龙、王顺保、范钧大、戚小松、姚正国、李应坤、毕汝荣、吕道清、孙建轶、孙伯良、蒋天祝、周浩坤、周来生、张小林、邵瑞初、陆晓明、余中立、陆国芳等。

和桥镇水利农机站历任站长陆国芳、曹忠清、杨晓强(2014年起)。

二、水利站 1982年,和桥公社水利站成立,站长余中立(至1986年)。1986年,南新乡水利管理服务站成立,历任站长为张小林、王培生(至2000年)。1986年,闸口乡水利管理服务站成立,历任站长为吴生南、王焕龙、陆建芳、邵瑞初(至2004年)。1986年,和桥镇水利管理服务站成立,历任站长为余中立(至2001年)、陆国芳(至2003)。

三、农机站 1976年1月,和桥公社,南新公社、闸口公社同时成立农机管理服务站。在2003年(水利和农机合并)以前,和桥镇(公社、乡)农机站历任站长为李松海、董浩清、王国敏、蒋发明等;南新镇(公社、乡)农机站历任站长为孙允和、沈锦娟、沈小洪(至2000年);闸口镇(公社、乡)农机站历任站长为许坤海、何建良(至2004年)。

四、农业服务中心

1999年7月,和桥镇政府科办设置调整,将农技站、多技站、蔬菜办三部门合并为和桥镇农副业办公室(以下简称"农副办"),邵志军任农副办主任。2000年6月南新、和桥两镇合并,农副办主任由赵建强担任。

2002年3月,和桥镇农副业办公室改名为和桥镇农业服务中心,又称农业办公室。2005年8月,和桥镇畜牧兽医站并入和桥镇农业服务中心。至2015年底,历任主任为赵建强(2002.03—2007.03)、杨晓强(2007.04—2014.03);范凌云(2014.03—)。2015年底,和桥镇农业服务中心有在编人员15名,其中中级园艺师、中级农艺师各1名,高级农艺师、高级工程师各1名。同年,和桥镇农业服务中心被宜兴市人民政府评为宜兴市为农服务先进单位。

五、农业技术推广站 1966年,和桥、南新、闸口公社建立农业技术推广站(以下简称农技站)。20世纪70年代起,农技站负责良种繁殖和高产示范试验,推广良种、探索作物高产稳产的栽培技术。1991年,和桥镇农技站被无锡市农业局评为先进农技站。1997年,该站被宜兴市人民政府评为农业先进集体。1998—1999年,该站又被无锡市人事局、农业局评为创优争先先进集体。南新镇农技站,1999年度被评为宜兴市农业先进集体。至1999年7月,和桥镇(公社、乡)农技站历任站长为周培基(兼)、路金海、路玉如、王荣华、蒋新和。原南新镇(公社、乡)农技站历任站长为房法生、吴良才、卢洪坤、顾福真、赵建强。原闸口镇(公社、乡)农技站历任站长为徐志汤、姜仁金、白永根、谈亚光、徐志勤。

六、多种经营技术指导服务站等 1980年,原和桥、南新、闸口等公社成立副业办公室;1984年,改名为和桥等乡多种经营联合公司。1986年和桥乡镇合并,和桥镇多种经营联合公司成立,1991年,又改名为和桥镇多种经营技术指导服务站(以下简称"多技站"),负责全镇多种经营的技术指导服务工作。1999年,和桥镇多技站有定编技术员4名,分设园艺、林果、水产等专业条线。历任负责人有曹荣培、吴顺忠、周锡林、夏振新、王惠中。南新镇(公社、乡)多技站历任负责人有闵春洪、吴兆玉、张建新、王幼安、沈达生。闸口镇(公社、乡)多技站历任负责人有杭伯贤、王祥斌。

七、蔬菜办公室 1950—1985年,和桥镇由农业助理兼管蔬菜生产,1985年由朱耀芝助理兼管。1986年和桥镇乡合并后,成立和桥镇蔬菜办公室,负责人为杨正祥。该办公室负责全镇的蔬菜生产规划,开展蔬菜生产的技术研究、开发和推广,培训蔬菜技术人员,提供技术和信息咨询服务。1999年,蔬菜办公室并入和桥镇农副业办公室。

八、畜牧兽医站 和桥畜牧兽医站创建于1963年,主要负责牲畜防疫、检疫、治病和阉割工作。1975年,推广二元杂交猪新品种和母猪人工授精技术。1995年,推广三元杂交猪新品种。1996年,根据《中华人民共和国动物防疫法》,实行生猪定点屠宰、定点肉检。1999年5月开始,对全镇仔猪实行阉割时开展双防疫工作(防"二瘟"和"五号病"),并挂打耳标,严格控制本地区生猪烈性病的传染。2005年8月,和桥镇畜牧兽医站并入和桥镇农业服务中心。当时畜牧兽医站有在编人员8名,其中助理畜牧医师3名。历任站长有丁福根、褚锡生、宗锡根、程俊儒、丁海南、黄小荣，曹德和。南新兽医站创建于1964年，2000年并入和桥镇。兽医站站长是杨瀛谷。闸口兽医站创建于1964年，2004年并入和桥镇。历任兽医站站长是何金茂、陈保贤、何国勤。

九、农村和农业综合管理办公室

1986年，和桥镇成立农村经营管理办公室。至2011年，历任主任为曹亚南、宣志成、张法明、杨定荣、杨晓君、凌红军。2012年，农村经营管理办公室改名为和桥镇农村和农业综合管理办公室，张福细开始任办公室主任。该办公室功能是负责农村土地承包经营权流转管理，调节和仲裁土地承包的经营纠纷；指导推行农村集体资金、资产、资源委托管理制，建立公开招投标集中采购机制；培训专业人员，强化村级会计管理，提升农村财务管理水平；指导、规范农民专业合作社的建设工作，促进农民专业合作社的健康发展；负责并组织对农村经济收支、农民收入与农民负担情况进行监测；负责有关农民负担、土地承包、农村财务等管理工作。2007年12月，和桥镇被中共无锡市委农村工作办公室评为无锡市农办系统先进集体。2013年，又被中共无锡市委、无锡市人民政府评为无锡市农村社会管理先进单位。2014年，和桥镇农村和农业综合管理办公室，被宜兴市人民政府评为宜兴市为农服务先进单位。2015年底，和桥镇农村和农业综合管理办公室有在编人员8名，其中有农业经济师2名。

1986年，南新乡成立农村经营管理办公室。至2000年，南新经营管理办公室历任主任为谈亚年、沈锦娟、张建新、杨晓君。

1986年，闸口乡成立农村经营管理办公室。至2004年，闸口经营管理办公室历任主任为吴茂祥、余春荣、王中权。

第二节　农业体制

一、土地私有制

新中国成立前，土地属私有。大量的土地集中在地主、富农手里，广大贫雇农无地或只有少量土地耕作。

地主主要靠出租土地收取地租剥削农民，和桥地区一般租额为亩产的40%—60%。同时，地主还采取雇工剥削。和桥农民为维持生活，只得为地主当长工或短工。长工，一般为正月初六上工，腊月廿四放工，帮工一年只休息十几天；短工又称忙工（忙月）或点工，一般大忙时，帮助突击农活，以天计酬，工作时间长，生活极其艰苦。当时有的甚至还叫孩子给地主当小郎，放牛做佣，只给饭吃，不给工钱。1941年和1950年2月，和桥地区曾实行“二五减租”及“三七减租”。

二、土地改革

1950年5月，和桥境内各乡在上级派驻的工作队带领下，大力宣传土改的方针政策。1950年9月，有关各乡农民按拥有的土地、房产登记造册，自报公议，评定阶级成分，并没收地主、富农的土地，分给广大无地的贫下中农。1951年8月，经过复查发证，土改结束。至此，封建土地私有制被彻底废除，农村真正实现了耕者有其田。

三、农业合作化

1. 互助组　土改后，农民虽分得土地，但大部分农民缺乏耕牛和大型农具等主要生产资料，在生产中存在不同程度的困难。为帮助贫下中农发展生产，党和政府号召农民组织起来，开展互助合作（一般5～10户为一组）。1951年3月，和桥区闸口乡北沙滩农民邓槐银组织人船互助。度过春荒后，该地正式成立了宜兴县第一个互助组，有9户农民自愿参加，集中了男女劳力13个、耕牛1头、农船1只，有水旱田59.7亩。同年夏季，原和桥乡小湾、许家、小会、大会等自然村也组成互助组。同年年底，邓槐银互助组在苏南地区农业劳动模范代表会议上被评为先进模范互助组。1952年底，和桥近50%的农户加入互助组。

2. 合作社　在互助组的基础上，和桥农村建立初级社，按自愿互利的原则，一般规模以100～200户为一社，实行劳力、土地、农具折价入社，分年摊还。管理上实行按工计酬与土地入股分红相结合。

1952年4月，邓槐银互助组转办为北沙滩农业合作社，成为宜兴县第一个初级社。全社集中了农户19家、社员64人、男女劳力44人，入社耕牛4头、水车4部，邓槐银被推举为社长。1953年春，闸口乡唐永根互助组也办起分别桥农业合作社。1955年秋，和桥地区超过50%的农户参加初级社。1956年春，和桥地区的闸口乡在和桥地区率先合并了乡内的初级社而转办高级社，取消土地入股分红，完全实行按劳分配、多劳多得的原则，土地所有权归集体所有，并推行“三基本”办法，即基本工，基本肥，基本粮，也就是工分多、投肥多，分配的口粮就多；反之按比例减少。同时，还根据困难户的实际情况，在年终分配时给予适当照顾，体现集体化的优越性。1957年冬，和桥地区所有的初级社转办高级社，参与农户100%。

四、人民公社化

1958年9月，宜兴县实行人民公社化。原和桥镇、和桥区都归属于太滆人民公社管辖。1959年1月，太滆公社分为高塍、闸口、和桥、屺亭4个公社。1959年2月，和桥镇恢复县属镇，新民、闸口、南新等6个公社划归和桥片。

1958年秋冬公社化不久，和桥即刮起“共产风”，掀起“大跃进”的高潮，实行组织军事化、行动战斗化、生活集体化，提出“放开肚皮吃饭，鼓足干劲生产”等脱离实际的做法，拆小灶、办食堂，吃饭不要钱。和桥地区一时“共产风”“命令风”“瞎指挥风”“浮夸风”“特殊风”，即“五风”盛行。各地社员自留地无端由集体收回，大搞分配上的平均主义和无偿调用农民私有财物“一平二调”的(指的是当时人民公社内部所实行的平均主义供给制、食堂制，还有对生产队劳力、财物无偿调拨)共产风，农民生产积极性遭严重挫伤。1959—1961年，出现了严重的三年经济困难时期。

1960年11月，中共中央下达《关于农村人民公社当前政策问题的紧急指示信》，和桥纠正盛行一时的错误做法，恢复按劳取酬、多劳多得的原则制度，逐步提高农民的生产积极性，农业生产趋向稳定。

1962年3月，和桥按照党中央就人民公社问题提出的“调整、巩固、充实、提高”八字方针，继而确定“以队为基础，三级所有(即以生产队为单位，其生产成果按公社所定政策实行独立核算分配)”的农村人民公社核算分配政策。这种基本的生产关系模式，为稳定农村秩序，坚持以农业为基础，发展农业生产起了积极作用，并且一直持续到1982年全面实施家庭联产承包责任制后才自行结束。

1964年，全国开展农业学大寨运动，和桥境内农村开展平整土地和格田成方，农田水利基本建设得到改善，但和“文化大革命”的极左思潮联系紧密，农业生产上又片面强调“以粮为纲”，限种经济作物，限制发展家庭副业，批判“三自一包”(即自留地、自由市场、自负盈亏，包产到户)，取消评工记分，采用“日头工”的大寨式记工，形成生产“大呼隆”、分配吃“大锅饭”的局面，致使农业生产多年徘徊不前。1978年，“大寨式”记工才被取消。1983年，人民公社制度被取消。1983年，人民公社制度被取消。

五、土地承包责任制

1979—1980年，农业生产责任制主要是实行“小段包工，定额计酬”的办法。1980年冬，和桥逐步试行联产到劳、包产到户的做法。

1981年下半年，和桥贯彻宜兴县《统一经营、联产到劳责任制试行办法》，取消工分制，农民按承包耕地上交征购粮食、农业税 、公积金、公益金和管理费用，余下全归自己，真正体现了“按劳计酬，多劳多得”的分配原则，促进了农村经济的全面发展。1982年，和桥全面实行家庭联产承包责任制。和桥境内的农业掀开了崭新的一页。

1983年，和桥地区取消人民公社制度。同年，和桥境内恢复稻麦两熟制，实行农业生产适度规模经营、专业化社会服务，改进耕作方法等措施，推行科学栽培技术，以农机操作替代繁重的体力劳动，促进粮油高产稳产。如原北庄村成立的机耕队、植保队，服务及时周到，农户放心满意。原农科队的120

亩农田，由2户农民联户承包，为全镇及全县适度规模经营作出了示范。

农村实行联产承包责任制后，除稻麦以外的种植业和养殖业，收入逐年增多。1978年，原和桥公社渔业产值只有26.52万元。1992年，原和桥镇(水域面积没变)渔业产值增加到1725.17万元。到2002年底，和桥镇(原南新镇已并入)多种经营产值超千万元的村已有4个。

1987年，农村人均收入715元，在部分农户的经济活动中，种植业已不再占主导地位，加之农业投入、粮食价格都增长不快，农业生产资料反而上涨较快，农民负担也较多，种地的积极性有些消退，有少量的地方出现了抛荒现象。1989年，和桥境内各乡镇进一步加强各项稳农、扶农措施的落实工作，把控制和减轻农民负担作为提高农民生产积极性的大事来抓。

1993年9月1日，和桥粮食价格全面放开，农村百姓心态稳定。1996年，和桥围绕科教兴农，加快发展农业现代化，走农工贸一体化、产供销一条龙的路子，坚持稳定和完善土地承包关系，增加投入，进一步加强农业基础设施建设，下大力气减轻农民负担。1998年，根据《中共中央办公厅、国务院办公厅关于进一步稳定和完善农村土地承包关系的通知》精神，土地承包人获得农村集体土地承包经营权证书，确认承包人对土地享有30年的承包经营权，自1998年秋种开始至2028年秋收为止。

2002年，和桥镇依据上级有关文件精神，进一步规范了土地流转的原则、形式和手续。2004年，土地逐步向规模化经营集中，农民以承包土地入股、合作经营，按股分红，组建土地股份合作社。2005年10月，西锄村成立和桥镇首个村级集体经济股份合作社。2007年8月，和桥镇第一个农民专业合作社“宜兴市添益农业服务专业合作社”在福巷桥村创立。2014年4月，和桥首个家庭农场创办。

2014年，和桥镇根据“明晰所有权、稳定承包权、放活经营权”的“三权分离”原则，进一步依法加强土地流转管理，全面开展农村土地确权登记颁证工作。2015年，和桥镇进一步贯彻落实中央有关发展农业的方针政策，努力提高农户集约经营水平，大力支持发展多种形式的新型农民合作组织，构建新型农业经营主体。至2015年，参与土地流转的农户有1万余户，流转土地1.75万亩。

第三节　农田水利

一、整田平地

新中国成立前后，和桥农村田地高低不平，田埂弯曲，沟渠混乱，排灌不畅。1970年初，宜兴县在和桥公社北庄片搞园田化试验。首先以骨干河道、地形特点确定田块方向(尽量为南北)，再以方向划定每一方田块的大小。大方为60亩，小方为15亩，然后在每方田块之间布置路沟，实现大、中、小沟渠系统配套，使每一方田块达到灌排分开、能灌能排。北庄首先开展挑高填低、挖墩填塘、平整土地、格田成方、开沟理渠的试验，以此带动了全社大规模的农田基本建设。至1975年，和桥境内水稻田的整田平地基本完成。仅原来的和桥公社，至1975年，就平整土地2.3万亩，完成土石方8000多万方，格田成方2.68万亩。2004年，和桥镇又完成了宜兴市下达的“万亩粮田土地整理项目”。这次整理，主要选择在同里村和北庄村，投入资金300万元，建成百亩连片农田10个，建成3米宽的道路1500多米，建成明沟暗渠3000多米。2005—2013年，和桥在西锄、北新、永兴、中巷、闸口、王母桥、福巷桥、楝聚、钟溪、湖滨等村，投入资金5000万元，逐年完成镇级以上土地整理项目，建成3米宽道路近万米，建成明沟暗渠12万多米，建成3000亩连片的高标准农田示范片1个、2000亩示范片2个、500亩示范片10个。2014—2015年，江苏省高标准农田建设选址北渠村、北庄村、大生村、湖滨村、中巷村、北新村，投入资金1200万元。通过高标准的农用道路、明沟暗渠、跨河渡槽及河道泵站建设，建成2个5000亩连成一片的高标准农田。

二、灌渠建设

20世纪60年代初，和桥境内普遍开始修建大型灌溉用的沟渠。至1964年，当时和桥公社的八座电灌站的灌溉沟渠，全部到达18个生产大队、179个生产队的农田。这些沟渠，全部是用沿途挖出来的泥土垒起，截面呈梯形，牢固性好，流水通畅；在通过河道时，还建有不少渡槽；通向田间的渠道口上，都装有水泥和木板做成的涵闸。

1973年3月，原镇江地区在和桥公社高楼村电站搞灰土地下渠道试点，建成的渠道上面为机耕路。这种暗渠具有输水快、占地少等优点。20世纪70年代末，和桥公社建成灰土地下渠道总长达54千米。80年代末，地下渠道逐渐出现倒塌现象。90年代起，原和桥镇部分村逐步改建水泥硬质地下渠道。1995年，和桥地区继续增大对灌渠建设投入，开始用八五砖，煤渣砖，混凝土长方形板等砌造永久性明渠。1999年，原和桥镇水泥明渠护砌总长有55千米，工程土方达18万方，用砼1.1万方。至2002年，和桥镇（含南新）沟渠累计总长153.66千米，其中暗渠总长42.44千米，明渠总长111.22千米。2003—2015年，主要是结合土地整理和高标准农田建设，采用明渠和暗渠相结合、维修和新建相结合，完成沟渠建设超过15千米。2015年，和桥镇的沟渠总长已达231.5千米。

三、圩田治理

和桥耕地，东南高西北低。历史上沿滆湖的原金盆、湖滨、北新、民胜、王母桥、西锄、楝树、归美、聚龙等地很多是低洼滩地，1949年前是“三年淹两头，十年九不收”。1954年，和桥境内开始以治水为中心，先后围垦合心圩、湖滨上圩、湖滨下圩、红卫圩、红星圩、团结圩、西锄圩、老滩圩、联庆圩、联丰圩、南新圩、跃进圩、胜利圩等，1970年最后围垦中长圩，总共围圩14只，围垦面积近3万亩。

为防止洪涝灾害，1978年，和桥公社进行联圩并圩，将合心圩、红卫圩合并成合心联圩，将湖滨上圩、下圩合并成湖滨圩。1987年，和桥镇对湖滨圩、金盆圩、中长圩进行圩堤加固，总长10.8千米，计用土石方18万方。

1991年发生洪涝灾害，南新长征圩溃堤。圩内有固定资产和养殖投入9000多万元，破圩造成的直接经济损失达3800万元。洪灾过后，政府又投入338万元，建标准圩堤7.5千米，用块石护坡5.4千米，建大型防洪水闸5座。

1999年6月23日起连降暴雨，6月29日水位已超过4.8米的警戒水位，和桥境内各圩遭受特大洪涝的袭击。7月2日，宜兴市政府派来驻宜武警官兵200人，支援原南新抗击洪涝，帮助加高、加固圩堤1500米。南新的干部群众也奋力应战，加高加固一级防洪圩堤1200米，完成2100个土方；建成防洪二级圩堤2000米，完成8400个土方。军民同心协力，最后终于战胜洪水，有效防止了决堤事故。

至2015年，经过二十多年的圩田治理，和桥镇建成了三只规模较大的“联圩”。南新联圩，1986年由长征圩、北团结圩、水产圩、塘北圩、红星圩、北新圩、农场圩等圩合并而成，有总排面积18550亩，新筑外围圩堤总长18.85千米，建成外围闸8座、分级闸8座、外围涵洞5只，还建成外围泵站6座，分级排涝泵站4座。西锄联圩，2004年由卫星圩、新建圩、南团结圩合并而成，有总排面积9500亩，新筑外围圩堤总长9.9千米，建成外围闸7座、分级闸4座，还建成排涝泵站4座、分级排涝泵站1座。湖滨联圩，1999年10月到2000年6月，由合心圩、红卫圩、湖滨圩、渔场及部分半高田合并而成，期间加高、加固圩堤6.8千米、修筑半高田圩埂3千米，完成工程土方18万方，总排面积6210亩，建成外围闸7座、分级闸2座、外围涵洞4只，还建成外围泵站6座。

四、河道治理

1. 河道拓浚

漕桥河拓浚 1967年，宜兴、武进两县动员近2万人参加拓宽、疏浚。和桥境内长约11.5千米，参加民工约5000人，开挖土方近50万立方米。经拓浚后，漕桥河底宽20米，河底高程0.5米，有效减轻了上游洪水带来的压力。2015年，和桥配合省市开展漕桥河继续疏拓前和桥境内的征地拆迁等工作。

殷村港拓浚　1975 年末至 1976 年初，宜兴县人民政府组织周铁、官林、和桥、丁蜀四个地区的 22 个公社 5.5 万人，投入开挖新殷村港的工程。和桥镇境内长约 9500 米，和桥、南新、闸口三个公社参加民工约 5000 人，与和桥区高塍、屺亭、及官林区的民工一起，共完成土方近 200 万立方米。经开凿后，新的殷村港河底宽 20 米、河底高程 0.5 米，全线笔直，彻底改变了老殷村港弯曲狭窄、流水不畅的旧貌，为和桥镇及上下游地区的灌溉和泄洪开辟了新的通道。

烧香港拓浚　1999 年 1 月，烧香港拓宽工程开工，和桥镇施工地段总长度为 3490 米。其中原站前村段 506 米，共征用土地 113.3 亩；原百贤村段 2873 米，共征地 930 亩。2002 年，烧香港工程结束，拓宽后的河底宽 20 米，河底高程 0.9 米。

锡溧漕运河拓浚　1971—1972 年，锡溧漕运河疏浚，和桥段的河面拓宽至 30 米。1998 到 2001 年，锡溧漕运河再次拓浚工程竣工，河道宽度从 30 米增加到 50 米；河底宽度为 15 米，河底高程 0.5 米。和桥境内长度为 11830 米，和桥镇负责施工长度为 2400 米。

其它河道拓浚　1975 年在原和桥村新开一条长 800 米的新建河；1977 年疏浚湖渎港 2500 米；1977 年起，先后在原湖滨圩、合心联圩、水产圩、老滩圩、胜利圩、团结圩、湖民圩、中长圩、卫星圩、荷花圩等 10 多个圩田内都开凿生产河，每条河的长度在 1000 米至 1700 米之间不等。

2. 河道清淤　20 世纪 80 年代前，和桥境内主要靠罱河泥积肥清除河道淤泥。80 年代后，和桥境内罱河泥积肥越来越少，致使一些河床抬高，河道不畅，影响灌排。1994 年开始，和桥境内逐步用专业机器对河道进行清淤。2004—2014 年，和桥镇先后疏浚河道 166 条(段)，总长 202.58 千米，挖掘土方 272.23 万方。2012 年，和桥镇完成了“中央财政小型农田水利工程重点县建设项目”中的有关任务，突出对境内北庄老殷村港(东)、楝聚中长圩生产河等总长 8 千米的 12 条主要灌溉河道治理清淤，完成土方 11.31 万立方米，保证了各地农田有充足的水源。2015 年，和桥镇对北庄村双坝河、同里村老烧香港、钟溪村龙沿河等长 6610 米的 10 条河道清淤，完成土方 7.56 万立方米。

第四节　农机农具

一、灌排机具

新中国成立前，和桥农村普遍靠人力、畜力，用龙骨水车给水田灌水，不仅费力，而且效率十分低下，经常耽误农时。民国 18 年(1929)，闸口地方有农户首先使用柴油戽水机提水灌溉，并接受约请在宜兴范围内帮助农户灌水，但这仅是凤毛麟角。

1954 年，和桥成立宜兴最早的地方国营抽水机站，有抽水机 21 台。1960 年更名为宜兴县地方国营抽水机和桥第一大队。由于增加了抽水机，和桥境内水田灌溉的要求能基本满足。但因全是柴油机，而且都要靠船转运，使用上有很多不便。

1961 年，原和桥公社闻家、石路、原南新公社南新、西锄、原闸口公社闸口、楝树港、杨桥、老滩圩、宣巷等地首先建成电灌站。1962—1964 年，和桥境内基本普及电力灌溉。1967 年后，和桥境内各地在圩区逐年兴建大流量、低扬程的圬工泵站，用以排涝。1987 年，原和桥镇共有 8 吋以上电灌站 86 座，排灌动力机械 295 台。

1991—1997 年，和桥境内相继改造电灌站 45 座，计 46 个台套。1999 年境内拥有固定泵站 65 座，计 66 个台套，还有小型群泵 87 台，总功率 1896 千瓦。

2012 年，宜兴市鑫新生态农业合作社、宜兴市荣盛蔬果种植专业合作社，开始使用了滴灌技术。2013 年，西锄辰希缘农业生态园，使用更先进的电脑控制管道输液自动化装置。2014 年，和桥镇最大的“三大联圩”共建有圬工泵站 21 座，每座泵站流量在每秒 0.3 ~ 4.0 立方米之间，全面达到防洪排涝的标准和要求。2015 年，和桥全镇共建有电灌站

117座,总功率为2830千瓦。同年,和桥镇新增或更换设备的灌排站有西锄、港下南、西三、农场、苗桥、老滩圩二、楝树、归美、镇渔场等9个,总功率为384千瓦。

二、收脱机具

历史上,和桥农民收割稻麦长期使用镰刀,劳动强度非常大。1975年,原北庄、湖滨、西锄、南新、北渠、万福等大队购置“湖州120联合收割机”9台,开始机械化收割,但功率较小、速度较慢。1982年实行家庭联产承包责任制制以后,一部分先富起来的农民,开始购置大型联合收割机。1993年起,各地开始购置背负式和自走式联合收割机,2002年,和桥镇共有各类大型收割机74台。和桥历史上一直沿用掼桶、稻床、连枷等脱粒机具。20世纪40—50年代,和桥境内有少量的脚踏脱粒机。1962年,和桥境内普遍通电,滚筒式电动脱粒机逐步增多。70年代后,各地又使用稻麦两用脱粒机、多功能谷物脱粒机。80年代,闸口农机厂生产“太滆牌”STD－90型多功能谷物脱粒机,除满足本地农户脱粒需求外,还向宜兴境内其他地方销售。90年代后,随着联合收割机的增多,除少数农户仍使用滚筒式电动脱粒机外,其他脱粒农机具已基本淘汰。到2015年,全镇自有联合收割机42台,还有大量外地进来的联合收割机服务,稻麦两用脱粒机和多功能谷物脱粒机已基本淘汰。

三 、耕播机具

农业翻土历来靠牛耕人锄,1958年提倡深翻,曾使用过双轮双铧犁、绞关耕田等农机具,后因工效低下、损坏土壤结构而停止使用。

1964年,和桥公社湖滨大队首先购进红旗4型手扶拖拉机4台,开启和桥农业机耕历史。1969年后,和桥境内逐渐购进了多台东风12型手扶拖拉机、丰收35型中型拖拉机、上海50型中型拖拉机。20世纪70年代末,和桥地区已有大中型耕播机具220余台,其中经改装的盖麦机103台、开沟机16台。1978年,和桥公社、闸口公社、南新公社各有“广西一65型钳夹式水稻插秧机”4台。至1982年,农田的耕翻基本实现了机械化。2002年,地方政府开始对农民购买大型农机具实行现金补贴。当年和桥永兴、西锄就有4位农民购买PF455S插秧机4台。2002年后,购置插秧机、抛秧机的农户逐渐增多。2015年,全镇已有下田的大中型拖拉机91台、各型插秧机34台、微耕机28台。

四、植保机具

20世纪60年代后,病虫防治普遍使用手动喷雾机、喷粉机。1987年,和桥镇一次性购进东方红18型弥雾机110台。2015年,和桥镇共有先进的田园管理机13台、大型弥雾机94台、电动喷雾机800台、手动喷雾机4000多台、移动植保机131台。

五、运输机具

20世纪60年代前后,和桥农村运输主要依靠人拉肩挑,只有少数船只用于运输。70年代初,农船数量有了增加,每个生产队都有1～2条水泥农用船只,用作运输和罱河泥、挖猪草等积肥劳动。70年代中期,每个生产队基本配备了挂浆船,用12匹马力的柴油机作动力。据统计,1978年和桥(含南新、闸口)有农用挂浆机355台,达4000余马力。1982年后,农户开始使用板车,很快得到普及,并有少量的手扶拖拉机参与运输。20世纪90年代开始,农用运输汽车、农用运输船,逐步出现在乡村农家,大大地减轻了农民的劳动强度,提高了农业运输效率。2015年,和桥镇已拥有上道拖拉机140辆、农用汽车50多辆、农用运输船50多条。(全部领证年检)

六、碾磨机具

民国时期,和桥镇上虽有比较大的粮油厂,也有加工粮食的机器,但价格较贵,农户进镇加工运输也很不方便,农民只能长期使用牵砻、牵磨、舂米这些十分费力和原始落后的方式。1959年,和桥境内少数地方开办用柴油机做动力的粮食加工厂。1962年起,和桥境内原各生产大队逐步通电,原石路、北庄、西锄、北新、闸口等较大的生产大队,在20世纪60年代就办起粮食加工厂。至70年代初,各生产大队都办起粮食加工厂,碾米由最早的碾米机发展到橡皮砻，磨粉由最早的小钢磨加筛网发展到无筛网加工，省时省工，效率又高，深受农民喜爱。2000年以后，居住乡村的人口有所减少，很多农民储存粮食的方式也打破了传统，喜欢吃新加工粮食的人居多，米囤基本消失。因此上门服务的流动性粮食加工机械也逐步增多。2015年，和桥镇还有固定和流动的碾磨机具30余台。

第五节　农技推广

一、辅导培训

1. 水利农机技术培训　1992年，和桥镇水利、农机部门自成立起，就重视对农业灌排、耕播、收脱、植保等方面的辅导和培训，组织人员深入农户和场头、田头传授使用技术，进行安全教育，指导维修设备。2000年后，和桥镇水利施工和工程预算、大型复杂的农用机械开始增多，水利农机部门积极和上级部门、有关大专院校联系，组织和派送相关人员脱产学习。2000—2015年，该部门把辅导和培训的重点放在了水利工程的施工达标和大型农机的维修和使用方面，每年都有6～8期的专题，如水利施工技术培训，工程土石方的计算培训，大型机械安全操作、维修保养、事故预防等方面的培训。

2. 种植养殖技术培训　20世纪50年代前，和桥境内无农技队伍。1966—1968年，和桥公社、闸口公社、南新公社相继建立农业技术推广站，配备专职农技员，负责对原生产大队、生产队种植养殖技术的辅导与培训。1974年，大队与生产队各设专职农技员1名。1982年，各村建立农业综合服务站，由村主任任站长，再配一名村级农技员。各农技站以水稻、三麦、油菜的种植新技术为主要内容，对这些人员进行辅导培训。1982年起，和桥公社订发《当代农业》杂志60份，为各村提供农技信息。1984年后，和桥乡农技站每年编写和印发农技资料10～12期，发至各村及农户，进行农技指导服务。1987年3月起，和桥镇建立农业技术培训学校，每年培训10～12期，参加培训人员超过500。20世纪80年代末，和桥镇还对庙桥村个体户的狐狸养殖和牛蛙养殖进行重点辅导，并使牛蛙养殖成为了全国星火计划项目。1992年和桥镇18个行政村的农技员，通过宜兴市职称改革办公室评审，获得助理农艺师职称的2名（闻志良、周华刚），获农业技术员职称的有16名。1997年，原和桥镇8名村干部参加省农广校宜兴分校现代化乡村综合管理专业中专班学习，均获得毕业证书。1999年又推荐5名村主任、村农技员参加该校的中专班学习，也都全部毕业。2000—2015年，和桥镇突出科技兴农和职业持证农民的辅导和培训，把科学耕播、科学施肥、科学用药等农业科学知识和技术，印成许多传单，送到每一个农户家中；组织种养殖大户、村民组长、村干部，集中进行现代种植业、养殖业的专题培训，辅导测土配方施肥、河蟹生态养殖、鱼病防治、微生物制剂在水产养殖中的作用、水稻撒直播等实用新技术，每年的辅导培训都有12～16期。2013—2015年，和桥镇对各村负责人、农贸市场协管员、农产品生产基地负责人、种养大户等，举办了农产品质量安全监管培训班8期，为无公害农产品、绿色食品、有机食品培训科学种养殖和申报的技术方法。

3. 经营管理能力培训　1986年，和桥镇经营管理办公室刚成立，就建章立制，落实对村级经济管理工作的辅导和培训。该办公室充分利用该机构成员阅历广、业务熟的条件，每月一次对村级会计进行业务培训，从落实上级对每一个农户减轻负担做起，涉及农村集体资产、资源、资金的管理，次次有主题，件件弄明白。2012年，和桥镇经营管理办公室改名为和桥镇农村和农业综合管理办公室，除了继续加强村级集体经济组织会计业务辅导培训外，还增加了农村政策及管理制度、土地确权登记工作、网上村委会系统操作、农村土地规模流转项目、农民专业合作社组织财务管理规范、确权登记颁证测量绘图业务、争创幸福村等辅导和培训的内容，促进政府农村经济政策的落实。

二、示范推广

1970年，农业科技的试验示范得到重视。1975

年，原和桥公社北庄大队建立农科队，在殷村桥南堍东侧，建造6间楼房、3间猪舍，从各生产队抽调劳力30人，划出耕地120亩，进行丰产方试验和对双季稻、杂交稻种子培育，为农业丰产发挥示范和推广作用。1977年，原和桥公社利用北庄大队15亩土地作农技站的试验示范基地，进行良种繁育和探索高产技术。特别是农业实行家庭联产承包责任制后，该基地积极开展科学试验示范，为大面积推广应用农业新技术提供依据。1996年，南新镇西锄村建立百亩丰产方试验田。1997年，原和桥镇又启动建设“千亩现代农业示范区”，划出耕地1415亩田，投入62万元，配套路、沟等设施，为示范创造良好的条件。1998年，北庄村农业示范基地建设初具规模，配套面积550亩，投入38.2万元，建成永久性排水沟2450米、灌水沟2800米、机耕路1500米。2000年后，和桥镇试验示范项目涉及到了种养殖的多个方面，范围更广。种植主要有9325（武7水稻）、淮杂油3号、宁麦14等农作物栽培技术示范，有水稻直播、芦笋引育基地建设与栽培技术示范、有水稻与小麦高产增效万亩粮田种植技术示范，有葡萄种植、两茬新品种西瓜栽培技术示范等。养殖主要有仔猪早期断奶技术应用研究示范，有稻鸭共育新技术示范，有河蟹生态养殖技术应用示范，有物联网在水产养殖上的应用示范等。

图12－2　2007年国家与无锡市在和桥的水产养殖示范基地

1985—2015年和桥镇农业示范推广部分项目统计表

表12－1

年度	示范推广项目	下达单位	效果
1985	水稻杂草发生规律和防治技术示范	江苏省农林厅	省二等奖
1987	各村百亩丰产方示范	和桥镇政府	省三等奖
1987	农作物苗情信息的管理及利用示范	和桥镇农技站	省四等奖
1989	武育粳8618推广试验	宜兴市农业局	明显
1990	村级植保专业服务组建和规范化管理	无锡市农业局	市三等奖
1990	强力增产素在小麦上应用效果试验	江苏省农林厅	明显
1991	稀土在小麦上的应用效果推广	江苏省农林厅	明显
1992	水稻小苗抛秧栽培技术示范	无锡市农业局	市二等奖
1992	农家储粮主要害虫发生和防治和示范	无锡市农业局	市二等奖
1993	生化制剂应用对比试验和大田示范	无锡市农业局	市三等奖
1994	高效稻草灵防治稻田杂草效果推广	无锡市农业局	市三等奖
1995	生物钾肥应用试验和大田示范	无锡市农业局	市三等奖
1996	小麦秸秆还田与化学氮肥配施推广	江苏省农林厅	省三等奖
1997	植物动力2003在水稻上的应用推广	江苏省农林厅	省三等奖

表 12－1

年度	示范推广项目	下达单位	效果
1999	生物复合肥在水稻上的应用推广	江苏省农林厅	明显
1999	单季晚稻主要病虫发生规律及统筹防治技术规范研究与应用示范	无锡市农业局	市三等奖
1999	小麦施用氮肥的播量试验	宜兴市农业局	明显
2000	微生物制剂在水产养殖中的应用推广	宜兴市农业局	明显
2001	9325(武 7)栽培示范	宜兴市农业局	明显
2002	淮杂油 3 号栽培示范	宜兴市农业局	明显
2003	宁麦 14 栽培示范	宜兴市农业局	明显
2004	水稻直播技术示范	和桥镇农服中心	明显
2004	稻鸭共育技术示范	宜兴市农业局	明显
2005	翘嘴红鲌养殖技术示范	和桥镇农服中心	省三等奖
2006	宜兴市渔业科技入户示范	宜兴市农业局	明显
2006	两茬新品种西瓜栽培技术示范	宜兴市农业局	宜兴获奖
2006	葡萄种植技术示范	宜兴市农业局	宜兴获奖
2006	仔猪早期断奶技术应用研究示范	宜兴市农业局	宜兴获奖
2006	团头鲂夏花鱼种高产高效培育示范	和桥镇农服中心	省三等奖
2007	“上海浦江一号”养殖推广	和桥镇农服中心	省三等奖
2008	常见鱼病防治示范	和桥镇农服中心	明显
2009	苏麦 188 栽培示范	和桥镇农服中心	明显
2009	宜兴市和桥镇碧玉水产养殖场池塘循环水养殖技术示范	宜兴市农业局	省三等奖
2009	水产养殖自建高效基础设施示范	江苏省农业委员会	明显
2009	团头鲂、青虾、鳊鲫鱼等多品种套养等技术示范	农业部	明显
2010	300 亩标准化池塘建设示范	江苏省农业委员会	明显
2010	太湖水环境综合治理推广(鱼池水循环三期)示范	江苏省农业委员会	明显
2011	西锄荷花圩 600 亩池塘整修护坡示范	江苏省农业委员会	明显
2011	太湖水污染治理(鱼池水循环四期)示范	江苏省农业委员会	明显
2011	无坑养猪技术示范	宜兴市农业局	宜兴获奖
2012	高效渔业设施项目示范	江苏省农业委员会	明显
2012	蓝莓苗木繁育基地 建设与栽培技术研究示范	和桥农服中心	宜兴获奖
2013	中央推荐“菜篮子”产品生产示范	江苏省农业委员会	明显
2013	宜兴市荣盛高效蔬菜基地建设示范	江苏省农业委员会	明显
2013	省级现代渔业精品园示范	江苏省农业委员会	省三等奖
2013	芦笋引育基地建设与栽培技术示范	和桥农服中心	宜兴获奖

续表 12－1

年度	示范推广项目	下达单位	效果
2010－2014	水稻、小麦高产增效万亩粮田示范	江苏省农业委员会 宜兴市农业局 和桥镇农服中心	明显
2014	河蟹生态养殖技术应用示范	和桥镇农服中心	宜兴获奖
2014	物联网在水产养殖上的应用示范	和桥镇农服中心	明显
2014	高效渔业项目示范	江苏省农业委员会	明显
2015	武运粳 30 号万亩丰产示范种植	农业部种植业管理司 江苏省农业委员会宜兴市人民政府	亩产 650 千克

第六节　粮油生产

图 12－3　2015 年国家与省在和桥的武运粳 30 丰产示范片

一、熟制变化

新中国成立前至 20 世纪 50 年代，和桥镇一直沿袭历史上的一年稻、麦（或绿肥）“两熟制”。低洼田和贫瘠田块秋季免作，称为冬闲。

1966 年，农业生产贯彻“以粮为纲”方针，各地开始试种双季稻，向“稻麦三熟制”探索。1970 年起，双季稻大面积推广，面积扩大到占稻田面积的 60% 以上，1974—1976 年达到 100%。复种指数、劳动强度、生产成本均大幅度增加，但总产增长不大，相反地力下降，米品不佳，得不偿失。

1978 年采取“调双扩优”的措施，开始种植高产品种杂交稻，其亩产可达 500 千克左右，加之省工节本，很快得以全面推广。1982 年，和桥境内又恢复了两熟制耕作制度。

二、品种改良

1. 水稻　新中国成立前后，和桥当地水稻以籼稻为主，品种有“鸡脚籼”和“矮脚黄”等，亩产在 200 千克左右。20 世纪 50 年代中后期，由籼改粳，品种有“芦秆白”“853”等，亩产在 300 千克左右。1960 年后，全镇推广矮秆品种“农垦 58”，亩产达 400 千克左右，还兼种少量糯稻。70 年代推广的双季稻，前作稻品种有“二九青”“二九南 1 号”“矮南早 1 号”等，后作稻有“武农早”“沪选 19”等。70 年代末至 80 年代起推广种植的杂交稻品种，主要有“汕优 3 号”“汕优 63”。80 年代，单季晚粳推广“武复粳”“武育粳 2 号”。1990 年起，推广“武香粳”“武运粳”等高产优质早熟晚粳品种，亩产可达 500～600 千克。1997 年后，以“9325”（武 7）为主体品种当家，兼种“9522”（武运粳 7 号）。2010—2015 年，水稻新品种主要有“镇稻 18”“南粳 5055”“武运粳 23”“武运粳 30”等。这些品种，不仅抗倒伏，易管理，而且产量和米品都有所提升。

2. 小麦　20 世纪 50 年代前，和桥境内主要种植“蚕老麦”等低产品种。60 年代起推广种植“吉利”“阿夫”等矮杆品种，亩产50～100千克。70年代推广种植“武麦1号”“华东6号”。80年代推广“宁麦6号”“扬麦4号”“扬麦5号”。90年代推广“85－85”“扬158”等高产品种，亩产250千克左右，少量田块可达300千克以上。1997—2015年，推广种植“宁麦13”“宁麦14”“苏麦188”等，亩产都有350～400千克。

3. 大麦　过去种植大麦，主要用于猪饲料，因此种植面积较少。20世纪60年代，普遍种植“红金”大麦，亩产100千克左右。70年代种植“早熟3号”，产量略有提高。80年代推广“沪麦4号”“泾大1号”等品种。到80年代末，因产值低，大麦基本被淘汰。

4. 元麦　20世纪70年代初，当地主要种植“757”元麦。70年代中后期，推广“浙114”，产量可达120千克。至80年代末，元麦也基本被淘汰。

5. 油菜　油菜是和桥境内的主要油料作物。1960年起，当地以种植本地的老品种“黄油菜”为主，亩产仅在50千克左右。后来逐年引进“胜利油菜”“沪油3号”“宁油7号”和“中油821”“宁杂1号”“涪优”等高产品种，亩产可达125千克以上。2003—2015年，“史力丰”“沪油16号”则成当家的品种。

1970－2015年和桥镇种植水稻、“三麦”、油菜主要良种种植记录

表12－2

类别	品种	种植时限	种子来源	一般田块亩产（千克）	高产田块亩产（千克）
双季稻	二九青	1966—1981	宜兴种子公司	250	300
	矮南早1号	1966—1981	宜兴种子公司	300	350
	广陆矮4号	1966—1981	宜兴种子公司	300	350
	武农早	1966—1981	宜兴种子公司	300	350
	沪选19	1966—1981	宜兴种子公司	300	350
杂交稻	南优2、3号	1977—1983	宜兴种子公司	450	500
	汕优3号	1977—1983	宜兴种子公司	450	500
	汕优63号	1984—1989	武进夏溪农场	500	550
	泗优3号	1984—1989	宜兴种子公司	500	550
糯稻	紫金糯	1981—1988	镇江农科所	550	600
	镇稻9380	1991—1996	镇江农科所	500	550
	银香21	1997—	武进农科所	550	600
	太湖糯	1998—2005	苏州太湖所	500	600
	8333	2006—2009	常熟农科所	500	550
	澄糯218	2009—2015	常熟农科所	500	600
	武复粳	1982—1988	武进农科所	600	650
	武育粳2号	1989—1994	武进农科所	600	650
	8618	1990—1996	武进农科所	550	600
	9－92	1995—1998	武进农科所	600	650
	9325	1995—1999	武进农科所	600	650

续表 12－2

类别	品种	种植时限	种子来源	一般田块亩产（千克）	高产田块亩产（千克）
粳稻	9520	1998—	武进农科所	600	650
	9522	1998—	武进农科所	600	650
	9325（武 7）	1999—2003	武进农科所	550	650
	9998	2004—2008	武进农科所	550	650
	武粳 15	2004—2008	武进农科所	550	650
	武运粳 23	2009—2012	武进农科所	550	650
	武运粳 24	2010—	武进农科所	550	650
	镇稻 18	2010—	镇江农科所	550	650
	南粳 5055	2010—	南京农科院	550	650
	武运粳 29	2011—	武进农科所	550	650
	武运粳 30	2012—	武进农科所	550	650
	武运粳 31	2015—	武进农科所	600	650
小麦	武麦	1970—1980	宜兴种子公司	150	200
	华东 6 号	1970—1980	宜兴种子公司	150	200
	扬麦 3、4 号	1981—1983	扬州农科所	200	250
	宁麦 3、6 号	1981—1983	江苏农科院	250	300
	扬麦 5 号	1984—1993	扬州农科所	250	300
	85－85	1991—1995	扬州农科所	300	350
	扬 158	1994—	扬州农科所	300	350
	扬麦 9 号	1998—1999	扬州农科所	300	350
	苏麦 6 号	1999—	苏州太湖所	300	350
	宁麦 9 号	2005—2008	江苏省农科院	300	400
	扬麦 158	1997—2005	江苏省农科院	250	350
	宁麦 13	2005—	江苏省农科院	350	450
	宁麦 14	2005—	江苏省农科院	350	450
	苏麦 188	2006—	苏州太湖所	350	450
	镇麦 5 号	2010—	镇江农科所	350	450
大元麦	早熟 3 号	1973—1981	日　　本	150	200
	径麦 2 号	1982—1986	上海农科院	150	200
	萎缩为知	1986—1995	日 本	200	250
	浙 114	1973—1990	浙江省农科院	200	250
油菜	宁油 7 号	1977—1987	南京农科院	125	150
	沪油 3 号	1977—1987	上海农科院	125	150
	中油 821	1988—2000	宜兴种子公司	125	200
	淮杂油 3 号	2001—2003	淮阴农科所	125	200
	史力丰	2003—	安徽省农科院	125	200
	沪油 16 号	2006—	上海农科院	125	200

三、栽培管理

1. 水稻栽培管理

肥料使用　20世纪50年代，水稻主要以河泥、农家肥、青绿肥沤制的草塘泥作基肥，以人粪、饼肥等作追肥，极少使用化肥。1962年，各村大积大造自然肥料，有机肥料增多，并重视施用硫酸铵（当时称“肥田粉”）。1963年，各地推广陈永康“三黄三黑”经验（运用肥水管理措施，实现稻苗叶色三次浓、淡交替变化过程，达到足穗、壮秆、穗大、粒饱、高产的水稻栽培技术），每亩水稻以30担草塘泥为基肥；栽插7~10天后，再施人粪10~15担或硫酸铵5~7.5千克，作为分蘖肥；到大暑前后增施40千克左右饼肥或15担猪灰作为长粗肥；8月中旬，增施7.5~10千克硫酸铵作为穗肥。20世纪70年代种植的双季稻，一般采用“基肥足、面肥促、追肥早”的施肥技术，碳酸氢铵（简称“碳铵”）开始大量施用。80年代对单季晚稻，则采用前重、中稳、后促的施肥技术。其时草塘泥、猪灰等有机肥不足，农户普遍使用25%氮磷钾三元素复合肥，利用秸秆还田，增加有机质肥料。90年代，自然肥锐减，提倡增加菜秆、稻草还田量，要求每亩用150千克秸秆还田。在化肥使用上，坚持适氮、增磷、补钾的原则，基肥普遍用碳铵25千克加45%高浓度复合肥25千克，追肥按叶龄生长进程运筹。2000—2015年，和桥镇有关部门推广测土施肥和生物氮肥运用等新技术，按作物品种科学合理使用生物氮肥、碳铵、尿素、复合肥及其他微量元素等，碳铵的施用也越来越少。2015年一般农户化肥用量：水稻，每亩复合肥35千克、尿素25千克、钾肥7.7千克。一般按基肥、追肥、穗肥各一次的要求施用。

病虫草防治　水稻虫害主要有三化螟、稻飞虱、纵卷虫、稻蓟马、稻叶蝉、稻象甲等；病害有稻瘟病、纹枯病、干尖线虫病、褐条病、恶苗病等。新中国成立前，和桥境内治理水稻虫害的方法很原始，一般采用点诱蛾灯治螟。20世纪50年代初，除采用点灯诱蛾的方法外，还使用采卵灭卵、拔除白穗、挖稻根、梳稻叶、捕捉稻苞虫等方法。50年代后期，虽然已开始用“六六六”“二二三”等农药对虫害进行化学防治，但由于农药少，以前原始的方法还在兼用，只是点灯诱蛾在60年代后期由煤油灯改为电灯了。60年代末，有机磷农药问世，高效剧毒农药“1605”大面积使用，效果厉害，但屡有人畜中毒事故发生。1970年，和桥地区普遍推广用茶饼、烟叶为原料，生产以时间命名的“七〇七”农药杀虫，此农药成本低，效益高，但使用时间不长。70年代初，很快改用“甲铵磷”“乐果”“杀虫脒”等高效低毒杀虫剂，使用时间较长。90年代应用“扑虱灵”防治稻飞虱，用“杀虫双”治螟，推广高效低毒有机菊酯类农药，如“快杀灵”“农将军”等，同时应用病虫兼治的复配剂农药，如“病虫灵”等效果都很显著。2000—2015年，水稻防治虫害主要农药有：用25%吡蚜酮防治稻飞虱，用80%“治光牌”杀蝉可溶性粉剂，或用“九巧牌”甲维盐乳油等防治水稻纵卷叶虫。

20世纪60年代开始，水稻病害的防治采用种子处理、加强肥水管理等措施。60年代中期，采用有机砷杀菌剂甲基砷酸锌（“稻脚清”）防治纹枯病，效果明显，但易影响结实率，后来被禁用。70年代后期，由生物农药“井岗霉毒”“纹霉清”替代。1981年，大田推广“五四〇六”抗生菌粉。水稻恶苗病的预防，最初用“密力散”，后改用“402”浸种。80年代—90年代推广应用“线菌清”“菌虫清”和“施保克”浸种，防治的效果更加显著。防治稻瘟病采用“多菌灵”和“稻瘟净”，90年代推广应用“三环唑”，效果显著。2000—2015年，广泛使用咪鲜胺、噻呋酰胺等防治纹枯病，使用17%“钢剑牌”杀螟丹或用乙蒜素加10%吡虫啉防治虫害及稻瘟病。

20世纪60年代以前，农民长期采用人工拔草、耘耥等方法除草。到了70年代，才大面积推广“除草醚”化学除草。80年代后，大规模使用“稻草灵”“丁草胺”“苄黄隆”“丁苄合剂”等高效除草剂，化学除草面积达100%。2000—2015年，和桥境内推广在水稻播种后3~4天，每亩用30%“千金航行”牌丙草胺乳油150~200毫升喷治；在秧苗3~4叶期，进行第二次用药，每亩用37.5%“银抛手”牌苄丁可湿性粉剂100~120克加10%苄嘧磺隆15克拌尿素均匀撒施;以后视不同草情进行针对性用药,广泛选用二氯喹啉酸,以治灭禾本科千金、稗草、马唐为主;使用二甲四氯、灭草松等除草剂,治灭阔叶杂草。

水稻育秧 和桥地区历史上曾长期采用水育秧。1965年以前,虽然也很重视打好水稻丰收的基础,但沿用的是几千年的老方法。一般秧田都选用离大田比较近的冬闲田或绿肥田,以当时栽种的单季粳稻为例:5月上旬旱耕晒垡、灌水翻耙、浅水施肥、平整秧板。秧板上落谷后,等出了苗,要盖一层草木灰。和桥有"小满落谷"的说法,即5月中旬播种结束。1966年,和桥地区开始种植双季稻,前作稻清明就要落谷,后作稻的育秧时间在夏至前后。单季粳稻育秧一般方法为:每亩秧田用种35千克左右,和大田的比例为1∶10;播种前采用晒种、泥水选种、药剂浸种、温水催芽等步骤;等3—4天种子发芽后,在秧板上泥浆落谷;出苗一周内,施"断奶肥",并保持秧板温润;以后分期治虫,追肥,让秧板表面保持薄水浅层;拔秧前三天施"送嫁肥";等秧龄到了30天左右,即可移栽。20世纪70年代中期,和桥地区开始在秧田中使用"除草醚"。以上水育大苗的育秧方式,基本保持到20世纪80年代末。90年代开始,育秧方式有所更新,改为水育小苗,推广打孔地膜小苗、塑盘小苗抛秧(每亩大田需用塑盘50~60张)。1996—1999年提倡肥床旱育,将秧大田比例定为1∶25。可利用旱地、菜园地作秧田,减少秧田面积,省工节本,得到全面推广。20世纪90年代,机器插秧开始在和桥盛行,秧田和大田的比例为1∶100,也是旱育。2015年,和桥尚有专业培育机器插秧秧苗的农户20多家。

秧苗栽插 新中国成立以前,和桥的水稻种植已是籼、粳、糯分明,早、中、晚熟齐全。栽插时间一般在夏至前后。1958年起推行使用"秧尺""秧绳"等以保证插秧整齐归方。1955—1965年,以种植粳稻为主,栽插时间由夏至开始,约半个月时间结束。1966年始种的双季前作稻5月上中旬栽插结束,后作稻于7月下旬至立秋前栽插完成。1977始种的几个杂交稻品种,一般为6月上旬栽插结束。各个时期,各个品种,栽插的密度也不同。新中国成立以前,籼稻一般的株距为8寸,行距为10寸。新中国成立后,农业有"八字宪法"("土、肥、水、种、密、保、管、工"),提倡密植,粳稻的株行距一般为3寸×6寸。1954年,和桥曾经推广过陈永康的水稻种植经验,实行粳稻小株方形密植,株行距为5寸×5寸。1958年大跃进曾实行株行距为2寸×5寸。1966—1981年,双季稻的株行距一般为2.5寸×5.5寸。1977—1989年杂交稻的株行距一般为4寸×6寸。每穴栽插的秧苗一般为3~5根,坚持籼稻少一点,杂交稻少一点,早插的少一点,糯稻多一点,晚插的多一点。1954年的方形密植时实行每穴2根;1958年实行每穴8~12根。20世纪70年代起,和桥地区有了插秧机。1998年,插秧机在农户中盛行。机器插秧的株行距为3.5寸×9寸 亩插1.9万穴左右,每穴秧苗3~4根,每亩基本苗6万~7万株。20世纪80年代,根据地力、品种,栽插的时节决定秧苗密度。1993年,和桥推广"小、壮、高"(小群体、壮个体、高光效)的栽培技术,采取宽行窄株,每亩基本苗控制在8万~10万,抑制无效分蘖,推迟高峰苗等先进耕作管理方法,更加趋向合理科学。1998—2002年,和桥地区曾推广小苗抛秧。2003年,和桥在小苗抛秧、机器插秧的基础上,推广水田直播和麦坨直播,减少了育秧、栽秧的环节,又有化学除草的方法作保障,劳动用工率大为降低,深受农民的欢迎。

生长管理 1950—1965年,和桥地区栽种的单季籼稻、单季晚稻一般全生长期为125~160天。1966—1981年栽种的双季前后作稻,全生长期分别在105~120天。1977—1989年的杂交稻全生长期在125天左右。1982—2015年,和桥地区种植的的单季粳稻品种较多,一般分中粳和晚粳,全生长期约为135~160天。水稻除了30天左右的苗期,大部分时间处在分蘖、拔节、孕穗、抽穗、结实等几个时期,生长管理十分重要。1982年以前,和桥农民对单季晚稻一直遵循"小满前落谷、夏至前移栽、小暑耥稻、大暑耘稻、立秋前搁田、寒露斫早稻、霜降一齐到”的农时模式，对水稻的生长管理科学水平很低。20世纪60—70年代，和桥曾推行人工双手翻耘，既除草又松根，但劳动强度大，后废止。1982年普及化学除草技术后，稻田除草耘耥就自行废除。20世纪90年代，和桥的农技部门宣传和推行浅水栽插、寸水活棵、适时搁田、足水长穗、抽穗后干湿交替、湿润到老及足施基肥、适时追肥的管理程序，科学性强，受到农民欢迎。2000年后的机插秧和直播稻田，推行看叶龄和苗情进行治草治虫、施肥灌水的管理的办法，更加科学有效。

2. 三麦栽培管理

肥料施用　新中国成立前，一般农户在播种前施用少量家积肥，即以猪羊灰为主，后以人粪尿、河泥作追肥。20世纪50年代，三麦用肥逐年增多，每亩施用20担猪、羊灰作基肥，施50～80担河泥作腊肥。60年代开始施用少量化肥，推广使用提苗肥。70年代推广用水河泥浇麦，同时提倡春肥腊施，在冬季打洞穴施碳酸氢铵，以后逐年推广使用过磷酸钙和氯化钾。80年代秋播大面积推广稻草还田，重施腊肥，早施、普施苗肥，弥补有机肥的不足。90年代，推广施用高浓度复合肥，补足氮、磷、钾，小麦产量明显提高。2000—2015年，和桥农民在稻草还田、普施少量家积肥料的基础上，每亩施用45%高浓度复合肥30千克、尿素30千克、钾肥7.7千克。一般分基肥、追肥、穗肥三次施用。

病虫草防治　三麦病虫害主要有黏虫、麦蚜虫、赤霉病、白粉病、锈病、纹枯病和线虫病等。20世纪70至80年代，防治粘虫采用糖醋溶液诱杀成虫，扎小草把诱杀虫卵，结合化学防治等综合措施。对麦黏虫、麦蚜虫的防治，主要使用“敌百虫”“乐果”“甲胺磷”等农药。70年代初，使用有机汞农药防治赤霉病，但因效果差、污染严重，后被禁止使用，改用“多菌灵”。80至90年代应用“粉锈宁”防治白粉病，用“井岗霉素”“纹霉清”防治纹枯病效果明显。种子处理，一度曾使用石灰水浸种，“多菌灵”“纹霉净”拌种，对于麦类病害防治，效果也较好。60年代前麦田草害主要靠人工拔草，工效低、效果差。80年代开始使用“绿麦隆”“杀草丹”进行化学除草。90年代使用“苯甲合剂”防除阔叶杂草。90年代中期至2015年，和桥各地普遍使用“绿黄隆”“骠马”“异丙隆”对麦田草害防治，用“草甘膦”防治田埂、灌溉沟渠杂草，效果都很显著。

耕播方法　新中国成立前后，和桥境内三麦种植长期沿用包心翻圪耕作。1958年“大跃进”，搞深耕细耙，以阔圪深沟、包心圪改全翻圪，耗工大，效益低，后来未得以推广。1970年后采用全耕法，但耗工大，收效差，后被废止，仍采用包心圪耕作法。1980年后改用拖拉机旋耕、盖麦机碎土盖籽，工效大大提高。1982年开始推广板田免耕法，改变了以前的耕作方式，省工节本，确保了播种季节和高产稳产，很受农民欢迎。20世纪50年代，和桥境内三麦的播种量只有5～6千克，即使在70年代，也没有超过7.5千克。当时由于基本苗少和用肥量少，三麦亩产在100千克到150千克就算高产了。1984年全面实行免耕播种方法，播种量提高到每亩11千克，并提倡小麦一般在10月底到11月上旬适时早播，为小麦大面积、大幅度提高产量，提供了保证。曾经长期流行的“立则冬，收把种”的说法，是和桥农民对抓紧三麦耕播时间的警句。

3. 油菜栽培管理

油菜是和桥地区的主要油料作物。1960年起，和桥地区以种植本地老品种“黄油菜”为主，亩产仅在50千克左右。20世纪70年代起，和桥地区逐年引进“胜利油菜”“沪油3号”“宁油7号”和“中油821”“宁杂1号”“涪优”等高产品种。油菜病害主要有：蚜虫、潜叶蝇、菌核病、霜霉病、白锈病等。菌核病是油菜最突出的病害。蚜虫是危害油菜一生的虫害，是传播病源的媒介。菌核病主要采取摘除老黄叶，减少菌源，用“多菌灵”喷治。蚜虫主要用“乐果”“甲胺磷”“快杀灵”等农药防治。油菜草害使用“稳杀得”“盖草能”等防除禾本种杂草，对阔叶杂草施用“高特克”“好实多”进行化除。油菜种植，80年代推广板茬直播技术，改变了以前的育苗移栽，不误季节。由于该技术省工节本，至2015年仍全面推广应用。

四、产量·质量

民国时期,即使是一般年景,和桥地区的水稻亩产量也只有200千克左右,“三麦”亩产量不到50千克。1950—1966年,和桥地区三麦亩产90多千克,水稻亩产400千克左右。1965年,和桥公社闻家大队闻家生产队1亩2分双季稻试验田,投入了相当多的人力和肥力,两季亩产有936千克。1966—1981年,和桥地区大规模种植双季稻,每亩用工量、用肥量创历史最高,三麦、前作稻、后作稻加起来也只有650~750千克。1984年和桥粮食总产量达1.74万吨,平均亩产量739.7千克,创历史最高水平。2000—2010年,全镇水稻平均亩产超500千克;2011—2015年,超过600千克;2004—2015年,小麦亩产全部超过200千克,其中2014—2015年,平均亩产超400千克。2000—2015年,和桥镇油菜种植由1.46万亩逐年下降到1970亩,亩产量在120千克以上。其中2013年的亩产量为167千克,创历史最高。

由于加强了粮油生产过程中的质量监管,2004年,和桥镇6.05万亩粮油基地被江苏省农委认定为“无公害农产品产地”。2014年,经江苏省农委增加认定并颁发无公害农产品产地的粮油基地有北新农资农机服务专业合作联社1.2万亩、和桥米厂1.8万亩、添益生态农业专业合作社5000亩。

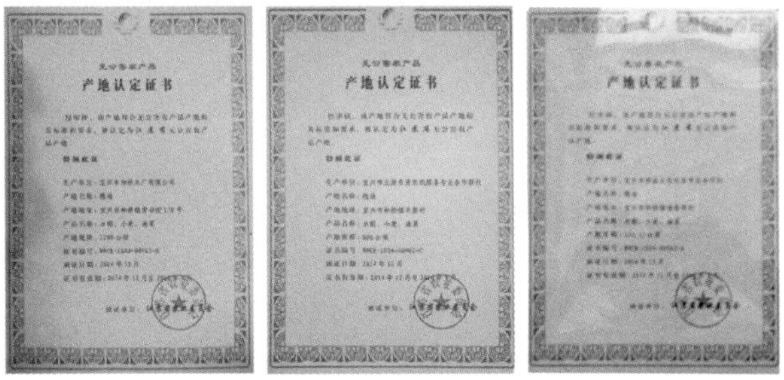

图12-4　2014年江苏省农委颁布发给和桥的“无公害农产品产地认定证书”

1983—1999年和桥公社(乡、镇)粮食产量统计表

表12-3

年度	粮食总产量(吨)	夏粮			秋粮		
		面积(亩)	单产(千克)	总产(吨)	面积(亩)	单产(千克)	总产(吨)
1983	16438	21900	210.0	4599	25030	473.0	11839
1984	17352	21895	196.0	4292	25020	522.0	13060
1985	15213	20656	180.0	3718	24642	466.5	11495
1986	16391	20352	225.0	4579	23418	504.4	11812
1987	15498	19605	212.5	4166	22925	494.3	11332
1988	14737	19533	218.5	4268	23008	455.0	10469
1989	14421	19156	192.5	3688	22993	467.0	10738
1990	14796	19329	215.1	4158	22844	465.7	10639
1991	13100	18868	213.6	4030	21363	425.0	9079
1992	12352	17865	261.0	4663	21314	360.8	7690
1993	13441	15100	267.3	4036	19372	485.5	9405
1994	13068	13993	227.5	3189	18861	529.7	9885
1995	13662	13334	248.9	3319	18728	552.3	10344
1996	14615	14314	275.0	3936	19138	558.0	10679
1997	14006	14548	268.3	3903	18296	552.2	10103
1998	13237	13510	177.9	2403	18300	592.0	10834
1999	11609	10918	257.7	2814	17468	503.5	8795

1986—1999 年南新乡(镇)粮油产量统计表

表 12－4

年份	粮食总产量(吨)	夏粮			秋粮			油菜籽		
		面积(亩)	单产(千克)	总产(吨)	面积(亩)	单产(千克)	总产(吨)	面积(亩)	单产(千克)	总产(吨)
1986	15030	17712	222	3930	22546	492	11100	1650	92	150
1987	13920	16981	207	3520	21530	483	10400	2470	96	240
1988	13950	16069	231	3710	20618	497	10240	2593	85	220
1989	13150	16036	233	3740	18126	519	9410	2439	51	120
1990	12700	14942	235	3510	18126	507	9190	2720	49	130
1991	13400	14693	258	3790	18126	530	9610	1995	47	90
1992	9200	13597	259	3520	16463	345	5680	2832	55	150
1993	11420	11494	255	2930	17475	512	8940	1971	121	240
1994	10960	11981	215	2580	15835	529	8380	2291	70	160
1995	11430	11169	263	2940	15987	531	8490	2571	125	320
1996	12820	11675	278	3250	16915	566	9570	2542	125	320
1997	12660	12066	269	3240	16915	557	9420	2021	140	280
1998	10640	10716	194	2080	15050	569	8560	2485	100	250
1999	10430	10320	255	2630	14174	550	7800	2386	122	290

2000—2015 年和桥镇粮油产量统计表

表 12－5

年份	粮食总产量(吨)	夏粮			秋粮			油菜籽		
		面积(亩)	单产(千克)	总产(吨)	面积(亩)	单产(千克)	总产(吨)	面积(亩)	单产(千克)	总产(吨)
2000	35191	26582	262	6964	49608	569	28227	14590	132	1926
2001	31043	22568	214	4829	46812	560	26214	14437	128	1848
2002	29181	21779	201	4377	44372	559	24804	14897	125	1862
2003	23115	14040	190	2667	40734	502	20448	13922	125	1740
2004	28352	15214	253	3849	46320	529	24503	14172	120	1701
2005	30200	22240	270	6004	43130	561	24196	12785	132	1688
2006	31107	24542	283	6945	43146	560	24162	13270	127	1685
2007	33513	33349	299	9978	45544	518	23235	4410	125	551
2008	35746	33000	347	11456	46086	527	24290	3520	120	422
2009	39644	40698	338	13752	45072	574	25892	3417	141	480
2010	39672	40317	360	14514	43302	581	25158	3004	154	463
2011	44356	43010	405	17419	43169	624	26937	711	115	82
2012	41640	42277	355	15008	42955	620	26632	1725	110	190
2013	41933	42202	376	15867	42178	618	26066	1692	167	296
2014	42915	41577	413	17171	41522	620	25744	1970	165	325
2015	43286	41150	415	17243	41803	623	26043	1970	165	325

第七节　栽桑养蚕

和桥农民栽桑养蚕有着悠久的历史，很早就有"一年春期蚕，相抵半年粮"的说法。清末民初，和桥农民利用高亢旱地、家前屋后和河边隙地栽桑养蚕。小户一般养蚕种半张、一张，大户养三五张，甚至有养十多张的。每张可收蚕茧四五十斤（20～25千克），茧价每担（50千克）七八十元。20世纪30年代至该世纪末，和桥境内的蚕种养殖和蚕茧生产，在宜兴都比较有名。

民国19年（1930），蒋乘风曾在和桥镇上塘南兴桥创办鹅洲蚕种场，后因设备差，蚕种不合格而淘汰。几年后，和桥又相继办起了新孚、大利、济农、福华4个私营蚕种场。新孚蚕种场，创办人冯瑞文，年产蚕种2万多张；大利蚕种场，创办人程国钧、王半亚，年产蚕种6000多张；济农蚕种场，创办人邵浩奎、吴贻生，年产蚕种1.5万张；福华蚕种场，创办人吴同生、吴涵珍，年产蚕种1万多张。这4个场的蚕种均为自产自销。

民国23年，宜兴县曾在和桥镇设蚕桑中心指导所。1949—1955年，宜兴县在和桥镇设蚕桑指导所，并在和桥境内推广优良蚕种。政府还发放定额贷款，鼓励农民栽桑养蚕。1954年夏，和桥境内发大水，桑树受淹，蚕茧生产下降。1956年，宜兴县在和桥区设蚕桑指导所。

1956年，宜兴县对私营工商业进行社会主义改造，将和桥的新孚、大利、济农、福华等4个私营蚕种场合并定名为公私合营和桥蚕种场。为适应蚕种生产需要，该场决定栽桑自给。1957年，通过协商，该场在和桥乡大同大队的蒋山，拓植桑田67亩；在北庄大队邓家塘栽种桑田22亩。从此，和桥蚕种场的桑叶以自给为主。1958年冬，蚕种场又在太滆公社寺前大队的山湾中拓植新桑500亩，并建立一个寺前蚕种场，一面育种制种、饲养丝萤，一面进行培苗育桑。当时由于受到"大跃进"的影响，蚕茧生产不振，制种任务严重不足。

1958年"大跃进"后，农民由于蚕茧收购价格偏低、口粮不足，将桑田改种其他作物，和桥农村蚕茧生产又大幅度下降。

1959年，中共宜兴县委指令寺前蚕种场划归和桥蚕种场统一经营，同时在场内创办蚕桑学校，培训学员学习栽桑养蚕等基础知识。1960年，省农林厅指定和桥蚕种场春天饲养原蚕，秋天饲养丝茧。1968年，和桥蚕种场正式恢复制种任务，春制蚕种41160张，秋制蚕种15325张，全年完成56485张。宜兴县多种经济局仍要求早秋大量饲养丝茧，同年秋期养了320张，但影响了来年春叶产量。这说明种茧、丝茧混养的方法对种场并不理想。

20世纪60年代末到70年代，和桥地区蚕茧生产有所发展。区内蚕桑指导员到境内各公社帮助规划，制订奖励措施，开展技术指导。1966年，和桥地区石路、北庄、西锄、王母、新桥、北新、中巷、民胜、聚龙、归美、楝树、分别等生产大队，栽桑面积都有几十亩至近百亩，建造的蚕室规模都较大；其他生产大队的副业场，也都以养蚕为主。1967年，和桥地区养蚕451张，产蚕茧17505千克，售价48560元。"文化大革命"中后期，由于极左思潮越来越严重，很多发展起来的栽桑养蚕集体，不得不弃桑种粮。

1978年，江苏省蚕桑事业有了新的发展，蚕种任务相应增加，和桥蚕种场开始了专一的蚕种生产。同年，蚕种场在农村选择有条件的个别集体蚕桑专业队试养原蚕，帮助场部完成生产任务。1985年，场部已有巩固性的集体生产队8个，年养蚕种7万多张。1989年，和桥蚕种场被国家农业部评为全国蚕种生产先进集体。

1982年，实行联产承包责任制后，和桥地区桑田面积比较稳定。1983年，和桥乡、闸口乡、南新乡同设蚕技员。1984年，原和桥乡有桑田面积328亩，产茧13.25吨，后因受国际市场影响，蚕茧价格不断下跌，蚕茧生产再次滑坡。1988年，新建的宜兴市不再设和桥区蚕桑指导员。历任和桥区蚕桑指导员的有李田梅、贺伯年、史玉珍、程传芬、史莲芳等。

80年代末，为发展经济，和桥蚕种场积极发展场办工业。1988 年,有无损探伤、环保、化工 3 个场办工厂,工业产值 190 万元。

90 年代起,和桥地区桑田逐年减少。1996 年,和桥镇仅剩桑田 17 亩,蚕农仅 1 户,产茧 1.2 吨。1997 年,和桥地区的桑田全部改为粮田。

1990 年,和桥蚕种场投资 120 万元,新建了两幢蚕室、两幢厂房。由于生产抓得好,江苏省丝绸总公司设八个单项奖,和桥蚕种场获得了三个:“原种生产先进集体”“蚕种生产管理先进集体”“亩桑制种量高产单位”。1992 年,蚕种场又投资 60 多万元,建造蚕种保护室及场部办公楼。同年,蚕种场生产蚕种20.65万张、原种 1.72 万张。原蚕点也由原来的宜兴东部发展到西部新芳、潘家坝一带,市外扩展到苏北盐城郊区步凤镇。这一年,和桥蚕种场获江苏省原种生产金杯奖。还是 1992 年,由林业部、化工部和蚕种场三方共同投资 1764 万元创建宜达化工公司,生产 PVDC 树脂塑料粒子。虽经多年试产但因技术不过关,产品质量一直未达要求。1993 年后,原蚕点又发展到苏北睢宁县王集桑苗圃、泰兴县张桥乡、射阳县新桥乡等地。1995 年,和桥蚕种场总面积 574.2 亩,其中桑田 412.2 亩,分布在 5 个乡(镇)7 个村,年末职工 140 人。1996 年,蚕桑业滑坡,蚕种任务骤减。同年,蚕种场 3 个场办工厂改为股份制企业。1997 年,蚕种场仅生产蚕种 9.05 万张。同年屺山湾采取两个职工为一组的蚕桑组合承包方式,平时每月发放生活费,年终以生产的合格蚕种数量一并结算兑现,责、权、利紧密结合,职工积极性高涨,场内生产水平提高,春蚕季场内制种 2.76 万张。1998 年,蚕种生产遭遇微粒子病大爆发,因病毒超标淘汰蚕种 4.19 万张,生产许可证被吊销,直接经济损失 117 万元,全场生产陷入困境。同年,蚕种场的宜达化工公司停止生产。1999 年,江苏省丝绸总公司决定暂缓发放和桥蚕种场蚕种生产许可证,同意试生产,下达 1 万张试制任务。全场职工以防病保质量为前提,试养蚕种 3.5 万张,生产的蚕种全部合格。同年,蚕种场有桑田 420 多亩,设立普通种场和屺山湾原种分场。全场有在职人员 123 名,其中助工、助师以上职称人员 18 人。2000 年,蚕种场重新获得生产许可证,当年生产蚕种 4.58 万张。同年年底,蚕种场由事业性质改制成企业性质。2001 年 4 月,市政府决定蚕种场由市管改为由镇托管。2002 年 12 月,在职职工一次性买断工龄,蚕种生产实行租赁承包。随着生产成本增加、养蚕制种劳动力紧张等多种因素的制约,蚕种市场拓展不佳,生产量逐年萎缩。至 2005 年,蚕种场桑园全部被征用,蚕种由其他蚕种场代生产,当年产量仅 1.5 万张。

蚕种场历任负责人有钟蔚衡、冯瑞文、蒋洪福、苏永坤、陈瑞锡、张保生、缪可达、吴顺生。

1966 年—1967 年和桥地区春蚕产量及销售统计表

表 12-6

公社	1967 年春蚕							1966 年春蚕			67 年与 66 年对比	
	领种（张）	发种（张）	总产量（千克）	单产（千克）	售茧金额（元）	奖售 公肥（千克）	奖售 布证（尺）	发种（张）	总产量（千克）	单产（千克）	增产（千克）	增产（%）
和桥	94.50	94.50	3616.80	38.30	10411.02	6731.00	1481.70	36.75	1176.00	32.00	2441.00	203.00
高塍	108.00	107.00	4345.40	40.60	11599.15	7798.00	1733.50	63.25	2055.00	32.50	2290.00	111.00
屺亭	91.00	91.00	3480.00	38.30	9271.35	6263.00	1394.70	24.50	838.00	34.20	2642.00	315.00
南新	37.00	37.00	1417.00	38.30	4266.85	2634.00	585.60	11.25	393.00	35.00	1024.30	261.00
闸口	46.50	46.50	1960.00	42.20	5789.82	3657.00	813.00	15.50	556.00	35.90	1404.00	252.00
万石	65.00	64.00	2325.40	36.40	6268.75	4251.00	946.10	16.50	633.00	38.40	1692.00	267.00
漕桥	9.00	9.00	361.00	40.00	953.16	646.00	144.20	3.50	120.00	34.30	241.00	200.00
合计	451.00	449.00	17505.00	39.00	48560.10	31980.00	7098.80	171.25	5771.00	33.80	11734.00	202.00

1990—1998 年和桥蚕种场生产情况统计表

表 12-7

年份	生产蚕茧			产值(万元)			利润(万元)
	蚕种(万张)	原种(万张)	削口茧(吨)	小计	蚕茧	工业	
1990	20.20	0.50	16.05	460.90	282.00	178.90	58.50
1991	18.10	1.20	12.65	595.00	325.00	270.00	54.20
1992	20.65	1.72	—	632.50	338.40	294.10	72.00
1993	18.00	1.30	27.84	705.70	355.80	349.90	137.30
1994	20.50	1.20	16.50	930.00	580.00	350.00	95.00
1995	18.00	1.10	14.97	1139.00	682.00	457.00	120.00
1996	—	8.30	—	—	—	—	—
1997	11.81	8.30	—	495.00	300.00	195.00	—
1998	—	3.00	—	—	—	—	—

第八节 蔬果花木

一、蔬菜

蔬菜种植是和桥境内农民世代相承的家庭副业,各户农民都爱在家前屋后的园地、杂边旱地栽种蔬菜,供自己食用,多余部分上街出售。

1949 年后,和桥镇区的机关、企事业单位和居民人数不断增加,蔬菜供应日趋紧张,扩充蔬菜种植势在必行。1958 年下半年,政府为了解决蔬菜供应,以原和桥公社杨家生产队为主要基地,建立和桥蔬菜场,专业种植蔬菜。1959 年上半年,和桥供销社从各方面抽调 47 人,并与生产队协商划出土地 36 亩,从事蔬菜生产。当时,日上市各类蔬菜 400 余千克,暂时缓和了供需矛盾。同年 9 月,根据县委指示,把原属新民公社费家大队的大坝、王家、石路、塘里、和建 5 个生产队的部分土地,作为和桥镇发展副业的基地,并建立副业生产办公室。

1965 年 10 月,根据宜兴县人民政府指令,和桥镇建立和建副业大队,进一步扩大蔬菜生产。1966 年 3 月,和建副业大队在 5 个生产队中分别划出土地 215 亩扩种蔬菜。1967 年 1 月,前塘、中塘、后塘、杨家、和建 5 个生产队,由县委决定全部划归和桥镇领导,成为蔬菜生产专业队。

“文化大革命”期间,由于受极左路线影响,社员种植蔬菜的自留地全部收归集体,蔬菜生产出现了动荡不定的局面,挫伤了菜农生产积极性,打乱了原定蔬菜生产和供应布局。1979 年拨乱反正,蔬菜种植面积增加到 238 亩,并给社员划分自留地 29 亩,当年各种蔬菜日上市量达 3716 千克。

1982 年,和桥种植蔬菜的农户积极性空前提高。同年,和桥组织首批食用菌技术培训,引进种源,有 20 多户农户带头进行试种。1986 年,和桥镇食用菌种植进入高峰,由原金盆村食用菌种植大户冯金凤制种、供种,种植户发展到 100 多户,年生产平菇 70 多吨。1986 年 6 月,和桥乡与和桥镇合并后,在镇郊的石路、北庄、闻家、永兴、和桥等村都扩种了蔬菜,日上市量升至 4100 千克。1990 年,和桥镇设立蔬菜办公室,属镇政府内设机构,配备专职干部,对菜农在思想上给予引导,在生产技术上给予指导。同年,原和建村菜农引进竹拱塑料薄膜大棚栽培西红柿、黄瓜、菜椒、莴苣等,可比露地生产的效益增长多倍。为提高蔬菜产量,种植方法采取间作和套作茬次,年平均 3~4 次,高的 8 次,反季节栽培技术不断提高,可以使不少品种的蔬菜提前上市,经济效益大幅度增加。一般每亩收入1万元左右，有的能达到1.3万元。1990年后，食用菌种植专业户围绕市场需求，不断改进工艺流程，从原来的露地栽培，改为大棚套袋和立体生产，同时发展生产金针菇、凤尾菇等新品，年产蘑菇10吨、平菇26.7吨、金针菇1万袋，产值16.6万元。

1992年起，和桥镇居民逐步增多，和桥农贸集市蔬菜的供应需求量也不断增加。1994年，外地菜农开始租用承包和桥境内农户的土地，栽种蔬菜的种类增多，如西洋芹、杭州药芹、小番茄、雪韭等新特优的品种开始由当地生产。

1999年，原和建村菜地被征用，建设居民住宅富阳小区，减少面积170亩。镇政府经向上级申报批准后，在闸口公路东侧扩大菜地面积120亩，并立即投入资金20万元，铺筑机耕路1000米，新建明沟护砖灌溉沟渠1000米，并切实为菜农搞好生产服务。同年，和桥镇蔬菜种植面积再次扩大，总面积达550亩，其中蔬菜基地面积320亩，全年生产蔬菜2495吨，总产值370多万元。

进入21世纪，人们对绿色食物的追求已落实在日常生活中。和桥境内的菜农积极利用原有条件，扩种南瓜藤、山芋藤、莴苣、大蒜、丝瓜、马铃薯、空心菜、豌豆苗、红花草、金花菜等不需用药的传统蔬菜；对马兰、荠菜等传统野菜进行园地栽培；还引进名特优新品种，如四季萝卜、特早花菜、新泰实杆芹菜、紫角叶、飘花藕、红苔菜、小叶茼蒿、小型南瓜、苦瓜“紫薯、芦笋、秋葵”等，栽种都获得成功。2002年底，各类蔬菜生产基地达3100亩，年产蔬菜6500吨，基本满足了市场需求。

2004年，宜兴市被列入江苏省无公害农产品产地认证整体推进第二批试点县（市）。和桥镇与菜农签订责任书，推广使用防虫网覆盖、杀虫灯诱捕等物理防治病虫害的方法，禁用高毒高残留农药，合理使用化学低毒农药，控制氮肥用量。和桥还建立了1个镇级蔬菜农药残留检测室和10个村级蔬菜农药残留监测点，在镇级菜市场实行蔬菜条码制和销售实名制，确保“放心菜”工程安全有效。2005年，和桥镇政府和各村民委员会，积极扶持蔬菜的现代化种植，大棚的质量和数量大幅增加，土地利用率进一步提高。2010年，同里村和大生村被和桥镇认定为“蔬菜特色村”，两个村1500亩青菜、番茄、黄瓜种植基地被江苏省农委列为无公害蔬菜产地。2012年，和桥镇出现了首个种植芦笋的专业合作社。2015年，和桥镇有各类蔬菜生产基地6131亩，有5家生产蔬菜的专业合作社，年产蔬菜20145吨。

2000—2015年和桥镇食用菌年产量统计表

表12－8　　　　单位　吨

年份	年产量	年份	年产量
2000	90	2008	171
2001	120	2009	175
2002	125	2010	194
2003	89	2011	88
2004	165	2012	75
2005	172	2013	75
2006	171	2014	165
2007	181	2015	219

二、果品

1. 葡萄 1991年，和桥镇文里村农户虞汉文，在自己承包的3亩责任田里试种葡萄。经过2年的精心管理，葡萄获得丰收，取得明显经济效益。1993年，文里村费新南、虞建平、黄建忠、唐军等种植葡萄93亩，选用“巨峰”“藤稔”“红富士”等优质品种，采用棚架栽培。1995年，西锄、闸口等村也有种植专业户出现。1999年全镇种植葡萄123亩。2001年烧香港工程竣工后，聚贤村农户邵利平主动承包河港坡地30亩，成为当时和桥镇最大的葡萄种植专业户。2005年3月，和桥镇同里村经过第二轮并村，聚集了原文里、大同、聚贤和柏树四个村，葡萄种植专业户有20多个，面积290多亩，仅邵利平一户就有80亩。在和桥镇农业办公室有关人员的指导下，种植户增加了“夏黑”“巨玫瑰”“魏可”“金手指”等优质新品种，并适当提升棚架的高度，既可在棚架下养鸡，又增加透光和透风。为提高葡萄品质，和桥所有种植都施用有机肥，所有大棚都安装避雨设施，并适时修理藤蔓、疏粒整穗、给果实套袋，把亩产控制在800～1000千克之间。2010年，同里村被江苏省农委认定为葡萄无公害种植基地。2011年，西锄村张良华种植25亩，闸口村王江龙种植20亩。2012年，闸口村的袁照香、陈洪，分别种植66亩和42亩。2013年，和桥镇种植户送评的“扎马特”“红巴拉多”“巨玫瑰”“夏黑”“金手指”葡萄，均被宜兴市农林局评为“优质水果金奖”，“魏可”葡萄被江苏省农委评为“优质水果银奖”，“白罗莎里奥”葡萄被江苏省农委评为“优质水果金奖”。2014年，和桥镇荣盛果蔬专业合作社生产的“盛利”牌葡萄，被中国绿色食品发展中心认定为绿色食品。2015年，闸口村又增加葡萄种植82亩，和桥镇葡萄种植面积达到793亩，年产量872吨。

图12－5　2014年和桥葡萄获国家绿色食品证书

2. 草莓 1997年，原和桥镇文理村农户王锡忠，试种“丰香”草莓4000余棵，获得成功。1999—2005年，王锡忠将自己的草莓种植面积增加到5亩，并带动村里的朱伯生、朱才大、朱仁华等农户种植草莓10亩。他们积极参加宜兴市组织的有关培训，逐步掌握了搭建大棚、覆盖地膜的技术要领。为提高草莓的产量和品质，和桥镇草莓种植户普遍使用家禽家畜所积的有机肥，并在大棚内放养蜜蜂，使平均亩产达到了1500千克，平均亩收入15000元。2007年，和桥镇西锄村农户邵新农，在村民的帮助下，将自己的10亩责任田集中在一起，全部种上草莓。2008年，北庄村钱中强种植草莓8亩，全部试种国产品种，都获得丰收，本地和外地的葡萄种植专业户纷纷来取经学习。2008年，邵新农送评的“丰香”草莓，被第四届中国国际草莓文化艺术节评为金奖，是宜兴地区首个获此殊荣的草莓产品。2010年，和桥镇淘汰“丰香”“明宝”等草莓老品种，引进“香蕉奶油”“红艳”“红颊”“银玉”“紫金香玉”“紫金9号”等以国产品种为主的草莓新品，种植面积由原来的40亩扩大到70亩。由于运用更先进的生产技术，一般亩产1800千克，高产田块每亩达2000千克。同年，和桥镇同里村获得“无锡市草莓基地奖”。2010年、2012年，同里村选送的“红艳”新品草莓，两年被江苏省草莓协会评为“银奖”。2013年，北庄村钱中强因为推广草莓国产新品成绩显著，被第九届中国精品草莓擂台赛评委会授予“优秀工作者”称号。2014年和2015年，钱中强和邵新农代表和桥镇选送的“红颊”，先后被江苏省草莓协会评为“金奖”。2015年，和桥镇草莓种植面积91亩，年产量160吨。

3. 桃 20世纪90年代以前，和桥农村只有些零零星星的桃树，大多栽种在家前屋后或者河边的坡地上，品种以“六月红”“白花桃”等为主。一般每株产桃50多千克。当时限于条件，管理也非常粗放。90年代中期，外面种桃利好的信息不断传入。1996年，中巷村的夏俊卫种植桃树近7亩。1999年，北渠村的张华盘、钟溪村的何国南、中巷村的夏志伟等种植桃树53亩。同年，和桥镇的桃树种植面积首次超过100亩。2005年，张华盘主动放弃“白花桃”“湖景桃”等老品种，从外地引进“千代妃”“日川白凤”“良媛”“新白花”等新品种；其他农户种有“金红桃”“武金”“黄桃”“金秋”“大白凤”“迎庆”等成熟期错开的优质品种。在管理上，坚持每年元月和六月两次修枝，坚持腊月和芒种两次施肥(多施家积肥)，坚持适时疏果和套袋，保证桃子的产量和品质。夏俊卫种植的“大白凤”桃一般每只都有600克重，超大的达到750克，亩产在2200千克以上，经济效益可观。2011—2015年，和桥镇桃树的种植，面积一直保持在170~195亩之间，年产量在255~300吨之间。

4. 西瓜 1983—1986年，原和桥乡的大同、北庄、石路，原闸口乡的北渠、万福，原南新乡的中巷、北新、金家等村，部分农户曾经在大元麦田里套种过西瓜。农户们在每一坨中间空出宽2尺的一长条地来，冬季深翻，施入较多的家积肥，待来年的4月20—30日这段时间，将瓜苗全部栽好。由于当时没有地膜和大棚，选用的品种为“红星宝”“黑美人”“苏蜜瓜”“新澄瓜”和从溧阳引进的“解放瓜”，最早的西瓜要到6月底才能上市。在管理上，疏藤和剪枝、防晒和人工授粉等，各农户都很重视，但技术水平普遍不高，一般亩产只有3000千克，一亩收入在400元左右。80年代末期，和桥境内有大量外地西瓜进来，本地西瓜的市场已经很小，种植的农户也越来越少。20世纪90年代末，一批从浙江等外地来的西瓜种植专业户，带来新的技术。1998年起，北庄、北新、中巷、永兴、大生、王母桥等村就有外地人来承包种植西瓜。这些种植户普遍采用地膜和大棚，在冬至就开始育苗，立春前后已全部移栽完毕。他们种植的品种有“特小凤”“早春红玉”“8424”等，注重施用有机肥料，采用比较先进的生产技术，一般亩产量可达5000千克，亩收入超过1.5万元。2010年起，和桥境内的西瓜种植大户已达30多户，大部分是从浙江来的农民，品种都以“8424”为主。2015年8月，辰希缘现代农业示范园首批20亩用纳米膜技术栽培的西瓜，也是“瓜满枝头”。

图12-6 2015年辰希缘用纳米技术种植的西瓜

2000—2015年和桥镇西瓜种植面积和产量统计表

表12-9

年份	种植面积(亩)	总产量(吨)	年份	种植面积(亩)	总产量(吨)
2000	138	669	2008	580	2900
2001	165	802	2009	650	3250
2002	158	780	2010	635	3180
2003	200	1000	2011	680	3400
2004	220	1100	2012	750	3750
2005	400	2000	2013	769	3804
2006	490	2450	2014	780	3900
2007	495	2452	2015	890	4450

5. 银杏 银杏树因生长缓慢，一般要20年以后才能结果，被称为"公孙树"。20世纪80年代前，和桥农村种植极少。80年代后，外地用人工嫁接的方法，培育出一些栽种3~4年后便可开花结果的银杏新品种，和桥境内有农户引进栽种。90年代初，原闸口乡人民政府为农民寻找致富门路，从浙江引进优质银杏品种"大佛手"2万株，分发给当地农户栽种，面积达400余亩。这个品种丰产性强，无大小年之分，且味甜、核大，经济效益好，深受农户欢迎。1992—2000年，和桥镇的北庄、大生、同里等村都有栽种，面积超过600亩，每亩收入8000元左右。2005年以后，由于银杏果品价格逐步下降，和桥镇栽种的农户也逐步减少。2009—2015年，和桥镇银杏种植面积一直只有100亩，每年的产量也只有50吨。

6. 其他果品 2015年，和桥镇还有猕猴桃200亩、樱桃20亩、蓝莓75亩、枣300亩，其中只有蓝莓和枣儿已有出产，年产量分别为25吨和50吨。

三、花木

20世纪80年代，和桥境内的花卉苗木种植范围广，户数多，品种主要以龙柏、蜀桧、中山柏、细叶黄杨、草杜鹃等为主。1980年，南新公社西锄大队办起了和桥境内第一个花木场，面积15亩，年产值3万多元。该花木场还利用水渠和道路的边沿，种植柳条，编织成包装箱出售，年产5万多只。1983年，西锄大队桥东生产队农户蒋贤祥承包了这个花木场，并每年增加种植面积和品种。1988年，龙柏、蜀桧、海桐、紫薇、黄杨等苗木俏销，花木场年销售额达到100万元。1989年，和桥镇有156个花木种植户，面积1300多亩。1991年，西锄花木场种植面积扩大至250亩，种有茶梅、茶花、含笑、海棠、四季桂花、西洋杜鹃、雪松、五针松、罗汉松、美国红枫、紫荆、金边黄杨等30多个品种。同年，蒋贤祥被评为无锡市多种经营能手。1992年，一些老旧花木品种滞销，花木场为此增加广玉兰、樱花、红叶石楠、红花继木等新品种的种植，继续赢得市场，年销售额290多万元。1995年，西锄花木场搭建了近800平方米的玻璃房，引进山东菏泽十多个优质牡丹和芍药品种，配备专门的技术人员栽种。1996—2010年，每年销售的年宵牡丹花800多盆，产值20多万。

20世纪90年代后期，和桥镇种植花木的农户逐步减少，部分苗木基地改种别的经济作物。坚持种植的农户主要集中在原北庄、中巷、西锄、闸口等地，其中以南新镇云阳村农户蒋国君、和桥镇北庄村的农户邰国强种植的面积较多，分别达到50亩和60亩。2000年，和桥镇花木面积有800亩。2009年，宜兴天立红豆杉科技有限公司落户和桥镇中巷村。该公司共有育苗和小苗盆景的培育基地50多亩，试繁试育了350千克红豆杉种子，培育了12万余株红豆杉小苗盆景。2010—2014年，这块基地曾作为和桥成人文化技术学校的省级示范教学中心。

图12-7 2009年宜兴市天立红豆彬科技有限公司的苗圃

2011—2014年，由于滆湖东路和其他镇道的建设，和桥镇花木的种植面积从446亩继续下降到366亩。2015年，和桥建安公司在大生村流转承包土地380多亩，启动生态园项目建设，已经栽下樱花等比较珍贵的林木300亩。

第九节 畜禽养殖

一、猪

养猪是和桥农村历史上主要的家庭副业。新中国成立前，和桥境内养猪的农户较多，一般是为了积肥和改善生活。当时的品种都是黑色的太湖猪，一头猪差不多要养一年。新中国成立后,生猪除私养外,还提倡集体饲养。1958 年,和桥境内成立人民公社,开始禁止私人养猪,而集体养猪又管理不善,又因饲料短缺,疫病蔓延,生猪存栏量锐减。1962年,国家农村政策得到调整,和桥境内除集体饲养外,还允许农户私养,生产队划给一定数量的"猪留地",规定出售一头肉猪奖励一定的布票和饲料票,产生的"猪窠灰"可以作价卖给集体。60 年代,和桥境内生猪饲养有较快发展,外国优良猪种"大白猪"和"约克夏"相继被引进,很多家庭开始饲养母猪。和桥、闸口、南新等几个公社设有兽医站,负责给母猪配种,给小猪阉割,给猪防疫和治病,和桥镇也有专门的苗猪市场。1971 年,在"猪多、肥多、粮多"的口号下,和桥公社的新建、北庄、石路,南新公社的南新、西锄,闸口公社的北渠、归美等生产大队,都办起了"百头猪场"和"千头猪场",每个生产队还养有几十头猪。猪饲料主要靠在各河道内放养的"水葫芦""水花生"等,配以用稻草、秕谷、米糠等加工成的"三七糠",有的地方还专门到苏北买回整船的大胡萝卜。农民家庭养猪饲料更加短缺,内河的"鞭子草""水浮莲"等,都有人家捞上来和了"三七糠"一起煮熟了喂猪。一头 10 千克左右的苗猪,养七八个月才有 50 多千克,刚刚够出售的标准(收购标准为饿肚 53.5 千克)。1974 年,和桥建立种猪场,一年后改为良种畜禽场。同年,和桥食品站在周边公社设生猪管理员,负责扶持和指导农民养猪,为农民繁殖苗猪提供品质优良的种猪。1975—1977 年,和桥公社、闸口公社和南新公社,出栏生猪总数分别为 1.54 万头、1.63 万头、1.72 万头。1979 年,宜兴县家畜人工授精总站成立,和桥境内的母猪繁殖全面实施了工授精。同年,国家生猪价格提高 20% 以上,由各公社对养猪户实施补贴。

1982 年,和桥农村实行家庭联产承包责任制,集体养猪很快消失,农户养猪积极性提高,出现了新生的养猪专业户。1983 年,大型"约克夏""长白猪""杜洛克"等 3 个瘦肉型的优良品种被推荐,和桥境内农户生猪饲养业不断向规模化发展。1984年,北庄村村民朱三大夫妇饲养母猪 6 头,年育肥猪 120 头,育期一般不超过 5 个月,重量均在 75 千克以上。1990 年,和桥镇在永兴村高塍路北侧创办新的苗猪交易市场,以农历逢二、五、八为苗猪交易集市日,年成交量 1.5 万头左右。1995 年,和桥镇出现养猪千头专业户 1 户(石路村朱三大),百头专业户 4 户(聚贤村蒋五荣、大同村张耀成、文里村王兰芳、湖滨村邵锦元),还有 30 头以上专业户 22 户。石路村沈家组 16 户农民,户户养母猪,母猪存栏达 82 头,成为和桥镇饲养母猪的专业组。1996 年,朱三大评为宜兴市农村致富带头人,其妻李春英也被评为宜兴市三八红旗手。1997 年,农业银行为养猪专业户发放贷款,政府提供贴息,工商税务免除自产自销的税收和规费,粮食部门下拨玉米。同年,宜兴市成立养猪科学技术协会,和桥养猪专业户普遍得到协会的帮助和服务。1999 年,和桥镇生猪存栏 9635 头,其中母猪 515 头,当年出栏肉猪 1.3 万头。2000 年后,猪肉价格市场进一步放开,政府采取了对猪肉"滞销时买进、俏销时卖出"的政策,避免了因猪肉价格波动过大影响生猪生产,促进了全镇养猪业稳定、健康的发展趋势。2006 年,楝聚村归美桥的梁赛军、北渠村的冯立平、同里村的王兰芳、北庄村的朱鹏平等专业户,养猪规模都超出了千头。全镇年产生猪 50 头以上的达到 94 户,年产 100 头以上的有 41 户。2007 年,太湖水大规模治理开始,和桥镇沿殷村港、烧香港、漕桥河的养猪专业户都在政府的指导下搬迁猪舍。新型猪舍对环境保护都有专门的设备,如干湿分离装置、制造沼气的设备等。在对老猪舍的改造中,新型的网床、产房、限位栏、自动饮水器、湿帘等都安装齐全,养猪过程中的配产方式和卫生条件,都得到改善。2010—2015 年,和桥镇有养猪专业合作社 6 个,联合养猪专业户 35 个。各合作社内部成员统一投资、统一生产、统一销售、利益共享。其中规模最大的宜兴市兴牧生态种养专业合作社,以养猪为主,联合 5 家养猪户,年均产生猪 5500 头。2012 年,和桥镇各专业合作社生产的生猪,均取得农业部农产品质量安全中心颁发的无公害农产品证书。2014年,宜兴市和桥镇归美养猪技术服务专业合作社理事长梁赛军,经考核获得农业部颁发的全国无公害农产品内检员证书。同年,和桥镇生猪存栏4.3万头(含自繁母猪1958头),出栏5.1万头,创下和桥镇生猪生产新业绩。2015年,宜兴市兴牧生态种养专业合作社,为了更好地保护生态,另外流转土地36亩,开挖出方池和圆塘,利用养猪流出的肥水,在水里种植梭鱼草、菖蒲、睡莲等,在岸地种上花草和果蔬,有效去除猪场废水里的磷氮。当年,全镇生猪存栏2.86万头,出栏4.65万头。

2000—2015年和桥镇生猪存栏和出栏数统计表

表12-10

年份	存栏(万头)	出栏(万头)	年份	存栏(万头)	出栏(万头)
2000	1.40	2.10	2008	0.95	3.70
2001	1.50	2.80	2009	0.97	3.80
2002	1.60	3.40	2010	0.98	4.05
2003	1.50	3.30	2011	2.28	4.65
2004	2.30	2.90	2012	2.58	4.60
2005	3.00	5.70	2013	2.60	4.76
2006	0.91	3.58	2014	4.30	5.10
2007	0.91	3.65	2015	2.86	4.65

二、禽

和桥农村,历史上就有养殖家禽的传统。新中国成立至20世纪70年代,靠近滆湖的王母、北新、水产、楝树、聚龙等生产大队有较多的养鸭、养鹅副业组,利用湖水和水草、小鱼虾、螺蛳等条件,有专门的人员撑船下湖为集体放养。平原地区也有养殖,但以家庭养鸡为主,很多农家依靠自家的母鸡产蛋并孵化繁殖,也有买火坑鸡喂养的。但由于条件限制,饲料和技术都较缺乏,数量比较少。

1975年,和桥将种猪场改为良种畜禽场,为农户提供优质种源。1979年,和桥哺坊开放良种禽苗供应,和桥境内各公社副业技术员积极帮助农民掌握养禽技术,各兽医站负起了为家禽防疫治病的职责,地方政府则为养禽大户解决贷款和饲料等实际问题。1983年,南新乡民胜村农民姚立根,养鹅3250羽,年收入22750元,净收入7254元,当年被评为江苏省劳动模范,并出席省农先会受表彰。同年,石路村韦玉琪,全年养禽4趟,计4500羽;和桥村沈全荣全年养禽6趟,计1600羽。1986年,和桥镇养殖家禽12万多羽,1987年达20万羽。

1995年起,养禽专业户不断增多,和桥养殖量连年保持在45万羽左右。1998年,和桥镇大生村的吴小行、北庄村的周志英和南新镇西锄村的林庆法,开始养殖蛋鹅,数量都在1000羽左右。1999年,和桥镇家禽养殖的数量首次超过100万羽。2000年8月,和桥镇原中巷村夏西组农户夏惠仁办起万羽鸡场。第一年效益就很好,他的事迹登上当年的《宜兴日报》。此后,在北新村、北庄村、王母桥村、西锄村相继建设万羽鸡场8个,2002年共计出栏雪山草鸡近30万羽,产值达450万元。同年,闸口镇万福村的刘芳、白立新、吴才忠、刘菊生、白小军、张军等养鸭户,年产肉鸭超过100万羽。2003年,已经连续4年养殖蛋鸡的永兴村农户吴庭良,年养殖数量跃升至6万羽,而且全部选用优质品种"海蓝",最高日产鸡蛋3125千克,年产蛋量750多吨,位居宜兴市各蛋鸡场第二名。2004年,北新村的狄运良、中巷村的姜勇、北渠村的王太忠，接连办起三个“万羽鸡场”，养殖“三黄鸡”和“青脚麻”两个优质肉鸡品种，年产肉鸡6万羽。2010年，永兴村吴庭良的蛋鸡场在喂鸡防疫、捡拾鸡蛋、装箱包装等方面初步实行了自动化。2012年，北渠、北新、西铡、永兴等农户养殖鹧鸪3.6万羽，其中北渠的钱根华养殖1.2万羽。2004年、2007年和2013年，连续爆发禽流感，和桥镇家禽养殖业受到严重打击，迫使一些专业户停止养殖，有的只能转行。2012—2014年，和桥镇家禽养殖的数量直线下降，至2014年，全镇家禽养殖数量只有47.4万羽。但很多养殖户没有退缩，其中蛋鸡、蛋鹅的数量一直在增加。2012年，全镇建立两个家禽养殖专业合作社，有50多个养殖户参加，继续增加投资、共担风险、同享利益。2015年，永兴村吴庭良仍养有蛋鸡6万羽。当年全镇出栏家禽35.85万羽，出产禽蛋1600吨。

2000—2015年和桥镇家禽出栏数量和产蛋量统计表

表12-11

年份	出栏总量（万羽）	产蛋量（吨）	年份	出栏总量（万羽）	产蛋量（吨）
2000	138.90	800.00	2008	106.30	1756.00
2001	122.20	980.00	2009	103.00	1900.00
2002	138.60	1300.00	2010	103.60	1780.00
2003	143.40	890.00	2011	118.65	1868.00
2004	110.60	965.00	2012	89.30	2496.00
2005	93.80	1235.00	2013	58.20	2000.00
2006	134.80	1645.00	2014	47.40	2310.00
2007	106.80	1650.00	2015	35.85	1600.00

三、牛

新中国成立前，耕牛仅为少数地主、富农及个别自耕农所拥有，用于农田耕翻、水耙田及灌水拉车、拉磨。20世纪50年代，和桥境内建立初级农业合作社后，耕牛折价归集体，60年代发展到每个生产队至少有一条耕牛。70年代起，手扶拖拉机在农村普遍应用，耕牛才逐渐减少。据和桥区1981年12月的《畜禽年报表上》，和桥乡有耕牛16头，南新乡有耕牛57头，闸口乡有耕牛65头，1984年的报表中已无耕牛数。

1984年，西铡村引进奶牛19头，由蒋盘余主管，办起牛奶场，供应城镇居民鲜奶，还加工生产果奶，供应中小学生，作为课间饮料。至1997年，奶牛发展到100多头，后由宜兴市计经委协调，被宜兴市华地广场收购。1999年，西铡村有位农户在西杨显桥创办奶牛场，有奶牛10余头，2004年停办。2013年，和桥镇北渠村村农民钱根华，引进优良菜牛品种8头，2014年已自繁13头。2015年，和桥镇经统计尚有菜牛40头。

四、兔

20世纪50年代前，和桥地区农民虽有养兔习惯，但饲养的数量一直很少。60年代开始，兔毛出口供不应求，地方供销社为鼓励并支持农民饲养长毛兔，提高兔毛收购价格，养兔经济效益优于养猪，农民养兔积极性高涨，和桥境内兔子饲养发展迅速。70年代前后，当时每个生产队养兔的数量就有200多只。80年代中期，宜兴推出德国长毛兔新品种，和桥镇畜牧兽医站办起种兔场，专门为养殖户提供种源和防疫服务。和桥乡南塍村农民岑华松养兔300多只，专门销售种兔；南新乡新桥村农民吴勤民，建双立式兔舍5间，也养有长毛兔400多只，年产兔毛近60千克，年收益7000多元。1986年，和桥镇养兔2.4万只。1987年，兔毛收购价格下跌，农户养兔积极性有所减退。1987年、1988年，和桥镇兔子饲养量分别下降到1.6万只和6842只。90年代初，兔毛收购价格再次下跌，养兔农户大大减少，1999年全镇养兔仅2000只。2000年后，兔毛价格逐渐回升。2002年，全镇养兔6230只。2003年以后，兔毛价格虽然波动不大，出口量却急剧下降。2013年，全镇养兔锐减至300只。2015年，仅有极少农户饲养兔子。

五、羊

和桥农村历史上养羊比较分散，大部分都是为了积肥。养羊户也比较少，即使有饲养的，也不过养一二只。1987年，和桥镇羊存栏仅293只，当年出栏数246只。1990年后，因农业产业结构调整，养羊业得到发展。1997年、1998年先后引进鲁山羊种240只、徐淮山羊250只、河南山羊30只，两年共引进种羊500多只。苗桥村有农户引进小波尔山羊2只，作为良种繁殖种源。1999年，全镇羊存栏1652只，当年出栏羊2750只。此后，养羊数量又逐渐减少，2002年，全镇羊存栏1355只，出栏1698只。2015年，全镇羊存栏600只，出栏500只。

六、蜂

1979年，原闸口楝树、白巷两地，有两农户开始养蜂。他们的足迹遍及全国各地，2000年起，他们每户养蜂的数量一直保持在200箱左右，从无间断年份。2015年，他们两户养蜂430箱，出产蜂蜜56吨。

第十节　水产养殖

和桥镇地处滆湖之畔，有5.72千米长的沿湖岸线。境内河流众多，水域面积达6万多亩，水产养殖的产值超过农业总产值的三分之一。

图12－8　2012年1月西锄村农民在鱼塘捕鱼（丁焕新摄）

新中国成立前夕，和桥境内专门以水产捕捞为生计的渔民，主要集中在原南新、闸口的沿湖地区。当时使用的捕捞方法有下丝网、下夹网、撒旋网、打戳网、装虾笼、放弹钓、放金钩，还有使用鱼鹰和使用敲鳑鲏船等。

1953年，南新、闸口两地成立渔业合作社，当地渔民都先以自家的渔船和渔具入社，再以捕捞的数量换取报酬。1958年，和桥境内成立太滆人民公社，这两地都成立渔业大队，共有渔民150多户。1968年，渔业大队改称水产大队，按捕捞类别分作业组，如卡钩组、拦子组、虾笼组、夹网组等，大部分渔民上岸定居。1969年，渔民利用村边的水塘开始养些鲫鱼和鲤鱼。同期，和桥境内很多平原地区的生产队，也在各自的自然水域范围内放养一些鲢鱼、鳊鱼、草鱼、青鱼等"四大家鱼"品种，等两三年后捕捉了分给村民过年过节。1973年，国营滆湖农场在南新境内建有600多亩养鱼基地，亩产鱼虾25千克左右。

1972—1978年，南新公社分两期在长征圩内围湖养鱼，建起长征圩万亩渔场（其实只有7000多亩），招工95人，负责平时管养和冬季捕捉，供应全社居民和农民。因当时条件很差，产鱼量也很低。1979年，和桥公社在湖滨圩内，将300亩低洼田开挖成集体鱼池，以养殖草、鳊、鲢、鲫等为主，搭配青鱼、鳙鱼、鳜鱼等，亩产达到50千克。同时，南新和闸口两个水产大队开发水面1000多亩,走“以渔为主,养捕结合”的道路。1982年,南新公社多联公司在北团结圩开挖鱼池近300亩,由集体单位放养鱼苗。1983年,闸口公社在徐家大荡建起1600亩的集体渔场。同年,和桥境内的湖滨、金盆、前谢、大生、南新、北新、西锄、王母、北渠、楝树、聚龙、钟溪、三庄、港北、南阳、归美、何家、黄土等生产大队,分别组织劳动力、抽调机械,在湖滨圩、金盆圩、南团结圩、北团结圩、红星圩、卫星圩、老滩圩、中长圩、南新圩、胜利圩、联丰圩、北蒸基圩等圩内,开始大规模开挖池塘。和桥境内的渔业生产起了翻天覆地的变化。一些农户结合水利建设,将承包低洼田块开挖成渔池,放养草、鳊、鲢、鲫“四大家鱼”。原来由集体开挖的鱼池,也逐步开始承包给农户。80年代初,和桥公社、南新公社、闸口公社都有小规模的河蚌珍珠养殖,技术也日趋成熟。1984年,和桥乡金盆村村民吴朝新,承包水面养鱼108亩,还帮助指导全村20个农户养鱼510亩,走上先富之路,被评为江苏省劳动模范。1985年,银行发放贷款,支持农村渔业生产。

1986年,境内的滆湖水域,全面开始围网养殖。由于天然饵料丰富,所养鱼、虾、蟹质量上乘。1987年,和桥境内水产养殖专业户近100家,渔业机械化程度迅速提高,从事渔业生产的挂浆船有108只、非机动渔船120只、饲料船50只、饲料打浆机和粉碎机10台、增氧机26台、泥浆泵30台、小水泵120台、电动机144台,改建电站7座,架设高低压线1.05万米。同年,和桥境内水产养殖面积达1.6万亩,鱼产量达2400吨;闸口乡年产珍珠865千克。

1990年,和桥境内养鱼基本上实现排灌、投料、增氧、鲜鱼运输上市的机械化。1991年,宜兴地区遭受百年未遇的洪水,和桥境内的长征圩、红星圩决堤,水产养殖户损失惨重。1992年,在各级政府的支持和帮助下,所有损毁的圩堤得到修复和加固,圩内水产养殖全面恢复。同年,专业户占区域内水产养殖总量80%以上;滆湖水域围网养殖进一步扩大,面积达5000多亩;蟹的养殖面积近2000亩,优质蟹价格每500克150元。1993年,境内水产混养全面展开,比较典型的是常规鱼和虾、蟹混养以及鱼蚌混养,经济效益大增。同年,境内鱼蚌混养的水面有5000亩,主要集中在南新和闸口乡。1995年,较贵重的水产品种养殖得到重视。闸口乡的钟溪、万福、白巷等村有农民改甲鱼温室养殖为野外池塘养殖。闸口乡万福村的潘建春,池塘养殖甲鱼15亩。南新乡西锄村建有专门的青鱼塘、鲫鱼塘、鲶鱼塘等。1997年,由于市场珍珠价格连年下跌,和桥境内养殖河蚌已经极少。2000年,和桥境内较贵重的水产品养殖占总养殖面积的三分之一,仅蟹的养殖量就有6000多亩。2002年,西锄渔场养殖巧嘴红白7万多尾,当年就获得丰收。2004年,湖滨村养殖鲈鱼的面积近400亩,亩产500千克,年产值500多万元。

2004年,和桥镇水产养殖面积超过3万亩。地方政府先后投入上亿元资金,硬化了通往各渔场的主要道路,派遣有关渔技人员深入养殖户,用科学方法辅导绿色养殖和无公害养殖,提倡使用微生物制剂和优化水域的生态环境。2005年,和桥镇西锄渔场经过江苏省海洋渔业局的严格考核验收,成为宜兴市第一家获得江苏省无公害水产品基地的单位,其养殖的“碧玉”牌团头鲂、“碧玉”牌异育银鲫也被注册登记为国家品牌产品。2006年,湖滨水产养殖场被认定为江苏省无公害淡水鱼类产地,面积1500亩,其养殖的水产品等均获准“湖滨”品牌商标注册。2007年,和桥镇常规鱼和甲鱼、青虾、泥鳅等混养的农户增多,其成功经验在各养殖户中推广。2008年,为净化水质和进一步保护下游的生态环境,和桥境内的滆湖水域,所有水产养殖的围网都被拆除。2009年,和桥镇西锄村所有的鱼塘全部使用绿色生物制剂消毒,并大量种植水草以净化水质,水产品改以“宜和”牌注册,并继续保持江苏省无公害产品称号。同年,农业部在和桥镇建立团头鲂、青虾、鳊鲫鱼等多品种套养技术、鳊鲫鱼主养技术、水产无公害防治技术等农业科技试验示范基地,由王小蓉担任技术负责人。2010年,和桥镇养殖的“翘嘴红白”“翘嘴鳜”“螺蛳青”“中华绒螯蟹”等水产品，为江苏省农委做养殖示范推广。2012年，和桥镇滆湖养殖的“中华绒螯蟹”被无锡市认定为名牌产品。2013年，有着6000多亩水产面积的棟聚村，在水产养殖中试验用中草药制成的“淡水鱼植物精华促长素”，和鱼饲料拌和一起投喂，有效提高鱼的质量和生长速度，并降低了生产成本，鱼产量每亩超过1250千克，高产水域亩产达1475千克。2015年，和桥镇的“中华绒螯蟹”养殖面积1万多亩，每亩产量75千克。当年，全镇水产养殖面积约3万亩，产值超过3.5亿元。

2000—2015年和桥镇水产养殖面积及主要渔业产量统计表

表12－12

年份	水产养殖面积（亩）	鱼产量（吨）	虾蟹产量（吨）	年份	水产养殖面积（亩）	鱼产量（吨）	虾蟹产量（吨）
2000	19000	9063	486	2008	31800	18480	780
2001	21100	9429	568	2009	32890	18650	790
2002	27160	7567	560	2010	32780	18500	795
2003	27934	9173	620	2011	37230	18800	810
2004	31589	13743	650	2012	32700	19880	820
2005	32550	15302	686	2013	32700	21546	1286
2006	32550	21202	770	2014	34500	24148	1450
2007	32450	18461	780	2015	30000	22450	1230

第十一节　新型农业经营主体

新中国成立以前，和桥农业以传统的小农经营为主体。广大贫苦农民掌握的土地和资金少得可怜。1949—1981年，和桥农民经历了土改、合作化、人民公社及“大包干”，土地逐步由私有变成集体所有，长期以生产小队—生产大队—公社为经营体制。1982年，和桥全面实行家庭联产承包责任制，农民完全可以在承包的土地上自主经营，自负盈亏。1983年，和桥地区取消人民公社制度。20世纪末至21世纪初，和桥农村土地开始流转。2002年，土地流转的原则、形式和手续得到规范。2005年10月，和桥镇出现首个村级集体经济股份合作社。2007年8月，出现第一个农民专业合作社。2014年2月，江苏辰希缘科技发展有限公司在西鿍村创办观光农业项目。2014年4月，和桥镇又出现首个家庭农场。2015年，全镇有村级集体经济股份合作社8个，年末总资产达到1.03亿元，年内享受股红分配的股东有9423人；有农民专业合作社80个，流转土地1.74万亩，承包水域面积2.3万余亩，注册成员有1.72万人，注册资金3.22亿元，培训农民1.2万人次，实现销售3.96亿元，还涌现了1家全国农民示范专业合作社、2家江苏省级农民示范专业合作社、4家无锡市农民示范专业合作社；有农民家庭农场15个，流转土地2829亩。

一、宜兴市添益农业服务专业合作社

宜兴市添益农业服务专业合作社位于和桥镇福巷桥村，成立于2007年8月，是宜兴市首家注册登记的农业服务专业合作社，参与成员112户，合计出资806万元。

该合作社成立初期，管理层就注重培训操作农

机的专业人才和多面手。10 个驾驶员中有 2 个高级技工、3 个中级技工、5 个初级技工。2008 年起，该合作社对服务农户的稻麦收种实行统一翻耕、统一栽播、统一防治病虫草害、统一收割，每年服务农

图 12－9　2010 年、2011 年，宜兴市添益农一服务专业合作获得的国家级奖状

户 3308 户，一条龙服务土地 1 万多亩。2011 年，合作社流转土地 950 亩，试种“南粳 46”“武运粳 23”等新品优质粳稻，亩产达 675 千克。同年，合作社生产的大米获“福巷”注册商标和“江苏省无公害稻米”称号，产品售价每 500 克 3 元。2014 年，合作社在基地上又扩大粮食仓储、加工设施建设，统一收购社员的粮食，统一加工包装，统一销售，为社员创造更大的利益。

2015 年底，该合作社拥有大中型拖拉机 23 台、高速插秧机 13 台、联合收割机 7 台、循环式谷物干燥机（每台每小时可烘干粮食 12 吨）7 套、秸秆捆扎机 28 台、田间病虫害防治机械 26 台套、农用运输车 5 辆，新建库房 4000 余平方米，并把服务区域一直延伸到宜兴万石镇和武进漕桥镇，为合作社成员新增效益 200 万元。

宜兴市添益农业专业合作社，曾获全国农机示范点、全国统防统治示范组织、江苏省明星服务组织、江苏省五星级示范合作社、江苏省统防统治示范组织、江苏省五好农民专业合作示范社等荣誉。2012 年，合作社理事长季春明被江苏省农委评为全省优秀农民专业合作社理事长。

二、荷花湾生态农业专业合作社

荷花湾生态农业专业合作社是 2009 年经有关部门批准的省级农村新型合作社，位于滆湖东畔著名的江苏省生态村——和桥镇西锄村，参有 128 户农民参与，流转水域面积 10800 亩。

该合作社从成立起，就注重人才培训。他们依靠有关大专院校，培养了一批懂得生态农业的专门人才，并以这批人为骨干，内部培训社员 400 多人，有效提升合作社成员生态保护、生态养殖的素质和技能。2009 年，该合作社为加强流转水域的生态保护，投入资金 600 多万元，建立大型泵站 3 个，清理有淤泥的河道长 2.8 千米，修建硬质池塘护坡 1.2 千米，将通往各水产养殖地的交通要道浇铺水泥路面和植树绿化，在所有鱼塘使用绿色生物制剂消毒，并大量种植水草以净化水质。2010 年，原荷花湾的野荷，扩大至 800 多亩。同年，湖边湿地里的芦苇、水草长势旺盛，特别是秋日荷花盛开，湖面水鸟嬉戏，水中鱼儿穿梭，沿岸绿色茵茵，使宜兴著名的新十景之一——“滆湖秋色”更加生机勃勃。同年，该合作社的水产品获得“宜和”牌注册商标，合作社养殖的主要产品“碧玉”银鲫、“团头鲂”鳊鱼被江苏省认定为无公害产品。2010 年，该合作社的翘嘴红鲌、翘嘴鳜、螺蛳青、中华绒螯蟹等水产品，曾为江苏省农委做过养殖示范推广。特别是养殖的“宜和”牌中华绒螯蟹 ，肚白、壳硬、个大、肉质鲜美，在宜兴赛蟹会上，曾获评“蟹皇”“蟹后”称号；2012 年，被无锡市认定为名牌产品。2012 年、2013 年，“宜和”牌中华绒螯蟹的产量分别达到 370 吨和 410 吨。

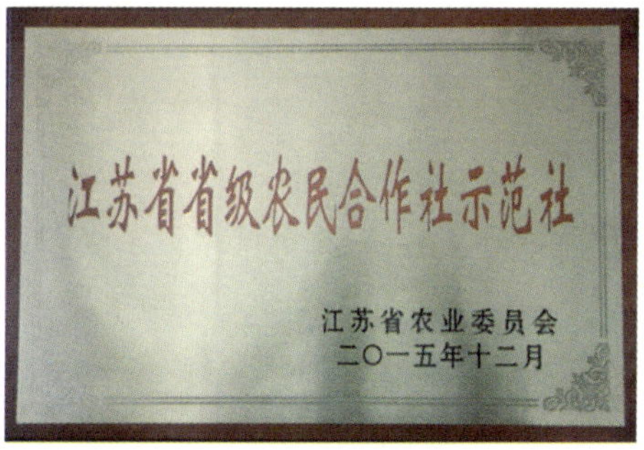

图 12－10　2015 年荷花湾生态农业专业合作社获得的省级奖状

2015 年，该合作社年产水产品 8500 吨，产值 9000 余万元；运销水产品 1 万余吨，产值 1.08 亿元。同年，该合作社获江苏省级农民专业合作社示范社称号。

三、秀平养鸭专业合作社

秀平养鸭专业合作社位于和桥镇福巷桥村，2009年正式登记注册，有社员54户、注册资金296万，有着11年养鸭经验的刘方被推荐为理事长。

2009年以前，合作社的养鸭户先后经历过禽流感和雪灾等，都曾遭受过重大的经济损失。该合作社成立初期，社员们在购买种鸭、饲料和其它生产资料时，团结协作，抱团享受优惠、降低成本。在饲养中，合作社选择肉质好、抗病能力强的“樱桃谷”SM3，注重科学管理，把好水源和饲料关，保证产品无公害。2010年，合作社年养肉鸭120万羽，价值5200万元，比往年增加效益200多万元。2013年春至2014年春，全国长三角地区的禽流感又死灰复燃，合作社一方面利用时间整治鸭舍，一方面积极投入粮食种植。2014年下半年，合作社又恢复养鸭生产，半年产量达到了30万羽。2015年养肉鸭80万羽，并且和上海西郊家禽交易市场保持联系。

四、宜兴市同里朝华种养专业合作社

宜兴市同里朝华种养专业合作社成立于2009年9月，有108家农户参与，位于和桥镇同里村内的新烧香港北面。

2003年，锡宜高速公路建设在同里村取土，留下了一片水塘和荒地。2006年，同里村的朝华种养场以每亩460元的年费，竞拍并承包了160亩这样的水域和土地，开始以养鱼为主，兼种些林木。合作社成立当年，以朝华种养场为基础又增加流转水域和土地400亩，按照水产无公害的水质要求，投入设备和物品，将园内的自然水全部消毒、过滤、转化、翻塘，养殖鲫鱼、鲢鱼、鳜鱼、螃蟹、甲鱼等，面积达160亩，并为水产品注册“朝华”牌商标。为了保证水产品质量，合作社喂养的都是小麦、玉米、小鱼、小虾等有机饲料，其中140亩鱼蟹混养的中华绒螯蟹，年产量达到10.5吨。2010年起，合作社近百亩水稻，全按有机大米的标准组织生产。至2014年，合作社1500只甲鱼，一直处于野生状态，平均体重超过1500克；2000余条鲢鱼、鳜鱼平均重量都在4000克以上。2015年，该合作社累计投资已近千万元，建有130亩林地、130亩有机粮田、160亩无公害水产品养殖基地，当年新增经济效益100多万元。

五、宜兴市荣盛果蔬种植专业合作社

宜兴市荣盛果蔬种植专业合作社于2009年成立，位于和桥镇同里村，自愿入社的葡萄种植户超过50家，有着11年葡萄种植经验的邵利平被大家推荐为理事长。2010年，合作社葡萄种植面积达到200多亩。2011年，该合作社投入资金260多万元，在北庄村流转土地48亩，新开辟了种植芦笋的园地。在管理中，合作社给48亩芦笋全部盖上钢管大棚，并常年使用有机肥和自来水。2014年，虽然亩产还只有350千克，但所有芦笋的品质，已经得到市场的认可。2015年，亩产达到1200千克，合作社还附带养羊50只，以疏剪的芦笋喂养，增加收入。同年，该合作社新增效益300多万元，成为和桥镇有名的种植专业合作社。

2012年，理事长邵利平被宜兴市人民政府评为先进生产者，获得无锡市妇联无锡市女性创业项目优胜奖。2013年，合作社生产的“扎马特”“红巴拉多”两个新品葡萄被宜兴市农林局评为优质水果银奖，“巨玫瑰”“夏黑”“金手指”三个新品葡萄被宜兴市农林局评为优质水果金奖。同年，“魏可”新品葡萄获评江苏省农委优质水果银奖，“白罗莎里奥”葡萄获评江苏省农委优质水果金奖。2014年2月，合作社的“盛利”牌葡萄被中国绿色食品中心评定为绿色食品。

六、宜兴市鑫新生态农业专业合作社

宜兴市鑫新生态农业专业合作社创办于2010年9月，坐落在和桥镇北庄村辖区内的殷村港北岸，占地面积50亩，注册资金800万，有9家农户参与。

该合作社成立初期以种植南方蓝莓为主，搭配种植黄秋葵和白玉兰，目标是建设集种植、试验、维护、培训为一体的综合性生态园区。2011年，该合作社生产的蓝莓达到无公害和有机水果的标准，被江苏省农林局评为放心农产品。在依靠科技获得成功的基础上，合作社多次为无锡地区的种植户进行技术培训，被江苏省教育厅评为江苏省乡镇农科教

结合示范基地。

至2014年，合作社共投入资金350多万元，使园区道路、水渠、沟闸、植树绿化、耕种设施等全部配套齐全，种植南方高丛蓝莓40亩，优质黄秋葵2.17亩，观赏性白玉兰5亩。经过精心培育和管理，2015年，合作社分别生产蓝莓1.5万千克、黄秋葵500千克，出售白玉兰苗木2300株，产值80多万元。同年，合作社不仅有可观的经济收益，还对土壤、水源实施有效的保护和改善；道路边的优质橘树、葡萄等，也都已种植；蓝莓果加工等项目也已启动。

七、宜兴市兴牧生态种养殖专业合作社

宜兴市兴牧生态种养殖专业合作社前身，是北庄农民朱三大经营的一家个体养猪场，养猪的经历可以追溯到20世纪80年代初。2013年，为了继承父辈的事业，朱三大的两个儿子朱鹏飞、朱鹏平，联合5户志同道合的农民，注册资金1180万，在村里流转土地40多亩，建起了180多间现代化养猪房舍，创办宜兴市兴牧生态种养殖专业合作社。猪舍旁，除了对排出的干粪发酵后用于还田外，还造有300立方米的沼气罐，对排出的污水进行厌氧发酵，并收集沼气，供给附近居民烧水做饭。参加该合作社成员大多经过南京农科院和泰州畜牧业学校的专业培训。合作社用进口杜洛克做原种，繁育出肉质优、生长快、个体大、抗病力强的三元猪作为大批饲养品种，受到市场欢迎。在饲料配方上，做到科学配比营养，实现无公害养殖。20013—2015年，该合作社共出售肉猪1万6千多头，还为宜兴市内的其它畜牧养殖场提供饲养和防疫技术的培训，其服务成果得到宜兴市农林局的肯定。

2015年，由省农林厅、省太湖污水治理办公室给予资金和技术支持，该合作社又在附近流转土地36亩，在上面挖成深浅不一的圆塘和方池，将周边围成各种形态的高地，让养殖污水经过沼气发酵、四季沉淀后入塘入池，8天实现一次循环流动。池塘四周较深，已经种植了梭鱼草、菖蒲、睡莲等。池塘中间较浅，种植的是密密层层的水白菜。池塘围住的高地上种植蔬菜、果树、花草，利用循环水浇灌。经有关部门检测，该合作社尾水氮磷去除率保持在60%以上，符合环境保护要求。

八、宜兴市聚隆渔业专业合作社

2011年，宜兴市聚隆渔业专业合作社在和桥镇北渠村成立，参加的渔业户有104家，拥有水产面积4500亩。2011—2012年，合作社有关成员试行在1000多亩普通鱼塘内套养中华鳖，两年投放7.5万只体重250克的鳖苗。这种养殖方法，由于鳖苗密度小，有足够的螺蛳、野杂鱼等做饲料，减少养殖成本。据有关成员2014年10月观测，早投的中华鳖体重已达1.5千克以上，而且在野生环境下长大，经济价值十分可观。2014年，在合作社的统一安排下，南新圩内有3家成员，开始套养“台湾龙鳅”。第一年首投苗10万尾。2015年，第二批成员投苗达40万尾。“台湾龙鳅”和鱼池内的鱼所争饲料很少，三年为一个周期，每条可长至250克，可实现低成本高产出。

该社理事长朱亚权，依靠自学取得畜牧兽医专业本科学历，还自费订阅《科学养鱼》杂志，去清华大学参加专门培训。2011—2015年，该合作社水产养殖亩产达1475千克，总产6637.5吨，产值近7000万元，是和桥地区水产大面积养殖效益比较高的合作社之一。

九、宜兴市康富来养蜂专业合作社

1979年，闸口公社楝树大队36岁的农民陈汉荣，用家里的全部积蓄，购买了30多箱蜜蜂，带领着妻子和两个儿子，走南闯北。20世纪80年代，陈家的蜂箱已增加至130多箱，每年产蜜6吨、蜂皇浆1.1吨，跟着他养蜂的同村人就有6户。20世纪90年代，和陈家一起养蜂的专业户多达十几家，养蜂2000箱。1997年，他决定发展蜂蜜深加工，开始研制蜂蜜酒。2002年，陈汉荣试用大型瓮甏发酵等设备组成生产流水线，酿成了首批蜂蜜酒，并经有关部门检验合格。2003年，他和同伴及儿子，按国家酿酒的要求，正式选地建造了酿制蜂蜜酒的生产线，建成发酵车间500多平方米、无菌自动化灌装车间100平方米、产品检验和储存车间125平方米。

2008年，陈汉荣注册的“汉伦”牌蜂蜜酒获评首届亚太市场批发大会暨第二届中国国际农产品贸易对接会优秀产品奖。

2009年，陈汉荣和56户社员，成立了宜兴市康富来养蜂专业合作社，注册资金600万元，2011年，合作社养蜂规模已经超过5000箱。2012年，合作社的青梅蜂蜜酒、草莓蜂蜜酒、葡萄蜂蜜酒、银杏蜂蜜酒面市，品牌也为广大消费者喜爱。同年，各系列蜂蜜酒的包装外观申请获得专利，年产量达50吨，产值2000多万元。2013年，合作社充分运用各成员在全国各地、各个季节、采集的不同花蜜，既做各种蜂蜜的提纯，又开发新的蜂蜜系列酒。2014年，在蜂蜜酒的主要攻坚中，宜兴传统的乌米饭加上一种花蜜，如桂花蜜、槐花蜜等发酵，已酿制出具有花香、乌米清香而且醇厚的“桂花乌米蜂蜜酒”“槐花乌米蜂蜜酒”等，产量和销售成倍增加，成为合作社效益最好的一条生产线。2015年，该社养蜂5500箱，蜂蜜酒的产量达100吨。

十、辰希缘现代农业示范园

辰希缘现代农业示范园，是江苏辰希缘科技发展有限公司旗下的高科技观光农业项目，于2014年2月创办。该园利用和桥镇西锄村良好的生态自然环境，依靠信息技术、生物技术的支持，采用先进的农业机械、生物有机肥料、精密检测仪器等，实现整个园区种养殖无化肥、无农药、无污染，集有机种养、休闲观光、科普展示、体验养生于一体，从而带动周围的农民，把现代农业提高到一个新的水平。

2014年7月，园内首条益生菌生产线建成投产。8月，第一批次产品下线，经有关部门检测，质量全部合格，为园内改良土壤、防治作物病虫害、给作物叶面施肥、处理污水和垃圾、保护环境等方面，提供了保障。2014年9月，该园采用自己研发的技术和设备，建立了50亩羊肚菌大棚生产基地。2014年10月，园内用自己生产的益生菌试种的36亩有机水稻成熟，亩产450千克，达到预期目标。11月，园内30亩绿色蔬菜黄秋葵获得丰收，总产鲜品1800多千克、种子3200多千克，畅销市场。12月，首批20亩运用水凝纳米膜技术栽培的水果番茄，进入了成熟期。一条条4米多高的主藤，被细心地固定在大棚顶上垂下的一根根牵引绳上；植株生长，完全不需要传统种植的土壤，而是依靠一套精密的营养液供给系统，由计算机控制，满足植株不同生长阶段的需求；每一根藤蔓上，都挂有一二十个成熟的果实，大小如乒乓球，色泽鲜艳红润。这种小番茄，不仅口感鲜嫩、甜美，而且不使用任何农药、生长激素、保鲜剂，因此健康、安全。小番茄每千克售价高达120元。这一大棚，单体投资超240万元，可年产水果番茄20吨左右。

图12－11　2015年辰希缘用纳米技术种植的水果蕃茄

2015年1月，该园完成300亩红心猕猴桃、30亩柠檬、60亩祁东酥脆枣的种植。4月，羊肚菌试种成功，每亩年产量达250千克，每千克平均售价120元。8月，首批20亩同样运用纳米膜技术栽培的西瓜，也是瓜满枝头。9月，羊肚菌的种植已经扩大至100亩；50亩松茸、50亩牛樟芝的专用大棚也相继建好。2015年12月初，园内所有珍稀菌菇都进入盛产期，益生菌的年产量达到100吨。2015年12月底，该园已经流转土地1100亩，投入资金1.2亿元，初步建成特色蔬果、珍稀菌菇、有机稻麦等三个现代农业种殖基地，特别是连片名特优果林环绕着6座高规格的连体大棚，已经十分引人注目。

十一、宜兴市怡情悦趣家庭农场

2014年10月，和桥镇农民施彬一家在王母桥村创办宜兴市怡情悦趣家庭农场，依靠滆湖水域良好的生态自然环境，养殖中华绒螯蟹。至2015年春，该农场已在接近滆湖的殷村港北岸，流转水域面积200余亩，全部放养自己从蟹籽起始培育而成的蟹苗。为养殖壳硬个大、健康绿色的大螃蟹，农场主和家人努力学习科学养殖技术，在蟹苗放养前认真对蟹塘用生石灰消毒，在养殖中坚持用深井水灌入蟹塘，用鸡粪培养健康生物细菌，严格控制蟹塘内伊乐草的覆盖率，给螃蟹喂用小鱼小虾等绿色环保有机饲料，自始至终把握蟹塘水的透明度、含氧量和含氮量。由于养·殖措施科学得法，2015年10月初，该农场的中华绒螯蟹以“荆邑”为注册商标并适时上市。11月，该农场参加在上海海洋大学举办的全国河蟹大赛，勇夺“王宝和杯”金蟹奖。由于怡情悦趣家庭农场采用网上销售的方法，凭借质量和名声，给广大网友奉献美味和快乐，近30吨螃蟹，至12月底就销售一空。按销售量计算，该农场中华绒螯蟹的平均亩产量135千克。

图12－12　2015年“荆邑”牌大闸蟹获“王宝和杯”金奖实物照片

至2015年，该农场已投入资金200多万元，除整理好每一个蟹塘外，还新筑0.3米厚、近2米高的水泥墙200多米，还将西南角9亩多的荒地改造成一片园林，栽有葡萄、水蜜桃等果树。2015年底，该农场申报了宜兴首家“江苏省水产品质量可追溯企业”。

2015年，乡村河道清亮如明镜

2015 年，亮丽园艺的现代化种植

2015 年的中兴家园

第十三章　商贸服务业

和桥，明清时期就被称誉为“千叶小舟云集，八方商贾过往”的繁华商埠。清乾隆三十七年(1772)《重建和桥碑记》记载：“由县入府，水陆要道，凡溧阳、宜、荆三邑漕艘出入所必经。又其地士商错处，廛闬稠密，货贝充牣，栉比云屯，屹为巨镇”。清末，和桥的槽坊、粮行、木行、酱园等不断增多，饭馆、茶馆、绸布店、百货店等遍布和桥街市，饮食等服务每天有早、中、夜三市。抗日战争时期，和桥成了由京沪线至根据地转运物资的重要码头。抗日战争胜利后，和桥又成为宜兴县最大的粮食集散地，交易之盛可与无锡三里桥粮市相媲美，因此有“小无锡”之称。1949—1978年，和桥经多次改组和调整，逐步形成了以国营和合作经济为主体的计划商贸服务业。1979—1999年，和桥全面落实改革开放政策，全镇商贸服务业多种经济成份、多种流通渠道、多种经营方式的新局面形成。2000年，商贸服务业全面开展产权制度改革，至2002年基本结束，民营企业迅速增多、壮大。2003年起，各种超市、酒店、专业市场等，规模前所未有；新兴的礼仪庆典、快运速递、旅游和维修等服务行业不断出现。2015年底，和桥镇从事商贸服务业的户数达4577个，从业人员有1.2万人，商贸企业销售收入29.9亿元。

第一节　体制演变

一、早期私营

明清时期，和桥的粮油加工及交易有了很大的市场，其中粮行的数量和规模在宜兴地区首屈一指。随着四周农村榨油坊的逐步兴起，应时而生的豆行在和桥当时的商贸中，占有比较重要的地位。豆行经营以黄豆为主，兼营木材、蚕丝、油饼、杂粮等。油坊除来料加工外，均向豆行进货。清道光三十年(1850)，鼎和源槽坊创设。清同治元年(1862)，周仲卿在上塘开办周万源酱园。清同治六年(1867)，梅礼卿在上塘南首开设梅永兴南货店。三年后又在上塘中兴桥北增设梅永和酱园。清同治十年(1871)，宜兴县城内任姓到和桥经营复济典当。清光绪元年(1875)，程君扬创办人和祥绸布店。清光绪六年(1880)，唐慕陶在南兴桥东堍下塘开设乾源酱园。清光绪十二年(1886)，俞耀珊等合股创办乾昌豫油坊(民国16年，由俞耀珊独资经营，更名为乾锠馀油厂)。19世纪末，“梅永和”生产的老油豆腐干已崭露头角，逐渐闻名。清末，和桥的粮行、木行、茧行等最早建立行会组织。20世纪初，“镒昌仁”制作的中秋月饼开始外销，“同巽和”经营的芦席运销苏北、山东等地。同期，同和源槽坊实力比较雄厚。民国4年(1915)，和桥绸布、南货、广货等较大的行业成立同业公会。民国13年，和桥镇首次成立商会，万生酱园店主朱道源当选为会长。民国16年，北伐胜利，政局渐趋稳定，绸布、百货业有较大发展，而同业间竞争亦比较激烈，“恒德隆”“万成”及“震和祥”布店先后倒闭。民国29年，和桥新增百货业批发商2户、纱布业批发商8户；鼎山成鼎隆南货店投入千匹龙头细布的资本，在和桥开设协大祥纱布批发店；跑单帮商贩也成批增加。民国26—34年，和桥的粮食、药品、纱布等商贸活动，全面进入支持抗日战争阶段。这时期，后方抗日根据地急需大量物资，和桥成了由京沪线至根据地转运物资的重要码头,“五洋”(当时一般指洋纱、洋布、洋火、洋油、洋碱等进口商品)、新药(西药)等百货批发业务繁忙。抗日战争胜利时,全镇共有大小粮行及米摊70余户。民国37年,和桥镇共有商贸服务类别33个、店面627家、摊贩226户、从业人员约2000余人。

新中国成立前,和桥镇的商贸服务企业、店铺,都为私人或股份合作者所有;行会、公会、商会则都是民间团体组织,只为当时的商贸服务活动起调节、指导等方面的帮助作用。但也有个别不一样的案例。民国31年,在宜兴抗日民主政府领导下,原和桥闸口乡万福地区建立宜兴县第一个农民自己组织的消费合作社,为集体所有。

二、公私合营

1950年10月起,和桥镇人民政府进行商业企业登记,重新划分粮食业、绸布业、百货业、南货业、酱酒业、卷烟茶漆业、油饼业、书印五金业、锅席业、木行业、国药业、地货业、代理业、鲜肉业、生面业、旅茶浴业、菜馆业、石铺业、钟表照相刻字业、理发业、成衣业、铁铺业、圆作木铺业、香业、丝线业、伞秤业、竹业、皮毛糖坊业、肠作业、灯笼业、染坊业、孵坊业、车行业、豆腐业等34个类别,登记店面517家、从业人员1700余人,并重估资本,引导走公私合营的道路。

1953年下半年开始,人民政府有步骤、有计划对私营商业进行社会主义改造。是年11月,国家对粮油实行统购统销,全镇有3户粮店被核准代销,定量供应居民粮食。其时,全镇整个油饼业一下断了原料,只能转业或报歇。1954年9月,人民政府对棉花、棉纱、棉布实行统购统销,镇上棉布业“同福号”被核准经销,百货、南货也有部分商品被批准改为经销代销。当时的批发业务基本以国营商店和供销社为主体,营业比例占90%以上。1955年,人民政府对私营商业执行改造和安排相结合的方针,国营商业和供销社适当调整门市部,减少零星业务,建立综合批发部,安排货源,使私商的营业额明显上升。1955年底,和桥镇私营商业通过各种不同形式的社会主义改造,有经销户12户、57人,代销户5户、12人,合作商店4户、23人,购销组1个、6人,合计22户、98人。1956年2月,全行业被批准公私合营的共51户,其中棉布、百货、新药、酱酒、南货、地货、茶漆、国药、土烟等行业有37户,从业人员196人,私人股金30.4万元。在私营商贸服务业的社会主义改造中,全镇批准351个私营户组织起来走合作化道路,共有从业人员519人。1963年,和桥镇公私合营商业调整布局和网点设置,划分为9个公私合营商店,设门市部14个。1966年,公私合营商店分行业并入国营商店。

三、国有经营

1950年3月,和桥镇分设粮食、百货、土产三个营业所,经济实行报账制,货源由县公司调拨。1953年起,这三个营业所实行独立核算,自负盈亏。1954年,国营商业在整个市场批发额中所占比重已由1953年的64.55%上升到73.44%。至1955年,国营商业基本占领批发市场。

1958年,“大跃进”和“人民公社化”开始,和桥镇国营商业与供销社合并为人民公社供销部,人、财、物全归公社管理和支配。国营商业抽调部分骨干力量支援工农业部门。1961年底,又恢复原国营商业与供销合作社分开的体制。1962年,成立国营商店,隶属镇政府和县商业局双重领导,并接收供销社经营的日用百货、纺织品、糖烟酒、五交化、医药、文化用品等商品的批发零售业务,承担市场工业品的采购与供销,恢复单独核算、自负盈亏。1963年开始,市场商品日益增多,供求矛盾渐趋缓和。1964年,各专业国营商店归属县公司领导,建立商业局和桥办事处,领导和桥镇国有经营的中百、五交化、糖烟酒和医药商店、食品站(包括孵坊)、酱厂和太滆饭店等单位。

1966年,公私合营企业、店铺全部并入国营商店。1969年,和桥镇成立国营商店革命生产领导小组,1970年改为国营商店革命委员会。

1979年,国营商业管理机构——和桥商业公司诞生。1984年,商业公司改名为商业局和桥办事处，有关部门开始按集体企业管理办法进行改革试点工作，放宽企业管理权限，对独立核算的批发和零售企业实行经营承包责任制，增设批发和零售网点，食品、蔬菜建立贸易服务所。通过两年多的整顿，各核算单位经无锡市商业局验收合格。1987 年，除食品站和酱厂外，各国营商店的业务与县专业公司脱钩，按专业重新组建公司；商业局和桥办事处被撤销，设立和桥镇人民政府商业科，成为规划、管理、协调、监督有关商业的职能机构。

1990 年 10 月，和桥镇人民政府商业科撤销，宜兴市商业局和桥分局成立，隶属宜兴市商业局，实行条线管理。

1992 年 6 月，根据政企分开的原则，和桥镇又成立宜兴市和桥商业总公司，具体负责和桥镇国营和集体商业的经营管理工作，隶属宜兴商业集团公司。其下有专业公司 5 个、独立核算单位 7 个，有职工 180 名。商业分局和商业总公司实行“一套班子、二块牌子”的管理模式。1994 年 10 月，宜兴市商业局撤销，和桥商业分局也随之撤销。

2000 年 4 月起，和桥商业总公司下属 5 个公司先后进行整体改制，资产变现，人员分流。至 2002 年 9 月，人员分流结束，下属公司先后停业，仅存和桥商业总公司，对退休职工进行日常管理工作。和桥商业总公司隶属于宜兴市商业贸易资产管理有限公司。

和桥国营商店、商业科、商业分局、商业总公司历任负责人有孙忠昇、唐伯祥、蒋品笙、韦友培、赵根大、范士林、吴芳、储荣锡、沙太龙、周柏生、万勤春、吴甲生、王玉鑫、吴豪杰等。

四、集体经营

1. 供销合作社　1949 年 10 月，和桥镇建立职工消费合作社。1951 年，和桥供销合作社成立，社址设上塘北首，1952 年开始粮食蚕茧等收购工作。1953 年，以和桥供销社为基础，合并了周围的一些基层社，增设了零售商店。当时，供销社不但担当统购统销和支持农业互助合作运动的发展，促进农业社会主义改造，还通过供销业务，担负起对私营商业及手工业的社会主义改造任务。1954 年，供销社商品零售额占社会零售总额的 36%。1956 年，和桥供销社下设屺亭、闸口、南新、万石 4 个分社，初步形成完整的商业体系。和桥镇的私营工商业经过社会主义改造，变成了公私合营、合作店组等形式，分别隶属国营商业和供销社领导。

图 13－1　1995 年，和桥供销合作社发行的股票

从此，供销社统率农村市场，担负农村的生产资料、土产杂品供应和农副产品的购销任务。1957 年，供销社动员个体和部分合作店组人员到农村办下伸商店。1958 年，上级调整商业体制，供销社与国营商业合并为人民公社供销部，人、财、物全归公社管理和支配，打破行业与经济性质界限，公私合营企业、合作店组和相当数量的个体商业都并入供销部，撤并网点、统配人员，建立了一批规模较大的综合商店，如棉百商店等。1959 年，供销部内部又作调整，将上一年并入的部分合作商业和个体商业划出，恢复合作经济性质和原工资制度，分别按行业建立合作商店和下伸商店，独立核算，自负盈亏，隶属供销社领导。1961 年，上级又重建国营、供销、合作三条渠道，划清全民和集体所有制性质界限，恢复供销社原来的集体所有制。1966 年，双代店（代购代销）逐步取代下伸店。“文化大革命”期间，取消社员的股金分红制度。1980 年，供销社建立贸易服务所，经营三类农副产品和购销地方部分工业产品。1981 年，和桥上塘南首新营业大楼建成，增设棉百、五金、交电门市部。1986 年还增设了贸易货栈，经营计划外商品 ，拾遗补缺，平抑物价，丰富市场。1983 年，根据中央文件精神，加快供销系统体制改革步伐，实行乡（镇）建社，恢复建立理事会、监事会和民主管

理制度，基层社清理核对社员股金并登记造册、换发股票、补发红利。在此基础上，再次发动农民、居民、职工入股。到1986年初，全镇新老股金合计15.18万元。同年，供销社在理事会、监事会的集体领导下，为部门解决经营中遇到的难题，召开供货会11次，有195个单位计485人参加，成交额95万元，共联系业务单位315个，同时还完成64户农民的扶贫任务。1987年，供销社坚持外部搞活经营和内部搞活承包相结合的方针，深化改革经营机制，把“双增双节”（增产节约、增收节支）运动作为提高经济效益、超额完成各项任务的催化剂，继续完善为农服务体系。到1987年底，供销社共有核算单位5个、门市部8个、采购站1个、柜组20个、农村双代店13个。其中经营生活资料和生产资料的柜组分别为15个、3个，经营竹木、食品加工的门市部各1个。1997年，和桥供销社采用公开招标、抽资租赁的办法，先后对副食商店、贸易货栈、日杂超市、采购站、陶瓷商店5个门店和聚鑫商场3个、棉百5个、中鑫4个共12个柜组实行改制。1998年，和桥供销社被评为中华人民共和国百强基层供销社，1999年被评为江苏省百强基层社、江苏省先进基层供销社。2000年9月，南新供销社改制，资产变现、人员分流，企业职工退休24人，内退10人，部门歇业。2001年2月，改制后的南新供销社并入和桥供销社。2001年8月，和桥供销社整体改制，资产变现、人员分流，职工与原企业解除劳动合同关系，按规定支付经济补偿金；对企业原有店面房产优先出售给内部职工。西横街聚鑫商场有甘小初等18位职工购买；兴业街南首供销社棉百大楼11间三层分5个标的，有吴金根等5位职工购买；农业生产资料供应门市部以租赁形式由个人承包，经济独立核算，自负盈亏。2002年3月，高塍、闸口、万石、屺亭、和桥、南漕6个基层供销社合并到和桥供销社，由和桥供销社留守人员负责400多名退休人员、130多名内退人员的管理和社员股金兑付（从1999年10月份起，5年分期兑付结束）及剩余资产管理等事宜。2003—2005年，和桥供销社主要做好改制后的遗留问题处理及股金的兑付，管理好剩余资产，对生产资料、废旧物资回收等部门进行承包经营。2006年，和桥供销社仍旧被宜兴市供销总社确定为片区中心，增加对高塍、万石两镇有关工作管理，职能从流通行业转型到为农服务。2006—2015年，和桥片区内先后建立36个为农服务社（三星级17家，二星级19家），达到村级为农服务社全覆盖，其中创建江苏省级样板社1个、无锡市示范社12个。同时参与创办农民专业合作社28个，其中被评为全国农民专业合作社示范社1个、江苏省农民专业合作社示范社3个、无锡市农民专业合作社示范社5个。2011年，和桥供销社获无锡供销合作总社颁发的“改革创新优胜基层供销合作社”奖状和江苏供销合作总社颁发的“基层社‘三位一体’建设标杆社”奖状。根据2012年国务院《关于加快供销社改革发展的若干意见》和2015年《中共中央、国务院关于深化供销合作社综合改革的决定》的精神，和桥供销社加快为农服务步伐。2012年，宜兴市和桥农村合作经济组织联合会成立，和桥供销社承担该联合会的指导运作管理，重点提升为农服务社的服务功能和农民专业合作社的发展水平。2015年，和桥供销社全年资产收入20.5万元，为农资连锁配送总额超550万元，为农业综合化服务面积2.6万亩，培育电子商务网店3家。

和桥供销社历任负责人有蔡国钧、夏汉彦、毕纪真、方永春、张凤山、吴银大、胥锁荣、蒋稀铮、韦友培、吴 芳、乐么亮、戴连贵、钟蔚衡、韩海根、施铁宝、沈振锡、程同孚、曹静波、宗小兔、赵杏生、陈海鹰。南新供销社历任负责人有范正和、刘培元、丁福荣、蒋法华、韦友培、徐富生、邓根荣、陈春培、郑卓伦、袁正荣、李敖坤、邹洪初。闸口供销社历任负责人有韩海根、徐中华、史也林、赵杏生。

2. 合作商店　1954年，全县以和桥的集体商业作为试点，提前组成南货、百货、卷烟和饮食4个合作商店。1956年有合作店、组店351个，有从业人员519人。其中纯商业245个，329人；饮食业81个，143人；服务业25个，47人。1958年春，成立店委会和店员大会，作为企业的领导机构。1958 年，太滆人民公社把 92% 的合作商业和所属 86% 的人员并入供销部，将行业相近、品种相同的小店并入大店；同时，取消股金分红，由拆账制改为固定工资制。1959 年，和桥镇将上一年并入的大部分合作店、组划出，恢复原来体制。1961 年，和桥镇重新组织合作商店 36 个，开设门市部 46 个，有从业人员 320 人；合作小组 10 个，从业人员 48 人；一统小组（统一领导、自负盈亏）17 个，从业人员 157 人。1962 年，和桥镇商贩联合会成立，施文团任主任，徐顺福任副主任。联合会着重策划和实施增加经营网点，延长营业时间，增加营业收入。1978 年，全镇合作商店共有 33 个门市部、23 个核算单位、292 名职工，销售金额 223 万元，利润 5.45 万元。1981 年，全镇合作商店推行经营承包责任制，以豆制品厂和新艺照相馆为试点，实行集体承包，利润分成，使企业的经营效益和社会效益同步提高。1984 年，全镇合作商店有核算单位 39 个，如新蕾百货、红旗百货、煤球厂、木建材仓库、大众浴室、和桥饭店、南新饭店、和桥豆腐店等，营业情况都较好。2000 年，和桥镇所有的合作商店改制开始，特别是产权制度改革，至 2002 年全部完成，合作商店所有退休职工全部归入镇属集体商业系统，由政府确定专门机构为 400 多位老职工做好退休后的工资发放等服务工作。

3. 商业公司 1984 年 8 月，和桥镇成立商业公司（和桥镇集体所有），唐荣泉任经理，马煜章任副经理。1985 年，设下属单位 35 个，建门市部 51 个，有职工 276 人。1987 年底，集体所有的和桥商场竣工，1988 年 1 月开张营业。1991 年 8 月，和桥镇在政府机构内设企业管理科，直接管理商业公司，由王洪庆任科长、郑玉琴为商业公司经理，下设百货、副食、饮食、服务四个部门。1993 年 5 月，企管科撤销。同年 11 月，冯午初任商业公司经理，对下属 13 个小型商业实施“公有民营”改革。1994 年 12 月，何红星任商业公司经理。1995 年 12 月，和桥商业公司率先对和桥豆制品厂进行拍卖，周德宏获得房屋所有产权。2000 年 10 月，和桥商业公司开始整体改制，资产变现、人员分流。公司办公大楼招标拍卖，韦明中标。2002 年 6 月，所属煤球厂、和桥商场经无锡华证拍卖公司竞拍，汤建平、王为民、蒋志安中标。公司对男女分别年满 55 周岁、45 周岁的职工，或工龄满 30 年以上的职工，实行内部退养，共有 46 人。公司对其他解除劳动合同的 85 名职工，决定买断工龄，并给予经济补偿。企业剩余资产归宜兴市商业贸易资产管理有限公司管理。

4. 部门经营 1979 年起，按照改革流通体制、发展第三产业的要求，和桥有关生产单位在镇上开设门市部、经营部，推销自产商品。1983 年，机关、街道、工矿企业、事业单位等，为落实职工福利来源、单位职工家属就业或富余人员分流安排，纷纷在街市创办商贸服务企业或店铺。1985 年，工商行政管理部门对部门办的商贸服务业进行清理整顿。对党政机关办的，全部令其停业或转让。对其他部门办的商业企业，凡不合条件的，令其变更或歇业。1987 年，全镇共有部门经营的商贸服务企业和店铺 59 个，从业人员 416 人。随着体制改革的深化，2002 年底部门办的商贸服务企业和店铺，仅有 19 个缴纳上缴款而保留（如和桥二中、和桥小学等单位办的商店），其余皆随改制而转化为个体工商户。2015 年，和桥已无部门经营的商贸服务企业和店铺。

5. 全面改革 1983 年，中共中央《印发 < 当前农村经济政策的若干问题 > 的通知》下达后，农民经商发展迅速。同年 7 月，宜兴市个体劳动者协会和桥镇分会成立。分会在工商行政管理部门指导下对个体工商户进行教育和监督。1987 年，个体工商户发展到 612 户，其中纯商业 435 户、饮食服务业 137 户。1991 年起，工商行政管理部门和个协分会加强对工商户的管理指导，开展“遵章守法户”“信得过个体户”“十佳个体户”“光彩三星户”等一系列评比活动，促进了个体商贸服务业的发展。1993 年 1 月起，工商部门再次放宽个体商贸服务户的经营范围，商品批发和农副产品、地方工业品的长途贩运不断出现，离退休职工、下岗职工、停薪留职的国家干部和工人源源不断地加入，从事商贸服务的人员不断增多。个体商贸服务经营范围涵盖人民生活的各个方面,和桥市场进一步繁荣。1994 年,国营的和桥商业分局被撤销。1995 年起,和桥的镇属商业开始拍卖资产,实行承包。1996 年,和桥镇人民政府开始设置第三产业管理办公室,负责对全镇的交通运输、房地产开发、流通服务、批发零售等行业的管理和指导,原涉及商贸服务业的管理只能自然列入其中。2000 年 4 月至 2002 年 9 月,原国营的和桥商业总公司改制逐步完成。2000 年 10 月至 2002 年 6 月,和桥镇属的商业公司逐步完成资产变现、人员分流的改制过程。2002 年底,全镇个体商贸服务户已达 1285 户,从业人员 2550 余人,和桥商贸企业销售收入 11.74 亿元。2003 年,和桥供销社完成改制,工作目标转向为农服务。2005 年,和桥钢材市场已经位列宜兴市第二大市场,销售额超过 5 亿。2006—2015 年,和桥镇商贸企业销售收入由 23.33 亿元上升到 29.9 亿元。1996—2015 年,先后任职和桥镇第三产业办公室主任的有许尧明、李国中、缪永军、王中权。

1999—2015 年和桥镇商贸企业销售收入

表 13-1　　单位:万元

年份＼项目	商贸企业销售收入	其中开票销售收入
1999	53620	23400
2000	61512	19888
2001	65253	26823
2002	117341	53837
2003	150053	65898
2004	208338	95126
2005	266016	104173
2006	233320	115187
2007	231000	141818
2008	265000	135211
2009	197400	102566
2010	245650	144683
2011	285500	170866
2012	326850	217824
2013	273680	143976
2014	298860	156733
2015	298960	153075

第二节　商品经营

明末清初,和桥就有粮油经营。民国时期,和桥、北新等地的粮油流通量很大,尤其是稻米直销上海、无锡,全是用 10 多吨的木船运输。秋收季节,和桥的南新桥下、北新的官庄河面,运粮的船只首尾相连,绵延数里。新中国成立后,和桥除保持粮油流通大镇的传统经营外,芦苇制品、稻麦草制品的流通量在计划经济时期每年也达到上千吨。1962 年起,和桥商品计划经营走出经济困难时期的阴影。20 世纪 80 年代初,和桥个体商品经营起步。90 年代,和桥商品计划经营逐步被打破,民营公司和店铺越来越兴旺。20 世纪末，和桥新兴的木材、煤炭、钢材、化工、纺织等物资的流通经营规模越来越大。2015 年，和桥仅大宗商品的应税销售收入就有 15.31 亿元。

一、粮油饲料经营

1. 粮油经营 明末清初，和桥有油坊百余家。清末民初，和桥的粮行已有自己的行会组织。民国时期，和桥的粮油经营分为三种类型：一是牙行，代客买卖收取佣金；二是贩销外地；三是前店后坊加工零售。民国 16 年（1927），乾錩馀油厂在常州、上海等大城市相继开设分厂，把交易扩大到苏锡常沪广大地区。20 世纪 30 年代，和桥运销外阜特别是上海的粮商日益增多，全镇统计有粮行 29 户。40 年代初，和桥粮商不断增多，较大的老板经常聚集在装有传呼电话的中和茶社，参照当天无锡行情确定和桥的粮价。抗日战争胜利后，和桥粮商为扩展业务，将原来销售的稻谷加工成白米，直接外运销售，利润显著提高。武进、溧阳等地供应和桥粮市的货源量很大，和桥成为宜兴县最大的粮食集散地。1947 年，和桥的粮行、粮号有 47 家。如上塘街“南头”实力较强的有王慎独的宜和粮行、宋逸文的恒兴隆油饼粮号、孙益三的恒丰油饼号、胡安喜的裕盛和粮行、陆法耕的陆法记油饼号、顾鸿清的鸿大粮号、曹祥大的义大粮行、刘家荣仁丰粮号、孙志劲的恒和油饼粮行等；“北头”则有陆士铭的利源粮行、赵瑞芝的瑞丰粮行、王杏溪的晋和恒记粮行、李开元的邵恒昌粮食行、孙志劲的德和粮号等；东横街与观音巷也有几家粮行号较有名气。1949 年 6 月，常州市建中公司宜兴办事处设在和桥（宜兴粮食公司的前身，1950 年 3 月前往宜城），开始在和桥办粮油营业所和支库，负责当地的公粮接收和粮油供应。同年 7 月，高塍粮库并入和桥；10 月，和桥镇、楝树港、南新街、北新街设粮库收购点。当年，和桥有粮食行号 44 个。新中国刚成立时，和桥部分粮商与人民政府争购粮食，企图囤积居奇，获取暴利。政府为保障人民生活，由建中公司从四川等地运进大批粮食，平价供应市场，稳定物价，打击投机。1951 年，粮油由供销社代购代销。1952 年，和桥尚有油米厂 11 户、粮号 15 家、米摊 7 户。1953 年，政府实行粮食统购统销，统归国家粮食部门管理，禁止粮食自由经营。粮食部门对城镇居民实行计划销售，定量供应，并按劳动强度重轻确定工种定量，由国家保障供给。工业和其他用粮，都由粮食部门核定供应。同年，和桥大部分粮行报歇或转业，仅存义大、公顺兴、元昌 3 户粮店。1954 年，和桥镇上的粮库、营业所合并为和桥区粮库。同年，和桥镇上按街道人口分布设 3 个代销店，代销居民定量粮油。1955 年，和桥粮油管理所成立，同时管理高塍、南新等乡镇的粮油经营。1956 年，和桥镇上的 3 个代销店改制为公私合营，并入粮油管理所经营。1958 年，乡镇粮油经营管理分开，建立南新乡、闸口乡、和桥镇粮管所，很快又改为太滆公社粮管所。1959 年，太滆公社分建成若干个公社，粮油经营管理权又下放至新建成的公社，并以和桥镇粮管所为管理中心。1962 年，和桥正式建立中心粮管所，南新公社粮管所、闸口公社粮管所、和桥镇粮管所和和桥区内的粮管所都建立起粮油供应站。1963 年，为了调节市场需要，和桥设立粮油交易所。1965 年起，各地推行凭证发券，凭证购粮，带证计数，定站供应的办法。1971 年，和桥设立粮油议购议销点。1979 年，上级又恢复原区、公社、镇粮管所和粮库的名称。1985 年，和桥设立粮油经理部和贸易所。新粮上市，凡统购品种，除陈粮外，只准卖给国家。上级允许超购完成任务的粮管所，可将多余的粮油投入市场交易。1987 年，和桥粮管所共销售计划粮 1490 吨、计划油 60 吨。同年，和桥粮油交易所共销售议价粮 336 吨，议价油 110 吨。1994 年 6 月，和桥取消对居民户定量的计划供应，不再使用粮票和油票，市场的粮油价格全面放开。同年，和桥镇的东横街、农贸路、劳动街等街道先后出现个体粮油经营户，他们以灵活的价格和较好的质量，服务镇上居民。1998 年 2 月，和桥区中心粮管所的机构撤销，不再承担收储政策性管理职能，固定资产委托和桥镇粮管所管理。同时，和桥粮库也实行精简机构，裁减企业富裕人员。2000 年 12 月，和桥镇粮管所整体改制，对粮管所所有经营门店进行资产评估，优先出售给内部职工；企业留守人员负责剩余资产管理和遗留问题的处理；宜兴市粮食局负责安排管理有关的人、财、物。同年，南新、闸口粮管所也实行整体改制。2001 年，和桥秋粮收购全面推进购销市场化改革，放开粮食收购，放开粮食市场，搞活粮食流通，价格随行就市。粮食经营者按市场价格收购和销售。地方上有些能人，开始用手扶拖拉机、挂浆船入村入户，直接从农民手里收购稻麦，有的随手卖入粮库，有的将稻谷加工成白米卖入外地粮店。2001 年 5 月，根据市镇区域调整和粮食企业的实际情况，南新、闸口两个粮管所的资产全部并入和桥粮库。2001 年 9 月，和桥粮库整体改制结束，设留守人员 7 名，负责改制后的日常管理工作。2002 年，原和桥、南新、闸口粮管所的库房和场地，全部由宜兴市粮食局负责租赁给私人，继续经营粮油。同年，劳动街绿诚粮油门市部开业。此时，和桥镇已有个体粮油店 13 家。2003 年，和桥镇农贸路上开业的苏果超市，也经营粮油，年销售大米 20 多吨、油品 10 多吨。2003 年 3 月，和桥粮库实施一套班子、挂两块牌子，依靠宜兴市和桥大米有限公司，继续承担粮食收购和部分地方储备粮保管的职能，生产和销售“泥娃”牌大米。2005—2010 年，和桥镇不断有大型超市出现，其中居民的粮油购买大部分集中在超市，其间还有几家外地人来和桥开办粮油店，生意都很好。2013 年，和桥镇的宜兴市和润油脂有限公司在劳动街开设平价食油销售店，年销售食油 2000 多吨。当年，和桥镇个体开设的粮油店有 20 家，经营粮油的超市有 15 家，加上原粮油部门转制的经营公司，全年销售粮食约 3.9 万吨，销售食用油约 2500 多吨。2015 年 8 月，和桥粮库的所有资产全部卖出。

和桥区粮管所历任负责人有施金书、余锡林、郁金康、陈洪志、张松年、欧造修、许敖其、钱寿彭、景盘金、高正芳。和桥镇粮管所历任负责人有徐所耕、谢志发、邵军、余锡林、孙忠昇、钱祖林、吴良华、夏美茹、冯新民、赵小君、方建伟。和桥粮库历任负责人有朱仲义、蒋葵清、马云祥、沈健军。南新乡（镇）粮管所历任负责人有周继中、冯新民、朱卫标、周明华。闸口乡（镇）粮管所历任负责人有潘汉光、张淦南、万再明、赵幼君、王仲良、周明华。

2. 饲料经营 民国时期，和桥的饲料也由私营粮商经营。品种以原粮、油饼、糠麸、酒糟、酱渣为主。新中国成立后，饲料主要由供销社经营。粮食加工后的副产品，由加工厂按粮食部门规定价格自行销售。1957 年，饲料划归粮食部门计划经营。1959—1961 年，和桥供应的饲料极少。20 世纪 70 年代，粮食部门供应的饲料虽然数量大幅增加，但仍供不应求，只能供应一些给国营农场、人民公社的养殖场，农民家庭养殖需凭获得的奖售饲料票购买。其间，街市上常有农民用小布袋装着大麦、元麦、麦麸、清糠等售卖，数量很少。1982 年，和桥饲料开始议价供应，价格可视原料来源、库存及生产发展变化而定。1983 年，供应分定额、计划和奖售三种办法，副产品还有兑换和批发优惠等形式。对种田大户和饲养户，都有奖售饲料供应。如对饲养母猪 3 头、肉猪 10 头、家兔家禽 100 只以上，或承包水面 50 亩以上的农户及粮食定购任务在 2500 千克以上的种田大户，奖售 250 千克平价饲料，并开展以稻、麦、玉米兑换配合饲料的业务。1984 年，和桥建立饲料管理站。同年，宜兴县和桥饲料厂，生产“苏南”牌禽畜饲料、水产饲料、特种水产饲料等 3 大系列，年产量在 3 万吨左右，除了主销和桥本镇，还将市场拓展至浙江、江西、上海、安徽、河南等地。1985 年，饲料管理站改为经理部，销售实行承包制。20 世纪 90 年代末，和桥镇禽畜饲料开始由民营资本自主经营、自负盈亏，至 2002 年全部实现市场化。2005 年，无锡市特林饲料厂在王母村开办，年产量达 2 万吨，其中 50% 销于和桥。2008 年，和桥镇开设的禽畜饲料和鱼饲料的经营处有 12 个。经营户对养殖规模大的客户采取赊账、送货上门、年底结账等方法，千方百计扩大销售量。2015 年，和桥镇的饲料店有 20 家，年销售量超过 3 万吨，其中宜兴市聚隆渔业专业合作社销售量在 5000 吨以上，宜兴市和桥镇益强饲料店、和桥澳华饲料经销处、和桥鸿锦饲料商店、楝树水产养殖专业合作社、团结圩渔业发展有限公司等年销量均在2000吨以上。

二、农副产品经营

1. 蚕茧经营 民国时期，凡遇夏秋收茧季节，上海、无锡等地的丝厂就委托和桥茧行大量收购代烘。和桥有私营茧行源茂、协昌、协兴、同裕、益农等5个。每到收茧时节，很多装满蚕茧的船，聚向和桥茧行，较远的卖家来自芳桥、屺亭、万石等地。当时的茧价每担有七八十元。抗日战争期间，日本华中蚕丝公司独揽和桥地区蚕茧收购生意。由于日商欺行霸市，压低收购价格，和桥农民无奈中只能砍桑改种其他农作物，养蚕业受伤害极大。1946—1949年，和桥蚕茧收购数量有所回升。1950年，供销社收烘鲜茧力量薄弱，只能由私营茧行代国家收购。1951年，和桥供销社加强力量，开设收购站。当地的社员凭售茧证出售，超出规定部分可获奖金。1958—1961年，由于国民经济困难，和桥茧产连续下跌。1962年后，和桥地区很多生产大队，建起了以养蚕为主的副业场。1970年后，和桥蚕茧收购量直线上升。1977年，蚕茧划归宜兴县外贸公司经营，和桥设收茧站。1979年，农民每出售蚕茧得现金百元，可获奖售化肥40千克、布票5尺。1982年，和桥出现养蚕专业户，蚕茧生产有新的发展。1986年，和桥收购鲜茧26吨。1987年，鲜茧收购价格提高至每50千克200元，和桥地区的收购量超过60吨。1990年以后，蚕丝出口量减少，鲜茧价格不稳定。1997年，和桥地区蚕茧已很少。2000年，和桥已无蚕茧经营。

2. 芦苇制品经营 民国时期，滆湖里的芦滩大多被地主豪强霸占，和桥境内的农民只得以高价向滩主承包。当时和桥的同巽和经营芦席等芦苇制品，生意比较兴旺。民国36年(1947)初，中共太滆工委组织“镰刀会”，突击下湖樵芦。不到3天，滆湖农民将10万余亩芦苇全部樵光。新中国成立初期，政府将芦苇滩分给沿湖地区的农户。由于和桥地区当时的芦苇滩面积约有4万余亩，一年收获的芦苇量多。沿湖的农民从樵芦开始，到整理芦管、用碌碡压芦，再编织芦扉、芦帘、雨帽等，差不多要历时一个冬春。1951年，和桥供销社将芦制品纳入了国家收购计划，每年都要为沿湖农民增加一笔可观的收入。沿湖农民每到销售芦扉、芦帘、雨帽等时节，几户人家(有的是一家一户)摇着满载的木船去市场。1958年，农民无奈中挖芦滩作稻田、挖滩泥作肥料，供销社芦制品收购量锐减。“文化大革命”时期，农户编织芦制品出售，又被视为发展资本主义而受批判。在“以粮为纲”的思想指导下，围滩造田，毁芦种稻，再加上军垦农场和宜兴滆湖农场的建立，芦滩面积大部被毁，芦苇产量大幅度下降，芦制品原料紧张。1978年，政府决定恢复和发展芦苇生产，每亩发放扶持植资金6元，组织力量突击植芦，但已被破坏的芦滩再也难以产出以前那种量大质优的芦制品了。1982年，沿滆湖的湖滨村、北新村、王母村、西锄村、楝树村、聚龙村等逐步在圩田开塘养鱼。2010—2015年，和桥沿湖有上万亩的芦滩被列入宜兴市、江苏省湿地保护区。区内的滩地上，政府明令禁止樵芦，大片的芦苇能够等到连年养护，新的芦苇荡连片形成。

3. 稻草、麦秆经营 1962—1983年，和桥地区每年都有上级下达的稻草、麦秆收(派)购任务。生产队一定要完成派购任务后，年终分配方案方能兑现。因此，供销社也能每年完成任务。1983年，派购任务取消，改用议价收购。供销社每年收购的数量比以往上升，1987年共收购170吨，全部调给无锡和镇江的造纸厂。2001年，造纸厂不再有政府计划，原料也开始变化。和桥地区稻草、麦秆的经营，与派购、与造纸厂都脱离了关系，收购亦都停止。

4. 草制品经营 草制品指的是用稻草编成的草包和搓成的草绳。草包、草绳是商品包装和抗洪必备的用品。20世纪50年代初，和桥镇最早办起的工厂中就有草绳、草包厂；编草包、搓草绳，也是和桥地区很多农户爱搞的副业。1962起，供销社也将这类物资列入国家收购计划。1978年，国家停止收购计划，和桥供销社开始计划外收购。原北庄村欧家组在1990—2002年，仍有40多农户、60多台打草绳机常年加工，每年加工草绳产量在350吨以上。以当年的价格计算，销售额仅10万元。2003年后，和桥地区已很少有人制作和经营草制品了。

5. 兔毛经营 民国时期，和桥农村养兔不多。新中国成立后，人民政府重视家兔饲养，供销社支持养兔生产，提高兔毛收购价格。20世纪60年代初，国际市场兔毛需求量大，外贸出口供不应求，政府部门号召农民养兔。1965—1969年，和桥供销社年收购兔毛5吨多。20世纪末，国际需求不稳，兔毛价格时涨时落，影响农民养兔积极性。2002年，和桥镇尚有近1000千克的兔毛出售；2010年，和桥镇已无兔毛出售。

三、荤食品、蔬菜经营

1. 猪肉经营 民国时期，和桥的猪行代客收购毛猪，主要运往附近城市和浙江等地销售。猪行通过中间商"猪头"深入农村，联系"圈户"，看货论价成交。鲜肉铺则向农民收购，先上门看猪议价，预付定金，约期宰杀，以白肉计算金额。当时和桥镇有肉铺20余个，均是个体经营。新中国成立初期，生猪仍由私商收购、宰杀，国营商业只收每头65千克以上符合出口规格的生猪。由于消费逐年增长，生猪饲养发展缓慢，猪肉供应十分紧张。1953年，和桥镇设立生猪禽蛋收购组，和桥、南新、闸口境内尚有三兴、韦培记等23个肉铺。1954年，粮食统购统销，农村养猪减少，和桥镇不得不首先满足医院和部队的需要，再按计划供应其他集体和服务业单位，居民的供应则根据猪源情况。私商乘机抬价抢购外销。收购组及时供应饲料，适当提高收购价格，禁止贩运，并规定肉铺只准按牌价收购65千克以下规格的生猪。1955年，收购组改成食品收购供应站，主要经营仍是生猪购销。和桥镇上仅有谈顺兴、唐昌兴、褚长兴和夏晋昌等肉铺。1956年，从扶持农民养猪入手，实行订购，后改为预购。1958年，农村公社化，社员养猪折价归队公养，农民乃大量宰杀生猪，以致收购量锐减。同年收购供应站并入供销社，改成生猪收购门市部。1959—1961年，农业歉收，生猪收购量继续下降。1961年始，政府调整措施，多次提高生猪奖售标准和收购价格，猪肉凭票定量供应。1962年，政府改奖售为换购，按出售金额发给一定比例的饲料票和购货券。1963年，和桥食品收购供应站归口宜兴县食品公司领导，同年收购价格比1957年提高33%，收购量随着农业生产的恢复和发展持续大幅度回升。同年8月，猪肉先后按原价下降了20%～30%。1965年，和桥食品收购供应站更名为食品购销站（以下简称食品站）。"文化大革命"期间，猪肉供应又趋紧张。为控制外流，1972年起，和桥实行居民凭票限量买肉。1974年起，和桥食品站在每年立冬后，加工咸猪头和咸肉。至1985年，共加工咸猪头4.35万个；至1983年，共腌猪肉4700头。1976年起，和桥食品站每年将水油、板油和肥肉熬成熟猪油，供应当地糕坊和饮食行业，至1985年，共熬300吨熟猪油；其间，还将猪皮开剥销售给常州皮革厂，并建立长期业务关系。1978—1985年，和桥食品站共销售猪皮16.47万张。剩下的小肠除售给供销社加工肠衣出口外，有时还自制香肠出售。1979年，南漕、南新、万石、闸口、屺亭、高塍等供销社将生猪购销业务移交给和桥食品站。和桥食品站同时在以上各供销社设立食品组，共设生猪收购点11个、猪肉供应点30个。同年起，和桥境内猪肉敞开供应。据和桥镇1979年集市贸易统计逐月汇总表记载，10月份卖出的猪肉为36.94吨，单价为1.72元/千克。1981年，和桥的猪肉先后4次临时降价。同年，食品站推行"上门看猪，合格发证，约期定点，计划上市"的经验，上市比较均衡。1984年，和桥食品站采用派购办法收购生猪，由各乡食品组与乡村或专业户签订收购合同。完成派购任务后，收购的生猪实行超任务奖励。1985年7月1日起，生猪派购任务取消，执行指导性收购价格，国营、集体、个体都可经营。在收购中，食品站采取合同订购价和保护价相结合的方法，将生猪收购价每50千克81元调高到89元。对合同内订购的，按每头奖售饲料65千克。1986年，食品站开展横向联营，与苏北淮安食品公司及溧水白马食品站建立业务联系，调进生猪，又向无锡肉联厂调进冻肉。1987年，食品站在限定销售价的基础上让个体户自己找猪看猪、议定收购价、上缴手续费。1986—1994年，和桥食品站每年都有上万头生猪外调，按县公司指令性计划完成任务，运调给宁、沪、锡、常等地食品公司和当地部队。1987年，和桥食品站更名为宜兴县食品公司和桥中心食品站，设鲜肉门市部8处，还有贸易所、综合门市部、宰坊和孵坊，基本形成具有购、调、宰、销及孵化、繁殖良种等多功能的食品经营网络。1992年，上级撤销中心食品站，设宜兴市食品公司和桥分公司。同年9月，南新、闸口又单独设立食品站。1996年4月，和桥增设屠宰场，采取定点屠宰，集中检疫，分散经营的管理办法。2000年9月，和桥食品站下放归和桥镇政府管理，独立核算，自负盈亏。同时，闸口食品站也下放归属地管理。2002年，猪肉价格进一步放开，销量也逐年上升。2003起，和桥、南新、闸口等地新办的大型超市，都有猪肉销售。至2010年，超市猪肉销售的数量仅略少于当地的农贸集市。2015年，和桥镇农贸市场销量271吨，南新与闸口的农贸市场销量110吨，宜客隆、上海华联等8个大型超市销量超过200吨。

和桥食品站历任负责人有丁福荣、王庭贵、张川根、唐伯祥、吴 俊、翟法坤、周国明、何林荣。南新食品站历任负责人有吴汉生、韦小春、欧顺龙。闸口食品站历任负责人有路孟根、赵紫祥、杨仲坤。

2. 牛羊肉经营 民国时期，和桥设有牛市场，有商贩收购菜牛运销常锡等地。新中国成立初期，牛仍由私商经营，规定可以收购18岁以上的水牛和15岁以上的黄牛，由当地政府批准发证。1954年，食品收购组只收破鼻、瞎眼、跛脚以及不能劳动的老弱残废牛。1966—1985年共收购菜牛近3000头，占全宜兴县收购总数的80%。1979年后，农民养牛日益减少，和桥已无菜牛可收。为了安排节日市场供应，只得向外地采购菜牛。20世纪80年代起，和桥荤食品市场的牛肉大都来自安徽等地，市场供应大都是熟食制品。2001年起，和桥镇农贸市场一直有新鲜牛肉供应，货源除了少量是本地农民饲养的菜牛，大部分也是商贩从外地运进来经过核准和检疫后宰杀的。同时起，和桥镇农贸市场周边、南新和闸口的农贸市场周边、农贸路和朝阳路，开始有卖熟菜的店铺，其中熟牛肉的销量逐年增多。2015年，和桥镇农贸集市内卖熟牛肉的店铺增加至6个，卖新鲜牛肉的店铺增加至2个。

历史上，和桥本地农民养羊不多。1983年以前，和桥食品站有时向杨巷食品站调进熟羊肉供应市场。1984年起，羊肉主要由农民和个体商贩经营。2014年，有店铺开始在和桥农贸集市内销售新芳、杨巷的熟羊肉。2015年，和桥镇农贸市场销售的牛肉和羊肉分别为11吨和4吨。

3. 禽蛋经营 民国时期，农民养禽除了改善自己的生活外，还把一部分活禽和蛋品拿到街上卖。1953年，和桥食品组负责收购活禽和蛋品，以完成外销任务。禽和蛋品收购季节性较强，清明前后为蛋品收购旺季，端午节前后为活鹅上市旺季，鸭的收购旺季则为五、六和九、十月份，出口肉用鸡收购则可分夏秋两季。1961年，和桥曾实行按农户派购家禽1至2羽、鲜蛋2斤的办法，以完成上交任务。1962年，改为换购，给以一定比例的饲料粮、工业品和糖烟酒等商品作奖励。由于经济形势的好转，1962—1965年，沿滆湖地区有许多农户年出售活禽超过百只、蛋品超过千只。1974—1976年，和桥食品站外销肉用鸡，每年达2万多羽，主要运销镇江罐头食品厂和无锡市食品公司。鲜蛋收购后定量销售的缺额，由县公司调拨。春节期间，食品站视货源情况平价定量供应居民。1974—1985年，和桥孵坊在孵鸭期间积余的部分鸭蛋及孵鸭结束后收购的鸭蛋，分别制成咸蛋和皮蛋，于端午节和春节供应市场，数量每年每种超过10万个。1985年以后，活禽、蛋品市场全面开放。1986年，和桥旧农贸市场的南面，专门设立活禽宰杀和销售地区。2001年，新农贸市场的内部，专门设立光禽和禽蛋销售区。2013年，活禽宰卖处移到了市场停车场的北面。2003—2015，和桥镇所有大型超市都有销售专柜，年销售禽肉和蛋品各在10吨以上。2015年,和桥、南新、闸口的农贸市场,销售禽肉25.5吨,销售禽蛋5吨。

附:仁和孵坊

仁和孵坊创建于民国36年(1947),从业人员9人。1956年公私合营后并入供销社。1958年和宜城利中、徐舍正昌合并,更名为公私合营宜兴家禽孵化场,分地生产,归食品公司领导。1960年单立,称和桥孵坊。1962年属供销社领导,1963年实行食品"一条边",又归口和桥食品收购供应站管理,属国有经营单位。该坊孵化技术性较强,1960年改土坑生产为大温室和小平箱生产,年孵化量在15万只左右。1974年建成煤电两用孵箱4只,工效显著提高。1987年有煤电两用和半自动孵箱各4只,全自动孵箱1只,实际孵化能力可达35万只。鸡种蛋向附近的东坝、郎溪、宣城等地采购,运费和破损率较高,成本加重,后改为就地取材,落实养禽专业户供应,并奖售饲料粮。孵化品种有鸡蛋、鸭蛋、鹅蛋、野鸡蛋、野鸭蛋、孔雀蛋等。2002年,和桥孵坊改制结束。

4. 水产品经营 民国时期的鱼行,一般从当地的渔民手中批量买进,再提高价格卖出。在虾、蟹、鳝上市季节,收购后用活水船运销无锡、上海等地。这些鱼行,传统节前常到浙江、江阴等地采购各种应时江海鱼鲜。抗日战争时,和桥销售外地江海咸鱼的牙行属山地货业,行址均在上塘下岸河边;常卖的品种有咸江鱼、油鲖鱼、青条鱼、鲞鱼等。由于交通险恶,很多鱼行频临倒闭。1945—1949年,鱼行销售也不景气。新中国成立初期有唐福盛、吴永顺和李隆兴3个鱼行,1953年报歇。1956年,和桥有固定鲜鱼摊贩11户,由他们组成自负盈亏的鲜鱼合作小组,1958年并入供销社,1963年归口食品收购供应站。1956年,和桥还建立过水产购销站,1963年也并入食品收购供应站。当时,食品站收购供应站的水产品大部外销,上海南市区水产公司派员坐地收购。后因鲜鱼收购量不多,渔民自销或批给鱼贩供应市场;加上春节来临,食品站还要视货源多少,确定是否平价定量供应居民。因此,上海的收购也自然中断。1967年,和桥采取派购形式,先向各养殖单位供应一定数量的渔需物资,然后决定派购量。1980年,食品收购供应站与原先的养殖户重订派购合同。1981年,和桥开设水产贸易所。1985年,水产品允许自由经营,个体鱼贩增多,市场鱼鲜全由渔民、农民和鱼贩提供,上市量增加,价格随行就市。2001年,和桥镇新的农贸市场辟出1200平方米的专门区域,提供给水产品经营者。2003年起,和桥镇新开的超市都有专门供应水产品的专柜,年销水产品总量在80吨左右。2012年,和桥出现了新的水产品经纪人,能帮助水产养殖户安排好销售时间、销售数量和价格。2013年,农贸市场又经过改造,增强了水产品摊位电和水的供应能力,保证了水产品的鲜活。2015年10月,西锄村利用当地水产品多而好、水陆交通快又便的优势,专门建立了水产品销售市场,仅毛蟹的日销售量就有约75吨。2015年底统计,和桥镇外销的水产品超2万吨。

5. 蔬菜经营 民国时期,和桥镇蔬菜供应有两条渠道,一是牙行、商店和菜贩经营,另一条是菜农自产自销。牙行是蔬菜交易的中间商,把菜农送来的蔬菜过秤转卖给零售菜贩,收取12%以上的佣金。牙行较早的有吴公记,开设于光绪八年(1882),行址在下塘北沿河。主营蔬菜,兼营山地货。专营蔬菜的还有三茂和宝盛,兼营蔬菜的有王隆盛、李复盛、宝记和黄顺兴等。在牙行,和蔬菜一起销售的还有瓜果,有来自浙江塘栖、临平的甘蔗和枇杷、荸荠,有湖州的菱藕和洞庭的桔子及石榴,还有马山的杨梅、陆平的桃子、渎上的西瓜。1950年,蔬菜由供销社经营,牙行逐步淘汰。1956年仅存宝盛一户,并入公私合营地货商店。菜贩属小本经营,有固定摊位的,也有串街走巷流动叫卖的。镇郊塘里(原石路村)农民传统种植蔬菜,有各种时鲜蔬菜交替上市。1952年,和桥镇有菜贩99户。政府为了扶持贫困的菜贩,1954年就把部分菜贩组织起来,于1956年成立2个蔬果合作商店,共设7个门市部,从业人员有25人。这年尚有单独设摊的菜贩

28户。1963年，菜贩登记换证，统计有合作小组3个及从业人员12人，还有个体户14个。1978年，和桥镇成立国营批发和集体零售合并的蔬菜专业商店。1982年改名蔬菜批发部。经营方式有收购、批发和零售。批发部有门市部2个、职工14人。1982—1985年，蔬菜批发部每年从省内外、县公司、渎区购进蔬菜5000余担，品种达40多个。1985年，由于镇郊菜农蔬菜种植面积扩大，个体商贩不断增多，蔬菜市场已全面开放，导致批发部的业务逐渐萎缩。1992年初，批发部业务终止，又更名为和桥蔬菜公司，主营副食品业务。1996年，和桥蔬菜公司实施原地扩建工程，1997年3月划归和桥五交化公司托管。2000年3月，公司底层营业房出售给孙建洪，职工全部裁减分流，原公司经营活动全部停止。2000—2004年，闸口、和桥、南新等地扩建农贸市场，地产的青菜、黄瓜、平菇、白藕、芦笋、秋葵、大蒜、丝瓜、平菇等销量逐年增加；外地不少行家在集镇周边农村租田种植蔬菜，进市场销售；外地蔬菜在市场销售的份额不断增加，而且有时令品种多、反季品种多、名优蔬菜多的特点。2003—2015年，和桥镇相继开出8个大超市，蔬菜年销量超过350吨。2015年，和桥镇农贸市场有蔬菜摊位55个，年销量146吨。和桥蔬菜购销站、批发部、蔬菜公司历任负责人有钱法义、许泉海、龚林根、袁富培、邱伟。

2000—2015年和桥农贸市场荤食、蔬菜销售量

表13－2　　　　单位：吨

年份 品种	2000	2001	2002	2003	2004	2005	2006	2007	2008	2009	2010	2011	2012	2013	2014	2015
猪　肉	320	352	378	490	260	260	260	260	194	233	237	230	236	256	256	271
牛　肉	11	12	12	12	13	13	12	8.6	7.9	8.6	9.5	10.2	9.5	10.2	10.2	11
羊　肉	3.6	3.7	3.6	4.3	4.3	4.3	4	4.3	4.7	4.7	5.1	5.1	4.8	5	4.4	4.1
禽　肉	8.6	13	14.4	14.4	14.5	17.3	15.1	16.2	16.2	15.2	16.4	14.2	17.1	16.4	17.1	17.5
禽　蛋	2.9	3.6	3.2	3.2	3.6	4.3	2.7	2	2.5	2.9	2.6	2.7	2.9	3.1	3.3	3.4
蔬　菜	104	130	137	158	173	180	233	220	175	181	217	205	174	155	153	146
豆制品	19.5	22	23	24	24	24	26	28	26	28	28	26	20	15	15	15
水　产	180	207	197	195	202	205	219	202	205	219	229	223	210	223	230	210
其他菜品	86	104	107	112	112	121	112	121	116	124	115	110	123	134	134	158

四、糖烟酒酱经营

民国时期，糖烟酱酒分别属于南货、地货、酱酒、土烟和卷烟5个行业。

南货业经营南北杂货、糖果糕点、炒货海味、纸烛锡箔等。南货店悬挂“闽广台糖”“两洋海味”“关山桃枣”“南北杂货”四块招牌。如梅永兴南货店创设于清同治六年（1867），前店后坊，地址在上塘南头，三年后又在上塘中兴桥北另开梅永和酱园。镒昌仁南货店创始于清光绪三十四年（1908），制作销售京帮茶食和中秋月饼，享有盛名，远销沪、苏、锡、常各地。特别是中秋月饼，配料考究，皮薄，油重。除荤油、白糖和面粉外，馅心用火腿、橄榄仁、桃仁、瓜仁、玫瑰花、金桔饼、梅干、红绿瓜等。品种有金腿、百果、豆沙、葱油、椒盐、枣泥、静素等。同年，谦泰昌开张，店主徐金生兼设烛坊和石印工场，业务量较大。20世纪40年代，专营纸烛锡箔的店铺有万盛；经营糖果、炒货的有同成义、同泰和、赵永隆等；前店后坊的还有悦来、乾泰祥、豫大、史万丰等。

1949年,和桥南货业有37户、从业人员157人。该行业各店经营范围大小悬殊,独资店居多数。新中国成立后,迷信品被逐步淘汰。1956年,镒昌仁、谦泰昌、豫大、元昌祥、正昌等5户参与公私合营,有参与人员24人、参与股金1.57万元,设3个门市部。其余商户除恒泰独立经营外,都参与新建合作商店,设2个门市部。

地货业旧时属牙行性质,但要领到牌照才能开业。民国初期创设的王鼎隆、李复盛、喻源盛等16户大部是独资经营。1949年,和桥镇地货行业共有15户、从业人员23人。1956年参加公私合营的有喻源盛、宝盛、李协和3户。黄顺兴独立经营,其余各户组成2个合作商店。

酱酒业在和桥含酱园和槽坊,门面均是前店后坊,自产自销,兼营油、盐、桐、麻等杂货,有一百多年的历史。创设于清道光三十年(1850)的鼎和源槽坊,是芳桥周根荣创办,生产的枯陈和福珍酒以"金鼎"为商标遍销全县。周万源酱园创设于清同治元年(1862),后出盘,改为中万生酱园,生产老油豆腐干早于梅永和。同治六年(1867),梅永和创办梅永兴酱园,兼营纸马、蜡烛等南货。同治九年(1870),梅礼卿又在中兴桥西堍北面开设梅永和酱园,实力也相当雄厚,独占和桥上塘北面半条街,特别是该店的老油豆腐干品质很好,在地方上已相当有名。乾源酱园由唐鸿义创设于清光绪六年(1880),地处南兴桥外下塘,靠近河埠,后改名乾源盛。除酱园外,该园还设有磨坊、粉坊和砻坊,并经营源茂茧行、粮行。同期,同和源槽坊的黄酒经营也非常好。民国26年(1937),鼎和源也增设酱园。1949年,和桥尚有14爿酱园,其中以老万生酱园的实力最雄厚。店主为朱道源,他两爿酱园(含新万森)的酱缸数目最多。1949年,和桥镇经营酱酒业的共有16户,有从业人员92人。1952年,经营酒类的摊店撤并改组成酒联营,属联营专卖企业,下设8个销售点,专营零售,货源由县专卖局供给。王裕盛糖坊,在粮食统购统销后,为酱园业加工饴糖和酱色。1956年,老万生、乾源盛、泰来、新万森、范隆兴、鼎和源、民康、王裕盛糖坊和酒联营等,共12户67人参加公私合营,总投股金5.27万元。

土烟俗称"黄香头"。民国时期,迎祥巷南面有一爿豫丰烟号,实力雄厚。店主姚绳祖,1918年从常州来到和桥开设烟店,有职工50余人,经营"九狮""双虎"和"龙华"三种烟丝,日平均产销250千克左右,是和桥镇最大一爿土烟店。该店不仅在和桥有很好的市场,北面的武进,南面的官杨、丁蜀、湖㳇、张渚等地,也都来进货。20世纪30—40年代,维新巷南面有一爿信昌和烟店,双开间店面,旁边又设一间刨烟丝的工场,店主王星吾,也叫王石奎,店面曾被日本飞机炸毁。王去世后,营业逐渐衰落。1956年,豫丰烟店及20余名职工,参与公私合营,投入资本2.49万元。

和桥卷烟的经营始于20世纪20年代。民国7年(1918)起做土烟生意的豫丰烟号,后来被上海英商看中,成为英国颐中烟草公司在宜兴的代理商,经营该公司的大英、老刀、美丽、哈德门等牌子的香烟,每次进货近1万条。1949年,和桥镇有卷烟店18家、经营卷烟的摊贩34户。1950年,卷烟由中百营业所经销,以批发为主。1951年,县专卖公司下伸,在和桥设立卷烟销售网点。1956年,联合商店改成合作商店,另有3家摊贩组成合作小组。1958年,网点业务划给供销社。1963年,国营和桥糖烟酒商店成立,经营糖烟酒、糕点食品、南北货等商品,货源全部由宜兴县有关商业部门配给,向居民按计划供应,同时设批发部、零售一部和二部、茶食加工场等下属部门。各部门统一进货渠道,实行单独核算。1979年,糖烟酒由分配型转变为选购型。国营和桥糖烟酒商店简化批发手续,提高批发优惠折扣,降低起批点,常年老客户有集体商店50多家、个体商店1000多户。1984年,糖烟酒商店实行经营承包责任制,和各部门签订"利润定额承包、基数提成、超额分成、工资浮动"合同。1986年,和桥糖烟酒与宜兴县糖烟酒公司脱钩组建和桥糖烟酒公司。1987年,实行承包基数固定、超收多留的改革方案。1996年,该公司开设糖烟酒超市。1998年元月,该公司改为股份合作制。随着批发市场的发展壮大及个体商店的日益增多,公司的批发业务逐渐萎缩,到1998年底已名存实亡。1999年4月,公司全部实行抽资承包,对富裕职工逐步进行裁减分流,其固定资产也于2000年8月出售给张林与史铁君。和桥糖烟酒公司于2001年4月停业。

2003年起,和桥有大型超市开出,有专门的烟酒柜台,酱醋盐糖聚集一起销售。2015年,和桥镇经营糖烟酱酒的超市和个体批发零售商店有1729户。

和桥糖烟酒商店、公司历任负责人有王庭贵、张一洪、邱生亮、黄泉芳、徐颐康、周春明、王金林。

五、棉布百货经营

民国初期,和桥镇有万成、邹洪泰、同慎和、人和祥、恒泰昌、益纶和、有庆、震和祥、信裕、永昌和、天福、大新等十余个布店。其中资本雄厚的四爿绸布店分别为有庆、同慎和、振和祥、永昌和。有庆布店由胡养初开设,在中兴桥之北,双开间门面,房子有五进深,兼营木器嫁妆。同慎和布店设在中兴桥南的大街上,内设钱庄,是一家俞姓所开。振和祥设在迎祥巷南隔壁,是常州人周仲庆开设。永昌和是后起之秀,开设于民国10年(1921),店址原在上塘中街下岸,后搬迁到上岸。店主吕柏荪,长袖善舞,营业兴旺发达,久盛不衰。天福创设于民国15年(1926),由和桥镇士绅吴、俞、杨等人集资开设,店址原与永昌和并排。抗日战争时店铺被日军烧毁,只能迁至中桥北首复业。后因股东对发展有异议,该店的吕授生出来开设大昌,储慰萱、何兆生等人开设大新,朱林如、周洪发等人开设宝大祥。抗日战争时期,和桥布店损失惨重,有的一蹶不振。除永昌和、天福、大新、宝大祥外,其余布店均在这段时期前先后歇业。抗日战争胜利后,和桥恢复经营的布店较多。1950年,棉布业有永昌和、瑞康、大昌、张敏记、云翔、大新、裕泰、同福、宝大祥、何洪记、同丰、天生福、元昌、协成、豫昌、天成和、新天福、时新、庆丰、宜和祥、新大祥等21个,有从业人员130人。

民国初期至1937年,百货业有百龄机、新和商业社、大陆、何洪记等。抗日战争胜利后,和桥镇、南新和闸口老街的百货店有所增加。1950年,和桥镇百货业有张同顺、宜益、元兴、颐康、中西、天一、南阳、永新、三益、丽华、胡益昌、源大、邹培记、亚洲、宏大、黎明、美华等17个店号,有从业人员75人。

1956年,棉布业店号全部参加公私合营;百货业只有丽华、天一、亚洲等三户参加公私合营,南阳独立经营,其余店号和文具、书印、五金等行业的店号合并组成2个合作商店。1958年,这2个合作商店并入中百公司和桥营业所,1962年始隶属于国营和桥中百商店。棉布业资金较厚,营业额高,在和桥镇商业中处于领先地位。20世纪60年代,县属大集体商业红旗百货店开始营业,店堂内有专门的扯布柜台,常常是最热闹繁忙的地方。80年代,和桥镇属集体青年百货商店在兴业街北首开业。该店启用的是全镇有文化的青年人,生意开始一直较好。自80年代起,个体百货店越开越多,但大部分经营的规模较小;同时经营服装的专业店铺也越来越多。2000年起,由于成品服装市场的发展,在和桥曾经相当兴旺的棉布业开始衰退 ,市场上的品种也逐步减少。2003年起,和桥镇开始有大型超市出现。这些新出现的超市,经营的规模和货品种类,都超过当地的百货店铺。2015年,和桥镇尚有百货商店69家,规模较大的有年底新开业的华联百货。

附1:和桥中百商店

1950年11月,中百公司和桥营业所开业,主营批发。1950—1953年期间,中百营业所货源全由县公司供应。1954年起,为了避免迂回运输,节省费用,增加花式品种和适时对路商品,由县公司指定直接向无锡市公司进货。1955年,中百公司和桥营业所撤销。1956年成立和桥百货批发部,商品供应渐趋紧张,县公司参照社会购买力及历史销售实绩,确定具体进货方案,实行主要商品分配和一般商品自由选购制。1958年,和桥百货批发部撤销,业务移交供销社。1962年,国营和桥中百商店成立。1971年,兴建百货大楼,地址在兴业街63号。翌年5月1日开张营业。同年农机配件专柜划出,增设宜兴农机公司和桥门市部。1979年,实行开放式流通体制,采取多渠道、少环节、灵活多样的进货方式,大力加强计划外采购,充分发挥横向联系,直接与生产单位挂购,积极开拓新门路,以沪宁线各大城市为主要采购基地。经营商品有鞋帽布匹、文教用品、五金交电化工等7大类,计6500余种。1982年和桥中百商店批零分开,下设批发部和3个门市部。同年五金交电化工专柜划出,重建五交化商店,农机门市部业务管理也归入其中。1983年,和桥中百商店出席县、市儿童青少年表彰大会,并被省妇联评为“三八红旗集体”。1987年起,中百商店试行经营责任制,增加销售品种,延长营业时间,还利用周边集市外出举办商品展销。在农忙季节,商店曾送货到田头、场头。每年“六一”儿童节,还专门举办儿童用品展销。1993年中百第二门市部撤销,在中兴桥西北堍开设第三门市部。1997年元月,中百商店新开设和桥镇首个百货超市。1998年8月,中百商店销售业务日趋萎缩。为了摆脱企业困境,店内实施了柜组抽资承包,由原职工自行组合、自筹资金、自主经营、自负盈亏,组建了12个新的营业柜组。2000年10月,中百第一门市部房产抵押给工商银行,第三门市部拍卖给吴志勤,企业人员分流。2001年,中百停止营业。

和桥中百商店历任负责人有王守先、姚瑞根、赵听庚、周春明、吴甲生、蒋瑞春、王洪庆、马煜章、王阳。

附2:和桥商厦

1992年5月,和桥商业分局在购置原和桥镇第二小学旧址上动工建造和桥商业大楼,其四层建筑面积达5300平方米,是当时和桥地区最大的综合性商业大楼。1993年6月,该大楼竣工验收。同年8月18日,国务院副秘书长刘济民为商业大楼题词:“和气生财金桥飞架贯通江河湖海,商贾云集广厦美名遍传南北东西”。同年9月28日,该大楼被命名为和桥商厦并开张营业。当时该商厦有员工108人,归和桥商业总公司直属管理,经营百货副食、针纺鞋帽、文具五金、家用电器、洗涤化妆品、黄金饰品、服装被褥等各类商品1万余种。1993—1995年,和桥商厦注重开展丰富多彩的商业文化促销活动,如“六一”儿童节书画比赛、九月场庆文艺表演、国庆元旦春节迎新优惠展销等。1996年3月,和桥商厦单独成立经营集团。为了维护消费者的利益,商厦于1996年秋成立了维护消费者权益监督站。1999年4月,和桥商厦对各柜组实行了柜组抽资承包的改革,按照自愿、平等、公平、公正的原则,由职工组建新的承包柜组。1999年11月,商厦西一楼拍卖给戴小强。2000年1月,四楼舞厅拍卖给李国雅。2001年1月,东一楼拍卖给李国雅、李国良。2001年7月,商厦人员分流结束,企业停止经营活动。2003年3月,二楼、三楼又拍卖给李国雅。

和桥商厦历任负责人有王玉鑫、马煜璋。

六、纺织面料经营

20世纪60年代前,和桥纺织面料经营内容主要为棉布和绸布。70年代中期,和桥中百商店开始经营涤棉布、尼龙布等化纤面料。80年代初,和桥本地生产的中长布也大量上市。1982年,和桥化纤面料经营近5万米,占整个纺织面料的百分之八十。90年代,和桥出现专营纺织面料的公司,主要经营中长、尼龙、氨纶等面料。21世纪后,原来经营的面料已经不能满足市场的需求,公司利用和桥纺织行业恢复传统面料生产而且量大的优势,增加棉纱、新兴化纤纱、棉布、毛料、丝绸、各种高端混纺交织面料等品种,客户遍及南通、广州、上海、杭州等城市。2014年,宜兴市金格纺织品有限公司应税销售收入1.35亿元。2015年,和桥有纺织面料经营的门店和公司15家,应税销售收入近3亿元。

七、鞋帽服装经营

晚清时期,和桥镇钱生大的钱永丰衣庄店设在维新巷北面,由于其子不善经营,店主钱生大乃交由其侄钱燮清接管,营业尚可。民国初期,豫昌、瑞康、协成等衣庄店相继开办,竞争很大。20世纪20年代,东横街有衣庄店13家。新中国成立后,只有中百商店经营鞋帽服装,销量很少。1972年,和桥新开张的和桥中百商店,鞋帽服装销量显著增长。1985年,和桥镇上已经有了专卖各类鞋帽服装的个体商店,主要集中在上塘老街和永昌路上。90年代初,和

桥镇东横街、西横街、兴业街、鹅洲东路、永昌

图 13－2　2015 年和桥镇主要街市鹅洲西路

路等，都开出了不少鞋帽服装店铺。1993 年开业的和桥商厦，经营的鞋帽服装的品种和数量为和桥镇当时最多。1995 年 6 月，和桥镇在西横街影剧院对面，建造了一幢 5 层商住综合楼，底层设立小商品市场。1997 年 5 月 1 日开张，有店面 90 间，以销售鞋帽服装为主，年销售额 300 多万元。进入 21 世纪后，和桥不断有大型鞋帽服装商场开业。2006 年在朝阳路开业的欧莱特鞋帽服装大卖场，占地 1200 平方米，货架（柜）展出的童装、成人服装、鞋帽等有 1 万多个款色。2003 年起，和桥开业的大型超市，也都有专卖鞋帽服装的商区。2003—2015 年，和桥镇新增鞋帽服装店（场）80 多个。规模较大的有金利来、李宁、耐克、乔丹、苏美得、美依多、千百度、波司登、海澜之家、阿仕顿、红豆、才子等鞋服专卖（场）店。2015 年底，由原和桥影剧院（曾经有丁山一副入驻经营）改造的和桥影城也已基本完成，其底层和二层由华联百货、红豆公司主要经营服装鞋帽。2015 年，和桥镇经营鞋帽服装的商家有 171 户。

八、五金交电化工经营

民国时期，和桥的五金业作为一个单独的行业，主营玻璃、五金、电料，兼营白铁修理和制作。茶漆业则经营油漆、染料等。一些百货店也兼营灯头、灯泡开关等电料用具。民国 15 年（1926），和桥镇信昌盛白铁店开业，民国 31 年（1942）更名为同錩五金店，兼营图书文具和钢笔修理等业务。1949 年，和桥镇经营五金交电化工的铁铺、五金店、百货店、茶漆店共 26 家，从业人员近百人。

1950 年，五交化商店的批零业务由中百营业所经营，主要商品从县公司进货。1962 年，国营和桥中百商店成立并设立五金交电化工专柜。60 年代末，和桥地区广大农村逐步通电，五交化的铝质电线、灯头、灯泡、开关销量大增。1979 年，该柜的许多家用电器从沪宁线直接进货，花式品种达 1800 余种。1982 年 4 月，原来的五金交电化工专柜与太滆饭店合并，在原太滆饭店旧址开设和桥五交化商店，属县五交化公司下伸企业，行政由地方领导，业务由县公司管理，批零合一，统一核算。同年，和桥中百商店的农机门市部也划归五交化商店。当年，五交化商店有日光灯全套设备供应市场，黑白电视机的销量达到 250 多台，电风扇也开始有售。1983 年，和桥农机门市部又划出。1984 年，商店批零分开核算，内部改革起步。1986 年下半年，商店与县公司脱钩，组建宜兴县和桥五交化公司。1982—1987 年，五交化公司（商店）开供货会 15 次，遇节假日在店外分设摊点，遇农忙送货下乡；店内设立家电修理专柜，配专业修理人员 2 名，共修理电视机 2637 台、收音机 1290 台；经营范围也从家电“老三件”（自行车、缝纫机、收录机）向“新三件”（电视机、洗衣机、电冰箱）发展。1991 年，原商业公司中南理发店二间店面转让给五交化公司开设批发部。1993 年 10 月，和桥糖烟酒公司茶食加工场划归五交化公司。同年 12 月，公司在兴业街一号新址营业。1995 年，五交化商店先后与扬州三力低压电气厂、杭州鸿雁开关集团有限公司、康佳集团股份有限公司等单位建立了特约经销关系。1996 年和桥五交化公司对柜组实行按毛利考核的奖惩制度。1997 年 3 月，和桥蔬菜公司划归五交化公司管理。2000 年 5 月，和桥五交化公司采取建新租旧形式整体改制，改制后的新企业名称为宜兴市全恒五金交电化工有限公司。2002 年，原和桥五交化公司的资产全部拍卖，彻底完成改制任务。

五交化公司历任负责人有袁富培、王庭贵、陆伯

舜、李全洪。

九、建材装潢经营

和桥最早的木行是光绪元年(1875)北兴桥外上塘范康大开的乾源木行。民国初期的恒源(南兴桥外下塘为程椿大开设)及裕大两个木行由于本小利短,20世纪30年代初期就停业。同期,和桥镇还有石材店,专卖装修用的石条、石板、石槛等。20世纪30年代,走在和桥大街的两头,可以看到靠岸的水面上浮了不少木排,有的直竖在河边。抗日战争爆发前,和桥木行经营的是江西樟木和湖南松木。抗日战争时期,外地货源中断,只能经营宜兴的杉荆树、松板和旧木材。

1950—1979年,和桥的建材装潢材料由五交化公司和供销社经营。60年代初至80年代初,和桥曾有10多个生产大队及企业,自产自销八五砖和本瓦、水泥预制品、装饰转等。1984年,上塘轮船码头旁,和桥第一家个体新华油漆店在一铁皮棚子里开张,生意特别好。1991年,和桥首家立邦专卖店在永昌路166号开业。同年,东横街、西横街一下子开出自来水厂门市部、佳欢、闸口等8家五金水暖和建材装潢店。1992年,环北路、农贸路等地相继开出春生等5家五金水暖店。1994年,朝阳、永昌等五家玻璃店先后营业。1995年和1997年,东横街五金水暖装潢店、西横街五金水暖装潢店、兴达五金店等分别开业。1998年12月,和桥镇建材装潢市场落成招商,有250户入场经营,销售各种型号的钢筋、螺纹钢等。2000年5月,鹅洲南路的汽车桥下有了铁管、PPR管、不锈钢管等专营店。同年,朝阳路的五金水暖店和三棵树油漆店也开始营业。2001年,和桥供销社体制改革后,和桥南头一下就开出了5爿木材店和3爿竹子加工店。2002年,鹅州西路和鹅洲东路等地相继开设电线电缆商店,专门销售“远东”“江南”等品牌线缆。2003—2015年,和桥的建材装潢更加专业。如门窗、橱柜、扶栏有新时代、佳乐、诚誉、国辉等;洁具卫浴瓷砖有金碧辉煌、欧景、盛世、家爱、松发等;油漆墙纸板材有金地、旭丰、嘉禾、锦城、虎皇等;窗帘布艺有美洁、一诺、平阳、百汇等;灯具有家家乐、喜盈门、崇华等;还有专门销售五金水暖、太阳能、集成顶、各类厨具、专业玻璃等店铺。2014年,江苏皓程商贸有限公司,经营槽钢、角钢、圆钢、螺纹钢及钢板、焊管、无缝钢管等,应税销售销售收入9980万元。无锡锐步金属制品有限公司,经营建筑行业所需的各种金属制品,同年应税销售收入1.24亿元。2015年,和桥镇有经营建材装潢门店和公司123家,销售收入约为15亿元。其中,江苏宝福光电科技有限公司应税销售收入为1.36亿元;其他年应税销售收入超过3000万元的有江苏皓程商贸有限公司、宜兴市瑞祺金属材料有限公司、无锡锐步金属制品有限公司、宜兴市东新绝缘材料科技有限公司、宜兴市普裕金属材料有限公司、宜兴市祺盛物资有限公司、无锡新富陶金属材料有限公司、宜兴市杰迪贸易有限公司、宜兴市富鑫金属材料有限公司。

十、家用电器经营

民国时期,和桥虽有电厂,但只限用于居民照明。1950—1979年,灯泡、灯头等只有中百五金交电柜以及供销社的电器柜出售。1980年起,和桥中百五交化专柜开始销售黑白电视机、日光灯、电风扇等家用电器。20世纪90年代初,和桥五交化公司开始销售21寸以上普通电子管彩色电视机,1992年销售2000多台。1994年,五交化公司开始经营国产空调、冰箱、彩电、洗衣机、电饭锅等。同年西横街开设专业的松日灯具店;其他水暖五金店也都兼卖家用电器开关和日光灯等,以后还都经营新型节能灯及各种台灯、吊灯、壁灯等。1995年,和桥镇经营家用电器实力较强的商家依然是和桥五交化公司。90年代末,五星、宇威等电器股份公司相继开业,销售液晶彩电、滚筒洗衣机、立式空调等高档电器。2000年,和桥一些从家用电器商业企业改制出来的人员,在西横街东端北面,相继开设鑫桥等家用电器商店,从开关、插座、电风扇到洗衣机、电冰箱、空调、彩电等,货品比较齐全。2003—2015年,和桥经营家用电器的店家遍布和桥、南新、闸口的各条街道,其中有鑫桥、昌达、永兴、诚信(由五星改名而来)、宇威、美的、志峰、厨卫等，经营的品牌有格力、美的、三菱、海尔、西门子等20多个，其中诚信和宇威的店铺都超过600平方米。2015年，和桥镇有各类家用电器门店21个，年营业额在2000万元以上。

十一、自行车、摩托车、电动车经营

1950—1979年，自行车一直是和桥五交化、和桥供销社的计划供应商品，品牌有上海的“凤凰”“永久”和天津的“飞鸽”、无锡的“长征”等。1980年，和桥五交化开始有“长征”牌、“金狮”牌自行车敞开销售，并有“幸福”牌摩托车出售。1998年，鹅洲南路接连创办陶都和华都两家摩托车销售公司，经营“本田”和“雅马哈”两个品牌，年销售超过500辆。2001年，无锡品牌“赤兔马”电动车在健康西路公园车行开售，年销量250辆。2002年，新建路博鑫来五金电器商店开始经营上海、无锡、常州等地出产的自行车，最好年份的销售数超1000辆，其中轻型车所占比例超三分之二。2002—2015年，和桥镇先后有16个品牌的电动车上市，其中在东横街和鹅洲东路的“雅迪”“新蕾”“华速”“爱玛”“欧派”等，年销售量都超过400辆。2015年8月，西横街开设荣昌电动车经营部，销售四轮电动车。同年9月，时风电动轿车专卖店在锡宜公路化城寺站东开业，营业面积300平方米，展出时风、宇峰电动轿车25辆。

十二、电话、电脑经营

1. 电话经营 1995年以前，和桥固定电话机一般都是由邮电部门随安装而赠送，移动手机也无销售网点。1996年，西横街华讯电器商店开始经营固定电话机，后来代理联通手机销售等业务 。2000年4月，中国移动营业厅首先在西横街、健康西路、朝阳路等市口开业，起先主要是为客户手机选号、充值。两年后，这些营业厅开始出售手机。2003年，中国电信也在鹅州西路南头建立营业厅，大量销售小灵通，以后逐步在宜客隆、丁山一副等超市设立营业处，收取移动电话、固定电话和宽带的费用。2008年，中国联通也在鹅州西路、健康东路等市口建立营业处。2015年，和桥镇已有手机销售店15家，其中中国移

图 13－3　2015年和桥镇主要商业街市西横街

动西横街的第一和第二指定专营店、全网通鹅州西路及西横街的三家专营店、联通健康东路专营店，是和桥手机销售、充值及宽带安装等经营大户，营业份额占和桥市场的一半以上。2015年，和桥镇手机销售超过1万部，宽带安装量在3000户以上，充值金额达3000万元。

2. 电脑经营 1997年，西横街宜和电脑开业，以培训和维修为主。2003—2004年，健康西路、鹅洲东路等市口又开办戴尔、联想、文轩等电脑门店。同期，西横街的诚信家电门市部，也开始经营电脑。2007—2015年，又有宝鑫、子翔、小徐、明涛等18家电脑门店开业。和桥绝大部分电脑门店没有政府采购计划，以零售和修理为主。2015年，22家门店销售电脑1900多台。

十三、煤炭、液化气、石油经营

1. 煤炭经营 民国时期，和桥地区百姓生活燃料主要用稻草，只有饭馆业用少量无烟煤，由锅席业兼营。1950年，煤炭仍由锅席业供应，后归属供销社。1956年3月，石铺、树柴、芦扉等行业组成建材合作商店，经营煤炭。同年，和桥设煤炭经营门市部，属宜兴县煤建公司的下伸店。由于煤价较高，行业成本增加，用户不多。1957年，该门市部撤销，业务仍移交供销社。1962年，煤炭由建材合作商店为供销社代销。1975年又划归烟糖商店代销。1978年，建材合作商店改为煤建商店，主要凭证定量供应民用煤球以及集体食堂和行业用煤。1983年，煤建

商店更名为和桥煤球厂。1986年，该厂为扩展业务，兼营家具。1987年，全厂职工17人，主要设备有粉碎机和蜂球机各2台，全年供应煤球3400吨，其中居民用煤2116吨、集体单位用煤252吨、行业用煤996吨，其他用煤36吨。1993年，和桥镇取消居民定量供应，价格随行就市，各小区有专门销售煤球的生意人送货上门，但销量越来越少。2000年，煤球厂改制。2000年，和桥有专门经营煤炭的公司，年销售量超1万吨。2012年以后，煤炭生意不佳，经营者也越来越少。2015年，只有零星的煤炭生意，年销售量在200吨上下。

2. 燃气经营 20世纪90年代，以液化气作燃料的用户越来越多，居民用煤逐年减少。1994年10月，和桥通和燃气公司开业，液化气每吨价格2000元左右。以后销量逐年增加，2002年全年供应液化气达1200余吨，液化气价格每吨4000元左右。2004年，通和燃气公司歇业。2011年，中国燃气有限公司宜兴支公司在和桥兴业街开办充气点，由于该点靠近居民生活区，2012年搬至南新桥下，2014年又搬至和闸路688号，销售价格为每吨6600余元。由于该店没有储罐，每年的充气量只有150吨左右。2010年，港华管道燃气进入和桥。2011年，金色港湾、润和家园两个居民区首先开通，气价为每立方米2.2元。2012—2015年，先后有怡和花园、东锦家园、怡景华庭、大树人家、中心一至二期、西和花园、翰林院、南高小区、和桥庭园等新老小区，以及沿线的大部分工商企业，都通上了港华燃气。2015年，和桥推广使用燃气订有详细规划，面向闸口、南新等地的施工准备已经就绪。当年，全镇用气量为340万立方米，气价为每立方米2.5元。

3. 石油经营 民国初期，和桥居民照明用煤油，由酱酒油饼杂货店兼营零售业务。20世纪30年代，英美石油公司的产品大量倾销中国市场，和桥销量增多，煤油改由五洋店批零兼营，货源来自无锡、常州和宜城等地。1950年，供销社经销煤油，按县石油公司核定计划供应。1954年，对工农业、交通运输业用柴油按计划供应，对私营厂商用油限量供应。1956年，民用煤油凭证定量供应。每月每户不超过500克；抽水机用油凭证保证供应，其他生产和运输用油则控制供应。1964年，对农村大部分抽水机实行直接供应，取消供销社转批中间环节，节省农业生产成本。1965年，按核定计划凭卡供应。1969年，改为凭证记录供应，集体单位凭介绍信供应。1971年取消凭证。1977年对无电区仍按户定量供应照明用油。1982年，对农业用油实行以机定量，结合任务供油。拖拉机手凭作业单结算。从事运输的拖拉机凭驾驶执照发证供应。1984年起，销售放开价格，居民可凭购粮证定期定量供应。工业生产用油以高价为主，对已改用柴油的不再供应煤油。1996年7月，中油宜兴石化联营公司和桥公司建立，企业地址设在和桥镇湖滨路原和桥村沈家组（殷村桥北堍），以批发销售成品油为主。2000—2002年销售量分别为7.2万吨、6.5万吨、6.7万吨。2000年1月，国家对石油企业进行重组改制后，和桥加油站列为中国石油化工股份有限公司江苏宜兴石油分公司第七加油站（以下简称和桥加油站），主要业务以零售供应成品为主，确保成品油市场稳定，满足用户用油的需要。当年，和桥加油站成品油销售约为2000吨。此后，销量增长较快。2015年达8395吨。

十四、肥料、农药经营

1. 肥料经营 肥料分家积肥、饼肥、灰杂肥和化肥等。历史上，和桥农民习惯以猪窠灰、河泥沤制的草塘泥做农作物的基肥，以饼肥作为追肥。民国时期，和桥市场只有少量进口肥田粉（硫酸铵）供应。1951年，和桥供销社计划供应化肥。随着对化肥使用效果认识的逐步提高，农民对尿素、硝酸铵和硫酸铵等需求量越来越大，但供应量不能满足需求。1961年，政府发动群众开展大积大造自然肥料，并分配供应第一批氨水。1969年，宜兴化肥厂建成投产，化肥供应渐趋缓和。1981年，和桥地区土壤普查，发现缺磷现象较严重，供销社及时购进钙镁磷肥和过磷酸钙，以满足市场需要。1982年，为方便群众，供销社增设化肥临时供应网点，给农民送货上门。1985年，和桥境内各乡农业服务公司成立，经营计划外的化肥等，以补充供销社计划供应的不足，价格随行就市。1986年，化肥紧俏，供求矛盾突出，供销社及农业服务公司到外地采购尿素、磷肥，除供应奖售化肥外，其余按市场价销售。1987年，农服公司化肥销售额13万余元。1989年，农资实行专营。2001年和桥供销社整体改制后，生产资料门市部由个人承包。当年，销售量约6400吨。此后，销售量增长明显，至2010年达到14900吨。2011—2015年，销售量下降明显。2015年，和桥镇经营化肥的门店主要有宜兴市一秀农业服务有限公司和桥分公司、宜兴市禾康农资有限公司、兴禾盛农资有限公司、供销社农业生产资料部、宏益农化有限公司、宜兴市一秀农业服务有限公司闸口分公司、宜兴市闸口农业服务经营部、宜兴市博昆农业研究所、南新为农服务站、宜兴市南方园艺实业中心南新经营部等。当年，和桥化肥销售量8300吨。

2. 农药 民国初期，地方无生产农药的能力，进口农药也寥寥无几，且价格昂贵，如遭受病虫灾害，只能听天由命。新中国成立初期，政府号召农民春季捕螟灭卵，夏秋点灯诱蛾，冬季挖稻根烧蛹，并逐步宣传推广使用农药。1954年，供销社开始供应“六六六”粉，但数量甚少。1954—1984年，和桥地区的各种农药都是由供销社经营。1985年，和桥地区的农业服务公司开始经营农药。1992年，各村设立农药代销点，对农户送药上门。20世纪90年代后期，和桥、南新、闸口等集镇，还有专门为养殖户服务的鱼药等销售。2001年，和桥地区的的农药经营全部放开，由各经营者从规定渠道进货，自负盈亏。当年，销售量约60吨。至2005年，和桥年销售农药达125吨。以后，各种高效低毒的农药品种进入和桥。2012年销量升至155吨。2013起，和桥农药销售量明显减少。2015年，销售量只有75吨。同年，和桥镇农药的门店与《肥料经营》中的一样，专门经营鱼药的门店有宜兴市和桥吴芳鱼药商店、宜兴市和桥镇渔需物资经营部、南新周氏鱼药商店等13家。

十五、农机具经营

民国时期，和桥地区的农业生产主要靠人畜劳动，使用的农机农具极少而简陋。和桥、南新、闸口的老街，只为农民提供一些锄头铁耙、犁头镰刀、罱篙连枷等，像脚踏轧稻机、掼桶、稻床、米筛等，基本由农民自制。20世纪40年代闸口有农民使用戽水机，也是从外地购买的。

新中国成立至20世纪70年代初，和桥、南新、闸口的供销社，负责销售当地农民使用的农机具。如传统的铁制件和竹木器，像铁犁铁耙、锄头铁锹、稻镰麦镰、扁担竹柄、粪桶耳攀、扫帚翻扒等，一直向集体和个人敞开销售。其中自60年代初起，这些供销社向生产队或其他集体单位开始销售滚筒式电动脱粒机（4人和8人用）、各种功率的三相电动机、手摇式喷雾机和喷粉机等、10吨以下的水泥船；其中70年代初，和桥、南新、闸口的供销社，向集体单位销售过柴油机和挂浆以及零配件。

1962年，国营和桥中百商店成立时，就设农机配件专柜，当时还只能销售电动机、电线开关、喷粉机喷雾机机器零配件等。其间当地集体需要的手扶和大中型拖拉机等，还只能到宜兴农机公司购买。1972年这个专柜划出中百商店，另外成立了宜兴农机公司和桥门市部，由宜兴县农机公司确保货源，开始销售手扶拖拉机、旋耕犁、柴油机、农用挂浆、电动机、脱粒机、风谷扇等。1980年取消平价供应，所有农机具均按市场价销售。1982年，和桥门市部划归五交化商店经营。1983年，和桥农机门市部又从五交化商店划出单立，属宜兴县农机公司下伸机构，财会核算向县公司报账。同年新的门市部开始销售插秧机、开沟机、盖籽机、轴流滚筒式脱粒机、水泵等。当时紧缺的农机具则采取分配的办法，也有少量商品向生产单位直接进货，常年日夜供应。1986年新建营业大楼，经营的商品按编造计划，全部由宜兴县农机公司供货。紧俏农机具和其他特殊农机具，采取直接向生产厂家预约订货，及时分配给需要的用户。1987年门市部经营的品种有1200余个，全部免税售出，售价比其他商店便宜。全年销售额由1983年的23万元，增加到1987年的84万元。1990年，门市部开始销售龙江、龙马、福田等农用运输卡车和桂林系列收割机。1992年,门市部升级为宜兴市农机公司和桥分公司。1993年,和桥分公司设2个经营部,经销的机械涉及农、林、牧、渔等,特别是大型农用拖拉机、养鱼用的投料机和增氧泵,销量很大。1994年,和桥分公司被评为江苏省农机系统先进集体,1995年被评为无锡市农机系统先进企业。1994年,和桥分公司建造第二幢营业楼。1995年分公司销售的农用车有781辆。1995和1996年,该公司的销售额都超过了2700万元。2001年3月,和桥农机分公司改制为股份有限公司,企业全员接纳原职工,原公司资产全部拍卖给原公司负责人为王孝权,新公司仍旧经营农机具。至2015年,该公司虽然仍旧经营大型耕播机械、排灌机械,农副产品加工机械等,但未获宜兴市人民政府对补贴购买大型农机具的授权,销售范围逐年变小。

2001—2015年,和桥镇农民购买农用运输车辆、拖拉机、插秧机、收割机、移动植保机等,部份到宜兴市级单位购买。小型的喷雾机等,由经营化肥农药种子的个体户经销、修理。其他的铁制和竹木农具,有专门的个体店户经营。

十六、废旧物资

民国时期,和桥的废旧物资由皮毛糖坊业兼营。该行业通过串乡走巷的小贩以饴糖制品换收废旧物资。1951年,和桥供销社增设废旧物资收购柜。1955年,改为土杂废品收购点。品种有破布、废麻制品、废塑料、废橡胶、杂骨、废纸、废金属钢材、杂铜、废玻璃等30多个品种。1957年,废金属被列为统购物资,由和桥供销社统一收购。1960年开展“千户万元”突击收购废品活动。1961年8月,供销社组织开办夜市场收购废旧物资,同时换购生产、生活资料,适应农民的需求。1962年,供销社大力收购废纸。1965年,组织小商小贩和双代店扩大收购。1967年,供销社组织群众开展清理场地、仓库、庭院的“三清”突击活动,由此收购到大量废旧物资。1970年,政府以战备观念抓金属回收,发动群众交售爱国铁。1978年,曾开展下农村、街道、工厂的“三下”收购活动。20世纪80年代后期,收购废旧物资门店增多。外籍人在镇郊租住房屋,每天蹬车串街巷、跑村庄上门收购废旧物品,收购数量日益增多。至2015年,全镇注册登记的废旧物资回收站尚有10个。

几个年份和桥供销社主要废品收购统计

表13-3

项目 年份	杂铜（吨）	废铁（吨）	废橡胶（吨）	破布（吨）	废纸（吨）	杂骨（吨）	收购金额（万元）
1970	1.10	139.35	7.00	22.50	10.25	27.50	4.58
1975	0.75	36.35	4.45	10.75	3.45	15.35	14.20
1978	1.05	93.55	4.70	9.40	15.20	10.50	13.85
1980	2.00	123.70	2.70	18.90	29.45	18.70	15.50
1983	3.60	123.10	8.60	20.20	46.55	14.50	36.90
1987	2.60	39.95	4.35	10.30	115.40	9.65	23.85
1990	3.55	57.85	4.30	10.35	134.90	5.25	31.35
1993	3.45	162.85	3.45	5.75	163.05	4.20	30.85
1996	2.10	147.20	1.75	2.10	129.80	—	24.30
1998	1.65	136.35	—	—	157.25	—	20.80

十七、花木经营

1980年，南新公社西锄大队花木场自产自销龙柏、草杜鹃等花木。1983年，和桥境内的花木场均有个体户承包经营。1988年，和桥自产自销的花木经营户有10家之多，经营收入200多万元。1995年，和桥自产自销的花木经营户开始出售牡丹、西洋杜鹃、茶花等，销售额也大幅攀升。进入21世纪，和桥出现专营花木的园艺场和合作社，自己虽然种植量较少，但采用买进又卖出的方法经营花木，销售额逐年增加。2015年，和桥有这样的园艺场及合作社六个，花木销售额近1亿元。其中应税销售收入超过2000万元的有宜兴市国玮园艺场、宜兴市长绿园艺场、宜兴市精诚花木专业合作社。

十八、其他商品经营

和桥的金银店铺在民国时期就有，一般都是代客加工。20世纪90年代后，和桥有了专业的金银销售店铺。2002年，中国黄金和桥店在西横街开业，店堂面积80余平方米，展出黄金、钻石、珠宝100余款。2015年，和桥有珠宝店铺7家，含2家超市的黄金柜台。

和桥水果销售的历史也可以追溯到民国时期，但改革开放以来的销量成百倍、千倍上升。2015年，和桥除了每个大超市有水果销售部外，还有25个水果店，销售全国各地的二十多种知名水果。

清末民初，和桥地方上自制酥糖、交切、寸金糖、荤油糕、蛤蟆酥等，是部分居民家的必备年货，也是一些孩子们过年的上等零食。新中国成立后，零食的品种不断增加，销量也越来越好。普通的家庭，零食也不再是孩子们的专利。2010—2015年，和桥镇除各超市、糖烟酒商店有大量的零食销售外，还设有6家专业的零食店，如阿呆、艾利克斯、南北码头、吃货、优优网购等，展出的品种成千上万，都很受年轻消费者喜爱。

1995年，四季青鲜花店在原仪表厂厂门旁开业，1997宜和电脑店兼买鲜花。2015年，和桥的鲜花店还是这2家，都在西横街上。每逢春节、情人节、清明节，或结婚、店铺开张的日子，花店的生意就格外好。

2008年，和桥紫罗兰化妆品店在西横街开业。至2015年，和桥镇陆续开过化妆品店铺11个（不包括各超市的化妆品销售处）。但有少数店铺销售的商品名不副实，造成生意难做，直至闭门。

第三节　专业市场

民国早期，和桥就有“逢节赶场”的传统。当地的农副土特产品、水产品和芦苇制品、草制品等，大都进入节场销售。每年二月初二城隍庙演土地戏、二月十二痘司堂演百花戏、三月初八上塘街商界主办的花台戏、七月十五和桥寺庙的菩萨出会、九月廿八东岳庙的水龙比赛等，届时各种商贩摆摊，万千百姓聚集。那节场，不仅有社戏、男欢女喜调殇氓表演，还形成了独特的庙会市场，生意兴隆。新中国成立以后，旧中国遗留下来的所有专业市场，变化甚多。特别是改革开放后，新的专业市场陆续建立，如陶瓷市场、和桥农贸市场、和桥建材装潢市场等，既促进了地方经济的发展，也改善和提高了百姓的生活水平。1980—2015年的“五一”和“十一”，和桥镇的上塘街、东横街、鹅洲东路、东锦家园等地分别办过商品交流会。

一、猪落场

民国时期，和桥猪行代客收购苗猪和毛猪，以苗猪为大宗，除部分苗猪由当地农民选购外，其余全部运往省内附近城市和浙江等地销售。20世纪30—40年代，和桥有江、褚、吴姓开设的猪行五六家。新中国成立后，政府在和桥汽车大桥东堍往南几十米的花园头，择地建起和桥苗猪市场，销售对象除当地农民外，还有浙江、苏北等地客商。每旬逢农历二、五、八日前来赶集，当地人称之为猪落场。1962—1989年，每逢和桥猪落，面积只有200余平方米的砖场上，摆满一窝窝的小猪。每窝少则七八只，多则十五六只。有人喜欢捉“炮头”（第一个生下的），有人愿意拾“落脚”（最后生的）。10多窝苗猪，晚来的捉猪户很可能轮不到，只能等下一落再来。1990年，由于原场地面积小，设施差，政府决定将其迁至永兴村的高塍路北侧。新的猪落场投资16万元，占地1800平方米，建筑面积800平方米。当时进场的苗猪专业经营户达90户，年交易量2万余头，成交金额450余万元。2000年以后，由于各地的家庭养猪规模不断壮大，苗猪自繁自育的养殖户越来越多，零散的家庭养殖户则越来越少，市场的交易量逐渐下降。2005年，只能关闭歇业。

二、牛落场

民国初期，原由方、毛两家纳贴合办的和记牛坊，在北兴桥东堍，规模为宜兴最大。和桥一直以农历每旬逢四、九两天为“牛落”（买卖牛的集市）。民国29年（1940），程维新的父亲程酉生也在那里办过牛落场。当时每逢牛落，农民和商贩云集，交易频繁。系在桩上的牛，从俞家祠堂边一直连到李家坝头（北新桥东）。老板雇用的“牛头”多达80余人，上市牛只少则三四百头，多则七八百头，成交量亦有100多头。当时的耕牛，主要来自县内和武进、浙江长兴、安徽广德等地。民国34年，牛落场迁至上塘南兴桥西南边。1950年，政府下令保护耕牛，不准乱宰。1954年，由供销社经营耕牛。1955年，改为自营代购，由供销社派员带领农业社代表直接赴安徽、浙江、江西等产牛区选购，1962年，则由生产队派员自行外出选购。由于和桥当地养牛不多，耕牛市场在“文化大革命”开始前一二年就自然停歇。

三、佛教用品市场

民国时期，和桥香店较多，其中有名的是团结街的程德盛香店。1953年，和桥镇东横街化城寺周边尚有刘源盛、陈万兴等9家香店，以后逐渐歇业，至1958年全部停业。1979年，化城寺恢复佛教活动。在以后的几年里，化城寺经过修缮，香火十分兴盛。每逢农历的初一、月半，还有寺内的梁皇法会和水陆法会，前来顶礼膜拜的善男信女很多。特别是每年的大年初一、正月半和地藏王菩萨的生日七月三十，从四面八方赶来烧香的人更是数以千计。周边的生意人为了满足佛教信徒的需要，在化城寺的周边纷纷开起了香烛店。在遇到化城寺重大的佛事活动时，卖香烛的摊位排在寺庙的西面，南北长达五六十米。2001年以后，化城寺大门西面的5间和西面靠马路的10多间，全部出租给生意人开了佛教用品店，不仅出售香烛，还出售纸帛、纸扎、花圈等。2015年底，继续营业的还有9家。

四、陶瓷市场

1988年，原锡宜公路浇成水泥路面并拓宽，沿着鹅州西路口往西的公路北边近二百米路段内，新开辟陶瓷市场，建有门店31个。各店门口场地相连，有5300平方米。市场经营紫砂茶壶、紫砂花盆和琉璃瓦等。生意好的年份销售额有500多万元。2012年起，锡宜公路改浇黑色路面。因道路继续拓宽和建设花坛，市场经营的面积大幅减少。2015年，市场经营户尚有26家，都不再销售琉璃瓦。

五、和桥商城

1997年5月，和桥镇政府投资300万元，于中兴桥西堍北面建造和桥商城（又称小商品市场），占地面积4200平方米，设店面90个，以经营服装、小百货、日杂、副食品为主。2003年以后，各大超市进驻和桥，和桥商城的生意开始难做，有些店铺开始转行、转包。不景气时，商场最里面有20多家店铺歇业，其中服装店铺有10多家。2015年，商城内由西横街进农贸市场的路边店铺，生意则十分兴旺，如箱包店、零食店、眼镜店、被褥店、熟菜店等；服装店还有20多家，经营都较好。

六、和桥农贸市场

民国时期，和桥镇蔬菜交易的集散地主要在中兴桥，有牙行近10家，固定零售的摊贩20余家。1956年5月，和桥镇政府曾经在兴业街俞家院南侧建造约200平方米的菜市场，1959年因故停歇。20世纪60—70年代，轻工机械厂的东门前、中兴桥的桥背和两端、中兴桥西往北至螽斯巷，都曾经作为和桥农副产品及蔬菜交易的集散地。1986年，镇政府在原和桥村新建组征地7000余平方米，建造2000平方米玻璃钢顶棚的简易菜场，始称和桥农贸市场，并在周围建造两层式营业用房50多间。1999年，镇政府因1996年投资建设的下塘东菜场未能形成市场，决定扩建和桥农贸市场。新市场规划范围，东面从西横街北路(原小商品市场东),西至农贸路南段;北起螽斯巷,南到西横街,方圆面积约有1.6万多平方米。原农贸路、福寿路的南段全包含其中。1997年初至2000年底,政府出资搬迁建设圈内的和桥镇敬老院,拆迁145户居民老房子,新砌1.5万平方米商住楼。2001年1月,总投资3500万元、移地新建的农贸市场隆重开业。此时的市场,占地8000平方米,营业大厅5500平方米(宜兴市室内农贸市场面积最大),原2000平方米的简易菜场改建成停车场,原菜场南面一点的十多间老房子改建成活禽宰卖处。2007年,该市场专门设立农药残留检测室。2013年,镇政府又投资1200多万元,对农贸市场进行“农改超”。四只门头全部重新装潢,所有的摊位布局和设施都重新调整和更新,市场的地面铺设花岗岩火烧板,室内的墙面、吊顶等全面装新,同时还改造四周商铺48间。新市场以东西两挞专卖熟菜的联排单间小屋为界,北面主要设猪肉、牛肉、羊肉、光鸡、水产、咸货、净菜、水笋、水果、豆芽、豆制品、油面筋等十几个专门销售区域,南面则主要是蔬果及其他农产品自产自销处;总摊位700个,总建筑面积6600平方米。2014年,该市场重新开业。市场外围四周还有熟菜、小吃、服装、百货等商铺80间;活禽宰卖处也从原来的南面移到了停车场的北面。2015年4月,市场停车场东面的商铺全部被拆除。同年9—10月,停车场重新铺浇地面、架设围栏。2005—2015年,该市场获得无锡市文明市场、无锡市星级文明市场、无锡市文明诚信市场、宜兴市文明市场、宜兴市食品放心工程先进单位、宜兴市先进市场等荣誉。该农贸市场历任负责人有陆鹤中、匡岳明、缪永军、王学辉。

七、南新农贸市场

1949年以前,南新老街沿街摆放着很多农副产品,以方便当地居民购物买菜。20世纪50—80年代,南新老街有了供销社、食品站和人民桥,这些地方成了当地集市贸易的场所。1992年,原南新乡人民政府投资20多万元,在原乡政府的西面,用玻璃钢搭建1000余平方米的简易菜场,设摊位60个。西边南新河里卖鱼的小船紧靠菜场,排成长行,水产品特别丰富。2004年,和桥镇人民政府征用东至人民北路、西临南新河、南起南新社区居委、北靠当时的南新循环保填料厂这一片区域1500平方米,投资60余万元,建造全新的农贸市场。该市场于2005年8月开业,大门建在东面的人民北路上。市场内部营业面积1200余平方米,设立摊位40多个。营业区域可分鲜肉、水产、蔬菜、豆制品、光禽和农民自产自销等。市场周围还有商铺23个,经营百货、小吃、副食、净菜等。2015年,该市场成交额都达700万元。该市场历任负责人有龚春华、张汝华、李敖中、徐瑞芬。

八、闸口农贸市场

民国时期,位于锡溧漕运河西面的楝树港老街,是当地农副产品交易的集散地。早市期间,河边停满卖水产的渔船。老街不仅有鲜肉墩头、地产蔬菜,还有地方特产黄雀、芦燕和鱼虾等。新中国成立后,那里的早市一直延伸到楝树港大桥的两端,连桥面上也摆满农村里摘来的瓜果蔬菜。1985年,闸口乡在原塑胶厂区域,办起集体菜场,南到杨家桥,北至十字街口,营业面积600平方米左右。1992年,闸口乡政府投资20多万元,在楝杨公路东侧的民昌路口建成了2000多平方米的简易菜场。玻璃钢屋面,水泥铺地,五孔板做摆物台,吸纳摊位100多个。当时的水产交易摊位有20多个,交易额占整个菜场的三分之一。1999年,原镇政府又重新选址,征用南靠海棠路、北至富民路、西起楝阳路、东临楝树中学的区域,在西面建造门墩,正式定名闸口农贸市场,于2000年12月开业。新的市场分南区和北区,占地5500平方米,经营面积2800平方米,设摊位160个。南区经营鲜肉、蔬菜、熟食、豆制品等,北区经营水产、禽类、自产蔬菜等。在市场内外的四周,还有商铺30多个,经营百货、水果、烟酒、副食等。2015年,该市场的成交额为1100万元,仍旧以水产和鲜肉为主。该市场历任负责人有周盘明、白建中、缪孟大、何中达、徐国华。

九、五洲国际广场

图 13－4　2015 年五洲国际广场商铺门面

位于和桥镇镇南新区鹅洲东路跟海棠路交会处的东南一侧，于 2014 年 5 月开工建设，占地面积3.3 万平方米，规划建筑面积 20 万平方米。至 2015 年底，按规划建造的 A、B、C、D 四幢独立商铺楼、购物广场、精品酒店等主要商业服务用房竣工。每间临街的商铺面积为 50 平方米，底层高度 5.4 米。

A 楼在最北面，三层建筑。其一二两层主要设大型餐饮，三楼则设 KTV、足浴、美容等服务项目。B 楼在 A 楼的南面，两层建筑。其一层是品牌服装专卖，二楼则是母婴用品专卖和电玩场所。C 楼和 D 楼都紧靠东面的步行街，两层建筑，经营的都是各地的特色小吃。购物广场，在 B 楼的南面，三层建筑。其一二层是大型超市，三楼则是有七个厅的 3D 电影院。

十、金桥财富商业街

图 13－5　2015 年金桥财富商业街大门

金桥财富商业街，位于和桥镇镇南新区五洲国际广场的北面，东靠和闸路南段，西临鹅洲东路向南的延伸段，北起新村街（新起名），南至发达路（新起名），占地面积 20113 平方米，由中超地产置业有限公司于 2013 年投资 2.3 亿元开发，至 2015 年底，整个工程基本完工。该商业街东西长约 250 米、南北平均宽约 80 米，成一梯形，西边略短，四周全是街面。该街建筑面积为 22123 平方米，有 161 个商铺。整个建筑物，三层楼建筑占有多数，少数两层建筑楼镶嵌期间，显得高低有致。南北两幢，每层各有六个单元；东西两幢，各为独立单元，西面的两层楼是整个商业大街的正门。

该商业街地下一层车库面积为 8410 平方米，预置 212 个停车位，有四部电梯直通三楼。在南北两幢大楼的中间，一层有一长方形人工水池，长 220 米，宽 3～12 米，池内建有景观灯和喷泉，并有两座宽阔的木板桥接通南北；一楼四周，有 12 条内外通道，还有 3 部电梯上下三楼。一楼的商铺主要销售紫砂茶具、茶叶、服装百货，还有健身房、茶艺室、KTV 等；临池的广场上设置了桌椅、遮阳伞等。二楼主要有健身房、KTV、精品生活馆等；北面朝南的商铺，门前的平台都超过 5 米；南北大楼间有 1 座天桥连通；西面正门大楼的二层，各有连接南北两幢楼的通道。三楼主要经营餐饮，店铺面积在 300～500 平方米之间；店铺门前都有 2～3 米宽的道路；也有一座天桥通连南北大楼。为方便顾客上下楼，商业街还设置了 3 部自动扶梯。

十一、西锄村荷花湾水产品市场

位于西锄村境内的滆湖东路西侧，归属于西锄村创办的荷花湾水产品服务有限公司旗下，占地 5500 余平方米，建筑面积 3420 平方米，总投资 480 余万元。该市场经宜兴市政府批准后，于 2015 年 8 月 25 日开始基建，10 月 8 日完工并开始营业，吸引了浙江、安徽、上海及本省常州等地的客商 40 多户入驻。2015 年底，市场主要销售中华绒螯蟹，每天销量达 75 吨，营业额一天近 500 万元。该市场的蟹源以和桥镇为主，还有常州金坛、溧阳及宜兴官林等地的湖蟹，质量可靠。

十二、宜兴市和桥建材市场

图 13－6　2002 年宜兴市和桥建材市场奖状

位于锡宜公路永兴段东侧，是 1996 年经市、镇有关部门批准建设的大型钢材和轻纺材料市场，名为宜兴市和桥轻纺建材装潢市场，总投资 1500 万元，于 1998 年 12 月落成招商，有 250 户入场经营。该市场占地 3.2 万平方米，建筑面积 1.5 万平方米。店面房以一层或二层为主，还有一些用于断料、焊接的用房，办公用房三层近 800 平方米；设备有龙门吊车、铲车及大型切割机等。

1999—2014 年，该市场每年都被中共宜兴市委、宜兴市人民政府评为先进市场，2001 年，被评为无锡市特色市场，2005 年被评为无锡市诚信市场。2006 年，该市场改名为宜兴市和桥建材市场。因该市场吸纳就业的人数多年超过 1000 名，曾被宜兴市就业工作领导小组评为宜兴市创业孵化基地。2015 年，该市场已经停止向经营户收取市场管理费用，但钢材经营仍独占鳌头，销售品种由建筑用各种型号的钢筋、螺纹钢等，扩展至工槽钢、角钢、圆钢、钢板、各种型号的焊接管和不锈钢管等，当年销售额达 15 亿元。

第四节　大型超市

2003 年，苏果超市进入和桥。2004—2015 年，宜客隆、上海华联、上海农工商、上海清远、广富林、迎客隆等超市相继进入和桥、南新、楝树港等集镇。2015 年，和桥镇有大型超市 12 家。

一、上海华联超市

本部位于和桥镇西横街 41 号，2006 年 8 月开业。该超市 2006 年租用和桥镇有关部门的房子，投资 500 多万元对原有场地进行改造，从一楼至二楼，上下设斜向扶手式电梯。一楼 200 余平方米，辟有中国移动营业处、黄金和香烟销售处；二楼 2200 余平方米，分文化体育用品、鞋帽服装、床上用品、厨卫用品、玩具箱包、水果牛奶、活鱼鲜肉、蔬菜食油及其它食品等销售区域，有近万种商品。2012 年，该超市又投资 500 多万元，在和苑广场东侧租用某公司商业用房两层，总面积 5000 余平方米，创建汇金超市作为分部（2015 年已改名为上海华联超市）。汇金超市除了建有和本部相同的几个营业区域外，把电梯改建成了斜向平步扶手式，在一楼和二楼都增加了儿童娱乐园，并有可靠的安全设施。2013 年，该超市还在楝树港增设 1000 多平方米的营业店。2015 年，三家店使用的员工 170 余人，发放的购物会员卡达 6.5 万张，营业额约 2500 万元。2008 年后，该超市每年都被宜兴市工商行政管理局（宜兴市市场监督管理局）评为“光彩之星”。2012 年，曾被宜兴市消费者委员会评为消费者满意单位。

二、丁山一副超市

是宜兴市丁蜀第一副食品有限公司在和桥的分部。2005 年，该超市投资 500 多万元，租用和桥电影院 1600 多平方米的场地，经过改造于 10 月 1 日开业。虽然当时只有一层营业面积，但由于商品丰富，还在中心位置开设了积分兑换商品和特价商品专卖的柜台，超市的人气很旺。2012 年 12 月曾被无锡市食品流通行业协会宜兴分会评为“诚信单位”。2013 年，电影院改建，该超市搬至鹅洲西路 213 号，又投资 600 多万元将租用的商业用房改造装新，同年 9 月 12 日开业。新启用的超市一层有 300 平方米，安排了名烟名酒、大米杂粮、食用油、滋补品的销售，并有斜向踏步式扶手电梯通往二层。二层营业面积 1200 余平方米，设有新鲜鱼肉、蔬菜水果、鞋帽被服、厨卫用品、洗涤化妆品、文化体育用品等营业区域，还专门开辟了儿童乐园。至 2015 年

10月,该超市共发放会员购物卡1.5万余张,营业额约1000万元。

三、宜客隆和桥超市

位于和桥镇西横街新建路2号,属江苏宜客隆有限公司旗下在宜兴的多个分部之一。该超市的前身就是第一个入驻和桥的苏果超市,经宜客隆租用后投资500余万元,对旧店进行改造和重新布置,于2007年5月1日开业,拥有员工40多名。底层设办公区域、仓储区域和日用百货销售区域,面积1200平方米;二层设食品区域,面积800平方米。

该超市的商品涵盖了居民生活所必需品,有近万种商品,是宜兴市有关部门认可的平价超市。该超市在张渚镇建立了130余亩的种养殖基地,自产蔬菜、鱼虾、禽类100多个品种。由于实施总公司统一的规范化管理,在商品质量和服务质量方面,已经得到周围居民的肯定。2015年,该超市发放购物会员卡3万余张,销售额1200余万元。

第五节　餐饮住宿

一、饭店

清末民初,和桥镇规模较大的饭店以承办筵席为主,较小的供应一般饭菜和卤菜;规模较大的饭店有同兴馆、顺兴馆和公兴馆。过去民间有“四总会”和“七贤会”两种经济互助形式,在收钱后要请吃一桌酒席,四冷盆、六热炒、再加六大荤。因此,这些饭店的生意较好。民国时期,和桥饭店中历史最长的是老牌同兴馆,两开间门面,四进房屋,是和桥人俞姓所开。由于女当家管理得法,生意非常好。该馆在夏天早上供应“烫面饺”,冬春秋季早上供应大笼肉馒头,佐以姜丝、老醋、味道特别鲜;中午酒席上市,下午还要供应烧饼或“韭菜饼”。当时兼做早晚点心的还有胡八大面点(其实也是饭店)。20世纪30—40年代里,周四大在东横街开设仁兴馆,店堂雅洁、菜肴味道好,青年时期的程维新和朋友经常出入该店。同期开设的小饭店有裕源盛和盛顺泰等,主卖现成熟菜,早上有早点,中午和晚上有热菜热汤,荤素齐全,价廉物美,服务周到,深受农民和客商欢迎。1949年,和桥镇共有饭店22个。1952年8月,为了解决烈军属的生活,和桥曾开办大众食堂。1955年,和桥镇有饭店15个。1956年,15个饭店组成合作饭店,设2个门市部,从业人员共13人。1958年,大众食堂改为国营太滆饭店(1982年歇业)。1987年,属商业公司管理的有南新饭店、和桥饭店、迎宾饭店、乐洲小吃店、口福饭店和卤菜店等。20世纪80年代末,和桥先后开设的个体饭店有20余个。随着市场经济的转变,个体经营的饭店、小吃店不断增多,部门办饭店也不断出现。20世纪90年代,和桥镇规模较大的饭店有天一度假村、永昌饭店、得月楼酒店、粮友饭店、银潮饭店、口利乐饭店、八路轩饭店、和粮饭店、锦江酒楼、青苹果饭店、新世纪饭店、华天酒家、康乐园饭店、南阳饭店、兴乐饭店、鑫城饭店、新桥饭店等10多个。进入21世纪,和桥的东横街、西横街、鹅洲东路、鹅州西路、鹅洲北路、农贸路、福寿路、和新路、南新街、楝树港街等地,饭店林立,大部分已改名酒楼、酒店。如朝阳路和健康东路,加起来长不过2公里多,聚集的饭店、豆捞店、火锅店及小吃店等有30多家,百姓喜欢称那里为“美食街”。2015年,和桥有饭店62个,其中规模较大的有和桥大酒店、青苹果酒店、紫金商务酒店等。

附:主要饭店简介

和桥大酒店　位于鹅洲西路66号,占地1.13万平方米,拥有南北两幢大楼,南大楼高9层,北大楼高6层,总建筑面积1.6万平方米。在两幢大楼的东面,有近1000平方米的停车场。

该酒店的前身原是一幢烂尾楼。在2002年的政府拍卖中,一位浙江慈溪人拍得该楼,经装修于2005年4月26日开张。至2015年底,该酒店总投资已达3500万元,拥有大餐厅3个、包厢36间,可以容纳120桌客人同时用餐;置有客房62个,全部设施属标准配备,昼夜供应热水,并开通互联网;还分设男女浴室,有位置160个。2015年,该酒店聘用服务员90名,其中厨师4名、点心师3名、冷菜师2名,并向顾客认真推出“醉蟹”“五香烤肉”“新口味小笼包”“榴莲酥”等名菜肴和名点心,受到顾客欢迎。

2011年,该酒店被评为宜兴市餐饮服务食品安全示范单位;2012年,又被评为宜兴市诚信经营户。

青苹果酒店 1997年,该酒店在健康路的西端南面开业。当时只有两间两层建筑,很快就不能满足市场的需要。2003年,该酒店在原址的对面投资近500万元,建成占地1200平方米的4层主体酒楼,建筑面积2500余平方米。一层东面建有迎宾吧台和宾客休息处,西面建有海鲜、河鲜等点菜处。二层和三层建有2个大厅和18间包厢,可以同时容纳78桌宾客同时就餐。2015年12月,该酒店有厨师5名、点心师2名、冷菜师3名、配菜和送菜的服务员26名。该酒店十分注意提高服务质量,认真把好原料进口关,为宾客精心制作菜肴。18年里,该店制作的中档菜品"椒盐猪蹄""荷香排骨""明珠鸡"等已经成为宾客喜爱的招牌菜品。该酒店在永昌路建有三层1200平方米的客房部,有28间客房,全部按照标配置办设施,还开通互联网。2015年,该酒店投资总额已达1000万元。

2010年,该酒店被评为宜兴市诚信单位;2012年被评为宜兴市消费者满意单位;2011—2015年被评为"宜兴市光彩之星"。

紫金商务酒店 位于和新路最南端,占地4500平方米,三层建筑,总面积7500余平方米,外围有停车场1500平方米。2004年12月,该酒店的前身赛峰酒店落成并开业;2008年,该店更名为和平酒店。2013年,紫金商务酒店正式挂牌。酒店部有大餐厅2个、包厢23间,可以同时开办酒席85桌,并聘有厨师5名、点心师3名、冷菜师2名、其他服务人员16名。2013—2015年,该酒店的"紫金烤羊排""一品香芋煲""至尊牛头皇"等精品菜肴,已经受到顾客推崇。客房部位于酒店三楼,配有标准套间29间,并开通互联网。洗浴中心位于酒店北面,建筑面积占酒店总面积三分之一,分男女浴室,有位子120个。2014年,酒店被评为宜兴市消费者满意单位。

锦丰大酒店 位于鹅州西路243号。该酒店的前身是和桥康利乐舞厅。2008年,老板高某投资700万元,将其改造装修成一座市口良好的三层楼酒店,建筑面积近1000平方米,拥有大型餐厅2个、包厢10间,可以容纳60桌客人同时用餐,并于同年11月开业。2015年,该酒店配有厨师8名,其他服务人员10名,全通过上岗培训。在7年多时间的经营过程中,该酒店坚持以优良的服务和菜品吸引顾客,推出的"五香蹄髈""水乡鱼糊""田螺塞肉"等特色菜肴,已受到广大顾客的认可和喜爱,进店的回头食客相当多。2011—2014年,该店被评为宜兴市诚信经营户。

天龙大酒店 位于闸口南路50号,于1998年创办。该酒店占地1300平方米,建有三层楼房,建筑面积2600平方米,拥有2个大厅和12间包厢,可容纳52桌客人同时就餐。2015年12月,酒店聘用厨师5名、其他服务人员7名。经过17年打拼,该酒店设施水准提升,自创的"红烧甲鱼黄鳝""生爆野鸭"等菜肴具有水乡特色,用料和制作都很讲究,受到顾客的肯定和褒奖。

亚威大酒店 位于楝阳北路60号,是将原闸口镇政府的办公地改造而成的,占地3000平方米,建筑面积3600平方米,总投资约1200万元,于2011年12月装修完工对外营业。2015年,该酒店有大厅2个、包厢13间,可以容纳66桌客人同时就餐。酒店聘有厨师5名、其他服务人员8名。开业4年中,该酒店推出的"白煨蛇段""清蒸牛头""红烧划水""桂花山药"等,已受到广大顾客的欢迎,成为酒店的招牌菜。2012年,该酒店被评为宜兴市诚信单位,2015年被评为宜兴市光彩之星。

万圣达酒店 位于鹅洲东路和健康东路的交会处,于2004年3月开业。该酒店占地300多平方米,建有四层楼房,面积1200多平方米,能同时开设40桌酒席。一层为迎宾吧台和厨房等,二楼和三楼各有6个包厢,四楼有一个200多平方米的大餐厅。该酒店创办11年来,常用厨师5名、其他服务员8名,并确立了"特色老鹅""狮子头"等招牌菜肴,以考究的原料和制作方法赢得了顾客的信赖。

新鹅洲大酒店 是北庄村所建的街面房,从2007年11月开始经营酒店生意。该酒店位于鹅洲东路186号,三层建筑,面积约2000平方米。一楼为酒店吧台、厨房和两个包厢,二楼建有能办12桌酒席的大餐厅和6个包厢,三楼为10个包厢。全酒店能同时接待36桌顾客。2015年,酒店聘用厨师4名、其他服务人员6名,初步确立"清蒸穿条鱼""清蒸大盘鸡""砂锅荠菜肉圆"等招牌菜肴。2015年11月,宜兴电视台拍摄鹅洲菜肴,就选中该酒店的几个招牌菜肴。

东宇阁大酒家 位于朝阳路和健康东路的交会处,每日的车流量和人流量较多。2003年11月,该酒店开业,总投资300万元,建筑面积1200余平方米。一楼主要为迎客厅和厨房,二楼、三楼主要设置包厢,四楼为250平方米的大餐厅。酒店能同时开启36桌酒席。2015年,该酒店有厨师5名、其他服务员8名。经过12年的努力,该酒店的"铁板烤鲳鱼""尖椒豆腐""韭菜盒子"等菜肴,常年得到食客赞誉。2006年,该酒店被评为宜兴市"消费者满意单位";2012年,被评为宜兴市诚信经营户。2014年,被评为"无锡市光彩之星"。

新金博大酒店 20世纪90年代,和粮大厦新建完工,位于鹅洲南路278号,开始经营酒店。2003年,酒店转包,并起名金博大酒店。2010年,经重新装修另起名字为新金博大酒店。该酒店占地4000多平方米,建筑面积8000余平方米,总投资已达2500万元,集餐饮和住宿、洗浴为一体。一楼的大餐厅可容纳40桌,二楼的包厢有30桌;三楼和四楼为客房部,2013年经过装修,房间数达到30余个且全面达到标准,个个开通互联网;酒店的南面为洗浴中心,有200多个位置。2015年,该酒店聘请厨师3名、其他各类服务人员90多名。

新世纪大酒店 2000年开业,是和桥镇创办时间较长的一家酒店,位于鹅州西路62号,三层建筑,面积约2000平方米,有包厢11个,可以同时开办酒席26桌。稍往南面一点,有新世纪客房部,15个房间全部为标间,还开通了互联网。2015年,该酒店聘有厨师3名、其他服务员8名。

荷花湾酒店 位于滆湖之畔的荷花湾,周边有1000多亩野荷,四时风景宜人。特别是夏秋荷花盛开,满眼美色,清香迷人。该酒店总投资超3000万元,两层楼建筑,面南而坐,面积3000余平方米,门口有一条50多米长的水上迎宾长廊,于2004年5月开办。酒店共设有大厅1只、包厢30个,可以同时招待38桌客人用餐。2015年,该酒店聘请厨师5名、其他服务人员8名。2010年,该酒店被评为宜兴市优秀乡村旅游单位、宜兴市生态(乡村)旅游示范点、无锡市三星级"农家乐";2012年,被评为宜兴市诚信示范单位;2014年,被评为宜兴市"宜帮菜美食大赛团体宴席展示金奖"。10多年里,该酒店推出的"生爆野鸭""酸辣鱼糊羹""鱼头粉丝""滆湖一网鲜""外婆虾饼""鱼肉馄饨"等招牌菜,具有水乡特色,经常被客人点到。

新银潮酒店 位于西横街259号,占地3000余平方米,建筑面积有6间4层大楼3000余平方米,拥有包厢20多个、多功能大型餐厅2个、客房16个,能同时容纳1200多人就餐。该酒店于1989年创立,原址在西横街76号,原名为银潮饭店。2001年,搬至新址,启用新名,并于2007年和2010年进行2次装修。2015年底,该酒店已分成两个部分,分别租赁给高老庄餐馆和"美林城市连锁酒店",拥有十多个餐桌和40多个客房。

二、茶馆

清末民初,和桥、南新、北新、闸口、楝树港等老街都有茶馆,当时有的也称茶社,每天有早、中两市。到茶馆喝茶的有城镇、农村各阶层的人士。茶馆既是边饮茶吃点心、边休闲谈天的场所,又是排解纠纷、商谈生意和其他事务的地方。如旧时民间闹纠纷,谁都不愿意走进衙门,而情愿求助于茶馆喝茶的年长者当着众人的面,评断是非曲直。这就是旧时的"吃讲茶"。茶馆里也有堂戏、说书和抽头聚赌者,还有老虎灶供应附近居民开水。茶馆泡茶用的水,大都是从大河里挑上来的。茶馆烧水用的是炉灶,一排行有十几只铁制或铜制的茶汤壶。店堂内有专门的服务人员拎着茶汤壶,不时在店堂内巡回,为茶客倒茶添水。民国时期,和桥的茶馆有20多爿。从和桥南面往北数起，列举如下：和兴楼、顺和楼、共和楼、福兴楼、兰溪、迎风楼、鸿福园、中和茶社、畅园、汪伯余、绿野、鸿园、大观楼、渭春楼等，还有东横街的东和茶社、春和茶社、三官堂茶社等。其中最老的茶馆是迎凤楼，创办于光绪年间，坐落在维新巷。该茶社有5间楼房，下面有老虎灶，夏天开设盆汤，浴室还供应居民热水。茶馆楼下是普通乡民的饮茶处，聚集的茶客大多来自周边农村。楼上有一间雅座名“此间乐”，为绅士们聚会饮茶处，也是商界人士谈生意之处。清末民初，该店老板去世，改由他人经营，后来又改为泰安客栈。中和茶社在迎凤楼之后开办，地段好，店面大，还有电话机，生意长期不衰。观音巷底有一爿绿野茶社，是文化人聚会之处。每年秋季，那里的斗蟋蟀特别热闹。闸口老街的陆金生、戴梅生茶社，在当地也盛极一时。

新中国成立初期，和桥还有长乐、永兴、海和、新安、戴荣富等茶馆或老虎灶18家。1956年，和桥的茶馆业走上合作化道路，由合作商业部门经营管理。改革开放后，和桥的饭店、小吃店不断增多，其环境、功能对传统的茶馆业冲击甚大。1990年，原和桥镇仅存个体小茶店4个，但供应附近居民开水的老虎灶还有20多个。21世纪起，和桥人生活和工作的节奏不断加快，人们休闲交流的地方越来越多，老式茶馆还只有蠡斯巷里有一爿，用水已经是用电烧的纯净水了。2012年，由于净水机等已大量进入居民家中，和桥镇供应开水的老虎灶还剩四五家。2015年，和桥尚有3家茶庄，边卖茶叶边供应茶水，另有12家奶茶店。规模最大的茶吧“太阳雪”，坐落在兴业街上，不仅卖茶水，还供应各色点心。同年，传统的老虎灶已经极少。

三、旅社

民国时期，和桥镇上的旅社不多，有的还是“连家店”。中央旅社由夏鹤林创设于民国21年(1932)，当时的客房就有铜床、电灯、电话。由于房价高，来住店的客人也较少，营业一直不够好。民国26年，日军入侵和桥时看到“中央”二字，不问青红皂白便放火焚烧。合股经营的新新旅社创设于民国36年，有床位30多张。新中国成立后，和桥旅社业有新的发展，继原来的大新、中兴等旅社后，又开办太滆旅社、大众旅社，规模都超过30个床位。20世纪80—90年代，和桥的企业条线、部门、个体办旅社一轰而起，共办旅社25个，设备较好的有原和桥影剧院招待所、和粮旅社、粮友招待所、新银潮旅社、口利乐旅社、鹅州旅社、农机公司旅社、新世纪旅社、锦江酒楼、天一度假村等。进入21世纪，原条线部门办的旅社全部改制。原规模较大的饭店都改称酒店，大部分增加了旅馆部。原来一些规模较小、设施陈旧的旅社只能停业。2012年创办的永昶精品酒店，以服务客人住宿为主，位于朝阳路168号，有39个标准客房。2015年，和桥虽然只有旅社17家，但大部分改名为旅馆。这17家加上在酒店内的旅馆，共有床位500多个。设施上不光有电视、空调等，而且还有宽带网络。

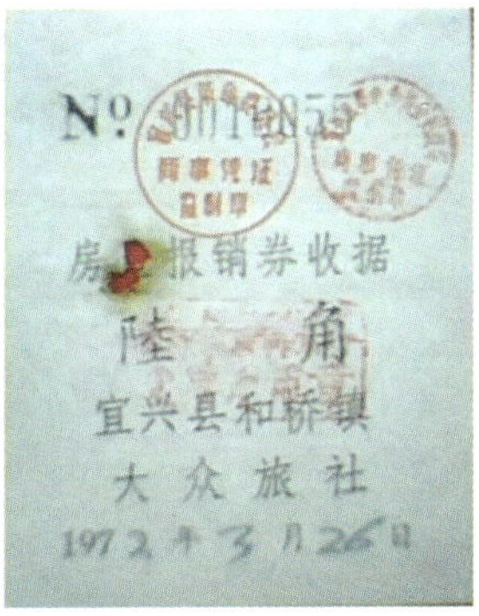

图13－7　1972年和桥大众旅社房客住宿报销收据

四、生面

民国时期，生面业一种是以轧生面和馄饨皮子为主的面店，供应饭店和居民；另一种以做点心为主，轧面为辅，如小笼馒头、重阳糕、高脚烧饼、推酥麻糕等。褚金大做的推酥麻糕，原料讲究，做工精细，颇受群众欢迎。1949年，和桥镇生面业有29个店铺，1955年还有9个。1956年，和桥生面业组成合作商店，统一核算。商店分设5个门市部，从业人员有26人。同年，和桥镇另有自负盈亏合作小组5户、从业人员8人。1958年，合作商店和合作小组都并入饭馆业。20世纪60—80年代，生面经营网点有东方、勤丰、红星、兴业等。1987年，个体经营生面摊店有30余户。2002年，生面业有个体户25个，日销量1200多千克。由于面粉和其他粮食产品全部敞开供应，2003—2010年，和桥、南新、楝树港等集市的生面业发展较快，原先加工面食的手工或手摇面机，多数换成了比较大型的全自动机器，不仅能能日产几百公斤的水面、馄饨和水饺皮子，大小型号也增加了许多，大部分店家还能自制挂面。其中有几户外省籍的能人，也加入了和桥的生面业。2015 年，和桥生面业经营户还有 8 家，但每天要给 100 多家面馆送货，日销量 3000 千克以上。

五、小吃

清朝时期，和桥就有早、中、夜三市。和桥的风味小吃，种类繁多，有油条、烧饼、脆饼、麻球、蒸饭、馄饨、面条、粽子、年糕、团子、春卷、面疙瘩、铜锅饼、米饭饼、凉粉皮、绿豆汤、粉丝汤等，很有地方特色。

排在首位的小吃，当属豆腐花。清汤的讲究豆腐脑洁白、粉嫩、热乎；浑汤的讲究豆腐脑多、大碗盛得满。晚清时期，和桥人种黄豆，做豆制品就已十分兴旺，街上的作坊就有 30 多家。每个作坊每天都要制作一二锅豆腐花，装入有盖子的木桶里，有的送货给小吃店，有的在自己的门店里外卖。上塘街、下塘街、东横街、观音巷，条条街上都有豆腐花飘香。民国时期，阿根、阿毛的两家豆腐花店因靠东横街首，赚足了人气。不管是清汤的还是浑汤的，卖家总要浇一点地产的热酱油，撒一点榨菜丝、香菜段和虾米。镇周围还有许多农民，也掌握了制作豆腐、豆腐花的技术。如镇郊有个滆南村，从 20 世纪初期起，一直沿袭到 20 世纪 80 年代，有很多农民卖过豆腐花。早先是跟着戏班子的船，外出设摊；后来几户人家一起，摇着大船到城市去设摊。全村 30 多户人家，100 多个劳动力，不管路途遥远，宿住外地经营，农忙还要回家种田。除到常州市、无锡市车站码头设摊外，还到过昆山市、上海市郊县、阳澄湖、沙家浜等地做豆腐花生意。村民王洪青兄弟 4 个，人人都外出卖豆腐花；村民朱宝林已有 5 代人外出卖豆腐花。

清朝末年，油炸豆腐在和桥也深受百姓喜爱。豆腐是用蒲包压过的，水分较少，洁白如玉，形似月饼。在油炸前，先将豆腐在一种特制的卤汁里浸泡半个小时，再投入滚热的油锅炸透。一碗三五块，刚端上桌台时，滋滋作响，再淋上酱油，放点白糖、香菜，味美至极。20 世纪 20 年代，和桥“李招孝豆腐店”的“油炸豆腐”十分有名。

另一道小吃当算鸭饺面，民国时期在和桥十分吃香。凡是有名人士，请人吃点心一定离不开鸭饺面。食客点一份鸭饺面，跑堂即刻呈上一大碗面和一小碗鸭饺。鸭饺正方形，肉头厚，皮刷亮，浸在油光光的热汤里，清而不腻，香中带鲜，没有一点鸭臊味。20 世纪 20—30 年代，胡八大开的面点和周四大开设的仁兴馆，都以鸭饺面出名。

1956—1971 年，和桥的小吃店主要集中在上塘中兴桥至永昌河口一段。和桥的豆腐花店，一日三市，食客有本镇居民，外地船家、商人。他们最喜欢的是就着烧饼包油条、或者米饭饼包油条，或者把油条撕成一段一段的放进热乎乎的豆腐花碗里，喝喝，嚼嚼，既品尝了各色味道，又解决了饥饿。20 世纪 60 年代，虽然小吃品种少了，经营都归集体，但有些小吃受到大众喜爱，仍留下口碑。如孙胖婆子的牛肚汤、任金荣的盖浇面、杨长春的乌龟子汤团、徐红林的梅花糕、徐顺宝的小笼包子等。20 世纪 70 年代末，和桥小吃逐步开放，个体经营开始活跃。陈记面饭店，1979 年开始做粽子、团子、馒头、重阳糕以及办喜事的龙凤糕团。20 世纪 80—90 年代，和桥伯清团子馒头店、和桥南发小吃店也在兴业街、农贸路等地挂牌经营团子、馒头、豆腐花和小笼包；乐洲面馆、天天面馆、蒋记手工面馆也相继开业而且经营很有特色；当时，街边大会里有个韦姓妇女，专做包子，推车上街零售，由于货真价实，味道鲜美，供不应求，长盛不衰；1986 年和桥农贸市场建成后，周边的小吃店聚集了 50 多个，其中和桥劳动小吃店经改制后，仍保留原来的名称，在市场南门附近营业。2002—2013 年，许多外地的名小吃进入了和桥市场，如山西刀削面、北京包子、重庆小面、老北京涮羊肉、苏州藏书羊肉汤、镇江锅盖面、扬州汤包、无锡小笼包、沙县小吃、湖汉馄饨、周铁臭豆腐，还有肯德基、汉堡包等。2015 年，和桥镇有各类小吃店 226 家、从业人员 1100 多名。

专记:“夜和桥”和“小无锡”的由来

和桥镇地理条件优越,商业繁荣,为“夜和桥”和“小无锡”的形成和发展奠定了基础。“夜和桥”是由周围农村手工榨油坊的兴起而开始的。明末清初,和桥南起三里庙,北到北兴桥,有油坊、油铺百余家,均属农民家庭副业。和桥周围农民送黄豆来加工,只能现榨现换,有时要等到夜晚才能拿到油品。其中不少人只能在晚间上街,买些东西,弄点小吃。另外,来和桥的各路客商,也趁夜间上街市闲逛;夜宿的过境船只,停满了各个埠头,有许多船民也在夜间上岸购买生活用品。因此,和桥街入夜后,岸上与河面,到处都是灯火。街道上,烟糖酱酒店、各种小吃店、买零食的流动摊点,生意闹忙。还有混堂、戏馆,吸引的人员更是熙熙攘攘。四面八方的人都知道和桥有夜市,“夜和桥”的名声从此传出。和桥农村,历史上田多人少,不能全种水稻,只能间种黄豆,为榨油提供丰富的原料。镇西北二里许的“油车头”,相传是农民以榨油发家而得名。新中国成立后,农民造房挖墙基,多次发现榨油工具和残存设备,又在平整晒场时见到石制油车榔头。镇上主街道两侧的人行道,原来都是用油坊废弃的石制油车榔头铺设。如北起鑫斯巷,南至长工桥,长达两华里。从这些遗迹中,可以看出当时油坊兴旺发达的盛况。

“饿煞西湖(滆湖)夜和桥”。农民起早下滆湖罱湖泥,要到下午三四点钟才能满船。回来将夹到的鱼虾带到和桥,卖掉后购物、饮酒和吃点心,有时上浴室,如逢昏暗之夜,只好点盏灯笼归家。这也增添了“夜和桥”的情趣。

和桥周边,是宜兴的平原粮仓。“夜和桥”也给和桥地区的粮食贸易带来了兴旺景象。抗日战争爆发以前,和桥的粮商收购稻麦运销无锡,获利不丰。抗日战争胜利后,为了扩展业务,和桥各粮行改变经营方法,将稻谷加工成上等白米,直接运销上海。这样不但利润增加,还可提高收购价格,增强竞争能力。原运销无锡的粮商和农民,看到和桥市价合理,纷纷舍远就近,运稻来和桥出售。每当新谷登场,各粮行门庭若市,应接不暇。从南兴桥到公路桥南的河道,粮船首尾相接,长达一华里,形成“米市河”“粮行街”,盛况可与无锡三里桥的粮市媲美,“小无锡”由此而得名。

第六节　生活服务业

一、旅游服务

20 世纪 70 年代以前,和桥镇没有百姓外出旅游的记载。80 年代起,和桥有一些单位和个人开始外出旅游,但都要经过宜兴或无锡的旅行社组织,每次旅游出发或归来,集散地一般都定于宜城。2011 年起,宜兴市国际旅行社、宜兴市春秋国际旅行社、旅游百事通、宜兴市环宇旅行社、宜兴市建工旅行社、无锡市国际旅行社等,分别在和桥办起旅游营业部,接受、组织当地的个人、团体申请报名参加国际国内旅游。和桥各营业部所开辟的旅游线路和价格,都是根据各自总部的规定。和桥游客出发、回来都有各自的旅行社派车接送。2015 年,和桥镇的六个营业部共接待该镇游客约 2000 人次,基本上都是服务于国内旅游。

二、维修服务

民国时期,和桥镇仅有修伞、修盘篮、修篾垫、修棕帮、修钟表、修算盘、修锅搭碗、修补衣服、修锁配钥匙等项目。20 世纪 70—90 年代,和桥地区逐渐增加了维修电动机、农机具、自行车、摩托车、电视机、洗衣机、电冰箱、空调等项目。2001—2015 年,和桥地区增加了电瓶车、手机、电脑、汽车等维修服务项目。2015 年底,和桥镇有各种维修店 145 个。

清末民初,王少卿、俞志南就在迎祥巷旁边开过钟表店,取名“精业”,兼修居民送来的自鸣钟。农贸路的夏祖新师傅,2015 年已经 67 岁。他从 16 岁开始,就上街修伞、修鞋、修包、补衣服、换拉链、从无间断。周家浜的徐银宝师傅,从 20 世纪 50 年代起就开始挑担转村修锅。每年小麦上场时,方圆十里有好多农民,在到周家浜换干面时把锅子带来让他修,生意很忙。至 80 年代,徐师傅才停下手艺。兴业街 9 号的高伯能师傅,自学成才,修理电视机。

1981—2015 年,他一人坚守店堂,先后修理电视机、录音机近 10 万台。西横街上的褚洋、褚海兄弟俩,分别从 1982 年、1996 年开始修理和销售钟表。2010—2015 年,兄弟俩每年修理的钟表有 4000 多只。农贸路 96 号修理小家电和修锁配钥匙的陈瑞华师傅,1988 年从业,每年修理近万件,质量件件可靠。农贸路 152 号的腊芳修羊毛衫店,每年修理的各种衣服超过 1.5 万件。鹅洲南路的雅马哈摩托车特约维修店,2015 年修理摩托车 3000 辆。鹅洲南路的小陆汽车维修有限公司,2015 年每月维修的汽车达 2000 多辆。

三、理发、美容、健身服务

理发旧时称“剃头”。民国时期,和桥镇上较有名气的是夏竹青开的中南、夏正明开的明星两个理发店,其余的理发师傅或走街串巷,或巡乡转村,或在街头某个地方摆摊理发。业内腊月二十四至大除夕加倍收费,每年农历七月十三必须祭祖,祈求生意兴隆,人财两安。当时服务尚有“光面”“捶背”“挖耳”“刀锋洗眼”等手技项目。1949 年,和桥镇有大小理发店 26 个。1956 年组成合作理发店,先设 7 个门市部,再合并为服务组,后又裁减剩“中南”和“工农”两个服务组。1984 年,这两个组划归商业公司管理。1985 年,“工农”南迁,1987 年并入“中南”。1990 年 8 月,“中南”迁至中桥西堍北侧。20 世纪 80 年代,和桥理发店发展迅速,外地师傅到和桥来开店的也很多。理发店服务内容也增加了烫发、染发、干洗等,名称大多改为“发廊”“发屋”。如 1989 年于农贸路上开设的“温州晓林美发”等。90 年代,和桥出现美容业,服务内容主要有美白祛斑、文眉除皱、补水嫩肤、丰胸美体等。进入 21 世纪,和桥又增加了许多规模较大的美发店,有六七十位技师执业。如永祺、浪涛、温州名剪、丝菀琉连、风剪云等,每店每月服务的顾客超过 2500 人。位于鹅州西路的丝菀琉连,自开业每月都派师傅去一次敬老院和滆湖农场的解放军部队,为老人和战士义务理发。2015 年,和桥镇大部分理发店已经开始了陶瓷烫和片染、条染、打蜡等新潮流服务项目,染发、洗发、护发、烫发等所使用的发水、发膏、发素等,都注意使用环保、安全的知名品牌产品。2015 年,和桥镇有理发美容店 110 个。同年,和桥镇尚有健身服务俱乐部 2 家。兴业街的国艺健身俱乐部有服务场所 480 平方米,配置单车、跑步机、举力器、仰卧拉力器、乒乓球桌等 100 多台套,发出会员消费卡 1200 余张。

四、照相摄影

民国 5 年(1916),和桥狄福堂开设照相馆,求助老友徐悲鸿为其题名“二我轩”。以后开设的有宝华、新艺、明星 3 个。民国 31 年,吴金荣在民主巷口开设“真是我”照相馆,作为共产党地下工作人员秘密活动的据点。新中国成立后开业的有丽都和永祥。1956 年,和桥镇组成合作摄影社,有从业人员 5 人。1958 年,合作摄影社并入供销社棉百商店,1960 年恢复原体制,并分设两个门市部。1974 年,门市部搬入新址,复号“新艺”,有从业人员 8 人。“新艺”添置摄影器材和布景,并备有结婚礼服出租。1980 年,“新艺”增设分部,1982 年起拍摄彩照。1987 年,“新艺”除门市营业外,还上门为学校、企业等服务。20 世纪 90 年代至 21 世纪初,和桥镇新添了影超、新艺、东方、紫鹃等照相馆,而且家家都有时尚的数码照相,加上连体彩扩机等,使顾客取照的时间大大缩短。2006 年开始的第二代居民身份证拍照,和桥镇有 3 家照相馆参与。2013 年,和桥镇又新增婚纱摄影和专业儿童摄影,还专业制作精美的相册和相框,受到客户喜欢。2015 年,和桥有各类照相馆 7 家。

五、洗浴休闲

和桥最早的浴室是清光绪三十年(1905)开设的德仙园,设备简陋,土布浴巾,赤足入池。因营业清淡,于民国 26 年(1937)停歇。鸿福园开设于民国初年(1912),抗日战争爆发前附属于中央旅社的汤泉浴室,设男女两部,设备齐全,有职工 20 余人,后并入新新浴室。新新浴室创设于民国 30 年,1956 年与鸿福园参加公私合营,仍属合作性质。1966 年更名为大众浴室,1977 年迁至原戏院旧址并增设老虎灶。20 世纪 90 年代至 21 世纪初,和桥有个体浴室90多户，上规模的有康乐园、东方浴场、阳光休闲浴室、金海岸浴室、朝阳浴室、康富来浴室、圣嘉浴室、东苑浴楼、康强浴室、玉泉池浴室、宏盛浴室、海湾休闲中心等。其间，新开设的一些酒店，也附设了浴场。如赛峰酒店、和桥大酒店、新金博酒店，浴室可容纳的顾客数都在120人以上。2010年开设的金瑶池浴室，位于和新路135号，浴室容纳顾客数达到200人。2015年，和桥镇尚有浴室70个，可以同时提供6000余人洗浴休闲。

六、汽车美容

和桥镇除了汽车维修服务外，还有汽车清洗和美容服务。这一行业开始于21世纪初，服务点主要分布在鹅洲南路及鹅洲东路南端的两侧。2002年，位于鹅洲东路最南端的明吉汽车装潢服务部开业，当时的设备只有一杆高压水枪和几块抹布，在店门口的一块水泥场地上清洗车辆。后来，服务部的数量逐年增多，大部分的装修比较气派，洗车的地面都铺有镂口垫层和下水道，高压水枪款式多样，能清洗货车和轿车，实行流水线操作。大部分服务部还能给汽车漆面打蜡增光、镀膜及处理较浅划痕等。专业的汽车美容还提供粘贴防爆太阳膜、安装防盗器和语音报警系统服务，还经营汽车香水、装饰贴和各种垫套。2015年，和桥镇有专业汽车服务部25家，全年服务的汽车近5.8万辆次。

七、礼仪庆典服务

20世纪80年代，和桥镇有多支锣鼓队、龙灯队，专门服务于企事业单位的开张和纪念庆典活动，一般都不取报酬。90年代，原和桥、闸口、南新的乡间，出现了以唢呐为主的丧葬乐队，以后又逐步发展成为有铜鼓、圆号、大号、小号、镲等乐器的中型乐队，有7～11人组成，收费由五六百元涨到近2000元。2007年，阿斌婚庆公司在和桥镇创办。该公司从婚礼会场布置到灯光音响、主持婚礼、现场摄像、现场演唱，实行全包，每场的的收费为5000元左右。2015年，和桥镇有婚庆公司19家、丧葬礼仪乐队6家、锣鼓队3家、龙灯队13支。阿斌婚庆公司由于服务周到，主持过程热闹喜气，每年主持的庆典有400多场。和桥镇夕阳红锣鼓队，成员有20多人，仍坚持以公益为主，参加政府机关、企事业单位的有关庆典活动，尤其是每年都参加政府组织的欢送新兵入伍仪式庆典，增添了活动场面庄严盛大、隆重热烈的气氛。

八、服装洗整

民国时期，和桥镇有专门的洗染店，一般以染青色和蓝色为主。顾客送来的旧衣服经洗染后，不仅颜色出新，还被熨烫得整齐服帖。民国早期开设的张同泰专营土纱布染色，设备仅有染缸、石元宝、铁锅等。以后用滚筒代替石元宝整理成品，颜料改用活性，并增加棉布、绸缎、呢绒、草帽的染色，洗烫少量呢绒服装。20世纪70年代，东横街尚有3家洗染店，至1974年歇业。1989年5月，和桥镇农贸路127号洗衣店开张，以洗整毛呢西装、羊毛衫、羽绒服为主。随着人们穿衣着装要求的提升，以后发展起来的服装洗整店，都以干洗为主。2015年，和桥镇有干洗整理服务店15家，主要分布在西横街、农贸路、健康路、鹅州西路等中心街道。所有的店家，都置有全自动干洗机、水洗机、烘干机、除渍平台和蒸汽熨烫平台，洗整毛料、呢绒、丝绸、棉麻等服装，还有床帐被褥、窗帘布套洗整和皮包皮鞋洗染等，收费标准基本上全镇统一。2015年，和桥镇居民经店家洗整的服装和其他，超过11万余件套。

九、中介服务

21世纪初，和桥镇出现中介服务公司。沿街的门面一般只有10多平方米的办公室，室内有做好的黑板或广告牌。中介服务的内容主要有房屋买卖、贷款推介、婚姻牵线、家庭保姆及卫生人员介绍。2002—2013年，最热的项目是房屋买卖，和桥镇通过中介促成买卖成功的二手房每年达2.5万余平方米，中介公司从中拿取的服务费也较多。2014—2015年，二手房交易的量不及兴旺年份的一半，各中介公司着力于家庭保姆及卫生人员的介绍，从中抽取5%的服务费。2015年，和桥镇有中介公司26家，大部分生意清淡。

十、快运速递

新中国成立后，和桥的快运速递主要有中国邮政的特快专递来完成。随着经济的发展和互联网的普及，和桥居民需要外运的物件和网上成交的生意越来越多。1999年，成超快运在鹅洲南路336号创立，有自己的车辆和驾驶员，每月外运货物15吨，运送的目的地在上海和苏浙主要大城市。2007年，顺丰速运进入和桥，在高塍路48号开设分部。每日来回经过和桥的顺丰接送货车辆超过20辆；每日接送的速递物品超过1500件。2010年，德邦物流快递进入和桥，接送的货物都是几百千克重的大件货物。2013—2015年，为方便网购的圆通快递、中通快递、韵达速递等在和桥都有两个服务点，分布在塘河东、塘河西，每天接送的物品超过2000件，基本满足了和桥镇辖区内居民网购的需求。2015年，和桥镇经注册登记的快运速递公司有22家。

十一、其他

和桥镇其他涉及生活服务的行业还有印章雕刻、字画装表、锦旗制作等，主要店铺有周记印店（1953办）、鹅洲印社（1966办）、东艺印章（1980办）、东方摄影（1988办）、吕建华锦旗制作（1998办）、英稻吉像画廊（2008年办）、国风书画艺术中心（2011办）、钰丰陶瓷（2014办）等。

2015年，镇南新区怡和花园门前的街道

第十四章　和桥豆腐干

清同治元年(1862),和桥“万源”酱园始做豆腐干。几年后创立的和桥“万生”酱园一开业便试做老油豆腐干并取得成功。清同治九年(1870),梅礼卿在和桥创造更有特色风味的“梅永和”豆腐干。清光绪六年(1880),和桥唐乾源酱园也开始生产老油豆腐干。清朝晚期,和桥开洋豆腐干与老油豆腐干作为地方特产,每年进贡朝廷。民国时期,制作老油豆腐干所必需的老秋油,都由和桥当地的酱园生产。1937 年秋,“梅永和”酱园特地生产一批豆腐干,用卡车装运送往上海慰问坚守四行仓库的抗日壮士。20 世纪 40 年代,和桥兼做豆腐干的酱园增至 14 爿,其中规模最大的仍是“梅永和”与“老万生”酱园。1952 年秋,和桥组织有关酱园及豆腐干作坊,赶制 5 万千克黄豆的豆腐干送往朝鲜,慰问中国人民志愿军。1984 年和桥豆腐干包装获江苏省商业厅和宜兴县人民政府科技进步三等奖。1987 年,和桥老油豆腐干获全国旅游食品展览会风味优异奖。1992 年,和桥老油豆腐干被国家商业部评为部优产品;同年,又获香港国际食品博览会金奖。2007—2015 年,和桥豆腐干先后被评为全国和江苏省名小吃,列入无锡市首批非物质文化遗产名录。

图 14－1　至 2015 年,和桥豆腐干获得的主要荣誉

第一节　发展历程

19 世纪 60 年代,和桥的豆腐作坊及其酱园,逐步由制作白胚豆腐干向制作嫩油豆腐干、老油豆腐干方面发展。清同治元年(1862),周仲卿在和桥开办“万源”酱园,兼做白胚豆腐干,不久便歇业。周仲卿徒弟朱道源等很快集股开设“万生”酱园,店址在上塘葛仙河旁,酱园设在观音巷黄家场,始做嫩油豆腐干和老油豆腐干。几年后,朱又在万源酱园旧址开设“中万生”酱园。朱生产的老油豆腐干、臭豆腐干等质量和销量都非常好。清同治六年(1867),安徽有个叫梅礼卿的汉子,战乱中来到和桥谋生,先在上塘开设“梅永兴”南货店。三年后,梅礼卿在中兴桥的西埮北面,又开设一爿“梅永和”酱园,生产老秋油(酱油),也生产老油豆腐干。一次,梅礼卿出差苏北东台,他看到当地利用一种海边的香蒲草,编织成各种型号的圆柱形小蒲包,用来做豆腐干,随即就带了一些回和桥。梅礼卿汲取老家安徽芜湖一带豆腐干制作的长处,把中万生酱园的方形豆腐干改成圆形,并上榨高压,使豆腐干双面印有香蒲草交织状的麻花纹,正中间有指头大小的“肚脐眼”,状如银元,周边厚薄均匀,坚韧少水,不易破碎,入口鲜美,咸而不涩,甜而不腻,香而不厌,细嚼慢品,回味无穷。这项创举,带动了和桥其他酱园在生产老油

豆腐干方面的革新，使得和桥豆腐干在地方上相当有名，地方官员把这种形态、颜色、味道都独树一帜的老油豆腐干作为上品每年进贡朝廷。清光绪六年（1880），唐慕陶在南兴桥东堍下塘创办“乾源”酱园，规模较大，民国15年称“乾源盛”。

清末，朱道源经营有方，增设“东万生”（东横街）、“南万生”（维新巷南）、“西万生”（高塍）等分店。原来的“万生”则改称“老万生”。这些店制作老油豆腐干等的规模和产量在和桥首屈一指。“梅永和”酱园传到梅的儿子梅渭中手里时，实力也相当雄厚，独占和桥上塘北面半条街，生产的老油豆腐干仍保持着一流的品质。此时，和桥豆腐干声誉甚高。慈禧太后也爱吃这种食品，称之为“江南一绝”。

抗日战争前夕，“鼎和源”槽坊、“范隆兴”（在东横街）砻坊先后转为酱园业，“泰来”“新万森”（前身“为南万生”）等酱园开业。和桥著名实业家李招孝也在观音巷旁的马家高墩制作豆腐干。这段时间，生产和桥豆腐干的店家近10个。

1937年秋，“梅永和”精心制作一批老油豆腐干，用特殊包装，委派朱姓送往上海抗敌后援会，慰问坚守四行仓库的抗日壮士。1937年冬，日军攻占和桥，上塘从中兴桥至南兴桥这段和桥最繁华的街市几乎烧为灰烬。“中万生”及各分店损失惨重，仅“老万生”还能坚持。

抗日战争胜利后，和桥生产豆腐干的酱园有“徐永隆”“杜永丰”“万源”“泰来”等，“周裕隆豆腐干”“徐二豆腐干”等也都是和桥当时叫得响的品牌。20世纪40年代，“梅永和”“老万生”是和桥豆腐干制作的两大店家。1947年12月29日，宜兴《品报》以“梅永和独家精制美味豆腐干”为题作过报道。新中国成立前夕，从粮食油饼业转为酱园的有“恒裕”“民丰”“范隆兴”“民康”4户。

1950年，和桥镇有大小酱园14个（含新开的民康酱园）。1952年，和桥镇人民政府响应“抗美援朝”号召，任命姚良修为经理，组织有关酱园和豆腐干作坊，按传统工艺特制5万千克黄豆的豆腐干送往朝鲜，慰问中国人民志愿军。同年，和桥24家豆腐业主组成合作小组。这年，“梅永和”等一批酱园关闭，“老万生”等酱园也奄奄一息，和桥豆腐干生产面临停业的危险。1954年，生产豆制品凭票供应和桥镇居民。

1956年，“老万生”“乾源盛”“泰来”“新万森”“范隆兴”“鼎和源”“民康”“万隆”“三益”“万来”10户酱园，跟“王裕盛”糖坊、“酒联营”共12户，参加公私合营，组成和桥酱酒商店。当时的“乾源盛”场地宽阔，水源、水质较好，运输方便，被选为店址。同年，该店依靠众多的生产技术人员，又恢复和桥豆腐干生产。但由于原料缺乏，生产难以为继。1958年，和桥镇的南货业和豆腐业共40多家小商小贩全部并入该店。1959年，该店改名为和桥供销社酿造厂。1960年，原并入酿造厂的24家豆腐业主，经过和桥镇人民政府组织，全部划出酿造厂，另外组成豆制品生产和销售门市部，地址在和桥中兴桥西堍北面20多米处。该厂属宜兴县大集体企业。1961年，和桥供销社酿造厂改名为地方国营和桥食品酿造厂。1968年，又改名为宜兴烟糖公司和桥酱厂。其间，由于原料缺乏等原因，和桥豆腐干仅节日生产一部分供应市场。“文化大革命”期间，和桥酱厂的豆腐干几乎停止生产。

20世纪70年代，和桥地区有过很多做豆腐干的作坊，大都由原和桥公社的新建、石路等大队创办。南新公社云阳大队郑家生产队的郑加田，曾在“梅永和”酱园做过老油豆腐干。已经60多岁的他，自告奋勇，建议集体开办豆腐干作坊，愿意贡献自己的技术。在他的倡导下，云阳豆腐干加工场如期开业，制成的豆腐干在和桥镇上设摊销售，每年为生产队创造3000余元利润。

1970年，宜兴烟糖公司和桥酱厂生产腐乳。1979年，该厂积极筹备豆腐干生产，试验配方，购置小钢磨、蒸汽锅、包装袋等。1980年，该厂启用“国营和桥酱厂”厂名。同年，原中兴桥北的豆制品门市部依靠宜兴县商业局拨发的联合公积金，加上自留利润，翻建厂房，更新设备，并正式挂出“和桥豆制品厂”厂牌。1981年,和桥酱厂机械化和人工相结合的和桥豆腐干流水线投产,全年使用黄豆1.25万千克。同年,和桥豆制品厂承担实行集体承包责任制试点,除继续生产供应居民的平价豆腐、百叶、油生腐等外,还专设工场生产老油豆腐干,质量可与和桥酱厂的媲美,外销苏锡常沪等地。1982年,南新云阳豆腐干加工厂注册“云阳”牌商标。1983年,和桥酱厂注册“和桥” 牌商标。同年,和桥豆腐干被无锡市商业局评为优良食品。1984年,国营和桥酱厂在上海市食品工业研究所的帮助支持下,在无锡市彩印厂的协作配合下,研制成功食品复合真空软包装袋,解决了豆腐干高温季节容易霉变的问题,保质期可以延长至2个月。江苏省商业厅和宜兴县人民政府同时授予该厂科技进步三等奖。这一年,南新云阳村参与豆腐干制作的7户联合体,出席无锡市农村专业户、经济联合体代表交流大会,受到表彰,每户获奖一辆长征牌重型自行车。同年,和桥酱厂新建豆腐干生产车间1300平方米,年产能力提升至加工125万千克黄豆的豆腐干。还是这一年,该厂在原有豆腐干的基础上,又试制成功“开洋”“海鲜”“鲜辣”等新品种投放市场,还分设单块、30块、50块等数量的包装。1984年,和桥酱厂实行浮动和计件工资改革试点。

1984—1985年,《宜兴报》《无锡日报》《无锡信息报》《新华日报》《江苏农业科技报》《新民晚报》《解放日报》《中国食品报》《人民日报·海外版》等,报道有关和桥豆腐干的专题文章有19篇。有一位在日本留学青年,是和桥刘崇高的儿子。他看到家乡的豆腐干在日本报道后,非常惊喜,还把那张日文报纸带回家乡。

1985年,和桥酱厂生产豆腐干使用黄豆46.69万千克。1987年,“和桥” 牌老油豆腐干获全国旅游食品展览会风味优异奖。1988年,《江苏调味副食品》杂志专门介绍和桥豆腐干的特点和工艺流程。1992年,“和桥”牌老油豆腐干被国家商业部评为部优产品(豆腐干类全国共两个品牌获此殊荣,还有一个是苏州市的“晶晶” 牌卤汁豆腐干)。同年,“和桥”牌 五香老油豆腐干又获香港国际食品博览会金奖。

1995年底,和桥豆制品厂因被拍卖而歇业。该厂历任负责人有刘崇高、吴金华、马汉中、徐孟君等。1998年,和桥酱厂经营体制改革。2000年,改制结束,人员分流,资产拍卖。该企业历任负责人为邵洪庆、徐德煊、许长庆、周康宝、杭鹤范、张一鸿、薛云山、袁富培、孙忠升、常裕林、许祖华、马汉中、李曦、唐荣泉等。

20世纪末,和桥镇先后创办和乐、永和、龙泉、慈圣、科中等生产豆腐干民营企业,年产豆腐干400多吨,花色品种不断增加,质量不断提高。

2001—2003,宜兴电视台、无锡电视台、江苏卫视、中央电视台三套先后对和桥豆腐干做过专题片。2007年12月4日,和桥豆腐干被列入首批无锡市非物质文化遗产名录。此后,和桥豆腐干又被评为无锡市名优土特产、江苏名小吃、江苏老字号地方传统特产、江苏省放心食品和中华名小吃等。2010—2011年,龙泉、慈圣、永和三位豆腐干企业负责人唐荣泉、许祖华、朱建年,先后被确定为无锡市非物质文化遗产代表性项目传承人。

2015年底,和桥镇劳动社区创办了宜兴市恒和食品有限公司,开始在鹅洲西路262号用完全传统的工艺试制豆腐干。

第二节 生产工艺

一、传统工艺

制作和桥豆腐干,传统的工艺主要有十二道。

选料:选用优质黄豆,除去破损和发霉的颗粒。

浸泡:将黄豆淘洗干净,放入缸内加水浸泡。寒冷季节可浸24小时,炎热季节只浸4个小时就可以。浸泡好的黄豆捞出来后,还需用清水淘洗。

磨浆:一般选时在凌晨三点左右,将浸泡好的黄豆按1∶6加水上磨。旧时作坊,两三人一台石磨,付豆拉磨、搬运豆浆,在两个多小时内必须完成,十分辛苦。

图 14-2　2015 年宜兴市恒和食品有限公司的师傅使用石磨磨浆

分离：用伏布缝制成的袋子，将磨出的浆液装好，捏紧袋口，用力将豆浆挤压出来。豆浆挤完后，打开袋口，再加水拌匀，继续挤一次浆。一般 100 千克黄豆出渣 150 千克、豆浆 600 千克左右。挤浆时，不能让豆腐渣混进豆浆内。

煮浆：将豆浆倒入一口大铁锅内，一边用火烧煮，一边用锅铲翻搅，将豆浆煮开。火力过旺，或者锅里搅动慢了，都会影响豆腐干的质量和产量。豆浆煮开时，表面会有一层较厚的泡沫，需及时撇去。

点花：将煮熟的豆浆起锅另存于一只缸内，加入预先准备好的盐卤，边加边搅和。盐卤和豆浆的配比为 0.3% ~0.5%。点花也叫点浆，5 分钟左右必须完成；然后再用 15 分钟左右的时间闷缸。

装箱：闷缸结束后，将预先准备好的一块块方板（约 80 公分见方）展开，里面铺上白净的伏布，立刻将已经凝固的豆花舀入，直舀至满，再将伏布的对角两两包紧；上面依次可以连续叠加至 20 层，盖上板，加重力压 10 ~20 分钟，即成水豆腐。做油炸豆腐的，需要干箱豆腐，加压的时间还要长一点，以便去除的水分多一点。

划块：逐块打开豆腐板的伏布，按照做各种不同豆腐干的要求，用刀划出所需大小的豆腐块。

灌装：因蒲包袋子可以反复使用 20 次左右，所以在将水豆腐装入各种不同型号的蒲包袋子之前，必须把蒲包袋放入开水中消毒、烫软。传统的蒲包袋主要有大中小三种型号。做老油豆腐干的需要灌装圆形的中号，成品约有银元大小。灌装中，师傅凭借丰富的经验和灵快的手势，第一取量精准，第二旋转扭紧，将扭结按捺平服。做开洋豆腐干，只需在平放的豆腐板上平铺一块伏布，将水豆腐舀满，再在伏布内安放一个每个方格都是 6 厘米的木质模具。模具的每一条边都是正三角形，一面平整，一面有角，放置时有角的朝下。在能见到的每一个方格内均匀地放置开洋，最后包上伏布。（有的厂家为了美观，在伏布包起来之前，上面再压一块雕花模板，方格尺寸和下面安放的相同，但每一个方格的平面上，都刻有文字、花草等图形）

图 14-3　2015 年和桥五香豆腐干、开洋豆腐干制作过程中使用的小蒲包、压制模具

压榨：灌装好的小蒲包，已经均匀地排列在豆腐板上，放置好开洋的水豆腐也已用伏布包好。压榨，就是将一块块的豆腐板叠加起来，最多时可叠十八九层。压榨的用具叫榨床，利用杠杆的原理，逐步将碗口粗的木杠稳稳地将叠加的多层豆腐板压住。有经验的师傅，十分注意保持叠加起来的一块块豆腐板非常垂直。一整套压榨过程控制在 40 分钟左右，分五六次压下杠杆。每次压下需先用木销锁住扣眼，静等六至七分钟。

图 14-4　2015 年，宜兴市恒和食品有限公司的师傅使用木榨床

氽水：打开刚下榨床的小蒲包，用较快的速度取出成型的白胚豆腐干，放入热水锅内继续加温，烧至水开，待豆腐干全部浮出水面即可捞出。

图 14－5　2015 年和桥老油豆腐干的白胚晾干与在卤汁中翻煮

卤制：待白胚开洋豆腐干从伏布中取出，即可放入有开洋、黄酒、冰糖、盐和其他调味品调制而成的卤汁里，煮透后再焖至 24 小时，便可捞出晾干。制作老油豆腐干的卤汁，是用当地或自己酱园内上好的酱油、再加入茴香、香叶、桂皮、开洋等佐料包及红糖而煮成。氽水捞出的圆形豆腐干即可放入这种五香卤汁翻煮三四小时，最后取出豆腐干，浸入加了冰糖的老秋油（和桥当地夏秋生产的酱油，晒足了日头），浸渍一月乃至一年后，待豆腐干里外的颜色都变成了红褐色，捞出沥干即成老油豆腐干。一般情况下，每 100 千克黄豆，可以做出 85 千克豆腐干。

图 14－6　2015 年和桥老油豆腐干制作用的香叶与制作好的成品

二、现代工艺

和桥豆腐干的传统工艺，经过漫长的路程，才于 20 世纪 80 年代初，得到大幅度改进，以后逐步现代工艺。1988 年第 2 期《江苏调味副食品》杂志，介绍和桥豆腐干制作有十五道工艺：精选黄豆，浸泡，磨浆，甩浆，煮浆，筛浆，点花，上箱，划块装蒲包，压榨，白胚冷却，配料加热煮胚，凉胚包装抽真空，晾干封口灭菌，成品。

随着机械化生产豆腐干技术的发展，各厂家都加强学习和创新，继承优秀的传统工艺，不断创新现代工艺，增加豆腐干的品种，提高豆腐干的品质。现代工艺用上新设备，黄豆浸泡后能自动除去混和在豆里的少量杂质。50 千克水黄豆，上线除杂只需七八分钟。加上滤洗，原料更清洁。磨浆使用小钢磨，甩浆用不锈钢桶，煮浆用蒸汽，连用盐卤点花也实现自动化。这样的工艺，可以实现去渣干净，没有焦糊味，保证准时成花。现代工艺还增加了自动筛浆。不锈钢水泵将已经煮好的豆浆灌入钢丝筛，经振动再过滤一遍。筛网的眼从 20 世纪 80 年代的 80 目提高至现在的 120 目、140 目，使制作出来的豆腐干更加细腻。制作老油豆腐干至今还保持着用蒲包灌装的传统，只是用液压机代替了传统的榨床，压榨的时间增加至一小时。

现代化生产的量较大，所以厂家都选用大型的陶缸，将压榨后取出的白胚放入里面，加开水和蒸汽氽水，以便去掉白胚里面的豆腥味；只有卤汁豆腐干，在压出白胚后，还需划块、油炸，不需氽水。传统的翻锅卤制在现代工艺里也改成翻缸、用蒸汽煮透后焖缸。工厂化生产的豆腐干品种多，备有各种老卤的大型陶缸也多，缸内卤汁调制的配料也更加科学，更有特点。卤制的时间一般在 24 小时左右。

自 20 世纪 80 年代发明豆腐干复合真空软包装袋后，豆腐干的包装逐步增加了高温灭菌设备、真空封口一体化设备，使和桥豆腐干的保质期可延长至六个月。各个厂家还在包装袋、包装盒的印刷上追求美观，设计成既具和桥文化特色，又具各种不同风格。

2015 年，和桥豆腐干的工艺流程可以确定为十九道：选料，浸泡，去杂，磨浆，甩浆，煮浆，筛浆，点花，上箱，划块，装包，压榨，取胚，氽水（卤汁豆腐干的白胚油炸），卤制，凉干，高温灭菌，真空包装，成品装盒。

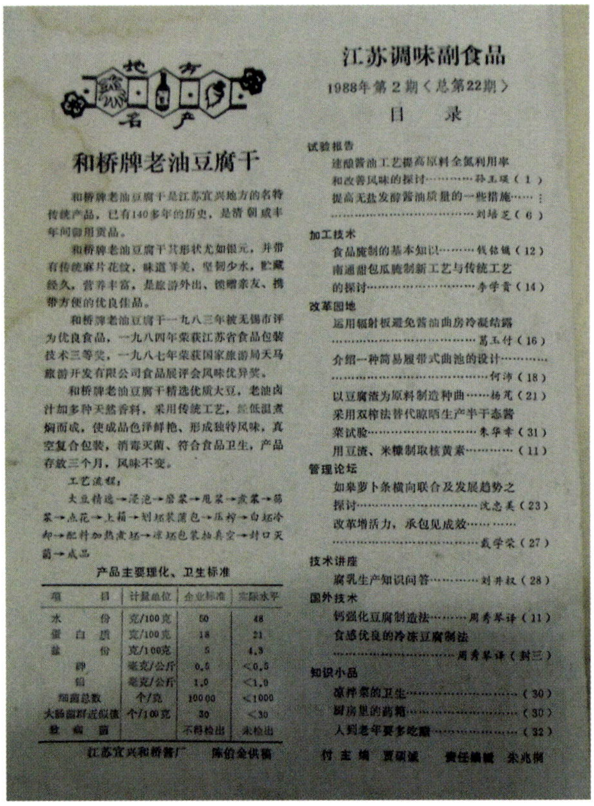

地方名产

和桥牌老油豆腐干

和桥牌老油豆腐干是江苏宜兴地方的名特传统产品，已有140多年的历史，是清朝咸丰年间御用贡品。

和桥牌老油豆腐干其形状尤如银元，并带有传统麻片花纹，味道鲜美，坚韧少水，贮藏经久，营养丰富，是旅游外出、馈赠亲友、携带方便的优良佳品。

和桥牌老油豆腐干一九八三年被无锡市评为优良食品，一九八四年荣获江苏省食品包装技术三等奖，一九八七年荣获国家旅游局天马旅游开发有限公司食品展评会风味优异奖。

和桥牌老油豆腐干精选优质大豆，老油卤汁加多种天然香料，采用传统工艺，经低温煮焖而成，使成品色泽鲜艳、形成独特风味，真空复合包装，消毒灭菌、符合食品卫生，产品存放三个月，风味不变。

工艺流程：

大豆精选→浸泡→磨浆→甩浆→煮浆→筛浆→点花→上箱→划坯装蒲包→压榨→白坯冷却→配料加热煮坯→凉坯包装抽真空→封口灭菌→成品

产品主要理化、卫生标准

项目	计量单位	企业标准	实际水平
水份	克/100克	50	48
蛋白质	克/100克	18	21
盐份	克/100克	5	4.3
砷	毫克/公斤	0.5	<0.5
铅	毫克/公斤	1.0	<1.0
细菌总数	个/克	10000	<1000
大肠菌群近似值	个/100克	30	<30
致病菌		不得检出	未检出

江苏宜兴和桥酱厂　陈伯金供稿

江苏调味副食品

1988年第2期〈总第22期〉

目　录

付主编　贾硕诚　　责任编辑　朱兆桐

图 14－7　1988 年第二期《江苏调味副食品》对和桥牌老油豆腐干的介绍

第三节　商品销售

一、销售变化

新中国成立以前，和桥豆腐干就在街面设店销售，主要顾客为镇上的居民和从外地到和桥镇上办事的人。特别是外地人经过和桥，为了品尝有名的和桥豆腐干，特意进店自行挑选，购买。和桥镇上的小商小贩也到店批发，择地销售。像戏院、茶馆、浴室等旁边销售的摊点，比较固定；像出入于社戏、庙会等场所的小商贩，还有游走在轮船码头、汽车站的叫卖人，一般都为妇女。她们提着篮子，热情灵活，到处兜售，方便顾客。这种销售形式一直延续到 1956 年酱园的公私合营。

1956 年后，由于原料缺乏，和桥豆腐干生产曾一度停止。1960 年，和桥豆制品厂开始生产，街面上有固定的摊位。在凭票供应的豆制品中，也有豆腐干供应。20 世纪 70 年代初，由于市场有议价黄豆交易，和桥豆制品厂也有市场价销售的豆腐干。70 年代，和桥镇周边的一些生产大队，开始生产豆腐干，街面上也都有固定的销售摊位。其中的一些生产单位，不满足于现有的销售状况，开始派出供销至北京、上海、南京等地联系、拓展销售渠道。1983 年，南京市长江南北货商场开始销售和桥"云阳"牌豆腐干。由于顾客开始对产品不够了解，销售也不多。该商场一位女营业员灵机一动，挂出一块黑板，上面写着："和桥五香老油豆腐干，清代贡品，江南风味，地方一绝。"没过多久，"云阳牌"豆腐干在该商场的销售直线上升，每月销售 1 万余包。

1988 年，云阳豆腐干每日生产所需的黄豆，达到了 1000 千克，在京沪线的销售也十分兴旺。

80 年代初，和桥酱厂恢复豆腐干生产。"和桥"牌豆腐干，凭借其技术、品质、产量等方面的优势，销售大大超过了一般的生产厂家。1985 年，"和桥"牌豆腐干，产量已达到相当规模，销至全国 17 个省、市的 200 多个固定供应点，北上沈阳，南下广州，西至新疆，东达上海，尤以京沪线上的大中城市经销最多。乡人外出，游子归来，都把和桥豆腐干当做礼品，分赠好友至亲；有的还寄到海外侨眷侨胞的手里，让他们分享故乡的至味。

20 世纪 90 年代，随着工业体制改革的深入，和桥生产豆腐干的私营企业已有 5 家。1999 年，豆腐干的年产量达到 400 多吨。这些企业都建立了自己的销售门店。店内都设有豆腐干的展销玻璃敞口柜，按各个花色品种分别摆放，整齐清洁。大小礼盒，分门别类。整个店堂，文化气息浓厚。外销渠道进一步拓宽，以前很少有销售的天津、河北、浙江、山东、安徽、湖南等，都开辟了固定的点，销售数量比较稳定。

进入 21 世纪，和桥豆腐干的名声传播更广。全国各地的特色产品批发市场、大型超市、高速公路服务区、著名旅游景点等，都与和桥豆腐干企业签订长期供货合同，年销量超过 500 吨。

二、包装与价格

20 世纪 60 年代以前，和桥以生产老油豆腐干为主，销售时都以10块一扎。1950年起，每扎零售价0.1元。60年代中期至70年中期，每扎零售价0.2元。至80年代初，价格上升到0.3元。1984年，和桥酱厂的豆腐干有了真空软包装，每小袋装12块，净重100克，零售价0.5元。90年代，豆腐干的品种增多，1300克的礼盒，装有老油、开洋、鲜辣等花色，零售价25元～30元。2000年起，装有10块的小包装零售1元；1300克的礼盒，品种更多，零售价35元～40元。2005年，装有8块的小包装零售价1元；1300克的礼盒零售价50元～55元。2012年，装有6块的小包装，净重50克，零售价1.5元；1300克的礼盒零售价60元～65元。2015年，装有6块的小包装零售价2元；1300克的礼盒零售价70元～75元。2015年底，宜兴市恒河食品有限公司开始用传统的手工制作方法生产老油、开洋豆腐干，由于制作成本较高，每千克售价60元。尽管价格较高，但产品仍供不应求。

第四节　重点企业

一、宜兴市和乐食品有限公司

图14－8　至2015年，宜兴市和乐食品有限公司已获得的荣誉及已有的部份产品

位于和桥西面1.5千米处。前身为南新公社云阳大队郑家生产队的云阳豆制品加工场，由郑章大、郑照华等7户农民联合于1982年创办，专门制作和桥五香老油豆腐干，以“云阳”作为注册商标，产品畅销南京、镇江、常州、苏州和北京。1988年，7户联合体的主心骨郑章大不幸去世，其侄儿郑照华决定继续做豆腐干事业，其余的几户均另走了致富门路。2000年，云阳豆制品加工场改名为宜兴市和桥镇老郑豆制品店。同年，“云阳”系列豆腐干被评为全国质量保证放心产品。2002年，该店又改名为宜兴市和乐食品有限公司，注册商标也改为“云香”。2005年，“云香”牌五香豆腐干、五香蛋，被评为无锡市名牌产品。2006年，该公司除了生产五香老油豆腐干，还增加生产五香麻辣豆腐干、美味开洋豆腐干、咖喱香味豆腐干、鲜甜卤汁豆腐干。2015年，该公司每天生产600余千克黄豆的豆腐干，主要销往京沪线的大城市。“五香老油”“五香麻辣”“美味开洋”这三种口味的豆腐干特别好销。

二、宜兴市和桥永和食品有限公司

图14－9　至2015年，宜兴市和桥永和食品有限公司已获得的部分荣誉、题字等

1994年7月，和桥工农巷37号的朱建年，开始挂牌永和食品厂，生产“永和”牌豆腐干。该厂利用传统和现代工艺相结合的办法，聘用镇上有经验的老师傅、老工人，生产出了具有传统风味的老油豆腐干、开洋豆腐干和麻辣豆腐干，日产豆腐干300千克以上，满足了市场的需要。1996年，该厂改制为股份制企业，企业名称改为宜兴市和桥永和食品有限

公司。为进一步提高产量和品质，公司逐步添置了全自动液压机、全自动水黄豆除杂清洗机、不锈钢制浆桶、自动筛浆机，换用了效能更高的锅炉、包装等设备。1998 年，豆腐干的日产量提高至 600 千克左右。2002 年，因朝阳路拆迁改造，公司搬迁至朝阳路 132 号。

在激烈的市场竞争中，永和公司始终注意继承传统，开拓创新。原先的黄豆浸泡，虽十分简单，但一年四季温度多变，时间长短有别，夏秋季节经常要在晚上操作。他们专门设计了电脑、监控、水泵一体化操作系统。遇到夜里浸泡，也不需要人起来，全凭电脑自动化操作。为增加卤汁豆腐干品种的生产，公司负责人先后多次去苏州、无锡有关厂家拜师学艺，直到掌握了将豆腐干胚油炸至松软的技术，才在生产线上试制。后来，永和卤汁豆腐干质量得到了无锡“陆稿荐”的认可。2003 年，公司通过多方认证和多次试验，向市场成功推出了牛肉夹心、香菇夹心、虾籽夹心、火腿夹心、鸭肫夹心等一系列夹心豆腐干，受到消费者欢迎。2005 年，该公司的豆腐干、蛋品、笋黄豆等的系列食品，已有 30 多个品种。

该公司在制作和桥豆腐干的传承和创新过程中，相当重视文化的积累。朱家长辈有书法特长，就用毛笔书写了和桥豆腐干的风味特色，并印制在豆腐干的外包装上。2002 年，无锡市书法家协会副主席陆修伯为该公司书写“百年永和”的条幅。2007 年 12 月，由该公司和慈圣、龙泉三家企业以“和桥豆腐干”名义，申请的豆腐干制作技艺列入首批无锡市非物质文化遗产“传统技艺”代表性项目。2008 年，江苏省著名茶画家张利烽专门以赞美和桥豆腐干为题，作画写诗，赠与永和。2010 年，中国工艺美术大师鲍志强也以“百年永和”为题，书写遒劲的大字，为永和留念。2011 年 9 月，该公司负责人朱建年，被认定为无锡市非物质文化遗产项目代表性项目传承人。2013 年，公司在豆腐干的包装盒、包装袋的设计上又作创新，更清晰、更形象地反映出古镇和桥千年历史文化的传承。至 2015 年，和桥永和豆腐干的销售，除了在京沪线的大中城市有专卖点外，还在浙江的杭州、长兴、义乌等地建立了长期批发的合同。该公司还热心于公益事业，多年为北庄村的老年协会捐款，积极支持街道的文艺娱乐活动，受到当地领导和居民的赞赏。

2002 年 5 月，永和系列豆腐干，被江苏农业信息网评为江苏特色农产品推荐商品。同年，该公司被无锡市质量技术监督局、无锡市工商业联合会评为无锡市质量信得过企业。2003 年 1 月，“永和”牌商标被无锡市工商行政管理局评为无锡市知名商标。同年，“永和”牌豆腐干、笋黄豆等又被无锡市消费者委员会评定为推荐商品。2007 年 11 月，宜兴电视台来该公司拍摄豆腐干的专题片。

三、宜兴市龙泉食品厂

图 14－10　至 2015 年，宜兴市龙泉食品厂已获得的部份荣誉及已有的部份产品

1997 年 6 月，曾经担任过国营和桥酱厂厂长的唐荣泉，在玉龙河畔创办专门制作豆腐干的食品厂，以“和桥龙泉”为注册商标，一心要制作上乘的和桥豆腐干，弘扬古镇优秀的传统文化。2000 年，该厂

已初具规模，在大批量生产五香老油豆腐干、开洋豆腐干、鲜辣豆腐干基础上，逐步开发出了牛肉味、鸡肉味、排骨味、三鲜味、无糖等品种的豆腐干，还成功研制出五香蛋、龙凤双喜蛋、五香花生米、五香笋花生、五香笋黄豆等喜庆和休闲食品，畅销全国 20 多个省市自治区。特别是当年有位出生于和桥东横街的赵洪根，在天津市任出入境检验检疫局局长，见到故乡的豆腐干，欣喜不止，立刻抽样检测。当检测结果达标后，他主动提出设立天津销售点，使得该厂豆腐干在天津及外埠的销量大增。

该厂的老油豆腐干，在用机器碾磨后沥浆时，一直使用 120 目的钢筛，还保持用香蒲草小包灌装水豆腐，压榨去除水分也有独特之处。因此，“和桥龙泉”老油豆腐干也有更细腻、更耐嚼的特色。

2001 年，该厂的“和桥龙泉”系列豆腐干，被无锡市列为“推荐商品”。2002 年，被评为无锡市名牌产品。2003 年，又获首届江苏名特优农产品交易会“产品畅销奖”。同年，江苏卫视到该厂拍摄豆腐干文化专题片。2005 年，“和桥龙泉”豆腐干被中国中轻产品质量保障中心评为“中国知名品牌”。

2006 年，该厂决定尝试制作苏州卤汁豆腐干。经反复调制，甜而不腻、咸鲜适中、颜色红亮的卤汁终于试制成功。在干箱豆腐片切块入锅油炸后，捞出浸入这种卤汁，烧煮焖锅 24 小时后，捞出晾干上线高温灭菌包装。由于包装漂亮，味道适合苏锡常一带的大众，在上海老城隍庙、苏州观前街、常州民航机场，很快赢得消费者。

2007 年，“和桥龙泉”豆腐干参加了第二节宜兴市“竹海杯”优秀旅游商品展，被评为“银奖”。2010 年 1 月，该公司负责人唐荣泉被认定为无锡市非物质文化遗产项目代表性项目传承人。2013 年，“和桥龙泉”豆腐干又参加江苏宜兴餐饮博览会，被评为“宜兴特色名点”。2014 年，又被评为无锡名优土特产。2015 年，在中国宜兴国际素食博览会产品展中，又获“素食好产品奖”。当年，“和桥龙泉”豆腐干，在宜兴市宜城街道南仓村路专营店、连云港友谊商店、宁杭高速等高速公路的服务区、温州和湖州的大商场销售，生意十分兴旺。

四、宜兴市慈圣食品厂

图 14－11　至 2015 年，宜兴市慈圣食品厂已获得的部份荣誉及已有的部份产品

位于鹅洲东路 152 号，与化城寺相邻，于 1999 年，由曾担任过国营和桥酱厂厂长的许祖华创办，生产和桥豆腐干，并以“慈圣”为品牌。在产品生产组织和安排上，“慈圣”坚持以老油豆腐干为主，坚持用小蒲包灌装上榨的传统工艺，坚持古今结合、科学调制配料，既保证和桥百年豆腐干的传承，又创造“慈圣”品牌特色。

2001 年，为适应市场，该厂在老油豆腐干、开洋豆腐干、海鲜豆腐干等传统产品的基础上，成功推出卤汁豆腐干、香辣豆腐干、素丝圈，还有五香蛋、双喜蛋及笋黄豆、笋花生等产品，很快占领了江苏大统华各分店，尤以常州、丹阳、溧阳、江阴、宜兴、丁山、张渚等地的销量特好。同年宜兴电视台、无锡电视台都到该厂做过专访。2003 年，中央电视台二套《龙行天下》专题栏目组到该厂拍摄专题片，并于 10 月

26日、27日连续两天播出。同年，“慈圣”牌豆腐干被评为无锡市名牌产品。

2004年，该厂所处的东横街、鹅洲东路及邻近的鹅洲北路，一批涉外企业经常有外宾到来，其中不少是旅居美国、英国、加拿大、澳大利亚等国的华侨。他们对企业赠送的慈圣豆腐干十分赞赏，这更为该厂做好豆腐干这一传统特色产业增添了信心和决心。该厂定期组织工人培训、外出参观学习，努力掌握现代机械化、信息化条件下的生产技术，不断提高豆腐干的品质。同年，宜兴慈圣食品厂首次被评为全国产品（食品）质量监督抽查合格企业。2005年，“慈圣”牌豆腐干、五香蛋，被评为无锡市质量信用产品，该厂还被全国《商品与质量》打假保优维权中心确定为质量信誉跟踪单位。2006年，“慈圣”牌豆腐干、五香蛋又被评为江苏省质量信用产品。2007年，“慈圣”牌豆腐干、五香蛋、笋黄豆再次被评为无锡市名牌产品。

2010年1月，该厂厂长许祖华，被认定为无锡市非物质文化遗产项目代表性项目传承人。2012年，“慈圣”牌豆腐干通过无锡、南京层层评测，最后被中华烹饪协会列为“中华名小吃”（和无锡市王兴记小笼包同时获得此殊荣）。同年，还被江苏省餐饮行业协会评为“江苏名小吃”。2015年，该厂豆腐干的销售拓展至京沪沿线、浙江、湖南等地的大中城市，网上销售已遍及全国各地。

五、宜兴市科中食品有限公司

2000年8月，和桥酱厂改制结束后，由蒋科中投资130万元成立该公司，原地址在鹅山街34号，2005年起改址在健康东路71号。

由于原酱厂有豆腐干的生产线，该公司只添置了一台DHG0.5－0.7AⅡ型锅炉，就上马生产老油、开洋、麻辣、卤汁等豆腐干，使用原酱厂“和桥”牌为注册商标，年产量约为50吨豆腐干。

该公司设有100平方米的门市部，用于销售豆腐干等产品。2003年，通过环保评估。2004—2009年，每年春节前后，门市部生意特好，销量最多的是老油豆腐干。2010—2015年，该公司曾经和人合

图14－12　2015年，宜兴市科中食品有限公司豆腐干的外包装

作，搞过贴牌生产。2015年底，该公司又投资40多万元，建设新的生产线，努力恢复“和桥”牌豆腐干的本地生产。

六、宜兴市恒和食品有限公司

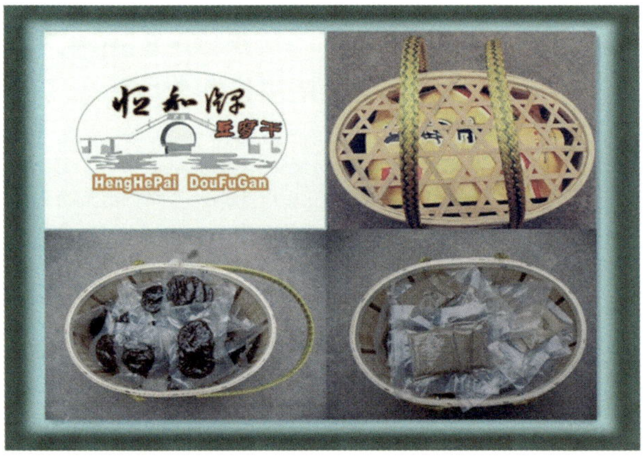

图14－13　2015年，宜兴市恒和食品厂申请的注册商品及已有的产品

2015年，和桥镇商会提议传承和桥豆腐干的传统工艺，保护非物质文化遗产。2015年底，和桥镇劳动社区的闵健芬等，经过积极筹备，开始在鹅洲西路262号用完全传统的工艺试制豆腐干。

该公司聘用原和桥酱厂豆腐干生产的技术骨干陈伯金及徐金荣等师傅，采用石磨磨浆、人力挤浆、土灶柴草煮浆、木制榨床压榨成型、天然传统香料调

制老卤、蒲包灌装等豆腐干传统制作工艺。整洁的三间房内，十几道工序安排得井井有条。试制出来的老油豆腐干，酱色鲜艳，圆整厚实，两面的麻花纹路清晰，“肚脐眼”自然居中，和历史上“梅永和”生产的一模一样。尝一尝口味，老和桥人无不赞赏。该公司生产的开洋豆腐干，每一块都加入了经料理后的开洋，口感清香、鲜美。该公司在试制成功的基础上，很快以“恒和”为商标注册，向有关部门上报申批。“恒和牌”豆腐干使用小巧玲珑的椭圆形竹篮盛装，显得古朴典雅。虽然价格略贵于其他厂家，但仍是供不应求。

附:和桥豆腐干记事

1. 梅礼卿与梅永和老牌豆腐干

1867年，有个叫梅礼卿的安徽汉子，原在太平军中做事，战乱中全家遭难，只身来到和桥镇谋生，常买上几块豆腐干，喝盅酒助助兴。有一次，他觉得味道不如先前那么好了，就向店主提出疑问。店老板听了顶撞他说:“你有本事，就自己去开作坊吧!”梅礼卿一气之下，真的于1870年开了一片酱园，取名“梅永和酱园”，地址在中兴桥西堍北面不满十丈的地方，门朝运河，兼产老油豆腐干，发誓要超过别的酱园。

梅礼卿聪明能干，他汲取了和桥及安徽芜湖一带豆腐作坊的长处，讲究选料，精巧制作，又把万生酱园的方形五香嫩油豆腐干，改为干花包压的老油豆腐干，形状由方形改为圆形，先采用小蒲包包装成型，压成坚实的豆腐干胚，后放入锅中水氽，再翻锅白煮，然后加上红糖、黄酒、茴香、开洋等作料进行色煮，最后取出浸入老秋油中，同时加上冰糖，浸渍一月乃至一年后，上市出售。因豆腐干在白胚形成时就印有“梅永和号”4个字，和桥梅永和酱园生产的豆腐干，也称“梅永和老牌豆腐干”。1915年，梅礼卿去世，长子梅渭中继承经营。1936年，梅渭中的二子梅苏生接办。梅永和老牌豆腐干，是和桥历史上的奇葩。

2. 油炸豆腐

民国初期，有一位叫李招孝的师傅，从老家金坛来到漕桥街上学做油炸豆腐。民国10年(1921)，当了几年学徒后，他便来到和桥住马家高墩开办豆腐店。店名“李永兴”，在中兴桥西堍北侧。他制作的油炸豆腐，十分有名，很受和桥人喜爱。

这油炸豆腐，与老油豆腐干制作有一个相同地方，这就是将豆花灌入蒲包内压榨，但使用的蒲包比老油豆腐干大，直径近两寸。压榨的时间也比老油豆腐干短，因为要保持既干洁又油嫩的口感。当豆腐胚从蒲包里取出来时，洁白如玉，形似月饼。在油炸前，要先将这种豆腐放入专制的卤汁里浸泡半小时。这种卤汁，采用的原料有十多种，如鲜笋大头、老苋菜籁、芥菜梗、生姜，茴香、桂皮、香叶、开洋、盐、酱油、冰糖等。

李招孝的店堂有两间门面，有一二十个席位。当晾干的豆腐胚子投入滚热的油锅时，满屋子是香气。一碗三五块，刚端上桌台时，还滋滋作响，浇上酱油，放点白糖、香菜，成为了一道有名的小吃，传承很久。吃过这种豆腐的和桥老年人，现在还有好多。他们忘不掉的是那豆腐“黄满满、热烫烫、香喷喷，嫩哚哚、鲜笃笃”。

3. 慰问志愿军

1952年9月，和桥人民为慰问抗美援朝的志愿军，决定生产5万千克黄豆的豆腐干。

当时的新中国还刚建立，和桥全镇百废待兴。新的人民政府为做好这一件大事，安排民政助理许仁乾专门负责领导工作，安排姚良修经理筹集生产原料和生产资金，然后组织开展生产。和桥当时能生产豆腐干的私营酱园不过十家，担当最大任务的有老万生、鼎和源、乾源盛，还有李招孝、周裕隆、徐二等豆腐干店也负有较多的生产任务。为了制浆，各个店家都增加了石磨，常常是人歇磨不歇。煮浆的铁锅，整日热气升腾。灌包的妇女，由于长期不停拧旋潮湿的蒲包，手指上的螺纹都不见了。几十个制作豆腐干的师傅，几乎天天熬夜。包装的工人，保证了豆腐干成品后立刻装袋、装箱、搬运上车。

据当时参加生产的老人回忆，人民政府为防止意外发生，每个生产点都派两个武装民兵值守。用了一个多月时间,生产任务全部完成。和桥镇人民政府还表彰了生产中的积极分子。

4. 叫卖豆腐干

20世纪初至60年代初,和桥大街上每天都有很多叫卖豆腐干的妇女。为了谋生,她们挎着的盘篮,底大帮浅,有些发黑。里面的豆腐干,都是10块一坨,用干净的麻丝交叉扎牢,表面覆一张粉红色的方纸,纸上盖有生产作坊的名号。梅永和店的豆腐干,都是用透明的白色食品纸包裹后再扎的。这一扎扎豆腐干,在女人的篮里,分层码放,十分整齐。

民国时期,每年二月初二城隍庙演土地戏、二月十二痘司堂演百花戏、三月初八上塘街商界主办的“花台戏”、七月十五和桥寺庙的菩萨出会、九月廿八东岳庙的“水龙比赛”,届时和桥大街上热闹非凡。挎盘篮卖豆腐干的妇女,穿戴整洁,穿梭于各个人群聚集的场所,口中不停地叫喊:“豆腐干,豆腐干,和桥豆腐干,要吃快来买!”满满一篮货,一两个时辰就卖完了。有时生意特好,她们还会叫家里的女孩子出来帮忙。

抗日战争前,从常州开往宜兴的客轮,每天有两班停靠和桥。上午十点半的一班,停靠时间最长。挎盘篮的妇女准时在码头上叫喊:“和桥豆腐干,快来尝一尝。刚刚出蒲包,越嚼越清香。”许多外乡的长途客,纷纷下船掏钱买上几扎。那时的锡宜公路也有客车经过。守候在车站的妇女或多或少也能做到一点生意。

中兴桥西的观音巷,聚集了很多茶馆,还有面馆、浴室、戏院。那里一日三市,人来人往特别多。新中国成立前夕,这里叫卖豆腐干的除了很多妇女外,还有一位穿长褂子的男人,老和桥人都叫他“秦奎大”。他参加过国民党部队,是一位号手,抗日战争胜利后回和桥老家,因没有正事就加入了叫卖豆腐干的队伍。他的衣衫颜色很深,篮子很新,特别是用一个铜制的军号咀子,边走边吹,边吹边唱:“大姑娘吃了我的豆腐干呀,养的儿子白又胖;老太太吃了我的豆腐干呀,子孙满堂寿又长;大老板吃了我的豆腐干呀,财帛进门生意旺……”他嘴里的军号咀子,能吹出很多动听的乐曲,加上唱的小调,很吸引人。尤其是那些贪玩的孩子们,跟着、围着、笑着、跳着,影响了他不少的生意。可是这位秦奎大,始终是乐呵呵的。

20世纪60年代初,和桥经济萧条。那些挎盘篮的妇女,很多人只能寻找别的行当了,还有少数的转至楝树港、南新街等地兜售。

5. 史绍熙喜欢和桥豆腐干

江苏省常州中学校长史绍熙,是我国著名教育家。抗日战争爆发不久,作为兄长的史绍熙曾经在和桥私立彭城中学任教并担任教务主任。

在和桥任教期间,史绍熙关爱学生,尤其对家庭贫困的学生,总是尽力帮助。这让他的学生十分感激,终生不忘。1945年,史绍熙应聘去了江苏省常州中学。

成长起来的和桥学生,始终念念不忘史老师。逢年过节,他们经常结伴去常州看望老师,和老师叙旧。史老师虽然后来做了校长,工作繁忙,但对每批做客的和桥学生热情依旧。他很喜欢和桥豆腐干,经常和学生讲起在彭城中学任教期间,乘假日去中桥、去迎祥巷买些老油豆腐干,既做菜,又消闲。他还向前来的学生们定了规矩,什么时候都可来,但只允许带一点和桥豆腐干来。

1996年,和桥职业高级中学举行落成典礼,已经82岁高龄的史绍熙校长应邀来到和桥。他把和桥当做自己的故乡,用饱蘸深情的笔墨,为新落成的学校题写了校名。在和桥,他又尝到了和桥豆腐干,令他十分开心。

史绍熙在常州工作期间乃至离休后的每一年,都喜欢品尝从和桥带来的豆腐干。这是史绍熙的一个生活细节,也可见这位教育家爱和桥、爱学生的深厚情意!

6. 太平金钱干

1986年秋,“云阳”豆腐干在南京热销。这消息,很快传到了佛教圣地鸡鸣寺。时任主持的宗诚法师,得知“云阳”豆腐干产自宜兴,有一百多年历史,名誉全国,就想把这一知名素食引进鸡鸣寺。她立刻吩咐下属，和宜兴云阳豆制品加工场联系。

当郑厂长呈上样品，宗诚法师有点喜不自禁，边品尝边详细观察。她觉得这豆腐干酱色亮丽，满口清香，回味无穷，实在诱人，是佛门素食中的珍品，于是就自言自语：外形圆整，两边印有麻花纹，如银元般大小……这豆腐干，寓意好美，就叫“太平金钱干”吧。周边围观的人都说好。那一年，“云阳”豆腐干在鸡鸣寺有了另一个吉祥的名字，每月销售6000包。

7. 湖南老师的赞美

湖南称豆腐干为“香干子”。有位地道的湖南人叫王月娥，在常德安乡三岔河中学任语文教师。2013年7月11日，她在阳美论坛发表了一篇《和桥豆腐干》，全文记录如下：

2013年暑假的一天，夜风习习。随华东五市七日游一行，我等在无锡停留一晚，觅得街边一小吃店。

进店一杯凉茶后，同行四人随便点了几个菜。老板娘笑吟吟说：“豆腐干是要点上的。”

“为什么？”我们几乎是异口同声了。在湖南，豆腐干有的是，我们叫它香干子，才四五元一斤，买卤鸡鸭时，店家还免费赠送一些。

“呵呵，这豆腐干是咱店的招牌菜，有名的宜兴土特产，可有上百年的历史了！绝对让你们吃了还想吃！”

“好一个伶牙俐齿的老板娘！就冲你这一说，那就来一碟吧！”有人提议。

不到二十分钟，老板娘先端出前四道菜，再将四个菜碟稍稍往外挪挪，将另外一碟酱香四溢、油光澄亮的豆腐干摆在了正中央。深酱色的豆腐干在少许青椒的映衬下，色泽更显目了。圆形的薄片上还印有麻片状花纹，确实与我们湖南方方正正的香干子大相径庭，多了一份玲珑。

四双筷子急不可待地伸向豆腐干，老板娘呵呵地笑个不停。

豆腐干入口，韧劲十足，丝毫不像我们平日里吃的香干子，几下子便可嚼烂下咽。

“呵呵，与你们湖南的不同吧？”

“当然咯！这百年历史的东西，瞬间就入肚，岂不可惜了？”我说。引得众人一阵哄笑。

待细细嚼来，满口充溢着豆腐的清香，间有一股特别的香味儿，且咸中带甜，不涩不腻，特滑爽。咽得下去，唇齿间依旧清香徘徊，且余味久久不散。

“这是我们家乡宜兴的和桥豆腐干。关于它，还有一个久远的故事呢：相传在150多年以前，有个叫梅礼卿的安徽汉子，只身来到和桥镇谋生……”

故事没完，一碟豆腐干风卷残云般见底了，唯剩几片葱花，还在碟里泛着油光……

8. 豆腐干店的特殊客人

2014年的国庆长假的一天上午，和桥慈圣食品厂的豆腐干门市部内生意很忙。

十点不到，店老板见门前停下了一辆黑色轿车。从车上走下来的一位是外国男士，另一个是中国小伙子。他们直接向店里走来，店老板赶紧上前招呼。外国人一边看着店内的摆设，一边说道：“Here it is.”通过中国小伙子的翻译，店老板知道，他要找的地方就是这里。老板又进一步了解到，这位洋人是美国人，在常州市办企业。过几天，他就要回美国度假。为了带一些当地的特产回去，他从常州到无锡，又从无锡来和桥，已经挑选了常州芝麻糖、无锡酱排骨等。店老板赶忙选了两包老油豆腐干，递给他们品尝。这位美国人在店堂内，看到了豆腐干有这么多的花色品种，十分欣喜，边品尝，边翘起大拇指，连声“OK，OK！”店主人的服务也很周到，什么包装什么味道以及每一套盒装的价格，都一一介绍。在美国人的要求下，店老板挑选了各色豆腐干25个套装盒，并帮送到了车上。

那两位特殊的客人在离别时，除了深情道谢，还把慈圣豆腐干门市部里里外外看了个遍。

2015年的元月，慈圣豆腐干门店收到了一封来自美国的信件，全是用英文写的。店老板请到了当地的英语老师，才把内容翻译出来。这信就是那位来店卖豆腐干的美国老板写的。他称赞和桥豆腐干的美味，还热情邀请店老板去美国办厂制作豆腐干，说他一定会全力相助的。

唉，他哪知店老板根在和桥，故土难离呀！

9. 书画传情意

2002年暑假的一天，时任无锡市书法家协会副主席的陆修伯先生，在他无锡师范任教的办公室里，翻看着几位宜兴和桥学生送来的资料。这资料，写的是和桥豆腐干，很有历史，曾经得到清朝慈禧太后的赞赏。他也曾经到过和桥，见到过仍在生产豆腐干的企业，很多人曾经提出要求让他题字。今天有空，何不为和桥豆腐干写几个字呢？他思索了一下，展开二尺对开宣纸，用笔蘸了蘸案头的墨汁，顷刻就写下了“百年永和”四个楷书大字，后面又添上“壬午大暑”“修伯”的落款。没过几天，这一条幅就来到了和桥一家豆腐干企业，被装裱好了挂在店堂内，很多人看了都非常赞赏。

中国工艺美术大师鲍志强，有位徒弟叫张利烽，是江苏省有名的茶画家，也是实力很强的陶刻家。2008年底，他来到和桥，参观了有关和桥豆腐干的生产厂家，深有感慨。在一家豆腐干店，他即兴赋诗：“和桥有佳品，永和豆腐干。此物不违和，可与茶香随。”店家拿出文房四宝，张利烽马上挥毫，用书画写出了诗文、茶壶、豆腐干，还有莲蓬，诗画交融，真情四溢。

2010年秋，鲍志强大师得知陆修伯为和桥豆腐干曾经题写过条幅，怀着对和桥历史文化的深深敬意，也用了和陆修伯同样大小的宣纸，用行书写下了同样的四个字“百年永和”，左边落款则为“阳羡乐人书”。不久，这家豆腐干企业的店堂内，高挂着两块“百年永和”的条幅，一左一右，相互生辉。

2015年，全国知名品牌的和桥豆腐干

第十五章 交通运输

和桥地处太湖、滆湖之间，河港交错，水上交通通畅便捷。锡溧漕河、殷村港、漕桥大河、烧香港四条航道贯穿镇域南北东西；塘路（古驿道）、乡道（俗称大路）与临近县邑相通，自然形成水陆两便，商贾辐辏的码头。明清时期，和桥已是商业繁盛的商埠，当时的交通运输，全赖人力（脚夫）、挑担、背负、肩舆（竹轿）和木船运载，但水陆运输通畅，均较繁忙。清光绪二十八年（1902），水上已有轮船搭客运货。民国23年（1934）3—6月，锡宜、武宜公路相继建成通车均途径和桥。新中国成立后，和桥的交通运输业发展较快。政府注重航道、道路基础设施建设，疏浚、拓宽航道，拆除重建桥梁，修拓锡宜、武宜公路和桥段。从20世纪70年代开始，境内道路建设快速发展，到2015年，境内先后修筑了市属公路6条、乡（镇）属公路18条、农村道路159条、镇区交通线路30条，镇村公路覆盖全镇，村村开通公交车。2002年9月、2003年9月、2014年6月，穿过 桥的新长铁路、锡宜高速公路、滆湖东路和桥段先后建成通车。至2015年，全镇有各种桥梁356座，其中主要航道桥21座、主要公路桥44座、村镇农用桥291座。在众多桥梁中，有古桥82座。

第一节 交通设施

一、航道

1. 锡溧漕河和桥段 锡溧漕河，北通无锡、常州，与太湖、长江等黄金水道贯通，南经宜兴、溧阳可抵安徽芜湖等地与全国水运大动脉京杭大运河相连，全长102千米。五级航道，可通航300吨货船，是苏南地区的黄金水道。锡溧漕河和桥段长11.83千米，起自福巷桥村白巷大桥途经钟溪村、楝聚村、北渠村、湖滨村、大生村、北庄村、和桥镇区、永兴村、同里村至屺亭街道的静堂村。镇区段河面宽50米，镇区外河面宽70米，河底宽25米，常年水位3.2米。1971—1972年，为了泄洪和航运，疏浚了和桥段，先后拆除了中兴桥、南兴桥、北兴桥、钟溪桥、归美桥5座单孔石拱古桥和楝树港桥，重建成双曲拱钢筋水泥桥。2000—2003年，以五级航道标准，再次整治锡溧漕河和桥段，同时以公路桥标准又拆建了中兴、南兴、北兴、归美、钟溪桥、楝树港桥，两岸建筑混凝土驳岸23.66千米。2004—2015年，宜兴市交通局协同和桥海事所，对镇区段航道水域环境加强监管，严防水源污染，保持河面整洁，航道通畅。

2. 殷村港 1975—1976年，开凿新殷村港，由滆湖沙渎港经王母桥村、北新村、中巷村、永兴村、北庄村，进入万石镇、周铁镇的汤埝、三洞、陈桥，由浯溪口入太湖，全长23千米，河面宽50米，河底宽20米，常年水位3.2米。境内长9.5千米，新建双曲拱水泥桥梁8座，达国家七级航道标准。2015年，完成综合整治二期工程，新建混凝土驳岸1351米，河道清淤总长9.26千米，土方16万立方米，建生态驳岸、人行道、栏杆782米。

3. 烧香港 西起滆湖口红旗渔场，经高塍、屺亭流入境内的永兴村、同里村，向东与周铁沙塘河交汇后入太湖，全长26.5千米，河面宽45米，河底宽20米，常年水位2米。境内长4.3千米。1999—

2002年,以六级航道标准开凿烧香港,境内建造戈口、聚贤、后庄3座双曲拱水泥大桥。该港属新开河道,2003—2015年,河道水流通畅。

4. 漕桥大河 市支线航道,西起滆湖湖民村(水产村),经楝聚村、钟溪村、北渠村、闸口村、福巷桥村,向东过万石镇、周铁镇与横塘河交汇后再向东经百渎港入太湖,全长21.5千米,河面宽45米,河底宽20米,常年水位2米,境内长11.5千米。1967年,宜兴、武进两县组织民工3.5万人,疏浚、拓宽漕桥河。其中和桥区(包括万石人民公社)、周铁区动员2万人参加。2007年,西起滆湖入口处,东至聚龙桥清淤河道2千米,土方3.6万立方米;2009—2015年,和桥镇区段河道两岸,实施氮磷拦截工程,营造防护林4.27万平方米;布排桩木护坡、种植水生植物各4千米。

二、新长铁路和桥段 新长铁路,江苏新沂至浙江长兴,2002年9月建成投运,全长623千米。新长铁路和桥段自武进运村进入和桥镇,途径福巷桥、北渠、楝聚、湖滨、大生、永兴、中巷、西锄村,境内长约15千米。后经高塍、宜城、丁蜀、湖㳇抵浙江省长兴县。2005年,被铁道部确定为国家一级铁路。

三、公路

1. 锡宜、武宜公路和桥段 民国23年(1934)3月,锡宜公路通车。同年6月,武宜公路正式通车。均为石砂路面,路基不足9米。抗日战争期间被日军占用。抗日战争胜利后,武宜公路于民国34年下半年修复通车,锡宜公路因山湾,桥多延至民国35年5月,才正式恢复通车。1950年后,锡宜、武宜公路和桥段,路基从9米拓宽至12米,1973年浇注水泥路面,1988年,路基拓宽至23米,铺设柏油路面,1990年,设置四车道,路面宽达18米,成为国家二级公路。境内长约7.5千米。2012年5月至2013年11月,改造宜漕线红塍河桥下沿老路向北,经屺亭社区、和桥镇止和楝公路平交口,全长11.883千米,和桥镇区段路基41米。2012年10月至2014年10月,改造和桥—万石段,起点和楝公路平交口,经万石大尖村,终点与S342相平交,全长2.859千米,和桥镇区段路基宽46米,均铺设沥青路面,达国家一级公路标准。

2. 锡宜高速公路和桥段 锡宜高速公路,2003年9月建成通车,北起无锡市堰桥镇接锡澄高速,南止宜兴市新街镇接宁杭高速,全封闭,全立交,路宽26米,双向四车道,沥青路面,中央设置2米宽绿化带,全长69.6千米。锡宜高速公路和桥段途径、闸口村、北庄村、同里村,境内长约8千米。

3. 滆湖东路和桥段 滆湖东路南接环保大道和远东大道接口处,北连武进滨湖大道,双向6车道,全长16.54千米,是S262的重要组成部分,2014年6月建成通车。途径西锄村、王母桥村、北新村、大生村、湖滨村、楝聚村、钟溪村,境内长约13.87千米。

4. 和南公路 由和桥至南新,全长5.6千米,1979年7月建成通车,石砂路面,1986年路面拓宽至7米,同时铺设柏油路面,2001年,路基拓宽至24米,路面宽18米,道路等级为二级公路。2015年6月在老路面基础上,改造摊铺水稳沥青。

5. 和楝公路(和闸公路) 由和桥至楝树港,1982年建成通车,全长7.8千米,石砂路面,1986年路面拓宽至7米,同时铺设柏油路面,2002年,路基拓宽至24米,路面宽12米,道路等级为国家二级公路。2003—2015年,对道路小面积破损路面及时进行修补,保证车辆正常运营。

6. 和高公路 由和桥至高塍,1985—1986年建成通车,境内长3.7千米,路基宽12米,路面宽7米,石砂路面。1997年,铺设柏油路面。1998—2015年对沿线破损路面及时进行修补,保证车辆安全行驶。

7. 南高公路 由南新至高塍,境内长2.5千米,1992年建成通车,路基宽12米,路面宽7米,石砂路面。1998年铺设柏油路面。2000—2015年对破损路面及时进行修补,保证车辆正常通行。

8. 楝杨公路 由楝树港至武进杨桥与武宜公路相接,1982年建成通车,全长2.8千米,石砂路面,1986年,路面拓宽至7米。2006年,在老路基上路面拓宽至12米，浇注沥青混凝土路面，道路等级为二级公路。2007—2015年，对多处小块破损路面及时修补，保证车辆正常通行。

9. 天一公路 由何家菜场至武宜大桥，1982年建成通车，全长1.66米，路面宽7米，石砂路面。2008年，在原路基础上改造为双车道的沥青混凝土路面，面路宽9米，道路等级为二级公路。2014年，在钟溪桥东、西桥垛垒砌限宽石墩，严禁超重车辆通行，至2015年，路面仍保持平整，路况良好。

四、镇村道路

镇属道路18条，总里程46.85千米；镇区交通线路30条，总里程33.45千米（详见《镇村建设》章）；各村道路159条，总里程146.34千米。

和桥镇主要镇村道路

表15－1

路名	起点	讫点	里程（千米）	路宽（米）	路面结构	备注
湖滨路	鹅洲北路	环滆湖路	4.13	6.00	混凝土	—
苗桥路	鹅洲北路	环滆湖东路	3.12	9.60	黑色路面	—
柏贤路	锡宜公路	戈口桥	2.38	6.50	黑色路面	—
大同路	锡宜公路	蒋山公墓	3.05	6.50	水泥、黑色	—
裴家路	西横街	裴家桥	0.65	6.00	水泥路面	—
北新路	和南公路	环滆湖东路	2.22	6.50	水泥路面	西中路长0.83米，村委路长1.39米
军民路	中巷桥	军民桥	4.43	6.60	黑色路面	—
王母桥路	军民路	王母桥村委	1.69	6.00	黑色路面	—
水产路	王母桥村	水产村	4.77	3.50	水泥路面	又名防汛大道
荷花路	南高公路	荷花湾	2.88	7.60	水泥路面	—
柯山路	裴家桥	南新小学	2.93	6.50	水泥路面	—
闸漕路	楝树港	陆田撮桥	4.57	6.00	水泥路面	又名万闸路
周沙路	闸口村委	万石周沿村	1.53	6.00	水泥路面	—
楝阳路	楝树港	闸口公路	3.14	4.50	水泥路面	—
归美路	和闸公路	沙埂路	2.75	6.00	水泥路面	—
白巷路	楝杨公路	白巷大桥	1.79	8.60	黑色600米 水泥1100米	—

五、桥梁

至2015年底，和桥镇有主航道桥21座、主要公路桥44座、镇村农用桥291座。这三类桥梁中建于民国以前的古桥有82座。新中国成立后，因交通事业的发展，绝大部分古桥已拆除重建成现代桥梁。

2015 年和桥镇主要航道桥梁

表 15－2

桥名	坐向	桥型结构	桥长（米）	桥宽（米）	跨越航道	航道等级	坐落地址	修建年代	拓建年代	备注
南兴桥	东西	三跨等高度桥预应力连续桥梁	400	9	锡溧漕河	5	健康路	清咸丰七年（1857）	1971 2000	元、明、清、民国时代、南、中、北兴桥均为石拱桥
中兴桥	东西	系杆拱	450	13	锡溧漕河	5	兴业街	元泰定四年（1327）	1445 1772 1971 2000	
北兴桥	东西	系杆拱	590	9	锡溧漕河	5	团结街	道光二十四年（1844）	1971 2000	
上垛桥	南北	双典桥石砌桥台	48	6	新烧香港	6	上俸村	1999	—	—
戈口桥	南北	双典桥石砌桥台	48	6	新烧香港	6	戈口村	1999	—	—
聚贤村	南北	双典桥石砌桥台	48	6	新烧香港	6	戈城村	1999	—	—
后庄桥	南北	双典桥石砌桥台	48	6	新烧香港	6	后庄村	1999	—	—
殷村港桥	南北	双典桥石砌桥台	30	6	殷村港	7	沈家村	1976	—	—
新建桥	南北	双典桥石砌桥台	30	4	殷村港	7	刘家组	1976	2001	—
西中桥	南北	双典桥石砌桥台	30	4	殷村港	7	西中村	1976	—	—
中巷桥	南北	双典桥石砌桥台	30	6	殷村港	7	中巷村	1976	—	—
新桥	南北	双典桥石砌桥台	30	7	殷村港	7	新桥组	1976	—	—
王母桥	南北	双典桥石砌桥台	30	6	殷村港	7	王母刘家组	1976	—	—
滆湖桥	南北	双典桥石砌桥台	30	4	殷村港	7	团结圩	1976	—	—
归美桥	东西	系杆拱	385	6	锡溧漕河	5	归美村	清代	2000	原为石拱桥
楝树港桥	东西	系杆拱	395	6	锡溧漕河	5	楝树港街	1956	2005	—
钟溪桥	东西	系杆拱	380	7	锡溧漕河	5	钟溪村	清代	2000	原为石拱桥
白巷大桥	南北	钢混石砌桥台	145	6	锡溧漕河	7	福巷桥村	2004	—	—
老聚龙桥	南北	弧形拱桥水泥结构	60	3	漕桥大河	7	聚龙桥村	清代	2000 改建成水泥平板桥	原为石拱桥
新聚龙桥	南北	钢筋水泥结构	60	6	漕桥大河	7	聚龙桥村	2010	—	新建
龙溪桥	南北	水泥砖拱桥	60	6	漕桥大河	7	福巷桥村	清咸丰年间	1976 年水泥砖拱桥	俗称高木桥

2015年和桥镇主要公路桥梁

表15－3

公路名	桥名	桩号	结构型式		孔数	桥长（米）	桥宽（米）	荷载标准（r）	建成年代	拓建年代	备注
锡宜公路	新民桥	$104^{k}+915^{m}$	上	板梁	1	16.86	23	汽—20 拖—100	1967	1983 1990 2000	—
			下	V型桥台							
	大洋桥	$105^{k}+275^{m}$	上	T梁	3	49.00	21	汽—13 拖—60	1962	2001	—
			下	多柱框架式台							
	塘渎桥	$106^{k}+338^{m}$	上	空心板梁	1	20.42	9	汽—20 拖—100	1979	1990	—
			下	V型桥台							
	庄渎桥	$106^{k}+640^{m}$	上	空心板梁	1	18.60	9	汽—20 拖—100	1969	1985 1990 2000	—
			下	V型桥台							
和闸公路	北庄桥	9K＋472	上	空心板梁	3	56.04	8	汽—20	1975	2000	—
			下	多柱框架式桥							
	殷村桥	8K＋476	上	空心板梁	1	25.04	12	汽—20	1979	2000	—
			下	多柱框架式桥							
	渡船桥	7K＋465	上	空心板梁	3	35.04	12	汽—20	1973	1994 2000	—
			下	多柱框架式桥							
	港北桥	8K＋476	上	空心板梁	1	24.50	12	汽—20	—	2000	—
			下	多柱框架式桥							
	采花桥	7K＋465	上	空心板梁	1	18.65	12	汽—20	—	2000	—
			下	多柱框架式桥							
	石芦桥	7K＋465	上	空心板梁	1	19.05	12	汽—20	—	2000	—
			下	多柱框架式桥							
	杨家桥	8K＋476	上	空心板梁	1	20.80	12	汽—20	—	2001	—
			下	多柱框架式桥							

续表 15－3

公路名	桥名	桩号	结构型式		孔数	桥长（米）	桥宽（米）	荷载标准（r）	建成年代	拓建年代	备注
楝杨公路	沙桥	8K＋476	上	空心板梁	1	25.35	12	汽—20	民国	2004	—
			下	多柱框架式桥							
	黄土桥	9K＋472	上	空心板梁	3	54.50	12	汽—20 拖—100	清代	2004	—
			下	多柱框架式桥							
	兴隆桥	7K＋465	上	空心板梁	1	25.06	12	汽—20	民国	2004	原名马家桥
			下	多柱框架式桥							
	何家桥	7K＋465	上	空心板梁	1	23.76	12	汽—20	2004	2004	—
			下	多柱框架式桥							
	万福桥	8K＋476	上	空心板梁	1	20.00	12	汽—20	—	2004	—
			下	多柱框架式桥							
	杨桥	8K＋476	上	空心板梁	1	12.00	7.5	汽—20	—	1999	—
			下	多柱框架式桥							
天一公路	武宜大桥	—	上	空心板梁	3	67.00	20	汽—20 拖—100	—	—	—
			下	多柱框架式桥							
南新公路	昌溪桥	14K＋035	上	空心板梁	1	24.75	12	汽—20	1973	1999	—
			下	多柱框架式桥							
	傅家桥	13K＋129	上	双曲桥	1	17.10	15.6	汽—10	1973	1999	—
			下	V 桥台							
	育中桥	12K＋490	上	双曲桥	1	11.90	10.8	汽—10	1973	1999	—
			下	V 桥台							
	跃进桥	11K＋596	上	空心板梁	1	19.50	15.6	汽—20	1973	1999	—
			下	V 桥台							
南高公路	人民桥	15K＋975	上	木形架拱	1	34.00	10.2	汽—20	1987	1999	—
			下	V 桥台							
	石灰桥	16K＋848	上	双曲拱	1	20.00	7.6	汽—10	1987	—	—
			下	V 桥台							
	佛来桥	17K＋696	上	双曲拱	1	28.00	5.3	汽—10	1986	—	—
			下	V 桥台							
	王家村桥	19K＋040	上	木形架拱	1	38.00	8	汽—10	1987	—	—
			下	V 型桥台							
和高公路	塘家桥		上	板梁	1	24.50	8	汽—15 拖—80	1992	—	注：和高公路现为乡道
			下	重力式台							

续表 15－3

公路名	桥名	桩号	结构型式		孔数	桥长（米）	桥宽（米）	荷载标准（r）	建成年代	拓建年代	备注
和高公路	中心桥	—	上	板梁	1	28.00	8	汽—15 拖—80	1990	宁定桥西移重建为公路桥，称中心桥	—
			下	重力式台							
	汤家桥	—	上	板梁	1	16.00	8.2	汽—15 拖—80	—	2008	—
			下	重力式台							
	上俸桥	—	上	板梁	1	20.00	8	汽—15 拖—80	1986	2006	—
			下	重力式台							
滆湖东路	胜利桥	K14＋157	上	空心板梁	3	100.00	15×2	汽—20	2014	—	—
			下	多柱框架式桥							
	南新桥	K13＋892	上	空心板梁	4	71.00	15×2	汽—20	2014	—	—
			下	多柱框架式桥							
	跃进桥	K13＋248	上	空心板梁	5	109.00	15×2	汽—20	2014	—	—
			下	多柱框架式桥							
	湖渎桥	K12＋311	上	空心板梁	3	36.00	15×2	汽—20	2014	—	—
			下	多柱框架式桥							
	水村桥	K11＋797	上	空心板梁	3	36.00	15×2	汽—20	2014	—	—
			下	多柱框架式桥							
	水村港桥	K11＋435	上	空心板梁	3	36.00	15×2	汽—20	2014	—	—
			下	多柱框架式桥							
	官庄大桥	K10＋860	上	空心板梁	3	36.00	15×2	汽—20	2014	—	—
			下	多柱框架式桥							
	兴河桥	K10＋685	上	空心板梁	1	26.00	15×2	汽—20	2014	—	—
			下	多柱框架式桥							
	窑厂桥	K9＋618	上	空心板梁	1	26.00	15×2	汽—20	2014	—	—
			下	多柱框架式桥							
	塘北桥	K8＋550	上	空心板梁	1	26.00	15×2	汽—20	2014	—	—
			下	多柱框架式桥							
	马嘶渎港桥	K7＋	上	空心板梁	3	36.00	15×2	汽—20	2014	—	—
			下	多柱框架式桥							
	殷村港桥	K6＋731	上	空心板梁	3	291	15×2	汽—20	2014	—	—
			下	多柱框架式桥							
	港下桥	K6＋220	上	空心板梁	1	26	15×2	汽—20	2014	—	—
			下	多柱框架式桥							
	塘渎桥	K4＋152	上	空心板梁	3	36	15×2	汽—20	2014	—	—
			下	多柱框架式桥							

2015年和桥镇主要村镇农用桥梁

表15－4

镇村	桥名	坐向	桥型	坐落地名	跨越河名	河宽、水深（米）	桥身长、阔（米）	初建年代	备注 重（拓）建情况
和桥镇区	小和桥	南北	青石拱	东横街	顺渎河	5×1.5	7×7	南朝刘宋景泰年间	清代几次、2001年重建
	永宁桥	南北	青石拱	东横街	顺渎河	5×1.5	7×3	明朝	清朝几次、2001年重建
	永丰桥	南北	青石拱	东横街	顺渎河	5×1.5	7×3	明朝	清代几次、2005年重建水泥平板
	顺宁桥	南北	青石拱	东横街	顺渎河	5×1.5	7×3	明朝	清代几次、2005年重建
	生建桥	南北	石平板	生建街	五指河	6×2	8×4	清代	1980年重建水泥拱桥
	劳动桥	南北	石平板	兴业街	永昌河	5×1.5	6×7	清代	又名“长工桥”
	平板桥	南北	石平板	兴业街（城隍庙前）	永昌河	5×1.5	6×4	清代	1957年疏浚永昌河被拆除
	骆驼桥	南北	水泥拱桥	兴业街（关帝庙前）	永昌河	5×1.5	6×4	清代	1957年西移永昌路重建水泥拱桥
	葛仙桥	南北	石平桥	兴业街	葛仙河	—	—	清代	1971年疏浚锡溧漕河时被拆除，建成西横街
	扶栏桥	南北	水泥平板	兴业街（观音巷）	葛仙河	—	—	清代	1971年葛仙河被填没，桥不复存在
同里村	五路桥	东西	水泥平板	大同村	范家浜	8×1.5	15×7.5	1973	—
	范家桥	东西	水泥平板	范家塘	范家浜	5×1.2	4.7×4.5	1963	2003年5月重建成水泥平板桥
	同里桥	东西	石拱	同里村	同里浜	12×1.8	15×3	1980	—
	善继桥	南北	石拱	蒋家塘	烧香港	15×2.5	20×5	清代	—
	蹇家桥	东西	水泥平板	文里村加工厂边	蹇家浜	9×2	6×4	清代	—
	朱家桥	南北	水泥平板	朱家组	朱家浜	5×2	7×4	清代	—
	塘渎桥	南北	水泥平板	塘渎组	烧香港	15×2.5	18×8	宋代	1958年、1975年、1991年、1997年重建
	公家桥	南北	水泥拱桥	南西组	公家浜	15×2	16×3	明代	1975年重建
	南东桥	南北	水泥平板	南东组	公家浜	15×2	16×5	清代	1988年重建
	陈家桥	南北	石平板	陈家组	烧香港	18×2.5	18×5	宋代	1961年倒塌
	下干桥	南北	水泥平板	下干组	公家浜	15×2	15×3	1990	—
	黄土桥	南北	水泥平板	北塘组	公家浜	15×2	15×4	1971	—
	五大桥	南北	水泥平板	五大组	五大浜	10×2	15×4	1981	—
	北塘桥	南北	水泥平板	北三组	公家浜	15×2	15×4	—	1983年重建
北庄村	韦家桥	南北	水泥拱桥	韦家组	五指河	5×3	6×3.5	1973	—

续表 15－4

镇村	桥名	坐向	桥型	坐落地名	跨越河名	河宽、水深（米）	桥身长、阔（米）	初建年代	备注 重(拓)建情况
北庄村	积德桥	南北	水泥平板	化城寺西	顺渎河	8×2	10×8	清光绪二十三年（1897）	原名茅庵西桥 1995 年命名积德桥
	慈善桥	南北	水泥平板	许家组	顺渎河	8×2	10×4	明代	原名茅庵桥 1995 年命名慈善桥
	王东桥	南北	水泥平板	许家组	顺渎河	8×2	12×12	1981	—
	五指河桥	南北	水泥平板	中塘组	五指河	4×3	13×9	清代	1997 年西移 3 米重建
	塘里桥	南北	水泥平板	后塘组	五指河	4×3	13×11	清代	1997 年向西移 20 米重建
	天富桥	东西	水泥平板	石坝组	顺渎河汉浜	11×2	12×2	—	与万石东风交界 1986 年重建
	王家桥	南北	水泥平板	王家村	顺渎河（小沿河）	10×2	12×5	明代	1982 年重建
	邓家桥	东西	水泥平板	邓家村	老殷村港	11×2	12×2	清代	1999 年加固
	杨家桥	南北	砖拱	杨家组	杨家浜	8×1	9×2.5	1971	—
	蒋家桥	南北	木板	蒋家组	蒋家浜	6×1	7×1.5	民国初	1974 年拆桥改涵洞
	新庄桥	南北	水泥拱桥	褚家组	殷村河	6×6	8×2	清代	俗称“昇涨桥”
	裴家桥	东西	木板	裴东	杨善浜	10×2.5	16×1	1920	1980 年重建为水泥拱桥
	庄洋桥	南北	石平桥	庄上	杨善浜	6×2	8×1.2	宣统二年（1910）	1981 年重建为水泥平板桥
	杭桥头桥	南北	木板桥	杭桥头	杨善浜	10×2	14×1.4	民国 9 年（1920）	1975 年重建为水泥平板桥
	后杭桥头桥	东西	石平桥	杭桥头	塘里浜	4×1.2	6×1.2	1962	1975 年重建为水泥平板桥
永兴村	刘家桥	南北	拱型	刘家组	新建河	10×4	12×8	1996	—
	许家村	东西	平板	许家桥	新建河	10×4	12×8	1978	—
	玉龙桥	东西	拱型	和桥村	新建河	10×4	12×8	1992	—
	李家桥	东西	拱型	和桥村	新建河	10×4	12×8	1998	—
	伏龙桥	南北	石平板	刘家组	刘家河	12×3	12×4	清代	1972 年重建水泥平板桥
	万安桥	东西	石平板	宋家塘	葛仙河	7×2.4	8×2.5	清代	1963 年因建和桥电灌站被拆除
	西桥	东西	石平板	局里	葛仙河	6×2.5	7×1.7	清代	2002 年重建水泥平板桥
	黄家桥	南北	拱型	王家	将军河	7×2.2	13.4×2.6	1968	—
	永安桥	东西	平板	东管家氵皂	葛仙河	7×2.4	8×2.5	—	1963 年因建和桥电灌站被拆除
	积谷桥	东西	平板	园地村	葛仙河	11×2.5	18.5×2.8	—	1987 年建西横街被拆除
	土皇桥	南北	平板	许家塘	葛汉浜	5×1.5	5×2	清代	1978 年重建

续表 15－4

镇村	桥名	坐向	桥型	坐落地名	跨越河名	河宽、水深（米）	桥身长、阔（米）	初建年代	备注 重（拓）建情况
永兴村	永安桥	南北	拱型	大南组	大南漕	6×1.5	10×10	—	2000 年整治锡溧漕河平填
	外塘渎桥	南北	石拱	谈家组	塘渎港	15×2	18×8	—	1978 年重建
	庄渎桥	南北	拱型	谈家组	庄渎港	15×1.5	15×10	—	1982 年重建
	谈家桥	南北	平板	谈家组	塘渎港	12×2	15×10	—	1995 年重建
	庄里桥	南北	平板	庄里组	塘渎港	12×2	15×10	—	1979 年重建
	湾里桥	南北	平板	湾里组	庄渎港	15×1.5	15×2.5	清代	原名永兴桥，1984 年东移重建渡水桥名湾里桥
	王舍桥	南北	平板	王舍组	王舍河	13×1.2	15×2.5	清代	原为木桥，1984 年重建
	友谊桥	东西	平板	西村组	上俸河	7×3.5	13×4	1996	—
	农用桥	东西	平板	老东组	庄渎港	9×4	14×2.5	1993	—
湖滨村	叉口桥	南北	石平坡	杨梅圩	湖渎港	20×4	26×4.2	清代	1982 年重建成水泥拱桥
	老银桥	东西	石平板	杨梅圩	湖渎港	18×4	26×4	清同治二年（1863）	1983 年重建成水泥拱桥
	潘家桥	东西	石拱	潘家圩	湖渎港	21×3	28×2.3	1968	—
	李家桥	南北	石平板	塘家庄	李家湾河	15×5	18×2.5	民国 24 年（1935）	1971 年重建成石板桥
	树元桥	南北	水泥拱	树元村	李家湾河	18×4	18×4	1974	2001 年修建
	油车桥	南北	砖拱	油车头	水村港	18×4	18×4	1970	1974 年重建石平板桥
	人民桥	南北	水泥桥	西南塘	湖渎港	21×4	28×4.1	1974	2001 年重建
	石湖渎桥	东西	石平板	高家边	湖渎港	17×3	25×4	民国 18 年（1929）	1967 年重建成砖拱桥
	后湖渎桥	南北	木板	湖渎桥	湖渎港	18×3	25×4	民国 26 年（1937）	1967 年重建 2002 年再建
	沙盘头桥	东西	石拱板	沙盘头	水村港	15×3	22×3.6	1985	—
	顺山桥	南北	水泥平板	上草圩	上横河	20×3	28×4	1965	2000 年重建
	谈家桥	东西	木板	西施塘	谈家河	15×4	22×4	清咸丰九年（1859）	1976 年重建成石平板桥 2000 年修建
	荷花顶桥	南北	木板	荷花顶桥	谈家河	21×4	28×4.1	清光绪四年（1878）	1975 年重建成水泥拱桥
	农用桥	南北	水泥平板	中长圩	生产河	7×3.5	8×4	1986	2000 年重建
	为农桥 1	南北	水泥拱桥	圩区	生产河	16×3	18×3.5	1976	—
	为农桥 2	东西	水泥拱桥	圩区	生产河	16×3	18×3.5	1976	—
	聚贤桥	南北	平板桥	贤园里	李家浜河	19×3	19×7	1963	—
	上闸桥	东西	平板桥	贤园里	生产河	19.7×3	19.7×7	1965	—
	下闸桥	东西	平板桥	贤园里	生产河	18×3	18×4	1965	—
	钢窗厂石桥	南北	平板桥	上黄河	—	19×3	19×7	1965	—

续表 15－4

镇村	桥名	坐向	桥型	坐落地名	跨越河名	河宽、水深（米）	桥身长、阔（米）	初建年代	备注 重（拓）建情况
湖滨村	黄渎港石桥	东西	平板桥	—	黄渎港河	19×3	17×4	1999	—
	老人桥石桥	东西	水泥拱桥	青年组	黄渎港河	22×4	22×3.5	1999	—
大生村	杨家桥	南北	水泥拱桥	杨家塘	北新河	5×3	8×7	1975	1993年重建
	先锋桥	南北	水泥拱桥	先锋组	—	5×3	7×5	1997	—
	苗桥	南北	水泥平板	苗桥组	—	4×4	5×4	—	1981年5月重建
	允济桥	南北	青石拱	小桥头	北新河	17×1.4	16×6	清雍正四年（1726）	光绪二十五年十日重建
	黄银桥	南北	石拱	小桥头	韦家河	12×1.6	16×6	清代	1971年重建水泥拱桥
	小桥	南北	石拱	小桥头	小桥浜	12×1.1	12×6	清代	1971年重建水泥拱桥
	谈家桥	南北	平板	韦家	前谈家河	24×1.8	15×7	清代	1983年重建水泥平板桥
	团结桥	南北	拱型	韦家	韦家河	19×2.1	18×7	1978	—
	河口桥	南北	平板	河口	河口河	12×1.2	16×7.5	1974	1994年重建水泥平板桥
	前谢桥	南北	石拱	前谢组	前谢港	4×3	19×2	明代	1966年重建水泥砖拱桥
	节义桥	南北	水泥平板	白莲组	北新河	3×1.5	7×4	民国12年（1923）	1998年重建
	合心桥	东西	水泥平板	下水组	—	5×2.5	6×4	1997	—
	白莲桥	东西	水泥平板	白莲组	双墩河	—	7×1.5	清代	1989年重建
闸口村	顺龙桥	南北	平板	钱家圩	五圩河	8×2	6×5	清代	2005年
	万家桥	南北	平板	万家圩	五圩河	18×2.5	19×3	1970	—
	五圩桥	东西	平板	河大圩	五圩河	8×4	5×1.5	1998	—
	沈家桥	南北	平板	沈家圩	沈家河	15×2	13.7×2.8	民国	1990年
	五桂洞桥	南北	平板	张家村	尹家塘河	7×1.5	5.5×5	清代	2006年另建新桥
	新安桥	南北	平板	张家村	张家河	15×2	13.5×3.9	1950	—
	新荡桥	南北	平板	尹家塘	尹家塘河	8×2.5	6×6.3	清代	1997年重建，群众俗称尹家塘桥
	株树桥	南北	平板	株树下	株树支浜	5×1.5	3.4×4	—	2001年
	小姚桥	南北	平板	姚桥	蒋家河	15×2	11×3.5	2000	—
	大姚桥	东西	平板	姚桥	尹家塘河	16×2.5	13.4×2.9	2003	—
	分别桥	东西	平板	永定	分别河	8×2	5.2×4.9	宋代	1960年、1996年重建
	九圩桥	南北	平板	九圩	分别河	14×2	14×3.9	1968	—
	二七房桥	南北	平板	王家	二七房河	11×2	10×3.7	1972	—
	大河桥	南北	平板	大河	大河	12×2	11.5×3.9	1991	—
	新建桥	南北	平板	新建	大河	8×1.5	3.4×2	1970	—
	永定桥	南北	平板	永定	永定河	11×2	10.5×3.6	1998	—

续表 15－4

镇村	桥名	坐向	桥型	坐落地名	跨越河名	河宽、水深（米）	桥身长、阔（米）	初建年代	备注 重（拓）建情况
闸口村	夕阳桥	南北	平板	夕阳	闸口河	6×1.5	4.7×3	—	2006 年
	闸口新桥	东西	平板	闸口	闸口河	8×2	6.5×6.4	1992	—
	宋江桥	南北	平板	闸口	闸口河	6×1.5	4×5	1982	—
	八房桥	南北	平板	八房	八房河	7×2	6×6.5	—	1988 年
	陆田撮桥	南北	平板	唐家	唐家河	8×2	6×6	1992	—
	陆家塘桥	南北	平板	陆家塘	陆家塘河	6×1.5	4.9×3	1990	—
	圩田桥	南北	平板	圩田	圩田河	6×2	3.8×1.7	（民国 19 年）1930	—
	小湾渡桥	东西	平板	小湾渡河	圩田河	12×2	8.5×5.5	1970	2008 年
	叶庄桥	东西	平板	圩田	圩田河	6×1.5	5.5×7.8	—	2004 年
	沙滩桥	东西	平板	东沙滩	沙滩河	8×2	8×6	民国	1998 年
	东沙桥	南北	平板	东沙滩	沙滩河	5×1.5	3.5×3.5	1960	—
	钱家桥	南北	平板	圩田	圩田河	11×2	10×6	清代	1990 年
	翁家桥	东西	平板	翁家塘	翁家浜	5×1.5	3.3×5	—	2007 年
	闸口桥	南北	平板	老闸口街	闸口河	5.5×2	4.4×4	明崇祯十二—十六年（1639—1643）	1998 年
	河田舍桥	南北	平板	河田舍村	河田舍河	8×1.5	6×5.2	民国	2007 年
	陆圩渡水桥	东西	平板	圩田村	叶庄村	6×1.5	4.9×3	2005	—
	陆圩新桥	东西	平板	圩田村	圩田村	7×2	5.8×4.8	2007	—
	西沙桥	南北	平板	西沙滩村	沙滩河	6×1.5	5×2	1965	—
北渠村	宣巷桥	南北	混凝土平板	窑上	降龙港河	10×2	15×5	1964	2001 年
	尤家桥	东西	混凝土平板	尤家	尤家河	5×1.5	3.4×2.3	1968	2010 年
	尤家红菱桥	东西	混凝土平板	尤家	红菱浜	11×1.7	12×2.6	1962	1991 年
	石芦东桥	南北	混凝土平板	石路	石芦河	10×2	15×4	1948	2011 年 12 月
	前巷桥	南北	混凝土平板	前巷	北渠河	12×2	15×4	1954	2000 年加固桥基，铺设水泥桥面
	北渠电站桥	南北	混凝土平板	十房	北渠河	12×2	15×6	1977	2004 年
	万年新桥	南北	混凝土平板	十房	北渠河	12×2	10×2	民国	村民称新桥头（危桥）
	田三房桥	东西	混凝土平板	田三房	田三房河	10×2	12×4	2001	—
	塘山桥	东西	混凝土平板	塘山桥	塘山桥河	11×2	10×3	清朝	1992 年加固桥基，铺设水泥桥面
	黄土电站桥	东西	混凝土拱桥	塘山桥	塘山桥河	10×2	12×5	1988	2007 年
	红菱桥	南北	混凝土拱桥	沙桥	沙桥河	10×2	12×4	1967	2007 年

续表 15－4

镇村	桥名	坐向	桥型	坐落地名	跨越河名	河宽、水深（米）	桥身长、阔（米）	初建年代	备注 重（拓）建情况
北渠村	十房桥	东西	混凝土平板桥	十房村	北渠河	12×2	12×6	2008	—
	刘家湾桥	东西	混凝土平板桥	田肚村	顺龙桥河	10×2	15×6	民国	2008 年
	十房村北桥	南北	混凝土拱桥	十房村	北渠浜	11×1.5	10×3	1950	原名水家桥头，2013 年改建成水泥拱桥
	田肚桥	南北	平板	田肚村	田肚浜	7×1.5	6.5×1.3	1972	—
	墩头圩桥	南北	平板	墩头圩	墩头圩河	8×2	6.5×3	1996	—
	石芦西桥	南北	平板	石芦塘村	石芦河	7×2	3.6×2.9	1997	—
	南城下桥	南北	砖拱桥	港北后村	南城河	6×1.5	3.8×1.7	清咸丰年间	1940 年重建，2013 年改建成平板桥
	降龙桥	南北	混凝土砖拱桥	港北归美组	降龙浜	15×2	12×3	民国	1972 年 5 月改建砖拱桥
福巷桥村	庄山庙桥	东西	平板	青墩头	—	5×2.5	3.7×1.5	光绪二十六年（1900）	古桥
	青墩桥	东西	平板	青墩头	青墩浜	6×3	5.5×4	2006	—
	新巷家桥	南北	平板	大巷	巷家浜	7×2.5	5.5×5.2	1996	—
	大巷桥（玉成桥）	南北	平板	大巷	巷家浜	15×3	11.5×1.1	光绪二十六年（1900）	古桥
	岸田桥	南北	平板	白家塘	白家浜东	8×2.5	5.3×4.5	2004	—
	白家桥	东西	平板	白家塘	白家浜	16×3	12.8×4.2	1984	—
	新白家桥	南北	平板	白家塘	龙沿河	7×2.5	5.2×5.5	2007	—
	杜家桥	南北	平板	杜家塘	龙沿河	5×2	4.4×2.4	2007	—
	黄泥潭桥	南北	平板	白家塘	刘家浜	8×3	6.2×2.2	1972	—
	前徐桥	东西	平板	白家塘	前徐浜	5×2	4.2×3.2	2004	—
	陆家桥	东西	平板	大巷	青墩浜	7×3	5.5×2.7	1976	—
	圩田桥(1)	南北	平板	蒋家塘	圩天河	6×2	4.3×1.7	1989	—
	西大潭桥	南北	平板	后大潭	大潭河	6×2	4.5×3.2	1996	—
	后大潭桥	南北	平板	后大潭	大潭河	6×2	4×2.4	1992	—
	东缪墅桥	东西	平板	缪墅	缪墅河	5×2	4.2×2.8	道光十八年（1838）	1956 年、2014 年两次重建
	西缪墅桥	南北	平板	缪墅	缪墅河	5×2	3.3×2.8	道光十八年（1838）	1956 年、2014 年两次重建
	周潭东桥	东西	平板	周潭村	周潭浜	7×2	5.5×5	1997	—
	周潭西桥	南北	平板	周潭村	周潭浜	7×2	3.5×3	—	—
	东花园桥	南北	平板	花园头	花园河	6×2.5	3.9×2.5	1970	—
	西花园桥	南北	平板	花园头	花园河	6×2.5	3.9×2.3	1967	—
	沈家圩桥	南北	平板	蒋家塘	沈家滩	7×3	5.5×2.6	1992	又名渡槽桥

续表 15－4

镇村	桥名	坐向	桥型	坐落地名	跨越河名	河宽、水深（米）	桥身长、阔（米）	初建年代	备注 重（拓）建情况
福巷桥村	长兴桥	东西	平板	缪墅	圩田河	9×3	8×6	—	—
	大潭桥	南北	平板	大潭村	大潭河	7×2.5	5.8×2.6	1989	—
	圩田桥（2）	东西	平板	缪墅	西沙圩河	6×2.5	4.3×1.7	民国35年（1946）	2014年修建
	王家桥	东西	平板	王家塘	王家河	5×2	3.6×1.5	1970	—
	周洛桥	东西	平板	杨桥王家塘	贝墅河	7×2.8	5×1.6	光绪二十六年（1900）	古桥
	后姜桥	东西	平板	后姜村	后姜河	5×2	4×2.3	宣统二年（1910）	古桥
钟溪村	何庄桥	东西	平板	何家塘	沙渎港	6×3	6×5	—	2005年
	关黄桥	南北	平板	庄前	沙渎港	15×3	15.5×3.8	1975	—
	沟南桥	东西	平板	沟南村	沟南浜	7.5×2.5	6×5	民国（木桥）	—
	戴家渡槽桥	东西	平板	沟南村	沟南浜	7.5×2.5	5×1.5	民国（木桥）	—
	小林桥	东西	平板	马家圩	马家圩河	3×2	2×4.5	民国	—
	何家石桥	东西	平板	马家圩	马家圩河	3×2	2.4×2.6	2013	又名何家增产闸
	何巷桥	南北	平板	何巷村	何巷浜	3.8×2	3.4×1	1951	—
	惠龙桥	东西	平板	何家塘	龙沿河	4×3	3.8×2.2	清代	又名马家桥
	三五桥	南北	平板	陈家塘	三庄浜	4×2	3.7×4.3	1965	—
	震龙桥	东西	平板	陈家塘	龙沿河	5×2.5	4.5×5	清代	村民习惯称陈家桥
	岸田桥	南北	平板	岸田圩	岸田圩河	5×2.5	5×5.5	1960	—
	尖圩桥	南北	平板	尖圩	尖圩河	13×2.5	12×2.7	2001	2014年
	湖汰浜桥	南北	平板	老滩圩	湖汰浜	6×3	6×5.5	1980	—
	老滩桥	南北	平板	中长圩	丁字河	15×3	15×3.5	—	—
	老滩南桥	南北	平板	南荒圩	老滩圩河	4×2	3.5×3	1970	—
	金莲闸桥	南北	平板	天一度假村	小圩河	3.5×2	3×2	1950	—
	杨家桥	东西	平板	杨家圩	老滩圩河	4×2	3.5×3	1963	—
	小五洞桥	东西	平板	天一度假村	渔池墩	6×2.5	5×3	1990	—
	天一桥	南北	平板	天一度假村	小圩河	6×3	—	1990	—
	金莲桥（五洞桥）	南北	环洞型	武宜交界	武宜河	47×4	35.65×2.9 中孔5.3米，其余四孔均为4.2米，高3.7米	明成化年间（1465—1487）	清道光十七年（1837）重建
	沟西小桥	东西	平板	沟南	沟南浜	7.5×2.5	5×3	民国（木桥）	—

续表 15－4

镇村	桥名	坐向	桥型	坐落地名	跨越河名	河宽、水深（米）	桥身长、阔（米）	初建年代	备注 重（拓）建情况
楝聚村	万金桥（黄渎港桥）	南北	石拱桥	归美村	黄渎港河	13×3	19×5.5	清雍正年间	清道光十八年（1838）重建，2000年改建成水泥平板桥
楝聚村	黄渎港中桥	南北	平板	归美村	黄渎港河	10×3	5×5.5	1964	2008年重建成水泥平板桥
楝聚村	下良桥	南北	平板	归美村	黄渎港河	10×3	5×5.1	1953（木桥）	2003年、2008年两次重建成水泥平板桥
楝聚村	楝墅港桥（三洞桥）	南北	石拱桥	楝树港	楝墅港河	15×3	10×5	清乾隆年间	民国11年（1922年）重建，2000年改建成水泥平板单洞桥
楝聚村	楝树桥	南北	平板	河南11组 河北17组	楝墅港河	10×3	15×5	20世纪90年代	2004年
楝聚村	万寿桥	南北	石拱桥	张家村	张家浜	8×2.5	7×3	清咸丰年间	2000年拓宽锡溧漕河被拆除，河浜被填平
楝聚村	顾家桥	南北	石拱桥	顾家村	顾家浜	7×1.5	5×3	—	危桥（河浜已淤塞）
楝聚村	兴隆桥	东西	平板	运河东	沙渎浜	8×2.5	6×5.8	2006	—
西锄村	避风渎港桥	南北	拱桥	避风渎港	避风渎港	25×5	28×2.5	1963	—
西锄村	集房桥	东西	平板	集房村	集东港	4×2	5×2.5	1970	2008年重建
西锄村	黄家村桥	南北	拱桥	集西组	避风渎港	20×5	25×6	民国初	20世纪20年代黄氏因要去寿安圩种田，就用木板做桥面建桥，桥南砌亭子，当初叫黄家木桥。于1985年和2004年12月二次重建
西锄村	黄家桥	东西	拱桥	黄家村	黄家浜	15×2	17×2.5	1985年4月	—
西锄村	黄家北桥	东西	平板	黄家村	黄家浜	14×2	15×2.5	民国	原木桥，1993年重建
西锄村	永丰桥	南北	平板	周家村	避风渎港	15×3	20×3	民国3年	1968年、2000年
西锄村	新建圩桥	东西	平板闸连桥	新建圩	新建圩生产河	8×3	10×3	1963	2000年
西锄村	卫星圩桥	南北	平板闸连桥	卫星圩	生产河	8×3	10×3	1964	1999年
西锄村	鱼场桥	东西	平板	卫星圩	生产河	8×3	10×4	1998	2003年因渔场拆迁，不久也拆除
西锄村	鹊桥	东西	平板	正南圩	上横河	10×3	15×4	1997	—
西锄村	新桥	东西	拱桥	正北圩	上横河	10×3	15×2.5	1970	—
西锄村	黄家圩桥	东西	平板闸连桥	黄家圩	上横河	10×3	15×3	1956	1994年和2014年
西锄村	塘渎沽桥	东西	平板闸连桥	塘渎沽	中港河	10×3	15×2.5	1965	2003年
西锄村	同心圩桥	南北	平板闸连桥	正南圩	姐妹河	8×3	10×3	1970	—

续表 15－4

镇村	桥名	坐向	桥型	坐落地名	跨越河名	河宽、水深（米）	桥身长、阔（米）	初建年代	备注 重（拓）建情况
西锄村	同心圩西桥	南北	平板闸连桥	新建圩	姐妹河	8×3	10×3	1970	—
	莲花桥	东西	荷花圩	荷花圩	下横河	20×3	25×6	2000	—
	莲花铁桥	南北	荷花圩	荷花圩	下横河	8×3	—	2005	—
	滆湖桥	南北	长征圩	长征圩	殷村港	—	—	—	2009 年 12 月重建
	塘渎沽桥	南北	塘北圩	塘北圩	塘渎港	25×5	28×6	1965	东桥、1996 年
	塘渎桥	南北	塘北圩	塘北圩	塘渎港	25×5	28×2.5	1965	西桥，1996 年重建，2007 年向西 200 米新建，2013 年又新建公路桥，现有三座塘渎桥
	南丰桥	东西	拱桥	塘北圩	神仙河	25×5	28×2.5	1965	2005 年 7 月向南 100 米新建南丰桥
	港下闸	南北	平板闸连桥	塘北圩	沙渎港	10×4.5	12×6	1966	2000 年、2013 年
	港下桥	南北	平板	港下村	沙渎港	—	—	2013	—
	沙渎桥	南北	拱桥	塘北圩	沙渎港	10×4.5	12×2	1967	港下中桥
	港下西桥	南北	平板闸连桥	塘北圩	沙渎港	10×4.5	10×3	1967	—
	劳动桥	东西	拱桥	田干村	小干顶浜	10×3	12×3	1972	民国卢家桥，1972 年 10 月重建
	西锄大桥	东西	平板	西锄村	西锄浜	8×3	12×5	清初	2001 年 10 月
	西锄桥	南北	拱桥	西锄村	西锄浜	8×3	10×2.5	1967	—
	佛来桥	东西	拱桥	西锄村东	万人港	25×4.5	28×6	唐朝	1979 年和 2006 年 3 月重建
	杨显桥	南北	拱桥	东塘圩	塘渎港	25×5	28×6	清初	1984 年和 1995 年西杨显桥
	里塘渎桥	南北	平板	南新老街	塘渎港	18×3	23×3	清代	民国
	龙浜桥	东西	拱桥	南新街	南新浜	—	—	1981	—
	批林桥	南北	平板	朴树下	朴树下浜	—	—	20 世纪 70 年代	—
	人民桥	南北	拱桥	南新街	塘渎港	—	—	—	2001 年重建
	南新大桥	东西	拱桥	南新街	南新河	—	—	—	2000 年 10 月重建
	金家桥	东西	拱桥	后祝组	金家河	6×2	10×3	1974	2009 年 11 月重建
	长春桥	东西	拱桥	杨树下	杨树下浜	—	—	民国	民国称石灰桥，2009 年 9 月重建
	滆南东桥	东西	平板	滆南村东	东桥浜	5×1.5	8×4	清代	1984 年重建
	滆南西桥	东西	拱桥	滆南村西	西桥浜	8×1.8	15×3	清代	1976 年、2002 年、2007 年 4 月重建
	后塘桥	南北	平板	后塘村南	后塘浜	6×1.5	8×4	1978	1984 年 3 月重建
	杨显桥	南北	拱桥	滆南	庄渎港	18×2.5	23×4	清初	东杨显桥

续表 15－4

镇村	桥名	坐向	桥型	坐落地名	跨越河名	河宽、水深（米）	桥身长、阔（米）	初建年代	备注 重（拓）建情况
	避风渎桥	南北	平板	周家村	避风渎港	—	—	2013	—
	团结闸	南北	平板闸连桥	卫星圩	塘渎港	—	—	2014	—
王母桥村	楼下桥	东西	平板	楼下组	楼下河	15×3	20×5	1890	—
	新桥大桥	南北	平板	楼西组	楼下河	20×4	26×6	1990	—
	后具桥	东西	拱型	后具组	塘田河	15×3	20×2	1960	—
	塘田桥	南北	拱型	塘田组	塘田河	15×3	20×2	1960	—
	塘北桥	南北	平板	塘北组	塘北河	15×3	20×6	1990	—
	后塘北桥	南北	拱型	后塘北组	塘北河	15×3	20×2	20 世纪 60 年代	—
	下田桥	南北	拱型	楼下组	大河	20×4	26×2	20 世纪 60 年代	—
	东王母桥	南北	平板	小村组	王母河	20×3	25×4	民国	1980 年重建
	西王母桥	南北	拱桥	桥西组	王母河	20×3	25×4	民国	1980 年重建
	马嘶桥	东西	拱型	后西组	渎灌河	15×3	15×2	清代	—
中巷桥村	中巷桥	南北	拱桥	中巷宋田组	塘渎港	20×3	25×6	建于宋代重修于光绪七年	—
	夜叉桥	东西	平板	后巷组	后港浜	8×2	10×3	—	—
	方田桥	东西	平板	中巷组	中巷河	20×3	25×3.5	1985	—
	夏家桥	东西	平板	夏家组	青龙港	15×1.5	20×3	—	—
	施家桥	南北	平板	施家组	施家浜	8×2	10×2.5	1960	—
	邵家桥	东西	平板	邵家组	青龙港	10×2	12×2	清代	—
	杨家桥	东西	平板	杨家组	裴家浜	12×3	14×6	1994	2003 年南移 100 米重建
	柯山桥	南北	平板	胥西组	塘渎港	12×2	15×6	清光绪七年重建	1986 年重建
	胥桥	南北	平板	胥东组	胥桥浜	5×1.5	8×3	民国	1990 年重建平板桥
	太平桥	南北	平板	太平组	太平浜	3×1	5×2	民国	1970 年重建平板桥
	殷村桥	东西	平板	殷村组	殷村河	8×3.5	8×2	—	2014 年改建
	石桥	东西	平板	石桥组	—	8×3.5	8×2	—	2012 年改建
北新村	夏家村	南北	平板	夏家组	北新河	5×0.8	8×2.5	民国	2002 年重建平板桥
	北新桥	南北	平板	赵家组	北新河	8×0.8	10×5	清末	1986 年重建
	青龙桥	东西	平板	赵家组	青龙港	6×0.7	5×4	清末	1986 年重建
	东桥	南北	条石	赵家组	北新河	5×0.8	5×2	清代	—
	西桥	南北	条石	北新组	北新河	5×0.8	5×2	清代	—
	新春东桥	南北	石拱桥	新春组	双墩港	7×0.9	8×3	1976	—
	新春西桥	东西	平板	新春组	双墩港	5×0.9	6×3	1988	—

续表 15－4

镇村	桥名	坐向	桥型	坐落地名	跨越河名	河宽、水深（米）	桥身长、阔（米）	初建年代	备注 重(拓)建情况
北新村	前双桥	东西	平板	前双组	双墩港	5×0.8	8×5	1971	2002 年重建
	后双桥	东西	石拱	后双组	双墩港	5×0.8	7×3	1973	—
	窑厂桥	东西	平板	窑厂组	双墩港	5×0.8	7×5	1998	—
	东圩丰桥	南北	平板	窑厂组	圩丰河	5×0.9	6×4	1977	2000 年重建
	西圩丰桥	南北	平板	横栋组	圩丰河	5×0.9	6×3	1977	—
	湾里东桥	东西	平板	湾里组	湾里河	11×1	12×3	20 世纪 70 年代	1982 年重建
	湾里西桥	南北	平板	湾里组	湾里河	12×1	15×3	20 世纪 60 年代	2002 年重建
	民胜桥	东西	平板	官庄村	民胜河	12×1	15×2	20 世纪 60 年代	2002 年重建
	民胜水闸桥	东西	平板	民胜	民胜河	12×1	15×4	清代	—
	寿星桥	东西	石拱桥	民胜村	民胜河	12×1	15×3	清代	2014 年 3 月重建
	圩丰桥	南北	平板	水泻村	圩丰河	19×6	20×2	20 世纪 70 年代	2006 年重建
	西电站桥	南北	平板	北互组	摇头浜	11×4.5	15×2	2013	—
	正觉桥	东西	平板	吉祥寺	民胜河	15×9	15×2	2013	—
	菩提桥	东西	平板	吉祥寺	民胜河	15×9	15×2	清代	2013 年重建
	吉祥桥	东西	平板	吉祥寺	民胜河	15×5	15×2	20 世纪 70 年代	2013 年重建

六、码头

和桥镇地处宜兴北大门，锡溧漕河穿镇而过，水上运输便捷。明清时期，和桥上、下塘街市商号、店铺林立、商业繁荣。清晚期，和桥就设有码头。光绪12 年（1886），乾昌馀油厂在上塘河岸设乾昌馀码头；光绪 29 年，上海内河招商轮船公司开航锡溧、锡宜航线，招商局在下塘北首程宅处设招设码头；光绪32 年，裕商轮船公司开办张渚——常州航班，裕商局在下塘北首吴姓地货行旁设裕商局码头；同年，招商、裕商局又在楝树港设轮船码头。1957 年，和桥轮船码头迁至上塘南首。1991 年，和桥轮船码头迁至上塘南首。1991 年 3 月，常渚、锡溧两航线相继停航，轮船码头撤销。

20 世纪 60 年代前，和桥集镇从南首至北首，上、下塘沿河石浜岸长 1030 米，有河埠 80 多个。1971 年疏浚锡溧河时被拆除，翌年 1 月疏浚工程结束时重建了石浜岸，改建了单向河埠 33 个、双向河埠 21 个。

新中国成立前，镇上商号、店铺上、下货物只需运输船停靠在河埠口，系牢缆绳，搁好跳板，由脚班的脚夫肩扛背驼，上下货物，一个河埠就是一个小小的临时码头。新中国成立后，和桥集镇在上、下塘两岸先后建有上、下塘粮食码头、副食品码头、米厂码头、粮库码头、饲料厂码头、纤维厂码头等。1971年、2000 年两次拓浚锡溧漕河，沿河两岸石浜岸和码头两次被拆又两次重建。原南新乡（镇）、闸口乡（镇），分别建有粮管所、供销社、粮食加工厂、农机厂、水泥预制场等码头。2014 年，开展码头安全检查 36 次，督促指导老码头办理经营许可证 3 本，取缔非法码头 3 个。至 2015 年，全镇有码头 14 个，其中，证照齐全的码头4个（同里码头、北庄码头、荣民货场码头、兴隆船厂码头），有营业执照的码头10个。

2015年和桥镇码头情况统计表

表15－5

码头名称	地址	面积（平方米）	主要货物	所属单位或专业户
同里码头	同里村	6895	货物装卸、仓储	和桥港务有限公司
北庄码头	北庄村	44022	货物装卸、仓储	和桥港务有限公司
和桥荣民货场码头	锡溧漕河东（楝聚村）	4002	建筑材料	缪伯民
兴隆船舶有限公司码头	锡溧漕河东（楝聚村）	2668	建材	万庆杰
粮油厂专用码头	锡溧漕河（镇区）	3535	粮油	—
粮库专用码头	锡溧漕河（镇区）	334	粮食	—
饲料厂专用码头	殷村港（镇区）	334	饲料	—
和桥国芳建材商店码头	漕桥河南岸（范家塘东）	1334	建筑材料	缪国芳
和桥财旺建材商店码头	殷村港西中桥	1000	建筑材料	王萍
和桥欧锡娟建材商店码头	西中村	334	建筑材料	欧锡娟
和桥中巷环保经营部码头	中巷村西中桥旁	2668	建筑材料	宋国强
朱俊良码头	中巷桥东	334	建筑材料	朱俊良
东英建材有限公司码头	北庄村叉河口	1000	玻璃建材	吴建东
和桥新型墙体材料生产基地码头	烧香港	13340	建筑材料	林军兵

第二节　水上运输

一、客运

清光绪二十八年（1902）前，和桥水上运输以班船搭客为主，附带运货。载重为10～20吨的木船，最多时每天有20多艘班船通往苏州、无锡、常州、溧阳等地。夜班船晚上开航，翌晨到达目的地（张渚、常州、溧阳）。白天办完业务，晚上原班回和桥；当天来回的班船，有开往宜城、芳桥、官林、杨巷、漕桥、周铁、万石、寨桥等地；宜城快班（双橹班船）速度比普通班船稍快，逐日往返于和桥、宜城之间；不定期客货班船有开往湖州、杭州、镇江、扬中等地。光绪二十九年，上海内河招商轮船公司始开轮船。锡溧、锡宜两线经过和桥，逐日开班，往返其间。光绪三十二年，又有裕商轮船公司开办自张渚至常州的轮船，也经过和桥。招商局码头设在下塘北首程宅，负责人钱芳庭；裕商局码头设在下塘北首吴姓地货行旁，负责人卞彦文。

民国15年（1926），协记轮船局开办锡溧班，逢单日由无锡开往宜兴、溧阳，双日开回无锡。民国19年夏，又有济商轮船公司首开宜锡班，每日上午6时由宜兴开无锡，当天下午2时由无锡回宜兴。后裕华、招商、利澄、永固4公司合组锡宜班与济商班竞争，各自对搭客或赠送毛巾，或降低原价。不久济商班因亏耗过巨，宣告停航，锡宜班占有航线照常开航。抗日战争开始后，各线班船、轮船大多停航，唯有通往常州、张渚、丁山、官林、杨巷等地的班船，仍在敌我双方防范十分紧张的封锁线上冒险通航，遇上日军，人遭枪杀，货被抢光。抗日战争胜利后，建新航运局开航湖㳇至和桥客班。民国38年4月11日，宜兴同昌轮运又增开单放快轮，逐日往返和桥、湖㳇之间。几个月后，同昌轮因经济萧条，物价飞涨而停航。

1949年4月24日和桥解放后，水上运输逐渐恢复，原停航的班船、轮船相继复航。同时，成立江南航运公司和桥轮船站。1957年改名和桥轮船站，并把站址（码头）和营业票房迁至上塘南首，先后由周宪学、郭筱荣、仲锡中、郭凤祥任站长。1958年后，水上轮运发展很快，航速缓慢的班船逐渐被机动轮船所取代。当时，常渚线、锡溧线相向行驶的4艘轮船，约在上午8时至9时经过和桥，每艘运力为80匹，座位120~140个。1962—1983年，是两航线的鼎盛时期，春运期间客运量高达平时的3至4倍，位座增至360~560个，班次增加2~3班，水上客运颇为兴旺。

1985年以后，陆路交通飞速发展，赴宜兴、苏州、常州、无锡等地的客商，大多弃水走陆，和桥轮船站乘客逐年减少，水上客运严重亏损，到1991年3月，常渚、锡溧两线相继停航。

二、货运

1952年前，和桥水上货运均为个体经营。有定线班船、流动货驳、航船和农船数类，载重量3吨—20吨，动力为人力或风力。1953年后，和桥船民成立水上运输互助组。1956年3月，和桥镇建立运输合作社，隶属宜兴航运管理所领导。1973年11月，宜兴成立县航运公司，在和桥设营业所。1978年，和桥营业所有职工310人，运输设备由轮头4艘、360马力，机帆头3艘、80马力，货驳86艘（1892吨）。组成3个大队、3个小队（机帆头队）、1个机动轮头。还有自航船8艘（62吨），拖带化程度达95%，年营业总收入61万元，实现利润12万元。同年12月，和桥营业所并入宜城营业所。

1976年3月，和桥人民公社创办水上运输站，由石矿、机电站两拖驳合并而成。1983年12月改称和桥运输站。先后由欧荣华、吴小荣、许顺华任站长。1976年，有轮队1个、动力32匹，船皮80吨。1980年又增加轮队1个，150载货吨。这时，全站有职工42人，轮队2个，动力52匹，总装载能力达230吨，年运量11352吨。运输货物以粮食、轻工产品、建筑材料、生产资料为主，全年运输收入7万多元。

1979年，和桥公社运输站用积累的资金创办和桥针织内衣二厂、和桥家用电器厂、自行车修配门市部及和桥造船厂。和桥造船厂自制40吨水泥船出售，积累资金，发展本站运输事业。

1980年，闸口人民公社成立闸口运输社，社址设在楝树港锡溧漕河西岸。历任闸口运输社负责人为：王金生、吴全海。改革开放后，个体运输户迅速发展至1100多户，水上运输竞争激烈，运输社因经营亏损于1988年自行歇业。

南新人民公社虽没有专业的水上运输机构，但个体水上运输还是比较兴旺，1987—2000年，从事水上运输的个体船舶每年达50多户。

20世纪80年代中后期，陆路机动运输十分便捷，能直达工地，不需二次装卸搬运。再加上各单位自备船及个体挂浆机船的相继出现，水上货运竞争激烈，和桥运输站遂划给和桥二建公司，作为运料自备船。至此，和桥水上货运机构不再存在。

第三节　陆上运输

一、客运

清末民初，和桥陆上客运仍较原始，唯有官绅、名医等出行才乘马坐轿。人们外出办事，大多是步行。

民国23年（1934）3月，始有公路班车客运。汽车站设在镇南首锡溧漕河东岸，属江南（航运）公司管辖，站长侯明生。当时武宜、锡宜两线进站班车很少，每日客运量仅数十人。抗日战争胜利后，武宜、锡宜两线虽相继通车，但车辆、燃料都从国外进口，进站班车仍没增加。因车少票价高、候车时间长，大量客商仍从水路往返。

1950年，因国外经济封锁，车辆、燃料仍然紧缺，汽运工人将旧汽车改装成木炭车、油包车，提高车速。和桥进站的班车不断增多，每日客运量可达百余人。1960年后，有了国产的汽车和燃料，客运逐步兴盛。1979年7月1日，南新公路通车，汽车站设在南新街东首吴西组，站长蒋幼仙。1982年，和闸公路通车，汽车站设在楝树港北首，站长路建康。至1990年，途径和桥的班车增至70—80班次，与外地直达路线有上海、苏州、镇江、常州、无锡；近地可达和桥临近各个乡镇，每日客运量达2000多人，这时，和桥站为沪宜线宜漕段中心站，站长周轶群，下辖9个小站的站务行政。

改革开放后，运输市场活跃，承包车、民营车不断涌现。1981年6月30日，宜兴县运输总公司（县车站）开通和桥至宜天农公车，车站设在西横街港区工人宿舍处，负责人颜才君。由于农工车、民营长途车发展较快，并普遍实行招手上车、随车买票，1998年12月3日，和桥汽车站撤除。1999年6月，宜兴市运输总公司，把农公车、民营车改编成宜兴城乡公交车。2002年，和桥宜城区间车（26路）15辆，闸口线（22路）、南新线（23路）各12辆客车，和高线5辆茶花中巴车，逐日往返宜城、和桥、闸口、高塍、南新之间。

2015年底，和桥镇拥有镇村公交营行线路7条，客运公交车9辆，每天88班次；市城乡客运公司，开通的由宜兴抵达或途径和桥镇区至闸口、南新的客运车38辆，每天300班次，每隔2分钟，就有一辆公交客车从和桥镇开出。

2015年和桥镇农村公交车营行班线统计表

表15－6

线路名称	起点	讫点	里程（千米）	投运车辆	每天班次	途径站点
和桥—湖滨（331路）	和桥	环滆湖东路	8	1	12	和桥客运站—和桥医院—高级中学—镇政府—西横街—和桥二小—庙桥路口—殷村港—湖滨村
同里—大生（332路）	同里	大生（延伸金盆圩）	8	1	11	上山—蒋家—费家—和桥客运站—和桥医院—高级中学—镇政府—西横街—和桥二小—庙桥路口—湖滨路口—大生村—金盆圩
和桥—北新（333路）	和桥	北新（延伸王母桥）	9	1	11	和桥客运站—和桥医院—高级中学—镇政府—西横街—和桥二小—和新路口—南高小区—徐家—江船—夏家—北新桥—北新社区—楼下—王母桥村
闸口（楝树港）—杨桥（334路）	楝树港	杨桥	5	1	13	楝树港—黄土桥—兴隆桥—漕顶—蒋家塘—福巷桥村委—花园—南堰王家塘—杨桥
闸口—钟溪（335路）	闸口村	钟溪（延伸夏坊）	8.1	1	11	闸口村—闸口村委—新圩—北渠村委—楝聚港—黄土桥—兴隆桥—何家—钟溪村—天一度假村—夏坊

续表 15－6

线路名称	起点	讫点	里程（千米）	投运车辆	每天班次	途径站点
和桥—高塍（336 路）	和桥	高塍	11	2	20	和桥工商分局—和桥交管所—上俸—下干—赋村—高塍
闸口（楝树港）—周铁（381 路）	楝树港	周铁	22	2	10	楝树港—北渠村委—新圩—闸口村委—陆圩—马庄—南漕—漕东—三洞桥—章茂—棠下—周铁
宜兴—和桥—闸口（222 路）	宜兴	楝树港	21.44	7	50	和桥镇境内：建设集团—加油站—和桥交管所—朝阳路—石路村—南新桥—高级中学—化城寺—金色港湾—东方新城—北庄—高楼—欧家塘—港北—归美—石芦桥—粮管所—楝树港
宜兴—南新—和桥（223 路）	宜兴	和桥	22.77	12	96	和桥镇境内：西锄村—佛来桥—金家村—滆南路口—南新小学—南新—新桥—中巷村—西育中村—南高小区—职高—和桥工商分局
宜兴—漕桥（225 路）	宜兴	漕桥	25.68	8	48	和桥镇境内：建设集团—加油站—和桥交管所—朝阳路口—石路村—和桥客运站
宜兴—和桥（226 路）	宜兴	和桥	15.44	11	106	和桥镇境内：建设集团—加油站—和桥交管所—和桥大酒店—工商分局

二、货运

民国时期及新中国成立初期，和桥镇（包括南新、闸口地区）陆上货运仅靠乡间泥路，以人力、畜力运输货物。

1964 年 4 月，常州拖拉机制造厂在和桥人民公社湖滨大队进行机耕试验获得成功后，和桥、闸口、南新三地的生产大队先后购置手扶拖拉机，修筑机耕路。从此，农闲季节逐步出现三卡，手扶拖拉机营运货物。70 年代后，市支线公路南新线、闸口线、和高线及镇村公路先后建成通车，个体货运业迅速发展，拖拉机、卡车、小货车、中型运输车上路运输货物。规模较大的厂矿、单位也自备汽车、运输生产资料和工业品。

1987 年 11 月，宜兴县成立联运服务公司，和桥也组建中转站（属于和桥港区的一个非独立核算三产部门）。先后由吴盘大、张勤初、祝杰洪、鸿其明、沈小华负责。中转站专为货主联系运力（车皮），实施公路、铁路、海运、空运一条龙服务，一票到达目的地。

2015 年底，全镇拥有货车 1651 辆（其中轻型 773 辆、中型 44 辆、重型 834 辆），拖拉机 182 台（其中小型方向盘 1 台、大中型 78 台、手扶拖拉机 25 台、电型拖拉机 78 台）。全镇货运市场基本机动化。

第四节　装卸搬运

一、机构沿革

和桥镇原为县内粮食集散地之一，随着商业和碾米、榨油等手工业的发展，装卸搬运全赖脚班、脚夫。他们工作不固定，生活无保障。清末，和桥的脚班、脚夫有了“同兴箩行”组织，成员来自镇上贫农和镇边村农民，其中长工 16 人，短工 36 人。他们自定规章，共同遵守。凡从事搬运者，经“箩行”霸头同意，并宴请脚班人员后，才能入行从业。“箩行”发给每人一块类似证件的铜牌，可传给后代，也可转卖。

1949 年 4 月和桥解放后，和桥镇成立搬运工会委员会。会员50人，负责人陈培根。会址设在镇上塘南首顺和楼茶社内。1951年，搬运工会从顺和楼茶社迁至东横街三官堂，属镇工会领导。1954年，轮船局的装卸小组并入搬运工会。1956年，和桥建立高级搬运社。同年12月，汽车站、邮电局、搬运社联合成立交通运输支部，刘金海担任支部书记。1959年，和桥搬运社、和桥运输社联合设营业所，行政隶属县运输公司领导。1961年，搬运社迁至镇南首轮船局内。1962年，搬运社改名和桥搬运装卸站。1963年9月，仍搬回三官堂。

1973年8月，宜兴县成立港务管理处，和桥搬运装卸站又改名为宜兴县港务管理处和桥港区。1976年12月，和桥港区又迁至影剧院西侧新建的办公大楼。1989年8月，因镇区建设西横街，和桥港区再次移址鹅洲西路189号。2001年3月，宜兴市交通局对宜兴市港务管理处和桥港区进行企业产制改革，易名为宜兴市和桥港务有限公司。2015年底，公司有在职员工24人，退休职工37人（党员15人）。在职员工中，管理人员4名、财务人员2名、安全检查员1名、材料验收员1名、特种设备技术操作工6名、装卸搬运工10名，设经营管理、生产管理和财务三个科室。

二、工具改革

新中国成立前，搬运工具只有稻箩、扛棒等，装卸全靠肩扛、担挑。

新中国成立后，搬运工人逐步改革落后的生产工具。1951年，为改善生产条件，规定在工人收益中提取12%的事业费，用于集体添置工具。1956年后，开始使用小板车，实行简易的车轮化。1967年，和桥米厂工人在河岸码头上，用毛竹扎成淌槽，让米包直接淌到船上，既取代了肩扛背驮，又不用上下码头，功效显著提高。

1990年后，港区作业工具有明显改善，装卸货物普遍使用吊车、输送带、行车、汽车。工人分工有起重队、装卸队等。人人持证上岗，亮证经营，做到轮队到埠，随装随卸，货不留港。

三、基本建设

1965年前，和桥搬运作业方法陈旧，设施简陋，仅靠人力装卸搬运货物。1968年，和桥装卸站自筹资金，在镇北首上、下塘粮食码头添置了稻谷升降机。1969年7月，装卸站在副食品码头建造第一台盘式0.5吨吊车。1972年，在南兴桥码头装备了5吨吊车1台、3吨葫芦吊机1台，钻台1台以及拖油车5辆。1973年又添置米包堆高机1台、煤建码头吊车1台、纤维厂码头0.5吨吊车1台，又自制铁爪斗1台，还安装了17瓦 稻谷吸风机，新建160平方米的机修车间。

1974—1988年，和桥港区先后兴建机修车间、工具间、配电间、货物仓库、储油库等设施，建筑面积874平方米、二层7间办公大楼建筑面积510平方米、3层职工宿舍两幢建筑面积1155平方米；新建货场两处，占地25.68亩；并添置了高坡输送机、空压机、吊车、4吨四轮平板车以及50瓦发电机组；并购置35吨载重汽车、10.5吨拖挂汽车和10吨载重汽车各1辆。

1989年8月，和桥港区迁至鹅州西路189号，征地7亩，于1993年6月建成办公大楼7间三层670平方米；1994年6月建综合大楼1700平方米；1995年7月建退休职工宿舍8套房，400平方米；1998年8月，和桥镇筹建综合市场，港区投入25万元，建造了10吨龙门吊车；1999年11月，投入35万元在殷村港口南岸，新建油粮专用码头占地2500平方米，驳岸250米。配套吊车3台，输送机3台，年吞吐量16万吨，操作量35万吨。2003年3月，投资25万元，建造南货场，场内建办公室180平方米，浇铺水泥场地200平方米，设装卸码头1个，购置5吨吊车1台、电子磅1台。2004—2015年，公司有码头2个，同里码头，面积6895平方米，其中仓储面积2000平方米。北庄码头，总面积44022平方米，其中建筑面积13340平方米，场地面积29333平方米。2012年，公司在北庄码头设立物流中心，为和桥、万石、高塍、芳桥等地区的水上货物转运提供装卸、堆放场地。为了安全装卸货物，2013年，物流中心又开挖占地面积11016平方米、为装卸货船停泊的港池。2015年物流中心设备齐全,主要机械设备有吊车7台(其中16吨回转支承吊车1台、5吨吊车5台)、铲车1台、运输车3辆、地磅1台。固定资产总值371.84万元。

1949—2015年和桥港区及和桥港务有限公司历任负责人

表15－7

姓名	职务	任职时间	任职起讫时间	地址名称变更
陈培根	负责人 (民主推选)	1949年—1953年	和桥镇搬运工会	和桥镇顺和楼茶社 (1949—1952年)
刘金海	主任 党支部书记	1953年—1970年	和桥高级搬运站 和桥搬运装卸站	1952年迁东横街三官堂 1961年迁镇南首轮船局 1963年搬回东横街三官堂
徐顺福	主任 党支部书记	1970年—1974年4月	1973年8月称“宜兴县港务管理处和桥港区”	—
刘金海	主任 党支部书记	1974年4月—1976年7月	—	1976年移至和桥影剧院西侧新办公大楼
徐顺福	主任 党支部书记	1976年7月—1978年8月	—	—
陈拜云	主任 党支部书记	1978年8月—1979年8月	—	—
周长根	主任 党支部书记	1979年8月—1980年8月	—	—
潘寿昌	副主任 (主持工作)	1980年8月—1981年12月	—	—
刘金海	主任 党支部书记	1981年12月—1988年12月	宜兴市港务管理处和桥港区(1988.3)	—
李广新	主任	1988年12月—1989年12月	—	—
刘金海	党支部书记	1988年12月—1997年5月	—	—
尹柏南	副主任	1989年12月—1997年5月	—	1989年8月移至鹅州西路181号重建办公楼
芮顺德	主任 党支部书记	1997年5月—2001年3月	—	—
陈方大	董事长	2001年3月—2005年6月	宜兴和桥港务有限公司	—
王顺华	党支部书记	2001年3月—2004年7月	—	—
陈方大	书记	2004年8月—2010年12月	宜兴和桥港务有限公司	—
钮志刚	董事长 书记	2005年6月— 2011年1月—	宜兴和桥港务有限公司	—

第五节　交通运输管理

一、管理机构

晚清、民国时期，和桥水陆交通没有专门的管理机构，仅设轮船局和汽车站，均为营业票房。

1950 年后，水上交通运输趋向合作化。1953 年，和桥镇始设宜兴航运公司和桥营业处。1956 年改称宜兴县交通局航运公司和桥运输站。1964 年又更名为和桥交通管理站，专管水上运输船只。“文化大革命”期间，交通管理站职能间断，交通事故由和桥当地政府协同派出所处理。1974 年，重建宜兴县交通局车船监理所和桥交通管理站，负责人窦荣生。1975 年，调潘小南负责站务。1976 年 4 月，由县交通局正式调派殷炳泉任该站副站长（主持工作），管辖和桥地区 7 个公社的水陆交通。所址设在镇南首大洋桥东南堍。1978 年，全县各公社成立交通管理站。同年，和桥公社、南新公社、闸口公社分别成立交通管理站。和桥公社交通管理站负责人徐锡年，南新公社交通管理站负责人罗全金，闸口公社交通管理站负责人华世杰。1979 年 4 月，和桥镇交管站内部始设交通监督、港航监督和运输管理，分线监管水陆交通。1984 年 12 月，全县交管单位撤站建所。原交通管理站，改称交通管理所。和桥镇交通管理所内设交通队，定编 5 人，一面负责镇上车辆，搞好街道交通秩序，一面加强辖区水运管理，维护镇区交通安全。

1986 年 6 月，和桥乡、镇合并，所属两交管所合二为一。1987 年，更名为和桥中心交管所，辖管和桥、万石、南漕、闸口、南新、屺亭、高塍 7 个乡镇。同年 11 月，为强化公路秩序管理、车辆管理，交通局将陆上的车辆监管划归公安部门，成立宜兴县公安局交通警察大队和桥交警中队，负责道路动态管理。1988 年，和桥镇设立港航监管站，加强水上运输动态管理，辖区为原和桥地区 7 个乡镇，办公室设在中心所内。

1996 年 11 月，市交通局实施行业管理体制改革，和桥中心交管所辖区调整为和桥、南新、高塍、屺亭 4 镇。2000 年 6 月南新镇并入和桥镇，南新交管所同时并入和桥中心交管所。同年闸口交管所并入万石交管所。南新乡交管所所长罗全金，闸口交管站站长华世杰，闸口交管所历任所长为陆全邦、何旭明、张建平。

1. 宜兴市公路管理处和桥养护工区　民国时期，和桥公路段没有专业的养护组织，1950 年，和桥公路段由交通局公路管理站正式组建和桥道班房，负责公路养护。1978 年，和桥道班房改名为和桥养路队。1989 年，又改称和桥养护工区，对公路实施养护、建设、路政三方面的管理。1990 年后，和桥养护工区下设 3 个工房，有固定养护工人 81 人，配合各种养筑机械 13 台，路政巡逻汽车 2 辆，边三轮 2 辆。2001 年成立宜兴市路政大队。从此，公路养护与路政管理分开。2008 年 3 月，和桥养护工区再次更名为宜兴市公路管理处和桥养护工区。同年，工区驻地迁至芳桥镇屺山村，342 国道与屺亭北互通连接线交会处。2015 年，工区有员工 28 人，有尼桑皮卡巡逻车、电瓶巡逻车、大中型清扫车、养护作业车、红外线加热板、铲雪板、绿篱机、打草机等各类养护应急专业设备 20 余台套。1993—1998 年，和桥养护工区先后被省交通厅，省八部委厅局，无锡公路管理处、交通局评为“最佳道班”“绿化先进”“标准工区”“文明工区”。2000 年至 2003 年连续 3 年被无锡市公路管理处评为“文明养护工区”；2003—2014 年先后被宜兴市公路管理处，宜兴市交通运输局，无锡市公路管理处评为“先进集体”“优秀工区”“为民服务先进集体”等；2011 年 12 月被江苏省交通运输厅评为“十一五”全省公路养护管理优秀工区；2013 年 4 月被宜兴市评为“工人先锋号”。

1978—2015 年，历任养护工区负责人有曾海泉、姚小牛、赵小群、徐毓根、曹建平、马瑞金、任建中、周庆联、谢小东、张利萍、孙斌。

2. 宜兴市交通运输局和桥交通运输综合管理所　1953 年，和桥始设宜兴航运公司和桥营业处。1956 年改称宜兴县交通局航运公司和桥运输站。

图 15－1　2015 年和桥公路养护工区

1964 年更名为和桥交通管理站，1978 年全县各公社成立交通管理站。1984 年 12 月，全县交管单位撤站建所。1986 年 6 月，和桥乡、镇合并，所属两交管所合二为一。1987 年更名为和桥中心交管所，辖管和桥、万石、南漕、闸口、南新、屺亭、高塍 7 个乡镇。1988 年，和桥镇设立港航监管站，加强水上运输动态管理，辖区为原和桥地区 7 个乡镇，办公室设在中心所内。1996 年 11 月，市交通局实施行业管理体制改革，和桥中心交管所辖区调整为和桥、南新、高塍、屺亭 4 个镇。2011 年 11 月，和桥中心交管所更名为宜兴市交通运输局和桥交通运输综合管理所。和桥交通运输综合管理所设“一室三科一中队”（一室是办公室；三科为运输科、路政科、港航科；一中队是路政中队）。至 2015 年综合管理所有执法标志车 4 辆，公务用车 1 辆，执法人员 17 名。至 2015 年，和桥交通运输综合管理所全部执法人员均取得大专以上学历，已取得省证、部证的执法人员达 14 人。

2001 年，和桥中心交管所被无锡交通局评为“创建文明行业达标单位”。2003—2014 年每年被和桥镇政府评为保障服务标兵单位，多次被宜兴市交通局评为安全生产先进单位，被宜兴市政府评为先进集体，被无锡市交通局评为先进单位，被无锡市政府评为规范执法示范点。

和桥中心交管所及和桥交通运输综合管理所历任所长有殷炳泉（副）、费祖群、杜骏、丁筱林（副）、陈贤平、曹裕龙、曹庆林、陈伟强、王建平、茅军龙、周旭明、徐建兵。

图 15－2　2015 年和中心交管所

3. 宜兴市公安局交通警察大队和桥中队

1986 年前，警察中队的职能由交通管理所代理，为了强化公路秩序管理，车辆管理。按国务院规定，将陆上车辆监管划归公安部门。1987 年 11 月成立宜兴市公安局警察大队和桥中队，负责道路动态管理。1996 年 10 月，和桥中队更名为宜兴市公安局交通巡逻警察大队和桥中队。2014 年 12 月，恢复宜兴市公安局交通警察大队和桥中队名称。中队位于和桥镇鹅洲西路 21 号。管辖和桥、高塍、万石、屺亭街道 4 个镇（街道），管辖面积 342 平方千米。和桥中队设内勤、车辆管理、事故处理、路面勤务四个科室，

图 15－3　2015 年和桥交警中队

有民警22名（中队长、指导员各1人、副中队长2人、警长3人、职工4人），执勤人员25人，执法车8辆。

2007年、2008年和桥中队被市政府评为市文明单位，2010年至2012年被无锡市文明委评为无锡市文明单位，2013年被无锡市公安局交通巡逻警察大队评为公路勤务管理优胜中队，2011年至2013年被镇政府评为保障服务标兵单位。

和桥中队历任中队长有丁盘成、徐志芳、姜茗池、黄卫群、蒋晓峰、王永良。

4．宜兴市地方海事处和桥海事所 和桥水上交通发展较早，清代，锡溧漕河和桥镇区段帆樯林立，河港舟楫穿梭。民间不断涌现客、货专业的班船和轮船，但均为自由营业运输，仅向当地政府交些营运赋税。直至民国时期，水上运输也没有专门的监管机构，航道原始，水上交通秩序混乱。航行事故、船民纠纷时有发生。

1950年后逐步对水上交通实施监理，组织船舶合作化。1953年和桥设航运营业处，1964年建立和桥交通管理站，管理水上船只。1979年4月和桥镇交管站内部始设交通监督，港航监督和运输管理，分线监理水陆交通。1986年6月，和桥乡镇合并，同年和桥镇、和桥乡两交管所合二为一。1987年更名为和桥中心交管所，辖管和桥、万石、南漕、闸口、南新、屺亭、高塍7个乡镇。1988年，和桥中心交管所分设和桥港航监督站。2001年，宜兴市成立宜兴市港航监督处，在和桥镇设立宜兴市地方海事处和桥海事所。2004年，和桥海事所迁至锡溧漕河西岸殷村港口北办公。现有执法人员11名，海事执法车1辆、海巡常规艇1艘、海巡排挡艇1艘、高速摩托艇2艘。

1999—2002年，和桥海事所先后被无锡市交通局评为文明港监站、54号艇被评为文明监督艇、2009年被宜兴市交通局评为安全生产先进集体、2009—2011年连续3年被无锡市地方海事局评为无锡市地方海事系统先进集体、2010年被无锡市交通运输局命名为人民满意海事所、2012年被无锡市交通运输局命名为运输达标点。

和桥港航监督站历任站长有费祖群、陈贤平、曹裕龙、曹庆林，历任海事所所长为谈建明、杨才忠。

图15－4　2015年和桥海事所

二、公路养护、修拓管理

民国时期，和桥公路段没有专业的养护组织，路面失修状况颇为严重，政府虽也雇用公路沿线农民（俗称道班）抢修路面，但极不正常，路面仍然坑坑洼洼，行车颠簸。

1950年，和桥公路段由宜兴县交通局公路管理站正式组建和桥道班房，负责公路养护。工人们仅靠扫帚、挑箕、锄耙、洒水壶等工具，挑砂运石，修补路面；扫聚砂石，保护车道；削平路坡，泄去积水；作业十分艰苦。1960年后，逐步使用机动圆盘帚、拖拉机、汽车等养筑工具或机械。1978年，和桥道班房改名为和桥养路队。1989年，又改称和桥养护工区，对公路实施养护、建设、路政三方面的管理，全面实行干线、支线分散承包与集中解决路面病害、公路设施相结合的管理方法，把路肩、边坡、边沟、行道树、涵洞、桥梁、路政等方面的管理工作全部分解到人。对桥梁维修、断板修理、埋设公路道口标牌等采用集中作业的办法，逐步实现了养护规范化，养护总里程达105千米。1990年后，工区不仅从事辖区路段、路面、桥梁的养护和整修，还承担一、二级公路管理和三、四级公路施工。1979—1992年，和桥养护工区为和桥地区新建了南新线、和闸线、南高线、和高线等公路，总里程达40多公里，均为柏油路面，国家四级公路。1997年，和桥创建省级卫生镇，工区又为镇区的永昌路，湖滨路，环北路铺设了柏油路面。和桥养护工区的路政管理十分严格。1996—1999年，共审理路产损失案件89起，索赔1.93万元。消除路障350起，1250平方米；违章建筑设施18处，720平方米；非交通标志210块；增设限载或其他交通标志90块。2001年，和桥养护工区核定养护总里程92.767公里，至2002年，管理绿化树木5.8万棵，其中水杉5.4万棵，香樟3918棵；中间绿化带27千米，公路两侧花坛绿化1.6万平方米。2001—2002年，拓宽、改造南新路、闸口路，并浇注黑色沥青路面，使两条公路成为国家二级公路。

2008—2015年，工区承担着一条省道S342线漕桥至宜广线路口33.24千米，五条县（市）道［X303（周新线）4.53千米、X204（和宜线）20.638千米、X203（周屺线）22.8千米、X306（芳杨线）13.2千米、X310北互通连接线3.2千米］，共计97.6千米道路的日常养护和应急处置工作。管养道路涉及到和桥镇、芳桥镇、高塍镇、屺亭经济开发区4个行政区域。

2003—2015年，工区完成辖区内道路保洁，路肩整治，附属设施维护，路面坑塘修补，桥涵维护管养，部分路段绿化管护等日常养护作业。

三、路政管理及规费征收

1982年，和桥镇交管所路查25次，查车391辆，纠正违章36次，同时补收管理费、养路费、航运费共15898.57元，并培训甄考合格拖拉机驾驶员183名。1983年，年检手扶拖拉机117辆，其中新验29辆，培训考核拖拉机驾驶员26名。1984年整顿驾驶员队伍，严格做好驾驶员年审工作，并开展驾驶员安全教育和“百日安全竞赛”活动。1985年，交管所共签发路单1250次，办理运输许可证315张。1987年，上道执法356人次，查车884辆，纠正处理各种违章208起。

20世纪90年代，交通运输市场迅速发展。运政管理以把好运输业资格审验，年度审验和加强道路动态管理为重点。1999年，全镇拥有道路运输持证运力471辆（包括拖拉机）。全年完成运货量1500万吨，货运周转量每千米58万吨；客运量80万人，客运周转量每千米1200万人；港口操作量20万吨，吞吐量12.53万吨，运输装卸收入103.88万元。全年组织180天/次运输市场检查，有1680人次上路执法，纠正违章经营300起，年征收规费150万元。2002年，全镇拥有道路运输持证汽车406辆，全年完成货运量1700万吨，货运周转量每千米61万吨；客运量150万人，客运周转量每千米3750万人。全年组织250天/次运输市场检查。有2500人次上路执法，全年纠正违章经营500次，年征收规费200万元。2003—2008年，交管所出色地完成征收交通规费（行政征收）以及代征税费的任务。其间，年平均征收各类规费（养路费、运管费、货附费）2000多万元，代征各类税费（含城乡建设费）4000多万元；同时交管所还承担着繁重的维护运输市场秩序工作，每年上路巡查达1500多人次，查纠各类交通运输违章700多件起，打击非法运营黑车30多台次。

2009年，国家实行费改税，交管所工作重点进一步向维护运输市场秩序倾斜。2011年，按上级统一部署，推行交通运输综合执法，交管所成立路政中队，承担和桥地区的路政管理工作，同时对乡道、村道的路政巡查工作进一步加强，为地方政府代征税费逐年增加。2012年代征税费1200多万元。2013年，交管所积极按照政府统一部署，在镇区开展了住家船驱离、非法码头取缔、镇区非法营运私家车、载客三轮车打击等一系列工作，为和桥镇精细化管理提供了有力的保障。2015年，全年受理初审各类许可证489本，单车营运证1401本；加大农路、桥，特别是通行校车，镇村公交路线的巡查力度，全年巡查里程2000多公里，发现并提供相关部门安全隐患45件次；加大港航巡查，严控新增非法码头，全年开展码头安全检查36次，取缔非法码头3个，督促指导老码头办理港口经营许可证3本；加大路面动态监管，严厉打击非法营运，全年共查纠各类违章77件次。

四、车辆、交通安全管理

1987年和桥中队成立后，认真开展交通安全教育，交通违法查纠，交通事故处理、车辆及驾驶人员管理，道路治安防控、巡逻等交通管理。坚持以公路为主战场，加大整治力度，道路通行能力得到明显提升，围绕"压事故、保安全、保畅通"工作总目标，立足路面、全警上路、强势整治，有效改善道路通行环境。2009—2015年，共查获各类交通违法行为25万余起，其中拘留交通违法人员300余人，查处酒后驾驶行为500余起、醉酒350余起，破获交通肇事逃逸事故75起。围绕重点，开展工程运输车辆整治、酒后驾驶整治和三超一疲劳整治等工作，道路交通伤、亡事故逐年减少。

2009—2015年和桥交通警察中队车辆管理情况

表15－8

年　份	办理三小类车年检(辆)	新增驾驶证(本)
2009	2425	995
2010	1955	2098
2011	1855	1082
2012	1855	1082
2013	2315	588
2014	2499	715
2015	2585	625

说明:小三类车指两三轮机动车、轻便摩托车

2006—2015年和桥中队交通事故情况

表15－9

年份	事故起数	死亡人数	受伤人数	经济损失数(万元)
2006	1952	67	685	164
2007	1942	57	563	265
2008	2896	64	576	229
2009	3136	54	572	196
2010	3680	49	679	163
2011	2494	52	107	327
2012	2858	47	78	348
2013	3194	38	54	248
2014	3737	40	100	583
2015	3536	37	100	587

五、内河航行安全管理

1979年4月，和桥镇交通管理站内部始设港航监督科，主要职能是：贯彻执行国家和政府颁发的有关水上交通法律、法规、规章、规定；维护水上交通秩序，执行水上交通管制，实施船舶安全检查，监督船舶安全航行，查处水上交通违法案件，保障水上交通

安全;防止船舶污染水域,查处船舶污染水域案件;调查处理水上交通事故,组织水上救助;完成上级交办的其他工作任务。

1982年,航运检查19次,查来往船只1503艘,纠正违章36次,培训挂机驾驶员458名,参加年审驾驶员862名,检查挂浆船、换发航行证461只,其中新验76只,培训甄考挂浆驾驶员200名。

1985年,核发挂浆船运输许可证156张。1987年上船检查315次,查验各种船只11409艘,发现和处理问题626次,组织"两机"年审,办理挂机学习证621份,新发挂机正式驾驶证663份。

1996—1999年,开展水上安全检查1159次,上航人员达5295人次,纠正各类违章船舶2456艘,其中船证不符37艘,严重超载187艘,无证无照76艘,逃漏规费109艘,补缴罚补款13.2万元,收取滞纳金1200元。消除船障56处,轧挡堵航82起,打捞沉船24只。和桥镇区核发水上专业营运许可证5张、5户、225载货吨。驾驶员培训4次,有1106人持证上岗,持证率96%。处理水上交通事故39起,受伤6人、死亡2人,均属航行事故,经济损失16.5万元。4年内,事故逐年降低率为10%。2000—2002年,开展水上安全检查956次,上航人员3678人次,纠正各类违章船舶1918艘,其中船证不符45艘,严重超载2656艘,无证无照93艘,逃漏规费216艘,补缴罚补款21.6万元,消除船障62处,轧挡堵船72起,打捞沉船17只。驾驶员培训3次,有569人持证上岗,持证率98%。处理水上交通事故27起,受伤9人,死亡1人,经济损失35.2万元。3年内,事故逐年降低率为8%。

2002—2015年,共查纠违章5800艘,排除航道堵塞145次,打捞沉船24艘,处理水上交通事故260起,统计造成经济损失约600万元。

2015年,鹅洲西路南端的公路交通十分通畅

第十六章　电　　力

民国时期，和桥镇上先后创办了耀明、和明、新生电灯厂，为镇上政府机关、学校、商店和部分居民提供照明用电。1956 年，电灯厂实行公私合营，新生电灯厂改名宜兴县和桥电力厂。从此，镇上用电照明的单位和居民逐渐增多。新中国成立后至 20 世纪 50 年代末，闸口、南新地区及和桥乡农村均无电力供应，政府机关和事业单位的照明用电由各地的农机厂购置发电机组发电提供。1960 年，常丁线通电，和桥设供电站。同期，和桥、闸口、南新地区的农业灌排、场头脱粒、粮食加工、农民照明全部用上了电。镇上居民普遍用上电灯，并安装了电表，工厂也用电作为动力。1978 年，和桥、闸口、南新乡分别成立用电站，负责供电、用电管理。1979 年，华东电网通电。1979 年后，乡镇企业迅速发展，供电日趋紧张，常常出现停电现象。1987 年，和桥镇政府筹建宜兴宝兴热电厂，1989 年建成发电，1997 年停产。9 年中，该厂为和桥镇累计供电 3 亿千瓦时。1989 年，110 千伏的和桥变电所建成，并有 110 千伏备用电源自投装置，构成双电源受电网，实现了地区不间断供电。同时，和桥变电所下辖闸口、南新 2 座 35 千伏变电所。2010 年，和桥镇全面完成农村电网改造，全面建成农村电器化村。2015 年底，和桥镇有 110 千伏变电所 2 座、35 千伏变电所 2 座，建成 10 千伏通电线路 35 条，线路总长 336.76 千米，400 伏低压线路 1621 条，线路总长 440.24 千米，完成智能电表更换 3.6 万户。当年，全镇工业、农业、生活用电 4.59 亿千瓦时。

第一节　发　　电

民国 6 年(1917)，镇商会及镇董程荫南与无锡商人共同筹资，创办耀明电灯厂。厂址设在下塘回春巷口。供电对象仅是一些大商号及彭城中学、鹅山学堂、镇政府机关等。民国 12 年，电灯厂改组，易名和明电灯厂。发电设备以 1 台双飞轮 30 马力的重柴油车和 2 台直流发电机。当时发的是 220 伏直流电，电压不稳，灯光暗弱。电费以灯泡瓦数(支光)计算。线路分布上、下塘，东到东横街，南到南兴桥外，西到观音巷，北至北兴桥。民国 26 年日军侵华，和桥沦陷，电灯厂处于半关闭状态。民国 29 年，和明电灯厂恢复发电，由直流电改为三相四线交流电。抗日战争胜利以后，和桥工商界筹集资金在和明电灯厂原址创办新生电灯厂，用户开始安装电表。

1950 年正月初五，电灯厂因负荷过重，发电机烧坏，镇工会组织电厂职工设法修复设备，继续发电，但故障频发，停电较多。1951 年，区、镇人民政府发动工会、工商联筹集资金，并向银行贷款，又租进 30 匹马力四引擎的冷并车 1 台，继续发电。1956 年，电灯厂实行公私合营，新生电灯厂改为宜兴县和桥电力厂，工业局委派周泉根为公方代表兼厂长。该厂于 1958 年划入粮油系统，并入国营和桥粮油厂。1960 年，常丁线竣工供电，镇上建立供电站，居民普遍用上了电灯，安装了电表，工厂也用电作为动力。1979 年后，乡镇企业迅速发展，用电急剧增加，供电又趋紧张，常常出现区域停电现象。1987 年，为了解决供、用电矛盾，镇政府与上海宝钢冶金建设公司联合出资，筹建宜兴宝兴热电厂。由吴其华、路金海、徐中华等人组成建厂领导小组,聘请闵行、南京热电厂4名专业工程师作建厂技术指导,投资680万元,征用土地23亩,厂址设在北庄桥河南西侧,装机容量3000千瓦,一期工程于1989年7月建成发电。1993年2月,又投资600万元,建设二期工程,新增3000千瓦机组1台,从而形成两炉三机,总装机容量6000千瓦。至1997年7月,累计发电3亿千瓦时,供汽5万余吨。后因一大批国有大电厂相继投产发电,电力供应日趋缓和,宝兴热电厂因机组小,成本高,蒸汽利用率低等因素,于1997年7月停产。电厂历任负责人有吴其华、徐中华、堵南华。

第二节　供　　电

1. 变电所设施　民国6年(1917)至1960年常丁线通电前的43年间,和桥镇上的用电,先后由耀明、和明、新生电灯厂及和桥电力厂提供。(其间,一些大商号和工业企业同时自购发电机,以备停、断电时备用。)常丁线通电后,镇上设供电站,并在上塘南兴桥下设变压器。1978年,和桥、闸口、南新公社分别成立用电管理站,同时,在各自境内安装小容量变压器。1986年6月,和桥镇、和桥乡合并后,筹建和桥变电所,地址在锡宜公路西侧永兴村大会组,征地40亩,省投资90万元。1989年3月110千伏和桥变电所建成投运,二期工程于1995年8月竣工启用,从此,具备了两条110千伏受电线路,构成双电源受电网架,110千伏备用电源自投装置的启用,实现了地区不间断供电。和桥变电所下辖4座35千伏变电所,主供整个和桥地区的和桥、南新、闸口、万石、南漕5个乡镇的用电并提供芳桥、屺亭、高塍3个乡镇的正常备用电源。2004年,新建投运110千伏和桥变电源,供应和桥镇区域。2010年7月,新建并投运了110千伏北庄变,增加了4万千瓦的供电能力,缓解了110千伏和桥变和35千伏闸口变供电压力,同时为和桥地区的经济发展提供了电力保障。自2010年成立县域公司,负责35千伏及以上配变电设备的操作,和桥设定一个操作班,负责和桥变35千伏及以上变电站的停、送电操作。至2015年,全镇有35千伏变所2座,110千伏变电所2座。变电所负责人有张志祥、朱仕宏。

2. 供电线路　民国时期至新中国成立初期,和桥主要供电线路沿着塘河两岸,支线有东横街线、观音巷线等。主线和支线都是用较直的圆木架起,高度4~5米,每一档跨度30~40米。1962年,和桥供电站开始逐步建设新的供电线路通往镇内政府机关、商店学校、服务单位、居民生活区、少数工业企业和农村灌溉站、粮食加工厂、农民家庭,主线开始用水泥电杆架设,高度8~10米,每一档跨度50~60米,主线和支线分别用铝绞裸线和铝芯绝缘线,长度约50多千米。1968年,和桥镇供电线路原来用木头电杆架设的支线全部更换成水泥电杆。1979年,接通华东电网后,和桥供电站辖区内供电线路增加约1倍,农村实现全部通电。1987年,和桥变电所新建,与和桥片辖区内所有乡镇供电站(所)都有主要供电线路连接。同年,和桥变电所负责对和桥镇的原供电线路实施升级改造,更换已经老化的电线和电杆,开辟新的工业企业和居民小区供电线路。1989年,宜兴宝兴热电厂发出的电源经新设置的供电线路与和桥镇供电所原设置的供电线路并网。2002年,和桥农村已有综合配变292台,容量约82400千瓦。2010年,和桥镇10千伏及以下的供电线绝缘化改造建设起步。同年,和桥镇新增10千伏万福线、高楼线12千米,全镇建成农村电器化村。2012年,和桥镇开展智能电网建设,全镇36000多用户用上智能电表,实现用户端负荷电能质量实时监测、电能表远程抄表和远程费控智能化。同年,和桥镇千伏供电线路手拉手(一个变电所的10千伏出线的线路与其另一个变电所的10千伏出线线路末端用联络开关联结)工程建设开始,以保证其中一个变电所需停电检修时能从另一个变电所对该10千伏线路供电,至2014年建成,供电可靠性提高。2013年,和桥镇新增10千伏东锦线、石路线、团结线、同里线。2015年,和桥10千伏线路已有35

条,线路总长 336.76 千米;400 伏低压线路已有 1621 条,总长度 461.24 千米;和桥农村综合配变增至 744 台,容量增至 209950 千瓦;10 千伏线路绝缘化率达到 40%、400 伏线路绝缘化率达到 52%;供电线路及专变用户 304 户(容量 87902 千瓦)、综合变非居民用户 7070 户、居民用户 31456 户;全年供电 4.59 亿千瓦时。

第三节　用　　电

一、生活用电

民国 6 年(1917),和桥镇上一些大商号及彭城中学、鹅洲学堂及政府机关等单位就已经用上了电,电源由耀明电灯厂提供。民国 12 年,镇上用电范围扩大到上塘、下塘、东横街,南到南兴桥,西到观音巷,北至北兴桥。少数居民开始用电照明,电费以灯泡瓦数计算,电源由和明电灯厂提供。民国 26 年,日军侵华,和桥沦陷期间,电灯厂遭受破坏,电灯厂供电时断时续,极不正常。民国 29 年,和明电灯厂恢复正常供电,抗日战争胜利后,镇上又创办了新生电灯厂(1956 年改名宜兴县和桥电力厂),供电范围进一步扩大,镇上商铺均用电照明,用电居民也有增加。1960 年常丁线供电,和桥设供电站,居民普遍用电照明,并安装了电表。20 世纪 60 年代前,闸口地区、南新地区、和桥地区的和桥乡农村均无电力供应。政府机关和部门单位的照明用电由各地的农机厂购置发电机组发电提供,灯光暗弱,电压不稳,常常断、停电。1960 年,常丁线竣工通电后,农村的农田灌排、场头脱粒、粮食加工、农户照明普遍用上了电。20 世纪 60—70 年代,生活用电以照明为主,用电量不大。改革开放后,人民生活水平逐步提高,家用照明灯头数量增多,灯泡功率增大,日光灯普及,家用电器日益增加,电风扇、电视机、洗衣机、电饭煲等进入千家万户。1990 年开始,彩色电视机、电冰箱逐步进入平民百姓家庭。2000 年,空调逐步普及、部分家庭开始使用电脑。用电量呈逐年上升趋势,2005 年全镇生活用电 0.44 亿千瓦时,占全年用电量的 12.5%,2010 年全镇生活用电 0.56 亿千瓦时,占全年用电量的 13.1%,2015 年全镇生活用电 0.58 亿千瓦时,占全年用电量的 12.7%。

二、农业用电

20 世纪 60 年代初,农业用电仅限于农田灌排、粮食、饲料加工,用电量较小。60 年代中后期起,农业电气化程度逐步提高,全镇农村用于农田灌溉的 54 条流动戽水机船被逐渐淘汰,电灌站数量逐年增加,至 1987 年全镇拥有大小电灌站 86 座。农业灌排、场头脱粒、粮食、饲料和农副产品加工全部用电作动力,农业用电量增加,1989 年,和桥片区农业用电 0.17 亿千瓦时,占全年用电量的 34.1%。随着改革开放的深化,工业企业和社会事业的发展及交通设施建设、城镇化建设等因素,用地增加,耕地面积有所减少。20 世纪末,农村全面使用稻麦两用收割机取代场头电机脱粒。农业用电所占比重随之下降。2005 年,全镇农业用电 0.16 亿千瓦时,占全年用电量的 4.54%;2010 年,全镇农业用电 0.17 亿千瓦时,占全年用电量的 3.93%;2015 年,全镇农业用电 0.06 亿千瓦时,占全年用电量的 1.2%。

三、工业用电

20 世纪 20 年代,和桥镇上的国营粮油厂、米厂等企业就以电作动力,进行生产和加工,电源由和桥电灯厂提供。同时,各企业自购发电机,以防停、断电时备用。1960 年,常丁线竣工通电后,镇上所有企业全部用上了电。

60—70 年代初,和桥乡、南新乡、闸口乡,工业企业仅有农机厂、粮食、饲料和农副产品加工厂等,用电量较小。中共十一届三中全会后,随着改革开放的不断深入,乡镇(社队)工业企业蓬勃发展,工业用电量直线上升。2005 年,全镇工业用电 2.87 亿千瓦时,占全年用电量的 82.9%;2010 年,全镇工业用电 3.59 亿千瓦时,占全年用电量的 83%;2015 年,全镇工业用电 3.95 亿千瓦时,占全年用电量的 86.1%。

四、安全用电

自 20 世纪 60 年代接通高压线路以后,用电范围日益扩大。乡镇政府、供电所、用电站、文化站、广播电视站等单位利用电影、电视、幻灯、黑板报、图片展览、张贴标语、出专栏,广泛宣传安全用电知识,使安全用电家喻户晓。70 年代起,推行“三有”“四不准”“五严禁”的制度。“三有”是用电有申请、施工有标准、质量有验收,“四不准”是不准采用一线一地照明、不准以金属丝代替保险丝、不准使用外壳未接地的电动机、不准在未停电的高压线下维修低压电路,“五严禁”是严禁私接乱接、严禁带火接电、严禁带电修理、严禁带电安装和移动设备、严禁非电工人员进行电器作业。80 年代起,居民用电安装家用保安器,企业用电安装漏电保安器。企(事)业、村电工经单位推荐,参加市(镇)组织的严格培训合格后,持有市发的电工证、操作证方能上岗。90 年代至 2015 年,和桥供电所始终坚持“三有”“四不”“五严禁”安全用电操作规程,并严格遵照国家电力公司关于优质服务条例,做到供电线路发生故障时,城镇不超过 45 分钟、农村不超过 90 分钟,电力工作人员必须到现场排除事故障害,保证安全通电。

1986—2015 年和桥镇销售电量

表 16－1

年度	工业(万度)	农业(万度)	照明(万度)	合计电量(万度)	合计电费(万元)
1986	587.97	23.06	146.51	965.10	115.40
1987	677.06	244.23	178.60	1099.89	135.74
1988	623.74	257.39	205.21	1086.34	145.05
1989	2635.90	1706.17	683.27	5025.34	197.30
1990	769.01	250.48	274.74	1294.23	209.76
1991	924.69	254.42	324.00	1503.11	270.72
1992	1069.07	308.25	484.24	1861.56	386.71
1993	1200.16	288.13	597.59	2085.88	657.10
1994	1176.50	324.07	802.97	2303.54	875.37
1995	1267.78	335.46	955.98	2559.22	1015.42
1996	1372.00	318.94	1099.58	2790.52	1241.34
1997	1393.20	428.68	1131.56	2953.44	1381.44
1998	1450.07	454.79	1308.02	3212.88	1526.62
1999	1450.04	463.53	1270.48	3184.05	1636.22
2000	3472.00	105.00	1878.00	5455.00	3621.50
2001	3354.00	207.00	2425.00	5986.00	3914.40
2002	4544.00	205.00	2230.00	6979.00	4497.00
2003	26442.39	1510.08	3486.93	31439.40	23169.51
2004	27834.10	1556.79	3917.91	33308.80	24547.97
2005	28694.94	1572.51	4353.22	34620.67	25513.97
2006	30205.19	1588.39	4836.92	36630.50	26995.13
2007	31463.75	1620.81	5315.29	38399.85	28299.07
2008	33119.74	1670.94	5479.68	40270.36	29677.55
2009	34144.10	1687.82	5591.51	414236.43	30527.32

表 16－1

年度	工业（万度）	农业（万度）	照明（万度）	合计电量（万度）	合计电费（万元）
2010	35941.11	1704.88	5647.99	43293.98	31905.83
2011	37832.75	1722.09	5763.26	45318.10	34577.70
2012	43804.75	1845.60	4904.75	50555.10	33372.90
2013	37455.46	1675.71	6195.54	45290.71	34550.80
2014	36815.75	1681.49	5752.46	44249.70	34140.60
2015	39501.28	548.45	5823.54	45873.27	34616.85

说明：此表不包括南新供电营业所（1986—2000 年）及闸口供电营业所（1986—2004 年）的销售电量

第四节　机　　构

一、江苏省电力公司宜兴市供电公司和桥供电所

图 16－1　2015 年和桥供电所

1. 和桥供电所　1960 年，宜兴供电站在和桥设立和桥营业管理组。1962 年，成立和桥供电站。1987 年，和桥供电站改称和桥供电所，隶属宜兴供电局，负责管理和桥、高塍、南新、闸口、万石、南漕、屺亭 7 个乡镇电力设施的施工、维护及供用电营业管理工作。

历任负责人有刘明和、包承中、董盘根、虞焕清、管养初、江重光、王洪宝、江重光。

2. 和桥镇供电营业所　1978 年成立和桥乡用电管理站。负责乡村、企业的用电管理及收费工作。1986 年 6 月，和桥乡、镇合并，和桥乡用电管理站改名为和桥镇用电管理站，同年又更名为和桥镇电力管理站，属双重领导，业务上由市供电局辅导，行政上属镇政府领导。1993 年在鹅洲西路建造了占地 4 亩，建筑面积 1700 平方米的办公大楼。定编人员 11 人。1999 年 11 月，更名为和桥镇供电营业所，属宜兴市供电局的派出机构。负责管理大同线、北庄线、和农线 10 千伏高压线路的抄收、线损考核，负责农村 17 个行政村、1 个渔场、18 个厂矿企业和民营经济开发区公变的用电管理。

历任负责人有吕旭华（副站长主持工作）、曹洪法、许晓初。2003 年，和桥供电所与和桥镇供电营业所合并成立江苏省电力公司宜兴市供电公司和桥供电所。

2007 年宜兴市供电公司和桥供电所被获江苏省电力公司授予“一流农村供电所”称号，2010 年，被江苏省质量管理协会、江苏省科学技术协会、江苏省总工会授予“江苏省优秀质量信得过班组”称号，2013 年，被无锡市精神文明建设安全会评为 2010—2012 年度无锡市文明单位。

3. 南新供电营业所　1978 年，成立南新公社用电管理站，1987 年更名为南新乡电力管理站。1999 年 11 月，更名为南新镇供电营业所。有员工 18 人，电力客户 6850 户。站、所址设在南新街（新桥向南 40 米，水处理厂旁）。2002 年 3 月，并入和桥镇供电营业所。历任站长、所长有刘催保、郭余芳、储孟生、江林初、张永兴。

4. 闸口供电营业所 1978年成立闸口公社用电管理站,1987年更名为闸口乡电力管理站,1999年11月更名为闸口镇供电营业所。有员工17人,电力客户8680户。站、所地址先后设于楝树港街北首汽车站旁、楝树街中段(海棠路)南侧,和楝树街东首楝阳路口办公营业。2005年,撤并到和桥供电所。历任站长、所长有周洪斌、张仲明、江林初、吴祖强。

二、和桥镇"三电"办公室(计划用电、节约用电、安全用电)

1970年成立"三电"办公室,开始附属于和桥镇工交办公室,后属于宜兴市计委管理。主要职责是计划、节约、安全用电,做到削峰填谷,调解负荷,提高用电负荷率,缓解电力供需矛盾。1999年5月机构撤销。负责人陆鹤中。

2013年某日傍晚,和桥集镇华灯初放

第十七章　邮政　电信

古时传递官府公文(信件)的机构称邮驿、递铺。晋时在和桥南翻塘桥东设过驿亭,宋时改称递铺,明时闸口地区的钟溪设过递铺。清光绪七年(1881)改称文报局,后称邮政局。宣统元年(1909)六月,宜兴邮政局委托和桥镇上塘南首须祥福杂货号代办邮递业务,由航班托带邮件。民国9年(1920)宜兴邮局在和桥设三等邮局。负责和桥、闸口、南新三地境内的邮件收寄、投递等业务。民国26年宜兴邮局分别在闸口、南新地区设立邮政代办点。民国35年江苏邮政管理局定和桥为三等甲级邮局。自设立邮局后,业务从未中断。1949年5月,中国人民解放军宜兴县军事管制委员会成立,接管县内各邮局,和桥邮局也由军管会接管。1951年7月,和桥电信营业处与和桥邮局合并,称宜兴县和桥邮电局,直属江苏省邮政管理局,后并入宜兴邮电局,改名和桥邮电支局。同年,闸口、南新邮政代办点改称邮政代办所。1955年,宜兴邮电局对全县农村代办所进行整顿。1957年,闸口、南新邮政代办所改称为邮电所,1995年,邮电所又改名为邮电支局。

清光绪30年(1904)10月,和桥始通电报业务。民国期间和桥设电信营业处。民国17年,和桥区公所购置手摇电话机(限于宜兴县局通话),总机设在区署内。民国19年5月,开通宁、常、镇、苏、沪长途电话。民国37年,和桥镇主要电话线路建成。

1956年,闸口、南新地区相继开通电话业务,1990年和桥镇首先开通中继程控电话,1993—1994年,闸口乡、南新乡先后开通程控电话。1997年和桥镇建成江苏省电话镇。2015年底全镇程控电话装机容量5万门,拥有固定电话用户2.3万部。1992年,和桥、闸口、南新三地均开通移动电话业务。1998年9月,邮政、电信分营。同时,分别成立和桥镇、闸口镇、南新镇邮政支局和电信支局。2015年底,全镇(电信、移动、联通三家通信企业)安装通信机站400多处,拥有手机用户18.3万部、网络宽带3.48万户。

第一节　机　　构

一、分营前机构

1. 和桥邮电支局　清宣统元年六月,宜兴邮政局委托和桥镇上塘南首须祥福杂货号代办邮递业务,由航班拖带邮件。民国9年,宜兴邮局在和桥设三等邮局,租用下塘陆宅两楼两底为局址,局长张日新,襄办韩德俊。民国35年,江苏邮政管理局定和桥为三等甲级邮局。1949年5月,中国人民解放军宜兴县军事管制委员会成立,接管县内各邮局,和桥邮局也由军管会接管。1951年7月,和桥电信营业处与和桥邮局合并,称宜兴县和桥邮电局,直属江苏省邮政管理局。后并入宜兴邮电局,改名和桥邮电支局。和桥支局原设于劳动街,1987年迁至鹅洲西路南首办公营业。1997年6月,邮电综合大楼在原址改造落成起用。历任和桥邮电局、邮电支局局长的有张日新、吴士杰、刘玉林、李勇、王桂荣、吴焕贞、韦占和、奚宗玲。

2. 闸口邮电支局　民国26年,宜兴邮局分别在楝树港和老闸口街设立邮政代办点。楝树港邮政代办点设在沈炳龙药房内,老闸口街邮政代办点先后设在刘秋刚京货店、毛桂生药店和王瑞宝小南货店。1951年,楝树港、老闸口邮政代办点改称为邮政代办所,隶属和桥邮局管辖,邮件由锡溧、常渚班轮船托带。1955年,宜兴邮电局对全县农村邮政代办所进行整顿。1957年楝树港、老闸口邮政代办所改名为邮电所。1960年2月,楝树港邮电所租用徐志洪家二间店面为所址。1958年,成立闸口人民公社,社址原设于老闸口街,因交通不便,1960年,公社办公地迁至楝树港(公社名称不变),老闸口邮电所随公社办公地迁址,并入楝树港邮电所,并改楝树港邮电所为闸口邮电所。老闸口街设代办点,1993年撤销。

1968年,闸口邮电所迁至锡溧河西岸楝树港轮船码头旁,1983年迁至海棠路18号新址营业,1991年又迁至楝树港南首闸口公路东侧新大楼营业。1995年,闸口邮电所更名为闸口邮电支局。1998年9月,闸口邮电支局邮电分营,同时成立闸口邮政支局和闸口电信支局。历任闸口邮电所、邮电支局负责人的有潘玉仙、王春根、邵保坤。

3. 南新邮电支局 民国26年,和桥邮局在南新街塘渎桥西侧房永根理发店和北新街刘金福杂货店分别设邮政代办点,各设邮箱一只,邮件先后由和桥邮局邮差夏伯坤、冯启明等手提、肩挎背搭徒步传递。1951年南新街、北新街邮政代办点改称为邮政代办所。1956年,北新乡撤销并入南新乡,北新街邮政代办所随乡撤并,并入南新邮政代办所。1957年南新邮政代办所更名为南新邮电所,1995年又更名为南新邮电支局。1998年9月,南新邮电支局邮电分营。同时成立南新邮政支局和南新电信支局。历任南新邮电所、邮电支局负责人的是奚启阳、王静亚、陈红芳、赵峰。

二、分营后机构

1. 和桥邮政支局 1998年9月,成立和桥邮政支局。局址设于原邮电支局综合大楼内,历任支局局长的有莫泽裕、王国海、王新洪、徐莺、杨晶、王婷、吴宁。

2. 和桥电信支局 1998年9月,成立和桥电信支局。局址设于原邮电支局综合大楼内,历任支局局长的有奚宗玲、邵保坤、唐宁怀、储和根、陈浩、张杰。

3. 江苏省宜兴市邮政局和桥分局 为适应经济和邮政事业的快速发展,2009年3月,成立江苏省宜兴市邮政局和桥分局。管辖和桥地区的和桥、南漕、万石、闸口、高塍、范道、屺亭街道邮政支局的经营行运工作。2011年7月,和桥邮政分局设投递分部,配备投递车11辆,投递员12人。同年7月,和桥鹅洲网点(中国邮政储蓄银行和桥鹅洲营业所)单立。2015年11月,和桥邮政储蓄支行与鹅洲营业所合并经营管理。和桥投递分部负责人有徐益明。鹅洲营业所历任负责人有周惠娟、吴宁。和桥邮政分局历任局长有王国海、张志鹏。

4. 中国电信股份有限公司宜兴分公司北区分局 2005年5月,成立中国电信有限公司和桥中心局,下辖和桥、南新、闸口、万石、南漕、高塍、范道电信支局。2013年1月,和桥中心局更名为中国电信股份有限公司宜兴分公司北区分局,下辖和桥、闸口、万石、周铁、洋溪、新庄、芳桥各电信支局。分局内设渠道、政企、装维三个部,正式员工39人,局址设于西横街南首原邮电综合大楼内。和桥中心局、北区分局历任局长有徐江、钱安、马开生。

5. 移动公司和桥分局 1998年5月,成立中国移动通信集团江苏有限公司宜兴分公司(简称宜兴移动公司)。1998年5月,宜兴移动通信从市邮电局分离。2011年3月,成立宜兴移动公司和桥分局。局址设于西横街213号,历任分局长有欧福民、吴晓源、欧福民。

6. 联通公司和桥网格 1998年12月,成立中国联通无锡公司宜兴营业部(简称宜兴联通公司)。2004年2月更名为中国联通公司宜兴分公司。在全市开展移动通信业务,发放“130”移动电话号码。2011年8月,成立宜兴联通和桥支局。2013年12月,改和桥支局为和桥网格。办公地设于鹅洲西路205号2楼,历任负责人有张智焕、董园。

7. 闸口邮政支局 1998年9月,成立闸口邮政支局。局址设于楝树港海棠东路海棠社区南首。历任支局局长有王新洪、陈丽君。

8．闸口电信支局　1998年9月，成立闸口电信支局。2007年7月，闸口电信支局撤销并入和桥电信支局，2011年恢复闸口电信支局。2013年，该局再次被撤销，并入和桥电信支局，闸口设营业点。历任支局局长有邵保坤、袁国平、张杰。

9．南新邮政支局　1998年9月，成立南新邮政支局。2009年4月，南新邮政支局撤消并入和桥邮政支局。历任支局局长有吕维彬、庄国健、周伟光。

10．南新电信支局　1998年9月，成立南新电信支局。2001年，南新电信支局撤销并入和桥电信支局。历任支局局长有奚启阳、欧建民。2005年5月恢复南新电信支局，2006年6月南新电信支局再次撤并。支局长为邵保坤。

第二节　邮　　政

一、邮路

清光绪二十八年（1902），开通锡溧、常渚班轮船，和桥、闸口（楝树港）均设有轮船码头；民国23年（1934），锡宜、武宜公路通车，和桥设有汽车站；1979年、1982年，南新公路、闸口公路先后建成通车，南新、楝树港均设有汽车站。和桥镇水陆交通十分便捷。自开办邮政业务后，和桥、南新、闸口三地的邮件（文件、包裹等）有锡溧、常渚班轮船或锡宜、武宜客运班车托带。和桥镇水上有班船邮路，陆上有客运班车邮路，邮路畅通。1987年．宜兴邮电局自办汽车邮路，开逐日班，途径和桥、南新、闸口。自此，和桥邮电支局、南新、闸口邮电所可在各自单位接收、递送邮件。1991年3月，锡溧、常渚两线班船停航，从此结束了邮件运输由班船托带的历史。1992年，宜兴邮电局增开自备汽车邮路，邮车每日往返宜兴至无锡一个班次。1998年，锡宜邮车增至每日2班。2010年，恢复每日一班。

二、投递

清宣统元年（1909）六月，宜兴邮政分局委托和桥镇上塘南首涢祥福杂货号代办邮递业务，由航班托带信件。

民国3年（1914），宜兴邮局在和桥设立三等邮局，有信差、听差各1人，办理投寄平信、快信、挂号信和汇款等业务。其时，涢祥福停办邮政，只经营订报送报工作。民国35年（1946），江苏省邮政管理局定和桥为三等甲级邮局。自设立邮局后，业务从未中断，即使军阀混战、抗日战争、解放战争时期，邮件照常投递。

和桥镇邮局自开办邮政业务后，每天由邮差或派专人按时到轮船码头或汽车站接、送邮件，回局后启封，按投递邮路分拣，由邮差、邮递员穿街过巷、及时徒步投递。南新的邮件先后由和桥邮局邮差（新中国成立后改成邮递员）夏伯坤、冯启明等，手提肩挎背搭徒步分别投送至南新街邮政代办点、代办所和北新街邮政代办点、代办所（1956年并入南新街邮政代办所）。闸口的楝树港邮政代办点、代办所和老闸口街邮政代办点、代办所的邮件主要由锡溧、常渚班轮船托带，部分客运班车邮件由和桥邮局转口至闸口地区二处邮政代办点、代办所。

民国年间至20世纪50年代末，南新、闸口二地邮政代办点、代办所没有邮差和邮递员。邮件由收件人自取或请熟人捎带转交或口信转告收件人亲自到代办点、代办所领取，邮件投递很不及时。60年代初，南新、闸口邮电所先后招聘了专职邮递员。从此，闸口、南新二地的邮件由邮递员按邮路（邮路一般按大队部、村委地理位置划分）分工跑片，徒步投递。1972年，邮递员配备了自行车，2001年9月配备了摩托车。从此，结束了邮递员徒步投递邮件的历史。

三、业务

1．函件　和桥镇函件业务始于清末的1909年，由涢祥福杂货号代办，由航班托带信件。民国9年和桥镇成立三等邮局后，函件由邮局承办，办理投寄平信、快信、挂号信、明信片等业务。民国期间，南新、闸口两地同时代办函件业务，以代售邮票、收寄、投递平信、明信片、挂号信为主。民国34年(1945)，平信每件法币2元，民国37年，物价飞涨，平信每件法币1.5万元。

图17-1 盖有1951年11月和桥邮政代办所日戳的邮票

新中国成立后，邮件业务量逐年增加，和桥镇、南新、闸口邮政机构代办出售4分、8分和20分三种邮票。1953年，邮政经营项目增多，经办明信片、平信、挂号信、航空信、快信、包裹等业务。1955年，平信邮资每件(20克)8分，超重加费，挂号信邮资每件20分；现役军人实行军邮免费。1960年，开办特种挂号业务，以特种挂号信封邮寄粮票、布票、粮油关系转移证等贵重票证；军邮(部队战士信件)盖三角形邮戳免费邮寄。“文化大革命”初期，毛泽东著作免费邮寄，贴《毛主席去安源》邮票不盖邮戳；“红卫兵”革命串联信件减半收费。1969年，停办回执业务，对军邮恢复按章收费。1978年试行邮政编码，1984年恢复军邮免费和回执业务。1985年对会议通知、提货单、请柬、协议书、合同、发票等也按函件办法交寄。1987年，和桥镇邮电局出口邮包7577袋、进口9654袋，转口南新、闸口邮电所158袋；平信出口322387封，进口309499封，转口南新、闸口平信13399封；挂号信出口73108封，进口38840封；出口国际平信1160封，挂号信27封，进口国际平信533封，挂号信31封；发出汇票8601张，进口8046张。1988年，正式实行邮政编码，和桥镇的编码为214211，南新乡的编码为214215，闸口乡的编码为214216。1990年7月，开办国内外速递业务。同年，邮政资费执行新标准，平信每件(20克)本埠0.1元，外埠0.2元；1996年，邮政资费调整，平信邮资每件(20克)增至0.5元、明信片0.4元、挂号信1元，不分埠内埠外。1998年，邮政资费再次调整，平信邮资每件(20克)本埠0.6元，外埠0.8元。1999年3月至2015年，平信邮资每件(20克)本埠0.8元，外埠1.2元；明信片0.8元、挂号信3元，不分埠内埠外；印刷品以100克为单位，本埠0.8元、外埠1.2元。

2. 包裹 民国3年(1914年)，和桥镇邮局开办包裹投寄业务，南新、闸口邮政代办点、代办所包裹收寄始于民国期间，包裹投寄先由代办点、所接收，然后委托专人到和桥镇邮局办理正式投寄手续，业务很小。

20世纪50年代中期，南新、闸口两地邮政代办所升级为邮电所，才正式开始办理包裹投寄业务。包裹种类有普通包裹、航空包裹和快递小包等。包裹限重15千克，100克起重计费，邮资按包裹重量和投寄里程收取，包裹到局、所后，通知单送达收件人，由收件人凭单到局、所领取。逾期(3个月)收取保管费。同时规定不得邮寄易燃、易爆、易腐物品和活体动物；书报包裹打折收费；盲人读物包裹1千克收邮资2分；1966年“红卫兵”串联途中负重包裹免费收寄。同年取消包裹逾期保管费；1969年，取消“红卫兵”旅途包裹收寄免费规定。1979年，收寄商品包裹业务量扩大，恢复包裹逾期保管费；1982年起，对体积大的邮寄包裹增加50%的邮资。1987年，和桥镇邮电局出口包裹10286只，进口3390只，转口南新、闸口邮电所3360只。1998年，和桥镇邮政支局、南新镇、闸口镇邮政支局，收取邮资直接由微机打印在详情单上。2011年7月，和桥邮政分局设立投递分部，为和桥地区投递邮件包裹。2015年，和桥镇邮政支局进口包裹11726只，出口包裹1269只。

3. 汇兑 民国35年(1946)，和桥镇邮局开办小额汇兑业务，每笔汇兑限额为30元。南新、闸口两地的客户要办汇兑业务，均需到和桥邮局办理。1953年，汇兑限额为300元，按1%收取汇费。1957年，南新、闸口邮电所相继开设汇兑业务。1982年汇兑限额增至500元，后又两次增至1000元和5000元。1996年，和桥邮电支局、南新邮电支局、闸口邮电支局开办全国通存通兑业务，减少外出人员携带现金风险。1998年，汇兑限额调整最高为1万元，汇费最少2元,最高50元。超过1万元可分若干次汇兑,每笔汇兑加收业务费1元。2002—2015年,汇票限额为5万元。同时开办投单电子汇兑业务,电子汇兑按时限分为普通汇款、电子汇款、加急汇款和特级汇款。普通汇款处理时限为2天,由邮政部门投递取款通知单,通知收款人取款或办理入账兑付,电子汇款处理时限为1天(24小时),加急汇款时限为4小时,特级汇款时限为2分钟。电子汇款业务可在宜兴市范围内实行通兑,加急、特级汇款业务,分别收取业务费5元和10元。

4. 报刊发行　民国时期,邮局不办理报刊发行业务,由书局或书报商经销。当时,和桥地区能看到的报纸极少,只有上海发行的《申报》、天津发行的《大公报》和民国27年(1938)出版的《宜兴报》等少量报纸。

1950年,实行邮、发合一,和桥邮局、南新、闸口邮政代办所开始发行报刊杂志业务。机关、学校等单位可在当地邮政代办所订阅《人民日报》《新华日报》《光明日报》《文汇报》《解放日报》《中国青年报》《中国少年报》《宜兴日报》《红旗》《中国青年》《群众》等报刊杂志。1959年,规定生产大队、生产小队订阅《新华日报》《宜兴报》等报刊。随着人民文化生活需求日益增长,在科技就是生产力的推动下,企、事业单位和广大群众订阅报刊杂志的种类和数量日益增多,发行量逐年增长。1987年,和桥镇订阅报纸2849874份,杂志72775份。主要报纸有《人民日报》《新华日报》《光明日报》《经济日报》《解放军报》《解放日报》《文汇报》《无锡日报》《江南报》《宜兴日报》《环球日报》《中国剪报》《参考消息》等一百七十多种;主要杂志有《求是》《群众》《半月谈》《瞭望》《东方周刊》《大众电影》《看天下》《中国妇女》《祝您健康》《家庭医生》《家庭致富》《探索与发现》等几百种。随着手机、电视机用户的普及和电脑、宽带进入平民百姓家,青壮年人群订阅报纸、杂志的数量有所减少。2015年,全镇订阅报纸2078136份、杂志52164份。

5. 邮政储蓄　1986年1月,国家批准开办邮政储蓄。和桥镇邮电支局、南新邮电所、闸口邮电所,同时开办邮政储蓄业务,存储种类与一般银行相同外,还开办代收住宅、电话费、汇转储、储转汇等邮政特种储蓄业务,发挥邮政部门办金融的优势,方便群众储蓄。

随着邮政储蓄业务量的增加,1995年,和桥镇邮电支局邮政储蓄所增设鹅洲网点(鹅洲邮政储蓄营业所)。2008年6月,成立中国邮政储蓄银行江苏省宜兴市和桥支行、闸口支行、南新支行(2009年4月并入和桥支行)。和桥鹅洲网点改称为中国邮政储蓄银行和桥鹅洲营业所。储蓄银行成立后,注重开发多样化金融产品,形成以本币储蓄存款为主体,同时办理国债、国内汇兑、银行卡、转账业务、代理保险、代理基金及代收代发等多形式中间业务。2015年,吸储资金6.764亿元,其中鹅洲网店吸储资金达3.7亿元。名列宜兴市邮政储蓄网点吸储量第一。

2008—2015年和桥镇邮政储蓄银行存款余额

表17-1　　单位:万元

年　份	2008	2009	2010	2011	2012	2013	2014	2015
和桥邮政支局储蓄银行	8878	10011	10270	10103	11504	15254	17415	16219
鹅洲网点营业所	14055	15396	15568	16428	18660	23355	32349	37008
闸口邮政支局储蓄银行	4949	4523	5449	6098	7320	9997	12962	14413
余额合计	27880	29930	31287	32629	37484	48606	62726	67640

6. **集邮** 1993年1月，开办集邮业务。项目有纪念邮票、纪念封、首日封等，并销售中国邮政部门发行的特种邮票、邮折、邮册。2015年出售邮票、邮品等收入16.22余万元。

第三节 电 信

一、设施建设

1992年，和桥镇开始配置移动通信设施，安装移动电话天线。闸口乡、南新乡同时安装了移动电话通信基塔，为移动用户提供信号。同年12月，和桥邮电支局、闸口邮电所、南新邮电所开通移动电话业务。1993年，和桥镇建成66米高的通信铁塔，同时，和桥、闸口、南新三地移动电话A网通信基站二期工程建成开通，无线电信道24个，无线寻呼同频发射站同时建成。1995年，增加B网，年底再次增加G网。BP机转接台交使用，与全省联网。

至2015年，和桥镇电信支局在全镇境内共建有移动电话通信基站70座；移动公司在和桥镇境内共建有4G宏站96座、TD宏站95座、LTE宏站99座；联通公司在和桥镇内共建有4G宏站24座、3D宏站35座、LTE宏站23座。

二、电信业务

1. **电报** 清光绪30年(1904)10月，宜兴县申报开设电报局，隶属京师邮传部，上海电政局监督。宜兴、常州间立杆木664根，途径和桥。但和桥需要拍发电报，必须到宜兴电报局，外地拍发电报给和桥，也先拍到宜兴，然后加价转送。民国期间和桥设电信营业处。

1949年，县内电报由农话电路话传。1959年，宜兴与和桥启用55型电传打字机开通幻线话传报路。1981年，话传报路改开电传电路。由于电话、电传的快捷便利，电报业务逐步减少，1999年12月21日，和桥撤销了电报业务，归属无锡市电信局。

2. **固定电话** 民国17年(1928)，和桥区公所(上塘北首)购置了手摇电话机，仅限于宜兴县局通话，各乡镇还不能互相通电话。民国19年5月，南京和宜兴、武进段长途电话联络线衔接，从此开通了宁、常、镇、苏、沪的长途电话。抗日战争时期，电话线路尽遭破坏。抗战胜利后，民国35年，区长徐炳望积极筹款，恢复了镇上与县城间的电话。民国37年底，完成了乡镇电话线路。电话总机设在镇上塘中街乾泰祥店内，装机容量50门。后迁至区署内。1949年4月25日，和桥解放后，电话总机迁入上塘北首原晋和粮行内。1958年，闸口公社、南新公社、和桥公社相继开通电话业务，各设手摇式磁石交换机一台，装机容量均为50门。电话线路通到各大队，实现了队队有一部电话机。学校、供销社、粮管所、信用社、医院等单位先后安装了电话。电话线路为铁质线、木杆、竹竿作支架。每条线路串联2～3部电话，并与广播站合用同一条线路，有线广播节目播放时间内，通话中断。1969年，和桥镇邮电支局总机容量增至200门。1970年后，随着电话用户的逐年增多，和桥镇、闸口、南新、和桥乡总机容量分别增加到500门、150门、100门和100门。1975年，沿用了几十年的竹竿、木杆电话线支架，更换成高7～8米的水泥杆，铁制电话线路更换成铜质电话线路。1987年，和桥镇(1986年6月和桥乡并入和桥镇)、闸口乡、南新乡装机容量分别增至1000门、300门、200门。1990年，和桥镇开通中继程控电话，交换机容量2000门。闸口乡、南新乡部分用户通过和桥镇邮电支局也安装了程控电话。1993—1994年，闸口乡、南新镇先后开通了程控电话，各安装1000门程控电话交换机。沿用了几十年的磁石手摇电话被淘汰。1994年，程控电话初装费每号线3000～5000元。1996年6月，和桥镇邮电支局、闸口乡、南新镇邮电支局实施户线工程，每村户线布局率达70%。1997年6月，和桥镇建成江苏省电话镇。同年7月，和桥镇邮电支局程控交换机容量达1万门。从1998年起，和桥镇、闸口乡、南新镇程控交换机容量每年递增2千门。从1999年3月开始，固定电话初装费，统一调为每号线1000元，另加工料费、手续费600元。2001年3月，取消农村电话收费标准，实行农话、市话统一收费标准，住宅用户首3分钟通话费

0.2元,后续每分钟0.1元;单位用户首3分钟收费0.22元,以后每分钟收费0.11元;所有固定电话用户在无锡、江阴、宜兴三地之间通话每分钟收费0.5元;同年7月取消固定电话初装费,只收工本费。2005年12月,电话号码由7位升至8位。至2015年底,和桥全镇程控电话装机容量5万门,拥有固定电话2.3万部、JC磁卡(公用电话100部)。

3. 无线寻呼(BP机) 1991年12月,市邮电局开通无线寻呼业务。1993年6月,和桥、南新、闸口开通数码,汉字兼容,具有人工126、自动127两种方式的无线寻呼系统。1992年,和桥、南新、闸口三地无线寻呼用户不足百户。1993年开始,和桥镇(包括南新镇、闸口乡)部分政府机关工作人员和企事业单位领导用上了无线寻呼(BP机),少数年轻居民也成为无线寻呼的用户。据统计,1995年和桥镇、南新镇、闸口乡三地无线寻呼用户达3500户。1998年9月,邮电分营,邮电与寻呼分离。成立无线寻呼责任有限公司宜兴支公司。业务隶属中国联通无锡分公司宜兴营业部。2000年,随着移动电话业务的快速发展,无线寻呼用户锐减。2005年,无线寻呼关闭。

4. 无线市话(小灵通) 2003年,无线市话(小灵通)投放市场。宜兴有两家营运公司:江苏省电信公司宜兴分公司经营"小灵通"业务;江苏通信股份有限公司宜兴分公司经营"万兴通"业务。同年,江苏省电信公司在和桥镇搞"小灵通"营运推广试点,优惠投放"小灵通"3000部。2003年,和桥镇(南新镇2000年6月并入和桥),"小灵通"个人无线介入系统建设楼顶台式基站45个、闸口镇10个。"小灵通"初期月租费为25元,市话通话首3分钟0.2元,以后每分钟0.1元,区间每分钟0.5元。2004年,全镇(2004年2月闸口镇并入和桥镇)境内又建设"小灵通"楼顶基站130个,建设22米高的"小灵通"发射塔20个,"小灵通"用户达9500户。2005年,调整自由行"小灵通"区间资费,拨打电信、移动、联通区间用户每分钟0.25元。2008年以后,"小灵通"用户逐渐减少,2011年,"小灵通"业务关闭。

5. 移动电话 1992年12月,和桥邮电支局、闸口邮电所、南新邮电所开通移动电话。1998年5月,移动通信从邮电分离。至2015年,和桥电信支局在全镇拥有手机用户2.6万部、网络宽带用户1.38万户、设营业厅7家、从业人员50人;移动公司在全镇拥有移动手机用户13万户(其中常驻2G用户7万户、常驻TD用户3万户、常驻4G用户3万户);移动网络宽带2万户,全镇设有移动电话营业厅28家,从业人员200人;联通公司在全镇拥有联通移动手机用户2.7万部,网络宽带用户1000户;设有联通营业厅9家,从业人员50人。

2015年的和桥公园大门

2015 年的金色港湾

2015 年的大树人家

第十八章 财税 金融

民国时期，和桥乡、南新乡、闸口乡、和桥镇没有专设的财政机构，财政工作由镇（乡）长主持。主要财政来源为田赋和农业税（全部上交县政府），镇（乡）经费开支和地方建设资金再由县财政统一下拨。新中国成立后，乡、镇经费支出由县财政局统一拨付，直至1983年建立财政所。1986年实行镇级财政包干。1986年6月、2000年6月、2004年2月和桥乡、南新镇、闸口镇先后并入和桥镇，财政所也随之合并。

民国时期，沿袭清制税法，分国税和地方税两种。1949年5月，设立和桥稽征所。1950年后，先后改名为和桥税务所、财政管理所、财税组。1981年恢复税务所名称。1993年10月，国、地税分设，后分别成立宜兴市国税局第四分局和宜兴市地税局第四分局。

和桥金融业有较长的历史，清代就有典当，民国时期有钱庄。民国23年（1934），江苏省农民银行宜兴支行在和桥设立和桥仓库，存放、借贷较活跃，货币流通主要有银两、银元、法币及银角、铜元等辅币。民国26年和桥沦陷，农业仓库关闭，典当停业，金融活动一度受挫，民间金融机构——钱庄开业。民国30年，市上使用汪伪储备票。抗日战争胜利，先后建立江苏省农业银行及宜兴县农业银行和桥办事处，并设立钱庄和典当行。市场先后流通法币、关金券、金圆券。由于通货恶性膨胀，以粮代币，以物易物盛行。新中国成立后，和桥金融业逐步兴起。50年代，中国人民银行和桥办事处、和桥信用社、南新信用社、闸口信用社相继建立。改革开放后，工商银行、农业银行、建设银行、农村商业银行、中国银行、中国交通银行、阳羡村镇银行等，又相继建立。

新中国成立后，和桥始有保险业务，开始由人民银行和桥办事处代理。80年代后，县保险公司派出外勤组来和桥营业。1986年后，和桥先后设立中国人民保险公司和桥办事处，中国人寿保险公司和桥办事处和太平洋保险公司营销服务部。

第一节 财 政

新中国成立前，和桥没有专设的财政机构。新中国成立后，财政管理权仍在县政府。50～70年代，和桥镇（乡）级财政经费由财政局统一拨付，拨付的财政经费用于干部工资、办公费、福利费等支出。70年代前，和桥公社、南新公社、闸口公社各设专职财务辅导会计1名。

1982年，和桥镇政府开始设立专职财政会计。1983年，和桥镇、和桥公社、南新公社、闸口公社先后建立镇、公社级财政所，具体管理镇、公社内的财政，主要负责农业税、农林特产税、耕地占用税征收、企业上交利润收缴，并负责培训，指导和审核企业财务。1985年，乡、镇财政所对下属企业征收教育附加费，企业管理费等。1986年6月，和桥乡、和桥镇财政所随乡镇同时合并。同年，开始实行镇级财政包干，按照“划分收支、收支挂钩、超收分成”的财政体制，核定镇财政包干基数。1994年1月，国务院实行分税制财政管理体制，镇财政开始实行“划分收入范围，确定收入任务，核定支出基数，确保完成，自求平衡，超收全留，短收全赔”的财政收支包干体制。1997年1月，建立镇级国库，地方税收按比例上缴和留成。2000年6月南新镇,2004年2月闸口镇先后与和桥镇合并后,镇级财政包干不变。2004年3月23日,在国务院召开的全国农业及粮食工作会议上,温家宝总理对粮食直补进行了全面的部署,提出“尽可能在春播之前兑现部分补贴资金,全部补贴资金要在上半年基本兑现到农户”的直补工作任务,粮食直补工作全面推广,和桥镇按国务院要求,按时足额发放涉农补贴资金。每年镇财政预算经镇人民代表大会通过,镇财政严格按预算执行,确保收支平衡。年终镇政府向人民代表报告预算执行情况,接受人民代表监督。

南新镇(乡)财政所历任所长的有陆锡中、汤立中。闸口镇(乡)财政所历任所长的有许福银、缪卿、倪雪娟。和桥镇财政所历任所长有唐晓红、谈荣中、吴南生、杭虎山、潘放余、陈娟、汤立中、张忠平。任和桥乡财政所所长的有景盘全(兼)。

2004—2015年和桥镇财政收入情况统计

表18－1　　单位:万元

年度	预算内收入	自筹资金	预算外收入	收入合计
2004	663.26	2397.80	514.24	3575.30
2005	616.15	3764.82	179.16	4560.13
2006	962.84	4955.72	198.55	6117.11
2007	1497.47	6190.87	307.53	7995.87
2008	1609.38	6346.56	384.25	8340.19
2009	1837.83	6269.98	455.05	8562.86
2010	2638.39	5555.47	452.76	8646.62
2011	5104.76	5295.82	373.59	10774.17
2012	4184.21	7103.37	335.06	11622.64
2013	4358.00	7029.51	368.80	11756.31
2014	4358.00	7222.46	235.31	11815.77
2015	4358.00	7638.82	878.19	12875.01

2004—2015年和桥镇财政支出情况统计

表18－2　　单位:万元

项目 数字 年份	扶持乡镇企业发展支出	支持农业生产支出	行政支出	计划生育支出	科教文卫支出	公共事业支出	其他支出	社会保障补助支出	支出合计
2004	233.77	391.16	949.53	44.32	1096.24	605.73	145.41	109.14	3575.30
2005	298.14	506.45	1268.39	60.10	1106.58	935.66	171.37	213.44	4560.13
2006	366.07	597.38	1416.46	63.42	1755.76	1503.72	212.77	301.53	6217.11
2007	379.58	863.27	2103.22	75.38	1889.62	1543.37	741.98	399.45	7995.87
2008	387.74	891.78	2280.60	98.55	1903.77	1575.49	802.25	400.01	8340.19
2009	401.03	908.36	2465.38	94.77	1917.92	1414.39	936.11	424.90	8562.86
2010	426.41	964.78	2524.51	127.34	1937.44	1121.07	999.56	545.51	8646.62
2011	464.71	1204.46	2664.79	98.79	1981.09	1547.81	1915.80	896.69	10774.17
2012	683.46	1481.25	2785.36	126.44	2014.54	1866.68	1460.60	1204.33	11622.64

续表 18－2　　　　单位:万元

年份 \ 数字 \ 项目	扶持乡镇企业发展支出	支持农业生产支出	行政支出	计划生育支出	科教文卫支出	公共事业支出	其他支出	社会保障补助支出	支出合计
2013	730.42	1535.55	2811.01	123.90	2006.66	1891.62	1347.30	1309.84	11756.31
2014	888.25	1513.61	2516.40	106.74	2265.74	1839.21	1338.38	1347.44	11815.77
2015	653.91	1599.98	2464.91	182.60	2318.44	2695.07	1076.97	1916.26	12868.14

2004—2015 年和桥镇涉农补贴资金发放情况

表 18－3　　　　单位:万元

年份	涉农补贴种类	发放标准	发放金额
	总计	—	6690.82
2004	—	每亩 20 元	85.02
2005	—	—	85.42
2006	2006 年小计	—	187.97
	1、粮食直补	—	180.44
	2、粮种补贴	—	6.83
2007	2007 年小计	—	226.68
	1、涉农补贴	—	217.41
	2、母猪补贴	—	9.27
2008	2008 年小计	—	511.07
	1、油菜补贴	每亩 10 元	1.07
	2、雪灾受损农户补贴	—	12.50
	3、农资综合补贴	每亩 89 元	276.74
	4、粮食直补	每亩 20 元	190.15
	5、能繁母猪补贴	每头 100 元	30.61
2009	2009 年小计	—	537.75
	1、涉农补贴	—	397.73
	2、油菜补贴	每亩 10 元	8.96
	3、水稻良种补贴	每亩 15 元	64.75
	4、小麦良种补贴	每亩 10 元	41.09
	5、家电下乡补贴	—	50.60
	6、太湖渔民住家船补贴	—	10.62
2010	2010 年小计	—	739.07
	1、油菜补贴	每亩 10 元	0.60
	2、粮食直补	每亩 20 元	526.59
	3、水稻良种补贴	每亩 15 元	65.99
	4、家电下乡补贴	—	145.89

续表 18-3　　单位:万元

年份	涉农补贴种类	发放标准	发放金额
2011	2011 年小计	—	811.05
	1、小麦、油菜补贴	每亩 10 元	43.08
	2、水稻、农资补贴	每亩 20 元、103.4 元	595.10
	3、良种补贴	每亩 15 元	64.64
	4、家电下乡补贴	—	108.23
2012	2012 年小计	—	1070.65
	1、小麦、油菜补贴	每亩 10 元	84.78
	2、农资综合补贴及粮补	每亩 20 元、103.4 元	727.40
	3、农机补贴	—	49.24
	4、良种补贴	每亩 20 元、103.4 元	64.08
	5、能繁母猪补贴	每头 100 元	39.56
	6、家电下乡补贴	—	105.59
2013	2013 年小计	—	863.13
	1、农机补贴	—	33.85
	2、粮食直补	每亩 20 元	83.06
	3、农资综合补贴	每亩 103.4 元	623.26
	4、良田水稻补贴	每亩 15 元	62.30
	5、小麦良种补贴	每亩 10 元	41.50
	6、家电下乡补贴	—	19.16
2014	2014 年小计	—	809.78
	1、种粮直补	每亩 15 元	83.44
	2、农资综合补贴	每亩 103.4 元	622.54
	3、水稻良种补贴	每亩 15 元	62.28
	4、小麦良种补贴	每亩 10 元	41.52
2015	2015 年小计	—	763.23
	1、小麦良种补贴	每亩 10 元	40.39
	2、水稻良种补贴	每亩 15 元	61.13
	3、种粮直补	每亩 20 元	81.80
	4、农资综合补贴	493 元	493.74
	5、农机补贴	—	86.17

第二节　税　　务

一、机构沿革

民国时期,沿袭清制税法,分国、地税两种。沦陷时期,日军和汪伪政权增设税卡,增加税目,提高税率,人民负担沉重。

1949 年 5 月,和桥设立稽征所。1950 年,改称税务所。1951 年 10 月,设检查站。1958 年,撤销税务机构,下放人员,实行利税合一上交。1959 年成立和桥公社、南新公社、闸口公社财政管理所，同年5月恢复税务所。1960年，为加强公社财务领导，税务所改为财政管理所，1961年，仍改为税务所。1962年，原分散在各片办公的会计和附设在税务所的公产专管员合并办公。1965年，按片设税务所，1973年，与房管所合并为财务组，1981年分开，恢复税务所。1983年，和桥乡、南新乡、闸口乡先后成立税务小组。和桥乡税务小组负责人：褚柏川、南新乡税务小组负责人：杨建和、闸口乡税务小组负责人：王金南。1986年6月，和桥乡并入和桥镇，和桥乡税务小组并入和桥镇税务所。1993年，国家实行分税制的税收制度改革，分设国税、地税。成立和桥国税所和高塍地税所，高塍地税所于1995年3月迁至和桥，并更名为和桥地税所。1994年，南新镇、闸口乡分别设立国税组和地税征管组。1995年6月，南新镇、闸口乡国税组改称南新国税所、闸口国税所；1996年4月，南新镇、闸口乡地税征管组改称为南新地税所、闸口地税所。南新国税组、所历任负责人：陶龙根、何中、谈爱平、朱国兴；地税征管组、所历任负责人：王林荣、刘惠民、邓才祥。闸口国税组、所历任负责人：王金南、陶龙根、邵洪新、韦根福、唐岳兴、周向荣；地税组、所历任负责人：汤尧祖、邓才祥、杜盘洪、陈国龙、吴东。

和桥税务所历任负责人

表18－4

单位名称	职务	姓名	任职起止年月	备注
和桥稽征所	所长	周凤岗	1949年5月—1949年10月	—
和桥税务所	所长	张立芝	1950年2月—1950年7月	—
和桥税务所	所长	吴　光	1950年7月—1952年7月	—
和桥税务所	副所长	徐力行	1952年7月—1956年5月	主持工作
和桥税务所	所长	沈继南	1954年8月—1957年11月	—
和桥税务所	副所长	舒金松	1955年—1960年4月	主持工作
和桥税务所	副所长	褚柏生	1960年4月—1970年9月	主持工作
和桥税务革命生产领导小组	副组长	吴南生	1968年10月—1970年10月	主持工作
和桥税务革命生产领导小组	组长	王桂荣	1970年7月—1973年10月	—
和桥税务所	所长	周歧光	1970年5月—1973年3月	—
和桥税务所	所长	殷有为	1973年10月—1982年12月	—
和桥税务所	所长	吴　康	1983年3月—1995年9月	—

1. 宜兴市国家税务局第四分局　1995年9月18日成立宜兴市国家税务局和桥分局，分局地址和桥镇鹅州西路116号，下设综合股、稽查所、办税服务厅，并在管辖7个乡镇设立基层国税组。2001年9月30号，国税实行机构、征管、人事3项制度改革，和桥国税分局改名为宜兴市国家税务局第四管理分局。下设综合股、一股、二股、报缴点。撤销了在各乡镇的基层税务组，改为责任区负责人，归属一股管理。采取集中办公与派工制相结合的管理方式。

和桥分局成立后在文明办税优质服务活动中，多次被江苏省国税局和无锡市国税局评为“文明示范单位”，1996年被国家税务总局授予全国税务系统“文明单位”称号，1999年，被江苏文明委授予“文明单位”称号，2000年被无锡市委市政府评为无锡市满意工程号。第四管理分局成立至今（2001—

2014 年),5 次被评为无锡市税务系统“文明单位”、2003 年被无锡市国税局评为副科级分局“好班子”、2007 年至 2009 年被无锡市委评为“先进基层党”组织、2010 年被无锡市国税局评为“6S 优胜单位”、2013 年被江苏省总工会评为“江苏省模范职工小家”称号。

宜兴市国家税务局和桥分局和宜兴市国家税务局第四分局历任局长有吴康、沈伟中、俞梅梓、宗静涛。

2. 无锡市宜兴地方税务局第五税务分局 1996 年 5 月 1 日,成立宜兴市地方税务局和桥税务分局,机构所在地:和桥镇西横街 265 号。2006 年 10 月,宜兴市地方税务局和桥分局更名为宜兴市地方税务局第四税务分局。2012 年 5 月,宜兴市地方税务局第四税务分局更名为无锡市宜兴地方税务局第四分局。2013 年 10 月撤销无锡市宜兴地方税务局第四税务分局,并入无锡市宜兴地方税务局第五分局。机构所在地:周铁镇周前路 15 号。和桥设办税点。

和桥税务分局、第四税务分局从成立到撤并(1996—2013 年),在文明办税优质服务中,先后 8 次被评为无锡市文明单位、8 次被无锡市地税系统评为文明单位、4 次被无锡市评为爱国卫生先进集体;6 次被江苏省评为文明单位、7 次被江苏省地税局评为文明单位等荣誉称号。

宜兴市地方税务局和桥分局、宜兴市地方税务局第四税务分局历任局长有:潘曙光、王林荣、严来荣、徐海涛、蔺卫新、华萍。

二、税制

民国时期,分国税和地方税两种。国税有所得税、遗产税、营业税、印花税、货物税和契税等。其收入全归中央。地方税有屠宰税、营业牌照税、车船使用牌照税、房捐、筵席捐及娱乐税等。由于地方经济入不敷出,民国 16 年(1927)起,先后将契税、营业税规划地方,以补充地方财源的不足。此外还因地制宜地定出一些税目,如山地特产税、积谷征募等。

抗日战争时期,在中共领导下的太滆地区抗日民主政府税务机构比较健全。税种除农业税以外,还有货物税、营业税和屠宰税。除交通沿线重镇被日军占据外,其他小集镇和广大农村都在抗日民主政府控制下,农业税夏秋季按亩计征。

新中国成立以后,工商税经过多次较大的改革。1951 年,建立全国统一的新税制。宜兴县先后恢复和开征的税种除农业税外有屠宰税、货物税(主要是烟丝、酒类)、营利事业所得税、印花税、营业牌照税、营业税、筵席税、娱乐税、地价税、房捐、临时商业税和契税。1953 年,税制修正后,开征商品流通税、货物税、工商营业税、工商所得税、印花税、利息所得税、屠宰税、牲畜交易税、文化娱乐税、车船使用牌照税、契税。1958 年改革工商税制,在原有税种的基础上简化税制和征收办法。1973 年试行工商税,合并税种,简化税目税率,对少数税率作调整,废除原来一些不合理的规定。1983 年对国营企业实行利改税。对盈利的国营企业开始征收所得税。1984 年 10 月起,推行利改税的第二步方案,实行利改税重大改革,企业将过去上交的利润大部分改为所得税的形式缴纳。1994 年,全国实行全面税制改革,分设国税和地税。

三、税种

1. 国税主要税种

增值税 1984 年 10 月 1 日起征,设机器机械、汽车、机动船舶等 12 个税目,1987 年后征收范围扩大,至 1993 年末有税目 31 个,从 1994 年 1 月 1 日开始,税率调整为三档,基本税率 17%,低税率 13%和零税率。

消费税 1994 年 1 月开征。是税制改革后新增加的税种。设烟、酒、化妆品、贵重首饰、小汽车、汽油、柴油、轮胎、摩托车、鞭炮等 11 种,24 个税目。

企业所得税 1994 年 1 月开征。分法定税率和优惠税率两种,法定税率 33%、优惠税率 18%和 27%两种。

外商投资企业和外国企业所得税 1991 年 7 月 1 日开征。征收对象为“三资企业(中外合资经营企业、中外合作经营企业、外商独资企业)”。

2008年1月1日,外商投资企业和外国企业与内资企业所得税合并。

车辆购置税 2000年10月,车辆购置附加费改为车辆购置税。征收范围为汽车、摩托车、电车、挂车和农用运输车。2001年1月,由交通部门代征,2005年1月由国税征收。

2. 地税主要税种

营业税 1984年起征。中国境内提供交通运输、建筑、金融保险、邮电通信、文化体育、娱乐服务等应税劳务和转让无形资产或销售不动产的单位和个人所取得的营业额为征收对象。

企业所得税 1994年1月1日开征。征收对象为中国境内除"三资企业"的其他各类企业取得的生产经营所得和其他所得。

个人所得税 1988年开征。1994年1月1日,开征新的个人所得税。征收对象为取得应税收入项目的个人。新的个人所得税实行分类税率:工资薪金所得为5%~45%的超额累进税率;个体工商户的生产、经营所得和企事业单位的承包经营、承租经营所得为5%~35%的超额累进税率;稿酬所得为20%的比例税率并减征30%;劳务报酬所得为20%的比例税率;对劳务报酬所得一次收入畸高的加成征收,分别为30%或40%;特许权使用费所得、偶然所得、利息、股息、红利所得、财产租赁所得、财产转让所得、偶然所得和其他所得为20%的比例税率。

城镇维护建设税 1985年1月1日开征。缴纳消费税、增值税、营业税的单位和个人为征收对象。

城镇房地产税和房产税 城镇房地产税1951年8月开征,房产税1986年10月开征。按房产原值或房产租金收入向房产所有人征收,按房产原值缴纳的税率为1.2%,按房产租金缴纳的税率为12%。

车船使用牌照和车船使用税 车船使用牌照税1951年9月开征,车船使用税1986年10月1日开征。征收对象为中国境内拥有并使用车辆、船舶的机关、团体、内资企业、个体户和中国公民。2003年自行车、车船使用税停征。

印花税 1988年10月1日开征。按《中华人民共和国印花税暂行条例》列举的经济合同、产权转移书据、营业帐本、权利许可证照及经财政部门认定的其他凭证。由书立、领受属于征税范围内所列凭证的单位和个人,应缴纳印花税。

土地增值税 1994年1月1日开征。土地增值税是指有偿转让国家国有土地使用权、地上建筑物及其他附着物并取得增值收益的单位和个人征收的一种税。

城镇土地使用税 1988年1月开征。征收对象为城市、县城、建制镇和工矿区内使用国有和集体所有土地的单位和个人。

屠宰税 1950年开征。1994年下放地方管理,全省新的屠宰税,同年1月1日开征。和桥地区主要是生猪,税额为每头猪10元,2001年1月停征。

资源税 1994年1月1日开征。在国境内开采《中华人民共和国资源税暂行条例》规定的矿产品或生产盐的单位和个人为资源税的纳税人。

固定资产投资方向调节税 1991年1月1日开征。在国境内进行固定资产投资的单位和个人("三资企业"除外),实际完成的投资额为纳税人。2000年1月新发生的投资额暂停征收。

农业税 清初至雍正四年(1726),农民除纳土地税外,16—60岁的人还需纳丁口税。是年,朝廷推行摊丁入地,各图(当时的一种行政单位)绘制鱼鳞图,编造清册,给业主颁发田契,作为持有土地和缴纳田赋的依据。民国初年沿用清制,以图为征收单位,后改为以保、甲征收,每亩全年约交16公斤稻钱,分夏秋两季交纳。日军入侵后,兵荒马乱,物价不稳,农业税不交钱,征收每亩全年15公斤稻谷。抗日战争胜利后,仍改为交纳钱粮。

1949年前,农业税称土地税,田赋或漕米,解放初期称公粮。1950年改公粮为农业税,以户为单位,根据农业人口的平均农田占有量,按累进税分级计征。1953年土地改革后,实行划片定产,以户为单位核实田亩,评定常年产量,累进税制改为7%—

30%，分24级计征。1956年，改累进税为地区差别比例税制，以农业合作社为征收单位。1958年，贯彻《中华人民共和国农业税条例》，执行稳定负担，增产不增税、灾歉减免的全国统一税制，按自然条件，以正常年景的产量评定常年亩产量（简称常产）计征。1962年，建立以生产队为单位的农业土地清册，生产队负责纳税。1963年起，农业税征收改用"按价计算、以粮抵缴"的办法，以征收粳稻为主，每50公斤定为10元人民币，统一由生产队缴纳。1964年起，农业税实行起征点办法，对3年来年人均收入在60元以下的生产队一律免征。1983年实行家庭联产承包责任制后，农业税由原来的生产队集中交纳，改为由各承包户交纳。1985年起，农业税进行改革，改为按粮食"倒三七"比例（三成按统购价，七成按超购价）折征代金，以人民币计征，由乡、镇人民政府组织征收，乡、镇财政所管理，当地粮管所代征。同时，为筹措地方建设资金，在征收农业税时，加征地方附加，地方附加比例多数年份为农业税额的15%。从1987年3月开始，农业税除按田亩和产量计征的税收外，还包括耕地占用税、农林特产税、契税等项目。1995年10月，农业税纳入地方税系列。2001年起，江苏省实行农业税费改革，调整已实际征用但一直未核减纳税面积的空挂土地面积及计税常产，全省统一税率为7%，折征单价1.10元/公斤，折征代金征收。在征收正税的同时，加征地方附加20%。当年，全镇改革以前各村、组税负不平衡的弊端，统一全镇单位面积常产，自此，全镇执行每亩正税42元、附加8.40元的统一税负。在征收农业税的同时，人民政府一贯重视做好对贫苦农民、受灾地区、烈军属、革命残疾军人、鳏寡孤独户的社会减免和灾歉减免工作，减免额度一般为征收数的10%，为他们改善生活水平创造条件。

农业税的征收，新中国成立后一直由乡财粮委员（后改称财贸委员）和粮库（1958年后改为粮管所）负责，1981年起，由公社（乡）财政所和粮管所负责，2001年税费改革后，由镇财政所利用村级协税网络上门直接征收。为了进一步增加农民收入，减轻农民负担，2004年，减免了农业税。2005年，中央1号文件决定取消农业税。

1992—2003年和桥镇、南新（乡）镇、闸口（乡）镇税收情况

表18－5　　　　单位：万元

时间	和桥镇			南新镇			闸口镇		
	国税	地税	农业税	国税	地税	农业税	国税	地税	农业税
1992	962.40	—	73.34	413.54	—	44.73	313.89	—	57.31
1993	1124.49	—	76.89	548.80	—	51.06	351.42	—	59.94
1994	1225.14	59.87	72.39	596.85	103.00	76.00	349.54	41.00	100.00
1995	1488.94	405.21	76.98	684.36	95.00	76.00	347.61	32.00	96.00
1996	1667.30	450.74	104.00	874.73	135.03	107.00	463.69	52.06	128.04
1997	1848.01	510.31	103.00	1117.45	158.14	107.00	586.88	62.00	135.27
1998	2060.98	525.20	104.00	1169.80	205.00	107.00	626.53	85.00	132.06
1999	2029.59	661.41	102.00	1205.94	199.76	105.84	564.07	70.31	128.01
2000	3461.62	748.30	206.90	并入和桥镇			798.12	146.91	128.49
2001	4108.62	1273.46	209.96	—	—	—	902.12	267.54	112.00
2002	4889.74	1415.53	209.65	—	—	—	1072.21	362.01	114.00
2003	6961.22	731.52	204.80	—	—	—	1527.74	126.39	108.00

2004—2015 年和桥镇税收情况

表 18－6　　　　单位:万元

时间 税种	2004	2005	2006	2007	2008	2009	2010	2011	2012	2013	2014	2015
国税	8615.23	10002.35	11255.21	13338.90	14815.51	14390.03	17185.79	22037.54	21747.69	22725.46	22988.22	27404.31
地税	1019.47	1036.63	639.90	4937.10	5791.94	7157.49	9242.25	12228.10	10079.11	16045.97	15036.63	19367.09

四、规费和基金

和桥镇国、地税分局征收的规费和基金:城镇教育费附加、农村教育费附加、社会综合基金(社会养老保障基金、国家能源交通重点建设基金、农业发展基金、物价调节基金、粮食风险基金、防洪保安基金等)、地方建设基金(1998—2002 年,各类企业在职人员征收河道清淤义务工以资代劳金每人每年 20 元、1999—2003 年,全镇企业单位按从业人数每人每年征收烧香港工程建设基金 15 元)。2006—2014 年,代文化事业单位征收文化事业建设费 52.41 万元,2015 年停止代征。

2006—2015 年和桥镇规费、基金征收情况

表 18－7　　　　单位:万元

年份	2006	2007	2008	2009	2010	2011	2012	2013	2014	2015
城镇教育费附加	33.01	394.70	430.77	459.28	588.11	796.36	753.69	924.31	831.60	101.53
农村教育费附加	14.97	164.32	182.88	182.38	219.70	508.65	500.19	616.54	554.83	67[illegible].96
综合基金	180.17	2499.30	2719.51	2346.09	3146.09	4246.06	3946.45	2654.95	2343.78	477.17

五、税务管理

1. 税收管理　1983 年前,和桥税务系统采取定乡定员的征收管理,对国营企业税利统管。1984 年起,在各乡镇设立税务组,实行分乡村、条线征管。对国营、集体、乡镇村办企业建立登记、鉴定、辅导、申报、检查、发票管理和税务专管员责任制等制度。1994 年,和桥税务所率先在无锡市税务系统建立办税服务厅,以和桥镇为中心,推行以自觉纳税申报为基础,以计算机网络为依托,推行文明办税,优质服务,集中征管、重点稽查的征管新模式,使税收管理由原来的一人专管转变为以事设岗、以岗定职、以职定责的管事制;由原来手工操作征收开票,转变为以计算机开票;由一人兼多职的税务检查转变为选案、检查、审理、执行四分离,相互制约监控的专职稽查;由原来的催缴催报到自核自缴,集中申报纳税的新格局。1996 年 5 月 24 日,原国家税务总局副局长项怀诚来和桥视察时,评价和桥国税分局税收征管改革是总局征管改革理论和实践的结合点,也是全国农村征管改革的先行点。2001 年 9 月后,国税系统实行机构、征管、人事三项制度改革,达到了“以信息化为基础,集中征收、属地管理、一级稽查”的专业化税收新格局。纳税人均实行了自行网络申报、代理电子申报和委托金融部门代扣代缴等现代化申报方式,既方便了纳税人,又推进了依法治税的进程。

2. 凭证管理　凡年应税销售达到 180 万元以上的流通企业和销售达到 100 万元以上的工业企业必须有专业会计和办税人员,能按《会计准则》和《财务通则》要求设立总账、分类账、银行日记账、现金日记账,如实记账;能正确核算进、销项税额和应

纳税额，准确提供纳税资料，如实申报，有固定生产经营场所，近3年内无偷漏税和严重欠税行为的都可以认定为增值税一般纳税人，使用增值税专用发票，实行购进抵扣法，以销项税额减去进项税额纳税。所有需要建账的纳税人在规定时间内，将财务会计制度或会计处理办法报送国税和地税和桥分局备案；使用计算机记账的，使用前将会计电算化系统的会计核算软件，使用说明书及有关资料报送主管税务机关备案，生产、经营规模小又确无建账能力的纳税人，可聘请经批准从事会计代理记账业务的专业机构或者国、地税机关认可的财务人员代为建账和办理账务。纳税人必须妥然保存账簿、会计凭证、完税凭证等纳税资料，上述凭证及其他有关资料不得伪造、变造、擅自损毁，应保存10年。上述凭证如有丢失，应立即报告主管国税、地税机关处理。

3. 发票管理 税务部门对各类纳税人推行发票管理，“实行以票控税”。1994年，国、地税分设后，为加强增值税管理，和桥分局建立增值税计算交叉稽核系统。1998年，分局推行商业零售业务逐笔开具普通发票制度，收银机安装卷筒发票税控装置。2000年底，推广应用增值税防伪税控系统。2003年6月，取销使用手工专用发票，10月禁止手工发票抵扣增值税款。2004年，废旧物资和农用产品收购分别使用新的统一凭证，粮油、油料等农产品收购也使用统一发票。1997年1月，和桥地税分局使用具有统一防伪措施的新版普通发票，并将旅游、游泳场馆门票、保险收据等纳入管理；饮食、广告、建筑安装、服务业使用减额式发票；出租汽车发票推广使用税控计算器；2004—2015年，饮食、住宿、广告、娱乐、沐浴业使用有奖定额发票，同年6月货运业使用电脑开具运输发票。使用增值税专用发票，实行2个月销号验旧，税清领票制度，对其他小规模纳税人，使用普通发票，实行3个月销号验旧、税清领票制度。

第三节 金 融

一、典当

典当俗称“当房”，是以收取衣物首饰等动产作为抵押，对典户放款收取利息的古老金融机构。和桥复济典当设于清同治十年（1871），地点在上塘中市，资本银元5万元。利率一般为月息20‰，另扣“存箱费”“包衣费”等。当期18个月，逾期不赎，即作“没当”。也可事先用“偿利”办法延长赎取期限。当票遗失，可挂失换新票。和桥沦陷，复济典当被洗劫一空，破产停业。民国35年1月（1946年）董德庸等在原址开设裕民质店，资本法币1000万元，因物价飞涨，法币贬值，资本亏损，于民国36年无法经营而倒闭。

二、钱庄

和桥地处一隅，又是粮食集散地，加上水陆交通便利，汪伪政权时期，鼓励开设钱庄，毋需立案。和桥先后开设有荣和、永隆、永昌、兴业、诚益5个钱庄，经营存款、放款、汇兑、贴现和兑换货币等业务。但规模较小，存款利息约8‰，放款月息15‰～20‰，内部管理分工缜密，经理以下各有专职。抗日战争胜利后，先后停业。民国34年12月，开设长丰钱庄，钱庄设在永成布号楼上，资本法币500万元，按当时币值，局面较小，后改为信用合作社，在宜兴解放时歇业。

三、信用合作社

1. 和桥信用合作社 和桥信用合作事业开办较早，民国时期镇乡已先后成立了合作组织，主要业务是吸收存款、办理农产品储押、耕牛抵押放款，并与农民银行订立合同，办理汇兑业务，代理发放实物贷款。1954年5月，和桥乡信用社正式成立，社员积极投股，参股社员占总农户的70%以上。信用合作社为集体金融组织，其主要任务是按照国家金融政策，办理信贷和存款储蓄业务，代理国家银行委托业务，在经济上实行单独核算。和桥信用合作社原址设于兴业街南首，1985年7月迁至西横街70号新大楼营业。2001年3月，南新信用社并入，由和桥信用社统一领导、统一管理。信用社下设一个分部、两个储蓄所，正式员工36人。和桥信用合作社成立后，先后召开7次社员代表大会，每隔3年召开一次，“文化大革命”期间停开。各届代表大会选举产生理事会、监事会，理事向大会报告财务收支情况和新一届的目标任务。和桥信用合作社1980年、1981年被镇江地区评为先进红旗单位，1982年得到江苏省人民政府省长惠浴宇签署的嘉奖令，1984年、1985年、1987年、1988年先后被无锡市分行、无锡市人民政府评为金融先进单位，1989年被中国农业银行总行授予“信贷工作先进集体”称号、被农行无锡市分行评为会计“三铁”单位，1992年、1993年分别被农行宜兴市支行、农行无锡市分行、江苏省分行评为文明单位。2006年8月15日，和桥信用合作社更名为江苏宜兴农村合作银行和桥支行。

先后担任和桥信用合作社主任的有虞瑞龙、高双林、吴年生、王耀明。

2. 南新信用合作社 于1955年建立，社址设在南新镇人民路，下设北新街储蓄所，员工11人。办理全镇企事业单位存、贷款业务和城乡居民储蓄等。因南新、和桥两镇合并，2001年3月南新信用合作社并入和桥信用合作社。南新信用合作社1994—1996年先后被宜兴市联社系统评为先进集体，1995年、1996年被宜兴市人民政府评为文明单位，被宜兴市总工会授予“十佳窗口单位”称号，被无锡市总工会授予“信得过单位”称号。

南新信用合作社主任先后由宋法明、邵品福、夏德胜、邵品福、王耀明、陈伟、朱翔、庄亚新担任。

3. 闸口信用合作社 成立于1954年5月。社址原设在楝树港街东首，1986年6月迁至现海棠东路16号新大楼营业。主要办理全镇企业事业单位存、贷款业务和乡镇居民储蓄等。下设老闸口街信用分社，老闸口街分社于2005年并入楝树港闸口信用社；1993年在杨桥街设立分社，历时10年，于2003年撤并。闸口信用社，1995年被宜兴市政府评为文明单位，1996年被无锡市总工会评为“信得过”单位，2005年被宜兴市委、市政府评为先进单位。2006年8月，闸口信用社更名为江苏宜兴农村合作银行闸口支行。

闸口信用社历任主任有周梅生、程菊昌、吴年生、蒋杏生、钱建华、庄亚新、丁小强、陈建文。

四、银行

1. 江苏省农民银行宜兴支行和桥仓库 设立于民国23年4月，以办理抵押放款为主。抗日战争期间，机构内迁安徽广德。民国35年12月，建立和桥办事处，恢复和桥农业仓库，主要业务有存款、放款、汇兑、押汇、贴现、信托等，以办理抵押放款为主；存款月息活期20‰～30‰、定期40‰～60‰、放款月息农贷70‰，另加存仓费、保险费5‰。民国37年5月，江苏农民银行宜兴支行暨和桥办事处奉命改组为宜兴办事处和桥分理处。民国38年1—4月，放款改月息为日息，一天期180%、两天期225%、三天期240%、十天期270%。放款100元，按十天期，利息270%计算，周转一次，一个月要收取利息585.90元，如此利率，为历史所少见，但尽管如此，仍不及物价上涨速度。这种状况，一直持续到1949年4月24日宜兴县解放。5月上旬由宜兴县军管会金融接管小组接收。

2. 中国人民银行宜兴县支行和桥办事处 始建于1950年2月，建立时为中国人民银行和桥营业所，于同年12月21日改为和桥办事处，行址先是设在团结街，1951年迁至劳动街北首。后机构又作过多次调整和变更。银行业务主要办理存款、贷款、信汇，辅导信用社业务、账务及金融政策的执行等。1984年1月1日，国务院颁布《关于中国人民银行专门行使中央银行职能的决定》，中国人民银行在和桥不再设立分支机构，它所经办的工商企业存贷款，集体、个体各项存贷款和储蓄业务等，一律划给工商银行继续办理。

人民银行和桥办事处历任负责人

表 18－8

职 务	姓 名	任职起止年月	备 注
主 任	江 超	1949 年—1957 年	—
主 任	蒋洪元	1957 年—1959 年	—
主 任	朱儒根	1959 年—1960 年	—
副主任	蒋廷华	1961 年—1963 年	主持工作
主 任	吴齐芳	1964 年—1966 年	—
主 任	杨詠如	1967 年—1970 年 11 月	—
主 任	王桂荣	1970 年 11 月—1973 年	—
副主任	王洪勋	1973 年 10 月—1978 年 9 月	主持工作
主 任	乔锦芳	1978 年 9 月—1980 年 3 月	—
主 任	杨詠如	1980 年 3 月—1984 年 5 月	—

3. 中国农业银行股份有限公司宜兴和桥支行

1964 年 1 月 6 日，中国农业银行宜兴县支行和桥营业所成立。1965 年 1 月 1 日，宜兴县农业银行机构撤销，并入县人民银行，农行和桥营业所同时撤销。1980 年 1 月 1 日，恢复农行宜兴县支行，同年 7 月重新设立中国农业银行宜兴县支行和桥区营业所，负责和桥地区各农行营业所、信用社的检查和农村社队财务辅导工作。1981 年试行农行营业所和信用社联合经营、统一领导、利润分成，即“所社联营”。1984 年 8 月，省政府批准省农行《关于进一步开展信用社改革工作意见的通知》，农行营业所和信用社在信贷资金、计划和业务上分开，实行“行、社分营”。同年 9 月 1 日，农业银行和桥营业所独立对外经营，办理存贷结算等业务。1985 年 4 月 1 日，农行和桥营业所改称为中国农业银行和桥办事处。1991 年 8 月 26 日迁入西横街 37 号新大楼营业，正式员工 13 人。同年开始使用微机，业务操作实现电脑化。1992 年开办外币美元、日元、港元等存取款业务。1995 年联行会计开通全国电子汇兑业务，资金 24 小时收妥抵账使用。1998 年储蓄业务实现无锡地区联网，实行通存通兑业务。2002 年安装自动柜员机和自助终端，向社会提供日夜服务。同年实现全国农行系统储蓄对公业务通存通兑。成为江苏省农行会计核算一级单位。2009 年 1 月，中国农业银行宜兴市支行和桥办事处更名为中国农业银行股份有限公司宜兴和桥支行。农行和桥办事处历任主任有黄辛森、张洪泉、傅友良、武征、朱建军、武征、刘泉华、许开君。和桥支行历任行长有许开君、董晓明、储健。农行和桥办事处，1981 年被镇江地区评为先进红旗单位，1990 年、1992 年、1993 年、1998 年被市政府、农业银行无锡分行评为流通工作、农村金融工作先进集体，会计“三铁”单位和文明单位，2001 年被评为无锡市农行先进单位、无锡市爱国卫生先进单位，2002 年被宜兴市政府评为财贸先进单位、宜兴市文明单位、文明服务示范窗口、“三星级”青年文明号。农行和桥支行，2009—2010 年被农行省分行评为“三化”“三铁”单位，2011 年被农行省分行评为青年文明号，2012 年被全国农总

图 18－1　2015 年中国农业银行宜兴和桥支行

行评为"三铁"单位,2013年被无锡市金融系统评为平安金融网点,2014年被和桥镇政府评为保障服务标兵单位。

4. 中国农业银行宜兴市支行南新办事处(简称农行南新办事处) 农行南新办事处1995年6月成立。主要办理城乡居民储蓄、对公结算、代理保险和代收电话费等,有员工8人,办事处设在南新镇人民南路6号。因南新、和桥两镇合并,农行南新办事处的业务于2003年3月纳入农行和桥办事处统一管理。农行南新办事处的历任负责人有徐杰、程乃军。

5. 中国工商银行股份有限公司宜兴和桥支行

中国工商银行宜兴市支行和桥办事处(简称工行和桥办事处)1985年2月正式成立,1991年9月迁至西横街38号新大楼营业,下辖两个分理处,一个储蓄所,正式员工19名。1991年开通了全国联行业务,除办理各类存款、信贷业务外,还设立牡丹信用卡,经营保管箱出租业务,为群众和外来客商存放有价证券、金银珠宝等贵重物品。

工行和桥办事处,1984年、1985年、1993年、1994年先后被无锡市分行评为金融先进单位,1997年、1998年被宜兴市政府评为文明单位,1999年被评为市文明示范窗口。

2006年10月,工行和桥办事处更名为中国工商银行股份有限公司宜兴和桥支行。

18－2 2015年工商银行和桥支行

工商银行和桥办事处和桥支行历任主任、行长

表18－9

职　务	姓　名	任职起止年月
副主任	刁国如	1984年5月—1985年6月
主　任	刁国如	1985年6月—1986年7月
副主任	裴洪初	1986年7月—1989年5月
副主任	周华明	1989年5月—1990年4月
主　任	周华明	1990年5月—1991年9月
副主任	孙伯良	1991年9月—1997年4月
主　任	孙伯良	1997年4月—1998年6月
主　任	周华明	1998年6月—2000年3月
主　任	顾卫南	2000年3月—2001年1月
主　任	郭红心	2001年1月—2002年11月
主　任	程秋明	2002年12月—2003年1月
主　任	曹　康	2003年1月—2004年6月
主任(行长)	郭红心	2004年6月—2007年4月
行　长	崔雄志	2007年4月—2007年9月
行　长	王亚明	2007年9月—2008年9月
行　长	黄海波	2008年9月—2009年7月
行　长	杨晓东	2009年7月—2010年8月
行　长	王　慎	2010年8月—2011年7月
行　长	吴冬云	2011年7月—2014年7月
行　长	刘俊清	2014年7月—

中国工商银行股份有限公司宜兴和桥支行，2006年至2009年多次被和桥镇政府评为保障服务标兵单位，2010年被宜兴支行评为“四级”先进集体，2012—2014年连续3年被和桥镇政府评为保障服务标兵单位。

6. 中国建设银行股份有限公司宜兴和桥支行 1989年8月15日，建行和桥办事处成立。行址设在和桥镇西横街30号，有员工14人。主要办理城乡居民、企事业单位存款业务和居民个人消费、小额质押、企事业单位流动资金贷款业务、为企业单位出具各种保函、签发银票、审核工程预决算、代收各种缴费、个人电子汇款等业务。1994年，采用先进设备存储结算，自动柜员机率先于同行业装备，24小时为客户提供个人银行借汇卡的取现、转账、查询等服务，覆盖联通无锡地区一城三市，单位资金汇划12小时准时到位，个人储蓄存款实现全国通存通兑。建行和桥办事处，1995年被无锡市分行评为先进集体，1996年被江苏省分行评为筹资先进单位。建行和桥办事处历任主任有李永新、潘东平、刘建兴、刘立忠、周锡君。

图18－3　2015年中国建设银行和桥支行

7. 中国建设银行宜兴市支行南新办事处（简称建设银行南新办事处） 建行南新办事处于1996年1月成立，办事处设在南新镇人民路，有员工7人，主要办理城乡居民储蓄和企事业单位存、贷款结算业务等。因南新、和桥两镇合并，建行南新办事处机构撤销，其业务于2001年3月并入建行和桥办事处。建行南新办事处历任主任的有刘立忠、刘建兴、王文年。2009年10月，建行和桥办事处更名为中国建设银行股份有限公司宜兴和桥支行。和桥支行历任行长的有浦建新、陆皓、沈云超、蒋达洪。

建行和桥支行，2009年被宜兴市支行评为先进集体，2011年被宜兴市金融协会评为安全金融网点等荣誉称号。

8. 中国银行股份有限公司宜兴和桥支行 中国银行宜兴市支行和桥办事处（简称中行和桥办事处）1994年2月25日成立，租用和桥电影院对面和桥商业公司店面经营，1995年3月18日，迁入西横街60号新大楼，有员工12人。办事处开办后即使用先进的微机系统，办理本外币储蓄和结算业务，办理全国电子联行汇兑、进出口企业国际贸易结算、发放企业贷款和个人消费贷款；办理外币兑换、外币托收、各种长城信用卡业务；代理保险和各种代收付业务，2001年安装和桥首台ATM自动取款机及电子利率屏，实行全省范围内的储蓄业务通存通兑，新开办“银券通”、个人外汇买卖等业务，并采用现代化的电话银行、网上银行等结算工具。

图18－4　2015年中国银行和桥支行

中行和桥办事处，1995年、1997年、1998年、1999年、2000年、2001年、2002年先后被中国银行无锡市分行、宜兴市支行、宜兴市人民政府评为先进集体、文明单位、“十佳”窗口、文明示范窗口和“三星级”青年文明号。

中国银行和桥办事处历任主任有孙维玑、薛毅东。

2006 年 6 月,中国银行宜兴市支行和桥办事处更名为中国银行股份有限公司宜兴和桥支行。

中国银行股份有限公司宜兴和桥支行历任行长有许明军、吕立文、尹雪皎。

和桥支行,2008 年被宜兴市文明办、宜兴市妇女联合会评为巾帼文明岗,2010 年被中国银行宜兴支行评为服务优胜单位,2012 年被中国银行宜兴支行评为"五一"巾帼标兵岗、被宜兴市总工会评为女职工素质提升示范基地,2013 年被和桥镇政府评为"三八"红旗集体、被无锡市分行系统评为中小企业四星精品网点、被江苏省行评为青年文明号,2014 年被和桥镇政府评为保障服务标兵单位。

9. 中国交通银行股份有限公司宜兴和桥支行 中国交通银行宜兴市 支行和桥分理处(简称交行和桥分理处)1994 年 9 月 8 日成立。交行和桥分理处是以公有制为主体的股份制商业银行,正式员工 7 人。开始租用和桥粮管所店面房营业,1997 年 1 月 27 日,迁至西横街 33 号新大楼营业。主要经营存款、贷款及中介业务、代理发放工资及退休金、开办信用卡,"一卡通"借汇卡、"全国通"。交行和桥分理处,1995 年至 1999 年先后被宜兴市支行、市政府评为文明示范窗口、青年文明号。交行和桥分理处历任主任有吴分明、沈洪明(副主任主持工作)、朱炜良。

图 18－5　2015 年交通银行和桥支行

2001 年 11 月,交通银行宜兴市和桥分理处更名为交通银行宜兴支行和桥分理处,2006 年 3 月,又更名为中国交通银行股份有限公司宜兴和桥支行。

宜兴和桥支行历任行长有莫建伟。交行宜兴和桥支行,2009 年被无锡交分行评为按综合服务先进单位,2011 年被宜兴市政府评为"巾帼示范岗",2013 年被无锡交分行评为会计营运先进单位。

10. 江苏宜兴农村商业银行股份有限公司和桥支行 2006 年 8 月 15 日,和桥信用合作社更名为江苏宜兴农村合作银行和桥支行,2010 年 11 月 25 日,又更名为江苏宜兴农村商业银行股份有限公司和桥支行。农村合作银行和农村商业银行股份有限公司和桥支行历任行长有丁小强、吴建中。和桥支行 2011 年、2012 年被宜兴农商行评为先进党支部,2013 年被宜兴农商行评为先进集体、被中共宜兴市委评为先进基层党组织,2014 年被宜兴农商行评为先进党支部。

图 18－6　2015 年宜兴商业银行和桥支行

11. 江苏宜兴农村商业银行股份有限公司闸口支行 2006 年 8 月 15 日,和闸口信用合作社更名为江苏宜兴农村合作银行闸口支行,2010 年 11 月 25 日,又更名为江苏宜兴农村商业银行股份有限公司闸口支行。农村合作银行闸口分行和农村商业银行股份有限公司闸口支行历任行长有陈建文、匡小东。

12. 宜兴阳羡村镇银行和桥支行 宜兴阳羡村镇银行是由南京银行为发起行,具有独立的法人资格的新型农村中小金融机构。宜兴阳羡村镇银行和桥支行成立于 2010 年 12 月 29 日,行址设在和桥镇西横街156号。银行办理各项存取款业务，发放短期、中期和长期贷款，办理国内结算，办理票据承兑与贴现，从事同业拆借，从事借记卡服务，代理南京银行理财业务及经银行业监督管理机构批准的其他业务。成立五年以来，银行秉承稳健的步伐，存、贷款逐步增长。

历任行长有沈明、顾谨、郑文育。

2005—2015年和桥镇驻镇金融机构存、贷款余额

表18－10　　单位：亿元

存贷金额＼年份	2005	2006	2007	2008	2009	2010	2011	2012	2013	2014	2015
存款余额	15.06	16.91	17.80	21.14	26.50	29.50	32.45	36.45	46.09	46.79	54.52
贷款余额	6.76	7.048	7.84	10.30	12.00	13.50	14.50	17.95	24.51	25.30	21.73

第四节　保　　险

一、机构

1. 财产保险机构

中国人民财产保险股份有限公司宜兴支公司和桥营业部（简称人保财险和桥营业部）　1986年8月中国人民保险公司宜兴市支公司和桥办事处（简称中保和桥办事处）成立，并在管辖乡镇设立基层保险服务所，办理各类农业保险、企业财产保险、家庭财产保险、机动车船保险、人身养老保险等20多种险种的保险业务。办事处先设立在西横街和桥信用社楼上，1988年8月迁至西横街153号新营业大楼办公。

2003年9月更名为中国人民财产保险股份有限公司宜兴支公司和桥营业部（简称人保财险和桥营业部）。

中保和桥办事处与和桥营业部历任主任有李全坤、王银强、郑全新、徐圣、周洁。

中国人民保险公司宜兴市支公司和桥服务所（简称中保和桥服务所）　1987年建立，主要办理企业财产、个体工商户、家庭财产、机动车辆、货物运输等6个险种的保险业务。服务所设在和桥西横街，2003年初并入和桥办事处。

中保和桥服务所所长吴新国。

中国人民保险公司宜兴市支公司南新服务所（简称中保南新服务所）　1987年建立，主要办理企业财产、家庭财产、机动车辆、货物运输等6个险种的保险业务。业务所设在南新街南中路30号，2000年6月，并入和桥办事处。

中保南新服务所所长邵小龙。

太平洋财产保险股份有限公司宜兴支公司和桥营销服务部（简称太保财产险和桥营销服务部）　1997年5月8日成立。营销服务部设在和桥镇鹅州西路30号。主要办理企业、家庭财产、机动车辆、人寿养老、人身意外伤害、学生平安、医疗等保险业务。

太保财产险和桥营销服务部历任负责人有吉正国、邵奕华、周轶蕻。

2. 人寿保险机构

中国人寿保险股份有限公司宜兴支公司和桥营业部（简称国寿和桥营业部）　1996年3月中国人寿保险公司宜兴市支公司和桥办事处（简称寿保和桥办事处）成立，业务与中保分开，办事处设在和桥镇鹅州西路86号，并在办事处辖区内设立基层保险服务所，负责办理养老、健康、人身意外伤害等险种及咨询代理服务。2003年12月，中国人寿保险公司宜兴市支公司和桥办事处更名为中国人寿保险股份有限公司宜兴支公司和桥营业部（简称国寿和桥营业部)。

寿保和桥办事处与和桥营业部历任主任有许建洪、庄云娟、陈霞、应民强、黄晞、莫希曦。

中国人寿保险公司宜兴市支公司南新服务所(简称寿保南新服务所) 1996年3月成立,服务所设在南新街南中路30号。办理养老、健康、人身意外伤害、各种投资分红保险等20种保险业务,2000年6月,并入和桥办事处。

寿保南新服务所历任所长有吴亚良、宋希娟。

中国人寿保险公司宜兴市支公司闸口服务所(简称闸口服务所) 1986年7月1日,中国人民保险公司宜兴市支公司在闸口乡设立保险员,招聘朱星球为保险业务负责人。主要办理企业财产保险、家庭财产保险、机动车船保险、人身养老保险等20多个险种的保险业务。办公地址设在乡政府内。

1996年3月,原中国人民保险公司宜兴市支公司实行产、寿险业务分营。同年,成立中国人寿保险公司宜兴市支公司闸口服务所(简称闸口服务所)。闸口服务所主要办理养老、健康、人身意外伤害和各种投资分红保险等20多种保险业务。服务所所址设在棟树港富民路,服务所于2008年8月并入和桥营业部。

闸口服务所所长朱星球。

中国太平洋人寿保险股份有限公司宜兴支公司和桥营销服务部(简称太保人寿险和桥营销服务部) 2002年1月22日成立,服务部设在和桥镇西横街北、和桥地税所右边,主要承办各类人身保险业务,包括人寿保险、健康保险、意外伤害保险等保险业务;办理对损失的签订和理赔业务。

太保人寿险和桥营销服务部负责人浦凤珍。

二、投保

自80年代开办保险业务后,保险种类逐渐增加,投保对象不断增多,投保范围不断扩大,保额不断提高。截至2015年底,保险费收入共计44784.83万元。

三、理赔

随着保险业务的扩大,理赔成为保险业务一项重要内容。截至2015年底,全镇四家保险办事处(所)共受理理赔案39100起,总理赔约20329.84万元。

1986—2015年和桥镇四家驻镇保险公司业务情况

表18-11　　单位:万元

年份	人保财险			国寿保险			太保财险			太保寿险		
	保费收入	理赔件数	理赔金额	保费收入	理赔件数	理赔金额	保费收入	理赔件数	理赔金额	保费收入	理赔件数	理赔金额
1986	106.00	205	83.00	—	—	—	—	—	—	—	—	
1987	208.00	286	156.00	—	—	—	—	—	—	—	—	—
1988	268.00	291	182.00	—	—	—	—	—	—	—	—	—
1989	296.00	312	208.00	—	—	—	—	—	—	—	—	—
1990	356.00	298	351.00	—	—	—	—	—	—	—	—	—
1991	385.00	350	405.00	—	—	—	—	—	—	—	—	—
1992	401.00	336	326.00	—	—	—	—	—	—	—	—	—
1993	460.00	380	352.00	—	—	—	—	—	—	—	—	—
1994	520.00	371	396.00	—	—	—	—	—	—	—	—	—
1995	538.00	410	372.00	—	—	—	—	—	—	—	—	—
1996	550.00	416	406.00	560.00	1003	70.00	—	—	—	—	—	—
1997	560.00	456	427.00	600.00	1414	91.00	20.00	—	—	—	—	—

续表 18－11　　　　　　　　　　　　　　　　　　　　单位：万元

年份	人保财险			国寿保险			太保财险			太保寿险		
	保费收入	理赔件数	理赔金额	保费收入	理赔件数	理赔金额	保费收入	理赔件数	理赔金额	保费收入	理赔件数	理赔金额
1998	580.00	512	480.00	620.00	1290	96.00	160.00	—	—	—	—	—
1999	610.00	560	462.00	660.00	1485	116.00	80.00	—	—	—	—	—
2000	814.00	579	387.00	957.20	652	146.57	50.00	—	—	20.00	10	3.00
2001	849.00	607	491.00	1376.00	1038	200.00	55.00	—	—	60.00	20	6.00
2002	801.00	877	500.00	1756.60	1340	325.00	60.00	—	—	231.47	50	15.00
2003	—	—	—	291.30	82	33.00	81.00	172	35.00	108.31	75	32.00
2004	—	—	—	356.20	76	38.00	89.00	192	78.00	130.20	89	36.00
2005	862.80	1027	646.50	443.50	163	49.00	102.00	222	97.00	160.79	101	41.00
2006	1128.70	1241	1040.80	467.80	192	45.00	97.00	208	157.00	190.50	121	47.00
2007	1178.50	1625	696.70	525.90	284	58.00	200.16	216	211.00	231.47	125	53.00
2008	958.90	2009	1251.80	634.20	321	66.00	177.26	181	156.00	250.60	127	59.00
2009	897.10	1233	673.00	667.70	403	62.30	212.65	178	139.00	290.70	134	62.00
2010	1406.40	779	518.30	772.10	362	59.60	286.54	194	262.00	398.40	139	68.00
2011	1763.50	1175	748.20	714.20	398	68.90	306.92	206	271.00	486.10	135	65.00
2012	1843.20	1399	1140.80	794.80	375	83.60	349.81	241	208.00	495.58	140	69.00
2013	182.59	1027	942.10	723.60	393	108.00	359.00	136	227.00	586.00	161	87.00
2014	200.85	1896	143.40	982.30	457	186.00	378.00	192	194.00	780.00	179	92.30
2015	2139.00	1785	1143.00	1283.43	460	259.97	400.00	324	364.00	850.00	202	105.00
合计	20863.54	22442	14928.60	15186.83	12188	2161.94	3464.34	2662	2399.00	5270.12	1808	840.30

2015 年的锡溧漕河中兴桥段

第十九章　土地资源管理

新中国成立前，土地被少数人占有，广大劳动农民只能为土地霸占者劳动，以劳动力换取收益，维持生计。1951 年，农村进行土地改革，农民分得了土地，并领取了人民政府颁发的土地证。1952 年，许多贫苦农民家底薄，缺少耕畜和劳动工具，生产有困难，便自发开展互帮互助，先后办起了劳动互助组。是年 4 月，农村各互助组纷纷改建成初级农业合作社。1956 年，初级农业合作社都转办成高级农业合作社，农业生产关系发生了历史性变革。1958 年 9 月，各乡成立人民公社，让农民走集体化生产道路。1982 年，党中央作出决定，由人民公社公有制改成农民分田到户的承包耕作制。一时间，农民的生产积极性十分高涨，将各自的承包土地精心耕作，积极交售公粮。进入 20 世纪 80 年代后，工业经济迅猛发展，一些承包农户不满足从耕作田中所获取的收益，走上了亦工亦农的道路，广大青壮年农民纷纷外出打工，有的兴办工业企业，出现大面积抛荒。为了不让土地荒芜。至此，镇、村两级动员有能力的农户承包土地，“种田大户”应运而生。为了统管土地资源，成立了土地管理机构。1991 年，和桥镇完成划定基本农田，初步建立基本农田保护制度。1997 年，完成由市土地管理局编制的基本农田专项规划，进一步规范基本农田管理。2004 年 4 月，开展基本农田保护检查工作。2005—2015 年，每年完成宜兴市开展基本农田争先达标活动，采取措施进一步加强基本农田管理。

图 19－1　2015 年和桥国土分局

第一节　机构与职能

民国前，土地买卖现象长期存在。新中国成立后，农民有了土地，生活有了依靠。可是，随着城市和农村人口逐渐增多，建房用地不断扩大，且占用了耕地。国家为了保护土地，采取一系列措施，颁发了有关保护土地的法律法规。不准买卖土地，不准私自在集体土地上乱搭乱建。当农村家庭人口众多，需要建造房屋的，必须写出书面申请，凭生产队、生产大队至人民公社提交批复的“三级证明”，在生产队的居住地统一划地，按标准面积方可造房。1989 年 3 月，和桥镇、南新乡、闸口乡分别成立土地管理所（简称土管所），业务上归市土地管理局领导。

土管所的职能是，在当地政府领导下，负责宣传和执行国家土地管理法规、方针、政策；开展土地调查和登记，建立地籍档案管理和颁发土地使用证书；编制土地利用规划和年度用地计划；办理各类用地的审核报批，并对土地使用情况实施监督；做好土地资源的开发、复垦；核实填报有关土地资料、建立地籍档案；协同有关部门做好土地税费的征收、管理等工作。1997 年，各乡、镇土地管理所实行垂直管理。原南新乡（镇）土地管理所历任负责人有卢洪坤、钱云保、杨建国、陆建祥。原闸口乡（镇）土地管理所负责人有尹健安。原和桥镇土地管理所历任负责人有马诚、吴分明、白海昌(兼)、李玉中。2002 年、2004 年,南新镇、闸口镇先后并入和桥镇,两镇土地管理所撤销,人员并入和桥镇土地管理所。2008 年,和桥镇土地管理所改为宜兴市国土资源管理局和桥分局,其历任负责人为庄再旺、秦岭。和桥分局择地建一幢办公楼,占地面积 1529.6 平方米,建筑面积 1000 平方米,固定资产 83 万元。2015 年,和桥分局编制人员有分局长 1 名、副(分)局长 2 名、办公室及服务大厅工作人员 5 名。

第二节　耕地保护

耕地是人类生存的命根子。保护耕地尤为重要。新中国成立后,和桥镇搞“大兵团作战”,发动沿滆湖的南新、和桥、闸口的农村青壮年,集中食宿,围湖造田,扩大耕地面积。至 20 世纪 70 年代末,共建造合心圩、湖滨圩、红卫圩、红星圩、团结圩、西锄圩、老滩圩、楝庆圩、楝丰圩、南新圩、跃进圩、胜利圩、中长圩等 14 只圩区,造出良田 3 万多亩。接着,农村进行整田平地,挑土墩、迁坟还田,搞地下渠道(变明沟为暗沟),千方百计节约用地。随着人口的增长,特别是改革开放以后,外来流动人口的增加,使和桥镇粮食需求呈刚性增长。加上各行各业发展迅猛,工业用地逐年征用,耕地资源保护越发急迫和重要。

一、耕地保护

在耕地保护方面,和桥、南新、闸口地区按国家政策规定,对经国家批准的重点项目建设用地可占基本农田外,一律禁止占用基本农田从事非农业建设。对批准项目建设占用基本农田后,及时补划基本农田,确保基本农田的保护率。特别是改革开放后,对老镇区拆迁改造功能布局作了大幅度调整,将一些效益低、占地面积大的工业用地撤至镇区外围,如轻质保温材料厂等改为房地产用地,提高了土地的经济、社会、生态效益。

二、农田补划

根据《中华人民共和国土地管理法》《中华人民共和国农业法》《基本农田保护条例》有关规定,和桥镇坚持做到保证基本农田面积总量不变,并建立农田台帐,准确掌握基本农田数量、质量及分布情况。20 世纪 90 年代,和桥镇利用蒋山山坡地,平整为农田。2010—2015 年完成验收耕地占补复垦项目 35 只,新增耕地 727.76 亩,挂钩项目 14 只,新增耕地 203.1 亩,并将新增耕地划为基本农田。

三、档案管理

和桥镇国土分局重视土地档案的建立。档案包括:土地登记申请书、土地登记收件单、土地权属证明文件和资料、土地登记审批表、地籍图、土地登记簿(卡)、土地证书签收簿等,以供查档、借阅等。1996 年,和桥土管所被江苏省档案局评为档案管理合格乡镇土管所,1997 年上升为档案管理优秀乡镇土管所。至 2015 年,已建立档案册 21239 本。

四、动态巡查

从 2008 年开始,坚持每周二对农田动态巡查。当发现占有基本农田进行非农建设的,及时下达停建通知书,同时在 24 小时内向上级主管部门报告,进行及时处理;对顶风作案乱占滥用基本农田的单位或个人,视其情节,追究责任;对违反党纪、政纪的交纪检监察部门处理。

五、土地发证

1989 年,宜兴市开展土地使用权申报登记工作。当年 10 月,和桥、南新、闸口地区完成申报登记任务。1991 年 7 月开始土地使用证发证工作。1993 年 1 月,开始发放农村宅基地使用证书。1997—2005 年,宜兴市办理各类土地使用登记证(含国有土地和集体土地登记以及土地使用权抵押登记)。和桥镇完成锡宜高速公路、宁杭高速公路、新长铁路、烧香港等大宗地土地发证调查工作,完成金融单位等改制单位的土地统一登记换证工作。

第三节　土地使用

1991—2002 年,和桥土管所逐年对全镇土地使用情况作实地调查并详细登记,使全镇的土地使用情况一目了然。其中,1993 年对农村宅基地进行确权调查,确定后发证 6469 户,共 7169 宗。

2014 年,沿滆湖东路建设 16.54 千米的 6 车道省级公路。和桥镇国土资源管理分局会同有关职能部门深入现场,对涉及的西锄村、王母桥村、北新村、大生村、湖滨村、楝聚村、钟溪村沿线总长 13.87 千米拆迁及安置房的选址落实,逐户过堂,落实到位,严格控制土地使用的总量。2010—2015 年,和桥镇报征收 56 宗,162.87 公顷;点供 2 宗,16.77 公顷;独立选址 5 宗,18.32 公顷;存量土地 42 宗,48.92 公顷。

2010 年后,和桥镇积极利用现行政策,变废地为宝,让废弃工矿地复垦等平台积极争取计划指标,缓解了用地压力。在不占地或少占地的情况下,扩大生产规模,推动企业转型升级,引导企业项目向立体空间发展,推进多层高标准厂房建设,严格限制建设"花园式"厂房,鼓励中小型企业进入标准厂房,减少用地量。与此同时,采用"腾笼换鸟"办法,对闲置及低效用地进行专项清理,提高土地二次开发效能。

2000 年后,在土地使用方面,和桥镇国土资源管理分局与各村签订耕地保护责任书,明确耕地保有量、基本农田保护面积等内容,为坚守耕地红线打下扎实基础,依法保护了镇区内 59186 亩基本农田,推进 11000 亩高标准基本农田建设。2002—2015 年逐年做好土地发证工作。

1991—2002 年和桥镇用地情况

表 19 – 1　　单位:亩

年份	用地总数	其中占用耕地数			
		小计	宅基地	集体用地	国家征用土地
1991	228.41	159.81	7.58	130.13	22.11
1992	613.46	460.76	7.17	399.51	54.08
1993	125.25	64.32	5.59	15.86	43.14
1994	100.23	81.50	2.96	9.81	68.73
1995	355.71	288.74	1.77	92.63	194.34
1996	394.89	331.26	5.37	129.17	196.73
1997	57.42	68.48	13.76	34.48	20.24
1998	1302.78	553.44	7.00	287.59	258.86
1999	974.00	553.30	—	117.10	436.20
2000	1655.80	915.00	196.40	231.30	487.40
2001	888.20	698.00	252.30	89.60	356.10
2002	123.00	122.50	—	103.80	18.70

1993 年和桥镇农村宅基地确权调查统计

表 19 – 2

序号	单位名称	户数(户)	宗数(宗)	面积数(平方米)
	合计	6469	7169	775403.68
1	大同村	287	356	39810.30
2	聚贤村	340	379	49443.11
3	柏树村	296	377	43365.93

续表 19－2

序号	单位名称	户数(户)	宗数(宗)	面积数(平方米)
4	文里村	254	323	37838.30
5	石路村	489	522	68559.80
6	北庄村	535	605	39282.74
7	高楼村	278	345	29248.33
8	土墩村	166	208	26915.14
9	湖滨村	666	805	100658.32
10	金盆村	277	334	36210.11
11	苗桥村	330	301	37109.68
12	前谢村	286	320	37266.82
13	和桥村	398	346	37618.26
14	闻家村	432	305	35588.07
15	永兴村	640	718	73358.27
16	中心村	273	366	40594.58
17	上倖村	308	340	42529.17
18	和建村	214	219	22906.48

说明:此表是2003年行政村合并前的数据统计

2002—2015年土地发证情况

表 19－3

年份	集体(本)	国有(本)
2002	25	893
2003	24	549
2004	4	193
2005	15	1835
2006	25	904
2007	32	464
2008	41	499
2009	76	934
2010	80	809
2011	2352	701
2012	87	680
2013	117	1056
2014	102	740
2015	398	513

2009—2015 年和桥镇土地使用情况

表 19－4

年份	征收		供地		宅基地	
	宗数	面积（公顷）	宗数	面积（公顷）	宗数	面积（公顷）
2009	25	37.13	9	9.34	—	—
2010	8	16.75	22	25.84	—	—
2011	14	48.75	12	21.93	—	—
2012	10	27.39	20	46.63	34	0.45
2013	14	47.95	16	32.27	6	0.05
2014	6	10.55	17	31.85	5	0.07
2015	14	25.12	19	35.39	268	3.19
合计	91	213.64	115	203.25	313	3.76

第四节　地政地籍管理

地政地籍管理是反映土地的位置、数量、质量、权属和用途等基本情况的簿籍（清册）。

1995 年，和桥镇与宜兴环保科技工业园、宜兴经济开发区等 9 个单位开展土地定级评估工作，是年底，通过乡级验收和国家鉴定。同年，组织镇区地籍调查，测绘面积 2.26 平方千米，划分 54 个街坊，宗地 2823 幅，用地面积 1100 亩；划定农田保护区面积 2518 亩，清理违法用地 300 多亩，复垦 700 多亩。1996 年，和桥镇土地管理所被江苏省国土局评为“土地管理财务先进单位”。

1998 年 11 月，和桥镇土地管理所委托南京地质学校，投资 22.4 万元，对北起殷村港，南至锡宜公路，东至闸口公路，西至和新路共 2.3 平方千米的范围开展地籍调查工作，共计调查 95 个街坊 3854 宗地（单位 457 宗，个人 3397 宗），设置界址 1.3 万个，形成一套较为完整的权属调查、地籍测量等成果资料，并将图件、数据、文字等资料输入微机，初步建立了地籍管理信息档案。

通过调查后，进行土地分类面积统计：商业金融占地面积 131145 平方米，占 4.10%；交通用地 1405286 平方米，占 43.30%；工业仓储用地 570231 平方米，占 17.50%；特殊用地 11704 平方米，占 0.40%；公共建筑用地 203083 平方米，占 6.20%；水域用地 8365 平方米，占 0.30%；市政用地 83746 平方米，占 2.50%；住宅用地 756073 平方米，占 23.30%；其他用地 71403 平方米，占 2.20%。1998 年，和桥土管所被中共无锡市委、无锡市人民政府评为“十佳土管所”。2000 年，被无锡市国土局评为“文明国土管理所”。2001 年度，被无锡市国土资源局评为“文明国土资源所”。

2003 年 4—11 月，和桥镇土管所完成农用地定级评估工作，建立新的农用地定级评估信息系统，编绘宜兴市 1∶50000 农用地定级结果图、农用地估价结果图、农用地定级修正因素分值图图纸，编织农用地定级估价信息系统，全面掌握和科学量化农用地质量状况，实现土地管理由数量管理向数量、质量和生态管护协调管理转变。当年底，农用地定级估价工作通过省级专家组评审验收。2004 年，建立全市城乡一体化地籍管理信息系统，实现全市土地利用数字化、管理信息化。国土分局成立后的 2009 年，所有地政地籍登记业务在分局办事大厅，由服务人员接待办理。维护了土地的社会主义公有制，保护了土地使用者的合法权益，加强了土地管理，建立了健全的管理制度。2011 年，中共和桥镇国土资源管理分局党支部被无锡市国土资源局党委评为无锡国土资源系统优秀基层党支部;被无锡市国土资源局评为无锡市优秀国土资源所;被江苏省国土资源厅评为江苏省优秀国土资源所;和桥镇被无锡市国土资源局评为无锡市土地模范执法乡镇。2012年度,被江苏省国土资源厅评为江苏省优秀国土资源所。

第五节　法规宣传和执法监察

一、法规宣传

1986年6月25日,第六届全国人民代表大会常务委员会第十六次会议通过并颁布中国第一部专门调整土地关系的大法——《中华人民共和国土地管理法》。1991年5月24日国务院第83次常务会议决定,从1991年起,把每年的6月25日,即《土地管理法》颁布的日期确定为全国土地日。1991年至2015年,每年都有一个宣传主题。如:1991年宣传主题是土地国情,1993年宣传主题是土地与经济,1995年宣传主题是土地与法制,2007年以后,宣传的主题是节约集约用地、坚守耕地红线等,2015年宣传主题是节约集约利用土地——推动土地利用方式根本转变。2015年"6·25"土地宣传日期间,和桥国土分局在镇区街道悬挂横幅标语29条,印发宣传资料4000多份,街头宣传橱窗6期37个版面进行宣传。坚持每年对土地信息员进行有关土地法律知识的学习培训。2015年,分河东片与河西片举办村主任信息员土地执法监察主题专题讲座,使土地法进一步贯彻落实到基层。

二、执法监察

和桥国土分局把国家土地资源的管理和保护,以执法监察为第一要务。平时,除了下基层开展巡查制度外,还与城管部门联合执法,坚持每天组织14人左右的巡查小组,在镇区范围内进行执法监察,并做到巡查到边,不留死角。对一意孤行不听劝告,不按告示办事而已形成地上构筑物的违法用地,及时上报当地政府,立即拆除。其次是开展网上巡查。通过"天上看、地上查、网上管",加强执法监察力度。对有关责任人实行"零约谈""零问责",遏制违法用地的发生,有效维护了全镇土地资源管理和利用秩序。与此同时,和桥国土分局还重视涉土信访,设立举报电话,接受公众咨询和监督,及时有效化解群众矛盾,并建立信访的领导值班制度,认真听取信访要求,妥善处理问题。2012年,被无锡市国土资源局党委、国土资源局分别评为无锡国土资源系统优秀基层党支部、无锡市优秀国土资源所、无锡市土地模范执法乡镇。2013年度,被无锡市文明委评为无锡市文明单位(2010—2012年度),被无锡市人民政府纠风办评为无锡市人民满意基层站所(单位)。2014年、2015年,分别被中共宜兴市委、市政府和中共无锡市国土资源局委员会授予先进基层党组织及为农服务先进单位。

2015年北新村的村道

第二十章 工商行政管理

民国初，国民政府先后颁发公司法、工厂法、商业登记法、商标法、商会法。工商管理业务由县实业科掌管，注册由县知事办理，镇公所代办审批手续。民国13年(1924)，宜兴工商联合会和桥分会成立。民国36年，规定手工作坊、商店在当地政府领导下，归商会管理。新中国成立初，尚未设立工商行政管理机构，仍有县工商联合会和桥分会代为履行职能。组织恢复市场秩序，打击不法商贩的投机活动，平抑物价，组织物资交流，沟通城乡渠道。“文化大革命”期间，个私经济受到严重冲击，把它当作资本主义尾巴而限制、管死，市场陷于萎缩，瘫痪状态。中共十一届三中全会后，工商行政管理机构不断健全，市场管理逐步规范。开展经济检查，打击投机倒把、走私贩私、假冒伪劣等不法行为。90年代开始，随着工商行政管理职能的转变，监督管理的重点逐步转向社会主义大市场。其基本任务是：贯彻执行党的有关经济政策、法律、法令；研究并拟定工商行政管理的实施办法；加强对商品生产者、经营者和市场经济活动的行政监督；处理经济违章违法行为，保护合法经营，维护市场秩序；促进生产、活跃流通，完善市场体系，维护公平竞争，保护消费者的合法权益。其主要职能是：确定市场主体资格；规范市场交易行为；查处市场违章违法活动。

第一节 机构沿革

和桥镇地理条件优越，商业繁荣，店铺林立。明末清初，和桥就有“小无锡”“夜和桥”之雅名，流传至今。当时商户、作坊由镇董管理。清末民初，商户为了维护自身利益，自发组织商会协调处理业内、行业间的事务。1950年，县工商科设立和桥办事处，下设摊贩管理所，行使一部分工商行政管理职能。1959年，成立和桥市场管理委员会(以下简称市管委)，开展市场管理和打击投机倒把活动。“文化大革命”期间，增设打击投机倒把办公室。1971年，又改称市场管理委员会办公室。1978年9月，国家设立工商行政管理总局。同年10月，和桥工商行政管理所成立(以下简称和桥工商所)。管理范围有和桥镇、和桥乡、万石乡、南漕乡、南新乡、闸口乡、高塍乡、屺亭乡。1987年，成立屺亭工商所，高塍乡的工商所将管理事务划归屺亭工商所管理。2002年9月，和桥工商所改名为无锡市宜兴工商行政管理局和桥分局。具体管理工作是：工商企业登记、个体经济管理、经济合同管理、市场管理、商标广告登记管理和打击经济领域中违章违法行为，接受消费者投诉。2015年4月23日，和桥工商行政管理分局又更名为宜兴市市场监督管理局和桥分局。(同时挂“宜兴市食品药品监督管理局和桥分局”牌子)

和桥工商所历任负责人为王桂生、堵清涛、谢洪泉、沐瑞君。和桥工商分局历任局长为沐瑞君、潘平、周志高、朱云飞。宜兴市市场监督管理局和桥分局局长为朱云飞。

第二节 企业登记管理

1950年至1963年，有过3次工商企业登记，由县核发营业执照。第一次是1950年4月。第二次是1954年底至1957年初，按规定公私合营、合作和私营企业的开业和歇业一律由商业局批准，1958年到1960年企业登记中断。第三次登记是1963年，企业登记主管机关为县商业局和手工业局。“文化大革命”期间企业登记再次中断。1971年起除较大规模的商业和手工业、铁木业需经县商业局和手工业局批准外，其他社队办企业归县社队工业局和工矿局审批，小商小贩和小手工业者只需经镇市场管理办公室进行登记后即可营业。1978年，和桥工商所成立后，工商行政管理工作逐步恢复。商业、供销等系统重新登记发证。1980年开展工业普查登记，对社队、镇属、街道、学校办工商企业登记发证。1981年进行复查验证，给符合登记要求的核发全国统一的营业执照。1984年，工商企业登记简化手续，权限下放，由工商管理所代县工商局审核发照。小商、小贩、小手工业者到工商所登记领照就可营业。1985年至1986年，根据中央精神，清理整顿党政机关办企业，要求歇业或转让。1995年，根据上级精神，进行产权制度改革，逐步将条件成熟的各类企业进行租赁、拍卖或改制为股份合作制企业，改制不断得到深化。其间，工商所协助地方政府帮助企业办理登记核准、变更工作。到2002年底，和桥镇共有工商企业599户，其中工业企业374户，流通企业225户。至2015年底，和桥全镇共有工商企业1948户，其中工业企业1506户，流通企业442户，外资企业46户，有个体工商户3197家，各类集贸市场5个。

第三节　个体经济管理

民国27年(1938)，国民政府发布暂行管理办法，规定摊贩、担贩、轿夫、理发、小商小贩由镇公所办理登记，县政府审核发证。民国36年，摊贩由县警察局登记。

1950年，摊贩由和桥镇政府登记，同时成立摊联组织，实行以摊管摊。至1952年，全镇有各类摊贩621户。1953年后，实行限止，缩小方针。1956年实行对私改造，各行业公私合营，至此，私营企业不复存在。1958年停止发证，无证经营增加。“文化大革命”期间，货源受限，各业锐减，个私经济停止发展。1978年后，个体经济作为社会主义公有制经济的必要补充而重现生机。1981年后，个体经济地位与作用被重新肯定，个体户采取来料加工、经销代销、自产自销、摆摊设点、走街串巷，迅速发展起来。

1983年7月，成立和桥镇个体劳动者协会(简称“个协”)。负责个体经济登记发证工作，并接受上级个体劳动者协会的指导。全体工商户均为会员，协会每3年召开一次代表大会，选举产生理事、副会长、会长。1985年，对冒名顶替、转让、涂改执照等违法个体户进行清理整顿。1988年，对工商户重新验证，核准以法办照。1990年4月9日，和桥镇建立个体劳动者协会基层分会党支部。1994年，允许个体经营者可以离乡离土，跨地区、跨行业从事经营活动。1997年，全镇划分17个行业小组，并在个体工商户中开展“遵章守法户”“信得过个体户”“十佳个体户”“光彩三星户”一系列的评比活动。对无证经营、以次充好、短斤缺两、欺行霸市、销售过期的物品，假冒伪劣等违法行为进行清理整顿，予以打击。2002年全镇有个体工商户达1160户，从业人员达2400人。至2015年，全镇有个体工商户3197户，其中商业2206户，服务业256户，从业人员达4797人。

和桥镇个协分会历任会长有许祖年、徐泉根、孙听生、杨定荣。

个协分会历任党支部书记有孙听生、杨定荣、张永年。

第四节　经济合同管理

自1950年开始，由县工商科和桥办事处管理经济合同。1956年县煤建公司在和桥试行签订煤炭合同44份，赊销煤炭1771吨。生产资料私有制社会主义改造完成后，合同工作中断。1961年至1962

年，工商部门订立产销合同，衔接计划，产销结合，按需生产。1963年后再度中断。1978年，经济合同管理受到重视，成为工商行政部门的职责之一，随着工商企业登记管理工作的开展，经济合同也逐步向多样化管理转变。1980年，和桥工商所开始履行合同签证职能，注重签约的政策性、条文的可行性，履约能力及双方权益等条款的把关，在业务上进行指导，调节并仲裁合同纠纷，确认无效合同，查处利用合同进行违法行为；同时宣传合同法规，健全规章制度。1985年，在企业中开展“重合同、守信用”企业活动。1988年，成立宜兴市经济合同仲裁委员会和桥仲裁庭，帮助企业调解处理经济合同。由谢洪泉任和桥仲裁庭庭长。1995年，合同仲裁开始转轨，由合同仲裁转为查处利用合同进行的违法行为，保护合法权益，打击取缔违法行为。同时加强对企业动产抵押物登记管理，保障抵押债权的实现。至2002年底，共签订合同2380份，总金额3528万元；受理仲裁案件269件，追回货物及贷款41起，办理资信580件，咨询1325次，避免经济损失1052.3万元，被评为无锡市、宜兴市“重合同、守信用”企业13个。全镇查处违法案件66起，经济处罚金额13.1万元；办理动产抵押企业132家，抵押金额4362万元。至2015年底，和桥镇获“重合同、守信用”A级证书的企业15家，由无锡市“重合同、守信用”企业认定委员会颁发证书；获AAA级证书的企业53家，由无锡市人民政府颁发证书；获省级证书4家，由江苏省人民政府颁发证书。

2005—2015和桥镇“重合同、守信用”企业名单

表20－1

序号	级 别	企业名称	命名年份	企业地址
1	省级	江苏鹅洲装饰工程有限公司	2005	宜兴市和桥镇锡宜公路塘渎桥堍
2	省级	江苏新龙鼎环保成套工程有限公司	2005	宜兴市和桥镇工业集中区
3	省级	江苏环球环境工程有限公司	2015	宜兴市和桥镇南新人民北路30号
4	省级	宜兴市中天钢结构有限公司	2015	宜兴市和桥镇创业园内
5	AAA级	江苏华达环境工程有限公司	2005	宜兴市和桥镇工业集中区新兴路2号
6	AAA级	创通环保集团有限公司	2005	宜兴市和桥镇鹅洲西路104号
7	AAA级	江苏苏南饲料有限公司	2005	宜兴市和桥镇永兴村
8	AAA级	凌志环保股份有限公司	2005	宜兴市和桥镇南新东路
9	AAA级	江苏洪流环保机械有限公司	2005	宜兴市和桥镇创业园
10	AAA级	宜兴市海蓝净化设备有限公司	2006	宜兴市和桥镇南新人民北路32号
11	AAA级	宜兴市宜州化学制品有限公司	2006	宜兴市和桥镇北庄村
12	AAA级	宜兴市广瀚无损检测材料有限公司	2006	宜兴市和桥镇朝阳路
13	AAA级	宜兴市和润油脂有限公司	2006	宜兴市和桥镇劳动街85号
14	AAA级	宜兴市和桥市政工程公司	2006	宜兴市和桥镇闸家村南新公路北
15	AAA级	无锡鲸鱼喷泉设备有限公司	2006	宜兴市和桥镇育中村
16	AAA级	宜兴市天马环保工程有限公司	2006	宜兴市和桥镇中巷村
17	AAA级	宜兴市宜轻机械有限公司	2005	宜兴市和桥镇兴业居委永昌路135号
18	AAA级	宜兴市净化设备制造公司	2007	宜兴市和桥镇南新东路6号

续表 20－1

序号	级　别	企业名称	命名年份	企业地址
19	AAA 级	宜兴市太平洋集装箱配件有限公司	2007	宜兴市和桥镇闸口楝树港
20	AAA 级	宜兴市众诚环境工程有限公司	2007	宜兴市和桥镇和桥创业园
21	AAA 级	宜兴市鑫昌织造有限公司	2007	宜兴市和桥镇石路村
22	AAA 级	宜兴美达环保工程有限公司	2007	宜兴市和桥镇南新东路 1 号
23	AAA 级	江苏新力科技实业有限公司	2007	宜兴市和桥镇永兴村
24	AAA 级	宜兴市天安环保设备有限公司	2007	宜兴市和桥镇王母桥村
25	AAA 级	江苏瑞盛水处理有限公司	2008	宜兴市和桥镇南新人民南路 1 号
26	AAA 级	江苏三机环保工程设备有限公司	2008	宜兴市和桥镇中巷村工业集中区
27	AAA 级	宜兴市宏成建筑安装工程有限公司	2008	宜兴市和桥镇鹅洲东路北首
28	AAA 级	宜兴市同里非金属设备有限公司	2008	宜兴市和桥镇同里村
29	AAA 级	宜兴市磁通探伤材料有限公司	2008	宜兴市和桥镇永兴村
30	AAA 级	无锡市环化实验室成套装备有限公司	2008	宜兴市和桥镇高塍路 110 号
31	AAA 级	江苏新澳电力技术有限公司	2009	宜兴市和桥镇北庄村
32	AAA 级	江苏奥斯威无损检测设备有限公司	2009	宜兴市和桥镇永兴村永新路
33	AAA 级	江苏双龙水设备有限公司	2009	宜兴市和桥镇鹅洲南路 79 号
34	AAA 级	宜兴市诚鑫辐射防护器材有限公司	2009	宜兴市和桥镇兴业街 23 号
35	AAA 级	宜兴市得胜环保有限公司	2009	宜兴市和桥镇王母桥村
36	AAA 级	宜兴市伟业玻纤材料有限公司	2010	宜兴市和桥镇楝树港
37	AAA 级	宜兴市富陶金属构件有限公司	2010	宜兴市和桥镇工业集中区兴和路 1 号
38	AAA 级	江苏广益塑业有限公司	2010	宜兴市和桥镇南新西路 3 号
39	AAA 级	宜兴市海洋喷泉设备有限公司	2010	宜兴市和桥镇鹅洲南路
40	AAA 级	宜兴市海天环保有限公司	2010	宜兴市和桥镇鹅洲南路 491 号
41	AAA 级	江苏茂达电磁线有限公司	2010	宜兴市和桥镇闸口村
42	AAA 级	无锡市兆星辐射防护科技有限公司	2010	宜兴市和桥镇永兴村和高公路北侧
43	AAA 级	宜兴市龙海环保填料有限公司	2010	宜兴市和桥镇创业园(西育中村)
44	AAA 级	江苏明洋环保有限公司	2011	宜兴市和桥镇王母桥村
45	AAA 级	宜兴市艺高水处理设备有限公司	2011	宜兴市和桥镇中巷村
46	AAA 级	宜兴市惠兴塑胶有限公司	2011	宜兴市和桥镇永兴村
47	AAA 级	江苏如意环境工程有限公司	2011	宜兴市和桥镇南新东路 20 号
48	AAA 级	宜兴市恒龙塑料制品有限公司	2011	宜兴市和桥钢材市场
49	AAA 级	宜兴市长风集装袋有限公司	2011	宜兴市和桥镇万福村
50	AAA 级	宜兴市顺安达塑业科技有限公司	2011	宜兴市和桥镇楝树港
51	AAA 级	宜兴市大东方实业有限公司	2012	宜兴市和桥镇南新工业西区
52	AAA 级	宜兴市美迪水景工程有限公司	2012	宜兴市和桥镇永兴村

续表 20－1

序号	级 别	企业名称	命名年份	企业地址
53	AAA 级	无锡市佳妮化工有限公司	2012	宜兴市和桥镇西锄村
54	AAA 级	无锡市瀛隆线缆有限公司	2014	宜兴市和桥镇工业集中区
55	AAA 级	宜兴市红光无损探伤检测有限公司	2014	宜兴市和桥镇江南市场口
56	AAA 级	无锡市兴隆船舶有限公司	2014	宜兴市和桥镇棟聚村
57	AAA 级	无锡市普瑞达实验装备有限公司	2014	宜兴市和桥镇轻纺建材装潢市场(永兴村)
58	A 级	江苏百事成防辐射科技有限公司	2006	宜兴市和桥镇教育路 185 号
59	A 级	宜兴市胜达射线防护设备有限公司	2006	宜兴市和桥工业集中区南新东路 18 号
60	A 级	无锡市银星集装袋有限公司	2007	宜兴市和桥镇闸口南路
61	A 级	江苏立业环境科技有限公司	2007	宜兴市和桥镇工业集中区(中巷村)
62	A 级	宜兴太平洋金龙水设备有限公司	2007	宜兴市和桥镇
63	A 级	无锡市滆湖电器五金有限公司	2007	宜兴市和桥西锄工业区
64	A 级	宜兴市夏田化工有限公司	2007	宜兴市和桥镇云中村
65	A 级	宜兴市远大水处理有限公司	2007	宜兴市和桥镇西开发区
66	A 级	宜兴市自动化水工业设备厂	2007	宜兴市和桥镇南新街
67	A 级	宜兴市光明置业有限公司	2007	宜兴市和桥镇和南路东侧
68	A 级	宜兴市填料厂	2007	宜兴市和桥镇南新街
69	A 级	无锡市东昊环能科技有限公司	2007	宜兴市和桥镇得胜路 6 号
70	A 级	宜兴市鑫华顺环保有限公司	2007	宜兴市和桥镇工业集中区振兴北路 8 号
71	A 级	宜兴市新凯耐火材料有限公司	2007	宜兴市和桥镇兴业街
72	A 级	宜兴市绿亚环境工程有限公司	2013	宜兴市和桥镇工业园区

第五节　商标广告管理

一、商标管理

1984 年至 2002 年，和桥镇核准注册商标 97 只(包括南新镇)，1984 年至 2003 年闸口镇 36 只。无锡市雪竹针织有限公司的“雪竹”牌商标，在 1996 年被内贸部评为“质量信誉商品”。1999 年“雪竹”商标被无锡市评为“知名”商标。1997 年至 2002 年，共查处商标侵权案 42 起，经济处罚 20.6 万元，维护了商标注册权益。2003—2015 年，和桥镇又核准注册商标 386 只。

二、广告管理

民国 24 年(1935)，和桥百龄广货店以“百龄机”药品为内容，遍刷广告于周围乡镇墙壁上。民国 32 年，大新、永昌和、宝大祥、大昌四大绸布店曾在《品报》刊登联合广告。民国 35 年，南货业联合大减价广告遍刷和桥地区各乡镇。

新中国成立后，广告工作一度被忽视。1959 年，和桥的商业广告装潢曾进行过检查评议，广告业一度兴起。1978 年，和桥工商所成立后就开始进行商标管理。从 1983 年起，各类广告均由工商部门统一管理。1990 年开始，广告业的管理逐步规范化，按照《中华人民共和国广告法》施行管理，广告业步入法制化轨道。和桥镇，相关企业发布各类广告，经工商部门和市对口行政管理部门审核后均有广告经营资格的单位承制。然后委托相关电视台媒体或户外广告牌对外广告宣传自身企业的形象、产品。

1990—2015年，和桥镇相关企业共发布广告196次。

第六节　市场管理

民国时期，和桥地区（包括南新、闸口）规定摊贩、担贩、车轿、理发等向镇（乡）公所登记，由镇（乡）公所审核发证，并组织管理。民国36年，摊贩需向县警察局登记，仍由镇（乡）公所组织审核、管理。新中国成立后，遵照县人民政府通令，开始禁用金元券，禁止银元买卖。工商办事处动员工商各业开门营业，开设粮市。政府平价抛售粮食，平抑物价，市场物价日趋平稳。工商办事处对市场失准的衡器检查校验，组织工商界人士参加县内的物资交流，实行同业议价，明码标价经营。

图20－1　2015年宜兴市市场监督管理局和桥分局

1954年，加强粮、棉、油集市管理，规定统购统销物资价格。维护控制商品和棉布定量供应的市场秩序，查处违反金融管理、抢购粮食、生猪和买卖布票等违法行为。1957年，集市贸易恢复。1958年，市场管理为“大跃进”服务，集市贸易再次被管死，商品供应紧张，物价上涨。1959年粮食大幅度减产，商品奇缺，基本生活用品糖、烟、酒、火柴、肥皂等均实行凭票供应。同年成立市场管理委员会。1963年，结合社会主义教育运动，整顿集市，清理无证经营。文化大革命期间，和桥成立打击投机倒把办公室。不久被市场管理委员会办公室取代。期间，限止畜、禽、蛋、菜进行市场买卖，对“五匠”（铁匠、木匠、竹匠、泥瓦匠、裁缝）等严格管理，农忙一律不准外出做工，对批准外出的也必须交钱记工。当时提出“宁要社会主义的草，不要资本主义的苗”“堵死资本主义的路，迈开社会主义的步”等极左口号，市场管理受到严重冲击。中共十一届三中全会以后，市场管理工作逐步纳入正轨。1979年，贯彻“管而不死，活而不乱”的方针，规定集体生产的粮、油外，允许个人粮、油进入集市贸易。个体户可以进行小商品贩运活动，价格浮动。1983年，国营、集体、个人均可进入集市购销，农副产品也可长途贩运。1985年，开始在集贸市场开展以创“三优”为内容的文明市场活动。1986年和桥建造了新的农贸市场，实用面积达2000平方米，彻底改变了沿街设摊的状况。同时，对集贸市场内的价格进行指导性管理。1990年后，工商部门开始对市场秩序、卫生、亮证经营、服务态度为内容的规范化管理，重点开展打击假冒伪劣、欺行霸市、无证经营活动。1995年，和桥镇评选出全市首批无假冒商品商店3家，并颁发了铜牌。1998年下半年，工商管理部门配合当地政府，加强对私商粮贩的打击，共查处私商粮贩案件32起，没收非法收购粮食6.4万千克。1999年，和桥工商分局推行“健全市场规划，加强市场管理，实施分组巡查和进场管理相结合的管理模式，改变农贸市场、专业市场单一的管理状况，明确规范市场主体准入，监管市场一切经营行为，发挥“发展、服务、执法、监管”职能，建设开放、公平、公正的市场经济新秩序。2000年起，市场开展“万人百日执法打假联合行动”，坚持日常巡查和专项整治相结合的管理机制。2001年，工商管理部门清查各类专业市场，实行市场“管”“办”脱钩，做到人员、财务、业务、名称四脱钩；人员、财务、物业、机构四分离，实行驻场、收费管理。同年，工商管理部门对农资、食品、食盐、成品油、地条钢、医用氧气、汽车配件等物品组织专项检查。2002年，工商管理机构贯彻国务院关于整顿和规范市场经济秩序精神，加大对开证经营取缔处罚力度，对陈化粮、农资、成品油、瘦肉精、无证经营等，开展专项整治。同时，进一步强化流通领域由工商行政管理部门负责监督职能。2003年，农贸市场使用“速测灵”检测仪，保证蔬菜等食品的安全供应；配合当地政府检查生猪定点屠宰工作，严把市场准入关。2004年，工商管理部门坚持一手抓服务与发展，一手抓整顿市场经济秩序，结合节假日，检查超市、商场、市场237户，检测农产品126批次。2005年，以食品安全为重点，在农贸市场、商场、超市及行政村建立“315”消费维权联络站和商品质量信号监督联络站，实施商品质量准入片区负责制、商品质量准入检查提示制、商品准入星级挂牌管理制。2006—2007年，建立食品市场、超市进货索证索票制度和基层食杂商店进货台帐制度。2008年，个体工商户免缴集贸市场管理费。2009年，食品安全快速测控从传统的农药测定扩大到甲醛、硝酸盐、双氧水、甲醇、重金属、瘦肉精等30多个测检项目。食品类别扩大到农副产品、水产品、豆制品、肉、蛋、炒货、粮食制品、调味品、南北货、蜜饯等。同时，检查农药、化肥、种子、饲料及添加剂供应的企业11家。2010年后，商场、超市、农贸市场改变单一面向境内招商的束缚，积极吸收外来资金、社会资金和外来从业人员进场经营。同时，为营造整洁、卫生、有序的市场经营环境，镇政府加大市场设施建设。2013年，投入1155万元，按商场化要求对镇农贸市场进行“农改超”，重点改造给水系统、排水系统、照明系统、监控系统、冷鲜柜等，使其成为宜兴市最大的室内农贸市场。2008—2014年，和桥市场管理信息网络建设已趋完善，有关现场价格、现场质量等检测的情况能迅速上传。和桥农贸市场多次被宜兴、无锡市政府评为先进市场、放心消费市场。2015年3月后，市场管理由和桥镇政府主管，投入的资金，监管的力度，服务的质量，又有新的提升。

2015年，工业集中区的道路

2015 年，从空中鸟瞰吴冠中故居

2015 年的顺渎河

第二十一章　政党　政务

光绪三十四年(1908),和桥镇地方自治研究会创设。宣统元年(1909),和桥镇筹备自治公所,设镇董、地保各1人。民国初年(1912),和桥镇改称市,由程荫南任市董,另设地保1人,还设有地方公办的保安会。民国15年初夏,史汉清接受国民党省党部派遣,在和桥化城寺组建全县第一个国民党区分部。翌年,中国共产党领导的和桥农民协会随之成立。民国18年,和桥市改称和桥镇,由程镒年任镇长。民国23年,和桥镇公所实施保甲制。民国29年3月至翌年8月,中共领导的太滆工委、新四军独立二团等组织先后在闸口老街(邵氏宗祠)成立。民国35—38年,李寿彭、马德培、葛天明、钱青远等先后担任和桥镇长。1949年10月,和桥镇人民政府、南新乡人民政府、闸口乡人民政府分别成立。1952年11月,中共和桥镇、新民乡、闸口乡党支部分别建立。1954年11月,中共和桥镇委员会成立。同时和桥镇设人民代表大会。1956年2月,新民乡人民政府建立。1957年,中共新民乡、闸口乡、南新乡党的委员会分别建立。1958年,和桥成立太滆人民公社。1959年,上级恢复和桥镇建制。同时,太滆人民公社被撤销;新民、南新,闸口同时建立人民公社,四个单位的党政建制也同时恢复。1960年2月,和桥镇与新民公社合并成为和桥公社。1961年3月,和桥镇与和桥公社党政建制分开。1986年,和桥镇与和桥乡合并。2000年6月与2004年2月,和桥镇分别与南新镇、闸口镇合并,新的中共和桥镇委员会、和桥镇人民政府也随之建立。

第一节　中国共产党基层组织

一、民国时期中共党组织在和桥的活动

民国15(1926)年,和桥就有中国共产党派遣的党员开展地下活动。是年冬,先后在鹅山小学、作人小学任教的共产党员罗独青(又名罗青),在和桥组织农民和店员成立农民别动队。队长由罗独青担任,队员有10多人。别动队在和桥割断电线、锯倒电杆,设置水陆障碍、扰乱军阀后方。翌年,和桥农民协会成立。在国民党军阀大肆搜捕共产党人的白色恐怖下,一些共产党骨干被迫离开宜兴。同年,已经避开军阀追捕的万益、周之鲤到和桥,通知由罗独青代其工作。罗依托和桥,并与史汉清取得联系,继续坚持革命活动。民国16年3月17日,北伐军进入宜兴,由罗独青代表共产党,史汉清代表国民党和北伐军一起举行了光复宜兴的入城式。

民国16年11月1日,宜兴农民秋收暴动爆发。共产党员莫子卿(养初小学教师)率领和桥农协会会员参加。此日中午11时左右,暴动农民军截获由溧阳来宜班轮,三十名武装人员乘其中一艘赶到和桥,与镇上准备好的农协会队伍会合,缴获和桥商团枪械一百支,并立即组织守住通往常州、无锡的水道。11月2日,为避开无锡驻军、水警的反扑,暴动农民军主动向乡村和山区撤退。莫子卿跟随万益等分乘4艘载有枪弹、现洋的船只过东氿时,遭商团、水警百余人袭击,不幸中弹负伤落水,被商团抓获,后在宜兴商团团部门口惨遭杀害。民国19年10月初,中共江南省委派遣外县工作委员会秘书刘晓到

和桥向在和桥的宜兴县委同志，传达省委关于停止执行立三冒险错误的暴动计划，活动暂告停止。

民国28年11月，新四军江南指挥部和苏皖区党委决定大力开辟太滆地区。民国29年3月，中共太滆工委在闸口成立。同年，应程维新要求，新四军江南指挥部派张之宜率连排干部8人进入和桥地区，充实、加强和改造程维新部，将程部由抗日义勇军改编为太滆人民抗日义勇军（简称“人抗”）。同年9月，中共太滆工委改建为中共太滆县委，活动中心在闸口。民国30年1月，中共宜兴县委员会下辖的闸口区委、塘渎区委分别成立，区委书记由黄则民和王炎担任。同年3月，闸口区、塘渎区抗日民主政府成立，由汪欣、杨鸣时分别任区长。民国30年，中共路西南特委派徐行（少白）来到闸口区蒋家塘，组织和发动群众开展对敌斗争，并先后发展吴嘉昌（吴成）、吴锡生、蒋泽民、蒋甲生、吴其昌、吴广等10多名积极分子加入中国共产党组织，并成立闸口地区第一个农村党支部——万福蒋家塘党支部，吴广任党支部书记；后来又建立后大潭、白家塘、沈家圩、潘家塘四个党支部，从此，闸口地区的抗日力量迅速增强。11月上旬，县委派徐敏到塘渎区解决减租减息问题。

民国29年初、民国30年4月28日与同年5月4日，谭震林同志曾三次东渡太湖深入到太滆地区的和桥、闸口，分别了解太滆地区的抗日形势，肯定太滆中心县委对程维新的团结、争取工作，宣布苏西、锡南划归太滆地区领导，并向二支队司令部和太滆地区党组织传达中央和华中局指示，宣布中央军委重建新四军的命令，将活动在苏南地区的部队整编为第六师，谭震林任师长，二支队整编为第十六旅，任命六师参谋长罗忠毅为旅长，廖海涛为政委，并合并成立路西南特委，领导机关设在闸口。4月28日，庆祝大会在闸口邵家祠堂前的广场上召开，谭震林同志作重要讲话。5月4日，谭震林、邓振询等第三次来到闸口，会见宜兴地方实力派程维新，对其进行耐心的教育与说服工作。民国30年11月，中共宜兴、武进、太滆、长滆、太湖东岸等地区的领导机关重新组建为太滆特委。民国31年5月，太滆特委改建为太滆地委，领导机关仍设在闸口。同年6月4日，新四军独立二团在史家庄遭日伪军突袭。为突破敌人包围，新四军和日伪军展开激烈战斗，歼敌100余人，自己也遭受严重损失。民国31年3月，程维新采取欺骗手段，托称要将独立二团一营（王渭溪营长）和三营（刘孟根营长）拉到宜兴南部山区整训，结果在蒲墅背叛先前宗旨，投靠国民党，被编为国民党江南行署锡宜武先遣第一纵队。民国31年秋，1.5万名日伪军对茅山、太滆地区开展全面的“清乡”“扫荡”，筑起600余华里长的竹篱笆封锁线，严重阻碍新四军活动和百姓的正常生活。闸口区武工队队长吴其昌奉命组织群众，一夜间便将钟溪、白巷、杨桥一带的竹篱笆拆除后焚烧干净。

民国34年2月，苏浙军区成立，独立二团改编为苏浙军区第二军分区，团长黄光裕、政委林胜国、参谋长王香雄、政治部主任彭茂标，全团1000余人。同年9月，新四军北撤，留守宜北地区的武工队周志泉、周金生等以塘渎地区为立足点，坚持斗争。同时，吴其昌随军北撤，任华中野战军五十三团二营九连连长。翌年春，奉命回家乡，领导扶风、闸口两地人民开展“三抗”（抗租、抗粮、抗债）斗争；镇压了国民党杨桥乡乡长王宜俭，使北辙后一度反顽势力猖獗的闸口地区形势有所好转。

同期，和桥境内的十万余亩芦滩，长期被官庄村的滩主杨迪愚和西施荡滩主谈寿熙霸占。沿湖村庄的农民冒险在半夜三更下湖樵芦，以换取粮食，维持生计，却常常遭到伤害。同年，徐敏与周金生（湖滨村油车头人，民国31年任塘渎区副区长），通过深入群众调查研究，广泛宣传“二五减租”政策，严厉打击“白天减租，晚上补交”的两面派地主，减租政策终于得到落实，推动了全县的减租工作。其间，地下党组织也得到较快发展。如寺西乡成立党支部，湖滨油东头、湖渎桥成立党小组，但时间都不长。民国36年9月的一天，西陈家村农民陈福根划船下湖樵芦时，滩主将船只锯成两段。湖滨村贫农沈盘生也因下湖樵芦，遭到谈寿熙的毒打，还将木船拖上岸,扬言要将沈送官府查办。这一切逼得沿滆湖村民奋起反抗。此时,中共党员储少白(徐行)率领唐宋区武工队来到西施荡,先将沈盘生的木船抬下河,送还给船主。接着,储少白带领胡仁生、吴须勤、吴之光、沈兆云和王熬芳等同志,在塘北村蒋全海家召开武工队骨干和群众代表会议,传达了中共华中分局“七一指示”精神,开展锄奸、“三抗”和“二五减租”斗争,重点布置和开展保卫芦滩斗争。会上成立“镰刀会”,由吴须勤任会长,缪川生任副会长。农历八月二十二日,塘河西和滆湖以东的农民约一千余人,划着二百多条农船,来到黄楝树附近的芦滩上樵芦。这时,和桥区伪政府自卫队队长刘孟根得到消息,亲率其直属中队,连同杨桥乡自卫队共数百人来到该地段,下令用机枪向正在樵芦的群众扫射。此时,“镰刀会”会长吴须勤和副会长缪川生、郭友法等冒着枪林弹雨,指挥群众隐蔽。刘孟根见群众已隐蔽到茫茫芦苇中,就带上几个排的兵力,窜进水满漕、黄楝树等沿湖几个村庄搜查,企图捉拿中共太滆分工委的领导。他们进村后,翻箱倒柜,抢掠物资,并用枪械威逼群众上船,押送宜兴县城。与此同时,我军一突击营营长常喜生带领一个排,与周金生、胡仁生带领的武工队和蔡虎根等带的一个班,在三方四路,直奔黄渎港(归美桥处),追击刘孟根的自卫队。指战员们一路追杀,并高喊“活捉刘孟根”的口号,吓得敌人抱头鼠窜,他们丢下抢来的东西,并把机枪等丢入河中,狼狈逃跑。追赶的群众,纷纷用竹篙将匪敌打入河中。保卫芦滩的战斗,战线南至高塍,东至归美桥,北至五洞桥,面积纵横十余平方公里,约有一百二十个自然村的群众参加,不到三天功夫,将十万余亩芦苇全部樵光,芦滩保卫战取得全面胜利。

民国38年(1949)4月23日,国民党省保安队在和桥镇郊挖壕沟,晚上用煤油焚烧公路大洋桥,妄图阻止解放军南下,作垂死挣扎。中国人民解放军九十二师于4月23日解放漕桥后,派遣二七四团配合二七六团两个营,分东北两路进攻和桥镇。24日凌晨4时左右,三营七连首先突入镇内,与把守在和桥养初小学土墩上的国民党省保安队展开激烈战斗,至上午八时左右,保安队被歼和被俘200余人,和桥解放。

二、新中国成立后的中国共产党基层组织

1. 中共和桥区工作委员会 1949年5月,中共和桥区工作委员会(简称和桥区委)建立,驻地在和桥镇。1956年2月与1957年9月,中共宜兴县委决定两度并区并乡,和桥区委均未变动。1958年3月,和桥区委撤销。9月,实行政社合一,和桥地区建立太滆人民公社。1959年1月,太滆公社撤销,建立和桥片领导小组。1966年1月,片领导小组改称中共和桥区工作委员会,为县委派出机构,所辖范围不变。1966年5月“文化大革命”开始,和桥区委一大批领导干部被批斗。1967年3月起,和桥区委活动被迫停止。1968年9月,和桥区成立革命生产领导小组。1975年7月,区革命生产领导小组撤销,恢复中共和桥区工作委员会。1985年10月,中共和桥区工作委员会撤销,和桥地区巡视组建立。1992年7月28日,地区巡视组撤销,机关在编人员并入和桥镇办公。

1949—1992年和桥区区级党组织机构历任负责人

表21-1

单位名称	职　务	姓　名	任职时间	备　注
中共和桥区委员会	书　记	宋亚欣	1949年5月—1949年8月	—
		黄家训	1950年2月—1953年2月	
		濮家有	1953年3月—1954年4月	

续表21－1

单位名称	职　务	姓　名	任职时间	备　注
中共和桥区委员会	书　记	许麟甲	1956年4月—1956年7月	—
		陈世周	1957年3月—1958年3月	
	副书记	黄家训	1949年5月—1950年2月	
		刘振华	1953年2月—1953年8月	
		南仕伦	1954年4月—1956年5月	
		方永春	1954年12月—1956年5月	
		许麟甲	1956年2月—1956年4月	
		戴进	1956年5月—1957年9月	
		谢根清	1956年5月—1957年9月	
		王美珠	1957年3月—1958年3月	
中共太滆公社委员会	第一书记	袁　俊	1958年9月—1959年1月	—
	第二书记	鲍恩阁	1958年9月—1959年1月	
	副书记	戴　进	1958年9月—1959年1月	
		谢根清	1958年9月—1959年1月	
		蒋纪元	1958年9月—1959年1月	
		郑祥根	1958年9月—1959年1月	
		汤富雄	1958年9月—1959年1月	
	书　记	袁俊(兼)	1959年5月—1961年2月	
		宋儒林	1961年2月—1963年4月	
		周大同	1963年4月—1966年1月	
	副书记	郭钦玉	1959年5月—1961年2月	
		孙　明	1959年5月—1959年9月	
		张常福	1962年10月—1963年4月	
		周大同	1961年2月—1962年7月	
		张雨山	1963年7月—1966年6月	
中共和桥区工作委员会	书　记	缪福林	1966年1月—1967年3月	—
		王荫芳	1975年7月—1977年10月	
		周锡明	1977年10月—1981年10月	
		韩松法	1981年10月—1985年10月	
	副书记	张雨山	1966年1月—1966年6月	
		韩松法	1975年7月—1981年10月	

2. 中共和桥镇委员会　新中国成立初期，和桥为区属镇。1951 年，邵焕清任和桥镇政治指导员。1952 年，中共和桥镇支部委员会建立，邵焕清任支部书记。同年，办公地点曾设在东横街程维新家。

1954 年 10 月，和桥划为县属镇。1954 年 11 月，中共和桥镇委员会成立，第一任党委书记司宗美。办公地点设在吴德泉粮行。1956 年搬到当房（原五金皮件厂），1958 年搬到城隍庙（原和桥医院）。第二届党委书记为王美珠。1958 年 9 月，和桥地区建立太滆人民公社，和桥镇保留县属镇，和桥镇党委保留。10 月，镇建制撤销，和桥镇划归太滆人民公社。1959 年 1 月，太滆人民公社撤销，分设和桥、高塍、屺亭、闸口四个公社；和桥镇属和桥公社。5 月，撤销和桥公社，分设为新民、南新公社。和桥镇恢复原党政建制并单独办公。1960 年 2 月，和桥镇与新民公社合并，改称和桥公社。1961 年 9 月，和桥公社又分为和桥镇与和桥公社。同时，党委机构也从城隍庙迁至吴则先住宅（1964 年又迁至劳动街史家老宅）。1963 年 6 月，中共和桥镇第四次代表大会召开，选举新一届镇党委和监委班子，由陈阿庆担任中共和桥镇委书记。1966 年 2 月，中共和桥镇第五次代表大会召开，选举新的一届镇党委和监委班子，镇委书记仍由陈阿庆担任。“文化大革命”期间，和桥各级党组织受到冲击，被迫停止工作，革命生产均有镇武装部负责。1970 年 9 月，中共和桥镇第六次代表大会召开，选出新的镇党委，镇委书记由王乐担任。1984 年 10 月，中共和桥镇第七次代表大会召开，选举和桥镇第七届党的委员会，党委书记由沈瑞荣担任。

1986 年 6 月，和桥镇、和桥乡合并，新的中共和桥镇委员会建立，党委机关迁入西横街 29 号（原和桥乡党委办公所在地）办公。乡镇合并后，中共代表大会届次按原和桥镇党的代表大会届次顺延。1987 年 9 月，中共和桥镇第八届代表大会召开。2000 年 6 月至 2004 年 2 月，南新镇、闸口镇并入和桥镇后，中共和桥镇第十二届党代表大会、第十三届党代表大会分别召开。至 2015 年，中共和桥镇总计召开了十四届（次）党（员）代表大会，共选出 22 任中共和桥镇党委书记（含初建时的党支部书记）。

图 21－1　2015 年 12 月，中共和桥镇第十四届代表大会第七次会议召开

中共和桥镇第八—第十四届代表大会情况

表 21－2　　单位：人

届次	召开日期	代表人数	会议议程	选举结果	
				党委委员	纪委委员
八	1987 年 9 月 25 日—26 日	131	1、听取并审议姜建初代表镇党委作的工作报告 2、选取产生中共和桥镇第八届委员会和新的一届纪委	11	3
九	1990 年 3 月 28—29 日	123	1、听取并审议顾建农代表镇党委作的工作报告 2、听取并审议白海昌代表镇纪委作的工作报告 3、选举产生中共和桥镇第九届委员会和新的一届纪委	11	3

续表 21－2　　单位:人

届次	召开日期	代表人数	会议议程	选举结果	
				党委委员	纪委委员
十	1994 年 9 月 28—29 日	148	1、听取并审议杨长春代表镇党委作的工作报告 2、听取并审议裴志伦代表镇纪委作的工作报告 3、选举产生中共和桥镇第十届委员会和新的一届纪委	10	5
十一	1998 年 11 月 27 日	138	1、听取并审议金新华代表镇党委作的工作报告 2、听取并审议唐志忠代表镇纪委作的工作报告 3、选举产生中共和桥镇第十一届委员会和新的一届纪委	11	5
十二	2001 年 11 月 16 日	158	1、听取并审议程同德代表镇党委作的工作报告 2、听取并审议唐志忠代表镇纪委作的工作报告 3、选举产生中共和桥镇第十二届委员会和新的一届纪委	13	5
十三	2004 年 11 月 25 日	96	1、听取和审议苏锡林代表镇党委作的工作报告 2、听取和审议刘国强代表镇纪委作的工作报告 3、选举党委委员 13 人,纪委委员 5 人	13	5
十四	2011 年 3 月 16 日	104	1、听取和审议方力代表镇党委作的工作报告 2、听取和审议俞军代表镇纪委作的工作报告 3、选举新一届党委委员 8 人,纪委委员 5 人	8	5

中共和桥镇委员会历任书记、副书记

表 21－3

单位名称	职　务	姓　名	任职时间
中共和桥镇支委会	书　记	司宗美	1954 年 11 月—1958 年 3 月
		王美珠	1958 年 3 月—1958 年 10 月
中共和桥镇委员会	第二书记	张凤山	1959 年 9 月—1958 年 10 月
	副书记	司宗美	1958 年 3 月—1958 年 10 月
	第一书记	刘俊阳	1960 年 3 月—1960 年 5 月
		徐巧根	1960 年 5 月—1960 年 9 月
		许伯俊	1960 年 9 月—1961 年 9 月
	第二书记	王伯能	1960 年 3 月—1960 年 5 月
		徐巧根	1960 年 9 月—1961 年 9 月
	第三书记	陈阿庆	1960 年 4 月—1961 年 9 月
	书　记	孙　明	1959 年 5 月—1959 年 9 月
		王伯能	1959 年 9 月—1960 年 3 月
		陈阿庆	1962 年 7 月—1967 年 3 月
	副书记	王伯能	1959 年 5 月—1959 年 9 月
		徐亚夫	1960 年 7 月—1965 年 10 月
		王荫芳	1960 年 7 月—1961 年 9 月
		虞祖余	1963 年 10 月—1967 年 3 月

续表 21－3

单位名称	职　务	姓　名	任职时间
	书　记	王　乐	1970 年 9 月—1973 年 1 月
		巢凤翥	1973 年 1 月—1974 年 2 月
		周　群	1975 年 7 月—1978 年 12 月
		沈瑞荣	1983 年 8 月—1986 年 7 月
	副书记	朱克森	1970 年 9 月—1972 年 6 月
		吉才如	1970 年 9 月—1975 年 7 月
		周　群	1973 年 4 月—1975 年 7 月
		李平华	1975 年 7 月—1978 年 11 月
		栾荣生	1977 年 5 月—1982 年 11 月
		张凤山	1980 年 1 月—1983.08(主持工作)
	书　记	姜建初	1986 年 7 月—1989 年 7 月
		顾建农	1989 年 7 月—1992 年 6 月
		杨长春	1992 年 6 月—1997 年 10 月
		金新华	1997 年 10 月—2000 年 6 月
		周中平	2000 年 6 月—2001 年 10 月
		程同德	2001 年 10 月—2004 年 2 月
		苏锡林	2004 年 2 月—2009 年 10 月
		方　力	2009 年 10 月—2011 年 5 月
		潘　峰	2011 年 5 月—2014 年 6 月
		史中武	2014 年 7 月—
	副书记	孙维纵	1986 年 7 月—1992 年 6 月
		周仲明	1986 年 7 月—1988 年 8 月
		吴其华	1988 年 8 月—1993 年 2 月
		邵孟春	1988 年 8 月—1990 年 1 月
		周仲民	1990 年 1 月—1994 年 2 月
		唐宁彪	1993 年 2 月—1994 年 9 月
		陈良富	1994 年 2 月—1998 年 10 月
		董汉康	1994 年 12 月—1995 年 12 月
		金新华	1995 年 12 月—1997 年 10 月
		王杏南	1995 年 12 月—1998 年 10 月
		沈建红	1998 年 10 月—1999 年 12 月
		程　骏	1998 年 10 月—2000 年 6 月
		杨跃飞	1999 年 12 月—2002 年 12 月
		徐海友	1999 年 12 月—2002 年 11 月
		裴志伦	2002 年 11 月—2004 年 10 月
		王旻明	2002 年 1 月—2002 年 11 月
		夏曙希	2000 年 6 月—2002 年 1 月
		戴金禾	2000 年 6 月—2001 年 10 月

续表 21－3

单位名称	职　务	姓　名	任职时间
	副书记	马才军	2004 年 5 月—2006 年 10 月
		陈　平	2004 年 2 月—2006 年 10 月
		王穗村	2004 年 10 月—2011 年 3 月
		史中武	2010 年 7 月—2014 年 6 月
		张文伟	2011 年 3 月—
		周俊鹏	2013 年 8 月—2015 年 7 月(挂职)
		殷其敏	2014 年 7 月—
		刘志英	2013 年 8 月—2014 年 10 月(挂职)
		许云峰	2012 年 8 月—2013 年 9 月(挂职)
		吴功德	2014 年 10 月—2015 年 9 月(挂职)

2015 年中共和桥镇第十四届委员会组成人员

表 21－4

姓　名	职　务	性别	出生年月	文化程度	籍贯	工作时间	入党时间
史中武	党委书记	男	1968 年 8 月	本科	江苏宜兴	1988 年 8 月	1992 年 6 月
殷其敏	副书记、镇长	男	1966 年 12 月	本科	江苏宜兴	1989 年 8 月	1995 年 6 月
张文伟	党委副书记	男	1970 年 7 月	本科	江苏宜兴	1991 年 8 月	1991 年 6 月
吴振业	纪委书记	男	1982 年 12 月	在职研究生	江苏宜兴	2005 年 8 月	2004 年 6 月
王煜东	组织委员	男	1978 年 1 月	本科	江苏宜兴	1997 年 8 月	2008 年 6 月
张　强	宣传委员	男	1963 年 5 月	大专	江苏宜兴	1983 年 7 月	1984 年 12 月
徐　敏	统战委员	男	1979 年 4 月	本科	江苏宜兴	1999 年 8 月	2004 年 11 月
朱　政	政法委员	男	1978 年 12 月	本科	江苏宜兴	2001 年 11 月	2005 年 6 月
方伟政	武装部长	男	1971 年 7 月	大专	江苏宜兴	1990 年 12 月	1993 年 8 月

附：中共和桥镇委员会部门设置和历任负责人

和桥镇与和桥乡合并前，党委下属设组织、宣传、纪检委员、党校 5 个职能部门。1988 年上半年，增设统战科。1995 年 10 月，和桥镇监察室成立。1999 年 7 月统战科、党校并入宣传科。至 2015 年，党委有关机关部门的历任负责人为：党政办公室为吴分明、陆再芳、钱亦平、程同祖、谈伟、程晓菁、范燕慧、王月明、周正贤、蒋小芬、洪晓辉、张伟、邱平、毕薇；组织科为薛洪福、吴分明、张树根、张锡妹、江海良、杨乃岩、朱建华、谈伟、李国华、陈俊杰、王煜东；宣传科为陈才良、朱斌培（兼）、邵孟春、陈良富、陆再芳、张树根、沈晓红、陈建荣、张强；统战科为陆尧大（副）、汤如江、沈晓红（兼）、尹叶芳、朱瑜、徐敏；纪律检查委员为史占林、白海昌、钱志大、裴志伦、唐志中、刘国强、吴振业；监察室为刘国强、谈舟平、王月明；镇党校专职副校长为史引民、王月明、周建书、吴占平、吴建刚、袁建新、沈慧英。

3. 中共和桥乡（新民乡、公社）委员会　1956 年 2 月新民乡建立。1957 年 9 月成立中共新民乡委员会，第一任党委书记蒋纪元。1959 年 1 月，太滆人民公社撤销，和桥公社建立。同年 5 月，和桥公社撤销，新民、南新公社建立。1960 年 2 月，和桥镇与新民公社合并，改称和桥公社。1961 年 9 月，和桥镇与新民公社又分开，新民公社改称和桥公社。“文化大革命”期间，中共和桥公社党委同样受到冲击，被迫停止工作，革命生产均由武装部负责。1968

年，和桥公社革命委员会建立，中共和桥公社委员会的领导一度时间被削弱。1983 年 12 月，中共和桥公社委员会、大队党支部分别改称中共和桥乡委员会和村党支部。1986 年 6 月，和桥乡与和桥镇合并，实行镇管村体制，撤销中共和桥乡委员会。中共和桥乡（公社、包括新民乡、公社）共召开过九届（次）党（员）代表大会。

中共和桥乡、新民乡（公社）委员会历任书记、副书记

表 21－5

单位名称	职　务	姓　名	任职时间	备注
中公新民乡委员会	书　记	蒋纪元	1957 年 9 月—1958 年 9 月	1958 年 10 月—1959 年 1 月，新民乡并入太滆公社；1959 年 1—5 月，和桥公社为和桥镇、新民公社合并时间；1959 年 5 月，和桥镇从和桥公社分开时，和桥公社更名为新民公社；1959 年 2 月—1961 年 8 月，新民公社与和桥镇合并，改称和桥公社。1961 年 9 月和桥镇、和桥公社又分开
	副书记	汤法祥	1957 年 9 月—1958 年 9 月	
中共和桥公社委员会（含新民公社）	第一书记	孙　明	1959 年 1 月—1959 年 5 月	
		刘俊阳	1960 年 2 月—1960 年 5 月	
		徐巧根	1960 年 5 月—1960 年 5 月	
		许伯俊	1960 年 9 月—1961 年 9 月	
	第二书记	陈世周	1959 年 5 月—1959 年 5 月	
		王伯能	1960 年 3 月—1960 年 5 月	
		徐巧根	1960 年 9 月—1961 年 9 月	
	第三书记	陈阿庆	1960 年 4 月—1961 年 9 月	
	书　记	刘俊阳	1959 年 5 月—1960 年 2 月	
		徐巧根	1961 年 9 月—1962 年 7 月	
		钱文江	1962 年 7 月—1966 年 2 月	
		周焕华	1966 年 2 月—1967 年 3 月	
	副书记	蒋纪元	1959 年 1 月—1959 年 5 月	
		汤法祥	1959 年 1 月—1960 年 5 月	
		虞弼仁	1959 年 5 月—1960 年 1 月	
		张保生	1960 年 3 月—1961 年 9 月	
		钱文江	1960 年 7 月—1962 年 7 月	
		徐亚夫	1960 年 7 月—1961 年 7 月	
		王荫芳	1960 年 7 月—1961 年 9 月	
		张凤山	1961 年 9 月—1965 年 3 月	
		沈瑞荣	1962 年 7 月—1963 年 10 月	
		蒋纪元	1965 年 4 月—1967 年 3 月	
		钟兆良	1966 年 2 月—1967 年 3 月	
中共和桥乡（公社）委员会	书　记	徐根福	1971 年 2 月—1974 年 1 月	
		杨发龙	1974 年 2 月—1977 年 8 月	
		柴玉龙	1977 年 8 月—1982 年 12 月	
		杨亚君	1983 年 3 月—1985 年 3 月	
		姜建初	1985 年 3 月—1986 年 6 月	

续表 21－5

单位名称	职　务	姓　名	任职时间	备注
	副书记	钟兆良	1971 年 2 月—1974 年 10 月	
		张凤清	1975 年 4 月—1974 年 10 月	
		刘孝山	1975 年 4 月—1977 年 8 月	
		褚云娣	1975 年 7 月—1978 年 11 月	
		李平华	1978 年 11 月—1983 年 5 月	
		周杏南	1979 年 4 月—1979 年 4 月	
		钱　宁	1981 年 12 月—1983 年 3 月	
		杨亚君	1982 年 6 月—1983 年 3 月	
		周伯良	1983 年 1 月—1985 年 3 月	
		李锡林	1985 年 3 月—1986 年 6 月	
		吴其华	1985 年 3 月—1986 年 6 月	

4. 中共南新镇(乡、公社)委员会　1956 年 11 月,中共南新乡委员会成立,并召开第一次党员代表大会,选举汤富雄为党委书记。1959 年 1 月,调整行政区划,撤销太滆公社,南新划归和桥公社。1959 年 5 月,调整建制,南新从和桥划出,成立南新人民公社,并召开第二次党员代表大会,选举李言让为党委书记。1963 年 3 月,中共南新公社第三次代表大会召开,选举倪桂模为党委书记,虞祖裕为副书记。1966 年 2 月,中共南新公社第四次党代会召开,选举欧希文任党委书记。1968 年,南新公社革命委员会建立,中共南新公社委员会的领导一度时间被削弱。1973 年 3 月,中共南新公社第五次代表大会召开,选举张保生任党委书记、刘新华与黄雨林为党委副书记。1978 年 11 月,中共南新公社第六次代表大会召开,选举杨嘉明任党委书记,选举江盘根、张孟骏、黄雨林任党委副书记。1983 年 1 月,中共南新公社第七届代表大会第一次会议召开,选举周洪庚任党委书记。1985 年 3 月,中共南新乡七届三次代表会议召开,选举顾建农为党委书记。1987 年 4 月,中共南新乡第八届党代会第一次会议召开,选举顾建农为党委书记,选举白柏南、周伯良为党委副书记。1989 年 7 月,中共南新乡第八届代表大会第三次会议召开,选举庄建民为党委书记、夏阿宝为纪委委员。1990 年 3 月,中共南新乡第九届代表大会第一次会议召开,选举庄建明为党委书记,选举吴良才与周伯良为党委副书记、夏阿宝为纪委委员。1994 年 9 月,中共南新乡第十届代表大会第一次会议召开,选举吴良才为党委书记、何国强与邵伯坤为党委副书记、夏阿宝为纪委书记。1998 年 11 月,中共南新镇第十一届代表大会第一次会议召开,选举何国强为党委书记、周斌与戴金禾为党委副书记、徐洪林为纪委书记。1999 年 4 月,中共南新镇第十四届代表大会第一次会议召开,选举何国强为书记,选举周斌与戴金禾为副书记、徐洪林为纪委书记。2000 年 6 月,中共南新镇并入和桥镇。

附:中共南新镇(乡、公社)党委下属部门历任负责人

党政办公室为杨晓根、顾建农、何国强、朱建华、陈建荣、周正贤;党委组织委员为庄汝庆、朱儒根、杨明祥、顾伯南、何国强、徐小平、朱建华;党委宣传委员为陈海林、潘光大、芦奕宝、李双喜、顾孟春、王逸平、朱瑛;纪律检查委员为夏阿宝、邵伯坤、徐洪林;统战工作由宣传委员兼称为宣统委员;党校专职副校长为裴登科、邓孟生。

中共南新镇(乡、公社)委员会历任书记、副书记

表21－6

单位名称	职　　务	姓　　名	任职时间	备注
中共南新乡委员会	书 一 记	汤富雄	1957年9月—1958年9月	—
	副书记	吴松年	1957年9月—1958年9月	
中共南新镇(公社、乡)委员会	第一书记	方永春	1960年9月—1961年9月	—
	第二书记	戴　进	1960年9月—1961年9月	—
	书　　记	李言让	1959年5月—1959年9月	—
		戴　进	1959年9月—1960年9月	—
		倪桂模	1961年9月—1963年10月	—
		欧希文	1963.10—1967年3月	—
		钱长法	1971年7月—1972年6月	—
		张保生	1972年6月—1975年5月	—
		杨嘉明	1976年3月—1981年4月	—
		张孟骏	1981年9月—1982年6月	—
		周洪庚	1982年6月—1985年3月	—
		顾建农	1985年3月—1989年7月	—
		庄建明	1987年7月—1991年1月	—
		吴良才	1991年1月—1995年12月	—
		何国强	1995年12月—1999年12月	—
		周　斌	1999年12月—2000年6月	—
	副书记	蒋纪元	1959年5月—1962年7月	—
		吴须勤	1959年5月—1961年4月	—
		徐富生	1960年3月—1962年7月	—
		庄舒清	1960年3月—1962年7月	—
		钟蔚衡	1961年9月—1962年7月	—
		虞祖裕	1963年4月—1963年10月	—
		刘新华	1971年7月—1976年7月	—
		黄雨林	1971年10月—1983年1月	—
		柴玉龙	1975年5月—1977年8月	—
		张孟骏	1975年5月—1981年9月	—
		江盘根	1977年8月—1982年10月	—
		周洪庚	1981年12月—1982年6月	—
		王金芳	1982年10月—1985年4月	—
		顾建农	1984年1月—1985年3月	—
		周伯良	1985年3月—1992年6月	—

续表 21－6

单位名称	职　　务	姓　　名	任职时间	备注
	副书记	白柏南	1987 年 3 月—1990 年 1 月	—
		吴良才	1990 年 3 月—1991 年 1 月	—
		张爱国	1991 年 1 月—1992 年 6 月	—
		张知难	1992 年 6 月—1993 年 4 月	—
		何国强	1992 年 6 月—1995 年 12 月	—
		邵伯坤	1993 年 10 月—1997 年 2 月	—
		赵才华	1995 年 12 月—1998 年 10 月	—
		徐小平	1995 年 12 月—1997 年 10 月	—
		周　斌	1998 年 2 月—1999 年 12 月	—
		夏曙希	1999 年 12 月—2000 年 6 月	—
		戴金禾	1998 年 3 月—2000 年 6 月	—

5. 中共闸口乡(公社、镇)委员会　1949 年 10 月,闸口地区建有闸口乡、杨桥乡、归美乡、楝树乡。1956 年 2 月,区划调整,并区并乡,归美乡并入楝树乡,杨桥乡并入闸口乡。1957 年 9 月,楝树乡并入闸口乡,建立中共闸口乡委员会。第一任党委书记谢根清。1958 年 9 月,闸口乡并入太滆人民公社。1959 年 1 月,太滆公社撤销,中共闸口公社委员会建立。1968 年,闸口公社革命委员会建立,中共闸口公社委员会的领导一度时间被削弱。1983 年 12 月,中共闸口公社委员会、大队党支部分别改称中共闸口乡委员会与村党支部。2004 年 2 月,中共闸口镇委员会并入和桥镇。

附:闸口镇(乡、公社)党委下属部门历任负责人

党政办公室为李富生、吴兰芳(兼)、吴茂祥(兼)、陆中华、周仕健、缪孟泉、陶小卫、沈惠英;党委组织委员为潘宝兴、周仕健、缪孟泉、许夕强、李国华;党委宣传委员为潘汉光、张勋南、杭新南、尹益中、邵福君、汪炳荣、张强;纪律检查委员为鲍海林、徐洪林;统战工作由宣传委员兼称为宣统委员;党校专职副校长为缪其芳、吴建刚。

中共闸口乡(镇)第一—十五届党员代表大会情况

表 21－7　　单位:人

届　次	召开日期	代表人数	议程及选举结果	选举结果	
				党委委员	监委(纪委)委员
一届	1960 年 3 月	不详	1、听取和审议谢根清代表党委所作的工作报告 2、选举首届监委成员。	7	7
二届	1963 年月 4 月 10 日	不详	1、听取和审议党委工作报告 2、听取和审议监委工作报告 3、选新一届党委和监委成员	7	5

续表 21－7 单位：人

届次	召开日期	代表人数	议程及选举结果	选举结果	
				党委委员	监委（纪委）委员
三次	1966 年 2 月 18 日	45	1、听取和审议党委和监委工作报告 2、选举新一届党委委员和监委委员成员，选举刘永年为党委书记、郭仲龙为副书记	7	5
四次	1971 年 4 月 15 日	57	1、听取和审议党委工作报告 2、听取和审议监委工作报告 3、选举刘永年为党委书记、杨伯荣为副书记	9	5
五次	1973 年 4 月	79	1、听取和审议党委、监委工作报告 2、选举杨伯荣为党委书记、吴须勤为副书记、潘宝兴为监委副书记	9	5
六次	1975 年 8 月	81	1、听取和审议党委和监委工作报告 2、选举张风清为党委书记，吴须勤、曹爱根为副书记、潘宝兴为监委副书记	11	5
七届	1978 年 10 月	81	1、听取和审议党委和监委的工作报告 2、选举张风清为党委书记、吴须勤、曹爱根为副书记，内设纪律检查委员，由组织委员兼	11	5
八届一次	1982 年 11 月	78	1、听取和审议党委和纪委工作报告 2、选举吴富生为党委书记、曹爱根为副书记 3、选举潘宝兴兼纪委委员	11	5
八届二次	1983 年 12 月	78	1、听取党委和纪委工作报告 2、增选陆晓华、杨解云为为党委副书记	12	5
九届一次	1984 年 7 月	69	1、听取和审议党委和纪委工作报告 2、选举陆晓华为党委书记、杭新南为副书记	11	5
九届二次	1985 年 8 月	69	1、听取和审议党委和纪委工作报告 2、增选钱志大为副书记 3、选举出席中共宜兴市第六次代表大会代表	11	5
九届三次	1986 年 8 月	69	选举贺君南、杨明祥为党委副书记	11	5
十届 一次 二次	1986 年 12 月 1988 年 12 月	71 71	1、听取和审议党委和纪委工作报告 2、选举贺君南为党委书记 选举出席中共宜兴市第七次代表大会代表	11	5
十一届一次	1990 年 1 月	73	1、听取和审议党委和纪委工作报告 2、选举马和生为党委书记	11	5
十一届二次	1991 年 1 月	73	1、选举马和生为党委书记、丁盘生为副书记 2、选举出席中共宜兴市第八次代表大会代表	11	5

续表21－7　　单位：人

届　次	召开日期	代表人数	议程及选举结果	选举结果	
				党委委员	监委（纪委）委员
十一届三次	1992年6月	73	1、听取和审议党委和纪委工作报告 2、选举丁盘生为党委书记、周仕健、邵孟春为副书记	11	5
十二届	1993年6月	73	1、听取和审议党委和纪委工作报告 2、选举张知难为党委书记、周仕健、蒋乃平为副书记、鲍海林为纪委委员	11	5
十三届	1995年10月	69	1、听取和审议党委、纪委工作报告 2、选举张知难为党委书记、汤卫平、周仕健为副书记、鲍海林为纪委委员	12	5
十四届一次	1998年3月	71	1、听取和审议党委、纪委工作报告 2、选举夏勤元为党委书记、汤浩方、周仕健为副书记、鲍海林为纪委书记	12	3
十四届二次	1999年3月	71	听取和审议党委、纪委工作报告	12	3
十五届一次	2000年7月	61	1、听取和审议党委、纪委工作报告 2、选举夏勤元为党委书记、张国民、邵伯坤、陈平为副书记、鲍海林为纪委书记	11	3
十五届二次	2002年4月	61	增选徐洪林为纪委书记	11	5

中共闸口乡（镇）委员会历任书记、副书记

表21－8

单位名称	职　务	姓　名	任职时间
中共闸口乡委员会	书　记	谢根清	1957年9月—1958年9月
	副书记	戴泉昌	1957年9月—1958年9月
中共闸口公社委员会	书　记	谢根清	1959年1月—1964年3月
		沈仲华	1964年3月—1965年9月
		刘永年	1965年10月—1967年3月
		刘永年	1971年5月—1972年10月
		杨伯荣	1972年10月—1975.08
	副书记	杨发龙	1959年1月—1961年9月
		王遗生	1959年1月—1965年9月
		潘宝兴	1960年3月—1963年3月
		姜仁金	1960年7月—1961年9月
		周伯生	1963年4月—1964年5月

续表 21－8

单位名称	职 务	姓 名	任职时间
中共闸口公社委员会	副书记	郭仲龙	1965 年 4 月—1967 年 3 月
		杨伯荣	1971 年 5 月—1972 年 10 月
		吴须勤	1972 年 7 月—1976 年 10 月
		曹爱根	1974 年 2 月—1976 年 10 月
		张凤清	1975 年 8 月—1976 年 10 月(主持工作)
中共闸口乡(公社)委员会	书 记	张凤清	1977 年 8 月—1982 年 10 月
		吴富生	1982 年 10 月—1984 年 12 月
		陆晓华	1984 年 12 月—1986 年 12 月
		贺君南	1986 年 12 月—1990 年 1 月
		马和生	1990 年 1 月—1992 年 6 月
		丁盘生	1992 年 6 月—1993 年 3 月
		张知难	1993 年 3 月—1998 年 10 月
	副书记	吴须勤	1976 年 10 月—1982 年 7 月
		曹爱根	1976 年 10 月—1984 年 7 月
		张凤清	1976 年 10 月—1977 年 8 月
		杨解云	1983 年 10 月—1985 年 6 月
		陆晓华	1984 年 7 月—1984 年 12 月
		杭新南	1984 年 12 月—1986 年 12 月
		钱志大	1985 年 9 月—1987 年 10 月
		贺君南	1986 年 7 月—1986 年 12 月
		杨明祥	1986 年 12 月—1990 年 12 月
		丁盘生	1991 年 1 月—1992 年 4 月
		周仕健	1992 年 11 月—2000 年 5 月
		邵孟春	1992 年 6 月—1993 年 10 月
		蒋乃平	1993 年 10 月—1995 年 4 月
		汤卫平	1995 年 5 月—1998 年 10 月
中共闸口镇委员会	书 记	夏勤元	1998 年 10 月—2004 年 2 月
	副书记	汤浩方	1998 年 3 月—2002 年 1 月
		张国民	2000 年 6 月—2002 年 11 月
		邵伯坤	2001 年 10 月—2004 年 2 月
		陈 平	2002 年 11 月—2004 年 2 月

三、党务活动

1. 思想建设

党课教育 1954 年，和桥境内的镇、乡党委建立后，坚持每月上一次党课制度，有时集中上课，有时分支部上课。主要内容为中国共产党的基本知识、历史路线和方针政策。1958 年党员流动较大，党课教育处于停顿状态,1961 年起逐步恢复。1979 年后,各支部先后建立了“三会一课”(即支委会、支部会、小组会和党课)制度。1989 年起,各乡、镇党委根据中央部署,坚持以学习邓小平理论、走中国特色社会主义道路为党课主题教育活动。2001 年起,各乡、镇党委在全体党员中普遍开展以“三个代表”重要思想的党课主题教育。2008 年起,和桥镇党委在全体党员中分批开展深入学习实践科学发展观活动的党课主题教育。2013 年起,和桥镇党委围绕党的群众路线教育实践活动,开展“三严三实”“两学一做”主题党课教育,按照立党为公、执政为民的要求,紧密联系改革发展稳定工作实际和党员队伍建设现状,引导广大党员学习贯彻党章,坚定理想信念,坚持党的宗旨,增强党的观念,发扬优良传统,认真解决党员和党的基层组织在思想、组织、作风以及工作方面存在的突出问题,促进影响本地区本部门本单位改革发展稳定、涉及群众切身利益的实际问题的解决,不断增强党员队伍和党组织的创造力、凝聚力、战斗力,为实现全面建设小康社会、实现中华民族伟大复兴的宏伟目标提供坚强的政治保证和组织保证。

党员培训 1957 年,和桥境内的党组织,已经建立党员短期轮训制度,组织党员学习中共“八大”文件精神和新党章。1961—1963 年,各党委分期举办短训班,学习党的基本知识和群众路线等内容。1971—1976 年,党员干部的培训教育由“五七”干校承担。1978 年起,和桥境内各党委每年都举办党员冬训班,时间一般为 3 ~ 5 天,党员受训率为 90% 以上。1984 年,和桥镇、和桥乡、南新乡、闸口乡党校相继建立。各乡镇党校利用建立的固定场所,定期集中组织支部书记、企业厂长经理、党员骨干、后备干部、预备党员及建党积极分子以及群团组织负责人等,学习党章及有关政治思想基础理论。1986—1999 年,和桥、南新、闸口三乡镇党校,共举办各类培训班 300 多期,培训党员干部 15000 多人次。2000—20015 年,党校每年分五个层次举办培训班(即镇机关人员、党员干部、村企领导、后备干部、建党积极分子),培训党员达 90% 以上。至 2015 年,和桥镇党员培训主要依靠党校与冬训;在培训内容上,做到年年有主题,期期有特色。

干部教育 1953 年,乡镇干部重点学习《中国共产党的三十年》、中共在过渡时期的总路线。1955 年 10 月,坚持每天早上学习 1 小时制度,后改为 3 天碰头学习制。1957 年 10 月,干部理论学习暂停。1960 年,恢复正常学习制度,主要是学习时事政治和有关人民公社的各项政策条例。1964 年学习《毛泽东选集》和《中共中央关于目前农村工作中若干问题的决定(草案)》以及“工业学大庆”“农业学大寨”等内容,规定每星期三为固定学习日。“文化大革命”期间,干部实行早晨“天天读”。1982 年起,重点学习《关于建国以来党的若干历史问题的决议》、“十二大”文件、《邓小平文选》等。1990 年,中共和桥、南新、闸口乡(镇)党委成立中心学习小组。制订学习计划,规定学习内容,列出必读书目,要求平时以自学为主,每月一次集中学习。1997 年起,规定双周星期六上午为机关干部学习日制度,后来范围扩大至农村党支部书记、企业厂长经理等。每遇学习日,党委就邀请外地专家教授和本地有关部门负责人围绕“三讲”(讲学习、讲政治、讲正气)、知识经济、法律法规、国防知识、反腐倡廉等内容作专题讲座,配以电化教育,并进行必要的书面考试。1998 年起,针对基层少数党员负责人存在党性观念淡化、进取精神减退、工作作风飘浮、干群关系疏远等问题,每年召开一次领导干部作风建设会议。中共十四大后,党的干部教育主要是按照中共中央要求开展的几次重大学教活动,历次都比普通党员先行一步。在学习“三个代表”重要思想过程中,党委一班人多次集中听领导和专家的辅导报告,密切联系工作实际,带头开展批评与自我批评,全面达到“三讲”的要求;在学习保持共产党员先进性教育与学习科学发展观的教育活动中,党委成员多次集中学习,全面认识党和国家所处的环境,提出“崇文崇德、和善和美”的和桥精神,认真应对国内外各种风险考验,在发展中国特色社会主义的历史进程中始终成为坚强的领导核心，努力实现“党员干部受教育、科学发展上水平、人民群众得实惠”这一学教目标。中共十八大后，党员干部，特别是和桥镇党委成员，认真学习习近平总书记系列重要讲话精神，按照党中央的部署，以贯彻落实中央八项规定精神为切入点，带头“照镜子、正衣冠、洗洗澡、治治病”，带头解决形式主义、官僚主义、享乐主义和奢靡之风，把“三严三实”作为自己的修身之道、为政之道、成事之要，推进社会主义核心价值观的践行，发挥正能量，推动“创新、协调、绿色、开放、共享”五大发展理念的实施，把“和桥精神”真正落到实处。

2. 组织建设

基层组织 镇、乡建立党委后，一些村（含高级农业合作社）、企事业单位分别建立了党支部或联合支部。1958 年 9 月实现公社化后，以生产大队建立党总支，生产队建立党支部。1959 年后，随着公社、生产大队范围的逐渐缩小，党支部一般在生产大队建立。1983 年 12 月恢复乡、村建制后，党支部以村建立。1986 年 6 月，和桥镇与和桥乡合并实行镇管村新体制后，全镇共有党支部 80 个、党小组 142 个、党员 1212 名。此后，在党员较多的部门、企业、村，开始建立党总支。1986 年 9 月，和桥镇机关党总支建立。1988 年 8 月，染织厂、纺织厂党总支建立，但上述两个党总支存在时间都较短，在下一届换届时分别撤销。1993 年 9 月，和桥商业分局党总支建立。1994 年 5 月，和桥轻工机械厂党总支建立。1999 年 7 月，和桥镇永兴村党总支建立。至 2015 年末，中共和桥镇党委下辖 14 个党总支、125 个党支部、有党员 4612 名（其中预备党员 71 名，女共产党员 896 名）。

1959—2015 年和桥镇各村党支部沿革、党支部（总支）书记任职情况

表 21－9

党（总）支部名称	合并前党支部名称	历任书记	合并时间及党（总）支部书记任职情况	2015 年党总支部书记	备注
大生村党总支委员会	前谢村党支部	周浩均、邱明大、刘金大、夏新山、周川大、褚小云、褚锡生、黄小荣、谈惠中、周建平	2000 年 3 月三村党支部合并为大生村党总支，书记为王东明、樊平平	樊平平	党员 111 名
	金盆村党支部	顾生大、沈洪年、史庆荣、曹孟荣、夏正欣、余金林、郭根法			
	苗桥村党支部	刁清培、刁银如、孙 华、杨定荣、王东明			
北庄村党总支委员会	高楼村党支部	褚浩生、欧荣华、欧锡坤、周建南、孙岳良、周建南、周三军	2000 年 2 月，高楼、土墩两村党支部合并为和兴村党支部，书记周三军；2001 年 2 月，北庄村党支部与和兴村党支部合并为北庄村党支部，书记路竹青；同时，石路村党支部、和建村党支部合并为石路村党支	—	党员 181 名
	土墩村党支部	吕虎大、孙桂云、全永林、刘小明、徐加其			
	石路村党支部	吴盘朝、周其大、李金林、殷福华、周锡林、李海大、周 涛			

续表21－9

党(总)支部名称	合并前党支部名称	历任书记	合并时间及党(总)支部书记任职情况	2015年党总支部书记	备注
	和建村党支部	许杏大、吴企荣、张孟大、颜　俊、邵洪生、许祖年	，书记许祖年；2006年3月，石路村党支部和北庄村党支部合并建立北庄村党总支，书记路竹青	路竹青	—
	北庄村党支部	路金海、路金芳、蒋顺虎、陈福大、周志强、路竹青			
同里村党总支委员会	大同村党支部	岑盘松、杨盘清、杨卓春、欧定法、蒋法明、杨卓强、杨建刚	2000年2月，大同村党支部与文里村党支部合并为同里村党支部，书记王惠中；2000年2月，聚贤村党支部与柏树村党支部合并为百贤村党支部，书记蒋小芳；2005年3月，同里村党支部与百贤村党支部合并为同里村党总支，书记为蒋小芳、胡爱平	胡爱平	党员145名
	文里村党支部	宗锡根、王惠中、虞汉文、宗国良、王惠中、胡爱平			
	聚贤村党支部	褚炳生、蒋茂法、蒋浩听、张祖余、褚炳生、蒋汉大、蒋国兴、王洪方、刘国强、岑洪春			
	柏树村党支部	陈永林、韦志远、邓红华、蒋顺成、沈瑞中、韦均汝、蒋全庚、孙金南、韦亚文、蒋小芳			
永兴村党总支委员会	上俸村党支部	丁茂林、丁香初、韦茂祥(副)、韦盘祥、孙听生、丁硕宏、卢林军	2000年2月，上俸村党支部、中心村党支部合并为站前村党支部，书记卢林军；2001年2月，和桥村党支部、闻家村党支部合并为和桥村党支部，书记闻裕良；2005年3月，站前村党支部并入永兴村党支部，书记洪德明；2006年3月，和桥村党支部、永兴村党支部合并建立永兴村党总支，书记洪德明；2007年10月，吴建良任书记	吴建良	党员160名 1981年新建村改名为和桥村。
	中心村党支部	董浩清、曹荣培、丁士荣、吴汉明、丁海南、马顺培、谈舟平、欧伟民、吴希平(副)			
	和桥村党支部	张永德(副)、徐大洪、张瑞娟、张志岳、吴庆怀(副)、吴秋云(副)、赵生荣、邵志军、徐小根、徐 斌			
	闻家村党支部	尹志培、许顺华、吴永泉、陈小凤、吴顺中、吴兰大、周汝生、吴荣海、闻裕良			
	永兴村党支部	吴遗根、周岳大、陈志华、曹荣培、路玉如、许晓初、王荣华、马余生、张法明、杨冰祥、洪德明、吴建良			
湖滨村党总支委员会	湖滨村党支部	邵盘中、谈盘龙、周岳大(副)、邵洪法、谈盘龙、许祖法、周玉珠、周盘洪、沈孟金、邵年生	—	孙惠军	党员77名
	金家村党支部	王春浩、丁竹林、华三大、金华大、戴小勤、王幼安、金焕明、徐国良	—	—	—

续表 21－9

党(总)支部名称	合并前党支部名称	历任书记	合并时间及党(总)支部书记任职情况	2015年党总支部书记	备注
西锄村党总支委员会	滆南村党支部	邵永时、赵福康、姜根宝、吕浩元、吕小林、路国其、吕浩元、吕小林、陈建荣(兼)	2000年2月,金家村党支部与滆南村党支部合并为金滆南村党支部,书记为徐国良;2001年2月,南新村党支部并入西锄村村党支部,书记吴协南;2005年3月,金滆南村党支部、西锄村党支部合并建成西锄村党总支,书记吴协南	吴协南	党员 216名 1957年,万丰、黄家行政村并入西锄村。历任村党支部书记王富根、刘崔宝
	南新村党支部	刘崔宝、刘央根、周焕清、刘长根、刘洪庆、周泽平			
	西锄村党支部	黄雨林、吴汝根、吴协南			
北新村党总支委员会	北新村党支部	吴金山、王裕宝、张孝林、吴良才、朱法根、唐亚生、刘小保、陈云南、赵建强、杨裕国	2005年3月,两村党支部合并为北新村党总支,书记为杨裕国	杨裕国	党员 130名
	民胜村党支部	张林根、陈根荣、杨伯民、郭裕芳、徐汉生、李洪高			
中巷村党总支委员会	西中村党支部	张盘西、周林生、沈金娟、沈小洪、宋金根、沈锐华、邵新华、夏龙华、沈锐华	2000年2月,西中村党支部、育中村党支部合并为西育中村党支部,书记邵乃其;2000年2月,水中村党支部、云阳村党支部合并为云中村党支部,书记赵新益;2005年3月,西育中村党支部、云中村党支部合并建立中巷村党总支,书记邵乃其	邵乃其	党员 175名
	育中村党支部	周孟大、顾建农、裴登科、邵乃其			
	云阳村党支部	邵金荣、曹顺民、吴兆玉、顾福真、顾孟春、吴兆玉、慕建明			
	中巷村党支部	孙允和、杨耀松、孙允和、罗金大、芦奕宝、罗全金、夏生如、卢洪坤、褚选生、余焕君			
	水中村党支部	杨耀松、赵福康、杨耀松、钟洪昌、赵才华、秦国桢、赵才其、赵新益			
王母桥村党总支委员会	王母村党支部	齐德根、闵春洪、沈洪山、闵春成、周中良、周平、陶小中	2001年2月,王母村党支部、兴桥村党支部合并为王母桥村党支部,书记陶小中;2005年2月,水产村党支部、王母桥村党支部合并建成王母桥村党总支,书记陶小中	陶小中	党员 131名
	兴桥村党支部	许龙根、蒋顺松、曹云庆、杨凤珍、曹云庆、孙敖芳、吴来生、蒋锡彬			
	水产村党支部	张建新、朱顺法、印德进、姚金华、李国芳			

续表 21－9

党(总)支部名称	合并前党支部名称	历任书记	合并时间及党(总)支部书记任职情况	2015 年党总支部书记	备注
闸口村党总支委员会	新安村党支部	蒋孚大、尹杏如、吕书生、王三江、浦伯传	2002 年 2 月，新安村党支部、五圩村党支部合并为新圩村党支部，书记陈金元、邵其新；2001 年 3 月，沙滩村党支部、闸口村党支部合并为闸口村党支部，书记邵建新；2003 年 3 月，分别村党支部并入闸口村党支部，书记邵建新；2005 年 3 月陆圩村党支部、闸口村党支部合并建立闸口村党总支，书记陆军	陆军	党员 201 名
	五圩村党支部	陈保大、包细大、何菊生、刘金根、沈玉英、赵承楚、周其大、白苟大、钱新牛、沈国平、周福民、万国年、陈金元			
	闸口村党支部	陈狗大、陈孝金、吴年根、孙兆中、邵建新			
	沙滩村党支部	秦训大、邓槐银、陈宝贤、刘海林、陈忠贤、秦道明、陈品伟(代)、吴国金			
	分别村党支部	王根大、张国华、唐新大、唐金海、张强(兼)、周林书、王海平			
	陆圩村党支部	陆仁裕、陆开及、陆兴义、陆光耀、李介东、王惠云、陆前进、胡露根、陆顺明、陆 军			
北渠村党总支委员会	南阳村党支部	徐汉生、高国民、金锡坤、薛荣生、金小明	2000 年 2 月，南阳村党支部、港北村党支部合并为港南村党支部，书记唐干达；2001 年 3 月，黄土村党支部并入北渠村党支部，书记王锡南；2005 年 3 月，港南村党支部、北渠村党支部合并建成北渠村党总支，书记王锡南、邵其新	邵其新	党员 175 名
	港北村党支部	王长生、孙盘林、李全方、唐干达			
	黄土村党支部	汪书林、沈仲勋、吴杏南、鲍海林(兼)、朱瑛(兼)、徐国华			
	北渠村党支部	徐宝根、陈尊南、吴宜民、邓宝龙、缪孟大、王锡南、邵其新			
钟溪村党总支委员会	钟溪村党支部	吴全海、王祥斌、汤建中、吴助农、何中达	2002 年 2 月，钟溪村党支部、三庄村党支部合并为钟溪村党支部，书记何中达；2005 年 3 月，何家村党支部、钟溪村党支部合并建成钟溪村党总支，书记何志中	何志中	党员 131 名
	三庄村党支部	邵茂山、邵永棠、王荣法、陈卫昌、邵达平、徐达新(兼)、尹建安(兼)、何国民			
	何家村党支部	马根生、何菊生、邵乾大、杭尧南、吴俊恒、何志中			
福巷桥村党总支委员会	杨桥村党支部	周梅生、周福生、王洪大、孙更大、郝志英、周健明、许文金、叶士平	2000 年 3 月，杨桥村党支部、缪墅村党支部合并为杨桥村党支部，书记蒋才中；2005 年 3 月，	—	党员 201 名
	缪墅村党支部	许坤海、蒋汉生、沈保根、蒋伯华、周建新、蒋才中			

续表 21－9

党(总)支部名称	合并前党支部名称	历任书记	合并时间及党(总)支部书记任职情况	2015年党总支部书记	备注
	万福村党支部	邵静山、潘伯洪、何孟根、邵伯勋、缪孟全(兼)、邵淦君、邵林松、潘松年、邵建良	杨桥村党支部、万福村党支部、白巷村党支部合并建成福巷桥村党总支，书记陈夕明	陈夕明	—
	白巷村党支部	张更生、姜仁金、白永根、许全洪、徐岳元、许怀根、陈夕明			
楝聚村党总支委员会	归美村党支部	朱勤大、缪庆龙、曹效法	2000年2月，水产村党支部、归美村党支部合并为归美村党支部，书记曹效法；2003年3月，归美村党支部并入楝树村党支部，书记缪汉中；2005年3月，聚龙村党支部、楝树村党支部合并建立楝聚村党总支，书记缪汉中、张惠渊、缪禄明	缪禄明	党员175名
	水产村党支部	马林祥、徐焕华			
	聚龙村党支部	王锦生、张仲明、徐瑞银、徐焕华、徐法明、张卫权、徐达新、徐祝平			
	楝树村党支部	马根生、殷盘林、张连生、缪中明、缪银南、缪中明、缪永才、缪汉中、张惠渊、陈俊杰(兼)、缪禄明			

党员管理　1979年，对党员在“文革大革命”期间及新中国成立以来的历史冤、假、错案进行全面清理，落实政策，复查案件197份，平反纠错121人。1989年后，和桥境内各党委对党员进行活动记录制度，确保每个党员都能参加党支部的活动，并确定每季度召开一次党建工作例会，增强党委成员党建工作责任性，定期与挂钩党支部及村企干部联系，了解掌握每个党员的政治思想和组织活动情况。各党委对村、企事业单位建立的党小组定期指导，帮助党小组开展好活动，增强党组织的号召力。1998年起，各党委在党员中普遍开展争先创优活动，大力表彰各条战线涌现的优秀共产党员和先进事迹。南新、闸口两镇与和桥镇合并后，和桥镇党委组织部门用较长的一段时间，认真仔细核对每个党员的入党申请书，继续完善党员档案信息。2008年后，和桥镇党委积极核对每个党员的经济收入，用党中央组织部门新制定的党费收缴标准，要求每个党员积极按时缴足党费。至2015年，和桥镇每一位党员都能正常参加组织活动，没有一个党员脱离组织管理和组织教育。

发展党员　1949—1956年，各党委发展党员的重点在农村，结合农业生产运动和农业互助合作化运动，选择历史清白、对党忠诚、经过斗争考验和思想觉悟较高的农村干部，运动中的骨干，妇女中的积极分子优先入党。1957—1963年，党员发展重点为贫下中农、工人、营业员以及党员少或没有党员的企业车间、学校医院、财贸单位中的先进分子。“文化大革命”期间，党的发展工作基本停顿。1979年后，党组织发展党员的重点为优秀知识分子、企业骨干和一线职工、有文化的青年农民，并注重发展女党员。改革开放以后，发展党员的重点放在对社会有贡献且又红又专的青年人才方面。2015年，和桥镇发展党员53名，其中有大专文化以上的39名，占发展总数的74%。

1986—2015年和桥镇党组织情况

表21－10　　单位：人

年度	党支部数	党小组数	党员		年龄						入党时间					文化						发展数
			总数	其中女	25岁以下	26岁至35岁	36岁至45岁	46岁至55岁	56岁至60岁	61岁以上	1949年9月以前	1949年10月至1966年4月	1966年5月至1976年10月	1976年11月至1992年10月	1992年10月以后	大专以上	中专	高中	初中	小学	文盲	
1986	80	142	1212	84	55	241	387	289	113	127	18	423	437	334	—	40	57	188	477	440	10	45
1987	84	150	1284	89	57	270	431	275	117	134	12	341	431	500	—	44	80	216	511	427	6	55
1988	84	150	1320	105	50	243	473	269	122	163	10	400	431	479	—	52	101	215	549	386	17	37
1989	86	150	1327	113	30	231	475	271	133	187	8	391	425	503	—	53	102	220	558	377	17	26
1990	88	150	1373	116	26	232	483	289	141	202	8	388	419	558	—	57	109	242	537	378	14	34
1991	93	156	1398	116	31	225	481	293	141	227	8	386	409	595	—	58	109	260	583	375	13	28
1992	96	170	1418	116	26	211	487	299	151	244	8	379	413	618	—	61	102	264	614	365	12	26
1993	97	171	1463	122	22	212	478	346	136	269	8	379	411	665	—	69	114	276	632	360	12	29
1994	98	173	1509	129	20	212	466	393	119	299	9	378	409	513	200	77	126	289	647	358	12	31
1995	98	171	1577	136	25	221	453	439	119	320	8	375	411	516	267	93	139	314	665	354	12	44
1996	98	174	1645	147	28	235	453	460	123	346	8	372	417	516	332	106	149	345	678	355	12	55
1997	95	176	1650	149	34	251	424	469	129	352	8	358	393	514	377	119	155	353	687	326	10	50
1998	88	172	1666	161	42	225	408	493	136	362	7	353	380	501	425	149	139	356	695	318	9	40
1999	94	81	1727	183	50	219	419	536	145	358	6	334	414	601	372	233	175	383	664	364	8	42
2000	133	235	2629	251	81	320	610	862	228	528	8	465	601	889	664	282	216	597	1057	462	14	54
2001	115	206	2712	265	79	321	612	818	273	606	9	457	607	900	734	246	230	624	1079	458	13	64
2002	121	223	2777	248	68	325	611	803	323	647	9	455	605	900	806	328	237	634	1112	452	13	58
2009	141	—	4176	604	194	453	746	811	616	1356	8	486	778	2164	740	744	365	949	1059	636	423	79
2010	141	—	4294	676	212	494	720	818	601	1449	7	476	773	2146	1289	841	380	962	1435	633	—	77
2011	141	—	4407	737	228	533	699	832	571	1544	7	455	766	2136	1590	937	402	980	1043	627	488	78
2012	141	—	4482	804	246	574	694	803	547	1618	6	415	750	2117	1894	1031	416	984	1024	616	411	77
2013	139	—	4562	851	321	536	686	815	494	1710	6	401	744	1948	1312	1104	427	994	1026	604	407	78
2014	139	—	4612	896	349	523	690	847	410	1793	5	383	730	1931	1415	1880	433	990	1004	603	402	59
2015	139	—	4672	943	418	486	692	907	409	1760	4	361	720	2064	1523	1269	433	986	1549	435	—	53

2007—2015年和桥镇党员发展情况

表21－11 单位：人

年份	发展数	其中		文化程度				
		男	女	大专以上	中专	高中	初中	小学
合计	650	434	216	321	83	117	129	—
2007	70	53	17	23	11	17	19	—
2008	79	59	20	34	6	15	24	—
2009	79	57	22	36	10	16	17	—
2010	77	53	24	31	8	19	19	—
2011	78	59	19	39	14	14	11	—
2012	77	30	47	38	10	15	14	—
2013	78	53	25	43	11	12	12	—
2014	59	40	19	38	6	7	8	—
2015	53	30	23	39	7	2	5	—

2015年和桥镇居委、机关、企事业单位党支部书记及党员统计

表21－12 单位：人

支部名称	书记	党员数	支部名称	书记	党员数	支部名称	书记	党员数
南新居委	徐瑞芬	30	邮政支局	张志鹏	11	粮管所	方建伟	11
劳动居委	闵建芬	90	电信支局	冯开生	18	粮库	沈建军	12
生建居委	钱锡明	67	高级中学	姚伟荣	55	和桥米厂	徐勤荣	6
兴业居委	李　辉	62	职业中专	姚小新	37	润丰粮油厂	陶益民	14
海棠居委	邵其新	14	和桥二中	徐惠君	38	饲料厂	花建新	19
机关一	王煜东	25	和桥实小	丁伯忠	38	农贸市管办	缪永军	15
机关二	张忠平	32	和桥二小	王　强	32	商业总公司	何红星	30
机关三	范凌云	31	南新小学	邵南翔	12	创业园	余光明（副）	12
机关四	凌红军	40	和桥医院	吴俊东	47	五交化公司	李全洪	12
机关五	邱　平	32	社卫中心	施息军（副）	17	供销社	陈海鹰	30
城建口	曹忠清	33	镇老干部	韩松法	52	天佑开发公司	路　明	12
镇工会	刘国强	7	镇兽医站	范凌云	24	市建分公司	王焕全	17
派出所	潘　敏	49	消防中队	徐建朝	10	建安公司	邵志军	16
国税分局	宗静涛	38	多联公司	沈达生	13	恒力公司	蒋进良	9
工商分局	朱云飞	26	执法中队	周　毅	19	装潢市场	汪晓华	28
交管所	徐建兵	24	广电站	洪　平	17	新龙鼎	王晓东	16
房管所	尹　伟	15	闸口个协	董　良	14	波尔威	徐盘坤	13
水利农机站	杨晓强	33	闸口粮管所	周明华	6	轻机厂	费昕泉	54
港区	钮志刚	16	闸口小学	唐小克	18	耐电厂	王新伦	17
镇容管理办	许　磊	37	医药公司	杨跃（副）	10	粉冶厂	王逸伦	16

续表 21 - 12

支部名称	书记	党员数	支部名称	书记	党员数	支部名称	书记	党员数
晶科公司	欧士民	15	华顺电渗析	金秋燕	9	一洲木业	何学军	4
汽配厂	梁仁达	31	东方丝绵厂	周志中	7	八达电工	张志平	6
焊条厂	邵春富	10	一电实业	于　戎	5	荷花湾水产	吴协南	2
和盛轻纺厂	韦君汝(副)	9	新和电子	吴达南	11	胜强纺织	王伟强	4
保温厂	徐海根	24	镇渔场	王祥贤	20	宜州化学制品	戴鸿鸣	5
芳华纺织	王志平	4	威尼特	陆　浩	17	华源纺织	董胜华	11
中长丝织厂	陈孟斌	14	长江稀土	邵　杰	26	事成织物	李　奎	5
染整制线厂	王金元	18	化工厂	周仕良	5	瑞盛水处理	季亦强	6
华达公司	胡剑明	24	闸口农机厂	钱德兴	3	富陶金属构件	沈利民	3
汽修厂	蒋俊鹏	11	勤业包装厂	吴建明	9	长风集装袋	庄晓峰	8
三化厂	王兵(副)	8	江南钙塑厂	周　军	4	新力科技	刘晓明	5
振华环保厂	曹夕明	8	茂达公司	陈小元	14	美达环保	周建中	8
雪竹公司	钱巧兰(副)	6	长江耐火厂	项新惠	2	天力环保	朱剑芬	5
得胜集团	周为贤	19	晟源制品	王春利	13	荣烽塑彩	刘志荣	7
富陶集团	沈锐华	38	长江化纤厂	缪志祥	6	康宜防腐	王建明	4
狮王木业	褚建培(副)	4	星光塑料厂	杨云伟	5	博威科技	余国峰	6
赛峰电源	梅仲君	24	太平洋配件厂	邵　慧	34	润禾纺织	褚科兵	5
海蓝净化	梅仲君	15	闸口建筑公司	蒋小南	6	惠兴塑胶	李洪君	3
环球厂	钱平平	22	荣诚环境	张伟荣	14	熙友磁电	沈梦叶(副)	3
第二针织厂	余亚辉	11	天逸置业	许逸兴	7	海德节能	朱安生	3
鲸鱼喷泉	徐法坤	16	宇盛建筑公司	蒋细红	14	和桥个协	张永年	4
纺织助剂厂	余君辉	6	凌志环保	凌建明	18	—	—	—

3. 作风建设

纪律建设 1963 年上半年，和桥镇党委整顿党组织，整顿改选了 3 个支部，处理党员干部 7 人。从 1964 年 3 月起，根据中央工作会议制定的《关于农村社会主义教育运动中一些具体政策的规定（草案）》（简称“后十条”），按县委统一部署，和桥区内各党委开展面上“四清”运动，即清政治、清经济、清思想、清组织，直到“文化大革命”开始才停止。由于上级党组织对自身的思想、组织状况作了不切实际的估计，致使这次整党最终成为“文化大革命”的预演。“文化大革命”前期，党的活动基本停止。1970—1971 年，根据“九大”路线，进行“开门整党”“群众评议党员”“上挂下联”“吐故纳新”。通过整党，和桥镇、南新、闸口公社等党委及其各党支部，都恢复建立，党员也恢复了组织生活。1986 年，根据党中央十二届二中全会通过的《中共中央关于整党的决定》提出的“统一思想、整顿作风、加强纪律、纯洁组织”的要求，和桥境内各级党组织整党按党性教育、民主生活、党员登记三个阶段进行，重点把党组织的领导班子整顿好，着重解决党员干部摆脱极左思想的束缚。第一批于 1986 年上半年，镇、乡机关党员参与。第二批从 7 月 22 日至 9 月 17 日，参与的有镇（乡）办企业、县驻镇单位、县属基层企事业单位党组织，共 54 个党支部，609 名党员（其中预备党员27名)。第三批从11月21日至1987年1月20日,参与的有农村19个党支部、409名党员(其中预备党员26名)。第二、第三批整党应登记党员965名,给予登记959名,缓登一年1名,受党纪处分4名,整党期间病故党员1名。

1986年7月,和桥区域内各乡、镇纪委成立。自纪委成立后,一年一度的党风建设检查,就成为一项重要制度。1989年,各乡、镇纪委首次对镇内党政干部、农村支部书记安装住宅电话,配置通讯工具进行专项清理检查。1991年7月至9月,和桥区各乡、镇纪委在党员中开展普及党纪基础知识教育活动,参学率达92.9%。共上党课179场次,举办广播宣传9次,放映教育录像片17场次。1992年9月,和桥镇纪委在北庄村举办纪检工作如何为经济建设服务的专题研讨会。1994年,和桥镇纪委制订镇纪检监察信访工作六项制度。1997年,乡镇纪委第二次对镇内党政干部、农村支部书记安装住宅电话,配置通讯工具专项清理检查。1998年8月,各乡、镇纪委在干部家属中开展争当"廉内助"活动。1999年上半年,各乡、镇纪委开展以"三讲"为核心的党性党风教育,先后组织党员观看《谁来监督腐败厂长》《黑脸——姜瑞峰》等录像片。当年,首次对新提拔的支部书记、厂长、经理实行谈话诫勉。1987年后,各乡、镇纪委先后就赌博、党员干部建私房、两公开一监督、婚丧喜庆操办、干部借宕公款、公款钓鱼等问题作出纪律规定,要求对党员干部违纪典型案例,发现一起,查处一起,通报一起。1987—1999年,镇纪委共查处违纪案件47起,处理党员47人,其中开除党籍16人,留党察看9人,撤销党内职务1人,给予党内严重警告15人、党内警告5人、行政警告1人。在受查处的党员中,党员干部33人,一般党员14人。2000—2002年,镇纪委共查处违纪案件18起,处理党员19人。其中,开除党籍6人,留党察看2人,给予党内严重警告9人。2003—2015年,镇纪委共查处违纪案件127起,处理党员127人。其中开除党籍42人,留党察看7人,给予党内严重警告3人、警告75人、劝退除名2人。

民主评议党员 从1989年起,和桥境内各个党委根据市委的统一部署,每两年民主评议党员一次。民主评议党员分三个阶段进行:准备发动、教育评议、处置整改。民主评议过程为学习、总结、自评、互评、支部考核、党委审批。通过民主评议,评出优秀党员、合格党员、不合格党员。对优秀党员进行表彰,对不合格党员核发限改通知书或除名劝退。1989年评出不合格党员22名,其中限改19名,开除1名,劝退2名。至2002年末,共进行了6次评议。2003—2015年,民主评议党员每年进行一次。每次评议中,重点抓好学习教育、自我评价、民主评议(认真填写民主评议党员登记表)、组织考察、表彰和处理等五个环节。同期,中共和桥各乡、镇党委每年都将民主评议出来的优秀共产党员在年终的综合表彰中单独列出;对必须处理的共产党员,有关支部每年将相关材料交于乡、镇纪委,由乡、镇纪委进一步调查核实,提出处理意见,报乡、镇党委批准执行。

4.统战工作 1949—1978年,和桥镇、和桥、南新、闸口(乡、公社)党委尚未设置统一战线工作(简称"统战工作")机构。1979年开始,统战工作由上述党委"宣统委员"(兼)管。同年,按照上级精神,各党委在镇、公社内全面开展复查纠错工作,对在历次政治运动中遭受批判、处理的人士,逐一进行摸底排查,对"右派"全部摘掉帽子,恢复工作和原工资,对受株连的子女落实相关政策;对1958年复评成份时错划的251户,逐户核实、给予纠正;还对"文化大革命"期间及新中国成立以来的历史老案进行全面清理,落实政策,复查案件315份,给予275人平反。

至20世纪末,担任宜兴县(市)政协委员的有朱自道、吴强、苏建军、张月仙(女)、王乃伦、卫年等。21世纪初,和桥镇统战部门对江淦三、唐寿荣、裴克裴3名民主党派人士,以及梁启超(九三学社)、梁春生(民革)、蒋正梅(女、民盟),坚持党的统战要求,与之结成同盟,并鼓励他们为和桥经济发展出谋划策。

2014年11月21日，宜兴市侨联和桥分会成立，全镇33名侨界代表参加会议，并选举产生新一届领导班子，张文伟当选为名誉主席，谈伟光当选为主席，朱瑜、王晓东、黄胜华当选为副主席。2015年，统战部门建立的台账上有和桥籍港澳台同胞、海外侨胞200余人，有13个少数民族的居民128人，有评聘为高级职称的知识分子300余人。至2015年，劳动社区居委曾被评为无锡市统战工作示范区、无锡市民族团结进步示范区；南新社区居委曾被评为无锡市统战工作和民族工作示范区。

第二节　中国国民党基层组织

民国13(1924)年，史汉清(官林义庄人)在天津河北省立工学院学习时，加入由邓颖超等人主持的青年问题研究会，逐步接受革命思想，不久加入社会主义青年团，下半年当选为青年团天津地委候补委员。是年冬，史奉天津团组织之命加入国民党，任国民党天津市党部委员。民国14年6月，史当选为全国学生总会第七届执行委员。史汉清回宜兴后，以彭城中学教师的公开职业，秘密筹建国民党宜兴县党部。史在学校中发展进步教师、学生加入国民党，先后发展8名国民党员。民国15年1月，史汉清受国民党江苏省委的委派，回宜兴筹建国民党县党部。民国15年夏初，和桥建立宜兴县第一个国民党基层组织——国民党和桥化城寺区分部，史汉清任主席。不久，国民党和桥镇区分部和大圣寺分部又相继建立。镇区分部由范乐天负责，大圣寺区分部由吴桢负责。按照国民党党章规定，和桥已有三个国民党区分部，具备了成立区党部的条件。同年下半年，国民党和桥区党部成立，吴桢为区党部常委，即负责人。同时选举吴桢、孟立三、范乐天、何介如、谈几道5名为执行委员、夏文海为候补委员。民国15年冬，国民党严庄区分部成立。民国16年1月，国民党和桥镇南街区分部成立。至此，国民党和桥区党部已有五个分部。同时，北阀军已到浙江吴兴。军阀孙传芳派大军到宜兴，在苏浙边界水陆要道驻防。驻宜兴城的孙军旅部派兵到和桥捉拿国民党负责人。民国16年2月，国民党和桥区党部执委范乐天等四人从周铁沙塘港乘小船过太湖至浙江湖州。由于北阀军已到长兴，他们又赶到长兴，与国民革命军等十四军赖世璜部取得联系，报告孙传芳在宜兴驻军情况，提供宜兴地图一份，并充任北阀军进军宜兴的向导。3月初，北阀军到和桥，分两路向常州和无锡方向挺进。和桥国民党组织也由秘密转向公开，区党部在镇上设区公所。4月，和桥国民党区分部由原来的五个发展到十四个，即：余境、李山渎、楝树港、静堂、钟溪、杨桥、漕桥、万石桥、镇区花神殿、北街、南街、大圣寺、严庄和化城寺区分部。蒋介石发动“四・一二”反革命政变后，接着开始清党。民国17年秋，国民党宜兴县指导委员会派组织部部长胡鉴和、干事张常恺负责和桥区的党员清理与组织重建工作。是年冬，清查结束，和桥镇调整为八个区分部，即：公园、灶神殿、余境、李山渎、楝树港、严庄、大圣寺、静堂区分部。并召开国民党党员大会，成立新的区党部，范乐天、吴桢、夏文海、李寿彭、董旦白五人为执行委员，范乐天任常委。民国20年，国民党和桥区党部下属五个区分部，共有党员106人，执委是丁浩文等5人。民国26年11月，日军占领和桥，国民党区党部活动中断。民国28年秋，设在张渚的国民党宜兴县党部书记潘韵笙委派张常恺负责和桥区国民党党务的重建工作。由于和桥环境复杂，未能开展工作。民国30年6月下旬，汪伪国民党宜兴县党部筹备委员会主任陈世英到和桥筹组直属区分部。1943年3月，和桥建立汪伪区党部。抗日战争胜利后，汪伪区党部自行溃散。抗日战争胜利后的国民党和桥区党部设在和桥区公所内，负责人为范征。1949年4月，和桥解放，国民党在域内停止活动。

第三节　人民代表大会

一、和桥镇人民代表大会

1954—1986年，和桥镇人民代表大会历经九届。第一届人民代表大会于1954年7月举行，选举产生和桥镇人民政府领导机构。第二届人民代表大会于1956年10月举行。第三届人民代表大会于1958年4月1日举行,听取和审议政府工作报告,选举镇长、副镇长和镇人民委员。第四届人民代表大会于1962年召开。第五届人民代表大会于1963年4月15—16日举行,选举镇长、副镇长、镇人民委员、人民陪审员,并选出15人为县五届人民代表大会的代表。第六届人民代表大会于1966年1月31日举行,听取和审议政府工作报告,选举镇长、副镇长和县人大代表。1968年9月,和桥镇革命委员会成立,按上级有关规定,作为第七届政府机构。第八届人民代表大会第一次会议于1981年4月25日举行,听取和审议政府工作报告,选举镇长、副镇长。以后又分别于1982年4月,1983年4月召开了第二次、第三次会议。会议除听取和审议镇政府工作报告外,第二次会议还讨论通过了《关于交通、市容、卫生、建筑违章惩戒的暂行规定》。第九届人民代表大会第一次会议于1984年8月7日举行,听取和审议政府工作报告,选举正、副镇长。九届二次会议于1985年9月3日举行。

1986年6月,和桥镇、和桥乡合并后,镇人民代表大会届次按原镇人代会届次顺延,到2002年,镇人民代表大会又历经六届。

1990年3月,和桥镇人大开始设置人大主席团常务主席,顾建农书记兼主席团常务主席。1992年6月,镇人大开始设立主席团专职常务主席。1996年后根据修改后的《中国人民共和国地方各级人民代表大会和地方各级人民政府组织法》规定,开始设镇人民代表大会主席。孙维纵、陈良富、江海良、张应京先后任人大主席团专职常务主席,杨乃岩任镇人大专职副主席。

和桥镇人大下设人大常委会办公室。镇人大常委会办公室主任先后为陆再芳、张树根、张国华、周涛、蒋小芬、刘亚芬、邱平、邵霞、吴正一。

图21-2 2014年和桥镇第十八届人代会第四次会议

和桥镇历届人民大表大会情况

表21-13 单位:人

届 次	召开时间	代表人数	主要议程	选举结果
九届三次	1986年7月7日	112	1、审议通过政府工作报告; 2、选举镇长、副镇长。	镇 长:孙维纵 副镇长:李锡林 吴其华 程同祖
十届一次	1987年4月8—9日	58	1、审议通过政府工作报告、财政预决算报告; 2、审议通过《和桥镇镇规民约》(试行稿); 3、选举镇长、副镇长。	镇 长:孙维纵 副镇长:李锡林 吴其华、程同祖
十届二次	1988年4月5日	58	1、审议通过政府工作报告、财政预决算报告; 2、审议通过《和桥镇1988—1990年教育事业规划》。	—
十届三次	1989年3月29日	58	1、审议通过政府工作报告、财政预决算报告; 2、补选副镇长1名。	副镇长:庄新龙
十一届一次	1990年3月20—21日	68	1、审议通过政府工作报告、财政预决算报告; 2、审议通过《本届主席团常务主席工作暂行规定》; 3、选举人大主席团常务主席、镇长、副镇长。	镇人大常务主席:顾建农 镇 长:孙维纵 副镇长:吴其华、程同祖、庄新龙、周解台

续表 21-13

届　次	召开时间	代表人数	主要议程	选举结果
十一届二次	1991 年 3 月 11—12 日	67	审议通过政府工作报告、财政预决算报告、镇人大主席团工作报告。	—
十一届三次	1992 年 3 月 10—11 日	67	1、审议通过政府工作报告、财政预决算报告、镇人大主席团工作报告； 2、审议通过《和桥镇总体规划》； 3、审议通过《和桥镇依法实施九年制义务教育的情况报告》。	—
十一届四次	1992 年 6 月 24 日	67	1、审议通过镇政府上半年工作情况通报； 2、选举镇人大主席团常务主席、镇长。	镇人大常务主席:孙维纵 镇　长:吴其华
十二届一次	1993 年 3 月 1—2 日	68	1、审议通过政府工作报告、财政预决算报告、镇人大主席团工作报告； 2、选举镇人大主席团常务主席、镇长、副镇长。	镇人大常务主席:孙维纵 镇　长:杨长春 副镇长:庄新龙、唐宁彪、董汉康、蒋顺虎
十二届二次	1994 年 3 月 12—13 日	69	1、审议通过政府工作报告、财政预决算报告、镇人大主席团工作报告； 2、审议通过镇政府《关于拆迁东横街的决议》； 3、选举镇人大常务主席，候补副镇长 2 名。	镇人大常务主席:陈良富 副镇长:邵孟春 周新南
十二届三次	1995 年 2 月 27—28 日	68	1、审议通过政府工作报告、财政预决算报告、镇人大主席团工作报告； 2、候补副镇长 1 名。	副镇长:王杏南
十二届四次	1995 年 12 月 15 日	67	1、审议通过镇政府今年所办实事及代表建议办理情况的报告； 2、补选镇长、副镇长各 1 名。	镇　长:金新华 副镇长:杨跃飞
十三届一次	1996 年 3 月 18—19 日	58	1、审议通过政府工作报告、财政预决算报告、镇人大主席团工作报告； 2、选举镇人大主席、镇长、副镇长。	镇人大主席:陈良富 镇　长:金新华 副镇长:王杏南、庄新龙、蒋顺虎、杨跃飞、周新南
十三届二次	1997 年 3 月 3 日	57	1、审议通过政府工作报告、财政预决算报告、镇人大主席团工作报告。	—
十三届人大增开例会	1997 年 4 月 1 日	57	1、审议通过《和桥镇镇容和卫生管理暂行规定》； 2、审议通过《和桥镇计划生育管理和经费负担的有关规定》。	—
十三届三次	1997 年 11 月 14 日	55	1、审议通过政府工作报告； 2、选举镇长、补选副镇长 1 名。	镇　长:王杏南 副镇长:陈国君
十三届四次	1998 年 3 月 10 日	55	审议通过政府工作报告、财政预决算报告、镇人大主席团工作报告。	—
十三届五次	1998 年 10 月 30 日	55	审议通过镇政府今年所办实事的情况报告； 2、选举镇长。	镇　长:沈建红
十四届一次	1999 年 1 月 26—27 日	60	1、审议通过政府工作报告、财政预决算报告、镇人大主席团工作报告； 2、选举镇人大主席、镇长、副镇长。	镇人大主席:陈良富 镇　长:沈建红 副镇长:庄新龙、蒋顺虎 杨跃飞、陈国君
十四届二次	2000 年 1 月 8 日	59	1、审议通过政府工作报告、财政预决算报告、镇人大主席团工作报告； 2、选举镇长。	镇　长:程　骏

续表 21－13

会议届次	召开时间	代表人数	主要议程	选举结果
十四届三次	2000 年 11 月 18 日	59	1、审议通过政府工作报告、财政预决算报告、镇人大主席团工作报告； 2、选举镇长。	镇人大主席：陈良富 副主席：杨乃岩 镇　长：夏曙希 副镇长：杨跃飞、庄新龙、顾伯南、蒋顺虎、郑建华、吴建明、周为贤
十四届四次	2001 年 3 月 17 日	117	审议并通过夏曙希作的政府工作报告、陈良富作的人大主席团工作报告，陈娟作的 2000 年镇财政决算和 2001 年财政预算工作报告。	—
十四届五次	2001 年 6 月 2 日	117	讨论通过自来水取水口迁移方案及新建桥改造方案。	—
十四届六次	2001 年 10 月 31 日	117	1、通过《选举办法》草案； 2、选举产生镇人大主席和补选副镇长 1 名。	镇人大主席：程同德 副镇长：朱建华
十五届一次	2002 年 1 月 23 日	74	1、审议并通过杨跃飞作的政府工作报告、杨乃岩作的人大工作报告，陈娟作的财政预决算报告； 2、选举产生人大主席、副主席、镇长、副镇长。	镇人大主席：程同德 副主席：杨乃岩 镇　长：杨跃飞 副镇长：王旻明、庄新龙、郑建华、吴建明、朱建华
十五届二次	2003 年 1 月 15 日	74	听取和审议政府工作和财务工作报告	—
十六届一次	2004 年 5 月 15 日	90	1、审议并通过杨跃飞作的政府工作报告、杨乃岩作的人大工作报告，汤立中作的财政预决算报告； 2、选举产生人大主席、副主席、镇长、副镇长。	镇人大主席：苏锡林 副主席：杨乃岩 镇　长：杨跃飞 副镇长：袁良新、吴建明、朱建华、沈晓红、唐志忠
十六届三次	2006 年 2 月 11 日	90	1、审议并通过马才军作的政府工作报告、江海良作的人大工作报告，汤立中作的财政预决算报告； 2、审议并通过镇经济和社会发展第十一个五年发展报告； 3、选举镇人民政府副镇长（一名）。	—
十六届四次	2007 年 1 月 13 日	90	1、审议并通过朱韫珂作的政府工作报告、杨乃岩作的人大工作报告，汤立中作的财政预决算报告； 2、听取评议袁良新、陈先钊、吴建明、范燕慧四位副镇长的述职报告； 3、选举镇人大主席、人民政府镇长、一名副镇长。	镇人大主席：苏锡林 镇　长：朱韫珂 副镇长：邵　旻
十六届五次	2007 年 7 月 28 日	90	1、听取朱韫珂同志作的上半年政府工作情况的通报； 2、选举镇人大主席、一名副镇长。	镇人大主席：张应京 副镇长：李国华
十七届一次	2007 年 12 月 9 日	90	1、审议并通过朱韫珂作的政府工作报告、张应京作的人大工作报告，汤立中作的财政预决算报告； 2、选举产生镇十七届人大主席和副主席、镇人民政府镇长和副镇长。	镇人大主席：张应京 副主席：杨乃岩 镇　长：朱韫珂 副镇长：陈俊林、张文伟、范燕慧、李国华
十七届二次	2009 年 1 月 3 日	88	1、审议并通过朱韫珂作的政府工作报告、张应京作的人大工作报告，汤立中作的财政预决算报告。	—
十七届三次	2009 年 7 月 10 日	87	1、听取朱韫珂同志作的上半年政府工作情况的通报； 2、选举镇人民政府副镇长一名。	副镇长：毛旭娟

续表 21－13

会议届次	召开时间	代表人数	主要议程	选举结果
十七届四次	2010 年 1 月 23 日	86	1、审议并通过朱韫珂作的政府工作报告、张应京作的人大工作报告，汤立中作的财政预决算报告；	—
十七届五次	2010 年 1 月 9 日	83	1、审议并通过史中武作的政府工作报告、张应京作的人大工作报告，张忠平作的财政预决算报告； 2、审议并通过镇政府关于“十二五”规划的报告； 3、选举产生镇人民政府镇长、副镇长（二名）。	镇　长：史中武 副镇长：李　鹏、施旭伟
十七届六次	2011 年 7 月 8 日	81	1、听取史中武同志的半年度政府工作报告； 2、选举镇人民政府副镇长一名。	副镇长：陆　平
十八届一次	2012 年 3 月 15 日	85	1、审议并通过史中武作的政府工作报告、张应京作的人大工作报告，张忠平作的财政预决算报告； 2、选举镇十八届人大主席、镇人民政府镇长和副镇长。	镇人大主席：张应京 镇　长：史中武 副镇长：毛旭娟、李国华、陆　平、施旭伟
十八届二次	2013 年 1 月 13 日	85	1、审议并通过史中武作的政府工作报告、张应京作的人大工作报告，张忠平作的财政预决算报告。	—
十八届三次	2013 年 7 月 8 日	84	1、听取史中武同志的半年度政府工作报告； 2、选举镇人民政府副镇长二名。	副镇长：陈俊杰、徐俊校
十八届四次	2014 年 1 月 5 日	83	1、审议并通过史中武作的政府工作报告、张应京作的人大工作报告，张忠平作的财政预决算报告； 2、选举镇人民政府副镇长一名。	副镇长：周俊鹏
十八届五次	2014 年 7 月 5 日	82	1、听取和审议殷其敏同志作的镇政府上半年工作情况的通报； 2、选举镇人民政府镇长。	镇　长：殷其敏
十八届六次	2015 年 1 月 10 日	83	1、审议并通过殷其敏作的政府工作报告、张应京作的人大工作报告，张忠平作的财政预决算报告。	—

二、和桥乡（公社）人民代表大会

和桥乡（公社）从 1956—1986 年，人民代表大会历经七届。（具体资料缺失，无法查证）

三、南新乡（公社、镇）人民代表大会

1949 年 5 月，北新乡人民政府正式建立，属和桥区管辖。乡政府机关设在北新街杨克刚的私宅。10 月，宜兴全县废保甲制建立村组制，北新乡划分为北新、南新乡两乡。1954 年 7 月，南新乡第一届人民代表大会召开，选举张坤荣为乡长。1956 年 2 月，全县建制区划调整，进行并区并乡，北新乡并入南新乡，仍属和桥区。1956 年 3 月，南新乡第二届人民代表大会召开，选举庄舒清为乡长，景盘金、王瑞清为副乡长。1958 年 3 月，南新乡第三届人民代表大会召开，选举徐富生为乡长、刁清培为副乡长。1961 年 12 月，南新公社第四届人民代表大会召开，选举钟蔚衡为管委会主任，选举王炳华、毕纪真为副主任。1963 年 4 月，南新公社第五届人民代表大会召开，选举汤富雄为管委会主任。1965 年 12 月，南新公社第六届人民代表大会召开，选举蒋定华为管委会主任、毕纪真为副主任。1968 年 6 月，南新公社所谓“三结合”的革命委员会成立，撤销原管委会的一切机构，并于 1968 年 9 月，召开“三代会”（即工人、农民、红卫兵代表）（南新公社第七届人代会），吴须勤为革委会第一副主任，主持工作至 1970

年。1971 年,县革委会委派钱长发任南新公社革委会主任。1978 年 11 月,南新公社第八届人民代表大会召开,选举杨嘉明为革委会主任,选举江盘根、张孟骏、蒋耀彬为革委会副主任。1981 年 7 月,南新公社革命委员会改称为南新公社管理委员会。同时,南新公社第九届人代会召开,选举张孟骏为管委会主任,选举朱儒根、卢奕宝为管委会副主任。1984 年 10 月,南新乡第十届人代会第一次会议召开,选举王金芳为乡长、顾建农为副乡长。1985 年 9 月,南新乡第十届人代会二次会议召开,选举白柏南为乡长,钟洪昌为副乡长。1986 年 7 月,南新乡第十届人代会三次会议召开。1987 年 4 月,南新乡召开第十一届人代会一次会议,选举白柏南为乡长,选举钟洪昌、吴良才为副乡长。1988 年 5 月,南新乡第十一届人代会二次会议召开。1989 年 4 月,南新乡第十一届人代会三次会议召开。1990 年 3 月,南新乡第十二届人代会一次会议召开,选举吴良才为乡长,选举张爱国、赵才华为副乡长,选举庄建明为人大主席。1991 年 1 月,南新乡第十二届人代会二次会议召开。1991 年 3 月,南新乡第十二届人代会三次会议召开,选举张爱国为乡长、吴良才为人大主席,通过《关于在全乡范围内开展集资办学的报告》。1992 年 3 月,南新乡第十二届人代会四次会议召开。1993 年 2 月,南新镇第十三届人代会一次会议召开,选举张知难为镇长、吴良才为人大主席。1994 年 3 月,南新镇第十三届人代会二次会议召开,选举何国强为镇长。1995 年 2 月,南新镇第十三届人代会三次会议召开,没有选举任务。1995 年 12 月,南新镇第十三届人代会四次会议召开,选举邵伯坤为镇长,选举周斌、戴金禾、顾伯南、赵才华、施永才(兼)为副镇长,选举何国强为人大主席、夏阿宝为人大副主席。1997 年 3 月,南新镇第十四届人代会一次会议召开,选举赵才华为镇长,周斌为副镇长。1998 年 11 月,南新镇第十四届人代会二次会议召开,选举周斌为镇长。1999 年 1 月,南新镇第十五届人代会一次会议召开,选举周斌为镇长,选举顾伯南、吴建明、施永才(兼)、周为贤(兼)为副镇长,选举何国强为人大主席、夏阿宝为人大副主席。2001 年 1 月,南新镇第十五届人代会二次会议召开,选举夏曙希为镇长,周斌为人大主席。

四、闸口乡(公社、镇)人民代表大会

1957 年 3 月,闸口乡(公社)第一届人民代表会议召开。1968 年 8 月,“三代会”(工人、农民、红卫兵代表)召开,按有关规定作为闸口公社第七届人代会。1981 年起,即闸口公社第十届一次人代会召开开始,按照当时全国人大五届二次会议通过的新选举办法,实行差额选举,采取无记名投票方式,以生产单位、工作单位与居住状况相结合的办法划分选区,候选人须获得参选选民或全体代表的过半数选票才能当选。1984 年 5 月,开始实行预选制产生政府组成人员候选人的办法。1990 年起,闸口乡人民代表大会选举产生人大主席团常务主席一职。1991 年 3 月,“宜兴市闸口乡人民代表大会主席团”正式挂牌。1996 年开始设乡人大主席团专职副主席,谈亚光当选。2001 年,闸口镇第十五届人代会,选举周仕健为镇人大主席团专职常务主席,人大办公室主任为张国华。

1957—2003 年闸口乡(镇)人民代表会议情况

表 21－14　　　　单位:人

会议届次	召开时间	代表数	主要议程	选举结果
一届	1957.03	不详	不详	选举王炳华为乡长
二届	1959.11	不详	不详	选举王遗生为公社委会主任,杨发龙、王鹤鸣、潘宝兴为副主任
三届	1960.04	不详	不详	选举王遗生为主任,潘汉光、杨培根、邓槐银为副主任

续表21－14 单位：人

会议届次	召开时间	代表数	主要议程	选举结果
四届	1962.05	不详	不详	选举陆景河为主任，周奕生为副主任
五届	1965.05	不详	不详	选举戴荣大为社长，韩来根为副主任
六届	1966.04	不详	不详	选举郭仲龙为社长，韩来根为副主任
七届	1968.08	不详	召开“三代会”，成立公社革委会	选举刘永年为革委会主任，韩来根为副主任
八届	1971.12	66	听取和审议公社革委工作报告及财政预决算报告	选举新一届革命委员会杨伯荣任主任，杨培根、曹爱根任副主任
九届	1976.12	65	听取和审议曹爱根所作的革委会工作报告	选举张凤清为革委会主任，曹爱根、吴须勤为副主任
十届一次	1981.06	69	1、曹爱根作政府工作报告； 2、许福银作乡财政预决算报告； 3、选举新一届管委会班子。	曹爱根为管委会主任，杭新南、钱南兴、吴裕华（女）为副主任。
十届二次	1984.12.31	69	1、钱南兴作政府工作报告； 2、许福银作财政预决算报告； 3、选举	杭新南当选乡长，蒋瑞芬（女）、谈亚光当选副乡长
十届三次	1985.12.02	69	1、听取和审议杭新南作的政府工作报告； 2、许福银作财政预决算报告； 3、选举	苏全荣当选副乡长
十一届一次	1987.04.10	63	1、听取和审议钱志大作的政府工作报告；财政预决算报告； 2、选举出席七届县人民代表； 3、审议并通过了四项乡规民约。	选举出席县第七届人民代表6人；钱志大当选乡长
十二届一次	1990.03.21	63	1、听取和审议政府工作和财政预决算报告； 2、选举人大主席、副主席。	丁盘生当选人大主席，谈亚光任副乡长
十二届二次	1991.03.12	63	1、听取和审议政府工作和财政预决算报告； 2、选举产生新的领导人员； 3、谈亚光作人大工作报告。	丁盘生当选乡长，邓宝龙当选副乡长
十三届一次	1993.03.02	64	1、邵孟春作政府工作报告； 2、缪卿作财政预决算报告。	邵孟春当选乡长
十三届二次	1993.11	64	1、听取和审议政府工作财政预算报告； 2、选举新领导人员。	选举蒋乃平为乡长
十三届三次	1994.04.04	64	听取和审议政府工作和乡财政预决算报告	张知难当选乡人大主席

续表 21－14 单位:人

会议届次	召开时间	代表数	主要议程	选举结果
十四届一次	1995.03.05	54	1、汤卫平作政府工作报告; 3、缪卿作财政预决算报告。	选举汤卫平为乡长,顾孟春为副乡长
十四届二次	1996.03.05	54	1、听取和审议政府工作和财政预决算报告; 2、谈亚光作人大工作报告; 3、选举	谈亚光当选人大副主席
十四届三次	1998.03.06	54	1、听取和审议政府工作和财政预决算报告; 2、选举	缪孟全、尹叶芳当选副乡长
十五届一次	1999.02	67	1、汤浩方作政府工作报告; 2、缪卿作财政预决算报告; 3、选举	汤浩方当选镇长,夏勤元当选人大主席,谈亚光为副主席
十五届二次	2000.05	67	1、听取和审议政府工作报告; 2、夏勤元作人大工作报告。	—
十五届三次	2001.04	67	1、听取和审议政府工作报告; 2、倪锡娟作财政预决算报告; 3、选举	周仕健为人大主席,袁良新、沈晓红、应和君为副镇长
十六届一次	2002.03	63	1、邵伯坤作政府工作报告; 2、倪锡娟作财政预算决算报告; 3、周仕健作人大工作报告; 4、选举	邵伯坤当选镇长,周仕健当选人大主席,殷其敏当选副镇长
十六届二次	2003.04	63	听取和审议政府工作和财政预决算报告	

1990—2014 年闸口镇(乡)人大历任负责人

表 21－15

职务	姓名	任职时间
人大主席	马和生	1990 年 3 月—1992 年 6 月
	丁盘生	1992 年 6 月—1993 年 3 月
	张知难	1993 年 4 月—1998 年 10 月
	夏勤元	1998 年 10 月—2001 年 10 月
	周仕健	2001 年 10 月—2004 年 2 月

第四节 政府机构

一、区、镇、乡政府

1. 镇公所 光绪三十四年(1908),和桥镇地方自治研究会创设。宣统元年(1909),以万一、万二两区部分地区为和桥镇,设镇自治公所(简称镇公所),并绘制镇区域图申报宜兴县备案。镇公所设镇董1人,由自治研究会选举产生。另设地保1人,处理镇内发生的案件及其他事务。民国元年(1912),宜兴县改区图制为市乡制,和桥镇改称和桥市,程荫南任市董。另设地保1人,并设有地方办公的保安会，维持镇上治安。民国18年，和桥市改称和桥镇，程镒年任镇长。抗日战争时期，和桥是日伪重要据点，先后建立日伪和桥镇维持会、日伪和桥区公所、镇公所。抗日战争胜利后，仍沿袭保甲制。李寿彭、马德培、葛天明、钱清远等先后担任镇长。民国38年4月，国民党镇公所瓦解。

2. 和桥区人民政府（太滆人民公社） 1949年5月7日，和桥区人民政府成立。1953年6月，区政府改名为区公所，为县政府派出机构。1957年9月，撤销区公所，保留区委。1958年9月，太滆人民公社成立。1959年1月，太滆人民公社撤销。1968年5月，和桥区革命生产领导小组成立。1975年7月，区革命生产领导小组撤销，和桥区工作委员会恢复。1985年10月，和桥区工作委员会撤销，巡视组成立。1992年7月28日，和桥地区巡视组撤销，原在编人员并入和桥镇办公。

和桥区（太滆公社）区长、副区长（主任、副主任、组长、副组长）

表21－16

单位名称	职　务	姓　名	任职时间
区人民政府（1953年6月改名为区公所）	区　长	范余清	1949年5月—1951年7月
		张雨山	1951年7月—1951年11月
		刘振华	1951年11月—1953年2月
		王美珠	1954年11月—1957年9月
	副区长	周金生	1949年5月—1950年1月
		吴　中	1949年7月—1950年3月
		王美珠	1951年7月—1954年11月
		钟蔚衡	1955年6月—1956年4月
		姚小福	1956年5月—1957年9月
		王炳华	1956年5月—1957年9月
太滆人民公社	主　任	戴　进	1958年9月—1959年1月
	副主任	吴长生	1958年9月—1959年1月
		吴须勤	1958年9月—1959年1月
		王遗生	1958年9月—1959年1月
		堵梦觉（女）	1958年9月—1959年1月
区革命生产领导小组	组　长	张启西	1968年5月—1970年8月
		缪福林	1970年8月—1975年3月
		王荫芳	1975年5月—1975年7月
	副组长	周柏生	1968年5月—1975年2月
		杨发龙	1973年3月—1974年2月
		韩松法	1975年5月—1975年7月
巡视组	组　长	韩松法	1985年10月—1990年9月
		沈瑞荣	1990年9月—1992年7月

3. 乡、镇人民政府

和桥镇人民政府　1949年5月7日，宜兴县军事管制委员会通令将全县分为8区(41乡)，和桥镇为和桥区区属镇。镇人民政府设在东横街方家祠堂。1954年10月，和桥镇划为县属镇。1956年1月，和桥镇人民政府改名为和桥镇人民委员会。1958年9月，实行人民公社化，和桥镇保留县属镇。10月，和桥镇划归太滆人民公社，镇建制撤销。1959年1月，太滆人民公社撤销，和桥镇属和桥人民公社。5月，和桥公社撤销，分设为新民、南新公社。和桥镇原政府机构恢复并单独办公。1960年2月，和桥镇与新民公社合并，改称和桥公社。1961年9月，和桥公社又分为和桥镇与和桥公社。同时，和桥镇政府机构也单独设立。1968年9月，和桥镇革命委员会建立。1981年4月，和桥镇革命委员会改称和桥镇人民政府。同期，和桥公社辖18个行政村，闸口公社辖21个行政村，南新公社辖14个行政村。1986年6月29日，和桥镇与和桥乡合并，实行镇管村新体制。同年，和桥镇人民政府下辖6个居民委员会、18个行政村、1个渔场。20世纪80年代末，随着镇区的扩大，和桥镇又增设2个居民委员会。1993年南新乡撤乡建镇，1999年闸口乡撤乡建镇。2000年6月，原和桥镇与南新镇合并，下辖6个社区居委、18个行政村。2004年2月，和桥镇与闸口镇合并。2015年底，和桥镇下辖5个社区居委、14个行政村。

和桥镇人民政府(人民公社)历任镇长、副镇长(主任、副主任)

表21－17

组织名称	职务	姓名	任职时间	备注
镇人民政府(含镇人民委员会)	镇　长	吴　中	1949年5月—1949年7月	—
		吴镇南	1949年8月—1952年10月	—
		范志林	1952年10月—1954年10月	—
		薛玉鸾	1954年11月—1956年7月	—
		徐所耕	1956.07—1958年3月	—
		张凤山	1958.03—1958年10月	—
	副镇长	蒋稀铮	1955年7月—1958年10月	—
		徐所耕	1958年3月—1958年10月	
镇人民委员会	镇　长	何尧文	1959年5月—1960年2月	—
		张凤山	1960年2月—1961年9月	—
		徐所耕	1962年3月—1965年7月	—
		钟蔚衡	1966年2月—1967年3月	—
	副镇长	张凤山	1959年5月—1960年2月	—
		徐所耕	1959年5月—1962年3月	—
		钟兆良	1960年3月—1962年8月	—
		王荫芳	1960年3月—1960年7月	—
		赵立夫	1963年4月—1966年2月	—
		张雨山	1966年6月—1967年3月	—
镇革命委员会	主　任	王　乐	1970年8月—1973年1月	—
		巢凤翥	1973年1月—1974年2月	—
		周　群	1975年7月—1978年12月	—

续表 21－17

组织名称	职　务	姓　名	任职时间	备　注
镇革命委员会	副主任	陈阿庆	1968 年 9 月—1971 年 3 月	1968 年 9 月—1970 年 8 月主持工作
		欧荣茂	1968 年 9 月—1975 年 5 月	—
		朱克森	1971 年 3 月—1972 年 6 月	—
		周　群	1972 年 5 月—1975 年 7 月	1974 年 2 月—1975 年 6 月主持工作
		钟蔚衡	1975 年 3 月—1979 年 11 月	—
		张雨山(女)	1975 年 3 月—1981 年 4 月	—
		唐晓红(女)	1975 年 3 月—1979 年 11 月	—
		李平华	1975 年 7 月—1978 年 11 月	—
		栾荣生	1977 年 5 月—1981 年 4 月	1979 年 1 月—1979 年 12 月主持工作
		唐　民	1977 年 10 月—1981 年 4 月	—
		万勤春	1978 年 12 月—1981 年 4 月	—
		张凤山	1980 年 1 月—1981 年 4 月	主持工作
镇人民政府	镇　长	张凤山	1981 年 4 月—1983 年 5 月	—
		孙维纵	1984 年 8 月—1992 年 6 月	—
		吴其华	1992 年 6 月—1993 年 2 月	—
		杨长春(兼)	1993 年 3 月—1995 年 12 月	—
		金新华	1995 年 12 月—1997 年 10 月	—
		王杏南	1997 年 10 月—1998 年 10 月	—
		沈建红	1998 年 10 月—1999 年 12 月	—
		程　骏	1999 年 12 月—2000 年 6 月	—
		夏曙希	2000 年 6 月—2002 年 1 月	—
		杨跃飞	2002 年 1 月—2004 年 5 月	—
		马才军	2004 年 5 月—2006 年 10 月	—
		朱韫珂	2006 年 10 月—2010 年 6 月	—
		史中武	2010 年 7 月—2014 年 6 月	—
		殷其敏	2014 年 7 月—	—
	副镇长	万勤春	1981 年 4 月—1984 年 7 月	—
		白海昌	1983 年 4 月—1986 年 7 月	—
		程同祖	1984 年 8 月—1993 年 2 月	—
		李锡林	1986 年 7 月—1988 年 4 月	—
		吴其华	1986 年 7 月—1992 年 6 月	—
		庄新龙	1989 年 3 月—2004 年 2 月	—
		周解台	1990 年 3 月—1992 年 8 月	—
		唐宁彪	1992 年 3 月—1994 年 9 月	—

续表 21－17

组织名称	职 务	姓 名	任职时间	备 注
镇人民政府	副镇长			
		董汉康	1993 年 3 月—1995 年 12 月	—
		蒋顺虎	1993 年 3 月—1995 年 12 月	—
		邵孟春	1994 年 3 月—1995 年 12 月	—
		周新南(兼)	1994 年 3 月—1998 年 10 月	—
		王杏南	1995 年 1 月—1997 年 10 月	—
		杨跃飞	1995 年 12 月—2002 年 1 月	—
		吴建明	2000 年 6 月—2007 年 10 月	—
		朱建华	2001 年 10 月—2004 年 10 月	—
		陈国君	1997 年 10 月—2000 年 8 月	—
		王旻明	2002 年 1 月—2002 年 11 月	—
		唐志忠	2002 年 11 月—2004 年 10 月	—
		顾伯南	2000 年 6 月—2001 年 10 月	—
		周为贤(兼)	2000 年 6 月—2001 年 10 月	—
		郑建华	2000 年 11 月—2004 年 2 月	—
		施永才(兼)	2000 年 6 月—2000 年 11 月	—
		沈晓红	2004 年 2 月—2005 年 10 月	—
		袁良新	2004 年 2 月—2007 年 8 月	—
		陈先钊	2004 年 10 月—2007 年 10 月	—
		陈 平	2004 年 10 月—2006 年 10 月	常务副镇长
		范燕慧	2005 年 10 月—2009 年 4 月	—
		邵 旻	2006 年 10 月—2007 年 10 月	常务副镇长
		陈俊林	2007 年 10 月—2010 年 7 月	—
		张文伟	2007 年 10 月—2011 年 3 月	—
		李国华	2007 年 4 月—2013 年 3 月	—
		毛旭娟	2009 年 4 月—	—
		施旭伟	2010 年 7 月—	—
		李 鹏	2010 年 9 月—2011 年 10 月	—
		陆 平	2011 年 3 月—	—
		卢 东	2011 年 10 月—2012 年 8 月	—
		陈俊杰	2013 年 3 月—	—
		徐俊校	2013 年 3 月—2014 年	—

2015 年和桥镇机关人员情况

表 21 - 18　　　　单位:人

(人员) 科室名称	人员总数	编制性质					其中女	备注
		行政	事业	市以上聘用	镇聘用	借用		
合计	446	61	58	11	313	3	73	—
党政领导	15	15	—	—	—	—	—	—
党政办	6	1	—	—	5	—	4	—
人大办	1	1	—	—	—	—	—	—
组织人事科	3	3	—	—	—	—	2	—
纪检监察室	2	1	1	—	—	—	—	—
宣传科	3	1	1	—	—	1	3	—
人武办	1	1	—	—	—	—	—	—
文化站	3	—	2	—	1	—	2	—
总工会	3	—	1	2	—	—	—	—
团委	2	1	—	—	—	—	1	
妇联	1	—	1	—	—	—	—	—
民政科	6	2	—	2	2	—	4	—
司法所	8	2	—	6	—	—	2	—
教育办	2	—	2	—	—	—	—	—
计生办	9	1	5	—	3	—	8	—
财政所	11	7	1	—	2	—	6	—
协护税办	9		2	—	7	—	5	—
统计站	3		2	—	—	—	2	—
经贸中心	7	2	3	—	2	—	—	—
行服中心	1	1	—	—	—	—	1	—
经管办	8	2	2	—	4	—	3	—
劳动社保所	8	1	3	—	4	—	4	—
环保安监科	9	—	4	—	5	—	1	—
三产办	2	1	—	—	1	—	1	—
科技办	2	—	1	—	1	—	1	—
建管所	13	2	4	—	7	—	1	—
招投标办	3	—	—	—	3	—	2	—
规划办	5	1	1	—	3	—	1	—
水利农机站	11	—	8		3	—	3	—
农服中心	12	—	9	—	3	—	2	—
招商中心	5	—	2	—	3	—	2	—
食药监卫生办	3	1	—	—	2	—	—	—
公用事业办	181	1	—	—	180	—	—	—
城管中队	48	2(下派)	—	—	46	—	—	—
拆迁办	4	—	1	—	3	—	—	—
统战办	1	1	—	—	—	—	—	—
综治办	5	1	—	1	3	—	2	—
信访办	2	1	—	—	1	—	—	—

续表 21 - 18　　单位:人

科室名称	人员总数	编制性质					其中女	备注
		行政	事业	市以上聘用	镇聘用	借用		
内审办	3	1	1	—	1	—	2	—
代征办	6	—	—	—	6	—	5	—
开发办	4	—	1	—	3	—	—	—
交警协管员	3	—	—	—	3	—	—	—
退职领导	6	6	—	—	—	—	—	镇财政发工资
后勤	6	—	—	—	6	—	3	—

附:和桥镇政府机关设置和历任负责人

1985 年,和桥镇人民政府下设工业、农业、村镇建设、司法、民政、计划生育等助理。1986 年,和桥镇人民政府设有司法、民政、村镇建设、科教文卫、计划生育、经营管理、农业办公室(后改为蔬菜办公室)、财政所 8 个部门。附设机构有劳动服务公司、爱卫办、保险所、工业公司、农业公司、多联公司等 6 个部门(保险所后与市保险公司驻镇部门合并办公)。1987 年科教文卫办公室划分为科教和文卫两个办公室。1987 年底增设城市管理办公室。1989 年 10 月土管所设立(1996 年编制划归市国土管理局)。1991 年 5 月综合治理办公室设立。1992 年 10 月审计办公室设立。1994 年 3 月统计站设立。1997 年初,审计办公室与统计办公室合并办公。1995 年 3 月,三产办公室设立;镇村建设办公室更名为镇建设委员会。1995 年 12 月,社会保险办公室设立。1999 年 7 月,蔬菜办公室、农技站、副技站合并建立农副业办公室。1999 年 8 月,科技办公室、爱卫办公室、教育办公室合并为科教文卫办公室;劳动管理服务所、社会保险办公室合并为劳动社保办公室;司法科、综合治理办公室合并为司法综治办公室。1999 年 11 月招商办公室设立。

至 2015 年,社会综合治理办公室历任副主任有:黄幼华、许季涛、袁建新、王斌达;司法科(所)主任有蒋培新、唐金虎、吴洪军担任。计划生育办公室负责人先后是浦凤珍、尹叶芳、杨安妮、蒋小芬。经营管理办公室负责人先后是邵亚南、宣志成、张法明、杨定荣、杨晓君、凌红军、张福细。财政所所长先后是吴南生、杭虎山、潘放余、陈娟、汤立中、张忠平。劳动社保办负责人是华亚娣、倪雪娟、徐重九、张林(副主持工作)、王月明、吴占平、陈曙亮、唐春芳。审计、统计站负责人先后是王建林、徐晓根、褚伯军、周文涛、谢鹏、卢明亮,(前顾洪军、侯国宝)。城管办公室负责人先后是李国中、孙洪生、丁立农。农副业办公室负责人邵志军。蔬菜办公室负责人先后是朱尧芝、杨振祥。农业公司(含农技站)负责人先后是王荣华、蒋新和。多联公司(含多技站)负责人先后是吴顺忠、王惠中。农业办公室主任市赵建强、范凌云。企业服务管理站(含工业公司)负责人(经理、站长)先后是路金海、张爱国、蒋顺虎(常务副)、赵生荣(常务副)、李国中。三产办负责人先后是邵孟春(兼)、许尧民(副)、李国中(兼)、缪永君、王中权。招商办公室主任杨跃飞(兼),周军(副)、毛旭娟(兼)、谈建初、缪永君。2011 年 10 月单独建立科技办公室,负责人刘亚芬。民政科长先后是许仁乾、蒋希铮、朱斌培、王建军、吴占平、凌红军、邱平。建设委员会(含村镇建设办公室)主任先后是韩路线、吴分明、王杏南(兼)、陈国君(兼)、李国中(常务副)、程同匡(常务副)。科教文卫办公室负责人先后由陈龙海、杨安妮、华亚娣担任。文卫办公室(后改成教育科技办公室)负责人是周凤金、陈瑞良(副)、王月明(副)、华亚娣(副)。爱卫办公室负责人是吴润海、蒋寅枝(副)、孙洪生。后又分设为教育(社会事业)办公室负责人先后是杨安妮、华亚娣、沈惠英、谈建初。

和桥乡(公社)人民政府 和桥乡由新中国成立初期的新民乡演变而来。1956年2月,新民乡人民政府成立。1958年9月,新民乡属太滆人民公社。1959年1月,太滆人民公社撤销,新民乡属和桥人民公社。同年5月,和桥公社撤销,新民公社成立,并设立新民公社人民政府。1960年2月,和桥镇与新民公社合并,改称和桥公社。1961年9月,和桥公社又分为和桥镇与和桥公社,同时,设立和桥公社人民政府。1968年8月,和桥公社革命委员会成立,代替原来的人民政府行使权力。1981年,和桥公社革命委员会撤销,和桥公社管理委员会成立。1983年,和桥公社管理委员会撤销,和桥乡人民政府成立,辖区内原来的大队改名为村。1986年6月,和桥乡并入和桥镇,和桥乡人民政府也随之撤销。

新民乡、和桥乡人民(公社)政府历任乡长、副乡长(主任、副主任)

表21－19

组织名称	职　务	姓　名	任职时间
新民乡人民政府	乡　长	王岳明	1956年2月—1957年9月
		戚小松	1957年9月—1958年9月
	副乡长	王岳明	1957年9月—1958年9月
和桥公社管理委员会	主　任	王美珠	1959年1月—1959年3月
		陈世周	1959年3月—1959年5月
		汤法祥	1959年5月—1960年3月
		傅顺根	1960年5月—1961年9月
		张凤山	1961年9月—1965年3月
		蒋纪元	1965年4月—1967年3月
	副主任	张凤山	1959年1月—1959年5月
		吴须勤	1959年1月—1959年5月
		戴　进	1959年1月—1959年5月
		王鹤鸣	1959年5月—1961年9月
		汤富雄	1959年5月—1961年11月
		俞锡林	1960年3月—1962年3月
		吴银大	1960年3月—1962年3月
		周培基	1963年4月—1967年3月
和桥公社革命委员会	主　任	周焕华	1968年1月—1970年9月
		徐根福	1971年3月—1974年1月
		杨发龙	1974年2月—1977年8月
		柴玉龙	1977年8月—1981年4月
	副主任	吴孝荣	1968年1月—1980年4月
		徐根福	1968年1月—1971年3月
		钟兆良	1970年1月—1974年10月

续表 21-19

组织名称	职 务	姓 名	任职时间
和桥公社革命委员会	副主任	景盘金	1972 年 12 月—1981 年 4 月
		杨培根	1975 年 3 月—1978 年 10 月
		张凤清	1975 年 4 月—1975 年 8 月
		刘孝山	1975 年 4 月—1977 年 8 月
		堵云娣(女)	1975 年 7 月—1978 年 11 月
		周杏南	1976 年 6 月—1979 年 4 月
		吕锡华	1976 年 6 月—1977 年 2 月
		李平华	1978 年 11 月—1981 年 4 月
		张全南	1978 年 12 月—1981 年 4 月
和桥公社管委会	主 任	李平华	1981 年 4 月—1983 年 1 月
	副主任	景盘金	1981 年 4 月—1981 年 7 月
		张全南	1981 年 4 月—1983 年 8 月
		李锡林	1983 年 4 月—1983 年 8 月
和桥乡政府	乡 长	周伯良	1983 年 12 月—1985 年 3 月
		李锡林	1985 年 3 月—1986 年 6 月
	副乡长	李锡林	1983 年 12 月—1985 年 3 月
		邵年生	1984 年 12 月—1986 年 6 月
		吴四小	1983 年 12 月—1986 年 6 月

南新镇人民政府 1949 年 5 月,北新乡人民政府正式建立,属和桥区管辖。乡政府机关设在北新街杨克刚的私宅。10 月,宜兴全县废保甲制建立村组制,北新乡划分为北新、南新乡两乡。1956 年 2 月,全县建制区划调整,进行并区并乡,北新乡并入南新乡,仍属和桥区。1958 年 9 月,南新乡并入太滆人民公社。乡政府撤销。1959 年 5 月,和桥公社撤销,南新公社从中分出并成立人民政府。1968 年 6 月,南新公社革命委员会成立,并代替原人民政府行使权力,1981 年南新公社革命委员会撤销,南新公社管理委员会成立。1983 年,南新公社管理委员会撤销,南新乡人民政府成立,辖区内原来的大队改名为村。1993 年,南新乡人民政府改名为南新镇人民政府。2000 年 6 月,南新镇并入和桥镇,南新镇人民政府也随之撤销。

南新镇(乡)人民政府(人民公社)历任镇(乡)长、副镇(乡)长(主任、副主任)

表 21-20

组织名称	职 务	姓 名	任职时间
南新乡人民政府	乡长	刘正明	—
		蒋纪元	—
		王克明	—

续表 21－20

组织名称	职　务	姓　名	任职时间
南新乡人民政府	乡长	尹友三	—
		杨伯顺	—
		张坤荣	—
		王炳华	—
		蒋庆泉	—
		王瑞清	—
		庄舒清	—
		徐富生	1957 年 9 月—1958 年 9 月
	副乡长	习清培	1957 年 9 月—1958 年 7 月
南新公社管理委员会	主　任	蒋纪元	1959 年 5 月—1961 年 9 月
		钟蔚衡	1961 年 9 月—1962 年 7 月
		汤富雄	1962 年 7 月—1965 年 4 月
		蒋定华	1965 年 4 月—1967 年 3 月
	副主任	徐富生	1959 年 5 月—1962 年 9 月
		王炳华	1962 年 3 月—1960 年 10 月
		蒋伯华	1960 年 7 月—1962 年 9 月
		毕纪真	1963 年 4 月—1967 年 3 月
		张跃星	1966 年 9 月—1967 年 3 月
南新公社革命委员会	主　任	钱长法	1970 年 8 月—1972 年 6 月
		张保生	1972 年 6 月—1975 年 5 月
		杨嘉明	1976 年 3 月—1981 年 4 月
	第一副主任	吴须勤	1968 年 6 月—1971 年 5 月
	副主任	周金洪	1970 年 8 月—1972 年 1 月
		刘新华	1971 年 6 月—1976 年 7 月
		韩来根	1971 年 6 月—1973 年 4 月
		陆景珂	1974 年 3 月—1975 年 11 月
		蒋耀彬	1975 年 3 月—1981 年 7 月
		柴玉龙	1975 年 5 月—1977 年 8 月
		张孟骏	1975 年 5 月—1981 年 7 月
		江盘根	1977 年 8 月—1981 年 7 月
		芦奕宝	1980 年 5 月—1981 年 7 月
南新公社管委会	主　任	张孟骏	1981 年 7 月—1982 年 7 月
		王金芳	1982 年 10 月—1983 年 12 月
	副主任	朱儒根	1981 年 7 月—1983 年 12 月
		顾建农	1982 年 6 月—1983 年 12 月

续表 21－20

组织名称	职　务	姓　名	任职时间
南新镇(乡)政府(1993年5月撤乡建镇)	镇(乡)长	王金芳	1983年12月—1985年4月
		白柏南	1985年4月—1990年1月
		吴良才	1990年3月—1991年3月
		张爱国	1991年3月—1992年6月
		张知难	1992年6月—1993年4月
		何国强	1993年11月—1995年12月
		邵伯坤	1995年12月—1997年2月
		赵才华	1997年2月—1998年10月
		周　斌	1998年10月—1999年12月
	镇　长	夏曙希	1999年12月—2000年6月
	副镇(乡)长	钟洪昌	1987年10月—1990年1月
		吴良才	1987年10月—1990年3月
		张爱国	1990年3月—1991年3月
		赵才华	1990年3月—1997年2月
		秦国桢	1991年3月—19992年11月
		戴金禾	1993年2月—1998年2月
		施永才(兼)	1993年2月—2000年6月
		吴　辉	1993年2月—1995年12月
		顾伯南	1994年9月—2000年6月
		周　斌	1995年12月—1998年10月
		周为贤(兼)	1996年3月—2000年6月
		吴建明	1998年12月—2000年6月

附:南新镇(乡)政府机关历任负责人

至2015年,南新镇(乡)综治办副主任由钱云保担任;司法办负责人由杨晓根、唐金虎担任;民政助理由杨晓根、徐清根、龚春华担任;村镇建设办公室负责人由龚春华、卢洪坤担任;土管所负责人由钱云保、陆建祥担任;科教文卫办负责人先后由徐洪林、王逸平、周正贤担任(此前裴登科曾于1991年至1994年担任科技助理,赵才华于1987年至1988年,徐清根于1988年至1992年担任教育助理);计生办负责人是史凤宝、余小华;经营管理办公室办负责人是谈亚年、沈金娟、杨晓君;财政所长由陆锡中、汤立中担任;社保险办公室负责人蒋敏智;劳动服务所负责人是周平;审计由杨晓君负责;农技站负责人是房法生、吴良才、卢洪坤、赵建强;多联公司(含多技站)负责人是张建新、王幼安、沈达生;企业服务管理站经理(站长)先后是吴雨云、沈金娟、顾伯南、印德进、张知难、吴建明、褚曙强。

闸口乡(公社、镇)人民政府　1959年,太滆人民公社撤销后,闸口公社成立,并设闸口公社人民政府。1968年8月,闸口公社革命委员会成立,代替原来的人民政府行使权力。1981年,闸口公社革命委员会撤销,闸口公社管理委员会成立。1983年,闸口公社管理委员会撤销,闸口乡人民政府成立,辖区内原来的大队改名为村。1999年,闸口乡人民政府改名为闸口镇人民政府。2004年2月,闸口镇并入和桥镇,闸口镇人民政府也随之撤销。

闸口镇(乡)人民政府(人民公社)历任镇(乡)副镇(乡)长(主任、副主任)

表21－21

组织名称	职　务	姓　名	任职时间	备　注
闸口乡	乡　长	王炳华	1957年9月—1958年3月	—
		王遗生	1958年3月—1958年9月	—
	副乡长	杨发龙	1957年9月—1958年9月	—
闸口公社管理委员会	主　任	王遗生	1959年1月—1962年7月	—
		陆景珂	1962年7月—1965年9月	—
		戴荣大	1965年12月—1966年1月	—
		郭仲龙	1966年2月—1967年3月	—
	副主任	潘宝兴	1959年1月—1960年3月	—
		王鹤鸣	1959年1月—1959年5月	—
		潘汉光	1960年3月—1963年4月	—
		杨培根	1960年3月—1962年5月	—
		邓槐银	1960年7月—1961年2月	—
		周奕生	1964年7月—1965年3月	—
		韩来根	1965年4月—1967年3月	—
闸口公社革委会(1968年6月成立)	主　任	刘永年	1968年6月—1972年10月	—
		杨伯荣	1972年10月—1975年8月	—
		张凤清	1977年8月—1981年5月	—
	副主任	韩来根	1968年7月—1971年6月	—
		吴须勤	1971年5月—1981年5月	—
		杨伯荣	1971年5月—1972年10月	—
		杨培根	1972年8月—1975年3月	—
		曹爱根	1974年2月—1981年5月	—
		蒋炳华	1977年10月—1980年9月	—
		陈瑞锡	1979年6月—1980年9月	—
		杭新南	1980年5月—1981年5月	—
闸口公社管委会	主任	曹爱根	1981年5月—1983年7月	—
	副主任	杭新南	1981年5月—1983年7月	—
		钱南兴	1981年5月—1983年7月	—
		吴裕华(女)	1981年5月—1981年8月	—
闸口乡人民政府	乡　长	曹爱根	1983年7月—1984年12月	—
		杭新南	1984年12月—1986年12月	—
		钱志大	1987年4月—1991年1月	—
		丁盘生	1991年3月—1992年6月	—
		邵孟春	1992年6月—1993年10月	—
		蒋乃平	1993年10月—1995年11月	—
		汤卫平	1995年11月—1998年10月	—

续表 21－21

组织名称	职　务	姓　名	任职时间	备　注
	副乡长	杭新南	1983 年 7 月—1984 年 12 月	—
		钱南兴	1983 年 7 月—1987 年 4 月	—
		蒋瑞芬(女)	1983 年 7 月—1983 年 10 月	—
		谈亚光	1984 年 12 月—1987 年 10 月	—
		苏全荣	1985 年 9 月—1987 年 10 月	—
		邓宝龙	1991 年 3 月—1994 年 9 月	—
		顾孟春	1995 年 10 月—2001 年	—
闸口镇人民政府	镇　长	汤浩方	1998 年 10—2002 年 1 月	1999 年撤乡建镇
		邵伯坤	2002 年 1 月—2004 年 2 月	—
	副镇长	尹叶芳	1998 年 3 月—2000 年 3 月	—
		缪孟全	1998 年 3 月—2000 年 5 月	—
		张国民	1998 年 10 月—2002 年 11 月	—
		袁良新	2001 年 10 月—2004 年 2 月	—
		沈晓红	2001 年 11 月—2004 年 2 月	—
		应和君	2001 年 10 月—2004 年 2 月	—
		殷其敏	2002 年 11 月—2004 年 2 月	—

附:闸口镇(乡)政府机关历任负责人

至 2015 年,闸口镇(乡)综合治理办公室专职副主任为周盘明、王斌达;司法助理为蒋焕军、吴建南、王安兰;村镇建设办公室负责人秦国桢;土管所长为尹建安;科教文卫助理为陆中华、蒋小芬、缪勇、杨安妮、周盘明;计生办负责人为王惠云、徐芽琴、张国华、陆建芳、刘亚芬;财政所所长为王盘金(辅导会计)、吴茂祥、许福银、缪卿、倪雪娟;经管办负责人为吴茂祥、俞春荣;劳动社保办负责人为邵汉宏、王中权、谢全海;审计办负责人为邵汉宏;统计办负责人为王斌达;农技站负责人为徐志汤、姜仁全、白苟大、谈亚光、徐志勤;企管站、工交办、工业公司站长、经理、主任分别为姜仁全、张仲明、缪孟大、李全方、陈乐;多联公司(含多技站)负责人为王祥斌、杭伯贤;农业公司负责人为徐瑞银、邵林松;水利站负责人是王海龙、邵瑞初、陆建芬。

第五节　政协工作委员会

1987 年,和桥镇建立政协学习小组,成员由“政协之友”(历届老政协)、工商界、文教卫生界、各街道代表 21 人组成。20 世纪 90 年代后,政协小组成员仅保留宜兴市政协当届在和桥工作的委员,南新、闸口乡镇的委员也同时参加和桥镇的活动。其时,政协小组成员开展阅读文件、座谈讨论、通报镇政府有关经济建设和事业发展的情况、走访考察、调查研究、参政议政等活动。2001 年 11 月,宜兴市政协和桥镇联络委员会成立,裴志伦为政协工作委员会主任,后为陈平。2006 年 11 月,宜兴市政协和桥镇联络委员会更名为中国人民政治协商会议宜兴市委员会和桥镇工作委员会,王穗村兼任主任。2011—2015 年,和桥镇政协工作委员会主任由张文伟担任。政协委员每季度开展一次集中学习、听取政府工作通报、专题视察调研、为和桥经济发展、和谐创新献计献策。

第六节 自治组织

民国18年(1929),和桥镇乡以下设闾邻。民国23年,闾邻制废除,保甲制实施。每10户为一甲,每10甲为一保,并分设保长和甲长各1名。民国35年,和桥镇选举产生镇民代表,代表由保民大会推选产生,每保推选2名代表。新中国成立初期,村(街)干部由乡(镇)在该地积极分子中选派。1950年2月,一、二、三、四街改为生建街、团结街、兴业街、劳动街,成立街政府,并设街长1人。1956年,改街政府为居民委员会(简称居委会)。居委会的产生,首先要选好居民代表,然后召开居民代表大会,以举手表决的方法选举产生居委会班子。居民委员会设主任1名,主持居委工作。1979年,和桥镇民政机构设立,负责村(居)民委员会的换届选举工作。1990年至2015年,和桥镇、南新乡(镇)、闸口乡(镇)于1992年、1995年、1998年、2001年、2004年、2007年、2010年、2013年分别进行第三、四、五、六、七、八、九、十届村民委员会的换届选举工作。在换届选举过程中,和桥区域内各乡、镇政府成立村委会换届选举工作领导小组,组织指导各村委的换届选举工作;各村由3—7名工作人员组成村委换届选举工作领导小组,党支部书记任组长。其中,1998年10月至12月,和桥镇、南新镇、闸口乡各村进行第五届村委会换届选举,和桥村、西锄村、归美村依照上级的要求和部署,采用直接选举的方式。2000年6月,南新镇并入和桥镇后,原来有32个村民委员会逐步撤并为18个村民委员会,原来有9个居民委员会逐步撤并为6个居民委员会。同期,闸口镇原有12个村和1个社区居民委员会。2001年,全镇分两步进行第六届村民委员会换届选举。第一步,2001年5月15日至6月14日,依法选举石路、北庄、西锄、和桥、王母桥5个合并村村民委员会,选出村主任5人,村民委员会委员25人,其中女性8人。第二步,2001年11月8日至12月28日,对其余13个行政村村民委员会进行换届选举。第二步选举登记选民18502人、直接提名主任候选人177人、委员候选人577人,确定主任候选人26人、委员候选人66人,当选主任13人(连任11人,新当选2人)。第二步选举当选主任中,初中以下文化3人,高中、中专文化10人,平均年龄42岁;新当选委员53人,其中女性18人,连任38人,新当选15人,初中以下文化20人,高中、中专31人,大专以上2人,平均年龄38.5岁。2009年4月,团结社区居委撤并给生建社区居委,改名生建社区居委。同期撤销的鹅西居委,将其西横街以南部分地域并入兴业社区居委,将其西横街以北部分并入劳动社区居委。至2015年底,和桥镇设生建、兴业、劳动、南新、海棠5个社区居民委员会。

和桥镇社区居委会历任负责人

表21-22

社区居委名称	原居委名称	历任负责人	合并时间	现任负责人
生建社区居委	鹅山	马虎林、杨菊红、方建芬	2002年5月与生建社区居委合并为生建社区居委	徐艳
	团结	袁顺保、王锡生、谢亚善、朱培金、茅华如、徐士津、谈洪林、周建萍、褚云霞、李亚仙、袁国珍、黄孟瑛	2009年4月团结社区居委与生建社区居委合并为生建社区居委	

续表 21－22

社区居委名称	原居委名称	历任负责人	合并时间	现任负责人
生建社区居委	生建	高铸成、刘金海、许仁乾、路荣华、曹洪俊、罗顺珍、谢立珍、朱杏大、江兰仙、陈瑞娣、吴美英、方建芬、钱锡明		徐艳
兴业社区居委	兴园	范义芳、汪凤珠、周泳娟、杨锡娣、张萍	2002 年 5 月与兴业居委会合并为兴业社区居民委员会	
兴业社区居委	鹅西	胡玉华、吴美英、韩奕彬、夏玉琴	2009 年 4 月撤销鹅西居委，将西横街以南部分并入兴业居委，以北部分并入劳动居委	李辉
	兴业	闻南大、郭一心、钱正南、王竹民、施文团、邱生亮、徐秀珍、江海仙、沈美芳、冷焕顺、范义芳、汪凤珠、赵孟娣、黄孟英、夏玉琴、张萍、李辉	—	
劳动社区居委	劳动	沈仲藩、黄鸿顺、郭炳保、刘崇高、谢立珍、冷焕顺、罗顺珍、范淑君、毛惠芝、徐奋晓、周锦西、周大娟、杭珍凤、夏顺仙、闵建芬	—	闵建芬
南新社区居委	南新	张汝华、李敖中、徐瑞芬	—	徐瑞芬
海棠社区居委	海棠	董良、秦均南	—	秦均南

和桥镇各村委（大队）主任（大队长）

表 21－23

现村名	原村（大队）名	历任负责人	村合并时间	现任村委主任	备　注
大生村村民委员会	前谢	周中元、夏福生、陈金大、褚炳生、黄小荣、周陆明、凌建中、刘才华、李小华	2000 年 2 月，三村合并为大生村	郭根法	—
	金盆	吴志焕、陈安保、王国民、沈洪年、余金林、余南放、张中初			
	苗桥	万全大、潘洪军、孙祥大、张少青、孙　华、徐顺芳、刁敖初			

续表 21 – 24

现村名	原村（大队）名	历任负责人	村合并时间	现任村委主任	备注
北庄村村民委员会	高楼	孙桂荣、欧锡坤、周华明、周德洪、周小狗、周玉良	2000 年 2 月，高楼、土墩两村合并为和兴村，主任吕建军；2001 年 2 月，石路、和建两村合并为石路村，主任周涛、许祖年、潘炳根；2001 年 2 月和兴、石路、并入北庄村，主任韩尧中	韩尧中	—
	土墩	徐汝坤、徐坤中、谈杏明、刘新中			
	石路	周其大、蒋炳成、周春大、周顺林、李海大、钟兆良、殷福华、张达坤、李金林			
	和建	江金海、颜 俊、王建明、邵洪生、王建强、江绿叶、张志岳			
	北庄	王法根、蒋法根、徐夕年、庄新龙、陈孟斌、蒋顺虎、王金元、路锡海、路牛大、韩尧中			
同里村村民委员会	大同	杨卓春、范俊华、欧定法、王福荣、杨华大、倪祖法、杨国元、王南兵、杨俊如	2000 年 2 月，大同、文里合并为同里村，主任杨俊如；2000 年 2 月聚贤、柏树两村合并为百贤村，主任邵焕良；2005 年 3 月百贤、同里两村合并为同里村，主任蒋镜桃	蒋镜桃	—
	文里	费良开、胡士民、王惠中、李玉中、张才华、虞汉文、虞国良			
	聚贤	蒋裕法、李年勋、蒋汉大、蒋新如、王洪芳、蒋国中、张盘余			
	柏树	邓全林、邵毛大、邵焕良			
永兴村村民委员会	上俸	丁荣大、韦盘祥、丁香初、李真荣、丁硕宏、陈雪才	2000 年 2 月，上俸、中心两村合并为站前村，主任仇小华；2001 年 2 月，和桥、闻家两村合并为和桥村，主任徐斌；2005 年 3 月站前村并入永兴村，主任仇小华；2006 年 3 月，和桥村并入永兴村，主任许海明、仇小华。	仇小华	1981 年新建村改名为和桥村
	中心	韦友林、居梅仙、吴汉明、许正南（副）、丁海南、张福林、王玉龙、丁小耀、吴菊生、仇小华			
	和桥	蒋华生、张永德、吴钦怀（副）、孙洪生、赵生荣、孙田根、王红娟、夏孟根、张志岳、闻建辉			
	闻家	吴永泉、许顺华、吴兰大、潘小牛、胡新华、许海明、吴小军			
	永兴	许金泉、汤金坤、曹荣培、路玉如、许晓初、马余生、杨冰祥、曹孟君、洪德明、堵明东、许海明、仇小华			
湖滨村村民委员会	湖滨	周岳大、谈荣海、谈洪林、许祖法、周盘洪、邵小平、陆校大、孙惠军、周玉新（代）、许建康	—	许建康	—
闸口村村民委员会	新安	钱焕金、尹杏如、吕书生、薛柯金、吴石南	2000 年 2 月，五圩、新安两村合并为新圩村，主任蒲伯生、钱俊芝；2003 年 3 月，分别、闸口两村合并为闸口村，主任秦均南；2001 年，沙滩村并入	钱俊芝	陆光耀 73 年 4 月 30 日任革委会主任，免副主任职务。
	五圩	钱荣福、钱泽贤、白荀大、庄金洪、钱新牛、沈国平、陈金荣、陈建伟			
	闸口	邵焕荣、吴锡生、孙兆中、徐建南、秦均南			
	分别	周陆大、吴加维、唐金海、周林书、王海平、季前平			

续表 21－23

<table>
<tr><th>现村名</th><th>原村（大队）名</th><th>历任负责人</th><th>村合并时间</th><th>现任村委主任</th><th>备　注</th></tr>
<tr><td rowspan="2">闸口村村民委员会</td><td>沙滩</td><td>吴龙大、刘海林、秦生林、刘金根、周银坤、陈品伟、吴国金</td><td rowspan="2">闸口村，主任秦均南；2005 年 3 月，陆圩村并入闸口村，主任钱俊芝。</td><td rowspan="2">—</td><td rowspan="2">—</td></tr>
<tr><td>陆圩</td><td>胡富荣、陆开及、陆兴大、陆焕荣、周岳春、陆友大、陆洪达、胡露根、陆听明、陆为民、陆剑铭、陆建明、陆国平</td></tr>
<tr><td rowspan="4">福巷桥村村民委员会</td><td>杨桥</td><td>周梅生、王洪大、周福生、周健华、许文金、唐盘效、叶友春</td><td rowspan="4">2000 年 2 月，杨桥、缪墅两村合并为杨桥村，主任叶优春；2005 年 3 月，杨桥、万福、白巷三村合并为福巷桥村，主任为邵方。</td><td rowspan="4">邵方</td><td rowspan="4">—</td></tr>
<tr><td>缪墅</td><td>周汝海、周汝大、蒋汉生、沈保根、许坤海、许炳林、周建新、蒋伯华、蒋才中</td></tr>
<tr><td>万福</td><td>蒋甲生、潘汉光、蒋建生、邵静山、刘国荣、潘伯洪、蒋文国、蒋仲华、邵伯勋、邵方</td></tr>
<tr><td>白巷</td><td>白洪大、白浩林、白龙林、张才芳、徐锦汝、张金娥、姜仁金、白培玉、张更生、白永根、许全洪、徐兆春、何克忠、白建中、徐志华、陈夕明</td></tr>
<tr><td rowspan="3">钟溪村村民委员会</td><td>钟溪</td><td>邵法大、王祥斌（兼）、汤建中、吴助农、吴建平</td><td rowspan="3">2000 年 2 月，钟溪、三庄两村合并为钟溪村，主任吴建华；2005 年 3 月何家村并入钟溪村为何溪村，后更名为钟溪村，主任吴建平。</td><td rowspan="3">王伟军（2016 年 3 月）</td><td rowspan="3">—</td></tr>
<tr><td>三庄</td><td>邵汉初、邵汉林、王荣法、邵达平、陈东良、邵洪福、邵信坤</td></tr>
<tr><td>何家</td><td>何菊生、邵乾大、杭尧南、何荣南、蒋俭华、马玉其、何志中、王伟军</td></tr>
<tr><td rowspan="4">北渠村村民委员会</td><td>黄土</td><td>路金坤、徐国盘、李生根、路建康、仲苏敏、周六新、沈　敏</td><td rowspan="4">2001 年 3 月，黄土村并入北渠村，主任徐国华；2000 年 2 月，港北、南阳村合并为港南村，主任谈亚良；2005 年 3 月，港南村并入北渠村，主任徐国华。</td><td rowspan="4">冯华君</td><td rowspan="4">—</td></tr>
<tr><td>北渠</td><td>包细大、邓宝龙、董伯成、周正元、徐国华、冯华君</td></tr>
<tr><td>港北</td><td>戴盘坤、李全方、唐干达、王锡根、谈亚良</td></tr>
<tr><td>南阳</td><td>高孝林、金洪大、金夕坤、薛荣生、金小明</td></tr>
<tr><td rowspan="4">楝聚村村民委员会</td><td>归美</td><td>吴宝旺、项耀坤、吴焕章、沈根生、曹效法、吴建平、朱锡南、袁三九</td><td rowspan="4">2000 年 2 月，水产村并入归美村，主任朱锡南、袁三九；2003 年 3 月，归美村并入楝树村，主任袁三九；2005 年 3 月楝树、聚龙两村合并为楝聚村，主任袁三九。</td><td rowspan="4">袁三九</td><td rowspan="4">—</td></tr>
<tr><td>水产</td><td>陆才保、钱焕金、缪小苟、金夕坤</td></tr>
<tr><td>楝树</td><td>缪焕法、缪中明、缪银南、缪小苟、缪永才、缪新根、马新民、缪汉中、缪新南、袁三九、缪中明（71 年 5 月 13 日任革委会第一主任）</td></tr>
<tr><td>聚龙</td><td>张炳泉、徐瑞银、徐焕华、徐国勤、朱焕新、范盘新、杨同根</td></tr>
</table>

续表 21－23

现村名	原村（大队）名	历任负责人	村合并时间	现任村委主任	备　注
西锄村村民委员会	金家	华三大、金华大、王顺生、戴晓勤、孙全清、王建明、徐国良、王山华	2000 年 2 月，金家、漏南村合为金漏南村，主任王小华、王仲明；2001 年 2 月，南新村并入西锄村，主任吴达南；2005 年 3 月，金漏南村并入西锄村，主任吴协南（兼）。	吴桂良	黄家村 1957 年冬并入西锄村，原村长卢福生、丁坤林；万丰村 1957 年冬并
	漏南	姜根宝、邵永时、杨伯民、吕浩元、吕小林、路国其、叶勇南			
	南新	刘央根、周其生、刘崔宝、刘长根、秦金法（副）、刘洪庆、周泽平、赵顺良（副）、周焕清、梅权（副）			
	西锄	蒋根才、王富根、吴雨云、吴汝根、陆福荣、王盘中、吴协南、吴达南、吴协南、吴桂良			入西锄村，原村长许盘荣。
北新村村民委员会	民胜	韩荣根、郭裕芳、吉洪如、陈金云、李洪高、张伯初	2005 年 3 月，两村合并为北新村，主任吴建新	吴建新	—
	北新	庄宝根、王裕宝、吴良才、朱法根、刘小保、陈云南、朱洪良、吴建新			
王母桥村村民委员会	王母	王克明、王支洪、王马根、沈洪山、周中良、沈达生、齐孟荣、陶小中	2001 年 3 月，王母、新桥两村合并为王母桥村，主任蒋小中；2005 年 3 月，水产村并入王母桥村，主任蒋小中。	蒋小中	—
	新桥	蒋顺生、许丙寅、吴来生、蒋锡彬、余建华、蒋小中			
	水产	朱顺法、杨留生、姚金华、江金海、李国芳			
中巷村村民委员会	育中	万金荣、顾建生、袁梅生、裴炳华、许法生、邵泽春、邵乃其、裴登科、袁林军	2000 年 2 月，育中、西中两村合并为西育中村，主任沈利民；2000 年 2 月，云阳、水中两村合并为云中村，主任慕方科；2006 年 3 月，云中、西育中村并入中巷村，主任徐建业。	徐建业	—
	西中	章叔伦、欧生南、沈小洪、傅志平、周建洪、徐顺荣、沈利民			
	云阳	宋法明、杨伯照、宋汉君、吴兆玉、邵三大、慕建民、张洪斌			
	水中	赵开裕、钟洪昌、杨耀松、蒋五大、秦国桢、赵新益、王建中			
	中巷	夏盘生、夏生如、余焕君、褚选生、褚顺培、徐建业			

第二十二章　社会团体

民国13年(1924),宜兴县商会和桥分会成立。民国15年冬,和桥地区曾建立农民别动队。民国17年,和桥镇基层工会成立。1949年,中国新民主主义青年团和桥区机关团支部和工会团支部成立。1950年10月,和桥境内各中学和完全小学成立中国少年儿童大队部。同年同月,和桥农村农民协会成立。1951年6月,宜兴县抗美援朝协会和桥支会成立。同年11月,宜兴县中苏友好协会和桥支会成立。1957年,和桥境内各乡镇妇女联合会成立。1965年,和桥境内农村成立贫下中农协会。20世纪80—90年代,和桥境内各乡镇成立的社会团体有个体劳动者协会分会、私营企业协会、计划生育协会、科学技术协会、老龄委员会、红十字会、侨台眷属联谊会、社会福利基金会、农民体育协会、老干部协会分会、离退休教师协会分会、消费者协会分会、残疾人联合会、关心下一代工作委员会、人民调解委员会、老年书画协会分会、乒乓球俱乐部等。2000—2014年,和桥镇新成立的社会团体有茂达乒乓球俱乐部、龙鼎俱乐部、棋类协会、石锁协会、木兰拳俱乐部、体育总会、戏曲协会分会、老年人体育协会、北渠村戏曲票友社等。至2015年,和桥镇33个社会团体组织都能按照章程,定期召开会议和换届选举,充分发挥促进社会经济发展与社会和谐稳定的重要作用。

第一节　农民团体

民国15年(1926)冬,和桥地区曾建立农民别动队。民国16年,部分队员参加宜兴农民秋收起义,起义失败后停止活动。抗日战争时期,中国共产党在宜兴地区建立太滆根据地,农村普遍建立了农民抗日救国会(简称"农抗会")。组织动员农民坚持抗日,实施"二五"减租,安置掩护抗日将士,支援抗日武装部队。民国34年,新四军北撤,农抗会停止活动。

1950年10月,在县农民协会的指导下,和桥农村普遍成立乡、村农民协会(农会),乡镇设农会主任,村设农会会长。在土地改革和农业合作化运动中,农民协会充分发挥翻身农民当家做主的主人翁精神,发动农民参加分田分地、划分阶级成分、开展土地登记造册的工作,后阶段积极组织农民参加互助组、初级社。1957年冬,和桥境内高级社全部建立,农会的职能由高级社代替,农会组织自行消失。1965年3月,宜兴县成立贫下中农协会筹备委员会。同年四月,和桥镇、和桥公社、、南新公社、闸口公社召开贫下中农代表大会,成立贫下中农协会。当时的镇、公社设主席,大队设主任,生产队设组长。"文化大革命"期间,贫协组织成立毛泽东思想宣传队(简称"毛宣队")进驻学校,组织师生进行所谓的"斗、批、改"。1974年2月,宜兴县第二次贫下中农代表大会召开。同年,和桥公社、南新公社、闸口公社也相应召开代表大会。1981年7月,贫协组织撤销。

第二节　工人团体

民国16年(1927),国民革命军到达宜兴,国民党县党部即在全县开展工人运动。和桥镇建立搬运、粮油、槽坊等工会组织。“四一二”反革命政变后，中国共产党秘密组织宜兴县总工会，和桥地区基层工会部分会员于11月参加宜兴秋收暴动。暴动失败后，工会停止活动。民国17年，国民党认可的宜兴县总工会成立，和桥镇建立基层工会。民国26年，和桥沦陷，工会停止活动。民国35年，和桥粮油、搬运、刨烟等行业再次建立基层工会。

1950年10月，和桥镇工会成立，下设搬运、海员、手工、食品、教育、店员等基层工会，并创办了工人俱乐部。1958年，全镇有职工777人，其中工会会员703人，占职工总数的90.5%。和桥镇工会下设11个基层工会，4个直属小组。1959年，和桥、南新、闸口三公社的教育基层工会也分别建立。1961年3月，和桥镇工会第三届会员代表大会第一次会议召开，出席会议的代表有55人、列席代表有15人。大会选出委员11人、候补委员2人，组成和桥镇工会第三届委员会。1963年，和桥镇工会下设10个基层工会、24个小组，有会员481人，欧荣茂（中共和桥镇党委书记）兼任和桥镇工会主席。“文化大革命”开始，和桥镇工会停止活动。直至1973年，和桥镇工会恢复活动。当时，和桥镇工会还创办职工学校，开设初中、高中学历教学及制图、美术、机电等技术培训班，后因故停办。1979年3月复课，1990年并入镇成人文化技术学校。1975年全镇有职工1285人，工会会员有967人，其中女会员有327人。1986年，和桥镇工会举办基层工会主席培训班和青年骨干学习班，举行“五一”劳动节一百周年纪念活动，建立业余工人通讯网络，13名业余通讯员全年写稿50余篇。当时，和桥镇工会在企业中开展社会主义劳动竞赛和增产节约、增收节支活动，开展生产管理、民主管理、技术革新等活动。全镇28个基层工会中有24个已建立职工代表大会组织，创建“职工之家”，常年开放职工俱乐部。每年还组织三分之一女职工参加身体检查。和桥镇职工学校还开办4个高中文化学习班，并设有职大、自修大学和电视大学班。当年职工业余教育使用经费达3.53万元。1987年，和桥镇有基层工会33个，工会小组251个，有会员3758人、退休职工871人。工会重视干部职工的普法教育，举办普法学习骨干训练班。邀请宜兴县司法局同志上法律知识课。至1988年，和桥镇工会历任主席有李天宝、蒋稀铮、钱镇南、王竹明、徐震华、欧荣茂（兼）、李心安、蒋品笙、唐晓红等。

1995年，南新镇、闸口乡分别开始建立工会组织，闸口乡工会主席由周仕健担任。1999年，和桥镇工会下属基层工会26个，有职工3157人，其中工会会员2983人。2000年6月，南新镇并入和桥镇，工会组织也随之并入。南新镇工会历任负责人有邵伯坤、徐洪林、周正贤。同期，和桥镇工会主席由程同祖担任。2001年4月10日，和桥镇工会召开第九次工会代表大会，选举钱亦平为工会主席。至2001年底，和桥镇工会下属国有企业工会8个、股份合作制企业工会22个、私营企业工会10个、外资企业工会6个、村级工会16个（村下属企业工会200个），全镇共有基层工会246个，职工总数6605人。至2002年，全镇有职工7029人，其中工会会员6879人，有机关、企事业、村级基层工会64个。

2001年3月，闸口镇工会召开第二届全镇职工代表大会，会议选举许夕强为工会主席。此时，闸口镇共有基层工会28个、集镇联合工会1个（下辖16个小型企业）、村级工会14家（下辖111个企业）和天一度假村工会，有企业职工3430余人，其中工会会员3160余人。这一届闸口镇工会认真履行工会职责，为企业职工签订区域性集体合同113份，签订区域工资集体协议103份，为3000多名职工撑起了权益“保护伞”。同时，该工会还认真组织开展“双爱双评”和“安康杯”安全生产竞赛活动，评出“爱企业的好职工”30名和“爱职工的好厂长”18名。为认真规范基层工会运作，该工会努力加强自身建设，实行工作目标任务百分考核制，并做到刻制工会印章、领取工会社团证、设立银行账号、办理组织机构代码证等“四个统一”，使工会工作走上了健康发展的轨道。2001年度，闸口镇获评无锡市工会工作示范乡镇。2004年2月，闸口镇并入和桥镇，工会组织也随之并入。

2004 年 9 月,和桥镇工会被评为无锡市学习型工会示范点。2004 年 12 月,和桥镇召开总工会成立代表大会,来自 35 个基层工会的 85 名代表一致选举许夕强为和桥镇总工会主席。同年底,许夕强被评为江苏省工会先进工作者。2009 年 5 月,和桥镇第二届总工会代表大会召开,参加会议的 80 名代表来自全镇 28 个基层工会,许夕强第二次被选举为和桥镇总工会主席。和桥镇这一届总工会探索非公有制企业民主管理制度和维护职工合法权益机制,采取从宏观上探索维权机制,率先推行镇、村(社区)与行业三种模式的集群职代会制度、企业董事会制度和工会联系会议制度、用“约、商、议、示、监”等办法的平等协商制度、建立劳动者权益公开制度;在微观上倡导以工会为主的镇级区域劳动争议调解职能,指导和协调镇级区域内企业的劳动争议调解工作,并直接受理基层企业职工劳资纠纷的调解,有效地协调和稳定了和桥镇企业的劳动关系。同年,和桥镇获评江苏省工会工作模范乡镇。2011 年 5 月,和桥镇总工会委员会议召开,选举刘国强为和桥镇总工会主席。2011 年 7 月,和桥镇总工会被无锡市总工会评为 2007—2010 年度无锡市工会劳动法律监督工作先进集体。2014 年 10 月,和桥镇总工会第三届代表大会召开,来自 60 个基层工会的 79 名代表参加会议,会议选举张文伟(兼)为总工会主席。2012 年后,和桥镇总工会组织职工开展办公自动化电脑操作技能大赛、“佳禾杯”维修电工职业技能大赛、庆“五一”职工拔河比赛、迎国庆“百丽杯”职工书法展评等活动。

2015 年底,和桥镇总工会拥有一幢三层 560 平方米的独立大楼,办公设施齐全。全镇有基层工会 565 家,在职职工 20366 人,工会会员 20162 人,其中基层独立工会 57 家,联合工会 23 家(覆盖全镇 507 家小型企业)。

2015 年和桥镇工会组织情况

表 22-1

类别	基层工会数(个)	职工数(人)	会员数(人)	其中女职工数(人)
机关事业	3	495	490	270
企业	548	11542	11427	5713
村级	14	8329	8245	4200
小计	565	20366	20162	10183

和桥镇总工会历届工会代表大会

表 22-2

届次	会议日期	代表数(人)	基层工会数(个)	会员数(人)	选举结果		
					主席	副主席	委员
第一届	2004 年 12 月 10 日	85	35	85	许夕强	张尧君	王月明、马林华、许夕强、吕乐一、吴协南、陈乐、陈祥富、何志中、张中明、张尧君、张雪飞、张惠渊、沈惠英、赵建军、路竹青

续表 22-2

届次	会议日期	代表数（人）	基层工会数（个）	会员数（人）	选举结果		
					主席	副主席	委员
第二届	2009 年 5 月 15 日	80	28	80	刘国强（增补）	范凌云（增补）	王月明、王伯芳、许夕强、吕乐一、吴协南、何龙、陈乐、陈伟、李建潮、沈惠英、杨乃岩、赵建军、费超、蒋进华、路竹青
第三届	2014 年 10 月 30 日	79	60	79	张文伟	周涛	张文伟、周涛、张忠平、王伯芳、吕乐一、华亚娣、吴立新、陈曙亮、凌红军、蒋进华、路竹青、裴志坚、邵方、邵乃其、李建潮

附：和桥镇学校教育工会

和桥镇、和桥乡（公社）、南新（乡、公社、镇）、闸口（乡、公社、镇）各学校教育工会组织于 20 世纪 50 年代建立，一贯直属于宜兴（县、市）教育局（教育委员会、教育局）工会领导。“大跃进”“人民公社化”运动时期，基层工会组织受“自然消亡论”影响，工会工作无所作为。“文化大革命”时期，教育工会名存实亡，活动几乎停止。1973 年，教育工会与其他工会一样恢复活动。1980 年，和桥公社新生小学基层工会有 5 个小组，会员 31 人，南新小学基层工会有小组 6 个，会员 38 人，南新中学基层工会 1 个小组，会员 23 人，闸口小学基层工会有小组 8 个，会员 45 人，棟树中学基层工会有 1 个小组，会员 25 人。同期，和桥镇各中心学校也都有教育工会组织。当时，参加工会的会员只限于公办教师。1984 年后，中小学民办教师和任教一年的教职工也可加入工会，并颁发会员证。1990 年和 1995 年，和桥高级中学教育基层工会、和桥第二中学教育基层工会、和桥职业高级中学教育基层工会相继建立。进入 21 世纪，在上级教育工会的指导下，各学校教育基层工会结合学校的实际情况，开展活动比较频繁，内容比较丰富，形式也比较多样，如征文演讲比赛、课堂教学比赛、“三字书写”与电脑操作比赛、体育比赛等评优创先活动。各教育基层工会还积极参加宜兴市教育工会开展的“合格教工之家”创建活动，还开展对患病教工、退休教工走访慰问等，在一些重大节日组织教工开展庆祝与联欢活动。教育基层工会经费一般由上级拨付一部分，社（乡、镇）支付一部分和会员每月缴纳的 1 元会员费等组成。至 2015 年，和桥镇有教育基层工会 7 个，有会员 600 余人。

第三节　青少年团体

一、中国少年先锋队

1950 年 10 月，和桥境内各中学和完小成立中国少年儿童大队部，以班级建立中队，以组建立小队，各初级小学建立少年儿童独立中队部，并围绕“德、智、体、美、劳全面发展”这一主题开展各项活动。1953 年，儿童团更名为中国少年先锋队（简称“少先队”），原和桥境内的少年儿童组织全部改名为少先队组织。按照《中国少年先锋队章程》规定，和桥境内无论少先队大队或中队开展主题活动时，都须带大、中队旗，少先队员必须佩戴红领巾及队干部标志，并形成一套如“出旗、奏乐、清点汇报人数、活动、结束、退旗”的活动程序。1953 年，和桥境内的各级少先队组织，积极响应共青团宜兴县委的号召，积极参加“小五年计划”活动，用勤劳的小手，为建设新中国出一份力。“文化大革命”期间，学校教学秩序被打乱，少先队组织被取消，代之以“红小兵”组织。“学工、学农、学军”等活动成为少年儿童活动的主要内容。1978 年,“红小兵”组织被取消,和桥境内少先队组织恢复,和桥镇、和桥公社、南新公社、闸口公社各中心学校设大队辅导员一名(列入行政人员编制)。各中队一般由班主任兼任中队辅导员。同年,和桥小学四(3)中队 55 名少先队员和辅导员收集 56 颗向日葵籽,寄到北京要求种在毛主席纪念堂的东侧,代表 56 个民族永远向着红太阳。中共中央办公厅寄来毛泽东主席题词“好好学习,天天向上”复印件,以示鼓励和答谢。20 世纪 80 年代初,和桥境内的各级少先队组织踊跃参加团中央在全国发起的“创造杯”活动。1983 年,少先队发动开展为雨花台捐款的活动。新中国成立 45 周年前夕,和桥小学大队部和南京国旗护卫队联系,收到该队寄来的退役国旗一面,作为向少先队员进行爱国主义教育的好教材永久保存。1978—2000 年,一镇三公社(乡、镇)少先队的活动,紧紧围绕“面向四个现代化”“德智体美劳全面发展”“五讲四美”“校园文化”“文艺演出”“不忘国耻,强我中华”等开展一系列主题活动,为队员们创造良好的学习环境,促进队员们健康成长。2003 年后,和桥第二小学组织少先队员积极开展体育运动,荣获宜兴市、无锡市小学生排球比赛冠、亚军的荣誉,并被评为宜兴市少先队工作先进集体。2011 年,闸口小学少先队组织依托东坡海棠园的基地,开展“海棠文化”研究,并创办了“海棠文化研究班”;南新小学组织少先队员开展水文化研究,都取得了实际效果。2012 年后,“践行中国梦”成为和桥镇各少先队组织开展各类活动的鲜明主题。至 2015 年,和桥镇有少先队大队 6 个,中队 83 个,少先队员共 3542 名。

二、中国共产主义青年团

1950 年 3 月,中国新民主主义青年团宜兴县委建立。随后,和桥区成立团委,和桥镇成立团总支,各上规模的企事业单位都建立团支部。抗美援朝时,共青团组织对青少年进行爱国主义教育和国际主义教育,广大团员青年踊跃报名参军,并积极开展和平签名,开展慰问烈军属、优抚代耕等活动。1954 年,中国新民主主义青年团和桥镇委员会成立,设委员 11 人,有 3 个团支部,团员 138 人。1955 年,镇团委在秋收中组织青年突击队、拣粮队,提倡为农服务,1956 年,中国新民主主义青年团新民乡、南新乡、闸口乡的总支委员会相继建立。同时开展建团、整团工作,健全制度,纯洁组织。1957 年 5 月,中国新民主主义青年团和桥镇新民乡、南新乡、闸口乡委员会更名为中国共产主义青年团和桥镇、新民乡、南新乡、闸口乡委员会。1958 年,共青团和桥镇委员会下设 6 个团支部 27 个团小组,有共青团员 205 人。工业、商业战线团员青年开展“服务良好月”劳动竞赛;财贸战线团员青年开展送货上门、上门修理、下乡支农等活动。1961 年,和桥公社共青团组织成立。1963 年,和桥镇有 14 个团支部,24 个团小组,团员青年广泛开展学雷锋活动,好人好事不断涌现。“文化大革命”期间,共青团组织停止活动。1973 年 3 月,共青团组织恢复活动。1981 年,共青团宜兴县委号召团员青年开展“学雷锋、树新风”活动,和桥境内团员青年投入了第一个“全民文明礼貌日”活动,学校团支部组织开展“振兴中华”读书活动。1985 年,镇团委组织团员收看老山前线英雄事迹报告录像,召开座谈会,开展“学英雄、树理想、见行动、作贡献”活动。1986 年,和桥、南新、闸口团委组织团员青年学习法律知识,开展“大家唱”“兴百业状元”“我为祖国献青春”等系列活动。同年,和桥乡共青团组织并入和桥镇。1959—1986 年,和桥乡(公社)曾召开十一次团代会。1987 年 5 月,共青团和桥镇第九次代表大会召开,出席大会的正式代表 133 人,特邀代表 7 人,列席代表 18 人,选出团委委员 11 人。1989 年 5 月,共青团和桥镇第十次代表大会召开,108 名代表参加会议,选出团委委员 11 人。1996 年 5 月,共青团和桥镇召开第十一次代表大会,106 名代表参加会议,选出团委委员 11 人。1999 年 5 月共青团和桥镇第十二次代表大会召开,92 名代表参加会议,选出团委委员 11 人。当年,和桥镇有 14 ~ 28 周岁青年 4518 人,其中团员 871 人,有团支部 91 个。2000 年,南新镇共青团组织并入和桥镇。1959—2000 年,南新镇(公社、乡)曾召开十二次团代会。2001 年 4 月，共青团和桥镇第十三次代表大会召开，60 名代表参加会议，选出团委委员 11 人。2002 年，和桥镇有团支部 95 个，14 ~ 28 周岁青年 5723 人，其中共青团员 1223 人。2004 年，闸口镇共青团组织并入和桥镇。1959—2004 年，闸口镇（公社、乡）曾召开十四次团代会。2010 年 12 月，共青团和桥镇第十四次代表大会召开，95 名代表参加会议，会议选出团委委员 11 人。2010 年后，共青团和桥镇委员会组织团员青年开展了“青春共建和谐社区”“金秋相聚福巷桥村大型文娱晚会”“迎新年送春联”“闹元宵猜灯谜”“清洁家园、美化环境”“大学生村干部座谈会”“骨干企业优秀青年交流会”“讲述幸福故事、健康快乐成长演讲比赛”“返乡大学生与机关青年交流会”“迎重阳敬老院慰问演出”等一系列有教育意义的活动。至 2015 年底，和桥镇有 14 ~ 28 周岁的青年 14596 人、共青团员 5838 人（女团员 2627 人），有共青团支部 81 个。

共青团和桥镇委员会历任负责人有孙孝文、蒋祖霖、孔繁如、蒋福庆、陈瑞良、胡波、黄幼华、钱亦平、谈舟平、王月明、蒋健君、谈伟、褚曙强、谢军、吴俊花、毕薇。

共青团和桥乡、公社（含新民乡）委员会历任负责人有徐德泉、景盘金、谈盘龙、谈德权、王敖洪、邵汉军、马诚、陆尧大、欧叔民、庄新龙、刘国强、谈舟平。共青团闸口乡（公社、镇）委员会历任负责人有戴荣大、裴细勋（兼）、李保社（兼）、蒋仲军、张强、戴新跃、徐达新（兼）、陶小卫、沈惠英。共青团南新乡（公社、镇）委员会历任负责人有王志洪、堵清涛、蒋和平、王炳华、陈海林、韦豪雄、吴仲益、芦奕宝、夏阿宝、张福元、吉柏君、丁祖福、徐洪林、褚曙强。

第四节　妇女团体

民国 16 年（1937）8 月，国民党宜兴县党部召开妇女协会成立大会，和桥派代表参加。同年 11 月，妇女协会参加中国共产党领导的秋收农民暴动。起义失败后，活动停止。1949 年新中国成立后，宜兴县妇女联合会建立，和桥区设妇女干部。1950 年 12 月，镇配备专职妇女干部。1951 年 4 月，和桥镇妇联筹备会成立。1952 年，和桥镇民主妇女联合会（简称“妇联”）成立。1953 年，和桥镇妇联广泛宣传《中华人民共和国婚姻法》，提倡男女平等，批判重男轻女思想，发动妇女积极参加社会主义建设。1956 年，新民、闸口、南新乡民主妇女联合会分别成立，并召开妇女代表大会，由谈海妹、许春妹、周秀妹分别任新民、闸口、南新的妇联主任。1957 年 8 月，和桥境内的镇、乡民主妇女联合会改为妇女联合会。1958 年 9 月，太滆人民公社成立。1959 年 1 月 12 日，太滆公社撤销，分设和桥、南新、闸口公社（含和桥镇）。同年 2 月初，撤销和桥公社，恢复和桥镇建制，分设新民、南新公社。其间，和桥公社、新民公社历任妇女主任的有任新妹、王静涛、徐凤娣、吴爱华、周凤金。

1962 年 7 月，和桥镇第三届妇代会一次会议召开，到会代表 110 人，选出妇女联合委员会委员 15 人，主任为任蕴。“文化大革命”期间，妇联组织停止活动。1973 年，妇联组织恢复，活动也重新启动。1980 年 11 月，和桥镇第七届妇女代表大会召开，选出妇委会委员 11 人，会议大力宣传党和政府的计划生育政策。

1986 年 6 月，和桥乡与和桥镇合并后，全镇有 93 个基层妇女组织、10500 名妇女。1987 年 3 月，和桥镇第八届妇女代表大会召开，93 名代表出席会议，选出委员 13 人，会议号召全镇妇女认真学习中共十二届六中全会通过的《关于社会主义精神文明建设指导方针的决议》，充分发挥广大妇女特别是妇女干部和骨干在精神文明建设中的作用。1990 年 8 月，和桥镇第九届妇女代表大会召开，90 名代表出席会议，选出委员 13 人，会议动员全镇妇女自立自强、团结奋斗、振奋精神、同心同德，为推进两个文明建设作出贡献。1995 年 8 月，和桥镇第十届妇女代表大会召开，94 名代表出席会议，选出委员 13 名，会议号召全镇妇女抓住机遇，加快发展，再创和桥妇女辉煌业绩。2000年5月，和桥镇第十一届妇代会召开，出席会议代表97人，选出委员13名，会议听取了《跨越新世纪，迎接新挑战，团结动员广大妇女为实现和桥镇跨世纪宏伟目标努力奋斗》的报告。当年，和桥、南新、闸口镇妇联组织根据各自的特点和实际，在妇女中开展“双思”（致富思源，富而思进）的教育活动，还积极响应宜兴市妇联组织开展的“情系西部，共享母爱”活动，帮助西部边远山区的母亲和儿童改善生存和发展环境，分别捐建水窖款11533元、8800元和10115元。2000年6月，南新镇并入和桥镇。南新镇历任妇联主任的还有周秀梅、周秀华、张梅娟、蒋凤华、邵夕华、虞夕妹、蒋敏智。同年，和桥镇妇联被宜兴市妇联授予“爱心集体”称号。2001年，和桥、闸口镇结合学习，紧紧围绕“从我做起，从家庭做起，从岗位做起，树立与社会主义市场经济相适应的新思维、新观念，全面提高妇女整体素质”这一主题，发动广大妇女开展“新世纪的妇女新形象”大讨论，两镇近万名妇女参加该项活动，涌现出一批岗位建功、岗位成才、“五好”文明家庭和“三八”红旗手。闸口镇的邵菊华、王亚华分别被评为无锡市先进个人、宜兴市“三八”红旗手。同年5月，和桥镇妇联组织开展“同在蓝天下”的演讲活动。2004年2月，闸口镇并入和桥镇。闸口乡（公社、镇）历任妇联主任的还有堵梦觉、吴兰芳、余巧英、吴爱华、蒋瑞芬、吴裕华、白仁芳、朱瑛、沈惠英。2002—2009年，和桥镇妇联利用“三八”妇女节，开展纪念和庆祝活动，紧紧围绕工作目标，团结和带领全镇各级妇女组织加强自身建设，组织妇女党员积极参加群众路线教育实践活动，加强党性锻炼，起模范带头作用。2010年，和桥镇妇联以纪念“三八”国际劳动妇女节100周年为契机，在全镇范围内组织开展各行各业优秀妇女的评选活动，共评选出“巾帼建工标兵”10个、“巾帼致富能手”50个、“五好文明家庭”50户。同里村种养女能手邵丽萍、优秀女企业家张雪飞、中国银行和桥支行女副行长吕立文等5位同志，在纪念表彰会上作了典型交流发言。同年，和桥镇妇联与成人学校等单位协作，组织基层妇女免费参加农村妇女计算机、家政服务、宾馆服务、缝纫制作等培训班8期，培训妇女200多人次。年底，宜州化学制品有限公司董事长潘阿华被评为宜兴市优秀社会妈妈，太平洋集装箱配件有限公司被评为宜兴市市优秀社会妈妈先进集体。2011—2013年，和桥镇妇联帮助企业组建女工组织16个，举办各类培训班20余期，其中有无锡市和宜兴市总工会干部到和桥镇做“工会转型期女工干部的素质和素养”的专门培训，组织妇女人才招聘会5场，帮助新增自主创业女性（工商注册）100余名；直接解答法律咨询500余人次，接待维权到访50余人；邀请宜兴市妇幼保健医院专家到镇进行妇幼健康专题讲座5次，为40多家企业、5个居委共计3500名女性进行了宫颈癌、乳腺癌“两癌”免费检查，并为2名贫困“两癌”对象争取各1万元补助；新增社会妈妈100余人，结对困难学生277人，助学捐资50余万元；新建市级“妇女儿童之家”示范点3个（同里村、西锄村、中巷村）；每年“六一”，和党委、政府、关工委、团委、教办等部门慰问11所中小学校和幼儿园，为每所学校的少年儿童送去节日礼品，为100余名贫困儿童送上慰问金；每年春节，组织村妇代会主任去敬老院看望120位孤寡老人，还走访慰问特困家庭、退休困难妇女干部、贫困妇女、孤残儿童36人；选出150名妇女组建18支女子“柔力球”队，参加镇全民运动会开幕式表演；主办、承办和协办各类文艺演出40场次。2014年，和桥镇妇联在创先争优活动中，评选出镇级妇联工作先进集体和个人各3个，命名表彰和桥镇“五一巾帼创业标兵”6个、和桥镇“五一巾帼岗位能手”8个、“五一巾帼标兵岗”5个，推荐表彰宜兴市“好爸爸”1个、“好妈妈”2个、“好孩子”2个、“优秀社会妈妈”2个；组织优秀妇女代表出席宜兴市妇女第十三次代表大会暨表彰大会，其中史建珍荣获“三八”红旗手标兵称号，吴研、邵丽萍等7名妇女荣获宜兴市三八红旗手称号，和桥镇财政所、江苏新雪竹国际服饰有限公司生产部荣获三八红旗集体称号，和桥中专、西锄村家长学校获评无锡市优秀家长学校。2015年，和桥镇妇联在妇女、家庭中积极开展“和美家庭”建设活动，动员全镇妇女积极投入“崇文崇德，和善和美”的和桥精神建设活动，用“展家庭文明风采”特色家庭评选、“晒家庭和睦生活”家庭建设好家风征集评选、“家庭幸福故事”演讲比赛、“秀家庭未来梦想”创业故事新闻竞赛、“享科学家庭经验”等专题，深入每个妇女和家庭，以好家风支撑起社会好风气。和桥镇妇联历任主任（主席）有任蕴、曹云琴、邵夕华、颜旭初、薛杏珍、钱婉琴、张清霞、张夕妹、尹叶芳、浦凤珍、单玉琴、杨安妮、沈惠英、华亚娣、黄旭琴。

第五节　工商团体

一、商会（工商联和桥分会）

民国13年（1924），宜兴县商会和桥分会成立，和桥万生酱园店主朱道元当选为宜兴县商会副会长兼和桥分会会长。和桥沦陷期间，商会停止活动。民国35年，宜兴商会和桥分会恢复活动，以后改称和桥镇商会。民国时期，和桥镇商会历任会长的还有梅惠中、董德庸、庄祥麟、吴锡泉、梅苏生、徐福年、吕能扬、王杏溪、李招孝。

1949年11月15日，和桥区（镇）工商业联合筹备委员会成立，有委员11人，程壬如任主任。另有劳资委员14人、税务联评委员24人。和桥镇有同业公会29个，有工业22户、商业301户、手工业198户、摊贩514户，共有会员1057人。1950年，和桥镇工商联合会发动会员认购胜利折实公债，其中绸布业实购262份，正益油厂实购1200份，东盛新油厂实购1000份。工商联还组织闲散资金支持农业生产，借出肥料贷款4.56万元，捐献救灾米6.97万千克、寒衣1800多套。同年10月，和桥镇工商进行登记，全镇统计有工商业517户，从业人员1700人，资金总额82.56万元。1951年，和桥镇工商联动员工商界响应“抗美援朝，保家卫国”的号召，踊跃捐献飞机大炮代金8万多元，子弹代金1522元。同时，工商联组成私营企业财产重估委员会，动员一些重点工商户将账外资金入账。全镇粮食、绸布、酱酒、五洋、木业的私营财产经重估后，资金总额达70.97万元。为贯彻“公私兼顾、劳资两利、城乡互助、内外交流”政策，工商联还组织各业参加苏南、华东、华北等地区的物资交流会。对资金不足的私营企业，工商联出面帮助向银行贷款。同期，工商联还帮助私营企业成立同业联营组织，以抵御筹措资金和营业获利方面遇到的困难。当时成立同业联营的行业有粮食、油饼、铁业、冶坊、五洋等，其中粮食业有21户联营，有75从业人员、3.5万元资金。同期的棉布、南货等行业则建立联购分销制度。1955年10月，私营南货店7家自愿结合，经批准成立和桥第一家南货茶食合作商店，按投资多少进行利润分配。同年12月，百货、文具、卷烟、糖果等私营商店，纷纷效仿南货店的做法，组成合作商店与合作饭店；其他行业也积极向政府递交申请书，等待批准合作。1956年1月19日，和桥区域内万人集会并举行盛大游行，热烈庆祝国家对私营工商业社会主义改造的伟大胜利，肯定工商联在其中发挥的作用。同年，和桥镇9户私营油米厂改造成为公私合营和桥油厂、米厂（另外4户迁往外县）；82%的手工业户（433人）组成4个手工业生产合作社；428家私营商店分别参加9个公私合营商店、1个粮店、21个合作商店；180名摊贩全都加入合作小组。4户蚕种场、1户仁和孵坊被批准为公私合营和桥蚕种场与仁和孵坊。在公私合营企业中，按照量才录用、适当照顾的原则，安排私方人员12名担任企业正副经理、厂长和场长。同年8月，由工商联帮助的清产核资结束。根据和平改造、逐步续卖的政策，由工商联为私营股份按季开出定息单据，向持股人定期支付利息。1957年起，和桥镇工商联按照上级通知精神，分批安排公私合营企业中的私方人员到南京、镇江、常州等地的政治学校参加学习。1958年9月，和桥镇工商联改组，陈和钦任主任。精简机构后，商会实有工作人员2人。

“文化大革命”期间，商会停止活动。1986年，宜兴县工商联恢复活动，和桥建立工商小组。十一届三中全会以后，为了适应改革开放的新形势，团结工商界为地方经济建设服务，和桥镇商会（市工商联和桥分会）于1995年8月重新成立，由陈良富任会长。当时，共有商会会员58名，其中企业会员42名，团体会员4名，私营企业、个体户会员12名。2002年7月9日，和桥镇商会第二次会员代表大会召开，选举江苏省富陶集团董事长沈锐华为和桥镇商会会长，程同德、杨跃飞、徐海友为名誉会长。南新镇商会于1998年9月成立，会议选举何国强为名誉会长，戴金禾为会长，理事会成员14人。2000年6月，南新镇并入和桥镇。闸口镇商会于1997年8月成立，选举周仕健为商会会长，共有商会会员62名。2004年2月，闸口镇并入和桥镇，商会也随之合并。

2008年12月，和桥镇商会第三届会员代表大会召开，选举王穗村同志为商会会长。和桥镇商会充分发挥自身的职能作用，引导会员积极谋划经济建设，开展各类工商业培训，组织会员参加有关活动，并能主动为会员提供科技、法律、信息等方面的服务，得到了广大会员的肯定。同时，商会认真做好会员的发展工作，提高会员素质。2014年9月，镇商会第四届会员代表大会召开。史中武、殷其敏当选为镇商会名誉会长，沈锐华为会长。至2015年底，和桥镇商会共有会员170个，其中企业会员145个。

1997—2015年，和桥镇商会组织会员单位加快培育创业文化、创新文化、和谐文化和公益文化，先后有16家企业成功创建无锡市非公有企业文化建设“百、千、万工程”示范创建先进单位，受到无锡市委统战部、无锡市总工会、无锡市工商业联合会表彰。在争创“守信用、讲信誉、重信义”活动中，累计有60多个会员企业通过了无锡市工商业联合会、无锡市质量技术监督局等7个部门的验收，得到认可。广大会员企业自觉投身光彩事业，无私奉献，累计捐献人民币1000多万元，用于扶贫解困、拥军优属、助学就业等善事。和桥镇商会被无锡市工商联评为两个文明建设服务先进集体。

二、个体劳动者协会

1983年7月，宜兴县个体劳动者协会和桥镇分会（以下简称“镇个协”）成立，当时全镇有个体户260户，400多名从业人员。镇个协每三年召开一次个体劳动者代表大会，选举产生理事、副会长及会长。同年，宜兴县个协南新乡分会成立。1984年5月，闸口乡（镇）个协分会成立，当时有个体工商户245户，从业人员有268人。1986年3月，和桥镇个协建立妇代会。1990年4月，中共和桥镇个协支部建立。1999年，和桥镇个体工商户发展到1096户，从业人员有2190人。2002年全镇有个体工商户1160户，从业人员2400人。2000年，南新镇有个体工商户125户，从业人员150多人。2000年6月，南新镇并入和桥镇。南新镇（乡）历任个协负责人有蒋五大、刘洪和、吴兆玉、张汝华、李敖中。2004年2月，闸口镇并入和桥镇。闸口镇（乡）历任个协负责人有吴法明、胥全洪、徐建南、缪孟大、徐建南。和桥镇个协自2003—2005年，支持发展个体工商户；开展慰问困难会员工作，累计慰问困难会员110户、使用慰问资金10万余元；开展法律法规培训30场次，接受培训人数达3000人次；帮助会员解决用工等实际困难，组织用人招聘会10场次，组织银企对接6次，帮助企业办理动产抵押登记，融入资金近亿元。镇个协多次被无锡市、宜兴市工商局和个体劳动者协会评为先进集体。2015年，和桥镇个体劳动者协会会员已有3078户。历任和桥镇个体协会负责人有许祖年、徐泉根、孙听生、许季涛、杨定荣、张永年。

三、青年商会

2010年6月，和桥镇青年商会成立，周勤斌担任会长。青年商会的主要职能为：增进会员与其他商业组织和个人的联系，促进经济合作发展；在政府与会员之间发挥桥梁纽带作用，促进本地区经济发展；维护会员的合法权益，为会员排忧解难，提供服务；宣传、贯彻党和国家的方针政策和政府有关经济工作的方针及其他相关政策；组织各类培训和经验交流活动，提高本地区经营管理整体水平；搞好行业自律，讲究职业道德，保护消费者合法权益；加强与工商、税务等职能部门的联系，争取相关部门的理解与支持，创造良好的发展空间；组织举办各种形式的联谊会、洽谈会、协商会、研讨会，促进会员之间的交流发展；承办政府交办的其他工作。2013 年 9 月，和桥镇青年商会召开第二次会议，选举产生理事会成员 12 名，周勤斌继续当选为会长。2010—2015 年，和桥镇青年商会三次向和桥镇区四所小学捐赠图书，总价值达 30 万元；向 30 名受助学生发放 1.5 万元爱心助学金；给敬老院五保老人捐赠保暖内衣共计 3 万元；先后五次组织骨干会员和青年企业家赴宜兴市及外地名企、名校学习参观、考察交流、研讨结对，提升和桥青年商会成员和青年企业家的创新水平。

图 22－1　2012 年宜兴市青年商会和桥镇分会第二届代表大会第一次会议

第六节　科教文卫体育团体

一、科学技术协会

1981 年 12 月，南新乡科学技术协会成立，芦奕宝任主席。1983 年 8 月改选顾建农为主席。1985 年 1 月，和桥镇科学技术协会成立。大会选举孙维纵为主席，下设机械、电子、纺织、建材、轻工、光学、粮油食品等 8 个学科组。和桥乡科学技术协会于 1985 年 5 月成立，主席李夕林。1985 年 9 月，闸口乡科学技术协会成立，选举 15 名科协委员、4 名常务委员，钱志大当选科协主席。协会成立 15 个学科组，即农学、蚕桑、花木、食用菌、轻工、机电、化工、建筑、医疗、青少年科辅、宣传普及、禽畜、电子、水产、养蜂。1986 年和桥乡与和桥镇合并后，于 1987 年 9 月召开镇科协第二届会员代表大会，选举陈龙海为主席，会员扩大到 192 人，增设化工、农学、冶金、养殖等学科组。1991 年 5 月，和桥镇科协召开第三届会员代表大会，陈龙海继续当选为镇科协主席。2000 年 6 月，南新镇并入和桥镇，科协组织也随之合并。2002 年 4 月，和桥镇科协第六届会员代表大会召开（按市科协会议届次排序为第六届，实际应为第四届），参加会议代表 87 人，会议选举镇长杨跃飞任镇科协主席。2004 年 2 月，闸口镇并入和桥镇，科协组织也随之并入。闸口乡（镇）科学技术协会先后召开过 7 次代表大会。每次大会后，开展农业技术、水产养殖技术等方面的培训，促进科技致富。2007 年 5 月，和桥镇科协召开第七次代表大会，70 多名代表参加，选举陈先钊任镇科协主席。2012 年，和桥镇科协召开第八次代表大会，选举产生镇科协第八届委员 11 名，施旭伟当选科协主席。

二、离退休教师协会

1985 年 9 月，宜兴市离退休教师协会（简称“退教协会”）成立，和桥区设退教协分会，和桥镇、南新乡、闸口乡离退休教师工作组成立。离退休教师协会坚持“自我教育、自我管理、自我服务”的原则，主要工作是组织广大离退休教师在退休生活中做到“老有所学、老有所乐、老有所为”，力所能及地发挥余热。1990 年 3 月，和桥镇退教协分会单独建立。1994 年，南新、闸口乡（镇）也单独建立退教协分会。同期，退教协以街道建立活动小组。1997 年，退教协以校建立活动小组。同年，和桥镇退教协分会改名为宜兴市离退休教师协会和桥镇分会。1998 年，南新、闸口的退教协分会也分别更名为宜兴市离退休教师协会南新镇分会、宜兴市离退休教师协会闸口乡分会。1999 年，和桥高中、和桥二中、和桥实验小学、和桥二小、闸口中小学 6 个学校创建成“宜兴市退休教工之家”。2000 年 6 月，南新镇并入和桥镇。夏胤、周柏生先后担任南新乡（镇）退教协分会理事长。2004年2月,闸口镇并入和桥镇。邵伯华、缪其芳先后担任闸口乡(镇)退教协分会理事长。2004年后,和桥镇退教协分会下设和桥高级中学、和桥中等专业学校、和桥二中、楝树中学、和桥实验小学、和桥第二小学、闸口小学、南新小学8个退教协小组。各小组坚持每月10日为退休教师集中学习活动日;组织退休教师积极发挥余热,为下一代健康成长无私奉献;每年走访慰问老弱病残的老教师;开展家庭联系户活动(每个老教师就近联系1~2名学生);2006年9月,各小组开展"四帮一"活动(1名在职教师,1名优秀学生,1名退休教师和家长,帮助教育1名有问题的学生);每年举行结对帮扶、捐资助学活动,组织老教师参加宜兴市、和桥镇趣味运动会;组织老教师积极配合各村关工委每年暑期举办的主题教育活动;各小组有能力的退休教师还举办家庭辅导站,其中闸口费炳华家庭辅导站尤为突出。自1997年开始创办,已接纳学生500余人。2012年,参加了宜兴市、无锡市、江苏省乃至国家教育部的经验交流会,受到中央政治局委员、国务院副总理刘延东的亲切接见。2015年,和桥镇各离退休教师小组建有家庭辅导站43个,各小组共进行十轮"四帮一"工作。2004—2015年,宜兴离退休教师协会和桥镇分会连续八年被宜兴市离退休教师协会评为先进集体。

宜兴离退休教师协会和桥镇分会历任负责人有潘诚西、曹金凤、戚仕君。

三、计划生育协会

1989年9月,和桥镇计划生育协会(以下简称"计生协会")成立,有会长1人、副会长3人,下设宣传教育、政策调查、业务培训3个活动小组。同时,建立村(居委)、企业基层协会30多个,主要吸收育龄夫妇中的积极分子、五老(老党员、老干部、老模范、老长辈、离退休老科技工作者)为计划生育宣传员,争取各行各业支持计划生育工作。和桥镇计生协会成立后,把每年5月29日、9月25日定为宣传日,在镇域主要场所设立咨询台,接受群众计划生育咨询,宣传计划生育相关政策。2002年开始,和桥镇计划生育协会每年进行2次(上半年、下半年)生育关怀走访活动,帮助和慰问有困难的育龄妇女,并将慰问金逐步提高。同时,每年慰问独生子女家庭特扶对象(独生子女残疾、子女死亡)。2015年,对112户特扶对象,发放慰问金16.8万元。和桥镇计划生育协会历任会长有庄新龙、董汉康、程骏、杨跃飞、朱建华、沈晓红、范燕慧、毛旭娟。

四、红十字会

1990年7月,和桥镇红十字会成立,选举产生会长1人、副会长3人、秘书长1人,下设青少年、医疗卫生、社会福利、募捐等方面的组织机构。红十字会成立后,积极组织开展募捐与救助、义务献血,招募志愿者等工作。2004年起,和桥镇红十字会每年都请宜兴市血站的采血车到镇接受义务献血。2008年汶川地震,和桥镇红十字会协同镇内其他组织,在短期内募集现金200余万元,立即汇往灾区。2010年,在上级领导的帮助下,全年为宜兴市慈善机构从企业募集善款2000余万元。2011年开始,和桥镇红十字会每年开展2次博爱送万家活动,共计送款3万元。2014年,镇红十字会发放助学金18000元,资助30名贫困学生,帮助他们完成学业。至2009年,红十字会为本镇白血病人募集资金100余万元。2010—2015年,和桥镇红十字会连续5年被宜兴市无偿献血领导小组评为先进集体。至2015年,和桥镇有红十字会会员23名,有31个村企成立红十字会基层组织,已招募志愿者300余名。和桥镇红十字会历任会长为程同祖、董汉康、杨跃飞、朱建华、陈先钊、沈晓红、范燕慧、王穗村、张文伟、施旭伟、陆平、陈伟强、陈俊杰、毛旭娟。

五、气功科学研究会

1990年4月,宜兴市气功科学研究会和桥分会成立,陆尧大任理事长,另有副理事长13人,秘书长1人。气功科学研究会和桥分会在业务上受宜兴市气功科学研究会的指导,广泛宣传气功科学健身强身活动,倡导和推广行之有效的健身气功,组织开展气功学术研究,为群众健身强体服务。2000年,宜兴市气功科学研究会被注销,和桥分会自行消亡。

六、乒乓球俱乐部

1992年1月，宜兴市乒乓球协会（简称“乒协”）和桥分会成立，当时有登记会员40人。1992年11月，该协会选员组织参加宜兴市首届“乒协杯”比赛获女子团体第三名。1995年12月，该协会选员组织参加宜兴市首届“扬子杯”乒乓球比赛获女子团体冠军。1996年，在市第三届“乒协杯”比赛中获男子团体第三名。2009年后，该协会改称和桥镇乒乓球俱乐部。和桥镇乒协（俱乐部）成立以来，举行镇“乒协杯”乒乓球比赛2届，“储蓄杯”乒乓球比赛1届。2009年起，每年组队参加宜兴市乒乓球俱乐部联赛。同时，和桥镇乒乓球俱乐部每年组织“迎新春、迎五一、庆国庆”等比赛活动，吸收社会能人参加乒乓球赛事，增强俱乐部的实力与感召力。至2015年底，俱乐部有登记会员50人。

和桥镇乒协分会（俱乐部）历任会长有张洪泉、孙伯良、傅友良、邵其新。

七、篮球分会

1998年3月，宜兴市篮球协会（简称“篮协”）和桥镇分会成立，有登记会员160多人，会长傅友良。

宜兴市篮球协会和桥镇分会成立后，举办“兴鹅杯”男子篮球赛5届、“太保杯”男子篮球赛1届。1998年5月，篮球分会组队参加宜兴市第五届运动会，获女子队第二名。2001年，镇篮协组队参加宜兴市文化体育节篮球赛，获男队第三名。至2015年，宜兴市篮球协会和桥镇篮球分会组织仍旧存在，但活动较少，人员也有青黄不接的实际现象。

八、和桥镇体育总会

1991年1月，和桥镇农民体育协会成立，会长秦平西，全镇有登记会员300多人。和桥镇农体协积极指导全镇开展全民健身运动，全镇人口中有40%左右经常参加体育锻炼。随着人们健康意识越来越强，不仅老年人注意锻炼，中、壮年也都积极参加各项活动。活动项目有早晚散步、健身操、跳街舞、打太极拳、舞太极剑等。1994年10月，镇农体协选员参加宜兴市第五届运动会，获城镇部团体总分第三名。1996年10月，镇农体协选员参加宜兴市第二届老年人运动会，获自行车慢骑赛第二名、乒乓球赛男子团体第一名、女子团体第五名及组织奖。2013年底，和桥镇体育总会成立，吴建刚担任会长，原农民体育协会从此不再存在。2014年，和桥镇乒乓球俱乐部、和桥镇足球俱乐部、和桥镇钓鱼俱乐部、和桥镇棋类协会、和桥镇老年人体育协会等民间体育团体，都归和桥镇体育总会管理。同年，和桥镇体育总会配合镇人民政府，协调镇内各方面力量，成功举办和桥镇第六届农民运动会，共设乒乓球（团体、单打）、篮球、象棋、围棋、柔力球、斯诺克、田径、立定跳远、定点投篮等十多个体育竞赛项目，由800多名运动员经过近半年时间的激烈角逐，圆满完成各项任务。2014—2015年，镇体育总会充分发挥镇内各体育俱乐部、体育协会的作用，成功举办锣鼓、腰鼓、手鼓、扇舞、广场舞、太极拳等项目培训10多期，开展象棋、围棋、足球、乒乓球、羽毛球业余比赛12场，观众近万人次。

九、宜兴市石锁协会

清朝时期，和桥民间就有人练习石锁，而且出现了不少高手。民国9（1920）年，和桥曾派石锁代表队参加宜兴县的大型石锁比赛。1951年、1954年，和桥镇也有石锁代表队参加宜兴县的民间民族体育活动选拔赛。1962年至20世纪末，和桥镇练习石锁的人较少。21世纪初，和桥练习石锁运动的队伍逐年扩大。2009年，宜兴市武术协会石锁分会在和桥成立。当时练习的场所主要在中兴桥东堍底下与和桥公园内。2012年，分会通过筹措经费，得到有关部门批准，将南兴桥、中兴桥下的练习场所，用铁栏封闭起来，并在四周布置灯光，在地面铺设地毯。2013年，该分会制作了一把9800千克重的石锁，置于宜城氿滨公园内，被誉为“天下第一锁”。2014年，石锁分会升格为宜兴市石锁协会。当年就参加宜兴市第八届全民运动会的开幕式，并获得优秀节目奖。2015年，该协会又参加江苏省第七届全民运动会开幕式表演，并获得好评。至2015年，石锁分会的负责人为许叶鹏、王伟强，宜兴市石锁协会会长为周志强。2015 年，宜兴市石锁协会已有会员 100 多人。同年，该协会中的一部分成员，以中兴桥下为练习场所，另外成立宜兴市鹅洲石锁健身中心，负责人为周建良。

第七节 其他团体

一、老年协会

1988 年 9 月，和桥镇老年协会成立，会长张凤山。全镇离退休干部均为会员。和桥镇老年协会围绕党的老干部政策开展活动，使离退休干部老有所养、老有所为、老有所学、老有所乐。1992 年 7 月，由韩松法担任镇老年协会会长。每月 16 日为协会会员活动日，组织会员学习时事政治，交流学习心得，交流新闻。和桥镇党委重视老干部工作，每年总结冬训或重要会议时都通知老干部代表参加，平时做到对老干部政治上爱护、生活上关心、待遇上尽心、工作上支持，尽量满足老同志的要求。1998 年，和桥镇在和桥公园开辟老干部活动中心。2000 年，该活动室被无锡市老干部局评为无锡市先进老干部活动中心。2014 年 9 月，和桥镇召开老年协会会员代表大会，选举产生新一届镇老年协会，由袁良新任会长，下设 2 名副会长和 5 名理事，秘书长由镇民政科长兼任。同时，该分会还指导村、社区居委的老年协会的工作和活动，每季度组织基层老年协会负责人活动一次。

二、关心下一代工作委员会

1993 年 4 月，和桥镇关心下一代工作委员会（简称“关工委”）成立，设主任 1 名、副主任 3 名、秘书长 1 人，委员若干名。同年，南新、闸口乡（镇）关工委相继成立。1998 年 7 月起，各村、居委均建立关工小组，接受宜兴市关心下一代工作委员会的指导。2002 年，村民委员会、居委关工小组改称为关工委。和桥镇、南新、闸口乡（镇）关工委成立以后，充分发挥“五老”（即老党员、老干部、老红军、老科技工作者、老教师）作用，协同社会有关部门，加强对未成年人的思想道德建设工作，对生活上、学习上困难的学生进行结对帮扶，培养和造就青少年一代成为有理想、有道德、有文化、有纪律的“四有”新人。2004 年、2006 年，各学校成立教育关工委，校长任主任，1 名退休教师任学校关工委常务副主任。2006 年，和桥中等专业学校关工委创造性地开展“四帮一”教育活动（即由 1 名优秀学生、1 名在职教师、1 名家长和 1 名退休教师帮助 1 名后进学生）的成功经验，在全省乃至全国介绍推广。2008—2013 年，全镇 14 个村、3 个社区居委会都建立了校外教育辅导站，并通过宜兴市关工委的检查验收后挂牌开展活动。镇关工委先后把太滆地委、新四军独二团成立地（闸口邵氏宗祠）和“六四”战斗纪念碑作为未成年人的德育教育基地，为青少年参观学习、接受教育拓宽了阵地。北庄、西锄、闸口、大生、兴业等 11 个村、社区居委建立绿色网吧。闸口村、北渠村关工委先后建立关工爱心基金会，筹集资金、专款专用，对该村的贫困学生进行帮扶，对“三好学生”及录取本一、本二的大学生，录取江苏省宜兴中学、江苏省宜兴第一中学的高中生进行奖励。钟溪村关工委多年来坚持奖励录取本一、本二的大学生，得到干部群众的赞誉。同期，镇关工委以一年一个主题，在暑期组织中小学生开展主题教育活动，先后举办“纪念抗日战争胜利 60 周年”“纪念红军长征胜利 60 周年”“庆祝香港、澳门回归”“知我宜兴、爱我家乡我为家乡作贡献”“不忘国耻、强我中华”“法制教育”等内容的主题教育活动。同期，积极开展以家庭联系、网吧监督、捐资助学、结对帮扶、“四帮一”等为形式的教育活动。活动中，楝树中学退休教师费炳华以 1997 年创办的家庭辅导站为基础，在家先后接纳渔船民子弟和外来民工子弟近 500 名学生，帮助他们的思想教育，辅导他们的课程学习，关心他们的吃住生活，深得学校、家长、社会的一致好评。宜兴市、无锡市、江苏省关工委领导多次到现场实地参观、考察、鼓励，给予高度评价。2010 年，江苏省关工委副主任王湛亲临费炳华的家庭辅导站，对他在关心下一代健康成长中作出的贡献给予充分肯定。2012 年，费炳华参加宜兴市、无锡市、江苏省直至中国教育部关工委的经验交流会，并在会上进行了交流发言，受到中共中央政治局委员、国务院副总理刘延东的接见。2013 年，通过网上投票，费炳华荣登“中国好人榜”，优秀事迹入选“江苏五老风采”。

至 2015 年底，和桥镇建有家庭辅导站 43 个。和桥镇关工委连续多年来被评为宜兴市关工工作先进集体。受到宜兴市、无锡市关工系统表彰的先进个人有费炳华、杨乃岩、戚仕君、缪其芳、韩尧中、袁三九、王海平、杨洪生、谈文华；先进集体有闸口村、北渠村、北庄村、北新村。

和桥镇关工委历任主任有史行民、周仲明、程骏、徐海友、夏阿宝、陈平、王穗村、张文伟。

原闸口镇关工委主任周仕健。

原南新镇关工委主任夏阿宝

三、老龄委员会

1987 年 10 月，和桥镇老龄委员会成立，设主任 1 名、副主任 2 名、委员 9 人。1991 年 10 月、1990 年 8 月，南新乡（镇）、闸口乡（镇）老龄委员会分别成立。同期，和桥境内所有乡镇各村都成立老年协会，设负责人 1 名，开展老年协会日常工作和活动。各乡镇老龄委积极协助政府宣传贯彻《中华人民共和国老年法》，为老年人说话、办事、解难、维护和保障老年人的权益，开展“老有所为、老有所学、老有所乐”的文化、体育、健身等活动，参与力所能及的社会工作。每年重阳、春节都有两次集中活动，聆听党委政府的工作通报。

和桥镇老龄委历任主任：孙维纵、白海昌、周仲明、庄新龙、陈良富、程骏、陈国君、徐海友、朱建华、张文伟。

原南新乡（镇）老龄委主任为崔锡根。

原闸口乡（镇）老龄委主任为陈瑞锡、钱南新。

四、残疾人联合会

镇残联机构　1992 年 7 月，和桥镇成立残疾人联合会（简称镇残联），行政隶属镇民政办公室，业务隶属市残疾人联合会（简称市残联）。1992 年 9 月，南新乡、闸口乡分别成立残疾人联合会（简称乡残联），行政隶属乡民政办公室，业务隶属市残联。1993 年，南新撤乡设镇，南新乡残联更名为南新镇残联。1999 年，闸口乡撤乡设镇，闸口乡残联更名为闸口镇残联。2000 年 6 月，南新镇并入和桥镇，两镇残联合并为镇残联。2004 年 2 月，闸口镇并入和桥镇，两镇残联合并为镇残联。至 2015 年，行政隶属、业务隶属不变。

1992—2015 年，和桥镇残联历任理事长有庄新龙、朱斌培、王建军、吴战平、张林、吴俊花、凌红军、邱平。南新乡（公社、镇）残联历任理事长有赵才华、徐清根、龚春华。闸口乡（公社、镇）残联历任理事长有邵孟春、董良。

社区、村残疾人协会　2002 年，和桥各社区、村成立残疾人协会，选出协会会长（一般由书记或主任兼任），制订工作制度、明确岗位职责。各社区、村残疾人协会在所属社区居委会、村委会和上级残联指导下开展工作。经几轮撤并、调整，至 2015 年，和桥镇有生建、劳动、兴业、南新、海棠等社区残疾人协会 5 个，同里、北庄、湖滨、大生、永兴、西锄、中巷、北新、王母桥、闸口、福巷桥、钟溪、北渠、楝聚等村残疾人协会 14 个。各社区、村残疾人协会会长有生建社区钱锡明、劳动社区闵健芬、兴业社区李辉、南新社区徐瑞芬、海棠社区秦均南、同里村蒋镜桃、北庄村韩尧中、湖滨村许建康、大生村郭根法、永兴村仇小华、西锄村吴桂良、中巷村徐建业、北新村许志强、王母桥村蒋小中、闸口村钱俊芝、福巷桥村邵方、钟溪村王伟军、北渠村冯华君、楝聚村袁三九。2008—2010 年，被评为无锡市残疾人工作五星社区村的有北渠等 14 个。

康复站、室　2005—2015 年，镇残联建成康复站 1 个，占地面积约 130 平方米。各项设备设施配套齐全，入室有无障碍坡道，内设康复训练室，配备无障碍卫生间和基本康复训练器材和设备，并配备 2 名康复医生为全镇肢体残疾人每星期提供 2 次免费康复治疗、训练等服务。同期，镇残联建成康复室 16 个，每个室面积均为 50 ~ 80 平方米，并配备工作人员 2 ~ 4 名，还有康复器材和设备。

集中就业 1992年,和桥建筑涂料福利厂、和桥电工材料厂被市残联评为帮残助残“残疾人之家”。同年,和桥镇制线整染厂、苗桥建筑涂料厂、电工材料厂、织带厂、第三毛纺染整厂五个福利企业分别建立残疾人协会。1992—1994年,省残联在和桥镇北庄村开办扶贫织带厂,安置残疾人就业。同期,和桥镇创办福利企业5个,安置280名残疾人就业。至2015年,和桥镇共有福利企业7个,有357名残疾人就业。

特殊教育 1992年,和桥中心小学开设智残儿童班,有11名弱智儿童在校就读。1993年,有2名儿童转到正常班学习。2000—2015年,智力残疾学生在校就读累计49名。

普查 1994年6月,和桥镇印制统计表格,调查了解、摸底登记全镇残疾人分布情况,全面调查登记18个村、7个居委。10月份和桥医院由内外科、五官科组成体检队,突击性评残定级体检。

1999—2015年,和桥镇开展残疾人普查评定工作。发放残疾证250多张;对全镇残疾人家庭情况、残疾程度、残疾类别建立台账,每年2次组织走访残疾人1028人次。

2014年1月,镇残联走访残疾登记失业人员家庭5户;登记失业残疾人员187名;实名制纳入年度培训计划残疾人30名;帮助残疾登记失业人员实现就业人数25人,其中社会用人单位按比例吸纳就业人数10名。同年7月,镇残联对全镇就业年龄段持证残疾人上门调查和电话调查,并与社保、民政、派出所等部门合作,对残疾人家庭基本情况、就业状况、就业意愿等开展调查,内容输入就业系统近千名。

培训 1996年,镇残联专职康复员赴南京盲、聋学校系统学习。同年,镇残联在全镇残疾人家庭中筛查出41户特困残疾人家庭,作为重点帮扶对象。1997—2006年,镇残联针对残疾人在日常生活技能、定向行走、社交技能、生产技能等方面所进行的专题培训,每年有6期。

2008—2015年,镇残联举办残联专职队伍培训班6期,参加学习130人次。多次组织村、社区专干业务培训和网络在线学习培训。组织残疾人参加农林局在高塍镇举办的水产养殖业务培训8名,选送残疾人参加宜兴市残联组织的SYB技能培训2名。

帮残助残 1996—1999年,镇残联每年组织人员深入电工材料厂、苗桥油漆化工厂、三毛染整厂、染整制线厂等福利企业开展对残疾职工福利待遇、工资收入、劳保用品发放、同工同酬等方面的检查工作,维护残疾职工利益,指导福利厂组织走访小组到困难残疾家庭走访慰问,到和桥中心小学弱智班看望老师和全班同学。2000年,镇残联组织医护人员为福利企业残疾职工义务体检100多名。

2011—2015年,镇残联为残疾人免费办理城区公交车“爱心卡”966张;发放机动车燃油补贴25人,计0.65万元;为困难残疾人家庭危房修缮17户;为残疾学生发放特殊教育专项补贴33人,计6.44万元;资助残疾学生及残疾人子女402人次,计70.39万元;发放无固定重残人员救助金1155人次,计560余万元;组织残疾人专场招聘会2次;帮助残疾人享受专项扶持政策4人;为残疾人办理入托宜兴市残疾人托养中心14人。

在每年“全国助残日”期间,镇残联与和桥医院联合为贫困残疾人免费体检。同时,安排义工到残疾人安养院或残疾人家中提供生活服务,并为残疾人讲解康复知识。

扶贫 1993年,和桥镇被宜兴市残联定为康复扶贫试点乡镇。1995—2002年,纳入最低生活保障的残疾人近600人,共计发放保障金100余万元;为有一技之长的残疾人提供扶贫周转资金3.5万元。2012—2013年,瑞源普斯医疗器械有限公司资助贫困残疾人家庭8户,计1.2万元。至2015年,镇残联结对帮扶贫困残疾人60多名。

康复 1996年,镇残联协同医院聘请无锡医院专家到和桥实施复明手术15人。同时,在全镇范围内开展防盲治盲工作,委派康复员和眼科医生参加市组织的专业培训,并用“以会代训”的形式培训各村卫生室医生。

1999—2002 年,为残疾人提供康复训练 40 多人。2011—2015 年,为盲人定向行走训练 25 人次。镇残联创建以村为单位康复示范点 3 个。全镇 80% 以上村、社区建有残疾人康复指导室。至 2015 年,对精神病患者服药救助 189 人次,住院救助 14 人;发放轮椅 96 辆;安装假肢 9 人,安装助听器 125 名;帮助改造无障碍设施 38 户、康复器材进家庭 198 户;发放语音手机 7 只、电脑 1 台、彩电 7 台。同时,开展 0 ~ 6 岁、7 ~ 14 岁贫困残疾儿童筛查工作,有 24 名确诊儿童得到救助,帮助 2 名听力残疾儿童安装人工耳蜗,发放救助金 5 万元。为贫困白内障患者免费实施手术 178 名。

创业就业 2000 年,闸口镇残联协助北渠村伤残军人张正荣创办小型织布加工厂,并为其筹措资金、购置织布机编织塑料布、平机布 5 台,支持创业。

2001—2015 年,镇残联为个体残疾人办理工商税务登记手续,并为他们协调工商管理费、税收减免等事务;创建残疾人扶贫基地 3 个,安置肢体残疾人从事种植、养殖,并联系农业部门给予技术指导。

文体、技能 1995—2015 年,和桥镇残疾人陈涛、刘丹、周晨、陈哲参加无锡市、江苏省、全国体育运动会,屡创佳绩;夏正平文学作品在宜兴市、无锡市、北京市获得奖项或入选;戴方元、刘军、吴展鸿,在无锡市技能竞赛中名列前茅。

1995—2015 年和桥镇残疾人工作获得无锡市以上荣誉

表 22 - 3

<table>
<tr><th>年份</th><th>集体/个人</th><th>荣誉</th></tr>
<tr><td rowspan="4">1995</td><td rowspan="3">陈　涛</td><td>江苏省第三届特殊奥林匹克运动会“儿男 100 米”</td></tr>
<tr><td>无锡残疾人运动会 200 米长跑第一名</td></tr>
<tr><td>无锡残疾人运动会田径类第三名</td></tr>
<tr><td>和桥镇</td><td>无锡市社区康复工作试点乡镇</td></tr>
<tr><td>1996</td><td>和桥镇</td><td>无锡市残疾人工作先进乡镇</td></tr>
<tr><td>2002</td><td>裴洪章</td><td>无锡市第二届自强模范先进人物</td></tr>
<tr><td rowspan="7">2008</td><td>西锄村</td><td rowspan="14">无锡市残疾人工作五星社区</td></tr>
<tr><td>北庄村</td></tr>
<tr><td>福巷桥村</td></tr>
<tr><td>永兴村</td></tr>
<tr><td>湖滨村</td></tr>
<tr><td>大生村</td></tr>
<tr><td>同里村</td></tr>
<tr><td rowspan="3">2009</td><td>王母桥村</td></tr>
<tr><td>中巷村</td></tr>
<tr><td>北渠村</td></tr>
<tr><td rowspan="4">2010</td><td>钟溪村</td></tr>
<tr><td>北新村</td></tr>
<tr><td>楝聚村</td></tr>
<tr><td>闸口村</td></tr>
</table>

续表 22－3

年、份	集体/个人	荣誉
2012	刘　丹	江苏省青少年游泳锦标赛 200 米自由泳第一名、100 米自由泳第二名、50 米自由泳第二名
	戴方元	无锡市残疾人职业技能选拔赛 CAD 制图三等奖
	何锡根	无锡市级以上推荐为盲人定向行走业务考查示范点
	夏正平	无锡市"太湖文学奖"
2013	周晨	无锡市第十一届残疾人运动会聋人男子跳远第二名、聋人男子 100 米第三名、聋人男子 200 米第三名
	陈哲	无锡市第十一届残疾人运动会肢残站立（F45—F46）男子铁饼第六名、肢残站立（F45—F46）男子标枪第八名
	刘丹	无锡市第十一届残疾人运动会男子肢残 S5—S6/S7—S8 组自由泳第一名、男子肢残 S5—S6/S7—S8 组 50 米自由泳第二名、男子肢残 S7—S8 组 50 米仰泳第三名；全国残疾人射箭锦标赛男子复合弓第一名
	蒋秋芬	无锡市第四届"十佳"优秀残疾人专职干事
	戴方元	无锡市残疾人职业技能竞赛 CAD 制图第六名
	刘军	无锡市残疾人职业技能竞赛 CAD 制图第四名
2014	周晨	全国第九届残运会暨 2014 全国聋人篮球锦标赛第四名
2015	和桥镇残联	全国残疾人基本服务状况和需求专项调查获无锡先进集体
	吴展鸿	无锡残疾人技能竞赛第四名
	夏正平	无锡市读书征文比赛三等奖

五、人民调解分会

1996 年 8 月，宜兴市人民调解协会和桥分会（简称镇调解分会）成立。该分会理事会由 13 人组成，王杏南兼任会长。1999—2015 年，和桥分会会长由张文伟（兼）。该分会成立后，发展居委、村、企业等团体会员 32 个。镇调解分会进行人民调解工作的业务研究和行业管理，团结、协调、管理和指导全镇调解协会会员依法开展人民调解工作。至 2015 年 12 月，镇调解分会有调解委员会 53 个，有兼职调解员 92 人，有调解信息员 156 人，还有公安、司法调解对接室 1 个；直接接待人民来访 3560 人次，受理各类矛盾纠纷 3568 件次，成功调解 3560 起，协助村企调解各类矛盾纠纷 508 起。

六、宜兴市老年书画协会和桥分会

2013 年 4 月，宜兴市老年书画协会和桥分会成立，名誉会长张凤清，会长朱斌培，有会员 19 人。该分会受宜兴市老年书画协会的指导，坚持"老有所学、老有所为、老有所乐"的活动宗旨，每年每季书画活动似长流水、不断线，以书画形式，为当地政府推动文化大发展、大繁荣作贡献。同时以书画形式为基层服务，为广大群众服务，在相互学习、相互交流的基础上，促进各会员书画创作水平的提高。2014 年春节前后，和桥分会组织会员到和桥农业银行进行"银行赠春联、送祝福"活动，现场书写 360 多幅春联赠送给储户；还组织会员参加和桥镇文化站举办的"义务赠春联"活动，当天书写对联 120 多副。同年，分会还组织开展书画进企业活动，与周铁镇分会一起以人民政府的名义，联合举办两镇老年书画作品巡回展，共庆重阳佳节与国庆 65 周年。

2013—2015 年，和桥镇老年书画分会会员郭泳仙创作的红楼梦金陵十二钗刻纸在宜兴电视台生活频道播出；有 9 名会员的作品入展宜兴市老年书画协会举办的“夕阳红·中国梦”书画作品点评展，梅健获书法作品一等奖，郭泳仙、孙盘新获花鸟画、国画二等奖，王文龙获书法作品二等奖；朱斌培的书法作品在参加市老干部文化才艺展及无锡市老干部局举办的“夕阳红”书画展中入展，另一幅作品获全国第二届“中国梦想杯”书画作品大展赛银奖。

七、社会福利基金会

1988年11月，和桥镇社会福利基金会成立，由时任镇长孙维纵兼任会长。镇社会福利基金会协助政府动员社会力量，为老年人、残疾人、孤儿及需要从社会获得帮助的公民提供服务。1997年5月，该届基金会结束，和桥镇没有成立新一届基金会。

八、侨台眷属联谊会

1988年2月，和桥镇侨台眷属联谊会成立，首届会长吴强，设委员7人。和桥镇侨台眷属联谊会在宣传贯彻党的侨务政策、密切联系侨台胞眷属、保护侨胞合法权益、吸引侨胞眷属参加地方经济建设、促进祖国统一大业等方面，起到了较好的桥梁作用。2002年8月，和桥镇成立侨台社区服务中心，劳动社区居委主任夏顺仙兼任服务中心主任。

九、牛蛙养殖协会

1989年10月，宜兴市牛蛙养殖协会成立，设会长1人，副会长3人，有会员51人（即主要养殖户），地点设在原苗桥村。宜兴市牛蛙养殖协会为牛蛙养殖户提供产前、产中、产后一条龙服务，为发展农村经济、致富农民起到了一定的示范促进作用。1992年9月，市牛蛙养殖协会被中国科协授予“全国十佳农村专业技术协会”称号，并获“科技兴农贡献杯奖”。同年10月，协会会长邓焕军被选派参加中国农业科技代表团赴瑞士考察。1994年底，协会在全省发展分设基地17个、示范点33个、养殖户2200户，整体产值达2500多万元，后由于市场销路不好，养殖户锐减。1999年，全镇由360多亩养殖面积减至35亩。1995年6月，牛蛙养殖协会变更为宜兴市特种动物养殖协会，从山东引进狐种10组（30只）进行繁养殖，当年产仔60多只，后又增加种源100只。1996年繁殖到900多只，品种有银黑狐、北极狐等。因受气候影响，南方养殖的狐皮价格大跌，养殖业逐步缩减，到1999年，特种养殖保留少量种源。2002年底已停止养殖，协会工作停止。

十、抗美援朝支会

1951年6月，抗美援朝协会和桥支会成立。支会成立后，立即广泛开展抗美援朝宣传活动，动员和桥青年踊跃报名参加中国人民志愿军。同时，发动和桥民众在斯德哥尔摩《和平宣言》上签名，开展捐献飞机大炮、写慰问信、送慰问袋等活动。1952年8月，中国人民赴朝慰问团代表徐铸成来和桥举行报告会。1953年7月，朝鲜停战协定生效，该支会完成历史使命后撤销。

十一、中苏友好协会

1951年11月，和桥镇中苏友协（支会）组织成立。参加该支会的成员有工人、农民、干部、教师，入会会员由友协发给会员证和会徽。友协是当时人数最多的群众团体，它的任务主要是宣传、学习苏联社会主义革命和建设成就，增进中苏友谊，曾多次举办图片展览和放映幻灯。1954年，支会活动终止。

2010—2015 年和桥镇成立而未作简介的社会团体

表 22 -4

名　称	成立时间	负责人	开展活动情况
和桥茂达乒乓球俱乐部	2010 年 3 月	邵其新	俱乐部常年开放,球友每晚进行训练、健身;每年组织球员参加市乒协、市体协及其他各级各类的乒乓球比赛活动
和桥龙鼎俱乐部	2010 年 10 月	王小东	每星期组织球友开展健身训练,每年参加市足球俱乐部的联赛活动及兄弟乡镇的交流活动
和桥镇棋类协会	2012 年 8 月	黄 钟	组织棋友经常交流棋艺,组织举办镇级棋类比赛及参加市棋协举办的比赛活动
和桥镇钓鱼俱乐部	2012 年 10 月	王伟强	全年无休息日,每年组织钓友交流垂钓的经验,组织人员参加市钓协的赛事活动,该俱乐部每年举办两次钓鱼比赛
和桥镇北渠村戏曲票友社	2013 年 10 月	徐红娟	积极组织戏曲爱好者开展说唱、排练现代及古装锡剧进社区。2014 年共赴社区演出四十多场次,观众达数万人次
宜兴市戏剧曲艺协会和桥分会	2014 年 3 月	高良琴	每周组织戏曲票友、乐队活动三次,定期举办和桥镇戏曲票友演唱比赛,组织票友送戏进社区,参加镇文化站组织的文化区域互动及其他文艺演出活动
宜兴市和桥镇老年人体育协会	2014 年 4 月	沈瑞荣	协同镇体育总会共同组织老年人开展各项体育活动,如跳舞、太极拳、舞剑、广场舞等群众性体育健身活动,同时组织参加有关比赛

附:和桥帮会——青帮

民国初年,和桥镇上青帮头子钱振宝,粗通文墨,曾当过清末码头官二爷,跻身于三流绅士中,在东横街开茶馆、放赌。另一青帮头子姓曹,系水警队舵工,光棍一人,以放高利贷和贩毒为生。后来,有些富裕商店的老板也参加青帮,连国民党和桥区党部的执行委员也参加青帮。前者是找靠山,求安稳;后者是相互利用,扩充势力。和桥沦陷时期,镇上的“维持会长”程酉生就是青帮“通”字辈。抗日战争胜利后,另一青帮头子钱青远(钱振宝之子),曾于民国 38(1949)年初被国民党政府委任为末任和桥镇镇长。

新中国成立后,和桥青帮销声匿迹。

20 世纪 80 年代，滆湖内的鸬鹚船队

2015 年，位于北庄村的蓝莓园

第二十三章　法　治

清宣统三年(1911),和桥镇设立巡警区。民国时期,和桥镇先后设立警察区、警察分所、警察分局等;和桥境内乡村先试行闾邻制,后推行保甲制。新中国成立后,宜兴县人民政府公安局下设和桥分局。1950年10月,和桥临时法庭成立,1951年11月撤销。1952年,宜兴县公安局和桥分局改称为宜兴县公安局和桥派出所。1953年8月,和桥第一人民法庭(又称普选人民法庭)成立,同年11月撤销。1954年4月,和桥镇第一巡回法庭成立,1955年7月撤销。1958年11月,太滆人民法庭(又称肃反人民法庭)在和桥镇成立,1959年3月撤销。1961年12月,和桥区建立公安小组。1966年4月,和桥人民法庭在和桥镇成立。1967年4月,派出所和公安小组合并办公。1971年4月,和桥境内各公社配备公安特派员(公安员)。1981年,和桥镇及南新、闸口、和桥公社均设司法助理1名。同年,和桥境内各公社、大队两级成立人民调解委员会,调处辖区内的民事纠纷。1982年,和桥、南新、闸口公社设立司法办公室。1989年,南新、闸口先后建立法律事务所,与司法办合署办公。1990年5月,宜兴市公安局和桥分局成立。1991年3月,和桥镇增设社会综合治理办公室。1997年7月,宜兴市检察院在和桥设立检察室。1999年12月,和桥消防中队建立。2002年7月,和桥检察室与周铁检察室合署办公。2003年,和桥公安分局撤销。2012年后,和桥检察工作由市检察院统一指挥,集中办公。2006年,南新、闸口派出所并入和桥派出所。至2015年,和桥法庭、和桥消防中队,多次被江苏省评为先进集体。

第一节　公　安

一、组织机构

清宣统三年(1911),和桥设立巡警区,置区官1名,巡警30名,为宜兴乡镇设立巡警之始。民国2年(1913)5月,县成立警察事务所,下设和桥警察区。民国3年,县改设警察所,和桥设分所。民国16年6月,县改设公安局,和桥镇设分局,直至民国26年和桥沦陷为止。民国27年10月,汪伪建立县警察局,和桥设分局。民国27年10月19日,和桥设分所。民国34年10月,县重建警察局,和桥设分局。民国35年5月,和桥分局改设警察所。民国36年1月,警察所又改名为分局。民国37年7月,县警察局内建武装警察中队,和桥分局则增设武装警察。1949年10月1日前,和桥警察(公安)分局(所)的负责人是潘嘉臣、陈步清、孙正余、黄石安、苏日芳、刘芝馨、郭晋三、左之康、钱殿荣、赵连璧。1949年5月,宜兴县人民政府公安局在和桥设分局。1952年,和桥分局改称为宜兴县公安局和桥派出所。1961年12月,和桥区建立公安小组。1967年4月,派出所和公安小组合并办公。1971年4月,各乡、公社配备公安特派员(公安员)。

1971年,闸口公社尹益鸣任公安员,1979年2月调离。1979年3—10月,由吴宝康代理公安员职责。1979年10月—1983年公安员为朱方君。1983年3月,闸口人民公社派出所成立。2004年2月,闸口镇并入和桥镇,闸口派出所随之并入和桥派出所。闸口在原所址内设立警务站,由董志敏副所长负责日常工作。2006年3月,警务站撤销,派出所在各村配备定村民警和联防队员,设警务室。闸口派出所历任所长有蒋迪荣、王国中、沈志方、刘顺中、韩东福,指导员为缪永川。

1983年2月,经省公安厅批准,和桥公社派出所建立,所长赵根大。1986年6月,和桥乡、镇合并,派出所也同时合并。

1985年2月,南新派出所成立。2001年4月并入和桥派出所,在原所址设立警务站。2006年3月,警务站撤销。各村设立警务室,派出所配备一名定村名警。南新派出所历任所长有周川大、蒋小华、王国中、蒋盘中。

1990年5月15日,宜兴市公安局和桥分局成立,下设秘书股、治安股、刑警队,分局管辖和桥地区7个派出所。2003年,和桥公安分局撤销。和桥公安分局历任局长为赵根大、董盘生、杨建国,分局教导员为白伯南、徐锡其。

2015年,和桥派出所坐落在和高路东段55号,占地面积6308平方米,办公楼占地面积为3013平方米;拥有民警29人、辅警86名;配有接警车4辆、非制式车6辆,还有摩托车、电动车55辆;建有监控室1间,有电脑60台。

1949—2015年和桥派出所历任负责人

表23-1

姓　名	职　务	任职时间	姓　名	职　务	任职时间
程炳钦	分局长	1949年—1950年	赵文岳	所　长	1994年11月—1996年1月
周剑平	分局长	1950年—1951年	朱芳君	指导员	1994年—1998年1月
吴金荣	所　长	1952年—1955年	周新南	所　长	1996年11月—2001年4月
刘开发	所　长	1956年—1960年	苏惠堂	指导员	1998年6月—2001年4月
王桂生	所　长	1960年3月—1969年6月	韩焕忠	所　长	2001年4月—2010年6月
张生初	所　长 指导员	1961年—1968年	孙泉兴	指导员	2001年4月—2003年9月
丁小荣	所　长	1969年—1971年	蒋盘中	指导员	2003年9月—2008年8月
朱正新	所　长 指导员	1972年—1977年	汤杏明	所　长	2010.06—2012年3月
吕顺刚	所　长 指导员	1982年—1996年	钱新生	教导员	2008年8月—
赵根大	所　长	1983年—1990年	陈　敏	所　长	2012年3月—2013年9月
陈国林	所　长	1992年8月—1994年10月	潘　敏	所　长	2013年9月—

二、治安保卫

1. 肃特镇反历史　1950年,和桥境内进行剿匪肃特运动。1951年发动群众重点开展打击土匪、恶霸、特务、反动党团骨干及反动道会门头子等镇压反革命运动。根据《中华人民共和国惩治反革命条例》"坦白从宽、抗拒从严、首恶必办、胁从不究、立功者受奖"的镇压与宽大相结合的政策,先后对少数罪大恶极的反革命分子唐某根、陆某英、王某平、潘某仁、蒋某林(闸口)、赵某华(闸口)等判处死刑,执行枪决。其他判死缓、无期和有期徒刑,对罪恶不大的反革命分子实行就地管制,规定在一定范围内强迫劳动、改造思想、重做新人。

2. 监督改造"四类分子"历史　1951年下半年起,对罪恶大的地主、富农、反革命分子和其他坏分子实行就地管制,按其表现分别定为农业生产合作社社员、候补社员、监督劳动、管制4种对象。对尚未改造好的，建立监督小组，对他们进行监督、教育、帮助。每年对“四类分子”进行评审，表现好的摘掉“四类分子”帽子，改变成为社员。如果日后表现不好，可重新戴上帽子。这是1951年到1978年的历史现象。1978年三中全会以后，和桥境内认真落实中央精神，给历史造成的“四类分子”全部摘帽。

3. 刑事侦破 1973—1975年的三年中，查获犯罪嫌疑人117名；镇上发生扒窃案件51起，侦破44起，破案率86%。20世纪80年代初，有些青年模仿影片中的不健康打斗场面，寻求刺激，聚众斗殴，扰乱公共秩序，逐步走上邪路。1981年被逮捕的6名犯罪嫌疑人均系青年。当年，和桥镇召开打击现行犯罪大会3次，闸口公社召开2次、南新公社召开1次。同期，遵照江苏省人民政府关于收缴枪支、弹药和其他凶器的精神，在规定时间内，全镇共收缴匕首6把、三角刀1把、子弹3发、雷管2根、导火线3米。1984年9月，镇派出所侦破了以史某龙、颜某芳为首纠合20余人的流氓斗殴集团，查明1982年10月—1983年8月，这个集团采用时分时合的方式，在和桥、屺亭、芳桥、周铁、武进县漕桥车站、电影院等公共场所寻衅滋事、聚众斗殴17起，殴打群众17人，奸淫、侮辱妇女多名。1983年8月16日下午，史、颜为首纠集同伙，携带九节鞭等凶器到漕桥，叫嚣要“踏平漕桥”，疯狂殴打无辜群众7人，伤2人，致使部分商店无法营业。参与这次斗殴的首犯史、颜两人被处极刑，3人被判无期徒刑，15人被判有期徒刑。1985—1987年，镇派出所共侦破刑事犯罪案件34起，审查各类犯罪嫌疑人156名，依法逮捕22人，给予劳动教养3人、行政拘留22人，追缴赃物、赃款2.4万余元。1988—1989年，镇派出所侦破刑事案件41起，依法逮捕犯罪嫌疑人39人，给予劳动教养6人、行政拘留32人。1995年7月23日凌晨，溧阳籍犯罪嫌疑人洪某用竹梯翻窗潜入和桥化城寺主持释常定房间，抢劫现金及存折10万余元。1995年9月7日晚上，和桥商业公司职工宿舍楼梯上发生一起抢劫杀人案。两起案件从案发到破获，派出所用时都只有十几个小时。为此，和桥镇人民政府于1995年11月8日发文，对在“7·23”和“9·7”两件重大抢劫杀人案侦破工作中作出积极努力和重要贡献的和桥公安分局、和桥派出所给予表彰，并奖励人民币1万元。2000年5月21日深夜，和桥镇东横街70号201室的冯记金银加工店内发生杀人抢劫案。和桥派出所在上级公安部门的支持下，很快抓获犯罪嫌疑人。2002年9月，和桥区域内派出所在全国范围内开展的为期2年的严打整治期间，周密部署，重拳出击，成功打掉了以夏某敏为首的邪恶势力团伙，将21名先后流窜于宜城、万石、和桥等地方寻衅滋事，敲诈勒索、聚众斗殴并作案60余起的涉案人员一网打尽。2002年，和桥派出所被宜兴市公安局评为夏秋侦破攻势先进集体。2003—2015年的刑事侦破工作在下列表中反映。

2003—2015年和桥派出所破获刑事案件情况

表23－2

年 份	破获刑事案件(起)	年 份	破获刑事案件(起)
2003	260	2010	358
2004	265	2011	162
2005	250	2012	267
2006	421	2013	197
2007	311	2014	162
2008	290	2015	162
2009	262	—	—

附:典型案例

被告邓某清,男,1928年生,原宜兴县和桥区棟树乡人,曾任乡人民代表,捕前为中共党员,任湖渎农业社社长。邓某清20岁时与蒋某珍结婚,婚后夫妻感情较好。被告在1952年任湖渎农业社社长期间,与副社长孙某某姘居。其妻蒋某珍发现后,曾好言相劝,但邓不听劝告,反而怀恨在心。为了达到与姘妇结婚的目的,产生了杀妻歹念。1956年12月26日晚,邓趁开社员大会之际,中途离开会场回家,用事先准备好的梧桐树棍,对正在熟睡中的妻子迎头猛击,当场将蒋打死,邓恐其复活,又用裤带勒住蒋的颈脖并拖到床下,用石块砸破了蒋的后脑。邓为了逃避罪责,又放火烧屋,毁尸灭迹,同时将屋内熟睡的3个孩子烧死。案发后,地方公安部门很快介入调查,不久就查出案件的来龙去脉,并将所破案件移送检察院。1957年3月1日,宜兴县人民检察院向宜兴县人民法院提出公诉。县人民法院受理后,深入案发地区调查核实,召开群众座谈会。许多干群反映说:"包公斩的陈世美也不过是杀妻灭子,但妻、子还未被杀,而邓某清杀妻灭子害了四条人命。后果这样严重,如果不杀是不会平民愤的!"为了维护社会秩序,确保公民的人身权利不受侵犯,人民法院于1957年4月15日,在县体育场召开2万余人的宣判大会,判处邓犯某清死刑,立即执行。

1994年7月,北新村农妇凌某珍用农药毒死其女儿吴某。(凌为吴的继母,吴某是北新小学四年级三好学生)。事件发生后,引起社会的强烈不满,后经公安派出所的及时侦查,很快破案。后来,凌某珍被判处极刑。

4. 禁赌、禁毒、禁娼、扫"黄" 民国期间,和桥镇上设有烟馆多处,牌九、摇宝、单双、掷骰子、搓麻将、玩纸牌、斗蟋蟀随处可见。民国17(1928)年,宜兴县政府下令禁烟,搜捕烟贩,取缔烟馆,逮捕吸毒者,烟毒一时得到控制。民国18年冬,烟毒又盛。民国35年,县设禁毒科,管理鸦片。县由土膏行经营批发,镇上设土膏店经营零售,烟馆改设售吸所,凭执照向土膏店买进烟土,熬成烟膏售给烟民吸食,名为管理,实际是将毒品从私卖变为公卖。政府叫禁赌,只是官样文章,每逢节日,赌风更甚,害人匪浅。1950年,镇上开会宣传禁赌,发动群众检举揭发,逮捕了一些赌头赌棍,赌博大为减少。1952年2月,县人民政府颁布禁烟条令,明令取缔烟馆,严禁买卖烟土,在强大的政策威慑下,镇上烟毒很快得到肃清。20世纪80年代起,曾一度绝迹的"黄、赌、毒、娼"又重新抬头。特别是赌博日趋严重。1982年全县开展禁赌刹风,和桥区域内张贴县人民政府发布的禁赌令,广为宣传,赌风有所收敛。1985年再次开展禁赌活动。1987—1995年,派出所取缔赌博150余场次,抓获参赌人员1000余人,缴获赌资20余万元。2000—2002年,6次抓获吸毒人员8名。2003—2015年,公安派出所每年要开展2次"三禁一扫"专项治理,有效遏制"黄、赌、毒、娼"现象。其中,2005年和2010年,和桥派出所因开展专项治理成绩显著,两次荣获集体三等功。

5. 安全防范 1949年冬,旧时的更房已自行解散,城乡建立群众冬防小组,巡逻放哨,防敌破坏,保障安全。1951年后,和桥区域内居民委员会、工矿、企业、学校和农村行政村分别建立治安保卫委员会,由7~9人组成,成员一般以基干民兵为主。较大的企业还配备兼职保卫干部。1961年,城乡全面开展"防火、防盗、防特、防事故"的四防安全工作,居民委员会组织居民小组,设门堂联防,车站码头以及较大的商店都有人值勤。夜间由各单位派人四出巡逻。1979—1981年,发生各种事故122起,伤91人,损失65125元,非正常死亡4人。1987年后,各派出所开展"一禁两打"的专题治理和专项斗争,进一步推进"以厂带村、以职工带家庭"的综合治理活动,对公共场所和特种行业加强管理,遏制各种犯罪活动。2001年后,根据市委、市府、市局的统一部署,先后开展"打黑除恶""治暴缉抢"以及严惩经济犯罪活动。同时,针对和桥镇上公共场所(歌厅、舞厅、浴室、旅馆、饭店)多的特点,每年开展不定期的禁赌刹风、禁毒禁娼、扫黄打非等专项整治活动,进一步推进以厂带村、以职工带家庭的综合治理,对公共场所和特种行业加强长效管理。2008年后，全镇开展平安企业、平安学校、平安医院、平安村（社区）、平安家庭等一系列创建活动，做到一村（居）一个警务站（室），成立治安组织机构，每个机构设置（5～7名）；派出所积极推进社会治安防控体系建设，全面构建治安防控新格局，以警务站（室）为基点，推广人防、物防、技术防、意识防工程，推广CK、AA报警系统，组织民警入户调查，组建治安防范志愿者队伍，警民联合，确保一方平安。

三、治安管理

1．治安保卫组织　新中国成立初期，各乡设民兵中队长，村设民兵分队长，负责当地治安保卫工作。20世纪70年代，和桥区域内农村大队、集镇居委会及企事业单位设立治安保卫委员会。1991年，设立保卫科的企业有15个，有编制人员89人。同年，和桥镇成立14个治保会，有人员70人；成立1个联防队，有队员88人；成立护院护弄队13个，有队员133人。1996年，和桥镇治安联防大队成立，下设3个分队，有队员26名；在农村，建立14支村级联防分队。1999年12月，生建居委、劳动居委分别成立老年义务治安执勤队。90年代，南新、闸口乡（镇）也先后成立治安联防队，办公地点设在派出所。2006年后，各村设立警务站（室），给联防队员配备电瓶车，坚持巡逻值班制度。2006年后，各村设立警务站（室），给联防队员配备电瓶车，坚持巡逻值班制度。2008年，主要街道装置红绿灯，到2015年，已有红绿灯11处。至2015年10月，除将原安装的监探头换置外，又投入300余万元安装在派出所内的总监控设备，复盖全镇主要道路；在辖区内另有监控探头113处、CK报警装置100台、AA报警装置60台、平安E家庭报警装置50户，还有安装CPS定位系统的制式警车4辆。2006—2015年，派出所每年与各村（社区）企业登记治安管理责任状，年终进行检查评比总结表彰，对不达标的单位发放限期整改通知书。2015年底，劳动、生建、北庄、北新、北渠、同里等村（社区）进入宜兴市、无锡市治安管理先进单位的行列。在法治、平安建设活动中，和桥镇被无锡市委、市政府评为2012年度镇（街道）创建工作示范单位。2015年，和桥镇被宜兴市委、市政府评为法治宜兴建设先进镇。

2．户籍管理　民国初期，户籍属县府管理，警察局配合。民国16年（1927）试行闾邻制。民国23年，推行保甲制，加强户籍管理。抗日战争胜利后，国民党政府在乡镇公所配置户籍干事，重新编制户口册，实施连保连坐切结的户籍管理，清查户口为警察局的经常性工作。新中国成立后，对市镇户口管理制度进行改革，废除旧的保甲制度。1950年9—12月，和桥地区推行户口改革，建立新的户口管理制度，动员市镇居民重新申报户口。1953年结合第一次普选工作全面登记农村户口，使用新的户口迁移证，并建立船舶户口。1955年推行出生、死亡、迁入、迁出4项简易户口登记制度。1956年，户口管理工作由公安部门接管，农村户口则仍旧归乡镇人民政府代管。1958年起，户籍管理工作由人民公社办公室负责，并颁发使用户口簿。城乡居民户口迁入迁出凭迁移证办理。外省（市）县迁入须经（市）县公安局批准，工作调动凭介绍信迁移户口。其他原因迁移户口，需由个人申请与户籍管理部门批准，凭准迁证办理户口迁移手续。1980年后，还须随带计划生育证才能办理。1987年2月，宜兴市公安局在和桥镇开展颁发居民身份证试点工作，经过75天的人口调查、编码等前期工作，1987年12月31日，和桥镇第一批发放居民身份证21647张，占应发数98.3%。1988年对人口的管理延伸到除常住人口外的暂住人口、重点人口的“三口管理”。1989年，加强对外来人口的管理，凡外来人口必须携带居民身份证、当地政府户口证明、宜兴市务工许可证，“三证”齐全方可录用，并要缴纳治安保证金100～300元。要求旅馆业把好登记、住宿、离店“三关”，投宿必须持身份证、介绍信、工作证。同期，各村、居委会建立私房出租管理小组，规定出租私房必须向管理小组提出申请并复验暂住证，缴纳治安经费，领取房屋租赁许可证。1990年，各派出所设立外来流动人员管理办公室，专门负责外来人员的管理、登记、发证工作。1994年,外来劳动力管理站建立,按照“谁用工,谁负责”的原则与用人单位签订治安责任状,7个居委、18个村委及南新、闸口乡(镇)的各村委均聘用户口协管员。1996年4月,境内全面实行门牌编列制度。和桥镇、南新镇、闸口乡共安装门牌43698块。1997年,户口实行微机管理和操作。1999年换发制式户口簿。2002年,和桥地区实行户籍制度改革,全面推行农村户口与城镇居民户口一体化。2006年由派出所负责换发第二代居民身份证68268张。至2015年9月,和桥派出所登记常住户23540户、户籍人口68304人、外来人口7780人,签发暂住证7779张。

2003—2015年和桥镇外来人口管理情况

表23-3

年度(年)	外来人口(人)	发放暂住证(张)
2003	4137	4137
2004	5235	5012
2005	7044	7044
2006	7780	7779
2007	10705	9360
2008	11233	9986
2009	13079	10460
2010	16290	13778
2011	15230	12536
2012	16176	14865
2013	16767	14571
2014	18864	15091
2015	15871	18396

四、消防

1. 组织机构 清末,和桥镇上建立消防组织,称救火会,属镇商会领导。民国19年(1930)改为消防队。1949年,消防队属公安部门领导。1950年整顿组织,建立镇消防委员会,下设中队、小队,每个中队有40~60人,有掌龙、打水等分工。1983年8月,和桥镇政府成立安全生产(防火)委员会,并在工业交通办公室设立专职防火员。1986年6月,和桥乡、和桥镇合并后,许建中、习林初任专职防火员。南新、闸口工业公司都设专职安保员。1999年12月31日,和桥消防中队成立,有消防队员16名,徐建朝为负责人,办公地点设在和新路南首西侧。2001年5月,省公安厅发文在基层派出所设立专(兼)职消防民警,负责消防监督管理工作。2008—2010年,和桥消防中队被江苏消防总队评为多种形式消防队伍执勤岗位练兵先进单位。2009年,和桥消防中队在宜兴市专职消防队伍执勤岗位练兵考核中获得第一名。

2. 消防设施 民国期间沿用旧水龙(装有木桶的撳龙),一直沿用至20世纪50年代,且发挥了救火上的重要作用。后来添置“泽龙”,镇上有“水龙”4台,其中一台是木龙。同期,镇上有4个民间消防组织——水龙宫。地点分设在东横街三官堂房、观音巷底、下塘南沿河,及上塘城隍庙。各处水龙均定人定位负责。一遇火警,消防人员迅即把“水龙”拉至失火地点灭火。火警解除后,各返原地,器材依旧定位，人员回原工作岗位。1949 年下半年，在劳动街(现房管所所在地)建造火警钟楼，有专人负责敲钟。以钟声为号，报火警和报时间。“文化大革命”后期，钟楼遭破坏，报警停止。1980 年上半年，钟楼被拆除，1984 年房管所建造大楼时，又建新钟楼，后未启用。20 世纪 70 年代后，消防重点单位配备灭火器，主要街道居民区设置消防栓。1987 年 9 月，镇政府购买一辆吉普消防车。1999 年 12 月，和桥消防中队成立时，镇政府出资 120 万元购置设施。宜兴市消防大队投入装备资金 40 余万元，为中队购置东风水罐车 2 辆，消防巡防车 1 辆，大功率手抬泵 2 台，并配齐配全个人防护装备。2008 年，又投入 50 多万元改善中队生活。2010 年，和桥消防中队营区占地面积 1904 平方米，建筑面积 840 平方米，辖区人口 25 万，责任区面积 342.77 平方千米。至 2015 年底，和桥消防中队已配备五十铃水罐车 2 辆作为城市消防作战主战车辆，随车配备液压破拆工具、无齿锯、木质堵漏工具、移动水炮、消防水泵等，还有无线对讲机、基地电台等多种通信工具。

3. 较大火灾 1951 年 9 月生建街酱厂北弄吴宅(原同巽和)失火，烧毁楼房 3 间，烧死小孩 2 名，1 名妇女跳楼摔伤。1952 年 12 月，兴业街南首失火，烧毁平房 3 间，救火中踏坏邻居房屋 4 户。1966 年 2 月 10 日，耐电厂烧窑不慎起火，烧毁瓦房 3 间。1987 年 4 月 23 日下午 3 时，前谢合成化工厂违章操作，引起火灾，烧死工人 2 名，伤 1 人，经济损失 2 万余元。1990 年 7 月 11 日 4 时左右，苗桥村办化工颜料厂发生火灾，损失 12100 余元。1999 年 12 月 28 日 17 时，石路村的亚太化学剂厂车间因非法生产“菲尼酮”发生火灾，烧毁厂房 100 平方米及部分化工设备和原料，直接经济损失 7 万余元。从 1972 年至 1992 年，全镇居民住宅连续 20 年未发生火警。2010—2015 年，和桥消防中队在和桥片区共接处警 400 余次，其中火灾事故 200 余次，抢险救援 100 余次，其他类社会救助 60 余次，直接损失 5000 余万元，挽回损失 8000 多万元。2014 年 1 月 24 日 17 时 41 分，闸口鼎顺塑业有限公司发生火灾。和桥消防中队于 17 时 52 分赶到现场，火势正旺，并不断向其它地方蔓延。在指导员的命令下，消防员出两支水枪堵截住火势，一支水枪进行排烟掩护。在宜兴消防大队到达后，很快就控制火势。当晚 21 时 39 分余火被彻底消灭。2014 年 2 月 25 日 16 时 15 分，位于和闸公路东侧的富坤化工厂发生爆炸。和桥中队接到报警后，立即组织人员于 16 时 20 分到达现场，经了解，3 人不同程度受伤，无人员死亡，无人员被困，但余火仍在燃烧。指挥员下令，消防员出两支水枪扑灭余火，一支水枪对罐体进行冷却。当晚 17 时零 9 分，灭火结束。

第二节 检 察

一、组织机构

1997 年 8 月，和桥检察室成立，管辖和桥、高塍、万石、徐舍、杨巷、官林、新建 7 个乡镇的检察工作。地址在和桥镇和新路 75 号，4 间 3 层办公用房，并配有坐式电脑 4 台、手提电脑 4 台、便携式打印机 1 台、公车 1 辆。同时，检察室有 4 名干警，其中检察员 1 名，助检员 1 名，书记员 2 名；检察室内部分职务犯罪侦查办案与综合保障两个工作组。同年 9 月，根据修改后的《中华人民共和国刑事诉讼法》和最高检《关于人民检察院乡(镇)检察室工作条例》，调整扩大各乡(镇)检察室的职能，从原来只负责辖区内贪污贿赂经济案件的受理初查、立案侦查，扩大到办理辖区内属检察机关管辖的所有案件，并对辖区内监外执行人员进行监督，开展预防职务犯罪工作等。2002 年 7 月，和桥监察室与周铁检察室合署办公。2012 年后，检察室由检察院统一指挥，集中宜兴办公。

二、办案情况

1999 年 2 月，侦破和桥广电站站长柴某贪污受贿 20 余万元的大案，并由此挖出广电系统一系列受贿窝案。2002 年 2 月，侦破南新水利站站长蒋某、钮家水利站站长邵某贪污案及万石镇万石村党支部书记许某、万石镇国土资源所所长缪某贪污案。

2003年，侦查了和桥养路工区主任曹某、宜城中学副校长任某、交通局工程处农桥股股长黄某受贿案。

2012—2015年，和桥检察室共受理群众来信来访115件，化解矛盾纠纷案件31件，深入乡(镇)村进行法制宣传34次，协助办理案件20件、涉及24人，为国家和集体挽回经济损失100万元；制作宣传册、宣传栏、宣传单；在9个村建立检察工作站，聘请当地村民为联络员；侦破宜兴市质量技术监督局副局长唐某、杨巷镇副镇长毛某、宜兴市广播电视台副台长唐某、屺亭街道边庄村1件4人、杨巷镇经贸办1件2人等重特大挪用公款、受贿等案件。2004—2015年，和桥检察室共侦破经济违法犯罪案件65起。

和桥检察室历任负责人是汤兆泉、朱其明、吴建良、朱平东、毛攸。

第三节　法　　庭

一、机构沿革

民国时期，民间纠纷，双方都不愿进官衙门，而求助于茶馆喝茶的年长者，请他们共同评断是非曲直，这叫“吃讲茶”，或由“大先生”出面评定是非。当时一些受人尊敬的年长者，不畏凶横，不徇私情，解决纠纷一般比较公正。同时，宗族内部发生矛盾，由族长召集本族人员在宗祠内解决；市镇工商业内部发生纠纷，由商会召集各业主和下属同业公会人员解决。由于地方权势者的影响，处理纠纷往往出现偏向，地方政府总是站在“行会”和势力大的一边。但一经调解，双方必须遵守。

新中国成立后，旧法统废除。1950年10月，根据《中华人民共和国土地改革大纲》的规定和最高人民法院的指示，和桥区在镇上成立临时法庭(又叫土改法庭)，隶属宜兴人民法庭领导，与宜兴人民法院无隶属关系，审判长由区委书记兼任，副审判长由区长兼任，并从公安、民政、群众团体、学校等单位抽调人员分别担任审判员、书记员，审判辖区内土地改革中不法地主、恶霸破坏土地改革的案件和镇压反革命的案件。1951年11月，该法庭随着土地改革与镇压反革命运动结束而撤销。

1953年8月5日，为保护人民民主权利不受侵犯和普选工作的顺利开展，成立第一人民法庭(又称普选人民法庭)，庭址设在和桥镇。管辖和桥区、芳桥区及和桥镇，专门审判辖区内有关选举中的选民资格，申请改变地主、富农成份和破坏选举等诉讼案件。同年11月，该法庭随着普选工作结束而撤销。

1954年4月1日，为方便群众诉讼，在和桥镇成立第一巡回法庭，并配备审判员、书记员、法警各1名，管辖和桥、芳桥2个区和高塍北部半个区(南部半个区由县法院直接管辖)及和桥镇的民事案件，粮食统购统销等案件。1955年7月，巡回法庭撤销。

1958年11月9日，为配合肃清反革命残余分子，在和桥镇成立太滆人民法庭(又称肃反人民法庭)和看守所，审理当时的地主、富农、反革命案件及其他刑事犯罪案件。1959年3月随着肃反运动结束而撤销。

1966年4月4日，和桥人民法庭在和桥镇成立。“文化大革命”期间停止办公。1974年9月1日恢复，受理和桥镇、高塍、屺亭、南新、闸口、万石、南漕、和桥公社以及周铁、大塍、新庄、芳桥、扶风、洋溪、分水公社和周铁镇、滆湖农场、和桥蚕种场的民事案件及轻微刑事案件，指导人民调解委员会及信访接待工作。1983年10月，由于体制改革，实行政社分设，和桥人民法庭管辖和桥镇、高塍、屺亭、南新、闸口、万石、南漕乡的民事案件与轻微刑事案件，指导人民调解委员会及信访接待工作。1993年，和桥法庭搬迁至和桥镇鹅洲西路149号。

2015年，和桥法庭拥有审判员5名、书记员4名、内勤1名、司机1名。历任负责人有张中中、吕道清、韦法南(副庭长主持工作)、邵万根(副庭长主持工作)、薛阿平(副庭长主持工作)、范行根、闵建平、蒋毅斌、周月春、蒋志明。

图 23－1　2015 年和桥法庭

二、办案及荣誉

2004—2015 年，和桥法庭收案 15774 件，结案 15513 件。1974—2000 年底，和桥法庭共荣记集体功 3 个（次）、先进集体 13 个（次）、先进个人 23 名（次）、三等功 2 名（次）、嘉奖 3 名（次）、“文明法官”3 名（次）、办案能手 5 名（次）、优秀军转干部 1 名（次）、优秀共产党员 2 名（次）。尤其是 1994 年，被江苏省高级人民法院授予“人民法庭建设先进集体”；2006 年被江苏省高院荣记集体二等功；2007 年被江苏省高院确定为“江苏省规范司法行为示范点”；2010 年被江苏省高院确定为“廉洁司法示范庭”；2014 年被无锡市中院荣记集体三等功；2014—2015 年度被江苏省高院评为优秀人民法庭。

图 23－2　2006 年和 2010 年和桥法庭获得的省级荣誉

第四节　司法行政

一、机构

1982 年，和桥镇司法办公室设立，司法助理员由副镇长白海昌兼任。同年，和桥、南新、闸口公社司法办公室设立，蒋培新、杨晓根、蒋焕军分别担任司法助理员。1985 年 1 月，黄幼华任和桥镇专职司法助理员。1986 年 6 月，和桥镇设立司法科，蒋培新任科长。1989 年 9 月，和桥镇法律服务所成立，与司法办公室合署办公。2000 年 5 月，黄幼华任和桥镇司法科科长。2000 年 6 月、2004 年 2 月，南新、闸口镇两镇司法行政机构并入和桥镇。2002 年 1 月，法律服务所与司法办公室脱钩，并改为“合伙制”。2002 年 3 月，全市统一实行双重管理，改称司法所，唐金虎任所长。2008 年 10 月，全市司法行政系统公务员轮岗，由吴洪军任和桥司法所所长。至 2015 年底，和桥镇司法所有在岗人员 9 名，其中司法行政编制人员 3 名，大调解专职人员 3 名，社区矫正工作人员 3 名。

二、法制宣传教育

20 世纪 80 年代开始，人们法律观念普遍增强，并希望学习掌握法律知识；和桥的法制宣传教育也逐步进入调解民间纠纷程序。1984 年，和桥乡人民政府机关率先在全市把每月一堂法制课作为一种制度建立，受到江苏省司法厅的肯定，并作为经验介绍到各地。1986 年，六届全国人大常委会第十三次会议通过了《在全国公民中基本普及法律常识的决定》后，“一五”“二五”“三五”普法教育持续开展。1987 年 10 月，司法科因协办公证成绩显著，被县评为先进单位，出席无锡市首届公证会议。1989 年 1 月，蒋培新被省司法厅授予“优秀司法助理员”称号，同时被无锡市司法局记个人三等功一次。80—90 年代，和桥镇被列为宜兴市“一五”“二五”“三五”普法试点镇。和桥镇在实施普法过程中，不仅制订每五年普法规划，而且每年下发普法文件，制订年度规划，购买普法教材，培训普法骨干，组织上课辅导，年终考核验收。“一五”普法期间，和桥村被评为“一五”普法先进集体，该村颜志文被评为全国依法纳税人；和桥村妇代会主任王红娟因学法用法突出，为丧偶的公爹介绍对象，“媳妇当红娘，公公当新郎”传为佳话，被无锡市授予“尊老好儿女金榜奖”；蒋培新科长被无锡市评为先进个人；和桥镇在“一五”“二五”“三五”普法期间三次被评为宜兴市、无锡市普法先进集体。“五五”普法期间，和桥镇司法所被评为无锡市2006—2010年度法制宣传先进集体。在"六五"普法活动中,和桥在全镇村(社区)进行法治文化站点阵地建设,创办"法律六进"系列活动,举行面向中小企业风险防范法制讲座,开展创建"民主法治村(社区)"活动。活动期间,北新村、西锄村、闸口村、永兴村、楝聚村被宜兴市评为法治文化示范点;北庄、西锄、中巷、楝聚、生建居委被评为江苏省"民主法治村(社区)"。和桥镇人民政府先后被无锡市委市政府评为2011年度和2013年度"法治镇(街道)创建工作先进单位"。"六五"普法中期,和桥镇人民政府被评为无锡市"六五"普法中期先进集体。司法所吴洪军所长被省司法厅评为2014年"法润江苏"系列专项行动先进个人。

至2015年,和桥镇人民政府先后被无锡市人民政府评为司法行政工作先进集体、法制工作先进集体;和桥法律服务所先后被司法部授予"全国优秀法律服务所"的称号、被无锡市司法局、人事局记集体三等功一次;蒋培新先后被省司法厅授予"优秀司法助理员""人民满意司法行政干警"称号、被无锡市司法局记个人三等功一次。

三、人民调解

1974—1978年,人民调解工作归法院管理和指导。1979年和桥人民公社率先在全市设立民调办公室,配备2名人员担任专职调解员。1982年3月,和桥境内的镇、公社设立司法办公室后,民调工作归司法办公室管理。1983年,各居委会(社区)、村委会和企事业单位建立民调委员会或民调小组。人民调解重点以婚姻纠纷、赡养老人纠纷、宅基地纠纷、农田承包纠纷、房屋买卖纠纷、集资款兑付纠纷、各类事故矛盾等为调处内容。20世纪80年代,和桥镇调解数每年平均在200件左右,到90年代下降为150件左右,2002年只有75件,调解类型转向企业改制中的劳资纠纷、土地征用补偿纠纷和非道路交通事故纠纷等。1996年8月25日,和桥镇人民调解协会和桥镇分会成立。2002年,和桥镇设立人民调解委员会,司法所长兼任主任。同时,和桥全镇设有基层人民调解委员会56个,聘请调解人员258名。原南新乡(镇)有基层调解委员会1个、调解小组21个、调解人员108名。原闸口乡(镇)有基层调解委员会1个、调解小组32个、调解人员168名。2008年,和桥镇社会矛盾纠纷调处中心设立,由镇分管政法领导兼任中心主任,后与镇政法综治中心合署办公。2010年,和桥派出所设立"公调对接"工作室。2012年,和桥交巡警中队成立"交调对接"工作室。2014年12月起,村(社区)司法行政服务站逐步设立。2015年,和桥镇各部门共受理调处各类矛盾纠纷500余件,当事人接受率100%。

四、法律服务

民国时期,和桥镇有人开办法律服务所,接受法律咨询,代写法律文书和诉状,接受当事人的委托,参与民事诉讼、民事调解和仲裁活动等。农村一般采用"开祠堂"和"吃讲茶"的形式服务于百姓。族内或村内发生民事纠纷或家庭纠纷后,由族长、族内长辈出面调解,判决是非,解决矛盾纠纷。新中国成立后,随着国家法治建设的健全和完善,民事纠纷、家庭和社会的矛盾,逐步由大队(居委)、公社(镇)处理解决。20世纪80年代开始,均由民政和司法部门负责、根据国家法律程序依法处理解决。同时,司法行政工作逐步开始接受法律咨询,代写法律文书,接受委托代理诉讼等。调处经济纠纷、受聘法律顾问等工作,从此也纳入法律服务的范畴。1987年7月,和桥镇法律服务所成立,共有4名成员,蒋培新兼任主任。法律服务所初创时期,有律师被聘任为宜兴市纺织厂、永兴纺织厂、和桥化工颜料厂等13家企业的常年法律顾问,帮助企业完善合同管理制度,调处合同纠纷。1993年7月,经省司法厅批准,宜兴市第一家乡镇律师事务所——宜兴市方圆律师事务所在和桥成立。至1996年,先后担任律师事务所主任的有蒋培新、蒋宜平、史允强。1997年1月,方圆律师事务所与和桥镇法律服务分开办公。同年,该事务所改名为无锡方圆律师事务所。1999年,又更名为无锡菱方圆律师事务所。同年8月,根据"要司法"的谐音,和桥镇司法科开设"148"法律服务热线。2001 年，无锡菱方圆律师事务所有执业律师 5 名。2002 年 3 月，无锡菱方圆律师事务所与司法所脱钩，杨正华任律师事务所主任，当年有法律工作者 7 名。2003 年 9 月，和桥镇司法所认真贯彻执行国家新颁布的《法律援助条例》，为符合法律援助条件的当事人提供法律帮助。2014 年，和桥镇政法综治中心与法律服务中心成立。同时，各村（社区）公共法律服务工作站相继建立。

1987—2002 年度法律服务所工作实绩

表 23－4

年度	调解纠纷	协办证件（件）	诉讼代理（件）	担任法律顾问（家）	追缴欠款（万元）
1987	31	36	18	13	35
1988	21	61	23	21	31.9
1989	26	112	22	29	29.3
1990	37	158	36	28	74.3
1991	11	305	19	28	68
1992	58	172	35	32	130.3
1993	65	231	65	35	150.5
1994	48	225	45	38	95
1995	46	164	66	26	107
1996	20	90	21	12	83
1997	51	44	61	16	105
1998	38	41	81	28	142.5
1999	67	60	90	28	148.7
2000	35	30	126	28	628
2001	20	10	154	25	758
2002	18	5	181	26	1086

五、安置帮教和社区矫正工作

1997 年，中央综治委将刑满释放、解除劳动教养（简称“刑释解教”）人员的安置帮教工作交由司法行政部门管理。至 2000 年，司法科每年对回归社会的刑释解教人员进行登记，落实建立帮教对子、跟踪教育，并把帮教工作延伸到监狱。2000 年 6 月，北庄村被无锡市综治委评为刑释解教安置帮教工作先进集体。2001—2002 年，和桥接纳刑释人员 34 人、解教人员 18 人。2002 年 10 月，和桥镇人民政府被江苏省综治委评为刑释解教安置帮教工作先进集体。2005 年，社区矫正工作移交司法所。2012 年，和桥镇社区矫正工作被无锡市评为社区矫正工作示范镇。2012—2014 年，依照《社区矫正实施办法》的相关规定，司法所共接收被判处管制、宣告缓刑、裁定假释、暂予监外执行的社区服刑人员 304 人，先后组织社区服刑人员参加集中教育活动 3160 次，组织参加公益劳动 2456 次，开展个别谈话教育 372 人次、心理测试 295 人次、风险评估 304 人次、审前评估 265 人次、帮困解难 109 人次，提供帮扶资金 3.6 万元，建立教育基地 1 个、公益劳动基地 2 个、就业基地 2 个。2014 年，成功解矫 263 人。2015 年 8 月底，和桥镇司法所登记在册的帮教人员尚有41人,其中被判缓刑的38人、假释在外的3人。

第五节　社会治安综合治理

1991年6月,和桥镇社会治安治理办公室(简称“综治办”)设立,由一名镇领导兼任办公室主任,另配一名专职副主任。历任专职副主任有梅守忠、黄幼华、许季涛、袁建新、王斌达。社会治安综合治理总的方针是“打击、防范、教育、管理、建设、改造”。南新镇于1996年7月成立社会治安治理办公室,顾伯南兼任综治办主任,周伯生任副主任,负责具体工作。闸口镇社会治安综合治理办公室于1997年5月建立,主任由分管领导周仕健兼任,副主任由周盘明担任并负责具体工作。同期,各综治办建立议事制度、汇报制度、情况通报和信息反馈制度,每年与各基层单位签订社会治安综合治理责任状,实行一票否决制。1997年起,和桥地区各乡、镇开展“创建安全文明小区、安全文明村、安全文明单位”(简称“创三安”的活动);镇综治办编印《和桥镇创三安工作宣传问答》广为宣传。同年,劳动小区、康乐小区、和桥村和染织厂等7个单位分别进入宜兴市级安全文明小区、村、单位行列。1998年,康乐小区、西锄村、和建村和金龙集团公司、江苏富陶集团进入无锡市级安全文明小区、村和单位行列。1999年,北庄村、前谢村、粮油厂、华鑫纺织厂进入宜兴市级安全文明村和单位的行列。2004年,和桥镇综治办全面贯彻落实江苏省委、省政府关于“建设平安江苏、创建最安全地区”的决定,成立和桥镇平安建设领导小组,全面负责“平安和桥”的创建,与村(居)委、企事业单位签订综合治理责任书。2005年,和桥镇获宜兴市“社会治安综合治理安全镇(园)”称号。2006—2015年,和桥镇综治办继续深入开展“平安和桥”的创建活动。其中,2007年,在规模企业、新农村示范村等单位开展技防建设,安装CK、AA报警装置,获宜兴市“社会治安安全镇(园区)、街道”称号;2008年,和桥镇政法综治中心创立;同年,和桥镇获无锡市“治安安全镇(园区)街道”称号;2010年,和桥镇建立治安中心户(楼)长制度,9所学校建立警务室;2011年,和桥镇获无锡市禁毒先进集体;2012年,对北庄村社会治安重点地区开展专项整治活动;2013年,和桥镇获无锡市“社会治安安全镇”称号;2014年底,镇、村社会治安综合治理信息资料录入省综治信息平台,和桥镇被无锡市命名为“社会治安安全镇”;2015年,和桥镇通过技防建设升级改造验收,综治办被评为宜兴市平安建设先进集体。

第二十四章　民　政

民国时期，民政工作主要有选举、行政规划、地方自治、户政警政、灾害救济等。新中国成立初期，民政工作的重点为医治战争创伤、开展拥军优属、组织群众生产自救等。20世纪80年代初，和桥镇设有专职民政助理员一名，配合县民政局做好有关工作。1986年6月至2004年，实行"乡镇合一"的新体制。民政工作包括政权建设、社会救济、优抚安置、婚姻登记、五保供养、老年事业、殡葬改革、地名标志、募捐救灾、福利生产、残疾人康复等，并办起了福利厂、敬老院。2005—2015年，和桥镇民政工作已走上法制化、规范化的轨道。

第一节　机构设置

1949年4月，宜兴县人民政府设民政科，乡设立民政委员会。1958年后，民政工作由镇政府办公室兼管。1981年5月，和桥镇、和桥乡、南新乡（镇）、闸口乡（镇）分别设立专职民政助理。1986年7月，和桥镇设立民政科，民政科有科长、助理员共4人。2000年6月和2004年2月南新镇、闸口镇分别并入和桥镇，三地民政科（室）人员亦随之合并。和桥镇民政科设科长一人，办事员4人。原南新乡（镇）历任民政助理有杨晓根、徐清根、龚春华。原闸口乡（镇）历任民政助理有梁生其、王国庆、张强。和桥镇民政科历任负责人有许仁乾、蒋希铮、朱斌培、王建军、吴占平、凌红军、邱平。

第二节　社救扶贫

明万历年间，镇人黄士臣始倡义仓，后废。清嘉庆十八年（1813），士绅冯绍肃等重建义仓，改名积谷局，又在镇南北两端各建一栖流所，作为流民、乞丐栖宿之所，发现路毙和浮尸，请验后备棺入殓，埋入义阡地。光绪年间，蒋翰勋、程丕承等人先后创建公信堂、崇本堂、积谷仓（又称资生局）和济婴堂等慈善机构。和桥育婴堂（即济婴堂）在镇上塘北首，聘有专人负责收养弃婴。民国时期由程国钧经管。每年青黄不接之际，将储存稻谷贷给贫苦农民，秋收后归还。遇荒歉之年，如民国23年（1934）大旱，办理平粜米。寒冬季节时，给灾民或贫民施粥。民国37年（1948）11月，县成立冬令救济工作委员会。和桥镇曾捐米60石（每石合75千克）、棉衣5件、稻草20担（每担合50千克），作为救济物资。1950年，人民政府接管和桥育婴堂时，堂内育有婴儿8人。政府给每个婴儿一定的贴米，分散寄养，将其抚育成人。当年12月，和桥各界捐献寒衣，支援皖北灾区。1963年上半年，为帮助解决241户、813人的生活困难，4个街道发放救济金2196.5元。政府对鳏寡孤独及伤残人员尽力照顾。寡残汤菊妹，由居委派专人护送进常州102医院截肢，并派人照料到出院。医疗费用全由政府支付。1980年，镇政府对无依无靠的12位老人实行"五保"，除保吃、保住、保穿、保医、保葬外，每人每月补助生活费12元，后改为20元。1982年严寒，政府给35户困难家庭发放棉衣28件、棉裤16条、单衣5件。1986年10月，镇民政科调查摸底后，制订扶贫计划，全镇建立包扶制度，每个村办企业安排务工3~5人，每个村定额干部包扶1~2户，镇机关干部包扶1户，镇企业单位包扶3~5户，信用社、供销社、工业公司各扶10

户，劳动服务公司扶5户，兽医站扶2户，专业户（如养牛蛙的邓焕军）带贫困户2户。当年扶贫120户，脱贫70户。同时，和桥镇政府下拨经费1.34万元，信用社低息贷款7万元。解决困难户饲料2.5万多千克，办扶贫工厂4个，经济实体联户3个，安排50户特困户中的72人进厂。脱贫标准为年人均收入300元以上。1987年扶贫57户，其中续扶38户，当年新增19户。全年扶持项目投资为13.3万元，扶贫款1.06万元。19户扶贫户中，单项扶贫收入为5.1万元，年终合计收入7.26万元，户均收入3820元，人均收入810元。19户中，除3户未脱贫外，脱贫率达84%。此后，每年做好扶贫帮困工作，让部分贫困户脱贫致富。1998年冬，市民政局下拨过冬棉衣棉裤及内衣800件。镇政府组织访贫小组，将防寒棉衣分发到村、居委的贫困户、特困户家中。对一些特困户，还分别发给300～500元年终补助款。2002年元旦，由镇党委书记程同德、镇长杨跃飞带领镇民政科人员走进206户家庭，慰问贫困对象439人，发放慰问金2.31万元。2004年，为低保户、特困户倒房以及火灾的村民改造整修房屋共22户、25间。并利用春节前后走访慰问贫困家庭，发放慰问金5万元，补助450人。2005年给500人发放补助10万元。同年，镇民政科将社会救助向慈善事业推进，发动社会各界开展"一日捐"活动，一次性捐款10.5万元，有47户、118名贫困学生获补助款10万元。2005年又通过"一日捐"，让41名困难户、100名贫困生获补助款10万元。2006年，给29困难户、100名贫困生获补助款14万元。2007年，宜兴市慈善会和桥分会成立，当年获捐款200万元，有40户困难户、20名贫困生获补助30万元。2008年，和桥镇动员社会各界的爱心人士、企业家等开展募捐活动，接受捐款139.5万元。并将这些捐款，为贫困家庭学生178人支付30万元解决入学难，帮助特困户135人支付医疗费25.36万元，为11户贫困户修建房屋13间支付12万元，年终发给困难户补助款35万元。当年四川汶川发生大地震，市慈善会和桥分会接受赈灾善款206万元以及救灾物资折款324万元，支持灾区。2009年，为3户村民修房5间，补助3万元，对680人发放救助款35万元。同时，发动社会各界捐款10.95万元，让59人得到救助。2010年，为6户贫困户修房7间，补助7万元，为700人发放救助款40万元。2011年，资助贫困生205名，计43.6万元。2004—2015年，和桥镇对低保户每月发给生活补助，并形成制度。

2004—2015年和桥镇低保户获生活保障情况

表24－1

年份	发给低保户的经费补助标准			
	居民户（按月下发）	每人（元）	农村户（按年度下发）	每人（元）
2004	34户58人	220	484户791人	1200
2005	37户62人	220	497户809人	1200
2006	35户62人	260	527户809人	1600
2007	36户48人	300	630户951人	1820
2008	44户60人	350	673户1000人	2640
2009	39户51人	350	664户952人	3000
2010	44户51人	360	679户944人	4320
2011	35户45人	395	686户959人	4320
2012	33户44人	436	483户731人	5040
2013	27户39人	504	495户724人	5880

续表 24-1

年份	发给低保户的经费补助标准			
	居民户(按月下发)	每人(元)	农村户(按年度下发)	每人(元)
2014	27 户 39 人	560	486 户 715 人	6720
2015	15 户 23 人	600	352 户 501 人	7200

第三节　优抚安置

新中国建立初期,优抚工作主要是春节期间由政府组织团拜活动,为烈士家庭挂“光荣匾”,为军属家庭贴“光荣人家”条幅,送慰问信。1950 年春节,全县烈属每户慰劳鲜肉 1 千克,军属每户 750 克。为贫困烈军属送去大米每户 15~35 千克。以村为单位,向烈军属赠送糖果、毛巾等慰问品。向群众宣传革命烈士的英雄事迹。倡导全社会尊敬革命军人的风尚。互助合作化时期的优抚工作,主要是为缺少劳动力的烈军属进行代耕代种。成立农业合作社后,改为优待劳动工的办法。1956 年,和桥乡、南新乡、闸口乡给每名现役军人享受 80~120 个劳动日的优待,并逐年增加。1982 年,农村实行联产承包责任制后,采取发放优待金的方式拥军优属。

1986 年,和桥镇开始给现役军人家属发放优待金,入伍第一年为 300 元,每增一年递增 50 元,经济来源实行全镇统筹。全镇农村籍现役战士,每年以全镇人均年收入的标准给予优待,1994 年为 1100 元,1995 年为 2400 元,1996 年为 3000 元,1997 年为 3400 元,1998 年为 3750 元,1999 年为 4100 元,2002 年为 4560 元。城镇籍入伍义务兵家属优待金标准为:第一年 1500 元,第二年 1700 元,服役第三年不再发给优待金。1986 年 6 月,和桥乡、和桥镇合并后,全镇有病故军人家属 30 人,现役军人(含军官)计 205 人,伤残疾军人 18 人,老复员军人 60 人,退伍军人 722 人。给西藏地区的现役军人优待金以一般标准的 3 倍发放。1990 年起,对入伍新兵增加退伍安置的优抚规定:原来有工作单位的,入伍前与单位签订退伍后回单位工作的合同;入伍前无单位的,由政府帮助择定单位,与该单位签订退伍后回单位工作的合同,使入伍军人无后顾之忧。1991 年开始,南新乡、闸口乡、和桥乡及和桥镇对现役军人实施养老保险政策,每人投保 400 元;1998 年开始每人投保 500 元。对有伤残及带病退伍军人、在乡复员军人、参战、病故军人家属、复员军人遗属均按照政策,给予优抚抚恤。2000 年、2004 年,南新镇和闸口镇分别并入和桥镇后,全镇农村义务兵退伍后实行一次性有偿安置办法,其标准为一年兵 1500 元,两年兵 3000 元。超期服役不加追安置费。对立功受奖的现役军人,另给予奖励金,荣立一、二、三等功的分别奖励 1000 元、600 元、200 元,优秀士兵奖励 100 元,并将立功喜报敲锣打鼓送上光荣门第。2004—2015 年的每年年终,镇里组织对伤残军人、烈属家庭走访慰问。

1995—2015 年和桥镇复退军人安置及获优待金情况

表 24-2

年份	享受优待金人数(人)	优待金	安置人数(人)
		金额(万元)	
1995	57	9.45	9
1996	65	13.80	10
1997	64	15.42	10

续表 24－2

年份	享受优待金人数(人)	优待金 金额(万元)	安置人数(人)
1998	81	15.10	8
1999	91	16.05	12
2000	68	24.00	30
2001	67	23.50	—
2002	36	20.20	其中西藏兵 2
2003	34	20.40	—
2004	35	26.65	3
2005	36	25.20	—
2006	35	26.25	—
2007	34	32.00	3
2008	33	26.40	—
2009	33	31.20	3
2010	33	29.04	1
2011	33	51.58	1
2012	34	50.83	—
2013	34	50.83	—
2014	34	53.07	1
2015	34	55.26	1

20 世纪 60 年代末，中国人民解放军炮兵某部 83421 部队千余名官兵，到和桥镇滆湖边，开垦芦苇，围湖筑堤，建造军垦农场。农场总面积一万亩左右。其中水面养殖 6000 多亩、筑圩田 4000 多亩。部队农场建成后，每年与原南新、和桥、闸口三乡及和桥镇开展军爱民、民拥军活动。20 世纪 70 年代开始，至乡镇合并后，当地政府先后为农场修筑军民公路 4.5 千米，解决部队在进入营区交通上的困难。派出民兵小分队为农场维护秩序，现场解决纠纷和矛盾。和桥镇中小学 100% 为部队农场干部子女解决入学就读。部队为当地民兵进行军事训练，解决食宿的困难。常年与当地的生产大队、居民小区开展军民共建文明单位、文明小区活动。每逢重大节日，开展互相走访慰问活动。其中，1997 年，农场多次派出运输车辆，并出动 1000 多(人次)官兵，为和桥镇创建全国卫生镇清扫街区道路，运载垃圾、出力流汗。40 多年中，军地双方结下了深情厚谊。从 1993 年起，开展争创双拥工作先进单位以后，和桥镇已连续 11 届(每届 2 年)被宜兴市政府评为双拥工作先进单位，被无锡市评为双拥模范镇。

图 24－1　2012 年，和桥镇获无锡市双拥模范镇奖状

第四节　五保供养

新中国成立后，随着人民生活水平逐步提高，各级政府对无劳动能力、无生活来源、无依无靠的“鳏、寡、孤、独”老人及孤儿由集体关心和供养。20世纪80年代初，和桥乡、南新乡、闸口乡及和桥镇先后创办敬老院，保证供养对象的吃、穿、住、医、葬（孤儿为保教，简称“五保户”）。2005—2013年，社会养老机构走向社会化，又办起3所民办公助敬老院。

一、乡镇敬老院

1.和桥乡庙桥村敬老院（镇办敬老院）　1985年4月，和桥乡在庙桥村建立敬老院供养20位五保老人及伤残军人。房舍由庙桥村提供，院长孙伯荣，下设专职炊事员和医务人员各一人。1991年10月，并入和桥镇敬老院。

2.南新乡北新村庆恩安老院（乡办敬老院）　1985年12月，南新乡在北新村筹建了庆恩安老院，由香港爱国同胞沈炳麟先生捐资8万元人民币，北新村委及企业单位资助部分资金。该院占地4100平方米，建筑面积612平方米，内有生活住房、医务室、活动室、厨房、仓库、办公室、浴室等设施。有医疗人员1人、工作人员7人。至2000年底，庆恩安老院供养五保老人和寄养老人36人。至2002年并入和桥镇老年公寓。历任负责人有陈盘根、陈云南、蒋顺斌。

3.和桥镇和建村敬老院　1986年，和桥镇利用和建村村委的几间空房办起了镇级敬老院，院长由村支书颜俊兼任，工作人员2人，医务人员1人由村卫生室医生兼任。4间房舍，供养老人8人，床帐被褥及娱乐用品都由单位赠送。工作人员的工资由和建村无线电厂按月发给。1991年10月，并入和桥镇敬老院。

4.闸口乡敬老院

1987年12月，原闸口乡利用闸口中学校舍搬迁后的11间平房（总面积3600平方米），改建成闸口敬老院，将全乡五保老人13人集中供养。2004年，乡财政拨款8万元进行扩建改造，五保老人增至23人，2005年增至28人，2008年增至31人。五保老人的生活标准也逐年提高。2008年，五保老人生活标准全年每人2880元。2010年，闸口敬老院并入和桥镇老年公寓。闸口乡（镇）敬老院历任院长有陈孝金、周林汝、董良。

5.和桥镇敬老院　1991年10月，和桥镇在和桥村清水潭东侧马家高墩西边征地9.7亩，建成新的敬老院，建筑面积2700平方米。将庙桥村和和建村两所敬老院合并，内设生活区和活动区，有办公室、医务室、食堂、浴室等设施，集体供养五保老人36人，分散供养28人。敬老院设正、副院长各1人，会计1人，医生1人，炊事员1人，清洗员1人。工资由镇民政科统一按职级待遇发放。历任院长有蒋洪奎、周盘洪、路华珍、叶顺仙。该院于2000年1月搬迁至和桥镇老年公寓。

6.和桥镇老年公寓　1999年，镇政府把建造老年公寓列入为民办实事工程之一，在化城寺北侧征地20亩建成新的老年公寓，建造经费除镇政府投资、社会赞助外，还得到了省、无锡市及宜兴市民政部门的支持。全镇43个单位，160名个人捐款计20多万元，总投资600余万元，建筑面积3300平方米，公寓内设有五保楼、托老楼、综合楼，内有健身房、多功能活动室等。公寓内小桥流水，亭子假山相互映衬，环境优雅，庭院绿化面积4300平方米。2000年1月，老年公寓落成，供养五保户和托老老人45人。2002年，又投资100多万元，扩建老年公寓，建筑面积再增1040平方米，房间20套，增添床位40张。2004年，集中供养五保老人56人。2005年82人，当年被评为无锡市文明敬老院。2010年，闸口敬老院并入和桥老年公寓。2010年镇财政投资16万元，对消防设施进行改造，创建江苏省示范敬老院。2013年，供养五保老人81人，分散供养110人，又投资30万元，建造男女浴室，生活环境改观。当年被评为和江苏省文明敬老院。同年，来自天津在和桥创业的广益塑业有限公司董事陈勇，不忘回报社会,花10万元为镇老年公寓购置办公用品和床上用品。2014年,该公寓供养五保老人78人,分散供养112人,被无锡市评为规范总供给示范养老机构。2015年,该公寓集中供养五保老人168人,分散供养96人,被无锡市评为规范化示范养老机构。同年,该公寓设院长1名、副院长2名、工作人员19名。历任院长有叶顺仙、邵峰。

二、民办公助敬老院

1.益民老年公寓

2005年,和桥镇居民黄扣红利用永兴村新桥组的闲置厂房,先后投资500万元,创办了益民老年公寓。通过旧房改造,建造一幢三层大楼,建筑面积3000平方米,内设医务室、食堂、卫生间、衣柜、空调、报警器等,配套设施较好。黄扣红先后被评为宜兴市三八红旗手,巾帼建功标兵。2014年,该院被评为无锡市达标敬老院。同年,该院已由黄扣红儿子、媳妇继承办理敬老院事宜。通过业务培训,儿子获得执业助理医师、康复治疗师、高级养老护理员、高级按摩师证书;其媳妇有执业药师、执业助理医师、临床医学检验技师、高级营养师、高级养老护理员的技能,热心为老人服务。2015年,全院有床位150张、工作人员21人,供养托养老人126人,已成为医养结合一体的敬老院。

2.怡心养老院 2007年3月,和桥镇退休职工路华珍在自己家中创办怡心养老院,拥有床位100张,收养来自宜兴丰义、官林、芳桥、周铁、宜兴环科园及无锡郊区的托老老人64人。其中最小年龄70岁左右,最高年龄101岁。2015年,供养托养老人60人。该院设院长1人,工作人员14人,其中有职称的护理员4人。

3.夕阳红养老院 2013年12月,和桥镇恒力建筑公司董事长蒋进良创办夕阳红养老院。该院占地面积1500多平方米,建筑面积约2291多平方米,建有三层楼高的整体楼及三层附楼,配有电梯方便老人上下,内设双人、多人、豪华套间,宽敞明亮,能同时容纳150人入住,工作人员25人。所有房间、活动室都配有空调、家具和家电、淋浴室、卫生间、紧急呼叫系统,以及宽带、有线电视、消防系统等生活设施。院内还开设电子阅览室、书画室、乒乓室、心理咨询室、法律咨询室、健身房、多功能活动室。每星期安排戏曲票友表演节目、组织老人唱戏剧和卡拉OK,让老人开心快乐。2013年,该院托养老人86人,被宜兴市民政局评为先进集体。2014年,该院被评为宜兴市文明单位,被无锡市评为达标养老院,蒋进良被中共宜兴市委评为优秀共产党员。

每年过节,和桥镇党、政领导都要带队走访慰问五保老人,到敬老院向老人们问寒问暖,赠送慰问品。企业单位和部门也分别到敬老院看望。

图24-2 2013年,和桥镇企业家去敬老院慰问

第五节 殡葬工作

新中国成立前,中国一贯实行土葬。人死后用棺木土葬,是几千年形成的殡葬习俗。民国18年(1929),宜兴县颁发了"推行公墓,限制私葬"的条例,但未完全实行。新中国成立后,党和政府开展殡葬改革的宣传,反对封建迷信活动,提倡节约办丧事。1958年,人民公社化后,进行整田平地,以大队为单位划地墓葬,动员群众迁移坟墓,改变择地墓葬的陋习。1964年,宜兴县人民委员会颁发布告,号召全县人民移风易俗,推行死者遗体火化后安葬。至1976年,火化率达100%。1988年5月,镇政府在永兴村大会组北(今和桥公园内)建造占地3.74亩的骨灰盒存放纪

念堂。1997 年 8 月,和桥镇政府成立殡葬改革领导小组。同年,和桥乡(镇)、南新乡、闸口乡开展以平坟还田为突破口的第二次殡葬改革,要求公路两侧 500 米内不见坟头和墓碑。1998 年 10 月,和桥镇政府将永兴村大会组的骨灰盒存放纪念堂搬迁,选址在蒋山山坡上建公墓及安息堂,埋葬、存放骨灰盒。另外,闸口乡及南新乡也相继建造村级骨灰盒纪念堂 3 家,分别为楝树村的龙栖园安息堂、北新村的吉祥园安息堂以及西锄村的西锄安息堂。同年,和桥镇成立移风易俗理事会。为鼓励移风易俗,养成良好的村风、民风,全镇村民委员会对迁坟、骨灰盒安放公墓或安息堂的,还给以 200～300 元的补助。1998—2015 年,和桥镇在殡葬改革方面,除了集中在公墓择墓安葬外,还大力推广"壁葬"(将骨灰盒放置在窗柜式的壁柜里),节省了大量土地。

第六节　福利生产

新中国成立后,国家对残疾人的生活、生产和生命十分重视。特别是改革开放后,许多队办、乡办和镇办企业似雨后春笋般发展。广大农民的就业安置得到保障。与此同时,政府重视对有工作能力的残疾人也给予安置,让他们过上自食其力的生活。20 世纪 80 年代初,和桥乡、南新乡、闸口乡(镇)的民政部门对残疾人作全面调查,先后办起了 19 家福利企业,国家在税收上给予政策优惠,让广大残疾人进厂工作。1988 年 11 月,和桥镇成立社会福利基金会,为社会福利事业作贡献。至 2015 年,811 名残疾人得到就业。

1985—2015 年和桥镇福利企业情况

表 24－3

单位	企业名称	创办时间(年)	企业负责人	安置残疾人数(人)
原南新乡(镇)	南新电线电缆厂	1988	施永才	206
	南新金吉利化工厂	1988	邵安方	
	南新电子器材厂	1988	徐赛余	
原闸口乡(镇)	宜兴县闸口乡福利厂	1985	杨荣强	248
	闸口化工绝缘材料厂	1985	邵伯荣	
	南阳冠华化工厂	1997	薛荣生	
	宜兴市勤业包装材料厂	1997	吴建明	
	宜兴市长江稀土冶炼厂	1999	邵伯荣	
	宜兴市康宜防腐材料厂	1999	何志中	
	宜兴市太滆化剂厂	1990	王海平	
	宜兴市茂达电磁线有限公司	2005	邵其新	
	太平洋集装箱配件有限公司	1995	何克中	
和桥镇(含原和桥乡)	和桥建筑涂料福利厂	1985	徐正芳	357
	和桥电工材料厂	1986	邵其生	
	和桥线帽厂	1988	蒋跃斌	
	宜兴市第三毛纺厂	1988	欧荣华	
	宜兴市织带厂	1988	王孟元	
	宜兴市和盛轻纺织厂	1988	蒋迪元	
	宜兴市电子电器厂	2002	李浩中	
	宜兴市染整制线厂	2002	王金元	

第七节 残疾人康复

中华人民共和国成立前，残疾人生活艰辛，有的沿街乞讨留宿街头，有的在孩童时被丢弃，一些双目失明的人利用乐器走村串巷说唱，有的搞迷信，给人以“算命”为生。新中国建立后，广大残疾人得到党和政府的关心和爱护，土地改革中，与健康人一样，分得了土地和财物。1990 年 12 月，中华人民共和国《中华人民共和国残疾人保障法》颁布。此后，每年 5 月 19 日定为助残日，残疾人工作由各级民政部门主管。镇民政科负责对残疾人的走访、调查、慰问、安置和康复等工作。

1995 年，通过走访调查，和桥镇有残疾人 420 人。其中盲人 90 人、聋哑人 50 人、智残人 26 人、肢体残疾 248 人、其他 6 人，残疾人占全镇总人数的 1.3%。对有从事劳动能力的残疾人给予就业安置，让他们自尊、自重、自强、自立。对既不能劳动，又无生活来源的残疾人（特别是农村籍的残疾人），则列入农村最低生活保障对象。当年，有 76 名残疾人获得最低生活保障线的生活保障。同时，民政科配备专职康复员，专门从事残疾人康复工作。同年，开展社区康复及残疾人等级的评定工作。当年给 315 人发放了残疾证。通过残疾评定，明确保障对象，为有的放矢开展残疾人工作提供了依据，对持证残疾人自谋职业的个体经营者，工商、税务部门也给以适当的优惠和支持。

和桥镇是国际爱德基金会康复工作在宜兴市试点的 10 个乡镇之一。1999 年，康复员共为 12 名残疾人进行康复训练。盲人蒋林凤，双目失明已 30 多年，通过康复训练，掌握了定向行走技能，能拄着盲杖独自外出，受到爱德基金会理事的关注和表扬。

每年的助残日，社会各界热心为残疾人家庭和残疾人开展一系列帮残助残活动。2012—2014 年，全镇为 966 名残疾人免费办理城区公交车“爱心卡”，给 43 位残疾人发放轮椅，连续 2 年，由瑞源普斯医疗器械有限公司为 8 户残疾家庭送去慰问金 12000 元，为 182 名做白内障免费手术，为 417 人次进行康复训练，为 52 人次提供免费服药（精神残疾），为 100 多人提供服药救助，为 400 多人次提供辅助器具等。全镇残疾人工作逐步走上规范化管理后，每年要做好残疾人情况的调查统计和发证工作。至 2015 年，全镇持证残疾人 1609 人，疑似残疾人 806 人。在持证残疾人中，其中视力残疾 220 人，听力残疾 148 人，言语残疾 19 人，肢体残疾 825 人，智力残疾 256 人，精神残疾 120 人，多重残疾 2 人。

随着残疾人事业的发展，和桥镇残联工作做到组织健全，活动经常，工作形成规范化。自 2006 年至 2014 年，先后召开残疾人代表会议 6 次。南新镇历届残联理事长有赵才华、徐清根、龚春华。闸口乡历届残联事事长有邵孟春、董良。1992—2015 年，和桥镇历届镇残联理事长有庄新龙、朱斌培、王建军、吴占平、张林、吴俊花、凌红军、邱平，并有分管领导负责，主管此项工作。与此同时，在开展全镇残联工作中，还充分发挥残疾人的特长和技能，让他们展示自己的聪明才智，并取得了较好的成绩。在 2012 年，优秀肢残作家夏正平作品集《大地丰润》，获得“太湖文学奖”。在宜兴市首届残疾人职业技能竞赛中，和桥镇有 3 名选手参加。其中 2 名获奖（肢体残疾人唐浩良荣获了服装裁剪四等奖）。2012 年，在宜兴市残疾人“传递真情、放飞梦想”文艺会演中，听力残疾人申纪云的《爱情海》歌伴舞和肢体残疾刘军的《大地的儿女》诗朗诵，双双荣获金奖。同年，在无锡市残疾人职业技能竞赛中，肢体残疾人戴方元荣获 CAD 制图项目第三名。这年，肢残人刘丹还荣获江苏省青少年游泳锦标赛 200 米自由泳金奖、50 米和 100 米自由泳银奖。2013 年，在参加市残疾人职业技能竞赛中，和桥镇 3 名参赛选手均获奖。其中，唐浩良荣获服装裁剪第四名。同年，在无锡市残疾人职业技能竞赛中，刘军、戴方元分获 CAD 制图赛第四名和第六名。这年，刘丹等三名残疾人运动员，参加无锡市第十一届残疾人运动会。其中，周晨参加聋人男子 100 米径赛，刘丹参加肢残 SFS8 自由泳比赛等项目，共获 30 分。还是这年，在全国残疾人(25岁以下)射箭锦标赛上,刘丹与江苏其他两位残疾选手淘汰了实力较强的广东队,为江苏队获得了一枚金牌。2013年,和桥镇残联专职委员蒋秋芬,被无锡市残联评为无锡市第四届“十佳”优秀残疾人专职干事。2014年.残疾人运动员周晨和另外2名残疾人搭档获得全国第九届残运会暨2014全国聋人篮球锦标赛第四名;和桥镇残联获得宜兴市残疾人工作先进集体和残疾人维稳工作先进集体。2015年,和桥残联被授予“宜兴市社会事业综合先进集体”称号,同时还获“无锡市残疾人专项调查先进集体”称号;残疾人吴展鸿获无锡市残疾人技能竞赛第四名,夏正平获无锡市读书征文比赛三等奖。

第八节　婚姻登记

新中国成立前男女结婚大多为包办婚姻。童养媳、抢亲、换亲以及买卖婚姻,时有出现。

新中国成立后,提倡婚姻自主,婚事新办,实行一夫一妻制。1950年4月30日,《中华人民共和国婚姻法》颁布,并于5月1日施行。规定男女法定结婚年龄,提倡婚姻自主,婚事新办。根据《苏南地区婚姻登记暂行办法》规定,结婚、离婚和复婚登记由区政府办理。1956年2月起,由各乡(镇)政府办公室办理婚姻登记。1959年人民公社建立后,婚姻登记由各公社办公室文书负责办理。1962年7月起,离婚和复婚由县人民政府办理。1980年,新的《中华人民共和国婚姻法》颁布,提倡晚婚晚育、优生优育,规定男性结婚法定年龄为22周岁,女性为20周岁。婚姻登记进一步完善,结婚、离婚、复婚都必须到公社民政部门办理登记手续。涉外婚姻由县民政局办理。1984年起,婚姻登记员须接受县有关部门举办的培训班轮训,持证上岗。结婚、离婚和复婚登记必须按照《中华人民共和国婚姻法》规定,通过申请、审查、登记程序进行。从改革开放后的1978年开始,由于人员流动大活动范围广,外省市来和桥地区谋生的务工务农人员越来越多。当地的男女青年与来自贵州、云南、四川、湖南、江西、河北、海南、浙江、安徽、黑龙江等地的男女青年恋爱结婚。其中,少数民族有回族、苗族、傣族、彝族、布依族、蒙古族、藏族、壮族、满族、哈尼族、维吾尔族等23个。20世纪80年代起,新婚男、女双方必须经过婚前体格检查,符合结婚条件方可办理登记。现役军人申请结婚,由部队团以上政治机关出具证明,方可办理。现役军人的妻子提出离婚,必须得到军人的同意。2004年开始,婚姻登记简化手续,减少了婚检及户口证明等环节。2007年开始,婚姻登记统一归市民政局办理。

第九节　老龄工作

随着人们物质生活和文化生活的提高,健康长寿的人逐年增多,和桥镇人口老龄化成上升趋势。2002年,对全镇老年人作调查。全镇总人口5.5822万人,其中60~79岁6327人,80~89岁1026人,90~99岁122人,100岁以上2人。老年人占总人口的13.46%。至2014年,60岁以上老年人1.8万人,占总人口的26%。继2002年后,民政科每年进行一次调查,老年人占全镇总人口数的比例逐年上升。至2015年,和桥镇60岁以上老人18836人,100岁以上老人5人。老年人占全镇总人口的25%。

1987年10月,镇成立老龄工作委员会,由分管领导兼任主任,民政科长任常务副主任,司法、妇联、团委等部门协调配合工作。村(居)委均成立基层老年协会,并设有老年活动室。1988年农历九月初九,和桥镇以多种形式庆祝江苏省制定的第一个敬老日。以后,在每年的敬老日前,镇、村分别对100岁、90岁和80岁以上老人走访慰问,市政府对70岁以上的高龄老人,发给高龄老人优待证,为老年人乘车、就医、旅游等提供优惠服务。镇政府对90岁以上的老人每年重阳节发慰问金,对百岁老人每月发补助金。同年9月,宜兴市老年协会和桥分会成立,会长张凤山,副会长裴盘龙。全镇离退休干部均为会员。1992 年 7 月，和桥区巡视组撤销后，由韩松法担任镇老干部协会会长。1997 年，闻家村、石路村、苗桥村老年活动室被宜兴市老龄委批准为合格活动室。以后每年对村级老年活动室进行评优创建活动。1998 年国庆节前夕，和桥镇老干部活动中心在和桥公园内落成。2000 年，该活动中心被无锡市老干部局评为先进单位，镇老干部协会也连年被评为先进协会。2001 年 4 月，镇老年大学在和桥职业高中创办，开设政治、花卉、书法、音乐、健康保健等课程。2004 年镇老年大学搬迁至和桥公园内。自 2007 年开始，镇老年协会组织老年人开展"幸福宜兴一日游"，举办金婚庆典等活动。各村、社区（居委）都成立老年活动中心。从 2008 年开始，和桥镇对老年人按月发放尊老金。其中，80 周岁 50 元，90 周岁 100 元，100 周岁以上 300 元。2014 年 9 月，和桥镇召开老年协会会员代表大会，选举产生新一届镇老年协会，由镇退职的副镇长袁良新任会长，下设 2 名副会长和 5 名理事，秘书长由镇民政科长兼任。2015 年，和桥镇在争创基层合格老年活动室活动中，14 个村 5 个社区的老年活动室全部验收合格。同年 12 月，对全镇基层老年协会进行换届选举，产生新一届村、社区老年协会的领导班子，开展新一届老年协会工作。2012—2015 年，和桥镇每年被宜兴市评为老龄工作先进单位以及"老龄工作先进镇"称号。

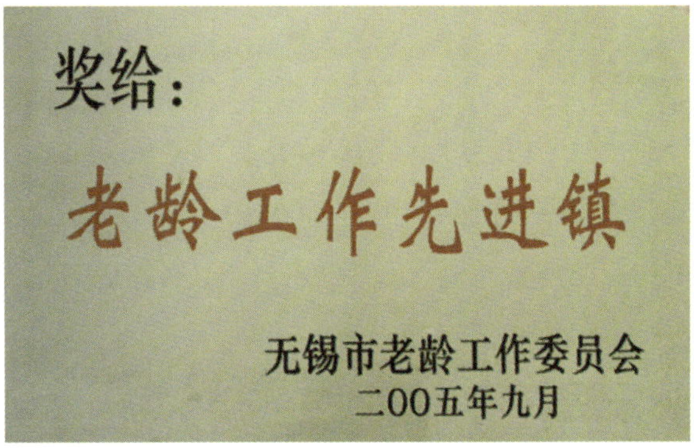

图 24－2　2005 年和桥镇获无锡市老龄工作先进镇奖状

2015 年，位于钟溪村的江苏天一度假村

第二十五章　军　　事

和桥镇地处宜兴北大门,位于太湖、滆湖钮带处。在镇西北部,茫茫滆湖,芦苇丛生,河网港叉密布。由南向北的锡溧漕运河穿镇而过。区域内水陆交通便捷,是宜、锡、常三角中心的交通枢纽,历来是兵家必争之地。民国时期,军阀齐、卢之战,和桥人民遭受灾难和损失。北伐战争时,民国革命军曾取道和桥向常州挺进。抗日战争时期,日本侵略军将和桥作据点,横行乡间,遭到了和桥军民的坚决抵抗,和桥地区成为打击日军的活动地区之一。解放战争时期,人民解放军横渡长江,解放常州后向和桥进发,一举击溃驻和桥的国民党省保安队。1949 年 4 月 24 日,和桥解放。新中国成立后,和桥民兵又成为各项运动的骨干力量。许多适龄青年积极报名参军,为保家卫国和军队建设作出了贡献。

第一节　机　　构

辛亥革命胜利后,和桥地区创设保安会,受当时的和桥市议会领导。民国 36 年(1947),和桥成立自卫团,受宜兴县军事科领导。1951 年,和桥设立民兵中队,属宜兴县兵役局领导。1961 年,和桥镇及南新,闸口两地成立乡、镇人民武装部,受县人民武装部领导。1986 年起,各乡镇人民武装部配备部长 1 人,干事 1 人。1986 年 6 月和桥乡与和桥镇合并,2000 年 6 月南新乡又与和桥镇合并,2004 年 2 月闸口镇并入和桥镇,成立新的和桥镇人民武装部。至 2015 年 12 月,和桥镇人武装部设部长 1 人,副部长 1 人。和桥乡历任专职人武干部有郭根云、徐根福、邵汉君、苏泉荣。南新乡(后改镇)历任专职人武干部有王来根、丁洪其、张开成、杜仲槐、吴仲益、吴立夫、吉伯军、钱云保、陈建荣。闸口乡历任专职人武干部有严迎春、胡玉德、裴喜勋、李保福、陆来大,钱云保、徐达新、王阿平。和桥镇民兵工作和人武部历任负责人有民兵中队长宋翔、人武部长卞永福、刁伯初、吉才如、朱斌培、汤如江、蒋全庚、张全军、方伟政。

第二节　驻　　防

辛亥革命胜利后,和桥地区为维护社会治安,曾创设保安会,由当时的和桥市议会领导。民国 3 年(1914),和桥市商界抽出青年店员(不脱产)编成商团,使用的枪支弹药由商界筹募,训练和活动归镇公所负责。民国 29 年 12 月 30 日,新四军二支队政委廖海涛、参谋长王胜率四团二营两个连,从茅山地区出发,渡过滆湖,于次年 1 月 5 日到达和桥地区,驻扎在王母,官庄、油车头、西施荡等沿滆湖村庄。民国 30 年 2 月 13 日,新四军二支队司令员罗忠毅率司令部和四团主力到达和桥地区,与廖部汇合,主要活动在宜北、武南、锡南等地。民国 36 年,和桥镇成立自卫团,由镇长马德培兼任团长,属宜兴县军事科领导。

抗日战争时期,新四军独立二团团部在史家庄驻防,二团一营 300 多名战士分散扎营在邻近的高楼下、欧家塘等村庄里,并与日伪军交战,留下了著名的史家庄“六四”战斗的史实。新中国成立初期,和桥镇及南新、闸口地区分设民兵中队,各村设民兵分队,隶属于县人民武装部。民兵负责站岗放哨,维护社会治安。自 1961 年开始,成立了乡(镇)人民武装部。1967年,83421部队在北新、民胜两村所属芦苇滩开辟农场。农场指战员平时担负部队农业生产和水产养殖,战时参加卫国戍边的战斗,曾于1979年2月赴南疆参加自卫还击战。

第三节 兵　役

民国时期,国民政府沿袭清代募兵制。民国25年(1936),政府颁布《征兵令》,实行征兵制。未几,因日军占领宜兴而未能实施。民国35年,国民政府颁布《兵役法》,因大多数适龄男子不愿为国民党卖命,贫困家庭的青年便外逃他乡,殷实人家交钱粮抵作壮丁费,征兵制度很难推行。自县府至各乡镇,只能以抓丁、抽丁、买丁等办法来完成征集任务。

抗日战争及解放战争时期,和桥,南新、闸口三地先后有大批青年积极报名,参加新四军和中国人民的解放军,其中在抗日战争中,英勇牺牲的有24人,在解放战争中光荣牺牲的有47人。

新中国成立后,开始实行志愿兵役制。1950年至1953年,和桥、南新、闸口广大青年踊跃报名参加中国人民志愿军,奔赴抗美援朝,保家卫国战场。1955年7月,根据《中华人民共和国兵役法》,开始实行义务兵役制和预备役。兵役法规定,凡年满18~22周岁的中国公民,均有服现役的义务。1984年5月,根据《中华人民共和国兵役法》,开始实行义务兵役制为主体的义务兵和志愿兵相结合、民兵与预备役相结合的兵役制度。

每年的兵员征集包括义务兵和招收飞行学员两类。在县征兵和招飞领导小组的领导下,由县征兵和招飞办公室具体负责实施,征兵的名额分配到各乡镇。征兵时间一般在每年冬季,同时也根据国防建设的需要而定。如1978年、1989年曾于冬、春两季征兵。1984—2000年,从和桥中学选出了15位学生成为空军和海军飞行员。其中,和桥籍的就有1986年入伍的空军飞行员钱建新、1991年入伍的空军飞行员张志强和蒋文伟、1992年入伍的海军飞行员周立新和陈源。和桥中学多次被评为招飞工作先进单位。

图25-1　1984年秋,和桥中学欢送第一批从高中直接选拔的飞行员钱泽民(前排左四)与校领导和镇领导合影

1985年,对批准入伍的新兵,采取先安置后入伍的方法,让新兵解决就业安置的后顾之忧。至1987年,全镇实行以优待金补助的方法(农村以全镇人均收入;城镇第一年300元,以后逐年增加100元)给其家庭补助。至1995年城镇籍入伍的战士家庭第一年以1000元补助,第二年开始又以每年增加100元的优待金给以优待。对立功受奖的现役军人另发奖励金(立一等功者奖1000元、二等功奖500元、三等功奖300元)。自1995年开始,逐年增加高中毕业的适龄青年参军入伍。

1997年,对征集高中以上文化程度青年入伍的政策规定:可以征集具有职业高中性质的高中三年级进入实习期的学生,对入伍学生,教育部门要提前颁发高中毕业证书。对国家计划招收的普通高校、中等专业学校毕业生,退伍后,按照干部身份进行安置。对高中毕业和大专毕业生入伍的士兵,年优待金可高于毕业生入伍士兵的8%以上。

为了鼓励各单位做好征兵工作,争取多出兵、出好兵,镇政府对各村、单位下达初检合格任务数,经初检合格,每超任务数1名,政府给予单位奖励金100元;凡经市体检合格,每合格1名,给予单位150元奖励金;凡合格1名高中生,增加奖励金50元,每合格1名大专生,增加奖励金100元;按下达初检数少完成1名任务的扣单位100元。对适龄应征青年必须按照《中华人民共和国兵役法》履行应征义务,如体检合格,借故逃避服现役者,给予一定的经济处罚;在单位的给予除名处理;从事个体经营的吊销执照，3年内不得重新申办。自1986—2015年，和桥镇每年顺利如期保质保量完成征兵任务。

图25－2　2015年和桥镇领导与入伍新兵合影

第四节　民　　兵

一、民兵组织

和桥民兵产生于抗日战争后期。1943年11月，抗日民主政府组织民兵基干队。1945年下半年，又组织了民兵模范队和自卫队。1951年，镇乡设民兵中队，村设分队。民兵担负站岗放岗，维护人民生命财产安全。在各项活动中出现许多先进集体和先进个人。1951年，和桥乡金盆村民兵郭根云（后转为国家干部）被评为民兵模范，出席全国民兵代表大会，并观看首都国庆阅兵典礼。在组建民兵队伍时分基干民兵和武装民兵（即预备役）。1958年上半年，对基干民兵和预备役进行合组，9月实行“全民皆兵”，镇建立民兵团，村（大队）建立民兵营。1960年，民兵建制扩大。1962年，根据《民兵工作条例》进行民兵整组，压缩民兵数量。1964年11月，按照民兵工作要求做到组织落实、政治落实和军事落实的三落实，对民兵组织进行全面整顿。1970年，将民兵划分为武装民兵、基干民兵和普通民兵。1973年，建立武装民兵营，同时成立专业分队。

1981年，调整民兵组织，撤销民兵团建制，将民兵类型改为基干民兵和普通民兵，村设基干民兵排，工作重点在基干民兵中展开。1985年，调整改革民兵预备役工作，贯彻“减少数量，提高质量，抓好重点、打好基础”的方针，民兵组织逐步由农村扩展到企业。各村、各企业都要以民兵连或营为单位，进行民兵军事集中训练，训练结束时，要组织军事考核。1983年，和桥镇农机厂民兵王少云在参加宜兴县组织的军事比武中夺魁。在开展民兵军事训练中，为解决经费开支，民兵建制单位可以创办企业，以企业的盈利，实行“以劳养武”。

1985年，原南新镇人武部被无锡市政府、无锡军分区评为“以劳养武”先进单位。1986年，和桥镇基干民兵营被评为县“双文明”基干民兵营。1986年6月，和桥乡镇合并，在冬季民兵整组时，全镇设33个民兵营，下设4个连，其中基干民兵营1个，基干民兵从450人调整到255人。同年，民兵组织重新调整，设步兵连1个，技术连1个，民兵应急排1个，为适应战时动员和民兵调整，对受训人员建立1个预编连，使民兵军政素质得到提高。1987年，全镇共有基干排34个，基干民兵500名，按区域编为4个连。其中步兵连2个，高机连、侦察连各1个，每连120人，营部20人，按照《民兵工作条例》规定，民兵组织每年进行一次整顿。时年，和桥镇被无锡市评为全民国防教育先进单位，镇人武部被无锡军分区评为“先进基层人武部”，镇人武部部长汤如江荣立三等功一次。1991年至1996年，南新镇人武部被评为宜兴市先进基层人武部。1994年南新镇人武部部长钱云保被无锡市军分区评为先进专武干部。1998年，全镇民兵通过组织整顿，有普通民兵1400人，抽调255人组成1个基干民兵营，下设3个连、25个排，另有25人组成1个应急分队。1999年8月，和桥镇成立预备役连，编为江苏省预备役高射炮兵师三团双三七高炮三营第三连，共30人，下辖2个排（高塍、屺亭镇各1个排）。连部设指挥班、汽车班、炊事班。时任镇党委副书记的程俊任政治指导员，授预备役上尉军衔；副镇长陈国军任副政治指导员，授预备役少尉军衔；镇人武部副部长谈舟平任副连长，授预备役上尉军衔；魏中任司务长，授预备役少尉军衔。时年，南新镇人武部部长陈建荣被宜兴市人民武装部评为基层人武工作先进个人。

2000年镇人武部被无锡军分区评为先进基层人武部、人武部部长陈建荣被无锡市军分区评为基层人民武装工作先进个人。2000年6月,和桥、南新两镇合并,全镇民兵组织也作了相应的调整,设基层民兵营26个(其中村18个、企业8个),有普通民兵1800人。其中,由440人组成1个基干民兵营,设有步兵分队(100人)、工兵分队(85人)、对口技术专业分队(185人)、专业技术分队(20人)和民兵应急分队(50人)。因人事调动,预备役高炮三连的预任军官也作了相应调整。政治指导员由镇党委副书记徐海友兼任,授预备役上尉军衔;副连长由人武部副部长陈建荣兼任,授预备役中尉军衔。2004年2月,闸口镇并入和桥镇。同年,和桥镇成立民兵预备役部队,下设应急分队,对口专业车床维修排,对口专业汽车运输专业队、交通专业分队、工兵连。同时,成立民兵步兵营(下设三个连)。每年,对全镇民兵组织进行整组。

2001—2011的10年中,和桥镇人武部除每年组织民兵开展军事训练处,还参加江苏省民兵无线电报等技术竞赛。2011年由无锡市人民政府和无锡军分区授予和桥镇人武部为先进单位(铜牌)。2011年8月,民兵何运勋在江苏省第十二届中学生无线电报技术竞赛中,获江苏省军区司令部授予“干扰报抄项目”第五名。同年,由江苏陆军预备设高射炮兵师颁发给和桥镇人武部“基层建设达标单位”称号。2012年10月,由无锡市人民政府与无锡军分区联合颁奖给镇人武部长方伟政“基层人民武装先进工作者”称号。2015年,和桥镇人武部被宜兴市评为人武工作先进单位。

二、武器装备

1978年—1986年,全镇民兵建立专门武器库,对武器装备加强管理,并有专人负责保管、擦拭,经上级军事部门验收,达到无丢失、无损坏、无锈蚀、无霉烂变质的“四无”要求。1987年,武器上缴宜兴市武装部武器库集中管理。

三、民兵训练

抗日战争期间,民兵训练与参战相组合,在实践中提高。民国33(1944)年12月,新四军太滆军分区给宜兴民兵基干队发放武器,进行整训。1949年,民兵训练走上正轨。每年进行15至30天训练。内容包括政治思想、军事技术、班以下战术三个方面。训练方式坚持劳武结合,小型、就地、分散和集中训练相结合。1973年,和桥、南新、闸口三地区抽调部分基干民兵骨干,前后三个月,参加县人武部组织的苏、浙、皖三省民兵反空降演习。

1984年10月和1985年9月,和桥耐电厂民兵高射机枪连,分别参加溧水石臼湖和无锡马山对空射击(飞机拖靶)比赛,均获得好成绩。历次训练中,从未发生事故。

1991年,和桥高机连(由和桥、南新、高塍三个乡组成)代表宜兴市赴上海奉贤杭州湾空四军靶场参加无锡地区高机打靶比赛。

四、民兵活动

抗日战争和解放战争时期,民兵参战支前,开展抗丁、抗租和抗粮斗争。

新中国成立初期,地方各级人民政府为保卫革命政权,维护社会安定,镇压反革命,防止匪特的破坏和捣乱,组建成立了以青年团员、贫下中农为主的人民自卫队。人民自卫队以自然村建制小队,以乡建制中队,以区建制大队。人民自卫队是一支不脱产的地方武装。每个队员佩戴胸章,参加活动。他们白天下田间劳动,夜晚轮流执勤,站岗放哨。担任小队长或中队长的,每到夜间还要身背步枪走村串巷,巡逻查哨。

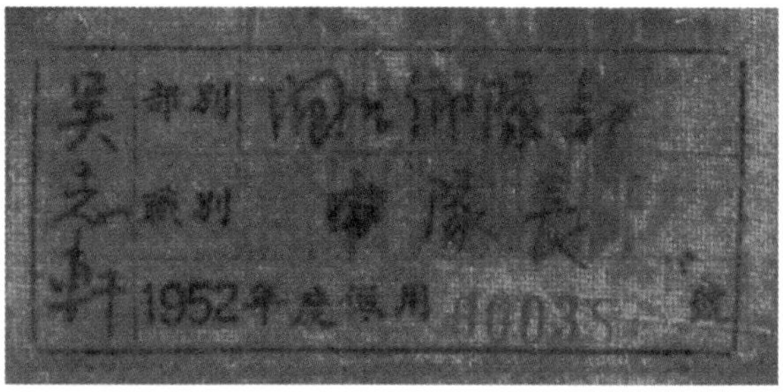

图25-4 1952年人民自卫队队员佩戴标志

新中国成立后,民兵参加土改运动,起到了骨干作用。在合作化运动中,参加互助合作的民兵达总数的90%以上,在抗美援朝运动中,全镇有45名民兵参加了中国人民志愿军。同时，在维护社会治安方面，全镇以基干民兵为主体，组织治安联防小组，在交通要道、公共场所和仓库重地巡逻执勤，配合公安部门维护社会秩序。1970年初和桥商业公司民兵营出席镇江地区民兵代表大会，并在会上介绍他们参加社会治安的经验。1973年后，民兵活动增加了每月一课政治教育内容，并结合每年的征兵、训练、整组、节假日适时进行。1976年，由每月一课改成每季度一课。形式也由集中上大课改成以基本排为单位进行，同时通过刊授、函授，提高民兵的政治理论水平。1984年下半年，民兵开展"以劳养武"活动，至1987年底，共办劳务企业两个，商店1个，年产值30万元，利润2万余元，解决了民兵的活动经费。和桥民兵在协助公安部门保卫人民生命财产安全，维护社会安定团结，确保一方平安中，做了大量工作。1986年12月7日，镇商业公司、仪表厂、县第三毛纺厂、湖滨钢窗厂、和桥建筑站及和桥麻纺厂分别成立了护厂队。1991年和1999年，宜兴全市遭洪水袭击，全镇民兵投入抗洪抢险战斗。

第五节　兵　　事

一、北伐军到和桥

民国16年(1927)3月，北伐军从宜兴向和桥挺进。16日晚上，孙传芳败兵在镇上大肆抢掠时遭北伐军袭击，天亮后向常州方向败退，北伐军乘胜追击。18日，国民革命军十四军军长赖世璜在和桥宿夜，次日去无锡，所派民夫全部回到和桥，群众反映极好。19日，北伐军进军胜利，和桥群众在上塘北首东岳庙广场举行庆祝大会。

二、常州兵变至和桥

民国18年(1929)12月8日下午，驻常三十二军独立第四旅十二团哗变官兵先后数十人，并有小火轮4艘、民船10余只到和桥，船上变兵登岸后，进驻城皇庙、痘司堂等处。由溧阳开往无锡的新商、招商两客轮驶至和桥时即被变兵扣留，镇上各商店纷纷停业。变兵将商民万千臣押至城隍庙作人质，向商会勒索2000元银园。商会集得现洋1140元，要求放人质。变兵不允，至少交清2000银元后方将万千臣释放，当夜变兵向宜兴方向逸去。

三、围剿日军据点

民国27年(1938)10月18日，国民党七十六师机炮连协同游击队进攻驻和桥的日军，激战两日，击毙日军6人。

民国28年(1939)4月11日，国民党六十七师会同三十三旅攻打驻屺山日军，激战三昼夜。第三日傍晚，日军施放烟幕弹，潜下北坡，窜逃至和桥。5月1日，国民党三十三旅反攻高塍、和桥，破坏日军工事，缴获战利品多种。六十七师进袭和桥镇，与日军激战两昼日，俘日军士兵3人，获战利品多件。5日，又进攻和桥、漕桥，日军死伤30余人。

四、西施荡战斗

湖滨村西施荡(自然村)曾是新四军二支队司令员罗忠毅率部战斗过的地方，也是中共太滆中心县委和中共宜兴县委活动的场所。

民国30年(1941)2月13日，新四军二支队罗忠毅司令率司令部和四团主力到王母村，与政委廖海涛会合。2月20日，二支队的报社、电台、文工队等直属机关和后勤单位驻扎西施荡。22日上午7时许，日军兵分三路从漕桥、和桥、楝树港等地，向西施荡包围过来。罗忠毅得到消息，令主力部队前来增援，并指挥机关人员在村后登船，沿黄渎港的一条小河向滆湖方向撤退。

西施荡群众会集大小船只接应突围战士，当船只转弯行至钱家边村浜口时，被埋伏在黄渎港对岸的日本兵发现，机枪、掷弹筒一阵扫射，船上的《火车报》编辑巫恒达及罗司令的爱人柳肇珍，还有油印员、电台运输员等壮烈牺牲。在主力部队的掩护下，大部分机关人员向北突出重围，在一条沙梁下面隐蔽起来。廖海涛政委则带领另一部分机关同志，巧妙运用一条高埂掩护阻击日军。罗司令等将士安全脱险渡过河，与特务连会合。驻扎在沿滆湖的官庄村、王母村、双墩港村的二支主力部队，奉命围歼西施荡日军。两支队伍合围，向敌发起攻击。

次日上午10点钟左右，敌人因抵挡不住新四军主力部队的攻击，伤亡较大，狼狈逃窜。战斗中，新四军近20名勇士壮烈牺牲。

五、史家庄战斗

北庄村的史家庄,是抗日战争时期新四军独立二团团部扎营地,村西头的砻坊屋和村东头的土地堂,分别是新四军制造枪支和炸药的场所。二团一营300多名战士分散扎营在邻近的高楼下、欧家塘等村子里。

民国31年(1942)6月4日凌晨,日伪军从无锡、常州、宜兴等地调集千余兵力和10余艘炮艇,从水陆两路包围了史家庄。在这紧要关头,太滆地委书记陈立平与独立二团参谋长杨洪才、二营营长王香雄等指挥员,当即决定派二营四连向史家庄方向出击,又派五连布防在闸口乡姚桥头村一带,抽掉村前河上的桥板,阻止漕桥之敌向史家庄追击,并在此接应四连撤退。六连派出一个排坚守在距史家庄北面2华里左右处的归美桥村,掩护地委机关经过闸口乡小湾渡桥,向武进南宅方向突围。

四连出击到杭桥头附近,即与敌遭遇,团长程维新带领短枪班及特务连一部分战士向北突围,程维新在闸口钱家圩村至沈家滩村转移途中,被敌人的掷弹筒打伤,当地群众把他抢救到闸口万福村,后又隐蔽到滆湖边的芦苇丛中而脱险。

二营营长王香雄听到敌枪声密集,而史家庄方向则渐沉寂,命令四连迅速向小湾渡桥撤退。当两个连会合后又立即撤离小湾渡桥时,遭数路兵力包围,五连连长梁也夫在激战中阵亡。此后,王营长率队赶到马庄桥,跟杨洪才参谋长合兵一处,掩护地委机关的陈立平等冲过马庄桥突出重围。王营长则再次率四连、五连在敌人包围圈里与敌周旋。最后在群众的帮助下,渡河突出重围。

这次战斗,新四军独立二团二营伤亡100余人,武宜支队第三大队队长赵宝成等20余名指战员阵亡,独立二团一营200余名战士也英勇献身。中共太滆地委施教团团长张之华、宜武太三县行政委员会秘书任大可、中共太滆地委敌工部长孙宁、武宜县委妇女部长钱立华等在战斗中光荣牺牲。

1991年6月,宜兴市委、市政府在该村的东南角土墩上建造了"六四"战斗纪念碑。

六、横楝树战斗

民国32年(1943)10月,新四军独立二团团长杨洪才率部去旅部休整,太滆地区兵力空虚,忠义救国军晏子风带300余人(号称一个团),深入太滆腹地活动,公开配合日伪"清剿"。11月初,杨洪才率独立二团一部秘密回到武南地区,中共太滆地委决定剪除晏子风部。11月上旬某日,晏子风部至北新村横楝树及邻村水满槽,挨家要米要柴要被。傍晚,杨洪才和参谋长王香雄、政治部主任林国胜各带一个连行至距横楝树1.5千米的油车头村隐蔽待命。此时,晏部人马散住在横楝树、水满槽各家,集伙赌钱。独立二团在夜色的掩护下迅速包围了晏部,在塘渎区大队的配合下,向晏部发起猛烈的进攻,晏部人马猝不及防,除少数逃脱外,大部被俘。晏子风躲进农家牛圈,侥幸漏网。此战,独立二团缴获轻机枪5挺、步枪200余支、短枪10余支和一部分军用物资。

七、王母桥村楼下战斗

民国33年(1944)9月下旬,新四军独立二团团长杨洪才和参谋长王香雄率五、六两个连,从苏浙交界地区秘密会师太滆。29日晚,杨、王率领100余人宿营王母桥村塘北自然村。翌日,塘渎区大队在邻村邓家塘活动,被和桥日伪特工探知,20余名日伪军迅速出动,向邓家塘方向扑来。杨洪才、王香雄派出侦察员严密监视日伪军动向,并做好战斗准备。午后,日伪军来到塘北村南约100多米的楼下村时,发现了新四军布置在草堆上和大树上的哨兵,便立即开枪。驻塘北的新四军进行还击。日伪军立即占领了楼下村东的一块低田,向塘北村用掷弹筒、机枪猛烈射击。新四军一方面与日军对峙,一方面派出部队,涉过一条小河,绕道日伪军的背后围歼。此战击毙日军8人,俘虏1人;击毙伪军2人,俘虏数人;新四军牺牲2人。战斗中,新四军缴获轻机枪1挺、步枪20余支、指挥刀1把、子弹2000余发。

八、芦滩保卫战

新中国成立前,在和桥镇区滆湖内的十万余亩芦滩,长期被官庄村的滩主杨迪愚和西施荡的滩主谈寿熙霸占。沿湖村庄的农民冒险在半夜三更下湖樵芦,以换取粮食,维持生计,却常常遭到伤害。一次,西陈家村农民陈根福划船下湖准备樵芦时，滩主将船只锯成两段。民国 36 年（1947）农历 8 月初的一天，湖滨村贫农沈盘生也因下湖樵芦，遭到谈寿熙毒打，还将木船拖上岸，扬言要将他送官府查办。这一切，逼得沿湖村民奋起反抗。此时，中共党员储少白率领唐宋区武工队来到西施荡，先将沈盘生家的木船抬下河，送还给了沈盘生。紧接着，储少白带领胡仁生、吴滇勤、吴之光、沈兆云和王敖芳等同志，在塘北村蒋全海家召开民工队骨干和群众代表会议，传达了中共华中分局“七一指示”精神，开展锄奸、“三抗”和“二五减租”斗争。重点布置和开展保卫芦滩的战斗。农历 8 月 22 日，塘河西和滆湖以东的农民约一千余人，划着二百多条农船，来到横楝树村附近的芦滩上樵芦。这时，和桥区伪政府自卫队队长刘孟根得到消息，亲率其直属中队，连同杨桥乡自卫队共数百人来到该地段，下令用机枪向正在樵芦的群众扫射。此时，“镰刀会”会长吴滇勤和副会长缪川生、郭友法冒着枪林弹雨，指挥群众隐蔽，缪川生在掩护群众转移中中弹牺牲。刘孟根见群众已隐蔽到茫茫芦苇中，就带上几个排的兵力，窜进水满漕、横楝树等沿湖几个村搜查，企图捉拿中共太滆分工委的领导。进村后，翻箱倒柜，抢掠物资，并用枪械威逼群众上船，押送宜兴县城。与此同时，我军一突击营营长常喜生带领一个排，与周金生、胡仁生带领的武工队和蔡虎根等带领的一个班，以三方会合，直奔黄渎港，追击刘孟根的自卫队。指战员们一路追杀，并高喊“活捉刘孟根，为缪川生同志报仇”等口号，吓得敌人抱头鼠窜，他们丢下抢来的包裹，把机枪等丢入河中，狼狈逃跑。而追赶的群众，纷纷用竹篙将匪敌打入河中。保卫芦滩的战斗，战线南至高塍，东至归美桥，北至五洞桥。面积纵横 10 余平方千米，约有 120 多个自然村的群众参加，不到三天工夫，将 10 万余亩芦苇全部樵光，芦滩保卫战取得了全面胜利。

九、解放和桥战斗

民国 38 年（1949）4 月 23 日，国民党省保安队在和桥镇郊挖壕沟，晚上用煤油焚烧公路大洋桥。中国人民解放军九十二师于 4 月 23 日解放漕桥后，派遣二七四团三营配合二七六团两个营，分东、北两路进攻和桥镇。24 日凌晨 3 时，中国人民解放军第三野战军第十兵团二十八军八十四师奉命挥师南下进至漕桥，查明和桥镇有国民党省保安队驻守，便迅速向和桥挺进。翌日凌晨 4 时，三营七连首先突入镇内，与把守在和桥养初小学校土墩上的国民党省保安队展开激烈战斗，至上午 8 时左右，保安队被歼被俘 200 余人，和桥解放。

2015 年，和桥乡村农居一角

2015 年，和桥境内的滆湖仍是港汊接连、绿波荡漾、芦苇成片、水鸟成群

第二十六章　科　技

和桥镇是宜兴四大镇之一，古来就是“千叶小舟云集，八方商贾过往”的繁华商埠，冠以“小无锡”之称，以农耕为主业的鱼米之乡。20 世纪 60 年代，科技比较落后，科技成果甚少。1966 年，和桥、闸口、南新地区相继成立农技推广站。中共十一届三中全会后，科技兴国、科技是第一生产力的理念不断深入人心。1985 年 1 月，和桥镇科学技术协会成立。1987 年，和桥镇科协咨询服务部成立，科普宣传、教育、培训、科技推广活动逐步开展。90 年代，和桥镇的科技成果不断呈现，科技队伍不断扩大，一批专利产品应用市场。

1995 年，和桥镇被命名为“江苏省科技工作先进乡(镇)”，1999 年获无锡市“科普文明镇”称号，并被确定为“省科学技术普及教育大纲”试点镇。2000 年后，和桥镇各项科技工作得到长足发展。2001 年被无锡市确定为专利示范镇。2010 年、2011 年、2013 年、2015 年先后被评为宜兴市科技进步先进集体、科技创新先进集体、科技创新先进单位。自 2003—2015 年，全镇有注册专利产品项目 1200 多个，有国家、省级获奖产品 95 个，有高新技术企业 24 家，有国家、省级火炬计划、星火计划、技术创新基金立项 31 项，获 ISO9001 质量体系认证企业 78 家，获无锡市、宜兴市科技成果 80 多项。

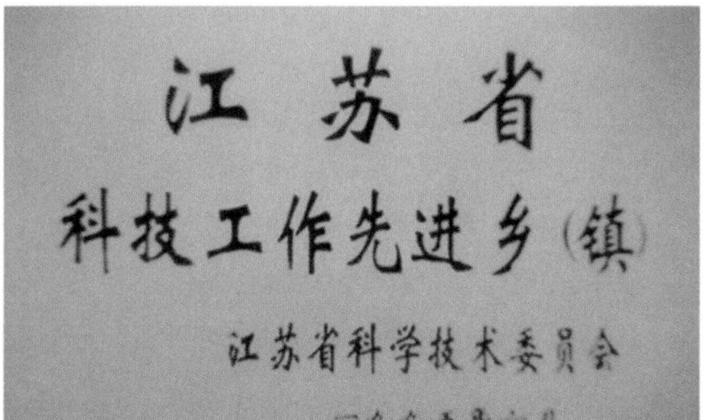

图 26－1　1995 年和桥镇获江苏省科技工作先进乡镇奖状

第一节　机构队伍

一、机构

1. 农业技术推广站(农科站、农技站)　民国时期，作物病虫害连年发生，危害成灾，农民对作物病虫害无能为力，造成粮食作物低产欠收。新中国成立后，植物保护逐步开展。1955 年，设和桥区农业技术推广站(简称农技站)，配备全民农机干部 5～7 名，和桥、南新、闸口乡镇的农技推广工作均由区站直接联系领导。乡镇政府只是指派 1 名干部分管农技工作。1966 年，当时的和桥公社成立农技推广站。同年，和桥镇、南新、闸口公社也相继成立农技站，均设专职农技员 2～3 名。1987 年，和桥镇农技员增加到 9 名，至 1999 年，和桥镇有专职农技员 5 名(其中高级农艺师 1 名，农技师 2 名)。随着乡镇农技队伍不断壮大，各行政村(大队)与自然村组也均设立了农技员，形成了农技服务网络。1999 年 7 月，和桥镇农技站、多技站等合并为农副业办公室(简称农办)，时任农副办主任为邵志军、赵建强。2000 年 6 月，原南新镇农副业办公室并入和桥镇农副业办公室。2003 年 3 月，和桥镇农副业办公室更名为和桥镇农服中心。2004 年 2 月，原闸口镇农服中心并入和桥镇农服中心。至 2015 年，南新镇历任农技站站长有房法生、吴良才、卢洪坤、顾福真、赵建强；闸口镇历任农技站站长有徐志汤、姜仁金、白永根、谈亚光、徐志勤；和桥镇（含原和桥公社）农技站历任站长有周培基（兼）、路金海、路玉如、王荣华、蒋新和；和桥镇农服中心历任主任有赵建强、杨小强、范凌云。

2. 科学技术协会　1981年12月，南新公社成立科学技术普及协会，芦燮宝任协会主席。1985年1月，和桥镇成立科学技术协会，选举孙维璀任主席，协会下设机械、电子、纺织、建材、轻工、光学和粮油食品8个学科组。和桥镇科协的主要职能是开展科普宣传、科普教育和培训，进行技术咨询、信息反馈，开展科技活动，推广科技成果等。同年5月，和桥乡科学技术协会成立，李夕林当选主席，下设农学、蚕桑、水产、花木、纺织、轻工、机电、冶金、化工、建筑、医疗、少年科技、科普13个学科组。闸口乡于1986年成立科学技术协会，周仕健任科协主席。1986年6月，和桥乡、和桥镇合并，1987年9月召开镇科协第二届会员大会，选举陈龙海任主席，增设4个学科组。1991年5月，镇科协召开第三届会员大会，陈龙海继续当选为镇科协主席，学科组发展为14个，会员达140人。1992年3月，南新乡党委、乡人民政府决定成立南新乡科学技术委员会，由12位同志组成，由张知难任主任，印德进、裴登科为副主任。1997年6月，和桥镇科协召开第五届会员大会，参加会议的代表有85人，陈先钊当选为科协主席，华亚娣当选为科协副主席。2000年6月，原南新镇科协并入和桥镇科协，2002年4月，镇科协召开第六届会员大会，参加会议代表87名，杨跃飞当选为科协主席，朱建华、杨安妮、周为贤、华亚娣为副主席。1992—2004年间，闸口曾五次召开科协会员大会。闸口先后担任科协负责人的有周仕健、谈亚光、吴农。2004年2月，闸口镇并入和桥镇，闸口镇科协组织也并入和桥镇科协。原闸口镇分管科办负责人有杨安妮、蒋小芬、缪勇。2007年5月，和桥镇科协召开第七届委员大会，参加会议的代表有78名，陈先钊当选为科协主席，何克中、路竹青、陈颖新为副主席，华亚娣为秘书长。2012年5月，镇科协召开第八次代表大会，参加会议的代表97名，选举产生和桥镇科协第八届协会成员11名，施旭伟当选为科协主席，刘亚芬、周勤斌、路竹青为科协副主席。

2012年和桥镇科学技术协会学科组情况

表26－1　　单位：人

学科组名称	农业组	副业组	畜医学组	轻工学组	化工学组	建材学组	纺织学组	机电学组	水电学组	建筑学组	基层医学组	粮油食品学组	科普教育学组	财会学组
人数	105	62	12	21	15	18	32	42	23	13	68	6	78	54

3. 科学技术委员会　1992年5月，和桥镇科学技术委员会（简称科委）成立，唐宁彪任科委主任，科委副主任陈才良，委员有12位同志组成。科委是管理科协、科技工作的专门机构，科委领导成员随着人员变动而调整。2000年后，乡（镇）科学技术委员会不再单独设立，科技工作的领导管理工作纳入科协统管。

4. 科协科技咨询服务部　1987年，和桥镇成立科协科技咨询服务部。其服务范围是：提供企业生产中的工艺技术，介绍新产品的市场和信息，协助企业把握产品质量分析和计量检测、技术培训、实行质量管理和其他行业的技术咨询等服务。

5. 宜兴市特种泵类工程研究所　1992年8月，宜兴市轻工机械厂创办宜兴市特种泵类工程研究所。性质为市属集体，经济上实行独立核算，自负盈亏，从事各类专用泵产品和有关工业装备及应用工程的设计、研究、转让、咨询及技术服务，试销本所研制的新产品。该所曾与国内大专院校、科研机构挂钩，建立信息网络，并聘请大专院校教授、科研人员担任顾问。自行设计的“宜轻”牌GJB系列高压均质泵、SBH系列三维摆动混合机、DEB定量分装机等，均取得明显的经济效益。2005年8月市天鸟高新技术有限公司成为宜兴市重点实验室。市科教仪器研究、市特种泵类工程研究所、市龙鼎环境工程设计研究院、市音乐喷泉设计研究院、市江南环保工程设计研究所、市天鸟环保工程设计研究院、市长江研究所均成为市级民营科研院所。

6.市科教仪器研究所　1987年5月，成立宜兴市科教仪器研究所，所长戴长生。该所是宜兴市首个独立核算、自负盈亏，技、工、贸一体的民营科研所。该所与辽宁、甘肃等地科研所协作研制的“沈宜”牌新型蛋白分析仪，与山西109医院骨科专家韩林主任医师合作研制的“长生”牌综合治疗仪，均被确认为国家级新产品，并进入中国互联网信息中心。1994年，该所被省科学技术委员会、省经济改革委员会、省科协、省工商业联合会授予“优秀民营科技型企业”称号，1999年11月，所长戴长生被中国管理科学院学术委员会聘为特约研究员；被中国科联经济发展中心授予“科联英才”称号；其事迹被编入《中国科学技术文库》《中国专家人才库》《中国当代发明家大辞典》。2004年，市科教仪器研究所研制

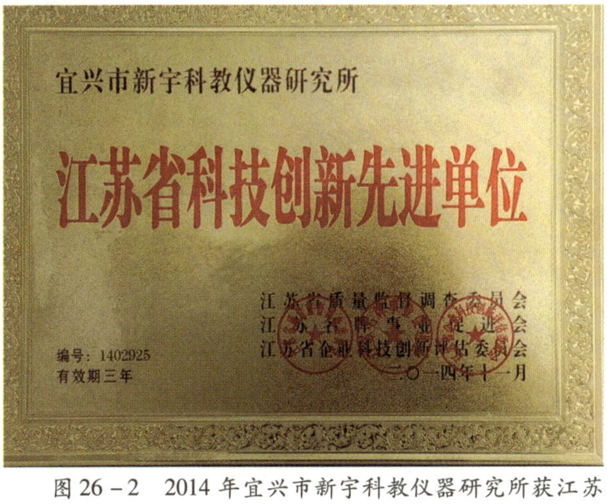

图26－2　2014年宜兴市新宇科教仪器研究所获江苏省科技创新先进单位奖状

的LNK新型蛋白分析仪，被中国保护消费者基金会推荐为“全国消费者放心产品”。2006年，宜兴市科教仪器研究所更名为宜兴市新宇科教仪器研究所 。2008年7月，带检修窗的消化炉获国家知识产权局“实用新型专利证书”。2014年，宜兴市新宇科教仪器研究所评为江苏省科技创新先进单位。

7.宜兴市自动化研究所 1994年6月，成立宜兴市自动化研究所，为集体性质，法人代表周泰安。主要从事机械、电子新产品的研制、开发、技术转让、技术咨询服务。该所研制的电液伺服阀，提供宜兴华新自动化设备有限公司生产销售（1999年歇业）。

二、科技队伍

1989年，分别完成对市属事业单位、机关、村、企、建筑行业单位进行各类专业技术职称的评聘工作。1992年后，镇每年评比“十佳”科技工作者，郭新科、褚卫君、马春南、徐晓根、吴君南、王东明等6人先后被评为宜兴市科技先进工作者。宜兴吸音材料厂（南新）周为贤被评为1991—1994年度宜兴市中青年专业技术拔尖人才，南新乡邹胜强被评为1993—1994年度市优秀科技工作者，施永才被评为1994年无锡市乡镇科技人员先进个人，江苏得胜集团总经理周为贤获得1996年度市“科教兴市”创业奖，南新乡周为贤、吴立扬、邹伯坤被评为1995—1996年度宜兴市优秀科技工作者。2000年12月，凌志环保有限公司凌志军被评宜兴为市首届“十佳”青年创业之星；2001年5月团省委授予凌志军“江苏省新长征突击手”荣誉称号；2001年7月，凌志军又被香港专利事业委员会授予“中华专利技术发展成就奖”；2002年，宜兴市政府授予凌志军“优秀青年科技人才”称号。市牛蛙养殖场邓焕军于1992年被评为中国农村专业技术协会先进工作者，1993年被评为江苏省科协农业科技推广先进工作者。2001年被省政府授予“省劳动模范”称号。2010—2013年中，沈文丽、钱青青、欧仕民、吴俊、周玮、丁力中、刘晓聪、陈岩、孙立、许贤明、张志华、尹锋、李美英、刘聪等分别被评为宜兴市科技先进工作者、科技创新先进工作者。镇科研机构的完善，带动

了农业、工业、教育科研组织网络的健全，各企业都有一位领导主管科技科研工作，学校成立了教科研室。至2015年，全镇组建了一支庞大的科技队伍，和桥镇建有600多人农业（包括林、牧、副、渔）科技队伍。全镇企业创办设计研究院（所）、新技术开发中心和课题攻关小组等科研机构67个。全镇八所学校均成立了教科室、教研组。2015年，全镇拥有各类科技科研专业人才1850人，其中，有中高级职称的近600人。

第二节　科技活动

一、科普宣传

20世纪50年代末，和桥、南新、闸口地区乡镇开展工业、农业和医学卫生等科技知识宣传活动，举办科学技术图片和实物展览。70年代初，宣传推广培育壮秧，合理密植，适时召开农业生产经验交流会，总结先进经验。80年代初，主要依靠幻灯、墙报、广播宣传农业技术知识和卫生知识。1982年起，全镇订发《当代农业》杂志60份，为各村提供农技信息。1984年，创刊《和桥农技信息》，每年10～12期。1985年镇科学技术协会成立以后，职能作用不断得到发挥，各单位、条线，纷纷利用画廊、板报，定期刊登科技知识和信息。1988年，巡回展出“普及科学知识，破除封建迷信”大型图片展览，播放《巫师的骗术》科普录像数十场次。1989年，全镇范围广泛开展“爱国卫生宣传月”活动和举办“性知识与性病防治”的图片展览。1990年后，先后开展“科技教育”“科技兴农”图片和板报展览。1992年，宜兴市200多名科技人员在和桥镇举办“科普集市”。1994年，全镇成功举办了“科技板报、画廊”评比。1996年起，每年3月5日前，全镇隆重举办“科技节”活动，检阅科技成果，宣传科普知识，进行学术交流，开展科技项目协作，表彰奖励科技先进人物等。1999年，和桥又投入8万元，建成5只大型不锈钢宣传专栏，定期更换科普内容。1999年还请省教育学院彭坤明教授到镇作“知识经济”专题讲座，增强干部对市场经济的驾驭能力；还组织“农民必读”科普读书活动和中小学生3600多人参加省百万中小学生“金钥匙”科普知识竞赛，获优秀组织奖。2002年3月，镇科协扎实地开展科技节、科普宣传周活动，组织实施6个科普系列活动，并组织2544名中小学生参加“金钥匙”科普知识竞赛，在街头举办“反对伪科学，揭批法轮功”的宣传活动，参加活动人数达1万多人。2002—2008年，和桥镇先后两次调整充实科普工作领导小组成员；镇、村两级科普组织健全，有专人或兼职人员负责科普工作。2005—2008年，和桥镇科教文卫办与镇农办、市老科协、镇工商分局、和桥医院等有关部门联合举办科普宣传咨询18场次，计印发各种科普宣传资料14万余份。2008年，全镇共有科普基地6个，科普画廊21座，科技活动室21个。2009年，和桥镇成功举办了第十四届科技节，举办科技培训，印发各种科普宣传资料2万份（册）。2010—2012年，和桥镇各部门免费发放各级各类科普宣传品200余种类（其中自制或编印的有60余种），还利用短信平台，发送关于科普知识的宣传短信。至2015年，全镇14个行政村都有科技带头人、科技示范户和科普员，形成了以科技致富能手为主体的农民科普队伍。北庄村、北新村、同里村、永兴村、北渠村等14个行政村先后被评为宜兴市科普示范村，其中西锄村被评为江苏省示范村。

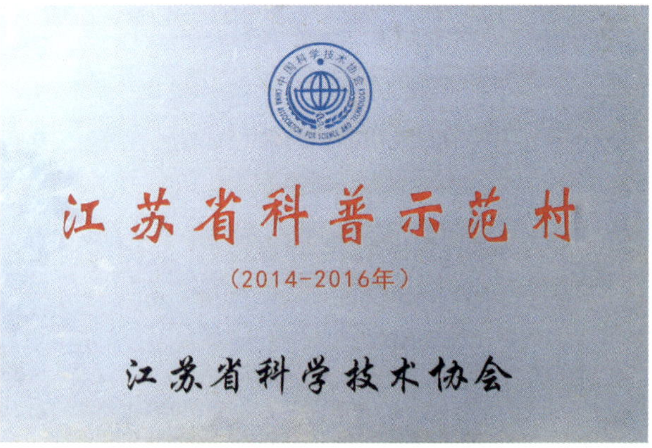

图26－3　2014年西锄村获江苏省科普示范村奖状

二、科技培训

20世纪60年代，科技培训活动甚少。70年代，科技培训以农业科技为主。农技站每年组织大队

(村)、小队(组)农技员进行培训,以三麦、油菜、水稻实用栽培技术为主。1987 年,和桥镇农业技术培训学校成立,每年进行农技、水利农机队伍培训 10 ~12 期、500 余人次。工业类以轻纺挡车、织布、化工、机电等专业知识技能的培训,同时每年要开展车工、钳工、挡车工操作技能竞赛。1988 年,请农业专家作“创汇农业、生态农业”讲座。1989 年,对农技人员培训(N·P·K)配方施肥新技术。1988 年,邓焕军创办和桥镇牛蛙养殖场。1991—1999 年,该养殖场举办 61 期“牛蛙养殖”和“狐狸人工养殖”培训班,参加培训人数达 3000 多人,并取得明显的效益;邓焕军还引进银黑狐、齐鲁山羊、纯种波尔山羊、苏太种母猪,种植美国红提葡萄。同期,共推广发展种养户 796 户,为种养户发展生产进行技术培训,进行科技扶贫,投入总扶持资金达 26.3 万元。1993 年,和桥镇委托河海大学管理干部学院举办“涉外经济贸易”半脱产两年制大专班,共委托培养 50 名“涉外经济”人才。1994 年,和桥镇广播站 1 人参加省科协举办的外向型经济和国际经贸大专班学习。1997 年,8 名村干部参加省农广校宜兴分校现代化综合管理专业中专班学习,学制 3 年。1999 年,又推荐 5 名村主任、农技员参加该校学习,同年,镇科协举办实用技术培训班 104 期,培训 6763 人次。2002 年,镇科协因地制宜、形式多样地举办各种培训班,其中成人学校 19 班,2360 人;农业办公室 10 期 1045 人;经贸办 22 期 1050 人。2009 年,镇科协组织开展科技讲座、培训 21 场次,主要包括“和桥镇骨干企业厂长经理科技创新培训班”“和桥镇新型农民培训——水产养殖”。2011 年,镇科协组织上百名养殖户参加江苏省渔业科技入户示范养殖工程实用技术培训。2003—2015 年,和桥镇举办各类技术培训 2124 班,参加培训 19.62 万人次。

2003—2015 年和桥镇各类技术培训统计

表 26 - 2

年份	总计培训人次	在岗人员学历培训				岗位规范培训				实用技术业务培训						各类讲座		村企办学		年主要劳动力总数(人)	全员培训率(%)
		大专		中专		班	人	其中等级工培训		班	人	其中									
												农副类		工业类							
								班	人			班	人	班	人	班	人	班	人		
2003	8241	1	20	—	—	45	2789	22	2378	47	2510	23	2870	24	2690	16	1172	28	1760	20350	40.5
2004	12830	1	21	2	72	51	3911	22	2330	47	3117	22	2191	22	2413	17	1990	30	3640	27891	45.8
2005	14109	2	50	—	—	50	3891	23	2130	49	4519	23	2001	22	2311	17	1980	32	3270	30541	46.2
2006	17499	8	204	—	—	52	4304	29	2483	54	5095	26	2608	25	2485	19	2987	35	4884	31531	55.5
2007	18319	9	190	—	—	56	4729	32	2606	52	5328	28	2667	24	2591	21	3158	37	4914	31531	58.1
2008	19072	8	164	—	—	60	4862	38	3225	54	5668	30	2988	24	2680	28	3366	38	5012	31841	59.9
2009	19423	8	133	—	—	62	5055	38	3341	55	5774	30	2887	28	3142	31	3445	38	5016	31841	61
2010	20294	8	245	—	—	68	6097	35	3121	56	5832	41	3875	17	2248	30	3042	42	4876	32681	62.1
2011	20589	12	452	—	—	70	5451	31	2765	57	5696	32	3126	25	2749	36	3866	41	5125	32681	63
2012	23112	11	734	—	—	47	4020	9	538	18	2603	18	2603	—	—	33	3652	148	12178	35572	64.9
2013	23299	10	420	—	—	54	5294	10	615	18	2658	18	2658	—	—	37	2688	168	12269	35618	65.4
2014	23365	11	890	—	—	32	3623	6	443	19	2702	19	2702	—	—	36	2583	78	10312	35617	65.6
2015	22748	9	606	—	—	34	4168	3	167	24	2716	24	2716	—	—	38	3104	76	10212	34624	65.7

2015 年和桥镇各类培训班统计

表 26－3

时间	培训内容	培训对象	人数
2 月	科技创新培训	企业科技人员	70
2 月	渔业科技入户培训	养殖专业户	196
3 月	消费者权益保护法	群众	190
3 月	劳动合同法培训	企业工人	211
4 月	财务培训	财务会计	60
4 月	科普现场培训	群众	320
4 月	关爱健康讲座	社区群众	260
5 月	安全生产工作培训	企业安全员	150
6 月	女职工素质提升培训	企业女职工	168
6 月	计划生育现场报告会	育龄妇女	156
6 月	生猪改良技术培训	生猪养殖户	25
6 月	党风建设培训会	党员干部	262
7 月	机关法治建设讲座	机关工作人员	210
8 月	卫生知识讲座	群众	186
9 月	全国爱牙日宣传	群众	212
9 月	高新技术企业申报培训	企业科技人员	32
9 月	反邪教宣传	群众	300
10 月	自动化办公技能讲座	企业职工	467
11 月	农业高效增产培训	农户	246
12 月	党员冬季培训	党员干部	650

三、科技推广

20 世纪 60 年代，和桥地区的科技推广活动仅局限于农业高产丰收、作物栽培技术、农具革新活动。70 年代，农村开始推广农技知识，提倡良种繁育，以自繁自育为主。80 年代至 90 年代，镇农技站批量引进良种，试验示范后，搞服务性推广，先后被推广应用的水稻品种有双季稻“29 青”、双季稻“矮南早 1 号”“农垦 58”“杂交稻汕优 63 号”“武复粳”“武运粳”等高产优质品种。小麦推广以“宁麦 6 号”“扬麦 4 号”“85－85”“扬 158”“宁表 14”“苏麦 188”等为主。病虫草害防治推广“杀虫脒”“扑虱灵”“快杀灵”“农将军”等农药及“稻草灵”“丁草胺”“苄黄隆”等高效除草剂，化学除草面积达 100%。对三麦则推广“多菌灵”“井岗霉素”防治病害及“绿麦隆”“绿黄隆”“异丙隆”等除草剂，效果明显。80 年代起，农村改进旧的耕作方式，采取三麦板田免耕，油菜板茬直播法、土肥推广秸杆还田新技术。90 年代，打孔地膜小苗秧、塑盘小苗抛秧等新农艺得到普及推广，使传统农业向现代化农业过渡。1999 年，北庄水稻百亩丰产方获宜兴市“丰收杯”竞赛活动二等奖。同期和桥积极开展农业科技“110”活动，内容有农业科技示范、推广农业优良品种，帮助农民掌握先进科技实用技术，仅 2002 年就为农民现场解决种植、养殖技术问题 28 次，面积近 200 亩。为加快农业结构调整，2002 年共调整面积 2226 亩，全镇形成水产养殖、奶牛生猪、特禽养殖、花卉苗木、果品、名特优反季节大棚蔬菜、经济林木等优势产业。同年，全镇积极推行的“一村一品”工程已初见成效。原苗桥村的特种动物养殖、金盆村的食用菌栽培、文里村的葡萄种植、石路村的千头猪场、高楼村的种鸭、湖滨村的千羽野鸡场以及中巷、北新、王母桥、西锄村的雪山草鸡等等，都带动了周围一批群众共同致富。根据和桥镇水产面积大而常规水产品价格低下的实际，2003 年，西锄村引进白鱼新品种套养技术，引进苗种 7.5 万尾，进行大面积推广。同年，西锄村建成无公害水产品 3000 亩，后逐步形成了无公害水产品基地 1 万亩，西锄村成为无锡市、宜兴市两级科普示范基地。在无锡水产研究所的帮助下，南新稻田虾蟹混养典型示范试验获得成功，鱼池内鱼虾混养结构模式的探索和微生物防治鱼病的实验，经省科委批准，列为农业科技扶持项目，成为全省唯一的淡水鱼高产稳产高效养殖技术实验课题。1988 年，南新纯水设备厂研制成 HJV 一体化净水装置，是国内首次采用计算机技术实行监控的机电仪一体化产品。1989—1991 年，宜兴市轻工机械厂生产的高压均质泵，分别被轻工业部及江苏省评为优质新产品和优秀新产品，1991 年被国家计委、国家科委等 9 个部门评为国家级新产品。1992 年 4 月，国家科委成果管理办公室发文，向食品、医药、化工等行业推广使用均质泵。1994 年，宜兴市举办首届全国环保技术交易会，和桥环保设备二厂积极推广新产品 SDFQ 超效起浮净水器，当场与用户签约。2003—2005 年，天立环保有限公司的 CGT 型持续高活性铁床、华达水处理设备有限公司的 ZYW 型全自动一体化污水处理设备、和桥无损探伤材料厂的 JD 型荧光磁粉、宜兴市科教仪器研究所研制的 YCL—I 型综合治疗仪、凌志环保有限公司的转碟曝气机等科技成果都分别获得国家、省级奖励，并得到有关部门推广、应用。2009 年，镇科协组织科普下乡活动 11 次，邀请市草莓协会、老科协专家到西锄村草莓基地、同里村葡萄基地、其他地方桃园进行现场技术指导；镇农服中心、市水产指导站专家到湖滨村、北新村等水产养殖基地进行现场技术服务。2008—2012 年，农服中心坚持实行农技 110 服务。五年中，上门服务总养殖户 500 多户。2011 年，由镇科协办牵头，进行走访调研、引导高企申请专利 100 余件，采取走出去和请进来的形式，积极开展企业家高校行和产、学、研合作点对点的对接活动。全年共开展产、学、研活动 12 次，引进产、学、研项目 6 项，同年申报高新技术企业 3 家、国家重点产品 3 只、高新技术产品 5 只。其中省民营科技企业 8 家，创办研发机构 2 家（八达、鹏德），申报省项目 3 项、宜兴市项目 7 项，申请专利超过 200 件。同时 7 家获省科技进步奖。2000—2014 年，全镇申报各类新产品开发 83 个，其中国家级 6 个、省级 77 个。2015 年，全镇新增高新技术企业三家、省高新技术产品 10 只、江苏省民营科技企业 5 家，申请专利 292 件（其中发明专利 139 件）。

第三节　科技成果

一、农业科技成果

1966 年，原和桥公社、闸口公社、南新公社相继建立农技站，1974 年各大队与生产队设专职农技员 1 名。70 年代初，科技培训以农业为主，各农技站负责良种推广。80 年代逐步由镇农技站批量引进良种，试验示范后，搞服务型推广。农村改进旧的耕作方法，采取三麦板田免耕，油菜板茬直播法，土地推广秸秆还田新技术。90 年代，打孔地膜小苗秧、塑盘小苗抛秧等新农艺得到普遍推广，使传统农业向现代化农业过渡。1995 年，全镇 2 万亩单季晚稻高产栽培技术得到推广。2002 年，和桥镇积极培育农副业新品种。同年，西锄村建成无公害水产品 3000 亩，后形成了无公害水产品基地 10000 亩。西锄村成为无锡市、宜兴市两级科普示范基地。2005 年，西锄渔场经过江苏省海洋渔业局严格考核验收，成为宜兴市第一家获得“江苏省无公害水产品”和“江苏省无公害水产品基地”的单位。其养殖的“碧玉”牌团头鲂、“碧玉”牌异育银鲫也被注册等级为国家品牌产品。2013 年，宜兴市荣盛果蔬种植专业合作社生产的“魏可”葡萄被江苏省农委评为优质水果银奖，“白罗莎里奥”葡萄被江苏省农委评为优质水果金奖。2014 年 2 月，“盛利”牌葡萄被江苏省定为绿色食品。1985—2015 年，和桥镇农业科技项目频频获奖。

1985—2015年和桥镇农业科技部分获奖项目

表26-4

年份	获奖项目	奖项	颁奖单位
1985	水稻杂草发生规律和综合防治技术	省科技进步二等奖	省农林厅
1987	各村百亩丰产方示范	省三等奖	省农林厅
1987	农作物苗情信息的管理及应用	省科技进步四等奖	省农林厅
1990	村级植保专业服务组件和规范化管理	无锡市三等奖	无锡市农业局
1990	“丰产杯”高产示范	宜兴市三等奖	宜兴市人民政府
1991	“丰产杯”高产示范	宜兴市三等奖	宜兴市人民政府
1992	水稻小苗扌旭秧栽培技术示范	无锡市二等奖	无锡市农业局
1992	农家储粮主要害虫发生的防治	无锡市二等奖	无锡市农业局
1993	生化制剂应用对比试验和大田示范	无锡市三等奖	无锡市农业局
1993	“丰产杯”高产示范	宜兴市三等奖	宜兴市人民政府
1994	“丰产杯”高产示示范	宜兴市三等奖	宜兴市人民政府
1994	高效稻草灵防治稻田杂草效果推广	无锡市三等奖	无锡市农业局
1995	生物钾肥应用试验和大田示范	无锡市三等奖	无锡市农业局
1995	2万亩单季晚稻高产栽培技术	省丰收杯三等奖	省农林厅
1996	小麦秸秆还田与化学氮肥配施推广	省三等奖	省农林厅
1997	植物动力2003在水稻上的应用推广	省三等奖	省农林厅
1997	“丰收杯”高产二等奖	宜兴市二等奖	宜兴市人民政府
1998	“丰收杯”高产二等奖	宜兴市二等奖	宜兴市人民政府
1999	单季晚稻主要病虫发生规律及统筹防治技术规范研究与应用	无锡市三等奖	无锡市农业局
2005	翘嘴红鱼自养殖技术示范	省三等奖	省农林厅
2006	团头鲂夏花鱼种高产高效培育示范	省三等奖	省农林厅
2006	葡萄种植技术示范	宜兴市一等奖	宜兴市农业局
2007	上海浦江一号养殖推广	省三等奖	省农林厅
2009	宜兴市和桥镇碧玉水产养殖场池塘循环水养殖技术示范	省三等奖	省农林厅
2013	省级现代渔业精品园示范	省三等奖	省农林厅
2014	红颊草莓	金奖	江苏省草莓协会
2014	“盛利”牌葡萄	绿色食品	中国绿色食品中学
2015	“王宝和”杯全国河蟹大赛	全国金奖	“王宝和”杯全国河蟹大赛组委会
2015	红颊草莓	省金奖	江苏省草莓协会

二、学校科技成果

民国2年(1913),始齐女校学生精心刺绣的《醒狮图》和《孔雀开屏图》两幅绣品,被送到法国巴黎,在万国博览会上展出,博得观众好评。民国13年,鹅山小学老师开展演说竞赛、自然科学竞赛等获得上级奖励。新中国成立后,中小学教师学习教育科学理论,研究教材教法。70年代初至80年代末,各中小学先后健全了教研组织网络,各学科成立了教研组，各校均设立教育科研项目。进入20世纪90年代，境内学校以科技兴校为抓手，以提高教学质量为中心。2001—2015年，中小学通过国家级认证课题23个、省级认证课题24个、宜兴市和无锡市级认证课题60多个，教师的教育教学论文发表或获各类奖项很多。全镇中小学获无锡市级以上科研先进荣誉13项。

2001—2015年和桥镇教学科研获奖统计

表26－5

年　份	获奖单位	获奖名称
2001	和桥第二中学	无锡市初中心理教育实验学校
2005	和桥第二小学	无锡市现代教育技术实验学校
2005	南新小学	无锡市科技教育特色学校
2008	和桥第二小学	江苏省德育科研先进学校
2008	和桥闸口小学	小学生爆破作文研究获无锡市教科室三等奖
2009	和桥高级中学	“蠡水文学社”江苏省先进集体
2009	和桥高级中学	江苏省金钥匙科技竞赛优秀组织奖
2009	和桥第二中学	全国地理教学科研先进集体
2010	和桥第二小学	江苏省青少年科技教育先进学校
2013	和桥中等专业学校	全国德育科研先进学校
2013	和桥中等专业学校	无锡市高技能人才培训基地
2013	和桥第二中学	江苏省物理教学科研实验基地
2013	和桥第二中学	无锡市教学科研先进集体
2014	和桥中等专业学校	当前形势下农科技示范基地建设之研究获江苏省教科研优秀奖
2015	和桥第二小学	江苏省金钥匙“校园之间”智力竞赛二等奖
2015	和桥第二中学	第十二届中国中小学校园影视制作一等奖
2015	和桥中等专业学校	江苏省影视后期制作、服装工艺技能大赛铜奖(两项)

三、工业科技成果

20世纪60年代，工业科技成果甚少。70年代初，乡镇科技以农业科技为主，改革开放后科技事业逐渐得到重视发展。1980—2015年，全镇科技投入、人才开发培训和科研体系加快发展，先后研究和开发的科研产品获得国家、省级产品奖95个。被国家、省列入星火计划、火炬计划、技术创新基金31项，全镇有高新技术企业24家。获国家、省、无锡市级名牌产品20余个。宜兴市、无锡市级奖励70多项。

1980—2015年和桥镇获国家、省级产品奖统计

表26－6

序号	获奖产品名称	获奖单位	获得奖项	获奖时间	颁奖单位
1	WSZ型地理式生活污水处理设备	华达水处理设备有限公司	国家环保总局认定推荐产品	1981年	国家环保总局
2	HDB型橡胶膜盘微孔逆止曝气器	华达水处理设备有限公司	第二、四届全国环保产业大会金奖，建设部推荐产品	1981年	国家建设部、环保总局

续表 26－6

序号	获奖产品名称	获奖单位	获得奖项	获奖时间	颁奖单位
3	YC－2 型荧光磁粉	和桥无损探伤厂	省科技成果四等奖	1982 年	省科委、机电工业厅
4	JD 型荧光磁粉	和桥无损探伤材料厂	国家科技成果三等奖	1986 年	国家机械工业部
5	756 型紫外可见分光光度计	市仪器仪表总厂	省优秀新产品(金牛奖)	1987 年	省科委、机械厅
6	膨胀珍珠岩复合吸音板	宜兴市吸音材料厂	江苏省优秀新产品金牛奖	1988 年	省科委
7	膨胀珍珠岩工类料	和桥轻质保温材料厂	全国质量优胜奖	1988 年	全国珍珠岩协会
8	FF 型辐射防护剂量报警仪	市侨联无损检测电子仪器厂	省新产品奖	1989 年	省科委
9	LCJ 型冷光源射线底片观光灯	市侨联无损检测电子仪器厂	省新产品奖	1989 年	省科委
10	GJB 高压均质泵	宜兴轻工机械厂	首届中国国际食品和包装机械博览会金奖	1989 年	国家科委、轻工部
11	LNK 多功能快速消化器	宜兴市科教仪器研究所	省先进适用科技成果新产品展交会金奖	1990 年	省科委
12	GJB 高压均质泵	宜兴轻工机械厂	省优秀新产品(金牛奖)	1991 年	省科委、省轻工厅
13	GJB 高压均质泵	宜兴轻工机械厂	国家级新产品	1991 年	国家计委,国家科委
14	LNK－871 型凯氏定氮快速自动蒸馏器	宜兴市科教仪器研究所	省新产品奖	1991 年	省科委
15	高强度抗冻彩色釉陶砖	和桥面砖厂	省新产品奖	1991 年	省科委
16	珍珠岩复合吸音板	江苏得胜集团	省科技成果三等奖	1991 年	省科委
17	多功能快速消化器	宜兴市科教仪器研究所	北京国际发明展览会三等奖	1992 年 10 月	北京国际发明展览会组委会
18	全自动机械过滤器全自动净水装置自动加药装置	江南环境工程设备厂	第四届中国新技术新产品博览会金、银、铜奖	1992 年	博览会组委会
19	多功能快速消化器凯氏定氮快速自动蒸馏器	宜兴市科教仪器研究所	国家级新产品	1993 年	国家计委、国家科委
20	BSX 穿孔复合吸音板 ZYP 防水卷材 FSG 防水保温板	江苏得胜集团	建设部科技成果重点推广项目	1993 年	建设部
21	YCL－I 型综合治疗仪	宜兴市科教仪器研究所	中国高新技术、新产品博览会金奖	1993 年	“博览会”组委会、国家科委
22	氧化铝空心球	和桥电炉耐火材料厂	省优秀新产品(金牛奖)	1994 年	省科委、省机械厅
23	JXZS、CZS 系列电脑控制恒压、变压、变量供水设备产品	太平洋金龙水设备有限公司	全国精品博览会金奖	1994 年	博览会组委会
24	节能型塑料台阶式梯形科波淋水填料	南新填料制品厂	省优秀新产品(金牛奖)	1994 年	省计委

续表 26－6

序号	获奖产品名称	获奖单位	获得奖项	获奖时间	颁奖单位
25	YCL－I 型综合治疗仪	宜兴市科教仪器研究所	全国第九届“星火杯”创造发明二等奖	1995 年	“星火杯”组委会
26	FSG 防水保温板	江苏得胜集团	省优质新产品(金牛奖)、建设部重点新技术推广项目	1995 年	省科委
27	蜂窝斜板	南新填料制品厂	国家级新产品	1995 年	科技部
28	FBZ 系列废水综合处理装置	南新环保机械厂	国家高新技术产品	1995 年	国家科委
29	ZY 型均堰式高效生化装置	宜兴市环保机械厂	国家高新技术产品	1995 年	国家科委
31	SGS 型双层双连过滤设备	江南环境工程设备厂	国家级新产品	1995 年	国家科委
32	EWS 型医院一体化处理设备	江南环境工程设备厂	国家级新产品	1995 年	
33	“雪竹”内衣	无锡市雪竹针织有限公司	全国质量信誉产品国内四大名牌内衣	1996 年	贸易部
34	YCL－I 型综合治疗仪	宜兴市科教仪器研究所	中国专利及新产品博览会金奖	1996 年	“博览会”组委会
35	ZYW 型全自动一体化污水处理设备	华达水处理设备有限公司	国家级新产品	1997 年 1 月	国家经贸委
36	ZYW 型全自动一体化污水处理设备	华达水处理设备有限公司	省优秀新产品(金牛奖)	1998 年 2 月	省计经委
38	CGT 型持续高活性铁床；LYC 型立式氧化槽；GJZ 型高效节能序批活性污泥法处理装置；SYC 型升流式厌氧污泥床	天立环保有限公司	省新产品鉴定证书	2000 年 8 月	省科技厅
39	三元乙丙橡胶防水卷材	江苏得胜集团	省高新技术产品	2001 年	省科技厅
40	CGT 型持续高活性铁床；LYC 型立式氧化槽；GJZ 型高效节能序批活性污泥法处理装置	天立环保有限公司	省环保产品推荐证书	2001 年 1 月	省环保厅
41	CGT 型持续高活性铁床	天立环保有限公司	国家重点环保实用技术推广项目	2001 年 5 月	国家环保部局
42	WDY 污泥脱水用带式压滤机	华达水处理设备有限公司	国家重点新产品	2001 年 5 月	国家经贸委
43	WDY 污泥脱水用带式压滤机	华达水处理设备有限公司	省高新技术产品	2001 年 8 月	省科技厅
44	转碟曝气机	凌志环保有限公司	第二届香港中华专利博览会金奖	2001 年	“博览会”组委会
45	全自动过滤器、微细气浮装置、曝光转碟、油水分离器填料曝气头等	凌志环保有限公司	部级推荐产品	2001 年	中国石油化工集团公司

续表 26－6

序号	获奖产品名称	获奖单位	获得奖项	获奖时间	颁奖单位
46	YHG 曝气转碟	凌志环保有限公司	部级环境保护产品认定	2001 年	中国环保产业协会
47	YHG 型氧化沟转碟曝气机 KBK 型可变微孔曝气器	凌志环保有限公司	部级工程建设推荐产品	2001 年	中国工程建设标准化协会
48	W－LC 轻质高强镁质复合墙体材料	王氏保温防水材料有限公司	省高新技术产品	2002 年	省科技厅
49	ZYS 全自动压力式高效生物处理装置	华达水处理设备有限公司	国家重点产品	2002 年 8 月	国家经贸委
50	CGT 型持续高活性铁床	天立环保有限公司	省高新技术产品	2002 年 8 月	省科技厅
51	高性能组合传感器	宜兴市电子电器厂	省高新技术产品	2005 年	省科技厅
52	JYZ 全自动一体化高效生物处理装置	宜兴市华达水处理设备有限公司	国家级重点新产品	2006 年	科技部
53	高性能石英比色皿	宜兴市晶科光学仪器有限公司	省高新技术产品	2006 年	省科技厅
54	高分子弹性膜复合碳纤维布	宜兴市恒丰碳纤维制品有限公司	省高新技术产品	2006 年	省科技厅
55	WDYG 节能型一体化混水分离装置	宜兴市华达水处理设备有限公司	省高新技术产品	2006 年	省科技厅
56	移动式采油井洗井含油废水处理成套装置	新龙鼎控股集团有限公司	高新技术产品	2010 年	省科技厅
57	高效节能长寿型槽式暴气管	新龙鼎控股集团有限公司	高新技术产品	2010 年	省科技厅
58	HDDL 一体化带滤机	宜兴市华达水处理设备有限公司	高新技术产品	2010 年	省科技厅
59	YHG1000 转刷曝气机	凌志环保股份有限公司	高新技术产品	2010 年	省科技厅
60	竖插式防水型紫外线消毒装置	凌志环保股份有限公司	高新技术产品	2010 年	省科技厅
61	倒伞曝气机	凌志环保股份有限公司	高新技术产品	2010 年	省科技厅
62	带水位标志的曝气转盘	凌志环保股份有限公司	高新技术产品	2010 年	省科技厅
63	薄板翻边法兰	无锡市鹏德汽车配件有限公司	高新技术产品	2011 年	省科技厅
64	高耐磨阻燃实木复合地板	宜兴市狮王木业有限公司	高新技术产品	2011 年	省科技厅
65	紫外可见波段高反射率高稳定性光学反射镜片	宜兴市晶科光学仪器有限公司	高新技术产品	2012 年	省科技厅
66	组合式横(竖)流气浮水处理装置	新龙鼎控股集团有限公司	高新技术产品	2012 年	省科技厅
67	阻燃防霉蛀竹地板	宜兴市狮王木业有限公司	高新技术产品	2012 年	省科技厅
68	“十”字型三维五向筋条的制造方法	宜兴市华恒高性能县委织造有限公司	高新技术产品	2012 年	省科技厅

续表 26 – 6

序号	获奖产品名称	获奖单位	获得奖项	获奖时间	颁奖单位
69	复合柱式防断线绝缘子	江苏新澳电力技术有限公司	高新技术产品	2012 年	省科技厅
70	110KV ~ 220KV 交流系统用复合外套无间隙金属氧化物避雷器	江苏新澳电力技术有限公司	高新技术产品	2012 年	省科技厅
71	含油废水处理成套装置	宜兴市芳惠子环保设备厂	高新技术产品	2012 年	省科技厅
72	HOSW 一体化雨水处理回用装置	宜兴市华达水处理设备有限公司	高新技术产品	2012 年	省科技厅
73	高耐磨塑木复合地板	宜兴市狮王木业有限公司	高新技术产品	2012 年	省科技厅
74	高性能纳米复合漆仓线	八达电工集团有限公司	高新技术产品	2012 年	省科技厅
75	矿用隔爆型 LED 照明灯	江苏新力科业实业有限公司	高新技术产品	2012 年	省科技厅
76	节能降耗高性能管式链板输送机	无锡市兴盛环保设备有限公司	高新技术产品	2012 年	省科技厅
77	高浓度氨氮废水处理成套设备	宜兴市芳惠子环保设备厂	高新技术产品	2013 年	省科技厅
78	投加水处理药剂专用绿色环保节能型自动加药装置	宜兴市富陶环境保护设备有限公司	高新技术产品	2013 年	省科技厅
79	KXJ 矿用隔爆型兼本质安全型控制箱	江苏新力科技实业有限公司	高新技术产品	2013 年	省科技厅
80	高温热致性橡胶木地板	宜兴市狮王木业有限公司	高新技术产品	2013 年	省科技厅
81	薄膜集合管	无锡市鹏德汽车配件有限公司	高新技术产品	2013 年	省科技厅
82	高效低耗型多管式母液分离过滤器	无锡市兴盛环保设备有限公司	高新技术产品	2013 年	省科技厅
83	重金属废水深度处理零排放回收设备	海洲环保集团	高新技术产品	2013 年	省科技厅
84	一次性肛肠吻合器	无锡市神康医疗器械设备有限公司	高新技术产品	2013 年	省科技厅
85	一次性管型吻合器	无锡市神康医疗器械设备有限公司	高新技术产品	2013 年	省科技厅
86	一次性直线型吻合器和钉仓	无锡市神康医疗器械设备有限公司	高新技术产品	2013 年	省科技厅
87	KM 复合发泡水泥保温板	宜兴市大东方实业有限公司	高新技术产品	2014 年	省科技厅
88	芳纶纤维与玻璃纤维混编布	宜兴市华恒高性能纤维织造有限公司	高新技术产品	2014 年	省科技厅
89	苏纶纤维与玻璃纤维混编布	宜兴市华恒高性能纤维织造有限公司	高新技术产品	2014 年	江苏省科委
90	重力式多层无阀过滤装置	新龙鼎控股集团有限公司	高新技术产品	2014 年	江苏省科技厅

续表 26－6

序号	获奖产品名称	获奖单位	获得奖项	获奖时间	颁奖单位
91	尼龙随心裁针织品	江苏新雪竹国际服饰有限公司	高新技术产品	2014 年	江苏省科技厅
92	RSH 异形可扩张微孔高效节能曝气装置	江苏瑞盛水处理有限公司	高新技术产品	2015 年	江苏省科技厅
93	烟气余热回收系统	江苏海德节能科技有限公司	高新技术产品	2015 年	江苏省科技厅
94	新型消雾冷却塔	宜兴市富陶环境保护有限公司	高新技术产品	2015 年	江苏省科技厅
95	烟草生产除异味系统	宜兴市天马环保工程有限公司	高新技术产品	2015 年	江苏省科技厅

2000—2015 年和桥镇部分名牌产品

表 26－7

年　份	单位	名牌等级	获奖产品
2000	中铝稀土（宜兴）有限公司	江苏省	氧化钺
2000	中铝稀土（宜兴）有限公司	江苏省	氧化镝
2002	宜兴市和桥镇龙泉食品厂	无锡市	龙泉牌系列豆腐干
2005	宜兴市盛伟水泥有限公司	江苏省	盛伟牌硅酸盐水泥
2007	宜兴市环球水处理设备有限公司	中国名牌	自动化净水器、冷却塔设备、软化学水设备等产品
2007	江苏新雪竹国际服饰有限公司	中国名牌	雪竹内衣、睡衣
2008	江苏凌志环保有限公司	无锡市	凌云壮志牌直径 1800mm 推流式转盘曝气机
2009	江苏苏南饲料有限公司	江苏省	“苏南牌”鱼用颗粒饲料
2009	宜兴市慈圣食品厂	无锡市	“慈圣牌”和桥豆腐干
2009	宜兴市富陶环境设备有限公司	中国名牌	“过滤器系列”“曝气器系列”“刮吸泥机”等
2010	江苏新龙鼎环保成套工程有限公司	江苏省	移动式采油井洗井含油废水处理成套设备
2010	宜兴狮王木业有限公司	江苏省	辛巴实木复合地板
2011	无锡鹏德汽车配件有限公司	江苏省	薄板翻边法兰
2011	江苏瑞盛水处理有限公司	江苏省	高强度不锈钢、蜂窝斜管、沉淀装置
2012	宜兴市和润油脂有限公司	无锡市	陶都牌食用菜籽油
2012	无锡兴盛环保设备有限公司	江苏省	节电降耗高性能管式链板输送机
2013	无锡兴盛环保设备有限公司	江苏省	高效低耗型多管式母液分离过滤器
2013	无锡鹏德汽车配件有限公司	江苏省	薄料集合管
2014	江苏瑞盛水处理有限公司	江苏省	Biocomb 移动式（集装箱）污水处理装置
2015	和桥镇西铏村	无锡市	宜和牌中华绒螯蟹

2001—2015 年和桥镇高新技术企业

表 26－8

序号	企业名称	级别	认定年份	认定机构
1	华达水处理设备有限公司	无锡市高新技术企业	2001	无锡市科技局
2	南新填料制品厂	江苏省高新技术企业	2002	江苏省科技厅
3	江苏得胜集团	国家级高新技术企业	2002	国家科技部

续表 26－8

序号	企业名称	级别	认定年份	认定机构
4	凌志环保股份有限公司	高新技术企业	2008	江苏省高新技术企业认定管理工作协调小组
5	宜兴市晶科光学仪器有限公司	高新技术企业	2010	江苏省高新技术企业认定管理工作协调小组
6	宜兴狮王木业有限公司	高新技术企业	2010	江苏省高新技术企业认定管理工作协调小组
7	无锡鹏德汽车配件有限公司	高新技术企业	2010	江苏省高新技术企业认定管理工作协调小组
8	八达电工集团有限公司	高新技术企业	2011	江苏省高新技术企业认定管理工作协调小组
9	新龙鼎控股集团有限公司	高新技术企业	2011	江苏省高新技术企业认定管理工作协调小组
10	江苏瑞盛水处理有限公司	高新技术企业	2011	江苏省高新技术企业认定管理工作协调小组
11	江苏新力科技实业有限公司	高新技术企业	2012	江苏省高新技术企业认定管理工作协调小组
12	海洲环保集团有限公司	高新技术企业	2012	江苏省高新技术企业认定管理工作协调小组
13	宜兴市威尼特集装袋有限公司	江苏省高新技术企业	2012	江苏省科技厅
14	江苏新澳电力技术有限公司	高新技术企业	2012	江苏省高新技术企业认定管理工作协调小组
15	宜兴市环球水处理设备有限公司	高新技术企业	2012	江苏省高新技术企业认定管理工作协调小组
16	宜兴市富陶环境保护设备有限公司	高新技术企业	2013	江苏省高新技术企业认定管理工作协调小组
17	江苏海德节能科技有限公司	高新技术企业	2013	江苏省高新技术企业认定管理工作协调小组
18	无锡市兴盛环保设备有限公司	高新技术企业	2013	江苏省高新技术企业认定管理工作协调小组
19	江苏茂达电磁线有限公司	江苏省高新技术企业	2013	江苏省科技厅
20	宜兴市华恒高性能纤维制造有限公司	高新技术企业	2014	江苏省高新技术企业认定管理工作协调小组
21	宜兴市中碳科技有限公司	高新技术企业	2014	江苏省高新技术企业认定管理工作协调小组
22	宜兴市天马环保工程有限公司	高新技术企业	2015	江苏省高新技术企业认定管理工作协调小组
23	宜兴市奥华汽配有限公司	高新技术企业	2015	江苏省高新技术企业认定管理工作协调小组
24	无锡市兴盛新材料科技有限公司	高新技术企业	2015	江苏省高新技术企业认定管理工作协调小组

1995—2013年和桥镇获国家、省级火炬计划、星火计划、技术创新基金立项统计

表26－9

序号	单位	计划项目(基金立项)	级项	认定年份	认定单位
1	宜兴市江南环境工程设备厂	SGS型双层双速过滤器	国家级重点新产品试制鉴定计划	1995	省科委
2	宜兴市和桥磁性槽楔厂	耐高温铁粉模压MCR型磁性槽楔	国家级重点新产品试制鉴定计划	1995	省科委
3	宜兴市江南环境工程设备厂	SGS型双层双连过滤器	省火炬计划	1996	省科委
4	江苏得胜集团	BSX穿孔复合吸音板	省火炬计划	1996	省科委
5	江苏得胜集团	ZYP防水卷材	省火炬计划	1998	省科委
6	江苏得胜集团	FSG防水保温板	省火炬计划	1998	省科委
7	江苏得胜集团	ZYP防水卷材	省火炬计划	2000	省科委
8	宜兴市南新王氏集团	W－LC轻质高强镁质复合墙体材料	省星火计划	2001	省科委
9	华达水处理设备有限公司	WDY型污脱水用带式压滤机	国家火炬计划	2001	科技部
10	华达水处理设备有限公司	WDY型污脱水用带式压滤机	创新基金立项	2001	科技部、财政部
11	江苏得胜集团	三元乙丙橡胶防水卷材	国家火炬计划	2002	科技部
12	宜兴市南新王氏企业	W－LC轻质高强镁质复合墙体材料	国家星火计划	2002	科技部
13	华达水处理设备有限公司	ZYS全自动压式高效生物处理装置	省火炬计划	2002	省科技厅
14	宜兴市凌志环保有限公司	直径1800mm推流式转盘曝气机	省级	2002	江苏省科学技术厅
15	宜兴市凌志环保有限公司	直径1800mm推流式转盘曝气机	国家级	2003	科学技术部火炬高技术开发中心
16	宜兴市天立环保有限公司	省科技攻关	省级	2005	科技厅
17	宜兴电子电器厂	国家火炬计划	国家级	2006	科技部
18	无锡兴盛环保设备有限公司	省火炬计划	省级	2006	科技厅
19	无锡市兴盛环保设备有限公司	PTA管道链板输送机	省级	2006	江苏省科学技术厅
20	宜兴市华达水处理设备有限公司	省火炬计划	省级	2007	科技厅
21	宜兴市电子电器厂	省火炬计划	省级	2007	科技厅
22	凌志环保股份有限公司	省重大科技成果	省级	2008	科技厅
23	凌志环保股份有限公司	国家火炬计划项目	国家级	2010	科技部

续表 26－9

序号	单位	计划项目（基金立项）	级项	认定年份	认定单位
24	宜兴市狮王木业有限公司	江苏省农业科技支撑	省级	2011	科技厅
25	江苏瑞盛水处理有限公司	国家级中小企业创新基金	国家级	2011	科技部
26	凌志环保股份有限公司	科技进步三等奖	省级	2011	科技厅
27	江苏瑞盛水处理有限公司	水处理用不锈钢蜂窝斜管	国家级	2011	—
28	新龙鼎控股集团有限公司	国家火炬骨干企业	国家级	2011	科学技术部火炬高科技开发中心
29	凌志环保股份有限公司	国家火炬计划产业化示范项目	国家级	2013	科技部
30	宜兴市狮王木业有限公司	农业科技成果转化资金项目	国家级	2013	科技部
31	江苏英超环保有限公司	国家级中小企业创新基金	国家级	2013	科技部

2003—2015 年和桥镇专利申请量前二十名企业

表 26－10

企业名称	总数	其中		
		发明专利	实用新型专利	外观设计专利
凌志环保股份有限公司	270	115	145	10
江苏新雪竹国际服饰有限公司	185	15	20	150
江苏新力科技实业有限公司	60	22	38	—
无锡市鹏德汽车配件有限公司	57	20	37	—
江苏熙友磁电科技有限公司	56	25	31	—
江苏新澳电力技术有限公司	56	19	37	—
江苏海德节能科技有限公司	55	25	30	—
江苏瑞盛水处理有限公司	54	25	29	—
宜兴市环球水处理设备有限公司	54	24	30	—
无锡市兴盛环保设备有限公司	49	19	30	—
宜兴市富陶环境保护设备有限公司	48	20	28	—
宜兴市奥华汽配有限公司	46	18	28	—
宜兴狮王木业有限公司	43	18	20	5
宜兴市晶科光学仪器有限公司	41	14	27	—
新龙鼎控股集团	38	10	28	—
宜兴市宜泰碳纤维织造有限公司	35	15	20	—
宜兴市华恒高性能纤维织造有限公司	29	13	16	—

续表26－10

企业名称	总数	其中		
		发明专利	实用新型专利	外观设计专利
海洲水务环保集团有限公司	27	10	17	—
宜兴市中碳科技有限公司	13	5	8	—
八达电工集团	12	2	8	—

1980—2013年和桥镇获无锡市、宜兴市级奖项

表26－11

序号	获奖项目	年份	奖项	颁奖单位	获奖单位
1	优选法在腐乳生产中的应用	1980	科技成果三等奖	宜兴市政府	和桥酱厂
2	超轻质耐火材料	1981	科技成果三等奖	宜兴市政府	和桥电炉耐火材料厂
3	金城牌摩托车用粉末冶金件	1981	科技成果三等奖	县科委、建材局	和桥粉末冶金厂
4	抗渗碳耐火材料	1983	科技成果三等奖	县科委、建材局	和桥电炉耐火材料厂
5	老油豆腐干复合防腐包装	1983	科技成果三等奖	市科委、商业局	和桥酱厂与上海食品研究所协作
6	YC－2型荧光磁粉	1983	科技成果奖	县科委、建材局	和桥无损探伤材料厂
7	YC－2型荧光磁粉	1983	科技成果三等奖	无锡市科委、机电局	和桥无损探伤材料厂
8	KH－71541型干法磁粉	1984	科技成果三等奖	无锡市科委、机电局	和桥无损探伤材料厂
9	KH－71541型干法磁粉	1984	科技成果三等奖	宜兴市科委、机电局	和桥无损探伤材料厂
10	SB－1型射线透明补偿仪	1984	科技进步成果奖	县科委、机电局	和桥无损探伤材料厂
11	鹅州牌带通滤波器	1986	科技进步四等奖	县科委、机电局	鹅州电子元件厂
12	721、751型可见分谱玻璃比色皿	1986	科技进四等奖	无锡市科技委、机电局	宜兴市玻璃仪器仪表厂
13	宜兴牌GJB高压均质泵	1987	新产品开发大奖赛优质新产品奖	无锡市科委、轻工局	宜兴市轻工机械厂
14	应用前期气象因子预报三麦赤霉病	1988	科技进步一等奖	无锡市科委、轻工局	和桥农技站
15	加强植保网络建设提高植保防治水平	1989	科技进步一等奖	无锡市农业局	和桥农技站
16	观片灯	1989	科技进步四等奖	无锡市科委、机电局	宜兴市四通无损探伤厂
17	观片灯	1989	科技成果三等奖	宜兴市科委、机电公司	宜兴市四通无损探伤厂
18	K氏定氮快速蒸馏器	1989	科技成果三等奖	无锡市科委	宜兴市科教仪器研究所

续表 26－11

序号	获奖项目	年份	奖项	颁奖单位	获奖单位
19	村级植保专业服务组建和规范化管理	1990	科技进步三等奖	无锡市农业局	和桥农技站
20	村委植保专业服务组建和规范化管理	1990	科技进步四等奖	宜兴市政府	和桥农技站
21	FF－I型辐射防护剂量报警器	1990	科技进步四等奖	无锡市科委、机电局	宜兴市侨联无损检测电子器件厂
22	水稻小苗抛秧栽培配套技术的研究与开发	1992	科技进步二等奖	无锡市农业局	和桥农技站
23	农家储粮主要害虫的发生规律和防治技术应用	1992	科技进步三等奖	无锡市农业局	和桥农技站
24	多功能快速消化器	1992	科技成果三等奖	无锡市科委	宜兴市科教仪器研究所
25	JXZS、CZS系列电脑控制恒压变量供水设备	1994	科技进步二等奖	无锡市	宜兴市太平洋金龙水设备有限公司
26	高效稻草灵防治稻田杂草技术开发与应用	1992	科技进步三等奖	无锡市农业局	和桥农技站
27	多功能快速消化器	1995	“93—94”无锡技术市场“金桥奖”	无锡市科委	宜兴市科教仪器研究所
28	生物钾肥应用技术研究与推广	1996	科技进步三等奖	无锡市农业局	和桥农技站
29	银狐养殖	1996	“金桥工程”特等奖	无锡市科委	和桥特种动物养殖场
30	小麦秸杆还田与化学氮肥配施技术研究和应用	1998	科技进步二等奖	无锡市农业局	和桥农技站
31	小麦秸杆还田与化学氮肥配施技术研究和应用	1999	科技进步三等奖	宜兴市政府	和桥农技站
32	小麦秸杆还田与化学氮肥配施技术研究和应用	1999	科技进步四等奖	无锡市政府	和桥农技站
33	单季晚稻主要病虫发生规律及统筹防治技术规范研究与应用	1999	科技进步二等奖	无锡市农业局	和桥农技站
34	CGT型持续高活性铁床	1999	科技进步三等奖	市委、市政府	天立环保有限公司
35	WDY污泥脱水用带式压滤机	1999	科技进步三等奖	市委、市政府	华达水处理设备有限公司
37	CGT型持续高活性铁床	2001	无锡市科技进步四等奖	无锡市科委	天立环保有限公司
39	FSG防水保温板市	1994	科技进步一等奖	市委、市政府	宜兴市吸音材料厂
40	FBZ系列废水综合处理装置	1994	市科技进步二等奖	市委、市政府	南新环保机械厂
41	JXZS、CZS系列电脑控制恒压变量供水设备	1994	市科技进步二等奖	市委、市政府	太平洋金龙水设备有限公司
42	专能型塑料台阶式梯形斜波淋水填料	1998	无锡市科技进步三等奖、宜兴市科技进步三等奖	无锡市科委宜兴市委、市政府	南新填料制品厂

续表 26－11

序号	获奖项目	年份	奖项	颁奖单位	获奖单位
43	FBZ 系列废水综合处理装置	1998	无锡市科技进步三等奖	无锡市科委	南新环保机械厂
44	SGS 型双层双连过滤设备	1996	无锡市科技进步一等奖	无锡市科委	江南环境工程设备厂
45	SGS 型双层双连过滤设备	1997	宜兴市科教进步三等奖	市委、市政府	江南环境工程设备厂
46	EWS 型医院一体化处理设备	1996	无锡市科技进步二等奖	无锡市科委	江南环境工程设备厂
47	EWS 型医院一体化处理设备	1997	宜兴市科技进步二等奖	市委、市政府	江南环境工程设备厂
48	仔猪早期断奶技术应用研究	2006	农业科技成果推广示范项目	市科技局	宜兴市科技生态农业有限公司
49	和桥镇两茬新品种西瓜栽培技术示范推广	2006	农业科技成果推广示范项目	市科技局	宜兴市和桥镇北庄村
50	和桥镇葡萄种植科技示范基地	2006	农业科技成果推广示范项目	市科技局	宜兴市和桥镇葡萄协会
51	高脱氮合建式奥贝尔氧化沟	2007	重大科技专项计划	市科技局	江苏凌志环保有限公司
52	新型污水处理剂高吸油性树脂	2007	重大科技专项计划	市科技局	无锡市赛峰化工有限公司
53	高性能屏蔽抗辐射碳纤维复合材料	2009	宜兴市工业支撑项目	宜兴市科技局	宜兴市恒丰碳纤维制品有限公司
54	竹板材技术改进扩能及原材料收购基地建设	2009	高科技农业示范工程	宜兴市科技局	宜兴市狮王木业有限公司
55	红豆杉苗木繁育基地建设与技术研究	2009	高科技农业示范工程	宜兴市科技局	宜兴市天立红豆杉培育场
56	复合纳米高性能漆包线	2010	宜兴市工业支撑项目	市科技局	八达电工集团有限公司
57	耐高温抗电晕电磁线	2010	宜兴市工业支撑项目	市科技局	江苏茂达电磁线有限公司
58	500KV 复合绝缘子一次全部成型工艺技术	2010	重大产学研合作项目	市科技局	江苏新澳电子技术有限公司
59	淡水优质特色湖滨田头鲂繁育高效生态	2010	高科技农业示范工程	市科技局	和桥镇湖滨村
60	养殖技术与推广优质保健系列蜂蜜果汁酒的研制技术与产业化开发	2010	高科技农业示范工程	市科技局	无锡长盛酒业有限公司
61	新型全自动净水装置	2011	宜兴市工业支撑项目	市科技局	新龙鼎控股集团有限公司
62	高辐射耐磨损多层膜光学镜片	2011	宜兴市重大产学研项目	市科技局	宜兴市晶科光学仪器有限公司
63	碳纤维复合材料镀膜技术	2011	宜兴市工业支撑项目	市科技局	宜兴市中碳科技有限公司
64	矿井水综合利用—3HF 中空纤维超滤膜新技术	2011	宜兴市重大产学研项目	市科技局	江苏英超环保有限公司

续表 26－11

序号	获奖项目	年份	奖项	颁奖单位	获奖单位
65	无坑养猪技术的推广应用	2011	高科技农业示范工程	市科技局	宜兴市科技生态农业有限公司
66	锅炉烟气余热器及节能气水换热装置	2012	宜兴市工业支撑项目	市科技局	江苏海德节能科技有限公司
67	矿用紧急避险系统锂一次电源系统	2012	宜兴市工业支撑项目	市科技局	江苏新力科技实业有限公司
68	HZ 重金属废水深度处理零排放回收装置	2012	宜兴市工业支撑项目	市科技局	海洲环保集团
69	河蟹生态高效养殖技术的研究与推广	2012	农业科技创新项目	市科技局	和桥镇农业服务中心
70	蓝莓苗木繁育基地建设与栽培技术研究	2012	农业科技创新项目	市科技局	宜兴市鑫新生态农业合作社
71	管式链板输送机高性能技术研发	2013	科技成果产业化项目	市科技局	无锡市兴盛环保设备有限公司
72	超厚加强钢板精冲技术的研究开发	2013	科技成果产业化项目	市科技局	无锡鹏德汽车配件有限公司
73	轻质电磁屏蔽机箱用镀镍碳纤维布的研发	2013	科技成果产业化项目	市科技局	宜兴市华恒高性能纤维织造有限公司
74	芦笋引育基地建设与栽培技术研究	2013	农业科技创新引导项目	市科技局	宜兴市荣盛果蔬专业合作社
75	河蟹生态养殖技术	2014	一等奖	宜兴市农业局	宜兴市鑫洋水产专业合作社
76	紫外可见波段高反射率高稳定性光学镜片	2015	科技进步奖	无锡市科技局	宜兴市晶科光学仪器有限公司
77	酸性含铁废水资源化回收处理系统	2015	科技进步奖	无锡市科技局	无锡市新都环保科技有限公司

2015 年，同里村的村道

2014 年，吴冠中故居前的文化石

第二十七章　教　育

清光绪六年(1880),和桥镇开始创办书院、私塾。清光绪三十三年,和桥镇在宜兴县内首创始齐女校。民国元年(1912)4月,和桥镇创办宜兴最早的私立彭城中学。民国4年,和桥市在宜兴首创蒙养园。民国时期,和桥镇先后创办中小学20余所。抗日战争时期,部分学校被迫分散迁移,择地上课。在旧中国历史变迁和民族灾难中,和桥学校教育依然教风严谨、学风淳朴,在历任教师中,不乏知名人士,如革命先烈侯绍裘、艺术大师徐悲鸿、体育权威朱了洲和教育家史绍熙等。为国家培养了大批人才,不少人成为著名的无产阶级革命家、科学家、教育家、思想家和新闻学家,如潘汉年、潘菽、吴凯声、唐浩庆、朱洪元、胡焕庸、吴冠中、傅学文、王金凤、沈效良、查汝强等,都曾在和桥所在学校接受过良好的知识启迪和真理的熏陶。新中国成立后,和桥镇教育事业有所发展。1970年,和桥镇重视发展初级中学及农中。1987年,和桥境内有小学30余所、各类中学10余所。1993年,和桥境内普及九年制义务教育达标完成验收。1995年,和桥境内实施教育现代化工程启动,和桥镇政府加大投入,教育事业得到加快发展。1998—2001年,和桥镇中心幼儿园、小学、初中、高中、职校等学校,相继被评为江苏省示范性实验幼儿园、江苏省实验小学、江苏省模范中学、江苏省教育示范初中、江苏省重点高中、江苏省重点乡镇成人教育中心校。1999年,和桥镇被评为江苏省实施教育现代化工程先进乡镇。21世纪初,和桥乡镇合并,人口向镇区迁移,农村入学骤减,和桥镇政府及时撤并小规模学校。至2009年,和桥镇有高级中学1所、中等专业学校1所、成人学校1所、初级中学2所、完全小学4所、幼儿园4所,形成从幼教到职教、从小学到高中布局合理的基础教育体系。2013年,和桥中学异地重建,并于2015年秋迁入新校址。2013—2015年,和桥镇连续两年被评为宜兴市教育先进乡镇。

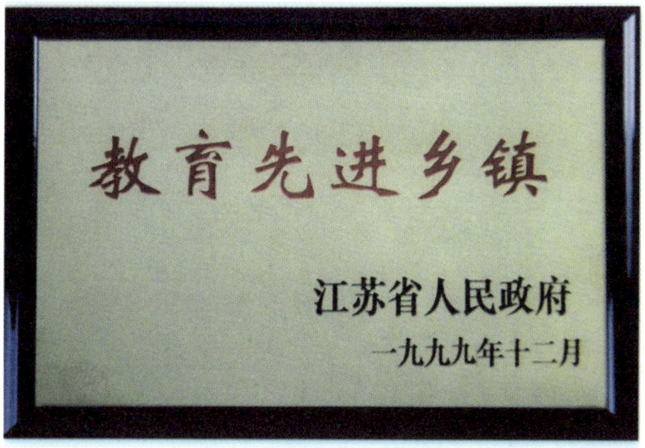

图27-1　1999年和桥镇获江苏省教育先进乡镇奖状

第一节　书院　私塾

一、书院

清光绪六年,为“崇正辟邪”,抵制天主教到和桥镇设教堂传教,宜兴知县刘浩和当地士绅商议,在和桥镇下塘南首周家浜旧社仓及蒋程两姓的余地创建书院,以书院正对屺山金鹅峰山麓,故名鹅山书院。清光绪三十二年,书院改名为鹅山小学堂,为原和桥小学一部的校舍。

二、私塾

和桥镇私塾起源于明朝。至清末民初,和桥镇上塘、下塘前街后弄陆续设私塾。南新、闸口地区私塾也遍布乡村,塾师有的在自己家中坐馆,有的去学生家中教书,有的借用祠堂庙宇设塾课徒,学生人数不等,年龄有大有小,有的已婚,一般只收男生。稍后,个别私塾也收少量女生。私塾学习内容单调,启蒙阶段学习《百家姓》《三字经》《千字文》和《神童诗》。对于大龄学生，塾师根据他们的文化水平，分别指导学生学习四书五经和《古文观止》等。每天午后必须习字，写字从描红开始，然后临帖，先练大楷，后练小楷。有的塾师还教珠算和尺牍（即书信）。私塾的教学方法呆板，塾师以教识字为主，学生整天读书，待课文熟背后，背给塾师听，塾师认可后，才教新课。私塾无固定学制，一般以学生能吟诗作文为止，少数学生准备参加科举考试，多数学生辍学就业，谋求生计。

清末民初，和桥镇较有名的塾师有举人徐非英，拔贡程国钧，廪生朱卓吾，秀才杨荻渔、杨若渔、唐静安、钱遇荪、俞致裕、马良奎、董玉堂。此外，吴炉博、戴荣正、吴庭荣、周宗彝、蒯云卿、刁生余、方启勋、张启华、蒋宝贤、王幼君、夏衡如等人虽无功名，亦是较有名的塾师。

和桥地区部分私塾教育情况

表27－1

地　址	创办时间	创办人	塾师	学生数	备　注
北新后双墩	明末清初	吴庭荣	吴庭荣	15	—
钟溪秀才村	明末清初	戴荣正	戴荣正	5	—
钟溪桥东侧	明朝末年	王洪年	王洪年	10	—
张渚西北小山岗	明末清初	木怀古	木怀古	6	和桥镇人
和桥鹅峰山麓	清光绪六年	刘　浩	刘　浩	8	—
北渠村	宣统年间	吴爌博	吴爌博	7	—
和桥镇上塘	清末民初	徐非英	不　详	15	—
和桥镇上塘	清末民初	程国钧	程国钧	15	—
和桥镇下塘	清末民初	不　详	朱卓吾	10	—
和桥镇上塘	清末民初	不　详	杨荻渔	13	—
和桥镇上塘	清末民初	杨若渔	杨若渔	11	—
和桥镇下塘	清末民初	唐静安	唐静安	8	—
和桥镇上塘	清末民初	不　详	钱遇荪	6	—
和桥镇上塘	清末民初	俞致裕	俞致裕	9	—
和桥镇下塘	清末民初	不　详	马良奎	6	—
和桥镇上塘	清末民初	董玉堂	董玉堂	7	—
和桥镇上塘	清末民初	周宗彝	不详	5	—
和桥镇下塘	清末民初	蒯云卿	蒯云卿	5	—
和桥镇下塘	清末民初	刁生余	刁生余	—	—
和桥镇下塘	清末民初	方启勋	方启勋	7	—
和桥镇下塘	清末民初	张启华	张启华	5	—
和桥镇下塘	清末民初	蒋宝贤	不　详	8	—
和桥镇下塘	清末民初	王幼君	王幼君	6	—
和桥镇下塘	清末民初	夏衡如	夏衡如	5	—

续表 27－1

地　址	创办时间	创办人	塾师	学生数	备　注
塘渎水中村	民国 12 年	蒋筱祝	赵金溪	10	民国 16 年学馆迁至油麻墩
和桥李山渎	民国前	朱子培	朱子培	9	民国初改成李山渎小学
楝聚村 10 组	民国 15 年	缪祖尧	缪祖尧	7	—
楝聚第 18 组	民国 16 年	缪寿军	缪寿军	5	—
湖滨村聚元里	光绪末年	周川林	周川林	15	—
钟溪村	清末	邵国俊	邵国俊	11	—

第二节　幼儿教育

一、事业发展

民国 4 年(1915)2 月,和桥市首创蒙养园,附设在始齐女校内,为宜兴县最早的幼教机构。校长俞致中,聘请教养员 2 人,招收男孩 17 人、女孩 9 人,由县教育行政部门领导、附属小学管理。民国 7 年,蒙养园改名幼稚园。民国 11 年,鹅山小学和养初小学都附设幼稚园,俗称"半年级"。民国 35 年,又建立 1 所福音幼儿园,有教师 2 人、学生 35 人,男女兼收。

1951 年,和桥镇 3 所小学合并,正式设置幼儿班。同年,团结街办起幼儿班,年龄不分大小,编在一起,开始时仅 20 个儿童,后来发展到 30 多人。该班教师爱好京剧,在班内组织小小京剧组,有时还到茶馆演出。1958 年,和桥镇掀起"大炼钢铁"热潮,居民无暇顾及幼儿,生建、劳动、兴业 3 条街也很快办起幼儿园(实际上是托儿所),幼儿人数少时 10 多人,多时 30 多人,每街有 3 至 5 位老年妇女任保育员。1959 年各街托儿所负责人经宜兴县短期培训后,托儿所正式转为幼儿园,招收 3～6 周岁幼儿,分小班和中班。此后,一些工厂相继开设幼托班,为双职工解决困难。商业公司幼儿班招收幼儿 50 多人,聘有教师 2 人。70 年代中期,和桥南新、闸口地区农村也陆续开办幼儿班。当时,农村幼儿班由妇联主办,中心小学设兼职幼教辅导员 1 人,负责业务辅导。1975 年创办红卫街幼儿园,入园幼儿 20 余人,教师 1 人。1980 年,改为和桥镇中心幼儿园,设中小班各 1 个,入园幼儿 95 人,园址在迎祥巷。1976—1985 年,闸口幼儿园、南新幼儿园相继创办。1986 年,和桥镇、南新乡、闸口乡各村开办幼儿园。80 年代末,由于人口出生率大幅下降以及人口向镇区迁移,农村幼儿班生源骤减,和桥镇政府及时对农村幼儿园进行撤并调整,筹集资金 300 多万元,在鹅洲西路重建和桥中心幼儿园。1995 年 9 月,新园舍建成。此后几年,和桥镇又追加投入 230 万元,完善园舍和设备。1999 年 9 月,和桥中心幼儿园改制成民办幼儿园,2001 年二次改制,仍旧成为集体所有,由和桥实验小学接管。是年,原南新镇南新幼儿园、闸口镇闸口幼儿园均改制成民办幼儿园。

进入 21 世纪,和桥镇区中心幼儿园的幼儿数急剧膨胀。2003 年,和桥镇政府在和桥实验小学筹建中心幼儿园河东分园,以缓解幼儿入学困难,2004 年 8 月正式启用。2000—2004 年,原南新镇、闸口镇先后并入和桥镇,南新幼儿园、闸口幼儿园归属和桥镇。2004 年,和桥、南新、闸口有中心级幼儿园 3 所,村(居)幼儿班 27 班。2005—2009 年,和桥镇村(居)幼儿班先后撤并至相应的中心级幼儿园。2010 年,和桥镇新增民营幼儿园 1 所,园址在和桥镇南首的永兴村和新路。是年,入园幼儿 295 人,教职工 20 人。2015 年,和桥镇有幼儿园 4 所(其中和桥中心幼儿园为公办幼儿园),入园幼儿 1611 人,入园率达 100%。

2010—2015 年和桥镇幼儿教育基本情况

表 27-2　　　　单位:人

年份	幼儿园名称 项目	和桥中心幼儿园	和桥中心(分园)幼儿园	永兴幼儿园	南新幼儿园	闸口幼儿园
2010	班	13	11	7	5	9
	教师人数	49	33	20	15	17
	幼儿人数	527	427	295	122	236
	入园率	99.8%	99.8%	99.6%	99.8%	98.5%
2011	班	14	12	8	4	9
	教师人数	52	43	26	14	22
	幼儿人数	538	400	310	126	252
	入园率	99.9%	99.6%	99.6%	99.6%	99.5%
2012	班	14	12	8	5	10
	教师人数	53	41	25	13	22
	幼儿人数	528	422	282	128	265
	入园率	99.9%	99.8%	99.6%	99.5%	99.7%
2013	班	13	10	8	4	6
	教师人数	49	38	23	12	24
	幼儿人数	524	390	304	108	233
	入园率	100%	99.9%	99.8%	99.8%	99.6%
2014	班	12	9	7	3	6
	教师人数	48	34	23	13	23
	幼儿人数	510	370	348	103	228
	入园率	100%	100%	99.8%	99.8%	99.8%
2015	班	13	12	10	3	6
	教师人数	50	35	28	13	23
	幼儿人数	540	369	392	88	222
	入园率	100%	100%	100%	100%	100%

二、幼儿园选介

1. 和桥镇中心幼儿园　前身为和桥镇红卫街幼儿园,创办于 1975 年。当时入园幼儿有 20 余人,教师有 1 人。1980 年,该园改为和桥镇中心幼儿园,设中、小班各 1 个,入园幼儿 95 人,园址在迎祥巷,有 2 层楼房 2 间及平房 1 间。1981 年起,按部颁《幼儿教育发展纲要》安排课程,组织教育。1985—1986 年,新建 3 层幼教大楼 1 幢。兴业、劳动、团结 3 条街的幼儿园与和桥小学 1 个幼儿班先后并入该园。1986—1987 年,为改善办园条件,建设规范化的中心幼儿园,县、镇两级政府投资翻建房 2 间,并发动各单位集资,同时兴建办公室、传达室和厕所,还添置小床、草席、垫被、床单和被絮柜、玩具柜、手风琴、钢琴等幼教设备。1986 年,该园被宜兴县少儿工作委员会表彰为少儿工作先进集体。当时,园主任由和桥镇幼教辅导员曹金凤兼任。1985

年，除生建街幼儿园外，兴业、劳动和团结三街幼儿园均并入中心幼儿园。1986 年，和桥镇各村开办幼儿园，由中心幼儿园辅导。和桥小学的一个幼儿班并入中心幼儿园，另一班为石路、和建两村合办，仍附设在和桥小学，招收两村幼儿入园。80 年代末，农村幼儿班生源不足，和桥镇政府及时对农村幼儿

图 27－2　1995 年的和桥镇中心幼儿园

园进行撤并调整，并筹集资金 300 多万元，在鹅州西路重建中心幼儿园。1995 年 9 月，新园舍启用。1996—1998 年，又追加投入 230 万元，完善校舍和设备。1999 年，该园占地面积达 8763 平方米、建筑面积 5750 平方米、绿化面积 1800 平方米，设有多功能活动室、电化教室、科学探索室、图书阅览室和美工活动室等专用教室，园内各项设施完备。1999 年 9 月，和桥中心幼儿园改制成民办园。2001 年又二次改制，仍旧成为集体所有，由和桥实验小学管理。进入 21 世纪，和桥镇区范围不断发展，农村人口不断向镇区迁移，农村幼儿班生源越来越少，湖滨村、大生村等几个农村幼儿班逐渐停办；外来人口越来越多，中心幼儿园的幼儿数急剧膨胀，已经难以满足广大家庭幼儿入园需求。2003 年，和桥镇政府决定在和桥实验小学筹建中心幼儿园河东分园，占地面积 1210 平方米，建筑面积 2560 平方米，可容纳 10 个班级近 400 名幼儿，于 2004 年 8 月正式启用。2004—2009 年，和桥镇农村幼儿班均先后并入中心幼儿园。中心幼儿园全面贯彻《幼儿园管理条例》《幼儿园教育规程》以及《3～6 岁儿童学习与发展指南》，深化内部改革，强化常规管理，以人文精神培养为核心，以服务全园师幼为宗旨，以素质拓展为目的，立足实际，突出特色，优化保教质量。经过多年的努力和积淀，形成了具有鲜明办园特色的校园文化体系。1996—1997 年，该园被评为无锡市常规管理先进集体，并被中央教科所确定为教科研基地园。同期，该园“学习与全面发展—3·3·3 智能学具操作”“幼儿园游戏活动与学前儿童健康心理研究”等课题分别在中央教科所和无锡市立项，并通过验收，两次被中央教科所授予“教育科研先进集体”称号。1997 年 4 月，中央电视台青少年部“大风车”栏目组

图 27－3　1997 年，中央电视台青少年部“大风车”栏目组鞠萍一行来和桥中心幼儿园拍摄专题节目

鞠萍一行到该园拍摄幼儿节目并播出。同年 9 月，该园通过无锡市基本实现现代化幼儿园的评估验收。1998 年 11 月通过省示范性实验幼儿园的验收。是月，出席全国和省教育督导工作会议的代表 50 余人，在教育部督学白景龙和省教委副主任周德藩带领下到园视察，并给予较高评价。白景龙当场

图 27－4　1998 年 11 月，教育部督学白景龙为和桥中心幼儿园题词“幼教谱新章，沃土能新苗”

题词“幼教谱新章,沃土育新苗”。1999年5月,该园被命名为“江苏省示范性实验幼儿园”。1999年至2015年,该园每年被评为宜兴市先进幼儿园、宜兴市卫生保健先进单位。同期,该园在宜兴市“小铃铛”幼儿园文艺会演、幼儿园体操、幼儿现场绘画等竞赛中屡屡获奖;教师在省市技能比赛、论文评比、环境创设等各项竞赛中取得优秀的成绩。2015年,中心幼儿园共有21个班,幼儿885人,教职工82人。历任和桥中心幼儿园园长有曹金凤、顾筱凉、欧莉君、周利华。

2. 南新幼儿园 创办于1985年2月,占地面

图27-5 2015年的和桥镇南新幼儿园

积2868平方米,建筑面积1238平方米,开设小、中、大各两个班。1985年2月—1999年9月,南新幼儿园为中心园,在村园还设办园点:西锄、王母、民胜、水产、西中、隔南、金家、北新、云阳、兴桥。1999年10月,南新幼儿园改制成民办为南新幼儿园,周家贤出资给幼儿园阳台全部装上排窗,给教室、卧室全部铺上木地板,给所有教室安装电脑,给户外场地铺设塑胶,增添大型玩具、3架钢琴和2架电子钢琴及桌面玩具,购置2000册图书。2000年起,该园幼儿生源逐渐减少,一些村幼儿园也相继并入南新幼儿园。2001年8月撤并金家、滆南、云阳,2003年8月撤并兴桥、西中、北新,2005年撤并王母、西锄、水产、民胜。2006年,南新幼儿园教师由41名减少到10名。1999年和2006年,南新幼儿园先后被评为宜兴市先进幼儿园。至2015年,南新幼儿园有大、中、小三个班级,幼儿88人,教职工13人。该园历任园长有蒋美琴、蒋一红、蒋春娣。

3. 闸口幼儿园 创办于1976年,前身是闸口

图27-6 2015年的和桥镇闸口幼儿园

中心小学附设的学前班,即“半年级”。1976年,小学内半年级9个班分别附设在闸口中心小学、钟溪小学、万福小学、聚龙小学、楝树小学、老闸口小学、归美小学、港北、陆圩小学内。1983年,闸口中心小学、钟溪小学、万福小学、楝树小学、聚龙小学、老闸口小学各开设大、中两个班;归美、港北、陆圩仍开设1个班,入园幼儿300余人,教师16人。1991年,闸口中心园、钟溪小学、万福小学、老闸口小学分别开设大、中、小三个班。1992年,闸口中心幼儿园与闸口中心小学分离。1999年9月,闸口中心园改制成民办幼儿园。中心园新建三层楼一幢设大班2个,中班2个,小班2个,入园幼儿200余人。全园占地面积3817平方米,建筑面积1738平方米,绿化面积1029平方米,设有多功能活动室,科技美劳室,图书阅览室等专用室,园内各项设施完备。全园(含下设办班点)共有大班6个,中班6个,小班4个,混合班3个,共计19个班,入园幼儿近600人,教职工26人。2002年,楝树、陆圩办班点撤并,2003—2004年,聚龙、归美撤并到闸口幼儿园。2005—2008年,钟溪、老闸口办园点撤并,闸口幼儿园有大、中、小3个班;福巷桥分园有大、中、小3个班,闸口幼儿园共有6个班、入园幼儿226人、教职工23人。2001年,闸口幼儿园获宜兴市幼儿园庆“六一”文艺会演金奖。同年,该园被评为宜兴市巾帼示范岗。2003年,该园被评为宜兴市先进幼儿园、宜兴市一类幼儿园。2006年,该园被评为宜兴市巾帼文明岗。2008

年，该园顺利通过市一类幼儿园复评并被评为宜兴市先进幼儿园。2011年，该园被评为宜兴市平安校园。2013年，该园被评为宜兴市先进幼儿园、宜兴市托幼机构卫生保健合格园。

历任闸口幼儿园园长有谈晓斌、王亚华、周杏云、邵慧、费红新。

4. 和桥镇永兴幼儿园　创办于2010年8月，位

图27－7　2015年和桥镇永兴幼儿园

于和桥镇南首永兴村和新路，创办人营君娣。是年，该园有大中小7个班级、幼儿295人、教师20人。2013年，该园有大中小8个班级、幼儿304人、教职工23人。2014年，永兴幼儿园按照无锡市优质幼儿园标准，投资2600万元翻建，翌年竣工并投入使用。2015年，该园建筑面积已有6300多平方米、室内外活动场地2000多平方米、绿化面积500多平方米，园内各项教学活动设备设施齐全。该园园长营君娣。

第三节　小学教育

一、事业发展

清光绪三十二年（1906），镇上士绅俞致裕、蒋翰勋（字竹书）等将鹅山书院改办为鹅山高等小学堂。翌年，黄达武与张仁铎、俞中谏等人在黄宅创建一所女校，根据《说文解字》“妇与夫齐者也”之意，取名“始齐”。宣统二年（1910），士绅钱铫、张仁铎在上塘南首创办育万小学。律师胡澍（字养初）捐助育万小学银圆1700元、田100亩。清廷特赐胡澍金色三等奖章。自光绪三十二年至宣统三年，和桥、南新、闸口地区先后创办小学堂10余所。

民国元年（1912），宜兴县地方教育全力注重小学，县学务科根据当时教育部有关精神提出新的办学规定，改学堂为学校、初高等小学必须分开设立、高等小学为县立、初等小学为市立乡立或由乡公所办。当年，育万小学改名养初小学，同年创办和桥市立第五初等小学。翌年2月，鹅山高等小学堂更名为宜兴县立第二高等小学校，始齐女校更名为宜兴县立第二女子高等小学校。其时，养初小学学生增加，校址迁至上塘北首胡澍私宅。民国4年，文武会在关帝庙内建立新福小学，第五初等小学并入新福小学。同年7月，和桥地区有小学12所。民国14年，鹅山小学与始齐女校两校由高小三年、初小四年的七年制完全小学改为高小两年、初小四年的六年制完全小学。民国21年，养初小学增设高级。民国24年，始齐女校并入鹅山小学。民国26年11月底，和桥沦陷，学校被迫停办。翌年春，鹅山小学和养初小学先后复课。冬，原鹅山小学校长余祥仁把一部分课桌椅、教具搬至余境，与余境初级小学校长张良才合办鹅山余境联合小学。民国29年冬，邹盘坤在杨桥与杨桥小学合办鹅杨联合小学。民国30年秋，程维新在下塘公园开办酉生小学。翌年，和桥镇商会会长梅苏生在东岳庙内办义务小学。民国34年，酉生小学停办。同年，宜兴县教育科接管鹅山小学，改称和桥中心国民学校。义务小学由县教育科接管，改名保国民小学。民国35年，“一贯道”在敬节堂开设忠宽小学，一年后改名慈善小学。民国35年，小学推行国民教育制度，和桥地区相继办起中心国民学校、保国民学校29所。1949年5月，宜兴县人民政府教育局接收和桥所有学校。下半年，慈善小学并入和桥镇中心国民学校。1949年10月，中心国民学校改为中心小学，保国民学校改为初级小学，和桥中心国民学校更名为和桥中心小学。1950年春，保国民小学并入和桥中心小学。1951年下半年，养初小学并入和桥中心小学，改称宜兴县和桥区中心小学，学校内原和桥中心小学称一部，原养

初小学称二部,原和桥中心小学分部称三部;各部设主任1名;为纪念学校合并,4月1日被定为校庆日。1953年,和桥镇人民政府根据家长要求,委托镇工商联采用民办公助形式,在兴业街民众夜校内办起高小补习班。第一年招收学生40名,以后逐年增加,第四年增至240余人。每届学生经补习都考入初中,补习班历时4年后停办。1958年,根据“两条腿走路”的方针,和桥中心小学三部并入二部,三部原址开办民办小学。1965年和桥中心小学改称和桥小学,民办小学改称东方红小学。同年3月,按照教育局指示,和桥镇创办“随船生产,靠岸读书”的渔船民子弟流动学校总校。1965年,李山渎小学增设初中班,“文化大革命”期间,和桥小学和湖滨、永兴、土墩、新生学校先后增设过初中班。1969年,和桥小学六年制改为五年制。翌年,东方红小学(原民办小学)并入和桥小学。中共十一届三中全会后,普及小学教育列入党和政府的重要议事日程。1986年,和桥境内初等教育普及,村村实现有小学。同年6月,和桥小学改名为和桥镇中心小学,原和桥乡中心小学改称和桥镇第二小学。1987年,全和桥地区有小学35所(其中,完全小学23所,初等小学12所),有学生6825人,小学普及率达99.9%。

1988年和1998年,和桥镇政府两度易地重建和桥小学。80年代初至90年代末,由于人口向镇区集聚的速度较快,和桥镇多次撤并学生数较少的村校,合理调整小学布局,实行规模办学。1990年起,和桥境内各小学推进素质教育,创建特色学校。1995年底,原南新镇共有9所小学,即南新小学、西锄小学、王母小学、民胜小学、西中小学、北新小学、中巷小学、水产小学、云阳小学,1996年下半年开始,北新小学、中巷小学、水产小学、云阳小学、西中小学先后被撤并。1995年底,原闸口镇共有10所小学,即闸口中心小学、闸口小学、畲田小学、小湾渡小学、杨桥小学、万福小学、钟溪小学、聚龙小学、楝树小学、归美小学,1996年只剩下闸口中心小学及钟溪小学、万福小学。1998年12月,和桥小学通过江苏省教委实施教育现代化工程验收。2000年6月,南新镇与和桥镇合并时,原南新镇只剩下南新小学及民胜、西锄两校的办班点。2001年4月23日,和桥小学被命名为江苏省实验小学。同年,民胜、西锄的办班点也被撤销。2004年,闸口镇与和桥镇合并,闸口中心小学改为闸口小学。2005年8月—2010年9月,钟溪小学、万福小学先后并入闸口小学。

1988—2015年,和桥境内先后撤并小学40余所,其中停办初级小学20余所。2015年底,和桥镇有和桥实验小学、和桥第二小学、南新小学、闸口小学4所完小,有小学专任教师258人(研究生学历2人,本科学历170人占专任教师的比例为74.6%,大专学历54人占专任教师的比例为98.3%),有在校小学生3837人(入学率达100%)。

1987年和桥、南新、闸口地区中心小学和完小基本情况

表27-3　　单位:个、人

校　名	创办年份	地　址	校　长(负责人)	班级数			学生数			教职工数	
				计	初	高	计	初	高	计	其中民办
宜兴县和桥小学	1906	和桥镇下塘	沈学明	24	16	8	1204	786	418	65	4
和桥镇第二小学	1985	和桥镇政府西	张月仙	9	6	3	377	251	126	17	5
和桥镇湖滨小学	1949	谈家祠	谈耀南	6	4	2	207	137	70	9	5
和桥镇李山渎小学	1912	李山渎	周成亚	6	4	2	214	126	88	10	4
和桥镇土墩小学	1911	土墩	张杏生	5	3	2	139	89	50	8	5
和桥镇新生小学	1907	大圣寺	夏沛云	6	4	2	236	153	83.	9	3

续表 27－3

单位：个、人

校　名	创办年份	地　址	校　长（负责人）	班级数			学生数			教职工数	
				计	初	高	计	初	高	计	其中民办
和桥镇永兴小学	1926	中心村	鲍永泉	5	3	2	203	110	93	8	6
南新乡中心小学	1923	油麻墩	王逸平	13	8	5	472	275	197	27	12
南新乡西锄小学	1907	西锄	王洪祥	10	6	4	332	215	117	16	8
南新乡中巷小学	1937	中巷	王仲勋	6	4	2	163	108	55	8	4
南新乡西中小学	1931	西中	陆法荣	5	3	2	147	87	60	7	4
南新乡北新小学	1978	北新村	邵永彬	6	4	2	215	144	71	8	5
南新乡民胜小学	1976	民胜村	裴　斐	5	3	2	159	82	77	7	5
南新乡王母小学	1937	王母村	吴盘荣	6	4	2	181	108	73	9	4
南新乡水产小学	1968	水产村	赵德培	4	2	2	83	56	27	6	5
闸口乡中心小学	1913	北渠	陆洪宝	11	7	4	495	317	178	27	9
闸口乡闸口小学	1912	闸口	孟细章	7	4	3	301	188	113	12	5
闸口乡聚龙小学	1943	聚龙桥	周国兴	6	4	2	194	135	59	8	8
闸口乡楝树小学	1909	在水庵	万中南	6	4	2	185	125	60	8	6
闸口乡归美小学	1909	归美桥	朱希斌	5	3	2	137	85	52	7	5
闸口乡杨桥小学	1932	茅庵头	吴勤辉	5	3	2	149	95	54	7	5
闸口乡万福小学	1924	后大潭	吴克光	8	4	4	260	129	131	11	6
闸口乡钟溪小学	1912	何家村	徐志汤	6	4	2	221	148	73	9	5

1987年和桥、南新、闸口地区初等小学基本情况

表 27－4

单位：个、人

校名	创办年份	地址	班级数	学生数	教职工数	
					计	其中民办
聚龙小学	1952	戈城村	2	63	4	2
和桥上俸小学	1922	丁家祠	1	23	2	1
南新云阳小学	1978	云　阳	2	68	3	1
南新塘渎沽小学	1947	塘渎沽	2	57	2	—
南新兴桥小学	1947	兴　桥	2	60	2	1
南新金家小学	1957	金家桥	1	23	1	—
南新滆南小学	1956	五沙队	1	22	1	—
闸口乡白巷小学	1972	徐前村	3	88	4	2
闸口水产小学	1979	水产村	2	35	3	2
闸口小湾渡小学	1920	小湾渡	1	30	1	—
闸口五圩小学	1958	河大圩	1	26	1	—
闸口畲田小学	1950	畲田村	2	56	3	1

1968—2000年和桥、南新、闸口地区停办初级小学基本情况

表27-5 单位：个、人

校名	创办年份	地　址	停办年份
聚贤小学	1952	戈城村	1998
上俸小学	1922	丁家祠	1996
和桥民办小学	1958	上塘北首	1970
冠英小学	1946	观音堂	1983
邓家小学	1947	邓家塘	1983
南田舍小学	1958	南田舍村	1983
闻家小学	1952	闻家村	1985
云阳小学	1978	慕家自然村	1997
兴桥小学	1947	后具自然村	1995
滆南小学	1956	五沙(队)自然村	1995
金家小学	1957	金滆南村中祝组	1992
塘渎沽小学	1947	塘渎沽	1992
陆家塘小学	1912	陆家塘	1986
畲田小学	1950	畲田村	1997
小湾渡小学	1920	小湾渡	1999
毛市小学	1964	毛市村	1975
五圩小学	1958	河大村	1990
黄土小学	1968	黄土沙桥头	1969
西黄塘小学	1946	巷北西黄塘	1977
万福民办小学	1924	万福寺	1968

2010—2015年和桥镇小学教育情况

表27-6 单位：个、人

年份＼项目＼校名	和桥实验小学			和桥第二小学			南新小学			闸口小学		
	班级数	学生数	教师数	班级数	学生数	教师数	班级数	学生数	教师数	班级数	学生数	教师数
2010	30	1532	95	32	1651	91	11	385	39	15	628	47
2011	30	1539	97	32	1678	95	11	366	36	13	647	48
2012	30	1535	86	32	1669	90	11	377	35	13	650	47
2013	30	1501	93	31	1569	92	10	362	35	12	590	42
2014	30	1463	100	30	1538	77	10	331	38	12	578	41
2015	30	1443	104	30	1502	77	10	312	34	13	580	43

一、学校选介

1. 和桥实验小学　该校初名鹅山高等小学堂，创建于清光绪三十二年(1906年)三月，堂长为蒋翰勋(字竹书)，时有生徒20余人。民国2年(1913)2月，学校改名为宜兴县立第二高等小学校。民国13—16年，又先后改为县立第二小学、县立鹅山小学。民国21年，全校有学生602名、教员14名。民国24年8月，县立始齐女子小学并入。民国26年冬，日军入侵县境，学校被迫解散。这一时期的历任校长有王鸿文、黄道曾、路观澜、程寿山、杨逸群、杭再之、程淦年、余祥仁等。民国27年春，余芝生以鹅山小学名义曾在和桥镇方氏宗祠复校。同年冬，原鹅山小学校长余祥仁将学校课桌、校具搬下乡，先后与余境、杨桥小学联办。张良才、邹盘坤先后为这2所"联小"的校长。民国28年春，日伪县属在鹅山小学原址办起县立和桥小学，余芝生、盛璧先后为校长。抗日战争胜利后，国民党县教育科接收该校，委任戴永潮为校长，并改名和桥镇中心国民学校。民国36年—37年秋，一度改名和桥区示范国民学校。民国38年春，该校有班级8个、学生546人，另有幼稚班56人、教职员13人。同年8月，戴离任，赵伯生为校长。1950年春，学校改名宜兴县和桥中心小学。同年10月，慈善小学并入。1951年9月，私立养初小学(初名公立育万小学)与和桥镇保国民学校(初名和桥镇义务小学)并入该校，以原和桥中心小学为一分部，以原养初小学校址为校本部(即二分部)，原保国民学校为三分部。1956年秋，学校单独成立党支部，校长卢学训兼任书记，学校改名宜兴县和桥小学。1965年和桥中心小学改称和桥小学。1970年，和桥镇民办小学并入。1976—1987年，一度附设初中班。继赵伯生后的历任校长有杨均南、卢学训、史开明、吴永华等。1986年，和桥小学改名为和桥镇中心小学。1987年校长为沈学明。1988年，镇政府在鹅州西路征地12亩，投资90万元新建校舍2900平方米，1989年3月迁入新址。和桥小学寨沟潭原址改为和桥镇第二小学。1992年，镇政府再次投资40余万元，扩建校舍800平方米。同年，学校通过无锡市九年制义务教育达标验收。1993年苏建君为校长。1995年4月、1996年5月相继被确定为江苏省无锡师范学校和洛社师范学校的实习基地。1996年学校又投入70多万元，扩建校舍1500平方米，并开通闭路电视。1998年镇政府先后投入700余万元，在鹅洲东路新建校舍8178平方米，1998年9月，和桥小学第二次易地，由鹅州西路迁往新址，旧址变更为和桥镇第二小学。同年9月土墩小学并入和桥小学，2000年李山渎小学并入和桥小学。新建成的和桥小学拥有标准运动场、简易体育馆、微机室、语音室、多媒体教学设备、音乐、书画、自然实验室、舞蹈房等教学设施。2002年又投入70多万元，建成宜兴市首批校园网和电子教室，进一步提升了教学现代化水平。1998年11月，全国教育督导工作年会议在无锡召开期间，全国教育学会副理事长、国家教委督学白景龙带领各省市与会人员50余人到校参观。同年12月，学校通过了江苏省实现教育现代化工程验收。1999年3月，日本三重县南町教育代表团也到该校参观。同年11月4日，全国学校体卫工作经验交流会代表又到校参观体育设施建设现状。2000年，学校通过江苏省实验小学视导评估，并被评为无锡市优秀教师群体、无锡市园林单位和宜兴市先进学校。2001年4月23日，江苏省教育厅批准和桥小学为省级实验小学。2003年，随着农村人口向镇区聚集，根据镇政府规划，学校投入了200万元在校园内新建了和桥中心幼儿园分园，建筑面积2600平方米。2007年投入350万元新建综合楼。2008年9月，丁伯中任校长。同年，学校铺设了塑胶跑道和人造草坪。2009年，新建了体育馆，实现了电化教学班班通。

图27-8　2001年的和桥实验小学

2015 年，学校有专任教师 82 人，其中大专以上学历的 81 人，获市级以上荣誉称号的骨干教师 23 人（其中无锡市学科带头人、教学能手、宜兴市学科带头人 3 名）。学校治学严谨、科研兴教意识强。多项省级课题已结题或立项。学校先后获得江苏省青少年科技教育先进学校、江苏省绿色学校、江苏省健康促进学校、无锡市“双有”工作先进集体、无锡市“五星队室”、无锡市少先队先进集体、宜兴市常规管理先进学校等称号。学校创办迄今已有 100 多年悠久的历史，为祖国培养了大批建设人才，其中吉林大学校长唐敖庆、华东师大地理系人口研究所教授胡焕庸、中央工艺美术学院教授吴冠中、全国政协委员傅学文、法学博士吴凯声等都是该校的毕业生。

附：鹅山小学校歌

蠡水为襟马渎带，秀哉鹅山。
西瞰滆湖东震泽，秀哉鹅山。
学术灌输阳羡界，沟通便利学何难，
秀哉鹅山！
努力求学精神奋，在我学生。
日勤日俭名声振，在我学生。
第二学校学有成，中学大学由此升，
在我学生！

2. 和桥第二小学　和桥第二小学前身是创办于 1985 年的和桥乡中心小学。1986 年和桥乡镇合并，和桥乡中心小学即改名为和桥镇第二小学。1989 年后几易校址。2015 年 9 月，和桥第二小学迁至和桥镇和新路（原和桥中等专业学校），全称为宜兴市和桥第二小学（以下简称“二小”）。新搬迁的二小占地面积近 41333 平方米，建筑面积 10211 平方米。2015 年 9 月，学校有 30 个教学班，学生 1502 名，专任教师 77 人（本科学历 73 人，大专 4 人）。学校有中学高级教师 10 人，宜兴市新秀以上称号的 30 多人，其中无锡市学科带头人、教学能手、宜兴市学科带头人 12 人，有无锡市名教师 1 人，有 5 人分别被评为江苏省优秀青年教师。学校始终关注对学生素质的全面发展，成立了舞蹈、合唱、书法、绘画、田径、排球、篮球、象围棋、跆拳道等多个兴趣社团，还成立了“鹅洲少儿陶刻社”。学校一贯注重教师教育技能和教育教学科研能力的培养，确立以“科研兴教意识”，以“和文化”的实践与研究为学校文化建设课题，加强教育教学研究。2007 年，该校被评为宜兴市基础教育课程改革示范学校。2008 年，学校分别被评为江苏省德育科研先进学校、无锡市艺术特色学校。2010 年，该校获江苏省青少年科技教育先进学校、江苏省平安学校。2012 年被评为无锡市首批经典诵读示范学校、无锡市体育传统项目学校。2013 年江苏省体育俱乐部申报成功，是年又获得中国书法（写字）特色学校，宜兴市 AA 级特色学校。2006—2015 年，该校先后有四个省级课题和 10 多个无锡市级及宜兴市级课题立项或结题。2012—2015 年，该校教师参加江苏省赛教获一等奖 2 名、二等奖 2 名，无锡市一等奖 2 名，宜兴市“三优课”赛教一等奖 5 名；教师中有 60 多篇论文在国家、省市各级刊物上发表。2015 年，学校获得宜兴市以上集体荣誉 108 项。

图 27－9　2015 年的和桥第二小学

历任校长有张月仙、王旭芝、顾筱凉、邵南翔、丁自元、汤荷英、张孟华（党支部书记）、孙永明、王强（党支部书记）。

3. 闸口小学　前身是创办于民国 2 年 4 月（1913 年 4 月）的吴氏初等小学校（私立），由吴伏升先生任校长，民国 4 年，有教员 2 人，2 个学级，41 名学生（其中 1 名女生）。民国 35 年，更名北渠乡第一中心国民学校，吴爔北先生（吴冠中之父）任校长，谈玉明任副校长，有 7 个教员，177 名学生。1953 年，学校更名为楝树小学。1962 年，更名为闸口公社辅导小学，1967 年再次更名为北渠小学。1979 年，学校更名为闸口中心小学。1989 年，易地重建，1992 年 8 月搬入新址，同年接受并通过市合

图 27－10　2015 年的和桥镇闸口小学

格学校验收；2004 年确认为宜兴市闸口小学。新中国成立后历任校长为杨铁成、戴森林、周柏生、尹荣南、陆洪宝、张孟华、姜耀清、唐小克、平璇莹。2010 年，镇政府投入 120 多万元，重建师生食堂，2010 年 12 月高标准通过江苏省义务教育现代化学校验收。2015 年，学校占地面积 11000 多平方米，有建筑面积 4200 多平方米、12 个教学班、学生 594 人、教职工 39 人。同期，教师学历合格率 100%，专科及以上学历 37 人，占 94.87%，其中本科学历占教师总数的33.3%。2015 年，在专任教师中，高级职称教师有人，中级职称教师有 32 人，还有无锡市教学能手 2 人、无锡市教学新秀 1 人、宜兴市教学新秀 2 人、宜兴市学科中心组成员 1 人、宜兴市课堂教学研究小组成员 2 人。2009—2015 年，学校先后获得江苏省三星级档案室、江苏省健康促进学校（铜奖）、无锡市平安校园、无锡市餐饮健康安全 A 级单位、无锡市敬老先进学校、无锡市健康促进学校、无锡市绿色学校、宜兴市先进学校、宜兴市中小学管理规范先进学校、宜兴市行为规范教育先进学校、宜兴市信息化应用先进学校、宜兴市“四帮一”工作先进集体等 20 多项荣誉称号。2009—2015 年，学校在宜兴教育网发表新闻稿 100 多篇，《扬子晚报》也分别以《校园“海棠”特色文化引领学校健康和谐发展》《培育“海棠”文化，创建品牌学校——闸口小学充分挖掘“海棠”文化，塑造师生“心怀感激”情怀》对学校进行了两次报道。宜兴电视台《阳羡茶馆》栏目就闸口小学的学生车路队的优秀组织工作进行了相关报道。

附：闸口小学校歌

海棠树下

词：王超

曲：王超

滆湖之滨有传说，东坡先生踏歌来，栽下一棵海棠，千年抒情怀。春花似锦绣，夏叶绿如海，秋月映秀姿，冬雪压不败。海棠树下走一走，同年歌谣入梦来，若说此花能解语，思乡情绕云天外。情系故土多壮志，美丽人生更慷慨。美丽人生更慷慨。

滆湖之畔气象新，莘莘学子多风采，呵护千年海棠，小院春常在。你浇一瓢水，融进千般爱，我培一抔土，温馨胸中来。心有海棠心灵秀，梦有海棠梦精彩，情系故土多壮志，美丽人生更慷慨。情系故土多壮志，美丽人生更慷慨。美丽人生更慷慨。

4. 南新小学　塘渎乡（今南新）地方绅士蒋筱祝先生（后任国民党江苏省参议员）于民国 12 年（1923），在水中村办起了“水中学馆”，聘请赵金溪为学馆先生（塾师）。民国 16 年（1927），学馆迁至油麻墩，改称“油麻墩学堂”，首任校长是余生源。

图 27－11　2015 年的和桥镇南新小学

由地方绅士赵品兰、赵芝溪、赵芝兰等组成学堂董事会，赵品兰任会长。民国 21 年（1932），“油麻墩学堂”更名为“油麻墩小学”，设一到四年级。民国 25

年(1936),小学增设了五六年级,改名为"油麻墩高等小学"。1939 年,为"油麻墩初等小学"。而后,几经易名,为"油麻墩高等小学"。1944 年,余逢其接任校长。1948 年,倪南平任校长。

新中国成立后,塘渎乡一分为二:分南新乡和北新乡。1952 年,南新、北新两乡合并为南新乡。西锄小学确定为中心小学,校长路庆来。"油麻墩小学"为村校,校长王伟勋。1976 年 8 月,周柏生调任南新中心小学校长,并将中心小学由西锄七年制学校改为油麻墩小学。自此,油麻墩小学成为南新公社中心小学。1987 年 7 月,王逸平任南新乡中心小学校长。1995 年 2 月,唐一中任宜兴市南新镇中心小学校长。2000 年南新镇并入和桥镇,南新中心小学改名南新小学。2009 年 8 月,南新小学移至南新中学校址。2012 年 7 月,赵敏任宜兴市南新小学校长。2015 年 9 月邵南翔升任南新小学校长、党支部书记。学校现有 10 个教学班、312 名学生、教职工 38 人,其中专任教师 30 名,专任教师学历达标率 100%。专任教师中有高级教师 2 人、中级教师 25 人,还有宜兴市教学能手 3 人、宜兴市教学新秀 1 人。南新小学设施齐备,环境优美,于 2009 年高质量通过了江苏省义务教育现代化学校验收。学校一贯注重教师教育技能和教学科研能力的培养,"善智"是学校教育的核心追求,"绳舞""劳科技"是学校的特色品牌。2003—2015 年,该校先后有 2 个国家级课题、2 个省级课题和 3 个无锡市级课题结题或立项。2004—2005 年,在无锡市小学生航模比赛中该校均获一等奖,期间,学校先后获评江苏省绿色学校、无锡市健康促进学校、无锡市科技教育特色学校、宜兴市 A 级特色学校、宜兴市体育传统项目学校等 45 项荣誉。

附:部分停办学校选介

1. 始齐女校 始齐女校(以下简称"女校"),由黄达武与张仁铎、俞中谏等人发起,创办于清光绪三十三年(1907 年)。校址在黄宅,黄自任校长,兼教国文。后校舍遭火灾,旋即租赁上塘迎祥巷陆家祠堂继续办学,自行解决经费问题,远近来就学者渐多。民国 2 年,女校由县接管,更名为县立第二女子高等小学校。高初等分设。高等 3 班,校长俞雨湘;初等 3 班,校长陈兼善。聘请卢如九、徐悲鸿等人教

图 27－12 始齐女校旧址

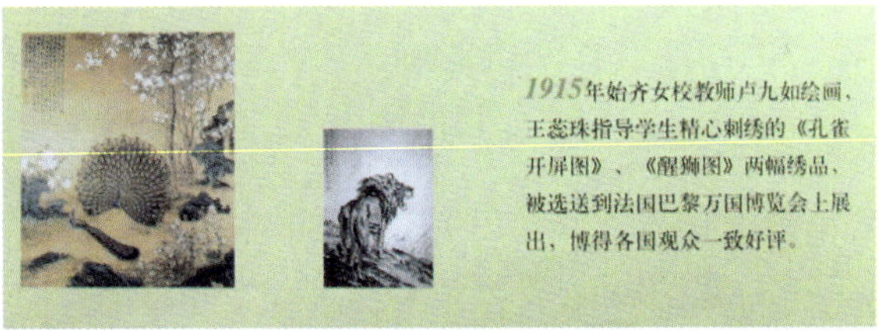

图 27－13 1915 年始齐女校教师卢九如绘画、王蕊珠指导学生刺绣的《孔雀开屏图》《醒狮图》两幅绣品

国文、历史、生物、图画和书法。根据女校特点,徐悲鸿画了《孟母三迁》《木兰从军》《画荻教子》和《卢氏乳姑》等四幅画,悬挂校门内,以教育学生。除文化教育外,还设缝纫、刺绣课,并附设刺绣班。民国 6 年,该校学生精心刺绣的《醒狮图》和《孔雀开屏图》两幅绣品,被选送到法国巴黎,在万国博览会上展出,博得各国观众好评。民国 14 年,女校初高等合并,由高小三年、初小四年的七年制,改为高小二年、初小四年的六年制完全小学。校长由俞雨湘连任。民国 16 年,程蕙任校长。民国 19 年,程蕙离职,吴中秀继任。那时由于受到革命思潮激发,四乡八镇的女孩子纷纷走出家庭,来校求学。学生激增,校舍不敷应用,便迁至河东俞氏宗祠内。民国 24 年,女校与鹅山小学合并。女校存在 30 年,培养出不少出类拔萃的人才。部分学生毕业后,继续外出读书深造,求得扎实的专业知识,为国家作出贡献。

如任桐君执教中小学数十年,成为有名的教育专家;王祖蕴、袁秀宝奔赴南洋,为华侨子弟教育服务;朱人秀协助丈夫创办蚕种场;朱琴怡成为有名的医学家;傅学文留学苏联,成为知名的社会活动家。

附:始齐女校校歌之一

蠡河水碧,鹅岭运深,山川钟毓何秀灵!

英雄儿女,代有传人,何时何方启前行?

教育普及,男女平等,伟哉巾帼竞文明。

班昭续史,木兰从军,敢教司马绘荣名。

始齐女校校歌之二

二十世纪重教育,五洲万国兴,人杰又地灵。

鹅山秀,蠡水清,诱起我文明。

民族大平等,雌伏又雄鸣。模型古人物,栩栩态如生。

请看彤史救父女缇萦

贤淑称德曜,勇敢慕云英。

苏小妹,曹大家(“家”读作“姑”),千古称文明。

青灯娥皇传,三年自有成。

萤火三更,鸡鸣五鼓,学业贵竞争。

2.养初小学　清宣统二年(1910年),镇上士绅钱铫、张仁铎在上塘南首创办育万初小。律师胡澍(字养初)热心教育事业,两次共捐田100亩,银圆1700元,清廷特赐金色三等奖章。民国元年(1912年),育万小学改为私立养初小学。翌年,学校迁至上塘北首胡氏私宅。民国13年,进步青年潘汉年来校任教。民国16年11月1日,养初小学教员莫子卿赴县城参加宜兴农民秋收起义,不幸壮烈牺牲。民国21年,增设高级班,租借俞姓楼房2幢(在下塘小沿河),充作校舍。民国26年11月底,和桥沦陷,学校停办。翌年秋,复课,民国28年春,又因战事停办。秋再度复课。1950年下半年与和桥中心小学合并,改称中心小学二部(校本部)。

历任校长有俞雨湘、陈兼善、程蕙、吴中秀、钱铫、张仁铎、冯之诚、卢权、史本直、闵南藩、秦锡五、褚良余、余生儒、汪纪生、陆允中、方谦生、胡同均。

附:养初小学校歌

养初养初,有士栽英雄。欧美文化输,小学从此起。

蒋、程两杰提倡于前,胡公继之扶我子弟。

小哥哥,小弟弟,快来把学砥。

愿我诸同学,占个好名气。努力向前进,莫负少年时。

3.西锄小学　西锄小学始建于光绪三十三年(1907年),地址和桥西锄蒋宗祠,蒋廷辅等募捐(宣统二年曾停办)。是宜兴县境内创办较早的一所农村小学。抗日战争时,江苏省五临中、宜兴县嬴溪小学曾在此办学。解放战争时期,山东海岱中学也借此校上课。西锄小学长期形成的良好教风和学风,吸引了省内外无数莘莘学子,办学成果颇丰,深得社会各界人士赞誉。1953年,西锄小学成为南新公社辅导小学。1975年9月,南新小学冠名为公社辅导小学,西锄小学成为公社下属的完小。1975年9月至1982年8月,西锄小学附设初中班,易名为西锄学校(七年制)。1982年9月,初中班撤并,遂恢复原名——西锄小学。1982年9月—1999年8月,西锄小学为完全小学,1999年9月—2002年8月,西锄小学为初级小学。2002年9月,西锄小学撤并至南新小学。

新中国成立后历任校长有邵敖全、王炳坤、路庆来、蒋亦农,陈允章、杨伯昭、刘建良、王洪祥、凌国强。

附:西锄小学校歌

美哉西锄好村庄,良田浮纵横。

人烟浩稠密,巍巍学府在中央。

老师谆谆教,同学互相帮。

敬德修业成绩良,幸福乐无疆。

4.新生小学　光绪33年(1907年),由吴春熙等募捐,在和桥大圣寺创办公立第二小学堂,民国20年为县立小学,民国35年易名为和桥镇第十一保国民学校。是年,有学级数4班、学生197人、教职工数6名。新中国成立后,学校仍易名新生小学。进入60年代,该校曾为和桥公社中心小学。1968年附设初中班,一度还增至高中(1980年高中部并入和桥中学)。1984 年,新生小学扩建校舍(地址:现和桥宜客隆处),同年,新校舍为新生小学总部,1985 年 8 月,更名和桥乡中心小学。1986 年 6 月,和桥乡、镇合并,和桥乡中心小学更名和桥镇第二小学,校长张月仙。新生小学仍为和桥镇完全小学。1987 年,新生小学有学级数 6 班学生 236 人、教职员工 9 名。1999 年 8 月,新生小学并入和桥第二小学。

历任校长有陈惠如、唐煜、羊峰、张金荣、蒋协道、王炳坤、陈允章、许生华、蒋亦农、王德清、尹荣南、夏沛云、谈耀南、张杏生。

5. 土墩小学 宣统三年(1911 年),周兆稷、徐新生等人捐资创办乐群小学堂,地址:和桥北庄土墩庵,1931—1945 年易名为启智小学,其间中共地下工作者徐敏曾以在该校任教作掩护,从事革命工作,1946 年,该校更名为余境乡第七保国民学校,校长为周慎。是年,学级数 2 班、教员数 3 名、学生 91 人。1952 年,学校再次易名,更名为土墩小学。70 年代初曾附设初中班。1978 年,初中班学生并入和桥中学。1987 年,有学级数 5 班、学生 139 人、教职员工 8 名。1998 年 9 月并入和桥小学。

历任校长有周兆稷、周慎、邵伯棠、邵仲康、钱德余、张杏生、江敖洪、余秀华、王舜仁。

6. 李山渎小学 李山渎小学创办于民国元年(1912),地址为和桥李山渎桥,初创时称鹅北小学。民国 4 年,为和桥市立第七初等小学校。民国 20 年为县立初等小学。民国 35 年,改名大同乡第一中心国民学校。时任校长邵化南,有学级数 4 班、教员 6 名、学生 170 人(其中高年级学生 22 人)。1952 年,学校易名李山渎小学,1987 年有学级数 6 班、教职员工 10 名、学生 214 人,学校占地 1000 余平方米,建筑面积近 700 平方米,60 年代末附设初中班。1991 年初中部学生并入和桥第二中学。1998 年,聚贤小学并入李山渎小学。1999 年 9 月,李山渎小学并入和桥小学。

历任校长有邵化南、张炳荣、蒋贤斋、吴荣初、吴永华、杨华萼、吴盘荣、王瞿生、朱行斌、夏沛云、周成亚。

7. 永兴小学 永兴小学创办于民国 15 年(1926 年),地址为和桥永兴中心村湾里队。民国 20 年为县立初等小学。民国 35 年,易名和桥镇中心国民学校,60 年代初为完全小学,学校占地 6000 平方米,建筑面积达 800 平方米,名称为永兴小学。1968 年始为七年制学校。1978 年,初中部学生并入和桥中学。1987 年,有学级班 5 个、学生 203 人、教职工 6 名。1998 年 8 月并入和桥第二小学。

历任校长有丁培良、史砚昱、戴永潮、白早芬、马水明、周志汉、陈允章、吴全章、吴孟荣、王瞿生、吴四小、周德美、张金华、鲍永泉。

8. 西中小学 西中小学创办于民国 20 年,地址为南新钟家塘。20 世纪 70 年代末,校址易地傅家塘。1964 年为完全小学,1987 年学级数 5 班、学生 147 人、教职工数 7 人。1999 年 8 月,西中小学并入南新小学。

历任校长有徐梦悟、吴孟顺、闵小春、吴敖全、吴泉章、陆法荣等。

9. 北新小学 北新小学创办于 1976 年,地址为北新农中。1978 年,北新小学易地重建,地址位于北新大队北新生产队。当年,由北新大队自投资金,新砌校舍 800 多平方米。1987 年,北新小学有学级 6 班、学生 215 人(其中高年级学生 71 人)、教职员工 8 名。1999 年 8 月并入南新小学。

历任校长有裘斐、邵永彬。

10. 闸口水产小学 创办于 1979 年 9 月,地址位于水产大队中长圩。1987 年,有 2 个教学班(复式班)、学生 35 人、教员 3 名,1991 年 8 月并入闸口小学。负责人邓少平。

11. 南新水产小学 创办于 1968 年 9 月,地址位于水产大队(长征圩东),校园面积 1300 平方米,建筑面积 540 平方米。1987 年,有学级数 4 班、学生 83 人(其中高年级学生 27 人)、教职工数 5 名。1995 年,小学高年级学生并入南新小学。2000 年 8 月,全部并入南新小学。

历任校长有万荣根、余岳林、吴含珍、王庆祥、赵德培、王金泉、蒋锡琴。

12. 民胜小学　民胜小学创办于民国元年四月，为和桥市市立第十二初等小学，地址位于和桥官庄，有学级数2班、教员2名、学生45人。民国35年，第十二初等小学更名官庄乡中心国民学校，有学级数7班、教员10名、学生322人。1950年春，中心国民学校改为民胜小学。1976年为民胜七年制学校。1982年中小学分离（中学部为民胜初级中学，俗称独立初中），1987年，民胜小学有学级数5班、教职工数7名、学生159人。2002年8月，民胜小学并入南新小学。

历任校长有任南枝、余生儒、杨钧南、陆剑宏、吴嘉渠、周中吾、邱一鸣、吴章泉、裴斐、唐洪盘、杨洪生、赵德培、王祖民等。

13. 中巷小学　中巷小学创办于民国26年，地址位于和桥中巷村。民国35年有学级数2班、教员3名、学生85人。60年代末为完全小学。1978年为中巷七年制学校，1980年初中部学生撤并，一部分并入南新中学，其余并入民胜中学，中巷小学保留完全小学。1987年中巷小学有学级数6班、学生163人、教职工8名。1997年8月并入南新小学。

历任校长有余生馀、曹先知、赵伯生、吴嘉渠、鲍迪欧、蒋法泉、吴敖金、唐洪盘、蒋尧中、王仲勋、吴盘荣、赵伯荣、周虹等。

14. 王母小学　王母小学创办于民国26年，地址位于王母村。民国35年，改名为塘渎乡第十二保国民学校，有学级数2班、学生81人、教员3名。60年代为完全小学。1978年为王母七年制学校。1980年初中部并入民胜中学。1987年，有学级数6班、学生181人、教职工9名。2000年8月并入南新小学。

历任校长有张红俊、姚炳元、凌淦安、吴敖金、邵永彬、裴斐、陆法荣、吴盘荣、周正贤等。

15. 聚龙小学　聚龙小学创办于民国32年（1943），地址位于闸口聚龙桥下。民国35年为钟溪乡第九保国民学校，60年代初为完全小学（1969年附设初中班，为七年制学校，1982年初中部学生并入楝树中学），校园占地1500平方米，建筑面积700平方米。1987年，有学级数6班、学生194人（其中高年级学生159人），教职员工8名。90年代初，小学高年级学生并入闸口中心小学。2001年8月，聚龙小学并入闸口中心小学。

历任校长有邵志芳、邵秀琴、朱斌培、陈伯俊、吴汉民、储秀鹅、徐志祺、周国新、周杏云、徐小云。

16. 归美小学　归美小学创办于宣统元年（1909），由谈海等捐助，校址在归美桥自然村。民国4年，更名为和桥市第二初等小学，是年有学级数2班、学生44人、教员2名。民国35年是完全小学，同年，学校更名为北渠乡第二中心国民学校。有学级数4班（其中高级1班）、学生数186人、教职员数6名。1987年，有学级数5班、学生137人、教职员数7名。1999年8月并入闸口中心小学。

历任校长有周颂、卞如堂、邵圣清、周敖生、丁启新、徐志汤、谈金海、朱希斌、高伟林。

17. 杨桥小学　杨桥小学创办于民国21年（1932），地址在杨桥茅庵村。民国35年为杨桥乡第一保国民学校。是年，有学级数4班（其中高年级学生1班）、学生185人、教职员数6名。1987年，有学级数5班、学生149人、教职工5名。2000年8月并入闸口小学。

历任校长有缪麟书、杨定一、毕翼南、许洪均、朱瑞兴、周玉珍、吴勤辉、周勤、邵菊华。

18. 湖滨小学　湖滨小学创办于1949年，地址在和桥西施荡（谈家祠）。60年代初为初级小学，60年代末为完全小学并设初中班。1966年，学校曾在全县教育工作会议上作村级办学经验介绍，并受到市局表彰。1978年，初中部并入新生小学初中部，学校有建筑面积近700㎡。1987年，有学级数6班、学生207人、教职员工9名。2001年9月并入和桥第二小学。

历任校长有赵伯荣、陈伟斌、谈炳生、吴四小、朱行斌、褚玉珍、谈耀南、余惠芳。

19. 万福小学　民国13年（1924），由和桥万福庵僧人出资创办万福小学，地址在万福庵，民国20

年为县立小学，民国35年为钟溪乡第二中心国民学校。是年，有学级数4班、学生257人、教职员数7名。新中国成立后，有公办、民办两所万福小学。七十年代，学校又分成万福小学和白巷学校（含中小学）。1987年，万福小学有学级8班、学生260人、教职工11名。1995年，白巷学校初中部并入楝树中学，白巷小学部并入万福小学。2001年，万福小学易地重建，地址现万福村部。2010年9月，万福小学并入闸口小学。

历任校长有吴晗吼、戴永朝、夏斐青、毕翼南、许良才、裴斐、谢晋渊、丁启新、陆新塘、张杏根、徐根法、史小云、吴克光、邵菊华。

20. 闸口小学 闸口小学创办于民国元年4月（1912），校址在闸口邵家祠堂。民国4年7月为和桥市市立第十初等小学。校长吴廷甲，有学级1班、学生27人、教员1名。民国26年为县立完全小学，民国35年为闸口乡中心国民学校，校长周卓吾。是年有学级5班、学生245人、教职员7名。1987年，有学级数7班、学生301人、教职工12名。2002年8月并入闸口中心小学。

历任校长有叶沐春、吴廷甲、邵伯荣、周卓吾、蒋固华、蒋全新、裴斐、尹荣南、杭新南、张杏根、孟细章、徐志汤、沈新东等。

21. 钟溪小学 于民国元年3月创办，地址在闸口钟溪。民国4年7月为和桥市市立第六初等小学，校长吴伯峰，有学级数2班、学生73人、教员2名。民国35年为钟溪乡第一中心国民学校，校长何可人，有学级数4班、学生258人、教职员6名。1987年为闸口乡钟溪小学，地址何巷村，校长徐志汤，有学级数6班、学生222人、教职工数9名。2005年8月并入闸口小学。

历任校长有缪麟书、吴伯锋、陆士中、何可人、吴纯芳、周文甫、孙洪才、徐志汤、周杏云、何亦平、周国新等。

22. 楝树小学 楝树小学创办于宣统元年（1909），校址在楝树港河南村村中，始名兰陵小学，校长周振黄。民国4年7月为和桥市市立第三初等小学校。是年，有学级2班、学生41人、教员2名。民国20年为县立初等小学，民国35年为楝树乡第四保国民学校，校长朱瑞霖，有学级2班、学生96人、教员3名。新中国成立后曾称为兰陵小学、红湖小学、楝树小学，“文化大革命”至80年代办过七年制学校，并移址在水庵。1987年为闸口乡完全小学，有学级数6班、学生185人、教职工8名。1999年8月并入闸口中心小学。

历任校长有周振黄、朱瑞霖、张正奎、张寿如、陆士中、蒋骥如、陆洪宝、陈伯俊、徐根华、万中南、徐志祺、高伟林、缪中华等。

第四节　中学教育

一、事业发展

民国元年（1912），和桥镇创办彭城中学，学制四年，学生毕业后报考大学。民国15年学制改革，旧制四年改为新制初中三年，经江苏省教育厅立案，定名私立彭城初级中学。民国23年秋，校址迁上塘城隍庙（原和桥医院）。民国26年冬，校舍作日军据点，学校被迫分散在附近乡村上课。民国30年，程维新在公园内创办西生中学，抗日战争胜利后停办。民国35年2月，县教育局委派汤维周来和桥筹办初级中学——和桥中学，校址在原西生中学内。

新中国成立后，县人民政府接管彭城中学与和桥中学，1951年两校合并，称新和中学，校址在原和桥中学。1956年9月15日，新和中学改公办，定名宜兴县第三中学，被镇江专区列为专区重点中学。1958年，南新中学和闸口中学创办。同年，和桥农中、闸口农中、大潭农中、分别农中也相继创办。1960年，和桥镇开办民办中学。校址选在和桥痘司堂，后迁移到周家浜西南（原食品站），校长唐民，1970年9月并入和桥中学。1962年，和桥境内除保留条件较好的一所北新农中外，其余农中全部停办。1964年，和桥境内大部分农中相继恢复，并创办高楼农中、湖滨农中、大同农中等。1965年，和桥公社李山渎小学附设初中班。1972年，和桥公社的农中并入和桥中学。1971年4月，闸口公社农业中学也改制成普通中学。“文化大革命”期间，和桥境内的一些小学曾办过戴帽子初中班，当时称七年制学校。1978—1980年，和桥、南新、闸口公社各保留2所中学，其余全部撤并。1990年，实行初高中分离，和桥镇第二中学创办，和桥中学的初中部划入二中，新生和李山渎初中也并入二中。1992年，原和桥中学更名为和桥高级中学。同年，南新、闸口地区的独立初中均先后并入南新中学、楝树中学。2000年6月，南新中学因乡镇合并划归和桥镇管辖。2004年4月，闸口镇并入和桥镇，楝树中学归属和桥镇管辖。2009年8月，南新中学并入和桥镇第二中学。2015年，和桥镇拥有和桥高级中学一所、和桥中等专业学校一所、和桥第二中学、楝树中学初级中学两所。

一、学校选介

1.宜兴市和桥高级中学　前身是私立彭城中学，后与私立和桥初级中学合并。私立彭城中学（简称彭中）创立于民国元年（1912）4月，因创办人金晓湘客居和桥，祖籍彭城，故学校取名“彭城”，校址在和桥下塘寨沟潭旁的财神堂，为学制4年的完全中学。民国13年，改为学制3年的初级中学。民国25年秋，学校迁到和桥镇南首西街，以改建的城隍庙为新校舍。翌年冬，因日军入侵而停办。抗日战争期间，校舍被日军所侵占。这段时间，学校先后迁到大圣寺、赋村、男留、棠下、和桥镇程祠宗祠等地复课，一度增办过高中班。抗日战争胜利后，回原址上课。民国35年秋，增办高中，宜兴解放时，已成为完全中学。在历任教师中不乏知名人士，如革命先烈侯绍裘、艺术大师徐悲鸿、体育界权威朱了洲（重明）和教育家史绍熙等都曾在该校任教。私立和桥初级中学（简称和中）的前身是私立酉生中学，创办于民国30年8月，校址在和桥镇下塘公园内。抗日战争胜利后停办。民国35年春，该校原址开办县立和桥初级中学。翌年秋又改为私立。1949年秋，彭中校长胡铁吾离职，唐积庆任校长。1951年2月，私立彭城中学与私立和桥初级中学合并，改名私立宜兴新和中学，学校有班级12个（初中9班，高中3班），学生693名，专任教师29名。1953—1954年，停办的新庄初中补习班和私立登辉初中的多数学生转入该校。1955年5月，江苏省人委派中共党员孙秀松到校任校长。1956年7月，学校成立党支部、孙秀松校长兼任党支部书记。同年9月，学校改为公办，并更名宜兴县第三中学（简称宜兴三中）。1959年秋，该校高考成绩名列前茅，被镇江专属文教局确定为重点中学。1965年，该校有班级15个（其中高中班6个），学生796人，教工68人。“文化大革命”期间，学校遭到严重破坏，百分之八十以上的学校领导和教师受到不同程度的冲击。1969年，学校改称宜兴县和桥中学。1970年、1972年，和桥镇民办中学与和桥公社农业中学相继并入该校。1978年后，该校教师中的冤假错案得到平反，学校党建工作得到加强，教师积极性得到调动。同时，学校大力整顿校风、校纪，全校学生尊师守纪、勤奋学习蔚然成风。1979年、1981年，新生、屺亭2所中学的高中班相继停办，其全部高中学生转入该校。1981年5月，副校长唐积庆调离，任县人大常委会副主任。1982年起，学校不断端正办学思想，更新教育观念，全面贯彻教育方针。在德育方面，根据新时期改革开放的新形势和学生的思想特点，采取潜移默化、灵活多样的教育方法，逐步形成“团结、诚朴、严谨、奋发”的优良校风。在教学方面，进行教法和学法改革的研究和实验，注意开辟第二课堂，拓宽学生知识。1984年、1985年，和桥乡永兴初中和李山渎学校的初三班学生相继并入该校。1986年，学校增设美术职业班。学校教育质量持续稳步上升，每年高考成绩均名列宜兴前茅。1984年，刘秉甲任校长兼党支部书记。1986年8月，夏侯逊任校长兼党支部书记。1988年学校改称宜兴市和桥中学。1990年，初中部全部划归和桥二中。1992年8月，吕望平任和桥中学校长兼党支部书记。是年，和桥中学更名为宜兴市和桥高级中学。自此，全体教师为创建省重点中学作出艰苦不懈的努力。1993年，该校被江苏省教委列入“江苏名中学”，同年，《人民日报》海外版以“一校五院士，学者数它多”为题作过报道，中央电视台、江苏电视台、无锡电视台等也对此作过专题报道。1998 年，该校被评为江苏省重点中学。2000 年，该校列入全国世纪珍藏版的《百年老校》向全国发行。2000 年 8 月，邵锡昌任校长兼党支部书记。

进入 21 世纪，学校致力于打造“江苏名中学”品牌，再铸百年老校辉煌，教育事业不断发展。2004 年，该校平转为江苏省三星级高中。2006 年，该校被评为江苏省四星级高中。2007 年 8 月，王卫明任和桥高级中学校长兼党支部书记。2012 年，根据宜兴市委市政府规划以及和桥镇、和桥高级中学自身发展的需要，和桥镇于镇南新区（现同里村烧香港北侧地块）规划建设和桥高级中学新校区，校园规划占地 127.6 亩，建筑面积 4.2534 万平方米，总投资约 1.6 亿元，2013 年 9 月按规划破土动工。2014 年 8 月，姚伟荣任和桥高级中学校长兼党支部书记。2015 年 8 月和桥高级中学新校竣工。是年 9 月 1 日，和桥高级中学搬迁至新址。10 月 2 日举行新校落成典礼。悠悠百余载，该校有唐敖庆、潘菽、朱洪元、程镕时、吴中如、唐西生、程天民、黄瑞松等 8 位校友成长为中国科学院和中国工程院院士，有潘汉年、金凤、吴凯声等校友成长为中国早期革命的突出人才，有张盘洪、王良均、、邓铜山、谢永棠等多名校友成长为共和国的将军，有数以万计的学子成长为祖国建设最需要的人。该校自恢复高考至 2015 年，先后为空军、海军飞行学院输送 17 名飞行学员，其中 1991 年就有 5 名学生同时录取为飞行学员，被省内媒体争相报道。其间，学校曾多次评为江苏省、无锡市招飞工作先进单位。

奖状
宜兴市和桥中学：
在一九九一年招收飞行学员工作中，成绩显著，被评为先进单位

图 27－15　1991 年，和桥中学在招收飞行学员工作中被评为江苏省先进单位

图 27－16　2015 年的和桥高级中学

2015 年，该校有 36 个班级、1800 多名学生、160 多名专任教师。教师中本科学历 100%，其中有正高级教师 1 名、江苏省特级教师 3 人、无锡市名师 4 名、无锡市和宜兴市学科带头人及能手等 56 名。至 2015 年，该校已经获评江苏省德育先进学校、江苏省“贯彻落实两个条例优秀学校”、江苏省“实施素质教育先进学校”、江苏省“冬季三项”百日锻炼活动先进学校等省市级先进称号，还获得江苏省“附中杯”高中生作文大赛优秀组织奖、第二十届“国际科技与和平周”金钥匙团体赛二等奖等荣誉，得到学生、家长、教育同行及社会各界的一致好评，办学成果和经验曾在中央电视台四台“走遍中国——和桥高级中学加强学生素质教育”、江苏电视台“珍爱家园”以及无锡电视台“荆溪风云——古苑芬芳”等专题栏目作过报道。

附：彭城中学校歌

唯我彭城，与国同生。光复干城，与国同庆。
重建新黉，乐育群英。多士盈门，学有准绳。
好学精诚，是我彭城。狂狷中行，同为国祯。

和桥高级中学历任负责人

表 27－7

姓名	学校名称	职务	任职时间(年)	备注
金晓湘	彭城中学	创办人	1912	—
钱镜海	彭城中学	创办人	1912	—
黄达武	彭城中学	创办人	1912	又名黄兼善
程维新	西生中学	创办人	1941	—
冯叔如	彭城中学	校长	1912—1915	—
程国钧	彭城中学	校长	1915—1932 1941—1946	—
程淦年	彭城中学	校长	1933—1938	—
郁宇启	彭城中学	校长	1938—1941	—
史汉清	彭城中学	校长	1946—1947	—
胡铁吾	彭城中学	校长	1947—1949	—
唐积庆	彭城中学	校长	1949—1950	—
庄元度	西生中学	校长	1941—1943	—
朱汉光	西生中学	校长	1943—1945	—
汤维周	和桥初级中学	校长	1946—1947	—
钱兆隆	和桥初级中学、新和中学	校长	1951—1952	—
唐积庆	新和中学	校长	1952—1955	—
孙秀松	新和中学、宜兴三中	校长	1955—1962	—
王惠林	宜兴三中	校长	1962—1963	—
徐天富	宜兴三中、和桥中学	校长	1964—1969	—
刘硕人	和桥中学革命委员会	主任	1970—1971	—
丛惠琴	和桥中学革命委员会	主任	1971—1976	—
刘秉甲	和桥中学	校长	1976—1985	—
夏侯逊	和桥中学、和桥高级中学	校长	1986—1992	—
吕望平	和桥高级中学	校长	1992—2000	—
邵锡昌	和桥高级中学	校长	2000—2007	2000 年 4 月主持工作 2001 年任校长
王卫明	和桥高级中学	校长	2007—2014	—
姚伟荣	和桥高级中学	校长	2014—	—

2002—2015 年度和桥高级中学教育事业情况

表 27－8　　单位：个、人

年 度	班级数	学生数				教职工数		校长
		合计	高一	高二	高三	总数	其中教师数	
2002—2003	27	1433	569	464	400	130	117	邵锡昌
2003—2004	29	1601	577	564	460	136	124	
2004—2005	31	1729	591	574	564	139	127	
2005—2006	34	1770	605	596	569	145	133	
2006—2007	36	1796	597	604	595	153	142	

续表 27－8　　单位：个、人

年　度	班级数	学生数				教职工数		校长
		合计	高一	高二	高三	总数	其中教师数	
2007—2008	36	1835	653	587	595	158	149	王卫明
2008—2009	36	1892	670	637	585	160	151	
2009—2010	36	1968	653	673	642	160	152	
2010—2011	36	1906	598	646	662	161	154	
2011—2012	36	1825	610	584	631	156	150	
2012—2013	34	1743	581	587	575	162	156	
2013—2014	33	1687	531	578	578	161	157	
2014—2015	31	1606	506	526	574	164	160	姚伟荣

2. 和桥第二中学（简称二中）　创建于 1990 年 9 月，是从原和桥中学分离出来的一所初级中学。学校占地面积 41000 平方米，建筑面积 10200 平方米。校园布局合理，教学区、运动区、生活区分离；校舍建筑美观，功能齐全，教学设施完备（校园网、闭路电视、语音室），现有 400 米标准运动场一面，理、化、生实验室各两只，微机室 3 只。教学仪器设施全部按省标配备齐全。图书室藏书达 9 万余册，校园网布点通达全校各室。校园环境幽雅，鲜花绿树相映，假山亭台相向，雕塑喷泉成趣，文化气息浓厚，是学生乐学成才的理想校园。办校以来，学校始终坚持“以人为本，和谐育人”的办学理念，全面实施素质教育，以提高教学质量为中心，教学科研为先导。“十一五”期间学校承担的国家级、省级、无锡市级、宜兴市级课题均已圆满结题。2015 年，正在研究的还有全国级语文子课题一个、省级课题 2 个。2013 年，英语、数学又成功申报了“十二五”无锡市规划课题，其中英语课题被列为重点研究课题。尤为突出的是学校的心理教育已成为学校德育工作的特色，被无锡市定为“初中心理教育”实验学校，成为全市初中学生心理教育的窗口学校，得到专家和同行的好评，关于心理教育的 10 多篇论文分别在全国、省、无锡市级学术研讨会及刊物上作交流或发表。教师严谨执教，学生勤学守纪。1997 年，顾昊、仲亦佳两位学生分获全市中考男女冠军。2012—2014 年连续三年中考成绩列全市同类学校前列。2015—2016 年中考又创佳绩，列全市同类学校之首。出色的办学质量，赢得了社会、地方政府、上级主管部门和高一级学校的认可和赞誉。学校各项活动课程亦硕果累累。学生团体活动先后获得了无锡市健美操比赛一等奖。2014—2015 年，和桥二中 Dream High 啦啦队勇夺全国啦啦操比赛冠军。其间，连续两年获得宜兴市中学生篮球比赛第二名、宜兴市羽毛球比赛女子组第一名、宜兴市跳绳比赛女子第一名、宜兴市乒乓球比赛男子组第三名、宜兴市田径运动会第六名。2013—2015 年，学校在艺术教育方面，先后获得宜兴市百灵鸟艺术展演金奖、宜兴市“一二九”合唱金奖、无锡市 33 届百灵鸟艺术展铜奖、无锡市中小学生三独比赛“钢琴专场比赛”一

图 27－16　2015 年的和桥第二中学

等奖、无锡市模型比赛综合团体一等奖。2012—2013 年,学校有 83 位同学在全国、省级竞赛中获奖,有 31 位同学在无锡市级竞赛中获奖,有 223 人次学生在宜兴市级各类竞赛中获奖;有 20 名教师获全国、省级业务能力竞赛奖励;有 23 人次获无锡市级业务能力竞赛奖励,有 55 人次获宜兴市级业务能力竞赛奖励;有 56 篇论文在国家、省级刊物上发表,有 130 篇论文在无锡、宜兴市获奖。2000—2015 年,学校先后被省教委、省教育厅命名为“江苏省模范学校”“首批江苏省实施教育现代化工程示范初中”“江苏省义务教育现代化学校”“全国地理教学先进集体”“全国地理科普教育基地”“江苏省物理教学实验基地”“江苏省科学大众杯金钥匙竞赛青少年科技教育先进学校”“无锡市绿色学校”“无锡市平安学校”“无锡市敬老先进学校”“宜兴市先进学校”等荣誉称号。2015 年 8 月,徐惠君任和桥第二中学校长兼党总支部书记;学校有 36 个班级(12 轨)、1636 名学生、140 名教职员工。其中,129 名专任教师中,本科学历为 126 人,专任教师大专以上达标率 100%。

附:和桥第二中学校歌

和韵芬芳

词:瞿立芳

曲:吴中良

滆湖之畔,鹅洲和桥。蠡水悠悠给我们不尽滋养。温馨的家园,生长的乐园!幸福生长,共享阳光。播种,播种希望;收获,收获辉煌。真诚相依,携手向上。和韵芬芳。啊,和桥二中,你的日志里,和韵芬芳!啊,和桥二中,你的日志里,和韵芬芳

滆湖之畔,鹅洲和桥。书声郎朗,是我们好学风尚。可爱的学园,成长的圣园!励志成才,竞写华章。探求,探求真知;造就,造就栋梁。同心互助,并肩担当。和韵芬芳。

2002—2015 年度和桥第二中学教育事业情况

表 27 - 9　　　　单位:个、人

学年度	班级数	学生数				教职工数	
		合计	初一	初二	初三	总数	其中教师数
2002—2003	37	1893	632	628	633	117	106
2003—2004	34	1761	498	637	626	115	104
2004—2005	32	1633	510	514	609	116	105
2005—2006	32	1582	548	513	521	117	107
2006—2007	31	1507	486	539	482	115	105
2007—2008	31	1463	444	477	542	113	105
2008—2009	30	1398	490	433	475	114	106
2009—2010	36	1581	488	560	533	148	138
2010—2011	36	1534	547	467	520	142	133
2011—2012	36	1468	530	517	421	144	136
2012—2013	36	1576	582	520	474	143	135
2013—2014	36	1585	575	556	464	142	134
2014—2015	36	1636	554	558	524	140	132

3. 棟树中学 创办于1971年4月，是由闸口地区农业中学改制而成的完全中学；1981年8月，南漕中学、万石中学高中部并入棟树中学；1989年，闸口中学并入棟树中学（留办学点）；1992年，江苏省九年制义务教育合格验收，普通高中部并入和桥中学。次年，职业高中部也并入和桥职中；1994年8月、1995年8月闸口初级中学、白巷初级中学并入棟树中学；2000年该校通过了江苏省教育现代化工程验收。进入21世纪，棟树中学构建“德育为首，教学为主，素质为重，育人为本”的育人模式，确立学校一切为学生终身发展的思想，形成“敬业、爱生、踏实、奉献”的教风，形成了“诚朴、守纪、勤奋、争先”的学风。2005年获“宜兴市心理健康合格学校”称号，2006年1月被评为无锡市园林式单位。经过多年建设和改造，学校教学区、运动区、生活区泾渭分明，四幢大楼功能各异，多媒体教室、微机教室、语音教室、现代化实验室、校园电视、校园音响、校园电话一应俱全，充满了现代化教育气息。校园中绿树成荫，杨柳依依，鸟语婉转，花香浓郁，小桥流水，鱼鸟游戏。2013年8月，棟树中学托管于闸口小学，中小学支部合一，由唐小克任党支部书记，马跃津担任棟树中学副校长。2015年8月，棟树中学托管于和桥第二中学，徐惠君校长主管，和桥第二中学副校长马跃津受学校委托具体负责棟树中学日常工作。2015年，学校有教职工38人，其中中学高级教师8人，中级教师26人，高级技工2人，专任教师中有无锡市教学能手1人，宜兴市教学能手1人，教学新秀2人。有6个班级，240名学生。学校占地面积16342平方米，建筑面积6287平方米。

图27－17 2015年的和桥棟树中学

棟树中学历任校长有路学飞、王汉良、高步云、查立舫、钮立群、唐小克（党支部书记）、徐惠君。

4. 南新中学 创办于1958年。是年，南新油麻墩小学旁建起了6间教室，并委托和桥中学招收新生55名。次年，宜兴县教育局派吕铧任南新中学校长。1969年，南新中学增设高中班，成为和桥区内颇具规模的完全中学。其间，学校积极开展勤工俭学活动，在滆湖办起了占地25亩的小农场。1973年，柯山农中并入南新中学。1976年，由于生源骤增，在该校大操场北面新建了4间教室。1981年8月，南新中学高中班停办。1982年9月，西锄小学初中班并入南新中学。1985年，学校兴建一幢三层教学大楼。为适应改革开放和经济建设的需要，该校于1986年9月办起了职业高中班，培养实用型人才。1991年民胜中学并入南新中学。1992年2月，建造了768平方米的教学大楼、906平方米实验楼和教工宿舍楼，并扩建了大操场。同年，学校通过了省义务教育合格验收。1996年，学校兴建了一幢多功能综合大楼，还建造了可供四五百人用餐的大膳厅。1999年，学校通过了省教育现代化工程验收。2002年，学校局域网开通，进一步提高了教学现代化水平。多年来，南新中学构建了“德育为首，教学为主，素质为重，育人为本”的育人模式，确立了学校一切为学生终身发展的思想，形成了“热忱、严谨、求实、创新”的教风，和“勤、恒、实、活”的学风，教学质量逐年攀升，各类师生技能比赛屡创佳绩，充分展现了学校奋发向上、勇于进取的精神风貌。先后于1999年、2000年、2002年被评为宜兴市先进学校。经过多年建设，学校教学区、运动区、生活区功能分明，四幢大楼功能各异，多媒体教室、微机教室、语音教室、现代化实验室、校园网络一应俱全，充满了现代化教育气息。校园中，长廊曲折，小桥流水，假山喷泉，杨柳依依，花香浓郁，鱼鸟游戏。2000年6月，南新镇并入和桥镇，南新中学归属和桥镇管辖。2002年被评为宜兴市先进学校。2009年8月，南新中学并入和桥第二中学。

历任校长有吕铧、唐桂生、蒋甲生、王孟林、堵建初、程传恕、王仲华、沈国平。

附1:农业中学

农业中学的招生对象,主要是16周岁以下未能升入普通初中的应届高小毕业生(也有少数为往届高小毕业生),或具有同等文化程度的青少年。学制一般为三年。其办学形式是贯彻群众办学、勤俭办学的方针。由几个大队联合办校或一个大队单独办校,学生就近入学,学习在校,劳动在队,食宿在家。

和桥公社农业中学　1958年,和桥公社开办农业中学,校址在和桥医院对面彭城中学操场旧址,1961年停办,1964年复校,校址设在原和桥仪表厂。1965年创办大同、高楼和湖滨3所农中。一年后,全部并入和桥公社农中。其间,和桥公社农中先后有4届毕业生共200多人,还有专任教师9人、兼职教师5人。1972年,和桥公社农中并入和桥中学。

历任校长有卢保才、周法林、蒋继、路玉如。担任大同、高楼、湖滨农中的负责人分别为王瞿生、余卓元和邵素大。

南新公社北新农业中学　1958年,南新公社遵照教育部"大力举办农业中学"的精神,相继办起了北新、西锄、柯山等农业中学。其中,北新农中创办最早,规模最大,成果最多,在县里小有名气。北新农中的前身是创办于1956年9月—1957年8月期间,高小补习班有学生60余人、教师2人。1957年9月,在高小补习班基础上,创办南新民办中学。1958年3月,民办中学改名为北新农中。校长蒋平和。1958—1976年办学期间,共毕业6届学生,教师有10余人。1959年1月,该校朱锡培老师曾出席江苏省农业中学先进单位、先进工作者代表大会,受到上级表彰。1976年8月,北新农中并入民胜小学,成为七年制学校。

闸口公社农业中学　1958年,闸口公社相继办起了闸口农中(校址北渠吴氏小祠堂),大潭农中(校址万福村大潭祠堂),分别农中(校址闸口西乾庵)。其中,闸口农中的前身为北渠农中,规模最大,其间有学生137人、教师6人。60年代末,大潭农中、分别农中先后并入闸口农中。1971年8月,闸口农中并入棟树中学。担任闸口农业中学的校长有陆洪宝,担任大潭、分别农中的负责人有周和生、尹行厚。

1965年和桥、南新、闸口地区农业中学基本情况

表27－10　　　　单位:个、人

学校名称	班级数	在校学生数	教职工数		校长(负责人)
			合计	专任教师	
宜兴县和桥公社和桥农业中学	2	95	3	3	周法林
宜兴县和桥公社湖滨农业中学	2	61	3	3	邵素大
宜兴县和桥公社高楼农业中学	1	15	1	1	余卓元
宜兴县和桥公社大同农业中学	1	36	2	2	王瞿生
宜兴县南新公社西锄农业中学	2	85	3	3	丁宝龙
宜兴县南新公社柯山农业中学	2	63	3	3	曹学明
宜兴县南新公社北新农业中学	4	136	8	7	蒋平和
宜兴县闸口公社闸口农业中学	3	137	6	6	陆洪宝
宜兴县闸口公社大潭农业中学	1	66	2	2	周和生
宜兴县闸口公社分别农业中学	1	37	1	1	尹行厚

附2:和桥镇民办中学及其他初级中学

1958年至1968年,和桥地区的农业中学相继停办,为扩大初中教育,和桥地区除有和桥完全中学、南新中学、楝树中学中心级初中外,还创办了和桥镇民办中学、新生、民胜、闸口、白巷初级中学(俗称独立初中)。

和桥镇民办中学 和桥镇民办中学创办于1960年,校址:和桥瘟司堂,中途校址易地和桥周家浜西南(原食品站)1969年并入和桥中学。校长唐民。

和桥镇新生中学 和桥镇新生中学创办于1968年9月,地址在和桥大圣寺。1978年扩展高中班,1980年高中部并入和桥中学。1987年,还有初中学级4班、学生155人、教职工13名,时任校长蒋东大。1990年,该校并入和桥二中。

南新民胜中学 1957年9月,南新民胜小学附设初中班,1976年为民胜七年制学校,1982年中小学分离,初中部为民胜初级中学,校址在新官庄。1987年,该校有学级5班、学生222人、教职工15名。1991年8月,并入南新中学。校长有杨伯昭、蒋伯洪、周柏生。

闸口初级中学 闸口初级中学创办于1958年9月,地址在闸口邵家祠堂西。1987年,有学级3班、学生108人、教员5名。1992年9月,并入楝树中学。历任校长有孙检正、孙秀松、邵慧舫、顾文毓、王汉民、周炳坤。

白巷初级中学 白巷初级中学创办于1968年9月,地址在白巷村。1987年,有学级6班,学生247人、教职工19名。1992年并入楝树中学。历任校长有邵伯华、杭新南、陆岳林、王汉民、周焕明。

第五节 职业教育

一、事业发展

1956—1958年,宜兴县教育局在和桥化城寺创办两年制师范学校。1958年,为发展地方蚕桑事业,和桥蚕种场创办了蚕桑中学(三年后停办)。是年,全县掀起大办农(职)中的热潮,和桥地区先后办起了10所农(职)业中学。至60年代末70年代初先后撤并。1971年11月,和桥在闸口楝聚大队的蚕室创办了和桥卫校,至1976年8月停办。80年代末90年代初,和桥二中、楝树中学、南新中学内相继办起了职业中专班。至90年代中期先后撤并。1995年,和桥镇在和新路西侧征地60亩投资360万元创办了和桥职业高级中学。自此,和桥职业教育的重点转向为社会培养二、三产业技术人才。进入21世纪,职业教育尝试行业对接,学校与企业挂钩,"订单式"培养生产一线技术人才。2010—2015年,学校为社会输送合格毕业生2359人,向高等院校输送学生541人。

2007—2015年度和桥中等专业学校教育事业情况

表27-11 单位:个、人

年度	班级数	学生数				教职工数		校长
		合计	一	二	三	总数	其中教师数	
2007—2008	27	1411	363	502	546	106	82	褚亦平
2008—2009	27	1438	601	346	491	110	89	
2009—2010	28	1457	520	583	354	116	91	
2010—2011	24	1377	545	592	240	110	90	
2011—2012	29	1432	442	502	488	117	95	
2012—2013	29	1433	445	503	490	117	95	姚小新
2013—2014	24	1165	404	330	431	114	95	

续表 27 - 11

学年度	班级数	学生数				教职工数		校长
		合计	一	二	三	总数	其中教师数	
2014—2015	28	1083	414	372	297	113	94	姚小新
2015—2016	31	1140	346	401	393	102	96	

二、学校选介

1. 速成师范学校　1956 年 7 月，宜兴县教育局在化城寺创办两年制师范学校。校长由教育局局长徐天富兼任，尹九初主持日常工作，招收来自宜兴、武进、无锡和丹阳等地区具有初中文化程度的学生和部分在职小学教师 188 名，分 3 个班。第二年，又招生 3 个班，其中部分为在职小学教师。1958 年停办，首届毕业生大部分分配在宜兴、溧阳任教，其余则转入师范学校学习，部分女学生分别转常州、无锡卫校学习。

2. 蚕桑中学　1958 年，为发展地方蚕桑事业，和桥蚕种场创办了蚕桑中学。校长由场长钟蔚衡兼任，专业教师由场内业务骨干充任，另外聘请部分中学教师兼课。学生须具有高小毕业以上文化，由县内各公社包送，共 150 名，分 3 个班。平时参加文化学习，蚕期参加蚕室劳动。学生 3 年期满发给毕业证书。1961 年停办。

3. 和桥卫校　和桥卫校创办于 1975 年 11 月，校址开始设在闸口公社楝树大队的蚕室。1976 年 2 月卫校校址迁至和桥农大（今化城寺），学员大部分来自原和桥区（和桥、高塍、屺亭、南新、万石、南漕、闸口）七个公社所在大队的赤脚医生。和桥卫校校长为宗川刚，班主任是万石公社卫生院的孙贵明院长，其他六个卫生院院长任校务委员，有学科教员 16 名，是从和桥区 7 个卫生院中选派骨干医生担任，均是兼职教师。1976 年 6 月 3 日，首届毕业生共 51 名。是年 8 月，和桥卫校停办。

4. 和桥中等专业学校　1993 年，和桥二中与和桥轻机集团联合办学，轻机出资 20 万元，二中自筹 12 万元，在和桥二中校内新建职教楼 551 平方米，开设轻工机械职业中专班，当年招生规模为 2 个班共 94 名学生。1995 年 2 月，镇人民代表大会作出决议，决定筹建和桥镇成职教中心；同年 5 月，市教委同意新建宜兴市和桥职业高级中学，和桥成人文化技术学校保留建制，划归职业高级中学统一管理。是年，和桥职业高级中学在和新路西侧征地近 60 亩，投资 360 万元，建造校舍 8000 余平方米，一期工程于 1996 年 8 月竣工。（建校期间，香港苏浙同乡会副会长史宝楚先生捐款 100 万元港币，学校为其立碑永志纪念）。

2011 年 12 月被省教育厅认定为三星级中等职业学校，同年更名为宜兴市和桥中等专业学校。学校先后被评为江苏省依法治校示范校、江苏省德育工作先进集体、江苏省平安校园。2012 年参加江苏省技能大赛中获无锡市教育局颁发的“突出贡献单位”奖。连续二十年被评为宜兴市先进学校。2012 年学校“四帮一”教育活动曾作为先进典型在全国关工委工作会议上作经验交流。

1996—2010 年学校先后开设轻工机械、机电一体化、建筑装饰、计算机应用、化工工艺、服装设计等专业班以及综合高中。至 2002 年底，共毕业 7 届学生 815 人，为各类高等院校输送 144 名新生。2007 年，在全国教育科学“十一五”规划国家重点课题：“整体构建学校家庭社会和谐德育体系研究与实验”活动中获先进实验学校。2009 年获江苏省乡镇农科教结合示范基地。

2015 年 9 月，和桥镇区学校布局调整，和桥中专从和新路迁至原和桥高中校址。搬迁至新校址后，学校占地 108 亩，建筑面积 30000 平方米，有学生 1139 人、31 个教学班、教职工 120 人、专任教师

94 人。其中,本科以上学历 90 人,研究生学历和研究生在读 13 人,高级职称 29 人。专业教师 42 人,双师型教师 30 人,获技师职业资格证书 22 人。

图 27－18　2015 年和桥中等专业学校

专任教师中含江苏省优秀教育工作者、江苏省德育工作先进个人、江苏省职业教育科研中心组成员、无锡宜兴两级优秀教育工作者、学科带头人、教学能手、教学新秀在内的骨干教师 43 人。学校建成 5600 平方米的机电服装美术实训基地(精技楼)和 3000 多平方米的计算机实训基地(行知楼),车工工场、数控理实一体化工场、服装工场、大型美术写生室、服装工作室、PLC 实训室、光伏实训室、影视后期制作工作室、电子商务实训室、平面设计工作室、摄影棚、淘宝孵化室等实训室满足三个专业群的实训教学。2014—2015 年,服装实训基地连续两年作为无锡市技能竞赛服装项目的赛点,其余实训基地还承担车工、钳工、电工、计算机等项目的社会培训。学校注重培养学生的实践能力和创新能力,就业渠道畅通,就业基地稳固,毕业生均能实现优质、高薪就业或创业的梦想。学校还组织学生参加普通高校"对口单招"考试,成绩优异,连续多年本科过线率名列无锡市、江苏省前列。

历任校长有程传恕、周俊文、陈颖新、褚亦平、姚小新。

附:和桥中等专业学校校歌

和专之歌

词:子宁

曲:思语

巍巍文化古镇,悠悠太湖西线,一艘职教之舶扬帆起航,这就是我们的校园。满载着激情和希望,满载着青春搏巨浪,勤奋中进取拼搏中顽强,美丽教授之乡怀抱。魅力陶之古都身旁,借区域优势乘改革春风,为经济服务造就栋梁,精细科学人文规范有序。后的砺技泽润着桃李芬芳,成人成才将美誉远扬,勇立潮头乘风破浪,再增那荣光。再增那荣光。

第六节　成人教育

一、事业发展

民国 36 年(1947)4 月,和桥中心国民学校、养初小学以及保国民学校均附设民众识字班,每班 50 人左右,只收男生,学习时间为每晚 19—21 时,两个月一期。

1950 年 1 月,镇政府召开"冬学"会议,决定在和桥小学本部、养初小学、和桥小学分部开办 13 个冬学班。学员多达 800 余人,多数为镇上居民,也有少数镇边农民。冬学分扫盲班和初小班,学习时间为晚上两小时。冬学结束,转为民校。和桥镇常年民校共 4 所(每街 1 所),民校教学工作一般由群众教师担任,小学教师定期辅导。1950 年 9 月,和桥区人民政府和桥镇工会筹建和桥镇职工业余学校,有专职教师 6 人,并聘请和桥小学教师协助教政治、数学、语文等课程。学员按行业特点和工作性质分班。晨班,1 个班 30 多人,地址新新浴室。学员是茶社、浴室、剧场职工中的文盲和半文盲。午班,2 个班 70 人,正益油厂设 1 个班,工会设 1 个班。学员是正益、乾锠馀两厂中的文盲和半文盲。搬运班,1 个班 30 多人,设在南首顺和茶社。学员都是搬运工人中的半文盲及文盲。他们按班组安排学习时间,晴天少学,雨天多学。速成识字班,1 个班 30 多人,学员包括财会人员及具有小学以上文化的职工。主要学政治、商业会计,兼学语文和数学。1952 年,民校普遍推行速成识字法。速成识字法先突击教会学员学会注音字母的拼读,以此作为识字的拐棍,集中识字。然后练习写字、作文。速成识字班结束,学员一般能识 1500～2000 个常用字,基本具备看书读报的能力。

1954 年后，职工教育学员逐年减少，大多数教师调离。1957 年 9 月，和桥镇工会建立机关干部学校（当时的纺织厂内），对象为镇机关干部、商业条线经理一级干部，分高中班和初中班。具有初中程度的 30 多人，学代数；高小水平的 20 多人，学算术，两者都要学习语文。每晨上课两小时，不久即停办。1964 年袁中和任和桥职工业余学校校长。“文化大革命”期间，和桥镇工会处于瘫痪状态。1976 年 10 月，宜兴市电炉耐火材料厂办起“七二一”工人大学。1979 年职工业余学校复校。1979—1984 年期间，共开设 5 个初中班，9 个技术班，先后结业 335 人。1984 年，和桥镇成立职工教育管理委员会，由各单位确定专人负责，并制定职工教育规划，建立奖惩制度，学员入学率有所提高。1985—1987 年，开设初中语文 1 个班，有 77 名学员；数学 2 个班，有 108 名学员。同时开设高中文化补习班，主要招收和桥地区各乡镇基层干部中未达到高中文化程度的学员（含“文化大革命”期间的高中生）。1986 年 6 月，和桥乡、镇合并，干部高中文化补习班结束后，所有职工培训工作划归镇成人文化技术学校负责管理。和桥、南新、闸口成人文化技术学校始建于 1983—1984 年。1987 年，由程同祖任校长。1995 年，成人文化技术学校并入和桥职业高级中学统一管理（保留成人学校建制）。2001—2002 年，和桥镇先后创建老年大学、社区教育中心，校址设在和桥职业高中内。2000 年、2004 年，南新、闸口成人文化技术学校先后并入和桥成校。2004—2015 年，学校先后与江苏理工学院、江南大学、南京铁道职业技术学院等院校联合办学，采用成人高考与远程教育两种学习形式，开设多个专业学习，常年举办在职人员岗位规范培训，全民培训率从 2005 年的 50.4% 提高到65.6%。

2015 年和桥成校教育事业情况

表 27－12

<table>
<tr><th>序号</th><th colspan="2">类别</th><th>办班名称</th><th>学习时间</th><th>学习对象</th><th>人数（人）</th><th>考核发证</th><th>备注</th></tr>
<tr><td rowspan="5">1</td><td rowspan="5" colspan="2">学历教育</td><td>2012 级成考函授班</td><td>2014 年度</td><td>社会人员</td><td>225</td><td>省教育厅</td><td rowspan="4">过线人数:239 人</td></tr>
<tr><td>2013 级成考函授班</td><td>2014 年度</td><td>社会人员</td><td>306</td><td>省教育厅</td></tr>
<tr><td>2014 级成考函授班</td><td>2014 年度</td><td>社会人员</td><td>239</td><td>省教育厅</td></tr>
<tr><td>远程网络教育</td><td>2014 年度</td><td>社会人员</td><td>257</td><td>省教育厅</td></tr>
<tr><td>成考助学</td><td>2014 年度</td><td>适龄青年</td><td>243</td><td>省统考</td><td>合计:1027 人</td></tr>
<tr><td rowspan="10">2</td><td rowspan="10">岗位培训</td><td rowspan="6">技工培训</td><td>中级工纺织挡车工</td><td>2014 年 1 月</td><td>工人</td><td>134</td><td>人保局</td><td rowspan="6">合计:441 人</td></tr>
<tr><td>高级工电工培训</td><td>2014 年 6 月</td><td>电工</td><td>45</td><td>人保局</td></tr>
<tr><td>高级工电焊工培训</td><td>2014 年 6 月</td><td>电焊工</td><td>48</td><td>人保局</td></tr>
<tr><td>高级工车工培训</td><td>2014 年 6 月</td><td>工人</td><td>59</td><td>人保局</td></tr>
<tr><td>高级工冲压工</td><td>2014 年 9 月</td><td>工人</td><td>93</td><td>人保局</td></tr>
<tr><td>初级工纺织挡车工</td><td>2014 年 10 月</td><td>工人</td><td>62</td><td>人保局</td></tr>
<tr><td rowspan="4">特种作业人员</td><td>特种设备管理人员培训</td><td>2014 年 3 月</td><td>管理人员</td><td>27</td><td>技监局</td><td rowspan="4">合计:265 人</td></tr>
<tr><td>电工培训</td><td>2014 年 4 月</td><td>电工</td><td>64</td><td>安监局</td></tr>
<tr><td>电焊工培训</td><td>2014 年 5 月</td><td>电焊工</td><td>114</td><td>安监局</td></tr>
<tr><td>电焊工培训</td><td>2014 年 10 月</td><td>电焊工</td><td>60</td><td>安监局</td></tr>
</table>

续表 27－12

序号	类别		办班名称	学习时间	学习对象	人数(人)	考核发证	备注
2		继续教育	专技人员继续教育培训	2014 年 9 月	专技人员	81	人事局	合计 566 人
			专技人员继续教育培训	2014 年 10 月	专技人员	135	人事局	
			会计继续教育培训	2014 年 10 月	会计人员	350	人事局	
		安全培训	销售法规培训	2014 年 5 月	销售人员	455	经贸局	合计 2359 人
			新安全法培训	2014 年 9 月	企业人员	718	安监局	
			一般企业负责人、安全员培训	2014 年 10 月	安全员	555	安监局	
			保险人员法规	2014 年 10 月	保险人员	374	经贸局	
			健康证培训	2014 年 11 月	全镇人员	257	人保局	
3	短期培训	技术培训	会计业务培训	2014 年 4 月	会计人员	256	一期	合计 3856 人
			创业培训	2014 年 4 月	无业人员	356	二班	
			计算机网络管理师	2014 年 6 月	专技人员	21	一班	
			电子 PLC 培训	2014 年 9 月	电脑专业人员	190	一期	
			小麦油菜田间管理培训	2014 年 1 月	种殖户	350	三班	
			水产养殖技术培训	2014 年 4 月	种殖专业户	256	三班	
			畜禽养殖技术培训	2014 年 5 月	种殖户	211	一班	
			西瓜栽培技术培训	2014 年 6 月	种殖专业户	136	二班	
			蔬菜栽培技术培训	2014 年 8 月	种殖专业户	706	三班	
			红豆杉栽培技术培训	2014 年 9 月	种殖专业户	1250	三班	
			生猪养殖技术培训	2014 年 10 月	养殖专业户	124	一班	

2006—2015 年和桥成人文化技术学校各类技术培训情况

表 27－13

年份	总计培训人数	学历教育				继续教育		劳动力转移培训		岗位规范培训						各类讲座				村民企办学(从业人员)		年主要劳动力总数(人)	全员培训率(%)
		本科		大专						班	人	其中等级工		其中		班	人	其中农业科技、农村实用技术培训		班	人		
		班	人	班	人	班	人	班	人			班	人	外来民工	失业人员			期	人				
2006	17508	2	41	6	163	2	116	12	825	38	3360	8	483	423	521	22	2476	12	2089	95	12486	31531	55.5
2007	18338	3	57	6	127	4	265	13	886	39	3573	10	606	476	546	24	2879	14	2358	107	12551	31531	58.1
2008	19068	2	48	6	112	4	228	15	972	41	3662	4	225	560	467	26	3206	15	2668	118	13840	31841	59.9
2009	19454	2	36	6	97	5	322	16	1021	41	3712	5	341	732	625	27	3324	15	2774	138	13942	31841	61.0
2010	20295	2	58	6	187	7	1242	19	1304	42	3551	2	121	634	567	29	3418	16	2832	92	13535	32681	62.1
2011	20589	2	45	9	407	9	1143	22	1165	39	3143	11	765	512	456	29	3307	17	2875	141	13379	32681	63.0
2012	23193	2	31	9	672	7	1419	8	525	32	3078	9	538	468	502	33	3652	18	2683	148	13179	35572	65.2
2013	23986	2	56	11	893	3	344	18	1298	33	3652	10	615	403	456	37	3688	19	2688	213	13331	35618	65.5
2014	23365	3	105	11	890	4	569	19	1302	32	3623	6	443	374	440	38	3725	19	2702	212	13412	35617	65.6
2015	23185	3	102	11	849	4	536	19	1260	32	3528	6	436	361	428	38	3625	19	2689	209	13285	35362	65.6

二、学校（社区教育中心）选介

1. 和桥成人文化技术学校　始建于1983年12月26日。1987年和桥镇成立教育办公室，组建成立了和桥成人文化技术学校（以下简称“和桥成校”）。校长由副镇长程同祖兼任。1995年9月，和桥镇成人文化技术学校并入和桥职业高级中学统一管理（仍保留成人学校建制）。2000年、2004年，南新、闸口成人文化技术学校先后并入和桥成校。成人学校的主要任务：一是在农村进行使用技术培训，以提高农业劳动者的科技文化素质；二是对企业、条线职工进行岗位培训；三是开展成人学历教育；四是继续扫除青壮年文盲，巩固无盲镇的成果。在办学的实践中，学校探索出一条成职教沟通、资源共享的办学新思路。实行两块牌子、一套班子的管理模式，两教互相促进，协调发展。成人教育“无长不稳，无短不活”。在办学形式上，该校采取“上挂、横联、下辐射”的形式，与东南大学、河海大学、江苏技术师范学院等院校联合办学。至2000年底，除18个全日制中专班外，还设有成人大专、本科学历班7个；同时根据社会需求，积极与横向部门联系，建立健全以成校为主体，村、厂、企为基础的农村成人教育社会化网络体系。至2002年底，共举办各种实用技术培训班550期，学员达3.81万人次，岗位规划培训211期1.6万人，基层干部计算机、英语“双考”培训班19期792人，各种学历教学班26个。1993年至1999年，扫除青壮年文盲142人，巩固了扫盲成果，同时还辅导18个行政村和13个企业成立31个村企业余成校。2002年，全镇成人全员培训率从1984年的22.45%提高到48.8%。2004—2014年，学校又与江苏理工学院、江南大学、南京铁道职业技术学院等院校联合办学，采用成人高考与远程教育两种学习形式，开设教育学（本科）、财会、计算机（大专）等多个专业；长年举办在职人员岗位规范培训、继续教育以及农村剩余劳动力、下岗失业人员、弱势群体、外来务工人员、老年人等免费教育培训，全民培训率达54%以上。在贯彻实施江苏省“5112”教育富民工程中，以“农业增效、农民增收”为目标，学校积极开展农业科技培训，促使农民走科技致富道路；在培育王母桥村水产养殖示范户、同里村葡萄种植示范户和北庄村养猪示范户等的基础上，又创建了省级农科教结合示范基地——“宜兴市和桥红豆杉繁育基地”。学校常年开展专技人员继续教育公修课培训及职称评定、晋升、注册的相关服务工作，包括电焊工、电工、行车工、司炉工、厂内车操作工等特种作业人员的上岗培训；为企业开展职业技能鉴定，进行各类工种技术等级培训，由国家颁发相关等级证书；服装CAD、机械CAD、电子CAD培训及考证；为社会各界人士提供车工、数控操作工、电工、服装定制工等各类技能培训；二维动画制作培训、MAYA三维动画设计培训、PS平面设计培训、计算机基础（办公自动化、会计电算化培训等）、网页设计制作培训、影视后期制作培训、计算机组装维修、网络维护等计算机类培训。2015年9月，和桥成人学校随和桥中等专业学校迁入原和桥高级中学。

历任和桥成校校长有程同祖、程传恕、周俊文、陈颖新、褚亦平、姚小新。

2. 南新成人文化技术学校　南新成人文化技术学校成立于1984年。初时借南新中学一个教室办班，教师办公在乡政府。其后，学校几易校址，1993年投资40万元，建设新校舍。建校以来，该校对入党积极分子、班组长、农副业实用技术人员、仓库保管员、会计、电焊工等各类人员进行政治、业务培训，并举办过职称学历进修班及初高中文化补习班，学校每年培训各类人员约20期，毕业达3600人次。1995年，该校因为进行成职教一体化试点而并入南新中学，1997年，又恢复成校单独建制。2000年南新、和桥两镇合并，南新成校遂并入和桥成人文化技术学校。校长周定国于1988年被评为省扫盲先进工作者，1996年又被省科技厅评为省优秀科技工作者。

历任校长负责人有钱荣泉、周定国。

3. 闸口成人文化技术学校　成立于1984年。

校址在闸口乡政府内，办班在乡政府会议室。1987年，该校与常州化工职大在闸口耐火厂联合举办了化工大专班，学员40余名（脱产学习），届时学员都获得了大专结业证书。建校期间，学校对入党积极分子、企业班组长、农副业实用技术人员、仓库保管员、会计、电焊工等各类人员进行政治、业务培训，并举办职称学历进修班及初高中文化补习班。每年培训各类技术人员约20多期，人数近4000人次。2004年4月，闸口、和桥两镇合并，闸口成校并入和桥成人文化技术学校。

历任校长负责人有缪其芳、何叶平。

4.社区教育中心　和桥镇社区教育中心（简称中心）创办于2002年，是一所集成人教育一体的社区教育学校，实行“两块牌子，一套班子”，合署办公。学校位于和桥镇西和新路（和桥成人文化技术学校），占地60亩，建筑面积达12800多平方米，有多媒体教室2间，微机房6间、电脑360台；百兆校园局域网、CAD制图室、服装展示厅、多功能演播大厅等一应俱全，还有先进的成套服装生产流水线、车钳工实训工场等；有图书阅览室和电子阅览室，纸质图书藏书3万多册、电子图书2.5万册；有专职社区教育管理人员5名。中心校社区教育志愿者有500多名，开展各类社区教育活动。在劳动社区、生建社区、兴业社区等社区设有市民学校6所；同里村、北庄村、永兴村等村设有14所村民业余学校；还在江苏富陶集团、新龙鼎环保、太平洋集装箱配件有限公司等职工业余学校公司设有9所。200　年，中心校被评为省级社区教育中心。2013年，中心校实施省“5112”教育富民工程，以农业增效，农民增收为目标，积极开展农业科技培训，促使农民走科技致富道路，在王母桥村培育水产养殖示范户，同里村培育种植示范户和北庄村养殖示范户等基础上又创建了省级农科教结合示范基地——宜兴和桥红豆杉繁育基地。2013年，和桥社区教育中心校被无锡市人社局确定为高技能人才培训基地。2015年8月，社区教育中心随成人学校校址迁至原和桥高级中学。

2015年和桥镇社区教育中心教育事业情况

表27－14

<table>
<tr><th colspan="2">类别</th><th>办班名称</th><th>学习时间</th><th>学习对象</th><th>人数（人次）</th><th>备注</th></tr>
<tr><td rowspan="12">基层业余学校培训</td><td rowspan="6">市民业余学校</td><td>老年大学</td><td>2014年度</td><td>老年人</td><td>2805</td><td rowspan="12">—</td></tr>
<tr><td>劳动社区市民业余学校</td><td>2014年度</td><td>居民</td><td>3510</td></tr>
<tr><td>生建社区市民业余学校</td><td>2014年度</td><td>居民</td><td>3500</td></tr>
<tr><td>兴业社区市民业余学校</td><td>2014年度</td><td>居民</td><td>3000</td></tr>
<tr><td>南新社区市民业余学校</td><td>2014年度</td><td>居民</td><td>3500</td></tr>
<tr><td>海棠社区市民业余学校</td><td>2014年度</td><td>居民</td><td>3000</td></tr>
<tr><td rowspan="6">村民业余学校</td><td>同里村村民业余学校</td><td>2014年度</td><td>村民</td><td>3000</td></tr>
<tr><td>北庄村村民业余学校</td><td>2014年度</td><td>村民</td><td>3000</td></tr>
<tr><td>湖滨村村民业余学校</td><td>2014年度</td><td>村民</td><td>2830</td></tr>
<tr><td>永兴村村民业余学校</td><td>2014年度</td><td>村民</td><td>2815</td></tr>
<tr><td>大生村村民业余学校</td><td>2014年度</td><td>村民</td><td>2555</td></tr>
<tr><td>西锄村村民业余学校</td><td>2014年度</td><td>村民</td><td>2987</td></tr>
</table>

续表 27－14

类别		办班名称	学习时间	学习对象	人数（人次）	备注
基层业余学校培训	村民业余学校	王母村村民业余学校	2014 年度	村民	2822	合计62412人次
		中巷村村民业余学校	2014 年度	村民	3000	
		北新村村民业余学校	2014 年度	村民	3000	
		闸口村村民业余学校	2014 年度	村民	2860	
		北渠村村民业余学校	2014 年度	村民	2990	
		福巷桥村村民业余学校	2014 年度	村民	2810	
		钟溪村村民业余学校	2014 年度	村民	2828	
		楝聚村村民业余学校	2014 年度	村民	2800	
	职工业余学校	江苏富陶集团职工业余学校	2014 年度	职工	350	
		新龙鼎环保职工业余学校	2014 年度	职工	250	
		茂达电磁线有限公司职工业余学校	2014 年度	职工	250	
		太平洋集装箱配件有限公司职工业余学校	2014 年度	职工	500	
		兴盛环保设备有限公司职工业余学校	2014 年度	职工	200	
		普发电源有限公司职工业余学校	2014 年度	职工	150	
		海丽金纺织有限公司职工业余学校	2014 年度	职工	600	
		鹏德汽车配件有限公司职工业余学校	2014 年度	职工	200	
		中长色织有限公司职工业余学校	2014 年度	职工	300	

5. 老年大学　创办于 2001 年 4 月，校址附设在原和桥职业高级中学，学员 80 多人，大部分来自退休干部，退休教师及企业退休职工人员。2006 年 9 月，学校迁至和桥镇公园内，正式挂牌为和桥镇老年大学。2006 年开始每年开设时政、保健、历史、音乐、书法、花卉、烹饪等课程。2010 年，增加舞蹈、太极拳课程。2011 年又增添“关心下一代”教育课程，每月安排五个下午上课，授课教师以就地聘请为主，有时从外地聘请专职教师。此时，学员扩大到镇区周边居民，学员数达 100 多人。2006—2014 年，先后举办了老年人运动会五届，有时还组织开展校外实践活动。2016 年 3 月，校址迁至鹅洲西路 262 号文化站内（原和桥第二小学）。担任老年大学历任负责人的有周法林、钱云保、戚仕君。

第七节　高等教育

1964 年，南京农学院来和桥借用化城寺建宜兴分院，1965 年冬开始招生，翌年 2 月正式开学。招生对象是志愿服务于农业的高中毕业生，由大队推荐，公社审查，经学校考试合格后录取。专业以作物栽培为主，兼学兽医。学制三年，学历为大学专科。学习方式为半农半读，农闲上课，农忙回队劳动。毕业后国家不包分配，社来社去。第一届招收和桥、徐舍、官林、周铁四个区的学生 60 名，分两个班，不收学费，学习、生活费用自理。南京农学院院长李力兼任宜兴分院院长。1969 年，宜兴分院更名为“五七”农大。先后办农业班 8 班，有一年一届的或两年一届的，每届学生 100 至 200 人不等。1977 年，南京农学院教师全部回宁，“五七”农大由宜兴县重组领导班子。1979 年 8 月，农大迁范道良种繁殖场，并改名宜兴县农业干部学校。

历任校长有李力、张志福、陈集华。

第八节　社会办学

1986 年 7 月，宜兴县政协、退休教师协会和民盟、民进等民主党派倡议兴办宜兴县育才文化技术补习学校（简称育才学校），乡镇建分校。1987 年 8 月，和桥镇借用和桥小学校舍开办育才学校和桥分校，招收高考落榜生。1993 年 7 月停办。6 年总共办 10 个班，其中文科 2 个班、理科 8 个班，使大批落榜青年进一步提高了文化素养，也为各类高校输送了一批合格新生。该校领导小组成员有潘诚西、朱自道、周定一，负责人为潘诚西。

第九节　勤工俭学

1957 年，党中央提出了“教育必须为无产阶级政治服务，必须与生产劳动相结合”的方针。1958 年，和桥中学创办过芦帘加工厂，组织师生参加生产劳动，后因原料供应困难而停办。接着又在学校东面借用北庄大队 100 多亩土地作为学农基地，不久仍将土地归还给原单位。“文化大革命”期间，该校在距校 4000 米的湖滨大队建立学农分校，组织师生轮流下农场劳动，终因农场离校过远，学生劳动负担过重等原因而停办。1984 年，该校创办纺织助剂厂，当年创利 2 万余元。第二年产值达 20 余万元，创利 8.5 万元，被宜兴县教育局评为勤工俭学先进单位，后因故停产。南新中学在 1969 年办起占地 25 亩的滆湖学农基地，定期组织师生下农场劳动锻炼。1976 年，和桥小学开展勤工俭学活动，先后办起粉笔厂、塑料制品厂、面包厂和服装厂，后因产品滞销而停办。1985 年 4 月和 11 月，又相继办起环保机械厂和工艺雕刻厂，接着又办起印刷厂。这些企业均因资金不足、销路不畅等原因先后停办。1989 年，学校与镇联办中长丝织厂、焊接材料厂和磁件厂。1995 年起，每年向学校创造 10 万元左右的利润。和桥二中、南新中学、楝树中学、南新小学、闸口小学、新生小学、李山渎小学、永兴小学等学校也曾办过小工厂，后因学校布局的调整和企业的改制，这些校办企业或停办、或萎缩、或转换归属。

第十节　和桥教育视导组

1959 年，宜兴县文教局开始在和桥地区设置派出机构，主要帮助教育局管理辖区内的小学教育常规、财务账目、政治思想教育辅导等，涉及的范围有和桥镇、新民公社及闸口、南新等六个公社，视导员由和桥区中心小学校长兼任，配备有会计及政治辅导员。1964 年，为适应全国发展耕读教育的需要，增设耕读辅导员一名。20 世纪 70 年代，和桥教育视导组受宜兴县教育局的委托，开始协助上级管理和桥区内的中小学校，办公地点设在当时的和桥区工作委员会。1981 年，和桥教育视导组入驻和桥区中心小学办公，视导员不再兼任和桥区中心小学校长，其组成人员有会计、成职教教育辅导员、普通中小学教育辅导员、人事监察等四名。1988 年，和桥教育视导组随和桥小学由寨沟巷搬迁至河西的教育路 262 号。1998 年，教育路 262 号改成和桥第二小学，视导组仍设在原地没有搬迁。2000 年 7 月，宜兴市实行教育体制改革，和桥教育视导组被撤并，有关人员被安排至和桥二中、和桥小学。20 世纪 70 年代至 2000 年 7 月，和桥教育视导组历任视导员有吴永华、王庆元。

第十一节　教师

一、人员队伍

清末民初，和桥率先兴办学堂，教师大多由塾师充任。高等小学堂的堂长，有的是清末的举人、贡生或秀才；有的是以生员资格考入两江师范学堂的毕业生。初高等小学堂的教习，有的是留日学生；有的是南菁书院和优级师范学堂的毕业生；有的是经过师范传习所或艺术教员养成所培训的或未经专业培训的塾师和高等小学堂的毕业生。民国成立后,乙种师范讲习所的开办,将一些塾师和高等小学的毕业生培训为新师资。民国 4 年(1915),和桥市有高初等小学 12 所,初中 1 所,累计教员 40 余名。民国 4 年 7 月,小学教员“足胜教育之任者仅十之二三”。私立彭城中学的教员如徐悲鸿、朱了洲、黄达夫等均为一时之俊。民国 35 年,和桥地区有学校 30 余所,教员 150 多名。民国时期,教师进修只有靠个人自学,对不合格的小学教师,宜兴县教育局虽然有时采取短训班的形式使之成为代用教师,但机会很少。新中国成立后,党和政府十分关心在职教师的培训。1951 年起,县文教科着手部署在职教师的培训工作。中小学教师先后参加县小学教师暑期教育研究会、常州专区暑期教学研究会、政治教学研究会,学习有关教育理论和教学方法。1954 年起,普遍学习凯洛普的教育学。在校内,中小学校都组织教师每周定期学习政治业务,并进行考核。中小学校都建立了各学科教研组,规模大的学校专门设立教科室,推动学校的教科研工作。各学校普遍形成了学校教科室、教研组、备课组三级教学研究网络,做到“计划、时间、地点、人员、考核”五落实。各学校开展新老教师结对拜师活动,充分发挥老教师的“传、帮、带”作用,在中青年教师中有计划地开展“钢笔字、粉笔字、毛笔字”三字比赛、说课竞赛、公开课教学观摩、多媒体演示操作、普通话演讲比赛、论文竞赛、优秀教案展示、课题研讨等活动。通过这些教学研究活动,提高了广大教师的业务素质。涌现了一批优秀业务骨干学科带头人和教学新秀。至 2015 年,全镇拥有宜兴市以上教学骨干教师 146 名多。其中,和桥高级中学孙勤东、王乃伦、钱建良评为江苏省特级教师,邵燕、张志强、乔全南、陆宝初、冯太平、张健评为无锡市学科带头人,王卫明、孙贤琴、叶有德、张晓燕、曹钢、张丽群、李旭东、张菁评为无锡市教学能手,黄小琪、蒋晓燕、叶有德、虞国俊评为宜兴市学科带头人。和桥职业中专邓顺妹(宜兴学科带头人)、王玉银评为“无锡市教学能手”。和桥二中翟立芳评为无锡市学科带头人,姚亚平、张炎分别评为无锡市教学能手、宜兴市学科带头人。和桥实验小学虞益锋评为无锡市学科带头人,夏祥祥、许敏芳、潘君燕、邹丽园、李月萍、顾筱凉分别评为无锡市教学能手、宜兴市学科带头人。和桥第二小学孙永明(无锡市名教师)、平璇莹、潘秀姿评为无锡市学科带头人,汤荷英、张孟华、丁学姿、王强、杭小亭、朱科宏、沈亚红分别评为宜兴市学科带头人、无锡市教学能手。南新小学赵敏校长评为无锡市学科带头人。闸口小学唐小克校长评为无锡市教学能手。和桥实验小学李伯泉在小学音乐教学上获得多次荣誉,成为中国教育学会音乐教育专业委员会委员。

为提高教师业务水平,50 年代开始就组织教师开展函授教育。“文化大革命”期间,中小学教育事业发展较快,相当一部分小学教师和初中教师分别被调任为初中、高中教师,同时又从社会上吸收了一批初、高中毕业生充任小学、初中民办教师,因此教师队伍素质相应下降。中共十一届三中全会后,政府及时恢复了中、高等函授教育,文化不达标的中青年教师几乎全部参加了函授进修。1982 年对民办教师进行了一次整顿,部分不适宜从教者调离了教师队伍。1987 年,全面开展中小学教师专业技术职称评聘工作,自此之后建立了每年一次职称评聘制度,极大地调动了广大教师教书育人的积极性,推动了师资队伍建设。进入 90 年代,教育行政部门又提出了“小学教师大专化,中学教师本科化”的学历进修要求,经几年努力,全镇中小学教师学历层次基本达标。至 2015 年底,全镇共评出中学高级教师 158 人(不含退休教师)。其中,和桥高级中学孙勤东被评为中学正高级教师。

2015 年和桥镇中小学师资情况

表 27 – 15　　　　单位:人

学校	专任教师	学历				职称				
		研究生	本科	大专	中师	高级教师	中级教师	初级教师	未定级	备注
和桥高级中学	160	7	151	1	—	46	77	26	9	正高级 1 人
和桥二中	129	—	126	3	—	62	47	20	—	—
楝树中学	38	—	32	5	1	8	26	4	—	—
和桥中等专业学校	92	9	78	5	—	27	35	22	8	—
和桥实小	82	1	66	14	1	3	65	8	6	—
和桥二小	77	—	73	4	—	9	56	12	—	—
南新小学	30	1	14	15	—	2	25	3	—	—
闸口小学	39	—	15	19	5	1	30	6	2	—

二、教师待遇

1. 政治待遇　新中国建立前，民间虽有尊师之风，但教师的地位，特别是小学教师的地位还十分低下，而且职业无保障，随时面临失业的危险。新中国成立后，党和政府尊重知识，尊重教师，把教师称为"辛勤的园丁""人类灵魂的工程师"。人民政府对原有教师继续留用，并采取积极措施加强师资队伍建设。1950 年，组织教师参加土改、思想改造学习运动等社会实践，以提高教师的政治觉悟。同年成立团组织。1955 年，全镇中小学教师中的中共党员成立联合支部。1956 年 9 月，中、小学分别建立党支部，并在积极分子中发展党员。中共十一届三中全会以后，认真贯彻落实党的知识分子政策，大兴尊师重教之风，教师地位逐渐提高，教师在历次运动中的冤假错案得到复查纠正，恢复名誉，恢复原职原薪。

1982 年起，市教育局为从事 30 年以上教育工作的教师颁发三十年教龄荣誉证书，鼓励终身从事教育工作。1984—1987 年，参加工作 20 年以上的中教 5 级和小教 3 级以上的公办教师和 1968 年前大专毕业、1970 年前本科毕业、工作满 15 年的教师家属子女，其户口转为非农业户口，并对符合安置条件的家属子女妥善安排工作。1985 年以来，每年教师节，市(县)、镇党委及政府领导都到学校看望教师，召开庆祝会和座谈会，在全社会形成尊师重教的风气。第一个教师节，镇上成立了县退休教师协会和桥退教分会，各学校分别成立了退教小组，并相继开辟了"退教之家"，使退休教师有了开会、学习、活动的固定场所。1986 年中秋节，县政协、教育局和镇党委领导向 29 位 70 岁以上的退休教师祝寿，以后每逢重阳节，各退教小组都要举行祝寿活动，以示党和政府对老教师的关怀。

1988 年始，教师政治地位进一步提高。1993 年 10 月，《中华人民共和国教师法》颁布，保障教师各方面的待遇。市镇两级政府每年表彰一批优秀教育工作者，镇党委培养优秀教师加入中共党组织。到 2015 年，全镇八所中小学教师中有中共党员 246 人，教师的政治地位大大提高，教师有了参政议政的权利，并获得了众多的荣誉称号。

唐文博、唐积庆、王亚华、王乃伦、汤荷英等人先后当选为市(县)人民代表；唐积庆担任过县人大常委会副主任；王乃伦、汤荷英担任过市人大常委会委员；吴强、苏建君、张月仙、曹金凤、王乃伦等人先后担任过市(县)政协委员；朱自道曾参加全国总工会召开的"工会积极分子代表会议"并获奖；周庆余出席江苏省文教群英会，并获"先进工作者"光荣称号;孙勤东、吕望平、翟立芳分别获“全国优秀教育工作者”“全国优秀园丁”称号;吴强和邵锡昌、谢志平分获“江苏省、无锡市劳动模范”称号;朱锡培、江敖洪、曹金凤、王乃伦被评为“江苏省先进教育工作者”;何可人、马水明被评为江苏省优秀教师;周定国曾先后被江苏省教委授予扫盲先进工作者、江苏省科技厅授予优秀科技工作者。范余祺获江苏省“优秀班主任”称号。教师中受无锡市、宜兴市表彰的则更多。吴倩被评为市、县、镇“三八”红旗手,离休教师潘诚西获县委、县人民政府发给的“优秀离休干部奖”。

2.经济待遇　民国4年(1915),县属规定高等小学校长月薪26元(银元),教员按任课时数支薪,每周授课1小时每月支银1元,照此递增,兼任学级主任者,每月支银2~4元,事务员月俸6元为限,校役5元为限。教师、事务员俸给每年以10个月计算,校长全年以11个月计薪。市、乡初级小学校长兼正教员俸给每年一般为120元,正教员一般为100元,副教员一般为80元。民国23年(1934),完全小学高级教员月薪24元,初级小学教员月薪20元。抗日战争期间和抗日战争胜利后因物价飞涨,货币贬值,一般中小学教师薪俸都以米折算。小学低年级教师月薪为大米25~90千克;中年级教师月薪为大米90~105千克;高年级教师的月薪一般为105~120千克;初中教师月薪为大米150~225千克;高中教师月薪一般为大米225~300千克。中华人民共和国成立后,教师的工作有了保障,工资、福利也随着国民经济的恢复与发展不断提高和改善。1950年,小学教师每人平均月工资补助费为24元(学费不上缴),1952年增至28.2元。1953年,教师工资实行工资分制(按粮、布、油、盐、煤5种实物价格综合折算货币工资额的一种单位)并由国家统一发给。小学教师平均月薪32.33元。同年,公办学校的教职工,工农业余教育专职干部和教师相继享受公费医疗、病假、产假、探亲假及退休、退职等劳保福利待遇和教职工生活困难补助。教职工因公牺牲、致残、死亡,政府按规定发给丧葬费、补助费和遗属抚恤金,遗属还享受遗属生活补贴。同时,部分教职工还享受疗养、旅游等待遇。1954年12月调整工资,人均达33.65元。1956年工资改革,小教职工月均工资为42.08元,1963年9月中小学教职工每人提升1级工资(5元至10元)。“文化大革命”前,民办教师多数实行工资制,其中国家补助每月10元。1972年国家补助民办教师核定工资的55%,其余部分由学费收入、生产队公益金和自己劳动收入等方面解决。1971—1973年,对公办教师低工资调整,对工资偏低者调高一级。1974年,民办教师全部实行工资制。1976年吸收的亦教亦农教师收入归队,参加所在生产队分配,其收入相当于生产队前3名平均后的1个劳动力的分配水平,后改为工资制。1977年,40%的公办中小学教职工调升1级工资。1978年12月,有2%工作表现好、贡献大的教学骨干增加1级工资。1979年对40%的公办教职工调升1级工资。1980年起对班主任实行津贴制度,同时给所有公民办教师每月加发洗理费、书报费、副食品补贴和肉贴。1981年,中小学公办教职工普遍提升1级工资,民办教师人均增加50元补助费,代课教师也增发了补助金。1985年实行工资套改,中学教职工人均增资19.6元,小学教职工人均增资21.35元,并发放教龄工龄津贴。1986年4月,因调整工资区类别(原来的4类调整为6类)又增加一次工资。1987年1月实行职称定级工资,各级职称的教师又不同程度地提高了工资待遇。1987年10月,所有公民办教职工均增加基本工资的10%。自1988年起,凡是从事教育工作满30年的退休教师享受原工资100%的退休金。80年代至90年代初,和桥、闸口地区采用自建公助,政策优惠等多种形式逐步解决教职工住房困难,和桥地区先后为职工建造住宅5600多平方米。1992年1月,提高教职工工龄补贴标准(由每年工龄每月补贴0.5元增加为1元)。1993年工资套改,教职工工资得到大幅度提高。1994年,教师和机关事业单位的职工每月按比例缴纳住房公积金,政府财政补贴相同数额的款项,至退休时一次性领取。同年,对1994

年前参加工作，又未享受福利分房的教职工，按职称、工作年限核算，可一次性领取住房补贴。1995年，全体教职工又普加1级工资。1996年岗位津贴费增加1倍并增发午餐补贴。1999年至2003年，随着国家对公务员待遇的提高，教师待遇也相应得到提高，三次增加了工资或津贴。2008年，全省义务教育阶段的教师实行“绩效工资”改革，以后又接连提高教师各项津贴。2009年1月起实行绩效工资，由基础工资和奖励工资组成，所占比例分别为70%和30%。中小学班主任津贴分别为每月400元和300元（全年按10月计算）。至2015年和桥镇初中教师平均绩效工资每年7万多元，小学教师每年近7万元。在不断提高教职工待遇的同时，党和政府还给予教职工一系列劳保福利，教师逐渐成为社会上令人羡慕的职业。

2015年，航拍的宜兴市和桥高级中学

第二十八章　文　化

和桥镇历史悠久，文化发达。清光绪年间，和桥创办文武会图书馆。民国33年（1944），和桥观音巷建造南兴戏院。同年秋，镇上部分青年筹办青年图书馆。民国期间，和桥文化活动以民间自发为主，在农事结束或逢年过节时，群众常常集体制作喜爱的动物，并形象地模仿它们的动作，敲锣打鼓，扑滚翻腾，上街表演，男女老少喜闻乐见。随着人民文化生活需求的提高，文化表达的形式和内容不断创新。其中，道情、唱春相继产生，庙会、草台班戏剧、书场及其他群众文艺时有演出。新中国成立时，和桥镇办起民众教育班、图书馆、书店、文具店。新中国成立后，和桥镇十分注重发掘民间文化，推动文化建设活动。文化站、广播站、新华书店和工人俱乐部应运而生。1959—1961年，由于连续遭受自然灾害，文化活动趋于停顿状态。1962年起渐有恢复，群众文化较为活跃，学校也经常配合政府中心工作组织学生到街头、茶馆演出小节目。“文化大革命”期间受“左”的影响，文化活动政治色彩较浓，但镇上文化

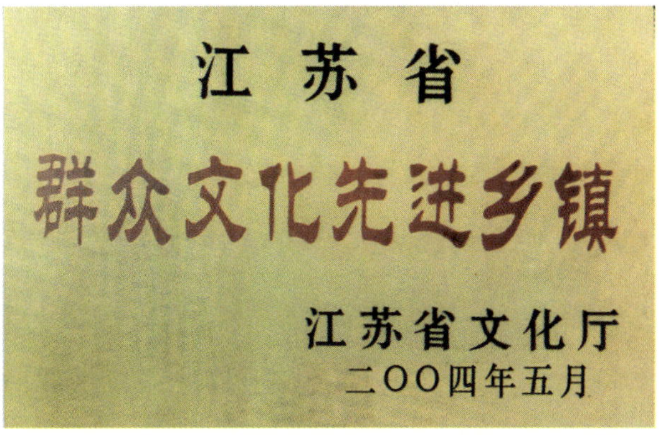

图28－1　2004年，和桥镇被江苏省文化厅评为群众文化先进镇的奖状

爱好者众多，经常组织演出。20世纪80—90年代，文化事业发展较快，和桥镇先后出现歌舞厅、有线电视、电子游戏室、桌球室、夕阳红锣鼓队等。进入新世纪，随着经济建设和社会事业快速发展，和桥镇文化事业日益繁荣。镇、村两级加大财政投入，镇村文化设施日臻完备。乡村文化、社区文化、校园文化、企业文化、家庭文化等群众文化活动蓬勃发展。在文化大环境中，依托古镇深厚的文化底蕴，群众文艺创作、演出及艺术展现，都取得累累硕果。1994年、2004年，和桥镇两次被江苏省评为群众文化先进镇。

第一节　文化设施

一、文化站

1.和桥镇文化站　1949年10月，和桥镇政府接管文武会图书馆和青年图书馆。1950年上半年，和桥区俱乐部成立于法家大院（在鑫斯巷东首）。大厅为阅览室，侧厢为办公室和藏书馆。1952年，区俱乐部改名为和桥区文化站。同年迁至上塘南首原文武会图书馆旧址。翌年下半年解放军某炮兵部队驻和桥，文化站改作临时营房并迁至下塘镇政府内。1963年2月，文化站迁回原址，并入镇工会活动。负责出刊街头黑板报、画廊，结合节日和政府工作，开展各种文化活动。1964年，区文化站更名为和桥镇文化站。文化站主要负责辖区内的群众文化工作以及政府中心工作宣传，对各居委、生产大队、企业、学校文艺工作开展组织、辅导、培训等。当时还要求各基层单位原则上都要有业余宣传队、图书室、通讯报道组、黑板报等。20世纪80年代曾连续

数年编印以本镇业余作者创作文艺作品为主的鹅洲文化《三民》(即民间故事、民间歌谣、民间谚语)专辑。1986年6月,和桥镇与和桥乡合并,两站人员随之合并,文化站迁至西横街原和桥乡政府内。1993年10月,和桥镇文化站被省文化厅评为一级文化站。1994年,通过省级先进文化乡镇验收。2000年6月、2004年2月,南新文化站、闸口文化站先后并入和桥镇文化站。2004年,和桥镇被评为江苏省群众文化先进镇,文化站被评为江苏省一级文化站、江苏省红旗文化站。2005年,文化站迁至鹅洲西路72号,建筑面积2000平方米,文化活动阵地1050平方米,图书室500平方米。是年,文化站图书馆藏书6万余册。至2012年,镇辖区内所有行政村和社区(居委)都相应建立了文化室,全镇拥有文艺团队24支,群文骨干辅导员有200多名,长期参与文化活动的业余文艺宣传员有2000多名,并建有农家书屋19个,全镇的文化活动室和农家书屋的总面积达6000多平方米。同年9月,和桥镇申报创建江苏省公共文化服务体系示范区。2012年、2013年均被宜兴市委、市政府评为先进集体。2015年11月30日,和桥文化站迁至鹅洲西路262号(原和桥第二小学内)。总建筑面积近2300平方米。新搬迁的文化站功能齐全,设有图书室(含电子阅览室)、乒乓室、棋牌室、公共文化信息播放室、音乐培训室、舞蹈室、戏曲票友室、文艺创作室、多功能培训室、书画室、竹刻艺术品展览室、摄影作品展室、健身室、体质测试室、妇女儿童室,还建有150座位的小剧场等17个,室外建有1200平方米的健身广场。

图28-2 2015年的和桥镇文化站

和桥乡文化站历任站长(负责人)有周成亚、刘诚、曹锡大。

和桥区俱乐部、和桥区、镇文化站历任站长(主任)有史惠明、王照生、潘诚西(兼)、潘伯龙、程永明、邵祥福、邵盘生、冯泽民、查盘生、马锡林、徐益胜、秦平西、陈建荣、钱亦平、吴建刚。

2. 南新文化站 1962年,南新公社由扫盲辅导员兼管公社文化工作。1975年6月,南新文化站成立,其主要工作负责辖区内的群众文化工作以及政府中心工作,对各生产大队、单位、学校的宣传、文艺工作的组织、辅导、培训等。80年代初,为解决文化活动经费走以工养文之路,南新文化站办起了4家企业,有工艺美术厂、服装厂、玻璃钢厂、节能环保设备厂,南新文化站所办工厂的职工亦工亦文,既是工人又是文艺骨干,既使文化站常年保存40多位文艺骨干,又为文化站提供了活动经费,积累了发展资金。1981年,乡政府在南新桥南侧征地1.2亩地,新建南新文化站,建筑面积近600平方米,为全县规模最大的乡镇文化站,设有展览室、综合活动室、图书室、老干部活动室等文化活动室7个。文化站充分发挥文化活动阵地功能、成立了读书兴趣小组、科普宣传组、演讲组、美术书画组、板报阵地组、文艺创作组、文体管理组、文艺培训辅导组等,还开辟了乒乓室、棋牌室,组建了乒乓队、羽毛球队、篮球队、康乐球队、象棋牌队、文艺宣传队,常年开展多种赛事活动。1982年,南新文化中心成立。1985年,南新乡北新村建立了农民文化宫。1983年7月,为期三天的全市文化工作会议在南新文化站召开,80多位县、乡主管领导参加会议,听取了南新文化站的办站成果介绍,观看了文化站自编自导自演的文艺节目,赢得了与会者的阵阵掌声。同年10月,章建华创作的小锡剧《解决》,在县文艺演出中获一等奖。1984年,文化站每天开放科技阅览室,举办工业园林科技讲座、科普广播135次、印发《农村与农技》10万份,为从事种养殖业、修理烹饪服务业送科普资料上门。

1984 年，文化站被宜兴县评为先进单位。是年，文化站站长唐洪盘出席了省农业先进代表会。1986—1998 年，文化站多次被无锡市评为红旗文化站、江苏省先进文化站。2000 年 6 月，南新镇文化站并入和桥镇文化站。

南新文化站历任站长有余鹤林、毛卫成、唐洪盘、闵巧云。

3. 闸口文化站　20 世纪 60 年代，闸口公社文化工作由扫盲辅导员兼管，主要工作为扫盲办夜校和配合党委、政府搞宣传工作。1974 年，闸口公社文化站成立，在公社内合署办公，有工作人员 2 名，其中事业编制 1 人，站内设有阅览室、图书室等活动阵地。1983 年，闸口文化中心成立，主要工作除配合党政中心工作搞好宣传外，还组织业余通讯人员编写《闸口快讯》。开展乒乓、篮球等项体育赛事活动，组织业余文艺爱好者的创作、培训、辅导演出活动。90 年代中期，文化活动阵地扩大至 180 平方米，图书室为 80 平方米，订阅报刊杂志 20 多种。1993 年，图书室藏书达万册，全年读者近 2 万人次，借阅图书 5000 多册。当年，图书馆被宜兴市文化局评为先进图书馆。1995—2004 年，闸口镇创作排练普法教育文艺节目，到农村、企业、学校，巡回演出，宣传土地管理、社会治安、计划生育等法律知识。其间，自编自演的戏剧曲艺节目在参加宜兴市“新风颂”文艺会演中多次获奖。2004 年 2 月，闸口文化站并入和桥镇文化站。

文化站历任站长有余鹤林、冯泽民、徐泽民、宋冬明、沈惠英。

二、图书馆、书店、农家书屋

1. 和桥镇文武会图书馆　清光绪年间，镇上人士协议将文昌阁和关帝庙的公产市房 72.5 间的租金作为创办和桥镇文武会图书馆的基金。图书除文昌阁藏书外，大部分由私人捐赠。新中国成立前，藏书近千册，有《二十四史》《万有文库》等。阅览室备有报刊供阅读。馆址在上塘南首，头进两间，二进三间，中间一大天井种植花卉，环境幽静。日本侵华期间，文武会图书馆关闭，图书封存。抗日战争胜利后，重新整理开放，并增添乒乓球等活动设施。1949 年 10 月，馆藏图书由区俱乐部管理，后转交和桥中学保存。

2. 青年图书馆　民国 37 年秋，镇上部分青年筹办青年图书馆，公推养初小学校长胡同均担任名誉馆长，馆址在东横街。经费由馆员自筹，图书由馆员捐赠，共有图书 500 多册，有古典名著、文艺、时局政治等；进步书籍有专人负责保管，秘密出借。和桥解放后图书由区俱乐部接收。

3. 和桥图书馆　1949 年 10 月，政府接管文武会图书馆和青年图书馆。1950 年和桥区俱乐部成立。1952 年区俱乐部改名为和桥区文化站。1964 年，区文化站更名为和桥镇文化站。1970 年，文化站图书馆藏书达 5000 余册。1979 年图书馆藏书 1.6 万册。2000 年 6 月、2004 年 4 月，南新图书馆、闸口图书馆先后并入和桥图书馆。和桥图书馆藏书达 5.6 万册，列全市乡镇图书馆藏书之最。同期，和桥图书馆被评为“江苏省红旗图书馆”。2005 年，和桥图书馆随文化站迁至鹅洲西路 72 号，建筑面积有 500 平方米，藏书 5.8 万册。2013 年，又新购图书 3000 册。图书馆向社会开放每周不少于 56 小时，年发放借书证 500 余张，全年接待读者 1 万有余。2010—2015 年，组织各种读书活动 20 余次，每年寒暑假向青少年学生开放借阅，参加读书活动的近 1500 多人次，读书征文达 800 余篇，其中多篇征文在宜兴市朗读演讲活动中获奖。

4. 南新图书馆　1975 年 6 月，南新公社文化站成立，虽有图书室，但藏书不足千册。1981 年，图书馆面积为 200 平方米，馆内藏书近万册，嗣后乡政府每年拨款 5000 元用于图书馆购书。1982 年，南新图书馆开辟科技类图书室，有科技类书籍 5000 余册。南新图书馆还同市图书馆联合创办科技信息报，每年订阅科技信息报 200 多份，举办工业、园林、科技讲座。图书馆还建立读书兴趣小组，科普宣传组、文艺制作组、演讲组、故事组、板报阵地组等 10 个组。1982—1991 年，共出板报 437 期。图书管理员闵巧云对工作热心执着。坚持做到图书阅览室每天开放（含星期天），年发放借书证 3000 余张，年图书借阅量近2万册,读者10000多人次,收到读书心得92篇。1982—1997年,图书馆连续10次被无锡市评为“红旗图书馆”,图书管理员闵巧云多次被评为优秀图书管理员。1983年,获宜兴市图书馆赠书4000册,又获教师、学生、工人捐书2000多册。1987年,南新图书馆藏书1.8万册。同年,南新乡图书馆被无锡市命名为“红旗图书馆”。1998年,南新镇图书馆藏书达5万册。2000年6月,南新图书馆并入和桥图书馆。

5.闸口图书馆 1975年,闸口公社文化站成立,文化站与公社机关合署办公,在编人员1名,站内设有简陋图书阅览室,藏书不足500册。至1981年,图书馆藏书达4000多册,除政府投资新添外,有部分图书来自于个人捐献。90年代初,图书馆面积扩大至80多平方米,图书馆逐年购买新书,每年订阅报刊杂志20多种。1993年,成为万册图书馆,登记在册的借书卡为200余份,年借书流量达5000多册。是年,图书馆被宜兴市文化局评为先进单位。2000年,随着电视、计算机的普及,借阅图书读者日趋减少。为倡导读书,文化部门除实行免费登记借书外,定期与中小学联系,组织中小学开展读书、征文、演讲活动。2000年—2003年,图书馆收到读书征文200多篇、演讲稿92篇。2004年2月,闸口图书馆并入和桥图书馆。

6.私营书店 新中国成立前,镇上开设的书店有三友书店(贺良玉)、教育书店(王一平)、洪义书店(洪维寿)、新化书局(戴燮生)、华新书局(王炳生)、新和群书社(朱卓堂)和世界教育用品社(陈和欲)等,以经营文具纸张簿本为主,兼营课本和其他书籍。

1956年对私营工商业改造中,私营书店全部改行转业。改革开放后,镇上又出现私营书店,如80年代初在南兴桥西堍开办的张凤仙书店等。2015年底,全镇有书刊零售店9家、零售报刊的邮亭4家、出租图书户5个,书店规模最大的是博览书店。

7.国营新华书店 1952年9月,县新华书店支店在和桥镇南首建立全县第一个图书分销处,营业员仅2人。1953年10月,分销处被县支店撤销。1956年4月,县支店在和桥开设集镇专业图书门市部,店址在迎祥巷口。1957年5月,根据县支店与县文教局联合通知,布置中小学开展课本预订工作,和桥门市部作为全县7个课本供应点之一。1959年8月,县支店在和桥镇建立了下伸集镇门市部。1965年后,组织农村图书发行,和桥门市部陆续在高塍、南新、楝树、屺亭、万石、南漕供销社设立图书供应专柜。1980年5月,新华书店和桥门市部撤销柜台封闭管理,敞开自选供应,集中收款。1984年9月,和桥新华书店迁至西横街新建造的营业大厅,经营面积扩大到158平方米,原址作供应点照常营业。经销学生课本、政治理论和文艺、少儿读物外,增添了工、农、副、科技等书籍。1985年底在镇上增设书籍固定摊位集体2个、个体1个。1986年增加销售录音磁带和文具用品。1995年7月,西横街改造拓宽,门市部在原址重建,1996年12月28日新店落成营业,总面积达270余平方米。1997年1月,供销社图书业务划归新华书店批销中心负责。80年代初,新华书店每年营业额20余万元,至1999年已达433.89万元。购书对象由过去集体单位公款买书为主转向个人买书的趋多。2002年,和桥门市部的课本发行由市店教材科统一发放、结算。门市部只负责图书零售。2004年,市新华书店改制为股份制有限公司,和桥门市部改名为宜兴市新华书店有限责任公司和桥店。2005年,和桥门市部书店销售为70万元。2008—2015年,年销售为90万元左右。随着文化生活日益丰富多彩,电子阅览、物流行业的出现,和桥新华书店门市部的文化用品,图书销售每况愈下。和桥新华书店分销处、门市部历任负责人有薛仲介、陆亮生、曹海根、唐亮明、程炳坤、岑细华、殷安生、欧建生、张伟、徐建华、何建中。

8.农家书屋 2000年至2013年,和桥14个行政村、五个社区(居委),先后办起农家书屋,全镇村、居委社区图书阅览室面积有千余平方米,藏书6万多册,其中以西锄村、北庄村、北新村为最多,均超万册。这些农家书屋大多设在各自的村委,日常管理工作由村委工作人员负责,各项阅览制度上墙,图书管理员基本上都培训上岗，职责到位，阅读环境幽雅安静。全镇农家书屋年借阅 1.25 万人次。随着社会经济、文化的发展，群众对读书需求欲望日益高潮，居民家庭藏书日益增多。和桥镇退休干部朱斌培一生酷爱读书，家庭藏书 3000 余册。2012 年，朱斌培家庭被评为“宜兴市十大书香家庭”。至 2015 年，全镇农家书屋藏书增至 9 万余册，全镇居民书屋藏书量在 500 册以上的有 300 余家。

三、民众教育馆、农民文化宫、影剧院、放映队

1. 民众教育馆 民国 18 年，宜兴县立农民教育馆在和桥镇建立，全年经费 3000 余元。民国 21 年，和桥镇创设民众教育馆，设在下塘公园内，有馆长、馆员各 1 人，有篮球场、乒乓室和阅览室等。民国 26 年，和桥遭日军侵略，该馆停止活动。1985 年，南新乡北新村曾建立农民文化宫。

2. 和桥影剧院 新中国成立前，镇上有南兴戏院，院址在观音巷内（后扩建为西横街）。1950 年，区、镇人民政府发起将南兴戏院改建为人民剧场，戏院由庄祥麟、梅宜生、汪金林等股东无偿赠送全部房产和设备。其时，资金大部分向工商界筹措，一部分由教师捐助，镇工会支持人力。1953 年下半年，剧场建成，可容纳 800 多人，其中楼座 100 余人。当时，各剧团到和桥演出频繁，演出收入实行拆账制，即剧团和剧院按约定的比例分配票房收入。“文化大革命”前，常演出京剧、越剧、锡剧、昆剧、杂技等等，除杂技外，大多是古装戏。1965 年 12 月起，县电影城镇放映队用 35 毫米皮包机到和桥巡回放映电影。1967 年，“封资修”影片停映，只放映《毛主席接见红卫兵》《红旗渠》《沙石峪》等纪录片，剧院处于半停业状态。1970 年起放映《红灯记》《智取威虎山》等样板戏影片。1971 年，镇政府投资数千元到南京电影机械厂购回 16 毫米长江牌 4 型放映机，向县影剧管理站租片自行放映，陆续上映《地道战》《地雷战》《南征北战》等国产故事片。1973 年 9 月，由县影剧管理站用 35 毫米皮包机到剧场放电影，原 16 毫米放映机卖给县站。剧院基本无剧团演戏。1974 年，闸口影剧院建造，座位数 785 个。1976 年，镇政府拆除人民剧院，新建和桥人民剧院，面积 1100 平方米，其中舞台 115.4 平方米，有木翻板座椅 1033 个。1981 年 11 月，镇政府与县影剧管理站签订“关于和桥人民剧院的领导管理等问题的协议”，从 1981 年 12 月 1 日起和桥人民剧院由县影剧管理站接收，更名为和桥影剧院，影演并举。80 年代起，剧团演出场次逐年减少。1983 年，南新影剧院建造，座位数 1007 个。1983 年 12 月 1 日到 25 日，和桥影剧院在全县首映立体电影《欢欢笑笑》，甚为轰动。1984 年 11 月起，实行电影票价浮动。1987 年 4 月 25 日，和桥影剧院改为事业性质。是年，和桥影剧院有工作人员 10 名，其中，放影技师 3 人。1988 年，放影场次 600 余场，影片有《十五的月亮》《湘西剿匪记》等。2000 年后，由于文化生活多样化，加上乡镇合并、和影剧院改制等因素，观众分流，影剧市场萎缩。2003 年 3 月，和桥影剧院被列为宜兴市第一批事改企单位。2004 年，改名为宜兴市影剧有限公司和桥影剧院。2000 年、2004 年，南新、闸口影剧院先后并入和桥影剧院，2005—2006 年，影剧院有时还组织邀请宜兴、无锡、常州及浙江的“小百花”剧团来和桥演出。2007 年，剧院一般只组织小型歌舞演唱会，剧团演出停止。是年，和桥影剧院将剧场出租给了“丁一副超市”。2014 年 4 月，和桥影剧院由市影剧公司投资 3500 万元原地新建，建筑面积为 5020 平方米，工期于 2015 年 10 月完工。

图 28－3 2015 年的和桥影城

和桥影剧院历任负责人有潘诚西、邵焕清、汪金林、樊三大、汤顺法、王哲中、丁川生、樊小龙。

南新影剧院历任负责人有施永才、顾建盘。

闸口影剧院历任负责人有徐泽民、邵荣明、周伟飞。

3.放映队 1974年,和桥、南新、闸口公社相继建立电影放映队,每队配有8.75毫米电影放映机、幻灯机、75型发电机各1台,各公社按生产大队设立放映点,范围较大的设2个放映点,共计放映点60多个,一般是晚上露天放映,各放映点轮流放映。1978年起定放映任务,每队每年放映300场次以上,最多一年放到400多场。1983年更新16毫米放映机一台。1987年,闸口公社影剧院研制了护片警报器,当时在无锡市16毫米机上普遍推广使用。是年,闸口总放映403场,观众14.1万人次。90年代末期,随着电视业的普及和发展,电影观众减少,农村电影放映队处于维持状态,偶尔有农户婚丧喜庆包场放映。2000年、2004年,南新、闸口放映队并入和桥放映队。2005年,和桥镇有电影院1个,放映队1支,为加强影视宣传工作,组织学生观看爱国主义影片。2005年后,镇电影放映队只负责镇区学校的放映,学校每学年组织学生观看电影4场,农村放映工作有市电影队负责,全镇农村每年放映168场次。

和桥、南新、闸口电影队负责人有欧叔民、马和中、李国中、岑锡生、邵炎勤、周伟飞等。

四、工人俱乐部

1950年,楝树乡建立俱乐部。1951年6月,和桥镇工人俱乐部成立,隶属镇工会领导,地址在镇工会内。“文化大革命”前,工人俱乐部活动较为活跃。1965年8月,参加县群众业余文艺观摩演出,有快板《自力更生的赞歌》女声表演唱《卫生四大员》《迎新娘》,小锡剧《雨夜出诊》《查漏》,小歌剧《小百货下乡》、歌舞《保粮曲》,以及男声表演唱《打铁机呀我的好伙计》等时代气息较浓的小型节目。1984年自编独舞《风》,经无锡群艺馆加工整理,代表县参加无锡市歌舞大奖赛,获创作和演出二等奖。1981年6月,镇工会工人俱乐部大楼在兴业街竣工落成,先后开设书场、棋牌室、阅览室、乒乓室、桌球室、录像放映室等。工人俱乐部每年举办两次全镇性职工文体活动比赛,有乒乓球、篮球、拔河、棋牌、演唱、演讲、书画、征文等。1988—1995年,镇上有11个单位建立职工活动室,它们是宜兴染织厂、宜兴市轻工机械厂、宜兴市汽车配件厂、宜兴电炉耐火材料厂、宜兴粉末冶金厂、宜兴市华鑫纺织厂、宜兴市仪器仪表总厂、和桥自来水厂、和桥粮油厂、和桥医院、和桥商厦。1997年宜兴染织厂职工活动室被评为宜兴市最佳活动室,和桥医院职工活动室被评为市优秀活动室。2003年,工人俱乐部随镇总工会迁到兴业街63号。2004—2007年,和桥晶科光学仪器有限公司、太平洋集装箱配件有限公司、华源纺织有限公司、新雪竹国际服饰有限公司等26家企业先后创建了职工之家。其间,镇工人俱乐部每年开展乒乓球、篮球、羽毛球、拔河、爬山、象棋、书画、歌咏等文体活动。2009年,全镇有20多名书画爱好者参加工人俱乐部组织的书画竞赛活动。同年,狮王木业储建培在参加市总工会举办的书画竞赛活动中获三等奖。2011—2013年,每年开展“职工安康杯”知识竞赛。同期,宜兴市中长色织厂、鹏德汽车配件有限公司、百丽纺织染整有限公司在无锡市举办的“安康杯”知识竞赛中获优胜奖,2014年,周丽红在宜兴市总工会组织的职工数控技能大赛中获第三名。2015年组织参加宜兴市“幸福宜兴、阳光女性”女职工读书征文竞赛,太平洋集装箱有限公司职工荷花(笔名)创作的《美城女人》获优胜奖,兴达耐火材料有限公司职工周智创作的《我眼中的阳光女人》获优胜奖。

五、戏剧曲艺文艺团队

1.戏剧曲艺家协会

宜兴市戏剧曲艺家协会和桥分会 2009年,和桥镇永兴村成立事成织物公司戏曲票友会。多年来,“票友会”以戏为友、以和为贵,开展票友联谊活动,由宜城、丁山、周铁、官林、新建、高塍、范道、万石、屺亭等地上百名戏曲爱好者来“票友会”切磋技艺。是年,“票友会”共演出11场次。以后逐年不断增加。为努力提高“票友会”会员的演技水平,曾邀请常州市锡剧团团长、国家一级演员居亦琴，国家一级演员万建焕等一行5人共同主办“金秋之夜”广场戏曲票友演唱会，与票友同台献艺并现场指导。省锡剧团在宜演出期间，还邀请省锡剧团的主胡陆铁生老师至和桥现场拉琴指导。2013年8月，“票友会”在宜兴市文广新局、市文联举办的首届锡剧器乐展示赛中荣获“一级演奏团队”称号。2014年3月1日，宜兴市戏剧曲艺家协会和桥分会正式成立。自此，永兴村“事成织物公司戏曲票友会”更名为“宜兴市戏剧曲艺家协会和桥分会”（以下简称分会）。分会有会员62人，有16人组成理事会，会长为高良琴，同设副会长2人、总监1人、秘书长1人。2014—2015年，分会完成戏曲票友演唱活动近200多场次（含乐队培训），其中，王乃娅、王媛娅姐妹演唱的沙家浜选段《智斗》、沈春妹夫妇全家表演的反串《贵妃醉酒》、顶技《中国功夫》《二人转》等节目让观众耳目一新。特别是会长高良琴、副会长沈春妹上演的小戏《亲情》，在全市各乡镇演出二十多场，并代表和桥镇参加宜兴市企业文化节的比赛演出，获得金奖。2014年12月，“分会”被宜兴市戏剧曲艺家协会评为“标兵分会”。

和桥镇北渠村戏曲票友社　2013年10月，和桥镇北渠村戏曲票友社成立（以下简称票友社）。票友社有会员36人、票友会理事8人，会长为徐红娟。2014—2015年，组织有关戏曲爱好者开展说唱、排练现代及古装锡剧进社区，共演出40多场次，观众达上万人。

2. 和声社

民国22年，镇上20多位京剧爱好者发起组织“和声社”。社内的生、旦、净、丑角色人物，基本齐全。他们能演唱《苏三起解》《坐宫》《宇宙锋》《骆马湖》《追韩信》《投军别密》等十余出戏，深获观众好评。社员不惜工本，花钱学艺。沪宁线上如有名角上台千方百计前去观摩，前台潜心研摩，后台拜师求教。稍后，和声社设法购得流动大江南北的“老太婆”班子部分箱底。从此角色、行头和道具一应俱全，俨然一个小小京剧团。民国24年，和声社同仁在维新巷底（今农机厂）建立新生戏院，设备简陋，座位均为长凳。1937年11月28日，和桥沦陷，戏院被日军付之一炬。民国28年，和声社票友借农民银行仓库作临时演出，称和桥大戏院，梅金海的滩簧班带着女儿梅兰珍曾在该戏院演出年余。民国35年，和声社票友东山再起，在观音巷底筹建胜利戏院，有两厢和楼座，可容700多人，座位仍是长凳。

3. 和桥镇剧团

1951年2月，区俱乐部筹建和桥剧团。为配合中心工作，编排新京剧《四喜临门》《金锄头》、越剧《爱国生产》和歌剧《模范姐妹》。在抗美援朝运动中，演出现代京剧《光荣门第》、活报剧《美国少爷兵》。为响应捐献“鲁迅号”飞机，开展义演。新《中华人民共和国婚姻法》公布后，剧团还演唱沪剧移植的锡剧《罗汉钱》。

4. 文艺宣传队

20世纪50年代，和桥、南新、闸口地区相继成立文工团。1963—1973年，53个大队、9个居委先后成立了宣传小分队，演出话报剧、歌剧、自编自导快板、相声、秧歌舞、京剧、锡剧等。“文化大革命”开始后，各大队纷纷成立毛泽东思想宣传队，以排练革命样板戏为主。大多是《红灯记》《沙家浜》《智取威虎山》《白毛女》等。文艺宣传队员不计报酬、不辞劳苦，白天排练、晚上演出。除本大队演出外，还组织到外村、外乡巡演。1976年后，乡镇文化宣传工作均有公社党委组织安排。1991年起，和桥镇连续举办“新风颂”文艺会演、“荆溪之夏”文艺晚会和“文化乡村行、和谐千万家”等文艺会演。2014年，和桥镇有女子龙灯队、女子腰鼓队、河蚌舞表演队、花船表演队、女子古筝队等文艺团队16支，各村社区（居委）还拥有24支业余文艺团队。

六、网吧、歌舞厅、广告复印社

1. 网吧　2000年，缪昕在健康东路91号创办飞宇网吧，营业面积60平方米，有电脑45台。2001年，陈燕在朝阳路114号投入60万元创办众鑫网吧，有电脑70台。2003年，和桥镇白志刚在朝阳路东侧创办月亮湾网吧，营业面积80平方米，安装17

台电脑，一年后，营业面积扩大为300平方米，安装电脑150台。2009年，白志刚又与浙江合作伙伴在西横街创办通达网吧。2003—2009年间，白志刚担任宜兴市网吧协会会长。至2009年，和桥镇曾先后创办10多家网吧，网吧由宜兴市文化局文化市场办公室管理。为加强网吧管理，镇文化站聘请了10多位"五老"担任网吧义务监督员，定期或不定期对全镇网吧进行监督管理，防止未成年人进入网吧上网。2009年后，网吧营业处于低谷。2015年，全镇有网吧9家。

2015年和桥镇网吧统计

表28－1

单　位	经营地址	法人代表	电脑（台）	面积（平方米）
月亮湾网吧	和桥朝阳路	白志刚	125	300
月亮岛网吧	鹅洲西路	白志刚	125	300
通达网吧	西横街89号	徐国元	97	280
高手网吧	西横街133号	刘岩、瑞磊、朱辰辰	107	280
时尚网吧	朝阳路72号	韩志锋	110	250
康易网咖	朝阳路68号	张健	95	290
众鑫网吧	朝阳路114号	陈燕	70	180
飞宇网吧	健康东路91号	缪昕	45	60
幸运网吧	闸口海棠西路1号	程岩鹰	60	290

2. 歌舞厅　1990年9月和桥镇商业集团公司在西横街投资经营歌舞厅，是当初和桥镇首家具规模的歌舞厅。营业期间，每年聘请专业舞蹈人员举办培训班，参加培训班人员每次逾百人。1998年曾邀请无锡专业模特儿演出。2000年后，歌舞厅有李国雅投资300多万元创办为东方娱乐休闲坊，其内设有歌厅、舞厅各300多平方米。同期，每年除有歌舞爱好者参加活动外，镇、社区、村及有关企事业单位常常还组织职工在此开展演唱、舞蹈活动。2007年3月，朱士君在和桥西横街鹅洲西路213号投资创办宜兴市君悦音乐茶座，营业面积297平方米，KTV设施设备齐全，有音乐茶座及大、中、小包厢19只。2013年，屺亭周益娟在和新路租赁亿豪歌厅，营业面积842平方米，有大中小包厢19只，歌厅设施设备齐全。随着家庭卡拉OK文化娱乐的普及，尤其是文化广场舞的出现，歌舞厅经营逐渐走低。

3. 广告复印社　2000年3月，和桥镇居民陈霞在西横街55号创办宜兴市祥龙广告有限公司，投资金额10万元，营业面积30平方米，有电脑3台、复印机1台、刻字机1台、打印机2台、写真机1台。2002年，陈黎明在和桥镇鹅洲东路222号投资100万元创办恒创广告材料经营部，营业面积120平方米，有电脑8台、刻字机2台、喷绘机1台、户内写真机2台、户外写真机1台、雕刻机1台。同年，朱江宏在东横街25号投入10万元创办创岩图文广告，经营面积30平方米，有电脑3台、复印机3台、刻字机1台。2012年，王滔在和桥镇公园路57号投资7万元，创办宜兴市益环广告有限公司，韦超在和桥镇健康西路88号投资5万元创办超超图文设计室。2013年，苗韦唯在鹅洲东路49号投入4万元创办乐图广告公司。同年，丁雪峰在和桥镇健康西路创办嘉程广告公司。2015年，和桥镇拥有广告公司复印社近20余家。

2015 年和桥镇广告、复印社统计

表 28－2

名称	经营地址	法人代表	创办年份	注册资金（万元）
宜兴市闸口宏伟印刷厂	闸口海棠路 2 号	项宏伟	1985	5.00
江苏鹅洲装饰工程有限公司	锡宜公路塘渎桥堍	丁家明	1995	1680.00
和桥镇祥龙广告有限公司	西横街 55 号	陈　霞	2000	10.00
和桥镇恒创广告材料经营部	鹅洲东路 222 号	陈黎明	2002	10.00
创岩图文广告	东横街 25 号	朱江宏	2002	10.00
江苏宏伟装饰工程有限公司	园地新村	崔小伟	2003	1080.00
宜兴光大传播有限公司	朝阳路综合楼 D 幢	邵　光	2005	100.00
宜兴市南新芬达复印社	南新街(J4)	杜菊芬	2012	5.80
宜兴市闸口艺苑复印社	闸口镇闸口南路 15 号	徐泽民	2012	6.00
宜兴市和桥镇盛发印务商业	鹅洲西路 150 号	姚建卫	2012	10.00
宜兴市一环广告有限公司	公园路 57 号	王　滔	2012	7.00
宜兴市和桥镇阳光复印社	鹅洲西路(J1)	陆小丰	2012	3.00
宜兴市和桥镇静电复印服务社	西横街 229 号	蒋三娟	2012	2.00
宜兴市和桥镇超超图文设计室	健康西路 88 号	韦　超	2012	5.00
宜兴市和桥镇霞林复印社	鹅洲西路 179 号	韦霞林	2012	1.00
乐图广告公司	鹅洲东路 49 号	苗韦唯	2013	4.00
嘉程广告公司	鹅洲西路 119 号	丁雪锋	2013	5.00

七、文化广场、园林景点

1. 禾晖广场　禾晖广场由宜兴市规划设计、和桥光明公司于 2005 年 2 月承建，同年 10 月投入使用。禾晖广场东处钟张运河西、南靠南兴桥、西接永昌路、北至原和桥医院老址改造的商住楼，广场总面积 5400 平方米。原南侧河道改造成钢筋砼涵洞，长为 42 米，净宽 3 米多，深 5 米，同健康西路老涵洞接通。广场中间设置了寓意“腾飞”的雕塑。除绿化带外，全场地面均为花岗岩铺设。该广场还安装花岗岩石凳 20 张，场内设置各种灯具 154 套。主入口设置有直径 500 毫米的花岗岩球障，禁止车辆入内。工程总投入 206 万元。

图 28－4　2015 年的和桥禾晖广场

2. 朝阳广场　朝阳广场建于 2008 年，地处钟张运河东、南兴桥北侧，东临朝阳新村商住楼。广场由东向北至西成弧形状，整个广场为 5000 多平方米。广场南边连接南兴桥仝洞，仝洞面积约 80 多平方米，其内设计安排了石锁分会活动场所。广场西边是钟张运河景观大道。由西向东沿着花岗岩石阶踏上广场，是一条铺设宽约 2.5 米、长 200 多米的环形游步道。广场东南处，西北处各有一块约 600 平方米的小土丘，植有草坪、花卉及安装及各种形状的小雕塑。土丘内设计有鹅卵石铺设的羊肠小道，曲折幽深，紧靠朝阳商住楼环形走道内设有 15 米长 2 米宽的弧形长廊。广场西是600多平方米的舞蹈场，间隔花坛向东又是一块近500多平方米的凹陷溜冰场地。整个广场安装各式景观灯50多只，广场偏西南侧耸立着一座雕塑，其下方为2米宽的花岗岩正方形雕塑台，上方为不锈钢雕塑环形状，其东面镶着“江南名镇”，西边镶着“教授之乡”金灿灿的八个大字，石台雕塑东面刻写的是“孕育”寄语，西面刻写的是鹅洲文脉底蕴。

图28－5　2015年的和桥朝阳广场

每当傍晚，灯火通明，市民们聚集广场，伴随着音乐声起，舞姿盈盈丰满，孩儿们的溜冰动作娴熟，还有些老人们在自由自在地聊天休闲，整个广场活动甚为壮观。

3. 禾苑广场　2009年12月，镇政府投资251万元，在和桥化城寺南、鹅洲东路东侧建造禾苑广场。广场总面积约7000平方米。广场北侧设有约18平米的花架点缀。小卖部塑胶篮球场2面。广场东紧挨汇金购物中心。广场铺设花岗岩3800平方米，其中健身活动场地1500平方米。周边绿化面积1950平方米，除草坪外植有香樟树、广玉兰、银杏等多种树木27种，全场设有照明灯、扇形灯、景观灯90套，每到傍晚，全场灯火辉煌，舞伴们随着乐曲声翩翩起舞。广场西侧入口处，设有高约8米，宽12米的古式建筑牌楼一座。牌楼西侧雕刻着醒目的楹联，上联为“化城卧龙福地再现龙腾舞”，下联为“禾苑引凤鹅洲酣唱凤筑巢”。

图28－6　和桥禾苑广场

4. 古银杏广场　2014年，和桥镇政府在和桥镇区的钟张运河东，周家浜北侧的景观大道旁投资70余万元建造古银杏广场，并对其实施景观改造。广场总面积约1200多平方米，其中绿化面积500多平方米，有草坪、各式花卉，广场周边植有香樟、广玉兰、松柏等多种树木，甚为茂盛，广场内设有多种景观灯，北侧安装长14米，宽2米的弧形本质长廊，且设有两排木质座椅。整个广场有600平方米的活动场地，均用花岗岩铺设。活动场地中间有20多平方米的一只花坛，中间挺立着两棵古银杏，各自高约17米，茎秆周长约3米粗，东、西间距4米多。这是光绪六年（公元1880年）鹅山书院内的古银杏，曾是唐敖庆院士、吴冠中等启蒙就读的地方。

图28－7　2015年的古银杏广场

5. 和桥公园　和桥公园位于鹅洲西路西侧，由

图28－8　2015年的和桥公园

苏州园林设计院设计,1998年竣工开园。园内以青草绿树碧水为主调,内设老干部活动中心、健身小区、书画长廊、人工假山、小桥流水,具有浓郁的江南园林气息。公园房舍仿照明清建筑风格。一条小溪蜿蜒东西,垂柳拂水,莲荷挨挤,青绿宜人;拱桥横跨小溪,连通南北;书画长廊,尽显和桥名人风光;几座古碑,承载着和桥悠久的历史;八角亭下的绿草坪、健身器、石锁台,是人们活动休闲、锻炼身体的好去处;环园小道卵石曲径,山间小路穿山绕亭;仿古围墙,围园隔市,在闹市中开辟出一片清静,让人更觉得心旷神宁。每天清晨,公园里鸟儿欢鸣,成群的居民在这里跑步打球、操琴唱曲、摆棋对弈、石锁比武、遛鸟遛狗、摄影留念;假日里,还有儿童少年在亭子里读书、在草坪上游戏、在小溪边观鱼;在合适的季节,有人还来放风筝、看河灯、捉知了、打雪仗……

6. 吴冠中故居 吴冠中为当代著名画家,美术教育家,1919年出生于和桥镇北渠村,故居坐北面南,原有两进、面阔三间9米,进深18米。建筑南面为小河及桑树园,北面为菜地和竹园。2010年6月25日,吴冠中在北京逝世(享年91岁)。2011年,东来集团投资2000万元,在故居原地征地6000多平方米(10亩),对故居进行修缮,扩建吴冠中生平展厅、吴冠中书画展厅、迎客厅等建筑群3500平方米。修缮扩建的吴冠中故居分二进,南北向。前进偏东为修缮的吴冠中故居(原貌),分前后两进,共有房屋6间,其内陈列了吴冠中故居中的家用设施,以留旧貌。故居东北侧为吴冠中生平展示厅,建筑面积约200平方米,室内展示了吴冠中的生平经历。故居西北侧为吴冠中画展厅,约200多平方米(其他建筑近100多平方米)。画厅内大部分展示了吴冠中画的乡村画作,其中有油画、水墨画等20多幅。新建的吴冠中故居后进为五开间二层迎客厅,底层中间为正厅,正厅东是会客室(二间),正厅西(二间)是工作室及画室。二楼为来宾客房。前后进之间为大花园,植有天竹枝、香樟、榉树、桂花树、茶花、鸟不息、黄杨等。院内环境幽静、绿草如茵、树木葱茏。2012年8月29日,吴冠中故居落成并对外开放。

图 28－9　2015 年的吴冠中故居

7. 江苏天一度假村 天一度假村位于宜兴市西北20千米的和桥镇闸口村滆湖边,东北距无锡45千米,北距常州25千米,占地面积39万平方米。80年代,这里还是钟张运河北端的一片荒草滩。1992年,当地一位农民实业家吴亚生,开始对这一片荒草滩进行规划和建设,清除荒草,开挖池塘,种植花草,建造楼、廊、桥、塔。经过10多年的不断扩大和完善,2003年被无锡市旅游局命名为无锡市农业旅游观光点”,正式挂牌。与“东坡海棠园”“吴冠中旧居”“滆湖荷荷湾”形成一个独特的旅游景区。度假村是一个全方位立体型休闲旅游娱乐基地。有园林观光、度假休闲、会议培训、娱乐活动等主要区域,面积有13.3万平方米。青石砖、琉璃瓦、雕梁画栋、碧瓦重檐的建筑,金碧辉煌;还有清流婉转、水榭凌波,亭台错落、长廊回环,假山耸立、曲径通幽。在遍植桃花的小岛上,有取自韶山的香妃竹、奉化溪口的五针松、耸入云霄的天一塔等。按照四星级饭店标准建造的度假酒店,总建筑面积6万平方米,有总统套房、豪华标准房、园林个性化标准房和水上客房共358间,古朴幽静,间间精致,处处温情。房内设有国际互联网专线、私人

图 28－10　2015 年的江苏天一度假村

保险箱。15个高规格的大、小会议室可容纳700人，餐饮可同时容纳2000人。娱乐城1.2万平方米，有1000平方米的室内温水游泳池、4000平方米的桑拿以及有声影院、无声视听、健身房、夜总会、保龄球、网吧、KTV、棋牌室等30多个娱乐项目。

8. 滆湖荷花湾 地处和桥镇西10公里的滆湖之滨。每年七、八月份更是赏荷花的好时节，荷花湾里是成片成片的野荷花，芦苇，湖光水色相互映衬，景色格外优美，也是一处令村民自豪的地方。为了完善景区功能，90年代，村集体和村里的部分企业共同投资近千万元，新建景区休闲娱乐设施，打造湖光生态湿地。至2015年，置身荷花湾风景点，可以赏野花、品湖鲜、观湖色。

图 28-11 2006年的滆湖荷花湾景色

八、老年活动室

20世纪80年代中期，和桥、南新、闸口部分大队已创办老年活动室，其中以北庄、石路、庙桥、文家、上俸为最早，且规模较大，设施齐备，其余一些大队活动室设施简陋，以棋牌饮茶为主要活动。和桥、南新、闸口乡镇合并后，随着行政村的撤并整改，大多数行政村部通过改造或移地新建，条件得到改观，19个行政村（居）委全部建立了老年活动室。1997年，和桥镇老干部活动室、镇老年活动室，均建在公园内，建筑面积300多平方米，内设茶话、聊天、学习室、图书阅览室、棋牌室、乒乓室、电视室、戏曲票友演唱室、音像室。2014年，和桥有合格老年活动室近30个，总面积达7200多平方米。生建居委老年活动室在和桥镇北兴桥东桥埠（长生企业）内。其余一些老年活动室，有的分布在原撤并大队村（居）所在地，或设在适宜老年人活动的聚集地。2015年11月，镇老年活动中心迁至鹅洲西路262号（原和桥第二小学）。

九、画廊、板报

20世纪70—80年代，各生产大队、小队一般均有简易板报，张贴公告、通知、出刊毛主席语录等。90年代，村委撤并调整，各村（居）委在翻建或新建办公楼时，都规划设置了铝合金或不锈钢框架的画廊、专栏，张贴各种法规条文、布告、宣传党的方针政策，公布村委民主理财内容及安民告示，布展新农村建设成就和远景规划等多种资料。各居民小区、村民小组也设有画廊板报、张贴告示、通知、宣传农科技知识、健康知识。2015年，和桥全镇有画廊101处，有板报190块。

第二节 群众文化

一、社区文化

1. 文艺培训 新中国成立后，特别是改革开放后，和桥的文化事业蒸蒸日上，文化市场空前繁荣，民族、民间文艺传承和现代文艺活动丰富多彩，各种表演团队在市、镇、社区表演中展示风采，戏曲票友唱响各地，各文艺团队在重视文艺演出的同时更注重文艺培训。2008年，和桥镇成立了木兰协会。木兰协会会长王红娟自出资金购买长龙一条和全套服装。当年，和桥镇拥有龙灯队5支，大小龙灯8条，镇文化站及时举办龙灯、花船舞蹈三期培训班，培训

图 28-12 2008年，和桥镇文化站举办龙灯队培训活动

文艺骨干 171 人。2009 年，根据群众需求，组织开展各类文艺培训活动，举办锣鼓、花船、大头扇舞、秧歌、舞蹈等培训班 7 期，参加培训人员 200 余人次，并聘请专业教师进行现场教学。2010 年，举办各类培训 6 期，受培训人数 200 多人次。同年 4 月，文化站组织 8 名群文骨干参加宜兴市培训。2011 年 10 月，举办镇老年大学学员舞蹈培训班。2012 年举办各种文艺培训班 10 次，培训达 600 人次。2013 年，举办了锣鼓、腰鼓、手鼓、木兰棍、广场舞、马灯、河蚌戏、花船、戏曲票友等各类培训 13 期，参加培训 800 多人次。2014 年，宜兴市戏剧曲艺家协会和桥分会

图 28－13　2013 年和桥镇文化站举办腰鼓队培训活动

对文艺骨干进行了多层次的培训。聘请市锡剧团王凤华老师、市戏剧曲艺家协会会长戴立东为常年演艺顾问。全年王凤华共下乡辅导培训 7 场次。会长高良琴多次到市锡研会、市锡剧团向王凤华老师求教，虚心学习，认真揣摩，使其搭档反串的小生“双珠凤送花楼会”登台节目表演得声情并茂，神情兼备，不失专业水准。副会长沈春妹常年在外从事商业演出，也随丈夫多次参加央视三套《星光大道》《向幸福出发》、央视七套《乡村大世界》等栏目演出，有较扎实的演艺功底。经她培训的“二人转”“爱的世界只有你”等舞蹈在多次互动演出中成为了一大亮点。王媛娅辅导培训的上海说唱《禁赌》，孙红萍辅导培训的“房内走出我梅彩娥”等节目都给观众留下了深刻的印象。同年，举办马灯、木兰刀、柔力球、男欢女嬉等培训班 10 期，参加培训人员达 300 多人次。

2. 文艺演出　1950 年 2 月 3 日，人民政府为了迎接新中国成立后第一个春节，在养初小学大礼堂召开春节活动筹备会，组成春节文娱活动委员会，领导和开展文娱活动。此后每遇盛大节日，镇上还组织腰鼓队、秧歌队等到街头演出。1951 年 2 月，区俱乐部筹建和桥剧团。1952 年，镇上开展物资交流，文艺演出如调龙灯、调狮子、男欢女嬉舞、三十六行等全部出场；湖陵圩的盾牌舞、北渠的狮子舞、西施荡的荡湖船舞和马叉，都会集镇上表演；商店也挂灯结彩；入夜，街上燃放焰火，居民提灯游街盛况空前。1954—1958 年在农业社会主义改造过程中，镇上各界人士联合排练《走上新路》，到农村巡回演出。“文化大革命”开始后，“红卫兵”和“造反派”多次在人民剧院演出文艺节目，演员们身着绿军装，臂戴红袖套，腰围武装带，比较流行的形式是对口词、快板、三句半、表演唱等。1967 年，各单位文艺骨干联合演出了大型歌剧《收租院》，较为轰动，在人民剧院连演数天，座无虚席，后又到和桥区各公社及部队演出。1969 年冬又演出大型话剧《槐树庄》。60 年代末至 70 年代初，和桥公社部分大队排演样板戏，剧种多为锡剧，最多的是《红灯记》《沙家浜》，也到其他公社去演出，几个主要唱段流传很广。70 年代中后期到 80 年代末，各单位排练节目，在镇上会演后选拔参加县里的文艺调演，并多次获奖。1991 年起，举办“新风颂”文艺会演，到 1999 年已举办 5 届。90 年代初，每年的元旦、春节或国庆节，镇政府都组织专场文艺演出。90 年代后期，社区文化活动的频率越来越高，活动规模和质量不断提升。1996 年原闸口、南新镇举办卡拉 OK 演唱比赛，有 60 多名选手参加。2000 年，陆鹤云辅导的“满堂红”锣鼓队在中央电视台举办的全国鼓乐比赛中获中华鼓王称号。2001 年，吕成千作曲、崔幼媛编导的舞蹈《喜拉丰收网》参加江苏省第三届中小学生文艺会演。2002 年，陆鹤云二胡独奏参加全国民乐、民族、民舞“三民”比赛。2004 年，和桥承办宜兴市第五届“荆溪之夏”广场文艺专场。同年，在宜兴市第八届“新风颂”文艺调演中，京剧《和桥豆腐干》获奖。其中，舞蹈《花香千里》还参加无锡市群众文艺会演。是年，文艺演出 15 场，节目 171 个，演出人

员2338人次，观众达38000余人次，参加宜兴市演出活动16次。2005年，和桥镇举办各界人士茶话会文艺演出活动。宜兴唐振华、王超等应邀参加演唱。2006年12月9日，由和桥镇镇政府、宜兴市广电局、中国移动江苏公司宜兴分公司主办的唱响和谐新农村欢乐陶都——走进和桥大型露天文艺演出在和桥职业高级中学盛大开演，市委宣传部长许伟英、党委书记苏锡林致欢迎词，市副市长华学文、市广电局长程同德等市委领导观看了演出，吸引了近万名观众。著名歌星孙楠深情演唱了3首歌曲，现场场面火爆、气氛热烈。2007年3月4日，和桥镇组织丰富多彩的闹元宵活动，运河两处挂满花灯；禾晖广场、朝阳广场"金猪献瑞"等二套主题灯组形象逼真、光彩照人；下午公园门口镇文化站举办的调龙灯、歌舞等文艺节目吸引了近千名群众观看；晚上公园内燃放礼炮，全民欢度元宵。2008年，文化站组织多项文艺演出活动12场，演出节目169个，参加演出文艺骨干618人场，观众累计1万余人次。当年元宵节，和桥组成60人参加的花船舞表演在宜兴解放广场演出，给宜兴观众留下深刻印象。2009年7月7日，宜兴市第十届"荆溪之夏"广场文艺和桥专场演出在公园广场成功举办。全镇1000多名观众观看演出。同年，组织参加宜兴市第四届社区文化艺术节活动，和桥镇诸多节目获奖。2010年，事成织物有限公司、楝聚村、福巷桥村、生建、南新社区分别举行文艺演唱活动。同年5月，和桥文化站组队参加市"文化陶都，魅力宜兴"系列文化活动，6月17日，承办宜兴市第十一届"荆溪之夏"广场文艺晚会和桥专场。10月20日，和桥镇在宜兴市第十一届"新风颂"文艺调演中获优秀组织奖。2012年7月，在宜兴市残疾人文艺会演中，和桥表演的《爱琴海》获好成绩。同年，在宜兴市第十二届"新风颂"文艺调演中，和桥镇获优秀组织奖。2013年6月，宜兴市文物图片宣传乡镇巡回展在和桥公园内举行。9月18日，在宜兴市第二届老年文艺会演中，和桥老年协会获会演组织奖，和桥镇被评为文化区域互动"优秀组织奖"。10月15日，江苏省"梅花奖"文艺家志愿者服务社团走进和桥禾苑广场演出。是年，和桥镇主办、承办、协办各种文艺演出活动40场次。2014年2月14日，由宜兴市文广新局主办、和桥花船队等民间艺术团队承办的闹元宵在宜兴周王庙广场专场演出。4月23日，宜兴市第十三届"新风颂"文艺会演在宜兴人民剧院举行，和桥选送《陶都之恋》《大爱无限·润物有声》节目获奖。8月29日，由宜兴市委宣传部主办、和桥镇承办，在和桥五洲国际广场举行"宜兴市梦想舞台K歌明星秀"演唱会。11月份，在宜兴市首届企业文化艺术节、企业文化会演中，和桥富陶集团、事成织物有限公司参加，和桥镇获首届企业文化艺术节优秀组织奖。是年，和桥镇主办、承办、协办各类文艺演出活动40场次。2015年2月11日，和桥镇在北渠村举办2015年无锡市暨宜兴市文化科技卫生"三下乡"活动；同年6月举办"教授之乡和美和桥"摄影比赛，参赛人数近40人。9月25日，和桥镇组队参加宜兴市第七届社区文化艺术节。是年，举办了各类文艺培训16期，参加人数达600余人次。

2000—2015年和桥镇文艺表演获奖成果

表28－3

类别	节目	奖项(级别)	获奖年月	获奖单位(个人)
器乐	"满堂红"锣鼓队	全国鼓乐比赛"中华鼓王"称号	2000年10月	陆鹤云
舞蹈	喜拉丰收网	江苏省中小学生文艺会演三等奖	2001年	吕成千
器乐	"民乐、民歌、民舞"二胡独奏	全国"三民"比赛银奖	2002年12月	陆鹤云

续表 28－3

类别	节目	奖项(级别)	获奖年月	获奖单位(个人)
舞蹈	河蚌花鼓	宜兴市首届社区文艺大赛金奖	2003 年 9 月	文化站
小戏	寻梦	宜兴市文艺会演金奖	2003 年 9 月	文化站
小戏	享福	宜兴市“新风颂”文艺调演银奖	2004 年 12 月	文化站
歌舞	和桥豆腐干	宜兴市“新风颂”文艺调演银奖	2004 年 12 月	文化站
歌舞	花香千里	宜兴市“新风颂”文艺调演金奖	2004 年 12 月	文化站
舞蹈	畅想春天	宜兴市“新风颂”文艺会演	2008 年 6 月	文化站
小戏	享福	宜兴市“新风颂”文艺会演金奖	2008 年 6 月	文化站
舞蹈	花香千里	宜兴市“新风颂”文艺会演金奖	2008 年 6 月	文化站
歌舞	和桥豆腐干	宜兴市“新风颂”文艺会演银奖	2008 年 6 月	文化站
舞蹈	小蚂蚁	宜兴市“新风颂”文艺会演金奖	2008 年 6 月	文化站
舞蹈	掀起你的盖头来	宜兴市舞台节目比赛金奖	2009 年 9 月	文化站
舞蹈	动感拍拍拍	宜兴市广场节目比赛银奖	2009 年 9 月	文化站
演讲	祖国·祝福你	宜兴市演讲比赛	2009 年 9 月	沈丽娟
舞蹈	花香千里	无锡市群文会演三等奖	2009 年 9 月	文化站
舞蹈	河蚌戏花船	宜兴市社区文艺节会演金奖	2009 年 9 月	文化站
舞蹈	傣家风情	宜兴市社区文艺节会演银奖	2009 年 9 月	文化站
器乐	古筝与二胡	宜兴市社区文艺节会演金奖	2009 年 9 月	文化站
歌舞	和谐春光驻宜兴	宜兴市“新风颂”文艺调演金奖	2009 年 9 月	文化站
舞蹈	荷之韵	宜兴市“新风颂”文艺调演金奖	2009 年 9 月	文化站
舞蹈	谁不说俺家乡好	宜兴市第三届社区文化艺术节金奖	2009 年 10 月	文化站
歌曲	走进新时代八荣八耻	宜兴市机关文化艺术节	2009 年 10 月	和桥镇机关
歌舞	鹅洲·我可爱的家乡	宜兴市“新风颂”文艺调演金奖	2010 年 10 月	文化站
小品	假如是你	宜兴市“新风颂”文艺调演银奖	2010 年 10 月	文化站
歌曲	千百年后谁还记得谁	宜兴市 K 歌总决赛银奖	2012 年 8 月	张进
歌曲	爱琴海	宜兴市残疾人文艺会演第一名	2012 年 8 月	申纪云
舞蹈	太湖鱼语	宜兴市“新风颂”文艺调演金奖	2012 年 8 月	和桥第二小学
演讲	我爱和桥古银杏	宜兴市文物宣传最佳表演奖	2013 年 8 月	文化站
舞蹈	和谐中国	宜兴市老年文艺会演金奖	2013 年 9 月	文化站
小戏	亲情	宜兴市老年文艺会演银奖	2013 年 9 月	文化站
舞蹈	弹起我心爱的土琵琶	宜兴市社区文化艺术节广场舞金奖	2013 年 9 月	劳动、兴业、生建、海棠、楝聚社区
曲艺	陶都之恋	宜兴市“新风颂”文艺调演金奖	2014 年 4 月	文化站
曲艺	大爱无限·润物有声	宜兴市“新风颂”文艺调演银奖	2014 年 4 月	文化站
舞蹈	吉祥	宜兴市第三届老年文艺会演金奖	2014 年 10 月	周萍萍、丁琴芳
舞蹈	紫竹聆风	宜兴市第三届老年文艺会演银奖	2014 年 10 月	范文英、王芳
演讲	美城女人	宜兴市女职工读书征文演讲竞赛	2015 年 3 月	荷花

二、校园文化

1. 文化活动 20世纪40年代末至60年代初，和桥中学师生年年在人民剧院演出文艺节目，形式大多为大合唱、表演唱、相声、双簧、器乐演奏等，有时配合政府中心工作，在街头、茶馆等场所演出说唱等小节目，多为紫竹调、杨柳青等地方小调，很受群众欢迎。“文化大革命”开始后，学校“红卫兵”和“造反派”经常排练节目，内容大多是“三忠于”“四无限”等。其形式一般为对口词、快板、三句半、表演唱。70年代至80年代末期，文化活动一般由各校自行组织开展。1994年后，校园文化活动由市教育主管部门统一规划安排，有序组织开展。1990年后，随着办学条件改善，艺术教师开始逐步到位，和桥地区中小学文艺团队数量不断增加，规模不断壮大。至2005年底，全镇先后成立学校文艺团队20个，其中合唱队8个。和桥实验小学舞蹈队具有特色，西洋管弦乐队在宜兴市颇具影响。1994—2005年，市教育局每两年举办一届全市校园文化艺术节，和桥实验小学、和桥第二小学、和桥第二中学多次获舞蹈、曲艺、比赛金奖。和桥实验小学在教育系统合唱比赛中屡次获得金奖。2001年，省第三届中小学文艺会演中，吕成千作曲、崔幼媛编导的舞蹈《喜拉丰收网》获江苏省二等奖。2004年7月，和桥镇学校系统在和桥公园广场举办“校园文艺专场”演出，受到群众欢迎。1995—2005年，全市举办11届纪念“一二·九”运动合唱比赛，和桥实验小学在比赛中多次获“金歌奖”。2009年2月4日，和桥镇举办学校迎新春学生二胡演奏会活动，演出节目14个，参演学生38人。同年，在宜兴市第八届“新风颂”文艺调演中，和桥第二小学少儿舞蹈《小蚂蚁》获创作、演出双金奖。2004—2015年，在宜兴市小学生文艺会演中，和桥第二小学连续获金奖，在无锡市百灵鸟文艺会演中荣获7金2银；学校获无锡市艺术特色学校称号。2015年和桥二中在无锡市第三十五届“百灵鸟”宜兴分会场文艺演出中获金奖。是年12月在第十二届中国中小学校园影视竞赛中，和桥二中《牙齿的故事》获一等奖。

图28－14 2000年，和桥镇举办小学生迎新春二胡演奏活动

2. 文化特色 1991年，围绕提高学生综合素质，各校从实际出发，调整课程结构，注重培养学生兴趣特长和动手能力，开展以第二课堂为特色的劳科技教育，开展科技知识的小制作、小发明、科技小论文等寓教育性、知识性和趣味性于一体的活动，增长学生的知识，发展学生的特长。进入21世纪，实施文化荣校、特色强校措施，做到校校有文化特色。

和桥高级中学文化特色 该校的蠡水文学社是其校园文化建设的窗口。蠡水文学社成立于20世纪80年代初，出版《淡淡的一片绿地》《报春花》等师生发表作品的影评集。其后，参加国内各种研讨和交流活动，成为全国文学社联合会会员单位，被评为“江苏省先进集体”“无锡市优秀社团”“宜兴市优秀群众团体”。社刊《蠡水》多次被评为市中学生优秀社刊一等奖或特等奖，多次评为“全国中学生优秀社刊”。至2015年，文学社经常邀请著名作家、诗人和学者到校讲学或讲座；著名教育家钱梦龙、魏书生、于漪等曾为蠡水文学社题词。

图28－15 2015年和桥中学的《蠡水》特刊

和桥实验小学文化特色 1992年,和桥实验小学成立校园文化领导小组。同年组建美术书画组、舞蹈队、西洋管弦乐队。经过多年努力,和桥实验小学组建的文艺团队取得骄人的成绩,在全市具有特色。2004年,和桥实验小学学生参加江苏省电脑绘画比赛,有3名学生获得一等奖。1992—2005年,学校在参加无锡市小学生百灵鸟文艺会演比赛中演出“放鸣”“吹吹吹”“雨中花”“嬉龙”“诗韵”“草原牧歌”等9个节目获一等奖,“闹金秋”“别笑我”获得三等奖。其间,学生钱洪强、张宇、李丽蓉、倪亮、吴月、张鹏华、卢景、范萍萍、丁佳9位同学先后考入江苏戏剧学校、无锡市歌舞团、无锡市戏剧院。学校组建的西洋管弦乐队在宜兴市具有特色,2002年,《北京喜讯到边寨》节目获无锡市小学生百灵鸟文艺会演比赛一等奖。

图28-15 2002年,和桥实验小学的西洋管弦乐队参加无锡市小学生百灵鸟文艺会演

和桥第二小学文化特色 和桥第二小学(以下简称二小)遵循“以书传道,以润童心”的理念,每年开展读书节、经典诵读等系列活动,培养了学生良好的阅读兴趣和阅读习惯,学校被评为无锡市首批经典颂读学校。同时该校又潜心躬行书法教学,始终坚持安排20分钟的“每日一练笔”时间,结出累累硕果。“书画艺术冶情操”,二小以少年宫为抓手,成立鹅洲少儿书画社、鹅洲少儿陶刻社、鹅洲少儿文艺社、扎实开展训练,让每一位学生的素养在艺术教育中得到发展。2004—2015年,二小连续获得宜兴市小学生文艺会演金奖,并有多年参加无锡市小学生文艺调研获金奖。2009年,和桥二小获评无锡市艺术教育特色学校,多名师生在全国、省市级的书法绘画比赛中获奖。2009—2015年,和桥二小的男排、女排在无锡市宜兴市的比赛中连续夺得桂冠。2014年,学校又成立了鹅洲少年棋社,并在一二年级开设国际象棋课程。2015年,学生国际象棋比赛丙组获得宜兴市、无锡市团体冠军。2014年12月,和桥二小在全国啦啦操比赛中荣获小学丁组冠军。同年,和桥二小被评为无锡市排球特色项目学校,还成立鹅洲少儿足球社。2015年4月,学校被授予中国书法(写字)特色学校,同年又加入江苏省体育青少年俱乐部。

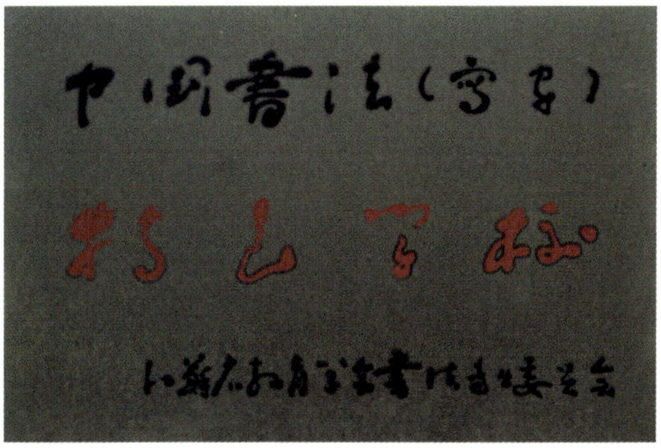

图28-17 2015年,和桥第二小学被江苏省教育学会书法专业委员会授予中国书法(写字)特色学校

南新小学文化特色 南新小学(以下简称南小)始于1923年的“水中学管”,是一所充满写意水韵的魅力学校。2013年,南小建成4个典雅精致的“水文化”小型主题公园:水泽宜兴、水润文化、水与生态、水育楠馨。“水泽宜兴”介绍“宜兴——东方水城”“南新——水乡小镇”“太湖”“滆湖”“氿”“溶洞”“水产养殖”,展示滆湖风光、渔船生活、垂钓风情,在展板旁有学生们收集水资料的“跟帖”;在宣传栏内,学生定期展出“水”摄影、绘画、习作与展板跟帖相得益彰。“水润文化”是水文化的核心——水精神,介绍诗词与水文化、音乐与水文化、旅游与水文化、陶瓷与水文化、农耕与水文化、船家与水文化,一个个内容都成为学生们综合实践活动的一个个研究课题。“水与生态”,着力引导学生研究滆湖大生态、学校池塘小生态、鱼缸水培微生态;在学校

的池塘，在小水滴研究院、水质研究小组、水培花卉组、水培蔬菜组、芽苗菜种植组等，学生们忙碌的身影是水生态公园最美丽的景色。“水育楠馨”区域有“一训三风”和“水韵”“绳舞”“劳科技”三个展板特别显眼；教室前后，“绳舞飞扬”展板和花样跳绳图谱催人奋进；橱窗里，从原文化厅厅长章建华到学校劳科技特长生、绳舞能手，分别介绍学校的优秀学子代表；大道旁，“巧手小集市”定期举办活动，“本月明星产品”“巧手工艺坊推荐作品”“特惠作品”引人注目。该校的“水文化”立足学校综合实践教学特色，开发与实施校本课程“巧手韵动”，涵盖剪纸、贴画、家政、水培、编织、包装等内容，每个内容都与水有机结合。如“编织”安排纸编小鱼、线编鱼网、竹编鱼篓、吸管编织鱼虾蟹、芦苇编席；“家政”安排洗菜、洗碗、拖地、擦窗等。2013 年，在无锡市航模比赛中，小巧手们荣获多个团体一等奖。在宜兴市

图 28－18　2013 年，南新小学在无锡市第 30 届模型比赛中的获奖证书

劳科技操作竞赛中，获低年级组一等奖、高年级组二等奖、中年级组三等奖；在宜兴市小学生跳绳比赛中，学校获女子团体一等奖、男子团体三等奖。同年，学校综合实践骨干教师赵敏被江苏省教研室聘为第二届省中心组成员，其“浸润式”综合实践课堂教学模式在扬州的省级活动中交流。是年 10 月，学校申报“促进学生德育素养提升的水文化实践研

图 28－19　2013 年，南新小学申报的《促进学生德育素养提升的水文化实践研究》的课题被中国教育学生确定为“十一五”科研规划重点课题的实验基地。

究”的课题成为无锡市教育科学“十二五”规划课程。学校的“绳舞”“水韵”项目分别被评为宜兴市特色项目，该校获评江苏省绿色学校。

闸口小学文化特色　闸口小学（以下简称闸小）位于和桥镇北，从这里走出了邵氏一门六博士、全国劳动模范邓槐银、空军少将邓铜山、画坛巨匠吴冠中。千年前，闸口先贤邵民瞻就对大文豪苏轼十分崇敬，苏轼也多次来闸口民瞻家并携蜀本西府海棠相仿，手植于民瞻东苑。该校校园文化建设以海棠文化为特色。“校训石”，竖立于教学楼右前方的小花园中，是一尊高约 1.5 米、宽 2.5 米的太湖石，行楷书写“心怀感激”四个大字，意在激励闸小人心怀感激，体现海棠精神。“海棠园”，以闸口的文物保护单位“海棠园”为蓝本，在校园内建造一个微小的海棠园。内设“天远堂”，学子们在园内种植多种海棠，并由他们悉心呵护成长；绿化带闸小人追求以绿色为主色调，以海棠为象征，做到“春有花、夏有荷、秋有香、冬有绿”，体现海棠文化特色；“文化墙”，以海棠文化为核心，追求高品位、儿童化原则，把苏东坡诗词以及吴冠中书画和代表现代文化发展的科技知识、天文、地理知识等相结合，进行全面铺展、点面结合，让每面墙说话。学校还建立了东坡书画室、东坡书屋，让学子们时常得到练笔，培养真诚

聪慧，珍惜拥有、把握现在。

三、家庭文化

20世纪90年代末，和桥在建设文明村、文明单位、文明家庭的同时，建设家庭文化越来越受到社会各界的关注和镇、村（居）委二级领导的重视。至2015年，经镇文化站的推荐上报及有关部门的评选，和桥有诸多家庭被评为宜兴市特色文化家庭。

和桥镇特色文化家庭

表28－4

家庭	特色	命名时间	称号
杨惠娴	戏曲类	1999年12月	宜兴市特色文化家庭
戚玉范	音乐类	2002年10月	宜兴市特色文化家庭
孙维纵	音乐类	2002年10月	宜兴市特色文化家庭
沈安根	曲艺类	2002年10月	宜兴市特色文化家庭
谢宗元	书法类	2002年10月	宜兴市特色文化家庭
蒋小忠	摄影类	2002年10月	宜兴市特色文化家庭
钱亦平	读书用书	2009年9月	宜兴市十佳书香家庭
朱斌培	读书用书	2013年10月	宜兴市十佳书香家庭

第三节　文艺创作

一、戏剧曲艺

民国时期，和桥人蒋佩风对流行于该地的三跳道情进行改编和再次创作，使之在唱和做方面更加动人，曾经风靡京沪沿线。20世纪50年代初，和桥剧团编排新京剧《四喜临门》《金锄头》、越剧《爱国生产》及歌剧《模范姐妹》。60—70年代，各生产大队文艺宣传队常常创作对口词、三句半、快板书、相声、说唱、话报剧等节目。80年代，县文化局、县文化馆每年开办文艺创作骨干培训班，和桥、南新、闸口地区均派人参加，较大提高了文艺创作能力，每年都会有一些较好作品搬上乘凉晚会、春节文艺舞台，并选拔创作节目参加县文艺会演。90年代，随着文化事业的发展，勤劳的和桥人民有着独有的文化自觉和文化自信，努力地创造。1988年，文化站创作小戏《寻梦》荣获宜兴市创作银奖。2004年，创作小戏《享福》获宜兴市创作金奖。业余作者许季涛创作的京剧《和桥豆腐干》获市创作金奖。2007—2008年，和桥镇文艺创作精品迭出，成果喜人。张魁雄创编的小戏《武大郎打虎》获中国滨州博兴第五届国际小戏艺术节最佳推荐节目，获无锡市群众文艺会演创作金奖、宜兴市一等奖、江苏省第五届小戏小品剧目奖。2008年，鲍维平创作的歌词《孩子，你不要哭》在中国大众音乐协会感动中国——2008全国首届新创歌曲歌词大赛中获三等奖。歌词《雄气·澳门》获中国散文学会“复兴之路”纪念改革开放30周年全国文学征文一等奖。2008年，杭国民创作的快板书《人狐奇缘》获宜兴市一等奖；鲍维平创作的快板书《恋爱与战役》《孩子，你不要再哭泣》分获宜兴市二等奖、三等奖；闻桑创作的表演唱《老阿婆喜说新鲜事》获宜兴市优胜奖。是年，和桥镇文化站在宜兴市群众性文艺创作征文活动中获优秀组织奖。2009年，文化站在宜兴市第四届社区艺术节活动中创作排练的舞蹈《掀起你的盖头来》获金奖。在宜兴市第八届“新风颂”文艺调演中创作的小锡剧《享福》、舞蹈《花香千里》《小蚂蚁》、歌舞《和桥豆腐干》均获创作金奖。在无锡市群文会演中，舞蹈《花香千里》获创作二等奖，歌舞《荷之韵》、京剧联唱《和谐春光驻宜兴》分获宜兴市创作金奖和银奖。2010年，在宜兴市“新风颂”文艺调演中创作的歌舞《鹅洲·我可爱的家乡》、小品《假如是你》分获创作金奖、银奖。2012年9月，在宜兴市第十二届“新风颂”文艺调演中，和桥文化站创作的京剧伴舞《美丽的家园》、小戏《给你一个家》均获金奖。同年，在宜兴市群众文艺征文活动中，和桥程同祖创作的《永宁桥·和谐桥》歌词获市优秀创作奖。2013年12月，许季涛创作的歌词《古乡的石拱桥》获市曲艺类创作三等奖。2014年，在宜兴市组织的“书香弥漫人生岁月”读书征文活动中，陈梦洁、蒋晓新的作品分获宜兴市一等奖、三等奖。2015年，太平洋集装箱有限公司荷花（笔名）在宜兴市女职工读书征文竞赛中，创作的《美城女人》获优秀奖。

二、音乐舞蹈

和桥境内的有名学校，民国初创期编有校歌，人人传唱；新中国成立至“文化大革命”前，自创歌曲、自编舞蹈，到街头宣传演出；“文化大革命”期间，自编流行舞蹈，如《洗衣歌》等，到街头及周围乡镇演出，很受观众欢迎。20世纪70年代，和桥镇一批知识青年，在劳动中积极创作音乐舞蹈。由此脱颖而出的人物有钱利生、陆鹤云、吕成千等。80年代，和桥镇许多音乐舞蹈爱好者文化素养和创作的热情空前提高，创作成果不断积累。如钱利生在江苏省和无锡市刊物上发表创作歌曲11首；陆鹤云创作的二胡独奏曲《支农乐》、器乐曲《欢腾的陶都》、打击乐《宜兴十番锣鼓》等，获奖的级别都在无锡市以上；吕成千登上讲台做教师，创作音乐作品300多首，有20多首发表在国家和省级刊物上。90年代，和桥镇群众性音乐舞蹈创作十分兴旺，和桥镇文化站组织有特长的人员常年创作，在各大型集会演出。如闸口聚龙的徐奇南曾创作《鱼做亲》等，自编自演，令观众赏心悦耳。同期陆鹤云和吕成千创作的器乐演奏作品非常有地方特色。1996年，钱利生创作歌曲30多首，专门出版歌曲选。2000—2015年，和桥镇文化站、和桥镇有关学校创作的音乐舞蹈在无锡市、宜兴市各类比赛中连年获奖。这段时间，钱利生的创作达到新的高峰。2000年，其创作的歌曲《桃花雪》获全国抒情歌曲创作评选二等奖；同年，其创作的男声小合唱《挖笋欢歌》、舞蹈《嬉春》同获中央文化部、广播电影电视部颁发的“丰收奖”；群舞《闹春锣》《深山引来福水》获第二届、第六届中国艺术节优秀奖、二等奖；歌舞《工行储蓄喜事多》代表宜兴市几度参加全国会演；其间，在省、国家级刊物上发表作品音乐作品百余篇，江苏人民出版社、湖北省扬子江音像出版社专题出版《钱利生创作歌曲选集》《钱利生创作歌曲专辑（一）》《钱利生创作歌曲专辑（二）》。

三、书法绘画

清朝后期，和桥境内各种私塾兴起，为和桥书法绘画创作培养了大量人才。民国初期，和桥境内兴办各种学堂，很多书画教师就是当地的书画创作能手。如由鹅山书院改办的鹅山高等小学堂、始齐女校、育万小学、吴氏私立初等小学等校内的美术教师，都能写一手很美的毛笔字，精通手工美术和画画。吴冠中的美术启蒙教师缪祖尧，原本是一位乡间的画师，为相邻创作了许多床头、橱柜板子上的油画，还有人物肖像画等。和桥始齐女校的美术教育是当地出了名的。因为该校聘任徐悲鸿来校执教。徐悲鸿根据学校特点，创作了《孟母三迁》《木兰从军》《画荻教子》和《卢氏乳姑》等四幅画，悬挂校门内，以教育学生。民国6年（1917），该校学生精心刺绣的《醒狮图》和《孔雀开屏图》两幅绣品，被选送到法国巴黎，在万国博览会上展出，博得各国观众好评。民国16年，20岁的始齐女校毕业生周云轩，在著名的宜兴农民暴动中为起义队伍绣制镰刀斧头图案党旗及暴动起义人员佩戴标志——红布条。

新中国成立后至20世纪60年代，和桥镇吴彤耕创作的书法十分有名，字体从蝇头小字到一二米见方，无不坚挺有力。当地人称赞其书法为“胡彤耕体”。“文化大革命”期间，和桥人程挺宏创作的大型油画《毛主席去安源》，被宜兴县内很多人赞赏。同期，我国著名画家吴冠中在故乡北渠创作了油画

《故乡之晨》和水墨画《放牛图》两幅,送给当时的大队部。1981 年,吴冠中回到故乡和桥,立于顺渎河口,放眼远望,创作了水墨画《和桥》;在家乡的小河边,见到儿时的河埠,见到汰衣的邻居、见到自由自

图 28－20　1981 年,我国著名艺术大师吴冠中回故乡创作了水墨画《故乡》

在的鸭群,创作了水墨画《故乡》。1992 年,吴冠中再次回到故乡,依据所听所想,创作了油画《向日葵》《黑松》和水墨画《乡音》。90 年代,我国著名书

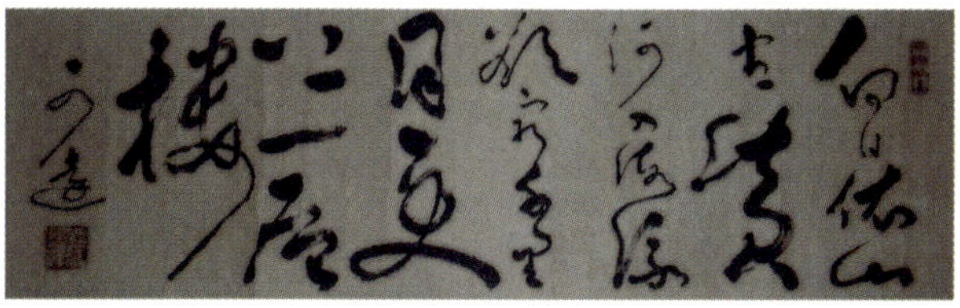

图 28－21　20 世纪 90 年代,我国著名书法家程可达为故乡创作了草书《登鹳雀楼》

法家程可达为故乡创作了草书《登鹳雀楼》,为母校和桥高级中学创作了草书《观书有感 · 朱熹》。同期,和桥籍台湾著名画家余鹤松携夫人李春梅还曾

图 28－22　20 世纪 90 年代和桥籍台湾著名画家余鹤松在宜兴创作中国画《中秋月》

在宜兴徐悲鸿纪念馆举办过国画联展。1999 年,中国工艺美术大师谭泉海应邀书写“和桥镇老年公寓”七个大字。同期,和桥高级美术教师谢宗元,热心帮带年青教师,创作大量的书画美术作品。2001 年起,和桥镇广大书法爱好者每年都要义务创作春联,赠送给地方烈军属和百姓家庭。同期,和桥各学校的书画创作更加重视质量。2004 年,教师潘卫良的草书《枫桥夜泊》,获宜兴市教师书法比赛一等奖。2014 年,教师朱科宏创作的隶书六尺整张《登章华楼》获江苏省第二届教师书法大赛二等奖,其在花瓶上刻的石鼓文获江苏省第五届书法刻字比赛特等奖;教师王强创作的隶书《荷塘月色》同获江苏省二等奖。2004 年—2015 年,和桥二小学生王希、曹文灏、蒋雅茹、柏钰瑶、周治呈等创作的隶书、楷书条幅获得过无锡市学生书法比赛一等奖;和桥二中学生朱轩毅、从和桥二小升入宜兴市中学的殷睿宸,他们创作的魏碑和楷书条幅,都获得江苏省金奖。2015 年,著名书法家杨骥川书写楷书、隶书“和桥镇志”几个大字,为家乡人一致称好。

2013 年,宜兴市老年书画协会和桥分会(以下简称分会)成立,由会长朱斌培、副会长徐法坤等委员 19 人组成。分会致力书画传承,常年组织老年书画爱好者挥毫泼墨,参与民间书画交流,开展书画进社区(村、企)活动。至 2015 年,分会中朱斌培、王德清、吕建华、乔中华先后成为中国老年书画协会会员,创作的多件作品在宜兴市以上书画竞赛中获奖。

至 2015 年,在和桥这块艺术的沃土上出生成长的书画大师有朱蓉庄、吴冠中、蒋思豫、丁天缺、程可达、杨骥川、吴可人、余鹤松、谭泉海、章剑华等,为祖国、为世界创作了许多著名的书画作品。

第四节　新闻传媒

一、机　构

1964 年元旦,和桥镇广播站成立。1971 年更名为宜兴县和桥镇广播放大站。1985 年恢复和桥镇广播站名称。和桥乡广播站创建于 1965 年,1986 年 6 月,和桥乡广播站随乡镇合并和桥镇广播站,地址原和桥乡政府三楼。1992 年 6 月,和桥镇建设有线

电视工程。同年9月,更名为和桥镇广播电视站(以下简称广电站)。南新、闸口地区广播站建于1965年,1971年更名为广播放大站。1994年,两地广播电视站相继成立。2000年6月、2004年2月,南新、闸口地区广播电视站分别随乡镇并入和桥广电站。

和桥乡广播站历任负责人有刘其明、赵生荣、张勇军。

和桥镇广电站(广播站)历任负责人有王金根、汪泉根、王宪荣、程同祖、张勇军、柴俊杰、邱枫、蒋庆军、史俊杰、洪平。

南新广电站(广播站)历任负责人有张盘界、宋洪根、刘伟洪、邵国良。

闸口广电站(广播站)历任负责人有陈品贤、杨中杰。

二、广　播

1951年5月,和桥区建成和桥区广播收音站,播音室设在和桥区人民政府楼上(原和桥医院——今禾晖广场北商住楼)。1964年元旦,和桥镇广播站成立,设在原区委后院,由县广播站投资建设并下派1名工作人员,有250瓦扩大机2台、601录音机与四速电唱机各1台、话筒2只、双线广播线路1千米,安装有街头高音喇叭。1965年3月,广播站延伸线路1.2公里,增设喇叭103只。同年,和桥、南新、闸口3个公社的广播站成立,初期设备简陋,仅各有50瓦扩大器1台,广播线路仅用竹竿支撑,依靠县邮电局电话线实施同线传输广播信号。1970年,和桥镇拓展单线广播线路2公里,居民家中开始安装喇叭,1971年更名为宜兴县和桥镇广播放大站,增添500瓦扩大机1台。同年,和桥、南新、闸口3个公社的广播站也更名为广播放大站,设备设施有了改善,县农村广播独立传输系统建成,从根本上改变了有线广播依靠电话线传送节目的局面。当时,各生产大队还设立了一名不脱产广播维护员,负责农户有线广播的安装和维修。广播站的主要任务是维护广播主馈线,转播宜兴县广播站节目。农村群众通过广播了解党的方针政策,收听时事新闻和天气预报,学习农业科学技术知识。1973年暑假,宜兴县第三中学(现和桥高级中学)抽调部分学生帮助居民安装单晶体喇叭(纸盆)417只,全镇达800余只,入户率全县最高。1985年和桥境内广播放大站恢复广播站名称。1986年6月,镇、乡广播站随乡镇同时合并,迁入原和桥乡政府三楼办公,并新增500瓦扩大机1台,新架1.13铜芯线5.8千米,增添90个单位安装单声道二分频喇叭264只(铜圈式喇叭)。10月,在和建村试点安装单声道小二分频喇叭百余只。此后每年在一两个村发展,每户出资6元钱,其余由村补贴。1991年,和桥镇安装铜圈式喇叭的村有前谢、苗桥、永兴、中兴、闻家、石路、柏树、北庄、和桥等,入户率超过50%。1992年,和桥镇广播站更名为广播电视站。是年10月,有线电视开通收视(90年代中期,南新闸口地区也相继开通有限电视)。1993年,开始转播宜兴调频广播,然而农村有线广播用户急剧减少,至1998年,和桥镇共有有线调频广播不足千只。进入21世纪,和桥镇农村广播用户基本消失。

三、电　视

图28－23　2015年和桥镇广播电视站

1992年6月,和桥镇筹资20万元建设有线电视工程。同年9月,和桥镇广播站更名为广播电视站(以下简称广电站),是年10月1日,有线电视开通收视。当年全镇安装有线电视达2180户。1994年,南新、闸口广电站相继成立。1994年4月,和桥镇投资290万元在西横街西首建造广电大楼,总建筑面积1200多平方米。1995年11月18日迁至新址。

1997年11月，和桥镇18个村全部开通有线电视。到1999年底，已有卫星接收机3台，有调制机12台，有录像机、摄像机、强场仪各5台，有调频调制器、字幕机各2台，有高频头接收机、特技机、编辑机、可变调制机、高频头卫星天线、三维字幕动画机各1台，还有空调10台。同年，全镇有线电视主杆线路总长40多千米，各自然村均通有线电视光缆，用户达7800户，入户率至2002年达75%。1998年，南新广电站安装有限电视达1300多户，至2000年，南新地区基本实现电视用户全覆盖。是年6月，南新广电站随乡镇合并和桥镇广电站。2001年，闸口地区广播电视站机房资产总值有30余万元，有索尼、松下录放像机3台，有DS97场强仪4台，有熊猫14寸电视机12台，有405M六线2根，有东芝卫星接收机8台，有3000多用户，基本实现闸口地区电视用户全覆盖。2003年，和桥镇广播电视站被江苏

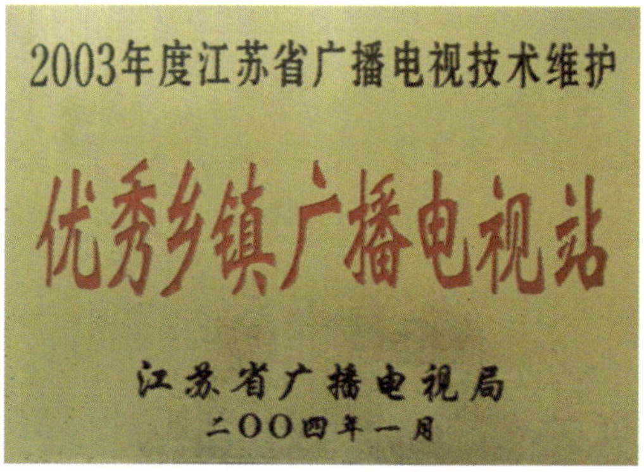

图28－24　2003年，和桥镇广播电视站获江苏省“优质乡镇广播电视站”奖状

省广播电视局评为优秀乡镇广播电视站。2004年2月，闸口广电站并入和桥镇广电站。2010年5月，宜兴市广播电视台开展数字电视整体转换工作，使全镇电视开始向数字化发展。2010年完成时南新片区3000多用户整体转换。2011年6月，和桥镇完成2万多用户的整体转换，其中有1万多用户成为双向互动高清用户，2200多户成为双向互动用户，1000多户成为宽带用户。和桥镇用户可以收看64套基本节目、10套高清节目、15套免费广播节目及100多套付费节目。2012年，和桥广电站完成新机房建设，从原有的50平方小机房变成更先进的100多平方米全自动无人值守机房，拥有各种光发、光收、光放大等设备40多台和CMTS头端设备6台、光接收平台6台、O2T局端设备1台、X450交换机3台，成为和桥片区中心机房，可以给万石、高塍、屺亭站提供数字有线信号，拥有总资产1500万元、数字电视用户22000多户，安装数字机顶盒50000台，全镇电视入户率达96%。2007—2015年，和桥镇广播电视站先后被评为宜兴市文明单位、宜兴市先进集体。

四、专辑、报刊

图28－25　和桥文艺《三民集成专辑》照片

图28－26　2011—2015年《和桥今韵》照片

1985年5月，鹅洲文艺《三民集成专辑》创刊，8开油印专刊，每月两刊，由和桥镇党委、政府主办，和桥文化站负责编印。编印这册专辑主要由时任党政办公室主任邵孟春、程同祖负责，责任编辑为徐益胜、查盘生。该专辑的资料主要是采集镇区范围内的搜集整理的神话故事、民间传说、民间歌谣，以歌颂正义人物，鞭挞邪恶丑类，申诉不幸遭遇，憧憬美好未来，是一部反映地方民情的重要资料。1988年停刊。

《和桥今韵》2011年10月12日创刊。由和桥镇党委、政府主办,党委宣传科负责编印,以“发展、民生、和谐”为主题,每年出刊8期,每刊为8开双面印刷,每期印发2000余份。至2015年底共出刊35期。

第五节 文学作品

和桥为千年古镇,教授之乡,文脉兴隆。许多地方饱学之士和在外乡贤在各自擅长的领域,辛勤耕耘,写下不少诗、词、文章、楹联,有的还著书立说,取得非凡业绩。他们中出版的许多作品著作,在宜兴人文长卷中展示出独有的韵味,是和桥人文底蕴深厚的集中展示。长吴歌《春调·孟姜女》由原和桥影剧院职工张魁雄与宗震名于1985年收集整理,发表于1986年第四期《民间文学季刊》。这是一首描写范喜良与孟姜女爱情悲剧的长篇歌谣,在苏南地区广为流传,由民间艺人宗春荣演唱。

一、诗词

和桥竹枝词

邵中宝

街南街北市喧阗
桥跨中街两岸连
一截官河半水阁
朝朝门泊夜航船

——原载清光绪《宜兴荆溪县新志》艺文二十九

过天远堂①故址感而有作

邵中宝

野草平原阡陌②通,夕阳依旧画楼东。
鹁姑啼雨云初白,鸦舅经霜叶更红。
嘉树凋零标大道,残碑漶灭③失元丰。
纵开老妪无家别,焚券何人臭味同。

[注释]①天远堂:在宜兴和桥闸口,为宋代邵民瞻宅第。由苏东坡提额。②阡陌:田间小道。③漶灭:不易分别。

彭城忆友四首

陈祥华

柳丝拂水水悠悠,依旧溪边陌上游。
吟句未成惊客梦,江南何处泊归舟。

夜色茫茫月一轮,迢迢千里照无尘。
良朋约尽高桥去,帆影波光忆故人。

清风明月北兴桥,低唱轻吟又一首
学得新腔人散尽,鹅山已隔水千条。

魏紫姚黄着露滋,斜阳轻渡立多时。
问君烛影参差夜,可忆春阴种竹枝。

忆江南·忆友人

陈祥华

鹅洲好,细雨柳丝柔。陌上晨光吟兴好,高桥月影水波稠,能不忆鹅洲。

怀乡吟

潘菽

(为和桥镇老干部活动室建立而作)

门对紫云是旧居,
紫云书屋幼攻书。
窗前方丈有花卉,
出墙腊梅无恙否?
曾随邻童学采樵,
亦曾伴为剖毛栗。
舟山山下嬉戏地,
时到重阳最堪忆。

故乡杂咏三首

吴凯声

还故乡

江南处处花似锦,阳羡湖山百草香。
赢得老年回故里,莺歌重见好风光。

忆阳羡

白首危楼忆故园，当年萍迹几经存。
买田谁识东坡乐，射虎方知周处尊。

访碧鲜庵英台读书处

长林丰草夕阳处，僧去庵空是碧鲜。
惟有英台读书处，千秋佳话至今传。

《荆溪诗苑》第一期

巴黎杂咏三首

吴凯声

塞纳河

塞纳河边看画楼，巴京春兴犊车游。
纷纷人物来和往，落落风尘去复留。
红粉情深频入梦，青衫醉酒欲消愁。
林园十里莺歌好，昔日衣冠今在否。

凯旋门

香水路边车马辏，凯旋门外一芳原。
感花独久拿翁泪，折柳还招倩女魂。
昔日雄风何处去，尊前壮士几人存。
凭栏欲说西欧事，几度浮云蔽日昏。

万岁宫

万岁宫中万国楼，百年大计向谁谋。
巍峨玉殿莺啼遍，荆棘危楼月暗浮。
世乱几经修旧约，兴亡我欲向东流。
同盟未必干戈息，夜雨巴京故国秋。

《荆溪诗苑》第四期

忆江南·鹅山书院①

吴凯声

悲孺子②，梧桐叶飘零。昔日书声惊岁月，今朝窗下只流萤。星散似浮萍。

［注释］①鹅山书院：在和桥屺亭鹅峰山麓，建于清光绪六年（1880 年）。②孺子：幼童的通称。

忆江南·化城古寺①

吴凯声

夕阳好，绿竹映青松。萧瑟秋风闻佛语②，月明野外听鸣钟，古刹几萍踪。

［注释］①化城寺：在宜兴和桥镇，始建于明代隆庆年间。②佛语：僧人诵经。

访游诗二首

唐积庆

访溪隐村有感

独立小桥柳如烟，无边春色惹人怜。
昔日荒村今安在？重重高楼溪水前。

雨游玉女潭

秋雨萧萧添游兴，七十老翁喜登临。
奇树怪石看不尽，玉潭仙居冠古今。

《荆溪诗苑》第一期

抒怀二首

吴强

教师的心愿（散文诗）

我是教师，我愿意象一名辛勤的园丁，播种、除草、护苗、整枝，不住地劳作，默默地耕耘。

我是教师，我愿意做一根小小的火柴，燃烧自己，照亮别人；把周身的光和热都毫无保留地献给下一代，直至生命终结。

我是教师，我愿意当一头不知疲倦的牛，无忧、无恨、任劳、任怨，去塑造新一代的灵魂，培育支撑大厦的栋梁，建设那物质的与精神的文明。

我是教师，传道、授业、解惑，是我的天职，我要以自己艰苦的劳动，竖起一架“人梯”，让孩子们踏着我的肩膀攀登！

中秋忆海外亲人

三五之夜月中天，红菱白藕不胜甜。
回首少小欢乐事，点点滴滴在眼前。
别时容易聚时难，万千相思满心间。
今宵畅饮桂花酒，盼君归来庆团圆。

《荆溪诗苑》第一期

诗歌四首

罗成培

和桥退休教师祝寿会

佳节中秋寿域开，糕糖月饼巧安排。
高领不减当年勇，共勉英才乐育培。

庆祝教师节即事

党政军民聚一堂，老中青少喜洋洋。
栽培后代艰辛事，莫畏秋风尽运航。
今岁教师节又来，南飞鸿雁转锋回。
欣看桃李花千树，尽是园丁血汗栽。

庆祝教师节

桂花香飘八月天，相知众会话当前。
园丁纵老心犹壮，愿付辛勤育后贤。

欢乐吟

丁卯元宵，和桥镇举行耆老联欢会，有镇党政领导、工会，退休教师协会、各居委会负责人，离退休干部、教师、职工约百余人，镇青年戏曲业余爱好者，和桥小学少先队等参加，堪称盛事，特草欢乐吟三十二句以献。

元宵耆老联欢会，鼓乐声中序幕开。
党政亲临来祝贺，全年计划作安排。
和小儿童志气昂，铿锵乐曲谱新章。
清幽电子琴声朗，老少全堂共赞扬。
锡沪曲牌欣赏惯，今朝倍觉不寻常。
多谢二位女主任，双推磨，韵味长。
笑话灯谜又皮簧，青衣老旦各当行。
堪怜兄妹交相唱，玉润珠圆绕屋梁。
老将当场胆气豪，铜锤花面嗓音高。
青年山虎歌喉爽，吐字刚柔若饮醪。
操琴宿手陈和老，指上功夫着实深。
快播轻挑随曲奏，赏心悦耳众人钦。
组织者，主持人，忙坏钱老钱振民。
又报幕，又操琴，立不安来坐不宁。
戏曲歌音笑语声，声声温暖老人心。
频频互祝今年好，明岁重来唱早春。

——宜兴《晚晴诗词集》第二期

感　怀

潘诚西

和桥镇老干部病房落成有感

爷亲娘亲党最亲，生老病养无耽心；
愧我平生建树少，愿将余年化晚晴。
——宜兴《晚晴诗词集》第二期

怀念潘汉年离世十周年二首

廿载沉冤叹逝川，忠魂一去上青天。
今朝平反承平日，八宝山中二老眠。
泉下有知当莞尔，神州到处祭清明。
国家团结求安定，春意三中全会荫。

注：三叔潘汉年于 1977 年 4 月在湖南逝世，三婶董慧于 1979 年病故。1987 年 4 月夫妇骨灰安放在八宝山烈士公墓。三叔遗诗中有“沉冤廿载，何日见清明”句。

——无锡市《梁溪晚吟选》第二集

埠头上

许季涛

清漪映着一对倩影，
水珠溅着笑声欢腾，
咦，行船为何橹儿停？
哦，埠头上，一对好“姐妹”，
正把活儿争：
“被单大，沾水多，
我来捶，我来拧。”

“别逞强，你昨晚唱罢‘病中吟’，这活儿，理该我的份。”

一人拉住一只角，实难分——

来了个娃娃猛提醒：

“妈妈，姑姑，快快汰，奶奶不吃饭，正在等你们！”

满庭芳·咏西府海棠[1]

陈维崧

满院红绡②,半缕绛雪,几丝艳冶成围。倚阑无力,嫩柳斗腰肢。粉壁银墙淡雅,明妆坐,人是琼枝。东风动,花光映肉,桃晕③入冰肌。

胭脂刚蘸酒,一番梳裹,别样芳菲④。似六宫⑤昼暖,睡重杨妃⑥,赢得三郎⑦一笑,花前闹。急管繁丝⑧。豪华甚,千堆蜀锦⑨,那用杜陵诗。

[注释]①西府海棠:在宜兴和桥闸口,宋代苏东坡从四川伊莱海棠,植于邵民瞻宅院。

②红绡:红绸。绡,用生丝织的绸,此指海棠花。③桃晕:红晕。桃,粉红色。④芳菲:花草美盛芬芳。⑤六宫:古代皇后的寝宫。后泛指皇后嫔妃住处。⑥杨妃:杨贵妃。⑦三郎:指唐明皇。⑧急管繁丝:急骤的乐声。⑨蜀锦:四川生产的彩锦。

和中赋

孙勤东

太滆钟灵,蠡水毓秀,斯有鹅洲,教授之乡。天赐之胜,巍巍鸿庠;其名和中,百年寿昌。

观黉宇而惊雄秀,抚今昔而感沧桑。辛亥之末,发轫启航;钱金两氏,兴学肇创;始名彭城,叔如校长。历抗战烽火,数易其址;经沧桑沥洗,薪火耀亮。木铎金声,气蒸蒸百年学府;峥嵘十秩,文灿灿万寻荣光。

讲筵高开,沐春风于大雅;经纶细绎,飞神思于华章。道传洙泗,惯看鹰飞凤翥;学比曾颜,更喜虎步龙骧。或杖剑悍将,或施政公堂;或游学溟洋,或授业序痒;或擅利商场,或致富农庄。六院士声名卓著,两大师笔墨酣畅。孕育陶淑,储日月慧髓;翰墨馨香,铸邦国栋梁。

乙未喜迁新址,新序盛大气象。高楼摩空,腾生动之气韵;曲径通幽,萦锦绣之回廊。佳木垂阴,欣欣而摇绿;琪花盈眼,灼灼以吐芳。气宇恢弘,赫赫煌煌;可修可养,研习圣堂。名师荟萃,蕴玉含章;融严慈之念念,汇百川而泱泱;细琢精雕,是璞终能成大器;春风化雨,无木不可参天长。

上下和融,开新百年之伟业;包容并蓄,奠新教育之辉煌。立校训曰:和而不同;开来继往,新风滥觞。艺体兼修,展办学之特长;德智双赢,奏育人之笙簧。登高望远,其命维新;承先启后,光大发扬;担乡土之殷祈,承生民之热望;雍雍兮众推教苑之仪范,昂昂乎鲤跃龙门之津梁;泽被桑梓,化育八方。

颂曰:

学淹文理,教泽梓桑;修德修艺,自立自强;

和而不同,正大清刚;鸿鹄其志,名校其光。

二、小说

宜兴染织厂职工朱力平80年代先后在《氿风》《宜兴报》《常州报》《三角洲》《太湖》等报刊发表小说、寓言、故事新编多篇。他的小说《初恋》先后在1981年5月10日《宜兴报》、1982年2月13日《新华日报》刊登;《新华日报》还加了“编后”。

初恋

力平

多奇怪啊!她失去了以往的平静。就像一丝风也没有的湖面,突然有一条小鱼跳了一下,水波一圈一圈地散了,镜面般的湖水晃动起来,久久不能平静。

他们才见过两次面,一次是在介绍人屋里,得到了一个模样方面的印象;一次在电影院里,看了场连片名都忘了的电影。要相互了解,就得多接触,这是介绍人的意见。在恋爱方面,外人的怂恿,总要起很大作用。于是,在这杨柳依依的小河旁,他们第三次相会了。

他来了。姑娘羞了,白牡丹变成了红牡丹。田野一片碧绿,小河弯弯曲曲。她静静地站着,低着头一声不吭。他呢?他仿佛知道,主动是小伙子的义务。他打着招呼,温柔地微笑着。她觉得他的声音在微微地颤抖。可是他接着说些啥呀?他说了他的计划:到结婚时,他要将全套家具做好,还要买电视机、收录机,还有落地台灯……

听着,听着,她不高兴了。说这些干吗?难道家具、电视机之类的东西真是爱情的基础?由于怕羞,她还是一声不吭。为了表示不满，她只是将脚前的土块，重重地踢个老远。

太阳偏西了。风吹在身上，很有点儿冷。

他知道她不高兴了。可是他不明白她为什么不高兴。生活中常有这类情况：自以为最明白的事，往往说不清它的意思。他急促地解释说："我，我不是吹牛，经济条件我也够得上，今天，妈就给我两百元钱……。"

"两百元?"她听了有些奇怪。她知道他父母在农村。而农村，一般说现在还不算富裕。"哪来这么多?"她情不自禁地问。

"真的，真的！不信你看，钱还在我袋里。妈刚卖了两头大猪，和几只兔的毛。凑凑，给我一下子拿来了两百元，两百元……"他着重说钱的数字。

"你妈自己不要用?"她听介绍人说，他妈年事已高，靠养些家禽家畜生活。"不要用，真不要用。她从来不要我补贴家用。要我也不会给她……我是没负担的……她反正苦惯了……"

她知道，这两百元钱在农村意味着什么——全年的零用和做衣服都在里面。而他却说得这样轻巧，这样没有心肝。她觉得，有一个美好的东西，突然给打碎了。她和她没有什么相通的——甚至连希望也彼此不同。心上的火苗熄灭了，再燃起来比什么都难。她转个身，也没有招呼对方，管自往宿舍方向走去。他在后面急促地叫着，追上来，要问个为什么……

她没有回头，走得更快。心，是人身上最有价值的东西。一个连母亲都不爱的人，会爱他的妻子吗?

编后：此稿全篇千余字，写了一对青年男女约会的场景。情节比较简单，却层层递进，通过他们的心理活动和简单对话，表现了心灵的美与丑，读来耐人寻味。

三、散文

和桥古称鹅州，在这片可爱的土地上，哺育了代代学子。他们目睹今天，难忘昨天，在各自的岗位上抒写了许多散文，朱斌培、陈祥华、夏正平分别写的《迎祥巷里话今昔》《小巷》《鹅洲》先后在《人民日报》《无锡日报》《现代快报》等刊物登载，吴冠中著的《乡情》以独特的眼光寻觅故乡的真山真水，感受乡亲真挚的情怀。

迎祥巷里话今昔

朱斌培

丹桂飘香的一天晚上，明月当空，大地披银。宜兴市和桥镇新园街迎祥巷内的各家各户正在品尝月饼糕点，欢度中秋。一些退休老人还兴致勃勃地吟诗赏月。其中曰："天上月满圆，地上人团圆，人间事满圆，共庆大团圆。"他们畅谈建国四十周年来巷内的瞬息变化。

解放前，这里住着几十户人家，门对门，窗对窗，巷道不到一米阔。巷内房舍低矮破旧。巷口除了有一二个修鞋匠在这里搞修补外，偶尔有几个提着油条麻糕篮子，摇着拨浪鼓的小货郎担，在这里进进出出。一到晚上，黑灯瞎火，便显得格外冷落。如今，迎祥巷里住着六十八户人家。住户中，有干部、职工、教师，还有离土不离乡的农民"插花户"。有三代同堂四五人的，也有婚后不久的一对对小夫妻。大家和睦相处，生活过得甜甜蜜蜜。建国以后，特别是党的十一届三中全会以来，居民生活条件改观，这里有的砌房盖楼，有的拆旧翻新，据统计，六十八户住户中有十八户居民砌了新房或买了商品房。一般的建造一楼一底或两楼两底，多的造三楼三底。走进房内，各户家具基本配套，而且装潢考究。原来狭小的巷道，也用水泥方砖铺设得方整宽适。巷口的"五金交电化工商店""新华书店"和"布店"大楼装饰一新，展现出一派兴旺繁荣的景象。

提起居民群众生活水平的提高，巷内的人们最清楚。解放前，有的虽然也开过小店，或在店主手下当过伙计，却常常是吃了上顿没下顿。现在，从三十户抽样调查中，人均月收入一百零五点三元。户户有存款，"穿讲漂亮""吃讲营养"成了人们的顺口溜。群众说得好："如今的日子好比吃着甘蔗上楼梯——节节甜，步步高。"

入迎祥巷不到二十步右转弯，便是原国民党海军二级上将俞伯生先生的住处——俞家园。就在他住所西侧不远处，早已兴办了和桥镇区规模最大、教育设施齐全的中心幼儿园。全园十四名教职员工，开六个大中小幼儿班，二百二十多名幼儿在这里学习、上课、做游戏。人们从校园里不时传出郎朗汉语拼读声和风琴、钢琴声，深深感到社会主义制度的优越和给下一代人带来的幸福和快乐！

迎祥巷里的居民们，盼望着至今在台定居的俞伯生先生回故乡走一走，看一看。

——原载1989年10月14日人民日报（海外版）

小 巷

陈祥华

江南水乡，人枕河而居，镇借水成市。街傍河延展，巷依溪蜿蜒，那青石板的街道，阴暗幽深的小巷，迤逦的溪流，精巧的石桥……已淡去了的景色，却有着割舍不下的情愫。我的故乡就有这样的街道，这样的小巷，这样的溪流曲桥。我怀念故乡，难忘那条小巷，那条曾留下我人生最初十六年足迹的小巷。

那条小巷是故乡众多的曲弄小巷中的一条，它东起于小镇中心的中桥西堍，沿小溪葛仙河北岸至扶栏桥。长不足百米，宽仅2米有余，湿漉漉的条石路面，两侧店铺密集。他没有戴望舒的忧郁低徊的伤感情调，也不见“小楼一夜听春雨，明朝深巷卖杏花”的春光明丽的画意，相反，它有的就是从早到晚的喧闹与浮躁，有着与平头百姓开门七件事的千丝万缕的牵连。

小巷沿河房舍倚立在并不齐整的石驳岸上，也有些房子半间伸出驳岸，由七、八、十几根已饱经风霜的木柱支撑着这颤巍巍的吊脚小楼。这种房子进深都不大。一半砖地，悬空的一半是木地板，透过地板缝隙或是朽蚀了的地板孔洞，可窥见河上的景色。临河是一排木格子花窗，小河南岸的房舍、树木、人物等景致一一无遗地映入窗中，犹如一幅幅风景画镶嵌在带花的画框内。隔河人家往往或倚窗、或在岸边埠头上有一句没一句地拉扯着家常。若在扶栏桥上东眺，高高的驳岸、矮矮的小楼夹峙着窄窄的小河，时有一叶扁舟，几声咿哑，弄皱了似带的水面，溅起细细的浪花。好一条水巷！

巷里有几十家店铺。杂货店、粮食行、棉花店、理发店、浴室、茶馆等等，以及沿街的香烟瓜子摊，可谓五花八门、品种齐全。过扶栏桥向南，是戏馆——故乡人习惯称剧场为戏馆子。

巷中最热闹的是饭馆、茶馆和戏馆。

巷口的仁兴饭馆，仅一楼一底，一盏电灯吊在檐下，炉灶搁到门外，从早点卖到夜宵，生意很是红火，其鸭饺面味道鲜美，在镇上是颇有点名气的。

巷中段的畅园茶馆，一年到头，从早到晚总是人气挺旺。靠西墙的老虎灶热气氤氲。东面有个供演评书评弹的简易舞台，每有演出，不时会有声声吴侬软语飘向街头。大堂里人声沸扬，方桌、长凳、紫砂壶，几人围坐，慢话慢饮，什么新闻旧事，家长里短，都在这里传来播去。茶越冲越淡，话越说越多，兴头却越来越浓，下午茶直到太阳偏西，茶客们方才兴阑而归。

看戏是小镇人最好的娱乐。好的剧团，例如常州的京剧团，上海、苏州的越剧团的演出，都很受欢迎，观众踊跃。我则是看放汤戏的常客。那时日夜两场戏。但更能使小巷闹猛的是夜戏。黄昏，观众从小巷涌来；深夜，人群经小巷散去。散戏那阵子，五香素鸡茶叶蛋担、馄饨面摊及饭馆门前，又是一次短暂的喧闹和浮躁。

四十五年前，十六岁的我走出了小巷。十几年后回乡，葛仙河消失了，再后来小巷拓宽并延伸成街了。新近20年来的不断改建完善，更是楼群竞起，面貌一新。虽乌篷碧水、曲巷小桥在记忆中已成定格，挥之不去，对小巷的消失有些许莫名的失落和惆怅，但小巷成通衢，却实实在在是社会的进步。

关于小巷的名谓，据说在很早很早以前，巷口有个供俸观音的楼阁，遂名观音巷。拓巷成街后，名曰西横街。现在是有小无锡之称的和桥镇最繁荣的商业大街。

我相信，西横街的明天会更美好，更繁荣。

——原载2000年2月《无锡日报》

鹅　洲

夏正平

一轮嫩黄的月静静地挂在天空，月下是白茫茫的水，田田的荷，漾在水的中央，有一群白鹅在它身边嬉戏。佛说："这地方就叫鹅洲吧。"这荷叶地就有了个名。佛说："有了正经的名，也该有生气呀。"这不沉的荷叶地上有了蛙鸣，虫声、有了花草、树木、有了人气和狗吠；市声喧哗，荷叶地就不再安宁了。佛叹口气说："还得给这些生灵一些寄托才是。"于是便有佛屠来此诛茅结屋，招众安禅习静，当这荷叶地上有了佛音和梵唱，日子就安静了。佛不经意的几句话，小小的荷叶地成了凡世的天堂。

这是传说中的江南古镇鹅洲。

鹅洲四周，是浩荡的太湖和隔湖，鱼和鸟的天堂。鱼在水泽里游，鸟在芦荡里歌，鹅洲人和鱼和鸟一样在这天堂里快乐地春播、夏种、秋收、冬藏。他们驾着芦蓬小船，走的是水和云铺的路。水路弯弯长长，岁月弯弯长长，一代又一代的水乡人就在欸乃的橹声中慢慢地走了过来。

春风吹暖江南，桑树上的枝桠绽放出嫩嫩的细芽，这细芽在鹅洲人的心上也舒展开来，像有蚁在身上爬。这时，大姑娘小媳妇的胸口里真有黑黑麻麻的蚁在爬，这蚁就是江南女儿用自己的体温孵出的蚕蚁。这些幸福的蚕蚁，紧贴着女人凝脂的皮肤。蚕吐的丝绵绵长长，蚕结的茧雪雪白白，这雪雪白白绵绵长长的蚕丝织成绸缎装扮着多情的男儿，温柔的女子。

雨下着，淅淅沥沥，油了山油了水，也油了小镇上长长的石板路。谁家的丫头撑着花布伞走在这没有尘的街道上，她最后会走到哪家去？不管她到了哪家，这家的园子里一定种着几株桂花和白兰。白兰清静，桂花甜糯，就像这家人过的日子。

桂花香了，鹅洲镇外一片金黄的稻谷。乡里人把收割好的稻谷堆成垛，先安放在田埂上，又忙着在油黑的土地上撒下麦和油菜的种子，来年春上，这油黑的土地上将被另一种调不出色彩的芬芳所充填。

冬天是鹅洲人最空闲的辰光。稻谷进仓了，老酒酿好了，该把儿女的大事办了。走百家的媒婆此时最忙碌。头上带着花的老婆子扭着身子走进村来，眼尖的认出了是镇上开老虎灶的三歪嘴，打趣道："三婆婆，你嘴上油汪汪的，又去哪家乱说媒人了？"三婆婆撩撩手里的蓝印花布手帕，嘻嘻一笑，脸上的粉往下掉，"哟，小倌人，我正要寻你呢，三里桥的钱大姑央我把她说给你呢。"钱大姑是个傻大姑，嘴里整天叽叽咕咕地要把自己嫁给牛、嫁给猪。小倌人不敢再和这老婆子油嘴滑舌，撩起腿就跑。三婆婆看着跑到远处的背影，哈哈笑着说："你现在跑，以后找我还来不及呢。"

冬天的运河里，不断地有唢呐和爆竹响起。那是迎亲的船队。船是桐油漆过的新木船，船头上站着一脸幸福的新倌人。船舱里坐着含苞欲放的新娘子。还没进洞房，他就先醉了。这福气是谁给的呢？

是啊，这福气是谁给的呢？他抬头看看天，清朗的天空上白云悠悠；他低头看看地，河两岸的田野里，青青的麦苗在柔风中轻摇。鹅洲地方不大，庙却多。镇东有化成寺，镇西有东岳庙，镇北有城隍庙、痘司堂，镇南有观音楼、敬节堂。这些庙堂虽简陋破败，却名声不凡。新罗国王子金地藏渡海择地至九华山。在鹅洲地上曾结茅草屋留宿，这茅草屋到现在已成为香火旺盛的化成寺。

庙堂多了，自然有各种各样的名堂。正月正，到化城寺烧香祈福；正月十五去东岳庙请东岳老爷出巡，收灾降福；二月二，土地菩萨生日；二月十二，百花生日，痘司堂前演社戏，祈求神明保佑小孩不生天花；七月十五，鬼节，鹅洲人家家制茄饼，烧纸钱，晚上放荷灯。九月二十八，火神祝老爷的生日；十月朝上坟祭祖，给祖宗送寒衣；十二月初八，是佛祖成佛的日子，每家烧一大锅粥，这粥是用大米、萝卜菜、芋头、花生米、红枣、蚕豆，黄豆等八样东西烧成，故称腊八粥。

俗世里的快乐，就着样，要人自己去寻找。

冬去春来，在江南古镇那绵绵深厚的呼吸里，鹅洲人享受江南的恬静和安宁。

现在，鹅洲已改名"和桥"，和天下所有一个面孔的城镇一样，她已经是另外一幅样子，仿佛另一个世界。

（2004年11月香港《星岛日报》吴越风情专栏、

2005 年 5 月 11 日《现代快报》、《国土资源报》、《华西都市报》、《合肥晚报》等全国 20 多家报刊转载、江南小镇和桥镇被《现代快报》等媒体评为全国最美的小镇）

乡　　情

吴冠中

为了探求生活中及大自然中的美，数十年来我几乎年年背着画箱走江湖，人们都习惯地称这种工作为旅行写生，但我却很不喜欢“旅行写生”。用绘画来表现对祖国的情意，作者不是旅行家，在母亲面前，我不愿只是过客，我要投入母亲的怀抱来感触她的体温和心跳。我画过西藏高原、玉龙雪山、原始森林，我画过井冈山的劲松、西双版纳的节日……但我最想画，而且年年画的还是江南乡土之情。自从读了鲁迅的小说，我对自己的故乡更感到无限深情，它与鲁迅是血肉相连的！今年鲁迅诞生一百周年，为了表达我对他的崇敬，很想画一组“鲁迅的乡土”，这回不再去绍兴，而回到久别了的家乡来寻找鲁迅的土壤，寻找回忆中童年的梦境。

家乡变了：水泥船、高压线、许许多多的新工厂，有的还裸露着尚未粉刷的红砖墙……人们介绍我去画茶场、竹海、水库、紫砂厂……但由于童年的召唤吧，我更爱绕着小河道、小池塘探问春消息。全县公路汽车可算是四通八达了，无论去哪个小镇，每隔半小时左右便有一趟车，因此我跑遍了和桥、周铁桥、官林、湖汶乡镇，但那些水泥桥、小厂房、小洋楼与旧民居形成新旧混杂的外貌却不很入画，也许我还在寻找演“社戏”的河埠头吧！同行们给我介绍大浦，那是太湖之滨的小村镇，水乡特色浓，并且公路刚修成，尚未通车，地处偏僻，还保存着较多的古朴风貌吧！

我于是到大浦去。必须坐小轮船，一进轮船，立刻唤起了我童年进城念中学时的感受，挤挤一船的乡亲们，多么亲切熟悉的声音笑貌啊！他们的话我句句懂，他们称电灯为电火，称窗门为格子。我细听他们谈家常，听得入神，也就用地道的方言同他们攀谈起来，他们并不怀疑我是“少小离家老大回”的远客。当当！小锣敲响了，有人开始卖梨膏糖，他先唱孟姜女、唱十二月花名，又演讲了一个小儿生蛔虫致死的故事，就是因为不知道吃梨膏糖杀虫。

他讲得动听，是很好的一片民间文学素材，老乡们是信服的，纷纷从内衣袋里摸出钱来买他的梨膏糖。他的宣传结合了娱乐性，发挥了文艺功能，为老乡遣送了寂寞的水程，糖卖完，船正好要靠码头了，小伙子们挑起箩筐，妇女们怀抱着娃娃，纷纷在大桥塊傍上岸了。

县文化馆蒋馆长劝我去滆湖看看，说那边湖旁种了很多树，湖里还植了成片的芦苇，曲曲折折的都是捕鱼的“鱼簖”……这画面立刻引起我莫大的兴趣，我一定要去。我的童年时代，正碰上军阀混战，吴佩孚和孙传芳打仗，败兵到乡下抢劫、强奸，我曾多次随大人们用小船躲进滆湖的芦苇丛中去避过兵祸。

正凑巧，我和《新华日报》的记者们一同到了滆湖之畔的南新公社，我们坐了小汽船向湖滩驶去，像寻找失落了的情人似的。我站在船头激动地向四周探望，啪啪啪啪的机船击水声实在太闹了，它打断我的情思，而我本想静听摇橹的咿呀之声的！多宽阔的河面呀！我全不相识了，公社杨书记说那是连接太湖和滆湖的运河，长五十华里，十万民工一个月挖成的。啊！那是故乡的苏伊士运河！运河两岸密密的桑园，桑树刚吐豆大的芽，枝条交错组成了疏密有致的画面，其间透露出穿着鲜红明绿的姑娘们的身影，衬着江南春阴天气特有的银灰天空，这色调令我陶醉。偌大的渔网往往又横跨在大河上，隔着网看那遥遥的渔船帆影和初透水面的芦苇新叶，帆影满湖芦芽短，是诗是画，我的故乡是诗画之乡！当杨书记说到希望我们秋天再来，能吃到九两重一只的肥蟹时，我正被水上争食的鸭群和岸上扑逐的鸡群吸引了。于是书记又说他们鸡鸭的副业收入，我似乎只习惯于形象思维，总记不住那多少万之类的钱数，只记得一人养五十只鸡每月便收入九十元。看过人造的十里长堤，看过辽阔的种芦滩田，船又在一处树丛中靠岸了，是花圃。真意外，是泥土的芬芳吸引我从千里外归来，完全无心来欣赏香花，然而在这野湖滩头却碰上了七十亩花圃。这里土壤适合培植树苗，除了绿化任务，人们有了衣食也就要种花了，愿我的故乡百花争艳，万紫千红！

［作者简介］吴冠中（1919—2010）宜兴人。当代著名艺术大师。曾任中国美术家协会顾问，全国政协常委。代表作品有油画《双燕》、《长江三峡》、《水田》，水墨画《南岳松云》等，论著有《绘画的形式美》、《风筝不断线》等。

［提示］

作者回到故乡宜兴，用画家独特的眼光，寻觅故乡的真山真水，感受乡亲的真挚情怀。

四、楹联

在和桥一些古建筑已废毁，然有些珍贵的楹联尚存，它们中有门联、桥联、寺庙联等。这些留下来的楹联，仍给人以追思和遐想。进入二十一世纪以来，随着经济的发展，新的建筑不断崛起，一些文人雅士题写的楹联，其寓意深刻，催人奋进。

1. 天远堂联 天远堂，在和桥镇闸口（古称“永定里”）北宋进士邵民瞻故居海棠园中。邵民瞻与苏轼是忘年交。苏轼于元丰年间携来蜀本西府海棠，手植于民瞻东苑，畅饮于临水水堂，并手书“天远堂”匾额相赠。

天远堂前，敲铁板铜钹，高唱大江东去；
海棠树下，溯金枝玉叶，遥从巴蜀西来。

（清·万立均　撰）

海棠千载好；
天远万世荣。

（沙曼翁　撰）

天远倍思亲；
地近更情深。

（邵品剡　撰）

2. 化城寺联 化城寺，初称“茅庵”，在和桥镇东横街东端。相传暹罗国王子金地藏渡海择地九华山，曾在此搭一茅庵留宿。清初易庵为寺，题额“化城寺”。后屡建屡毁。1985年1月被列为县文物保护单位。

十方来，十方去，共成十方事；
万人施，万人舍，同结万人缘。

（常州天宁寺方丈　了愿　撰）

3. 邵宅 宜兴闸口镇邵民瞻家。邵民瞻与苏东坡结为忘年之交，苏东坡从四川携来西府海棠，植于邵宅东苑。

南国棠枝远；
东陵瓜蔓长。

（佚名）

4. 和兴桥联 和兴桥，在和桥镇，又名南兴桥，始建于清咸丰七年（1857年）。

紫气千条，一捶长虹横鹤涧；
霞光万道，半轮明月绾鹅洲。

（佚名）

5. 钟溪桥联 钟溪桥，在和桥镇钟溪村，横跨钟（溪）张（渚）运河。龙雁港在此与钟张运河交汇，传清高宗乾隆皇帝5次到此，并为此桥题联。老百姓称此港为“龙门港”。

湖浪滔滔，宅绕烟波三顷；
溪流悠悠，润泽钟溪两岸。

（爱新觉罗·弘历 撰）

龙门港口，单驿独庙一茶亭；
虎桥钟溪，两埯双埠二酒店。

（爱新觉罗·弘历 撰）

6. 禾苑广场牌楼联

二〇〇九年十二月，和桥镇政府投资251万元，在鹅洲东路东，化城寺南规划建造禾苑广场及禾苑牌楼，并为此题联。

化城卧龙福地再现龙腾舞；
禾苑引凤鹅洲酣唱凤筑巢。

（朱斌培 撰）

五、著作

和桥是著名教授之乡，许多镇内人士和在外乡贤在各自擅长的领域辛勤耕耘，著书立说，取得了骄人业绩。他们出版的大量著作在宜兴人文长卷中展示出独有的韵味。此次收录和桥籍人士或在和客籍人士经出版社出版的著作267余部（征集至2015年），由于征集工作面大量广，遗漏和疏失之处定然不少。只能待以后再补充订正。（按出版社出版时间先后顺序排列）

和桥籍人士著作

表 28 – 5

书　　名	作者	出版单位	出版年份	备　　注
《井冈山瑞金风景》	吴冠中	人民美术出版社	1959	专著
《美丽的首都》	吴冠中	中国少年儿童出版社	1960	专著
《吴冠中作品小辑》	吴冠中	上海人民美术出版社	1960	专著
《海南岛风光》	吴冠中	上海人民美术出版社	1962	专著
《财经数学》	邵品刿	西南出版公司(美国)出版	1963	主编
《商务经济统计学》	邵品刿	查尔斯 · E · 梅里尔出版公司(美国)出版	1964	主编
《管理与财经数学》第三版	邵品刿	西南出版公司(美国)出版	1976	主编
《商务经济统计学和数量方法》	邵品刿	西南出版公司(美国)出版	1976	主编
《商务经济统计学》第三版	邵品刿	查尔斯 · E · 梅里尔出版公司(美国)出版	1976	主编
《水粉写生画选》	吴冠中	天津人民美术出版社	1979	专著
《吴冠中画选》	吴冠中	人民美术出版社	1979	专著
《吴冠中油画写生》	吴冠中	上海人民美术出版社	1979	专著
《吴冠中国画选》	吴冠中	四川人民出版社	1982	专著
《东寻西找集》	吴冠中	四川人民出版社	1982	专著
《天南地北》	吴冠中	上海文艺出版社	1984	专著
《吴冠中素描选》	吴冠中	四川人民出版社	1984	专著
《吴冠中画集》	吴冠中	河北美术出版社	1984	专著
《吴冠中国画选 · 第二辑》	吴冠中	四川美术出版社	1984	专著
《风筝不断线》	吴冠中	四川美术出版社	1985	专著
《吴冠中画集》	吴冠中	天津人民美术出版社	1985	专著
《吴冠中国画选 · 第三辑》	吴冠中	四川美术出版社	1985	专著
《吴冠中画册》	吴冠中	轻工业出版社	1986	专著
《谁家粉本》	吴冠中	四川美术出版社	1987	专著
《吴冠中画集》	吴冠中	天津人民美术出版社	1987	专著
《吴冠中国画选》	吴冠中	四川美术出版社	1987	专著
《吴冠中画集》	吴冠中	荣宝斋出版社	1987	专著
《吴冠中国画选 · 第四辑》	吴冠中	四川美术出版社	1987	专著
《高温合金学》	陈国良	冶金工业出版社	1988	主编
《高等数学解题思路》	郑步南	科学出版社	1988	参编
《土地管理法规》	费仕良	江苏科学技术出版社	1988	参编
《焊接过程测示技术》	程功善	西北工业大学出版社	1988	主编
《焊接测试技术》	程功善	机械工业出版社	1988	参编
《中国档案主题词表》	蒋晓涛	中国档案出版社	1988	主编,1997 年获部级科技成果二等奖

续表 28－5

书　　名	作者	出版单位	出版年份	备　　注
《吴冠中速写集》	吴冠中	四川美术出版社	1988	专著
《吴冠中绘画形式分析》	吴冠中	四川美术出版社	1988	专著
《柑桔良种》	陈竹生	重庆出版社	1989	合著
《柑桔良种选育》	陈竹生	重庆出版社	1989	合著
《困惑·导向·成才——成才与思想品德修养导论》	俞宝书	东南大学出版社	1989	主编
《中华人民共和国人口分布图》	胡焕庸	地图出版社	1989	参编
《中华人民共和国人口密度图》	胡焕庸	地图出版社	1989	参编
《中国东部、中部、西部三带的人口、经济和生态环境》	胡焕庸	华东师范大学出版社	1989	主编
《人生哲理》	费仕良	中国农业出版社	1989	主编
《果树种质资源描述符》	陈竹生	中国农业出版社	1990	参编
《胡焕庸人口地理选集》	胡焕庸	中国财政经济出版社	1990	主编
《外贸英语函电》	程同春	中国林业出版社	1990	副主编
《小型水电站综合评价》	蒋水心	中国水利电力出版社	1990	参编
《中药工业企业管理》	蒋培华	南京大学出版社	1990	合编
《要艺术不要命》(海外中文图书)	吴冠中	台湾远行出版事业公司	1990	专著
《吴冠中画集》	吴冠中	四川美术出版社	1990	专著
《组织胚胎学——人体功能和发育组织学》	杨虎川	北京大学出版社	1991	合著
《土壤地质》	胡童坤	中国农业出版社	1991	主编
《中国水利百科全书·水利经济卷》	蒋水心	中国水利电力出版社	1991	参编
《小水电建设项目经济评价指南》	蒋水心	河海大学出版社	1991	合编
《陆游诗歌选译》	杨燕	山东大学出版社	1991	主编
《荣宝斋画谱·44·》	吴冠中	荣宝斋出版社	1991	专著
《吴冠中师生作品选》	吴冠中	今日中国出版社	1991	专著
《化学和热力采油工艺与原理》	何生厚	山东科学技术出版社	1992	翻译
《润扬长江公路大桥建设》	吴胜东	山东文艺出版社	1992	主编
《塑性力学引论》	黄筑平	北京大学出版社	1992	合著
《吴冠中专号》	吴冠中	翰墨轩出版有限公司	1992	专著
《夕照看人体》(海外中文图书)	吴冠中	艺达作坊	1992	专著
《望尽天涯路:吴冠中回忆录》	吴冠中	中华书局(香港)有限公司·万象图书公司	1992	专著
《艺途春秋:吴冠中文选》	吴冠中	新加坡八方文化企业公司	1992	专著
《吴冠中自选画集》	吴冠中	东方出版社	1992	专著
《吴冠中作品集》	吴冠中	日本芸术新闻社	1992	专著
《笔耕果》	朱斌培	南京出版社	1993	专著

续表 28－5

书 名	作者	出版单位	出版年份	备 注
《蚕种学》	冯家新	农业出版社	1993	主编，全国高等农业院校教材
《果树种质资源目录》	陈竹生	中国农业出版社	1993	参编
《中国柑桔良种彩色图谱》	陈竹生	四川科学技术出版社	1993	合编
《热点思维》	章剑华	南京大学出版社	1993	主编
《画中思》	吴冠中	中国华侨出版社	1993	专著
《吴冠中散文选》	吴冠中	国际文化出版公司	1993	专著
《望尽天涯路》	吴冠中	东方出版社	1993	专著
《中国文化精华文库·唐宋诗词》	杨燕	巴蜀书社	1994	翻译、校注
《烟幕使用战例》	杨仕芳	中国水利电力出版社	1994	参编
《金属结构设计》	杨达夫	科学出版社	1994	主编
《心田笔耕》	章剑华	东南大学出版社	1994	主编
《中国酱腌菜》	章善生	中国商业出版社	1994	主编
《小水电水能设计规程》	蒋水心	中国水利电力出版社	1994	主编
《医院中药房管理之研究》	蒋培华	中国科技出版社	1994	主编
《中国近现代名家画集》（海外中文图书）	吴冠中	锦绣文化企业	1994	专著
《大型工程施工机械化》	杨达夫	中国水利电力出版社	1995	主编
《农村水利水电经济运行》	蒋水心	中国水利电力出版社	1995	主编
《寰宇觅知音·吴冠中九十年代作品选》（中、英、法版本）	吴冠中	外文出版社	1995	专著
《吴冠中谈艺集》	吴冠中	人民美术出版社	1995	专著
《对外经济贸易必用》	程同春	上海科技文献出版社	19931996	主编
《医院中药管理研究》	蒋培华	中国古籍出版社	1996	主编
《钱利生创作歌曲选》	钱利生	江苏人民出版社	1996	专著
《我读石涛画语录》	吴冠中	荣宝斋出版社	1996	专著
《中国近现代名家画集·吴冠中》	吴冠中	人民美术出版社	1996	专著
《吴冠中画选》	吴冠中	中国三峡出版社	1996	专著
《吴冠中绘画艺术与技法》	吴冠中	人民美术出版社	1996	专著
《心导管术——先天性心脏病的诊断与治疗》	周爱卿	山东科学技术出版社	1997	主编，国家图书一等奖
《妙用中药丛书》	蒋培华	江苏科学技术出版社	1997	10本，主编
《要艺术不要命》（海外中文图书）	吴冠中	远景出版事业公司	1997	主编
《吴冠中·故城》（海外中文图书）	吴冠中	翰墨出版公司	1997	专著
《吴冠中·伴侣》	吴冠中	翰墨出版公司	1997	专著

续表 28 –5

书　　名	作者	出版单位	出版年份	备　　注
《中国画名家作品精选·吴冠中作品》	吴冠中	陕西人民美术出版社	1997	专著
《当代速写精粹·吴冠中专集》	吴冠中	荣宝斋出版社	1997	专著
《吴冠中线描》	吴冠中	安徽美术出版社	1997	专著
《中国当代艺术选集·吴冠中》	吴冠中	山美术馆(台湾·高雄)	1997	主编
《戏曲艺术——飞扬的中国神采》	杨燕	解放军出版社	1998	主编
《生物医学中的热物理探索》	杨虎川	北京出版社	1998	编委
《塑性力学及其应用》	黄筑平	北京理工大学出版社	1998	主编
《实用水利经济与管理词典》	蒋水心	中国科技出版社	1998	主编
《烽火艺程:国立艺术专科学校校友回忆录》	吴冠中	中国美术学院出版社	1998	主编
《吴冠中散文选》	吴冠中	国际文化出版公司	1995 (1998 重印)	专著
《沧桑入画》	吴冠中	学林出版社	1997 (1998 重印)	专著
《美丑缘》	吴冠中	百花文艺出版社	1997 (1998 重印)	专著
《生命的风景》	吴冠中	北京十月文艺出版社	1998	主编
《吴冠中文集》(三卷本)	吴冠中	文汇出版社	1998	专著
《有序金属间化合物结构材料物理金属学基础》	陈国良	冶金工业出版社	1999	合著
《新媒体时代的探索》	章剑华	江苏人民出版社	1999	主编
《中国近代民族关系史》	杨策	中央名族大学出版社	1999	主编
《吴冠中画论》	吴冠中	河南人民出版社	1999	专著
《温馨何处》	吴冠中	吉林摄影出版社	1999	主编
《1999 吴冠中艺术展作品集》	吴冠中	广西美术出版社	1999	专著
《画外话·吴冠中卷》	吴冠中	人民文学出版社	1999	专著
《艺海浮沉·吴冠中》	吴冠中	中国友谊出版公司	1999	主编
《流过岁月》	张田田	长春出版社	2000	主编
《蚕种研究文集》	冯家新	浙江大学出版社	2000	主编
《范成大、杨万里诗词选译》	杨燕	中国广播电视出版社	2000	2001 年获广电总局科研成果著作类二等奖、北京市高等教育优秀教材奖
《无锡科技英才》	俞良贤	百家出版社	2000	主编
《现代科技英语阅读教程》	程同春	东南大学出版社	2000	主编

续表 28－5

书 名	作者	出版单位	出版年份	备 注
《与您心语》	宋杏芬	中国文联出版社	2001	专著
《地方科技管理新论》	白希贤	学苑出版社	2001	合编
《数字油田的理论设计与实践》	何生厚	科学出版社	2001	主编
《电视戏曲论纲——呼唤涅槃的火凤凰》	杨燕	中国盲文出版社	2001	合著
《创新原理及方法》	俞良贤	高等教育出版社	2001	副主编
《新编国际商务英语函电》	程同春	东南大学出版社	2001	主编
《学院英语》	程同春	上海交通大学出版社	2001	主编
《亦文亦画书系·吴冠中集》	吴冠中	华夏出版社	2001	专著
《名家画北京[中英文/本]·吴冠中》	吴冠中	河北教育出版社	2001	主编
《吴冠中素描集》	吴冠中	广西美术出版社	2001	专著
《吴冠中集》	吴冠中	华夏出版社	2001	专著
《吴冠中 2000 年作品年鉴》	吴冠中	广西美术出版社	2001	专著
《移步换形》	吴冠中	中国旅游出版社	2001	主编
《吴冠中谈美·新作本》	吴冠中	广东人民出版社	2000（2001 重印）	专著
《吴冠中人生小品》	吴冠中	花山文艺出版社	2001	主编
《吴冠中画韵美文》	吴冠中	广东人民出版社	2000（2001 重印）	专著
《向往美好》	宋杏芬	中国文联出版社	2002	专著
《辣椒集》	于松生	中国戏剧出版社	2002	主编
《家蚕育种选集》	冯家新	浙江大学出版社	2002	主编
《乐府百首选讲》	杨燕	北京广播学院出版社	2002	主编
《中国电视戏曲研究·概览》	杨燕	北京广播学院出版社	2002	主编
《想法》	章剑华	江苏人民出版社	2002	专著
《飞航导弹工程》	黄瑞松	中国宇航出版社	2002	专著
《画里画外》	吴冠中	解放军文艺出版社	2002	专著
《吴冠中画中心情》	吴冠中	台湾未来书城股份有限公司	2002	主编
《水乡音韵》	宋杏芬	作家出版社	2003	专著
《癌变机理研究》	杨虎川	郑州大学出版社	2003	编委
《肿瘤热疗学》	杨虎川	上海科学技术文献出版社	2003	主编
《连续介质力学基础》	黄筑平	高等教育出版社	2003	主编
《吴冠中速写意境》	吴冠中	广东人民出版社	2003	主编
《吴冠中意象油画艺术》	吴冠中	中国民族摄影艺术出版社	2003	主编
《吴冠中 2001 年作品年鉴》	吴冠中	广西美术出版社	2003	专著
《吴冠中美文美画系列·朱墨春山》	吴冠中	广西美术出版社	2003	专著

续表28－5

书　　名	作者	出版单位	出版年份	备　　注
《吴冠中美文美画系列·望尽天涯路》	吴冠中	广西美术出版社	2003	专著
《吴冠中美文美画系列·又见巴黎》	吴冠中	广西美术出版社	2003	专著
《吴冠中美文美画系列·山水屐痕》	吴冠中	广西美术出版社	2003	专著
《吴冠中墨彩作品集》	吴冠中	北京工艺美术出版社	2003	专著
《吴冠中作品收藏集》	吴冠中	人民美术出版社	2003	专著
《生命的风景·吴冠中艺术专集·Ⅰ卷·七十年代（含七十年代前）精选作品》	吴冠中	三联书店	2003	专著
《生命的风景·吴冠中艺术专集·Ⅱ卷·八十年代精选作品》	吴冠中	三联书店	2003	专著
《生命的风景·吴冠中艺术专集·Ⅲ卷·九十年代（上）精选作品》	吴冠中	三联书店	2003	专著
《生命的风景·吴冠中艺术专集·Ⅳ卷·九十年代（下）（含二十一世纪新作）精选作品》	吴冠中	三联书店	2003	专著
《今晚的月亮》	宋杏芬	中国戏剧出版社	2004	专著
《蚕种繁育选集》	冯家新	浙江大学出版社	2004	主编
《油气井防砂理论及其应用》	何生厚	中国石化出版社	2004	合编
《中国电视戏曲研究·汇评》	杨燕	安徽美术出版社	2004	主编
《实用临床心血管疾病介入治疗学》	周爱卿	上海科学技术出版社	2004	主编
《吴冠中2002—2003年作品年鉴》	吴冠中	广西美术出版社	2004	专著
《情感·创新—吴冠中水墨里程》（中、英文本）	吴冠中	湖南美术出版社	2004	主编
《我负丹青·吴冠中自传》	吴冠中	人民文学出版社	2004	专著
《短笛无腔》	吴冠中	新世界出版社	2004	专著
《画外音》	吴冠中	山东画报出版社	2004	专著
《五个人的天堂》	宋杏芬	银河出版社	2005	专著
《全国民国档案通览》	蒋晓涛	中国档案出版社	2005	参编
《浪花》	朱斌培	时代文艺出版社	2005	主编
《画外文思》	吴冠中	人民文学出版社	2005	专著
《我负丹青·吴冠中自传》（海外中文图书）	吴冠中	三联书店（香港）有限公司	2005	专著
《回忆在中美》	邵品剡	上海交通大学出版社	2005	专著
《吴冠中》	吴冠中	上海书店出版社	2005	专著
《吴冠中艺术回顾展》	吴冠中	上海书店出版社	2005	主编
《磨漆悟道》	吴可人	人民交通出版社	2006	主编
《中国作物及其野生近缘植物——果树卷》	陈竹生	中国农业出版社	2006	参编
《高等职业教育教学质量理论和管理实务》	程宜康	中国矿业大学出版社	2006	合著
《使用进出口单证与实务》	程同春	东南大学出版社	2006	总主编
《吴冠中2005年作品年鉴》	吴冠中	广西美术出版社	2006	专著

续表 28－5

书　名	作者	出版单位	出版年份	备　注
《皓首学术随笔·吴冠中卷》	吴冠中	中华书局	2006	专著
《横站生涯五十年·吴冠中散文精选》	吴冠中	文汇出版社	2006	专著
《吴冠中文集·画里阴晴》	吴冠中	山东画报出版社	2006	专著
《吴冠中文集·文心独白》	吴冠中	山东画报出版社	2006	主编
《奉献——吴冠中捐赠作品汇集》	吴冠中	紫禁城出版社	2006	主编
《种植心灵》	宋杏芬	人民日报出版社	2006	散文集 专著
《吴冠中 2006 年作品年鉴》	吴冠中	紫禁城出版社	2006	专著
《制度变迁中的政府行为分析》	叶勤良	天津人民出版社	2007	主编
《柑橘优新品种》	陈竹生	重庆出版社	2007	主编
《作家与读者》	宋杏芬	诗选专辑第 100 期专号刊出	2007	诗选专辑
《我读石涛画语录》	吴冠中	荣宝斋出版社	2007	专著
《沧桑入画·吴冠中作品选》	吴冠中	中国美术学院出版社	2007	主编
《美丑缘》	吴冠中	百花文艺出版社	2007	专著
《吴冠中全集(九卷本)》(中英文本)	吴冠中	湖南美术出版社	2007	专著
《高含硫化氢和二氧化碳天然气田开发工程技术》	何生厚	中国石化出版社	2008	中国石化科技出版物二等奖
《中国柑橘品种》	陈竹生	中国农业出版社	2008	合编
《先天性心脏病心导管术》	周爱卿	上海科学技术出版社	2008	主编
《吴冠中 2000—2003 年作品年鉴》	吴冠中	湖南美术出版社	2008	专著
《吴带当风》	吴冠中	山东画报出版社	2008	专著
《沧桑入画·吴冠中作品选》	吴冠中	中国美术学院出版社	2008	专著
《吴冠中·中西绘画融合大师》	吴冠中	河北美术出版社	2008	专著
《吴冠中画作诞生记年鉴》	吴冠中	人民美术出版社	2008	专著
《吴冠中画集(上、下卷)》	吴冠中	江西美术出版社	2008	专著
《吴冠中文丛·横站生涯》	吴冠中	团结出版社	2008	主编
《吴冠中文丛·文心画眼》	吴冠中	团结出版社	2008	主编
《吴冠中文丛·足印》	吴冠中	团结出版社	2008	主编
《吴冠中文丛·放眼看人》	吴冠中	团结出版社	2008	主编
《吴冠中文丛·背影风格》	吴冠中	团结出版社	2008	主编
《吴冠中文丛·短笛》	吴冠中	团结出版社	2008	主编
《吴冠中文丛·老树年轮》	吴冠中	团结出版社	2008	主编
《艺冠中外——吴冠中艺术展》	吴冠中	北京百雅轩文化艺术有限公司	2008	主编
《吴冠中 2007 年作品年鉴》	吴冠中	湖南美术出版社	2008	专著

续表28－5

书　　名	作者	出版单位	出版年份	备　　注
《冰上的旋律》	宋杏芬	人民文学出版社出版	2008	诗集
《数学分析纵横谈》	邵品琮	南京师范大学出版社	2009	主编
《文化时空》	章剑华	江苏人民出版社	2009	专著
《吴冠中2008年作品年鉴》	吴冠中	荣宝斋出版社	2009	专著
《吴冠中自选散文集》	吴冠中	东方出版社	2009	专著
《耕耘与奉献·吴冠中捐赠作品集》	吴冠中	人民美术出版社	2009	主编
《我读石涛画语录》	吴冠中	山东画报出版社	2009	专著
《吴冠中画语录》	吴冠中	人民文学出版社	2009	主编
《吴冠中百日谈》	吴冠中	东方出版社	2009	主编
《中国果树志——柑橘卷》	陈竹生	中国林业出版社	2010	合编
《钟爱的历史名篇——杨骥川书法作品集》	杨骥川	人民美术出版社	2010	主编
《高等职业技术教育课程新论》	程宜康	清华大学出版社	2010	主编
《东西贯中—:吴冠中作品集》	吴冠中	中国美术院出版社	2010	专著
《艺术大师三人行·第一辑·二》	吴冠中	中国文史出版社	2010	主编
《吴冠中自选速写集》	吴冠中	东方出版社	2010	专著
《吴冠中散文精选》	吴冠中	人民文学出版社	2010	专著
《笔墨等于零》	吴冠中	江苏文艺出版社	2010	专著
《二十世纪中国西画文献·吴冠中》	吴冠中	文化艺术出版社	2010	专著
《画眼》	吴冠中	文汇出版社	2010	专著
《我读<石涛画语录>》	吴冠中	大象出版社	2010	专著
《有些事只适合想念》	吴冠中	新星出版社	2010	专著
《吴冠中画语录》	吴冠中	人民文学出版社	2010	专著
《吴冠中自选散文集》	吴冠中	东方出版社	2010	专著
《艺海浮沉》	吴冠中	商务印书馆国际有限公司	2010	主编
《大地丰润》	夏正平	四川出版集团	2010	专著
《中国诗坛女子作品选粹》	宋杏芬	团结出版社	2011	专著
《艺术大师三人行·第二辑·五》	吴冠中	中国文史出版社	2011	专著
《艺术大师三人行·第三辑·一》	吴冠中	中国文史出版社	2011	专著
《生命的画卷—吴冠中自述》	吴冠中	北京大学出版社	2011	主编
《吴冠中文集》	吴冠中	山东美术出版社	2011	专著
《精神家园》	宋杏芬	大众文艺出版社出版	2011	散文集
《宋杏芬作品集》	宋杏芬	世界文化艺术出版社出版	2011	专著
《欣雯戏曲苑》	宋杏芬	团结出版社出版	2012	戏曲集
《诗时光书》	宋杏芬	中国文化出版社出版	2013	专著

续表 28－5

书　　名	作者	出版单位	出版年份	备　　注
《荆溪浪莎》(上)	彭新培	文汇出版社	2014	专著
《荆溪浪莎》(下)	彭新培	文汇出版社	2014	专著
《阳羡溪头吟故乡》	张孟华	河海大学出版社	2014	专著
《乔中华书法专辑》	乔中华	中国文联国际出版社	2015	专著
《故宫三部曲:变局·承载·守望》	章剑华	人民文学出版社	2015	专著
《风沙渡回眸》	宋杏芬	团结出版社	2015	专著

2004 年，和桥镇人民政府在重建永宁桥南立下的“重建和桥碑记”

20世纪80年代初，吴冠中回故乡创作水墨画《故乡和桥》

第二十九章　文化遗产

和桥历史悠久，文化积淀深厚。早在1500多年前，和桥先民就在这块土地上渔猎耕作，历经千年生产、生活实践，形成内容丰富生动的民间传说、形式多样技艺独特的传统技艺、传统舞蹈、民间音乐、曲艺、社戏庙会等。和桥先民还崇尚读书扬名，敬重佛教、道教和儒教，创造的文物古迹众多，有明崇祯时建造的造型美观的古建筑“状元楼”及明清古街、程氏园，有400多年前建造的化城禅寺。据不完全统计，境内曾有庙宇庵堂30多座（多数仅存遗址甚至湮没）、富有江南特色的古桥群百余座、乾隆时期的碑刻20余方，还有北宋熙宁元丰七年（1084）苏东坡手植的西府海棠，还有其他古树名木等。这些已经成为和桥珍贵的文化遗产。

第一节　非物质文化遗产

一、民间文学

1. 三顶桥和三里桥的传说　和桥从南到北排列三顶石桥，即南兴桥、中兴桥、北兴桥。要说这3桥的来历，就要讲到早先鹅州村的情况。一条塘河南北纵贯，东边是鹅州，西边是荒野。河东三官堂附近有一爿茶店，河西有一家姓邵的官宦人家，邵家的老爷天天要摆渡到河东吃茶。日长岁久，邵老爷感到十分不方便，于是想在塘（运）河上造3座桥。过去造桥必须报请官府审批，但这邵老爷生来是个急性子，说造就造。他一面派人到县衙报批，一面叫工匠开工，当3座桥造得差不多时，同意造桥的批复也下来了。批文规定造桥只能3里1座桥，而事实恰恰相反，1里就造了3座桥。邵老爷一看批复，心想，要是按批示拆桥，就要前功尽弃。要是抗命不拆，又将带来很大麻烦。他想来想去，终于想出了两全其美的办法。吩咐工匠连夜在和桥南面3里外，也就是塘渎港口再造1座桥，取名“三里桥”，将错就错的向上谎报成“3里1桥”逃脱了罪责。从此以后，和桥就有了3座石拱桥，南面还有1座三里桥。

2. 鹅鸭滩与鹅洲的传说　公元前473年，越王勾践灭掉吴国，“敌国破，谋士亡”。传说越国大夫范蠡为了逃避勾践的迫害，伪装渔民，偕西施驾一叶小舟载着鹅鸭，弃官逃亡。一天路过和桥，夜宿下塘南首五指河畔，将鹅、鸭放养在滩上，故相传和桥南首有鹅鸭滩，后世文人雅称为“鹅洲”。

3. 咸梅夫人的传说　从前，滆湖村上有个年轻寡妇，家中有一个阿婆，一个姑娘（丈夫的姐妹），生有两个儿子。为了教两个孩子读书，家中还请了私塾先生。这寡妇和先生是表姐弟，两人常在一块聊天。姑娘起了疑心，就在母亲面前说嫂嫂不贞节。于是风言风语就传了出来。寡妇气极了，就用红绸包一粒梅核种在园里，对婆婆姑娘说：“梅树长不出，表明我心不正；梅树能长大，表明我是贞节的。”后来，姑娘看到小梅树长出来了，就常用盐水来浇灌这棵梅树，想把梅树腌死。谁知梅树不但没有死，相反越长越高，结出果子来了。梅子本来是酸的，可是这棵梅树的梅子却是咸的。这桩奇事一传十，十传百，滆湖一带都晓得了。那一年，皇太后有病。太医开药方要咸梅做药引。有的臣子说：“那还不容易？把梅子腌咸就是了。”太医说：“腌咸的无用，要天生的才能做药引。”有个在京城做官的宜兴人，就把滆南村的寡妇种梅树之事告诉皇上。皇上立即派人到宜兴去取。皇太后吃了咸梅，病马上就好了。皇帝就封这个寡妇为“咸梅夫人”。

4. 石狮错位的传说 石狮子历古以来就蹲在大门口。然而，和桥东横头三官堂的石狮偏偏蹲在院堂天井里，说来倒是一怪。元朝时，东横头店铺不多，有一爿豆腐店倒蛮有名气。只晓得老板姓高，瘦长个子，他每天鸡叫头遍就起来磨豆腐，附近百姓都称他“高脚雄鸡”。“高脚雄鸡”非但做的豆腐有名气，一身功夫更是不得了。有一天，一个外乡铜匠挑着铜匠担慕名而来。这铜匠一到豆腐摊前，开口就问：“还有豆腐勿？我要买豆腐。”店堂里跑出来一个伙计，热情招呼：“客官，您要豆腐啊，稍微等等，门口刚买完，我到里头去拿。”伙计马上从店里端出一板热腾腾的豆腐，对铜匠说：“客官，您要多少？”铜匠讲：“我不要多，只要一块，喏，这块。”他用手往满板豆腐当中一指。伙计讲：“你东不要，西不要，哪样偏要中间这块？”铜匠讲：“我只要这块，快点，我还等着豆腐下锅呢。”伙计脑筋一转，啊唷，来者不善。连忙招呼：“您等等，您等等。”伙计转身就跑进店里，把师傅“高脚雄鸡”请了出来。“高脚雄鸡”一望，挑着铜匠担来买豆腐，根本勿诚心，就对铜匠讲：“客官，你真心要不？今日初次见面，卖点面子，不过价钱略要贵一点，要一两银子。”铜匠讲：“你有本事卖，我有本事买，你动手啊。”说动手，就动手。只见高脚雄鸡伸出右手，将食指往中间这一块豆腐上一点，咹，这豆腐离手指还有三分光景，就被吸了出来。铜匠一见出乎意外，就要赖账想溜。高脚雄鸡一眼看穿他的鬼心思，上前一把拖过铜匠担：“你今朝来寻开心，也不挑个时辰、地方，这里可不是白相地方啊。老实说，你要偷试我功夫，今朝我有理由把你捏扁了，但为人不做无理之事，你还趁早回去凑足铜钿来赎担子吧。”铜匠自知无理，只得空着手回去了。铜匠回去后纠集一班同行小兄弟，苦练三年，准备报复。一天，一班铜匠带了家伙（指武器），杀气腾腾直奔东横头。高脚雄鸡一见来势勿小，他跑到三官堂门口，两手一抄，就把蹲着的两口大石狮抱到胸前。只听得“嘭”的一声，两只石狮的额角撞碎，碎石飞出老远。他又抱着石狮，退到院堂天井，以免在路口争斗，伤了路人。铜匠见他抱着石狮，都被惊呆了，谁都不敢再跨进一步。高脚雄鸡喊道：“你家这班逆畜，谁敢过来！”门口铜匠一个个吓得失魂落魄，放下家生，跪地求饶。高脚雄鸡放下石狮，训斥铜匠：“习武人以武德为重，不要有点本事就无法无天，骚扰百姓。”从此，三官堂里的这对石狮也就缺额少角，蹲在天井里。

5. 杨显桥的传说 位于南新和西锄（现在都属于西锄村）交界处。相传从前北新老官庄上有个杨家少年书生骑着马，上京赴考路过此桥，但马至桥边，才踏上一步，小木桥就摇晃起来，马立即退回停住。任怎么鞭打，马就是不肯过桥。杨家书生没有办法，只得跪在地上对苍天祈祷，求祖宗帮忙。祷告完后，马果然慢慢地上了桥，小木桥不再摇晃了，结果杨姓少年考中状元，做了大官后，他就把小木桥拆了，造了一座石桥。他认为当初过桥是杨家祖宗显灵的，所以取名杨显桥。

6. 西施荡与归美桥的传说 宜兴市与武进市交界处，有一个碧波滚动的滆湖（又称西湖），和桥沿滆湖边缘，河网联结、港汊交错；坐落在四周陆地上的村庄，大都以“港”字命名，而位于和桥地区北面的湖滨村有一个自然村，却唯独叫西施荡。在离西施荡村东南约一公里处的锡溧漕河上，有一座桥，名叫“归美桥”，每当人们在此谈古说今时，总离不了讲述越国大夫范蠡与美女西施的一段传奇故事。公元前473年的夏秋之交，当时越国大夫范蠡为了逃避勾践的迫害，伪装成一个渔民，偕西施驾一只小船，弃官逃亡来到江南。在逃难途中的一天下午，范蠡与西施路过锡溧漕河，将小船停泊在和桥闸口南首河旁的一座桥边，准备寻找住处。上岸后，他们又步行二里路，来到湖滨村投宿。夕阳西下时，西施被滆湖的景色吸引住了，只见一望无垠的湖面上，绿色的芦苇随风摇曳，接港连汊的野荷铺浮在水面，红、白色的荷花竞相开放，三五成群的鸳鸯正在戏水求爱，天空中时而传来“咕咕咕”的叫声。抬头望去，一群飞雁正成人字形自由地飞过这里。西施看到这些，便拉着范蠡，指着这如诗如画的境地赞叹不已。他俩很想在这里多住几天，可是勾践哪能放过他们，他们只住了几天，又得逃往别处了。岁月重叠，时代变迁，后世文人为了纪念西施与范蠡，将他俩投宿的村命名为“西施荡”，而把船停泊处的那座桥和附近的村子，均唤成“归美桥”。

7. 五洞桥的传说 在闸口钟溪桥向北约里许的塘河边，有一座有五个桥洞的石桥。该桥的正中央，就是武进和宜兴两市的分界线。说来也巧，人为的分界与天然的分界是那样的默契。当你站在五洞桥背的中央向东看河水，左边的水是浑浊不清的黄水，右边的水却清澈见底，这样明显的界限，恰好是从两个半桥洞中分流出来的。因为左边的水来自常州以北的长江水；右边的水是自西向东流的滆湖水。关于五洞桥，在闸口一带有个传说：很久以前，人们站在五洞桥的桥背中央，向西远望，可以看到西滆湖中有一根闪闪发光直通云霄的东西——通天芦。但神奇的是，只要离开这个位置，就再也看不到这根通天芦了。通天芦是哪里来的呢？据传，很久很久以前，滆湖以东的地方成为东相（“相”即“乡”），滆湖以西的地方成为西相。西相有家富门闺秀下嫁到东相来，她最珍贵的嫁妆是一台“金钱磨”，只要磨盘一转，白花花的银元就滚滚而出。在新娘嫁妆船摇到东相才子家去的途中，送亲的男女都争着试试这个“金钱磨”。真神，磨盘一转，白花花的银元就滚滚落下，银元越来越多，船也越来越重，行至湖中，风大浪急，嫁妆船不幸沉没了，金钱磨从此葬身湖心。日复一日，年复一年，在金钱磨眼里长出了一根茁壮的芦苇，越长越高，直冲云霄。后来这根通天芦被路过的仙人取走了。

8. 官庄村的传说 以前，和桥北新，有新、老两个官庄。新官庄（北新街）住着杨家六房、七房；老官庄（民胜）住着姓杨的一房到五房；两个官庄的北面全是芦滩荒草塘。那时，有一个从外地挑着箩筐带着妻儿家小姓张名森的人逃荒来到这里，定居下来帮一家姓冯的财主打杂工。冯家有人在朝中做官，在老家只住着冯家老太掌管家业，因此这里河东村原来也叫冯家村。后来只有一个小小的冯家潭了。冯家有个外孙姓杨，由于兵荒马乱，也避难在冯家附近。

那时朝中有个武将姓慕，与冯家交好，死后要安葬到这里来，恰好冯家的外孙也姓杨，是个风水先生。慕家就请他看个安葬地，姓杨的风水先生看中一块地。它面朝东南，地势又高，向口直对北新桥洞。太阳升起时，阳光不偏不倚地从桥洞直对准洞口。如果就这样安葬的话，慕家后代一定很发达。但是，安葬时杨姓风水先生伙同张姓的帮工把棺椁对向正南。后来慕家的三个儿子成为武将，不久全战死沙场，且无后人。再说，杨风水的家境那时并不好，子孙靠荒滩砍蒿草打杂过生活。有一天，他们在干活时看见一条小蛇，就捉回来放在自家稻栈里。几天后，他们想把稻舂掉，就把稻子运下船。然而几个人运了一天，稻栈里的稻子也不见少。后来运稻工看见梁上有条蛇在吐信，就把这蛇赶跑了。不久，稻子也搬空了。从此，杨家就发达了，并开始买田置地，送儿女读书。他们的财产越多，做官的越来越多。真是官多，丁财两旺。于是就把此村改为“官庄村”。后来，杨姓的子孙共有七房，占有七个村庄，连上和桥的路也铺成石路。人们就说“官庄、官庄，做官佬的村庄，姓杨佬的天堂”。

9. 寿星桥的传说 位于和桥镇西北角的官庄村，俗称“老官庄”，已有1700多年历史。很久以前，这里全是荒滩芦苇塘，村中有条南北走向的河，却没有一座想通的桥梁，人们往来很不方便。清雍正二年（1724）的一天，一位无锡杨姓的小伙子来到老官庄村西的冯家村帮工。户主是位大官，家中有妇人和一个女儿。杨小伙子在冯家干活勤快，深得家人喜欢。冯老太将年方十七的女儿许配给他。杨小伙除了忙着田间劳作外，还抽空下滆湖去樵芦、捕鱼。小夫妻恩爱甜蜜的故事在村中流传。小姑娘每天中午将做好的饭菜送到滆湖边，等候丈夫上岸用餐。岁月流逝，那位杨氏上门女婿发家致富后，他出资于乾隆五十一年（1786），在每天送饭的河边建造了一座石拱桥，取名寿星桥。一是方便了人们过往的交通，二是祝福老岳母健康长寿。这则美丽动人的故事一直流传至今。

10. 洗马潭与灯头村的传说 北宋年间，苏轼

（东坡）被革职后，周游天下。当时，他来到常州府。苏东坡对府台说要游西湖。常州府认为是游西滆湖，于是就命旗牌领路，一路上鸣锣开道，来到西滆湖东边南新朴树下村前开了一个池塘，好让马清洗和饮水用。自开了这个池塘，给这个村的百姓带来了很大的好处。故后人就把这个池塘称为“洗马潭”。苏东坡游滆湖时，喜欢欣赏夜景，所以他每次从游滆湖归来很晚，有时竟然找不到返回的港口。因此，在出港口的地方，常州府台就筑起一个灯楼，白天插上旗帜，晚上点起灯作为返港的标志。这样，苏东坡游完西滆湖后，再晚回来也能准确地到达宿营地了。几天后，又到闸口黄土村等地游玩，临走时，在朴树下留下一个姓王的家奴看守灯楼。后来年久岁长筑灯楼的地方成为一个小村庄，故称为“灯楼村”，也就是现在南新的“灯头村”。该村姓王的就是当年王姓家奴的后裔。

11. 书呆子的传说　从前，有个书呆子，讨了个漂亮的媳妇。家里很穷，只有六架草房，杉木桁条，竹头椽子，稻草盖顶，七、八尺高。一天，家中无柴烧，妻子叫他上街买柴，他到了街上，见卖柴的问道：“柴君，柴价若干?”卖柴的人不懂他的话，没有卖给他。他就回家告诉妻子，妻子听了很生气，骂他是个书呆子。又一天，家中失火，妻子叫他赶快去借梯，他到人家借梯道：“家中来龙，借用升高之物。”人家不懂，未借给他。当他回到家里，见草房已烧成灰烬，只剩下几根烧焦的桁条。他叹道：“自从盘古至今，未见此长炭呀!”他妻子觉得跟着他没日子过了，气得上吊自尽了。他见妻子吊在梁上，慌慌张张地跑到丈人家报告：“你的令嫒，我的贤妻，不知何故，上不沾天，下不着地，飘飘荡荡之乎也。”他丈人弄清楚事情后，狠狠地给他了一个巴掌，骂道：“你真是个书呆子!”

12. 半夜浜的传说　闸口的小渡湾到闸口东村的一段河浜，北宋神宗以来乡人称为“半夜浜”，这名称传说与当时闸口邵氏一门“同榜六进士”有关。同榜六进士是曾任常州知府的邵灵甫一门子侄。灵甫公生两子，长子邵梁，字民瞻，宋仁宗时进士，官至成都路提点刑狱御史，在神宗元丰初年拯救苏轼出狱后不久即告老归乡，兴建了“天远堂”和“海棠园”。次子邵材在神宗熙宁年间，与其五叔邵潜，堂弟邵权、邵林、邵樟，侄邵刚等6人同榜中了进士，传为佳话。其中邵潜年纪最大，是邵林的父亲，父子两人中进士后，分别授淮阴、扬州知府，后都任监察御史。六个进士中，邵风年龄最小，在江宁乡试时，为避与其叔邵材争魁，他借故到京师舅父家。乡试结束后，叔侄分别荣登江宁、开封乡试榜首，乡亲们热情地称邵材为叔解公，称邵刚为解公，后在会试中，邵刚中了第一名，人称会元公。熙宁六年，宜兴有“一邑三魁天下荣之”的美誉。除状元为宜兴佘中外，会元、解元就是邵刚、邵林叔侄俩。邵材官至监察御史，邵刚为翰林院侍读学士，邵氏一门同榜六进士，一时在京师传为美谈，却也引起了朝廷“肖小”特别是与民瞻、苏轼等政见不同者的嫉妒。这些人密奏神宗皇帝，说江宁府、礼部徇了灵甫、民瞻等私情。神宗特派大臣到闸口密查此事，由于大臣所乘船只不识水路，船过聚龙桥后漾入石溪，在小湾渡头、九房、夕阳边转了半夜，万籁俱寂中，只看到每个村庄灯光闪闪。天明到闸口一打听，才知所见灯光尽是邵氏族人书舍，特派大臣原来深知灵甫公、民瞻的为人，因此他回京师如实上奏神宗皇帝说：“臣自入石溪，舟行半夜，只见两岸灯火点点。如此勤学苦读，潜心学问，何须向人通关节。”神宗准奏，进谗者没趣而退。从此“半夜浜”名闻天下。

13. 天远堂匾的传说　苏东坡在朝为官，受到朝中奸臣蔡京等人的排挤，官职被撤掉了。他生平的亲朋好友都怕牵连到自己，不敢和他亲近往来。苏东坡从海南来到宜兴，而宜兴闸口的邵民瞻（熙宁五年进士），也是苏东坡原来的好友，他见到苏东坡到宜兴来，非常高兴，毫不畏避，分外热情，邀请至家，整天和他在一起，苏东坡深为感激。邵民瞻是宜兴永定大族，有园临水，最擅林壑之胜。在元丰年间，苏东坡从故乡携来蜀本西府海棠一株，送给邵民瞻，并亲手替他栽在东苑庭院里，至今每年春天海棠仍盛开满树，供人观赏。一天，两人畅饮于临水之堂。苏东坡对邵民瞻说:“闸口地僻民淳,长啸无所虑,诚天高皇帝远也!”这话也正中邵民瞻之意,两人抚掌大笑。这时苏东坡豪兴勃发,立即题书“天远堂”相赠,下款“眉山苏轼书”,篆章曰“德寿之玺”。一时之间,既赠花,又题额,艳誉东南,越传越广,一直传到言官的耳朵里。言官一想,苏东坡提额“天远堂”乃是居心不良,“天远”之意,分明是鄙弃人君,不服皇上,有欺君大罪,便将苏东坡如何为邵民瞻提额“天远堂”一事密奏皇上。皇上看了言官密奏大怒,即派钦差前来查办。幸亏朝中苏东坡也有故亲旧友,闻知此事,立即派人飞报苏东坡和邵民瞻,大祸将临,邵民瞻闻讯急得团团转,而苏东坡镇静自若,反而开怀畅饮。至夜,苏东坡叫邵民瞻将家谱取出,苏东坡将《邵氏宗谱》的序言六页拆下,改上一句“画楼东畔,天远夕阳斜”立即刻印补上。不日钦差来到闸口邵民瞻家,一看堂上真的悬挂着苏轼题书的“天远堂”匾额,便问苏东坡这是何意?苏东坡不慌不忙的捧出《邵氏宗谱》,翻开第六页的序言指着说:“钦差大人请看,明明邵氏先祖在谱中就有画楼东畔,天远夕阳斜之句,我因之题其堂曰'天远',实无他意。”钦差看后,确实如此,便回京复旨了。苏东坡和邵民瞻遂免一场奇祸。

二、传统技艺

1. 和桥豆腐干制作技艺 和桥豆腐干制作已有150余年历史。和桥豆腐干制作,主要传统技艺有12道。

选料:选用优质黄豆,除去破损和发霉的颗粒。

浸泡:将黄豆淘洗干净,放入缸内加水浸泡。寒冷季节可浸24小时,炎热季节只浸4个小时就可以。

磨浆:一般选时在凌晨三点左右,将浸泡好的黄豆按1:6加水上磨。旧时作坊,两三人一台石磨,付豆拉磨、搬运豆浆,在两个多小时内必须完成。

分离:用伏布缝制成的袋子,将磨出的浆液装好,捏紧袋口,用力将豆浆挤压出来。豆浆挤完后,打开袋口,再加水拌匀,继续挤一次浆。一般100千克黄豆出渣150千克、豆浆600千克左右。

煮浆:将豆浆倒入一口大铁锅内,一边用火烧煮,一边用锅铲翻搅,将豆浆煮开。火力过旺,或者锅里搅动慢了,都会影响豆腐干的质量和产量。豆浆煮开时,表面会有一层较厚的泡沫,需及时撇去。

点花:将煮熟的豆浆起锅另存于一只缸内,加入预先准备好的盐卤,边加边搅和。盐卤和豆浆的配比为0.3%—0.5%。点花也叫点浆,5分钟左右必须完成;然后再用15分钟左右的时间闷缸。

装箱:闷缸结束后,将预先准备好的一块块方板(约80公分见方)展开,里面铺上白净的伏布,立刻将已经凝固的豆花舀入,直舀至满,再将伏布的对角两两包紧;上面依次可以连续叠加至20层,盖上板,加重力压10~20分钟,即成水豆腐。做油炸豆腐的,需要干箱豆腐,加压的时间还要长一点,以便去除的水分多一点。

划块:逐块打开豆腐板的伏布,按照做各种不同豆腐干的要求,用刀划出所需大小的豆腐块。

灌装:因蒲包袋子可以反复使用20次左右,所以在将水豆腐装入各种不同型号的蒲包袋子之前,必须把蒲包袋放入开水中消毒、烫软。传统的蒲包袋主要有大中小三种型号。做老油豆腐干的需要灌装圆形的中号,成品约有银元大小。灌装中,师傅凭借丰富的经验和灵快的手势,第一取量精准,第二旋转扭紧,将扭结按捺平服。做开洋豆腐干,只需在平放的豆腐板上平铺一块伏布,将水豆腐舀满,再在伏布内安放一个每个方格都是6厘米的木质模具。模具的每一条边都是正三角形,一面平整,一面有角,放置时有角的朝下。在能见到的每一个方格内均匀地放置开洋,最后包上伏布。

压榨:灌装好的小蒲包,已经均匀地排列在豆腐板上;放置好开洋的水豆腐也已用伏布包好。压榨,就是将一块块的豆腐板叠加起来,最多时可叠十八九层。压榨的用具叫榨床,利用杠杆的原理,逐步将碗口粗的木杠稳稳地将叠加的多层豆腐板压住。有经验的师傅,十分注意保持叠加起来的一块块豆腐板非常垂直。一整套压榨过程控制在40分钟左右,分五六次压下杠杆。每次压下需先用木销锁住扣眼,静等六至七分钟。

氽水:打开刚下榨床的小蒲包,用较快的速度取出成型的白胚豆腐干,放入热水锅内继续加温,烧至水开,待豆腐干全部浮出水面即可捞出。

卤制:待白胚开洋豆腐干从伏布中取出,即可放入有开洋、黄酒、冰糖、盐和其它调味品调制而成的卤汁里,煮透后再焖至24小时,便可捞出晾干。制作老油豆腐干的卤汁,是用当地或自己酱园内上好的酱油、再加入茴香、香叶、桂皮、开洋等佐料包及红糖而煮成。氽水捞出的圆形豆腐干即可放入这种五香卤汁翻煮三四小时,最后取出豆腐干,浸入加了冰糖的老秋油(和桥当地夏秋生产的酱油,晒足了日头),浸渍一月乃至一年后,待豆腐干里外的颜色都变成了红褐色,捞出沥干即成老油豆腐干。一般情况下,每100千克黄豆,可以做出85千克豆腐干。

2007年12月4日,和桥豆腐干被列入首批无锡市非物质文化遗产名录。2010—2011年,龙泉、慈圣、永和三位豆腐干企业负责人唐荣泉、许祖华、朱建年,先后被确定为无锡市非物质文化遗产代表性项目传承人。

2. 麻虾酱制作技艺 每年冬季,滆湖周围的渔民除了下湖捕鱼外,常常用自制的一种三角形的网兜,划着小木船到湖中捕捉小糠虾,拿回家开始制作过年食用的麻虾酱。做酱时,先要将鲜虾装入竹箩里筛洗干净,然后将活蹦乱跳的小虾,一把一把地放入石磨盘孔里磨,一边磨,一边加入少许辣椒丝,直到磨成糊状的虾浆。最后将虾浆下锅熬制到熟,加上细盐、味精、麻油、茴香等佐料,就做成了有鲜又嫩的麻虾酱,这种技艺民间代代相传至今。麻虾酱味道很独特,鲜而不腥,鲜中有咸,鲜中有辣,原汁原味,下粥下饭最好。需要吃多少,就打多少,一点也不浪费。麻虾酱越陈越香,一次打上一碗,放在饭锅上一蒸,味道更加好,是当地百姓冬春的一道下饭好菜。

3. 钟溪拷刀劈杂芦扉 芦扉,就是把生长在河沟岸边的芦苇秆剖开、碾软和去叶后,再进行人工编织而成的一种长方形块状物。和桥镇紧靠滆湖,盛产芦苇,以制编芦织品盛名,尤其是和桥镇钟溪村祖祖辈辈流传下来的钟溪拷刀劈杂芦扉(又称拷刀头段芦扉),是钟溪村的传统手工产品。20世纪60年代,芦扉归楝树供销社定点收购,远销江、浙、沪太湖区域和大江南北。钟溪拷刀劈杂芦扉选料考究,编织紧密坚实耐用、不漏水,过去堆放露天粮棉、建造房屋、舟船仓位避风防雨、封顶盖帽,常用它。这类芦扉的编织手工技术繁重而复杂。首先是选用生长在太湖岸边的芦苇编织,因其经受湖浪吹打,芦苇粗壮、坚韧而质地上乘。当地人每年冬季到太湖边去樵芦苇,用船运回堆放在各家各户的门前场上,根据芦苇的粗细、长短进行分类,然后依照规定尺寸进行断料,取其头上的一段(故叫头段芦扉),分经、纬两类,经长6尺以上,纬长5尺以上。手艺人把断料后的芦叶、芦壳用刮刀刮干净,捆扎堆放在通风、干燥而且不漏雨的屋内。接着敲芦苇——先把每根芦苇用镶芦刀从根部破一条直缝到头,再用小的木榔头轻打一遍,然后把敲打过的芦苇一根一根叠起来,大约10多根一捆,用大木榔头捶打,要敲打到每根芦苇平面不卷曲,熟透为止。另外一种方法是把芦苇放在平整的石场上,转动辘轴来回压,这样既快,又省工省力。所有的材料准备停当,可以编织了。当地人喜欢用一张标准的芦扉做样子,平放在平地上,把敲打平整的芦苇劈成每根1寸宽的芦片,对直底样花纹,整齐排放在上面。手艺人双腿盘坐,开始编织。编织时,需用一把扁平的拷刀(铁制),对着"每花"拷打几下,使每条缝道笔直紧密,以防疏松透风漏水。编制好后要整理四条边,把多余出来的芦片弯曲、插进"每花"中,这样起到加厚坚固的效果。20世纪80年代后,钟溪拷刀劈杂芦扉失去用武之地,逐渐消失。至2015年。尚有少数老人仍能编织拷刀劈杂芦扉,显得弥足珍贵。

三、传统舞蹈

1. 花船 和桥镇历史上早就有"花船",又称"荡湖船"。每逢重大节日,男男女女披红戴绿,走上街头,表演"荡湖船",热闹喜庆,深受群众喜爱。"文化大革命"时该项目中止。2005年,和桥镇文化

图 29－1　2015 年和桥文化站举办的花船表演

站经过挖掘、整理、加工，使“花船”舞重新呈现在广大群众面前。“花船”表演，生活气息浓郁，具有典型的江南水乡的地方特色，它表达人们热爱生活、追求爱情的美好愿景，反映劳动人民积极向上、健康的生活态度，展现人们喜庆丰收的热闹场面。“花船”表演时一只“花船”配一个船娘和一个艄公，也可加配河蚌；可单独一只花船进行表演，也可多只花船进行表演。船娘运用平行、直行、斜行、交叉等步伐，上下起伏，左摇右摆，表演出行船的韵味；艄公手持红绸带，与船娘的动作相互配合，表演摇船的动作，并与船娘眉目传情。“花船”与河蚌的表演，运用拟人的手法，展现了“花船”与河蚌的嬉戏、玩耍的情景。整个表演，可用锣鼓队或音乐配乐。

2. 斗犟牛　旧时和桥粮油厂有一项独特的民

图 29－2　2015 年元宵节和桥镇主的文体艺术展演中的“斗犟牛”表演

族形式娱乐活动，是具有行业特色的“斗犟牛”。粮油厂怎么会搞起斗犟牛来？过去有句俗话，叫做“女大做填房，牛大进磨坊”。在手工操作的落后生产方式中，油坊里拉磨碾碎黄豆，主要依靠牛力。油坊工人对膘肥体壮的大个子水牛很是喜爱，如果是犟牛，就更另眼相看，“犟牛好生活”，这是用牛人的经验之谈。犟牛固然难用，但一旦能驾驭它，就能成为一种很好的动力，无怪油坊工人对犟牛怀有好感。后来他们就以“斗犟牛”作为喜庆活动的一种形式。“犟牛”制作简单，牛头用竹篾扎框架，突出两只长角和一对大眼睛，蒙上一层黑布就行。牛身也只需一幅黑布，费用十分俭省。“斗犟牛”同玩狮子相仿，一头牛需二个人耍，相互协调，动作配合。斗有两种形式，一是人和牛斗，一人扮斗牛士两人扮牛；后者需五六人，四人扮两头牛，扮斗牛士的一、二人不等。随着锣鼓的节奏，斗牛士以诙谐灵活的动作逗引着牛，牛则表现翻滚扑顶等不同姿式，十分吸引观众。和桥粮油厂的前身为乾锠余粮油厂，该厂在清同治年间创建，是个百年老厂，斗犟牛活动，也已有几十年的历史了。抗日战争时期，敌伪横行，人民生活朝不保夕，这项活动中断。抗日战争胜利后才又恢复活动。新中国成立后，为了进一步提高，曾聘请京剧武生演员教授身段步法，使斗犟牛动作更紧凑，形象更逼真。晚上表演，眼珠还配上电光，每逢喜庆节日表演，更加引人入胜。

3. 龙灯、马灯和狮子　龙灯、马灯和狮子是和桥地区最具代表性的元宵民俗文化活动。新中国成立前，每逢新春佳节，镇上有调龙灯、马灯及狮子活动。龙灯是用竹制成的，先以竹篾为骨扎成框架，再用棉纸或宣纸裱糊，贴上红纸剪成鳞片，最后刷上清漆。龙灯的制作极富创意，各部位编扎精细，用料考究。龙身用竹篾扎成筒状，直径约一尺左右，每节龙身间隔五、六尺连着一个带灯框的撑杆，灯框与灯框间用红色塑料结成网状，再套上红色龙衣，这样调龙灯时可以使龙身伸缩自如。龙身长短视情而定。调龙灯不仅费力而且讲究技巧。既要有体力，又要懂套路，讲配合。马灯是用竹篾织成马身，约 2 米长，用白布围裹四周长至地，马腿画在布上再配上其他颜色、线条、装饰物。马身中间骑坐部位留一孔，能容一人腰围，表演者把马套在腰间，并用布条绊在肩上（绊带隐在上衣内），腰以上部位隐在马身上，或制作假肢代替，表演时把骑马动作舞蹈化，表演内容灵活多样。新春之际在霹雳炸响的爆竹声中“舞狮”逐渐成为和桥人们辟邪免灾、吉祥纳福不可或缺的形式。新中国成立后,和桥小学先后组织龙灯队、马灯队,参加春节文娱活动。钟溪、湖滨、劳动居委、福巷桥、染织厂、纺织厂、耐电厂和港区各有龙灯一条。农村和机电厂都有调狮子的活动。逢喜庆节日都上街表演。进入21世纪,为传播传统民间文艺,和桥文化站每年组织文娱爱好者开展对“龙灯、马灯和狮子”舞蹈的培训,组织参加市、镇两级文娱表演。

4. 麒麟、凤凰和大头 民国在和桥流行,麒麟是我国古代汉族神话传说中的传统祥兽,性情温和,麒麟舞融音乐、舞蹈、工艺美术、杂技于一体,既具有美学的欣赏价值,又有艺术的、宗教的、民族的、历史的研究价值。新中国成立后,每当农历过年,人们掮起精心制作的麒麟和凤凰,走村串巷,载歌载舞。搬运工会还有调“大头”活动。进入21世纪,和桥镇的每次文艺会演、重大节庆日常常有麒麟、凤凰和大头舞的演出。

四、曲艺·民间音乐

1. 三跳道情 “三跳道情”因其表演器具以“三跳板”为主,故称“三跳道情”。“三跳道情”的表演形式说、唱、演结合,以唱为主。唱腔源于唐代道教的道曲,情节多取材于道教故事,后演变为道情。“三跳道情”相传为明代季東英所创,清代常州著名的道情艺人杜蔡伯对宜兴道情艺术的发展颇具影响。民国期间和桥蒋佩风成为风靡京(南京)沪线的道情艺人。他的两个艺徒孙松包和盛盘金善说《双珠凤》《梁山伯与祝英台》等曲目,曲艺高超,听众如潮,在宜兴、武进、溧阳和金坛有“红半天”之美称。1932年,蒋佩风艺徒盛盘金的得意门生成山林出道,随后在宜兴大、中城镇及溧阳南渡和竹箦,金坛茅鹿等地巡演深得听众喜爱。新中国成立后,成山林参加宜兴县红星曲艺队。其1957年演唱的《童话老鼠精》和1958年创作并演出的《结婚》分获江苏省文艺会演曲艺演出奖和荣誉奖。至2015年,道情表演唱、道情山歌剧仍流传于宜兴和桥地区。“三跳道情”唱词韵律工整,念白吐字清晰,情节引人入胜,唱腔有板有韵,拖腔长短高低有别,加之乡音萦绕,听之分外亲切。

2. 钟溪锣鼓 民国25年(1936),钟溪何家村何章大、何金茂、何金玉、何金碧等人到高塍马湖里看庙会,看到一班十分精彩的锣鼓,十分羡慕。回来后就组织一班小年青,边放牛边用瓦片模拟敲打,自编自练成《十番锣鼓》,后又不断向外地学习。经过取长补短,加工提炼成具有钟溪特色的《十番锣鼓》。《十番锣鼓》队员头扎英雄巾,身穿紧身衣,脚蹬薄底靴,手持乐器,英姿焕发。钟溪《十番锣鼓》由大鼓一面、小鼓两面、大钵一付、小钵八付、大落三面、小锣两面、京锣一面、敲打一面等组成,演奏用时长达二十分钟。《十番锣鼓》以大锣鼓曲调和小锣曲调交错重叠演奏为主要特点。大锣鼓曲调的艺术特征为气势宏伟、刚劲有力、激情奔放、振奋人心;小锣鼓曲调的艺术特征为声音清晰、脆而悠扬、入耳动听、如行云流水。20世纪80年代,钟溪锣鼓队在村委重视支持下,多次参加宜兴市和周边乡镇的文体活动及重大喜庆节日等。2013年,钟溪锣鼓队得到了充实调整,组建了一支由18人参加以中青年为主的锣鼓队伍,当今主要传承人为何水明、何志明、马华兴。

附:钟溪大锣(十番锣)锣谱:

铛、镗、铛、镗、铛、镗,镗又镗……镗镗又镗镗镗镗,镗镗又镗又镗镗,礼礼镗,礼礼镗,礼礼镗,礼礼镗,打打镗,打打镗,打打镗礼镗礼镗,打打镗礼镗,礼镗,泼泼,镗镗,泼泼泼,镗镗镗,泼泼又泼泼,镗礼镗礼镗,打打次打次打光,打打次打次打光,打光,打光,打得浪打光。京本京本光,京本京本光,京光,京光,京即京京光。镗礼镗,泼,镗礼镗礼镗,泼,镗礼镗……镗镗又镗又镗镗,镗镗又镗又镗镗。京鸡光,京鸡光,京鸡光光,京鸡光,京光京光京京光,光光京光京京光,光即京光京京光,光光光京,光京,光京,光京,光光京光京京光,京即京京,光光光,京即京京,光光光京光京即京京光。

礼礼,镗镗,礼礼礼,镗镗镗,礼镗又镗镗,礼镗又镗镗，镗礼又礼礼，镗礼又礼礼，镗礼礼，礼镗礼，镗礼镗镗礼，镗礼礼镗，泼，镗礼镗礼镗，泼，镗礼镗礼镗，镗礼镗，镗礼镗……镗镗又镗又又镗，镗镗又镗镗，礼礼镗，礼礼镗，礼礼镗，礼礼镗，打打镗，打打镗，打打镗礼镗，打打镗礼镗礼镗，泼泼，镗镗，泼泼泼，镗镗镗，泼又泼又泼泼，镗礼镗礼镗，打打次打次打光，打打次打次光，打光，打光，打得浪打光，京本京本光，京本本光，京光京光，京即京京光。镗礼镗，泼，镗礼镗礼镗，京鸡光光京鸡光，京光，京光，京京光，光光京光京京光，光即京光京京光，光光光京，光光光京，光光京光京京光，光光京光京京光，京即京京，光光光，京即京京，光光光，京光京光京即京京光。

镗镗，礼礼，镗镗镗，礼礼礼，镗礼又礼礼，镗礼又礼礼，礼镗又镗镗，礼镗又镗镗，礼镗礼，镗礼镗，镗礼镗镗礼镗礼礼镗，泼，镗礼镗……镗镗又镗又镗镗，镗镗又镗又镗镗。礼礼镗，礼礼镗，礼礼镗，礼礼镗，打打镗，打打镗，打打镗礼镗礼镗，打打镗礼镗礼镗，泼泼镗镗，泼泼泼镗镗镗，泼泼又泼泼，镗礼镗礼镗，打打次打次打光，打打次打次打光，打光，打光，打得浪打光，京本京光，京本京本光，京光，京光，京即京京光。镗礼镗，泼，镗礼镗礼镗，泼，镗礼镗……镗镗又镗又镗镗，镗镗又镗又镗镗，京鸡光，京鸡光，京鸡光光京鸡光，京光京光京京光，光光京光京京光，京光京光京京光，光光光京，光光光京，光光京光京京光，光光京光京京光，京即京京，光光光，京即京京光光光，京光京光京即京京光，礼礼又礼礼，镗镗又镗镗，礼礼礼，镗镗镗，礼镗又镗镗，礼镗礼礼镗，泼，镗礼镗礼镗，泼，镗礼镗，镗礼镗……镗镗又镗又镗镗，镗镗又镗又又镗，礼礼镗，礼礼镗，礼礼镗，礼礼镗，打打镗，打打镗，打打镗礼镗礼镗，打打镗礼镗镗，泼泼，镗镗，泼泼泼，镗镗镗，泼泼泼，镗礼镗礼镗，打打次打次打光，打打次打次打光，打光，打光，打得浪打光，京本京本光，京本京本光，京光，京光，京即京京光，镗礼镗，泼，镗礼镗礼镗，泼镗礼镗，镗礼镗……镗镗又镗又镗镗，镗镗又镗又又镗镗，京鸡光，京鸡光，京鸡光，京光京光京京光，光光京光京京光，光即濂光京京光，光光光京光光光京，光光京光京京光，光京，光京，光京，光光京光京京光，京即京京光光光，京即京京光光光。京光京光京即京京光。

镗镗又镗镗，礼礼又礼礼，镗镗镗，礼礼礼，镗礼又礼礼，镗礼又礼礼，礼镗又镗镗，礼镗又镗镗，礼镗礼，镗礼镗，镗礼镗镗礼镗，礼礼镗，泼，镗礼镗礼镗，泼，镗礼镗……镗镗又镗又镗镗，镗镗又镗又镗镗，礼礼镗，礼礼镗，礼礼镗，打打镗，打打镗，打打镗礼镗礼镗，打打镗礼镗礼镗，泼泼泼，镗镗镗，泼泼又泼泼，镗礼镗礼镗，打打次打次打光，打打次打次打光，打光，打光，打得浪打光，京本京本光，京本京本光，京光，京光，京即京京光，镗礼镗，泼，镗礼镗礼镗泼，镗礼镗，镗礼镗……

镗镗又镗又又镗，镗镗又镗又又镗，京鸡光，京鸡光，京鸡光光京鸡光，京光京光京京光，光光京光京京光，光即京光京京光，光光光京，光光光京，光光光京，光光京光京京光，光京，光京，光京，光光京光京京光，京即京京光光光，京即京京光光光，京光京光，京即京京光。

五、民　俗

1. 社戏　社戏大多数集中在春季举行，第一次是在农历二月初二的“土地戏”，仅一台。据记载，土地公公是民间的地保，为祈祷人口太平，一开年先要敬重他，祭祀他。演戏地点是在城隍庙前的空地上，土地庙就在城隍庙隔壁。

第二次是“百花戏”，也叫“目莲戏”。每年农历二月十二是百花生日，又是和桥镇一年中的一大节场。旧社会大部分农民没有文化，不懂科学，相信迷信。相传农历二月十二日，俗称百花的生日，为祈祷花神，使百花盛开，结出丰硕果实，便养成敬花神的习惯。旧时天花流行，又缺医少药，传染天花而死亡的，为数众多，幸存者往往变成麻脸，做父母的希望子女不生天花，祈求“花神菩萨”的保佑，许愿出缘钱，于百花生日时，在和桥镇上、下塘痘司堂前，各演敬花神社戏五台（四台日戏，一台夜戏）。社戏开演时，均要加演一曲“调花神”，戏子不得开花脸，表示敬花神，祈求不要传播天花，不出麻脸。演社戏的那几天，镌刻着“痘司行宫”的花神庙里，香客拥挤，庭院中大鼎铁香炉内焚香、化锭的烟火甚旺。殿内泥塑花神娘娘神龛前,祭品满台,烛火长明,香烟缭绕,跪拜敬神的善男信女自早至暮,络绎不绝。有的人家还备以重礼把子女寄给花神娘娘,祈求保佑。每年春节过后,和桥痘司堂里就把"缘钱"通知单分发给各户,到了百花生日演社戏的时候,各户照单前去还愿出缘钱。有的人家虽然很贫穷,为了子女的平安,想尽办法把缘钱付清。和桥下塘痘司堂的境区(包括农村地区)比上塘痘司堂的境区要大一些,经济收入较多,所以下塘演百花社戏的草台班子比上塘的要好一些。演社戏的那几天,和桥镇上长达二、三里狭窄的街道上,人群拥挤,寸步难行,店家生意兴隆。街道上,有舞枪弄棒卖狗皮膏药的、耍把戏的、看西洋镜的、演猴子戏的、看奇蛇异兽的、卖梨膏糖的、掷圈套泥人的、抽诗条子的,真是五花八门,热闹非凡。入夜,家家户户忙着宴请亲朋来宾,素有"小无锡"之称的和桥镇,在演百花社戏之日,更增添了繁荣的景象。

第三次社戏是在农历三月初八,名叫"花台戏",这是商界出钱主办的,排场很阔绰。戏台前面树起一个木牌楼,两边有彩绸参角,尖顶上挂了四排五色的明角圆灯笼,夜里就点上蜡烛。戏台装饰得既美观,又雄伟。演戏从傍晚开始,一直演到夜里九、十点钟。因为人很挤,戏台两侧就设几排比人头还高的长高凳,每只凳可坐十余人,有些太太小姐就坐在上面看戏。第四次社戏是在农历九月廿八,上午先进行"水龙比赛",地点在东岳庙前,下午就演一台戏。

2. 和桥城隍庙会　和桥的城隍庙会十分热闹,时间在农历七月十五日。下午二时开始。金锣、红旗在前,接着是"肃静迴避"的牌架,后面是戴着面具的男欢女喜,边走边舞,还有"五殇"(病神)穿着锦绣袍,头上插着雉鸡长毛,脚上穿着白底高靴,摇摇摆摆,迈开大步,依次前进。再后面跟着一个"押案",戴着红色的面具,相貌威严,手执钢鞭,押管"五殇"。据人家说,如有人久病不愈,只要将押"案"请到家中,就可以驱除鬼魔,病即霍然而愈。最后是轿中坐着城隍菩萨,他的两眼会左右移动,面容庄重慈祥。大约在民国五、六年,有一次,和桥霍乱流行,死了不少人。明年就改出"东岳会"以驱除瘟神,规模很大,日期也比较长,将"五殇"改为"十二候",代表十二种疾病之神,最后也是"押案",似乎要押着他们上天。十二候争先跑上阔道,一直冲到终点。锣声、喊声响成一片,小孩跟前跟后追着看,气氛十分热烈。

3. 杨桥庙会　每年农历二月初八是杨桥出会

图 29-3　2013 年的杨桥庙会照片

的日子,这天会把武进杨桥太平庵中的城隍菩萨木身偶像抬出来走村串巷巡视一番。据说"城隍老爷"是地方清官,能保地方平安,所到之处风调雨顺、五谷丰登、国泰民安,所以都要求得城隍的巡幸。沿路各家各户商铺企业都会香烛果品供奉鞭炮迎接。城隍的木身底座是武进南杨桥即宜兴市和桥镇福巷桥村白家塘白家宗祠前的杨树雕塑而成的,因此,白家塘是"城隍老爷"的"舅家",每年二月初八出巡时必定要去"舅家"探亲,所以出会的路途较长,有10多里路。从杨桥太平庵出发向西北经都家塘牛皮巷、邵家村到湾渎,向东到圩家村往南到杨桥张基村,向南往西经过茅庵进入宜兴地界(旧时杨桥以南为南杨桥)途径王家塘、花园头沿车路到万福再向北经后大潭白巷的坝头村、前徐村最后到达白家塘的"舅家"受礼后换新衣(舅家给外甥做的新衣)。然后从北路途径大小巷村、青墩头、杨埂村返回杨桥太平庵中。菩萨出巡时仪仗队阵势相当浩大,首先有一人手执杏黄旗引路称为报址(即为报明所处地名),后跟两人抬锣并行,鸣锣开道,而后有12人分两队的护卫,他们身穿盔甲战袍,手执刀枪兵器,紧接就是"城隍老爷"由四位壮汉作轿夫抬着轿子,四位差人手拿拖板,二十四位衙役紧跟,随后就是迴避、肃静告示牌,六把万名伞作为前队。后队由太平龙、济公、四个大头娃、锣鼓队、掮轮车、调犟牛、腰鼓队、马灯队、舞狮、荡花船、蚌仙、龙灯队、花篮队、调三十六行(有36人扮演社会上的36种行业)、气功队、大刀队、唐僧师徒四人等,一路之上大刀队挥舞大刀,济公大头娃做些滑稽动作逗人发笑,龙灯队几条龙上下翻腾,锣鼓喧天、热闹非凡,浩浩荡荡的队伍长达几百米,阵势浩大。庙会上表演的节目有10多种,其中踩高跷、掮轮车、调狮子、调犟牛、调龙灯最吸引观众。踩高跷,这玩意儿不是一般的人能担任的,因为他们踩的高跷非常高,可以达到1米多,有的甚至达到2米多。他们在过巷门时,先坐在巷门的上面,然后把两只脚一只一只地拎过去,一会儿便到了巷门外面,又可以踩着高跷继续前进了。有的踩高跷的人,还带着两根长竹竿,在长竹竿上做个架子,在需要休息的时候,只要把竹竿往后面一插,两手握住竹竿,就形成了一张方便的"凳子",就可以坐着休息。掮轮车,掮轮车的人必须有较大的力气,他们事先要穿一件特制的铁制背搭,在铁背搭上面装一个像小孩子睡觉用的摇篮形状的东西,即轮车,里面坐着两个小孩子。这两个小孩是化了妆的,有时扮成童男童女,有时按戏文里的其他内容进行化妆。小孩上轮车时,掮轮车的人必须把头低下来,弯下腰,等旁边的人把孩子送上轮车后,再站起来。一般情况下,在路上行走时,小孩不坐在轮车里,到村上表演时,再把小孩送上轮车。调狮子,多数是由闸口缪墅村的人来表演的,表演的动作,有狮子逗绣球,狮子爬高,狮子翻身,狮子滚绣球等,很是惹看。调犟牛,这个节目是由杨桥庄基村上的人表演的。由一个扮牵牛的人,二个扮犟牛的人,再一个是逗犟牛的人(有时牵牛的人兼逗犟牛的)。有时犟牛要喝水了,便会硬要到河边去,或是硬要去别人家脚盆里去喝水,牵犟牛的拉都拉不回;有时,还会用"牛角",去挑人家的东西,或是去挑人,有人会被它吓得赶紧逃跑,引得人们捧腹大笑。调龙灯,一般的龙灯有13节,也有15节和17节的(现在杨桥街上调的是13节的),每节需要一个人举着,所以,一条龙灯需要10多个人协调地舞动。当年出会时调的是15节以上的龙灯。有一年,太平庵出会时,竟有20条龙灯参加舞动。在到达表演的村子时,龙灯表演了许多动作,如蟠龙、开四门、调四角、摆蝴蝶、困龙、困龙转圈、说好话、摆八字等等。如果单独由男的调,还可表演龙翻身,但女的是不表演龙翻身的。庙会期间,有前来拜佛烧香求平安的,有来自四面八方的商贩、游医、手工业者赶集的,有走亲访友的,街间村巷人山人海。沿途数十里的家家户户,宾朋满座。杨桥农贸集市热闹非凡。2010年,杨桥庙会被列为民俗类非物质文化遗产。

第二节　物质文化遗产

一、和桥化城禅寺　位于江南历史文化名镇——宜兴市和桥镇。明朝隆庆年间,和桥中街的东头,小茅庵建成。相传那时候的暹罗国王子金地藏渡海择地九华山,曾在和桥镇东横街梢搭茅屋留宿,故原名茅庵。清初,社会稳定,佛教盛行。由在水庵慧生、晨初、群修等僧来茅庵,兴建寺舍,招收徒众,易庵为寺。这里有清溪(顺渎河)亘前,平畴绕后,龙脉隐伏。《新建石岸碑记》云:"虽无山岩之胜,而顾盼林泉,足以涤烦襟而捐俗虑。"乾隆五十四年(1789)因寺久圮,僧觉明募资筹建藏经楼,广增寮舍,改名化城禅寺。道光年间(1821—1850),昌洁上人等进行扩建,初具规模。据清光绪二十四

图29-4　2015年的和桥化城禅寺

年(1898)《重建化城寺增置田产碑》记载:"邑治北三十里,有寺曰化城,吾宜首刹也。"

咸丰十年(1860)遭兵焚毁,寺舍无存,仅留寺前两座石狮和沿河石栏,僧众尽散。同治三年(1864),瑛通禅师率众僧修葺残垣,盖三间茅屋,五楹厢房。其时史子良、蒋天德两居士捐出巨资,善信也都踊跃捐款。后瑛通大师决意改建寺院,外出化募所得,悉数交与法徒觉正,兴建寺院,延续香火。觉正一心建设寺庙,事必躬亲,点滴不沾。历经数年,天王殿、地藏殿、藏经楼皆复原貌。后又外筑缭垣,内置两厢,镂刻门墙,寺庙初成。殿宇比前宽广宏伟。化城寺鼎盛时期,拥有田产800多亩,房屋近百间(据说九十九间半),僧众百多名。每年的农历七月三十日(地藏王生日),佛教信众在寺坐夜念佛;农历二月十九日(观世音生日)、六月十九日(观世音出家日)与九月十九日(观世音成道日),善男信女焚香膜拜,有时多达千人。

1938年3月14日,日军进犯和桥,沿途烧杀,200余民众逃入化城寺避难。日军欲进寺搜索,80高龄洪仁大和尚率徒圆亮、道德、道悟、隆珠等拦立庙门,拒日军进寺。洪仁及众徒共13人被带至观音巷——惨遭杀害。据目击者称,日军用刺刀戳入洪仁胸膛,洪仁仍怒目瞪视,坚挺不倒,日军吓得鼠窜而退。200余百姓幸免于难。这是化城禅寺僧人爱国爱教,舍身护民的悲壮一幕。1942年,著名撰刻家潘稚亮先生因避丁山兵难,来化城寺暂住,1943年11月3日先生因过度劳累悲伤病故于寺内。

1947年,磐山寺纯如大和尚来化城寺任方丈,其时寺有通华、圆真、省机、山宇等8名僧人。新中国成立初期,化城禅寺房舍及佛像保存完好。1956至1976年20年间,化城寺先后被用作宜兴速成师范、宜兴三中学生宿舍、和桥公社农业中学、南京农学院宜兴分院、和桥装饰布厂等,寺舍遭受严重破坏。"文化大革命"中,寺内佛像、经书、法器、史料尽皆被毁,僧人都被赶走,佛事活动停止,香火中断十年之久。改革开放以来,随着宗教政策落实,化城禅寺于1985年1月被列为宜兴市级文物保护单位。1992年7月,经宜兴市人民政府批准,恢复开放为佛教活动点。由江苏省佛教协会副会长、常州天宁禅院松纯大和尚兼任化城禅寺方丈,其嫡传法弟子常定法师任监院。他们继承精进苦修精神,重振化城宗风,弘扬佛教文化,赢得广泛信众。国内外善男信女慕名前来,修积功德,纷纷捐资。十余年间,这座名刹古寺,殿堂楼阁规模胜昔。

新修建的天王殿,宽18.8米、深9.6米、高1.38米,顶端雕刻着两条蟠龙。门额上有"化城禅寺"四个大字,下面有"天王殿"为题额,是中国工艺美术大师鲍志强敬书。殿中央四面千手观音像站立在汉白玉神坛上,新雕佛龛飞檐翘角,八根立柱上各有立体蟠龙一条,佛龛用朱漆装金,富丽堂皇,精致美观。大雄宝殿后面新开挖了一座占地700多平方米、能容水10000吨的放生池。池周围有一米多高白玉石栏杆。池中央有十一根木柱,六角形古朴典雅飞檐翘角的凉亭。亭前是中国工艺美术大师徐秀棠制作的紫砂观音菩萨坐像,高1.88米,须弥座0.5米。佛像造型逼真,工艺精巧。亭右侧置龙头型假山,流瀑直泻蔚为壮观。寺院法事频繁,香火旺盛。现有僧人16位,护法居士2000多人。每日早晚课诵,研修佛教文化。1993年10月举办大型水陆法会,1995年8月举行地藏王菩萨开光仪式,2002年10月举行大雄宝殿落成及佛像开光仪式等佛事活动。每年正月初一凌晨,信众来寺,烧香叩拜,祈愿平安健康。每年农历七月三十日,是一年一度的"地藏王法会",届时香客摩肩接踵,人流如潮,殿内红烛高照,钟鼓齐鸣,顶礼膜拜者数以万计。据历史记载:知名法学博士吴凯声,中国佛教协会副会长兼秘书长刀述仁居士,全国政协港澳台侨委员会副主任何添发、著名电视节目主持人杨澜夫妇、建设部总规划师储传亨等知名人士,都曾来化城禅寺视察观光。化城禅寺广泛开展国际佛教文化交流活动。1997年10月,现任宜兴市佛教协会副会长、监院常定法师一行10人,应邀赴日本参加中、日、韩三国佛教文化友好交流,参观日本许多寺院,拜会多位大德高僧。2005年7月,常定法师赴马来西亚柔佛州边佳兰佛教会，协助主持“冥阳两利梁皇息灾超荐大斋吉祥法会”。2008 年 9 月，新加坡和马来西亚佛教界 30 多人来化城寺参加水陆法会。弘扬中国佛教文化，增进海外宗教交流，化城禅寺影响日益扩大。2014 年，新修建的 500 罗汉堂已经完工，堂内新塑的释迦牟尼、毗卢遮那、卢舍那三尊佛像，全用金箔贴饰，高大辉煌。面貌全新的化城寺香火鼎盛，尤以仪规严谨的梁皇法会、水陆法会和各种佛事活动闻名遐迩。

二、宗　祠

民间习惯称祠堂，系有共同祖先的人群供奉祖先神主，进行祭祀的场所。宗祠在维系宗族团结，教育族人遵守社会公德等方面起到一定作用。明清至今，和桥境内先后建有 70 余座祠堂，大部分在历经沧桑中倾颓或改作他用。进入 21 世纪，和桥地区有些地方重修祠堂之风又悄然兴起。本章中仅对被县、市人民政府公布的文物保护单位、文物控制单位简要叙述。

1. 邵氏宗祠　邵氏宗祠位于和桥闸口街西约

图 29－5　2015 年的闸口邵氏宗祠

一百米处，为明代所建的一座砖木结构平房，有三进 25 间，其前、后进各 9 间，中间 5 开间大厅及两旁侧厢。宗祠前有大操场，占地约 1 千多平方米。进入宗祠大门，左右侧有两只青石狮子；再进又有块龙图石阶，据传为化石，中有黑色龙鳞几段，若飞龙姿态；行过一个天井，便是正厅，中悬苏东坡亲书“天远堂”大木匾，旁有“会元”“解元”“父子进士”“同榜六进士”等匾额，这是邵灵甫子孙科场大捷的纪念品；还有历代诗詠刻石镶嵌在墙壁里。在天远堂大厅的粗柱上，更有清代两任宜兴知县万立均题书的楹联：“天远堂前，敲铁板铜钹，高唱大江东去；海棠树下，溯金枝玉叶，遥从巴蜀西来”以及南宋曾几“南国堂荫春寂寂，东陵瓜蔓日绵绵”的对联。天远堂大厅的后墙上还悬挂清代归美桥举人吴德旋（字仲伦）手书“海棠无恙”匾额。后进则为半江公祠，俗称新远堂，内祀明代邵氏才子、严州知府邵珪进士等。邵氏一族，鼎盛于宋代。历代科举中，邵氏族人高中进士、举人之多。北宋时，邵民瞻与苏东坡为至交。邵民瞻后裔邵品刿早年赴美国留学获经济学博士学位，先后担任美国多所大学的教授。他和子女“一门六博士”传为美谈。

民国元年，邵氏宗祠内办小学。《邵氏宗谱》重修于民国元年（1912）。此谱上溯永定邵氏一世静菴公（邵静菴），下至民国元年。1940—1941 年，中共太滆工委机关在邵氏宗祠成立。期间中共太滆行动委员会、新四军独立二团、新四军十六旅相继在此建立。同时，邵氏宗祠又是锡、宜、武人民抗日义勇军总队驻地。新中国成立后，该祠为闸口小学所在地（2002 年 8 月，并入闸口中心小学）。1985 年，邵氏宗祠被列为宜兴县文物保护单位。1996 年 6 月，中共宜兴市委、宜兴市人民政府为中共太滆工委机关驻地旧址（邵氏宗祠）建碑。2014 年，《邵氏宗谱》再修，至 2015 年续修完毕。2015 年 8 月，上级政府文化部门下拨 40 万元，对原设在闸口邵氏宗祠的中共太滆地委办公处和新四军 6 师 16 旅成立纪念地，建修翻新。

2. 白氏宗祠　福巷桥村白家塘自然村白氏宗

图 29－6　2015 年的福巷桥白氏宗祠

祠,始建于清代,面南座北,砖木结构平房,共两进。宗祠门前两墩石狮东西两侧对称。宗祠大门上方写有白氏宗祠四个大字,大门的东西两旁为翻修宗祠续写宗谱族人捐资功德碑文。跨进宗祠大门为宽9.6米,进深3.9米的天井(原天井东西两侧各有一厢房)。一进面阔9.6米,进深8.1米。其中两间为大厅,供族人用餐议事之用,西侧一间为他用。后进祭堂面宽(四间)12.7米,进深(八架)8.7米。正中有供奉敬乔公神位,其左右排放了160多块先祖神位牌。新中国成立后,白氏宗祠被集体占用,曾为生产队仓库。由于年长日久,宗祠破旧失修。2006年,有族人白永炳、白新林倡议翻修白氏宗祠、续写白氏宗谱。白氏族人踊跃捐资,白氏宗祠按原地、原样、原结构翻新完工,面貌焕然一新。福巷桥白氏祖先,乃江南望族,历代名流辈出。《晋邻白氏宗谱》首修于明景泰癸酉(1453年),后经多次续修,至民国五年(1916)八修。2004年11月,白氏族人续修白氏宗谱,2007年续修宗谱完毕。九修《晋邻白氏宗谱》共十卷(八谱族人7700余人),字数达200万。2009年5月,白氏宗祠被宜兴市人民政府列为宜兴市文物控制单位。

三、碑　刻

和桥碑刻现有20余方,形制以正方形、长方形为主,其内容丰富,有告示碑、记事碑、功德碑、纪念碑等。20世纪90年代,为保护这些古碑刻,和桥镇政府逐步将原先散落在镇村地的古碑刻相对收集到一起,加强保护。至2015年,和桥地区的古碑大多存放在和桥中等专业学校(原和桥中学)、和桥化城寺、和桥公园等地,和桥原三官堂西墙(现禾晖广场北商住楼西墙)、福巷村缪墅庵、闸口西乾寺、大生前谢允济桥内等,民间也保存着数量不等的古碑刻。这些古碑刻具有一定的史料和文化研究价值。其中程氏宗祠碑群于2003年被宜兴市人民政府公布为宜兴市文物控制单位。

1.重建和桥程氏宗祠碑　立于嘉庆元年(1796),长195厘米,宽97厘米,为长方形青石质。现碑存原和桥中学内横卧车库旁,字迹清楚。主要记述乾隆甲寅(1794)年,程氏名门望族行余、行趾、坤含、昆季不吝钱、不吝力出资五千金重建和桥程氏宗祠及另建分祠之事。经整理碑文如下:

大清御宇,圣圣相承,道洽政治,津润生民。薄海内外,百姓亲王品逊,是行是训,炳焉与三代同风。嘉庆元年四月,予以匪材知荆溪令。下车后,检课东坡先生蜀山书院,得程生麟章文,颇有见道语。院长谓予曰:“此痒中名诸生也,籍宜,治家和桥。”和桥滨蠡塘,为南北孔道。予诣郡省,屡过生里。见其民居鳞次,不下万家,帆樯车骑,络绎无休时。而高门旧望,率多弦诵声。予低徊留之不能去。未数月,生以《重建和桥程氏宗祠记》请。重建者谁?生之父行余、叔父行趾暨生同祖史坤含、俊升、洪文。先是前明中叶,新安龙溪程氏居和桥者百余人,迄万历间,生高高祖善之复经龙溪来,甫卜宅,即约族众建祠。入国朝康熙丁未、戊申两稔,祠果建,普祔族人之主,颜曰“正义堂”,仍新安大宗祠旧额也。乾隆庚申再修,族士升记其颜末如此,至是历百数十年焉。甲寅春,族众既拜奠,议复修。坤含则起而请曰:“复修,毋宁重建,某不揣,愿与诸父均其任。”诸父佥曰:善,遂白族尊映兰□厥议。阅丙辰,工告竣,统计费五千金。行余、行趾半之,坤含昆季半之。一切鸠工庀材,昕夕靡懈者,坤含之力居多焉。考周官大司徒十有二教,一曰祀礼教,敬若保息本俗,实与太宰八统九丙相表里,迨教成而宾兴之。则闾师书其敬敏任恤者;族师其孝弟睦姻有学问者;党正书其德行道艺者。其进每上,其选每精,凡以约斯民于人道焉耳!今程氏诸君子不悭财,不吝力,敬宗□族。式礼莫愆,自非学有经术,岂易及此。然则我国家文教覃敷,群离偏德,观于一邑一乡,亦愈可知天下哉!抑在乾隆戊子,坤含父行简遵先人士荣命,偕弟行余、行趾、行简、行典即宗祠左偏,另建分祠,祀善之位下一支,并割产若干亩充祭款。顷者行简、行典俱谢世,而后之人克林斯心,推诸疏远将长逝者魂魄必更大快于子孙。予奉职无状,惟赖都人士敦本懋质,相与有成。向尝喜麟章之能文,于此乃益知其贤父兄之教,用不以不文辞辞,而为之记。

嘉庆元年岁次丙辰孟冬月谷旦

赐进士出身、文林郎、知荆溪县事、河阳段琦撰文

赐进士出身、由户部郎中出任山东莱州泰安济南府知府、卓异加一级今特简部郎、阳湖徐大榕篆额

居士钱伯垌书丹

2. 捐田碑记 为宋范氏家属,不惜捐田作为宗祠公产,并将其租息济孤寡贫困的善举事宜。现碑存原和桥高级中学汽车车库内,已砌入水泥墙中,碑长132厘米,宽72厘米,为长方形。字迹清晰,保存完好。碑文如下:

当考捐田以瞻宗族,宋范氏为首,称后世师其意者,亦往往门有其事。虽多寡之数,古人合其辙要非木本水源之意,发于中心之诚,然未有能勉强而为之者也。吾族简行,馀行趾,行典兄弟,遵其父仕荣公遗命,捐四十一亩四分。行简之子坤含、俊升遵其父行简共遗命,续捐田六十七亩二分,认为宗祠公产,每年租息所入祭费外,视鳏寡孤独无认养者,按月给以钱米有差,不致族中无告子姓有向隅之泣,意至厚也。较之文正公义田之条款,固尚犹有待,然自今以往,族中之饶于贰者将皆为此,安知古今人必不相及也!前者族侄德扬,所捐田产,吾先考洪毅府君曾为之诸石,抚其遗文,几不忍卒读。吾兹又忝为宗长矣,今昔之感其又何以为情耶?己酉率其侄坤含等修辑分谱。一切所捐田亩、契价、细号附刻一帙,记载详明,以垂永久之。恪尊正义大宗祠例:捐资满百金者,春秋奉认特祭。今仕荣偕其考远可公暨其固己,克配善之公矣,吾认为更宜寿诸丽牲之碑,令子孙一入庙而即兴起向夙,心愈有,以昭兹来许也。因不揣荒陋,略书数语云。

宗长暎兰撰文

裔孙文书丹

裔孙璋篆额

乾隆五十四年岁次已酉孟冬之月谷旦

3. 和桥程氏宗分祠重建市宅记 现碑存放原和桥高级中学内。碑文如下:

程氏故婺源名族,自明季徙居宜兴之和桥。其宗祠之建,始于国朝康熙间,乃新安大宗祠,旧额曰“正义堂”。其后再修于乾隆庚申,则有族士升之记。重建于嘉庆丙辰,则有前荆溪令段公之记。其分祠建于乾隆戊子,载在谱牒。程氏之世载厥德,章章可考也。夫礼莫重于祭。故古者记礼之文,亦莫祥于祭,虽其委曲繁重之数,有无由复之于今者,而有田则祭,抑岂有今昔之殊。虽然,事又有古今异宜者焉。今之世,权生产岁入之赢绌,则市宅之较田为优。和桥故四达之衢,前记所云“居民鳞次,不下万家,帆樯车骑,络绎无休时”者,信非虚语。四方之商贾辐辏而至,以故程氏宗分祠祭产,市宅居其半矣。道光丁酉五月,上塘镇南火,程祠市宅之被毁者且数十楹。当时以公费不支,未克即为重建。今年春,程氏子姓集祠公议,族分长德容、邦宣等,以捐资兴造劝。佥曰:“敢不尽力”。遂竞出资庀材鸠工,经始于闰四月二十四日,告竣于七月二十六日,合积木石工之用,共靡费千有余金。轮奂之美,视昔有加。由是岁收息以供祀事之用,绰然有余裕焉!咸以谓事不可不志也,而属为记之。予惟程氏世有厚德长者,恢宏先人之绪,而其子弟能服从父兄之教,皆可书也。乃不辞而为之记。其捐款用数,别书而列于左方。

同邑吴德旋撰文 吴鸿燮书丹

大清道光十八年(1836年)岁次戊戌秋八月谷旦

4. 义捐碑记 碑长132厘米,宽72厘米,为花岗岩石长方形。现存原和桥中学汽车车库内,已砌入水泥墙中,字迹清晰,保存较好,落款:“乾隆十五年岁次庚午仲冬”。五十九世孙暎兰书。经整理碑文如下:

当观四民之中,耕读为上,而商贾次子。岂以重于谋利而必无轻财乐善。每见享素封、拥厚资,遇山人羽客妄称祸福,逐破悭囊。及本宗至亲,一有胜其愁苦之形,是何弗思之甚,而外本内末。如此,所以读《义田记》而不禁也。我宗祠自公物耗废以后,丞当多赔垫之应,虽间有出浮于所入,大非久远之计。上年六十世孙廷勋愤公用常亏,慨将万字号黄印下滩田四十二亩五分捐入公祠。今年秋又将楝树港外十提二十五亩亦入于公祠,以为祭费。祖训凡入产

百金者,当有特设。遵厥训而族之人犹感其谊之笃而意之诚,谓宜寿诸贞珉以彰其德。敢失坠勿致年深月久,安于其事而忘厥由来也,爰是纠工勤石于祠□秀,咸得指其迹而慕义追踪,则规模日盛而公用常充,永荐馨香而历典也,是录其事而为之记。

乾隆十五年岁次庚午仲冬日立

五十八世孙伟望拜□

五十九世孙暎兰书

5. 续谱碑记 为花岗岩石碑,长 113 厘米,宽 53 厘米,长方形。碑存原和桥中学汽车车库内,落款:"乾隆五十七年岁次壬子季春日立宗长廷能德□"。碑文字为楷书,字迹清秀。正文八行有余,160 字左右。碑文如下:

盖闻尊祖敬先,宗祠巳建分支别派,族谱宜稽。我程龙溪边于此土即建正义公祠,然宗谱缺如,未经修又相公家业寖昌,慨然有志,至婺源领谱一副向係。今文若兄弟等原将此谱存入公祠,以便览阅,自后合族宗谱。族议又相公一支,概不起捐所有傳赞序文,亦不捐费。新谱照例发,夫亦以重修宗谱不至无稽,殆重有藉于兹谱也,不可不志之,以昭其盛事。

乾隆五十七岁次壬子季春日立宗长廷能德□

6. 河桥化城寺记 记述乾隆间浮屠觉明主持兹寺率众僧募捐建大士殿、禅堂、藏经楼,广增寮舍,又增诸天尊、阿罗汉像,历经数年艰辛,共花费白金万两,化城寺殿宇比前更宽广宏伟的历程。现碑被砌于大雄宝殿右侧墙上。碑长 132 厘米、宽 39 厘米,成长方形。碑文如下:

西域至人道以为有而非有也,以为无亦非无也。有无不立于后,一切治生语言与实相不相违背。是故善与佛者,应而不穷,为而不功,是谓真空。河桥化城寺者,当国初时,由在水禅院浮屠慧生诛茅结屋于此,招徒众安禅习静,守古法,共住规约。其坚苦之志,卓绝之行,长老至今犹称道之。然其祥不得符闻矣!中更衰替,仅绵不绝。乾隆间,有浮屠觉明住持兹寺,于殿后增建大士殿、禅堂、藏经楼凡若干楹。率其徒讲说经论,学佛者称之。已而觉明示寂,讲诵希阔。佥以为道非其人不行,则复延在水禅院浮屠晨初来主讲席。晨初始至,晦不自曜。数年之后,道俗景附,宗风大振。晨初谓可恢宏前人之规,以示应迹而非侈也。爰与其徒群修等运至木石瓦甓之材,其具撤大殿及外殿而新之,高广悉加于其归。又增诸天尊、阿罗汉像,设成妙庄严地。又增建廊屋十余楹。经始于道光某年月日,于某年月日告成,共糜白金万有余两。其致之也不觉其烦,其成之也不见其劳。西域至人之道,晨初信学焉而有得矣夫。然晨初不欲自其功也,谓前之人其勤至矣,而名几晦焉,章之庶可乎?而佥亦以为事固不可不记也,则相率请予记之,为此云。

道光十年岁次庚寅长至日。

里人吴德旋记,吴鸿燮书丹。

阖镇绅耆

程显谟 王 源 江 达 方 必

程 璋 蒋 棠 俞豫源 方 熙

吴宏德 李心兰 汪左法 马 豫

道光十三年七月公同敬立

7. 新建石岸碑记 记载癸丑年(1793),为化城寺名僧觉明、晨初、群修长老的创建之功以及为诸君乐助好施者刻石表彰之事。碑存大雄宝殿右侧墙上,长 83 厘米、宽 53 厘米。石碑保存较好,字迹可辨。经整理碑文如下:

和桥镇之东北隅有化城寺焉,流水当门,田畴夹道,虽无山岩之胜,而顾盼林泉,足以涤烦襟而损俗虑。寺中代有名僧,其尤著者,觉明、晨初、群修长老创建之功,载诸邑志。昌洁上人主持是寺,承先志,励清修,至今闻风皈依益众。予游学京师,癸丑春,旋里进香,忽见寺门外路径迤逦,石岸峙立,仰瞻庙貌,尤觉相映增辉,固不仅为游人往来之便也。予与昌公为方外交,知其蓄志有素,竭数载之劳,集千金之资,借诸君乐助好施,竟成是举。□事之日,复为勒石,以表彰姓氏,何其善与人同,而功不自居也。予因其事而嘉其志,遂援笔识之。

里人马之常撰 谈聘璋书丹

8. 重建化城寺增置田产碑 记述同治三年为恢复化城寺,诸多名僧历尽艰辛,日积月累,至光绪二十四年(1898),化城寺宇大功告成,历经三十余载,花费二万有余,其楼较前宽广深邃,气势堂皇。主持觉正为使未来佛事兴盛延续,确保久远,增置田三百余亩,以所入租籽供常住万年香火,且以法流传,特禀请县宪立案,为传授衣钵计,则退入静室,把寺事交由洪仁主持管理,又为此立石竖碑的过程。此碑被砌于大雄宝殿左侧墙上。宽84厘米、长175厘米,长方形。保存较好,字迹清晰。碑文如下:

邑治北三十里,有寺曰化城,吾宜首刹也。西距和桥镇仅数百武,清溪亘前,平畴绕后,龙脉隐伏,望之若了无足异者。然代有贤僧,振兴殿宇,大宏法教,即当浩劫人乘,而旃林再辟梵行精指者,其故何哉?故老相传:昔者,暹罗国王子金地藏渡海择地至九华山,曾结茅留宿于此,故初名茅庵。为菩萨应化道场,理固然欤,自明以前无论矣。圣朝龙兴定鼎,兼崇释教,中外风行。有在水庵浮屠慧生暨晨初等,易庵为寺,厂建楼房,颜曰"化城寺",开堂传戒。延至道光季年,昌洁上人继席,规模大备,赫然与群邑诸丛林埒。咸丰庚申,赭寇下窜,寺邻驿站,焚毁无遗,僧众散佚殆尽,所兀然独存者,仅石狮两座,石栏一道而已。同治甲子,东南逋寇肃清,难后余僧咸思初地。于是英通禅师先至其地,剪除丛莽,收葺断垣,盖茅屋三间,建厢房五楹,以蔽风雨。未几而英然大师毅然念此寺不可不重为缔造也,出外募资,以其所得概付法徒觉正和尚总持其事。维时有史子良、蒋天德二居士,首输巨金以为之倡,即镇乡各善信咸发菩提心而踊跃恐后。觉正心精力果,巨细必亲,不数年而天王殿、大雄殿顿复归观矣。资斧不给,觉身发誓闭关三载,拜华严经全部为地方祈福,亦以其布施之资归住持支应。觉正乃外筑缭垣,内造殿堂房屋若干楹,越数年又告工竣矣。前者寺有藏经楼五间,觉正与法徒洪仁谛观默运,立愿再建,日积月累,以其经忏余资购料估工,不十稔而经楼且巍然在望矣。其楼较前愈为宽广深邃,气势堂皇。增置两厢,镂刻门墙,其经费亦更为浩大,夫然后寺宇告成。统计前后凡阅时三十余载,约费二万有余,悉觉正一手支持布置。吁!和尚其出家之雄乎,何法筵经济有此鸿才也!继而思夫旧产无多,后日之住持,必为之计久远也,爰增置业田三百余亩,以所入租籽供常住万年香火,并挂单接众者之用。且必以法流传,禀请县宪立案,俾后人不得卖出,卖主不得赎回,其立法之谨严也又如是。今者,化城之建复已无遗憾,而内外之僧众永得沾恩。乃以寺事交洪仁主持管理,为传授衣钵计,已则退入静室,瓣香奉佛,深究内典,参求上乘,而乞余为志。余维此寺之兴也,有善缘三焉:法界庄严,福田广种,而慈恩所被,利有群沾,一也;冥途超荐,必藉清修,而梵呗宏宣,感登极乐,二也;地逼官塘,行脚尤众,而栖身糊口,各满其愿,三也。有是三者,而乌能已于言乎!爰备书颠末,而附区图字号、亩数于后云。

里人卢庆珍品珊撰文并书

光绪二十四年岁在戊戌孟夏月上浣吉旦

住持僧觉正同徒洪仁洪宗洪莲

徒孙智德智通立石

9.重建顺宁桥碑记 顺宁桥于同治七年(1868)由王姚氏重建。六十余年后,此桥又毁坏坍塌,给行人通行带来诸多不便。化城寺退居洪仁老和尚目睹此状,实不忍心,便捐资重建,特立此碑对佛家慈心加以赞扬。此碑存放和桥化城寺内,长175厘米、宽85厘米、厚20厘米。碑文如下:

顺宁桥跨顺渎河上,因河而以"顺"名者也。顺渎河之桥不止此,由此而东有桥二,由此而西有桥三,独此桥以"顺"名何欤?殆因桥在河之适中地点,为市乡分界处,其东各桥属于乡,其西各桥属于市。市乡交通,此桥甚为重要,故独以河名名之。名"顺"而又曰"宁",盖言河水安流,行人利济,地方咸宁之象焉!考宜兴新旧县志皆不载此桥,岂以为小而略之欤,抑采访与记载者遗漏欤?何不列于《县志·津梁记》也?此桥建于何时,为何人所创造,今殆不可考。桥上故无题柱,其下有一断石,刻勒数字,但记"同治七年王姚氏重建"。自同治迄今,垂六十余年,历时既久,桥渐圮坏。化城寺退居洪仁老和尚,因桥傍寺门,不忍坐视其颓,乃捐资改造,石之旧者易以新,细者易以巨。工竣而民不病涉,其济人功德,何异佛家之慈航宝筏也哉!

邑人程乃猷撰文

任君疾书丹并篆额

中华民国二十三年四月七日吉旦

化城寺住持圆净立石

10. 鲁仙宫碑记 清道光年间,和桥南首的“南兴桥”重修,参与的水工、木工、石工有好多人,全都是当地的能工巧匠。除了手艺精湛外,这些大师傅不要分文报酬,当地乡亲十分感动。乡亲们把慷慨献艺的石匠师傅比作德艺双馨的先祖鲁班,纷纷捐资,在地方上建造“鲁仙宫”并立碑作传,时间为道光二十八年。此碑刻现存和桥公园,长114厘米、宽68厘米、厚15厘米。长方形青石质,因年久日长,风吹雨打,碑文字迹模糊,难以辨认。原碑如下:

图29-7　2015年,位于和桥公园内的鲁仙宫碑

11. 重修鲁仙宫碑记 清光绪十九年,当地乡亲又立“重修鲁仙宫碑记”,碑长163厘米,宽78厘米,厚13厘米,长方形。刻上了当年工匠代表郁开忠、范洪发两人以鲁班为师的语言,也刻上了当年捐款建造的“鲁仙宫”者的姓名和款额。此碑题目为篆书,碑文为楷书体,字体俊秀。此石碑于二十世纪九十年代存和桥公园。原碑如下:

图29-8　2015年,位于和桥公园内的重修鲁仙宫碑

12. 周礼考工记 碑刻长131厘米、宽78厘米、厚14厘米,该碑为长方形捐款碑,内容为:“同治五年开锁起庙塑像费用,光绪十九年捐款。”原碑如下:

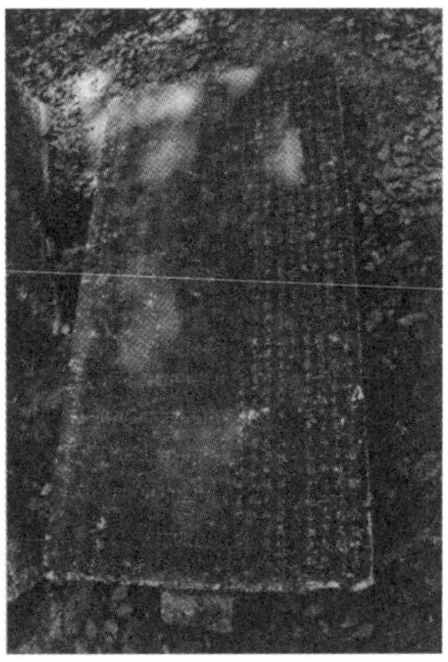

图29-9　2015年,位于和桥公园内的周礼考工记碑

13. 传济禅院碑记 长200厘米、宽82厘米、厚25厘米。其碑文年隔已久,字迹模糊,此碑现存放和桥公园。原碑如下:

图29-10 2015年,存放在和桥公园内的传济禅院碑

14. 和桥敬节堂碑记 刻于一块宽约85厘米,长166厘米、厚16厘米的大青石上,篆书写题、隶书为文,字迹工整、秀丽,通篇浑为一体。经整理碑文如下:

和桥敬节堂原由吴黄氏吴方氏等十数人所捐置,为节妇守志所,意至善也。自吴黄氏吴方氏先后物故,节妇陆程氏萧岘□随,并在堂内添置偶像,青灯古佛,妙唱梵音,依稀有兰若之雏形焉。甲子年间,吴黄氏嗣孙吴佩玉与陆程氏争执该堂管理权,提起诉讼。二审判决未得要领,而双方疲于讼争,已不胜万竭蹶之苦,乃由陆程氏走告龙池澄光寺方丈恒海,并由恒海邀集芙蓉寺可禅、普目庵耐冬、中隐以和、显亲朗晴、南岳耀根化城洪仁诸上人为鲁仲连议,由陆程氏出洋五百六十元,交由佩玉为和解费,而取销原施主之资格,并由佩玉浼周君幼文为居间,写出和解字据,勒石为记,共垂不朽,所有敬节堂前供吴氏长生禄位,即日迁去,以清手续。而陆程氏即取得重要施主之资格。此虽陆程氏之勇于为善,亦恒海、可禅诸上人之助□成也,吾国为礼教之邦,而尤崇尚妇女之节操。近世以来,风俗日戾荡检逾闲之耻恬不为怪,而又界之恶劣状态辄每况愈下。今节妇陆程氏虽此义举,挽救狂澜,殆亦名殁中之凤毛麟角,□□博与恒海为方外交,并躬与其事,厉为之记□□。

中华民国十五年岁次而寅春上□来□博传□撰

徐□隶篆额书之

郁协泰刻石

15. 重建和桥碑记 记述乾隆三十七年(1772)宜兴知县林衡瑞自捐清俸,巡查王云信与镇上士商众姓人募捐白银1600余两,用花岗岩重建大型石拱桥(古称中和桥,后称中心桥)事宜。是记事碑,长60厘米,宽30厘米,厚10厘米,长方形青石碑。碑文如下:

义兴多陂泽之胜。其桥梁之见于志乘者,长桥而外,惟和桥最古。桥距钟溪十数里。宋景泰间,永定邵氏所建。南达虾虎城,□北达龙□,实由县入府水陆要道。凡溧阳、宜、荆三邑漕艘出入所必经。又其地士商错处,廛干稠密,货贝充牣,栉比云屯,屹为巨镇。朝廷特设钟溪巡检以弹压之。盖自两氿入北运河,迤逦而来,注于钟溪,和桥其锁钥也。岁月久湮,桥已倾圮。欲一振旧制,而□□□□且不支。在镇绅士先构木梁二座,以济行旅。奈地当孔道,车徒击互,舆与缤纷。而木桥又将倾塌。闵中林公篆义兴三载,□□□□□政平,具□倡捐清俸,重视斯桥。谕绅士方大容,汪又廷、洪式南、方彬如,胡思□、□书先、孙权少、马胜奇、汪天如、程行简等□□□□□壹仟两有奇,又零捐数佰,共仟六佰余两。林公重其事,祥宪,定期以十月中浣始事,腊月既望完工。于是钦承恩命,出守毗陵郡,以事适义兴,见方鸠工庀材,灰石畚筑,纷列岸壖,工程浩无涯涘。数旬,而届期告□,舟车无阻,商民利赖。若非林公倡捐劝于前,众绅士输于后,曷克臻此。维是役,令下如流,咄嗟立办,敏也;力非为已,货恶其藏,公也。河东氏有云:"视其细,知其大。"林公教之深,义兴风俗之美,于斯可见。方今圣天子鸿慈育物,桥梁道路均□宸寰。凡属有司,无不仰体深仁,修颓举废。而是桥之规模重焕,蜿延卧波,益壮钟溪锁钥之寄,岂惟林公康济称职,余亦私有幸焉。桥既成,请余一言,爰□其颠末而为之记。

赐进士出身、刑部清吏司郎中、朝议大夫、知江苏常州府事、加六级记录五次费淳撰。

赐进士出身、文林郎、庚寅江南同考官、知江苏常州府义兴县事、加四级纪录十次林衡瑞。

江苏省常州府义兴县钟溪巡检、加三级纪录五次王立信。

董事□□□□□□□□

篆额 张汉翔

丹书 孙玉墀

□□□□王世坤 吴飞鲲

大清乾隆三十七年岁次壬辰仲春谷旦

(碑存原三官堂西墙)

16. 改建和桥碑记 记述嘉庆18年(1813),改建镇东顺渎桥时,得石碑一块,上面记载着成化8年(1472)重建字样,据当初诸多长者说"乃和兴闸",等到宋景泰间(1450~1456),易石为桥,始称和桥。此桥先前已重建两次，均未有立碑，现既已重修完工，就简略记载其始末，并列诸位捐款数额。是功德碑，长60厘米，宽30厘米，厚10厘米，长方形青石碑。由俞亢宗篆额，唐企皋书丹，邵士元刻石。原碑文如下：

镇之东岸曰下塘，有溪曰顺渎，分运河之水而入于震泽，通舟楫，资灌溉焉。渎口有桥曰河桥，此里名所由昉也。癸酉（1813年）孟秋，桥且坏，鸠工改造。得桥阴刻石，志"成化八年（1472年），岁次壬辰，和桥某□一力重建"十六字。惜姓氏漫漶，莫能辨识。窃闻诸故老□□乃和兴闸。迨宋景泰间易闸为桥，始称和桥。音同字异而河桥维旧云。尝重建于 国朝雍正七年（1729年），再修于乾隆五十三年（1788年），皆未立竭。夫当南北之冲，舆徒络绎赖以利涉者，非兹桥也耶？今既竣事，爰略述其颠末，并列各捐及□数如左：……

经办 李松莪 蒋平一 江履松

王春林 马岳宗

俞亢宗篆额 唐企皋书丹

清嘉庆十九年（1814年）岁次甲戌仲春 邵士元刊石

（碑存原三官堂西墙）

17. 圆通庵碑记 记述了几代僧人为建庵置田历尽艰辛及告诫后人要恢宏庵宇绵奕香火的过程，并给予勒石记之。碑长141厘米，宽61.5厘米，青石质，长方形。现碑存福巷村缪墅庵前进东墙。字迹清楚，经整理碑文如下：

圆通庵，乾隆岁次己巳桂月

圆通庵，宜兴东北隅缪墅里，香人庵也建自前朝之今百有余载，其经营创造之，始之纪大低檀越，好施佛门，自树相与以有成也。数传之后，迄僧定修，始置庵田21余亩，法位明廊其悦旧制，轮奂一新，厥后析为东西两房，田亩各自，执业余春、明悦持念庵小不及名庵古刹，然迹其所成就亦已经数世，拮据以至此也。倘有不肖僧徒起而废，则从前缔造恐尽归于写有，遂邀地耆周君文叙、杨君汉臣、蒋君惟荣、朱君允文等诸侯给示，邑侯冯公允其给示勒石，将田亩细号注明其上。俾后日无客卖，明悦复余以记之。余念佛家兴废，亦系人耳。不有作者，谁启其始，不有守者，谁保其终，今园非定修作之，于前法位名悦□之于后，谁有旧时之基址，安保其香火之绵奕而不绝，明悦更能远虑于异世者，余深嘉其老而特为序述之。

同邑荥溪里人潘和敏记

乾隆岁次己巳桂月

（碑存福巷村缪墅庵前进东墙）

18. 重建缪墅石桥碑记 长方形青石碑，长140厘米，宽73.5厘米，为功德碑。现碑存福巷桥缪墅庵前进东墙。经整理碑文如下（碑文末捐资、助工者姓氏模糊无法例举）。

缪墅村间有徒杠焉，所以通往来便耕作地。旧架认木岁久辄圮，有戴会南者乐善士也，慷慨捐输，欲（?）易认石，而余村人亦踊跃好施共襄力义举。盖经始于去年之冬越五月而遂，葳厥事今会南已故、而荡荡平平，行人永赖不可，谓非会南倡始之功也。爰记其缘起而并列捐资姓氏及助后之工于其后。（捐资、助工姓氏有数十者，因字迹模糊概不列举）

里人周焕初撰 周云骧书丹

荆溪羊福昌铸字

道光十八年岁次戊戌孟夏之月谷旦

（碑存福巷村缪墅庵前进东墙）

19. 允济桥碑记 青石碑，长258厘米，宽108厘米，长方形。"碑刻"记载清代雍正四年（1726），裴成芝邀友徐天篆、秦凤祥、吴天□等3人出资合造此桥，光绪年间，桥圮，钟溪人夏少昌、俞乙舟等捐款重建事宜，碑文后部分为捐款者姓氏数额。现碑存大生村前谢允济桥亭内。整个碑文由于长年风吹日晒雨淋，虽有亭子遮盖，但碑的下半面的字迹已经开始风化。原碑如下：

图 29－11　2015 年，存放在大生村前谢允济桥亭内的允济桥碑

20. **楝树港渡船屋碑记**　记述光绪六年(1880)，由王庆德倡捐沿河基乙分五厘地，其他善举者捐款建造渡船屋、亭轩，解决舟人及摆渡行人风雨无居之苦。该碑文现存北渠村清溪组吴亚达家中。文字尚清晰，整个碑文 160 字左右，经整理原碑文如下：

港口渡船之设，由来久矣，远近赖之。然无公所，舟人茅舍居焉。每逢风雨，甚觉苦楚。地方怜之，议建瓦屋，而无故遂中止。今春王庆德倡捐沿河基乙分五厘地方，善举者接踵劝捐。即为鸠工庀材，建造瓦屋两间、亭轩十个、门房壁灶，捐置妥室，不数日而造成。由是舟人得安居焉，非所谓事在人为名耶。

因敕诸石，以来永久云。

监造官江南苏州府知事贾延晖

光绪岁次庚辰孟夏之月吴兆庚刻

光绪六年夏月

（碑存北渠村清溪组吴亚达家中）

21. **西乾庵碑记**　位于和桥闸口村西乾寺大雄宝殿前西侧厢房外墙中，花岗岩石质，碑宽 63 厘米、高 65 厘米。为功德碑。落款：光绪十七年清和月谷旦。其碑文内容模糊，捐款数字漫漶，莫能辨识。原碑如下：

图 29－12 2015 年存放在西乾寺大雄宝殿前厢房外墙中的西乾庵碑

22. **海棠诗韵碑文**　2015 年 11 月 1 日，一座清代古碑在重修闸口村的邵氏宗祠时，被施工人员在距地面 1.5 米深处发现。此碑为青石碑，长近 1 米，宽约 0.4 米，厚约 0.08 米。目前保管在闸口村委，经宜兴市有关学者及市书法协会人士对该碑文的认真研究、解读、考证，已确定为一首描写闸口东坡海棠的七言长诗，有 28 句，加上开头和署名共 250 字左右。原碑文如下：

邵民瞻者至今尚在同醉园，孝廉仕观用坡集定慧院东海棠诗韵

故家清荫余乔木　况是名花一株独
紫陵二老约重看　好劝农桑勉效俗
招邀胜侣共斟酌　赋诗罚酒依金谷
花如静好林下姝　不羡深藏石家屋
荔娘衫色薄映肤　杨妃酒晕微生肉
乌巾乍对兴倍豪　红烛未烧睡难足
羞同桃李斗妖娆　却斯松筠夫贞淑
曾伴朝云诗坡老　不合时宜知满腹
羌独立首七百年　绝代佳人倚修竹
自怜簿领苦羁束　却喜芳丛卿品目
倘向花间作锦亭　风光何必殊西蜀
只惭百不逮东坡　有愧乡人看立鹄
天远堂前列优戏　好唱紫云回一曲
明岁看花还到无　无定宦游生感触

光绪丙申三月清明后二日 南昌万立均书

（碑暂存闸口村委）

23. **重修佛来桥碑记**　据《蒋氏宗谱》记载：“佛来桥在西锄东里许，汉云阳侯二十一世孙唐洵州黍军蒋钜所建”。这又有西锄村进士墙门口西壁石碑

文以佐证。其碑文如下：

佛来桥系我西锄村创建，始于唐修于宋，续修于明季，明后清前届修乃乾隆八年也。近因倾圮，阁境公议，按户量田，斟酌损益，捐资重建，以恢前功。众亲友，以桥系通衢，济人利物，乐施者亦量力助捐，共襄厥事，买料鸠工，即日告竣，往来行人，咸乐事之贱力以有成也，爰勒石而志。桥之成道光八年夏四月也！

四、古　桥

1. 中兴桥　原名中和桥，由葛虚桥改建（见清

图 29－13　1970 年的和桥中兴桥

光绪《宜兴荆溪县新志》）。据志考：元泰定四年（1327），由永定里（今闸口）邵堂轩独资兴建，为石拱桥；明正统十年（1445），邵浚再建；清雍正七年（1729），桥基倾塌，架木桥以便行旅；乾隆三十七年（1772），宜兴知县林衡瑞自捐清俸，巡查王云信与镇上士商众姓人等募捐白银 1600 余两，用花岗岩重建大型石拱桥，习称中和桥，后称中兴桥。桥栏有石狮相隔，横跨锡溧漕河上，气势恢宏，沟通上下塘街道。1971 年，疏通锡溧漕河和桥段时，在原址拆除重建，可通汽车，改称人民桥。2000 年，疏浚锡溧漕河和桥段时，中兴桥在原址又以公路桥标准重建，桥长 450 米，桥宽 13 米，仍改名中兴桥。

2. 北兴桥　原名和丰桥，清嘉庆年间，里人马豫、程瑞鸿、俞炳、程维南和裴珍等人倡议捐资建造，

图 29－14　1970 年的和桥北兴桥

型同中兴桥，雄伟壮观，因位于镇北首，故称北兴桥。1971 年，水泥曲拱桥在原址北移 60 米处重建。2000 年，再次疏浚拓宽锡溧漕河和桥段时，北兴桥拆除，以公路桥标准重建，长 590 米，宽 9 米。

3. 南兴桥　原名和兴桥。清咸丰七年（1857）程恭和、俞廷铨等人经手募捐，营建单孔石拱桥。桥

图 29－15　1970 年的和桥南兴桥

型和中兴桥相似，上刻对联一副：“紫气千条一抹长虹横鹤涧；霞光万道半轮明月绾鹅洲。”1971 年，拆除重建，改称红卫桥。2000 年，在锡溧漕河和桥段拓宽时，桥址北移 104 米，按公路桥标准重建。桥长 400 米，宽 9 米，后称南兴桥，与北兴桥、中兴桥齐名。

4. 三座古小桥　镇区锡溧漕河东岸习称下塘，锡溧漕河有支流名顺渎河（又名小沿河），分漕河之

水东流入太湖，河口原有闸，称和兴闸。南北朝景和、泰始年间（465），易闸为桥，上下用条石和合而成，始称和桥。据《重建和桥碑记》载："桥梁之见于乘志者，长桥而外，惟和桥最古"。亦有人称之为河桥，分跨在顺渎河上的三座石拱桥——永宁桥、永丰桥、顺宁桥，玲珑小巧，石垒浜岸，南北向对，楼房、石径，具有江南水乡特色。2000 年锡溧漕运河再次拓宽，镇政府将永宁桥向西移址重建，但原貌犹存。

图 29－16　1960 年的永宁桥

5. 允济桥　俗称北高桥。据《重建允济桥碑记》所载："允济桥我朝雍正丙午（雍正四年 1726 年），有裴君成芝者邀吴□□、徐天篆、秦凤祥三人捐资合造"。历时"将二百年，桥身倾侧倒塌，行者危焉"。至光绪二十五年（1899）十月，又有钟溪司廉夏小昌，四品衔琦尉附贡生杨允斌等数十人，各处劝捐重建。2000 年，钟张运河拓宽，桥按原样重建

图 29－17　2013 年的允济桥桥亭

图 29－18　2013 年，位于大生村前谢的允济桥

西移，允济桥位于大生村前谢自然村东约 400 米处，单孔石拱桥。拱券及桥面踏步为花岗岩，其余为青石叠砌，桥长 19.4 米，宽约 4 米。在允济桥南堍约 10 米处，建有一路亭，高约 3.5 米，底部为正方形，顶部为硬山式结构，全亭由天子石构成。亭顶原有一石质葫芦，"文化大革命"中被作为"四旧"破除。亭内有允济桥碑刻一块，古时这种路亭除供路人歇脚、躲雨外，还起到保护造桥碑刻的作用。至 2015 年，宜兴市尚有古桥百余座，但天子石路亭仅存此处，弥足珍贵。2003 年 3 月，被宜兴市人民政府公布为市级文物保护单位。

6. 佛来桥　位于和桥镇西锄村东，东西座向，横跨万人港。初建于唐代，为青石拱桥，桥长 28 米、宽 6 米。1979 年和 2006 年两次重建，现为水泥拱桥。

7. 分别桥　位于和桥镇闸口村，离闸口老街半里许的小树旁，是一座拱形石桥，南北座向。建于宋代（元丰七年前），原名为粉璧桥。北宋元丰七年（1084），苏东坡来宜兴探访邵民瞻，苏东坡回川时，邵送别到粉璧桥，难分难舍地依依惜别。东坡终老后，邵氏族人为了怀念与东坡至亲至情的友情和闸口人民敬仰东坡"焚契还宅"的宽广胸怀和高尚品德。宋建中清国元年（1101）冬月，粉璧桥改称为分别桥。

新中国成立后，在农业合作化时期（1957—1959），农田灌溉普遍实行机械化，用上大中型抽水机，因分别桥低矮狭窄，抽水船无法通行，千年古桥被拆除，在离原地向东 100 米处重建成水泥平板桥。

8. 中巷桥　位于和桥镇中巷村，建于宋代，宋殿元佘中曾居中巷村，故名，佘氏子孙世修之。兵燹后倾圮，清光绪七年（1881）佘姓重修，南北座向，青石拱桥。1976 年重建水泥桥横跨殷村港河道，桥长 25 米，宽 6 米。

9. 柯山桥　位于和桥镇中巷村，据古县志载：在和桥西南，桥南有阜，旧称柯山，因名。清嘉庆年间，蒋姓倡建，后兵燹毁坏，清光绪七年（1881），县令吴元汉倡捐重建，均为青石质拱桥，南北座向。

1986 年重建水泥桥，横跨塘渎港。

10. 闸口五洞桥 位于和桥镇钟溪村与寨桥夏

图 29－18 2015 年，位于钟溪村的五洞桥

坊村交界处，紧靠钟张运河西边，建于明成化年间（1465—1487），桥长 35.65 米，宽 2.9 米，高 3.7 米，中孔 5.3 米，其余四孔均为 4.2 米。在连接该桥的圩堤上构筑石驳桥。清道光十七年（1837），由乡人募资重建，后遭兵毁。清同治十二年（1873），宜县令施惠捐建，并在两岸增筑石堤，里人张似江、董其事、施惠撰记，其碑文现存武进博物馆内。至 2015 年，五洞桥旧貌依然。

11. 寿星桥 位于和桥北新村民胜组，东西座向，横跨民胜河，建于清乾隆 51 年（1876），为单孔

图 29－19 2012 年，位于和桥北新村的原寿星桥

石桥，金刚石、券拱石、桥面石均为花岗岩石料，桥墙身侧石、锁口石为青石材质；至 2012 年，台面台阶石缺失，仅有几块桥面石板、桥身侧石、锁口石缺损、移位、变形严重，桥面栏杆石板仅存一块。2014 年 3 月，在吉祥庵内，拆寿星桥原石料重新建造。桥长 15 米、宽 3 米，桥形仍为单孔石拱桥。

12. 马嘶（渎）桥 位于和桥镇王母桥村后西

图 29－20 2015 年，位于和桥王母桥的原马嘶（渎）桥

组。马嘶桥又称“万寿桥”，建于清代，东西座向，拱形石桥，横跨渎灌河，桥长 15 米，宽 2 米，目前依然存在。2003 年被列为宜兴市文物控制单位。（2016 年 3 月被列为宜兴市首批维修计划的古桥）

13. 玉成桥 位于和桥镇福巷桥村白巷组东北

图 29－21 2015 年，和桥福巷桥的玉成桥

巷家荡，俗称“巷家桥”建于清光绪二十六年（1900），横跨巷家浜，桥长 11.5 米，宽 1.1 米，为天柱石平板石桥。民国时期重建，为天柱石平板三孔石桥梁，南北向，北偏 25 度，由花岗石、阳山石、青石混砌而成，桥通长 18.1 米，中宽 1.12 米，桥面石樑南跨长 3.65 米，中跨长 4.8 米，北跨长 3.5 米，南坡长 3.1 米，北坡长 3.5 米，桥堍下宽均为 2 米，桥铭石刻有“王成桥民国□壬□月里人重建”字样。2003 年 3 月被列为宜兴市文物控制单位。

14. 归美桥 建于清代，位于和桥镇闸口境内，据说美女西施曾在此住过，当地百姓认为绝世美人到此，世界一切的美都要归于此地，便筑一座桥纪念

西施，定名为“归美桥”。清代邑人名士汤翰《归美桥》诗云：“遗迹溯前朝，名流旧曾住：为问蒹葭庄，秋水渺何处。”2000 年，拓建为钢筋水泥拱桥，横跨锡溧漕运河，东西座向，桥长 385 米，宽 6 米。

15. 周洛桥　位于和桥镇福巷桥村缪墅自然村与万石镇贝墅自然村之间，东西座向跨越贝墅河，桥长 5 米，宽 1.6 米，为单孔天柱石平板桥樑，桥樑中间南北侧面各刻有周洛桥名，桥基为青石质，建于清光绪二十六年(1900)，现周洛桥原貌依旧。2003 年 3 月被列为宜兴市文物控制单位。

图 29－22　2015 年，和桥福巷村的周洛桥

16. 钟溪桥　位于和桥镇钟溪村，横跨锡溧漕河，东西座向，原为石拱桥，建于清代。2007 年重新拓建为水泥拱桥，桥长 380 米，宽 7 米。

17. 杨显桥　杨显桥分东杨显桥、西杨显桥。

东杨显桥位于和桥镇西锄村滆南荡东边避风渎港上，建于清初，南北座向，横跨庄渎港，为青石拱桥，桥长 23 米，宽 4 米，现旧貌依存。

西杨显桥位于和桥镇西锄村东塘圩，建于清光绪十五年(1889)，为青石质桥，南北座向，横跨塘渎港，于 1984 年和 1995 年经两次重建为水泥拱桥。

18. 里塘渎桥　里塘渎桥位于南新街人民桥西 60 米处，为石樑桥，南北座向，横跨塘渎河，建于清代。宽约 3 米，长约 18 米，用树根 6 米多长，约 30 厘米见方的天子石条做桥面。东西侧面正中间刻有“里塘渎桥”名，两面靠桥名左侧，都刻有“民国十七年重建”字样。该桥用天子石做扶栏，上下石阶均

图 29－23　2010 年，和桥南新街的里塘渎桥

用大块青石板铺就。因年长日久，至今已有多处损坏缺失。(2015 年被列为宜兴市文物控制单位)

五、东坡海棠园

东坡海棠园位于宜兴市和桥镇闸口永定村东端。1983 年 6 月宜兴县人民政府公布其为县级文物保护单位。

图 29－24　2004 年，和桥闸口的东坡海棠园

北宋元丰年间(1068—1085)，苏东坡应同科进士蒋之奇、单锡等人邀请，多次来宜兴游历，并作卜居宜兴终老的打算。苏东坡出身名门，性情豪爽，淡于功名。东坡每至宜兴，宜兴闸口邵民瞻必从之游，并为东坡在滆湖边淹头村(今南新塘头村)购买田宅。元丰六年(1083)二月，邵民瞻新宅落成，东坡应邀前往祝贺，并书“天远堂”匾相赠。据明万历十八年(1590)重修《宜兴县志·遗址》记载：“邵民瞻居在邑东北永定里，苏轼至宜兴、民瞻从之游。东坡归阳羡词有‘画楼东畔，天远夕阳多’之句，因即以

‘天远’名邵氏之堂,为手书匾。”元丰七年(1084),东坡再次来闸口天远堂,将蜀中携来的一株“西府海棠”亲手植于邵氏庭院。南宋初年,金兵南侵,邵氏故居被焚,“天远堂”匾亦遭损。孝宗淳熙三年(1176),邵民瞻外甥鲁钊重建天远堂,按残匾重新勾摩,镌成

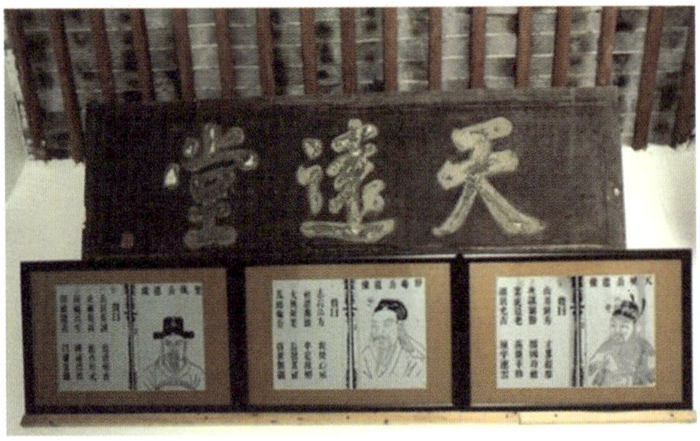

图 29－25　2015 年,东坡海棠园存放的“天远堂”匾

新匾。现存“天远堂”匾为木质,匾长 2.26 米,宽 0.72米,自右至左书“天远堂”三个楷书大字,引首署“元丰六年二月”,落款“眉山苏轼书”,下钤“德寿之称”白文方印。1952 年,东坡手植的“西府海棠”主干被台风刮断,后其根部又萌发新枝。1982 年,宜兴县人民政府拨款在海棠树四周建围墙,并请著名书法家林散之为其题额,沙曼翁书写楹联,辟为海棠园。在园北侧建平房两间,内悬“天远堂”匾,并陈列东坡事迹于其中。2008 年,和桥镇人民政府对海棠园进行了全面的维修。2013 年,和桥镇人民政府,闸口村委又投入巨资对海棠园周围环境进行整治维修。现在,东坡海棠依然是枝繁叶茂,每到花期,都会吸引无数游客前来观赏。

2015,重建的永宁桥依然挺立在顺渎河口

第三十章　医疗卫生

20世纪初，和桥集镇上中医、中药铺颇多，人称“郎中码头”。20世纪20年代，西医西药又相继兴起，对四乡八邻群众医疗保健大有裨益。民国24年（1935）冬，镇上各界人士30余人集会，筹设慈善医疗机构，以周家浜义仓42间房屋为院址，借用后街吴宅为隔离病房，基金由各界劝募和私人捐助，并成立董事会，免费为贫病者施诊用药，至日军侵占和桥后该会无奈解散。民国36年春，扬州一医院曾迁来化城寺，医院有内科、外科、X光科等，不久即迁走。新中国成立后，人民政府极其重视医疗卫生事业，设立医疗机构，拨款扩建房舍，添置医疗器械。50年代末，在各地联合诊所基础上，分别成立和桥医院、闸口医院、南新医院。1968年秋，各农村大队培养赤脚医生，成立合作医疗站。1986年，健全三级（县、镇、村）医疗卫生网络。进入90年代，全镇卫生事业迅速发展，医技队伍不断壮大，卫生基础设施进一步完善，全民健康教育得到加强，镇村环境卫生面貌明显改观。1997年9月，和桥镇成为宜兴市第一个省级卫生镇。2003年12月，对和桥医院整体搬迁至北庄村石路组。2007年又投入大量人力、物力、财力创建成国家卫生镇。2011年7月，将和桥医院预防保健所、闸口卫生院和南新卫生院的医疗资源重新整合，成立和桥镇社区卫生服务中心，并把全镇14个社区卫生服务站纳入中心一体化管理。随着新型农村合作医疗制度逐步完善，和桥镇卫生事业得到进一步发展。

第一节　管理机构

一、和桥镇环境卫生管理所（简称“环卫所”）

1960年6月，和桥镇分街道成立生建、团结、兴业和劳动4个清洁管理小组，负责粪便和垃圾清运。1961年11月，清管工作由蔬菜场负责。1963年3月成立镇清洁管理所，配备了简易人力运输工具。1982年，添置三轮小型机动粪车1辆，手推板车21辆。1983年4月，清管所更名为环境卫生管理所。到2003年，环卫所先后添置拖拉机4辆、扫地车1辆，提高了工作效率。2015年底，环卫所有员工163人，有洒水车一辆、扫地车2辆、铲车2辆、平板电瓶车5辆、拖拉机5辆、清运车6辆、收集车8辆，收集清运垃圾全部实现机械化。环卫所历任负责人有蒋阿二、路荣华、李崔二、汤桂生、赵孟娣、许杏大、王建军、孙洪生、丁硕宏、丁立农、陆鹤中、许磊。

二、和桥镇爱国卫生运动委员会（以下简称“镇爱卫会”）

1964年4月1日，和桥镇爱国卫生运动委员会成立，下设办公室，具体负责检查督促全镇卫生工作。主要组织开展环境卫生清理整治，进行健康教育、行业卫生管理、除害防病等工作。镇爱卫会主任由历届镇长或分管副镇长兼任。

镇爱卫会办公室每月初、月底召开会议，讨论布置和总结部署全镇爱卫会工作。围绕“关注卫生知识、建立健康行为”，开展以环境卫生为中心的“爱国卫生月”活动。重点解决环境脏、乱、差等问题。

1997年由党政一把手负责爱卫会工作，加强政府对创建卫生镇工作领导。原闸口镇和南新镇都设有爱卫办公室,由镇文卫助理兼任爱卫会办公室主任。1998年和桥镇印发《关于加强镇区规划建设管理有关规定》、《关于加强商品房开发管理的若干规定》、《关于加强市场管理的有关规定》;1999年又印发《和桥镇房屋拆迁管理暂行办法》等文件,保证了城镇建设有序推进,又好又快发展。在创建"国家卫生镇"过程中,于2007年中又印发《关于成立和桥镇创建卫生镇工作指挥部的通知》和《调整关于创建国家卫生镇的实施意见》、《关于开展"环境卫生整治日"活动的通知》。2011年,制定和政发【2011】52号《镇政府关于开展"创优环境卫生,建设秀美家园"活动实施意见》和和政发【2011】53号文件《镇政府关于开展"创优环境卫生,建设秀美家园"农村环境卫生综合考评活动的通知》,镇爱卫会印发《2011年健康教育工作实施方案》,全面部署健教工作任务。2014年4月,是全国第26个爱卫月,也是江苏省第18个健康教育月,镇政府制定下发《关于开展爱国卫生月和健康教育宣传月活动通知》文件,确保全镇爱国卫生运动工作有序开展。镇爱卫会办公室历任负责人有吴润海、张亚萍、孙洪生、单玉琴、蒋寅枝、华亚娣、张福细、张林、王月明等。

三、和桥卫生监督所

1998年4月和桥卫生监督所成立,归市卫生局领导。负责和桥区各个乡镇卫生监督管理工作,其职责为:做好辖区内食品经营单位、公共场所的卫生监管监测,加强对无证行医、药品经营及游医、药贩的监督稽查。监督所历任负责人有徐国新、郭文峰、沈宜君、蒋立群、卫学君、周小龙、张洪新、骆建华、马洪刚。

四、和桥镇合作医疗管理委员会

1969年9月,镇建立了合作医疗管理委员会,办公地点设在医院防保所。具体负责村、企、医疗保健机构(村卫生室、单位医务室)的业务辅导,医技人员的培训及医疗管理办法的制订、资金筹集使用等工作。镇合作医疗管理委员会机构至2005年底终结。

第二节 医疗单位

一、个体诊所(私人医院)

1. 世医法玉良 法姓从医累世,传至法玉良已是第十五世。法玉良中医内科开设在和桥镇上塘劳动街北首,他受"不为良相,当为良医"的家庭教育,博览名家医书,潜心研术,博采众长,处方视病情而变化,擅治伤寒著称,远近求医者门庭若市,人称"法一帖"。

2. 安仁医院 医生葛安仁,青年时学习中医。光绪31年(1905),又拜日本医师青木麟太郎为师,学习西医,民国元年在下塘南沿河开设安仁医院,后迁至东横街。葛安仁为防治天花和控制疟疾做了许多工作。每年春季,经常骑驴代步,走村串户,为儿童接种牛痘,人称"骑马医生"。他采用中西医结合治疗脾脏肿大,有独到之处,人称"黄块专家"。后其子、女、媳学医归来,一起行医。

3. 荣华医院 民国3年,倪炳荣、倪炳华兄弟俩在下塘周家浜开设荣华医院,内外科兼治。倪炳华毕业于苏州省立医学专门学校,为该校首届毕业生。三弟倪运生毕业于北京医科大学,在北京协和医院实习归来,也在该院从事西医治疗。由于西医疗程短、见效快,颇受患者欢迎。

4. 则先医院 吴则先与倪炳华同入苏州省立医学专门学校,毕业回乡后,于民国12年开设则先医院,从事西医治疗。从此和桥西医业有了进一步发展,在宜兴县医学史上也开启了新的一页。

5. 内科杨叔村 中医内科杨叔村师承法玉良,医德高医术好,深受患者信赖。民国36年,当选为县中医师公会理事长。新中国成立后参加和桥联合诊所,任中医部主任,后调宜兴县中医院工作。

6. 针灸科周瑞良 周瑞良医师精针灸,擅治神经性疾病和中风偏瘫等症。有一周姓老太突然晕倒,经他扎针,顷刻使其清醒。又一徐姓婴儿,突然惊厥休克,周医师见状,即用银针扎其人中穴,病孩随之发出哭声，转危为安。

7. 伤科丁一飞 丁一飞，原名丁友忠，武功精湛，医术高明，对治疗跌打损伤用针灸和气功推拿有独到之处。20 世纪 50 年代初，和桥工会倒一棵银杏树，严姓工人被树干砸倒，伤势十分严重。丁知悉，立即上门诊治，诊断为股骨脱臼，即为病员复位，并送来草药服用，一月后康复。

8. 同仁医院 吴安民中医外科，抗日战争时期设在北渠吴氏宗祠内，抗日战争胜利后搬至楝树港河东清溪街上开设同仁医院。新中国成立后，于 1952 年参加闸口联合诊所。

9. 张寿山中医内科诊所 开设于楝树港老街南首，至抗日战争胜利后迁到和桥。新中国建立后并入和桥中医联合诊所。

10. 赵焕斌内科诊所 开设在楝树港老街张寿山家中，新中国成立后，迁至武进县漕桥镇。

11. 李树勋西医诊所 抗日战争胜利后开设于楝树港河东的清溪街上，1951 年参加常州市红十字会医院。

12. 顾和中诊所 开设在万福村河沱圩家中，因该处偏僻安全，曾为新四军伤病员诊疗服务，也是新四军的一处联络点。新中国成立后，该诊所停办，顾调宜兴人民医院任副院长多年至退休。

13. 吴熙龙大众诊所 1951 年秋开设于楝树港河东西街。1952 年参加楝树联合诊所，吴熙龙担任楝树联合诊所主任，是闸口卫生院首任负责人。

14. 何惠康诊所 1951 年冬由武进寨桥搬迁至楝树港河东西街，1952 年参加楝树联合诊所。

15. 邵启棠中医内科 开在杨桥老街，带徒沈志仁、陈志道、邵奇等人。1952 年，沈志仁、陈志道从杨桥迁回，参加楝树联合诊所。

16. 杭奕南中医内科 抗日战争时期开设在闸口老街。新中国成立后，因其是一贯道坛主被捕判刑，释放回家后安排进闸口联合诊所工作。

17. 沈星元中医诊所 1984 年 5 月开办于和桥镇楝树港街，为改革开放后新批准的私人中医诊所。沈自小热爱中医，自学成才。

18. 章燕初中医诊所 1991 年 12 月开办于和桥镇西横街。2015 年，该所有职工 7 名，为和桥镇上设施完善的私人中医诊所。章燕初自幼随父（章仲华老中医）习医，后经卫校专业深造，擅长脾胃科疾病诊断治疗和中医针灸。二十余年，其门诊开药方每年上万人次，病人来自江苏、浙江、安徽、上海等地。其祖父章载良为苏浙皖地区名中医，还有其子章光鑫是宜兴市中医院硕士研究生，已达四代行医，造福乡里。

19. 贾劲松眼科诊所 1993 年 4 月开设于和桥镇鹅洲西路 54 号，为和桥乃至宜兴市首批私人眼科诊所。贾劲松中学毕业后随父学医，1997 年 7 月至 1998 年 8 月入南京医科大学附属南京第一医院眼科进修，学成后成为宜兴地区较早开展白内障显微摘除术的诊所。其父贾瑞君曾在和桥镇上开办私人诊所，后并入和桥联合诊所（医院）行医，退休后在贾劲松眼科诊所帮忙。其祖父贾如珩新中国成立前在和桥镇兴业街开办南阳药店，贾氏三代行医，为众多眼疾患者重见光明。

新中国成立前后和桥镇私人诊所、医院情况

表 30－1

医院（科目）	医师	毕业学校
兆康医院	黄兆康	上海南洋医学院
大同医院	谈寿南	南通医学院
锡成医院	许锡成	军医学校大学部
仁和产科医院	邵宝娟	上海惠生助产学校

续表 30－1

医院(科目)	医师	毕业学校
福民医院	蔡运州	—
仁济医院	金冠培	—
邦英医院	谢邦英	—
同德医院	汪耀华	—
雅善医院	谢雅善	—
夏氏医室	夏维宗	—
江氏诊所	江育林	—
(个人)内科	法达生、法悦寰、汤惠川、程伯钧、谭普洲、朱雅良、蒯云卿、邓伯荣	—
小儿科	路敬五、王麟伯、汪高雅	—
妇科	李幼甫、黄川澄、邵维良、陈济川	—
外科	邓厚宰、王伯选、臧金宝	—
针科	刘鹤鸣、夏廉青、吴锡珍、周淦南、赵雨江	—
伤科	曹子云、耿云义	—
喉科	王儒旺、罗伯宗、沈仲藩	—
牙科	冯燕、李天球、任凤良、袁济生	—

改革开放后和桥镇新开诊所情况

表 30－2

序号	名 称	地 址	开业时间	负责人
1	沈星元中医诊所	和桥镇楝树海棠路	1984 年 5 月	沈星元
2	张雷霖牙科诊所	和桥镇健康西路 5 号	1988 年 6 月	张雷霖
3	章燕初中医诊所	和桥镇西横街康乐新村 108 室	1991 年 12 月	章燕初
4	贾劲松眼科诊所	和桥镇鹅洲西路 54 号	1993 年 4 月	贾劲松
5	谈爱军内科诊所	和桥镇鹅洲东路国药大厦 187—189 号	2007 年 1 月	谈爱军
6	马志谦内科诊所	和桥镇新建新村 131 号	2010 年 2 月	马志谦
7	蒋敏星口腔诊所	和桥镇洋桥北二号楼 6—8 室	2011 年 1 月	蒋敏星
8	刘奋荣内科诊所	和桥镇鹅洲东路和桥庭院 101 号	2011 年 1 月	刘奋荣
9	王祖德内科诊所	和桥镇西横街 89 号	2011 年 10 月	王祖德
10	邵浩汝内科诊所	和桥镇鹅洲北路 272 号	2012 年 7 月	邵浩汝
11	狄民强诊所	和桥镇闸口北路 60 号	2013 年 4 月	狄民强
12	许洪习内科诊所	和桥镇兴业街 88 号、	2014 年 1 月	许洪习
13	佳禾健康大药房中医坐堂	和桥镇西横街 89 号	2014 年 3 月	马文伟
14	王长华中医诊所	和桥镇鹅洲西路 78 号	2014 年 9 月	王长华
15	杨寿林口腔诊所	和桥镇鹅洲西路 88 号	2015 年 1 月	杨寿林
16	周平口腔诊所	和桥镇鹅洲北路 270 号	2015 年 10 月	周　平

二、医院(卫生院)

1. 和桥医院 1951年许锡成和吴则先建立和桥第一个西医联合诊所,联合诊所分西医、产科两部。西医部设在许锡成住宅内(原锡成医院),产科部设在邵宝娟住宅内(原仁和产科医院)。1955年10月,耿云义、丁一飞和曹子云等人在上塘南首原城隍庙筹建伤科联合诊所。1958年8月,在2个联合诊所基础上,成立和桥医院。院址设在原彭城中学内。镇上从医的西医部、产科部等私人医寓逐步并入和桥医院。医生和工作人员共40人,设简易病床20张,分设西内、中内、妇产、眼、牙等科。1961年增设X光室。1962年更名为和桥联合医院。1963年增添医疗器械和设备,开始做下腹部手术。五官科首次做白内障摘除手术成功。1965年,为本地区培训不脱产卫生员194人。1968年开始做上腹部手术,增设中草药制剂室。1970年7月,由孙占行、汪筱生等建立在元元大药店内的另一联合诊所也并入和桥联合医院。1972年改名为和桥区卫生院,眼科扩展为五官科,牙科扩展为口腔科,化验室扩展为检验科,X光室扩展为放射科。1976年增设肠道门诊和传染病房,添置心电图和超声波检查,还添置万能手术台等设施,泌尿科首例肾切除成功。1980年增设中药房。1983年6月,仍改名为和桥医院。1985年建造门诊大楼一幢,增设临床、医技科室,改善病员就医条件。1993年1月,经省、市检查验收,符合"一级甲等医院"标准。1995年10月经省卫生厅批准为"爱婴医院 "。1995年和桥医院作为无锡四院的扶持医院,由专家定期来院进行门诊。进行青光眼手术、白内障摘除、人工晶体植入术、斜视矫正、人工股骨头置换术、椎间盘突出摘除等各科疑难手术。

1998年9月,与南京空军454医院腹腔镜小组合作,开展腹腔镜小孔胆囊摘除手术,到2002年底,已成功开展胆囊摘除手术达1500多例,成为宜兴及周边地区较具影响的特色专科。与此同时,还与无锡四院、无锡101医院、南通三院等兄弟医院合作,引进专家,开展了内分泌、骨科、肛肠等专科建设。为改善就医条件,1994年建造病房大楼和医技大楼。1996年建造综合大楼(含高级病房)。2002年,由市卫生局、和桥镇协调在北庄村石路组征地24亩,投入资金2000多万元,建造面积15000平方米的新医院,于2003年12月28日实施整体搬迁,彻底改善了医院硬件设施。到2002年底,全院设临

图30-1 2015年的和桥医院

床、医技、行管等科室23个;有在编在册职工158人,其中卫技人员135人,占职工总数的85.4%;副主任医师2人,中级职称40人。2004年医院为医技科室配备日本东芝彩超、美国814型腹腔镜、纤维胃镜、美国威龙电子胃镜、结肠镜、西班牙全自动生化仪、自动洗胃机、多功能手术床、法国MS—9血球

计数仪、救护车等先进医疗仪器设备。2010年与无锡市第三人民医院建协作医院，成立烧伤整形合作中心，2012年又共同成立骨科微创合作中心；2013年又成立宜兴市难愈性创面治疗中心，并被评为“江苏省二级综合医院”。2014年五月，在烧伤科成立十周年之际，特邀中国工程院烧伤学盛志勇院士来院做学术讲座，实现了区级医院开设院士讲座的突破。同年八月，作为全省唯一的二级医院代表参加“昆山爆炸”伤员救治工作。

2015年，全面开展糖尿病足、慢性褥疮等难愈性创面的治疗，采用负压封闭引流治疗深度烧伤、难愈性创面，效果良好。2015年底，医院共有职工283人，在编157人，中高级职称达101人。其中，研究生学历的1人、主任医师1人、副主任医师25人、主管医师2人、主管护师21人、主管中药师1人、主治医师50人。1999年和桥医院被宜兴市评为“十佳”医院，被无锡市评为“十佳”乡镇卫生院。堵文群、唐敏和邵益等多位护士先后被评为无锡市优秀护士、巾帼岗位能手，2014年蒋忠杰副院长被评上“陶都好人”。医院历任负责人为许锡成、吴则仙、周纪堂、张凤山、谈正坤、凌斌、董文如、张洪坤、薛杏珍、翁荣生、汤富荣、曹为民、朱家和、徐浩良、陈瑞良、李立民、韦忠荣、马忠年、马晓忠、宋国平、苏建明、沈国良、吴俊东等。

2. 南新卫生院 1954年南新卫生院原在南新老街西首成立。1966年、1976年、1991年分别进行医疗配套用房的翻新扩建。2000年，新建700多平方米的医疗门诊综合楼，同年8月，购买原南新镇工业总公司和原南新地税所办公用房。到2002年底止，医院建筑面积达4000多平方米，有在职在编医务人员21人，其中中级职称的为5人，初级职称的16人，设有内科、外科、妇产科等11个科室，病房床位13张。医院配有200毫安X光机、B超机、进口半自动血液分析仪、自动尿液分析仪、心电图等设备。西药房、妇保、儿保、防疫等方面均实施了电脑化管理，服务区域以原南新镇范围为主，服务人口近1.8万人，年门诊1.4万人次。2003年11月南新卫生院改制，由宜兴市南新电子电器厂董事长徐赛余以107万买断资产，独立经营管理，成为非营利性医院，并承担政府卫生防疫、公共卫生、社区服务管理工作。2011年7月转让给原肿瘤医院医生袁晓中独立经营，改名为南新医院。南新卫生院历任负责人为路济春、陈顺荣、蒋盘生、张祥元、施息军、袁晓中等。

3. 闸口卫生院 闸口卫生院原位于楝树港清溪街东首。1952年7月1日，由吴熙龙、何惠康、沈志仁、吴安民、狄仲华、丁克明、陈志道等7位社会医生，在楝树港的清溪街租用3间民房，成立楝树联合诊所。次日，楝树联合诊所分派沈志仁、丁克明二位医生，到老闸口街设立闸口门诊点。1960年在万福庵内设立万福门诊点。至1969年秋实行农村合作医疗时，闸口、万福二个门诊点皆撤回。

1958年楝树联合诊所改名为闸口医院；1960年公社化时，改名闸口公社卫生院；1983年撤公社改乡，改名闸口卫生院；2002年10月闸口卫生院改制，由宜兴市太平洋集装箱角件有限公司何克中董事长以141、5万元，买断独立经营时. 仍称闸口卫生院；2011年7月，闸口卫生院停办，设立北渠村社区卫生服务站。

闸口卫生院于1965年、1975年两次进行医疗用房翻新、扩建。1986年夏，在北渠村杨东组征地五亩，建造6000平方米的新医院，1988年8月实施整体搬迁。当时有在职在编医务人员25人，设有内科、外科、妇产科、五官科、放射科、检验科、防保科、中药房、西药房等12科室，病房床位16张。医院配有200毫安X光机、B超机、进口半自动血液分析仪、自动尿液分析仪、心电图等设备。服务人口达2.3万人，年门诊量达2.1万人次。至2015年，闸口卫生院历任负责人有吴熙龙、何惠康、沈志仁、沈玉英、陈尊南、邵伯初、郭三大、狄民强、陈尊南、陈伯生、缪如南、狄民强、范光伟、吴左之、岑宇星。

三、村卫生室（大队保健站）

卫生室是村级卫生保健机构（原称大队保健站），业务上接受医院指导。1969年9月，和桥公社已有17个大队建有保健站。1980年，又增加和建大队保健站，由和桥医院帮助培训“赤脚医生”35名，分别负责大队卫生管理、预防接种、常见病、多发病的预防和治疗。1970年7月南新公社建有14个保建站有“赤脚医生”29名。1970年，闸口公社建有20个保健站，“赤脚医生”46名。1975年12月至1976年6月，和桥区卫生院举办首届赤脚医生培训班，全区7个公社51位赤脚医生参加学习，提高大队保健站医技水平。1984年大队保健站更名为村卫生室，“赤脚医生”改称乡村医生，实行村办镇管体制。至2002年底，和桥镇共有村卫生室30个，全部达到甲级卫生室标准，其中有市级文明卫生室25个，各乡村医生中具有医师(士)职称的有39人。

20世纪70年代初，先后有16个企、事业单位设立了医务保健室，负责本单位职工或在校学生的健康、保健、卫生防病等工作。1990年后，卫生管理部门加强了医务室人员的培训、考核，医务室必须执有许可证。全镇9所学校(含和桥中心幼儿园、南新中心幼儿园)均建立了保健室并配备卫生保健人员，开设健康教育课，增强学生卫生意识，做好健康建档、视力保健、常见病防治等工作。2005年，再次合并村后，全镇还有19个村卫生室，2006年1月1日起，统一改名社区卫生服务站。至2011年7月1日，和桥镇社区卫生服务中心成立时，将西鿍、闸口、福巷桥村等2个服务站合并为一个，还有14个卫生服务站。

四、社区卫生服务中心

2011年7月，根据江苏省、无锡市、宜兴市政府文件精神，将和桥医院预防保健所、闸口卫生院、南新卫生院的医疗资源重新整合，成立和桥镇社区卫生服务中心，下设14个社区卫生服务站。中心主任由和桥医院院长吴俊东兼任，副主任为施息军、岑宇星。

2015年和桥镇社区卫生服务站情况

表30－3

站名	注册地址	负责人	服务人口(人)
和桥镇同里社区卫生服务站	和桥镇同里村	邹健	3402
和桥镇北庄社区卫生服务站	和桥镇北庄村	吉建生	5146
和桥镇湖滨社区卫生服务站	和桥镇湖滨村	赵伯南	2521
和桥镇大生社区卫生服务站	和桥镇大生村	刁林生	3143
和桥镇永兴社区卫生服务站	和桥镇永兴村	裴云华	6260
和桥镇西鿍社区卫生服务站	和桥镇西鿍村	宋春南	6592
和桥镇中巷社区卫生服务站	和桥镇中巷村	金凤妹	5054
和桥镇北新社区卫生服务站	和桥镇北新村	夏小苏	3170
和桥镇王母桥社区卫生服务站	和桥镇王母桥村	谢冠军	3485
和桥镇闸口社区卫生服务站	和桥镇闸口村	孟国强	5465
和桥镇北渠社区卫生服务站	和桥镇北渠村	赵志达	4469
和桥镇楝聚社区卫生服务站	和桥镇楝聚村	缪小金	5186
和桥镇钟溪社区卫生服务站	和桥镇钟溪村	邵国初	2526
和桥镇福巷桥社区卫生服务站	和桥镇福巷桥村	朱建凤	4606

第三节 医疗技术

和桥医院担负着和桥地区10余万人口的医疗卫生服务，于2013年创建为江苏省二级综合医院，其临床科目得到进一步完善，医疗技术有了长足发展。

一、临床科目

1. 内科 20世纪60年代，和桥医院医疗设备简陋，医技力量薄弱，临床以收治季节性传染病人，诊治常见病、多发病为主。70年代开始，临床应用胸穿、腰穿技术和乙肠结肠镜检查诊断技术。1975年，开展心电图检查。1977年，开展超声波诊断。1987年后开展心房调搏术、心超、心脏除颤监护、同步呼吸机、光量子血疗技术、输血疗法等技术，提高了对急危重症病人的治愈率。2012年，将大内科分为心血管（呼吸、内分泌）内科和消化（神经、小儿）内科。同年，开设糖尿病专科门诊，成立“糖尿病俱乐部”，定期为糖尿病患者开展知识讲座、义诊等活动。2013年随着高清肠镜的引进，医院消化内科的诊断、技术水平得到进一步提高。

2. 外科 1963年，仅做一些简单的下腹部手术，以及阑尾炎、输卵管结扎等。1969年，开展上腹部手术。1973年后，开展了胆囊、脾脏、甲状腺手术和气管内插管全麻手术。1976年，开展泌尿科手术、肾切除、输尿管与膀胱移植术、尿道会师术均获成功，并开展四肢骨折内固定手术。1993年，开展人工股骨头置换术、椎间盘突出髓核摘除术、直肠癌根治手术、食道下段癌根治术、乳癌根治术、电视X股骨颈骨折加压钉内固定术。1998年8月，购进电视腹腔镜开展小孔胆囊切除术。2011年将大外科分为骨科和普外科。

3. 骨科 2011年，开展脊柱椎弓根钉内固定及复杂四肢和关节骨折的切开复位内固定术。2012年，开展人工髋关节置换术、腰椎压缩性骨折切开复位内固定术“膝关节置换术”。2014年，开展经皮椎体后凸成形术，解决骨质疏松引起椎体骨折病人的疼痛问题。2015年，开展喙锁韧带重建治疗肩锁关节脱位，应用tightrpoe治疗锁骨远端骨折，开展经皮椎体球囊扩张后凸畸形成形术，以及膝关节镜的开展更提升骨科疾病微创治疗技术的水平。

4. 普外科 2013年开展了单孔腹腔镜下行胆囊切除、二孔腹腔镜下行阑尾切除术及腹腔镜下消化道穿孔修补术等在宜兴市属于先进前沿的治疗技术。2014年，泌尿外科正式开展经皮肾或输尿管钬激光碎石术。

5. 妇产科 20世纪60年代前，妇产科以接生为主。自70年代初才临床做剖腹手术。1987年后，开展子宫肌瘤切除手术和子宫全切除手术，1998年，临床应用新型剖腹产手术。随着腹腔镜技术的引入，应用范围从普外科延伸到妇产科，腹腔镜下子宫肌瘤摘除等技术趋于成熟。2012年，成功救治3例胎盘早剥孕产妇、3例宫外孕破裂失血性休克病例、2例危重产后出血病例、1例脐带脱垂病例及多例新生儿窒息病例。2013年，购进宫腔镜，并开展宫腔镜下宫颈息肉治疗。2014年，开展阴式子宫切除术、腹腔镜下全子宫切除术。

6. 口腔科 1973年，开始做智齿、阻生牙、埋伏牙、小平位牙的根除手术，并开展牙髓根治、桩冠、牙齿矫治、口唇小囊肿切除、根尖肿切除新项目。进入21世纪，能开展镶牙。至2015年有AM9090牙科综合治疗机、涡轮牙钻机、超声波洁牙机等先进设备，开展拔牙、补牙、镶牙、口腔正畸等。

7. 五官科 1970年，开始增加喉镜检查项目，开展乳突根治手术。1995年，开展视网膜剥离术、白内障囊外加人工晶体植入青光眼、白内障手术、腮腺混合瘤切除术。2015年，拥有裂隙灯、眼科AB超、听力室、鼻咽纤维喉镜、鼻内窥镜等专业先进设备。年门诊量近15000人次，住院200余人次，且常年开展青光眼、斜视、鼻息肉摘除、鼻中隔偏曲矫正等手术，并熟练掌握白内障超声乳化技术，成功开展白内障手术累计600余例。

8. 中医科 中医应用临床范围较广，曾设有中外科、中内科、中伤科、针灸科等科室。20世纪50

年代前后，以夏少宗祖传中药秘方治疗深度脓肿疗效显著，颇有影响。70年代初，中伤科以辅料膏药诊疗筋骨伤痛。80年代后，以中西结合，电理疗腰背病及治疗胆道疾病、传染性肝炎、泌尿道结石均取得较好疗效。1987年，开展耳穴信息诊断疾病。1990年起，采用中药离子渗透，治疗各种软组织损伤等。至2015年，诊治范围包括中医理疗、针灸、推拿等治疗，对中医治疗内科、妇科各类常见疑难疾病具有丰富的经验。2015年，有副主任医师2名，擅长治疗慢性阻塞性肺病、颈椎病、乳腺小叶增生及各类关节、腰腿痛等。

二、医技科目

1．放射科 1969年，增设X光室，开展胸透及四肢摄片。1974年，购进200毫安X光机一台，开展胆囊造影、肾盂逆行造影、头颅骨腰椎摄片、断层摄片等新项目。1993年，添置500毫安遥控监视X光诊断仪，2000年，添置了新型床边X光机。2010年，购进第一台CT机，为医院的业务发展起到促进作用。2013年，购进一台DR，满足临床诊疗需要和群众对健康检查的要求。

2．检验科 1957年，医院设化验室，应用显微镜进行血、尿、粪常规检查。1973年，化验室扩展为检验科，进行肝功能、肾功能、血生化、血肥达反应等生化项目的检查。1983年后，逐步开展抗“O”、乙肝表面抗原、“二对半”等检测。1994年，使用全自动细胞分析计数仪。1998年，开展细菌培养。1999年，购置全自动血液生化仪，开展生化项目。2000年，购置法国产MS—9血球计数仪。2001年，购置血凝仪。

3．B超、心电图室 1975年，开设心电图检查室，1977年增设A超诊断。1986年，增添B超诊断业务。1988年，购进日立新一代B超机一台。1996年，添置西门子B超机一台，为临床科室诊断疾病，提高了准确率。2014年，引进一台全数字化彩色多普勒超声诊断仪，且随着技术硬件的提升和人员队伍建设的加强，在肝胆胰脾、泌尿系统、妇科系统等系统检查基础上，逐步增加乳房、甲状腺和心脏彩超等项目。在心电图检查方面，也增加了24小时动态心电图检查。

4．内镜室 1992年，购进纤维胃镜，主要对食道、胃、十二指肠进行检查。2000年，添置了美国威龙电子胃镜，应用于临床诊断。2013年，引进了超细电子胃镜和高清肠镜，并开展无痛胃肠镜检查和C14呼气试验。

5．肝胆科 1998年前，上腹部一直采用传统的破腹手术治疗法，病人痛苦大，恢复时间长。1998年9月，成立腹腔镜小组，先后聘请空军454医院肖渭昌主任医师、李会斌教授开展电视腹腔镜小孔胆囊摘除手术，病人痛苦小，一般只需三天即可出院。至2015年开展近1500余例手术，成功率100%，成为远近闻名的特色专科。

第四节 医疗制度

一、公费医疗

新中国成立后，国家工作人员发有《公费医疗保健证》，享受公费医疗。1958年，对公费医疗门诊、住院、转院、会诊、疗养等支出，以及控制贵重药品、滋补营养药品的使用，都作了统一规定。1981年，实行部门包干、单位核算、结余留用、超支审批和分级管理办法。1992年6月起，公费医疗改为基本医疗保险，由个人、所在单位按比例每年向市劳动和社会保险局交纳医疗统筹基金，由市劳动和社会保障局统一管理，并出台一系列管理办法。

二、劳动保险医疗

20世纪50年代后期，企业实行劳保医疗制度，对职工的医药费实行统包，少数单位职工直系亲属的医药费也可报销50%，一度使医药费支出膨胀。80年代后期，采取对职工发放一次性医疗费，标准每人每月5～10元不等。90年代，经济效益较好的企业，职工医疗费相应增加。1996年起，由单位及个人交费，建立个人帐户与社会统筹相结合的医疗保障体系，首先由事业单位开始逐步实施。2002年，在企业中开始实行职工大病住院医疗保险制度。

三、合作医疗

1969年，原和桥公社已有17个大队成立合作医疗站，原南新公社共已有14个大队成立合作医疗站，原闸口公社共已有20个大队成立合作医疗站。当时，和桥、闸口、南新三公社都建立合作医疗管理委员会，并建章立制，规定重病医疗费享受范围。当时，按人口计算，每人每年筹资2元(大队、个人各出资1元)，作为合作医疗基金，统一交"合管会"建帐，"合管会"设在医院防保组，合作医疗费用于保健室的硬件建设和垫底资金。至1986年，和桥乡镇合并后，原和桥镇18个村卫生室分别采用合医合药(村民看病免费)和合医不合药(村民看病付药费，免收挂号、诊断、注射费)两种方式，村医工资由村支付。至1998年，原和桥镇除苗桥村仍采取合医合药方式外，其余均实行合医不合药管理办法。20世纪90年代中期实行集资医疗保险，标准按每人每年10元，其中个人6元，村委会2元，镇财政2元；后又实行以乡镇为单位统筹，坚持"以收定支，量入为出"，确定报销比例。1997年筹资标准调整为每人每年16元，其中个人10元，村委会4元，镇财政2元。至2002年底，和桥镇集资医疗保险的为54710人，已享受保险医疗的为2335人(闸口尚未并入)。

四、城乡居民医疗保险

2003年，和桥镇居民住院医疗保险启动。参保对象为除已参加市职工基本医疗保险及企业职工大病住院医疗保险的对象外，户口在市域的所有城乡居民(学生平安保险仍按原规定执行)，嫁娶到本地，但户口没有转移的常驻人员也可参保。2003年缴费参保，2004年1月1日起施行。实施不重复投保和整户参保的原则。保险费的筹集，由个人交费与政府补贴相结合，全市统筹，整户参保，以年度筹集。2004—2005年，筹资标准为每人每年45元，其中市财政补贴20元、镇财政10元、个人自负15元。资金实行收支两条线管理，市财政设立保险基金专户，全市统筹使用，年度自求平衡，结余转下年度使用，财政、审计等部门监督。补偿范围为参保对象住院期间的治疗费、药费、化验费、检查费、手术费、住院费。自购药品、镶牙、分娩、验光、配镜等10个项目不予补偿。

低保户、五保户、重点优抚对象除在参保方面个人自负部份由各镇和村财政承担外，还可享受正常结报外卫生、民政部门的二次援助。以后补偿办法随着制度的不断更新而日趋完善。2004年度，参保对象在每一年度内补偿住院医疗费用的起点金额为500元，全年累计补偿金额最高为2万元。补偿比例为：可报费用500～2000元的补偿30%，2001～10000元的补偿35%，10001～20000元的补尝40%，20001元以上的补偿50%。在市内二级医疗机构(市人民医院、市中医院)住院的，按上述标准的70%补偿；在市外住院的，按上述标准的50%补偿。2010年，补偿标准调整为参保对象在保险期间住院结报时，在市内一级、二级医疗机构的住院医疗费用达到起付钱500元即予以结报。在市外医院的住院医疗费用达到起付钱1000元即予以结报。全年累计最高补偿15万元，最低补偿仍为50元。在一级医疗机构住院治疗的，可报费用部份补偿70%，在二级医疗机构住院治疗补偿58%，在市外医院住院治疗补偿46%。

2008年度开始，保险范围扩大到门诊结报，名称相应也改变为"宜兴市城乡居民医疗保险"。2008年，门诊补偿实行个人账户的模式，每位参保人员有30元为门诊个人账户，在宜兴市各定点医疗机构的门诊就诊时，每人每日每次门诊处方中药品可报部份按50%结报补偿，最高补偿30元，用完为止；年度内未用完的，余额部份结转下一年度。参保人员不再继续参加城乡居民医疗保险的，其个人账户的余额部份划入基金统筹。2009年，补偿标准为按可报费用的30%结报补偿(提高5个百分点)；每人每日享受一次刷卡补偿，且单次补偿限额仍为20元；每人每年累计最高补偿可达200元(增加100元)。2010年，补偿自然采用统筹模式，补偿标准按可报费用的35%结报补偿(提高5个百分点)；且单次补偿限额仍为20元；每人每年累计最高补偿可达300元(增加100元)。特殊病种门诊补助分别为慢性尿毒症进行的门诊血透治疗和腹透治疗、器官(限肝脏、肾脏、肺脏)移植后在门诊进行的抗排异治疗所需药品费、红斑狼疮所需的药品费、恶性肿瘤进行的门诊化学和放射治疗、再生障碍性贫血所需的药品费、急诊患者24小时以内因抢救无效死亡的门诊费用、帕金森氏综合症所需的药品费、精神病所需的药品费等。

个人部份的医疗保险金于每年10月份开始筹集,当年11月截止。如果当年未缴纳个人医疗保险金,则视作未参保,不能报销下一年度的医疗费。城乡居民医疗保险金的筹集和结报由卫生部门负责。

2004—2015年和桥镇城乡居民医疗保险情况

表30-4

年份	应保数	参保数	参保率	医疗保险基金筹集(元)			
	(人)	(人)	(%)	个人	镇级	市级	合计
2004	41748	38826	93	15	10	20	45
2005	40345	40305	99.9	15	10	20	45
2006	39023	38555	98.8	30	25	45	100
2007	38049	37440	98.4	30	25	45	100
2008	35663	35342	99.1	70	45	85	200
2009	34125	33920	99.4	70	45	85	200
2010	33574	33440	99.6	100	75	125	300
2011	33223	33223	100	100	75	125	300
2012	32721	32721	100	130	120	170	420
2013	32206	32206	100	180	120	170	470
2014	32138	32138	100	180	160	240	580
2015	31994	31994	100	180	160	240	580

第五节 预防保健

一、预防接种

20世纪60年代,和桥镇只对重点人群接种牛痘苗、卡介苗、霍乱苗等疫苗。1964年,有24771人接种霍乱疫苗、18954人接种牛痘疫苗、1047人接种百白破疫苗、568人接种乙脑疫苗。1979年,国家实行计划免疫(简称计免)预防接种制度,每月的18日—19日为"计免"接种日,每年4月25日为宣传日,后又专门设立了儿童"计免"保健基金会,与家长签订"计免"保健合同,国家"计免"要求增加脊灰糖丸、百白破三联苗、麻苗、乙脑、流脑等接种疫苗。由此,1979—2002年,和桥中心防保所对卡介苗脊灰糖丸、百白破疫苗、麻疹疫苗、流脑疫苗和乙脑疫苗、乙肝疫苗等种疫苗的免疫接种。2003—2015年,和桥中心防保所相继增加了甲肝、风疹、腮腺炎和乙肝、流感等疫苗的接种,扩大了防病范围。

1979年—2002年和桥镇免疫接种人数统计

表30-5 单位:人

年度＼疫苗	卡介苗	脊灰糖丸	百白破疫苗	麻疹疫苗	流脑疫苗	乙脑疫苗	乙肝疫苗
1979年	6808	2841	—	1127	7089	1726	—
1980年	1749	2313	2475	2024	1929	2886	—
1981年	1838	2702	1949	1403	2350	2361	—
1982年	245	3023	488	1448	2670	2183	—
1983年	—	1189	765	550	973	1113	—
1984年	1278	1018	680	833	974	1010	—
1985年	999	1785	850	1191	1000	968	—
1986年	1026	861	746	859	1339	1531	—
1987年	903	2217	780	1786	1583	1319	—
1988年	1075	2512	2008	1340	2130	2292	—
1989年	874	1940	1849	852	2410	2137	1020
1990年	982	1823	2106	728	2849	2237	1172
1991年	761	1604	1884	690	1687	2248	1092
1992年	858	1669	2106	842	1704	2125	1205
1993年	910	1580	2102	912	1675	2421	1250
1994年	1033	1767	2042	1423	1573	2956	1292
1995年	994	1582	1871	850	1269	1609	1305
1996年	1009	1396	1882	1122	1199	1537	1272
1997年	918	1256	1695	2336	232	1606	1401
1998年	248	1294	1474	1041	217	837	1420
1999年	276	1827	1206	729	516	546	1512
2000年	266	1683	1322	1445	846	1364	1995
2001年	312	1995	1696	1376	1030	1366	4003
2002年	320	1558	1212	1285	842	1108	9928

2003—2015年和桥镇免疫规划预防接种人数

表30-6 单位:人

年度	卡介苗	乙肝疫苗	脊灰疫苗	百白破疫苗	麻疹或麻风疫苗	A群流脑疫苗	麻腮风疫苗	甲肝疫苗	乙脑疫苗	A+C群流脑疫苗	白破疫苗
2003	271	950	2188	1891	952	1193	456	1134	1590	235	—
2004	366	1156	2175	1745	943	1386	575	1250	1579	351	—
2005	271	946	1885	1712	943	1327	452	882	1543	326	1

续表 30－6

单位：人

年度	卡介苗	乙肝疫苗	脊灰疫苗	百白破疫苗	麻疹或麻风疫苗	A 群流脑疫苗	麻腮风疫苗	甲肝疫苗	乙脑疫苗	A＋C 群流脑疫苗	白破疫苗
2006	357	1003	1853	1438	1551	885	438	658	1567	432	51
2007	396	1338	2559	1741	838	810	186	642	1505	562	56
2008	456	1348	2251	1765	852	1156	464	765	732	592	65
2009	432	1756	2375	2240	956	1284	502	632	1153	765	38
2010	452	1789	2457	2385	2780	1354	534	654	1268	911	568
2011	526	1956	2795	2930	782	1527	682	712	1367	1009	494
2012	857	2512	3317	9969	881	1788	831	772	1545	1173	524
2013	693	2241	3138	3213	888	1753	922	1802	1764	1237	596
2014	739	2200	3054	3128	761	1413	860	1786	1628	1371	704
2015	653	2093	3124	3119	775	1625	725	1560	1527	1504	691

二、传染病防治

新中国成立前，和桥地区急、慢性传染病、寄生虫病时有发生，特别是肝炎、伤寒、痢疾、肺结核、疟疾、血吸虫病等疾病严重危害人民群众的健康和生命。新中国成立后，政府组织群众广泛开展爱国卫生运动，逐渐消灭了天花、鼠疫等烈性传染病。20世纪 80 年代，经预防和接种，基本消灭了霍乱、白喉、乙脑、流脑、肝炎、伤寒、出血热等传染病。发病率由每万人的 154.4 降至 2015 的 17.3。1990～2015 年，由于认真贯彻执行《中华人民共和国传染病防治法》，切实做好疫情报告和疫点处理，02 号病、0157 大肠杆菌感染性腹泻等严重危害人民健康的传染病，在和桥境内均得到有效防治。

1974—2002 年和桥镇传染病发病情况

表 30－7

单位：人

项目 数字 年份	年末人口数	发病数	霍乱	肝炎	伤寒	痢疾	出血病	钩体病	狂犬病	疟疾	脊灰	百日咳	白喉	麻疹	猩红热	流脑	乙脑
1974	18769	430	—	44	9	209	10	—	—	59	1	65	6	12	2	—	3
1975	19279	672	—	26	3	467	—	—	—	120	—	43	8	5	—	—	—
1976	19295	173	—	19	5	130	3	—	—	13	—	1	—	—	—	—	2
1977	19509	192	—	7	10	154	3	—	—	6	—	—	—	—	—	11	1
1978	19609	255	—	27	4	125	1	—	—	—	—	—	—	—	—	96	
1979	19425	135	—	21	15	71	5	—	—	—	—	—	—	—	—	16	1
1980	1948	271	1	34	43	132	3	—	—	54	—	—	—	—	—	2	2
1981	19667	139	1	13	14	107	2	—	—	—	—	—	—	—	—	1	1
1982	19774	124	1	11	25	72	10	—	—	—	—	1	—	1	—	1	2

续表 30－7　　单位：人

年份	年末人口数	发病数	霍乱	肝炎	伤寒	痢疾	出血病	钩体病	狂犬病	疟疾	脊灰	百日咳	白喉	麻疹	猩红热	流脑	乙脑
1983	19763	171	—	30	26	112	2	—	—	—	—	—	—	1	—	—	—
1984	19667	129	—	18	8	99	1	—	—	—	—	—	—	2	—	1	—
1985	19733	255	—	62	51	137	2	—	—	—	—	—	—	2	—	1	—
1986	27415	208	—	43	45	108	6	—	—	3	—	—	—	2	—	1	—
1987	27784	240	—	56	67	111	2	—	1	2	—	—	—	—	1	—	—
1988	28063	156	—	37	54	62	3	—	—	—	—	—	—	—	—	—	—
1989	28363	135	—	29	67	39	—	—	—	—	—	—	—	—	—	—	—
1990	30131	56	—	32	13	10	1	—	—	—	—	—	—	—	—	—	—
1991	28403	113	—	66	20	20	7	—	—	—	—	—	—	—	—	—	—
1992	29803	86	—	46	11	27	2	—	—	—	—	—	—	—	—	—	—
1993	29087	96	—	46	10	37	3	—	—	—	—	—	—	—	—	—	—
1994	29893	43	—	11	4	25	3	—	—	—	—	—	—	—	—	—	—
1995	30719	40	—	8	4	22	6	—	—	—	—	—	—	—	—	—	—
1996	30281	57	—	14	1	38	3	—	—	—	—	—	—	—	—	—	—
1997	31369	31	—	9	1	18	2	—	—	—	—	—	—	—	—	—	—
1998	30591	41	—	14	3	21	2	—	—	—	—	—	—	—	—	—	—
1999	31773	54	—	12	11	30	1	—	—	—	—	—	—	—	—	—	
2000	49273	21	—	13	1	12	3	—	—	—	—	—	—	—	—	—	
2001	50142	21	—	15	1	11	1	—	—	—	—	—	—	—	—	—	—
2002	50601	19	—	13	—	12	2	—	—	—	—	—	—	—	—	—	

2003—2015 年和桥镇法定传染病发病情况

表 30－8　　单位：人

年度	年末人口数	发病数	肝炎	伤寒	痢疾	肺结核	出血热	狂犬病	疟疾	麻疹	猩红热	流腮行腺性炎	手足口病	其他传染病
2003	48595	90	12	0	6	16	0	0	3	0	0	0	—	53
2004	69211	241	36	1	25	49	2	1	0	2	0	1	—	97
2005	68562	75	—	23	0	6	43	0	0	0	2	0	1	—
2006	68609	121	34	0	7	52	0	0	0	27	0	1	—	—
2007	68702	75	33	0	5	33	0	0	1	2	0	1	—	—
2008	68608	83	40	0	8	27	0	0	0	1	0	0	7	—
2009	68879	174	33	4	6	31	0	0	0	0	0	1	99	—

续表 30－8

单位：人

年度	年末人口数	发病数	肝炎	伤寒	痢疾	肺结核	出血热	狂犬病	疟疾	麻疹	猩红热	流行性腮腺炎	手足口病	其他传染病
2010	68915	134	24	0	4	23	0	0	0	2	0	0	81	—
2011	68999	147	45	0	2	11	0	1	0	1	0	0	87	—
2012	68898	160	25	0	1	24	0	0	0	0	0	0	110	—
2013	68502	149	24	0	1	28	0	0	0	0	0	2	94	—
2014	68076	227	26	0	2	19	0	0	0	0	2	4	174	—
2015	68170	109	22	0	0	19	1	0	3	0	0	11	53	—

三、妇幼保健

新中国成立至1988年，和桥地区的妇幼保健工作主要落实在原来的公社（乡镇）妇女条线和卫生院。1988年，和桥中心预防保健所成立，和桥医院分别指定专职妇保和儿保医生负责。开展婚前体检、产前检查、产后访视、母婴健康体检、妇女病普查普治、母乳喂养宣传等指导工作。和桥医院还设立“儿保”门诊，负责幼托机构卫生管理、保教人员的健康体检和培训等指导工作。1995年后，新法接生率达100%，高危孕产妇管理率100%，孕产妇死亡率为零。难产儿死亡率1.1%，孕产妇系统管理率85%，儿童系统管理率94%。1995年，和桥医院创建成为爱婴医院。1998年后，按照《中华人民共和国母婴保健法》，和桥医院开展优生优育，规范婚检工作，提高了出生人口质量。1991—2015年，和桥镇为全镇妇女病普查，对查出的妇女病人进行及时治疗。与此同时，对孕产妇实行系统管理，特别是对高危孕妇实行监护分娩。

1991—2015年和桥镇妇女病普查情况

表30－9

单位：人

年度	应查人数	实查人数	受检率（%）	病人数	治疗数	治疗率（%）
1991	804	524	68.20	99	91	91.90
1992	1428	1044	73.10	351	351	100.00
1993	2197	1508	68.00	325	317	97.50
1994	2126	781	69.30	245	245	100.00
1995	1432	1223	85.40	251	251	100.00
1996	1580	1200	75.90	262	262	100.00
1997	1650	1230	76.80	270	270	100.00
1998	1620	1305	80.00	354	354	100.00
1999	2345	2140	91.00	108	108	100.00
2000	5193	5069	97.60	358	318	88.80
2001	5484	5084	92.70	983	900	91.50
2002	5574	5163	93.00	1071	1000	93.30
2003	14204	10453	73.60	3135	—	—
2004	16312	12108	74.20	3177	—	—

续表 30－9

单位：人

年度	应查人数	实查人数	受检率(%)	病人数	治疗数	治疗率(%)
2005	15073	11215	74.40	2901	—	—
2006	8053	5850	72.60	1467	—	—
2007	10230	10223	99.90	1561	—	—
2008	13992	13424	95.90	2166	—	—
2009	11065	10177	92.00	1284	—	—
2010	10347	9593	92.70	878	—	—
2011	26347	25332	96.10	1662	—	—
2012	6750	6435	95.30	1033	—	—
2013	9936	9539	96.00	1562	—	—
2014	6750	6535	95.30	1032	—	—
2015	9936	9536	93.00	1317	—	—

1990—2015 年和桥镇孕产妇系统管理情况

表 30－10

单位：人

年度	出生数	产妇数	建卡数	系统管理数	新法接生数	高危孕妇	高危住院监护分娩	孕妇死亡数
1990	449	449	386	346	449	196	196	0
1991	359	359	354	250	359	177	177	0
1992	370	370	366	240	370	168	168	0
1993	347	347	340	196	347	136	136	0
1994	316	316	303	295	316	80	80	0
1995	256	255	251	207	256	82	82	0
1996	227 （1 例双胞胎）	226	226	193	227	66	66	0
1997	205 （死胎）	205	206	182	205	64	64	1
1998	178	178	178	158	178	42	42	0
1999	188 （双胞胎死一个）	189	189	151	188	38	38	0
2000	317 （3 例双胞胎）	314	314	211	317	75	75	0
2001	245 （1 例双胞胎）	244	244	149	245	48	48	0
2002	238 （2 例双胞胎）	236	236	184	238	62	62	0
2003	314	314	314	262	314	55	55	0
2004	329	329	329	286	329	51	51	0

续表 30－10　　单位:人

年度	出生数	产妇数	建卡数	系统管理数	新法接生数	高危孕妇	高危住院监护分娩	孕妇死亡数
2005	297	297	297	233	297	46	46	0
2006	282	282	282	219	282	55	55	0
2007	298	298	298	259	298	74	74	0
2008	523	523	523	458	523	119	119	0
2009	454	454	454	388	454	114	114	0
2010	559	559	559	506	559	186	186	0
2011	646	646	646	643	646	195	195	—
2012	651	651	651	411	651	190	190	0
2013	539	539	539	510	539	211	211	0
2014	469	469	469	388	469	177	177	0
2015	453	453	471	373	453	232	232	0

四、健康体检

改革开放后，和桥人民生活提高，健康意识增强。20世纪90年代，和桥驻镇部门、各事业单位，开始有个人和团体进行健康体检。随着政府的重视，以后逐步扩大至企业单位职工、各社区的老年人、居民家庭。2012年起，和桥医院协助和桥镇社区卫生服务中心，组织全镇65周岁以上老年人进行健康体检、居民建档和慢性病管理工作，使全镇人口平均寿命延长。其中，2015年底钟溪村60岁以上老年人已达32.5%，高于全市水平。

2012—2015年和桥镇65岁以上老人体检、居民建档、慢性病管理情况

表30－11

年度	常住人口数（人）	65岁以上老年人体检			居民健康档案建档数				慢性病管理数			
		应体检数（人）	实体检数（人）	体检率（%）	累计居民电子健康档案数（人）	建档率%	累计规范化居民电子健康档案数	建档率%	累计高血压管理数（人）	管理率%	累计糖尿病管理数（人）	管理率%
2012	80596	10218	7063	69.1	56112	69.8	55148	68.4	5926	7.4	1601	2.0
2013	80596	9271	6885	74.3	56287	69.8	55614	69.0	5900	7.3	1841	2.3
2014	83643	11559	8092	70.0	57511	68.8	57209	68.4	6658	8.0	2237	2.7
2015	83643	11559	8299	71.8	58126	69.5	57858	69.2	7104	8.5	2439	2.9

第六节　爱国卫生

一、环境卫生

新中国成立前，镇区街道狭窄，既无公共厕所，又无垃圾箱，街道巷口粪桶、马桶、露天粪缸随处可见。夏天蚊蝇滋 生，臭气熏天。新中国成立后，政府重视环境卫生工作，每逢重大节日，政府号召居民清理环境卫生。20世纪60年代，政府号召开展爱国卫生运动，进行清洁户评比。在镇区建造公共厕所,并分街道成立生建、团结、兴业和劳动4个清洁管理小组,负责粪便和垃圾的清理。1963年,成立了镇清洁管理所,负责镇区环境卫生的管理工作。1986年6月,乡镇合并,镇区范围不断扩大,卫生设施相应配套,镇区环境卫生由环卫所专人负责,做到垃圾、粪便及时清运,长效管理与突击整治相结合,使镇区环境面貌焕然一新。1987年,在苗桥路东侧征地3亩开始兴建垃圾填埋场,以后逐步扩大到占地20.88亩。近几年,在确保街道、镇区、居民区环境整洁的同时,加强了镇郊及农村环境卫生管理。到2002年底止,全镇共配套公共厕所36座,垃圾箱、桶共894只,设垃圾中转站5处。2002年9月投资350多万元,在同里村蒋山选址,动工兴建占地30多亩的无害化垃圾填埋场。2007年,和桥镇建造机械压缩式垃圾收集中转站,各村健全保洁清运队伍。居民生活垃圾按照“组保洁、村收集、镇转运、市处理”运行模式,实现百分之百的无害化处理。2011年,和桥镇又新建4只农村二级垃圾转运站,添置500只垃圾箱,配足180人的道路环境保洁员。为接受国家卫生镇的考核复审,突击清理卫生死角45处,墙面刷新1.6万多平方米,拆除违章搭建21处,清运垃圾9440吨。2012年,全镇组织63名领导干部,1750名群众参加环境集中整治活动,清理卫生死角120多处,清运垃圾1500多吨,新改建垃圾箱10只。2014年,和桥镇参与爱卫环境整治活动的镇、村、企领导达653名,群众达7300人,清运垃圾9350吨,清理卫生死角420处,为迎接2015年全国卫生镇第二次复审做好充分准备。

二、单位卫生

1964年镇爱国卫生运动委员会(简称“爱卫会”)成立,企、事业单位和学校分别建立爱国卫生小组,划片保洁,检查评比,督促卫生工作落实。20世纪70年代初,较大规模的企业机构设立医务室,负责职工和单位的防病保洁工作。1986年底,和桥镇被无锡市爱国卫生运动委员会评为文明卫生镇。1990年后,学校均设立了保健室,开设健康教育课,建立和健全了学校卫生档案和学生健康档案,学生每年体检一次,视力监测二次。1997年,全镇上下大搞卫生运动,镇村结合部的村容村貌也有了明显改观,和桥、北庄、永兴、闸家、和建、大生、百贤村相继被评为省级卫生村。跨入21世纪,开展“清洁家园”“亿万农民健康促进行动”活动,确保了各单位清洁卫生和农民身体健康。2008年4月,《和桥镇政府关于整治工作实施督察考核的意见》出台。2011年3月,镇党委、政府制定了《和桥镇关于迎接国家卫生镇复审的实施意见》和《镇政府关于开展迎接国家卫生镇复审督察工作的通知》,强化了领导督查和任务落实。2014年,根据城镇管理新特点,成立和桥镇城乡综合管理委员会,协调推进城乡环境综合整治管理,并与爱卫办、镇容办、市场办、交警中队、交管所、城管中队、工商行政等职能部门具体负责巩固创卫的日常工作。全镇有无锡市、江苏省、全国的爱国卫生先进单位45个。

1986—2011年和桥镇爱国卫生先进单位

表30-12

年度	先进级别	先进单位	备注
1986	无锡市	和桥镇政府	—
1987	无锡市	和桥信用社	—
1988	无锡市	饲料厂、水厂、和桥医院、和桥高级中学	—
1989	无锡市	中心幼儿园	—
1993	无锡市	和桥自来水厂	农村合格水厂

续表 30 - 12

年度	先进级别	先进单位	备注
1996	无锡市	和桥国税分局、轻工机械厂	—
	江苏省	和桥村	省级卫生村
1997	无锡市	地税分局、变电所、环卫所	—
	江苏省	和桥镇政府	省级卫生镇
1998	无锡市	四分公司、广电站	—
	江苏省	闻家村、永兴村、北庄村	省级卫生村
1999	无锡市	和桥二中	省级卫生先进学校
	江苏省	镇政府、北庄村、永兴村、闻家村、和桥村	健康教育先进乡镇、先进村
		自来水厂	省级先进水厂
		和建村	省级卫生村
2000	江苏省	大生村、和桥自来水厂	省级卫生村、省级先进水厂
2001	无锡市	宜兴市农行和桥办事处	市级卫生先进单位
2002	江苏省	百贤村	省级卫生村
2005	江苏省	同里村	省级卫生村
2006	江苏省	北新村、王母桥村、中巷村	省级卫生村
2007	全国	和桥镇	国家级卫生镇
2008	江苏省	福巷桥村、楝聚村、西锄村	省级卫生村
2009	江苏省	闸口村、北渠村、湖滨村、钟溪村	省级卫生村
2011	全国	和桥镇	国家卫生镇复审、全国环境优美乡镇

三、食品卫生

旧时，民众卫生意识淡薄，鉴别食品好坏全凭眼看、鼻闻、嘴尝，地方政府无专业食品卫生管理机构，食品中毒时有发生。新中国成立，该项工作由医院预防保健科负责。1983 年，《中华人民共和国食品卫生法》颁布试行，食品卫生管理工作由和桥医院预防保健所负责，开展食品卫生检查，从业人员体检等工作。1998 年和桥卫生监督所成立，规定所有食品生产经营单位和个人必须持有《卫生许可证》和《健康证》方可领取工商营业执照，同时加大了对全镇餐饮服务单位、学校（幼儿园）食堂、食品生产经营单位的执法检查力度，全镇六年无重大食物中毒事件发生。2004 年 8 月，和桥镇一酒店，因副溶血性孤菌污染食品引起顾客食物中毒被行政处罚。2007 年 10 月 28 日，市集装箱配件有限公司员工，中餐食用宜城街道某快餐店提供的快餐后，有 16 人出现呕吐、腹痛、腹泻症状，即送医院治疗。2009 年度，和桥高级中学评为 A 级单位学校食堂。2012 年度，闸口小学评为 A 级单位学校食堂。镇食品药品监管办公室，组织经常性检查和突击性抽查，发现问题及时处理，限期整改。至 2015 年底，连续 8 年未发生重大食品药品卫生突发事件。

四、饮水卫生

新中国成立前后，镇区人民饮用水均以河水为主，少数人家饮用井水，河边常常一边淘米洗菜，一边洗刷尿布和便桶。1979 年，在政府和卫生部门的重视下，大力宣传饮水卫生，发动群众自家打井，饮用井水，当年在镇区范围开掘和清掏水井 100 多口。同时提倡分段与分塘用水，严禁粪便入河，饮水卫生有所改善。1982 年，和桥自来水厂建成投入使用，开始向镇区居民和有关单位提供清洁卫生的自来水。1989年、1992年、1995年对水厂三次进行了扩容改造。2000年4月，和桥自来水厂改制，更名为宜兴市滆湖自来水有限公司。2001年，为进一步提高自来水水质，又投资千万元，铺设管道、建造泵站，把取水口移至滆湖中。1994年、1999年、2000年水厂分别被无锡市、江苏省评为农村合格水厂、江苏省先进农村水厂。到2002年年底，全镇自来水普及率为83.63%。2008年底，接通横山水库，供应优质横山水，全镇自来水普及率达98.6%。至2015年底全镇自来水普及率达100%。

1986年5月，原南新自来水厂在王母村建立。2000年7月，该厂被滆湖自来水公司收购。1990年，闸口自来水厂在楝树村建立。2005年，该厂被滆湖自来水公司收购。

五、除害防病

20世纪60年代起，和桥地区各乡镇重视除害防病工作。开始以消灭苍蝇、蚊子、老鼠“除三害”为重点，大搞群众运动。70年代，以防治血吸虫病、查螺灭螺为重点，尚未发现血吸虫病传播。1982年9月，和桥电机厂一女工患“二号病”后，全镇立即宣传群众进行预防，对接触病人的20多人进行隔离观察。同时，服药预防406人，注射防疫针4448人次，控制病情蔓延。1987年7月份，发生狂犬病例1人，政府立即部署开展全民性灭犬活动，自此，杜绝了该病例的再次发生。1990年，镇成立“除四害”(苍蝇、蚊子、蟑螂、老鼠)领导小组，投入人力物力，全镇配备近80名专兼职除害人员。政府每年拔出专款，购买灭鼠剂、灭蟑净、敌百虫、鼠夹等大批药具进行投放，使镇区“四害”密度明显降低。1996年5月，经考核验收，被评为宜兴市灭鼠先进镇和灭蟑达标镇。2007年，创建全国卫生镇开始，每年4月定为统一布药时间，在镇区范围投放灭鼠药3000包，灭蟑药1500包，捕蝇笼150只等。2007年，镇成立药物消杀队，有专业消杀员15人，兼职消杀员225人，全年投入除四害药物经费21万元。2005—2007年共组织472名查螺人员完成自查、对口互查、重点村重点环境复查，进行血防监测综合查病583人，查出阳性病人20例，并给予扩大化治疗。2009年，血防工作坚持对老螺区进行复查和灭螺。对查出的北新村活螺区块通过环境清理，使用氯硝柳胺药浸法和喷洒法，灭螺面积达1万平方米。2011年春，组织277名查螺人员，分成36个查螺小分队，对全镇范围历史上有螺区域，复查面积达224.74万平方米，完成血吸虫病查病400人次。2014年，又组织232人查螺，完成查螺面积216.50万平方米。并继续对北新村开展巩固性灭螺1万平方米和对病区534人的血吸虫病筛查。和桥镇在除害防病工作上，坚持经常性与突击性相结合，化学防治和生物防治相结合，重点加强春秋两季统一灭鼠行动，夏秋季的经常性灭蝇灭蚊消杀工作，重点单位，重点地段除害设施到位。至2015年底，经市卫生防疫中心监测，和桥镇连续多年保持了“灭鼠、灭蝇、灭蚊、灭蟑”宜兴市级先进单位。

六、健康教育

1965年4月，和桥镇成立爱国卫生运动委员会注重健康教育，以映前幻灯、印发宣传资料进行健康教育。20世纪80年代，对在校学生、单位职工、城镇居民家庭进行健康知识教育。90年代，全镇健康教育网络进一步健全，居委、医院和单位都设有固定的健教专栏或画廊，内容定期更新，广播电视站开设了健康教育栏目，定期开展卫生知识讲座。1997年创建省级卫生镇期间，《卫生知识手册》、《健康教育知识问答》全镇人手一份，中小学健康教育开课率达100%，并做到有课本、有教案、有课时、有考核。企、事业单位职工健康知识普及率达95%，卫生科普小册子和报刊等健康资料入户率达90%以上。镇爱卫办自2007年主办《食品卫生与健康》宣传小报，至2015年底共出刊68期，发放报纸近万份。

七、卫生镇创建

1997年4月1日，镇人民代表大会讨论通过了《和桥镇镇容和卫生管理暂行规定》，把创建省级卫生镇作为全镇十件实事之一来抓。和桥镇政府抽调54名人员成立了创建办公室，印发《告全镇人民的公开信》1.5 万份，召开创建省级卫生镇千人誓师大会。镇政府主要领导，分别担任各片片长，与各单位、职能部门签订责任书与各单位通力协作，突击整治和消灭卫生死角，对各个行业按验收标准反复督查，严管重罚；电视新闻每天对创建中的典型问题予以报道和曝光；镇每周出刊《创建简报》，同时投入300 多万元资金，改造环境、种植绿化、配套设施、添置装备，使全镇卫生面貌明显改观。1997 年 9 月份，一次性通过了省级考核验收，成为宜兴市第一个省级卫生镇。和桥镇在创建"卫生镇""示范镇"活动中，取得成效，受到了省委、国家部门领导及有关人士的关注。1999 年 3 月，江苏省委原书记储江到和桥镇考察创建工作。2000 年 4 月，中央电视台著名节目主持人杨澜，陪同丈夫吴征（大律师吴凯声之孙）到和桥寻根访祖，看到家乡巨变，留下"古镇自风流"题词。2000 年 5 月，建设部副部长储传亨到和桥考察调研后，并亲笔题"江南名镇全国示范，继往开来，再创辉煌"。2003 年— 2004 年，和桥镇获省文明镇先进称号。2004 年，被国家农业部表彰为第七个全国亿万农民健身活动先进乡镇。2006 年，和桥镇污水处理厂建成，2008 年完成主管道铺设。到 2010 年底，集镇污水集中处理率达 84.90%，粪便无害化处理率达 99.9%。2011 年，和桥镇城区有公厕 18 座，垃圾箱（桶）785 只（座），垃圾做到日产日清，无害化处理。在太湖零点行动中，和桥镇织布印染企业全部实现无害化排放，环保企业和电子电缆企业实施污水集中处理达标。2011 —2015 年，全镇累计投入创卫资金 10.50 亿多元，围绕"新城镇建设、老集镇改造、村庄整治、道路建设、绿化亮化、危房危桥改造、镇容美化、改水改厕、污水管网建设和垃圾处理"十大工程。其中新建成东锦家园、怡和花苑、金色港湾、大树人家、中兴二期等一批住宅安置房；改造户厕 24511 座、改造危挢 30 座；新铺设主管道 2550 米、支管道 5736 米；修建农村道路 4.7 万米，镇区新增绿地 30.50 万平方米。2007 年 9 月，和桥镇创建成全国卫生镇，并接受 2011 年、2015 年二次复审考核，连续保持全国卫生镇称号。

第七节　医药商店

和桥中医历代人才辈出，中药业比较发达。和桥较早的药店有介福堂等。清咸丰年间，葛锦斋肩挑药担沿村串卖，后定居和桥。同治三年（1864）葛开设生大药店。1937 年冬，店铺遭日军焚毁，损失惨重。两年后向常州药行集资复业，更名老生大，有职工 16 人。民国期间，相继开业的有正大、寿康、元大、元元、三和、大德等。新中国成立后，人民政府采取团结中西医，肯定中医、中药，保障人民健康的政策。和桥中药业保持优良传统和经营特色，业务逐步得到发展。1956 年，参加公私合营的有老生大、正大、寿康、大德和元元等。总店设在正大，下设两个门市部，从业人员共计 28 人。1957 年，门市部撤并，在屺亭设分店。1958 年，并入和桥供销社，1961 年撤出，恢复原体制。1964 年，将原棉百商店所经营的新药批零业务全部移交给合营和桥医药商店（简称药店）。1966 年，改为国营，为县医药公司所辖四级批零商店，面向和桥片，中西药并重。

1993—2001 年，和桥医药公司为扩大经营范围，先后在南新镇增设南新药店（1993 年）、和桥镇西横街 91 号增设和桥医药公司第二门市部（1994 年）、东横街开设东兴药店（1996 年）、鹅洲北路开设北兴药店（2000 年）、鹅洲西路南首设和兴药店（2001 年）。

1995 年，宜兴成立宜兴市医药总公司，和桥相应成立了宜兴市医药总公司和桥公司。经营品种有西药 1200 多种、中成药 600 多种、中药饮片 800 多种、兽药 150 多种及医用器械。为方便群众就医开方，和桥药店常年聘请老中医坐堂门诊。1998 年和桥医药公司被批准为省《医药商品质量管理规范》合格单位、1999 年定为实施药品分类管理试点单位。

2002 年 7 月 1 日，宜兴市医药总公司进行股份制改制，国有股全额退出，只设自然人股，新企业全员接纳老企业员工。和桥医药公司随之更名为宜兴市药业股份有限公司和桥公司。和桥公司人、财、物隶属宜兴市药业股份有限公司，有职工32人。医药商店、医药公司历任负责人有刘尧清、蒋蓉孙、戴胜来、邵竟成、许剑秋、张锡彬、潘雨田、张荣海、季耀忠、方葆芳、杨跃、李文忠、赵艳。

1988—2015年和桥医药公司经营情况

表30-13 单位：万元

年份	销售收入	利润
1988	166.00	3.00
1989	185.00	3.40
1990	200.30	3.60
1991	261.40	5.20
1992	342.50	6.30
1993	446.50	9.00
1994	474.00	7.00
1995	633.00	9.80
1996	700.00	12.00
1997	815.11	12.90
1998	964.00	14.30
1999	923.00	19.60
2000	993.80	19.56
2001	961.10	21.17
2002	921.00	19.80
2003	729.44	33.26
2004	633.55	—11.64
2005	583.28	—27.06
2006	227.69	—18.98
2007	326.51	—10.96
2008	363.19	4.51
2009	463.02	—3.11
2010	526.33	—2.83
2011	608.98	—14.93
2012	738.44	25.17
2013	843.12	61.59
2014	921.87	99.42
2015	915.77	50.32

旧时药店，有中医放期，即定期请名中医到药店坐堂门诊。届时病人来店，医生切脉开方，随后撮中药，十分方便。其中法达生、杨叔村、黄麟伯等名中医分别在寿康药店、元元药店、元大药店坐堂门诊，深受患者欢迎。新中国成立初期，和桥镇有老字号药店17家。至2015年，和桥镇开办个体药店25家。

和桥镇老字号药店

表30－14

地区	店名	店主	职工数(人)	起至时间(年)	地点
和桥	老生大药店	葛金斋	12	1864年—1956年	兴业街
	大德药店	朱雅良	10	1934年—1956年	劳动街
	寿康药店	蒋蓉	8	1913年—1956年	兴业街
	元元药店	杨振芳	8	1939年—1956年	生建街
	正大药店	任焕春	16	1939年—1956年	兴业街
	三和药店	夏维祖	5	1940年—1956年	生建街
	元大药店	唐昌国	5	1900年—1949年	劳动街
和桥	亚洲药店	马俊杰	4	1942年—1956年	兴业街
	南阳药店	贾如珩	5	1939年—1951年	兴业街
	颐康药店	程壬秋	2	1936年—1945年	兴业街
	百灵药店	徐济培	4	1920年—1950年	劳动街
闸口	大德药店	狄仲华	1	1940年—1956年	楝树港
	德生堂	郑锡芝	1	1930年—1956年	楝树港
	大新春药店	沈炳龙	1	1937年—1956年	楝树港
	真大药店	毛桂生	1	1936年—1956年	闸口街
	济生堂	储生甫	1	1940年—1949年	闸口街
南新	颐和堂	蒋法和	2	1945年—1950年	南新街

和桥镇改革开放后开办药店

表30－15

序号	企业名称	注册地址	联系人
1	宜兴市和桥镇盖九天药房	和桥镇兴业街鹅洲西路85号	吴庆祥
2	宜兴市和桥镇佳友药店	和桥镇西横街69号	马文伟
3	宜兴市和桥镇祥泰药店	和桥镇鹅洲东路101号	马文伟
4	宜兴市和桥卫康药店有限公司	和桥镇东横街朝阳路7幢7—8号	王秋炎
5	宜兴市和桥镇慈仁药店有限公司	和桥镇鹅洲东赂综合楼	李夕娣
6	宜兴市佳禾健康大药房	和桥镇西横街89号	马文伟
7	宜兴市和桥镇永和药店	和桥镇永昌路	韦建刚
8	宜兴市和桥镇佳安药房	和桥镇福寿禄28号	马文伟
9	宜兴市和桥镇佳诺药房	和桥镇西横街56号	马文伟

续表 30 - 15

序号	企业名称	注册地址	联系人
10	宜兴市宏泰平价大药房有限公司	和桥镇鹅洲北路 326 号	吴雪松
11	宜兴市和桥镇华泰药店有限公司	和桥镇和新路 158 号	习　波
12	宜兴市和桥镇百信药业有限公司	和桥镇健康东路(鹅洲东路东侧 102 室)	殷志俊
13	宜兴市和桥镇刘氏药店有限公司	和桥镇南新人民北路 35 号	刘卫中
14	宜兴市和桥镇福林堂药店	和桥镇西锄村	范洪明
15	宜兴市瑞祥大药房有限公司	和桥镇闸口北路 11 号	曹华良
16	宜兴市和桥镇闸口健康药店有限公司	和桥镇闸口楝阳路 18 号	骆　涛
17	宜兴市和桥镇海棠药店	和桥镇闸口海棠路 103 号	王秋炎
18	宜兴市和桥镇富康药店	和桥镇闸口老街 6 号	孟国强
19	宜兴市和桥镇万福药店	和桥镇闸口万福村十一组(后潭 7 号)	万仲华
20	天健连锁和桥药店	和桥镇健康东路 70 号	张力斌
21	天健连锁和桥仁和药店	和桥镇劳动居委西横街 68 号	张力斌
22	天健连锁和桥东兴药店	和桥镇东横街 9 幢 101—104 号	张力斌
23	天健连锁和桥和兴药店	和桥镇鹅洲西路	张力斌
24	天健连锁西横街药店	和桥镇西横街 123、127 号	张力斌
25	天健连锁南新药店	和桥镇南新街	张力斌

第八节　民间验方

一、乾锠馀蛇药

和桥乾锠馀油厂(今宜兴市和润油脂有限公司前身)蛇药，专治毒蛇咬伤，有妙手回春、药到病除之功效。该厂备药医治毒蛇咬伤已有 70 多年历史。秘方来源于牛塘桥黄恒兴祖传，他既开油坊，又兼治毒蛇咬伤。因油厂香味，易遭惹毒蛇出没。乾锠馀油厂每年出资，委托黄恒兴配制蛇药，取回便民济世。凡被蛇咬者来厂求治，有求必应，不收分文，成为该厂一项深得人心的社会公益活动，不仅本县各地，常、锡乡间被蛇咬伤者也来求治。人们常说：乾锠馀蛇药可与南通季德胜蛇药媲美。

1956 年，黄恒兴油坊公私合营后，秘方交给政府。乾锠馀油厂将蛇药秘方抄回交给和桥医院，救治蛇咬患者。

二、“三只眼”眼药

“朱书种堂”郎中来和桥行医，他继承祖传秘方，配制“三只眼”眼药，治疗眼疾，效果显著。眼药在指甲大的贝壳里，用时将骨针蘸些清水，调溶眼药，点入眼角，顿觉舒适清凉，不痛不痒，红肿消退；生了翳的目疾，每天点几次眼药，白翳几天清除，患者重见光明，该药常常供不应求。新中国成立后，继承人朱心田为眼疾患者着想，毅然将秘方献给人民政府。

三、五虎拔毒散

源于清代末年，夏维宗家传秘方，其子夏少宗开设夏氏医室，其孙夏建域继承祖传秘方五虎拔毒散，治疗深度脓肿(俗称流疽)、疔、乳痈(重症乳腺炎)等有特效。1981 年，永兴村大会组村民许月英肩部患有深度脓肿(流疽)到处求医无效，经无锡医院诊断，治疗需取掉肩胛骨，将造成终生残疾，后患者请夏建域诊治，夏即用祖传五虎拔毒散外敷，结果仅 20 余天就痊愈康复。1988 年，镇上浦顺华患有臀部流疽，曾到无锡一院医治月余回家疗养。两天后又觉疼痛，经夏建域诊断患处仍有脓液，脓肿深度达 6 厘米。夏用五虎拔毒散外敷，10 余天后即痊愈。

第三十一章　体　育

清末民初，和桥人民常以甩石锁、抓石笋、举石担或练拳棒强身健体。炎夏时节，以游泳消暑健身。一些文人雅士以奕棋为乐，青少年则开展跳绳、踢毽、拍皮球、拔河、打陀螺和“官兵”捉“强盗”为游戏活动。民国期间，中小学开设体育课，逐渐开辟了操场，添置了篮球、乒乓等设备，部分中小学设有单杠、双杠。除上体育课外，经常组织篮球、体操等活动。假期中一些回乡学生也常组织篮球、乒乓球友谊赛。新中国成立后，人民政府重视体育工作，常组织各种体育竞赛活动。为加强对体育工作的领导，于1990年成立了镇体育运动委员会，同时还相继成立了一些单项体育协会和运动队，并加大体育投资，建成了公共田径场、游泳池、乒乓馆等大型体育设施。和桥高级中学、和桥中等专业学校、和桥实验小学先后建造了体育馆，镇区范围8所中小学均有400米，250米不等的环形跑道，其中七所学校为塑胶跑道。1995年，1999年，南新镇、和桥镇先后被评为江苏省体育先进乡镇。2004年10月，和桥镇被评为全国亿万农民健身活动先进乡镇。2015年，全镇拥有健身广场70多面，广场总面积达5.6万平方米，健身器材90多套。

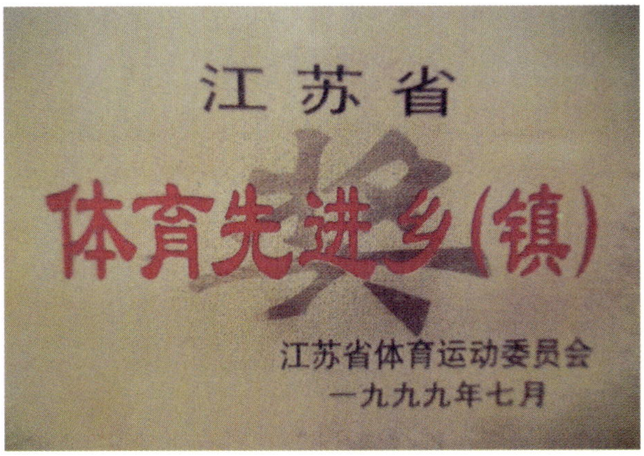

31－1　1999年和桥镇获江苏省体育先进乡镇奖状

第一节　组织机构

新中国成立后，和桥镇党委、政府对体育工作十分重视。尤其是改革开放后，体育工作特别是全民健身活动，已作为“生活奔小康”的一项战略措施及和桥社会事业民生工作的重要内容，纳入党委政府的重要议事日程，做到近期有安排、长远有规划。1990—1991年，和桥镇、闸口乡、南新乡先后成立了体育运动委员会(简称“体委”)。1991年，和桥镇、闸口与南新乡，分别成立农民体育协会(简称“体协”)。1997年，和桥、闸口、南新分别成立社会体育指导站及成年人体质测试站。2004年，体育指导站之下成立老年体育协会和桥分会。2005年，体育指导站以下建立篮球、乒乓球、广场舞、象围棋、足球、太极拳、老年人健身气功、钓鱼等俱乐部，还成立有700余名体育骨干参加的十多支体育队伍。2000—2015年，镇体育指导站负责培训社会体育指导员近百余人，他们经常分布在各村、社区晨晚练点活动场所，指导居民开展各种体育锻炼活动。

第二节　群众体育

一、事业发展

民国时期，镇上有少数爱好体育活动的职工，自发地聚集在一起参加甩石锁、抓石笋、举石担、放风筝、打篮球、弈棋等活动，逢时过节有调龙灯、调马灯等活动，而众多职工的体育活动很少开展。新中国成立后，职工体育活动得到各级政府的重视，1950年3月，和桥镇职工教工队参加宜兴县职工星期日男子篮球赛。同年，和桥镇职工篮球队参加宜兴县举行的“解放杯”男子篮球赛决赛。1951年元旦，县体育场举办“和平杯”男子篮球赛，和桥教工队捧回了冠军“银杯”奖。是年10月15日，宜兴县举行第一届人民体育运动大会，和桥镇组织工人代表队参赛。

1954年10月，和桥区组队参加宜兴县第二届人民体育运动会。1957年10月，和桥镇组队参加县总工会、县体委举办的宜兴县首届职工体育运动会。

1959年国庆，和桥镇组队参加宜兴县第三届人民体育运动会。1966年“八一”建军节，镇举行单项野营游泳赛，有200人参加比赛，游程1200米，和桥中学学生程正君获冠军，成绩为24′1″25。1980年，和桥镇参加县总工会、县体委举行职工乒乓球、棋类、田径等项综合性运动会，获棋类比赛冠军。同年10月，和桥镇职工石平、郭洪盘代表宜兴赴镇江市参加地区棋类比赛，分别获象棋和围棋个人第一名和第三名，并代表地区赴南京参加省比赛。

1988年，宜兴市第四届全民运动会召开，大会分设农村部(36个乡)、城镇部。南新乡获农村部第二名；和桥镇运动队在棋类比赛、田径比赛、篮球比赛中均获道德风尚奖。是年，宜兴市在南新举办“滆湖杯”男子篮球邀请赛，南新镇篮球队获冠军。1990年12月，和桥镇首届“兴鹅杯”男子篮球赛举行，有11个代表队参赛。嗣后又分别于1991年9月、1992年9月、1998年12月和2000年12月举行了第二、三、四、五届赛事，参赛队均在10支以上。1988年3月与1998年5月，和桥镇女子篮球队先后荣获宜兴市第四届、第五届运动会女子篮球赛第一名和第二名。2001年3月，和桥镇组队参加宜兴市青年文化体育节男子篮球赛，获第三名。1996年，镇游泳池建成，每年夏季对外开放并聘请2—3名体育教师培训初学者，深受群众欢迎。1999年10月，美国大学生明星篮球队来和桥镇与镇代表队在和桥中学体育馆举行友谊赛。和桥职业高级中学赵斌被评为篮球二级裁判员。

图31－2　1999年10月，美国大学生明星篮球队与和桥镇代表队举行篮球友谊赛后合影留念

2004年，市第六届全民运动会举行，在29个镇园区代表队参赛中，和桥镇获第三名。2006年1月，和桥镇乒乓协会举办庆元旦迎新年男子乒乓球单项比赛，获单项比赛的前三名的选手有李渊、吴建君、王立平。同年，和桥镇“太平洋杯”象棋赛，闸口缪小中获冠军，兴业居委郭洪盘获亚军，闸口钱建初获季军。2007年，宜兴市职工运动会斯诺克比赛，和桥队获男子冠军。2008年，和桥镇举办“第五届全民运动会”，运动会设立了篮球、乒乓、象棋、桥牌、斯诺克、拔河等八个项目的比赛活动。在本届全民运动会太平洋象棋赛中，获前三名的分别有棟聚村钱建良、华联超市奚国兆、劳动居委蒋亚东。是年，和桥镇认真贯彻落实《全民健身计划纲要》，全民健身活动蓬勃发展。2008年，和桥镇王法根、汪凤珠、陆勤一被评为宜兴市健康老人。2008—2009年，和桥蚕种场退休工程师90高龄的窦蟠龙先后荣获江苏省“乐天”健康老人、“第七届全国健康老人”荣誉证书和奖章。2009年11月，宜兴市第七届运动会和桥镇组织了成年组、老年组和学校组252名男、女运动员，参加了篮球、足球、乒乓球、羽毛球、游泳、田径、象棋、围棋、拔河等21项次的比赛。和桥镇取得了1188分的优异成绩，以强劲的实力，摘取

城乡组桂冠,并获得了优秀组织奖。其中,成人组女子100米栏运动员蒋奇英获第三名,成人组男子铅球运动员方平、老年组男子铅球运动员赵听华,双双夺得了冠军。游泳运动员李国伟在男子50米自由泳和蛙泳比赛中,分别获得冠军和亚军,并打破市记录;老年组围棋运动员郭洪盘夺得了围棋比赛冠军。2011年,镇组织举行江苏省老年人体育节暨"迎国庆、颂党恩、跟党走"百万老年人健步走活动和桥启动仪式.在启动仪式上有160多名文体骨干展演柔力球、健身气功、太极剑等10多个文体节目,组队参加市登山比赛,承办和桥镇建党90周年象棋比赛和乒乓赛,参加市中老年人健身气功比赛,和桥镇代表队表演了易筋经功法得到好评。是年,和桥镇楝聚村、福巷桥村、劳动社区分别被市老年体协评为先进集体,福巷桥村张遗大被评为村先进体育会长,王媛娅被评为优秀体育指导员,劳动社区徐晓燕被评为先进体育站组长。2012年5月,和桥镇第六届全民

图31-3　2012年,和桥镇第六届全民运动会开幕式

运动会举行。5月8日,参与人数近5000的开幕式在和桥高级中学操场隆重举行。开幕式依次进行60人的仪仗队和近30支运动队入场和列队、升会旗、镇党委书记致开幕词、市政府副市长致辞、运动员和裁判员代表宣誓及团体文体表演等程序。运动会有十一项比赛项目,设学生组、成年人组、老年人组。参加运动人数达2000余人。该届运动会在有16支代表队70多名乒乓球运动员参赛的"熙友杯"乒乓球比赛中,获团体前三名的为熙友公司、茂达公司、镇机关队,获男子单打前三名的是李渊、许建明、陈康。该届全运会羽毛球男子单打前三名运动员是张志阳、张敏华、丁伯中,女子单打前三名是杨玲、潘君燕、李园、吴林霞。该届获老年组定点投篮前三名运动员是陈小是、周志平、汤士生。该届铅球比赛前三名有徐根富、蒋亚明、谢良均。该届女子立定跳远比赛前三名是龚美珍、王雪琴、黄淑英。该届中国象棋比赛获前三名分别是奚国朝、徐耀平、缪小中。该届围棋比赛前三名运动员有缪亚军、郭洪盘、唐玉琴。该届斯诺克比赛前三名选手为曹国华、房涛、邵程。在第六届全运会男篮比赛中获团体前三名的篮球队分别是王母桥村、和桥高级中学、和桥消防中队。该届拔河比赛前三名团队为闸口村、湖滨村、北庄村。该届柔力球比赛获优胜奖的团队分别是王母桥村、福巷桥村、钟溪村、北渠村、楝聚村、海棠社区、南新社区、生建社区、兴业社区、劳动社区。该届全运会历时5个多月,获本届全运会团体总分前六名的团队有北庄村、劳动社区、生建社区、王母桥村、兴业社区、永兴村。2013年4月19日,在宜兴市第七届老年人乒乓球比赛中,和桥乒乓球选手孙晓珍获女子组第一名。4月27日,在宜兴市老年人中国象棋比赛中,郭洪盘获第三名,蒋亚东获第四名。同年6月28日,市老年体协组织可乐球比赛,和桥镇组织200人团队参与比赛,获市第一名。2013年9月30日,和桥君杰台球俱乐部举行"庆国庆"斯诺克比赛,获前三名选手分别是房涛、周洪强、周欢。同年10月26日,和桥乒乓球运动员吴建军在宜兴市第十二届乒协杯单打比赛中荣获男子冠军。是年12月27日,在镇体育指导站活动室举办迎新春象棋比赛,奚国朝获冠军、孔龙祥获亚军、钱建良获季军。2014年3月25日,在宜兴市第八届运动会上,和桥镇以1211分获城镇部(18个单位)团体总分第四名,女子团体获城镇部第二名。同年4月,在宜兴市第八届运动会足球比赛中,和桥镇获第二名。

2014年7月3日,在宜兴市第八届运动会中,和桥镇老年组象棋团体获第二名;围棋比赛获团体第二名。在成年组象棋比赛中,获团体第二名。同年9月,在宜兴市第八届运动会羽毛球比赛中,和桥

镇获男子团体第三名，女子团体第四名。同年10月，和桥镇柔力球队获宜兴市二等奖。同年11月，和桥镇在宜兴市第八届运动会田径比赛中，获城镇部团体第一名。其中，王顺焘在1500米、800米径赛中，分获第一、二名；陆俊健的跳高、三级跳远分获第一、二名，曹智胜的径赛400米、200米分获第二、三名，邵俊元的400米径赛获第一名，韦雨婷获标枪第二名，方平获铅球第五名。是年，和桥镇获评宜兴市群众体育先进镇，楝聚村获评宜兴市群众体育先进村，凌志环保股份有限公司获评宜兴市职工体育先进单位，和桥镇西锄村黄家广场获评宜兴市优秀群众体育健身活动站点。

二、体育设施

民国21年（1931），和桥镇民众教育馆内有篮球场、乒乓室。同期，和桥、南新、闸口地区很少有公共体育设施，中小学体育设施也十分简陋，一般仅有一二副篮球架、乒乓台和简易操场，中学才设有单双杠设备。

新中国成立后，群众体育活动逐渐兴起，部分单位和部门开辟了篮球场和乒乓室等。20世纪90年代，公共体育设施得到大力改善。1995—2002年前，和桥镇投入公共体育设施近400万余元，兴建400米环形跑道的田径场、水泥篮球场、游泳池、乒乓馆和棋牌室等大型体育活动设施。同时随着人们物质生活的提高，家庭体育活动设备，如乒乓室、桌球台、健身器等大幅度增加。在90年代开始的镇村建设中，尤其是进入2000年后，镇村各级政府加大对居民健身设施设备的资金投入。在村和社区规划建设健身广场、添置健身器材，不断满足居民健身娱乐休闲需要。14个村、5个居委的健身活动场所，布局日趋合理，设施不断完善。至2015年，全镇拥有健身广场76个，健身器材近百余套，晨晚练点布局多，居民走出家门即可参加自己喜欢的体育锻炼活动。

2015年和桥镇村（社区）体育设施

表31－1

单位	健身广场（个）	面积（平方米）	健身器材（套或件）	备注
同里村	4	2800	10	篮球架2个
北庄村	4	3000	20	篮球架4个
永兴村	4	5000	3	篮球架2个
湖滨村	4	2500	3	篮球架2个
大生村	4	1500	3	篮球架2个
西锄村	4	5000	3	篮球架6个
王母桥村	4	2000	10	篮球架2个
中巷村	4	1500	10	篮球架2个
北新村	4	2900	5	篮球架2个
闸口村	4	3500	4	篮球架10个
北渠村	4	3500	4	篮球架8个
福巷桥村	4	2400	3	篮球架8个
钟溪村	4	1800	4	篮球架2个
楝聚村	4	2800	5	篮球架2个
劳动居委	4	2500	3	篮球架10个
生建居委	4	4500	3	篮球架10个

续表 31－1

单位	健身广场(个)	面积(平方米)	健身器材(套或件)	备注
兴业居委	4	6000	3	篮球架 8 个
南新居委	4	2000	1	篮球架 4 个
海棠居委	4	1200	1	篮球架 8 个

2015 年和桥镇晨晚练点分布情况

表 31－2　　单位:人

序号	名称	开展项目	参加人数	挂牌上岗社会体育指导员人数	指导员姓名级别
1	同里村委广场	广场舞、羽毛球	50	3	杨丽琴　二级
2	大同广场	太极拳、柔力球	38	3	谢亚芳　三级
3	百树广场	羽毛球、广场舞	32	3	路小红　三级
4	百贤小区	广场舞、操	28	3	蒋跃芬　三级
5	北庄村委广场	广场舞、剑、扇	60	3	谈小娟　二级
6	金色港湾	柔力球、广场舞、扇	52	3	颜建琴　二级
7	大树广场	广场舞、羽毛球	40	3	王惠琴　三级
8	欧家广场	羽毛球、舞、剑	30	3	沈小珍　三级
9	永兴村委广场	广场舞、羽毛球、剑	50	3	杨明霞　二级
10	清溪花园	健美操、羽毛球	38	3	王梅珍　三级
11	王家广场	健身舞、操	28	3	汤雪华　三级
12	永兴小区	健美操、广场舞	50	3	周盘娣　三级
13	湖滨村委广场	健身舞、操	30	3	黄淑英　二级
14	湖滨广场	广场舞、健身操	38	3	周盘英　三级
15	姚家广场	羽毛球、广场舞	28	3	姚红芬　三级
16	凌家广场	健身舞、羽毛球	26	3	王建芬　三级
17	大生村委广场	广场舞、柔力球、羽毛球	40	3	刁祝华　二级
18	金盆广场	健身舞	28	3	周琴芳　三级
19	双阳广场	广场舞	25	3	郑微华　三级
20	前谢广场	羽毛球、健美操	25	3	钱淑萍　三级
21	西锄村委广场	广场舞、广播操	60	3	崔丽敏　二级
22	菜场广场	广场舞、柔力球	50	3	叶勤芳　二级
23	黄家广场	健身操	40	3	赵小林　三级
24	金家广场	羽毛球	38	3	吕小芬　三级
25	王母村委广场	广场舞、健美操	40	3	陈金娥　二级
26	新桥广场	健身舞、广播操	38	3	管献琴　三级

续表31－2　　　单位:人

序号	名称	开展项目	参加人数	挂牌上岗社会体育指导员人数	指导员姓名级别
27	王母广场	羽毛球	40	3	邓良芬　三级
28	水产广场	羽毛球、健美操	28	3	周　红　三级
29	中巷村委广场	广场舞、羽毛球	30	3	王春芬　二级
30	翰林广场	健美操、羽毛球	28	3	冯美琴　三级
31	育中广场	太极拳、羽毛球	32	3	蒋跃芬　二级
32	南高小区	健美操、羽毛球	30	3	戚建英　二级
33	北新村委广场	广场舞、柔力球	50	3	张赛君　三级
34	北新广场	健身舞、操	38	3	金　萍　三级
35	官庄广场	羽毛球、健身操	32	3	韩卫琴　三级
36	民胜广场	柔力球、健身气功	32	3	唐金娟　二级
37	闸口村委广场	健身舞、操、柔力球	30	3	王芳(唐晨红)二级
38	分别广场	健身操、羽毛球	32	3	戈秀芬　三级
39	陆家广场	羽毛球、健身操	28	3	王文娇　三级
40	新安广场	健身舞	30	3	颜美娟　三级
41	北渠村委广场	健身舞、操、柔力球	60	3	缪朝霞　二级
42	故居广场	健美操、广场舞	38	3	邵菊英　二级
43	黄土广场	羽毛球、健身操	28	3	周新芳　三级
44	石芦广场	健身舞、羽毛球	30	3	于金平　三级
45	福巷村委广场	健身舞、操、柔力球、太极拳、剑	30	3	周　玉　三级
46	万福广场	健身舞、操、柔力球、太极拳、剑、龙灯	60	3	张遗大　三级
47	蒋家广场	健身舞、羽毛球	40	3	陈翠玉　三级
48	白巷广场	广场舞、羽毛球	38	3	邵春妹　三级
49	钟溪村委广场	健身舞、操、柔力球	60	3	徐勤芬　三级
50	何家广场	健身操、羽毛球	38	3	白玉娟　三级
51	三庄广场	健身操、羽毛球	28	3	邵小云　三级
52	湖滩广场	健身操	30	3	钱小英　三级
53	楝聚村委广场	健身舞、操、柔力球	50	3	范文英　二级
54	聚龙广场	健身舞、羽毛球	32	3	王　芳　三级
55	楝树广场	广场舞、羽毛球	60	3	白玉群　三级
56	归美广场	健身操、羽毛球	38	3	张静娟　三级
57	生建景观大道	广场舞、柔力球、羽毛球	200	3	管龙妹　三级

续表 31 - 2　　单位:人

序号	名称	开展项目	参加人数	挂牌上岗社会体育指导员人数	指导员姓名级别
58	朝阳广场	广场舞、跑步	150	3	王洪娟　一级
59	禾苑广场	健身舞、广场舞、柔力球	120	3	吴建刚　一级
60	富阳广场	广场舞	100	3	卞国琴　三级
61	兴业文化广场	广场舞、剑	150	3	马红霞　二级
62	禾晖广场	柔力球、健身舞	350	3	赵孟娣　一级
63	公园广场	健身操、舞、柔力球、太极拳、气功、石锁	500	3	王媛娅　国家级
64	永昌广场	广场舞	38	3	王乐妹　二级
65	劳动工行广场	柔力球、木兰系列、太极拳、剑、扇	60	3	姚玉芝　一级
66	华达小区	健身舞、操	36	3	夏红珍　二级
67	长乐新村	健身操、羽毛球	28	3	徐晓燕　一级
68	康乐小区	健身操、羽毛球	32	3	杨琴亚　三级
69	南新广场	广场舞	50	3	王美华　二级
70	邮电广场	健身舞	26	3	周爱娟　三级
71	农行广场	健身操	28	3	徐华英　三级
72	环球广场	羽毛球、健身舞	32	3	张彩英　三级
73	海棠广场	健身操、羽毛球	28	3	钱美萍　二级
74	新菜场广场	柔力球、健身操	30	3	吴文娟　三级
75	老菜场广场	健身舞	28	3	徐陆琴　三级
76	华联广场	广场舞	30	3	王小平　三级

第三节　学校体育

一、事业发展

清末兴学堂,学校开设体操课。民国元年(1912)2月,彭城中学安排晨间操、课间操和体操课,由宜兴县第一位毕业于上海中国体操学校的朱了洲任体操教员。是年9月,鹅山高等小学堂举行首届运动会,开宜兴县体育史上举办运动会先河。民国5年,朱了洲东渡日本深造,由其同学董志尧接任。朱、董两人教学认真,训练有方,后来均成为著名的体育专家。民国9年,在江苏省中学生运动会上,彭城中学有8名学生径赛及格,11人田赛及格,半华里接力赛获第二名,团体总分第四名。民国17年,该校根据男女不同特点实行男女分班上体育课。民国20年,鹅山小学邵正方在县运动会上一人独得男子丙组50米、100米和200米三项冠军。始齐女校盛璧爱好体育,考入东亚体专,民国20年破上海市女子铅球记录。民国22年,盛璧参加全国运动会,获铅球第一名,后一直从事体育教育工作。抗日战争期间,一般完全小学的体育课都能正常进行,少数学校间也开展一些球类、体操等比赛。而在农村的初级小学,有的不设体育课,有的让学生自由活动。抗日战争胜利后,小学的体育课渐趋正常,但和桥地区小学的体育场地仍偏小,设备简陋,体育教学和技术水平尚不高。

新中国成立后，和桥镇十分重视青少年健康成长，把体育列为学校贯彻党的教育方针，培养学生全面发展的重要内容，把课间操和课外体育活动列入课程表，体育工作得到加强。在上好体育课，抓好普遍性体育锻炼的基础上，还成立了篮球、乒乓球和田径运动队，并坚持每年举行一次运动会制度。1951年元旦，私立彭城中学在全县举行的"和平杯"男子篮球赛中获得冠军。1952年，新和中学成立体育教研组，致力于体育课教学的研究和改革。1954年，体育教师学习凯洛夫教育学和中学体育教材教法，同年小学推行少年广播体操，中学推行成人广播体操。1955年6月，私立宜兴新和中学选派体育教师参加省举办的《中学体育教学大纲》学习班学习，回校后在本校试行。1958年，镇江地区第一届中学生运动会上，宜兴三中江人西获技巧第一名。1960—1962年，国民经济遭到暂时困难，学校的体育课将每周2节减为1节，并降低运动量。1962年，为保护学生的视力，各校开始推行眼保健操。1963年，各校根据县文教局关于"全面贯彻党的教育方针，使学生德、智、体诸方面发展"的指示，坚持"两课"（每周2节体育课）"两操"（每天广播操、眼保健操各1次）"两活动"（每周两次课外活动），定期举行小型多样的体育活动。1964年，在县运动会上，宜兴三中获"100米×4"项目男女青年组和女子少年组三项冠军，男子少年组亚军。1965年，和桥镇获县运动会团体总分第一名。"文化大革命"期间，学校体育陷于停顿。1978年，和桥中学射击队代表宜兴县参加省中学生小口径步枪射击赛，获团体第三名。

1978年，闸口小学徐小英在江苏省第九届运动会上荣获二级运动员称号。1979年，各校贯彻全国学校体育工作会议精神，明确学校体育工作应坚持以增强学生体质为主，以普及为主，以经常锻炼为主的原则，首先上好体育课，保证"两课、两操、两活动"的开展。1984年，和桥中学接受县教育局县体委对贯彻体育、卫生两个"暂行规定"情况的验收，并获县教育局、县体委发给的荣誉证书。1985年，和桥小学被评为无锡市冬季体育锻炼先进单位。1991年，和桥镇各校加强体育教学的常规管理，进一步改进教学方法、交流教学经验，举行校际体育课教研活动。1994年，和桥小学戚萍在江苏省县组田径赛中荣获二级运动员称号。同年，和桥中学、和桥小学开设市体育公开课。1996年，闸口小学被无锡市教委、体委授予推行《国家体育锻炼标准》先进单位称号。同年，闸口小学白卫君在江苏省县组田径赛中荣获二级运动员称号。1999年，全国体育卫生工作会议在无锡召开，和桥高级中学、和桥实验小学作为现场观摩单位，学校体育教学首次运用电脑及多媒体教学，受到教育部、体卫艺司高度赞扬。中央电视台第五套节目作出介绍、演播。2001年，和桥高级中学被江苏省教育厅、江苏省体育局、江苏省卫生厅评选为"贯彻学校卫生体育两个条例"优秀学校。2002年，各校试行《小学体育（1—6年级）课程标准》、《中学体育与健康（7—12年级）课程标准》，2007年，各校体育课实施小学一、二年级每周4课时，小学三年级至初中每周3课时。1995—2008年，和桥镇中小学均先后被评为宜兴市、无锡市冬锻先进学校。其中，2006年、2008年和桥职业高级中学、和桥高级中学获江苏省"冬季三项"百日锻炼活动先进学校，至2013年，闸口小学、和桥实验小学、和桥第二小学、南新小学、和桥高级中学先后荣获无锡市宜兴市体育传统项目称号。和桥高级中学陈赛华、乔全南分别被评为乒乓球、体操二级裁判员，和桥中等专业学校赵斌评为篮球二级裁判员。和桥高级中学乔全南连续三年被无锡市教委、体委评为推行国家《体育锻炼标准》施行办法先进工作者。1981—2013年，和桥镇中小学学校体育各项竞赛获宜兴市（县）团体三等奖以上有120多项，获无锡市团体三等奖以上52项。2014年11月17日，和桥二小男排"梦之队"勇夺无锡市冠军，同年建成无锡市排球传统项目学校。2014年12月12日，和桥第二中学在全国啦啦操比赛中荣获中学甲组冠军。同年，和桥第二小学在全国啦啦操比赛中荣获小学甲组冠军。2015 年 9 月，在全国三人篮球班级联赛无锡市级赛中，和桥第二中学获初中部冠军，在江苏省全国三人篮球班级联赛中获第二名。是年 11 月 8 日，在全国啦啦操冠军赛中，和桥第二中学再次荣获丙组冠军，教练员龚春花老师也荣获全国啦啦操优秀教练员称号。

二、设备设施

民国时期，除鹅山高等小学、私立彭城中学有简易操场外，其余村校体育场地很少。

新中国成立后，学校体育逐渐得到政府重视，但限于财力有限，中小学体育设施还是十分简陋。20 世纪 90 年代，学校体育设施得到大力改善。1991 年，和桥第二中学兴建 400 米环形跑道、田径场、水泥篮球场。同年，南新中学、楝树中学先后兴建 250 米跑道的田径场。同年，全镇中心级学校也陆续开辟合格体育场地。1998 年和桥高级中学体育馆建成。1999 年和桥实验小学体育设施在达到省定标准的基础上，又自制了适合低年级儿童使用的小篮球架、攀岩墙、攀绳架、浪木、平衡木等大型器材，达到 1700 余名学生同时开展活动、人人有器材的要求。2000 年后，经过乡镇合并，全镇中小学只剩八所学校，政府投入资金相对集中。至 2015 年，和桥镇三所学校建有体育馆，七所学校均拥有塑胶环形跑道，学校的体育设施设备有了质的飞跃。

2015 年和桥镇中小学体育设施

表 31－3

设 施	和桥高级中学	和桥中等专业学校	和桥第二中学	楝树中学	和桥实验小学	和桥第二小学	闸口小学	南新小学
操场(平方米)	19731	15312	14800	4400	8300	14920	3784	9300
塑胶跑道(米)	6 道×400	6 道×400	6 道×400	6 道×250	6 道×250	6 道×250	6 道×250	6 道×250
体育馆(平方米)	5264	1860	—	—	741	—	—	—
活动室(个)	6	4	4	6	4	4	5	4
篮球场(面)	6	7	4	2	4	3	1	2
足球场(个)	1	1	1	1	1	1	1	1
乒乓桌(张)	6	19	9	8	10	10	15	7
健身器材(套)	2 套(16 件)	1 套(8 件)	1 套(8 件)	1 套(8 件)	1 套(8 件)	1 套(8 件)	1 套(8 件)	2 套(13 件)

三、竞赛成绩

据不完全统计，1972—2015 年，和桥镇中小学在宜兴市以上各项体育运动竞赛中，运动员破宜兴市以上记录 30 多项。民国元年 9 月 13 日，鹅山高等小学堂举行首届运动会，开宜兴县体育史上学校举办运动会先河。民国 9 年，在江苏省中学生运动会上，彭城中学获团体总分第四名。但终因多数学校体育设施简陋，影响体育运动成绩提高。

新中国成立后，学校体育逐年重视，特别是 20 世纪七八十年代后，和桥镇中小学的办学条件得到改善，体育设施设备不断添置，学校体育活动正常开展，学生的体育运动成绩明显提高。1981—2015 年，在宜兴市、无锡市以上举办的各项体育竞赛中获得众多集体荣誉。

1972—2015年和桥镇中小学学生运动会破宜兴市(县)以上纪录

表31－5

年　份	运动会名称	姓名	级别	项目	成绩	名次	备注
1972	镇江地区中学运动会	潘瑞祥	高中男	3000米	10′16″8	1	破县记录
1974	四大镇中小学田径运动会	仇有望	初中男	100米中栏	16″3	1	破地区记录
1974	四大镇中小学田径运动会	仇有望	初中男	200米低栏	29″3	1	破地区记录
1975	宜兴县中小学田径运动会	钱亦平	少男甲	标枪	41.70米	1	破县记录
1975	宜兴县中小学田径运动会	刘成强	少男甲	铅球	10.51米	1	破县记录
1975	宜兴县中小学田径运动会	周国群	少女甲	铅球	8.30米	1	破县记录
1975	宜兴县中小学田径运动会	周国群	少女甲	铁饼	23.28米	1	破县记录
1975	宜兴县中小学田径运动会	仇有望	青男	100米高栏	18″	1	破县记录
1976	宜兴县中小学田径运动会	王琴芳	少女	三项全能	1112分	1	破县记录
1976	宜兴县中小学田径运动会	钱亦平	少男甲	铅球	11.41米	1	破县记录
1977	宜兴县中小学田径运动会	尹小妹	少女乙	三项全能	1129分	1	破县记录
1977	宜兴县中小学田径运动会	方　平	儿男	跳远	4.25米	1	破县记录
1978	宜兴县四大镇中小学田径运动会	王兴宜	青男	三级跳远	12.99米	1	破县记录
1978	宜兴县四大镇中小学田径运动会	王兴宜	青男	跳远	5.95米	1	破县记录
1978	宜兴县四大镇中小学田径运动会	周国群	青女	铁饼	38.80米	1	破县记录
1979	宜兴县田径运动会	方　平	儿男	4公斤铅球	14.54米	1	破县记录
1980	镇江地区中小学运动会	方　平	少男乙	6.25公斤铅球	12.20米	1	破地区记录
1980	镇江地区中小学运动会	方　平	少男乙	五项全能	2163分	2	破地区记录
1981	县中小学运动会	方　平	少男乙	5公斤铅球	14.14米	1	破县记录
1981	县中小学运动会	方　平	少男乙	铁饼	39.72米	1	破县记录
1981	县中小学运动会	方　平	少男乙	三项全能	1707分	1	破县记录
1982	镇江地区中小学运动会	方　平	男甲	五项全能	2854分	1	破地区记录
1982	镇江地区中小学运动会	方　平	男甲	6公斤铅球	13.79米	1	破地区记录
1986	宜兴县完中运动会	奚启超	青男	铅球	10.18米	1	破县记录
1986	宜兴县中小学生田径锦标赛	徐小仙	儿女乙组	3公斤铅球	8.57米	1	破无锡市记录
1996	宜兴市中学生运动会	姚云芳	少女	80米低栏	15″	1	破市记录
1999	宜兴市小学生田径运动会	吴　燕	儿女甲组	跳高	1.37米	1	破市记录
1999	宜兴市小学生田径运动会	吴　燕	儿女甲组	跳远	4.84米	1	破市记录
2000	宜兴市中小学生运动会	吴旭东	儿男乙组	垒球	56.28米	1	破市记录
2000	宜兴市中小学运动会	吴旭东	少男	垒球	56.28米	1	破市记录
2013	宜兴市小学生田径运动会	刘　畅	少男乙组	三项全能	1014分	1	破市记录

1981—2015年和桥镇中小学体育竞赛获宜兴市以上团体奖统计

表31-6

年　份	获奖单位	获奖名称	举办单位
1981	和桥高级中学	宜兴县中学生基层篮球比赛女子团体冠军	宜兴县教育局、体育局
1994	闸口小学	宜兴市第五届运动会田径赛团体冠军(学生部)	宜兴市教育局、体育局
1995	和桥实验小学	宜兴市小学生乒乓球赛少男甲组团体冠军	宜兴市教育局、体育局
1999	和桥实验小学	宜兴市小学生乒乓赛少男甲团体冠军	宜兴市教育局、体育局
1999	闸口小学	宜兴市中小学、职校田径运动会田径赛团体冠军	宜兴市教育局、体育局
2002	和桥第二小学	宜兴市小学生乒乓球比赛男子乙组团体第一名	宜兴市教育局、体育局
2003	南新小学	宜兴市小学生跳绳比赛男子团体第一名、女子团体第二名	宜兴市教育局、体育局
2003	和桥实验小学	宜兴市小学生羽毛球比赛团体总分第一名	宜兴市教育局、体育局
2003	和桥第二小学	宜兴市小学生排球比赛男子团体第二名	宜兴市教育局、体育局
2003	和桥第二小学	宜兴市小学生羽毛球比赛总团体第二名	宜兴市教育局、体育局
2004	和桥第二小学	宜兴市小学生象棋比赛团体第二名	宜兴市教育局、体育局
2004	和桥第二小学	宜兴市小学生排球比赛男子团体第二名	宜兴市教育局、体育局
2004	和桥第二小学	宜兴市小学生羽毛球比赛男子乙组第二名	宜兴市教育局、体育局
2004	和桥实验小学	宜兴市小学生羽毛球赛团体总分第一名	宜兴市教育局、体育局
2005	和桥第二小学	宜兴市小学生排球比赛男子团体第二名	宜兴市教育局、体育局
2005	和桥第二小学	宜兴市小学生羽毛球比赛男子乙组第二名	宜兴市教育局、体育局
2005	和桥第二小学	宜兴市小学生象棋比赛团体第二名	宜兴市教育局、体育局
2005	南新小学	宜兴市小学生跳绳比赛男子团体第一名、女子团体第二名	宜兴市教育局、体育局
2006	和桥第二小学	宜兴市小学生排球比赛男子团体第二名	宜兴市教育局、体育局
2007	和桥第二小学	宜兴市小学生排球比赛男子团体第二名	宜兴市教育局、体育局
2007	南新小学	宜兴市小学生跳绳比赛男子团体第一名、女子团体第一名	宜兴市教育局、体育局
2007	和桥实验小学	宜兴市小学生羽毛球赛团体总分第一名	宜兴市教育局、体育局
2007	和桥第二小学	宜兴市小学生象棋比赛A组第一名	宜兴市教育局、体育局
2008	和桥第二小学	宜兴市小学生排球比赛男子团体第二名	宜兴市教育局、体育局
2008	和桥实验小学	宜兴市小学生羽毛球比赛团体总分第一名	宜兴市教育局、体育局
2009	和桥实验小学	宜兴市小学生羽毛球比赛团体总分第二名	宜兴市教育局、体育局
2010	和桥实验小学	宜兴市小学生羽毛球比赛团体总分第二名	宜兴市教育局、体育局
2010	和桥高级中学	宜兴市高中生男子篮球比赛团体第二名	宜兴市教育局、体育局
2010	和桥高级中学	宜兴市中学生乒乓球赛男子团体第二名	宜兴市教育局、体育局
2011	南新小学	宜兴市小学生跳绳比赛男子团体第一名、女子团体第二名	宜兴市教育局、体育局
2011	和桥高级中学	宜兴市高中生男子足球比赛团体第一名	宜兴市教育局、体育局
2011	和桥高级中学	宜兴市乒乓球赛女子团体第一名	宜兴市教育局、体育局
2011	和桥实验小学	宜兴市小学生羽毛球赛第一名	宜兴市教育局、体育局

续表 31－6

年　份	获奖单位	获奖名称	举办单位
2011	和桥第二小学	宜兴市小学生围棋比赛 A 组团体第二名	宜兴市教育局、体育局
2011	和桥第二小学	宜兴市小学生排球比赛男子组团体第二名	宜兴市教育局、体育局
2011	和桥第二小学	宜兴市小学生女子排球赛团体第一名	宜兴市教育局、体育局
2012	和桥第二小学	宜兴市小学生男子排球赛团体第一名	宜兴市教育局、体育局
2012	和桥第二小学	宜兴市小学生女子排球赛团体第一名	宜兴市教育局、体育局
2012	和桥第二小学	宜兴市小学生羽毛球赛团体总分第一名	宜兴市教育局、体育局
2012	和桥实验小学	宜兴市小学生羽毛球赛团体总分第一名	宜兴市教育局、体育局
2012	和桥高级中学	宜兴市中学生乒乓球赛男子团体第二名、女子团体第二名	宜兴市教育局、体育局
2013	南新小学	宜兴市小学生跳绳比赛女子团体第一名、男子团体第二名	宜兴市教育局、体育局
2013	和桥实验小学	宜兴市小学生羽毛球赛团体第一名	宜兴市教育局、体育局
2013	和桥第二小学	宜兴市小学生健美操赛团体一等奖	宜兴市教育局、体育局
2013	和桥第二中学	宜兴市羽毛球比赛女团第一名、男团第二名	宜兴市教育局、体育局
2013	和桥第二中学	宜兴市啦啦操比赛团体一等奖	宜兴市教育局、体育局
2013	和桥第二中学	宜兴市中学生跳绳比赛男子组第二名	宜兴市教育局、体育局
2013	和桥第二中学	宜兴市初中生篮球赛男子第一名	宜兴市教育局、体育局
2013	和桥中等专业学校	宜兴市职业学校学生广播操比赛团体一等奖	宜兴市教育局、体育局
2013	和桥高级中学	宜兴市高中生足球比赛男子团体第二名	宜兴市教育局、体育局
2013	和桥高级中学	宜兴市高中生男子足球比赛团体第二名	宜兴市教育局、体育局
2014	和桥第二小学	宜兴市小学生围棋比赛 B 组第二名	宜兴市教育局、体育局
2014	和桥第二小学	宜兴市小学生中国象棋赛 A 组第二名	宜兴市教育局、体育局
2014	和桥第二小学	宜兴市小学生排球比赛男子组第一名	宜兴市教育局、体育局
2014	和桥实验小学	宜兴市小学生羽毛球赛团体总分第一名	宜兴市教育局、体育局
2014	和桥第二中学	宜兴市初中生羽毛球赛女子团体第一名、男子团体第二名	宜兴市教育局、体育局
2014 年	和桥第二中学	宜兴市初中学生篮球赛男子团体第二名	宜兴市教育局、体育局
2014	和桥高级中学	宜兴市高中学生篮球比赛男子组第一名	宜兴市教育局、体育局
2002	和桥第二小学	无锡市第 20 届模型比赛总团体一等奖	无锡市教育局、体育局
2002	和桥第二小学	无锡市第 20 届模型比赛（杆身机）团体一等奖	无锡市教育局、体育局
2002	和桥第二小学	无锡市第 20 届模型比赛射机团体一等奖	无锡市教育局、体育局
2002	和桥第二小学	无锡市第 20 届模型比赛直升机团体二等奖	无锡市教育局、体育局
2002	和桥第二小学	无锡市第 20 届模型比赛空轿机团体三等奖	无锡市教育局、体育局
2002	和桥第二小学	无锡市小学生乒乓球赛男子乙组团体第一名	无锡市教育局、体育局
2003	和桥第二小学	无锡市第 21 届航模比赛总团体二等奖	无锡市教育局、体育局
2003	和桥第二小学	无锡市第 21 届航模比赛杆身机团体一等奖	无锡市教育局、体育局
2003	和桥第二小学	无锡市第 21 届航模比赛射机团体三等奖	无锡市教育局、体育局

续表 31－6

年 份	获奖单位	获奖名称	举办单位
2003	和桥第二小学	无锡市第 21 届航模比赛直升机团体三等奖	无锡市教育局、体育局
2003	和桥第二小学	无锡市第 21 届航模比赛火箭团体一等奖	无锡市教育局、体育局
2003	南新小学	无锡市小学生航模比赛综合团体一等奖	无锡市教育局、体育局
2004	和桥第二小学	无锡市第 22 届航模比赛总团体亚军	无锡市教育局、体育局
2004	和桥第二小学	无锡市第 22 届航模比赛杆身机团体一等奖	无锡市教育局、体育局
2004	和桥第二小学	无锡市第 22 届航模比赛射机团体一等奖	无锡市教育局、体育局
2004	和桥第二小学	无锡市第 22 届航模比赛直升机团体一等奖	无锡市教育局、体育局
2004	和桥第二小学	无锡市第 22 届航模比赛空轿机团体一等奖	无锡市教育局、体育局
2004	和桥第二小学	无锡市第 22 届航模比赛火箭团体一等奖	无锡市教育局、体育局
2004	南新小学	无锡市小学生跳绳比赛男子团体一等奖	无锡市教育局、体育局
2005	和桥第二小学	无锡市第 23 届航模比赛总团体二等奖	无锡市教育局、体育局
2005	和桥第二小学	无锡市第 23 届航模比赛直升机团体一等奖	无锡市教育局、体育局
2005	和桥第二小学	无锡市第 23 届航模比赛火箭团体一等奖	无锡市教育局、体育局
2005	南新小学	无锡市小学生航模比赛综合团体一等奖	无锡市教育局、体育局
2005	和桥实验小学	无锡市小学生羽毛球赛第三名	无锡市教育局、体育局
2005	和桥实验小学	无锡市小学生羽毛球赛团体总分第三名	无锡市教育局、体育局
2006	和桥第二小学	无锡市第 24 届航模比赛总团体一等奖	无锡市教育局、体育局
2006	和桥第二小学	无锡市第 24 届航模比赛杆身机团体一等奖	无锡市教育局、体育局
2006	和桥第二小学	无锡市第 24 届航模比赛直升机团体一等奖	无锡市教育局、体育局
2006	和桥第二小学	无锡市第 24 届航模比赛火箭团体一等奖	无锡市教育局、体育局
2008	和桥第二小学	无锡市第 25 届航模比赛杆身机团体一等奖	无锡市教育局、体育局
2008	和桥第二小学	无锡市第 25 届航模比赛直升机团体一等奖	无锡市教育局、体育局
2008	和桥第二小学	无锡市第 25 届航模比赛火箭团体二等奖	无锡市教育局、体育局
2010 年	和桥第二小学	无锡市小学生排球比赛团体亚军	无锡市教育局、体育局
2010	和桥高级中学	无锡市高中生健美操比赛第二名	无锡市教育局、体育局
2010	和桥高级中学	无锡市高中生健美操比赛团体第二名	无锡市教育局、体育局
2011	和桥第二小学	无锡市小学生排球比赛团体亚军	无锡市教育局、体育局
2011	和桥高级中学	无锡市高中生健美操比赛团体二等奖	无锡市教育局、体育局
2012	和桥第二小学	无锡市小学生排球赛团体冠军	无锡市教育局、体育局
2012	和桥第二小学	无锡市小学生围棋比赛丙组团体第三名	无锡市教育局、体育局
2012	和桥实验小学	无锡市小学生羽毛球赛团体第一名	无锡市教育局、体育局
2012	和桥高级中学	无锡市四星级高中健美操二等奖	无锡市教育局、体育局
2013	和桥第二小学	无锡市小学生健美操比赛一等奖	无锡市教育局、体育局
2013	和桥实验小学	无锡市小学生羽毛球赛团体总分第三名	无锡市教育局、体育局

续表 31－6

年　份	获奖单位	获奖名称	举办单位
2013	和桥第二中学	无锡市啦啦操比赛团体一等奖	无锡市教育局、体育局
2013	和桥高级中学	无锡市第十一届运动会肯德基健美操大赛二等奖	无锡市教育局、体育局
2014	和桥实验小学	无锡市小学生羽毛球赛团体总分第二名	无锡市教育局、体育局
2014	和桥实验小学	无锡市小学生羽毛球赛女子丙组团体第一名	无锡市教育局、体育局
2013	和桥第二小学	无锡市小学生健美操比赛一等奖	无锡市教育局、体育局
2014	和桥第二小学	无锡市小学生排球比赛冠军	无锡市教育局、体育局
2014	和桥第二小学	全国啦啦操冠军赛小学甲组冠军	国家体育总局
2014	和桥第二中学	全国啦啦操冠军赛中学甲组冠军	国家体育总局
2015	和桥第二中学	全国啦啦操冠军赛中学丙组冠军	国家体育总局
2015	和桥第二中学	全国三人篮球班级联赛无锡市级赛初中部冠军	无锡市教育局
2015	和桥第二中学	全国三人篮球班级联赛江苏省级赛初中部第二名	江苏省教育厅

2015 年夏日某晚，人们聚集在禾苑广场跳舞和活动

编 后

《和桥镇志》历时3个春秋，终于正式出版了。这是继1990年6月，原和桥镇在与周围乡镇合并前出版的第一部镇志基础上的重新修编，志书以全新的面貌与读者见面。参加编纂的所有人员，从内心感到欣慰。

新的《和桥镇志》涵盖了和桥镇1500多年的历史，全面反映其自然、政治、经济、文化、生态、民生、社会等各个方面的史实，内容分31章161节，约145万字。在编写过程中，从决定编志、成立机构、选定采编人员、拟定纲目、明确分工、收集采访、撰写修改、反复讨论、审稿验收到定稿付印等多个阶段，形成了党委领导、政府主持的修志工作格局。在采编过程中，全体工作人员坚持以原第一部镇志及继后逐步修缮的材料为基础，坚持深入基层，搞调查研究；坚持从群众中来到群众中去，反复证实，仔细核对；坚持以据论实，用史实说话，相互切磋，尽力所为，认真撰写。在采编过程中，得到全镇各单位、各部门和社会各界以及在外乡贤的热忱关心和相助。在此，我们谨向大家表示由衷的感谢！一要感谢各村、社区（居委）和机关各科办和驻镇单位、部门、条线的密切配合和大力支持，为我们提供大量的数据和资料；二要感谢有识之士和在外乡贤积极为我们提出的有关建议；三要感谢宜兴市史志办公室在业务上的指导和帮助。

《和桥镇志》虽然出版问世了，但由于门类众多，涉及面广，时间跨度长，编辑人员水平有限，志书中定会有疏漏、失误和不当之处，恳请读者批评指正。

和桥镇志编纂委员会办公室

2017年11月